河南大学人文社会科学交叉学科培育计划"人文语义学"专项资助

语境和语义

近代中国思想世界的关键词

王中江 张宝明◎编

上海人民出版社

目　录

下　卷

日译关键词与中国新名词

清末民初的"主义"话语

观念史／概念史研究的方法和翻译

前　言

　　近代中国哲学、思想和文化是在东西方哲学和思想两种传统的接触、融合和转化中形成的，已有的旧关键词被重新审查和转化，外来的新关键词和主义话语大量涌入，两者既相互批评和相互竞争，又相互吸取和融合，开放包容，呈现出了多元性的思想文化空间。近代中国"关键词"广义上属于新术语、新名词、新概念、新观念和新思想的一部分，但它们不是一般或普通的词汇，从人文语义学的视角看，它们在近代中国语境中扮演了重要角色，在近代中国思想文化、政治生活和社会生活中产生了广泛的影响。

　　对此展开进一步的探讨，对于当前中国思想文化的多元展开和创造会起到示范的作用。为此，北京大学哲学系、北京大学人文学部联合主办了以"近代中国的'关键词'和'主义'话语的多元性"为主题的学术会议（2019年8月16日至17日）。来自不同学科和领域的学者们，围绕近代中国影响广泛的关键词和主义话语，围绕它们如何被翻译、移植，围绕它们为什么会被选择和重新塑造，围绕中国古代关键词在近代的转化和东西融合等议题展开了细致的讨论。

　　探讨之余，学者们就影响近代中国政治、社会和思想强度最大的十大关键词形成共识——"变法（改革）""革命""民主""科学""民族（国家）""进化（进步）""自由""平等""文明""社会主义"等。为此，《澎湃新闻》2019年8月30日以"塑造近代中国的十大关键词有哪些"为题作了报道。进而大之，"西学""中学""古今""新旧""自强""富强""文化""竞争""斗

争""阶级""党""宪政""经济""社会""封建""资本主义""解放"等也都
非常显赫，它们源于西学，再生于中国语境，成义于过程之中。

对这类关键词源流及其在中国语境的展开探寻，形成了近代中国研究哲
学、思想、文化的一个重要论域，所积累的成果引人注目。为了比较充足地展
现和呈现其积累，承蒙各位同仁的惠允和惠助，我们在论坛论文的基础上大幅
扩编，合编为诸君将要看到的这一专题文集，并命名为"语境和语义：近代中
国思想世界的关键词"。文集分上下两卷。上卷集中在"近代中国的关键词"
上；下卷分为"日译关键词与中国新名词""清末民初的'主义'话语""观念
史/概念史研究的方法和翻译"等若干方面。同时，我们也期待能够借此进一
步推动这一学术命题的深入寻绎。

事成也有赖于机缘。感谢上海人民出版社出版这一专题文集，感谢毛衍沁
女士的热情和精心编辑，感谢河南大学高等人文社科研究院的支持，感谢吕存
凯博士的助力。

王中江　张宝明

2021 年 10 月 8 日

上　卷

近代中国的关键词

世界化与个性主义

耿云志

中国社会科学院近代史研究所

一

自从鸦片战争以后，中国被迫打开了国门，实际上就开始了走进世界的过程，虽然是很不情愿的。中国人原有的天子所御的天下观念逐渐发生变化，经历相当长的时间，才逐渐意识到中国是世界的中国。

中国人百余年来一直努力思考着怎样使自己的国家在这个世界上成为一个与其他所谓强国并立，与之平等相处，一个真正独立、统一、民主、富强的现代国家的问题。我在 20 世纪 80 年代，总结我对近百年思想史和文化史的研究得出一个看法，就是：中国走向现代国家的历程，实际上是两个发展趋向同时并进的历程。这两个趋向，从外部关系上说，它是个世界化的过程，从内部关系上说，它是个个性化（即个人价值——自主权利及其创造精神——逐步充分实现）的过程。我以为，对于后发展国家，这两个趋向尤为明显。如此观察，可以更深刻、更准确地把握现代化的实质。

对现代化本身的界定是一个长期有争论的问题。我倾向于不把现代化看成是某种固定的可以具体加以描述的既成的标准，而最好是把它如实地描述为一种发展的趋向、发展的过程。我上面所说的两个过程、两个趋向，就是现代化过程的两个相互紧密联系的发展过程、发展趋向。

概念、词语，总是在历史过程中形成的。历史演进的现象是客观存在的，但人们对它的感知、了解和认识是要经历一个过程的。在这个过程中，人们在不同的阶段，用不同的概念、词语表达他们对历史演进现象的感知、了解和认识。经过足够的实践过程，一个较为满意的概念、词语最终才会形成。就世界化与个性主义两个概念、词语的形成过程，作一番历史考察是很有趣的一件事。

二

对于一个具体的国家而言，世界化首先是对外开放，只有开放了，才会有逐渐发展的相互交流（经济的、政治的、文化的）。其次，在交流的过程中，它对外来的东西有所吸收，而自身固有的东西则有些向外流传。再次，外来的东西与固有的东西不可避免地会发生一些碰撞，多次碰撞之后，有些可以互相融合，有些因碰撞而互相砥砺、磨洗，从而各自更加显出其固有的光彩。复次，融合了的或固有的光彩更加显现的东西，就会构成新的世界文化的有机组成部分。

近代中国的开放起初是被迫的。因此，中国人对世界化趋向的自觉意识颇经历一番曲折，发育迟缓。人们在很长时间内仍然没有意识到这种世界化的趋势，因此不能自觉地去适应它。绝大多数人仍为朝贡体制的天下观所束缚，仍不肯以普通国家间的关系来处理对外事务，为了外国使臣晋见中国皇帝的礼节问题长期争持不下，绝大多数中国官吏都坚持须跪拜始能觐见。对于外派使臣，他们更以为是将朝廷重臣放逐蛮邦，有类于人质。李善兰在其与艾约瑟合译的《重学》一书出版序言中，竟然说："异日人人习算，制器日精，以威海外各国，令震慑，奉朝贡，则是书之刻，其功岂浅鲜哉？"①可见一般士大夫的观念，仍未摆脱古代朝贡体制下的思想框架。

---

① 转引自王扬忠：《傅兰雅与近代中国的启蒙》，科学出版社 2000 年版，第 8 页。

在官吏阶层，除了后来出使外洋的郭嵩焘、薛福成等较具世界眼光之外，在国内重臣之中，大约李鸿章算是较早产生世界意识的人。他对于创办同文馆，建江南制造局，派幼童留学，或为倡首，或为赞助，皆有大力。他在同治朝最后两年已主张不必坚拒外使觐见，"礼与时为变通"①，可以不必拘执跪拜之礼。他意识到当时所处时势"实为数千年未有之变局"②。此话成了后来人所经常引用的一句名言。更可贵的是，他认识到，泰西各国富强，"皆从各国交好而来。一国的见识无多，聪明有限，须集各国的才力聪明，而后精日益精，强日益强。国与人同，譬如一人的学问，必要出外游历，与人交际，择其善者，改其不善者，然后学问益进，智识愈开。国家亦然。或者格物的新理，制造的新式，其始本一国独得之秘，自彼此往来，于是他国皆能通晓效法。此皆各国交际的益处"③。这是对世界化的一种积极的姿态。

中国人对世界化发生自觉意识，第一个重要时期是戊戌前后到辛亥前后的十几年中。

维新运动的领袖康有为正是看到了世界化的大趋势，所以极力主张变法以应世局而图存求强。他早就明白，今之列强，非古之夷狄。他在《进呈日本明治变政考序》中说"今者四海棘通，列强互竞，欧美之新政、新法、新学、新器，日出曹奏。欧人乃挟其汽船、铁路以贯通大地，囊括宙合，触之者靡，逆之者碎。采而用之，则与化同，乃能保全"④。他的学生梁启超则认识到："今日地球缩小，我中国与天下万邦为比邻，数千年之统一，俄变为并立矣。"⑤当

---

① 李鸿章：《李鸿章奏请斟酌时势权宜变通以定洋人觐见礼仪折》（同治十二年四月五日），载李书源整理：《筹办夷务始末（同治朝）》第九册，中华书局 2008 年版，第 90 卷第 3626 页。

② 李鸿章：《大学士直隶总督李鸿章奏议复总理各国事务衙门详议海防折》（同治十二年十一月初四日），载李书源整理：《筹办夷务始末（同治朝）》第十册，第 99 卷第 3987 页。

③ 吴汝纶编：《李文忠公全集·译署函稿》第 6 卷，光绪乙巳年（1905 年）金陵刻本，第 13 页。

④ 汤志钧编：《康有为政论集》，中华书局 1981 年版，第 222 页。

⑤ 梁启超：《论中国与欧洲国体异同》，《饮冰室合集·文集之四》，中华书局 1989 年影印本，第 67 页。

时由维新派主办的《湘报》上，相继有两篇文章激烈鼓吹中国应一切效法发达的西方各国，追步世界进步潮流。易鼐著文称："若毅然自立于五洲之间，使敦槃之会，以平等待我，则必改正朔，易服色，一切制度悉从泰西。"[1]另一位激进的维新志士樊锥则认为，中国应该"一切繁礼细故，……一革从前，搜索无剩，唯泰西者是效"[2]。这听起来极像是后来被人们称为"全盘西化论"的思想。其实质，我以为就是对世界化大趋势的一种急激反应。

戊戌维新运动，志在改变君主专制制度，朝向君主立宪的目标做一些开路的工作。维新志士力图证明，旧的君主专制制度及维系这一制度的一切旧章、旧法、旧观念，都无法原封不动地继续存在下去。中国要生存，要立于平等竞争的新世界，就必须变革。尽管西太后发动政变，杀戮维新志士，废弃已经宣示的变革，引起一次大反动。但变革的闸门一开，就再也无法完全堵住这一股世界化的潮流。此后十几年间，有越来越多的人自觉到这一潮流。革命运动，立宪运动，都是这一潮流的集中表现。孙中山认识到"人群自治为政治之极则"[3]，这是他流亡国外，体察外国政治制度的运作，并读许多西书后得出的结论。梁启超流亡日本后著文数百万言，其中相当多数都是论述中国处列强竞争之世，如何新我国民，开我民智，新我民德，强我民力，以适应世界潮流，成宪政之国家，求并立于各国之林。至民国肇建，他发表《中国立国大方针》一文，其第一部分的标题就叫作"世界的国家"。"世界的国家"一词，很可能是梁启超最早提出的。其文大旨谓："今代时势之迁进，月异而岁不同，稍一凝滞，动则陵夷。故有国有家者，恒竞竞焉内策而外应若恐不及。然则今日世界作何趋势，我国在世界现居何等位置，将来所以顺应之以谋决胜于外竞者，其道何由？此我国民所当常目在之而无敢荒豫者也。"[4]有趣的是，当时荷兰阿姆斯特丹一家报纸登出一幅时事画，画有一室，室中有代表美国及世界共和国

---

① 《中国宜以弱为强说》，《湘报》第 20 号，光绪二十四年三月初八日（1898 年 3 月 29 日）。
② 《开诚篇》（三），《湘报》第 24 号，光绪二十四年三月二十日（1898 年 4 月 2 日）。
③ 见《孙中山全集》第 1 卷，中华书局 1981 年版，第 172 页。
④ 见《饮冰室合集·文集之廿八》，中华书局 1989 年影印本，第 40 页。

家的人物五个，另有一个从门口刚进来的着中式服装的小男孩，代表新中国，表示世界共和国家欢迎这个新生的共和国。①此画很有一点象征意义。显示中国开始被世界正式接纳，成为梁启超所说的"世界的国家"。

五四新文化运动前后，中国的世界化进程和中国人的世界化意识都达到了新的高度。

从清末到民国，中国从各个方面努力借鉴和效法西方，从尝试君主立宪到建立共和国，这是政治方面趋向世界化；办新式工业，办近代交通、邮政，这是经济方面世界化的成绩；废科举、兴学堂，逐步发展出近代教育体系，办报纸、译西书等等，这是在教育文化方面推进世界化的表现。与此同时，中国陆续加入许多国际组织，或颁行一些国际通用的规制等等，也正是"与国际接轨"的表现。到"五四"前后，留学欧美的学子络绎回国，对各项新事业的发展，对中外之间更广泛的沟通，对新思想、新观念的传播，无疑增加了新的活力。

讲到这一时期，不能不提到第一次世界大战对中国的影响。

本来，战场在欧洲，表面看来，与中国无大关系。但战争涉及了当时大多数西方国家，这些国家又都在中国有势力范围和种种特别权利，战争的结果将会导致他们在华势力范围和特别权利的某种变化。当时美国特别鼓动中国参战。中国一部分政治家觉得这是中国主动参与世界事务，争得适当国际地位的一个机会。以梁启超为代表的一些人为此积极鼓吹，热心奔走，终于推动当时的北京政府于1917年决定加入协约国，对德宣战。

这场战争对中国的影响主要有四个方面：

第一，由于协约国战胜，中国得以作为战胜国的一员参加巴黎和会。虽在会上备受西方大国欺压，但毕竟这是中国第一次在国际场合主动争取权利，发出一个主权国家的声音。中国代表团拒签损害中国主权的和约，从此开始了争取废除一切不平等条约的斗争。从前，中国一直是被强迫、被强制接受列强种种损害我国主权的条件，完全处于被动地位。此次战后，以巴黎和会拒签和约

---

① 见《胡适留学日记》第二册所收"时事画四十五幅"之第 31 幅，商务印书馆 1947 年版。

为契机，中国开始逐渐有一些主动争取权利的自觉。有此自觉，才谈得上以平等的独立的主权国家的身份参与世界化进程。

第二，由于战争耗去了许多西方大国的主要精力，中国民族工业第一次获得较好发展的机会，各方面都有很大进步，获得经济世界化的重要新起点。

第三，由于日本利用西方列强无暇东顾的机会，不但窃夺原德国在中国的势力范围和权益，而且进一步提出二十一条要求，因此，从这以后，日本成了中国的最大威胁。觉悟了的中国人，一改清末以来学习日本的热心，继而直接向西方国家学习和借鉴。留学欧美的学生逐渐取代了从前留日学生在各个方面引领现代化潮流的地位。从而中国在政治、经济、教育、文化等各方面的世界化进程更具有了新的面貌。

第四，由于战后巴黎和会上列强不以平等待我，曲从日本的要求，剥夺我山东的自主权利，从而引发五四学生爱国运动。这次运动唤起了农、工、商各阶层的觉醒，使原已发生的新文化运动，以前所未有的规模把中国思想文化进一步推上世界化的轨道。

讲到新文化运动，不能不首先提到陈独秀。他是引发新文化运动的重要先驱。1915 年他创刊《青年》杂志，第一篇文章《敬告青年》，通篇都洋溢着世界化的精神。而其宣示杂志六大宗旨之第四项，则专门阐发"世界的而非锁国"的重大意义。他说，当今世界"海陆交通，朝夕千里。古之所谓绝国，今视之若在户庭。举凡一国之经济政治状态有所变更，其影响率被于世界，不啻牵一发而动全身也"。故"居今日而言锁国闭关之策，匪独力所不能，亦且势所不利。万邦并立，动辄相关。……各国之制度文物，形式虽不必尽同，但不思驱其国于危亡者，其遵循共同原则之精神，渐趋一致。潮流所及，莫之能违。于此而执特别历史国情之说，以冀抗此潮流，是犹锁国之精神，而无世界之知识。国民而无世界知识，其国将何以图存于世界之中？"[1]

---

[1] 见《青年》1 卷 1 号，又载《陈独秀文章选编》（上），生活・读书・新知三联书店 1984 年版，第 76 页。

另一位新文化运动的领袖胡适，他在 1917 年春写成的博士论文《先秦名学史》的"导论"中就以世界化的眼光提出："我们应怎样才能以最有效的方式吸收现代文化，使它能同我们的固有文化相一致、协调和继续发展？"①其实，胡适在美留学期间，因广泛结交各国学生，积极参与学生活动，尤其是"世界学生会"的活动，并担任干事及会长职务。通过这些，已为他培植起深厚的"世界主义"的观念。所以，中国应当走世界化的道路，在胡适看来，简直是不成问题的问题。

梁启超在大战结束后游历欧洲一年多，在其《欧游心影录》中，他再次强调"世界主义的国家"。他认为大战之后，国际联盟的出现，"国家与国家相互之间从此加一层密度了，我们是要在这现状之下，建设一种'世界主义的国家'"。他还特别指出，爱国是应当的，但不要局限于偏狭的旧思想之中。"不能知有国家，不知有世界。我们是要托庇在这个国家底下，将国内各个人的天赋能力尽量发挥，向世界人类全体文明大大的有所贡献。将来各国的趋势都是如此。"②

的确，第一次世界大战后，世界化的趋势更加明显了。新文化运动的一个重要趋向就是世界化。当时批判以专制主义为核心的旧传统，建设新文化，人们心目中的一个标准就是世界化，就是代表人类文化发展趋势的先进世界文化。这只要检验一下当时整理国故的文献，再看看他们筹划和实施《世界丛书》的计划，就可明白这一点。

五四运动以后，尽管继续发生过许多曲折、反复，以及相应的展开多次论争，但这个世界化的文化大趋势是不曾改变的。在东西文化的争论、本位文化与全盘西化的争论之后，胡适提出"充分世界化"的主张，是这个不可改变的大趋势的反映。世界化的概念，从此渐渐被人们所采用。

第二次世界大战后，中国本可出现一次世界化的新的大好机遇。但由于大

---

① 胡适：《先秦名学史》，学林出版社 1983 年版，第 8 页。

② 见《饮冰室合集·专集之二十三》，中华书局 1989 年影印版，第 21 页。

规模的内战吸聚了民族的大部分精力。当内战结束后，世界形成两大阵营，冷战开始，中国除了与苏联、东欧及亚洲少数国家有所交往之外，对广大世界几乎是处于封闭状态。晚清以来的世界化潮流告一段落。直到改革开放的历史时期，人们才又在新的内外环境逼迫之下，重新认识到走世界化的路是不可避免的选择。

三

如果说，近代中国曾经被迫、被强制地推到世界化的潮流中，随后较快地引发了自觉世界化的意识。那么，个性主义在近代中国的历史上，却要经历更加艰难曲折的过程。这里说的个性主义，本质上与西方的个人主义是同一的东西，只不过由于两千多年来，中国人久处专制主义桎梏之下，对个人主义一直存有根深蒂固的恐惧和敌视。所以，即便在新文化运动期间，那个中国近代史上最提倡个性解放的年代，人们也还尽量避免直接用"个人主义"这个词，而换以"个性"一词。即使提到"个人主义"，也要加上形容词，称为"健全的个人主义"。

在中国古代，本来有过张扬个性主义的思想学说，但由于专制主义将孔孟思想定于一尊，因此个性主义就一直处于被压抑，被排斥，被摧残的地位，没有伸张机会。而到了近代，当客观上需要唤起个性主义的时候，人们却以介绍西方个人主义的方式使它复活起来。

最早介绍西方个人主义的是严复。他在《论世变之亟》一文中说，中国与西国最根本的不同点，在"自由与不自由异耳"。他加以阐释说："夫自由一言，直中国历古圣贤之所深畏而从未尝立以为教者也。彼西人之言曰：唯天生民，各具赋畀，得自由者乃为全受。故人人各得自由，国国各得自由。第务令毋相侵损而已。……中国理道与西法自由最相似者，曰恕，曰絜矩。然谓之相似则可，谓之真同则大不可也。何则？中国恕与絜矩，专以待人及物而言；而西人自由，则于及物之中而实寓所以存我者也。"①严复对个人主义的介绍还是相当准确的。第一，个人主义与自由不可分，是一而二，二而一的事。第二，个人主义即是于"待人及物之中"，要"存我"，不能把我、把个人消融在待人与及物之中。严复此文发表于 1895 年。第二年，梁启超在《时务报》上发表《论中国积弱由于防弊》一文，其中说："西方之言曰：人人有自主之权。何谓自主之权？各尽其所当为之事，各得其所应有之利，公莫大焉?"②在《国民十大元气论》一文中他又指出，"人而不能独立，时曰奴隶"③。都是对个性主义略有领悟的表示。谭嗣同在其《仁学》中，从伦理学的角度申说道："五伦之中于人生最无弊而有益，无纤毫之苦，有淡水之乐，其惟朋友乎！所以者何？一曰平等，二曰自由，三曰节宣惟意。总括其义，曰不失自主之权而已矣。"④

"戊戌"以后到民国肇建这段时期里，革命运动与改革风潮互为激荡，人们主要的注意力都放在政治方面。言自由则旨在倡民族自由以求独立；倡政治自由以去专制；于深层意义上的个性自由则注意甚少。梁启超是这时期启蒙思想家之佼佼者。他说："吾以为不患中国不为独立之国，特患中国今无独立之民。故今日欲言独立，当先言个人之独立，乃能言全体之独立。"⑤其《新民说》倡言自由、自治、自尊、权利思想等等，其义都在尊重个人的价值、地位亦即所以尊个性。

在近代中国，五四新文化运动堪称是个性主义的黄金时期。新文化运动的起因很大程度上就是人们觉悟到：清末以来，人们全力争取立宪，争取民主共和制度，结果，尽管共和国建立起来了，但民主制度并没有落实。其原因就在于个人不能独立，长期专制统治造成的奴隶主义思想未曾扫除。所以陈独秀

① 见天津《直报》1895 年 2 月 4—5 日（光绪廿一年正月初十、十一日），又载《严复集》第一册，中华书局 1986 年版，第 2—3 页。
② 引自《饮冰室合集·文集之一》，第 99 页。
③ 《饮冰室合集·文集之三》，第 62 页。
④ 见《谭嗣同全集》（增订本），中华书局 1998 年版，第 349—350 页。
⑤ 梁启超：《十种德性相反相成义》，《饮冰室合集·文集之五》，第 44 页。

说："所谓国民政治，果能实现与否，纯然以多数国民能否对于政治，自觉其居于主人的主动的地位为唯一根本之条件。"①若自觉居于主人主动的地位，必须扫除奴隶思想，树立自主人格。"盖自认为独立自主之人格以上，一切操行，一切权利，一切信仰，唯有听命各自固有之智能，断无盲从隶属他人之理。"②陈氏把个人独立，自由自主视为"吾人最后之觉悟"。李大钊指出，中国传统"不专重个性之权威与势力"；"视个人仅为较大单位中不完全之部分，部分之存在价值尽为单位所吞没"③。个性被吞没，必然压抑人们的创造精神，人们的创造精神长期受压抑，则社会、国家、民族的进步必然迟滞。傅斯年在《新潮》发表文章说："'善'是从'个性'发出来的。没有'个性'就没有了'善'。"又说："必然'个性'发展，'善'才能随着发展。要是根本不许'个性'发展，'善'也成了僵死的，不情的了。僵死的，不情的，永远不会是'善'。所以摧残'个性'，直不啻把这'善'一件东西根本推翻。"④高一涵非常明确地指出："吾国数千年文明停滞之原因即在此小己主义不发达之一点。"⑤那么，要谋求国家社会之进步、发达，最基本的就是要"养成健全之个人"，"非尊重个人之价值不为功"⑥。

我们应当记得，在清末，人们也曾宣传过个人自由之类的思想。但那时，往往只把个人自由作为救国、强国的一种手段。如梁启超强调"团体不保其自由，……则个人之自由更何有也？"故他又说："自由云者，团体之自由，非个

---

① 《吾人最后之觉悟》，《青年》1卷6号，又载《陈独秀文章选编》（上），生活·读书·新知三联书店1984年版，第107页。

② 《敬告青年》，《青年》1卷1号，载同上书，第74页。

③ 李大钊：《东西文明根本之异点》，原载《言治》季刊第3册，引自《李大钊文集》第2册，第205页。

④ 傅斯年：《万恶之源》，原载《新潮》1卷1期，见欧阳哲生编《傅斯年全集》第1册，湖南教育出版社2003年版，第104—105页。

⑤ 高一涵：《国家非人生之归宿论》，《青年》1卷4号。

⑥ 蒋梦麟：《个性主义与个人主义》，《教育杂志》第11卷2期，载《蒋梦麟学术文化随笔》，中国青年出版社2001年版，第45页。

人之自由也。"①严复说得更干脆："今之所急者，非自由也，而在人人减损其自由而以利国善群为职志。"②由此可见，五四时代启蒙思想家们提倡个性主义、个人自由，与他们的先驱们已有很大不同，而与其西方的先驱们更加接近。胡适甚至针锋相对地对青年们说："现在有人对你们说，'牺牲你们个人的自由，去求国家的自由！'我对你们说：'争你们个人的自由，便是为国家争自由！争你们自己的人格，便是为国家争人格！自由平等的国家不是一群奴才建造得起来的。'"③

五四新文化运动中，思想领袖们对个性主义或个人主义重新作了诠释。其中以胡适的诠释最具代表性，亦最富影响力。他在 1918 年《新青年》4 卷 6 号上发表《易卜生主义》一文，通篇盛赞个性主义，因而被誉为"个性解放的宣言"。他在这篇文章中给个性主义提出一个极明白易懂的界说。他说："发展个人的个性须有两个条件。第一，须使个人有自由意志。第二，须使个人担干系，负责任。"从前在清末，严复、梁启超宣传自由思想时，也曾说过：自由，须是人人自由而以不侵他人之自由为界。意思当然是对的。但，较之胡适的说法，终嫌简括而不够通俗明晰。胡适所提第一点，指出个性主义最基本的是要有自由意志。这是非常明确的。第二点极重要，也可说是胡适的一个新贡献。个人须对自己的思想言行担干系，负责任。这既包含了积极方面的意义，也包含了消极方面的意义，积极的意义是，个性主义的个人是独立的、自主的、不依赖于任何人的。它与奴隶最大的不同，就是奴隶不能自主，因而不须自负责任。消极的意义是，个性主义的个人，其思想言行须接受社会的裁判，裁判的结果都须个人去承担。这个界说，根本上廓清了数千年来专制主义者所加给个性主义的种种莫须有的罪名，什么"自私自利""为所欲为""人欲横流"等等，均与个性主义毫无关系。这个界说也使不够成熟的青年人，对个性主义有

---

① 梁启超：《新民说·论自由》，《饮冰室合集·专集之四》，第 46 页。

② 严复：《民约平议》，《严复集》第 2 册，中华书局 1986 年版，第 337 页。

③ 胡适：《介绍我自己的思想》，《胡适文存》四集卷五，《胡适全集》第 4 册，安徽教育出版社 2003 年版，第 663 页。

正确的了解，有一种戒慎的态度，增强社会责任感。应当说，对个性主义给出一个通俗易懂，意义明晰的界说，对于个性主义的提倡和争取广泛的理解与支持是有积极意义的，在专制主义盛行两千多年的中国，尤其如此。

五四时期的启蒙思想家们提倡个性主义的另一个新贡献，是他们十分注重个性主义或个人主义与民主政治的关系。陈独秀所说："国民政治果能实现与否，纯然以多数国民能否对于政治自觉其居于主人的主动的地位为唯一根本之条件"，已经凸显了这一层意义。当时的思想家们就这一主题发表了许多富有启发意义的见解。政治学家高一涵在论述个人与国家的关系时指出："盖先有小己，后有国家；非先有国家，后有小己。"因此，事实是"为利小己而创造国家"，而不是"为利国家而创造小己"。"社会国家之价值，即合此小己之价值为要素所积而成。"①陈独秀也非常明确的说："国家利益，社会利益，名与个人主义相冲突，实以巩固个人利益为本因也。"②蒋梦麟说到意思完全相同的意见，他说："国家与社会者，所以保障个人之平等自由者也。"③既如此，则所谓民主政治，就是可以保障个人自由的一种政治制度。不承认个人自由，不承认个性主义或个人主义之合理性，不承认个人权利乃国家权利之本原，就谈不上民主政治。这也就是历来以国家社会的名义压制个性的发展，抹杀个人权利的专制主义者之所以畏惧和敌视个性主义的原因所在。

前面曾谈到梁启超在清末宣传自由主义时，往往要强调先争国家的自由。"五四"后他的认识也有所变化。在《欧游心影录》一书中，他直截了当地说："国民树立的根本义在发展个性。"他把这叫作"尽性主义"，他解释这所谓"尽性主义"，"是要把个人的天赋良能发挥到十分圆满。就私人而论，必须如此才不至成为天地间一赘疣。……就社会国家论，必须如此，然后人人各用其所长，自动的创造进化，合起来便成强固的国家，进步的社会"④。并且他说：

---

① 高一涵：《共和国家与青年之自觉》，《青年》1 卷 2 号。
② 陈独秀：《东西民族根本思想之差异》，《青年》1 卷 4 号。
③ 蒋梦麟：《个性主义与个人主义》，《教育杂志》第 11 卷第 2 期。
④ 《饮冰室合集·专集之二十三》，第 24 页。

"这便是个人自主的第一义，也是国家生存的第一义。"①

"五四"时代，除了民主科学即所谓德、赛两先生外，大概最令青年人动心的就要算是"个性解放"的口号了。经过五四新文化运动的洗礼，一代知识青年中确实有相当大的多数，多少领悟了个性主义，挺身摆脱宗法家庭的拘执，自择学校去读书，自择伴侣建立新生活，自执信仰走上社会，或为一种政治理想而投身革命，或为一种事业理想而选定一种职业去奋斗。"五四"后的中国，确有了一些新的气象。但若战胜两千年专制主义的森严壁垒，使个性主义获得全社会的认同，那还有很长的路要走。不过有一点是比较清楚的，"五四"以后，中国人对个人权利的关注要明显地强于历史上的任何时代，个性主义的存在空间，也较任何一个历史时期为佳。后来在抗战时期，国民参政会第二次宪政运动兴起时，人们即比较专注于个人自由权利的保障。这是很值得注意的。②及至抗战胜利前夕，毛泽东在其《论联合政府》一文里，也难能可贵地提到"保障广大人民能够自由发展其在共同生活中的个性"③。

可以看出，自清末以来，个性主义及个人自由，已是中国思想家关注的历史主题。在"五四"时期，个性主义的倡导达到了前所未有的高峰。后来，在实际社会生活中，虽未成为绝大多数人认同的主张，但毕竟已不能完全抹杀。

四

从上述可知，世界化与个性主义概念、词语的形成，都与五四新文化运动有关。"个性主义"是直接从新文化运动中产生出来的，而"世界化"虽然最

---

① 《饮冰室合集·专集之二十三》，第 25 页。

② 参见耿云志等著：《西方民主在近代中国》第 13 章，第 2 节，中国青年出版社 2003 年版，第 570—578 页。

③ 毛泽东：《论联合政府》，《毛泽东选集》第 3 卷（横排本），人民出版社 1991 年版，第 1007 页。

早是在胡适的《充分世界化与全盘西化》（1935 年）一文中提出来的，但其基本的意涵也是在新文化运动中呈现出来的。从那时到现在已经过去一百年了。而令我们重新熟悉这两个概念，却是改革开放以后这几十年的事。

革命年代大家关注的问题是夺取政权的问题，那是一个亿万人集体奋斗的过程，人们暂时淡忘或暂时屏蔽世界化与个性主义这两个概念，显然是不奇怪的。到了改革开放的新时期，人们重新唤起对这两个概念的记忆，同样是很自然的事情。但这不等于说，大家都已正视这两个概念所标志的确切含义，因此也不能说，人们都已经自觉地沿着这两个概念所昭示的意义努力前行。我们可以肯定地说，当大多数人都能自觉地沿着这两个概念所昭示的意义努力奋斗的时候，我们国家的现代化，或者换句话说，我们民族的复兴就真正是可预期的了。

这里很有必要提示一下，现在人们更熟悉的词是全球化，而且很多人都误把全球化看作世界化。这是极其错误的。全球化是起源于经济学界，是追求国际间生产、服务等经济活动的标准化、程式化、统一化。这首先是世界上各大垄断集团追求的目标。我所说的世界化完全不是这个意思。它是指，世界各国、各民族间文化的交互流动，交互影响，从世界交往中各取其所欲取，各出其所愿出，在这种良性互动的过程中，各国、各民族互利并进，在世界文化的繁荣发展过程中，实现自身的进步与发展。当然，世界化是个长期延续的过程，在当下的发展阶段，仍然存在某些国家、某些民族是被动地卷入世界化过程的情形。也有某些国家凭借自己的实力，意图强制推行于己有利的某些模式。这些问题，只有在世界化的过程中不断地获得解决。全世界的人们愈加自觉地投入世界化进程，就会愈加容易解决上述的问题。

至于个性主义的问题，就只有在不断深化各项社会改革的过程中加以实现。而社会改革的深化，要靠所有人的努力奋斗。

中国近代思想中的"未来"[①]

王汎森

台湾"中央研究院"史语所

"未来"是一个重大的问题,它包含的子题很多:"未来"会是什么样子?如何达到"未来"?是谁的"未来"?是谁决定"未来"应该怎样?是谁决定要用什么样的方式达到"未来"?在"现在""过去""未来"三际之中,"未来"的分量如何?它只是"过去""现在""未来"这"三际"中共通的一际,还是压倒性的、唯一最重要的时间?另外,"未来"究竟是邈远难知,因而可以置而不论,还是能知的甚至是"已知"的?以上问题不只牵涉现实、政治、人生,也牵涉学术等许多方面。

既然"未来"是个包罗广大的问题,本文不能不对讨论的范围有所限制。我想要谈的不是近代中国对"未来"想象之内容,而是从 1900 年至 1930 年左右,短短二三十年间,新派人物的时间意识及其连带的对未来世界的想象与计划呈现出巨大变化,"未来"成为一个无以名之的巨大力量。我尽量将讨论局限在三种与"未来"有关的议题中。第一,"未来"如何浮现成为一个极重要的观念,"未来"如何成为正面的、乐观的想象,以及"未来"的内容如何成为无限开放,而且成为随不同个人或团体拟议的对象。因为"未来"意识的不断膨胀,使得人们自古以来习以为常的"过去""现在""未来"三种时间概念的分量发生了重大的变化。第二,探讨一种特殊的时间意识及其对未来世界的

---

① 本文曾在北京师范大学"思想与方法:近代中国的文化政治与知识建构"国际高端对话暨学术论坛中宣读,得到包括施耐德(Axel Schneider)教授、罗志田教授等人的评论,深表感谢。本文构思甚久,后来在实际撰写过程中也受到科泽勒克(K. Koselleck)著作的启发。

想象与规划是如何产生的？这种时间意识与想象隐然认为"未来"为可知的甚至是已知的①，"过去"反而是未定的或未知的，并从未来完成式出发去思考生活或思考历史。第三，两者互相加乘，对近代中国许多层面尤其是日常的生活与抉择产生了重大而无所不在的影响。

这是一个"过去"与"未来"的分量急遽调整的时代。至少在有意识的层面中，"过去"的分量变得愈来愈无足轻重，而"未来"愈来愈占有极大分量，使得这个时代的思考、决定、行动的方式也莫不染上这个色彩。

一、 近代思想中的"未来"

"未来"这个观念在中国古代虽不罕见，但传统概念中最常使用的词汇是"来者"，有时候则用"将来"。"来者""将来"与"未来"的意思并不相同，它们意味着三种不同距离的"未来"。"来者"是近而可见的，"将来"是将会来者或将要来者，"未来"则指离得更远、更不确定的时间。②

在传统概念中，"未来"与"现在"的距离很远，有时候甚至带有预测性，如"预度未来""卜占可以知未来"；有时与图谶有关，如说"图谶能知能观未来"；有时是宗教性的，如佛教"三际"中的"未来际"，禅宗的"如何识未来生未来世"，指的是下一世的事情，或者说"未来佛"，指的是下一个阶段，不知多少年以后的佛。从台湾"中央研究院"的汉籍文献数据库中可以看出，"将来"远多于"未来"③，而且不像我们今天常三句话不离"未来"。

---

① 虽然从后来者的眼光看，这些只是种种价值观，并不代表对未来真有所知，但当时许多人是这样相信的。

② 清代小说《镜花缘》里就出现很多的"将来"，其实"将来"是"将"要"来"的意思，而"未来"则可以想成是"未""来"或"未"可能"来"，而传统经典中如《孟子》讲"五百年必有王者兴"，有点未来世的味道。

③ 以台湾"中央研究院""汉籍文献数据库"检索"未来"一词，大约出现了1 000多条信息，其中有许多是指人没有出现的意思，至于"将来"与"来者"，则有12 000多条信息。

引发我觉得要好好思考"未来"这个问题的缘由，是因为晚清、民国以来，好像伟大的人物都在推销或买卖对"未来"的想象。台北政治大学有个网站的名称是"未来事件交易所"①，我一直对他们做的工作感到好奇——没有发生的事情为什么可以交易？这不就是晚清以来伟大人物在推销或买卖的概念吗？在传统概念中，未来才会存在的东西似乎不大可能有交易价值。随便翻翻古往今来的史书，都绝对不会像现代人那样处理"未来"，即便谈到未来，也是想回到"黄金古代"的想法。但晚清以来的"未来"很不一样，而且愈不一样越好，愈不一样愈吸引人。像康有为《大同书》里讲的"未来"，是所有星球都可以按电钮投票，所有星球可以选一个共同执行委员会之类的想象——这个"未来"离古书太远、太远了。由于过去的历史与现代的世界相似性太少，所以许多人宣称历史不再有教训，过去是通过"历史"寻找合法性，现在往往是通过"未来"获得合法性。康有为的《大同书》也许比较极端，但近代许许多多的概念和想象都带有沉厚的"未来"性，在现实上产生了极大的影响。令人不禁要问，在过去百年，究竟是什么促成了新的"未来"观如此畅行？

描述过近代中国的新未来观后，在此想简单地先回顾一下新未来观形成的几个因素。一是西方知识的大量引入，近代西方重视未来的思想文化被大幅移植到中国。二是进化论思想引导人们想象美好的时代是"未来"，而不是"黄金古代"。②三是以"未来"为尊的新型乌托邦思想的引入。传统的乌托邦理想往往以上古三代为依托，新型的乌托邦则大抵是依托于未来。当时从西方传入的一些带有乌托邦色彩的文学作品，如《万国公报》自 1891 年起刊载的《百年一觉》这篇乌托邦小说就产生了不小的影响③，这些带有乌托邦色彩的文学

---

① 由政治大学预测市场研究中心和未来事件交易股份有限公司合作的网站：http://xfuture.org。

② 关于这个方面的研究很多，包括我的几篇论文，如王汎森：《时间感、历史观、思想与社会：进化思想在近代中国》，陈永发主编：《明清帝国及其近现代转型》，台北：允晨文化出版公司 2011 年版，第 369—393 页。

③ 参考熊月之：《西学东渐与晚清社会（修订版）》，中国人民大学出版社 2011 年版，第 320—323 页。

作品，展示了一个与传统中国非常不一样的"未来"想象。四是在近代中国，"未来"常代表极度乐观、有光、有热、有主观能动性，甚至带有强烈乌托邦的色彩。"未来"往往与变革或革命连在一起，成为变革中一支有力的武器，任何人只要掌握"未来"，就可以有极大的力量。辛亥革命的成功便是最好的例子，它使得历史跟现在、未来有了完全不同的关系。顾颉刚说："辛亥革命后，意气更高涨，以为天下无难事，最美善的境界只要有人去提倡就立刻会得实现"[①]，即是一证。"未来"变成是一蹴可就的，而且在现世中就可以达到。不论是戊戌变法还是辛亥革命都极大幅度地引进全新的事物，并且带来无限的可能性，使得现在与未来变得和过去完全不再相似，并以新的、不相似的为正面价值。所以它们不但带来一个新的"未来"，也因为人们对过去想象的改变，带来一个新的过去。必须注意的是，并非所有人都向往新的"未来"，事实上许多人在这个问题上虽然转步，却仍未移身，他们不一定都向往过去，他们也可能重视未来，但不一定都向往如此崭新的、陌生的"未来"。因而，新型"未来"的出现造成两种文化，一种是比较向往美好的"过去"，另一种是向往美好的"未来"。这两者往往成为分裂的派系，文化上如此，政治上亦如此。

这一时期的思想家可以非常粗略地分成两大类，一类面向过去，一类面向未来。晚清以前，局势非常动荡的时候，人们往往会想回到更好的、更良善、更道德、更淳朴的古代，在道光咸丰年间的许多思想文献中，便有这个特色。当然像龚自珍、魏源等人是向往未来的，但他们所想象的未来，是一个与传统完全不一样的未来。晚清以后，在思想家的世界中，不可知的事物变得更有力量，不可知的"未来"渐渐压倒了已知，与现实离得愈远的"未来"吸引力愈大。

如果以光谱上的深浅浓淡作区别，那么在三民主义阵营中，也有面向"过去"与面向"未来"两种类型的区分。戴季陶的《三民主义之哲学的基础》显然是比较面向过去，而周佛海的《三民主义之理论的体系》则是偏向未来理想

---

① 顾颉刚：《〈古史辨〉第一册自序》，《顾颉刚选集》，天津人民出版社 1988 年版，第 17 页。

的构建。相比之下，国民党的文宣大将叶楚伧在新文化运动之后，仍然坚称中国古代是由黄金美德所构成的，胡适在《新文化运动与国民党》中便特地提出叶氏的观点作为攻击批评的靶子。①

以政治领袖来说，也有面向新"未来"和不面向新"未来"两种类型。前者的例子是毛泽东，后者的例子是蒋介石。蒋介石好谈四维八德、好谈道统、好谈中国古代圣贤的美德；而毛泽东则是破除传统、不断以未来社会主义的前景来说服同志与人民。蒋介石、毛泽东提到传统与未来的频率，也是截然不同的。他们所读的书也各有代表性。蒋介石好读哲学书，尤其是宋明理学及先秦诸子。他说自己读明朝胡居仁的《居业录》"不忍释卷"；对黑格尔、贺麟《朱熹与黑格尔太极说之比较观》及周敦颐的《太极图说》，也都表现出很大的兴趣。②从蒋介石的《五记》，尤其是《省克记》和《学记》可以看出，蒋介石最根本的想法还是想寻找通向美好过去的途径，或在有意无意之间思考着如何把经书里讲的哲理变成现实。毛泽东则是好读历史、重视现实，历史的价值除提供许多可资参考的范例外，辩证唯物论及社会发展史则是了解"未来"、迈向"未来"的指引。向往美好的过去和向往美好的未来变成两种非常不同的思想和行动形式。

二、 历史书写与新"未来"观

"未来"变得重要，与"未来"变成是可知的或已知的是两回事，后者是比较令人诧异的。我想在这里从历史书写的角度，试着为这种新"未来"观作出一些解释。

近世西方因为革命及各种重大的社会变动，使得过去的历史与当代社会之

---

① 胡适：《新文化运动与国民党》，《新月》2：6—7（1929），第11—25页。
② 参见黄自进、潘光哲编：《蒋中正总统五记》，台北：国史馆2011年版。

间的相似性愈来愈少，因此，过去那种提供相似的古代范例作为现代人的历史教训的方式渐失效用。①这一情形也发生在近代中国，经过晚清以来的历史巨变，过去与现在变得愈来愈不相似，而范例式史学也变得不像过去吃香了。另一方面，晚清民初流行的几种新史学，所带出来的新时间观与传统史学有所不同，也使得历史与未来的关系，以及"未来"的性质产生重大的改变。这些史学带有寻找并建立公例、律则、规律的特色。它们表现为两种形式，一种是认为历史中可以找到规律；另一种是以律则或类似律则的方式书写历史。

这些律则式的史学使得史学与新的"未来"之间产生了密不可分的关系，新的"未来"观便从它们的字里行间浮现出来，到处发生影响，使得人们日用而不自知，尤其是使得新一代的历史著作中"未来"的意识变得很浓厚。过去士人之间流通最广的是《纲鉴易知录》之类的史书，这些书绝对不会告诉人们未来是可知的，只有图谶、占卜才能预测未来，史学不行。可是现代史学中的律则派却发展出以前史书所没有的功能，它不再只是以范例或历史的趋势来提供历史鉴戒，而是信誓旦旦地主张从历史中可以归纳出事物发展的规律，不管是进化论史学还是公例史学都是如此。

前面已经提到，晚清几十年对"公例""公理""公法"的信仰是非常坚定的，它们认为世界各国都在同一个表尺上面，可以找到共有的发展阶段与发展规律，即"公理""公例"；并认为历史的功用不仅在于提供个别事件的鉴戒，更重要的是可以从历史发展的过程，找到一条又一条的定律，进而推知未来。

"公理""公例""公法"的崛起是有时代背景的。晚清以来，传统的"大经大法"日渐废堕，在求索新的"大经大法"过程中，西方科学定律或真理观产生了递补作用，成为新的"大经大法"，而在律则式思维的巨大影响下，兴起"公理""公例"式的真理观。这种真理观的影响真是无远弗届，从晚清最后二十几年开始，一直到五四运动之前，可以说是它们当令的时代。在这一真

---

① Reinhart Koselleck, "Historia Magistra Vitae: The Dissolution of the Topos into the Perspective of a Modernized Historical Process", *Future Past: On the Semantics of Historical Time*, tr. by Keith Tribe, Cambridge, Mass and London: The MIT Press, 1985, pp. 21—38.

理观之下，人们可以从任何现象求得"公理"或"公例"。任何学问中皆有"公例"，如"生计学公例""智力学公例"。历史学也是求公例之学，这种新历史观也影响了比较具有保守倾向的史学家，柳诒徵即宣称史家的任务是"求史事之公律"。[1]

仔细追索"公理""公例""公法"三个概念的来源并不是本文的目的，不过我们可以比较确定这三个词汇的使用进程：（1）"公法"一词起源最早，在19世纪50年代的《六合丛谈》中就可以看到"公法"一词，它通常是用来指自然科学的定律。（2）从一开始，这三个词汇每每互相混用，大抵皆指自然科学中所发现的律则。（3）后来这三个词汇逐渐分用，"公法"指国际公法，"公例"指定律，"公理"则指具有普遍性的道理。西方自然科学的庞大威力，使得大自然成为有律则的思维，给人们带来极大的憧憬，而且认为西方的律则可以普遍适用于全世界，正因为西方的即是全人类的，所以它们是"公"的。此时许多人都兴奋地找到这个新的"大经大法"，宋育仁写过《经术公理学》[2]这样洋洋洒洒、发挥儒家道理为人类公理之大书，康有为早期几部野心极大的书，如《康子内外篇》《实理公法全书》也都是在这思想脉络下产生的。[3]

"公理"与"公例"固然是自然科学的，但是当时的人认为在人文社会领域同样适用。譬如晚清《心学公例》一书，即是讲心理学的定律。传统的"大经大法"是由儒家的经典提供，现在的"大经大法"却由"公理""公例"接手，但两者之间的性质并不相同。儒家经典提供的"大经大法"是让人们在它的道理中"涵泳"，或者借用查尔斯·泰勒在《黑格尔与现代社会》中的话来说，是一种表现式的（expressive）真理[4]，而"公理""公例"所提供的是律则（law、general law）式的，是将现象归纳、演绎之后所得到的律则式，而且

---

① 柳诒徵：《国史要义》，台北：台湾中华书局1957年版，第127页。

② 宋育仁：《经术公理学》，上海同文社光绪三十年（1904）版。

③ 参考黄明同、吴熙钊主编：《康有为早期遗稿述评》，中山大学出版社1988年版。

④ Charles Taylor, *Hegel and Modern Society*, Cambridge, New York：Cambridge University Press, 1979, pp. 1—3.

每一件事皆有其"进化之公例"①。

综合言之，"公理""公例"式的真理观常带有以下特质：第一，古今可能是相通的，故并不排除儒家的古典时代的价值，常常主张"经"与"公例"相合。其真理是"律则"式的，不是儒家原来"表现"式的，故与儒"经"原先又有不同。第二，此真理观有许多时候是通贯中西的，"公理""公例"既通于西方，往往也通于中国，但通常是以"西"为主体来评断"中"，后来则逐渐发展成"中"是"中"、"西"是"西"，它们不再在一个"公理""公例"的笼罩之下。第三，"公例"可以是科学、人事兼包式的大经大法。第四，"公例"观之影响，可以是激进的理论，也可以是保守的思维，因为动静、新旧、中外皆宜，所以如此吸引人。第五，它是"科学"的，但又不纯是"科学"，是一群业余的科学或人文学者可以随意宣称的东西：好像人人都可以宣称自己发现了某一"公例"，或自己代表了某一"公例"。这个时候，谁宣称"公例"？如何宣称"公例"？"公例"的内容是什么？每每带有强烈的现实权力意涵。第六，"公理""公例"与"文明""文明史"或其他价值框架相配拟，成为一个向上发展之阶梯式目标。

历史变成了寻求"律则"之学，甚至有人认为能求得"公例"的史学才是"历史"，否则是"非历史"。梁启超的《新史学》说："历史者，叙述人群进化之现象而求得其公理公例者也。"②据此，西方国家所经历的历史阶段，虽然东方及其他落后国家尚未发展到达，但依据"公法""公例""公理"所预定的步骤，现在的西方即是我们的"未来"，所以未来是可知的。

除梁启超外，我们还可找到许多相近的例子，譬如吕思勉。吕思勉曾说："史学者，合众事而观其会通，以得社会进化之公例者也。"③吕思勉是一位在梁启超的新史学、进化史学、左派史学影响下，但又是取向比较传统的史家，在他的诸多史学言论中，居然明白地表示"未来"是可知的。未来之所以不可

---

① 严复说："乃考道德之本源，明政教之条贯，而以保种进化之公例要术终焉。"赫胥黎著，严复译：《天演论》，台北：台湾商务印书馆1969年版，第4页。

② 梁启超：《新史学》，《饮冰室合集》（第1册），中华书局1989年版，第10页。

③ 吕思勉：《史籍与史学》，《吕著史学与史籍》，华东师范大学出版社2002年版，第41页。

知，是因为没把过去弄清楚，只要弄清过去，求得"公例"，则"未来"必可知。吕思勉说：

因为社会虽不是一成不变，而其进化，又有一定的途径，一定的速率，并不是奔逸绝尘，像气球般随风飘荡，可以落到不知哪儿去的。所谓突变，原非不可知之事，把一壶水放在火炉之上，或者窗户之外，其温度之渐升渐降，固然可以预知，即其化汽结冰，又何尝不可预知呢？然则世事之不可预知，或虽自谓能知，而其所知者悉系误谬，实由我们对于已往的事，知道得太少，新发展是没有不根据于旧状况的。假使我们对于已往的事情，而能够悉知悉见，那么，我们对于将来的事情，自亦可以十知八九，断不会像现在一般，茫无所知，手忙脚乱了。……现在史学家的工作，就是要把从前所失去的事情，都补足，所弄错的事情，都改正。这是何等艰巨的工作。现在史学家的工作，简言之，是求以往时代的再现。任何一个时代，我们现在对于它的情形，已茫无所知了，我们却要用种种方法钩考出这一个时代的社会组织如何，自然环境如何，特殊事件如何，使这一个时代，大略再现于眼前。完全的再现，自然是不可能，可是总要因此而推求出一个社会进化的公例来，以适用之于他处。①

他又说：

然则史也者，所以求知过去者也，其求知过去，则正其所以求知现在也。能知过去，即能知现在，不知过去，即必不知现在，其故何也。日天地之化，往者过，来者续，无一息之停。过去现在未来，原不过强立之名目。其实世界进化，正如莽莽长流，滔滔不息，才说现在，已成过去，欲觅现在，惟有未来。②

---

① 吕思勉：《吕思勉遗文集》（上），华东师范大学出版社 1997 年版，第 471 页。
② 同上书，第 279 页。

从这两段史论，就可以发现律则化史学，加上"公理""公例"观点如何为当时中国的历史意识带来一个新的范式，即从史学所发现的"公例"中，我们可能预知"未来"，只要我们的研究够精进，"未来"可以是已知的。

即使是在"公例史学"流行的时代，仍有两种区别，一种认为中国历史自有其公例，如保守派史家柳诒徵认为史学的新任务便是"求史事之公律"，但所求的是中国历史自有之"公例"；另一种则认为大部分或全部的公例是西方的，中国或世界其他各民族都是循这一个普遍的公例前进的。相比之下，前者是极少数，后者才是主流。梁启超《新民说》中就曾说，"吾请以古今万国求进步者，独一无二不可逃避之公例"[1]，鲁迅说，"据说公理只有一个，而且已经被西方拿去，所以我已一无所有"[2]，即是两个显例。革命阵营的《民报》上则往往将"公例""公理"的层级定位为不可逃的普遍真理，"如谓不能，是反夫进化之公理也"[3]，把在"公理""公例"的阶梯上拾级而上规定为个人或国家的道德义务，既然"公例"像表尺一样精确，且放诸四海皆准，那么中国的"未来"不就在这只表尺上刻画得清清楚楚的吗？

19世纪是一个历史的世纪，因为历史思考渗透到了人文及科学的各个领域。故英国大史家艾克顿说："历史不仅是一门特殊的学问，并且是其他学问的一种独特求知模式与方法。"[4]所以在20世纪初年的中国，人们总把史学当作能找到新"大经大法"的资具，史学成为一种新"经"。这个角色是与社会学结盟而取得的，譬如史学家刘咸炘总认为"一纵（史）一横（社会学）"，正好包括所有人事的纵、横两面[5]，从中所得到的"公例"，事实上即等于六经的"道"。

求得"公例"既然是史学的新任务，当时人所关心的是如何求得这些"公

---

① 梁启超：《新民说》，台北：台湾中华书局1972年版，第60页。

② 王汎森：《近代中国的线性历史观——以社会进化论为中心的讨论》，《新史学》2008年第6期。

③ 过庭：《纪东京留学生欢迎孙君逸仙事》，《民报》（第1号），1905年11月25日。

④ 黄进兴：《后现代主义与史学研究》，台北：三民书局2006年版，第245页。

⑤ 有关刘咸炘史学思想的讨论：请参见王汎森：《风——一种被忽略的史学观念》，收入《执拗的低音：一些历史思考方式的反思》（生活·读书·新知三联书店2014年版；台北：允晨文化实业公司2014年版）。

例"。除了传统的综观历史之大势外，有的人认为西方的"公例"即是中国历史的"公例"，所以只需套用西方的观念、方法即可，有的认为应该运用统计方法。譬如晚清翻译的巴克尔《英国文明史》中，便曾连篇累牍地指出，史学也需像自然科学般可以找出"公例"，而找出公例的办法是运用统计学。巴克尔运用统计学找出的公例非常多，而且将自然环境、物产、人事甚至心性结合成一个系统，其中无不可求得公例。①陈黻宸的《独史》等文章也大力宣扬统计方法是从历史中寻得"公例"之重要法门（事实上也就是寻找真理之一种法门），陈黻宸到处宣扬"史"＋"统计"＝"公例"的公式。②

"公例"观使得新派人物宣扬西方式的普遍真理，也让保守派有一个工具可以拿来与新派人物争衡，譬如张尔田，他对胡适等新派人物，一贯存有敌意，却又想在思想上与之争衡，于是他不断地用"历史公例"来重新说明儒家的本质与历史。他说："夫天下无无源之水，亦无无因之文化，使其说而成立也，则是各国文化皆有来源，中国文化独无来源，一切创筑于造伪者之手……即以论理而言，世界历史有如此公例乎?"③又，《与人书二》中论证孔子为宗教家④，最重要的是"最普通之公例，求之景教而合，求之孔教亦无不合"⑤。还有《与陈石遗先生书》讲到谶纬时说："某尝病我国上古神秘太少，为违反世界历史公例。"⑥"公例史学"使得历史教训的方式、真理的性质皆改变了，在这个新真理下，"未来"是可以依"公例""比例"而得的。西方文明所经历的阶梯，即宇宙万国之阶梯，所以只要能知道目前中国在西方文明史中的哪一阶段，便可

---

① 巴克尔的影响，参见李孝迁：《巴克尔及其〈英国文明史〉在中国的传播和影响》，《史学月刊》2004 年第 8 期。

② 陈黻宸《独史》说："夫欧美文化之进，以统计为大宗"，"吾又观于泰西之言史者矣，曰统计史者，非今日所能尽行也"，"斯亦史家之独例也"。收于陈德溥编：《陈黻宸集》，中华书局 1995 年版，上册，第 562—563 页。梁启超也有类似的史学观。

③ 张尔田：《论伪书示从游诸子》，《遯堪文集》（卷二），傅斯年图书馆馆藏古籍线装书。

④ 张尔田说："然则孔教之为宗教，南山可移，此案殆不可复易矣。"《与人书二》，《遯堪文集》（卷一），第 24a 页。

⑤ 张尔田：《与人书二》，《遯堪文集》卷一，第 26a 页。

⑥ 张尔田：《与陈石遗先生书》，《遯堪文集》卷一，第 34a 页。

以知道"未来"会如何。

另一种与本文所讨论的"未来"观相关的是"文明史观"。晚清的文明史观认为中西都在同一条发展的路上，所以只要把历史弄清楚，人们就知道这一条定律如何发展。因此那时候的人们认为，中国未来某一个阶段的文明大概就发展到像当时最进步的西方，所以"未来"是可知的，而且是进步的、乐观的。

"进化史观"亦然，当时的人认为进化是人类的"公理"，是"自然规则"，而且"进化"的秩序具有阶段性，是世界各国共遵的阶段——"宇宙各国无不准进化之理"[1]，"世界虽变迁而皆不能出乎公例之外"[2]。那么中国的"未来"是可以在这个表尺中很容易找到的，通常就是现在或未来的西方。

不过并不是所有人都有这么浓厚的"未来"感，此中有非常显著的光谱浓淡之别，譬如顾颉刚《宝树园文存》中的文章，常可见到"发展""未来的发展"，但是程度不深，而且对"未来"也没有特定的想象。即使如此，还是有许多人对过度重视"未来"不以为然，或者认为"未来"不应是史学论著的重要关怀，这一点是要特别强调的。

此外，晚清民国各种历史"阶段论"的引入也与本文讨论的主题密切相关。从晚清以来各种形式的历史阶段论相当盛行。从 19 世纪前半叶即已出现了一种中西历史"合和"的潮流[3]，即合中西历史为一家式的写法，事实上就是把中国纳入"普遍历史"之中。我们不能轻看这个潮流的影响，愈到后来"合和"得愈紧，也愈趋公式化，事实上，其中有不少历史著作已经是以西方历史驾驭中国历史，以西方的"过去"与"未来"取代中国之"过去"与"未来"。比如，苏格兰启蒙运动以来非常流行的阶段论，即"渔猎—游牧—农

---

[1] 陈天华：《中国革命史论》，刘晴波、彭国兴编校：《陈天华集》，湖南人民出版社 1958 年版，第 214 页。

[2] 熊月之主编：《晚清新学书目提要》，上海书店出版社 2007 年版，第 454 页。

[3] 章清：《"普遍历史"与中国历史之书写》，《新史学：跨学科对话的图景》，中国人民大学出版社 2002 年版，第 236—264 页。

业—商业"①，在近代中国有不少信从者，但它与近现代中国思想却有不大融洽之处。第一，中国人对苏格兰启蒙运动哲学中与四阶段论密切相关的推测史学（Conjectural history）的背景并无了解。第二，如果不是"黄金古代"的观念被打破了，四阶段论之类的想法也不可能被接受。在"黄金古代"没落之后，如何解释从野蛮到文明的变化变得很迫切，四阶段论式的思维正好填补了它的空隙。第三，四阶段论在学术上颇有影响，但在考虑现实问题时并不特别吸引人，因为在一般人的认知中，它的最高阶段"商业社会"并未超出当时中国之状况，因此对中国人未来的前途不具强烈指示性。

民国初年，孔德的三阶段论也有一定的地位，当时北京即有孔德学校。孔德的论述是基于人类知识与社会的发展经历三个阶段：神学阶段、形而上学阶段、实证阶段。由此孔德认为按照科学发展的序列，就是首先产生作为自然科学基础的数学，然后用数学方式考察天文，依次会产生天文学、物理学、化学、生物学，最后产生研究人类学问的社会科学，即社会学。孔德的第三阶段，即"实证阶段"，就是以科学取代形而上学的阶段，无异于预测这是人类共有的"未来"，这对当时中国思想界产生了一定的影响。1919 年 12 月，蔡元培在《北京孔德学校二周年纪念会演说词》中强调的即是这一点，他说：

---

① 关于苏格兰启蒙运动四阶段论的讨论文章很多，如最早而有系统的论述参见 Ronald Meek（1917—1978），*Social Science and the Ignoble Savage*（Cambridge: Cambridge University Press，1976）及其 *Smith*，*Marx & After*（London: Chapman & Hall; New York: Wiley, 1977）。Meek 认为马克思之五阶段（原始共产、奴隶、封建、资本主义、社会主义/共产）启迪于亚当·斯密（Adam Smith）的四阶段论。近人 Levine 持不同意见，Norman Levine，"The German Historical School of Law and the Origins of Historical Materialism," *Journal of the History of Ideas* 48: 3（1987），pp. 431—451。历史方面的考察如 Istvan Hont（1947—2013）的 "The Language of Sociability and Commerce: Samuel Pufendorf and the Theoretical Foundations of the 'Four-Stage' Theory," 收在是氏 *Jealousy of Trade: International Competition and the Nation-state in Historical Perspective* 第一章（Cambridge，Mass.: The Belknap Press of Harvard University Press，2005），pp. 159—184。"推测史学"与达尔文有所关联，参考 Stephen Alter，"Mandeville's Ship: Theistic Design and Philosophical History in Charles Darwin's Vision of Natural Selection," *Journal of the History of Ideas*，69: 3（2008），pp. 441—465。

"我们是取他注重科学精神、研究社会组织的主义，来作我们教育的宗旨。"①

随着严复所译《社会通诠》而大为流行的三阶段论是："图腾—宗法—军国"，它不只影响到线性历史观的写作，更重要的是在这个阶段论架构中，人类最高的发展阶段是"军国社会"。这也使得当时许多人认为，"军国社会"必将成为下一个阶段的中国，所以"未来"是已知的，"现在"的任务是再清楚不过了，那就是加快军国社会的到来。但在中国真正带来弥天盖地影响的是马克思主义的五阶段论，五阶段论在学术与现实政治上的影响，比前述的各种阶段论不知大过多少。②

三、 新"历史哲学"与"未来"

前面提到过，在新未来观的影响之下，历史的角色产生了巨变，由研究"过去"变成照应"未来"。科斯雷克说革命解放了一个文化，同时带动一个"新的过去"（new past），③ 但此处所说的主要是对历史写作的影响。在这里让我们回味海德格尔的说法，海德格尔提到，"过去""现在""未来"三种时间时时刻刻都在互为影响、互相建构，人们总是依照想象（或甚至认为已印证）的"未来"来规划"现在"并研究"过去"。海德格尔又说：对于作品的预期性反应，不可避免地会影响哪些内容非被涵盖，哪些非被排除。或者我们可以认为这与佛经"三世一时"的观念相近，而在这一时的三世却以"未来"这一世占了过于突出的地位。在此前提下，"过去""现在""未来"之意义与以前

---

① 蔡元培：《蔡元培全集》（第 3 卷），中华书局 1984 年版，第 373 页。

② 潘光哲：《摩尔根、马克思、恩格斯与郭沫若——中国马克思主义史学理论渊源的讨论》，收入李永炽教授六秩华诞祝寿论文集编辑委员会编：《东亚近代思想与社会——李永炽教授六秩华诞祝寿论文集》，台北：月旦出版社 1999 年版，第 363—409 页。

③ Reinhart Koselleck, "Historical Prognosis in Lorenz von Stein's Essay on the Prussian Constitution," *Futures Past: On the Semantics of Historical Time*, pp. 56—57.

不同了。

近代几种史学影响到这种可知或已知的未来观的形成，即使有程度轻重的不同，但不可否认的，近代有不少历史著作似乎有过于明显的"未来"是已知的色彩。在20世纪30年代，中国史学有两股重要的新潮流，一支是"历史主义化"，另一支是"历史哲学化"。前者是尽可能地重建古代历史真相，并在那个历史重建的过程中，为新文化的建立找到一些基础；而左翼史家为主的"历史哲学化"主要是为了建构"未来"，要在"未来"中寻找解释过去与现在的一切的基础，它是历史的①，但也可能是反历史的，是隐隐然以"未来"为已知，进而形塑对过去历史的解释，或者用一个时髦的词汇说，就是"回忆未来"②。

在各种新的"历史哲学"中最为关键的，是20世纪20年代后期以来流行的"五阶段论"。1919年，列宁在《论国家》中介绍了恩格斯的《家庭、私有制和国家的起源》，即"原始公社制""奴隶制""封建制""资本主义制""社会主义制"的五阶段论③，后来斯大林更有具体的表述："历史上生产关系有五大类型：原始公社制的、奴隶占有制的、封建制的、资本主义的、社会主义的。"④在国内，范文澜于1940年5月发表《关于上古历史阶段的商榷》，完全接受这一论述，"人类历史的发展，要经过原始公社、奴隶占有制度、封建社会制度、资本主义制度，而后达到社会主义的社会"⑤。

有许多人批评这纯粹是"反历史"的，如沃格林说的"在20世纪，历史

---

① 林同济和雷海宗的"文化形态史观"也是新"历史哲学"的一支。

② "回忆未来"是哈拉尔德·韦尔策尔（Harald Welzer）在《社会记忆：历史、回忆、传承》的序中说的："制作历史总是从'预先回顾'（Antizipierte Retrospektion）出发，就是人们将回顾某种尚待创造性的事情曾经是怎样的。"但韦尔策尔是从杨·阿斯曼（Jan Assmann）的论文中得此观念的。哈拉尔德·韦尔策尔编，季斌、王立君、白锡堃译：《社会记忆：历史、回忆、传承》，北京大学出版社2007年版，第10页。

③ 中共中央马克思恩格斯列宁斯大林著作编译局编：《列宁选集》第四卷，人民出版社1972年版，第41—57页。

④ 中共中央马克思恩格斯列宁斯大林著作编译局：《斯大林选集》（下册），人民出版社1979年版，第446页。

⑤ 范文澜：《范文澜历史论文选集》，中国社会科学出版社1979年版，第81—92页。

作为一种根本的伪造，对异化的生存状态之实在的伪造"①。不过新的历史哲学并不像沃格林所说的全是"伪造"，譬如在 20 世纪 30 年代的中国，它往往是既吸收了当时最新历史研究的成果，但又宣称（或实质上）涵盖之、凌驾之、修正之，并赋予较高层次的科学规律解释，因而超脱出历史主义过度问题取向式的零碎性，赋予历史大图景、大时段、大跨度的解释。

更值得注意的是，有一个重要的时代心态在支撑"历史哲学"派的生存，这个特殊的时代心态从晚清以来已经逐渐出现：既要承认中国落后于西方，应该吸收、模仿西方，但同时又终要能超越西方的一种复合性的心态。而"历史哲学"借着历史发展规律，使得这三种看来互相矛盾的思维形成一个有机体，它"把构造者及其个人的异化状态，解释成所有先前历史的顶峰"②。

社会发展的"五阶段论"既把前述三种矛盾结合在一起，而且又为"未来"赋予清晰的图景。由于相关的史料太多，所以我只征引比较早的作品。蔡和森《社会进化史》"绪论"的标题即表明"人类演进之程序"，文中叙说摩尔根对美洲土著考察数十年后，得知从"群"到"国家"的形成是"挨次追溯社会的进化"，"我们所知道的一切历史时代的各民族莫不经过这样的幼稚时期"③，其中四个字"莫不经过"尤其值得注意，既然"莫不经过"，则中国的"未来"即可在五阶段的格局下推定而知。在社会发展史的影响下，许多历史哲学家对胡适等所代表的实验主义史学进行猛烈的批判，批判的层面相当广泛，其中非常重要的一点就是实验主义史学不谈"未来"。翦伯赞说："（实验主义）历史学的任务就是研究这个社会怎样一点一滴的和平进化到了现在，而且也只准到'现在'为止，对于历史之未来的发展倾向，是不许研究的。"④

在社会发展史中，"未来"不但是可确知的，而且是确定会实现的，诗人聂绀弩说："总有一天，谁是混蛋就要倒下去的。当然，马克思主义的胜利，

---

①② 埃利斯·桑多兹著，徐志跃译：《沃格林革命：传记性引论（第二版）》，上海三联书店 2012 年版，第 107 页。

③ 蔡和森：《社会进化史》，东方出版社 1996 年版，第 1、2、3 页。

④ 翦伯赞：《历史哲学教程》，河北教育出版社 2000 年版，第 249 页。

无产阶级的胜利，这是不成问题的，这是历史确定了的。"①"未来"是确定的，是可知的，或已知的，"过去"反而是未知的；这种思维变得相当普遍，差别只是程度的轻重而已。以 20 世纪 40 年代的吕思勉为例，他并非左派史家，但受当时史学思潮的影响就曾经说过这样一段话："新发展是没有不根据于旧状况的。假使我们对于已往的事情，而能够悉知悉见，那末，我们对于将来的事情，自亦可以十知八九。"②所以这个时候相当流行的一种历史观念是弄清"过去"，即可以找出定律，如果能掌握发展规律，那么这条在线的许多点都可以弄清楚，"未来"当然也就在掌握之中。吕思勉又说，"然则史也者，所以求知过去者也。其求知过去，则正其所以求知现在也"③，"过去""现在""未来"平摆在一条定律上。如果好好把过去的历史研究清楚了，"未来"就是可知的。

另一个例证是"中国社会性质论战"。在这个论战中，"未来"也是非常清楚的，"过去"反而不清楚了。"未来"就是五阶段论中的某一阶段，"过去"则决定于如何定义中国传统社会的性质。这个论战中的积极主张者们往往从"未来"一定会前往的地方回过头去解释中国历史，提供了不少因确定的"未来"，而大幅影响对过去历史重建的例子。

不过当时另外有一些历史学家，像钱穆、柳诒徵、胡适、傅斯年，他们在谈历史与未来时，其叙述方式便不是那么突出。主要原因之一是他们并不服膺或根本反对进化史观和阶段论史观。但史观派的信徒越来越广大，当"未来"是已知时，做事情的方式就不同了，人们不再是那么瞻前顾后、犹豫不决了，生命的意义也在这里得到最积极的提升。领导人的任务也变得很清晰，也就是指挥人们向那条路走，因为那条路可到达可知或已知的"未来"。

---

① 章诒和在《总是凄凉调》的《告密》中说：聂绀弩对抗打击他的人，用的还是"未来"可知的思维，他接着说："不过，马克思主义绝不是这些人，他们什么马克思主义，是封建主义。"章诒和：《总是凄凉调》，台北时报出版公司 2011 年版，第 16 页。

② 吕思勉：《吕思勉遗文集》（上），第 471 页。

③ 同上书，第 279 页。

综上所述，"未来"还代表了一种对无限理性力量的乐观情绪，想象力有多高、未来就可能有多高，一切由"有限"变"无限"，包括对物质的想象。"未来"是希望的，甚至是判断是否合乎道德的准则，违反它似乎带有伦理上的负罪感。人们不应有太多迟疑，应该毫不迟疑地顺着这条路往"未来"走，所以这个已知的未来带有巨大的行为驱动力，政治行动的性质和决策者的思考角度都发生改变，史家与政治家或所有人的任务变得非常清楚。"未来"是已知的，史家或政治家的角色成了"推动者"或"加速者"。

孙俍工的小说《前途》，就把"未来"当成一列火车往前开，"现在的火车开满了机器，正向着无限的前途奔放！""车上的人或沉默地坐着，或高声笑谈着，或唱着不成调的乐歌：大都是在那里等候着各人所想象的前途到来。"[①]刘少奇 1939 年在延安马列学院演讲时，也有类似的这么几句话，"马克思列宁主义整个的理论作了无可怀疑的科学说明；而且说明那种社会由于人类的阶级斗争的最后结局，是必然要实现的"，"而我们的责任，就是要推动这一人类历史上必然要实现的共产主义社会更快的实现"[②]，仿佛在告诉人们，路都帮你指好了，你就往前冲吧。这是有史以来第一次在日常生活文化中出现这样突出的时间感与未来观，影响所及的不只是政治，而且广及人们的日常生活世界。

四、"未来"与日常生活行动

对于过度"未来"性的政治思考，钱穆有扼要的观察，"不知以现在世来宰制未来世，而都求以未来世来改变现在世"[③]。"未来"不但是已知的，而且如果加以适当的推动，是必然会实现的。政治家的任务便是加快它的实现，而

① 孙俍工：《前途》，收于赵家璧主编：《中国新文学大系·小说一集》，上海文艺出版社 1981 年版，第 209 页。
② 刘少奇：《论共产党员的修养》，《解放》第 82 期。
③ 钱穆：《现代中国学术论衡》，东大图书公司 1984 年版，第 102 页。

且不向前推动是有道德责任的，恰如《民报》中所说的"如谓不能，是反夫进化之公理也"。或是如同俄国诗人马雅可夫斯基的名诗《把未来揪出来》："未来/不会自己送上门来"，我们必须采取些办法，不管是"共青团""少先队"或"公社"都应该计算好，对准目标，才能把未来揪出来。①而为了到达那个未来，所有人都应服务于这个任务，转变成"驯服工具"。

"未来"既是已知的，则有一种与"未来"进程亲近的，或可导向其实践的、或适合当时之情境性质的行动，所以不是处于作了这个决定究竟与整个未来前景会发生什么作用完全没有把握的状态。因为"过去""现在""未来"如常山之蛇，首动则尾动、尾动则首动，既然"未来"是已知的，那就使得常山之蛇的另一端也要跟着调整，才能说明已知的"未来"的形成。

新的未来观也成为近代人人生行为的指标，这里以冯亦代为例。冯亦代是章伯钧后期最信任的后辈，常常在章家走动，可是后来人们从冯亦代的日记中发现，不断向党中央报告举发章伯钧的人便是他。冯亦代的例子显示，按照历史发展规律，"未来"社会革命一定会成功，所以反推回来，此时应当举发章伯钧才是合乎历史发展规律的方向，所以从冯本人的角度看来，他的报告举发与他和章伯钧的私人情谊似乎并不矛盾。从这个例子，我们可以看到对"历史发展规律"的信仰，从"未来"完成式出发来作日常生活的抉择的实况。

社会发展史就好比是一列火车，开向美好的"未来"，作为个人，安心地坐上车跟着向美好"未来"前进，生命的行为与抉择，应该心安地被"未来"所决定。早在新文化运动之后，这种乘坐火车向"未来"行驶的态度便已非常清楚了。如同前面所引孙俍工小说中所讲的，丢掉过去，面向未来的、前途的，只要向着这无限的前途走即可，上了火车就不要多问了。

此外我还想引一首 1945 年 7 月的一联诗。民国年间人李仲骞有诗云

① 马雅可夫斯基著，戈宝权等译：《马雅可夫斯基诗选》，人民文学出版社 1959 年版，第141 页。

"生我不于千载上"，诗人夏承焘说他要把这一联诗改一个字——"恨不生于千载下"①。"上"是过去、"下"是未来，向往"未来"式的人生，上下之别，显现了传统与近代对人生态度、对事情的看法、对行动的策略等层面的重大不同。

在一种新的时间感与未来观之下，人们思维世界的凭借变了，人们闭眼所想已与前人不同，新"未来"观广泛渗入日常生活世界。至少，认为最好情况是在"未来"，而不只是在"黄金古代"这一点，就足以产生重大的影响了。

五、余 论

晚清以来，从新的历史哲学或各种历史律则论、历史阶段论中，浮现出一种非常普遍的意识，认为"未来"是已知的，"过去"反而是未知的，这种"未来"观迅速渗透到各个层面。在这一个新的思想格局中，"历史"与"未来"关系密切，可信的"未来"是由社会发展史所背书的。"历史"是"未来"的靠山，历史成为一种"新宗教"。在社会发展史的框架下，形成了一个"大小总汇"，可以解释人生宇宙的种种困惑，即使在人生观方面的影响，也非常明显，包括存在的意义、生命的目标都可以在其中得到安顿。

不过，本文所讲的主要是当时的乐观派、激进派，当时也有许多人并未受此影响（如学衡派）。他们虽然与乐观派一样都关心如何建立一个好的社会，但是他们并不把心力用在"未来"之上，而且也有许多人认为这种具有社会达尔文主义色彩的"未来"观是不道德的。我在另一篇文章中提到近代中国的一种"扶弱哲学"，即是一个例子。②对于倾向保守的知识分子，如何不将"时间等级化"，如何不总是接受"线性"的时间格局——即"过去、现在、未来"

---

① 夏承焘：《天风阁学词日记》，浙江古籍出版社、浙江教育出版社 1992 年版，第 609—610 页。

② 参见王汎森：《时间感、历史观、思想与社会——进化思想在近代中国》。

的格局，使自己的国家与历史文化总是处在下风，是一个持续关注的问题（譬如梁启超晚年即有此变化）。

而且上述的"未来观"与西化激进并不能简单画上等号。晚清以来"西化激进派"对"未来"的见解差别很大①，其中并不一定都是如钱穆所说的"求以未来世来改变现在世"，尤其不同的是，以"未来"为"可知"或"已知"的态度，也不一定是西化激进派所共有的。

最后我还想借机说明几点：第一，清末民初的中国受到西方武力、经济、文化的侵略或压迫，感受到亡国灭种的忧虑，却意外地对"未来"抱持乐观的心态，究竟应该如何解释？对于这个困惑，我个人以为至少可以提出一种说明：各种历史哲学或阶段论，往往强调亡国灭种的危机与充满希望的"未来"同在一条发展脉络中，既揭露了现在的落后不堪，也保证努力之后可以达到无限乐观的"未来"。第二，从今天的"后见之明"来看，本文提到的那些未来说，基本上是套用西方的理论公式，提供国家社会政治改革的方案，实际上仍只是种种主观的价值信念，并不全然对未来真有所知。但是我们不能忽视当时的人的确乐观地相信自己对"未来"已完全掌握，而且还能说服广大群众相信他们代表着"未来"。这件事当然有很复杂的时代背景，它跟晚清以来的现实环境与学术思潮有分不开的关系，值得进一步探究。第三，"未来"究竟是单一的还是多元的。在"公理""公例"的时代，"未来"似乎是一元的。当时人们往往宣称自己掌握了"公例"，但大体而言，"公例"的世界是西方历史经验所归纳的"普遍真理"，人们在模模糊糊中感觉到"公例"是一元的真理。但是到了后来，尤其是在"主义"的时代，每一个政党都宣称它拥有一个具有寡占地位的"未来"。而且"未来"也由学理的探讨，变成政治指定，由谁来规划"未来"等于是由谁来规定新的政治图景，于是规划者成为新的政治、道德、秩序的权威；同时，也有不少人靠着"贩卖"自己所预见的"未来"，为

---

① 当然，关于这一点还有一些问题值得再探讨，譬如这些未来观是不是有中国本土的成分，如佛教、白莲教对"未来"的想象是不是对此也有所影响等。

自己谋得一个有权威的角色与地位。第四，由对理想的"未来"的想象，或学理的探讨，变成人们被"未来"所挟持。为了达到这个美好的"未来"，人们要用许多政治力去落实它，所有人要做的只是"跟上来"，最后，整个国家就形同被"未来"挟持了。①

不过，我们现在对"未来"似乎又由"已知"变成"未知"了。我小时候看过一部漫画，说未来最快的送信方式是直升机在每个家里降下来把信放进信箱，万万没想到几十年后，突然跑出 E-mail——"未来"显然是"未知"的。本文所提到的几种史学，不管是文明史学、公例史学、进化史学、或阶段论史学，现在都已退潮，在现代史学中，"未来"几乎没有什么角色，而且也不再是"可知"或"已知"的了。

原载王汎森：《思想是生活的一种方式：中国近代思想史的再思考》，北京大学出版社 2018 年版

---

① 2014 年冬，于北京师范大学举办的"思想与方法：近代中国的文化政治与知识建构"国际高端对话暨学术论坛中，我的评论者施耐德教授及在场的学者，提出了一些相当有见地的评论。在这里谨将施耐德教授的一部分评论抄录，其中如有任何错误，一概由我负责：

1. 因为时代变化太快，故难以靠"过去"提供鉴戒，因而寄望"未来"，法、比、荷几位史学家都特别注意到这一点，西方对这个问题的讨论可以追溯到海德格尔。到了现代，"未来"与"过去"的关系从以"史"为鉴转变成以"未来"为鉴。但事实上并不如此清楚，仍要靠"过去"。2. "未来"与现代性（Modernity）之关系，"未来"更深一层的变化，背后是人对世界的一种重新的想象、新的关系，世界变成对象，凸显"人"之力量。笛卡尔式的世界观认为，可以用规律来解释这个世界，来控制它，世界成为一个改造的对象，因有主体与客体之分，故才有救赎式的、不再是宿命论的"未来"，而是主体创造出来的"未来"。因此"规律"变得如此重要。故"未来"可知，背后是一种"人"把世界对象化转变的结果。3. 现代的时间观变成抽象的、机械性的、可以计算的时间观，这个新的时间观背后是资本主义的发展。时间即金钱（Time is money），"时间"变成衡量一切的客观标准。法兰克福学派讨论了近现代的史观、时间观与资本社会的关系。

章太炎的个体思想和唯识佛教
——中国近代的万物一体论的走向[①]

［日］坂元弘子著，郭驰洋译

日本一桥大学

一、序

晚清民国时期的思想家章太炎（1869—1936），因鲁迅的"有学问的革命家"[②]这一评价而广为人知。但是章太炎作为革命家大放异彩的时期是在日本担任《民报》编辑的那段时间前后，辛亥革命爆发、光复革命的志向得到实现之后，据鲁迅所言，章太炎便"与时代隔绝""脱离群众"，转而成为"儒宗"了。

然而，就如鲁迅和同时期的知识分子所指出的那样，章太炎身上的民族意识尤其具有一贯性和彻底性。虽然章太炎晚年的"复古"从表面上看符合当时军阀政权反动的"复古运动"，"但是我们应该知道：他的民族意识是，最敏感最坚固最彻底的。……他认识【对日】抗战是民族解放的出路"。"他对丧权失地的愤慨是大众的，而表达这愤慨的文字，却是贵族的，不能不说是他一个无法避免的矛盾。"这样称赞章太炎的民族意识的是他名副其实的高徒、此时已

---

① 本文初次刊载于《思想》第 747 号（1996 年），日文标题为《章炳麟の個の思想と唯識仏教—中国近代における万物一体論の行方—》。

② 鲁迅：《关于太炎先生二三事》（1936 年），《且介亭杂文末编》（《鲁迅全集》六），人民文学出版社 2005 年版，第 566 页。

向马克思主义靠拢的音韵与训诂学者吴承仕（1884—1939）。[①]

章太炎的民族意识表现为提倡"国粹"以"要人爱惜我们汉种的历史"。[②]不过，"国粹"一词在明治日本仅仅被用作 nationality 的译名，以试图将自身异化为这种"国粹"的所谓国粹主义者来定义章太炎并不恰当。章太炎认为中国传统思想的根本在于以无神论为基础的"依自不依他"，"汉族心理，不好依他"。[③]从章太炎的这种认识可以看到他不仅追求民族自我认同的确立，还追求作为主体的自己、个体的确认。在关注传统思想的同时追求个体和共同性，这是章太炎思索的重要主题。

在探索这个主题时，可以看出章太炎重视佛教，特别是唯识论——这也是他在《民报》时期的言论的一大特色。对章太炎而言，佛教尤其是唯识学为什么是必要的？这在他基于"依自不依他"的哲学、关于个体与共同性的思想中具有怎样的意义？这个意义不仅关系他本人的思想，还涉及他在中国哲学史上的评价。笔者将在此就这些问题展开考察。另外，在章太炎之前，戊戌变法时期最为活跃的康有为及谭嗣同引入佛教学说建构了依托"以太"（ether）的万物一体论，我们在对比这种万物一体论和章太炎思想时也会发现一些耐人寻味的地方。

在关于章太炎的既往研究里，不无重视他和佛教关系的相关研究。但是这些研究往往止步于将佛教定位为解决政治思想方面课题的"手段""武器"[④]，

---

① 吴承仕：《特别再提出章太炎的救亡路线》，《盇旦》1936 年第 1 卷第 5 期，据吴緻斋遗书《吴承仕文录》（北京师范大学出版社 1984 年版）再录。引用部分的【】里的内容为笔者（坂元）的补充，以下亦同。

② 《东京留学生欢迎会演说辞》，《民报》1906 年第 6 号演说录。《章太炎全集》第十四册，《演讲集》上，第 8 页。在本书写作之时，最新版的《章太炎全集》共二十册（上海人民出版社，王仲荦、姜亮夫、徐复、章念驰、王宁、马勇等整理，2017 年出版了一套无编号的，2018 年出版了加编号的一套，内容不变）尚未出版，但为便于读者阅读，本书所提及、引用的章太炎著作的出处均参照新全集，并按《章太炎全集》、卷册数、书名的顺序来标记。

③ 《答铁铮》，《民报》1907 年第 14 号。《章太炎全集》第八册，《太炎文录初编》，第 390 页。

④ 具有代表性的日本研究是近藤邦康的一系列论文：《章太炎における革命思想の形成——戊戌変法から辛亥革命へ》（1962 年）、《島田虔次氏の批評に答える》（1981 年），收录于近 （转下页）

并未将其作为关乎章太炎思想、哲学本质的某种根深蒂固的东西来把握。非但如此，还有的研究甚至特别轻视佛教在章太炎思想中的作用。比如河田悌一的论文写道，"我觉得，章太炎依托佛教思想提出的主张毕竟只是些表面上的理论而已"，后来章太炎便"不再发表带有佛教色彩的时事评论"。①河田仅仅把佛教看作章太炎思想里一时的、非本质的因素。的确，章太炎本人在辛亥革命后总结自身学术变迁时说，"始则转俗成真，终乃回真向俗"②，仿佛《民报》时期佛教色彩浓郁的"真"不过是其思想变迁过程的一个阶段，他最终还是回归到以"俗"即道家、儒家为主的传统思想。

如果把这个总结当作单纯的时间性变化来看待的话，或许能说佛教对于章太炎只是一过性的，但从笔者的结论来说，章太炎直到晚年也没有切断和佛教的联系。"回真向俗"与其说是时间上的变化，毋宁说这意味着一种以佛理为核心、与道家和儒家等传统思想相融合的变奏。章太炎与佛教的相遇决非偶然，即便是"转俗成真"这一转变也是他的这种思想之根源使然。

为了同时阐明这个问题，本章将把《民报》时期前后章太炎的思想、哲学一并作为考察对象。

二、"佛声"以前——《菌说》

作为革命家为人所知以前，章太炎曾在杭州的诂经精舍师从俞樾学习经

（接上页）藤著《中国近代思想史研究》（劲草书房1981年版）；《一日本人の眼から見た章太炎の思想》，《社会科学研究》1984年第35卷第5号。近藤的这些论文意图以"历史性社会性课题—主体"关系来把握思想，据称，章太炎引以为己任的是作为"抵抗帝国主义和清朝压迫的否定的主体性"，"创造出具备在行动上是挺身'排满'的革命家，在思想核心方面则是'以众生济度为念的菩萨'这一双重结构的菩萨式革命家"，对于他来说，为了形成"彻底的否定的思想"，佛教尤其是唯识学作为"解决课题的手段、武器"在当时是不可或缺的。

① 河田悌一：《否定的思想家——章太炎》，收录于小野川秀美、岛田虔次编：《辛亥革命的研究》，筑摩书房1978年版，第123页。

② 《菿汉微言》跋（1917年），收录于《章氏丛书》，《章太炎全集》第七册，《菿汉微言等》。

学、史学。但由于变法运动兴起，他前往上海参与梁启超等人的《时务报》及其他活动，遭遇戊戌政变后便暂时逃亡。之后发生了义和团运动等事件，章太炎转而反清，于 1900 年左右开始参加革命运动，并和蔡元培等革命派人士在上海创立了爱国学社。1903 年，因《苏报》刊载了章太炎的革命言论和其盟友邹容的《革命军》及章氏的序言，章太炎和邹容遂以对清朝的"大逆不道"被问罪，两人一同在上海被捕入狱（"苏报案"）。

在长达三年的牢狱生活中，章太炎研读《瑜伽师地论》《因明论》《唯识论》，这成为他和佛教特别是唯识学结下不解之缘的契机。从那时起，章太炎的言论开始带有浓厚的佛教色彩，以至于被评论为"佛声"。但是，其萌芽早在章太炎参与革命运动之前的著作里就可窥见。特别是在戊戌政变发生、变法运动失败后不久，正摸索革命道路的章太炎写成了《菌说》①，这篇小论很明显地表现出了"佛声"的萌芽。本节将通过探讨《菌说》来阐明与佛教的决定性相遇之前的章太炎初期思想的特质。

《菌说》所展示的章太炎哲学思想的根源是后来成为"依自不依他"之基础的万物自我生成、自我进化论。

人和动植物"夫其以淫乐而成是菌、蛊也"（"以微草言则谓之菌，以微虫言则谓之蛊"）。之所以如此是因为万事皆"由妄想而成"，甚至连仁义也"由嗜欲而起"。就万物的初始即原子而言，因具有"欲恶去就"的"极微之知"而如"气"一般聚散无灭息。因此，被认为是无知的无机物也在原子层面上是有知的，其生成可视为源自"妄想"。要而言之，万物"夫非有上帝之造之，而物则自造之"。章太炎认为生物的进化同样如此，万物的形态和性质作为"妄想"的产物，"其渐思而渐变也"，从原初的原子到草木、水生动物、禽兽乃至于人，均依靠"思""志念"自力进化。

章太炎试图建构基于"妄想"（或可称之为存在物原有的生存欲、本能）

---

① 《菌说》，附于 1898 年断续刊载于《清议报》第 28—34 册的《儒术真论》。《章太炎全集》第十七册，《医论集》。

的万物自生自化论，他在生物进化论和原子论等科学知识之上又援引大量古典欲加以证明。比如他把《菌说》标题的出处即《庄子·齐物论》的"乐出虚，蒸成菌"解释为"夫人心之乐，发于空虚，而能蒸成有形之菌"，还引用了南朝梁伏曼容的"蛊，惑乱也，万事从惑而起，故以蛊为事"（李鼎祚《周易集解》所引）。此外他还一并列出基于爱欲和执着等"妄情的发起"阐述一切众生之生的《（大佛顶）首楞严经》的一节、王充《论衡·自然篇》的"天地合气，万物自生"论等。中国哲学史上的道家自然主义自造论①、依据"气"展开的自生自化论、与传统医学思想相关的"蛊"即惑说、佛教中作为烦恼的"妄情"……章太炎将上述这些思想和基于"妄想"的自生自化论结合起来。

章太炎提出这么一种基于"妄想"的自生自化论的意图之一，显然在于批判基督教的"上帝创造"说。不过其用意不止于此。他还表明在儒佛老庄之中佛老庄均不及儒家的立场，试图作为"儒"来对抗佛老庄尤其是佛教。

万物的根源是"妄想"，"人之有生，无不由妄，而舍妄亦无所谓真"。然而佛教以灵魂、性海（真如佛性）为"真"，轻视作为"妄"的肉体。这有可能导致"以两亲为凡民"。如《荀子》里说的那样，"万物同宇而异体"（《荀子·富国》），因为"异体"，所以从"亲亲"开始才能至于爱万人万物，通过"知分"而"爱类"，通过"明分"方可图中国之"合群"（《荀子·王制》的"合群明分"说）。章太炎还认为佛教的轮回说虽为至理，但轮回的主体不是灵魂，而是人身的原子。

章太炎重视这种与血统、种族主义相通的"亲亲"和"明分"，以"儒"的立场自居。"合群"也是康有为、梁启超、严复等人在变法论中频繁使用的词语，"群"开始被用作"社会"一词的译名，章太炎当然也意识到了这一点，但和其他人有所不同。康、梁以及谭嗣同的言论含有明显的对法家的批判，即把荀子定位为法家，视其系谱为支持暴君秦始皇的"不仁"并特别加以批判，

---

① 章太炎在其他言论里经常引用的郭象的"造物无物"（《庄子注》）便是一种典型，道家思想和"无主"论的结合亦可见于法琳的《辩正论》等。

而章太炎的主张则对这种法家批判表达了异议，他在和康、梁决裂以前便和他们有了分歧，这一事实耐人寻味。不过笔者在此要关注的是蕴藏在基于"妄想"的自生自化论自身当中的非"儒"契机，这一契机使章太炎理所当然地与佛教结缘。

既然认为万物的根源是"妄想"、迷惑，认为生命在沉溺于爱欲和快乐的过程中孕育，那么就不得不违背"儒"原本对"生""生生"的乐观主义（笔者将在第四节详细论述）。"舍妄无真"，因为章太炎认为人是作为"妄"的存在而生活的，可以说一种对生命的悲观主义被投射到他的思想当中。

章太炎将他在这个阶段所说的"妄想"把握为非"灵魂"、非心灵的肉体性欲望，这种把握令他勉强保留了重视"亲亲""明分"的"儒"的立场。如果他把"妄想"当作心识领域的问题来重新把握，其立场便会转向佛教。在完成《菌说》的同一时期，章太炎已经声称在哲学方面"无比佛法高尚者"，不仅如此，他还坦言"余于《【首】楞严【经】》，盖夙所耽读"——他还在《菌说》里引用了《首楞严经》中由"发起妄情"即色情阐述人的生命和存在的那部分。[①]从这点来看也可得知，章太炎在这一时期处于距"转俗成真"即转向佛教仅有一步之遥的境地。

三、 哲学课题和唯识佛教

因"苏报案"入狱三年的章太炎虽身陷图圆，却于1904年和同为浙江人的蔡元培等人一起参与了创立光复会（浙江系革命团体）的工作，1906年出狱后旋即在孙中山率领的同盟会的安排下前往日本，并为了构筑光复革命的舆论阵地而担任同盟会机关刊物《民报》的编辑。章太炎于狱中研读的佛教思想

---

① 《摘〈楞严经〉不合物理学两条》（一），《台湾日日新报》1899年2月19日，再录于《历史论丛》第4辑，《章太炎全集》第十册，《太炎文录补编》上，第122页。

对他的影响，在其旅日期间（1906—1911）主要发表于《民报》的诸论文里开始显露出来。通过探讨章太炎在这一时期发表的一系列论文①，笔者将阐明他为何认为佛教尤其是唯识学不可或缺。

　　章太炎对佛教的直接兴趣在于其哲学方面。旅日期间更是如此，这在他和日本的佛教相关人士的对话里显得很明了。他说："故余称佛法为宗教，为道德，不如称为哲学之求实证者。"②而且从"若今日想说服我国人，则要显示佛教比之西洋哲学为优"③这句话里也可以得知，他对于作为哲学的佛教的兴趣是在西方哲学的刺激下高涨起来的。实际上从章太炎的文章中可以看出，他在旅日期间除了近代日本的佛教类书籍之外，还通过日本的译著熟悉了以康德、叔本华等为主的西方哲学。④章太炎对西方的兴趣，已不再像洋务运动和维新

---

　　①　本章所举《民报》所收论文及其发行年份、号数如下：1906 年《东京留学生欢迎会演说辞》（6 号，改名为《在东京留学生欢迎会上之演讲》，《章太炎全集》第十四册，《演讲集》上）、《俱分进化论》（7 号，《章太炎全集》第八册，《太炎文录初编》）、《无神论》（8 号，《章太炎全集》第八册，《太炎文录初编》）、《革命之道德》（8 号，后改名为《革命道德说》，《章太炎全集》第八册，《太炎文录初编》）、《建立宗教论》（9 号，《章太炎全集》第八册，《太炎文录初编》）、《遣王氏》（9 号，《章太炎全集》第八册，《太炎文录初编·说林上》）、《人无我论》（11 号，《章太炎全集》第八册，《太炎文录初编》）；1907 年《答铁铮》（14 号，《章太炎全集》第八册，《太炎文录初编》）、《五无论》（16 号，《章太炎全集》第八册，《太炎文录初编》）、《国家论》（17 号，《章太炎全集》第八册，《太炎文录初编》）；1908 年《排满平议》（21 号，《章太炎全集》第八册，《太炎文录初编》）、《驳神我宪政论》（21 号，《章太炎全集》第八册，《太炎文录初编》）、《答梦庵》（21 号，改名为《与梦庵》，《章太炎全集》第十二册，《书信集》上）、《四惑论》（22 号，《章太炎全集》第八册，《太炎文录初编》）。

　　②　《读灵魂论》（汉语），《日本及日本人》556 号，收于栖庵道人：《章太炎を訪ふ》，政教社，1911 年 9 月 15 日，第 101 页。《读〈灵魂论〉》，《章太炎全集》第十册，《太炎文录补编》上，第 369 页。

　　③　提到的《章太炎を訪ふ》里章太炎和栖庵道人（妻木直良）的对话（日语），第 99 页。《与栖庵道人谈佛教》，《章太炎全集》第十册，《太炎文录补编》上，第 365—366 页。

　　④　章太炎数次提及明治时期的姉崎正治、村上专精、井上圆了，可见他确实高度关注日本近代佛教和西方近代哲学〔关于叔本华（Arthur Schopenhauer）的名字，这一时期的章太炎多写作"庵庐知"，这个名字或许是 Arthur 的音译，不过也不排除另有思想内容酷似叔本华之人的可能性，此处不赘〕。关于章太炎关注的日本佛教学者、哲学家，详见小林武：《章炳麟と明治思潮——もう一つの近代》，研文出版社 2006 年版（白雨田译：《章太炎与明治思潮》，上海人民出版社 2018 年版）。

变法那样在于以武器为主的物质文明和以议会制为主的政治制度，而在于西方的哲学。

如前所见，章太炎此时的哲学、思想的根本是一种基于"妄想"的自生自化论。他在《民报》时期对此有明确的自觉，这种自觉表现为以"依自不依他"为核心的"汉族心理"。于是为了从哲学上阐明"依自不依他"，章太炎开始把"世界缘起"以及独自的本体的确立作为自己的课题。所谓"世界缘起"，按照佛教的观点，所有的存在都待缘而起，章太炎用"世界缘起"来表示作为认识对象的万物的形成与结构。对于上述哲学课题来说，佛教，尤其是唯识学不可或缺。

在提出"世界缘起"一说时，章太炎首先必须确定其根本。"明世界之缘起，必以人人所证知者为根，然后不堕专断，确然足以成学说矣"（《读灵魂论》）。他所着眼的"人人所证知"的"世界之缘起"的根本，乃是唯识的根本识，即阿赖耶（ālaya）识。阿赖耶识才是"人人可以直观而得者也"（同上）。

根据唯识说，每个人的心识可以分为以下八种。这八种心识是：眼、耳、鼻、舌、身的感觉即前五识，使用语言进行概念思考的第六识，产生我执的第七末那（manas）识，然后就是作为根本识产生以上诸识的第八阿赖耶识。第八阿赖耶识潜藏着"种子"，即从现实行为和经验世界如熏染般植入的某种印象（植入印象称为"熏习"，通过"熏习"被留下的印象即"种子"称为"习气"），"种子"不仅产生诸识，而且产生所有现实即虚妄界的存在。

唯识说就这样通过经验世界—种子—经验世界的生成结构即阿赖耶识缘起说来说明现实即虚妄界的显现。该主张阐述的是基于阿赖耶识这一虚妄心、妄识的万物的生成，认为要通过妄识即阿赖耶识自身的转变、自我变革才能醒悟、脱离虚妄界，才能显现作为"悟"的真理、真如。

章太炎的以阿赖耶识为根本的"世界缘起"就意味着阿赖耶识缘起，这种观点把世界视为阿赖耶识的展开，而阿赖耶识潜在于自我的心、内部。这和康德经"哥白尼式革命"而提出的客观从属于主观的观念论立场是相通的。实际上章太炎把阿赖耶识的"种子"解释为包含十二范畴的"原型观念"(《建立宗教论》等),显然是受到了康德的启发。但是和康德哲学比起来,章太炎屡屡对叔本华的"主意说"给予高度评价——叔本华认为宇宙中的所有现象都是"盲目的生存意志"的表现。从这点可以看出,章太炎基于阿赖耶识的缘起说还是位于基于"妄想"(即"依自不依他"之根本)的自生自化论之延长线上。可以说他在这里把"妄想"重新理解为非肉体的、潜藏于心的阿赖耶识。

章太炎的生死观、进化观明确地体现了上述观点。他运用阿赖耶识缘起说称,"以为人类本由识根迷妄,流转生死之中",进化也"本由根识迷妄所成"[1],他认为人类的生死、进化均源自阿赖耶识这一心的迷妄。章太炎把康有为等立宪派的欧化、文明开化指向型的进化论称为"进化教",他的《俱分进化论》即善恶苦乐双方并进论[2]在政治上具有对"进化教"进行根本性批判的意义,而《俱分进化论》的根底也可求诸他基于阿赖耶识的进化观。

此外,章太炎将黑格尔的辩证法理解为趋向至善的神即"绝对精神"的一种带有目的论色彩的乐观式发展史观,他也因此把黑格尔视为社会进化论的始祖而反复加以批判。当时的社会进化论倚仗文明开化、弱肉强食说,成了正当化帝国主义侵略的借口。另一方面,章太炎对于强烈反对黑格尔哲学的叔本华则给予很高评价。他能在一定程度上正确梳理西方近代哲学,与其基于阿赖耶识的进化观是分不开的。

之后有学者指出,章太炎的进化观和那种将理想的夏商周三代之后的历史视为退化过程的史观、循环史观以及道家自然主义相近,代表了当时相当一部分感受到西方新式文明的进步伴随着痛苦与罪恶的中国知识分子的悲观

---

① 《四惑论》,《章太炎全集》第八册,《太炎文录初编》。

② "种子"因阿赖耶识的"熏习"性而被熏染上经验世界的善恶,而从"种子"之中又会产生善恶,不仅如此,凭着由"末那识执阿赖耶识为自我"的我执而起的"好胜心"的纯恶性的"我慢心",恶将会增大。因此章太炎认为"生物之程度愈进,而为善为恶之力亦因以愈进"(《俱分进化论》,《章太炎全集》第八册,《太炎文录初编》)。

看法。①

章太炎的"世界缘起"说是阐明包括进化在内的现象、经验世界的一个尝试，但他的哲学课题尚未完全解决——相对于现象的本体也是其探讨的对象。章太炎说："言哲学创宗教者，无不建立一物以为本体。"②他留意到西方哲学史上本体和现象的对立，而以本体的确立为目标。

章太炎思考本体之确立的原则是"不得于万有之中，而横计其一为神，亦不得于万有之上，而虚拟其一为神"③，即不能以万有的任何一种现实状态为本体或神，也不能以超越、异化万有的某种存在为本体或神。也就是说，他从"依自不依他"和无神论的立场出发，意欲建立一种有别于泛灵论和基督教式神教的本体。即便在这点上，也只有大乘佛教符合他的意图。大乘佛教"何曾有崇拜鬼神的事实？明明说出'心、佛、众生，三无差别'"④，"我所依之佛祖"终究是"自心"而非他物（《东京留学生欢迎会演说辞》）。章太炎着眼的既非万有的超越、异化，亦非万有的一种现实状态，而是"自心"。

对"自心"本体的定位起到重要作用的是三性说，这是章太炎在探讨宗教的建立时作为"因缘"采用的学说，我们可称之为唯识学存在论、本体论（《建立宗教论》，以下未标明出典之处均为来自该文章的引用）。三性说将真妄的所有存在样态（在主体上就是心的存在方式）分为遍计所执自性、依他起自性、圆成实自性这三种来说明，这是唯识学的核心理论。

三性说之第一遍计所执自性被比作"见绳而认为蛇者"（章太炎也在《人无我论》中举此例）的"蛇"，这一性被视为"其名虽有，其义绝无"的第六识意识的遍计，即妄想，由凡夫妄加计度，谬绳为蛇。唯识学不承认通过语言把握的抽象化的经验世界诸事物具有实体性。唯识"无境"这一唯识学纲领否

---

① 贺麟：《当代中国哲学》，南京胜利出版公司 1945 年版。

②③ 《建立宗教论》，《章太炎全集》第八册，《太炎文录初编》。

④ 收于《论佛法与宗教、哲学以及现实之关系》，《中国哲学》1911 年第 6 辑，生活·读书·新知三联书店 1981 年版，第 299 页。改名为《佛学演讲》（1911 年 10 月于日本）收于《章太炎全集》第十四册，《演讲集》上，第 147 页。

定的是"境"即认识对象的实在性，这里的"境"就意味着遍计所执自性。

和遍计所执自性相反，"或称真如，或称法界，或称涅槃"的圆成实自性的实在性则作为最高真理得到承认。为了使哲理成立，就如章太炎所言，"是圆成实自性之当立"，而圆成实自性才是他视为本体的真实存在。

然而所应皈依的本体即圆成实自性是"无象"的，难以从处于迷妄之中的现实里直接求得。因此只能假立某种可以作为线索的存在，并以之为"方便"（权宜手段）。而能够视为方便的则是介于第一遍计所执自性和第三圆成实自性之间，即"介乎有【圆成实自性】与非有【遍计所执自性】之间，则识之殊非易易"的第二依他起自性。

依他起自性按照章太炎的比喻就是如彩虹一般的存在，"譬如长虹，虽非实物，亦必依于日光水气而后见形。此日光水气是真，此虹是幻"①。也就是说这意味着一种由因和缘产生的存在。这样源于因缘和合的存在，"其境虽无，其相幻有"，但即便是"幻有"，其存在性是姑且得到承认的，跟"无"有所不同。之所以这么说，是因为"夫依他固不可执，然非随顺依他，则无趋入圆成之路"。

依他起自性是作为从现实通往圆成实自性之路而成立的，由此可以想到的正是章太炎视为"世界缘起"之根本的阿赖耶识。"阿赖耶识【妄识】还灭"即"阿赖耶识永离垢染【污秽】"，转为清净的庵摩罗识（庵摩罗识即大圆镜智、真实），通过这种自我转变来显现真理即圆成实自性。如此一来，就如章太炎自己认为的那样，"如来藏、庵摩罗识为圆成实性，阿赖耶识乃为依他起性"（《读灵魂论》），可以说依他起自性其实就是阿赖耶识的存在方式。

由于依他起自性和阿赖耶识的存在方式具有同一性，我们可以将章太炎思考的以阿赖耶识为根本的"世界缘起"和以依他起自性为方便所探求的本体，即现象和本体联系起来。在这个意义上，依他起自性也是一个对章太炎有着重要意义的概念。

---

① 《人无我论》，《章太炎全集》第八册，《太炎文录初编》。

经以上考察可以断定：阿赖耶识可作为"世界缘起"之根本，圆成实自性可通过作为阿赖耶识存在方式本身的依他起自性来探求，而章太炎高度评价唯识学的决定性动机正在于对阿赖耶识和圆成实自性的承认，这也是其对唯识的评价的核心所在。这一点从章太炎对《般若经》系宗派空宗的批判也可得到验证，该宗派主张一切皆空，拒绝承认圆成实自性这一存在性。

空宗不仅不树立"人人可以直观而得"的阿赖耶识，而且否定包括圆成实自性即真如心在内的所有存在，主张"心境皆空"（不只以似离识现的境为空，而且以真如心都为空）。因此章太炎批判空宗"不能成立一切缘起"，他认为"法相唯识宗提出阿赖耶识，本是补般若宗的不备"，该宗于是树立阿赖耶识而阐述"心有境无，唯识无境"，心、识是存在的，但其对象世界不是实在的。①

笔者在以上论述中已经阐明为何章太炎的哲学思想在根本上需要唯识学。章太炎认为要"制恶见而清污俗"，唯有"法相之理，华严之行"（《人无我论》），虽然在"行"即拂拭私利、救济众生这样的"革命道德"方面采用了华严，但在"理"方面毕竟采用的是唯识学。为了将"行"的华严吸纳进"理"的唯识，章太炎煞费苦心。他以华严所使用的、相传为马鸣所著的《大乘起信论》为根据，称阿赖耶识是马鸣所云"如来藏"，阐述如来藏（被无明遮蔽的真如、佛性）和阿赖耶识的一致性。这一点，和对非"依自"即他力信心一边倒的否定、以佛教对抗西方哲学这两点一样，与杨文会（仁山居士）的佛学相符合，而章太炎和谭嗣同等人都曾是杨文会门下。在这个意义上，不可否认章太炎的佛学有吸收晚清居士佛教的一面。然而即便如此，章太炎最为重视的是唯识学，他认为"凡清朝人，其上中者大抵往华严，见彼金陵之居士杨文会可知"（《与栖庵道人谈佛教》），可见他显然意识到自身主张和在接近华严的同时意欲吸收唯识学的杨文会的系谱之间的差异。

从《菌说》期基于"妄想"的自生自化论到思索基于阿赖耶识之迷妄的生

---

① 《论佛法与宗教、哲学以及现实之关系》，《章太炎全集》第十四册，《演讲集》上，第304—305 页。

死、进化，章太炎一直带有某种对生的悲观，他终究和真如缘起说、如来藏缘起说（这类缘起说从真妄和合即本来的真如和相对次要的无明的和合来阐述万法生成，属包括华严在内的非法相的法性系学说）合不来。这一点在下一节要探讨的和谭嗣同、康有为等人的比较中会显得更为明了。

四、 个体、共同性——万物一体论

章太炎认为在"从人事发生底"这一点上，"中国哲学有特别底根本"①。在他身上也能看到对以人际关系为中心的人事方面的强烈关注，这种关注表现在他对于个体和共同性独具一格的考察。在此笔者将留意被章太炎当作哲理基础的唯识学，探讨他怎样发挥其哲理基础而考察"个体和共同性"这一问题。基于此，笔者希望把握章太炎思想的形态、结构，并呈现其哲学史上的意义。

(一) 个体、共同性

如上面所论，章太炎欲从主体一侧把握唯识三性说以论述"我"。这就是章太炎关于个体和共同性的思想的基础。依据章太炎的说法，"我执"有两种（《人无我论》），一是佛教所否定的、以之为"无我"的"我"，并非一般人所说的"我"。佛教认为这是妄想自己拥有永恒、确定、不可变之"自性"的别名，不过是属于"绝无"而不具实在性的遍计所执自性的"分别我执"而已。与之相对的一般人所说的"我"——与生俱来的自我意识即"俱生我执"，则是第七末那识"念念执此阿赖耶识以为自我"（同上）。也就是说，这个"我"属于为现实的世俗真理所承认其存在性的依他起自性，虽是我执，却是"幻

---

① 《研究中国文学的途径》（1920 年 10 月 25 日），《章太炎全集》第十四册，《演讲集》上，第287 页。

有"而非"绝无"。"所谓我者，舍阿赖耶识而外，更无他物。此识是真，此我是幻"（《建立宗教论》），有着阿赖耶识这一所依。

在这两种我执之间，章太炎欲在属于依他起自性的自我意识之中确认个人的主体性。因此他说："大乘能断法执而不能尽断我执"（同上）、"暗地承认有我"（《人无我论》）。如此一来"我执"就成了主体论中"依自"的"自"。

将阿赖耶识置于存在之根本的章太炎就这样在以阿赖耶识为所依的我执即自我意识的层面上确认了作为主体性的个体。章太炎的思索始于认清人的存在是一种"妄"（基于"妄想"的自生自化论），通过探究个体之心的存在方式的唯识学得到深化，终于抵达对个体的确认。这也反映在他如何彻底地追求个体立场上。

章太炎的个体立场就是：人本自生，不是为了国家、社会、他人而生，个体在对社会、他人"无害"的前提下无须承担更多责任（《四惑论》）。该立场所依据的应该是法国《人权宣言》和斯宾塞思想。即便如此，由于章太炎将国家、社会等作为个体集合体的共同体视为没有自性的"幻有"[1]，他自然排斥"以世界为本根"的看法，在他看来这种观点"以己意律人""陵藉个人之自主"（《四惑论》）。以相互扶助为义务、把隐栖和自杀作为反社会行为进行非难的"公理"说也和旧有人伦秩序"天理"说一同成为批判的对象，而作为理想被章太炎提出的则是"独活主义"和"超民族主义"的无政府主义（《四惑论》《五无论》）。

章太炎如此注重个体立场，在社会关系方面则追求"依自不依他"，甚至提倡"独活主义"这一极端个人主义，但另一方面，他又主张为中国而革命。"今之革命非为一己而为中国，中国为人人所共有，则战死亦为人人所当有"[2]，章太炎呼吁不是为一己之私而是为中国革命舍生忘死。

这样的悖论其实揭示了在中国近代这么一个时代背景下志在革命实践的章

---

[1] 《国家论》，《章太炎全集》第八册，《太炎文录初编》。
[2] 《革命道德说》，《章太炎全集》第八册，《太炎文录初编》。

太炎所面临的课题。这个课题就是：首先应该在从旧有的人伦关系得到解放的个体中确认"依自"的"自"，同时必须试图从个体、自我转向以革命为目标的新的共同性。章太炎在确认个体存在时依托的是"我执"，而为了解决上述由个体转向共同性的课题，他在此又将"我执"作为这一转变的杠杆。这是下文将要探讨的。

"以度脱众生之念，即我执中一事。特不执一己为我，而以众生为我。"（《建立宗教论》）这里的逻辑是：由于众生救济以极端的"我执"为契机，终究是为"我"，但是超出了对"我"一人的执着而将所有他者视作"我"。对章太炎而言，通过彻底地凝视自我，就能在自我之中发现他者、众生。他注重阿赖耶识本身的"还灭"转依这一自我否定性契机，认为其否定性应该转向现实来获取共同性而不是向彼岸求顿悟。如此强调作为我执的自我，能够激活其自身具有的自我否定性契机，乃至提出一种自立的新共同性形式，而不是为"公"压迫自我的"灭私奉公"。这里体现了章太炎通过贯彻"依自"而获得的独到的共同性。

在西欧思想里，从自我意识到共同性的转变毋宁说属于现代的课题。但是近代中国面临着打倒异族王朝革命和抵抗列强侵略这样的迫切问题，个体必须以一种迅速向共同性转变的形式被发现。可以说章太炎正是运用佛法、唯识回应这一难题的先驱。

（二）新的万物一体论

在如上从"己我"向"众生我"的转变的基础上眺望章太炎的世界观，可发现他的世界观却在思想形式上接近于所谓万物一体论。章太炎表示，"一切众生，同此真如【佛性、清净心】，同此阿赖耶识。……以众生同此阿赖耶识，故立大誓愿，尽欲度脱【救济、使顿悟】等众生界，不限劫数，尽于未来"[1]，

---

[1] 《建立宗教论》，《章太炎全集》第八册，《太炎文录初编》，第 436 页。

甚至将植物矿物视为具有阿赖耶识的"有情"生物。(《论佛法与宗教、哲学以及现实之关系》)，可以说他的阿赖耶识缘起说就是基于阿赖耶识的万物一体论。

近代版万物一体论的典型毋宁说可以从在戊戌变法中扮演重要角色的康有为、谭嗣同的思想里找到。就他们的万物一体论而言，第一，在贯通万物的"原质之原"(《仁学》十一)即以太或精气之类的均质体内寻求一体性的实体性根据。这种思想由于寻求超越个别的整体，故而与"气"的概念是相通的，即不承认存在之根据在于个别，而是在其总体即整体性这种超越的、异化的形态中探求存在根据。第二，举出"仁"和"不忍之心"作为具有一体性的人性根据。也就是说，对性善论式人的存在持有浓厚的乐观主义。这一点和程明道(程颢)有意确立的"万物一体之仁"①论相近。也因为如此，谭嗣同等认为真如即仁。和基于妄识即阿赖耶识的唯识论相比，他们更加重视以真如为根本的华严思想。

谭嗣同所说的"以太"，虽然保证了意味着人的社会经济地位平等与男女平等的"仁"即"通"，并且是"冲决网罗"之主体即人的"心力"间感应的媒介，但是从一开始就欠缺一种重视个别、重视民族性个体性差异的必然性。因此，即使改革家用"以太"来激励中国，该概念却还是沦为了视列强的殖民政策为"天之仁爱"的根据(《仁学》三十五)。另外，康有为虽以"不忍之心"忧虑人民疾苦，意欲通过基于君主立宪的中央集权化来强化国力，度过亡国危机，但他所说的"以太"或精气强调的是如"爱磁相摄"那样的强烈的吸引作用(《大同书》甲部绪言)。更进一步地说，康有为的"大同"乌托邦堪称万物一体论的纯粹且近代的形态，而就像这一乌托邦后来包含了所有人种"同化于白人"之意那样(同上，丁部)，一体性有时也会导致极度忽略民族性差异和个别性的结果。

---

① 岛田虔次：《中国近世の主観唯心論について——万物一体の仁の思想》，《東方学報》1958年第 28 期。

同为万物一体论，章太炎则与谭、康有显著区别。第一，"以太"在覆盖万物的意义上是一种具有自我超越性的均质体，但章太炎并没有把这样的"以太"当作一体性的根据。就像认定所谓"伊太"（ether）或"伊奈卢鸡"（energy）"超出经验之外，不过是假名"①那样，对章太炎来说"以太"只不过是遍计所执自性，即缺乏所依的实体。被章太炎视为一体性之根据的阿赖耶识，或可称为面向诸个体内部的超越，因而其一体论所具有的一体性由此被引向个体、个别的一侧。而且，就像前面看到的那样，阿赖耶识的自我否定性契机才是获得共同性的关键所在，章太炎说"以众生同此阿赖耶识"（《建立宗教论》）时绝不意味着因为共享"以太"之类的均质体。这就是说，主体已经从一体性的一侧反转到了个别性的一侧，虽说是一体论，但不会在一体性之中消解诸个体所带有的差异。这可说是作为万物一体论划时代的一点。在章太炎那里，对个别性的重视和对民族个别性的重视联系在一起，章太炎站在这个立场上，才能从根本上批判帝国主义用来正当化其侵略行径的"文明/野蛮"这一对立的、划分等级的模式②。

第二，章太炎不像谭、康那样在"仁"与"不忍之心"中寻求人性根据，不认为"（本来）天地间亦仁而已矣"（《仁学》五），"人有不忍之心，吾既为人，吾将忍心而逃人，不共其忧患焉？"（《大同书》）他自《菌说》时期便将万物视为妄的存在，钻研佛学后将迷妄之所依即阿赖耶识视为万物之根本。因此他批判谭嗣同和康有为所强调的"仁之端"即孟子的"恻隐之心"。就是说，章太炎认为即便强调"恻隐之心"，人们往往只会怜悯比自己弱小的人，而憎恨与自己敌对之人，归根结蒂就是"与好胜心同根底"（《五无论》）。如此看来，谭嗣同和康有为从"仁"一侧出发，章太炎则从"妄"即"不仁"一侧出发，双方沿着相反方向建构了万物一体论这一形式上相同的世界观。二者的这一差别归根结蒂涉及中国哲学史上的问题的核心。之所以这么说是因为章太炎

① 《五无论》，《章太炎全集》第八册，《太炎文录初编》。
② 《驳神我宪政说》，《章太炎全集》第八册，《太炎文录初编》。

的思想在某一方面不仅和谭、康不同，而且是对从前时隐时现而又连绵延续至今的中国固有观念的逆反。

作为"万物一体之仁"论的前提并"成为儒家思想或中国固有思想一般之基调"的无非是"生或生生"的立场（前引岛田论文）。尤其"在儒教的世界中，生长的世界是唯一的，其他均隶属于此"①。如《易·系辞传》所云"天地之大德曰生"（《下》）、"生之谓易"（《上》）正是此意。既然称"天地之大德"为"生"，这一立场就是一种对"生""生生"的彻头彻尾的乐观主义。

然而章太炎在《菌说》时期就已经萌生了对"生""生生"的悲观主义，到了《民报》时期，这一悲观主义愈加凸显并深化。他甚至极端地说出"人为万物之元恶"，并以"无生主义"为终极理想（《五无论》），可以说已经到了虚无主义的地步。

章太炎的终极理想"无生"正意味着对儒教式"生生"原理的否定。这在接下来看到的对《易》的天地生生即大德一说的批判中也显得很明了。他认为：天地对人来说只不过是"康瓠"（破瓦壶）即"器"而已，而"器【和人】非同类，则无德之可感（作为"器"的天地不具有能感动人的德）；体无知识，则何物之能生"。正所谓"天地不仁"（《老子》）。又因为人一出生便"忽以苦府锢之"，若人果真为天地所生，"则对之方为大怨，而何大德之有焉"（《五无论》）。

章太炎如此否定"天地生生之仁"，不过他对"天地"的诠释并非没有问题。该诠释难免受到这么一种责难：章太炎反被他要批判的基督教有神论所制约，过于以有神论的观点来看待儒教所说的"天地"。但是，即便是这个问题也可以视为章太炎本人对"天地生生之仁"一说十分在意以至于不惜牵强地否定该说的证据。不管怎样，考虑到援用佛学的谭嗣同虽然批判"天命"一说为"法执"（执着于心外之实在的妄想），但仍然预设了超越天的"元"并将"生

---

① 西顺藏：《教学の世界——周濂溪の学》（1940 年），收于西顺藏著：《中国思想論集》，筑摩书房 1969 年版，第 188 页。（补）后经校订，收录于《西顺藏著作集》第一卷，内山书店 1995 年版，第 29 页。

生之仁"之意赋予由"气"这一概念发展而来的"以太",相比之下章太炎的思想确实带有撼动一部分传统思想根基的破坏力。

就这样,章太炎尽管在形式上继承了儒教的世界观,却在其内部破坏了关键的"生生"原理。可以说他所追求的以佛教为中心的佛道儒融合之本质契机,即向着"转俗成真"的转换的实质,就在于这一点。而这在接下来要探讨的章太炎对王学(阳明学)执着于"生生""生机"的批判里表现得十分典型,即使在被看作从"真"向"俗"的"回归"儒家的时期也未被完全舍弃。

五、 佛道儒思想融合的形态

至此,笔者考察了章太炎所说的"转俗成真"的转换和以佛理为最高学理的"真"方面的思想。接下来将探讨所谓"回真向俗"的思想转变的实际情况,在这一转变中明显地被表述为"俗"的对象是:《庄子·齐物论》——"道",其次是王学(阳明学),再往后是孔子——"儒"。这三者在不同时期先后出现,在此笔者也将按照这一顺序逐一探讨。

(一)《齐物论》——道家

就如在第二节看到的那样,章太炎在写作《菌说》的阶段就已经很重视《庄子》的《齐物论》篇。中国在历史上一直把道家思想作为理解佛教的线索,可以说章太炎也有这一面。不过章太炎变得尤为关注《庄子》是在他滞留东京的时期,从《民报》被日本政府封禁(1908 年)的那一年开始的。也是在这一年,他开始给鲁迅、周作人兄弟等中国留学生举办讲习会讲解《庄子》。《齐物论释》(1910 年)堪称他钻研《庄子》的结晶,他在《自述学术次第》(1913 年)里自诩该著作"可谓一字千金矣"。

章太炎认为"道"之精髓在"齐物"。他说道:"老庄第一的高见,开宗明义，先破名言。名言破了，是非善恶就不能成立"，"分明见得是非善恶等想，只是随顺妄心，本来不能说是实有"①。他进而在《庄子》中看出：比"善恶是非的见（成见）"更不容易消去的"文明野蛮的见"也作为幻想被打破了。②这其实就是在第四节所看到的承认诸存在各自的固有性和差异并拒绝划一性的章太炎的万物一体论，在此他无非是在《庄子·齐物论》里为自己的论述找到了最为合适的依据。而即便在以唯识等佛学附会、诠释《庄子·齐物论》的《齐物论释》中，章太炎也强调承认民族文化固有性这一意义上的"齐物"。

在这个时期特别强调民族层面上的"齐物"，应有其现实上的契机。其中之一便是帝国主义侵略的愈演愈烈以及章太炎对此日益高涨的愤慨。在《齐物论释》（初定本）第三章，章太炎尖锐地批判帝国主义的侵略行径，他认为帝国主义"志存兼并"，假托"使彼野（未开化）人，获与文化"这一"高义"，实则不外乎"文野不齐之见"。

强调民族层面的"齐物"的另一个契机则是辛亥革命前夜章太炎和巴黎的吴稚晖等创办的《新世纪》无政府派围绕民族主义的对立的明显化。章太炎虽一度提出"五无者，超越民族主义者也"，主张无政府，但是他认为民族主义尽管在哲理上不如"独活主义""无政府主义"，却适用于当下中国的现实，因而他从民族主义的立场出发批判无政府主义一派（《排满平议》，1908年）。

如此一来对"齐物"的重视就导向对中国现实的重视，章太炎最后提出的是佛法与"大端注意社会政治这边"、注重"随顺人情"的老庄的"和合"。"唯有把佛与老庄和合，这才是'善权大士'，救时应务的第一良法。"③

章太炎于1911年武昌起义后为了参加革命而回国，回国之后仍保持着上述对道家的评价，不过这倒不如说是一种作为"方便"的评价，在真理方面他并未放弃佛理。这一点从之后章太炎在他主动参与创立的上海佛教结社"觉

① 《佛学演讲》，1911年，《章太炎全集》第十四册，《演讲集》上，第157页。
② 同上书，第159页。
③ 《佛学演讲》，《章太炎全集》第十四册，《演讲集》上，第159页。

社"的演讲①（1919 年）中也可以得到确认。

在该演讲的前半部分，章太炎继承着他在《民报》时期发表的《无神论》里尝试过的方式，展示了依据佛教式"判教"的宗教、哲学排位。从以神与人极其不平等而排序为最低的基督教、伊斯兰教等开始，排位由低到高依次是：主张"以天命为性"而其"阶级稍弛"的《中庸》；以视万物为梵天王之幻相而最为平等，但不免于臆造的印度吠檀多；以物之原始为极微而只于俗谛可云无臆造的印度胜论；主张神我一元论，完全脱离臆造，但犹不免于执着的印度数论；而被置于最高位的则是"佛家大乘之说"，章太炎认为大乘佛教远离那些判教的负面因素，如不平等（阶级制度）、臆造、执着。在此基础上他还论述道："真平等者，非独与万物不生殊念，即是非善恶，亦皆泯然齐同。佛教以外，唯此土《庄子·齐物论》明之。"②

章太炎曾经认为"老庄之高见"能够批评"是非善恶的见"，但在此他把这种高见归为佛法。作为"真"而占据稳固地位的仍然是佛法，《庄子·齐物论》只是由于可与佛法相比才居于最高地位，和章太炎对佛法的评价相比，这显然只是次要的、相对的评价。这种次要性、相对性通过此后章太炎对道家评价的变化也可以得到验证。章太炎对包括《庄子·齐物论》在内的道家的称赞至多到 1920 年为止，自五四运动前后至 20 世纪二十年代前半段，王学取而代之成为"方便"。

(二) 从王学到孔子

章太炎在学风上因汲取古文学派之源流，所以重视实证，也因此尊崇明末清初的顾炎武（名绛）的实证学和其作为明朝遗臣的节操，以至于改名为

① 《章太炎先生演说词》，《觉社丛书》第 3 期，1919 年 4 月（上海图书馆藏）。改名为《在重庆罗汉寺演讲佛学》，收于《章太炎全集》第十四册，《演讲集》上，第 277—280 页。
② 《章太炎全集》第十四册，《演讲集》上，第 280 页。

"绛"、号为"太炎"。或是因为章太炎对于他尊敬的顾炎武与王夫之的明学批判产生共鸣，他一直以来不好王学。章太炎对王学的批判相当多，《民报》时期还撰写了谴责王氏的《遣王氏》（《说林》，1906 年），评价王学道："守仁（王阳明）之学极浅薄……其学既卑，其【政治上的】功又不足邵。"他还就政治方面贬低王阳明，称其为"君不乡道，而求为之强战，则古人所谓辅桀者"（《答梦庵》，1908 年）。

但另一方面，章太炎认可王学的"自尊之风"，积极评价王学思想在明末抗清斗争和日本明治维新之际起到的作用，认为王学和佛学能够融合（《答铁铮》，1907 年）。不过他对陆象山、王阳明这一系谱的关注，是于民国成立后的 1913—1916 年间通过和高徒吴承仕的交流才进一步深化的。①这一时期，章太炎为企图复辟帝制的袁世凯所幽禁，袁死后终于被释放。1917 年，章太炎虽然承认王学在学理上的缺陷，但他说："仆近欲起学会，大致仍主王学"②，又称"今先举阳明以为权说"（权说即"方便"之意）——他此前从未对王学有过如此之高的评价。

章太炎采用王学取代道家作为"权说"的主要原因在于他重视王学的实践性，尤其是与"侠"相通的豪迈、坚毅、果敢的气质。章太炎认为，在这个"人格堕落，心术苟偷"的世上，"孔、老、庄生"的"应世之言颇广。然平淡者难以激发，高远者仍须以佛法疏证，恐今时未足应机"，就是说一般言辞无法鼓舞人们奋起，玄妙之语还要借用佛法。"故今先举阳明以为权说。下者本与万善不违，而激发稍易；上者能进其说，乃入华梵圣道之门"③。在章太炎看来，王阳明的学问就是"欲人勇改过而促为善"的"豪杰抗志"之学④，其

---

① 1917 年写作《王学杂论》，收录于《国故月刊》1919 年第 1 期。
② 吴承仕所藏：《章炳麟论学集》（致吴承仕的书信集），北京师范大学出版社 1982 年版，第 372 页，1917 年 4 月 3 日来信。以下将该书简称为《论学集》，省略年月（引用部分均为 1917 年的文章），只标明页码。收于《章太炎全集》第十二册，《书信集》上，第 409 页。
③ 《论学集》，第 373—374 页；《章太炎全集》第十二册，《书信集》上，第 410 页。
④ 《王文成公全书题辞》（附后序），《华国月刊》1924 年第 2 期第 1 册。收于《章太炎全集》第五册，《太炎文录续编》，第 112—113 页。

良知说足以为"匹夫游侠之用"①。

如上所述，章太炎认识到人心之荒废，故而求"匹夫游侠之用"于王学，其背景是他自身在革命后的混乱时期的实践活动。1917年，章太炎在以维护《中华民国临时约法》和讨伐段祺瑞政权为目标的孙中山、唐继尧等的广东护法军政府担任秘书长。此后，他以通过西南各省的团结来复兴真正的共和国为理想，为了请求援军而不知疲倦地往返于云南、四川、湖北、湖南各地。途中，在湖南第一师范（长沙）的演讲上，章太炎在当时活动于新民学会的青年毛泽东等人的面前讲到，中国的任何学说，只要运用得法均能起作用，朱子学适用于地方官、士绅，程明道、陈白沙的学说适用于君主，而王学则"言而即行，适于用兵"。②

章太炎采用王学以为"权说""方便"，不过在学理上，他一方面称"王学高材皆实证七八两识者"③，承认并正面评价王学和唯识学的类似之处，认为受禅宗启发的王学在不知其名的情况下发现了唯识的八识说，与佛法中的法相"颇亦相合"④。但同时又指出王学的局限性，称"陆王一流证验为多而思想粗率"，"而于佛法，终未到也"⑤。"要之，标举阳明，只是应时方便，非谓实相固然"⑥。就如章太炎所言，对他来说在"实相"即学理方面还是以佛理尤其是唯识为主。

章太炎所指出的王学在学理上最大的缺陷，在于其刻意强调"几""生几（机）""生生之几""生理""流行"之类意味着与天地宇宙一同具有连续性的

<hr/>

① 《论学集》，第377页；《章太炎全集》第十二册，《书信集》上，第412页。

② 参见《研究中国文学的途径》，夏丏尊的记录。毛泽东记下了针对此次演讲的感想（《毛泽东给萧旭东、蔡林彬并在法诸会友》，《新民学会会员通信集》第3集）。收于《章太炎全集》第十四册，《演讲集》上，第288页。

③ 《与检斋书》，《国故月刊》第2期，1919年4月；收于《章太炎全集》第十二册，《书信集》上，第414页。

④ 《与吕、黎两君论学书》，《民铎杂志》1921年第3卷第1号。《与李石岑》（三），收于《章太炎全集》第十三册，《书信集》下，第956页。

⑤ 《与检斋书》，《章太炎全集》第十二册，《书信集》上，第413页。

⑥ 《论学集》，第374页；《章太炎全集》第十二册，《书信集》上，第410页。

人之生命力的概念。例如就王塘南"澄然无念，是谓一念。非无念也，乃念之至隐至微者也。此正所谓生生之真几……此几更无一息之停"（《答钱启新》，《明儒学案》卷二〇）之论，对此章太炎作出如下评价：所谓"真几无停"意指藏识（阿赖耶识）的"恒转如瀑流"，但无法证得"真无垢识"（真如），"故于生几生理，始终执着以为心体"①。在这点上悟出"我与天地万物万事万理澄然一片"的杨慈湖（陆象山的弟子）与悟到极静时心中虚而无物"有如长空云气流行"般融通无碍的罗念庵也是同样的②，总之"【王门诸贤】所称'几''生几''生生不息'等语，皆即此【阿赖耶识】恒转如瀑流者也。以其不晓【最终至于无垢之庵摩罗识的阿赖耶识的】转依，故执此而不舍"③。

如上，甚至对于与传统的"生生之仁"相关联的"生机"与"流行"等观念，章太炎也运用唯识学彻底地进行另一种解读。他的批判是：既然将这些观念视为"瀑流识"，即恰如烦恼使善的存在漂流那样不断转换变化的自识，若执着于此则无法证得自识的无垢境位，即不生不灭的真如。他把王学视为与印度的吠檀多相近的学说，而吠檀多在之前提及的判教中继最低位的基督与穆罕默德（伊斯兰）、《中庸》之后排在倒数第三位，该学说视万物为无法通过感觉或直观来把握的最高神即梵天王的幻相。④

章太炎的这种对王学的批判被熊十力从儒家立场批判为"其罪实当堕入泥犁（地狱）"的严重曲解。⑤但是章太炎的王学批判无非是他对"生""生生"之立场的一贯批判，也是其附会、曲解的契机，毋宁说这是基于他自身立场的儒家批判。"但儒家执着生机，……最后不能超出人天，此为未至耳"⑥。从章

---

① 《与检斋书》，《章太炎全集》第十二册，《书信集》上，第 413 页。

② 《论学集》，第 370 页；《章太炎全集》第十二册，《书信集》上，第 407—408 页。

③ 《与吕、黎两君论学书》，又作《与李石岑》（三），收于《章太炎全集》第十三册，《书信集》下，第 956 页。

④ 《论学集》，第 373—374 页；《章太炎全集》第十二册，《书信集》上，第 410—411 页。

⑤ 熊十力：《答谢石麟》，《十力语要》卷一（1935 年），收于《熊十力全集》第 4 卷，湖北教育出版社 2001 年版。

⑥ 《论学集》，第 375 页；《章太炎全集》第十二册，《书信集》上，第 411 页。

太炎以对"生机"的执着来批判儒家,也可以明显看出他的王学批判是对儒家一般立场的批判。

尽管章太炎批判儒家,在这一时期他却将孔子视为"大圣"。作为古文经学家,章太炎一直以来把孔子视作"古良史"①,即优秀的史官。又以孔子主张"以天为不明及无鬼神二事"而从"依自不依他"的无神论立场加以重视,将其视为"破坏鬼神之说"(《儒术真论》,1899 年;《答铁铮》,1907 年)。在这两点上,章太炎的看法是一以贯之的。然而在另一方面则因孔子带有"儒家必至之弊"而对其持批判态度。他认为孔子没有实践能力,"胆小"(《东京留学生欢迎会演说辞》,1906 年),注重"时中",而"道德不必求其是,理想亦不必求其是,惟期便于行事则可矣。用儒家之道德,故艰苦卓厉者绝无,而冒没奔竞者皆是"②。而之所以在这一阶段视孔子为"大圣",是由于他通过佛理附会孔子,这种附会也始于《齐物论释》。

章太炎将孔子的"绝四"(《论语·子罕》里所说的毋意、毋必、毋固、毋我)与弟子颜渊的"坐忘"(《庄子·大宗师》)解释为"能证生空、法(存在)空"③。"绝四"本应归于儒家对任性、自私的批判,"坐忘"可归于道家自然主义,章太炎如此佛教化的诠释显得牵强附会。然而就如下文要谈到的,他的佛儒融合,与其说通过王学,毋宁说通过对孔子(据说为孔子所作的经典)的另类解读更为典型地展开。

章太炎对于"范围天地之化而不过"(《易·系辞上》)一句,利用王肃和马融的注释本将"范围"解释为发音与之相通的"犯违"④,在此基础上运用佛教学说进行新的阐释说:"天地之化,所谓生灭,不生不灭,则犯违天地之

---

① 《订孔》,《訄书重订本》(1902 年),收于《章太炎全集》第三册,《訄书重订本》。

② 《论诸子学》,《国粹学报》第 2 年丙午第 8、9 号(1906 年),收于《章太炎全集》第十四册,《演讲集》上,第 53 页。

③ 《与检斋书》,《章太炎全集》第十二册,《书信集》上,第 413 页。

④ 《与吴承仕》,《论学集》,第 375 页。收于《章太炎全集》第十二册,《书信集》上,第 411 页。此处注有"马融、王肃本如此"。《经典释文》有"马、王肃、张【璠】作'犯违'"一语。

化也。超出三界，而非于三界之外别建法界，所谓不过也。"①

这一阐释表达了佛教的基本思路，即不生不灭的真如既超出凡夫的生灭心而又非他物。同时该阐释也是对章太炎"基于阿赖耶识的万物一体论"的确认，即不承认外在的具有超越性的神，而是求万物的根源于向三界之内超越的自识。

这样一来，在佛儒融合中居于核心地位的仍是佛理。若如此，则所谓"回真向俗"的转变，实际上在"俗"和"真"的阶段之间没有本质区别，可以说这一转变在内容方面并未伴随着根本上的变更。

（三）朝向融合

1919 年五四运动爆发时，章太炎（当时五十岁）将其作为爱国运动予以积极评价，就这点而言，他并没有"与时代隔绝"。然而，在政治活动方面，章太炎走上了所谓"反动"的道路。他一味追求联省自治路线（特别是湖南自治）——这在陈独秀看来只不过是"武人割据"②（该说法恰当与否另当别论）——脱离了以孙中山为核心的北伐路线。1922 年开始，他把主要精力投入各地的国学讲授活动，以至于被世间评论为"迩来厌弃政治，专事研究学术"③。这一年，上海著名的佛教居士团体世界佛教居士林正式成立。章太炎也参加会议并发表演说，他在演说中称佛教的基本教义"苦集灭道"是必修的。④即便如此，因担忧中央政府的贷款问题和军阀对人民生活的压迫，章太炎坚持其联省自治的主张，称"自非各省自治，则必沦胥以尽"⑤。

1924 年国共合作之后，章太炎打起反对旗号。他以为当时的国共两党都

① 《论学集》，第 375 页；《章太炎全集》第十二册，《书信集》上，第 411 页。

② 陈独秀：《对于现在中国政治问题的我见》，《东方杂志》1922 年 6 月，第 19 卷第 15 号。

③ 《申报》1922 年 5 月 20 日，转引自汤志钧：《章太炎年谱长编》，中华书局 1979 年版（以下略称为《年谱》），第 628 页。

④ 《世界佛教居士林会上之演说》，收于《章太炎全集》第十四册，《演讲集》上，第 379 页。

⑤ 手稿，《年谱》，第 640 页。《各省自治共保全国领土说》（约 1922 年 6 月），收于《章太炎全集》第十一册，《太炎文录补编》下，第 600 页。

受俄国影响，所以应当反对。①作为民族主义者，该论调可以说不无道理。虽然如此，既然国共合作强调的是反帝国主义的民族主义，章太炎却拒绝了解实际情况，想必这背后有什么理由。从旅日时期起与孙中山之间的长期不睦应该也是原因之一。不仅如此，1926 年孙传芳策划复古运动并为了保存国粹而举行"投壶之礼"，章太炎则应孙传芳之邀担任修订礼制会会长。②此事引发了当时的青年、新知识分子的强烈反感。翌年（1927 年），蒋介石发动政变，导致国共分裂，已被视为上海第一"著名学阀"的章太炎渐渐淡出公开的社会活动，不久后开始有意地保持"缄默"（1929 年）。

1926 年成为修订礼制会会长之后，章太炎过着较为恬静的生活，也曾通过止观（天台）的修行感受禅悦。其间他精读宋明儒者之书，再次思考"我""无我"的问题，试图最终完成佛儒融合。这体现在他最后的哲学类论述——写于 1929 年的《说我》。③

《说我》先把"我"视为"生机"，以一念的"生机"为"无我"，以长期的"生机"为"有我"，从这个角度将中国哲学史大致分成两个系统。一个是"有我"系谱，这始于"万物皆备于我"（《孟子·尽心上》）的孟子。另一个是"无我"系谱，这可以在主张"无我"等"绝四"的孔子、学到"克己"达到"坐忘"的颜渊以及老庄的思想中看到。在预设了这样一个系谱的基础上，章太炎试图调和"有我"和"无我"间的对立。

他说："《易经》本说'大哉乾元，首出庶物'（《乾卦·象传》），却又说'天德不可为首'。前边是假说有我的义，后边就是实说无我的义。只为中国圣

---

① 《我们最后的责任》，《醒狮周报》1925 年第 58 号，收于《年谱》，第 828 页。

② 本文初次刊载时，笔者基于鲁迅记载的《参与投壶》一文，与学界的一般见解相同，称章太炎举行了"投壶之礼"。但是，据汤志钧《章太炎传》（台湾商务印书馆 1996 年版）得知：1926 年 8 月 8 日的《申报》"国内要闻"报道称，作为"大宾"被招徕的章太炎"因故未到场"。如汤志钧所指出的那样，鲁迅所言"参与"并非"参加"之意，而应理解为"支持"。在此请允许笔者修正 1986 年初次刊载时的错误。

③ 《说我》，1939 年《制言》第 18 期，收于《章太炎全集》第十四册，《演讲集》上，第 413—416 页。

人所做的事，本来与释迦不同，一切社会政治，无不要管理周到。无我是依据自证，有我是依据大众的知识。……究竟在学说方面，无我并不是反对有我，却是超过一层。在实行方面，有我也不能障碍无我，只像镜里显出影像。"[1]在章太炎看来，"乾元"意为"阿赖耶识"。

在此，"无我"作为圣人高尚的个人内省，"有我"则是其被人民大众理解的形式，二者的对立在中国的圣人和君子身上消解了。

如此，在原理意义上，章太炎也要处理"无我"与"有我"的对立，但他所理解的"无"与"有"相比仅仅"超过一层"，也就是说，他将"无"和"有"的关系理解为同一次元里的相对位置关系，从而解决了二者对立的问题。可以说，章太炎以这种方式调和"有我"和"无我"，推进佛儒融合，以至于已经没有必要再批判"生机"。

1931 年九·一八事变之后，一度有意"缄默"的章太炎面对日军愈演愈烈的侵略，再也无法保持"缄默"。"对日本之侵略，惟有一战，中国目前只此一条路可走，不战则无路，惟坐而待亡。"[2]章太炎认为不能坐等亡国，为了形成敦促政府抗日的舆论，他不停活动，并前往北京并与张学良会面。其后，章太炎以"保国学于一线"为使命，将活动据点移至苏州，组织"以讨论儒术为主"的国学会和章氏星期讲演会，提倡为爱国而读经。1935 年他开设"以研究固有文化、造就国学人才为宗旨"的章氏国学讲习会，直到 1936 年 6 月病死之前，一直废寝忘食地致力于讲学（参照《年谱》卷五）。

在人生的最后阶段，章太炎可能最接近"儒"一侧。"今日宜格外阐扬者，曰以儒兼侠，故鄙人近日独提倡《儒行》一篇。宜暂时搁置者，曰纯粹超人超国之学说，故鄙人今日于佛法亦谓不可独用。"[3]他认为目前最为重要的是学习

---

① 《章太炎全集》第十四册，《演讲集》上，第 415 页。

② 天津《大公报》，1932 年 3 月 8 日，题名为《与天津〈大公报〉记者谈时局》（1932 年 3 月 4 日），收于《章太炎全集》第十一册，《太炎文录补编》下，第 851 页。

③ 《答张继鸾问政书》（1936 年 6 月 6 日），《制言》1936 年第 24 期。题为《与张继鸾》，收于《章太炎全集》第十三册，《书信集》下，第 1236 页。

见于《礼记·儒行》里的有道者的行为，兼取儒侠。

不过章太炎对佛教的态度仅仅是在"单独"这一条件下部分否定，这应该说是他对"儒"的最大让步，也是其佛教思想在其"回真向俗"最终阶段的内容。

在包括农村革命在内的所谓革命战争时期，章太炎提倡通过读经（尤其是《礼记》）来鼓励以救国为目标的道德，这确实可说是一个完全背离时代潮流的做法。尽管如此，在同一时期即 1935 年的"一二·九""一二·一六"爱国学生运动中，他坚决抗议政府当局以共产党员参与其中为借口进行镇压。

章太炎认为，"学生请愿，事出公诚，纵有加入共党者，但问今之主张如何，何论其平素？"① "不应贸然加以共产头衔，武力制止"②。

本章开头提及的吴承仕的文章就是基于此事写下的。正值抗日统一战线趋于形成和自身加入中国共产党之际，吴承仕或许对其师章太炎抱有过多的同情。但章太炎在民族主义这一点上保持了与现实之间的紧张关系，可以说在这个意义上他成全了自己作为思想家的生涯。通过佛教，章太炎从根源上产生对个体的自觉，试图以佛教为轴心重审传统思想，他的民族主义通过这一思索过程得到深化、提炼。陈志让（Jerome Chen）曾在其《军绅政权》里相当单纯化地描写了军阀的保守国粹倾向和与之一脉相承的蒋介石的"国粹""新生活运动"③，但就如吴承仕所指出的那样，章太炎的"复古"与其有着本质上的区别。

---

① 《致宋哲元电》（三），1935 年 12 月 21 日，《章太炎全集》第十三册，《书信集》下，第 1208 页。

② 《章太炎谈话》，《申报》，1935 年 12 月 26 日，《年谱》，第 965 页。题为《谈上海学生北上请愿事》，收于《章太炎全集》第十一册，《太炎文录补编》下，第 922 页。

③ 关于蒋介石对"新生活运动"的提倡，其夫人宋美龄也曾亲临指导，她意欲实践其在留美期间养成的新教徒式质朴刚健的生活作风，以作为身体及时间观念的训育与近代化的一个环节。虽然他们反对摩登主义，但是由于该运动的上述侧面也很强，未必能断言这是简单的复古活动。在关于"新生活运动"的研究中，段瑞聪的《蒋介石と新生活運動》（庆应义塾大学出版会 2006 年版）也在复古和法西斯之外重视蒋介石在日本士官学校的留学经历和基督教的影响。

六、小　结

以上，虽然只是一个概略，但笔者以章太炎与佛教的思想关联为轴心通观了他在辛亥革命前和辛亥革命后的思想，后者在以往的研究中未受到足够重视。关于章太炎的认识论的详细内容，笔者在此无暇一一展开论述，暂且将其作为今后的课题。

总之，在本文可以确认的是，章太炎的基于"妄想"的自生自化论与佛教特别是唯识学的关系问题：受到西欧哲学的刺激而意欲实现以"依自不依他"为核心的"汉族心理"的哲理化，即建构以阿赖耶识为根本的"世界缘起"和以圆成实自性为本体的本体论；在"我执"层面上确认作为主体性的自我；同样依据"我执"尝试由自我否定性契机推动的从个体向共同性的转变，这些无一不需要唯识学。这一点已经在上述论证中得到阐明。

作为整体的思想形态，笔者指出章太炎已形成或可称为基于阿赖耶识的万物一体论的思想。该万物一体论把一体性引向个体内部、个体性一侧，通过对这一全新的万物一体论的分析，我们可以由此引出中国哲学史引人兴味的另一面：章太炎颠倒了延续至谭嗣同等人的中国固有的"天地生生之仁"的立场。这一侧面在辛亥革命后章太炎对王学的批判中也明显地表露出来，也是下结论称章太炎的思想、哲学以佛理为核心的重要依据。

说到章太炎思想、哲学的社会影响力，则远不及其哲学上的意义。章太炎虽然在原理层面上批判了传统思想的根源，但是他的批判并不具备如谭嗣同的"冲决网罗"与五四新文化运动时期的礼教批判般的现实冲击力。而且他所批判的"天地生生之仁"论因支撑着大同观、公理观而得以持续保持生命力，大同观、公理观曾在中国接受社会主义时起到了一种类比作用。另外，当时已有个别养成西方式个人主义的知识分子出现。在这种情况下，利用唯识学的章太炎那略显奇异的对个体的确认，没有得到特别的关注。

从这点来说，章太炎是一个孤独的思想家。尽管如此，他竭尽中国传统文人的力量，始终执着于民族"自立"的思想并展示了其所达到的高度，其中包含了对近代的尖锐批判，这种批判可见诸对"文野之见"、社会进化论的批判等。就此而言，章太炎起到了重大作用，他的思想意义不会消失。对于今天以及今后的中国而言，思想文化方面上更深层次、更广泛的全球化恐怕无法回避，在创造独自性这一点上想必仍然能从章太炎的思想、哲学得到不少启发。

不仅如此，对于想把亚洲纳入视野的人，不也可以这么说吗？比如在 20世纪 70 年代以后流行的新纪元科学（new age science）等领域反复出现的"东西相遇"论，实际上难道不是空洞的误会或过于简单而轻薄的"相遇"吗？为了看清此类问题，笔者认为章太炎思想所达到的高度可以为我们提供某种指示作用。

原载〔日〕坂元弘子：《中国近代思想的"连锁"——以章太炎为中心》，郭驰洋译，上海人民出版社 2019 年版

中国进化世界观的诞生
——严复进化主义的复合结构

王中江

北京大学哲学系

在中国，严复并不是最早传播进化主义的人，在他之前，达尔文及其生物进化主义，通过在华传教士这一桥梁，已经进入到中国本土。当然，它们还只是以非常零星和非常简单报道的形式被传入的。因此，不管我们如何追踪进化主义在中国的初传情况，都不影响严复在中国进化主义思潮中的开山地位。严复是西学第一人，这一有充足理由的说法，已深入人心。从《天演论》在很大程度上已成为严复思想的象征符号这一点而言，我们可以肯定地说，严复是中国进化主义第一人。从研究进化主义的专门性和系统性上来说，我们不难举出后来居上者，如陈兼善、朱洗等人，但他们就像是林中小屋中的人物那样，只有在我们偶尔进入到这个天地中时，才会漫不经心地瞥上一眼，或者只是在特别需要的时候，才会走过去同他们打一下交道。然而，严复的进化主义却总是不能被绕开。时代为严复的进化主义提供了广阔的空间，反过来，严复的进化主义又强烈地影响着历史时代，使许多人感到振奋。从外形来看，严复的进化主义，往往伴随着达尔文、斯宾塞、赫胥黎的名字，似乎只是他们进化主义思想的翻版。[①]但是，在引介和传播达尔文特别是斯宾塞和赫胥黎进化学说外形的内部，却深深贯彻着严复对进化主义所持有的独特逻辑和立场。从实质上

---

① 这样说，也是相对的。因为即使是自认为最忠实的介绍，也难免具有其自身的"理解"向度。

看，达尔文同斯宾塞的进化主义是极其不同的，而赫胥黎也持有同斯宾塞的社会达尔文主义相反的立场。但是，他们都处在大不列颠工业革命的兴盛时代，所感受到的仿佛是太平盛世的一番景象：强大、富庶、和平和自由。在他们那里，展现给世人的进化主义，或者是深思熟虑的严格科学，或者是从容不迫的学理。曾一度直接感受过英国繁盛景象并一直身临"危亡变局"国度的严复，却是在无限焦虑、不安和紧迫之中与进化主义相遇的。经过时代危机的折射，在严复那里，进化主义则成了"自强保种""保群自存""合群自强"的同义语。通过传统理念的过滤和内外包装，严复的进化主义基本上已经本土化或者说具有了古色古香的格调。我们完全有必要通过严复是如何在斯宾塞或赫胥黎之间进行选择（如笔者）或者他倾向于谁（如史华慈的说法）等方式来观察他的进化主义。①但笔者现在认识到，严复的进化主义，已经不是简单地在斯宾塞或赫胥黎之间（或在传统与现代之间）左右取舍、挑挑拣拣的问题。可以说，严复的进化主义是属于"严复的"，是经过严复的吸收和消化之后而形成的"观念形态"（虽然从文本形式上看它显得零零碎碎）。如果先做一点暗示的话，严复的进化主义体现了对不同观念的一种精心"整合"（不能理解为折衷）。换句话说，他既不完全是斯宾塞式的，又不完全在赫胥黎之外，我们最好把它作为一种"复合结构"来理解。

一、 游心进化主义的过程

严格说来，严复的进化主义只是他的广大的"西学"世界的一部分。但就

---

① 参阅王中江的《严复》第七章（台北：东大图书公司1997年版，第207—218页）和史华慈的《寻求富强：严复与西方》（江苏人民出版社1995年版，第90—104页）。另，有关严复在斯宾塞和赫胥黎之间进行选择及其倾向问题，高柳信夫不同意手代木有儿的观点，他像史华慈一样坚持认为，严复完全站在了斯宾塞一边。参见手代木有儿的《严复〈天演论〉におけるスペンサハックスリの受容——中国近代における〈天〉の思想》，《集刊东洋学》1987年第58号；高柳信夫的《〈天演论〉再考》，《中国哲学研究》1991年第3号。

其在严复思想中的重要性而言，说它居于首要地位，并不夸张。严复的宇宙观、社会政治观、历史观和伦理观等，在很大程度上，都建立在进化主义这一基础之上。如果说严复热心推广的包含着很多不同内容的西学，都是他追求的急切"富强"目标所需要的，那么，在严复那里，进化主义作为一种"根本性"的世界观，则承担着使富强成为可能（提供无限的活力或力量）的"普遍性"角色。这一点本身，就使进化主义在中国获得了与西方有所不同的最直接的特殊功能。说起来，严复一再强调西方的"富强"根源于"西学"，而英国又被认为是这方面的模范。严复留学英国时除了极其专业的航海驾驶专业外还关注西方政治、经济和社会等思想，就是相信这些思想对中国的富强最为有效。尽管这样，严复在英国时究竟阅读了多少这方面的著作，还难以肯定。实际上可能并不多，而且对于各种思想他大概是处在一般了解和观察的层面上。严复跟进化主义相遇，应该有身临其境之感。因为他在英国留学之时，正是进化主义兴盛的时代。他后来一直推崇的进化主义的三大人物——达尔文、赫胥黎和斯宾塞，当时也处在非常活跃的时期。有理由相信，进化主义这一时代思潮当时就会进入到具有广泛兴趣的严复的视野中，哪怕是无意识的。

进化主义最早出现在严复的论著中，是1895年3月他在天津《直报》上发表的《原强》一文。严复的动机非常明确，他要使那些先前谈西学讲洋务的人知道，在近50年中，西人所追求的"近之可以保身治生，远之可以利民经国"的东西是什么。在严复看来，这就是达尔文的学说和斯宾塞的"群学"。在此，严复还没有涉及斯宾塞的"进化主义"，但达尔文的《物种起源》（严复翻译为《物类宗衍》）的进化学说，则以简明扼要的形式被表达了出来：

> 物类之繁，始于一本。其日纷日异，大抵牵天系地与凡所处事势之殊，遂至阔绝相悬，几于不可复一。然此皆后天之事，因夫自然，而驯致若此者也。①

---

① 王栻主编：《严复集》第1册，中华书局1986年版，第5页。

在注重生物进化主义本身的内容之外，严复还特别强调这一基于实证的理论给西方思想文化所带来的强烈冲击和影响（"泰西之学术政教，为之一斐变焉"）。①这一点，严复本人肯定有直接的感受，这当然得自他留学英国的经历。严复在对达尔文《物种起源》的引介中，特别注重其中的两章——一是第三章的"生存斗争"，严复译为"争自存"；二是第四章的"自然选择——即适者生存"（严复译为"遗宜种"）。严复对这两章的译名，很难说偏离了原题。但在对这两章内容的具体解说上，却似乎与原题有所疏离。严复这样说：

> 所谓争自存者，谓民物之于世也，樊然并生，同享天地自然之利。与接与构，民民物物，各争有以自存。其始也，种与种争，及其成群成国，则群与群争，国与国争。而弱者当为强肉，愚者当为智役焉。迫夫有以自存而克遗种也，必强忍魁桀，趫捷巧慧，与一时之天时地利洎一切事势之最相宜者也。②

达尔文的《物种起源》，主要是从"生物""物种"立论，避开了"人类"（"民"）的进化问题，既没有"社会"（"群"）和"国家"（"国"）的概念，又没有"弱肉强食""愚者智役"的明确表述。但是，严复很轻易地就把它们挂在了达尔文的《物种起源》名下。从这里开始一直到后来，与关心严格意义上的生物进化相比，严复更关心进化主义在人类和社会中的普遍适用性。这样，"社会达尔文主义"一开始就在严复的进化主义中打上了烙印。《原强》对进化主义的介绍和理解，是极其简略的，它只是在与主题相关的意义上被涉及。严复之所以能成为中国进化主义思潮的奠基性人物，完全取决于他所翻译的《天演论》一书。这部书既是对一个进化主义文本的翻译，同时又为严复充分表达其进化主义观念提供了机会（加按语这种形式在严复的译书实践中，一再被运用）。这一部体量实际上很小的书，后来所产生的广泛影响，可能完全

---

① ② 王栻主编：《严复集》第 1 册，中华书局 1986 年版，第 5 页。

出乎严复的意料之外。因为他翻译这部书并非精心选择的结果。说来或许令人难以置信，他认为译书是为了消磨时光，同时此书的内容不太艰深，翻译起来比较容易。而且由于此书纯粹的学理性，非现实迫切需要，他甚至不愿把它公诸于世。严复在《译〈天演论〉自序》和《译例言》中分别说：

> 夏日如年，聊为迻译，有以多符空言，无裨实政相稽者，则固不佞所不恤也。

> 是编之译，本以理学西书，翻转不易，固取此书，日与同学诸子相课。……顾惟探赜叩寂之学，非当务之所亟，不愿问世也。

最后，严复是在友人的劝告下才把这部书公开出版的。有关这一方面的内容，我们过去注意得不够。凭着《天演论》的影响力，我们很容易想象严复当初就会具有一种惊人的动机。但实际上却差不多可以说是"无心插柳柳成荫"。当然，《天演论》之所以能赢得广泛的反响，又取决于它向中国人展现了一种全新的世界观，也取决于这种世界观实际上也是当时寻求富强的中国所迫切需要的（"自强保种之事"）。

由赫胥黎在牛津大学"罗马尼斯讲座"的讲演所汇编而成的《进化论与伦理学》一书，是 1894 年出版的。①严复对此书的反应速度，令我们吃惊。他很可能在此书出版当年的年底或次年初就拿到了它。②他是通过什么途径得到这部刚出版的书，我们还不清楚。我们猜测他的留学背景和英国朋友可能起了作用。译本《天演论》的正式出版是在 1898 年，但在 1895 年就已经脱稿。严复

---

① 1893 年首次出版的《进化论与伦理学及其他论文》，包括了赫胥黎的五篇论文。1894 年出版的《进化论与伦理学》，只包括原书的前两篇论文，其中的"导论"是新加的。

② 按严璩的《侯官严先生年谱》记载，严复是在 1895 年中日甲午战争签订"和议"之后开始翻译此书的："和议始成，府君大受刺激。自是专力致于翻译著述。先从事于赫胥黎（T. Huxley）之《天演论》（*Evolution and Ethics*），未数月而脱稿。"如果是这样，"和议"签订于 4 月，那么在之前他就应该有了这部书，时间很可能是 1894 年底或 1895 年初。

曾把译稿寄给梁启超阅读，梁启超又推荐给其师康有为和夏曾佑传阅，他们对该书表示了高度的推崇。①严复以如此快的速度获得此书并把它翻译出来在另一个国度传播，一下子缩短了中国思想界与世界思想界的距离。

有关严复翻译《进化论与伦理学》的方式，我们已经有了不少讨论，在此不必细说。简言之，他翻译的方式，不是"直译"，而是"意译"和"编译"。他还把赫胥黎的现代英文文体变成了古雅的"桐城"文言文，阅读起来，仿佛是在阅读先秦诸子，甚至比它还难。这表明严复无意于对传统的文言文做出改革，他宁愿复兴这一传统。在严复看来，古雅的文言文，并不是表达高深学理的障碍，恰恰是它得以可能的条件。这符合他提出的"信达雅"的翻译原则。他相信他用古文翻译西方的现代著作就是力求实践这一原则。②但是，正像人们已经指出的那样，严复所翻译的《天演论》，对原文的增消、改动之处，随处可见。史华慈说："他的译著《天演论》，其实不太像原著的译本，倒更像原著的缩写本，其他译著则较尊重原著。"③他把《进化论与伦理学》的书名，译成《天演论》本身，就颇有象征性。因此，无论是从用优雅的古文语词表达现代观念方面来说，还是从改译方面而论，严复的《天演论》都可以作为独立创作的作品来阅读。

《天演论》一书的一些内容，包括严复所加的部分按语，正像严复所说，并非"富强"这一当务所需。书中涉及了西方文化的一些一般性知识，严复的补充又加强了这一点。它们虽对现实没有直接的效用，但从中国思想文化的发展来说，却并不多余。特别由于这些知识对于中国人来说大都是前所未闻，所以仍有不小的诱惑力。令人奇怪的是，严复选择了一部他不太欣赏的著作进行

① 参阅《梁启超致严复书》，见《严复集》第5册，1580页。

② 如他在《译例言》中非常自信地说："译文取明深义，故词句之间，时有所颠倒附益，不斤斤于字比句次，而意义则不倍本文。""译者将全文神理融会于心，则下笔抒词，自善互备。至原文词理本深，难于共喻，则当前后引衬，以显其义。凡此经营，皆以为达，为达即所以为信也。"

③ 史华慈：《寻求富强：严复与西方》，江苏人民出版社1995年版，第88页。有关严复偏离原著的情况，请参阅林基成的《天演＝进化＝进步？重读〈天演论〉》，载《读书》1991年12月第12期。

翻译。他更欣赏的是斯宾塞的著述。①他之所以没有首先翻译斯宾塞的著作，照他的说法是因为斯宾塞的《综合哲学》"数十万言……其文繁衍奥博，不可猝译"②。由于赫胥黎的《进化论与伦理学》一书的主旨，恰恰是批评斯宾塞的"社会达尔文主义"，认为"生存竞争"的生物法则不适合社会，社会需要的是伦理原则。没有"进化"的伦理，而只有"伦理"的进化。这样，在客观上，赫胥黎就与十分欣赏斯宾塞进化观念的严复处在比较对立的位置上。但最终的结果却是，严复通过翻译赫胥黎的著述，找到了为斯宾塞的进化观念进行辩护的机会。③但这决不意味着赫胥黎的《天演论》就成了严复所需要的反面教材。正如人们所认识到的那样，在"人道"和"人治"的立场上，严复与赫胥黎又有很大的亲和性。严复如何在独特的理解结构之下"整合"斯宾塞和赫胥黎的观念从而形成自己的独特进化主义，后文将进行具体讨论。

在翻译《天演论》之后的一段时间内，严复讨论进化主义比较多的著作，主要有1905年在东京出版的《侯官严氏评点〈老子〉》④、1906年由商务印书馆出版的《政治讲义》和1913年在北京《平报》上连载的《天演进化论》。与在其他方面采取的方式一样，在进化主义上，严复也并不困难地在中国传统中发现了进化主义的相似物。这不是简单或廉价地要为人们提供自信或骄傲的资本，因此不能把严复同那些轻率地宣扬"古有已之"的人相提并论。严复这样做至少表明了一个愿望，即用新的观念重新解释古老的传统。对严复来说，达尔文进化主义在中国道家的始祖老子那里就有了它的最早形态，如对于老子所说的"天地不仁，以万物为刍狗；圣人不仁，以百姓为刍狗"，严复这样批注

---

① 如他曾这样介绍斯宾塞说："斯宾塞尔者，与达同时，亦本天演著《天人会通论》，举天、地、人、形气、心性、动植之事而一贯之，其说尤为精辟宏富。……呜呼！欧洲自有生民以来，无此作也。"（严复译：《天演论》，商务印书馆1981年版，第4—5页）但是19世纪末，斯宾塞在西方的声望已开始急剧下降。

② 严复译：《天演论》，第6页。

③ 照史华慈的说法，是一个"极好"的机会。

④ 1931年，商务印书馆重版此书时，改名为《严复评点〈老子道德经〉》。1986年，此书节录收入《严复集》时，改名为《老子评语》。

说："天演开宗语。""此四语括尽达尔文新理。至哉！王辅嗣。"①这是批注式的评论，不能用严格的标准来衡量其恰当性，但显然过于夸张了。另一方面，严复在老子那里也发现了与进化主义难以弥合的鸿沟。老子以"质朴"为本真的"自然主义"，使他认为"文明化"不仅不是"进化"，反而是一种"退化"。这样，社会历史的"进化"，就必须是在逆反或倒流的时间中"返朴归真"。对于相信时间不可逆、文明化趋势、社会历史朝向未来进化的严复来说，老子的这种观念是无法接受的：

> 今夫质之趋文，纯之入杂，由乾坤而驯至于未济，亦自然之势也。老氏还淳返朴之义，独驱江河之水而使之在山，必不逮矣。夫物质而强之以文，老氏訾之是也。而物文而返之使质，老氏之术非也。何则？虽前后二者之为术不同，而其违自然，拂道纪，则一而已矣。②

按照老子"顺其自然"的逻辑，从"物"到"文"，也完全可以是一个自然的过程。依此而论，老子非议"文明"本身，恰恰就是"非自然"的。严复从这一点上批评老子，可以说是"以其道还治其身"。但是严复又肯定老子对强行使"质"为"文"的批评是恰当的。从"人属于自然"的自然主义来说，"强行"本身也是"自然"的。只有在"人"与"自然"相对的意义上，"强行"才是"非自然的"。因此，从前一意义上讲，老子批评"强行"在理论上仍然不通。

在由一系列演讲所汇成的《政治讲义》中，严复把进化主义的方法和理论运用到国家和社会群体领域中，强调国家和群体都是有机体，它们自然而生，也遵循着自然的法则而进化。基于这个前提，严复认为研究国家和群体，也必须采用类似于研究生物的进化主义方法。如他说："国家为有机体，斯其演进

---

① 《严复集》第 4 册，第 1077 页。

② 同上书，第 1082 页。

之事，与生物同。"① "国家是天演之物，程度高低，皆有自然之理。……国家既为天演之物，则讲求政治，其术可与动植学，所用者同。"②这种在生物进化主义投射之下的国家观和社会观，在严复的《天演进化论》这一专门论文中，显然得到了加强。在此，从人（男女）的进化到社会有机体和国家的演进，都显示了严复把生物进化主义和社会进化主义统一起来的逻辑。

人们很容易想起第一次世界大战之后严复对西方文明和进化主义的悲观性反应。这是一个令人不快的事实。因为严复的变化至少从表面上看既突然、又巨大。简单地说，这是严复在其理想被严酷的现实粉碎之后所作出的急剧对应。笔者不想过分夸大这种"简单"断裂事实的重要性，但倾向于相信，进化主义是严复一生整个思想观念中的比较稳定的"常数"。

以上只是从严复前后接受和传播进化主义的主要经历及其文本进行了回顾，下面我们将从一些具体的方面，分别对严复进化主义的观念形态和复合结构，对他在西方进化主义和中国传统之间是如何作出整合的做一些探讨。

二、"进化"原理及其普遍性

让我们先从严复对 "evolution" 所做的富有感染力的译名 "天演" 谈起。"evolution" 的希腊文为 "evolver"，原意为 "展示"。如同我们在导论中所指出的那样，拉马克、达尔文以及海格尔这三位 19 世纪的伟大进化主义者，都没有用 "进化" 这个词来表达他们的核心思想。达尔文只是在 "变迁" 的意义上用过这个词。后来人们表达他的观念使用的 "进化" 一词，在他那里则是一个非常质朴性的说法——"带有饰变的由来"（descent with modification）。达尔文没有用 "进化" 一词，据认为与两个因素相关：一是当时 "进化" 在生物学中已经具有了特定的含义，被用来描述与生物发展理论有所不同的胚胎学理

---

①② 严复：《政治讲义》，见《严复集》，第 5 册，第 1266 页。

论；二是在母语中，"进化"含有"进步发展"的意义，这与达尔文所要表达的东西不合。①但是，由于斯宾塞的提倡，达尔文所不愿使用的"进化"一词，却偏偏又成了他的"带有饰变的由来"的同义语被广泛使用。如果按照斯宾塞在《第一原理》中对"进化"的理解（即"进化是物质及其消耗运动的整合，其中物质从不确定的、不一致的同质体变成确定的一致的异质体"），它作为严格狭义的"带有饰变的由来"的同义语，是不可能的。起关键作用的是斯宾塞在《生物学原理》中对"进化"的运用，即用它来描述生物界的变化，并把变化的原因归之为内部作用力和外部环境作用力的相互作用。这不仅符合了19世纪不少生物学家的观点，而且还能满足人们要求用一个简洁词汇表达其观念的愿望。②

严复清楚地知道，"进化"一词是由斯宾塞确定的。如他说："天演西名'义和禄尚'，最先用于斯宾塞，而为之界说。"③严复所留意的也只是斯宾塞对"进化"所作的"世界观性"的界定，他根本没有注意到达尔文的"带有饰变的由来"概念，更没有注意到斯宾塞的"进化"在什么意义上与达尔文的"带有饰变的由来"相通。于是，就出现了这样一种现象，对斯宾塞，他津津乐道于"进化""世界观"；而对达尔文的进化主义，则只是取其"物竞""天择"法则，并把这种生物学法则统一到"进化"世界观中。因此，当严复思考"evolution"中文译法的时候，他首先想到的就是寻找一个带有世界观意义的词汇来作为译语。他把中国传统思想的核心观念"天"同"演"结合起来，创造出了"天演"这一具有宇宙观意义的"evolution"的译名。他把赫胥黎的《进化论与伦理学》译为《天演论》，也正是要满足他突出进化世界观的愿望。这里的根本是"天"。不用多说，"天"是中国传统思想中具有多种意义或者说是容易引起歧义的观念之一。严复对这一带有迷雾般的词汇，并不感到惊讶。

---

① ② 参阅斯蒂芬·杰·古尔德的《自达尔文以来：自然史沉思录》，生活·读书·新知三联书店1998年版，第20—24页。

③ 严复：《天演进化论》，见《严复集》第2册，第309页。

他疏理了这个词在中国传统中的不同用法，并界定了他所说的"天演"的"天"是何种意义上的"天"：

> 中国所谓天字，乃名学所谓歧义之名，最病思理，而起争端。以神理言之上帝，以形下言之苍昊，至于无所为作而有因果之形气，虽有因果而不可得言之适偶，西文各有异字，而中国常语，皆谓之天。如此书天意天字，则第一义也，天演天字，则第三义也，皆绝不相谋，必不可混者也。①

> 凡读《易》《老》诸书，遇天地字面，只宜作物化观念，不可死向苍苍抟抟者作想。苟如是，必不可通矣。②

> 天者何？自然之机，必至之势也。③

照这里的说法，"天"不是"实体"，只是物质"自然而然的因果内在必然性"。④从"自然而然"意义上的"天"来说，严复的"天演"与达尔文的"自然选择"观念，显然可以相通。只是，严复的用法，具有普遍世界观的意义，决不限于生物学。严复需要的是解释世界的统一原理，斯宾塞的普遍"进化"观自然更适合他的胃口。他也很容易通过中国传统的哲学观念将它表达出来。严复对"进化"的理解，也就是斯宾塞对"进化"所作的"机械性"的界定："斯宾塞尔之天演界说曰：'天演者，翕以聚质，辟以散力。方其用事也，物由纯而之杂，由流而之凝，由浑而之画，质力相糅，相剂为变者也。"⑤这样，在

---

① 严复：《〈群学肄言〉按语》，见《严复集》第 4 册，第 921—922 页。

② 严复：《〈老子〉评语》，见《严复集》第 4 册，第 1078 页。

③ 严复：《〈原富〉按语》，见《严复集》第 4 册，第 896 页。

④ 在严复那里，"天"是否还有意志或人格化的意义呢？李强根据严复所说的"物特为天之所厚而择焉以存者也"加以肯定。（参阅《严复与近代思想的转型——兼评史华慈〈寻求富强：严复与西方〉》，载《中国书评》1996 年 2 月，第 98 页）但我们认为，严复的"天"基本仍是"自然"之"天"。

⑤ 严复译：《天演论》，第 6 页。

严复那里，"进化"作为普遍的世界法则，就把所有的物质运动变化都纳入它的范围之内。"天演"既然是"天道"或宇宙的自然原理，它当然也毫无疑问地适合于"人道"或人类社会，即"人道"或人类社会必须遵循"天演"（像斯宾塞所界定的意义）的天道，展开其"进化发展"的历史过程。如严复说："十九期民智大进步，以知人道为生类中天演之一境，而非笃生特造，中天地为三才，如古所云云者。"①对此提出疑问是完全可能的，人类社会无论如何都不能同"自然"之物相提并论，制度是人制定的，不是自然的产物。事实上，严复遇到了这方面的质问。但他不会轻易在这一根本问题上有所让步，他坚信，人类社会及其制度，"归根结蒂"是天演的结果，是天演中之"一物"。②像"国家"这种事实上是人所设立的"组织"，对严复来说也是"自然"之物。这种说法，来自法国一位政治学家。③但它非常合乎严复的需要，能够加强他的普遍进化原理。

严复坚信"人道""人类社会"的进化改善，最终就是基于作为"天道"的普遍进化原理。实际上不只是"生类"，在严复那里，一切都被纳入了普遍的"进化"轨道："小之极于跂行倒生，大之放乎日星天地；隐之则神思智识之所以圣狂，显之则政俗文章之所以沿革。言其要道，皆可一言蔽之，曰：天演是已。"④但是，除了"天演"这一普遍原理之外，达尔文的"物竞""天择"，斯宾塞的"优胜劣败""适者生存"法则，也是具有普遍性的"天道"吗？对达尔文来说，它们都是生物领域中的法则；对斯宾塞来说，它们是生物

---

① 严复译：《天演论》，第29页，商务印书馆1981年版。

② 如他这样说："或曰：政制者，人功也，非天设也，故不可纯以天演论。是不然，盖世事往往虽为人功，而不得不归诸天运者，民智之开，必有所触，而一王之法度，出于因应者为多。饮食男女万事根源方皆以此为田所设施者，出于不自知久矣，此其所以必为天演之一物也。"《严复致夏曾佑》，载《中国哲学》第6辑，第341页，生活·读书·新知三联书店1981年版。

③ 如严复说："盖今之国家，一切本由种族，演为今形，出于自然，非人制造。"（严复：《政治讲义》，见《严复集》，王栻主编，第5册，第1251页）又说："天性，天之所设，非人之所为也。故近世最大政治家有言：'国家非制造物，乃生成滋长之物。'"（同上书，第1249页）

④ 严复译：《天演论》，见《严复集》，王栻主编，第5册，第1326页。

领域和社会领域的共同法则。不用说，严复更接近于斯宾塞的"社会达尔文主义"。但是，他比斯宾塞走得更远，他并没有局限于从"生物"进化法则的意义上来强调它对人类及其社会的适合，他实际上把"生物"的进化法则也视为"天道"或自然法则，从"天道"的立场来说明"生存竞争""自然选择"同样适合于人类。在达尔文和斯宾塞之间，严复没有觉得有什么障碍或有什么无法弥合的鸿沟，他很容易就把斯宾塞机械世界观中的"天演"与达尔文生物领域中的"物竞天择"这两个"实际上"相差很远的东西，通过中国传统的"体用"观念整合为统一的"世界观"：

> 以天演为体，而其用有二：曰物竞，曰天择。此万物莫不然，而于有生之类为尤著。[1]

在此，达尔文的"物竞""天择"的"生物学"法则，被作为与"体"相连的"用"提到了"世界观"的高度，"万物"当然都逃不脱这种法则的作用。严复坚持"进化""物竞""天择"是普遍性的"公理"或"公例"，就是不愿使进化的原理和法则在任何地方被打折扣，尤其是在人类及其事务中，"舟车大通，种族相见，优胜劣败之公例，无所逃于天地之间"[2]。这样，斯宾塞基于个人"竞争"的政治"不干涉主义""自由放任主义"，在严复那里，就成了"任天为治""天行""尚力"等来自"天道"的必然性。严复对赫胥黎的不满，在很大程度上，都可以归结到这一点上。严复不能接受软心肠的赫胥黎企图限制"宇宙过程"和残酷法则在人类社会中通行，他要使自然天道法则，保持住它的普遍有效性。

严复执着地建立这种统一的、普遍的"进化"世界观及其法则，并不懈地维护其有效性，从理论上说，他走了一条与他所信奉的斯宾塞相类似的道路。

---

[1] 严复译：《天演论》，见《严复集》第 5 册，第 1324 页。

[2] 严复：《〈社会通诠〉按语》，见《严复集》第 4 册，第 929 页。

正如巴克所正确指出的那样，斯宾塞不是从生物学入手，也不是从生物学借用进化观念然后普遍地运用于各个领域，他是从普遍进化主义入手，然后把它推广到各个领域，"斯宾塞并非从生物学的角度，也不是运用任何生物学的类推法提出'社会进化论'，而是从据物理学所阐述的普遍进化的总见解的角度提出这一学说的。这一见解的范围包括社会学和生物学，也包括天文学和地理学，它们同样都是同一规律的并行不悖的表现形式"①。严复接受的正是斯宾塞的普遍进化主义，而且一开始就把达尔文的"生物进化"法则视为"普遍进化"法则来加以运用。严复对严格意义上的生物进化主义不感兴趣，他需要的是能为中国寻找出路的世界观。这就涉及严复传播进化主义的实践动机。严复提倡进化主义的过程，同时也就是一种对国人不断进行"严重"警告和"择优"的努力。面对外来强大势力的"挑战"，严复没有采取那种"封闭"和"排外"式的"民族主义"。实际上，他严厉批评那种情绪激昂的"排外民族主义"。②严复关注的无疑是"富强""自强"。但是，如何才能达到这种目标呢？根据进化的法则，严复认为要达到"富强""自强"必须通过激烈"竞争"和"适应"的过程。这样，就把中国纳入国际竞争秩序中。虽然确实面临着被"淘汰"的危机。但同时，对严复来说，它更是改变传统"大一统""相安相养"没有活力状态的一种机遇。我们知道，严复一直对传统社会缺乏"竞争"深为不满。这绝不偶然，信仰进化主义的中国知识分子，大都持有严复的这种立场。在严复的进化主义中，始终贯穿着通过"物竞天择"这种"无情"的警告和寻找复兴机会的双重动机，"顾此数十年之间，将瓜分鱼烂而破碎乎？抑

---

① 欧内斯特·巴克：《英国政治思想——从赫伯特·斯宾塞到现代》，商务印书馆 1987 年版，第 62 页。

② 如严复这样说："徒倡排外之言，求免物竞之烈，无益也。与其言排外，诚莫若相勉于文明。果文明乎，虽不言排外，必有以自全于物竞之际；而意主排外，求文明之术，傅以行之，将排外不能，而终为文明之大梗。"（严复：《与外交报主人书》，《严复集》第 3 册，第 558 页）又说："外物之来，深闭固拒，必非良法。要当强立不反，出与力争，庶几磨砺玉成，有以自立。"（严复：《有如三保》，见《严复集》第 1 册，第 82 页）

苟延旦夕瓦全乎？存亡之机，间不容发，视乎天心之所向，亦深系乎四万万人心民智之何如也。……顺天者存，逆天者亡。天者何？自然之机，必至之势也"①。按照"优胜劣败"的法则，对于贫弱的中国来说，"亡国、亡种、亡教"决不是杞人忧天的自扰。这也许容易把中国带到无可逆转的命定论或宿命论的境地，但对严复来说，主要还是促使人们觉醒的警钟。严复从来没有把"优劣"看成是一种固定不变的状态，因此顺应"天道"，并不像乍看上去那样是接受一种固定的"命运"，而是主动选择"优化"自己的道路，改变已有的命运。

三、"进化"法则与"人道"世界

通过把达尔文生物学法则或斯宾塞的社会达尔文主义同世界观联系在一起而要求普遍"进化"的严复，用强有力的逻辑把人类社会也纳入到了"优胜劣败""适者生存"的法则之下。如上所述，严复把这种普遍的进化原理及其法则，原则上都归入到"天行""天道"或"自然"的序列中，就像他别出心裁的"天演"这一译名本身所意味的那样。但是，在严复那里，这种根源于"天"的进化法则在运用到人类社会时并不像运用到自然领域那样简单。在自然领域，"对象"只是"无意识"地被动地接受和顺应"进化"法则。但是，在充满着意识和理智的人类社会中，难道也是这样吗？严复对进化法则与人类社会关系的处理方式，把问题引向了深处。从统一的"天道"或宇宙自然来说，"人道"或"人类社会"显然也是它的一部分，后者并不能完全独立于前者而存在，它们既是整体与部分的关系，又是普遍与特殊的关系。作为部分或特殊的"人道"或人类社会，只能隶属于整体和普遍的"天道"或宇宙自然过程。上面所讨论的严复的普遍进化主义立场，正是这样来处理人类社会与宇宙

---

① 严复：《〈原富〉按语》，见《严复集》第 4 册，第 896 页。

自然的关系。但是，在严复那里还存在着一种把"天道""天行""自然"和"力"同"人治""人事""人道"和"德"等"相对"起来加以把握的思想结构。按照这种结构，严复在把具有优越感的人及其所组织的社会统一到宇宙自然之下的同时，又使之从宇宙自然中分离出来，成为"相对于"宇宙自然的一种存在。

史华慈由于过分强调严复同斯宾塞的亲和性，忽视了严复进化思想的这种"结构"。我们无意于否认严复同斯宾塞的密切关系，但严复的进化主义绝不是斯宾塞的翻版。正如史华慈所看到的那样，严复在把西方思想引进到中国的过程中，实际上也改造了那些思想。这一点同样适用于严复同斯宾塞的关系。严格讲来，严复并不是斯宾塞"社会达尔文主义"的忠实不二的信徒。他的思想具有多种来源，他有意识地把中国传统儒家和赫胥黎的思想同他所接受的斯宾塞的思想结合了起来。严复并不像史华慈所认为的那样，只是关注以"力"为中心的"富强"，他还像李强所指出的那样，有对"道德主义"的诉求。[①]赫胥黎作为斯宾塞社会达尔文主义的早期尖锐批评者，完全拒绝自然、宇宙过程和进化法则对人类社会的适用性。对他来说，自然和宇宙过程与伦理过程恰恰是对立的两极，"宇宙的本性不是美德的学校，而是伦理性的敌人的大本营"[②]，人类社会及其伦理过程不能仿照宇宙过程和进化法则，相反而是要抑制或代替宇宙过程或进化法则，用"小宇宙"来对抗"大宇宙"，"它要求用'自我约束'来代替无情的'自行其是'；它要求每个人不仅要尊重而且还要帮助他的伙伴以此来代替推行或践踏所有竞争对手；它的影响所向与其说是在于使适者生存，不如说是在于使尽可能多的人适于生存。它否定格斗的生存理论"[③]。根本不存在所谓"进化的伦理"，应该把它颠倒过来，强调"伦理的进化"。自然界中老虎和狮子那样的生存斗争，绝不是人类学习的榜样。人类通过伦理进

---

① 李强：《严复与中国近代思想的转型——兼评史华慈〈寻求富强：严复与西方〉》，载香港《中国书评》1996 年 2 月总第九期。

② 赫胥黎：《进化论与伦理学》，科学出版社 1971 年版，第 53 页。

③ 同上书，第 57—58 页。

化过程显示了与宇宙过程截然不同的方式。①赫胥黎用他的这种进化二元逻辑，彻底拒绝了斯宾塞的进化一元逻辑。

但是，严复在接受斯宾塞一元逻辑的同时，并没有完全拒绝赫胥黎的"二元逻辑"。这种二元逻辑，是在维护普遍天道立场之下进而又把天道与人道"相对化"的立场。但在严复那里，"天道"与"人道"的对立，远比在赫胥黎那里的意义要广。对赫胥黎来说，问题是宇宙过程与社会伦理的冲突，但"天道""天行"与"人道""人治"的对立，并不限于自然与伦理之间。因此，当严复用"天道"和"人道"来概括赫胥黎的二元逻辑时，他显然扩大了它的内涵，它不仅表现为残酷的自然和"道德"的冲突，还表现为"自然"和"人为"的冲突。

严复并不假定"自然"或"天"的"善意性"，他所说的"道固无善不善之论"和对老子"天地不仁"的解释②，都表明他站在了天道自然主义的立场，这自然也排除了从"自然"或"天"中寻找"道德"根据的可能。严复既不同于斯多葛主义对"自然"的美化，又不接受程朱理学把"天"和"自然"道德化的"天理"。在此，他与赫胥黎具有共同的立场。赫胥黎明确反对斯多葛主义从自然出发所要求的"顺应自然而生活"。严复没有从"自然"、宇宙过程或进化法则中导出"道德"，也没有从中引出价值上的应该。他承认"进化"原理和法则的普遍性，只是承认了一种无情的客观事实，承认了人类社会也要受到天道的统治。但严复肯定天演是"善演"，实际上预设了演化的合目的性（调整原来的分析）。问题不在于"进化"法则是否"应该"被运用在人类社会中，而在于它"事实"上是在人类社会中通行着。但是，人类社会又不同于自然物，人类能够通过"道德"和"人事"，使自己从盲目的自然统治中获得

---

① 如赫胥黎说："文明的前进变化，通常称为'社会进化'，实际上是一种性质根本不同的过程，即不同于在自然状态中引起物种进化的过程，也不同于在人为状态中产生变种那种进化过程。"（赫胥黎：《进化论与伦理学》，第 26 页）

② 《严复集》第 4 册，第 1078 页。严复解释说："老子所谓不仁，非不仁也，出乎仁与不仁之数，而不可以仁论也。"（严复译：《天演论》，第 61 页）

"独立的位置"。对严复来说，在人类社会中，"强者"决不只是最"有力者"，它还体现在"智"和"德"的水准上。我们知道，严复一直强调"民智""民德""民力"三种性质合一的"人格"，"民德"的进化在他那里是不可缺少的。"国家""种族"和"群体"的强弱，都是来源于个体"智德力"的强弱，"夫如是，则一种之所以强，一群之所以立，本斯而谈，断可识矣。盖生民之大要三，而强弱存亡莫不视此：一曰：血气体力之强，二曰聪明智虑之强，三曰德行仁义之强。是以西洋观化言治之家，莫不以民力、民智、民德三者断民种之高下，未有三者备而民生不优，亦未有三者备而国威不奋者也"①。严复一般并没有提倡国家之间可以通过"强权"的方式来竞争，"弱肉强食"中的"弱"和"强"，不能被简单地理解为只是"力量"上的强大和弱小。他对德国强占中国胶州湾以及英国报纸为之辩护所作出的反应，是把它们归之为还没有进化到"开化之民"的"野蛮之民"，并用人类社会的"公理"和"公法""公道"以及"大义"谴责其非正当性。②到了晚年，面对中国的政治危机和第一次世界大战，严复也没有轻易对德国、日本的"富强"方式表示肯定，他说："西方一德，东方一倭，皆犹吾古秦，知有权力，而不信有礼义公理者也。"③在"强权"与"公理"之间的选择方式，表明严复始终不是一个偏隘的民族主义者、种族主义者。他强烈希望中国"强大"，要求"保国""保种"和"保教"，但这一切都必须依据"公理"，而且依据"公理"也能够强大。他要求的是一种通过合理"国际秩序"中的竞争而获得"富强"。严复对"公理"持乐观态度，也具有"人道主义"情怀，这种乐观性和情怀不仅同他的英国先师有关，也与中国传统有关。严复的选择方式，在19世纪中叶以来的中国时空中无疑有一定的代表性，但不是全部。中国的后进性，反而使它容易有强烈的"目的意识"和更多的选择余地。我们在下面的叙述中，不难看到中国知识分子在"公理战胜强权"和"强权战胜公理"这两种信念之间的冲突。

---

① 严复：《〈原强〉修订稿》，见《严复集》第1册，第18页。
② 严复：《驳英〈太晤士报〉论德据胶澳事》，《严复集》第1册，第55页。
③ 严复：《与熊纯如书》，见《严复集》第3册，第622页。

我们有必要关注一下"适者生存"和"优胜劣败"中的"适"和"优"。赫胥黎极其消极地仅仅从宇宙过程看待"适者"。他准确地看到了人们对"适者"所赋予"最好"含义，而最好又有一种"道德"的意义。但是，在自然界中，"最适者"依赖于各种条件。如果地球变冷，最适者可能就是一些低等生物。在人类社会中，受宇宙过程的影响越大，就越会使那些最适于环境的人得以生存。但不能说他们就是最优秀或最有道德的人。社会进展和伦理进化越能对抗宇宙过程，伦理上最优秀的人就越能得以继续生存。严复没有把"适者"限定在"宇宙过程"中，也没有仅从"强者"和"最有力者"来理解"适"和"优"的意思。他赋予了"适者"更广的意义，"适"和"优"包括了被赫胥黎排除在外的"道德"的"适应"。如他在《群学肄言·自序》中说："真宰神功，曰惟天演，物竞天择，所存者善。"只是，严复对于"力"这一方面，仍像赫胥黎那样，把它纳入到了"天行"（"宇宙过程"）一边，而把"德"视为"人治"范畴：

> 以尚力为天行，尚德为人治，争且乱则天胜，安且治则人胜。此其说与唐刘、柳诸家天论之言合，而与宋以来儒者以理属天，以欲属人者，致相反矣。大抵中西古今，言理者不出二家，一出于教，一出于学。教则以公理属天，私欲属人；学则以尚力为天行，尚德为人治。言学者期于征实，故其言天不能舍形气；言教者期于维世，故其言理不能外化神。赫胥黎尝云：天有理而无善。此与周子所谓诚无为，陆子所称性无善无恶同意。[①]

在此，"天行"与"人治"的对立表现为"尚力"和"尚德"的对立。显然，"人治"或"人事"并不限于"道德"方面，建立社会秩序，用人的智慧同异己的自然力量相对抗都属于它的范围。在严复对刘禹锡的"天人交相胜说"与

---

① 严复译：《天演论》，第92页。

赫胥黎的"天道人道观"的比较中，"天行"与"人治"的对立已转换为"自然状态"与"法制秩序"的对立：

> 刘梦得《天论》之言曰："形器者有能有不能。天，有形之大者也；人，动物之尤者也。天之能，人固不能也；人之能，天亦有所不能也。故天与人交相胜耳。天之道在生植，其用在强弱；人之道在法制，其用在是非。……故人之能胜天者，法大行，则是为公是，非为公非，蹈道者赏，违道有罚，天何予乃事耶！……故曰：天之所能者，生万物也；人之所能者，治万物也。"案此其所言，正与赫胥黎氏以天行属天，以治化属人同一理解，其言世道兴衰，视法制为消长，亦与赫胥黎所言，若出一人之口。①

严复把赫胥黎的"宇宙过程"（也可以说是"非伦理过程"）和"伦理过程"的对立转换或扩大为一般性的"天道""天行"和"人道""人治"（"人事"）的对立，促使我们再次关注他试图整合斯宾塞和赫胥黎对立的愿望。如果说斯宾塞是主张"天人合一"、赫胥黎是主张"天人相分"，那么严复所坚持的则是"天人合一"与"天人相分"的双重结构。我们看看他从"进化"立场对"国家"所作的解释即可明白："有最要之公例，曰国家生于自然，非制造之物。此例入理愈深，将见之愈切。虽然，一国之立，其中不能无天事、人事二者相杂。方其浅演，天事为多，故其民种不杂；及其深演，人功为重，故种类虽杂而义务愈明。第重人功法典矣，而天事又未尝不行于其中。"②在对"国家"的这种理解中，严复并没有倒向斯宾塞和赫胥黎中的任何一方，实际上他兼顾了二者。对赫胥黎来说，"人类社会"受"宇宙过程"支配的程度，取决于社会文明的进化程度，后者进化程度越高，它受宇宙过程的支配就越小，社

---

① 严复译：《〈天演论〉手稿》，见《严复集》第 5 册，第 1471—1472 页。
② 严复：《政治讲义》，见《严复集》第 1 册，第 1252 页。

会文明的进化可望最终能够摆脱宇宙过程。很明显，严复的解释打上了赫胥黎的烙印。我们不能简单地看待严复对斯宾塞"任天为治"的社会达尔文主义与赫胥黎"自强保种"（或者像吴汝纶所概括的"以人持天"）的"人道主义"冲突的理解及其整合方式。严复的"进化主义"具有"独特性"或"独特的结构"，因此，我们不能过分渲染斯宾塞的学说对严复的影响。在我们以下的讨论中，我们能够继续看到他的"独特性"。

四、进化："个体""群体"与"社会有机体"

这里的问题与上面所说的内容仍然相关。斯宾塞和赫胥黎这一对很早便相识并长期保持着友谊和愉快关系的朋友，在思想上则处处争论和打仗。前后并不完全一致的斯宾塞，基本上是一位个人主义和自由放任主义者，对国家和集体持消极态度。他强调个人权利，甚至像卢梭那样，把这种"权利"与"天赋"联系到一起。他的逻辑是，个人维护其生命的行为是合理的，因此要求其行为和自由的权利也是正当的。但是，赫胥黎对国家和政府，则给予了一种更积极的评价，认为二者对增进人类利益和确保社会和平都是必要的，"对斯宾塞宣扬过的全部无政府主义学说进行了抨击。他不承认国家比其他任何'股份公司'更糟糕"①。赫胥黎对"自我维护"或"自我肯定"说得并不明确，但从他要求以"自我约束"取替"自我肯定"来看，他把"自我肯定"更多地视为宇宙过程中的一种"自然属性"，它适应于"生存斗争"，而不适合于"社会"。社会需要的是"自我约束"。我们不能简单地把赫胥黎的思想归到国家主义或集体主义范围中，但他对国家、社会或群体显然更为热心，他不欣赏斯宾塞的"个人主义"和"天赋权利"。在他看来，按斯宾塞"天赋权利"的逻辑，老虎也有它们的权利。

---

① 欧内斯特·巴克：《英国政治思想——从赫伯特·斯宾塞到现代》，第 95 页。

　　严复所把捉的斯宾塞的"任天为治"与赫胥黎的"自强保种"之间的紧张，实际上还蕴含着他们在个体与群体问题上的对立。对19世纪中叶以来的中国知识分子来说，处理"群体"与"个体"的关系是他们肩上所背负的沉重问题，他们不约而同地对此产生了兴趣并参与到了这一话语系统之中。严复对这一问题的处理方式，仍然带有"独特性"。他对斯宾塞的个人主义和自由主义，显然是热心的。他没有把国家设定为基础，而是把个人及其自由设定为国家的基础。他把"群"看成是"己"的复合体，"群"由己组成，舍己无"群"。严复立场和方法论上的这种个体主义，似乎把他带到了"个人主义"的一边。像斯宾塞那样，严复主张放任（"任天演自然"），如说："任自然者，非无所事事之谓也，道在无扰而持公道。"①严复对个人自由和自由竞争，显然是热情的，这种热情来自它们的价值。他相信自由竞争和个人能力的发挥，是进化得以可能并最终导致理想盛世的条件。他转引斯宾塞的话说："人道所以必得自繇者，盖不自繇则善恶功罪，皆非己出，而仅有幸不幸可言，而民德亦无由演进。故惟与以自繇，而天择为用，斯郅治有必成之一日。"②在《〈老子〉评语》中，他也表达了类似的看法："今日之治，莫贵乎崇尚自由。自由，则物各得其所自致，而天择之用存其最宜，太平之盛可不期而自至。"③很明显，自由或竞争是在把进化作为目标的意义下被正当化的。但是，严复对"自由"和"个人"充分去发挥作用并不像斯宾塞那样放心。他对个人自由的理解，一开始就是同不损害他人这一限制联系在一起的。没有什么比他把穆勒的《自由论》译成《群己权界论》更能表明他对"自由"的理解方式了。在他身上有一种类似于格林（T. H. Green）的"积极自由"的东西④，即对"自由"的享受，依赖于个人的能力，而这种能力恰恰又是"进化"的产物：

---

① 严复译：《天演论》，第90页。

② 严复：《〈群己权界论〉译凡例》，见《严复集》第1册，第133页。

③ 《严复集》第4册，第1082页。

④ 参阅金岳霖的《T. H. 格林的政治思想》，《金岳霖学术论文选》，中国社会科学出版社1990年版，第129页。

> 真实完全自繇，形气中本无此物，惟上帝真神，乃能享之。禽兽下生，驱于形气，一切不由自主，则无自繇，而皆束缚。独人道介于天物之间，有自繇亦有束缚。治化天演，程度愈高，其所得以自繇自主之事愈众。由此可知自繇之乐，惟自治力大者为能享之。①

在《政治讲义》中，严复把"自由"与"管治"看成是相反之物。他认为"自由"的初义是"无拘束""无管治"，引申义为"拘束少""管治不苛"，而后者才是国民实际上所享受到的自由。严复还强调，人们享受自由的多寡，与一国受外部势力威胁的程度成正比。这一切都表明，严复对"个体"的自由，一方面是热情，另一方面是限制。早期的严复偶然流露出一点"天赋权利或自由"②，但他后来就再也不相信被卢梭和斯宾塞等所主张的这种思想。严复不满意赫胥黎对"自我维护"（"自营"）的限制，他相信斯宾塞的"开明利己主义"，也相信亚当·斯密对"利益"的双向性安排。他说：

> 自营一言，古今所讳，诚哉其足讳也！虽然，世变不同，自营亦异。大抵东西古人之说，皆以功利为与道义相反，若薰莸之必不可同器。而今人则谓生学之理，舍自营无以为存。但民智既开之后，则知非明道，则无以计功，非正谊，则无以谋利，功利何足病？问所以致之之道何如耳。故西人谓此为开明自营，开明自营，于道义必不背也。复所以谓理财计学，为近世最有功生民之学者，以其明两利为利，独利必不利故耳。③

---

① 严复：《〈群己权界论〉译凡例》，见《严复集》第 1 册，第 133 页。

② 参阅王中江的《严复与福泽谕吉——中日启蒙思想比较》，河南大学出版社 1991 年版，第 227—228 页。

③ 严复译：《天演论》，第 92 页。严复对此多有强调，如他还说："惟公乃有以存私，惟义乃可以为利。"（《严复集》第 4 册，第 897 页）"晚近欧洲富强之效，识者皆归功于计学，计学者，首于亚丹斯密氏者也。其中亦有最大公例焉，曰大利所存，必其两益：损人利己，非也，损己利人亦非；损下益上，非也，损上益下亦非。"（严复译：《天演论》，第 34 页）

在此，严复对这种进化而来的"开明自营"显然是乐观的。他没有意识到，这种"开明自营"即使在理论上很动听，在实践上也可能并不感人。那种"自利"的人，很可能在道理上一清二楚，而实际上只是追求自己的利益。严复通过对赫胥黎所说的"自营"加上斯宾塞的"开明"，为个人追求利益提供了正当性的根据。但他并没有在赫胥黎所说的意义上为"自营"进行辩护。

严复在不同场合对群体与个体之间关系的说法，并不都是一致的，甚至还有矛盾。但他有一个基本的倾向，这就是试图建立一种合理的"群己""个体与群体"的良性互动关系，这种关系既要满足个人的自由竞争，提供无限活力和资源，又要满足国与国、群体与群体之间的整体性竞争需要，以立于不败之地，这都是进化所需要的。但是，在这两种竞争中，"个体"与"群体"并不总是合拍的。一旦二者产生冲突，在"群己"并重难以维持之时，必须优先选择"群"，舍弃"自我"。"两害相权，己轻群重"，"群己并重，则舍己为群"，严复的这些说法，不是更符合中国传统儒家的观念吗？他与赫胥黎注重社会有实质性的差别吗？严复比他的西方老师斯宾塞更为复杂和难以捕捉。在他对"社会有机体"的理解中，再次体现了这一点。

习惯于在中国传统观念与西方观念之间进行相互发明的严复，用中国传统的"群"去理解斯宾塞所说的"社会"。斯宾塞的社会观念，有时甚至也把国家包括了进去。严复所说的"社会"，意义比较广。他把"群"视为"人道"的一部分："荀卿曰：'民生有群。'群也者，人道所不能外也。群有数等，社会者，有法之群也。社会，商工政学莫不有之，而最重之义，极于成国。"①对严复来说，"群"不仅是进化的产物，而且也处在不断的进化过程之中。对荀子有关"群"的解释，严复没有接受。照荀子的说法："人之所以异于禽兽者，以其能群也。"但人为什么"能""群"，而其他动物不能群呢？荀子的回答是"分"，即人能够进行"分工"并分别完成自己的"职分"。但是，严复则把"分工"看成是"能群"的结果，而不是"能群"来自"分工"。照卢梭的解

---

① 严复：《〈群学肄言〉译余赘语》，见《严复集》第1册，第125—126页。

释，在"自然状态"不利于人类的生存、人类不加改变甚至就会被消灭这一情况下，人类就不得不寻找一种新的结合方式。这就是通过"契约"来组成社会。卢梭的这种说法，严复并不陌生。但是，他根本不同意卢梭的看法，认为它是一种没有任何事实根据的虚构。他毫不留情地批评道："西人旧籍中有著名巨谬而不可从者，如卢梭《民约》之开宗明义谓：民生平等而一切自由是已。盖必如其言，民必待约而后成群，则太古洪荒，人人散处，迨至一朝，是人人者不谋而同，忽生群想，以谓相约共居乃极利益之事，尔乃相吸相合，发起一巨会者然，由是而最初之第一社会成焉。此自虚构理想不考事实者观之，亦若有然之事，而无如地球上之无此。"①斯宾塞曾把"社会契约"拒之门外，但当他需要它的时候，他又把它请了回来。严复是如何解释"群"的起源的呢？他没有采取契约的说法，从形式上看他也反对赫胥黎的说法。照赫胥黎的看法，在人类中存在着一种原始结合的情感，它进化为一种有组织和人格化的同情心。这类似亚当·斯密所说的"良心"。我们知道，这也是儒家孟子早就假定的。但是，严复更接近于荀子的观念，即人类早期更多的是"形气之物"，他们从自然本能出发追求自己的利益。他们结合成群的动机是出于"安利"，而不是出于"相感通"（"原始结合的情感"）。有利于"群"的善相感通（"同心情"或"良心"），是自然选择的产物。严复说：

> 盖人之由散入群，原为安利，其始正与禽兽下生等耳，初非由感通而立也。夫既以群为安利，则天演之事，将使能群者存，不群者灭；善群者存，不善群者灭。善群者何？善相感通者是。然则善相感通之德，乃天择以后之事，非其始之即如是矣。其始岂无不善相感通者，经物竞之烈，亡矣，不可见矣。②

---

① 严复：《天演进化论》，见《严复集》第 2 册，第 310 页。
② 严复译：《天演论》，第 32 页。

从严复对原始人动物性和自然性的看法中，从他对善相感通产生的解释上，我们可以看出他与赫胥黎并没有实质性的差别。赫胥黎不是明确肯定同情心是进化和伦理化过程的结果吗？

如同上面所说，严复所说的"社会"，所包至为广泛。小如民间组织，大如国家，都是社会。各种社会组织形式、机构及其功能，纵横交织，分工合作，使复杂的社会生活得以正常进行。正是由于社会结构的这种复杂性，加之近代生物学的影响，为严复把生物"有机体"概念同"社会"联系起来提供了某种启发。斯宾塞是提倡"社会有机体"的代表人物。生物"有机体"的意思是指：第一，一个由不同种类的部分组成的有生命的结构；第二，由于它们之间的差异，上述部分互为补充并相互依存；第三，整体的正常状况取决于各部分正常履行各自的适当功能。因此，有机体便具有高度分化性以及高度整体性相互关联的特性，因而"有机统一体"就是在差异之中并通过差异所形成的统一体。①在斯宾塞看来，社会同生物类似，也是一种有机体。他的《社会学研究》对二者的相似性作了许多比较，如生物有血液循环，社会有交通商贸；生物有神经系统，社会有法律政府；生物有不同的器官并各有其能，社会有不同的组织和机关并各负其责；等等。但从这种类似性比较中，仍很难说社会也是一种"有机体"。简单来说，"有机性"只是生命所特有的，而社会并没有生物学意义上的"生命"，但斯宾塞对此是不管的，他只是从二者的相似性出心，就把其中一个的性质赋予给另一个，并为此惊喜不已。当然，斯宾塞也试图在"社会有机体"与"生物有机体"之间寻找出差异。在他看来，最明显的差异就是，"生物有机体"的各个部分没有知觉，而作为一个整体则有知觉。与此不同，组成"社会有机体"最基本单位的"人"则有知觉，而社会整体却无知觉。斯宾塞的这一说法，对严复来说，既新颖又诱人，他没有不同意的理由，他以赞成的态度介绍说：

---

① 参阅欧内斯特·巴克：《英国政治思想——从赫伯特·斯宾塞到现代》，第73页。

生物之有机体，其中知觉惟一部主之，纵其体为无数细胞、无数么匿所成，是无数者只成为一。至于社会有机体，则诸么匿皆是觉性，苦乐情想咸于人同，生物知觉聚于脑海，而以神经为统治之官，故以全体得遂其生，为之究竟。至于社会团体则不然，其中各部机关通力合作，易事分功，求有以遂全体之生固也，而不得以是为究竟。国家社会无别具独具之觉性，而必以人民之觉性为觉性。其所谓国家社会文明福利，舍其人民之文明福利，即无可言。生物有时以保进生命，其肢体可断，其官骸可隳，而不必计肢体官骸之苦乐。君形者利，不暇顾其余故也，而社会无此独重之特别主体也。①

对严复来说，不仅社会是一个有机体，而且国家也是一个有机体，因此，国家也要经历像自然之物那样的演进道路："盖既以国家为有机体，斯其演进之事，与生物同。生物受自然之陶铸，本天生之种性，与乎外力逼拶之威，而一切之官体渐具，由此有以自立于天地之中，不亡于物竞之剧烈也。人群亦然。其始本于家族神权之相合，逼之以天灾人祸，相救以图自存，于是其形式渐立，其机关渐出，而成此最后之法制。"②斯宾塞对"社会"或"国家"与"有机体"作类似比较的根据，并不一致。他或者认为它们是一种复杂的关系密切的联合体，损害其中的一个部分就将影响全体；或者认为，它们是自然生成之物，而不是被创造出来的。不管如何，把"社会"和"国家"与"有机体"类比，不是一件难事。但严复很相信这种类比。

从"生物有机体"与"社会有机体"的这种不同比较中，我们再次同斯宾塞对个人与社会、国家关系这一重要问题的观点相遇。个人与社会和国家的关系，可以分为两方面的问题，一是谁取决于谁；与此相联，二是两者何者优先。按照"社会有机体"的一种理论，社会整体大于部分之和，部分的性质是

① 严复：《天演进化论》，见《严复集》第 2 册，第 314—315 页。
② 严复《政治讲义》，见《严复集》第 5 册，第 1266 页。

由整体决定的。由这种理论导出的个人同社会和国家的关系，自然是社会和国家优先于个人，个人的存在只能以社会和国家的存在为最终目的。持这种观念的代表人物是黑格尔。但是，由于斯宾塞对个人与社会、国家谁决定谁的关系，作了与上面所说相反的设定，即：是个人决定社会和国家的整体的性质，而不是社会和国家决定个人的性质，所以个人是最高的目的，它优先于社会和国家，社会和国家不是目的，也不优先于个人。严复引述他的话说："是故治国是者，必不能以国利之故，而使小己为之牺牲。盖以小己之利而后立群，而非以群而有小己，小己无所利则群无所为立，非若生物个体，其中一切么匿支部，舍个体苦乐存废，便无利害可言也。"①对于斯宾塞的这种理论，严复自觉地几乎不加保留地接受了下来，对此，他做了如下的说明：

> 东学以一民而对于社会者称个人，社会有社会之天职，个人有个人之天职。或谓个人名义不经见，可知中国言治之偏于国家，而不恤人人之私利，此其言似矣。然仆观太史公言《小雅》讥小己之得失，其流及上。所谓小己，即个人也。大抵万物莫不有总有分，总曰"拓都"，译言"全体"；分曰"么匿"，译言"单位"。笔，拓都也；毫，么匿也。饭，拓都也；粒，么匿也。国，拓都也，民，么匿也。社会之变相无穷，而一一基于小己之品质。②

从严复对于斯宾塞的这种认同和倾心中，我们也许会说，他对斯宾塞是不加分析地先入为主。但事实上并不如此简单，他恰恰是通过比较而作出自己的选择的。严复清楚地了解到，斯宾塞把个人置于社会和国家之上、视个人为目的的思想，是 18 世纪以来的自由民主学说：它"与前人学说，治道根本反对。希腊、罗马前以哲学，后以法典，皆著先国家后小己为天下之公言，谓小己之

---

① 严复：《天演进化论》，见《严复集》第 2 册，第 315 页。
② 严复：《群学肄言·译余赘语》，见《严复集》第 1 册，第 126 页。

存，惟以国故，苟利于国，牺牲小己，乃为公道，即我国旧义亦然。故独治之制得维持至六千年不废"①。对于个人同社会、国家关系这两种截然对立的理论，有人以各自适用性为由对二者均给予肯定。但是，严复像斯宾塞那样也确有激进的"个人为上"的观念：

> 应之曰：子云民生所以为国固矣，然子所谓国者，恐非有抽象悬寓之一物，以为吾民牺牲一切之归墟。而察古今历史之事实，乃往往毁无数众之权利安乐，为一姓一家之权利安乐，使之衣租食税，安富尊荣而已，此其说之所以不足存也。路易"权【朕】即国家"之说，虽近者不□见于〈言论〉，乃往往潜行于事实，此后世民主之说所由起也。②

由此来说，实际上并不像史华慈所说的那样，严复误解了斯宾塞，从斯宾塞"社会有机体"理论中得出的是要把社会和国家放在首位的观念。当然，正如我们上面所谈到的那样，严复在个人与社会、国家的关系上，前后确实存在有不一贯之处。面对社会和国家的迫切危机，他有时又耐不下心，急于通过把"社会"和"国家"放在首位来扭转不可收拾的时局。如他有时把个人自由同国家自由对立起来，要求优先考虑后者："特观吾国今处之形，则小己自由，尚非所急，而所以祛异族之侵横，求有立于天地之间，斯真刻不容缓之事。故所急者，乃国群自由，非小己自由也。"③而且，我们知道，严复把是否善于"合群"看成是在激烈竞争中能否立于不败之地的关键，而"合群"与"个人优先"是不容易协调的。在个人同社会利益发生冲突之际，他的要求是"己轻群重""舍己为群"。④这不仅被打上了中国传统"群本位"的烙印，而且也体现了赫胥黎注重"社会"（当然目的并不一样，严复是为了群与群的竞争，赫

---

① ② 严复：《天演进化论》，见《严复集》第 2 册，第 315 页。
③ 严复：《〈法意〉按语》，见《严复集》第 4 册，第 981 页。
④ 参见严复译：《天演论》，第 32 页；《严复集》第 2 册，第 360 页。

胥黎是为了对抗自然过程）的倾向。这一切都给严复所介绍和拥护的斯宾塞的"个人主义"增加了复杂的色彩。这种复杂性，不只是严复思想中所特有的现象。19 世纪以来的不少中国思想家，都不同程度地在"个体"与"群体"之间左右摇摆，并且他们的思想因加入了进化主义的因素而变得更为复杂。主张竞争进化的梁启超，一方面宣扬"个人主义"，提升个人的地位和价值，另一方面，又认为中国人需要增加"合群"意识，倡导"国家主义"。这种复杂性，显然不只是理论上的，它与中国社会和政治的现实息息相关。

五、 进化或进步信念

严复的"天演"译名，凸显了"自然"的色彩，这更符合达尔文生物学意义上的"evolution"（没有固定不变的生物）。从直观上看，"天演"没有"合目的"的方向性和累加性的特征。但是，日本人的"进化"译名，乍看上去，就带有一种合目的的进步的积极倾向。"进化"的译法，更符合斯宾塞为这个词所赋予的意义。这也许可以解释严复后来何以接受了这一译名，并把它与"天演"连在一起（"天演进化"）使用。但是，凸显了自然和天道性的"天演"译名，对严复接受"进步性"的"进化"观并没有构成什么障碍①，它更容易扩大进化性"进步"的范围。事实上，严复建立在"天演论"基础上的进步观明显带有"普遍的"意义。宇宙从简单到复杂、从混沌到分化，对严复来说都意味着进步性的进化。

这里有必要再次回顾一下"进步"的西方背景。说起来，"进步"的观念并不是西方 19 世纪的产物，文艺复兴之后，伴随着科学和工业革命的出现，这一观念也很快地成长起来，人们对历史产生了空前的美好理想。19 世纪达

---

① 如严复说："天演者，时进之义也。……得此以与向之平等自由者合，故五洲人事，一切皆主于谋新，而率旧之思少矣。"（严复：《政治讲义》，见《严复集》第 5 册，第 1241 页）

尔文和斯宾塞"进化主义"的诞生，又大大加强了人们对历史的"进步"信念。斯宾塞的"普遍进化主义"，同时就意味着历史的"进步论"。斯宾塞的进化主义不仅为严复提供了社会领域的法则，而且也使严复对历史抱有了进步的乐观主义信念。柯林武德（R. G. Collingwood，1889—1943）指出："19 世纪的后期，进步的观念几乎成了一个信条。这种观念是一种十足的形而上学，它得自进化的自然主义并被时代的倾向而强加给了历史学。它无疑地在 18 世纪把历史作为人类在合理性之中前进并朝着合理性前进的这一概念中有着它的根源；但是在 19 世纪，理论的理性已经是指掌握自然……而实践的理性则已经是在指追求快乐……从 19 世纪的观点看来，人道的进步就意味着变得越来越富足和享受越来越好。而且斯宾塞的进化哲学似乎是证明这样一个过程必然会要继续下去，而且无限地继续下去。"①但是，一种观念一旦被无限制地推演，对它的怀疑和挑战就会应运而生。在"进步性"进化观上，斯宾塞再次遇到了他的论敌赫胥黎。主张"伦理进化"的赫胥黎，恰恰在历史全面性"进步"上退却了下来。他是在人们对历史进步普遍叫好的声音中，发出质疑和唱反调的。他对历史的"阴暗"意识，使他向历史进步论者特别是斯宾塞当头泼了一盆冷水，他毫不犹豫地拒绝了历史朝向理想境界迈进的乐观主义："进化论并不鼓励对千年盛世的预测。倘若我们的地球业已经历了亿万年的上升道路，那末，在某一时间将要达到顶点，于是，下降的道路将要开始。最大胆的想象也不敢认为人的能力和智慧将能阻止大年的前进。"②

---

① 柯林武德：《历史的观念》，何兆武、张文杰译，商务印书馆 1986 年版，第 164 页。
② 赫胥黎：《进化论与伦理学》，科学出版社 1971 年版，第 59—60 页。柯林武德就赫胥黎向斯宾塞进步观所作的挑战论述道："斯宾塞的进化论及其对于后天获得性的遗传和自然规律的仁慈性的信仰，到这时已经为一种新的、色调更阴暗的自然主义所代替了。一八九三年赫胥黎发表了他的《进化与道德》的罗曼尼斯讲演，讲演中他主张社会的进步只有是在自然规律的面前翱翔时，才是可能的：即它要在'每一步都核对着宇宙过程并且用可以叫做伦理过程的另一个过程来代替它'。人的生活，只要它遵循着自然的规律，就是一种兽性的生活；与其他兽性不同的只是在于有着更多的智力而已。他结论说，进化的理论并没有为千年福王国的希望提供任何基础。"（柯林武德：《历史的观念》，第 166 页）

但是，对于中国来说，以进化主义为基础的历史"进步"观念，显然是新颖和吸引人的，而且中国所需要的也正是对未来进步的信念。所以，西方已经出现的那种对历史"进步"的怀疑，在中国还为时尚早。严复一生的主要时期，都受着"进步性"之"进化"的强烈鼓舞。他在比较斯宾塞与赫胥黎在历史观上的对立时说："赫胥黎氏是书大指，以物竞为乱源，而人治终穷于过庶。此其持论所以与斯宾塞氏大相径庭，而谓太平为无是物也。斯宾塞则谓事迟速不可知，而人道必成于郅至。"①在斯宾塞与赫胥黎的对立中，严复没有采取中立立场，他选择了斯宾塞的进步性"进化观"。赫胥黎那种对历史"进步"的悲观和质疑态度，在严复眼里成了没有根据的无稽之谈。在《天演论》的最后一章，赫胥黎认为，善恶总是相伴而行的，善进恶也进，决不可能有一天人类会发展到只有善而无恶的理想境界。但是，严复认为，在整个《天演论》中，"此篇最下"，关键在于赫胥黎所持的"恶演"论，意欲驳斥斯宾塞的观点，而实际上并没有认真研究斯宾塞立论的基础。在严复看来，斯宾塞的历史"进步论"具有坚强的理论根据，是无法驳倒的：

> 盖意求胜斯宾塞，遂未尝深考斯宾氏之所据耳。夫斯宾塞所谓民群任天演之自然，则必日进善不日趋恶，而郅至必有时而臻者，其竖义至坚，殆难破也。何以言之？一则自生理而推群理。群者，生之聚也，今者合地体、植物、动物三学观之，天演之事，皆使生品日进，……斯宾塞氏得之，故用生学之理以谈群学，造端此事，粲若列眉矣。然于物竞天择二义之外，最重体合，体合者，物自致于宜也。彼以为生既以天演而进，则群亦当以天演而进无疑。而所谓物竞、天择、体合三者，其在群亦与在生无以异，故曰任天演自然，则郅治自至也。②

---

① 严复译：《天演论》，第 35—36 页。
② 同上书，第 89—90 页。

严复指出，斯宾塞也承认善恶都是历史过程的产物。但是，他提出了社会自我保存的三个"公理"：一是民未成丁，功食为反比例；二是民已成丁，功食为正比例；三是群己并重，则舍己为群。这是否能成为"社会"的"公理"，仍然是一个疑问。如，假若每一个"己"都同时舍"己"为"群"，那么这个"群"又是一个什么样的"群"呢？这不就是一个没有了"己"的群呢？没有己的群，又怎么会是"群"呢？严复没有进一步去考虑其中的问题，他肯定斯宾塞所说的就是"公理"，而且又进一步推论说，如果社会都遵循这三条"公理"进化，"恶"最终将会被抑制住，就会只剩下"善"展翅飞翔："民既成群之后，苟能无扰而公，行其三例，则恶将无从而演，恶无从演，善自日臻。此亦犹庄生去害群马以善群，释氏以除翳为明目之喻已。"[1]

在斯宾塞功利主义伦理学那里，快乐被视为善，痛苦则被划归为恶。但是对许多伦理学家来说，善而不乐，德而不福；恶而不苦，无德而幸，在现实中并不少见。赫胥黎看到了现实中善与乐、恶与苦的非对应性，认为"舍己为群"虽然体现了道德精神，是一种"善行"，但人们所牺牲的恰恰就是自己的快乐。在这一点上，严复同样是站在斯宾塞的立场上，认为善与乐、恶与苦的非一致性只是社会历史落后状态的产物，随着历史的不断进步，在其理想的境界中，它们是完全能够统一起来的。严复断定说："一群之中，必彼苦而后此乐，抑己苦而后人乐者，皆非极盛之世。极盛之世，人量各足，无取挹注，于斯之时，乐即为善，苦即为恶，故曰善恶视苦乐也。……由此观之，则赫胥黎氏是篇所称屈己为群为无可乐，而其效之美，不止可乐之语，于理荒矣。"[2]

历史进步论往往是与社会乌托邦联系在一起的，它不仅设定了历史的方向，而且设定了这一方向所要达到的目标图式。严复坚信历史进步总是在接近"理想的"目标，尽管达到这一目标的过程相当遥远和复杂。但是，为历史设定理想目标，同时也为历史设定了停止的结局。很明显，一旦达到了目标，历

---

[1] 严复译：《天演论》，第90页。

[2] 同上书，第46页。

史最终就会在一个绝对美好的时点上休止。这样来说，历史进步论，最后就成为一种历史"终结论"，进步一开始就在它自身的逻辑中包含着它的反面"停止"。进步论者对这种"吊诡"是没有兴趣的。他们只是为"进步"而欢呼舞蹈，只是为最终的理想而陶醉不已。斯宾塞的"普遍进化主义"就包含着一种广义的演化终止论，而这被认为对社会历史领域同样有效，社会最终会停止向前的跃动而归于静止。照巴克的说明：斯宾塞"不论视进化为生命趋于个体化的倾向抑或力趋于均衡的倾向，都可视为最终达到了均衡。这个在将来可能达到因而可以视为遥远的乌托邦的目标，便成为一种绝对标准或模式。进化将要达到的绝对均衡……体现了社会理想。这种理想必然是静止的，因为当达到这一理想时，进步便停止不前，运动也就停止了。"①但是，在此，严复没有跟着斯宾塞走到底。也许是他不喜欢幻想得太遥远，他只坚信历史是进步的，相信未来比现在美好，但是否会有斯宾塞所说的"终极"理想景象，"不可知论"帮助他刹住了想象，他把它推到了"不可思议"之地：

> 然则郅至极休，如斯宾塞所云云者，固无有乎？曰：难言也。大抵宇宙究竟与其元始，同于不可思议。不可思议云者，谓不可以名理论证也。吾党生于今日，所可知者，世道必进，后胜于今而已。至极盛之秋，当见何象，千世之后，有能言者，犹旦暮遇之也。②

这表明，严复的进步性进化观最终并没有导致对社会乌托邦工程的设计。这实际上意味着他对乌托邦的拒绝。经验主义的他，不愿在经验之外无限地进行梦游。这使他与中国后来的许多进步论者不同。他们的进步论也不过是被人讥之为"美妙谎言"的"高尚"乌托邦。能够满足人们"希望"心理的进步论使人乐观；能够满足人们一切要求的乌托邦则使人疯狂。这两者容易走到一

---

① 欧内斯特·巴克：《英国政治思想——从赫伯特·斯宾塞到现代》，第64页。
② 严复译：《天演论》，第47页。

块，但并不必然合为一体。并不保守的哈耶克（Hayek）相信进步，但断然彻底拒绝任何形式的乌托邦设计和实验。与乌托邦保持着距离的严复的进步论，为中国历史观提供了新的基调。这种基调，除了提供乌托邦所需要的历史进步论外，还提供了对传统及其历史的批判资源。

当严复被斯宾塞的进步历史观武装起来之后，他就对中国传统的历史观挥舞起了砍伐的大刀。他把中西在这一至关重要方面的差别，作了两极性的对比：

> 尝谓中西事理，其最不同而断乎不可合者，莫大于中之人好古而忽今，西之人力今以胜古；中之人以一治一乱、一盛一衰为天行人事之自然，西之人以日进无疆，既盛不可复衰，既治不可复乱，为学术政化之极则。[1]

从一般意义上说，在中国传统中，有两种历史观念是很盛行的。一是"一治一乱"的"循环史观"，一是"好古非今"的"退化史观"。显然，这两种历史观，同"进步史观"都是格格不入的。特别是"退化史观"，它把历史的"黄金时代"置于遥远的历史的"过去"，如儒家津津乐道的"三代"，道家意识中的"自然原始状态"。[2]在严复看来，这实际上都是把"过去"理想化的产物。严复相信历史决不走回头路。他说："今夫法之行也，必有其所以行；而政之废也，亦有其所以废。自三代之衰，学者慨慕古初，其贤者莫不以复古为己任，然而卒不能者，非必俗之不善也。民生降繁，世事日新，虽欲守其初，

---

[1] 严复：《论世变之亟》，见《严复集》第1册，第1页。

[2] 历史退化论当然是以相信历史的过去有一个"黄金时代"或"理想盛世"作为参照物的，这并非只是中国传统的产物，在早期的西方也程度不同地存在着这种思想。"在这些学说中，完美的时代不是未来，而是过去，人们总是以过去的'黄金时代'为方向，其结果是距之越来越遥远，最后要么被抛向叵测的命运，要么陷入一场世界末日的灾难，要么像亚里士多德所说，历史又循环到一个新世界的起点。"（彼德·欧皮茨：《"进步"：一个概念的兴衰》，载香港《中国社会科学季刊》1994年8月夏季号）

其势有必不可得故也。当此之时，脱有圣人，固当随时以为之今，不当逆流而反之古为得。其道将以日新。惟其不然，使宜进者反以日退，而暴乱从之矣。此真吾国学者之大蔽也。"①显然，这里贯穿着历史"不可逆"并朝着"日新"方向前进的逻辑。

论证历史不是退化而是进步的一种常见方式，是对已往的历史进行"递进式"的阶段性划分。孔德、黑格尔、马克思的历史进步阶段性"图式"，我们都不陌生。严复接受的是甄克思（E. Jenks）的"图式"。按照这一图式，人类历史自古以来依次经历了三大阶段，即图腾、宗法和国家。对甄克思来说，后一阶段是对前一阶段的超越，它们依次显示出历史进步的过程。相信历史进步的严复，对这一图式相当满意，并相信它是人类"进化"的"普遍性"过程：

> 夫天下之群众矣，夷考进化之阶段，莫不始于图腾，继以宗法，而成于国家。方其为图腾也，其民渔猎，至于宗法，其民耕稼，而二者之间，其相嬗而转变者以游牧。最后由宗法以进入国家，而二者之间，其相受而蜕化者以封建。方其封建，民业大抵犹耕稼也。独至国家，而后兵、农、工、商四者之民备具，而其群相生相养之事乃极盛而大和，强立蕃衍而不可以克灭。②

严复认为，历史的这个三阶段的"顺序"，是不能被打乱的，任何国家都要沿着它发展："此其为序之信，若天之四时，若人身之童少壮老，斯有迟速，而不可或少紊者也。"③按照这种历史阶段划分图式，严复对中国的历史进程作了分析。他认为，中国在唐虞之时，就已经进入了宗法社会，到周时，已有两千余年。秦汉以后，中国历史虽欲由宗法社会而进入国家社会，但经过两千多

---

① 严复：《〈古文辞类纂〉评语》，见《严复集》第 4 册，第 1234 页。
②③ 严复：《译〈社会通诠〉自序》，见《严复集》第 1 册，第 135 页。

年，仍然徘徊在宗法社会中。何以如此，严复认为是有原因的，但具体原因是什么，他并没有告诉我们。

从一般意义上说，严复肯定，在历史过程中，有一种不可抗拒的力量（必然性）或"趋势"，它是由诸多复杂因素逐步演变而成的，一旦形成，就会决定历史的命运，任何人也改变不了。严复把这称之为"运会"："夫世之变也，莫知其所由然，强而名之曰运会。运会既成，虽圣人无所为力，盖圣人亦运会中之一物。既为其中之一物，谓能取运会而转移之，无是理也。"①历史的必然性，虽不可改变，但却可以认识。人的优越性之一就在于能够认知历史的这种必然性："积数千年历史之阅历，通其常然，立之公例。故例虽至玄，而事变能违之者寡。呜呼！人之所以为万物之灵，而世之所以有进化之实者，以能不忘前事，而自得后事之师也。不然，必至之而后知，必履之而后坚，常如环然，常循其覆辙而已，乌由进乎？"②通过对历史经验的认识，就能对起作用的历史条件加以改变，从而能够使历史朝着人们所需要的方向发展，这是圣人的智慧和高明所在："彼圣人者，特知运会之所由趋，而逆睹其流极。唯知其所由趋，故后天而奉天时；唯逆睹其流极，故先天而不违。于是裁成辅相，而置天下于至安。"③这样，在似乎会导致"历史宿命"的"运会"中，严复通过为历史注入认知的机能和"圣人"的作用，就使人类对历史获得了主动性。

根据"运会"说，严复认为，中国的危机，决不是偶然的，它是此前历史演变的"必然"结果。根据人类对历史的主动性，中国的危机又不是"宿命"的，不是最终的"结局"。但是，严复强调，正如历史趋势的形成是一个逐步的过程一样，对一种历史局面的改变，只能是渐进的，而无跳跃和突进。严复把这一点上升为一种具有普遍性的宇宙的"公理"：

---

① 严复：《论世变之亟》，见《严复集》第 1 册，第 1 页。
② 严复：《〈法意〉按语》，见《严复集》第 4 册，第 963 页。
③ 严复：《原强》，见《严复集》第 1 册，第 1 页。

宇宙有至大公例，曰：万化皆渐而无顿。①

其演进也，有迟速之异，而无超跃之时。故公例曰：万化有渐而无顿。凡浅演社会之所有者，皆深演社会所旧经者也。②

我们不管"渐进"进化的思想是否是"公理"甚或是宇宙的"公理"，这一思想显然来自达尔文，也来自斯宾塞，或者说来自深层的英国文化背景。"历史渐进论"是严复前后牢固保持着一贯性的思想之一，他适合严复变法的需要，也适合了他拒绝"革命"的需要。与严复一样，"历史渐进论"也是维新派康有为的信念。但是，20世纪初迅速兴起的"革命"思想，向严复和康有为的"渐进"思想提出了激烈的挑战。对革命思想家来说，进化完全能够以革命和飞跃的方式进行。他们像维新派把"渐进"视为"公理"一样，开始把"革命"视为"普遍的"公理。革命军中的马前卒邹容，以排比的句式论证说："革命者，天演之公例也。革命者，世界之公理也。革命者，争存争亡过渡时代之要义也。革命者，顺乎天而应乎人者也。革命者，去腐败而存良善者也。革命者，则野蛮而进文明者也。"③孙中山也对"渐进论"的历史逻辑提出了尖锐的诘难：如果历史只能是渐进的，那么，"则中国今日为火车萌芽之时代，当用英美数十年前之旧物，然而渐渐更换新物，至最终之结果乃可用今日之新式火车，方合进化之次序也。世界有如是之理乎？人间有如是之愚乎？"④孙中山在这里提出的诘问不是也很有力吗？究竟"谁"错了呢？问题的根本，可能出在"历史"并不像严复或孙中山所认为的那样"单纯"。不管如何，后面我们将会进一步看到，"渐进"历史观和"激进"历史观的冲突，是20世纪中国

① 严复：《政治讲义》，见《严复集》第5册，第1245页。严复还引述斯宾塞的话说："善夫斯宾塞尔之言曰：'民之可化，至于无穷，惟不可期之以骤。'"（严复：《原强修订稿》，见《严复集》第1册，第25页）

② 严复：《政治讲义》，见《严复集》第5册，第1265页。

③ 邹容：《革命军》，中华书局1971年版，第2页。

④ 孙中山：《驳〈保皇报〉书》，见《孙中山全集》第1卷，中华书局1981年版，第236页。

思想的主要冲突之一，特别是它规制了 20 世纪中国社会和政治的实践方式。严复的社会改革观，就是基于他的"渐进式"的"进化史观"。

我们对严复"进化主义"的叙述已相当冗长。这冗长的叙述，都给我们留下了什么突出的印象呢？具有独特性的严复的"进化主义"，为许多问题提供了解释框架。严复是一位"达尔文主义者"，这看来没有什么问题。但他是从个人主义、自由主义和带着一种悲天悯人的人道主义的方面来发展达尔文主义。严复的"渐进式"的进步主义，普遍的文化和价值立场，使他始终采取了"开放"的和遵循"公理"的自由竞争的立场。他追求中国富强，这使他与民族主义结合了起来。如果说民族主义的根本意义是保持国家的独立主权以及统一，那么严复在此的意识远不如史华慈所说的那么强烈。他对民族主义概念的处理方式过于简略，甚至可以说是轻描淡写。他从来不主张"强权主义"意义之下的"弱肉强食""优胜劣败"和"物竞天择"，他从来不为帝国主义或种族主义张目。严复对进化主义符号的运用和解释，整体上反映了处于守势的中国的"自卫"立场，但它绝不是消极的，严复把一种普遍的人类理想和价值（"公理"）注入了进去。从这种意义上说，"后进性"却包含了更具超越意义的"先进性"。严复从一开始就相信"进步性"的"进化"，在这一点上他紧步了他的西方老师的后尘。严复的"进步性"进化主义，既是全面的、整体的，又是直线的和不可逆的。他晚年对"进步性"进化的怀疑，主要是对西方危机的一种反应。作为一位"准自由主义者"，作为对个体寄予厚望的人，严复对自由和个体加上了不少限制，在色彩上有些暗淡，并在处理它们与"群"和"国家"的关系上，显示了不协调甚至矛盾。但他相信自由竞争是进化的动力，这是他的一些后继者们都强调的。严复主张渐进性改革，这完全是立足于他的"渐进性进化"历史观或世界观。在这一方面，他一直遭到革命者的冷遇和讥笑。严复用进化主义为中国改革铺平道路，但它恰恰又成了革命性变革要求的催化剂。严复的一生并不愉快，有时充满着苦恼和痛苦，尽管进化的信念使他的思想带上了乐观主义色彩。

严复对进化主义的广泛解读和运用，表明了我们在导论的一开始就指出的情形，进化主义很容易被不同解释和使用。习惯了进化主义故乡的情形，我们就不必对它的移植地的情形大惊小怪。重要的是，我们要弄清严复处理进化主义的逻辑是什么，他为什么要这样做，他的立场是如何受到他的特殊境遇制约的。

原载王中江：《进化主义在中国的兴起：一个新的全能式世界观（增补版）》，中国人民大学出版社 2010 年版，标题有改动。

科学的泛化及其历史意蕴
——五四时期科学思潮再评价

杨国荣

华东师范大学哲学系

五四时期，科学与民主并足而立，成为一种引人瞩目的时代思潮。长期以来，人们往往习惯于将五四时期的科学观念视为迷信的对立面，根据这种理解，"五四"科学思潮的意义便仅仅在于否定传统的迷信观念。①这种看法所触及的，显然只是历史的表象。最近几年，一些研究者开始注意到五四时期的科学观念较为深层的内涵，从而多少超越了以上的传统眼界，但同时，又在总体上将五四时期的科学思潮归结为"思想的歧途"②，这就导向了另一片面。五四时期的科学观念究竟具有何种历史意蕴？这似乎并不是一个已经完全解决了的问题，本文即试图对此作进一步地探讨。

一

科学观念的广泛渗入，是五四时期的显著特点。以报刊、论著、演说等等为媒介，科学思想以不可遏制之势，迅速地在各个领域传播开来，并被普遍地

---

① 如彭明在《五四运动史》中以《有鬼还是无鬼？——科学和迷信》为题来概括五四的科学思潮，这种看法具有相当代表性。

② 参见严博非：《思想的歧途——五四时期中国知识分子对科学的理解》，载《文汇报》1988年9月13日。

接受和运用。一时间，从开风气之先的启蒙者，到一般青年学生，整个知识界几乎都成为科学信奉者。这种现象是前所未有的。众所周知，西方科学的传入并不始于五四时期，自鸦片战争前后起，近代知识分子即已开始接触西方科学（更早尚可追溯到明清之际），在洋务运动兴起之时，又有大批西方科学译著问世，而到戊戌时期，则更有严复等对西方科学不遗余力的译介。然而，为什么只有在五四时期，科学才产生了如此广泛而深刻的影响？这一问题，不仅牵涉科学与特定时代的关系，在更广的意义上，它所涉及的乃是五四时期科学观念的理论内涵及历史意义，而要对此作出超乎历史表象的解释，则不能仅仅着眼于外部历史条件的变化（如启蒙与救亡的突出），而是应进一步深入到近代科学观念本身历史演变之中。

从某种意义上说，林则徐、魏源等是第一批具有近代意识的知识分子。当一般的士子还埋首于故纸孜孜爬梳之时，他们已敏锐地将目光投向了西方。早在鸦片战争前夕，林则徐即已编撰了《四洲志》，此后，江文秦、杨炳、萧会裕等又分别编撰《红毛英吉利考略》《海录》《英吉利记》等，而最为著名者，则是魏源的《海国图志》与徐继畬的《瀛环志略》。通过这些著作，人们已经可以依稀地窥见西方近代文明的大致轮廓。于是，一种新的视野开始产生。然而，魏源等毕竟是从传统社会走过来的第一辈，他们虽然以一种超乎同时代人的气度开眼看世界，但对西方文明的了解基本上还处于浅表的层面。在他们看来，西方近代文明之长，主要在于"器"："夷之长技有三：一战舰，二火器，三养兵练兵之法。"（《海国图志·筹海篇》）在这里，"技"完全与"器"混而为一。换言之，科学技术本身基本上湮没于其外在结果之中。这种将"技"等同于器的观点，表明作为转折时期的过渡人物，魏源等对科学技术本身的内在本性及价值还不甚了了。

继魏源等之后，进一步注目于西方之"技"的，是洋务派。洋务运动以兴建实业为主要内容。办工厂、修铁路、开矿山，一时成为洋务派的热心事业。就其实质而言，这种实业并未超出"器"的范围。在这方面，洋务派大致沿袭了走向近代的第一代知识分子的思路。然而，值得注意的是，在兴办实业的同时，洋务派还设立了译书馆等机构，有组织地翻译了大量西方的科学技术文献，如《谈天》《代数学》《代微积拾级》《重学》《植物学》《地学浅释》，随着这些译著的问世，西方近代天文学、代数学、微积分、力学、植物学、地质学等开始传入中国。尽管当时对西方科学技术著作编译、介绍基本上采用口授笔录方式，因而并不十分精确严密，但它毕竟终结了"技"与"器"融混为一的状况。西方科技开始从器之中分化出来，并作为"学"（西学）而获得了某种相对独立的地位。从近代科学观念的演变过程来看，这无疑是个历史的进步。

然而，在洋务派那里，西方之科技虽然被列入了"学"的领域，但这种学只具有"用"的功能，居支配地位的体始终是中学（主要是传统儒学）。洋务运动后期的重要代表张之洞曾说："中国学术精微，纲常名教以及经世大法无不具备。但取西人造诣补我不逮足矣。"（《劝学篇》）在"体"（中学）的巨大阴影下，西方的科技虽然与具体的器区分开来，但其地位并未得到真正提升。作为中学（传统儒学）的附庸，它对人们的思维方式、观念体系等等并未产生具有普遍意义的影响：在文化的较高层面，作为西学的科技没有获得立足之地。

随着维新派的崛起，洋务派科学观开始受到严重挑战。如果说，洋务派基本上带有官僚的特点，那么，维新志士则更多地表现为作为社会良心的知识分子；他们中的不少人，曾直接受过西方近代科学洗礼（如严复），这就使他们对西方科学的本性及功能有着更为切近的认识。

严复曾指出："不为数学、名学，则吾心不足以察不遁之理，必然之数也；不为力学、质学，则不足以审因果之相生，功效之互待也。"（《原强》）在此，数学、物理（力学）、化学（质学）等西方科学不仅有别于具体"器"，而且超出了"技"的层面，它实际上已开始具有某种方法论的意义。后者使科学不再仅仅与坚船利炮等洋务实业相联系，而是直接制约着人们以什么方式来把握必然之理与因果关系。科学内涵的以上提升，意味着它开始涉足一般观念的领域：它所要改变的，已不仅仅是对象（物），而是主体本身（人）。事实上，在维新志士那里，科学总是超出形而下的自然知识的范围，而被赋予某种形而上的性质，后者在进化论中表现得特别明显。进化论本来是一种生物学的原理，但是，一经维新志士的解释，它立即就由自然之原理升华为一种普遍的宇宙法则（广义的道），从而，其重心也不再是生物演进的自然序列，而是适者生存、自强保种等激发救亡意识的历史命题。正是通过这种转换，进化论在近代产生了巨大震荡和深远的影响。

总之，从开眼看世界的第一批近代知识分子（魏源等）到 19 世纪与 20 世纪之交的维新志士（严复等）对科学的理解经历了一个从器、技到道的过程。作为器和技，科学以物作为变革的对象；作为道，它则以主体（社会整体及个体）的观念为变革对象。前者旨在通过引入西方科技工艺而实现物的近代化；后者则进而要求通过观念转换而实现人的近代化。这样，科学从器和技到道的演进，既意味着内涵的深化，又意味着社会功能的扩展。

严复等辈的科学观，在历史与逻辑的双重意义上构成了"五四"的先声。作为与民主并立的一大口号，科学既不是器或技，也不是具体经验知识，而是普遍之道。与严复等主要将某一特殊科学领域（如数学、历学、化学及生物学中的进化论等）加以提升不同，五四时期的知识分子进而将科学作为整体而升华为一种普遍的规范体系。一切都必须按科学原则行事，一切都必须以科学的原则加以裁决："今且日新月异，举凡一事之兴，一物之细，罔不诉之科学法则，以定其得失从违。"[1]在这里，科学的功能已不仅仅在于认识，而且在于评价。换言之，科学已从单纯的知识形态转化为价值的形态。事实上，当五四时期的知识分子将德先生（民主）与赛先生（科学）视为新文化运动之左右两翼时，便明显地表现了以上趋向：民主在本质上更多地表现为一种价值的选择，将科学与民主等量齐观，即意味着赋予科学以某种价值的性质。如果说，维新志士的"技进于道"主要地表现为赋予某种形态的科学以较为普遍的规范功能，那么，五四时期的知识分子对科学内涵的提升，则将科学规定为一种具有高度涵盖性的世界观。

---

① 陈独秀：《敬告青年》，载《新青年》1 卷 1 号。

　　就其本质而言，五四时期科学思潮的意义，绝不限于对迷信观念的抨击，它所产生的社会震荡，是多方面的。而科学之所以能形成广泛的冲击波，其内在之根源即在于它已被升华为一种普遍价值体系与涵盖面极广的世界观；正是后者，使五四时期的科学口号一开始即超出了实证科学的范围而成为一种广义的文化变革，而这种变革绝不能简单地斥之为"思想的歧途"。

　　作为广义的文化变革，五四时期科学思潮的影响首先表现在思维方式上。如前所述，严复等维新志士已开始将科学与把握必然之理及因果关系的方式联系起来；不过，就总体而言，这种联系由于缺乏具体的环节而带有比较抽象模糊的特点。五四时期的知识分子则进一步将科学明确地规定为一种思维方式，这种思维方式常常又被称为"科学的精神"，"凡立一说，须有证据，证据完备，才可以下判断，对于一种事实，有一个精确、公平的解析：不盲从他人的结论，不固守自己的意思，择善而从。这都是科学的精神"①。此处的基本点即是一种实证的要求和理性的观念，而五四时期的知识分子之揭橥二者，则首先旨在将人们的注重点从传统的六经转向事实界，并把主体理性从经传圣训之桎梏中解脱出来。陈独秀之强调以科学证明真理，"事事求诸证实"和"一遵理性"，胡适之疾呼"拿证据来"，李大钊之主张"与其信孔子、信释迦、信耶稣，不如信真理"等等，无不体现了这一点。从今天看，这些提法无疑平淡无奇，近乎常识，但在以"子曰诗云"为据的尚未摆脱传统的五四时期，这种注重实证的科学精神却包含着转换思维模式的时代意向。不妨说，"五四"科学思潮的历史意义，并不在于提供了多少具体的实证科学知识，而在于通过科学精神升华而提供了一种新的运思方式。

　　思维方式的转换同时又伴随着更广义的观念的变更。当五四时期知识分子将科学精神理解为尊重实证与尊重理性时，便内在地蕴含着这种变化。理性与外在的压抑相对，尊重理性，同时就意味着肯定个人具有独立思考的能力，而个人的独立品格与个人的独立人格之间并不存在截然分隔的鸿沟：前者可以合

---

　　①　毛子水：《国故和科学的精神》，载《新潮》1919 年 5 月 1 卷 5 号。

乎逻辑地向后者过渡。陈独秀说："若有意识之人间，各有其意识，斯各有其独立自主之权，若以一人而附属一人，即丧失其自由自尊之人格。"[①]所谓"有意识"，也就是具有理性和自主性。在此，作为科学精神之体现的理性，即构成了确立自由独立人格的直接依据。从广义上说，个性自由、人格独立，属于民主的范畴，这样，以理性的自主性为中介，科学观念与民主观念实际上已融为一体。正是通过这种融合，尊重理性的科学精神开始超出了思维方式的范围，而理性对圣典的否定则进一步延伸为个性自由对传统整体主义的扬弃，也正是在这意义上，陈独秀将民主与科学比作"车之有两轮"[②]。

科学精神的另一基本点是实证的要求。实证作为一种普遍法则，以注重事实为其主要特征，后者在本质上并不限于思维方式，它可以被赋予更广的含义。正是基于广义的理解，五四时期的知识分子将这种科学精神引入了人生观，主张"拿科学做人生观的基础"（胡适）。科学精神一旦被运用于人生观，即具体化为一种讲究实效，肯定功用的人生态度："科学之精神……即进步的精神。一切事物无论其于遗袭之习惯若何神圣，不惮加以验察而寻其真，彼能显示其优良者即直取之，以施于用。"[③]在这里，以验之事实科学精神为中介，求真（寻其真）与求善（施于用）即表现为相互联系的两个方面：真构成了善的前导，善则是真的结果，而在这种推绎过程的背后，则蕴含着一种价值观的变更。根据传统的儒家观点，道与功、义与利是不相容的。当董仲舒宣称"正其谊不谋其利，明其道不计其功"时，他强调的正是这一点。从这种说教中，逻辑地衍生出非功利主义的价值取向。与此相对，当五四时期的知识分子将求真与求善（广义的善）视为同一过程的两个环节时，即意味着在"科学精神"的前提下确立了一种新的价值观。

概言之，五四时期的知识分子继严复等维新志士之后，进一步将科学由具体的器与技提升为道（制约思维方式、人生态度及价值取向的世界观），后者

---

① 陈独秀：《一九一六年》，载《新青年》1卷5号。
② 陈独秀：《敬告青年》，载《新青年》1卷1号。
③ 李大钊：《东西文明根本之异点》，载《言治》1918年7月第3册。

使"五四"科学思潮一开始即突破了声光电化等特殊科学领域，从而导致了一种深层的文化变革。正是通过人生态度、价值取向等的转换，"五四"的科学精神推进了主体自身思维的近代化，并对整个近代社会产生了广泛而深远的影响。

二

一种观念体系在形而上化之后，往往不仅将超乎其自身的内涵，而且同时会被赋予某种信仰的特性。这种情形同样表现于"五四"的科学观念之中。当五四时期的知识分子把科学提升为涵盖各个文化层面的普遍之道时，科学便开始获得了"无上的尊严"（胡适语），成为信仰对象："我们也许不轻易信仰上帝万能了，我们却信仰科学的方法是万能的。"①这种信仰当然绝非宗教式的盲从，但它确实又有别于认知意义上的相信。五四时期的知识分子对科学几乎都抱着近于天真的信赖，所谓"科学万能"即典型地表现了这种心态。对科学的如上崇信，本质上表现为一种寻找新的文化规范的尝试：在传统的观念体系分崩离析之后，"五四"一代的知识分子力图确立一种高度统一的新的观念体系（详见后文），而科学一旦被强化为这样一种文化规范，则不可避免地同时具有了某种负面的意义。

在信仰科学的"五四"知识分子那里，科学既是天道（关于自然的必然之理）又是人道（支配主体自身的普遍原理），无论是自然现象，还是主体之行为，最终都被诉诸科学的解释。在前文中我们已经看到，正是根据如上确信，"五四"的科学主义者将科学视为人生观的基础。就理论的内在逻辑而言，人生观总是涉及对人（主体）本身的规定。将科学引入人生观，也就是要求以科学原则来界定人自身。一般而论，科学活动更多地表现为一种理智的操作，当

---

① 胡适：《我们对于西洋文明态度》，载《胡适文存》三集卷一，黄山书社 1996 年版，第 7 页。

五四时期的知识分子将科学精神与"一遵理性"联系起来时，肯定的也正是这点。这样，以科学原则来解释主体，即相应地意味着将主体纳入理智的框架之下：以理智为主体是主要乃至唯一的品格。正是在后一意义上，丁文江将"我"比作一种思维机器："我的思想工具是同常人的一类的机器。机器的效能虽然不一样，性质却是相同的。"（《玄学与科学——评张君劢的〈人生观〉》）这种看法显然忽视了自我作为主体，不仅包含理智的品格，而且具有情感及意志，他在本质上表现为知、情、意的统一。人的行为，特别是道德行为固然必须受到理智的支配，但同时又往往出于意志的自主选择，后者则赋予这种行为以自愿的特性。一旦将主体仅仅理解为理性的机器，那么，自我也就同时被还原为人格化的理智或逻辑的化身，而人生也就相应地变为一种理智或逻辑的机械运作。事实上，五四时期的科学主义者对自我、道德等等的理解，确乎有一种十分明显的唯理智论或准机械论的倾向。他们试图把人生与道德观纳入理智与逻辑框架之中，结果却使丰满而复杂的人生领域变得抽象干涸了。这种泛科学主义的观点，后来曾引起玄学派的不满。尽管玄学派本身存在着完全割裂科学与人生及唯意志论等缺陷，但他们批评科学派"托庇科学宇下建立一种纯物质的纯机械的人生观"（梁启超），要求主体"皆得享受人格之发展"（张君劢）确实也有见于科学主义者将自我及人生片面化之蔽。

作为"五四"科学思潮影响之下形成的第一代马克思主义者，他们或多或少亦带有某种泛科学主义的特点。与信仰科学的其他五四时期的知识分子相仿，早期马克思主义者也强调科学作为人生观的基础："每一'时代的人生观'为当代的科学智识所组成；新时代人生观之创始者便得凭借新科学智识，推广其'个性的人生观'，使成为时代的人生观，可是新科学智识得之于经济基础里的技术进步及阶级斗争里的社会经验。所以个性的先觉仅仅应此斗争之需要而生，是社会的或阶级的历史工具而已。"[1]在此，尽管科学具有了更广的内涵：它同时包括社会历史领域的科学，但在强调以科学支配人生观这一点上，

[1]　瞿秋白：《自由世界与必然世界》，载《新青年季刊》1923 年 12 月 20 日第 2 期。

却并未离开当时的科学主义思潮。这里的人生观同样涉及对主体的规定，不同的是，在具有实证论倾向的科学主义者，主体表现为内在理智的人格化，而根据早期马克思主义者的理解，主体则是历史的工具。如果说，前者通过科学推论而将主体抽象化了；那么后者虽然扬弃了对自我抽象规定，但同时却在科学这一总前提涵盖之下，将主体等同于手段。早期马克思主义者对主体的这种界说，显然包含着内在的理论缺陷。主体（人）绝非仅仅是历史的工具，他同时应当被理解为目的：人类历史的演进，在某种意义上即是以人的全面发展为其目标，科学的进步，社会的变革，归根结蒂是为了实现这一目标。这一点是马克思主义的创始者所一再申述的。根据五四时期的知识分子的看法，科学作为人生观的基础，是以因果关系为其基本原理的。因果大法既支配着物质现象，也支配着精神现象，而这种普遍的因果法则主要又被理解为一种线性的因果律：它基本表现为一种单向的决定。当五四时期的科学主义者将科学引入人生观时，他们同时即突出了线性因果决定论。在这种因果律的制约下，人的自由变得十分有限："因果的大法支配着他——人的一切生活，生存竞争的惨剧鞭策着他的一切行为——这个两手动物的自由真是很有限的。"[1]不难看出，此处之因果大法与人的自由实际上被视为对立的两极，因果的必然性仅仅表现为对自由的消极限制。在唯意志论逐渐抬头的近代，这种观点虽然具有遏制意志主义思潮的意义，但它毕竟忽视了人的自由问题。

值得注意的是，当时的马克思主义者也持有类似的看法，从瞿秋白的如下论述中，我们即可窥见这一点："一切动机（意志——原注）都不是自由的而是有所联系的；一切历史现象都是必然的。——所谓历史的偶然，仅仅因为人类还不能完全探悉其中的因果，所以纯粹是主观的。"[2]就最一般意义而言，自由表现为两种形式：其一，意志的自主性；其二，在必然规律所提供的可能范围内加以选择。必然性之所以能够成为主体选择的根据，即在于它总是以偶然

---

① 胡适：《科学与人生观序》，载《胡适文存》二集卷二，第152页。
② 瞿秋白：《自由世界与必然世界》，载《新青年季刊》1923年12月20日第2期。

性为自己的多重表现形式——如果只有赤裸裸的必然性，那么主体的选择也就失去了基本前提。瞿秋白在否定意志自由的同时，又把历史的偶然完全归结为一种主观因素，这就在双重意义上勾销了主体的自由。这种以因果必然性取消自由选择的观点，与人是历史的工具之论有着逻辑联系：把人视为历史的工具，即意味着强调人完全为历史必然性所决定。尽管当时的马克思主义者一再将自己与宿命论区分开来，但二者的理论联系似乎并未真正完全割断。

如果说因果大法的宰制主要被视为科学的外在表现，那么，真理性则被理解为科学的内在规定。根据五四时期知识分子的看法，科学作为普遍之道，同时也就是一种无所不包的真理体系，它不仅提供了对宇宙人生的最为正确的解释，而且构成了裁断一切学说、观念的准则。作为真理的化身，科学被推上了君临一切的地位，只有得到科学认可，才有立足之可能。一旦被判以非科学，则同时意味着被逐出了真理之域。于是，科学俨然成为一种新权威：它普遍有效而又绝对正确。对科学的如上推崇，在新旧思潮激战的五四时期固然有助于推翻传统权威，然而，无可否认的是，权威化往往蕴含着独断化，在科学的权威化背后，我们确实可以看到一层独断论的阴影。当五四时期的知识分子要求以科学来裁断一切，并把科学之外的一切思想斥之为"愚人妄想"（陈独秀语）时，其中不能不说带有某种科学独断主义色彩。

从另一视域看，将科学确立为一种新权威，注重的主要是科学的规范功能。一般而论，科学可以区分为内在结构与外部价值两个方面，前者表现为一种认知体系，后者则构成了科学的社会功能（广义的规范功能）。"五四"科学思潮以启蒙为其历史内容，而启蒙则是社会变革的前奏。这一特定的历史条件使五四时期的知识分子一开始便把目光投向科学的外部价值。在他们那里，科学与民主一样，主要是一种解决政治、道德、观念等问题的手段："我们现在以为只有这两位先生（指德、赛二先生，亦即民主与科学），可以救治中国政治上、道德上、学术上、思想上一切的愚暗。"①当五四时期的知识分子将科学

---

① 陈独秀：《本志罪案之答辩书》，载《新青年》1919 年 1 月第 6 卷第 1 号。

提升为一种普遍之道时，他们所强化的即是科学的外部价值（工具或手段的价值），而科学权威化同样也体现了这一点。对科学社会功能的突出，当时无疑有其历史的理由。然而，在注重外部价值的同时，科学本身的内在价值——作为认知体系的科学却相对地受到了历史的冷落。中国近代科学发展缓慢固然有其多重的、复杂的原因，但毋庸讳言，对科学内在价值——认知意义上的科学之忽视，显然也是一个不可低估的因素。从逻辑上说，科学的外在价值（社会功能），是以其认知本性为内在根据的，科学的社会功能，总是受到知识体系本身发展程度的制约。五四时期的科学思潮固然产生了广泛的影响，但对科学的内在认知本性忽视，或多或少也限制了思想启蒙的深度。

三

综合以上分析，我们可以看到："五四"的科学思潮自始即包含着正面与负面两重意义，而二者在理论上又与科学被提升为普遍之道（世界观；价值—信仰体系）相联系。尽管科学是从近代西方引入的，但科学之被形而上化，却并非移自西方。在近代西方，科学不仅没有向普遍之道泛化，而且一开始即表现出与形而上之道分道扬镳的趋向。早在 1663 年，胡克在为英国皇家学会起草的章程中即宣告："皇家学会的任务是：靠实验来改进有关自然界诸事物的知识，以及一切有用的艺术、创造、机械实践、发动机和新发明——（不牵涉神学、形而上学、道德、政治、语法、修辞或逻辑）。"[①]从历史上看，西方科学的演变，确实主要以认知深化为内容，而这一过程同时又表现为一个不断剔除形而上学的过程，由此积累起来的，基本上是一种认知结构。那么，这种作为知识体系的科学，在为五四时期的知识分子所引入以后，为什么会泛化为一种普遍之道（世界观及价值—信仰体系）？这确实是一个耐人寻味的问题。

---

① 引自贝尔纳：《历史上的科学》，科学出版社 1959 年版，第 260 页。

如所周知，"五四"是一个文化裂变的时代，传统、规范、观念、价值、信仰等等，至少在表层上已受到了普遍冲击和否定。这种冲击和否定当然并非开始于"五四"。但正是在这一时期，它达到了空前激烈的程度。面对旧的价值—信仰体系的崩溃，五四时期的知识分子在摆脱传统内在压抑的同时，十分自然地产生了迷茫而无着落之感。他们迫切需要一种新的价值—信仰体系，以便重新获得依归与范导。而传统的观念体系，也只有在新的价值—信仰体系确立之后，才能真正消亡。于是，重建价值—信仰体系便被历史地提到了五四时期的知识分子面前。就其本质而言，价值—信仰体系既应具有可信的品格，也应具有世界观的功能，前者决定了它至少必须在外观上包含真的形式，后者则是要求提供最大限度的涵盖面。在近代中国，只有科学才内在包含着被赋予以上二重品格的可能：这不仅在于科学以真为追求目标，而且在于科学思想作为一般观念可以经过泛化而成为普遍之道。严复等维新志士在将进化论等提升为普遍原理（救亡图强之一般根据）时，即已经朝这一方向迈出了一步。这样，当五四时期的知识分子为重建新的价值—信仰体系而上下求索之时，严复辈的终点便成了他们的起点；科学经过再一次升华与泛化而成为一种新的范导体系。正是由于科学主要作为价值—信仰体系而被推到时代的前台，因而它一开始便超出了具体的实证与经验之域。

重建价值—信仰体系的过程，同时又与思想启蒙相联系：以新的价值—信仰体系取代旧的价值—信仰体系，其内在含义即在于使主体从传统走向近代，而后者又构成了启蒙的历史主题。一般而论，启蒙作为一种思想的变革，主要表现为观念的转换：人的近代化之本来内涵，首先是观念的近代化，作为启蒙内容的观念转换，当然不仅仅是个别观念的更新，而是一种总体上（格式塔式）的转换——即整个意识形态框架的变更。后者所需要的，显然不是某一领域的具体知识，它的实现，恰恰要求突破特定的经验领域。这样，当科学与启蒙的历史要求相遇时，它首先便面临着一个自身超越的问题，换言之，它必须由具体的知识形态，转换为普遍的观念形态。五四时期的知识分子在确立新的价值—信仰体系的过程中，实际上即同时完成了以上的转换，而后者的直接结果，便是使科学获得了普遍之道的品格。

当然，科学由技进于道，并不仅仅取决于启蒙的历史要求，它有着更为深刻的文化历史背景。五四时期的知识分子在不同程度上都有反传统的倾向。然而，传统的反叛者往往并不能完全摆脱传统的制约。当五四时期的知识分子试图通过科学的形而上化以确立一种反传统的价值—信仰体系时，这种转换方式本身却内在地被打上了深层的文化传统的印记。

回溯中国文化的历史演变过程，我们可以注意到一种引人瞩目的传统，即强调道高于技。早在先秦，庄子便已借庖丁之口道出了这一点："臣之所好者道也，进于技矣。"（《庄子·养生主》）在正统儒家中，这种倾向表现得更为明显。按儒家之见，技不过是与"本"相对的"末"，只能归入形而下之列，唯有天道及人道才是作为"本"的形而上者。他们所追求的是一种"弥纶天地之道"（《易传》）的境界，与此相异的具体的科学研究，则往往被斥之为"玩物丧志"。在这样一种文化背景之下，中国古代的科学很自然地产生了如下趋向，即力图超越实证的领域而向天地之道靠拢，它突出地表现为以阴阳相互作用之类的一般原理来解释千差万别的具体现象。例如，为什么会有电？答曰："阴阳相激而为电"；地震是如何产生的？答曰，其因在于"阳伏而不能出，阴迫而不能蒸"；磁石何以能吸铁？回答还是："皆阴阳相感，隔碍相通之理。"总之，科学的结论往往被提升到了超验的层面。五四时期的知识分子对科学的看法，当然既不同于鄙视科学的正统儒家，也有别于保留于笼统直观水平的古代科学，但这并不意味着他们已完全超越了传统文化的深层结构；在科学被转换为普遍的价值—信仰体系的背后，我们不难看到一种追求普遍之道的传统意向。不妨说，启蒙的历史要求，主要为科学的泛化提供了外在推动力，而技进于道的传统则内在地影响着五四时期知识分子对科学本性的理解，正是在二者的结合中，科学完成了其形而上化的过程。

总起来看，五四时期的科学观念在经过一个泛化过程之后，已开始由技（具体的经验知识）提升为道（普遍的世界观或价值—信仰体系），这一过程明显地有别于西方近代科学日趋实证化的趋向。其结果具有内在的二重性：它既导致了广义的文化变革及普遍的观念转换，并使在科学旗帜下展开的思想启蒙具有空前的涵盖面与渗透性，又蕴含了向消极面发展的契机。作为一种文化现象，科学内涵的泛化与提升，并不取决于少数知识分子的偶然意向，它既以重建价值—信仰体系的时代需要为其历史根据，又表现为对传统文化深层观念的某种认同。如果说，时代的选择主要体现了文化演变的历史必然性，那么，传统的内在制约在显示传统本身的深沉性的同时，又将如何在现代化过程中创造性地转换传统文化的问题提到了我们面前。而对五四时期科学思潮的反省，则从一个侧面为今天的思考提供了历史的借鉴。

原载《哲学研究》1989 年第 5 期

晚清中国的宗教概念

［日］村田雄二郎
日本同志社大学

引　言

在东亚，文体和词汇的巨大变化可以作为近代意义上的公共舆论得以形成的必要条件，但其大规模的发生，乃是在 19 世纪后半叶至 20 世纪初期。本文尝试在文化、地域的相互关联中，来探讨"宗教"这一概念在清末是如何被引入中国，又是如何被理解和接受的。毋庸赘言，"宗教"这一概念在东亚的传统社会中并没有根基，而是从近代西欧输入的翻译词语。大致而言，"宗教"这一词语首先是在日本作为 religion 的译词而被发明出来，并得到使用，及至 20 世纪初才通过文人、留学生等传入中国的。在此意义上，"宗教"与大量的近代翻译汉语词汇——比如说，自由、社会、科学、权利等一样，不妨说是在清末流入中国的"新名词"之一。然而，这一新名词要引入此前并没有宗教这一概念的社会并得以流通，必然存在着并非只停留于传播和接受这一维度上的所谓"文化翻译"的问题。在本文中，笔者旨在廓清如下事实：乍一看被快速而大规模地固定下来的"宗教"这一新名词，并非是在没有抵触感的情况下便能被接纳的东西，即使在现代，对"宗教"概念的定义和理解，也在与自他意识的关联中不断摇曳着，处于一个暧昧含混的位置。

一、"宗教"这一翻译词语

在直到 19 世纪之前的东亚汉字文化圈,"宗教"都是一个其意义在很大程度上受到限定的词语,而与我们今天所使用的"宗教"一词相隔甚远,这一点是无须赘述的。据铃木修次所言,作为传统的用法,"宗教"在禅的语录中,是作为"一宗之教"的含义而被使用的。但是,它在"宗"乃指教义上的一派这点上,显然不是一个涵盖了所有宗教的概念。而且,尽管在《碧严录》中也出现了"宗风""宗旨"等词语,但毕竟只是与古典中国的"宗教"相近似的用法。[①]当然,传统社会里也确实有儒教、道教、佛教等说法,但不妨说,其中还是缺乏这样一种视角,即把它们通通作为"宗教",归纳为人的信仰、情感、认知行动的一部分。这与近代社会中宗教(被认为)形成了一大领域和学问分野的情况大相径庭。作为近代汉语的"宗教"一词,是作为从日本汉语中所引进的、用来重新指称人类经验领域的概念而粉墨登场的。

不过,日本初次出现"宗教"一词,据称是在明治二年(1869 年)与北德意志联邦签署的修好通商条约中,因此在时间上是很早的。[②]其后,围绕着 religion,试着使用了"法教""教法""教门""宗门"等各种译语,而直到在明治十四年刊行的《哲学字汇》中,才对 religion 使用了宗教这一译语。普遍认为,从这以后,宗教一词就在学院派中占据了牢固的位置,并逐渐普及到一般社会中。

另一方面,在清末的中国,情况又如何呢?不用说,这一时期人们得以意识到宗教,显然与基督教这一他者的存在大有关系。特别是在 1860 年签署的《天津条约》和《北京条约》中,清政府公开承认了基督教在内地的传教权,

---

① [日]铃木修次:《日本汉语与中国》,东京:中央公论社 1981 年版,第 124—128 页。

② [日]小口伟一、堀一郎监修:《宗教学辞典》,东京:东京大学出版会 1973 年版,第 256 页。

据此，基督教传教士的传教活动日趋活跃。与此同时，针对基督教的传教活动，各地爆发了中国士绅和民众的反对运动（教案）。不过，当时并未使用"宗教"这一表述，在指称基督教时，人们使用的是"教"这一个字，或者"西教""洋教"等一类的说法。而且，把处理"教案"的事务称之为"教务"，也是很普遍的。基督教的宣传和渗透给部分士绅所带来的困惑与对"中国会被基督教化"的恐惧，在官方与民间催生了一种文化上的抵抗，人们大都把这称为"保教"（护持中国的教）。比如，以变法理论家而著称的康有为（1858—1927）在1898年为推进变法运动而成立的学会（近似于今天的政党）——保国会结成之际，就将学会的目的确定为"保国、保民、保教"，并宣称，所谓"保教"就是保护"国教""圣教"（即儒教）。①

在中国的近代文献中，也是通过基督教传教士而出现宗教一词的。1887年，居住在上海的新教传教士结成了广学会，通过西学介绍和出版活动给中国社会带来了巨大影响，其出版物之一就有1894年刊行的林乐知（Young John Allen）著《宗教故事》一书。②尽管未见到原书，但作为被冠以宗教之名的书籍，它或许在时间上是最早的吧。关于中国人自身最初使用宗教一词始于何时，尽管尚不明了，但普遍认为大致是在变法运动时期。在由康有为编撰，并进奉给皇帝的《日本书目志》里，就可以看到其间比较早的用例。《日本书目志》于1898年由上海大同译书局刊行，是康有为对在上海等地收集采购的日本书七千余本加以分类整理，并按照各"门"添加按语的书籍目录。③

---

① 汤志钧编：《康有为政论集》上册，中华书局1981年版，第233页。

② 熊月之：《西学东渐与晚清社会》，上海人民出版社1994年版，第565页。林乐知原本是基督教美国监理会传教士，1868年来华，曾任中文月刊杂志《万国公报》的总编等职。

③ 全十五门分类如下：一、生理门；二、理学门；三、宗教门；四、图史门；五、政治门；六、法律门；七、农兵书门；八、工业门；九、商业门；十、教育门；十一、文学门；十二、文字语言门；十三、美术门；十四、小说门；十五、兵书门。关于《日本书目志》，请参见拙稿《康有为与"东学"——关于〈日本书目志〉》（东京大学教养学部外国语科编《外国语科研究纪要（中国语教室论文集）》，1992年）和竹内弘行的《对康有为〈日本书目志〉的一个考察》（《名古屋大学文学部研究论集（哲学）》49集，2003年）。

书中卷三为"宗教门",列举了"宗教总记""佛教历史""佛书""神道书""杂教类"共五类 108 种书籍。此时的康有为尚不曾踏上日本国土,所以其对日本的理解还完全停留在书本知识的水平上。在《日本书目志》中,他主要列举了进入明治时期后才刊行的书目,其中包含了井上圆了的著作等几乎是同时代出版的新书。不谙日语的康有为到底在多大程度上涉猎了这些书籍尚不清楚(一种说法是,很多书都是他让其女儿同薇翻译的),但从他所写的按语来看,比如他写道,在林胜信(罗山)倡导儒教之前,日本一千年以来都一直是"佛国",除天台、真言、禅宗之外,亲鸾的信徒也多达 8 万余人,俨然是"天主教的路德"等等,显示出其对日本佛教具有基本的了解。他进而在"宗教门"最后的按语中这样写道:

> 同是圆颅方趾则不畏敬,不畏敬而无以耸其身,则不尊信,故教必明之鬼神。故有群鬼之教,有多神之教,有合鬼神之教,有一神之教。有托之木石禽畜以为鬼神,有托之尸像以为鬼神,有托之空虚以为鬼神,此亦鬼神之三统、三世也。有专讲体魄之教,有专讲魂之教,有兼言形魂之教,此又教旨之三统也。老氏倡不神之说,阮瞻为无鬼之论,宋贤误释为二气良能,而孔子《六经》《六纬》之言鬼神者晦,而孔子之道微。岂知精气为物,游魂为变,《诗纬》以魂为物本,魂灵固孔子之道。①

将纬书与经书相提并论,并积极地尝试将孔子之道与鬼神论联系在一起——这是把孔子作为"创教之主",试图将儒教加以半神秘化和半基督教化的康有为式的解释。不过,想提请诸位注意的是,在这里,康有为对宗教的起源和性质表现出了完全建立在传统架构(比如"鬼神""精气""游魂")上的认识。对于康有为而言,宗教是让人们产生"敬畏"之念的教诲,只要孔子的

---

① 姜义华编:《康有为全集》第三集,上海古籍出版社 1992 年版,第 669 页。

儒教也（在纬书中）谈论鬼神，那它就属于宗教。然而，从中可以看出，对康有为而言，"religion＝宗教"的理解还尚未固定下来。毋宁说康有为在强烈意识到基督教文明的同时，也对佛教、心学（阳明学）抱着亲近的态度，试图从中去汲取变革中国的精髓。他之所以把传统分类中没有的宗教门特意放入《日本书目志》，也是出于这一目的。可以说，康有为对"宗教性的东西"（在传统中被表述为"教"）所抱有的强烈兴趣，贯穿了其立志于变法运动的整个过程。

二、梁启超与宗教

其后，事态发生重大改变，是在 1898 年戊戌维新运动失败，康有为等人逃往海外之后。为宗教一词在中文内部扎下根来而作出贡献的，乃是康有为的弟子梁启超（1873—1929）。近年来，人们对梁启超与宗教之关系的兴趣日渐高涨，其中尤其是巴斯蒂的近稿对该问题有着详细的研究。①根据其观点，梁启超对宗教问题的介入可划分为如下四个阶段：

一是 1901 年秋天之前的时期——接触到了宗教观念，并作为救国的要素之一而予以瞩目；

二是 1901 年秋至 1905 年初——接受西方的宗教概念，探索了借助宗教进行国家改革的可能性；

三是 1905 年初至 1918 年秋——脱离宗教问题，从事政治活动；

四是 1918 年秋至 1929 年去世为止——脱离政治，加深对佛学的兴趣，将宗教信仰视为中国新文化的基础。

---

① ［法］巴斯蒂（Marianne Bastid-Bruguiere）《梁启超与宗教问题》，张广达译，载《东方学报》第 70 册，1998 年版。另，森纪子《梁启超的佛学与日本》（收入狭间直树编《共同研究梁启超——西洋近代思想的接受与明治日本》，みみず书房 1999 年版）详细追溯了梁启超的佛学思想与明治日本的关系，对考察清末的宗教问题不乏启迪。

对本文而言，尤显重要的当数其中的前两个时期。梁启超逃亡日本后不久，于 1899 年 5 月在日本哲学会作了题为《论支那宗教改革》的讲演，表明其思想发生了明显的转变。这次讲演是受姉崎正治的邀请而举行的，其讲演稿被刊登在了《清议报》第 19 册上。梁启超在文中频繁使用了此前几乎未被使用的"宗教"一词，竭力主张为提升国民思想而进行"宗教革命"的必要性。梁启超在此所说的"宗教革命"，尽管显然是在仿效西方的先例，但却是从为转变国民的思想而不得不变革其习惯和信仰这一观点出发来谋求"宗教革命"的。他声称"盖宗教者，铸造国民脑质之药料也"[1]，认为秦汉之后"误六经之精义""失孔教之本旨"，而现在必须廓清"孔教之本旨"。他跟随其师康有为，将孔教的本旨归纳为如下六点："孔教乃进化主义，非保守主义；乃平等主义，非专制主义；乃兼善主义，非独善主义。"由此可见，梁启超是把"儒教＝孔教"看作宗教的。不过，他究竟给宗教赋予了怎样的定义，在该时点上还尚不明了。在其论述中，貌似是用宗教一词来笼统地指称中国的思想和信仰。在几乎是同一时期所撰写的《论中国与欧洲国体异同》一文中，他指出，与诸教分裂的欧洲不同，在中国，"自汉武帝表彰六艺，罢黜百家，而宗教遂定于一"[2]。即便就此看来，当时的梁启超也是把"国民"的全部"信仰"都视为宗教的。

不管如何，逃亡到日本的梁启超开始广泛地接触日本书籍，依靠积极吸收大量的近代翻译汉语，并通过被称为"新民体"的文章，对包括"宗教"在内的大量新概念和新用语的创立作出了巨大贡献。而上述"革命""主义"等也不啻该类词汇的一部分。

据巴斯蒂的观点，梁启超对宗教的理解发生重大变化，是在前两个时期，亦即 1901 年秋天。他通过涉猎日本书籍，加深了对西洋历史、哲学、政治学的理解，从这时起，他开始把宗教作为与 religion 严格相当的概念，

---

[1] 梁启超：《饮冰室合集·文集》第 3 册，中华书局 1936 年版，第 55 页。
[2] 同上书，第 4 册，第 64 页。

换言之，只把宗教一词限用于与神圣领域、超越性存在等相关的信念或信仰行为上，从而与一般的思想教化区别开来。①作为体现了这一分歧点的论考之一，就有他发表在 1901 年 10 月《清议报》上的《国家思想变迁异同论》。在这篇深受伯伦知理国家论影响的文章中，梁启超摆脱了《论中国与欧洲国体异同》的二元论，尝试着从"欧洲旧思想""中国旧思想""欧洲新思想"这三个维度上来进行相互的比较对照。他论述道，与"欧洲旧思想"中"政治为宗教之附属物"不同，在"中国旧思想"中，"宗教为政治之附属物"，而在"欧洲新思想"中，"政治与宗教，各有其独立之位置，两不相属"②。说到政治与宗教的关系，国家越进化越发达，就越不需要借助宗教的力量，所以，他赞同伯伦知理提出的"世俗化是更理想的政体"这样一种"近世国家理论"。这与他在第一个时期所提出的"宗教革命"乃"国家革新"之基础的观点相比，无疑发生了很大的变化，体现了梁启超"脱宗教化"的态势。

更为明确地提出这一主张，是在与其师康有为的孔教论明确表现出诀别之势的《保教非所以尊孔论》（《新民丛报》第二号，1902 年 2 月）中。在这篇认为保教与保国并不直接相关，从而对师说展开批判的文章中，梁启超事实上已从正面否定了宗教的政治性功用（"宗教者非使人进步之具也"），而且他断言道，儒教并不是宗教。这是与提倡依靠孔教＝"宗教化的儒教"来保国、保民的康有为分道扬镳的明确宣言。在梁启超看来，保教束缚了国民的思想自由，也与信仰的自由相抵触。这会带来国民的"迷信"与"奴性"，而"盖孔教之精神，非专制的而自由的也"。它是一种哲学，而不是宗教。"孔子者哲学家经世家教育家，而非宗教家也。"③他认为，毋宁说通过汲取各种宗教的长处，孔教会得到越来越大的发展吧，因而大可不必提倡保教。

---

① ［法］巴斯蒂（Marianne Bastid-Bruguiere），《梁启超与宗教问题》，张广达译，第 340 页。
② 梁启超：《饮冰室合集・文集》，第 6 册，第 17 页。
③ 同上书，第 9 册，第 52 页。

进而，就像是与这种论点相呼应一样，在《论中国学术思想变迁之大势》（断断续续地连载于《新民丛报》第三至第五十八号，1902 年）中，他明确指出道："吾国有特异于他国者一事，曰无宗教是也。"①他还说，宗教即使在民智未开的阶段是有效的，可随着人群的成长，也会阻碍学术思想的自由。从这些论述中，清晰可见梁启超对社会进化论的接受轨迹。而这样一来，也体现了梁启超的如下认识：随着儒教的非宗教性得到拥立，对于中国历史而言，它大可不必被当作一种耻辱，而毋宁说是对学术思想发展有利的东西。在这一时期，梁启超与此前不同，对宗教的作用表现出了最具否定性的认识。从另一方面来讲，这意味着在梁启超心中，作为近代概念，哲学与宗教已经被分离开来了。当然，"哲学"被置于了"科学""真理"一方，而对宗教的"迷信"一面等进行了否定性的评价，尽管如此，我们也不妨注意到，在题为《论宗教家与哲学家之长短得失》（《新民丛报》第十九号，1902 年 10 月）的论考中，存在着将哲学与宗教的作用加以对比的如下论述："宗教家言与哲学家言，往往相反对者也。吾畴昔论学，最不喜宗教，以其偏于迷信而为真理障也。虽然言穷理则宗教家不如哲学家，言治事则哲学家不如宗教家，此征诸历史而斑斑者也。"②梁启超举出欧美和日本的事例为证道，达成革命维新等大业的伟人，无一不是受到了"宗教思想"的驱动。特别是他以明末儒者的"心学"、幕末日本阳明学的兴隆为例，指出"心学者，实宗教最上乘也"③。不难看出，梁启超对"宗教"的理解，似乎在"迷信""奴性"的增长与革新事业的精气之间游移不定，左右摇摆。

这姑且不论，随着梁启超的这些言论活动和留日学生的增加，"religion＝宗教"的这一理解也逐渐向汉语圈渗透开来。及至 1905 年、1906 年，比如，章炳麟就曾指出："用宗教发起信心，增进国民的道德"（《演说录》，《民报》第六号，1906 年），由此不妨认为，宗教（在章炳麟那里，则为佛教）一词已

---

① 梁启超：《饮冰室合集·文集》，第 7 册，第 3 页。
② 同上书，第 9 册，第 44—45 页。
③ 同上书，第 46 页。

经固定下来。就像是一种佐证一样，就连厌恶"新名词"，对从日本输入的新汉语表现出戒备心的张之洞也这样说道："外国学堂有宗教一门。中国之经书，即是中国之宗教。若学堂不读经书，则是尧舜禹汤文武周公孔子之道，所谓三纲五常者尽行废绝，中国必不能立国矣。学失其本则无学，政失其本则无政。其本既失，则爱国爱类之心亦随之改易矣。"[①]事实上，不单是"宗教"，这里所使用的"爱国"也是清末的"新名词"之一。可以说，当时兴起的文体和用语的变化甚至把对此持批判态度的"中体西用"论者也卷入了其中。如果是在上个时代（即新式学堂设立前），也许根本就不用特意劝人习读经书吧。因为只要一提到学问，就只有首先从阅读经书开始，然后再参加科举考试这条唯一之路。然而，进入 19 世纪以来，随着接受西学的呼声日渐高涨，中国的学问体系和教育制度也掀起了根本性改革的浪潮。所谓"中国之经书，即是中国之宗教"，乃是在那样的时代转型期所发出的自我反照式的话语。对照西洋的宗教概念来回顾并重新阐释自己国家的传统——在这样的时代里，"宗教"一词也逐渐被纳入汉语中。

三、 万国宗教大会与《说教》

1893 年在芝加哥召开的万国博览会，因纪念哥伦布发现美洲大陆 400 年，也被称为"哥伦布万博会"（World's Columbian Exposition）。为配合这届博览会，还召开了万国宗教会议（World's Parliament of Religions），从而吸引了众多的与会者。这次会议是在芝加哥律师查尔斯·伯尼（Charles C. Bonney）的建言下得以实现的，他认为，不应只关注物质文明，还应该在万博会上同时召开关涉"人性"和"心灵"的会议。其结果是，在同时召开的大量会议

---

① 张百熙、荣庆、张之洞：《学务纲要》，1904 年。收入朱有瓛编：《中国近代学制史料》第二编上册，华东师范大学出版社 1987 年版，第 83 页。

中，万国宗教会议成了召开时间最长、最吸引人们眼球的会议。会议结束后，还出版了两大卷厚厚的报告集，从中可以大致管窥万国宗教会议的全貌。①

日本宗教界，特别是佛教界，把这次万国宗教会议的召开视为"佛教东渐"的良机，派遣了由释宗演（临济）、土宜法龙（真言）、芦津实全（天台）、八渊蟠龙（真宗）、野村洋三（翻译）等组成的佛教代表团。代表团带去了《一切经》和多种佛书，大张旗鼓地致力于宣传佛教，这与并未从本国派遣代表团，而只是指定了一名驻美公使馆的参赞与会的清国政府形成了鲜明的对照。由此可见，当时日本佛教界对该会议所抱有的期待和对海外传教的兴趣是如何高涨。

被选派为中国代表的人物，乃是当时华盛顿公使馆的二等参赞彭光誉。尽管史传上几乎难见其名，但据档案资料上记述的履历，他光绪十九年（1893年）时年51岁，生于1843年，为福建崇安县人。他由监生起家，于同治五年靠捐官而成为刑部郎中。光绪六年（1880年），他受命赴吉林，就任于总理边防文书处。光绪十二年（1886年），他跟随被任命为出使美国、日斯巴尼亚（西班牙）、秘鲁三国大臣的张荫桓赴美，成为驻美公使馆的三等参赞。光绪十五年，升任为二等参赞。光绪十八年，他受总理衙门之命，出席芝加哥万国宗教会议。光绪十九年回国，此后任职于北洋大臣衙门。②

彭光誉之所以被遴选为芝加哥万博会的代表，不用说，是因为他任职于华盛顿，有与会上的方便之故吧，但其对外宣称的理由则是"驻美多年，于各州

---

① Rev. John Henry Barrows eds, *The World Parliament of Religions*, Chicago, the Parliamen Publishing Company, 1983，vol.1—11. 另外，据本人的管见，日本关于芝加哥万国博览会的研究，就只有森孝一的《芝加哥万国宗教会议：一八九三年》（《同志社美国研究》第26号，1990年）。在本文执笔之际，较多参考了此文。

② 关于万国宗教会议与日本佛教界的关系，本文参考了下列研究成果：James Edward Ketelaar, *On Heretics and Martyrs in Meiji Japan：Buddhism and Its Persecution*, Princeton University Press, 1990，Chap.4；井上禅定：《释宗演传　传播禅与ZEN的明治高僧》，禅文化研究所2000年版，第74—85页。

风土人情尚为熟悉"①。他被赋予的使命，貌似并不仅限于出席万国宗教会议，还要参观与万博会同时召开的全部 20 个会议，并提交报告。不过，从他事先已准备好长篇演讲稿一事便不难设想，他最重视的乃是参加万国宗教会议。这篇演讲稿题为"说教"，木版共有 54 片，其英文翻译长达 65 页，由"出使美国公署翻译官"的容揆所译。其英文稿被收入了会议报告书中，而中文刊本则是根据美国初刻本与同文馆重印本由总理衙门校勘，于光绪二十二年（即彭光誉归任后）刊行的。本文依据的就是该刊本。②

另在会议报告书中，来自中国的与会者，除"一等书记官"彭光誉之外，还有来自北京的 W.A.P.Martin（京师大学堂总教习）、J.T.Headland（京师大学堂总教习）、Dr.Whitney、H.Blodget 的名字。他们无一不是在北京居住过的传教士。此外，香港、上海、奉天也有人参会，但从与会者名单看，被认为是汉人的，就只有 Y.K.Yen。另外，作为在会议上就儒教提交了论文的人，除彭光誉之外，还可见 Kung.Hien.Ho（孔宪和）的名字。③不过，这与政府（总理衙门、驻美公使馆）无关，是由接受了万国宗教会议之邀请的传教士李提摩太将中国国内征集的一等奖论文进行英译后，寄送给大会的。孔宪和的中文稿以"儒论"为题，刊载于《万国公报》上。④关于道教，李提摩太也是如法炮制，将李葆元的《道教论》寄给了大会，其中文版被刊登在《万国公报》第五十五册上。由此可知，尽管该二人的英译论文被收录在会议报告集中，但该二人事实上并未参加会议。

作为中国政府派遣的唯一与会者，彭光誉于 8 月 9 日抵达芝加哥，一直逗留到接近会议尾声的 10 月 1 日。他一到芝加哥，就与其他宗教代表一起，受到了以布劳斯（John Henry Barrows）为代表的主办方的盛大欢迎。会议在万

---

① 《总署致美使田贝》（光绪十八年闰六月二十八日），收入黄嘉谟等编：《中美关系资料》，台湾"中央研究院"近代史研究所 1968 年版，第 1702 页。

② 该刊本由哈佛大学哈佛燕京图书馆所藏。

③ *The World Parliament of Religions*，vol.I，p.196.

④ 《万国公报》第五十四册（1893 年 6 月），第三页背面。

博会期间（5月18日—10月8日）的后半段，即9月11日开幕，于9月27日闭幕，乃是时跨两周的漫长会议。开幕式是在万博会会长 H. N. Higinsbotham 与附设会议议长 C. C. Bonney 的致辞中开始的，然后由担任万国宗教大会议长的布劳斯致欢迎词。接着是台上的各位代表轮流发言，彭光誉也作了简单的致辞。[1]而他的讲演 "Confucianism" 是在大会第三天下午进行的。据称，这篇洋洋洒洒的长篇演讲稿是由 Wiliam Pipe 代读的[2]，由此可知，彭光誉自己似乎并不具备可以用英语进行演讲的语言能力。然后，大会议长布劳斯向听众代为转达了彭光誉"期待美中关系进一步发展"的愿望。尽管没有明说，但这显然是意识到美国1882年成立的排华法案而表达的一种愿望："要用双方都满意的正确方式来解决两国间存在的悬案"，"希望能像美国宗教界人士对待我那样来对待我们中国同胞"。对此，布劳斯承诺道，会向美国政府转达彭的意愿，希望废除排华的基尔法案（Geary Law）。[3]

下面将通过演讲稿《说教》，来对彭光誉的宗教论及其对基督教和儒教的认识进行一番概览。

毋庸置疑，在阅读《说教》时最值得注意的是，它是面向美国宗教界，以多数基督教徒为听众而进行的讲演。这篇讲演稿采取了应布劳斯的请求，对其关心的问题进行回应的方式，比如"孔子之教及孔子所以言神，言人，言天人性命之理，言闺教蒙养以及人己之交、家庭之法、人鬼之理"（"on Confucius, setting forth his teachings concerning God，man，the relation of spiritual world；the sphere of woman，the education of young family training，the relation of man to man"）。

彭光誉在论述儒教时，首先是从"中外名义之异同"开始的。他说，尽管明末的欧洲人把英语的 religion（尔厘利景）翻译成了"教"，但其实，中文的"教"乃相当于动词的"teach"、名词的"instruction"，"凡以人事教人均可谓

---

[1] "Speech of Commissioner PUNG KWANG YU", op.cit., pp.88—89.

[2] Ibid., p.115.

[3] Ibid., pp.167—168.

之'教'"，而非"一人以一事创立一教之名"（创倡宗教）。在此，让人觉得饶有兴趣的是，彭光誉在整篇文稿中不仅没有使用宗教一词，而且，从一开始就拒绝将基督教与儒教在 religion 的次元上进行比较。原本"中国的教"就是与"政"一体化的"礼教"之称谓，因与佛教、道教并称为三教，才有了儒教之名。而实际上，在中国是只有"礼教"的。而这正是一开始就拒绝对儒教进行宗教性解释的彭光誉的态度。

接着，他把话题转向了 religion 的词义。他说道，religion 是与知道"神事神言"的预言者，以及代替神向人们传达祝词的司祭等有关的词语，所以，在中文中，应该翻译成"巫"或"祝"。在中国，把预知未来称之为"谶纬之学"，但纬书却是被禁止恣意乱传的，并随着时代的发展而逐渐衰微。换言之，儒教是从"巫祝"中切割开来、被"合理化"（脱神秘化）的人类世界的教，与道教、佛教以及基督教信仰"上帝"或"神佛"等截然不同。彭光誉引用各种经书指出，尽管把儒教中"天"的功用谓之"神"，但它既不是超越人类世界的存在，也不是人格式的存在。总而言之，他反对从 religion 的范畴来把握儒教。他竭力向基督教界人士说明，儒教最终是一种"教"，一种"学"。而这便是其《说教》的基本立场。

从中我们可以看到，"儒教究竟是不是宗教"这一明末以来就悬而未决的问题，遭到了再次拷问。《说教》贯穿的是儒教非宗教论的立场。但这却不是经过严密意义上的教义探讨后得出的结论。毋宁说它是在 19 世纪末这一时点上，接触到 religion 这一概念的儒教徒对把儒教视为与基督教同一水平上的宗教直率地表现出抗拒感的产物吧。儒教不是 religion（尔厘利景），而是诲人之"学"——这是出席万国宗教大会的彭光誉的基本立场。

不过，他又指出，如果问中国是否没有与"尔厘利景"相当的东西，则又绝非如此。关于这一点，彭光誉引用经典中"巫"和"祝"的用例，认为古代中国也存在着与此相当的信仰，比如汉代就曾流行过谶纬学，但后世却被禁止大肆传播。明末，尽管造访中国的传教士把"God"翻译成了"上帝""神""真神""独一的神"等等，但他认为，在具有"图像"和"创世纪"上，

"God"近似于佛老、"巫祝"。彭光誉反复强调，儒教中却没有这些东西，因此不能把它称为 religion。在儒教中，"神"指的是天地功能的深不可测，而不曾把它比拟为具有人格的神或物象。

"近世西国承学之士，有谓孔子非尔厘利景（religion）者，有谓中国无尔厘利景者。谓孔子非尔厘利景是矣，谓中国无尔厘利景殊非。"（第五片背面）总之，孔子的"儒"是"学"，与之前的"巫祝"、佛教、道教等相当于西洋所言之宗教的东西是有所区别的。他基于中国的历史进程，对 religion 的有无进行了论述。然后，彭光誉就中国古代"巫祝"的作用，还有儒学的天人相关思想展开了详细论述，在此就毋庸赘述了吧。"中国自太古以至今兹，自天子以至庶人，敬天如一，敬神如一，礼遵祀典，不得越逾，不渎神，即所以敬天，不渎天，即所以敬天，祀典明备，故不必别为尔厘利景之书。"（第十片背面）

在此，姑且不对彭光誉的解释是否妥当进行评论，而且也没有这种必要。我想声明的一点是，彭光誉并非对基督教完全不理解。他在书中也说道，赴美后的六七年间，他一直致力于通过英语来理解《圣经》。实际上，在《说教》外篇中，他还表现出试图通过将《圣经》与中国古典进行对照，从中国人一方来理解基督教教义的态势。从中值得注意的，是接触到基督教这个他者的中国士人围绕着宗教所显示出的对他者和自我的理解水平，以及对作为会议议题的 religion（尔厘利景）所作出的反应。再重复一次，尽管他认同宗教在历史某一阶段上的功效和作用，但同时又认为"儒"是一种"教"，一种"学"，试图将其从"宗教"的范畴中切割开来。从这一点来看，可以说，彭光誉表现出的对"宗教"的理解，在当时的中国乃是极其普遍的东西，而并非出自他个人的创见，并且与耶稣会传教士、马克斯·韦伯对儒教的理解也如出一辙。不过，正因为彭光誉对 religion（尔厘利景）的解释方式属于 19 世纪末中国士人的"常识"，所以，反而亦可视为当时中国对基督教的一般看法。那些在国内苦于如何处理教案的多数官僚和士人们，或许在对"教"的理解上，也和彭光誉所见略同。《说教》可以作为率直地袒露了清末文人对"宗教"概念的无所适从或作为儒教徒之抵抗情绪的文本来加以阅读。这也是笔者特意在此举出《说教》的理由之所在。

四、 清末的 "宗教"

至此，笔者简单地梳理了梁启超与彭光誉这两个无论在人脉还是思想上都几乎毫无接点的人对"宗教"的理解方式。由此，我们可以得出什么结论呢？不妨总结为如下几点吧。

一是直到 19 世纪末期，"宗教"一词都几乎没有出现在汉语的文献中。一般而言，它大都用"教"这一个字来加以表达，而且也未必是在 religion 的意义上来加以使用的。再斗胆进一步讲的话，它不啻与"教化""教育"的用法很接近。但随着基督教的蔓延，人们开始关注到新"教"的出现。这是因为——与传教士们传播福音的意志相反——外来的基督教与当地社会的纷争和摩擦（教案）频繁发生。在《说教》外篇中，对在中国的传教科以了极其严格的条件。其中说道，在中国，信奉基督教的，"无教小民或有文无行之士"，"读书明理者，断不入列别国之教"（第四十九片正面）。尽管前来中国的传教之士不是"下流之人"，但与中国的"礼法"水火不容的"莠民（恶党）"却入教成害，委实可惜。因此，在万国宗教大会上，对基督教在亚洲传教活动的批判，乃是回荡在其他亚洲代表的发言中共同的呼声。比如，据传在万国宗教大会上，平井金三就不顾主办者的制止，用英语发表演说，以在日本的人种偏见、不平等条约为根据，对基督教的传教方式提出建言和规劝，并博得了满堂的喝彩。[1]彭光誉的立场也表明，其对基督教在中国的传教抱着极其怀疑的态度。不妨认为，其中也折射出当时中国人对 religion

---

[1] 森孝一：《芝加哥万国宗教会议：一八九三年》，载《同志社美国研究》第 26 号，1990 年，第 18—19 页。

的理解水平。

二是进入清末以后，通过与基督教的邂逅，开始对儒学进行了反照式的定义。在彭光誉那里，是通过将"巫祝"与"儒"切割开来，明确断言儒教不是"宗教"，从而在"巫祝"、佛道、基督教与儒教之间画出了泾渭分明的界线。而在梁启超那里，尽管其对宗教的理解几经波折和反复，但在 1902 年之后，最终与师说分道扬镳，断言孔教不是宗教。通过这么做，他试图确保儒教作为合理的、世俗的道德教说的地位。与彭光誉一样，梁启超也力排"孔教"的神秘因素，试图强调儒教作为"此岸教说"的长处。20 世纪初期，梁启超从进化与科学的立场出发，对一般的宗教都表示了否定性的态度。但对于业已历经了哲学与宗教之"分离"的梁启超而言，正如《论宗教家与哲学家之长短得失》中可以看到的那样，其中还存在着另一个侧面：在论及驱使人们行动的原动力方面，他并没有否定宗教的效用，而是对"心学"的改革抱以期待。晚年的梁启超对佛学的兴趣越发浓厚，认定它将成为中国文化复兴的基盘。

三是彭光誉认为，"儒者尊信孔子，在道德不在神异矣"（第四十二片背面），自始至终都试图在"道德"的架构内理解儒教。与此相对，康有为的孔教在把彭光誉作为 religion 而试图从儒教中排斥出去的谶纬之学（纬书）当作可资依据的教来加以活用这一点上，无疑在当时占有特殊的位置。《孔子改制考》在 1898 年刊行后即收到禁售命令，其原因之一就在于：其中展示的孔子形象与以前那种正统的儒教理解相差得太过悬殊。康有为倡导的孔教（孔子教）是在意识到基督教的同时，旨在将其"宗教"化，并加以重新改编、重新解释的儒教。

尽管如此，康有为与彭光誉在对儒教的理解上，却也存在着共同点。最明显的一点就是，把包含基督教在内的所有宗教都视为"神道说教"（据《周易》"观"中"圣人以神道设教，服天下"），将儒教划分为"人道"的范畴。辛亥革命以后的康有为将佛教、伊斯兰教、基督教清楚地界定为"神道教"，将儒教（孔教）界定为"人道教"，明确表示出这一想法："人道教"是涵盖了"神道说教"在内的更高一个级别的宗教。①相对于此，彭光誉则把"神道"视为天地精妙不测的功能，再三指出：对于儒教而言，"神"是与超越性人格神不同的存在（《说教》"神道篇等"）。他自始至终都试图在儒教范畴内来解释"神道说教"，但在认为基督教的"神"与中国古代的"巫祝"有相通之处这一点上，还是对偏离了"人道"的"神道"之教表达了抵触感。这或许是其作为儒者的立场所使然的吧。

四是尽管彭光誉对 religion 表现出了抵触感，但在 20 世纪初，通过梁启超等的宣传活动，"宗教"这个概念还是逐渐渗透到了汉语圈的内部。其分歧点几乎可以设定在 1901—1902 年。与此同时，也产生了从"宗教"的观点出发来重新审视基督教、伊斯兰教、中国的佛教、道教的视线，而在人们的生活世界里确定"宗教"领域的视角也扎下了根来。不过，"宗教"领域作为研究对象而得以确立，则是在民国以后。比如，就像在蔡元培的《以美育代宗教说》（1917）中可以看到的那样，特别是在五四新文化运动以后，"宗教问题"在与中国社会的关联中，成了被广泛讨论的主题。

然而，1881 年和 1911 年在香港的统计结果表明，对一般民众而言，"宗教"还是一个难以亲近的外来语。J.托拉贝尔注意到了这两次统计数据中宗教人口的分类方式，他发现在 1881 年的调查中，"儒教徒"为 41.1%，"俗家"为 38.4%，而道家和佛教徒几乎没有体现在数字上，从而指出了用西洋式"宗教"概念来对中国民间信仰进行分类的问题性。②而在 1911 年的调查中，相对于儒教徒为 67.96%，"泛灵论者"则为 29.4%，甚至几乎没有提到其他宗教，他就此敦促人们注意中国社会的宗教形态与欧洲的宗教形态之间的差异。问题

---

① 康有为：《陕西第二次讲演》（1923 年），收入《康有为政论集》下册，第 1099 页。但有趣的是，康有为在这次讲演中说道："日本人把所谓的神道教译为宗教，这并没有错。"对于康有为来说，即使在这一时点上，他还是意识到，"宗教"是来自日语的翻译词语。

② Joel Thoraval, "The Western Misconception of Chinese Religion: a Hong Kong example", *China Perspectives*, No.3, January/February, 1996. （中文译名为《西方对中国宗教的误解》，张宁译，载《二十一世纪》第 29 期，1995 年 9 月）。

是，"宗教式东西"与共同体的方式在西欧社会中是相互重叠的，与此相对，在中国，除了穆斯林社会，基本上不存在这样的状况。只能被称为"民间信仰"的生活共同体的领域，也不属于任何"宗教"，而是作为一体之物浑然存在着。这一点与日本人被问及"你的宗教是什么？"时，会有某种不快感或者难以回答如出一辙，这或许揭示出了不管是在现代都市还是农村，当西洋式的宗教观念被套用于不具备一元宗教共同体的社会时可能发生的问题之所在。中国之所以难以被一概而论地称为儒教社会（或者道教社会），就源于此。关于儒教，对其宗教性的追问至今仍悬而未决，处于论争依旧在持续的状态中。①

结　语

到此为止，我们循着变法派与彭光誉这两个案例，追溯了从19世纪末到20世纪初的中国对"宗教"概念的理解和接受状况。清末的官僚和文人们既没有直接接纳外来的"宗教"概念，也没有轻易赞同以基督教为基准的对宗教的理解。其结果是，尽管"宗教"一词在现代汉语里占据了坚固的地位，可对其的理解方式却不仅在精英与民众之间大为不同，甚至可以说是顺应各种立场而发生着各种变化。即使在现代中国，围绕着"宗教"和"迷信"的区别，也时常会出现尖锐的对立。宗教具有受到公权力认可的一定领域，被允许在规定的限度内进行活动，而被视为封建迷信的信仰则成了被公权力取缔的对象。不过，就像20世纪60年代的论争中也出现过的那样，宗教与迷信的区分暗含着非常微妙的问题。②国家到底在多大程度上容忍"封建迷信"，又在多大程度上

① 作为近来把儒教明确视为宗教的研究，有加地伸行的《何谓儒教？》（东京：中公新书1990年版）。

② 广池真一：《中国共产主义中的"宗教"概念——以一九六〇年代牙含章的议论为中心》，载《宗教研究》第336号，2003年。

容忍自由的宗教活动，这既是一个理论问题，也同时一直是一个具有实践意义的问题。

原载杨伟主编：《语言·民族·国家·历史——村田雄二郎中国研究文集》，重庆出版社 2020 年版

"孔学"与"孔教":作为"五四"思想世界的两个关键词

张宝明

河南大学历史文化学院

在中国近代思想史上,有很多说不清、道不明,甚至可以说是公说公有理、婆说婆有理的命题。这些命题让后来治思想史的学者莫衷一是。尽管在思想史研究上我们可以"仁者见仁,智者见智"作自我开脱,但必须看到,这样的拉锯式无休止的论争未免使学术研究显得缺乏内在的灵魂。究其根本,笔者以为,这还在于对思想史语境下的一些关键词的误读或说遗漏乃至混淆。因此从源头上厘清语词原发性观念以及后发性流变,这将对思想史研究起着举足轻重的作用。

关于五四新文化运动对传统态度问题的论争,完全可以被归纳为 20 世纪思想史和学术史上一个突出的显要命题。其实,反传统的问题并非始于"五四",但"五四"反传统的破坏力度却是"空前"的。笔者通过"孔学"与"孔教"两个关键词来解析"五四"这个思想命题,凸显了"五四"思想史的一个重要关节:"并立而竞进"。笔者认为,这是"五四"思想史上掷地有声的一个关键词。"并立而竞进"是 1917 年 3 月 1 日陈独秀给俞颂华公开信中提出的一个概念。笔者从中提取出来的目的就是想为陈独秀的"五四"文化思路重新定格。综观几十年的"五四"文化问题之研究,再潜心研读这位思想先驱的经典论著,学术界的研究每每有隔靴搔痒、不得要领之感。不难想象,设若连这位"五四"先驱中最富典型意义的历史人物之思想内核都未厘清,又何言读懂"五四"? 更何谈"五四"研究?

一

如所周知，五四新文化运动发生以来，中国近百年来一切文化论争几乎都离不开对五四新文化运动的态度，于是乎就有了"全盘西化""文化本位""中西结合"论争的应运而生。与此相对应，引进、重建、整合的三种文化建设观纷纷摆出阵势，据理力争。概言之，围绕"五四"所展开的争论中心在于："全盘"（西化）与否之争。

关于"全盘"与否之争的双方，一方由林毓生教授及其追随者组成。在那本作者引为得意之作的专著一开头就有言道："20 世纪中国思想史的最显著特征之一，是对中国传统文化遗产坚决地全盘否定的态度的出现与延续。"[①]他还在另一部论著中说："许多五四人物为了提倡自由、科学和民主，认为非全盘而彻底把中国传统打倒不可。这是和自由主义基本原则完全违背的。"[②]由此就有了异见派的突起，构成了与"全盘西化派"截然对立的另一方。王元化先生指出："如果不把儒家以外的诸子以及我国的古代神话、小说、民间故事、歌谣等等摒斥于文化传统之外，那就断断不能把'五四'精神说成是全盘的反传统主义。即令对儒学，'五四'启蒙者也并没有采取全盘否定的态度"[③]。此后又有一些文章仗义执言，这些文章所仗之"义"，不外乎以儒家之外还有"诸子"、神话、小说等文化成分，而且言必称陈独秀等人对儒学也采取了"相对"的态度。这里笔者撷取来自两位论者的话稍事分析。其一，"有的学者认为五四新文化运动是全盘地否定传统文化，我认为这是完全不符合实际的。废汉字等激烈主张虽有出现，但那只是个别学者的一家之言。当时多数的启蒙思想家所否定的只是自汉武以来的历代封建统治者所独尊的儒家文化，而对儒家以外

① 林毓生：《中国意识的危机》"绪论"，贵州人民出版社 1988 年版。
② 林毓生：《中国传统的创造性转化》，生活·读书·新知三联书店 1988 年版，第 149 页。
③ 王元化：《论传统与反传统》，《人民日报》1988 年 11 月 28 日。

的诸子，大都予以肯定。就是对于儒家，包括陈独秀、李大钊在内，也都是采取了历史主义的态度。启蒙思想家所要求的，只是诸子百家争鸣的学术自由。长期以来，把儒家文化与传统混为一谈，等量齐观，这恐怕是某些学者误解'五四'全盘否定传统文化的重要原因之一。"①其二，"这里有两个问题必须搞清楚：第一，五四新文化运动为什么要反儒学、反孔教？第二，反儒学、反孔教是否就等于全盘性的反传统？"②

虽然这些笔墨官司在当下看来已经是过眼烟云，但作为一种思维定式却在"五四"研究中时隐时现，在某种程度上还影响或制约着思想史研究的走向以及深度的梳理。于是，如何化解思想史研究中这一既是焦点又是难点同时还是重点的命题，就构成了本文立论的中心。

鉴于反对"全盘西化"者构不成对"全盘"者的有力威胁，也不能从根本上证明"五四"并非全盘反传统，所以，我们的重心仍在传统文化与孔教问题上。从上文的引述中不难发现，与本论题有关的三个主要概念是"儒学"（孔学）、"孔教"（儒教）、"独尊"（一尊）。尽管论者都在不同程度上涉及了儒学、儒家的"一尊"、"诸子百家争鸣的学术自由"等问题，但由于在概念和理论上未能上升到精确的高度，因此有着与"五四"人物"因果"上的必然联系：思路了然（清晰），表述不力（笼统）。我们的诘问在于：怎样理解"孔学"与传统文化的关系？"孔学"与"孔教"能否相提并论？陈独秀反对的是"独尊"的儒学文化，还是儒家文化的"独尊"？必须说明的是，这里的"儒学""孔学""儒家文化"是在同一意义上使用的。

二

关于上面的种种诘问，概括起来不外这样一个中心问题："孔学"与"孔

① 彭明：《五四运动研究的几个问题》，《文史哲》1989 年第 3 期。
② 郑大华：《五四是全盘反传统主义吗》，《求索》1992 年第 4 期。

教"能否相提并论？换言之，两种持不同意见的派别虽然在"判断"上大相径庭，但在分析上对"概念"却有着同样的理解：将"孔学"与"孔教"混为一谈。固然，这种混淆与当年"五四"的特定历史环境和历史人物对这两个概念的把握和拿捏以及疏忽有一定的关系，然而主要责任还在后人的分析不周和"以耳代目"（陈独秀语）上。

何为"孔学"？简言之，它是以孔子学说为基础建立起来的一种理论。"孔学"自孔丘创始以来，不断为后学补充、衍化，但无论其在传统文化中影响多大、地位何等举足轻重，它都是作为众多学说中的"之一"而存在的。诸子百家的学说与孔子的学说并驾齐驱，无轻重之分，无座次之别。就此而言，"孔学"与传统文化的关系只是小概念与大概念的关系，在外延上，"孔学"是传统文化大系统中的一个子系统。

何谓"孔教"？"孔教"依托于"孔学"而存在，但此时的"孔学"已是被一种无形政治力量所挟持的工具。质言之，"孔学"上升为"孔教"的根本条件就是"独尊"或说"一统"。两者的本质区别也就在这里，一为众多学说中的"之一"，一为压倒群芳的"唯一"；一为有形具体的存在，一为无形、抽象的假托。自汉武"罢黜百家、独尊儒术"以来，"孔学"（儒学）就失去了自身的意义，统治阶级一反春秋战国时代"各科并行"、信仰自由的常态，"以国费立庙祀孔"。"孔学"也由此脱离了其赖以生存和发展的竞争环境，被架空到"无形的教义"位置，不但诸子百家缺乏"竞进"，就连"孔学"自身也失去了内在的生机。"孔学"上升为"孔教"，其创始人孔子及其学说本身并没有过错。因而，反传统并不是反传统文化本身，而是反"大一统"的独尊僵化模式。诚然，"孔学"（或说"儒学"）在很长的历史时期中一直是传统文化的中心和代表，但这只是"果"而非"因"。倘若没有当初的"独尊"，设若除"孔教"之外，还有"墨教""老教"等诸子百"教"并立而竞进，断不至有文化的僵死与式微。[①]由此言之，反传统"反"的就是传统中的偶像奇观："孔教"。

---

① 陈独秀：《陈独秀文章选编》（上），生活·读书·新知三联书店 1984 年版，第 168 页。

作为"教"的意蕴,孔教与西方的多神教不同。在中国,一元论的"教"就是
"一尊"的代名词。事实上,中国历史上为官方行政所立为正宗的唯"孔教"
而已。

从文化理论的视角来看,文化有历时性和共时性之纵横坐标系。无论哪一
个国家抑或哪一个民族的文化都跳不出这个文化谱系。沿着纵轴,我们可以发
现文化的差异(即民族性);沿着横轴,我们可以找到文化的谐同(即国际
性)。前者构成了存在的个性品格;后者构成了文化间的共鸣效应,但二者又
是相互依存、互为补正的。承认文化的差异,才会有文化的丰富。一种文化的
差异面是一个民族在不断的绵延过程中得以积淀下来的深层品格,只要这个民
族的后裔繁衍不绝,就不会有历时性的断裂。正是有了这样的文化原理,我们
可以断言:每一种文化都有其独特的理论视野和思维模式。作为一种独特把
握、理解世界的视角,每一种思维模式都有其他文化所不能僭越的地位及其独
一无二的价值和意义。东方的思维方式是综合,西方的思维特征为分析。为此
两者的关系应是角度上的并存互补,而不是强分高下之后的相互取代。这里重
要的是在承认文化差异性的前提下从各种角度认识世界,以期能更为全面深刻
地把握世界。所以,我们既不同意简单化的"取代",也不满意所谓的"融
合"。不难理解,用一种不具有客观性的偏见来对文化进行孰劣孰优的判断无
异于纸上谈兵。这好比球赛需要一个双方共执的公正"中介",如果文化间不
具备这个"中介",又何言"胜负"。的确,以东方的标准来要求西方归属,实
际上是一种妄自尊大的专制;用西方的价值观念要挟东方文化也是一种带有极
强偏见的文化"帝国主义"。试问,"取代"又怎么会有文化的丰富性?"融合"
又岂不是陷入了"千人一面"的僵死格局?

另一方面,承认文化的谐同性才使民族文化有了国际性,即世界意义。鲁
迅所说的"越是民族的,便越是世界的"文学悖论可以说是最为辩证的阐释。
显而易见,差异性与谐同性并不矛盾。文化的共振、谐同离不开个性、差异。
过去很长一段时间,人们误以为谐同就是一致性,这只看到了问题的一面。音
乐的优美和谐不正是在音符的高低不同中体现出来的吗?德国哲学家卡西尔在

《人论》中的那段话颇为精辟：文化"趋向于不同的方向，遵循着不同的原则。但是这种多样性和相异性并不意味着不一致或不和谐。所有这些功能是相辅相成的。每一种功能都开启了一个新的地平线并且向我们展示了人性的一个新方面。不和谐者就是与它自身的相和谐；对立面并不是彼此排斥，而是相互依存：'对立造成和谐，正如弓与六弦琴'"①。

反传统并非反传统文化本身。我们一方面不知不觉地在潜意识中留恋自己所属的传统，另一方面又深感自己所属的传统给自己带来的诸多不便（其实是一种维系社会秩序的约束）；一方面感受到传统作为遗产的财富意义，另一方面又觉得传统作为包袱的沉重氛围。在笔者看来，人们喜爱的是自己民族优秀的传统文化（至于传统文化有糟粕成分，这是各民族文化的共性），讨厌和反对的是那种僵化、单一、封闭的文化意识。"五四"在文化意义上反对的只是代表着封闭意识和单一思维的"孔教"，而非"孔学"和孔子本人。

毋庸讳言，"五四"人物尽管对文化思路及其走向了然于胸，但在语言这一"思维的直接现实"问题上却未能达到妥帖周全的境界，以至有着不同程度的偏差。一个清楚的"悖论"是：一方面对"孔教"采取"决无调和两存之余地"、新旧之间"吾人只得任取其一""不塞不流、不止不行"的态度；另一方面却又表现出客观公允的历史主义观点，诸如"记者非谓孔教一无可取""孔教亦决非绝无可取之点"之类的言论。对此，双方都各执一端"据片言而立要"，一旦"片言"作为"整言"对质，其中的任何一方都无法自圆其说。基于上面的考察与探讨，笔者认为，陈独秀在概念援用上有混用的疏忽，以致出现了不应有的"孔学"与"孔教"之概念上互换的现象。这也是阻碍后学研究不时步入误区的主要原因。

如上所论，"孔学"自身并不具备统一人心的强制能力，唯当其质变为"孔教"时才成为众矢之的。为此陈独秀说："孔教为吾国历史上有力之学说，为吾人精神上无形统一人心之具，鄙人皆绝对承认之，而不怀丝毫疑义，盖秦

---

① 庄锡昌等编：《多维视野中的文化理论》，浙江人民出版社 1987 年版，第 262 页。

火以远，百家学绝，汉武独尊儒家，厥后支配中国人心而统一之者，惟孔子而已。以此原因，二千年来迄于今日，政治上、社会上、学术思想上，遂造成如斯之果。"①以"孔学"为中心的传统文化不够发达只是"果"，而陈独秀反对的是"恶因"。在中西文化的比较中，陈独秀义无反顾："吾人倘以新输入之欧化为是，则不得不以旧有之孔教为非。倘以旧有之孔教为是，则不得不以新输入之欧化为非，新旧之间，决无调和两存之余地。吾人只得任取其一。"②其中的"欧化"无非就是与"孔教"针锋相对的开放、民主文化意识。这些都表现出陈独秀文化思路的清醒，堪称具有历史远见的明鉴。最能体现这一主动哲学意识的论述还是他在新文化运动高潮时的那段名言："我们反对孔教，并不反对孔子本人，也不是说他在古代社会毫无价值。"③1917年2月陈独秀给常乃德的信也是不可多得的历史资料："孔学优点，仆未尝不服膺，惟知汉武以来，学尚一尊，百家废黜，吾族聪明，因之锢蔽，流毒至今，未之能解"。④不难看出，"学说"一旦引为教义，定为"一尊"，就是不可容忍的。

不必讳言，同样是在这几篇重点讨论有关"孔教"的文章中，陈独秀显得有些匆忙、浮躁，这不妨当作"五四"人物热情有余、冷静不足的失笔。1917年3月1日，陈独秀在给俞颂华的信中如是说："中外学说众矣，何者无益于吾群？即孔教亦决非绝无可取之点，惟未可以其伦理学说统一中国人心耳。"⑤与此相关的话还有给"佩剑青年"信中"记者非谓孔教一无可取"等。似乎这里的"孔教"宜为"孔学"。否则，"孔教"作为一种"无形的教义"，"本属失灵之偶像"⑥，有何可取之点？严格地说，上文中引用的"孔教为吾国历史上有力之学说"的主谓搭配都需进一步推敲。另外，将"孔学"当作"孔教"予

① 陈独秀：《陈独秀文章选编》（上），第192页。
② 同上书，第186页。
③ 同上书，第392页。
④ 同上书，第17页。
⑤ 同上书，第193页。
⑥ 同上书，第14页。

以彻底否定的论述在文中也不时流露，而且更严重。这些多少反映出"五四"人物未能将"孔教"以及其所依托的"孔学"严格剥离开的仓促。

我们看到，在"五四"声势浩大的反传统檄文中，尽管"新青年派"知识群体的主导人物陈独秀有着这样或那样的偏颇，但在根本上并没有在"前（因）（后）果"的逻辑演绎中迷失。他以思想家的敏锐，针对"造成如斯之果"的"恶因"，力倡打破"封锁神州"①的文化圈："窃以无论何种学派，均不能定为一尊，以阻碍思想文化之自由发展。"②为了让"一尊"永远地成为过去，他慧眼独具，一语破的："宪法中不能规定以何人为修身大本，固不择孔子与卢梭也。岂独反对民权共和之孔道不能定入宪法以为修身大本。"③几千年的中国历史表明，政权的不断更替丝毫没有动摇"大一统"的思维模式。传统的一元论只能是一个新权威取代旧权威，而新权威除却口头上挂满新名词外，又何新之有？

从这种文化心理出发，陈独秀以富国强民为归宿，抛出了"并立而竞进"的文化韬略："即以国粹论，旧说九流并美，倘尚一尊，不独神州学术，不放光辉，即孔学亦以独尊之故，而日形衰落也。"④这里，陈独秀已将"九流并美"的优长与"学尚一尊"的弊端作了比较。九流百家"相竞而兴"的文化思路已为陈独秀所认定，为使读者充分理解这一文化机制的法则，他又在文中夹注道："人间万事，恒以相竞而兴，专占而衰败。不独学术一端如此也。"⑤文化抉择何去何从，在此已了然分明。既然"国粹"在"九流百家"中无高低优劣之分，就应该是平起平坐、并存互补的关系，"设若中国自秦汉以来，或墨教不废，或百家并立而竞进，则晚周即当欧洲之希腊，吾国历史必与已成者不同。好学深思之士，谅不河汉斯言。及今不图根本之革新，仍欲以封建时代宗法社会之孔教统一全国之人心，据以往之成绩，推方来之效果，将何以适应生

---

① ④ ⑤　陈独秀：《陈独秀文章选编》（上），第 17 页。

② 　同上书，第 169 页。

③ 　同上书，第 168 页。

存于二十世纪之世界乎?"①

原载《天津社会科学》2008 年第 2 期,原标题为"'孔学'与'孔教':'五四'思想史关键词考论之一"。

---

① 陈独秀:《陈独秀文章选编》(上),第 192 页。

东西洋考"自主之理"
——"议会""民主""共和""自由"等西方概念在 19 世纪的汉译、嬗变和使用

方维规

北京师范大学文学院

晚清民主思想的转变,以"戊戌""庚子"为界标,此前主要限于概念介绍,此后转变为政治运动。"甲辰以后,则因日俄战争,使民主宪政的鼓吹提倡,变为普遍的政治要求,立宪之论,盈于朝野。"[1]无疑,民主思想是提倡议会制度的理论基础,民主政治的崇高追求亦离不开议会政治。19、20 世纪之交中国士大夫之政治认识与思想言论,尤其是民主观念之飞跃,经历了很长的准备阶段,肇始于西方民主思想在中国的传播,而"议会""民主""共和""自由"等概念之译介与阐释,正是畅论民主、取法西洋之滥觞。因此,本文所讨论的既是历史语义学(概念史)的问题,也是思想史问题。

语言概念是人类思维的基本要素,然而,概念本身并不只是悬空的哲学探讨之组成部分,它有其社会、历史和地域渊源,也只有在这种实际观照中才能对之作出准确的诠释。鉴于此,本文在讨论"民主"等概念在中国的译释、嬗变及其运用时,一方面将推究这些概念之西方源流和时代认识,以考证它们在中国的沿革,查考中国人在西学东渐过程中对这些新概念的认识以及曾经有过

---

① 王尔敏:《晚清士大夫对于近代民主政治的认识》,《晚清政治思想史论》,台北:台湾商务印书馆 1995 年版,第 270—271 页。

的局限；不管是正确的认识还是认识之拘囿，都或多或少的受之于西方。另一方面，本文涉及的是几个西方概念的早期汉语表达。翻译不只是言语形式间的相互转换或曰符号转换，而是理解，是一种阐释；尤其是文化、社会、政治概念之翻译，在很大程度上意味着思想之传导。由是以观，这里不仅存在对出发语言（本源语：source language）之概念及其思想的领会，而且还牵涉归宿语言（译体语：target language）的传会。[1]

西方文化作为一个大的整体，在语言交流中存在许多便利：parliament 或 democracy，从一国到另一国，从一个语区到另一个语区，时常无需多大变化就能进入另一种语言，而且常有一目了然之便。换言之，人们不需要为如何翻译而费心烦神，可以使注意力更多地集中于一个概念的内涵与外延及其可能的时代和历史背景。汉译外来概念常常没有这种近便之途；不仅如此，正因为汉语的特殊结构亦即构词和组合的机动性，一个外来概念的汉语译词或对应概念还没有确立和被众人接受之前，往往有多种译法，本文探讨的"议会""民主""共和""自由"等概念便是如此：它们在 19 世纪中叶或更早一些的时候被介绍到中国，但是，直到 19 世纪快要拉下帷幕之时才大概有了眉目，现代汉语中的这几个重要概念，这时才基本定型（这里还不排除当时依然与其共处的一些译词与表达）。应该说，这几个概念走出士大夫阶层而真正为大众所知，是在进入 20 世纪以后。在这之前，仁者见仁、智者见智，大有各抒己"译"之势。有时是一词多指，有时是多词同义；到头来，每每很难把握"民主"是指 democracy 还是 republic，或者兼而有之。当然，对"议会"的理解没有这么复杂，只是译词各异而已。这些就是本文的议题，其研究对象限于 19 世纪，必要时亦顾及 20 世纪初期，并不断追溯这些概念的西方本源；笔者试图理清这些概念的来龙去脉并钩稽它们的相互关系。

---

① 关于"出发语言"和"归宿语言"，亦有"主方语言"（host language）和"客方语言"（guest language）之说。

一、 巴厘满衙门

19世纪中国的士大夫中，当推林则徐为最早关注西方议会制度的名人之一。魏源在其《海国图志》（1843年）"英吉利国总记"（欧罗巴人原撰、侯官林则徐译、邵阳魏源重辑）中援引了林译《四洲志》（1841年）[①] 中的有关记载，述及英国政事：

> 各由各部落议举殷实老成者充之，遇国中有事，即传集部民至国都巴厘满会议。嗣因各部民不能俱至，故每部落各举一二绅耆至国会议事毕各回，后复议定公举之人，常往甘文好司衙门办事，国家亦给以薪水。[②]
>
> 国中有大事，王及官民俱至巴厘满衙门，公议乃行。民即甘文好司供职之人。大事则三年始一会议。设有用兵和战之事，虽国王裁夺，亦必由巴厘满议允。国王行事有失，将承行之人交巴厘满议罚。凡新改条例、新设职官、增减税饷及行楮币，皆王颁巴厘满转行甘文好司而分布之。惟除授大臣及刑官，则权在国王。各官承行之事，得失勤怠，每岁终会核于巴厘满，而行其黜陟。[③]

梁廷枏《海国四说》（1846年）中对英国议会的介绍，从内容到行文都明

---

① 原著：Hugh Murray（慕瑞），*Cyclopaedia of Geography*（1834）。林则徐、亚猛、袁德辉、亚林、梁进德译。

② 魏源：《海国图志》（中）卷五十，岳麓书社1998年版，第1380页。（巴厘满：Parliament；甘文好司：House of Commons）

③ 同上书，第1382页。

显得益于林氏译介①，他还指出："英吉利自开国时，已有五等之爵职。最尊与王共治国事，统称之曰国政公会。兵役、税饷必集民议之，而以五爵为首，由来已久，例自宋代始。民俗安之。"②中国官绅对议会制度的早期介绍，主要在于申论议会在国家政治中的重大意义，而其论述中心，基本上只限于说明议会之功能。③徐继畬的《瀛寰志略》（1848 年）亦对英国议会有所介绍：

> 都城有公会所，内分两所，一曰爵房，一曰乡绅房。爵房者，有爵位贵人及西教师处之；乡绅房者，由庶民推择有才识学术者处之。国有大事，王谕相，相告爵房聚众公议，参以条例，决其可否，复转告乡绅房，必乡绅大众允诺而后行，否则寝其事勿论。其民间有利病欲兴除者，先陈说于乡绅房，乡绅酌核，上之爵房，爵房酌议，可行则上之相而闻于王，否则报罢。④

魏源的《海国图志》作为旁征博引的集大成之作⑤，曾被同时代的陈澧评为奇书，后来张之洞视之为中国知西政之始。此书无疑对中国人了解西方议会制度起了极大作用。同时，我们也可以在《海国图志》中看到西人有关议会的论述，如郭实猎（Karl Gützlaff，1803—1851）《万国地里全图集》（1838 年）

---

① 梁廷枏：《海国四说：兰伦偶说》，中华书局 1993 年版，第 136 页："其会同议国事署曰巴厘满。凡王新立，先集官民于署，议其可否。大事则王与官民同入署议。会议必三年为期，……一切创例，置官及增减税饷，行用楮币，皆由本署转行甘文司分布王处断，或谬误，例责奉行者，由署议所罚。职官则于岁终会核，别其功过而黜陟之。……有事则甘文好司官与各部民咸集此会议焉。"甘文好司"皆由各部举其殷实老成者充之，有事则传集部民至巴厘满署会议。部民不能俱至，许部举一、二人，议毕各回。其后定以所举入议之人常往本署，给以薪水费。"（甘文司：House of Commons）

② 梁廷枏：《海国四说：兰伦偶说》，第 158 页。（国政公会：Parliament）

③ 参见王尔敏：《十九世纪中国士大夫对中西关系之理解及衍生之新观念》（1974 年），《中国近代思想史论》，台北：台湾商务印书馆 1995 年版，第 34 页。

④ 徐继畬：《瀛寰志略》卷七，上海书店出版社 2001 年版，第 235 页。〔公会所：Parliament；爵房：House of Lords（贵族院）；乡绅房：House of Commons（平民院）〕

⑤ 参见熊月之：《西学东渐与晚清社会》，上海人民出版社 1994 年版，第 257—266 页；熊月之：《〈海国图志〉征引西书考释》，载《中华文史论丛》1996 年第五十五期，第 235—258 页。

中所说的荷兰"国王不得专制其国，惟听绅士会议施行"①；或马礼逊《外国史略》② 谈论美国"……议事之公会，有事则调遣其丁壮，日久其民益操自主，敢作敢为"③，以及英国"乡绅之会"④。可见，魏氏记载受启于洋人；另外，它还说明西方议会制度在中国的介绍，早在鸦片战争之前。在论及议会时，魏源还着重称述了中国人几乎从未听说、至少是不甚了解的民主体制之选举规制与少数服从多数的原则，早在《海国图志》原版本"弥利坚国即育奈士迭国总记"中，魏氏就有如下论述：

> 政事：自千七百八十九年乾隆五十四年。议立育奈士迭国，以戈揽弥阿之洼申顿为首区，因无国王，遂设勃列西领一人，综理全国兵刑赋税，官吏黜陟。然军国重事，关系外邦和战者，必与西业会议而后行。设所见不同，则三占从二。升调文武大吏，更定律例，必询谋佥同。定例，勃列西领以四年为一任，期满更代，如综理允协，通国悦服，亦有再留一任者，总无世袭终身之事。至公举之例，先由各部落人民公举，曰依力多，经各部落官府详定，送衮额里士衙门核定人数，与西业之西那多、里勃里先特底甫官额相若。各自保举一人，暗书弥封，存贮公所，俟齐发阅，以推荐最多者为入选。如有官举无民举，有民举无官举，彼此争执，即由里勃里先特底甫于众人所举中拣选推荐最多者三人，仍由各依力多就三择一，膺斯重任。其所举之人，首重生于育奈士迭国中，尤必居首区历十四

---

① 《海国图志》（中）卷四十，"荷兰及弥尔尼壬两国总记"，第 1172 页。

② 此书版年不详，作者亦不十分明确。魏源称此书为马礼逊所著。熊月之《〈海国图志〉征引西书考释》一文（第 253—255 页）认为，从生卒年月及《外国史略》部分内容查考，此书肯定不是那个第一个来华的传教士马礼逊（Robert Morrison，1782—1834）所作，很可能出自马礼逊之子马理生（Martin C. Morrison，1826—1870）之手。

③ 《海国图志》（下）卷六十一，"弥利坚国总记下"，第 1679 页。

④ 《海国图志》（中）卷五十一，"英吉利国广述上"，第 1422 页："其乡绅之会，则各邑士民所推迁者，议国大小事，每年征赋若干、大臣贤否、筹画藩属国事宜、斟酌邻国和战、变置律例，舌辩之士尽可详悉妥议奏闻。其五爵之会亦如之。遇国有大臣擅权，其乡绅即禁止纳饷。……英国之人自立，悉赖此乡绅。苟或加害，则众皆协力抗拒。"

年之久；而年逾三十五岁方为合例，否则亦不入选。①

最令人耳目一新的，也许是魏源对美国式政治制度的赞美：

【美国】种类各别，品性自殊，因地制宜，教随人便，故能联合众志，自成一国，且各处其乡，气类尤易亲睦也。传闻大吕宋开垦南弥利坚之初，野则荒芜，弥望无人；山则深林，莫知旷处；壤则启辟，始破天荒。数百年来，育奈士迭遂成富强之国，足见国家之勃起，全由部民之勤奋。故虽不立国王，仅设总领，而国政操之舆论，所言必施行，有害必上闻，事简政速，令行禁止，与贤辟所治无异。此又变封建郡县官家之局，而自成世界者。②

1852 年的《海国图志》卷百本中，魏氏又补录了高理文（裨治文，Elijah Bridgman，1801—1861）《美理哥国志略》（1838 年）和祎理哲（Richard Way，1819—1895）《地球图说》（1848 年）中的有关记述。③

---

① 《海国图志》（下）卷六十，第 1652—1653 页。——育奈士迭国：The United States（合众国）；勃列西领：President（总统）；西业（会议）：Senate（参议院，上院）；依力多：Elector（选举团成员）；衮额里士衙门：Congress（国会）；西那多：Senator（参议员，上议员）；里勃里先特底甫：Representative（众议员）。

② 《海国图志》（下）卷六十，第 1662 页。——大吕宋：葡萄牙。

③ 《海国图志》（下）卷五十九，"外大西洋墨利加洲总叙·墨利加洲沿革总说"，第 1632 页（《美理哥国志略》）："美理哥国有都城之官，有各部落之官，各部落内一首领、一副领。议拟人员无定数，公选议事者或十余人，或数十人无定。各省设一公堂，为首领、副领及土人议事之所。事无大小，必须各官合议然后准行；即不咸允，亦须十人中有六人合意然后可行。本省之官由本省之民选择公举。都城内有一统领为主，一副领为佐；正副统领亦由各人选择。每省择二人至都城，合为议事阁，又选几人合为议事处。"第 1635 页："所有条例，统领必先自遵行，如例所禁，统领亦断不敢犯之，无异于庶民，而后能为庶民所服。"卷六十二，"外大西洋北墨利加洲·弥利坚国东路二十部沿革"，第 1699 页（《美理哥国志略》）："设立正总领一人，副总领一人，均由人民公举。"《海国图志》（下）卷六十一："外大西洋·弥利坚国总记下"，第 1676 页（《地球图说》）："【美国】部分三十。每部各立一贤士以为总统，各总统公举一极正至公之贤士总摄三十部之全政，名伯理师天德。又各部总统，或一年或二年为一任，惟总摄国政者四年为一任，按期退职，公举迭更。"

18 世纪的一些西方大辞典所收入的"议会"概念，一般所指的是大不列颠和法国之议会；直至 19 世纪中叶，英国以及 1804 年的《法国民法典》被视为立宪理论的"典范"。西人以为国家权力之分权制度的原则在这两个"典范国家"的自由政治中得以充分体现，堪称楷模。其理论依据或多或少来自孟德斯鸠（Baron de Montesquieu，1689—1755）的著名理论三权分立说（见《论法的精神》）。①也就是说，直到 19 世纪，"议会"在西方的大多数国家并不是一个理所当然、众所周知的概念。但也就在 19 世纪，"立宪"理论在西方得到广泛传播，不少国家开始追求立宪政治。中国士大夫在 19 世纪中叶刚得知"议会"时，正是"议会"概念在西方不少国家开始走红之时。人们谈论议会，一方面是谈论国家政治生活中的一种新的规制和统治方式，如"议会政府""议会形态""议会原则""议会多数""议会制度"等，或者是这种制度的一些表现形态，如"议会斗争""议会策略"等，也有人谈论"议会观念"和"议会风格"之类的问题；另一方面，议题则直接显示权力的占有，如"议会优势""议会全权""议会之民治"。②

从时间上说，中国知识界发现和了解西方议会政治并不算晚，不少西方国家（如上所述）也只是在 19 世纪中叶才开始探讨和实行议会制。然而，西方对议会制中的一些基本思想的探索并不只始于 19 世纪，尤其是英法两国的议会实践给人以明确的感性认识，大大有利于以后的理性提炼。由是以观，19 世纪欧洲对议会制的义理论说已达到很高的程度。而自鸦片战争以迄 19 世纪 90 年代，中国官绅对西方议会的介绍几乎只局限于对一种"机构"和政治形

---

① 分权思想在古希腊时代就已萌芽。亚里士多德在《政治学》中提出，一切政体都包含议事、行政、审判三个职能组织的思想。古罗马历史学家、政治思想家波利比奥斯也提出过执政官、元老院、公民大会三个职能部门相互分立和牵制的思想。其后，古罗马思想家西塞罗强调恢复元老院尊严和执政官权力，内含立法与行政分立的思想。

② 参见博尔特：《议会：议会政府，议会制》，载科塞雷克（Reinhart Koselleck）等编：《历史基本概念——德国政治社会用语历史辞典》（第四卷），斯图加特（Stuttgart）：Klett-Cotta，第 651—652 页。

式的粗浅勾画，往往简略得不能再简略。当然，不少人已经认识到议会制度广开言路、下情上达的重大意义，至于从理论上根究议会制的来龙去脉及其思想基础却极为罕见。①

就语言而言，欧洲在探讨议会制时，本身就有便利之处：古法语中的 parlement 已见之于 1100 年，英国亦在 13 世纪就有 parliament 概念。②虽然它们并不等同于在词义上有了很大扩展的现代"议会"概念，但作为近现代"议会"概念的词源，其古老的"商谈""谈判""集会"等含义或多或少的还包含在现代概念中。也就是说，英法以外的西方国家在接受"议会"概念时，可以直接使用或基本"借用"英法概念，如德语中的parlament。毋庸置疑，明确的概念之优点首先在于所指明确。而中国人在接受"议会"概念的初期，乃至很长时期内，却存在着如何移译 parliament 的问题；上文引用的一些论说中的"议会"概念之翻译，只能给人"各取所好"的印象。如果我们通览 19 世纪 30 年代至 1890 年（将近 60 年）对"议会"的不同称呼，便更能增强这种印象。换言之，parliament 至 1890 年还没有基本统一的译法。现胪列如下（其中包括西人编撰之双语辞书、译作及其著述；除"巴厘满"之外，此处未收录众议院、参议院，上院、下院等无数译法）：

---

① 另参见王尔敏：《十九世纪中国士大夫对中西关系之理解及衍生之新观念》（1974 年），《中国近代思想史论》，第 34—35 页："中国自一八四〇年代之介绍西方议会，以致一八八〇年代之建议采行。虽然观察讨论者日益增多，建议之理由并十分坚强。但对西方制度的真实了解，却仍有距离。中国所观察西方议会，在形式规制上，比较容易认识，无论介绍上院、下院、选举、政党、议事、表决、执行等等方式，大致均能一一讲述清楚。至于议会制度形成之理论与意义，中国官绅也颇乐于分析探讨。而实际的了解，却表现出重大隔膜。……西方议会形成之理论与历史，大半不同于中国官绅所论说，重点发自于基本人权的要求。中国这种觉悟，当在一八九二年才开始萌芽，一八九五年以后，才形成正确认识。"

② 参见博尔特：《议会：议会政府，议会制》，载《历史基本概念——德国政治社会用语历史辞典》（第四卷），第 649 页。

公会①，国家公会，国公会②，国会③，国政公会④，办国政会⑤，色特底司仁尼腊尔衙门，巴厘满衙门，巴厘满⑥，会议⑦，公会所⑧，总会⑨，议事厅⑩，公议厅⑪，议会⑫，议政院⑬，集议院⑭，议士会，民委

---

① 《东西洋考每月统记传》，中华书局 1997 年版，（下称《东西洋考》），第 92、140、176 等页；徐继畬：《瀛环志略》卷六，第 191 页；郭嵩焘：《伦敦与巴黎日记》，岳麓书社 2008 年版，第 346 页。

② 《东西洋考》，第 231、377 页。

③ 《东西洋考》，第 241、377 页；裨治文：《联邦志略·建国立政》（载王西清、卢梯青编：《西学大成·史学二》，上海：醉六堂 1895 年版），第 4 页；《智环启蒙塾课初步》（香港，London Missionary Society's Press，1856），第 37 页；惠顿：《万国公法》卷一（丁韪良译，上海书店出版社 2002 年版），第 27 页；卢公明：《英华萃林韵府》卷二（福州，Rosario，Marcal & Co.，1873），第 196 页；《中西闻见录（影印本）》（古旧书店 1992 年版），1873 年 11 月：《美国近事》；刘锡鸿：《英轺私记》，（岳麓书社 2008 年版），第 83 页；张德彝：《随使英俄记》（岳麓书社 2008 年版），第 555 页；井上哲次郎、有贺长雄编：《哲学字汇》［东京：东京东洋馆，明治十四年（1881）］；井上哲次郎、有贺长雄等编：《哲学字汇（改订增补）》［东京：东京大学三学部御原版，明治十七年再版（1884）］；黄遵宪：《日本国志》（上海古籍出版社，2001 年版），第 25 页。

④ 《东西洋考》，第 353、365 页；梁廷枏：《海国四说·兰伦偶说》，第 158 页。

⑤ 《东西洋考》，第 389 页。

⑥ 《海国图志》（中）卷四十，第 1163 页（色特底司仁尼腊尔衙门：State-General），卷五十，第 1380 页，《海国图志》（下）卷六十五，第 1752 页；梁廷枏：《海国四说·兰伦偶说》，第 136 页。

⑦ 梁廷枏：《海国四说·兰伦偶说》，第 136 页。

⑧ 徐继畬：《瀛环志略》卷七，第 235 页。

⑨ 惠顿：《万国公法》卷一，第 25 页。

⑩ 张德彝：《航海述奇》（岳麓书社 2008 年版），第 521 页；张德彝：《欧美环游记》（岳麓书社 2008 年版），第 659 页。

⑪ 斌椿：《乘槎笔记》（岳麓书社 2008 年版），第 114 页。

⑫ 托马斯·米尔纳（Thomas Milner）著，慕维廉（William Muirhead）译：《大英国志》（上海：益智书会 1856 年版），载王西清、卢梯青编：《西学大成·史学一》，卷七（上海：醉六堂 1895 年版），第 9 页；卷八，第 10 页；王韬：《漫游随录》（岳麓书社 2008 年版），第 76 页。

⑬ 王韬：《漫游随录》，第 109 页；《中西闻见录（影印本）》第五号（第一册），第 300 页；李圭：《环游地球新录》（岳麓书社 2008 年版），第 279 页；黎庶昌：《西洋杂志》（岳麓书社 2008 年版），第 425 页；刘锡鸿：《英轺私记》，第 79 页；郭嵩焘：《伦敦与巴黎日记》，第 77 页；张德彝：《随使英俄记》，《丛书》（1985 年版），第 320 页；曾纪泽：《出使英法俄国日记》（岳麓书社 2008 年版），第 230 页；徐建寅：《欧游杂录》（岳麓书社 2008 年版），第 20 页；郑观应：三十六篇本《易言·论商务》，载夏东元编：《郑观应集》上册（上海人民出版社 1982 年版），第 74 页。

⑭ 王韬：《漫游随录》，第 111 页；黄遵宪：《日本国志》，第 44 页。

员会，国大公会①，议院②，会堂③，开会堂④，议事院⑤，议堂，巴力门会，巴力门⑥，拍拉蛮⑦，聚谋国事之大会，议事亭⑧，公议院⑨，民撰议院，全国民会⑩。

二、"多人乱管、小民弄权"及西方"民主"概念的发展

虽然在华洋人或中国士大夫在译释西方"议会"概念的最初六十年中，对 parliament 的称呼五花八门，但它们基本上只是翻译上的问题，读者不会有理解上的困难。换言之，读者知道这是一个权力机关，是公共议政的地方，西洋

---

① 罗存德编撰：《英华字典》第三部（香港：Daily Press Office，1866—1869），第 1281 页。

② 郑观应：《续澳门猪仔论》，《郑观应集》上册，第 8 页；麦丁富得力编纂，林乐知（Young John Allen）口译，郑昌笔述：《列国岁计政要》(The Statesman's Year Book，1874)，载王西清、卢梯青编：《西学大成·史学三》（上海：醉六堂1895年版），列国政事中均有"议院"介绍；黎庶昌：《西洋杂志》，第 395 页；刘锡鸿：《英轺私记》，第 92 页；郭嵩焘：《伦敦与巴黎日记》，第 62 页；曾纪泽：《出使英法俄国日记》，第 220 页；郑观应：二十篇本《易言·贩奴》，载《郑观应集》上册，第 185 页；邝其照：《英华字典集成》(English and Chinese Dictionary，1882)（香港：中华印务总局1923年版），第 206 页；梁启超：《古议院考》（1896年），《饮冰室文集》之一（上海：中华书局1936年版），第 96 页。

③ 志刚：《初使泰西记》（岳麓书社2008年版），第 270 页；李梅、日意格：《汉法语汇便览》（上海：美华书馆1874年版），第 207 页；黎庶昌：《西洋杂志》，第 540 页。

④ 黎庶昌：《西洋杂志》，第 395 页；刘锡鸿：《英轺私记》，第 83 页；张德彝：《随使英俄记》，第 320 页。

⑤ 黎庶昌：《西洋杂志》，第 513 页；郭嵩焘：《伦敦与巴黎日记》，第 599 页；徐建寅：《欧游杂录》，第 22 页。

⑥ 郭嵩焘：《伦敦与巴黎日记》，第 135、213、404 页；井上哲次郎、有贺长雄等编《哲学字汇（改订增补）》（1884年），第 87 页。

⑦ 张德彝：《随使英俄记》，第 374 页。

⑧ 邝其照：《英华字典集成》，第 206 页。

⑨ 傅兰雅（John Fryer）口译、应祖锡笔述：《佐治刍言》（上海：上海书店出版社2002年版），第十章"论国政分类"，第 33—34 页；第十一章"论律法并国内各种章程"，第 39—40 页。

⑩ 黄遵宪：《日本国志》，第 46 页。

人大约称之为"巴厘满"之类。与之相比，democracy 这个与"议会"密切相关的"民主"概念传入中国时，其难度要大得多。后来，梁启超曾将"议会"托为中土本有，号称中国自古就有"自治之议会"①，假如历史确实如此的话，至多只能说 19 世纪的中国人，也许可以借助"古已有之"之托②，较能理会西方"议会"为何物。但梁氏所说的议会毕竟不是近现代意义上的议会，更不是近现代意义上的民主制度。对中国人来说，democracy 也许太不现实、太抽象了。虽然 democracy 一词进入中国并不晚于"巴厘满"，但当"议院""议会""国会"等概念已经逐渐确立的时候，"民主"还是一个相当模糊的概念，或者说，它并不专指 democracy。③

我们先以较早的几部西洋人编撰的双语辞书为例，考察 democracy 始初之译释：马礼逊《华英字典》（1822 年）将 democracy 诠释为"既不可无人统率亦不可多人乱管"④。麦都思《英汉字典》（1847 年）将 democracy 译为"众人的国统，众人的治理，多人乱管，小民弄权"⑤。罗存德《英华字典》（1866

---

① 梁启超：《古议院考》（1896 年），《饮冰室文集》之一，第 94—95 页："又曰民之所好好之，民之所恶恶之，此之谓民父母；好民之所恶，恶民之所好，是谓拂民之性，灾必逮夫身。其在孟子曰：国人皆曰贤然后察之；国人皆曰不可然后察之；国人皆曰可杀，然后杀之。洪范之卿士，孟子之诸大夫，上议院也；洪范之庶人，孟子之国人，下议院也。……故虽无议院之名，有其实也。"又：《论中国人种之将来》（1899 年），《饮冰室文集》之三，第 49 页："吾中国则数千年来，有自治之特质。其在村落也，一族有一族之自治，一乡有一乡之自治，一堡有一堡之自治；其在市集也，一市有一市之自治，一坊有一坊之自治，一行有一行之自治。乡之中有所谓绅士耆老者焉，有事则聚而议之，即自治之议会也。"

② 王尔敏指出，晚清的"古已有之"论，视西洋的学术政教皆为中国固有，见诸两种说法："一是说西学得中国古意，一是说西学原出中国。"（王尔敏：《清季维新人物的托古改制论》，《晚清政治思想史论》，第 33 页）

③ 参见 Xiong Yuezhi（熊月之），"'Liberty', 'Democracy', 'President': The Translation and Usage of some Political Terms in Late Qing China", in: *New Terms for New Ideas: Western Knowledge & Lexical Change in Late Imperial China*, ed. by Michael Lackner et al., Brill, Leiden 2001, pp. 69—93。

④ 马礼逊：《华英字典·（第三部分）英汉词典》（澳门：英国东印度公司印刷厂 1822 年版），第 113 页。

⑤ 麦都思：《英汉字典》（上海：墨海书馆 1847/1948 年版）。

年）中的 democracy 为"民政，众人管辖，百姓弄权"①。

很明显，上述诠释都直接来自西方历史上对"民主"概念的理解或曰某种说法，甚至可以追溯到其发端时代。希腊语中的"民主"一词 δημοχρατια（它既有"全民"尤其是"民会"含义，又有民会中的合法"多数"之含义亦即"权力"和"统治"）约产生于 5 世纪中叶；在这之前，一般都用 δημος 来称呼"民治"（δημος 一词常见于亚里士多德的"民主"政治论说）。δημος 本义"民会"，慢慢发展为"人民当政"。πολιτεια（"公民""民权"）则被视为政治秩序中的决定性因素，并一直被包含于以后的"民主"概念中。柏拉图在他最重要的对话《国家篇》（又译《理想国》或《共和国》）中第一个提出了"民主"的好坏之分②；亚里士多德（Aristotle，公元前 384—前 322）在其重要论著《政治学》中，则以为 πολιτεια 是正常情况下最好的体制，同时也指出了"民主"的变种及其坏事之处。③对罗马共和国（公元前 510—前 30）深表赞赏的古希腊历史学家、政治思想家波利比奥斯（Polybius，约公元前 200—约前 118）第一个从概念上划分民主的正反两面，他只把理想的民主称为"民主"，而坏"民主"则是"群氓统治"和"拳头之治"④。5 世纪中叶以后（δημοχρατια 概念已经确立，δημς 一词仍很常见），不管是民主的鼓吹者还是反对者，他们对"民主"的一般特征所见略同：贫富平等，亦即所有（或曰大多数）属于市民阶层的男子都享有充分的政治权力，都是公民。这也是民主最原始的重要法则。人民参政之自由体现于他们自己推选的代表的政治决策中，

① 罗存德：《英华字典》（1866 年），第 589 页。

② 柏拉图将当时现实的政治制度分为四类：以斯巴达为代表的"权力政治"（贵族政治）；由少数富人统治的"寡头政治"；以雅典为代表的"民主政治"；由暴君独裁的"僭主政治"。他试图说明这四种制度各自的优劣点，以及它们依次演变的过程。他认为民主政治如果将自由、平等发展到极端，就会为某些野心家利用，而变为极端专制的僭主政治。

③ 亚里士多德认为政体之优劣不在体制本身，而在于统治者是以谋取私利为目的，还是以谋取公共福利为目的。如果是前者，即便是多数人统治（共和制、民主制），亦为坏的政体。

④ 参见迈埃尔等：《民主》，载《历史基本概念——德国政治社会用语历史辞典》（第一卷），第 821—899 页，本处参见第 821—835 页。

民主能够恰当体现全民意愿，至少是一些重要决策必须由人民代表大会通过，少数服从多数。民主之友和民主之敌的分歧则在于如何看待 δηομς，也就是怎样评价个人和团体在这种体制中的作用。在反对者看来，δηομς 里无非只是贱民和乌合之众，都是些没有教养、肆无忌惮的人，因此，民主只是蛊惑人心者的不负责任的统治。因此，后人在谈论民主，或给"民主"下定义的时候，似乎总也少不了所谓"多人乱管、小民弄权"的成分。了解了这些以后，我们不但能够领会麦都思或罗存德的 democracy 词条，而且还能看到，那正是西方历史上对"民主"概念的两种不同见解。我们也能更好地理解马礼逊"既不可无人统率亦不可多人乱管"的说法，它既顾及"民主"不太名誉的一面，又直截了当地把它定义为褒义概念。

其实，"民主"一词在欧洲中世纪并不属于描绘政治和社会状况的概念，也就是说，在中世纪文献、档案和律法汇编中并不能见到 δημοχοατια 亦即 democracy。只是在中世纪学者开始接受亚里士多德理论之时，"民主"才以法哲学或学术用语出现在他们的语汇中；亚里士多德所描述的体制形态及其腐败蜕变，也从根本上影响了中世纪"民主"的词义。另外，中世纪知道"民主"概念的人寥寥无几，而且只视之为一种特定的古代政体。[1] 在近代历史的几百年中，"民主"总的说来一直属于学者用语，而且指的依然是亚里士多德绘制的国家形态，并基本上因袭了亚氏观点，怀疑"纯民主"或曰"绝对民主"的可行性。不仅如此，英国政治思想家霍布斯（Thomas Hobbes）著名的社会契约说，其特色就在于用这种学说论证专制主义的合理性，具有明显的反民主性质。[2] 荷兰哲学家、政治思想家斯宾诺莎（Benedictus de Spinoza，1632—1677）也考察了三种类型的国家，即民主制、贵族制和君主制，但与霍布斯不同，他不主张君主制，而是民主政体

---

① 参见迈埃尔等：《民主》，载《历史基本概念——德国政治社会用语历史辞典》（第一卷），第 821—899 页，第 835—839 页。

② 霍布斯的名著《利维坦》（1651 年），系统阐述了关于专制主义的国家学说，认为统治者并非缔约的一方，因此不受契约的限制，亦无所谓违约。人民一旦交出了权力，便永远不得收回；统治权一经契约建立，便永远不可转让。权分则国分，国分则内乱必起。

的拥护者。①大约从 18 世纪 30 年代起，荷兰和瑞士越来越多地被视为"民主"国家，然而人们主要还是用"共和国"（republic）概念来状写荷、瑞体制，直到 18 世纪末。1780 年至 1800 年是现代民主思想崛起的关键年代，从根本上说，现今"民主"概念的词义，产生和发展于法国大革命前后并得到广泛传播。一方面，"民主"彻底从学者用语转变为习见的（尽管还是颇多争议的）政治概念，用于某些党派的自我界定或者描述政体特色，亦偶尔见之于政府文献。另一方面，随着"民主"概念的广泛使用，其词义获得了很大扩展，以致"民主"不再局限于原始的体制含义和国家形态之标记，增加了一般社会和历史哲学内涵。②

康德（Immanuel Kant，1724—1804）在 1795 年的重要著作《论永久和平》中谈论政府形态以及国家如何使用政权时指出，一个国家非共和即为专制。他用非此即彼的两种体制取代了传统的（亚里士多德式的）三种形态：君主制、贵族制、民主制（其变态政体则相应为僭主政体、寡头政体、平民政体）；也避开了孟德斯鸠《论法的精神》中所划分的君主制、共和制和独裁制。③正是孟德斯鸠的反专制挑战被康德两极化了；康德认为，君主制同样能够在变革的道路上达到共和的革命目的。"共和"在康德那里不但成了民主思想的大概念，而且获得了历史哲学之价值取向概念的高度，他为一个标志着运动和期望的概念提供了依据。在他看来，重要的是精神力量，是应该如何统治；说到底，即便"代议制的共和国"只是将来的事物，但只有它才是可取的体制，"所有其他非代议制政府形态都是畸形的怪物"④。康德的共和主义（Republikanismus）推动了"民主"思想的进一步开拓。⑤无疑，康德的观

---

① 斯宾诺莎著有《神学政治论》（1679 年）等，《遗著集》中还包括未完成的《政治论》。

② 参见迈埃尔等：《民主》，载《历史基本概念——德国政治社会用语历史辞典》（第一卷），第 839—848 页。

③ 孟德斯鸠主张"按照英国样式"在法国建立君主制，通过制定宪法来限制君主的权力。

④ 康德：《论永久和平》，转引自迈埃尔等：《民主》，载《历史基本概念——德国政治社会用语历史辞典》（第一卷），第 851 页。

⑤ 参见迈埃尔等：《民主》，载《历史基本概念——德国政治社会用语历史辞典》（第一卷），第 851 页。

点来自时代的启迪。"兄弟式民主"（demoratie fraternelle）和"基督教民主"（democratie chretienne）是法国大革命时期的"民主"概念，然而这种高昂的民主概念在革命早年并无直接的政治意义，直到雅各宾专政和国民公会时代才真正登上政治舞台，1793 年通过的《雅各宾宪法》宣称主权属于人民，人民有起义的权力。应该说，法国大革命实际上并没有打消传统的、对纯民主的怀疑，恰恰相反，雅各宾政府制定的极端民主的宪法更加深和助长了这种疑忌。早在 1790 年，伯克（Edmund Burke，1729—1797）就在其《法国大革命沉思录》中说："完全的民主是世界上最可耻的事情。"[1]这种观点在当时是颇为盛行的，"民主"被看作一种无法控制的群众力量。因此，在革命以后的复辟时代，欧洲语言中的"民主"和"民主主义"，多半是带有防范意味的责骂用语。[2]威廉斯（Raymond Williams，1921—1988）也指出，18 世纪末开始大量使用的"民主"一词，"大部分例子都显示了这个词的用法与人们深恶痛绝的'雅各宾主义'（Jacobinism）一词或大家熟悉的'恐怖统治'（mob-rule）一词密切相关，并无褒义。……18 世纪末到 19 世纪初，民主人士（democrats）一般被视为危险而具有颠覆性的暴民煽动者。"[3]这也正是"民主"概念开始传入中国之时，可见，"多人乱管，小民弄权"之诠释亦有其时代背景，且直接来自欧洲。其实，自亚里士多德始，直到 19 世纪上半叶，"民主"在西方一直有着贬义蕴含，与暴民政治密切相关。19 世纪中叶以降，民主才逐渐成为或被看作政治生活中的建设性因素。[4]

不管怎么说，从法国大革命时代起，"民主"概念不再囿于体制和国家形态，获得了历史性和思想上的扩展，而"民主化"（法：democratiser，英：democratize，德：demokratisieren）这一表达的产生正与这一词义扩展相关

---

[1]　伯克：《法国大革命沉思录》，转引自威廉斯：《关键词：文化与社会的词汇》，第 114 页。

[2]　参见迈埃尔等：《民主》，载《历史基本概念——德国政治社会用语历史辞典》（第一卷），第 861 页。

[3]　威廉斯：《文化与社会，1780—1950·导论》，第 16—17 页。

[4]　参见萨托利：《民主新论》，冯克利、阎克文译，东方出版社 1998 年版，第 323—326 页。

联。"民主"成了一个社会和精神概念，成了一种有关民主原则的学说。它并不完全依赖于政体，即便是君主立宪制，同样可以实现民主政治，其依据是一种原始的社会契约，是众人意志为基础的法治思想。这就摆脱了亚里士多德以国家形态为依据的民主制，而使"民主"成了一个发展趋势之概念和历史运动之概念。从上文提到的马氏《华英字典》、麦氏《英汉字典》和罗氏《英华字典》中，人们很难领略到这种概念的嬗变，也看不到 19 世纪西方对民主的思考所带来的结果：古典民主和现代民主、传统概念和民主政体之现实之间已经产生了巨大的鸿沟。就此而论，上述三套很有影响的辞书对"民主"概念的译释已经过时，从某种意义上说是古而又古的，是中世纪的。当然，赶不上时代的还远不止此，童保禄（Paul Perny，1818—1907）的《西语译汉入门》（1869年）竟别出心裁，将 democratie 译为"无王国"①。卢公明（Justus Doolittle，1824—1880）《英华萃林韵府》（1872 年）照抄了麦都思词条的前半部分——democracy：众人的国统，众人的治理。②不过，卢氏对"民主主义者"的译释似乎与时代的差距并不很大——democrat：推民自主者。③在他之前的罗存德亦不逊色——democrat：从民政者，从民政之理者。罗氏还将 democratic（democratical）译为"民政的"④。与现代通用 democracy 汉语译词最贴近者，当推邝其照《英华字典集成》（1882 年）中的"奉民主之国政"⑤。

如何译释一个外来概念、或曰用哪一个词（组）来与之相对应固然重要，但更重要的是如何理解这一概念的内涵和外延。一般而言，"民主"概念在早期传入中国之时，中国士大夫几乎不了解这一概念究竟有多大容量和它的"词外之义"，不了解因历史的积淀蕴涵于概念表层形式中的概念深层要旨，这才会有如同对待"议会"那样的西学中源说，如梁启超所云："顾以为中国历古无民主，而西国有之，启超颇不喟然。西史谓民主之局，起于希腊罗马；启超

---

① 童保禄编：《西语译汉入门》（巴黎：Firmin Didot，Frère et Fils，1869），第 128 页。

②③ 卢公明编：《英华萃林韵府》（1872/1873），卷一。

④ 罗存德：《英华字典》（1866 年），第 589 页。

⑤ 邝其照：《英华字典集成》（1882 年），第 85 页。

以为彼之世非民主也。若以彼为民主也，则吾中国古时亦可谓有民主也。"①出现这种论说，主要因为译介者和接受者几乎没有从理论上对之加以探讨，人们往往只是了解了一些海外的新鲜事。当然，人们也会因此有感而发，进行中外对比，比如冯桂芬在其著名的"四不如夷"中所提出的"君民不隔不如夷"②之说。换言之，"民主"概念传入中国之时，主要不是民主思想或曰作为一种政治信仰的理念，而只是其体制形态和操作方式。并且，这种体制形态和操作方式，主要是通过对议会的介绍传入中国的。

纵观 19 世纪中叶《海国图志》等介绍世界概况的重要著作，我们不难发现，时人主要介绍的是美国和英国议会，这与西方这个时候民主探讨的主要倾向极为有关——这就是贬低（古代雅典或依然存在于瑞士有些州的）直接民主，倡导间接的代议制民主，其决定性因素则是来自美国的典范，美国成了理论探讨民主政体的中心议题。德语大百科全书《布洛克豪思》（*Brockhaus*）1838 年版中指出：美国是实现民主、确实施行人民政权的地方；民主必将在那里维持很长时期。而且，它不会孤立发展，随着越来越多的欧洲语言在那里扎根，美国式民主定然会反馈于古老的欧洲。③确实，法国大革命失败以后，美国（其次是英国）成了理论界关注的代议制民主的样板。④

在中国，西方民主制度的介绍一般总是与不同政体的介绍，尤其与议会和选举联在一起，如裨治文撰《联邦志略》（1846 年，又名《大美联邦志略》）所言：

> 夫宇内之国政，大要不同者有三：一曰权由上出，惟君自专，如中华、安南、土耳其等国是也。一曰君民同权，相商而治，如英法等国是

① 梁启超：《与严幼陵先生书》，《饮冰室文集》之一，第 108 页。
② 冯桂芬：《校邠庐抗议·制洋器议》，第 49 页。
③ 参见：《布洛克豪思》第一卷（1838 年），第 914 页。
④ 参见迈埃尔等：《民主》，载《历史基本概念——德国政治社会用语历史辞典》（第一卷），第 863—864 页。

也。一曰君非世及，惟民所选，权在庶民，君供其职，如我联邦国是也。夫我联邦之政法，皆民立，权不上操。其法之已立者，则著为定例，上下同遵；未立者则虽事关国计，君人者亦不得妄断焉。盖其庶务，以众议为公，凡政以无私为贵，故立法于民，义有取也。……凡立法权柄，总由各会中元老绅董，两院司掌，外职不得逾分辩理。其元老之数，归各邦会中公同选举，按每邦两员，一任六载；绅董之数，由各邦民众公举，视民数为准，一任两年。……所有两院办公，自应各有本院规例，毋得互相挽越；该院员之俸金，例由国会定数给发。国中诸税，有应充正用，及一切政务章程，皆当先由绅董草议，然后与元老会商，始归国君详察施行。①

向来喜欢在翻译西文时标新（或在古籍翻找）的严复，在《孟德斯鸠法意》中将democracy译为"庶建"②。梁启超1897年的《论君政民政相嬗之理》亦谈论"欧洲政制，向分三种：曰满那弃（monarchy）者，一君治民之制也；曰巫理斯托格拉时（aristocracy）者，世族贵人共和之制也；曰德谟格拉时（democracy）者，国民为政之制也"③。这里需要说明的是，democracy一开始有许多译法，究竟是何时开始用"民主"与其对应，还有待进一步考证，并且，这肯定是极难考证的。这不仅涉及史料的进一步发掘，而更不可忽视的是，当我们见到史料中"民主"二字时，并不一定马上就能确定它就是西洋某个概念的译词；即便我们有时觉得很有把握，也许依然只是论者的管见，并非

---

① 裨治文：《联邦志略·建国立政》，第4页。（元老：参议员；绅董：众议员；国君：总统）

② 严复所译《孟德斯鸠法意》（现译《论法的精神》）解释说："庶建乃真民主，以通国全体之民，操其无上主权者。"《法意》中西译名表："庶建Democracy，本书中又作民主。"见严复：《法意》，《严复全集》（第四卷），福建教育出版社2014年版，第13页。

③ 梁启超：《论君政民政相嬗之理》（1897），《饮冰室文集》之二，第10页。梁氏后来对三种政体亦有其他表达："亚氏最有功于政治学者在其区别政体。彼先以主权所归在一人或在寡人或在多人，分为三种政体：一曰君主政体monarchy；二曰贵族政体aristocracy；三曰民主政体polity of democracy。此实数千年来言政体者所莫能外也。"［梁启超：《亚里士多德之政治学说》（1902年），《饮冰室文集》之十二，第70页］

不刊之论。但有一点是可以肯定的：当"民主"已被用来翻译 democracy 的时候，这个词组的原有词义"民之主宰者"或"民之主"①还未退出历史舞台，如《万国公报》1874 年 12 月 19 日的一篇文章中所说"美国民主曰伯理玺天德，自华盛顿为始"②；又如该刊 1879 年 5 月 31 日的一篇文章中说："篇中所称伯理玺天德者，译之为民主，称之国皇者。"③甚至在"民主"作为 democracy 的译词基本确立之后，我们还可以看到这种用法，如蔡尔康在 19 世纪 90 年代还多次以"民主"称 president④；或如 1896 年 9 月《时务报》所云："美国将届选举民主之期，昔日共和合众二党又分为主金主银二党。"⑤康有为亦谈论"众民所归，乃举

① 见《尚书·多方》："天惟时求民主，乃大降显休命于成汤。"（蔡邕注："言天惟是为民求主耳。桀既不能为民之主，天乃大降显休命于成汤，使为民主。"）《尚书·洛诰》："天命文王，使为民主。"《左传·文公十七年》："齐君之语偷。臧文仲有言曰：'民主偷必死。'"《文选·班固〈典引〉》："肇命民主，五德始初。"（蔡邕注："民主，天子也。"）《资治通鉴·晋惠帝太安二年》："昌遂据江夏，造妖言云：'当有圣人出为民主'。"

有学者认为，晚清"民主"一词约有四种含义：一为中国传统的"民之主"；二为人民做主的"民主之"；三为"民主之国"，即与世袭君主制相对立的政治制度；四为外国的民选最高国家首脑（参见金观涛、刘青峰：《从"共和"到"民主"——中国对西方政治概念的选择性吸收和重构》，《观念史研究——中国现代重要政治术语的形成》，法律出版社 2009 年版，第 252 页）。其实在晚清语境中，就词语运用及其实际含义而言，或许没有必要做这样的细分，比如上面的第二和第三义项本属一类，而第一和第四义项只是中外古今之分，词语本身（"民主"）的含义基本未变。

② 《选举民主》，载《万国公报》卷三一六（1874 年 12 月 19 日）。（伯理玺天德：president，已见之于 1844 年的中美《望厦条约》）

③ 《纪两次在位美皇来沪盛典》，载《万国公报》卷五四一（1879 年 5 月 31 日）。——当时另有"伯勒格斯""伯理喜顿"等音译。19 世纪 70 年代之前，中国士人对美国式民主制度所知甚微，对 president 的译法五花八门，其中的头人、酋、酋长、大酋、邦长或皇帝、国君之译，充分说明美国的总统制对中国人来说极为陌生。（参见熊月之：《自由、民主、总统等政治词汇在晚清的翻译与使用》，载郎宓榭等编《新思想，新概念：晚清西学与汉语词汇嬗变》，莱顿（Leidon）：Brill，2001 年，第 76—86 页）

④ 参见林乐知：《中美关系略论》，载《万国公报文选》，第 290 页："美国民主批准议员机利草创之苟例。"另见蔡尔康等：《李鸿章历聘欧美记》（岳麓书社 2008 年版），第 81 页："民主福尔传命延入。……中堂旋呈国书，操华语致词毕，法大臣叠佛礼精于华文，以法语译告民主"，第 198 页："民主克利兰率其外部大臣驶抵纽约。"

⑤ 古城贞吉译：《论金银涨落之由》，载《时务报》第六册（1896 年 9 月 27 日），见《强学报·时务报（影印本）》（中华书局 1991 年版），第 379 页。

为民主，如美、法之总统然"①。王仁俊赞叹"华盛顿拿破仑，民主中之杰出者也"；尤其是王仁俊的一段文字中的两个"民主"，很能见出这个概念的不同含义："西人之言曰，彼国行民主法，则人人有自主之权。自主之权者，各尽其所当为之事，各守其所应有之义，一国之政，悉归上下议院，民情无不上达，民主退位与齐民无异，则君权不为过重。噫此说也，是言其利也。然不敌其弊之多也。……"②当我们看到《英华成语合璧字集》（1922 年）中依然还有"民主：president of a republic"③这样的释义时，也许能够更好地理解"五四"前后"地母克纳西"④或"德谟克拉西"⑤之类的表达，正是为了重新定义，旨在表明全新的思想，比如陈启修的"庶民主义"⑥、毛泽东的"平民主义"⑦、胡适和陈独秀的"民治主义"⑧、李大钊的"民主主义"或"平民主义"⑨。

----

① 康有为：《孟子微》（1901 年），《康有为全集》（第五集），中国人民大学出版社 2007 年版，第 421 页。

② 王仁俊：《实学平议——民主驳义》，载苏舆辑《翼教丛编》卷三，台北：文海出版社 1970 年版，第 145 页。

③ 季理斐编：《英华成语合璧字集》（上海：美华书馆 1922 年版）。

④ 周佐彭译：《世界地理·总论》（北京：中国大学 1919 年版），第 14 页。

⑤ 唐敬杲等编：《新文化辞书》（上海：商务印书馆 1923 年版）。

⑥ 陈启修：《庶民主义之研究》，载《北京大学月刊》第一卷第一期（1919 年 1 月），第 28—32 页。

⑦ 毛泽东：《湘江评论创刊宣言》，载《湘江评论》第一期（1919 年 1 月 4 日）："各种对抗强权的根本主义，为'平民主义'（兑莫克拉西，一作民本主义，民主主义，庶民主义）。宗教的强权，文学的强权，政治的强权，社会的强权，教育的强权，经济的强权，思想的强权，国际的强权，丝毫没有存在的余地。都要借平民主义的高呼，将他打倒。"

⑧ 胡适：《新思潮的意义》，载《新青年》第七卷第一号（1919 年 12 月 1 日），见《胡适文集》（第 2 册）北京大学出版社 2013 年版，第 498—504 页；陈独秀：《实行民治的基础》，《陈独秀文集》（第一卷），人民出版社 2013 年版，第 494—505 页。

⑨ 李大钊：《由经济上解释中国近代思想变动的原因》，载《新青年》第七卷第二号（1920 年 1 月 1 日），见《新青年（影印本合编）》（7），上海：上海书店出版社 2011 年版，第 212 页："政治上民主主义 democracy 的运动，乃是推翻父权的君主专制政治之运动，也就是推翻孔子的忠君主义之运动。"（《李大钊文集》（下），第 182 页），另见李守常（李大钊）：《由平民政治到工人政治》，载《晨报副刊》（1921 年 12 月 15—17 日）。李大钊在这一演讲中指出：democracy 不只是一种制度，它是表现于社会生活各方面的近代趋势和现代世界潮流，意涵广泛而不限于政治，故宜译为"平民主义"，或可音译为"德谟克拉西"。（《李大钊文集》（下），人民出版社 1994 年版，第 501 页）

表 1　democracy：民主

年份	汉语译词	出　　处
1822	既不可无人统率亦不可多人乱管	马礼逊（Robert Morrison）：《华英字典·（第三部分）英汉词典》，第 113 页。
1835	自主之理	《东西洋考每月统记传》，第 186 页。
1837	民自主	《东西洋考每月统记传》，第 297、320 页。
1838	自主，自主之理	郭实猎（Karl Gützlaff）：《万国地里全图集》，见《海国图志》（中）卷四十三："大西洋欧罗巴洲·意大里国沿革"，第 1246、1248 页。
1847	众人的国统，众人的治理，多人乱管，小民弄权	麦都思（Walter Medhurst）：《英汉字典》
1861	联邦之政法	裨治文（Elijah Bridgman）：《联邦志略》（《大美联邦志略》）
1869	民政，众人管辖，百姓弄权	罗存德（Wilhelm Lobscheid）：《英华字典》，第 589 页。
1869	无王国	童保禄（Paul Perny）：《西语译汉入门》，第 128 页。
1872	众人的国统，众人的治理	卢公明（Justus Doolittle）：《英华萃林韵府》
1875	宽政，民主	林乐知（Young Allen）：《译民主国与各国章程及公议堂解》，载《万国公报文选》，第 438—439 页。
1877	民主	马建忠：《适可斋记言》，第 28—29 页。
1877	民主政权	吴尔玺（Theodore Woolsey）著、丁韪良（Milliam Martin）译：《公法便览》
1878	民政	张德彝：《随使英俄记》，第 554 页。
1879	民主	曾纪泽：《出使英法俄国日记》，第 168—169 页。
1881	民政	井上哲次郎、有贺长雄《哲学字汇》，第 589 页。
1881	民主	郑观应：二十篇本《易言·公法》，《郑观应集·盛世危言》（上），第 178 页。
1882	奉民主者，从民政者，奉民主之国政	邝其照：《英华字典集成》
1885	民主	傅兰雅（John Fryer）：《佐治刍言》第十章"论国政分类"，第 30 页。
1892	民主	薛福成：《薛福成日记》，第 712 页。
1895	民政	郑观应：《议院下》"附录"《今古泰西诸国设立议院源流》，《郑观应集·盛世危言》（上），第 96 页。
1895	民主	严复：《原强（修订稿）》，《严复集》（第一册），第 23 页。
1896	民主	梁启超：《与严幼陵先生书》，《饮冰室文集》之一，第 106—111 页。

续表

年份	汉语译词	出　　处
1897	民政，德谟格拉时，国民为政之制	梁启超：《论君政民政相嬗之理》，《饮冰室文集》之二，第10页。
1899	民主	谭嗣同：《仁学》，《谭嗣同全集》，第334、342—343、351—352页。
1902	民政，百姓操权，民主之国政	《商务书馆华英音韵字典集成》
1903	民主	汪荣宝、叶澜：《新尔雅》，第11页。
1903	民主政	无名氏译：《立宪政体论》，第IV：11页。
1903	民主	穆勒（John Stuart Mill）著、严复译：《群己权界论》
1904	德谟括拉寺	甄克思（Edward Jenks）著、严复译：《社会通诠》
1905	民主国	载泽：《考察政治日记》，第580页。
1908	民主	戴鸿慈、端方：《列国政要》，第IV：11页。
1908	平民政治，地母克纳西	周佐藡译：《世界地理》，第14、19页。
1909	庶建，民主	孟德斯鸠（Baron de Montesquieu）著、严复译《孟德斯鸠法意》
1911	民政，民主政体	卫礼贤（Richard Wilhelm）：《德英华文科学字典》
1912	民政，平民政治	井上哲次郎、元郎勇次郎：《（英独佛和）哲学字汇》，第35页。
1913	合众	田边庆弥：《汉译日本法律经济辞典》
1913	民主政	李提摩太（Timothy Richard）、季理斐（Donald Mac Gillivray）：《哲学字汇》，第18页。
1913	民主立宪	Evan Morgan（莫安仁），*Chinese New Terms and Expressions*，p.288.
1916	民主立宪，平民政治，民政	赫美玲（Karl Hemeling）：《官话》
1919	庶民主义	陈启修：《庶民主义之研究》，载《北京大学月刊》第一卷第一期，第28—32页。
1919	平民主义	毛泽东：《湘江评论创刊宣言》
1919	民治主义，民治	杜威（John Dewey）讲演、胡适等译：《美国之民治的发展》
1919	民治主义，民治	陈独秀：《实行民治的基础》，《陈独秀文集》（第一卷），第494—505页。
1920	民主主义	李大钊：《由经济上解释中国近代思想变动的原因》，《李大钊文集》（下），第182页。

续表

年份	汉语译词	出　　处
1921	平民主义，德谟克拉西	李大钊：《由平民政治到工人政治》，《李大钊文集》（下），第501页。
1921	民政体，共和政治	陆伯鸿、宋善良：《法华新字典》。
1923	德谟克拉西，民主主义	唐敬杲：《新文化辞书》，第242页。
1927	民主主义，民治主义，平民主义，民本主义	迈达氏（Jules Medard）：《法汉专门词典》，第388页。

三、"民主"与"共和"

对于西方的 republic 国体，魏源那代士子已多少有所听闻，《海国图志》中已见大量译介。梁廷枏《海国四说》中便有《合省国说》：

> ……自是，合诸省为国，其自称曰合省国。……通国设一统领，又设一副统领为之佐，使总理各省之事。过四年则别举以代之，是为一次。正、副同。其为众所说服，不欲别议者，得再留四年。①

对于美国这样一个"总统领治国，传贤不传子"②的 United States，单在《东西洋考每月统记传》（1833—1838）中，便有让人眼花缭乱的称呼：兼郡、兼合国、兼合邦、兼合列邦、兼摄列邦、合邦、列邦、总郡、统邦、总郡兼合邦等。"郡"和"邦"这些中国固有的地方行政制度中的原有概念，多少会妨碍时人对一个新兴合众国的理解。然而，至迟于鸦片战争之后，中国人已经了解了美国的浩瀚气派亦即"共和"和"民主"特色，如徐继畬《瀛寰志略》盛赞华盛顿：

---

① 梁廷枏：《海国四说·合省国说》，第71—72页。
② 冯桂芬：《公黜陟议》，《校邠庐抗议》，上海书店出版社2002年版，第2页。

不僭位号，不传子孙，而创为推举之法，几于天下为公，……米利坚合众国以为国，幅员万里，不设王侯之号，不循世及之规，公器付之公论，创古今未有之局，一何奇也。①

正是因为"民主"在传入中国的时候，主要反映的是体制概念而不是思想性，是概念的静态表层描写而不是动态深层阐释，所以在19世纪很长一段时期内，西方的"民主"（democracy）和"共和（国）"（republic）这两个概念在汉语译释中并没有严格的区分。换言之，20世纪之前，汉语中还没有一个相对稳定的、或曰公认的概念（如我们今天所用的"共和"或"共和国"）来指称美、法那样的政治体制。对彼时许多译介者和接受者来说，"共和国"自然是"民主国"；因此，"邦""国"等字之前加上"民主"或"民政"便可移译 republic，如"民主之国"②"民主之邦"③"民政之国"④"民主国"⑤等，大

---

① 徐继畬：《瀛寰志略》卷九，"北亚墨利加米利坚合众国"，第277、291页。

② 惠顿：《万国公法》卷二，第37页："若民主之国，则公举首领官长，均由自主，一循国法，他国亦不得行权势于其间也。"卢公明：《英华萃林韵府》卷二。黎庶昌：《西洋杂志》，第424—425页，第478页："至一千八百七十年，布（普鲁士）法交攻，……拿破伦求成，法人闻之，逐太子出城，而立为民主之国。……时总统国政者，名地爱尔，意在民主之国。""当是时，法人颇思革为民主之国，不喜拿破伦。"郭嵩焘：《伦敦与巴黎日记》，第562页：法国"近年改为民主之国，教士权力亦减。"傅兰雅《佐治刍言》第十章"论国政分类"，第30页："民主之国，其原意欲令众人若干时，公举若干人，为众人代立律法，……"黄遵宪：《日本国志》，第97页："……君主之国盖称皇帝，民主之国称统领。"

③ 曾纪泽：《出使英法俄国日记》，第168—169页："自法国改为民主之邦，国之事权，皆归于上下议院。"

④ 李梅、日意格：《汉法语汇便览》，第225页；黎庶昌：《西洋杂志》，第513页："西洋民政之国，其置伯理玺天德本属画诺，然尚拥虚名。"

⑤ 郭嵩焘：《伦敦与巴黎日记》，第103页："其多米尼喀（多米尼加）民主国，欢都拉斯（洪都拉斯）国，向有公使驻扎，……"刘锡鸿：《英轺私记》，第82页："又现在德蓝司瓦拉（今南非德蓝士瓦省）民主国，在南阿非利加政失道，……"邝其照：《英华字典集成》，第255页。戴集：《地理略说》，第2页："大美国如何？答：是民主国。民主国何人顶大？答：总统顶大。"狄考文：*Technical Terms*，第370页。唐才常：《各国政教公理总论》，载《新学大丛书》卷三，上海：积山乔记书局1903/1904年版，第5页。翟理斯编：《华英辞典》，上海：别发印字房1912年版，No. 7908。李提摩太、季理斐编：《哲学字汇》（上海：广学会1913年版），第55页。

意为 democratic country 或 republican government。（与"民主"一样，"民政"既可用以译释 democracy①，又可指 republic。②）

所谓"共和国"，即为人民或代议制选举执政者、实施共和政体的国家；并且，权力执掌者有任期限制。③《英华字典》用"众政之邦""众政之国""公共之政"④，《英华字典集成》用"合众出治之国""公同之政"（以及"民主国"）⑤ 或如《哲学字汇》用"共和政治"⑥来译释 republic，我们很容易理解它们便是现代汉语中的"共和国"；⑦即便像《英华韵府历阶》（1844 年）将 republic 译释为"合省国"，⑧我们或许也不难断定它的共和政体之性质。而当 republic 的中文概念中出现"民主"等词的时候，便会产生一个问题："民主之国"或"民政之国"等，究竟是一个词，还是"民主""民政"只是"国"的定语，以表明 republic is democracy？这在许多情况下是很难辨认和确定的，试举例如下：

一千七百九十七年间，荷兰七省有变；法国征之，而其王家黜焉，于是易其国法，而改作民主之国。⑨

---

① 参见罗存德：《英华字典》（1866 年版），第 589 页；井上哲次郎、有贺长雄编：《哲学字汇》（1881 年）。

② 张德彝：《随使英俄记》，第 554 页："法国前于西历一千七百九十三年（即乾隆五十九年）由君政改为民政之国，为第一次。至一千八百四年（即嘉庆九年）那波伦第一及位，又由民政改为君政。"郑观应：《议院下》（1895 年）"附录"《今古泰西诸国设立议院源流》，《郑观应集·盛世危言》（上），第 96 页："考希腊国史，其政分有四类：……一国听于民，是谓民政。"

③ 按内阁组成形式而言，共和制又可分为议会共和政体和总统共和政体。

④ 罗存德：《英华字典》，第 1474 页。

⑤ 邝其照：《英华字典集成》，第 255 页。

⑥ 井上哲次郎、有贺长雄编：《哲学字汇》（1881 年）。

⑦ "共和"概念，汉语中古已有之，指帝王缺位、上层贵族共同摄理国家大事，如《史记·周本纪》所说："召公、周公二相行政，号曰共和。"韦昭《国语注》："厉之乱，公卿相与和而修政事，号曰共和。"可见，"共和"的今古词义相去甚远。

⑧ 卫三畏：《英华韵府历阶》，澳门：香山书院 1844 年版，第 236 页。

⑨ 惠顿：《万国公法》卷一，第 15 页。

美国乃公天下民主之国也，传贤不传子，每四年公举一人为统领，称"伯理玺天德"。①

独美利坚使臣，服其常服，无他饰，盖民主之国，上下不异以等威也，免冠则同。②

各国吏治异同，或为君主，或为民主，或为君民共主之国，其定法、执法、审法之权，分而任之，不责于一身，权不相侵，故其政事纲举目张，粲然可观。③

地球所有国政，约分三种：一为君主国之法，一为贤主禅位之法，一为民主国之法。④

一千八百三十年（道光十年），法国正为君主。其民不服君之约束，巴黎都中人猝焉起事，与君党大战三日，卒逐其君，声言君不以民为本，安能治国？遂再改法兰西为民主之国。⑤

民主国以平等为主义，大统领退职后，与齐民无异。……法兰西为欧洲民主之国，其建国规模，非徒与东亚各国宜有异同，即比之英、德诸邦，亦不无差别。……而后知其立国之体，虽有民主之称，统治之权实与帝国相似。⑥

即便"民主"之后不出现"国"字，亦很难断定其为 democracy 还是 republic：

西并立国，有君主、民主之分，而其事权一操之议院，是以民气为

---

① 张德彝：《航海述奇》，第 556 页。

② 刘锡鸿：《英轺私记》，第 80—81 页。——张德彝《随使英俄记》中亦有几乎相同的说法（第 374 页）："中惟合众公使右常服，无他饰。盖民主之国，上下不异以等威也，免冠则与众同。"

③ 马建忠：《适可斋记言》，中华书局 1960 年版，第 28—29 页。

④ 傅兰雅：《佐治刍言》第十章"论国政分类"，第 30 页。

⑤ 麦肯齐著、李提摩太译、蔡尔康述：《泰西新史揽要》，上海书店出版社 2002 年版，第 77 页。

⑥ 载泽：《考察政治日记》，岳麓书社 2008 年版，第 580、657 页。

强，等威无辨，刑罚尤轻。①

夫各国之权利，无论为君主，为民主，为君民共主，皆其所自有，而他人不得夺之，以性法中决无可以夺人与甘夺于人之理也。②

从前欧洲之国，有改君主为民主者，设立公议院，……③

有一人专制称为君主者，有庶人议政称为民主者……④

首先需要说明的是，辞书中的译释（本章所举辞书基本上均出自洋人之手）与时人实际运用中的选词并不是一回事。中国人谈论西方民主制度或思想的时候，并不总以双语辞书中的一些概念为依据。大多数人不懂西文或根本不知道西方 democracy 和 republic 在实际运用中的区别，也就没有寻找中文对应的必要。其次，当"民主"单独出现以表述政体亦即西方概念中的 republic时，它只是"民主之国"的简略用法，郑观应从《易言·论公法》（1880 年）中的"泰西有君主之国，有民主之国，有君民共主之国"⑤，到《南游日记》（1883 年）中的"考欧洲各国有君主、民主、君民共主之别"⑥即是一例。当然，我们决不能说，它只指 republic，从上述引文中我们不难发现许多 democracy 的含义。也就是说，在整个 19 世纪，当人们在新的意义上运用"民主"时，常常是 republic 和 democracy 兼而有之。然而，不管是用"民主"还是其他什么称谓，当这个词出现在"君主、民主、君民共主"的上下文里时，"民主"的 republic 含义便毋庸置疑了："泰西立国有三类：曰蔼姆派牙（Empire），译言王国，主政者或王或皇帝；曰恺痕特姆（Kingdom），译言侯国，主政者或侯或侯妃；二者皆世及。曰而立泼勃立克（republic），译言民主国，主政者曰伯理

---

① 郭嵩焘：《伦敦与巴黎日记》，第 611 页。
② 郑观应：二十篇本《易言·公法》，《郑观应集·救时揭要（外八种）》（上），第 178 页。
③ 傅兰雅：《佐治刍言》第十章"论国政分类"，第 32 页。
④ 黄遵宪：《日本国志》，第 25 页。
⑤ 郑观应：三十六篇本《易言·论公法》，《郑观应集·救时揭要（外八种）》（上），第 65 页。
⑥ 郑观应：《南游日记》，《郑观应集·救时揭要（外八种）》（上），第 250 页。

玺天德，俗称总统，民间公举，或七岁或四岁而一易。"①第三，我们很难确定地说，19世纪的不少论者在使用"民主"二字时，究竟视之为一个新的固定概念，还是只是一个较为固定的主谓结构亦即"民做主"的意思，丁韪良（William Martin，1826—1916）译《万国公法》（1864年）中的一段文字很能体现这一主谓结构："然此二字（公法）之通用，不拘于法度；盖无论其国，系君主之，系民主之，……"②尤为明显的是张德彝《航海述奇》（1866年）中所言，美国"困于英之苛政，遂叛英自立，民主是邦，称为合众国"③。刘锡鸿《英轺私记》（1876年）中亦有类似之处："英国之政，君主之，实民主之。每举一事，百姓议其失，则君若臣改弦而更张。"④何启、胡礼垣《新政真诠》（1901年）之语也可作如是观："横览天下，自古至今，治国者惟有君主民主以及君民共主而已。质而言之，虽君主仍是民主。"⑤

纵观19世纪"民主"概念的衍生、演变和运用，我们暂且可以作出如下结论：鉴于democracy一直存在不同的译法而且极不固定，加之它在传入中国的时候多半和政体相关，这就和republic结下了不解之缘；又因为republic在19世纪还没有较为固定的中文对应概念，似乎在19/20世纪之交后才较多的以"共和国"译之，因此，"民主"常常身兼二职：既有西方democracy的本来含义，又指republic。甚而进入20世纪以后，用"民主（之）国"对应republic亦不属罕见。⑥然而，《万国公法》（1864年）中多处出现的"民主"已基本上可视为democracy的汉语对应词⑦，《佐治刍言》中亦

---

① 薛福成：《出使四国日记》，岳麓书社2008年版，第554页。

② 惠顿：《万国公法》，第12页。

③ 张德彝：《航海述奇》，第570页。

④ 刘锡鸿：《英轺私记》，第70页。

⑤ 何启、胡礼垣：《新政真诠》第二编，辽宁人民出版社1994年版，第127页。

⑥ 参见翟理斯：《华英辞典》；李提摩太、季理斐：《哲学字汇》（1913年）；季理斐：《英华成语合璧字集》。

⑦ 惠顿：《万国公法》卷一，第27页："美国保护诸邦各存民主之法。""一千八百三十年而后，（美国）各邦之内治，有所变；而其民主之权，有增焉。"卷二，第37页："美国合邦之大法，保各邦永归民主。"

有类似之处。①在此，有必要指出一种可能的误解，即以为中国古老的"民主"（民之主）概念在 19 世纪脱胎换骨，先用以移译"共和国"（republic），后发展为现代意义上的"民主"（democracy）。应该说，democracy 和 republic 这两个西方概念在进入中国之后的很长一段历史时期内基本上是同义的，竟至进入 20 世纪以后，还有"……英国人之发明代议制民主政，即美国人所谓共和政者"②之说。换言之，时人并没有刻意用汉语明确区分这两个概念，给人的印象只是遣词造句或修辞上的区别而不是两个概念的界定和阐释，林乐知《译民主国与各国章程及公议堂解》（1875 年）一文中的一段文字便可见一斑：

> 旷观泰西各国，以何国为宽政之国耶？夫所谓宽政之国者，即是使公议堂人员掌握大权，使士农工商皆得有公举人员之位分也。近来泰西各国渐欲效法宽政之国之所行也。观于法国与日斯巴尼亚国欲立民主之国可知矣。③

19 世纪"民主"二字既解 democracy 又释 republic，也许会给人无知之感，然而，这"合二为一"并不是毫无道理的，更不是可笑的。④一个主要原因正是来自这两个概念的发源地欧洲：从词源上说，"民主"概念首先是指国

---

① 傅兰雅：《佐治刍言》第十章"论国政分类"，第 31 页："一千八百四十八年，法兰西改为民主国，民间受累无穷，因其时百姓持民主之议者极少，……"

② 无名氏译：《立宪政体论》卷四，上海：积山乔记书局 1903 年版，第 9 页。

③ 林乐知：《译民主国与各国章程及公议堂解》，载李天纲编校：《万国公报文选》，香港：三联书店 1998 年，第 438—439 页。［宽政之国：republic（可视为"寡政之国"的对立概念）；日斯巴尼亚国：西班牙］

④ 有学者指出，丁韪良译《万国公法》存在用"民"主误译 republic 的地方，原因是"民主"指涉的是 democracy。——参见马西尼：《现代汉语词汇的形成——十九世纪汉语外来词研究》，黄河清译，汉语大辞典出版社 1997 年版，第 54 页。对照《万国公法》中译本和英文文本可以发现，"民主"一词在书中共出现了十七次，并不全是 republic 的误译。它有时同时包含 republic 和 democracy 两种意义。（参见金观涛、刘青峰：《中国近现代观念起源研究和数据库方法》，载《史学月刊》2005 年第 5 期。

家的政治制度。在很长的历史时期内（包括 19 世纪），欧洲人时常将"民主""共和"相提并论，甚或视为同义词。在此，我们有必要对此作一简要论述。

启蒙运动以后，"民主"概念走出了学者书斋，逐渐用来描述欧洲国家的现实政治生活，并不时用以取代已有的"共和国"概念而作为政体标记。在理论探讨中，人们常常将"民主"与"共和（国）"等而观之。康德（如前所述）在"共和主义"的旗帜下阐述了民主政治。费西特（Johann Fichte，1762—1814）基本上接受了康德的模式，但又对之做了新的解释，在他看来，（绝对）民主不仅是非政治的，而且是非法的：那只能是贱民当政，既立党派又做法官。因此，只有代议制亦即共和制才是民主的合法形态。[①]这样，费西特或多或少地消除了"民主"和"共和"的严格界线。施勒格尔（Friedrich Schlegel，1772—1829）在《论共和主义概念》（1796 年）一文中则强调指出，共和制即民主制，因此，他在这篇文章中用"民主主义"概念取代了"共和主义"概念。[②]雅各宾政府首脑罗伯斯庇尔（Maximilien de Robespierre，1758—1794）1794 年 1 月 5 日讲演中所用的"民主"概念，其实是"共和（国）"的同义词；他认为关键不在于政权形式，而在于民主之精神和民主之"魂"，这是很有时代特色的说法。[③]尤其到了 19 世纪，当人们越来越多地谈论代议制民主，或区分直接（纯）民主和代议制民主时，"民主"与"共和（国）"概念常常融合在一起，或者干脆画上等号。德语大百科全书《布洛克豪思》1840年版中称"民主"（demokratie）"就是新时代所说的共和国（republik）"[④]。马克思在《克罗茨纳赫手稿》即（《黑格尔法哲学批判》，1843 年）中赞同黑格尔（G. W. F. Hegel）否定法国大革命共和时期所谓的民主。马克思视民主为

---

① 参见费西特：《从知识学之原理论天赋人权的基础》，斯图加特（Stuttgart）：Frommann，1966 年，第 440—441 页。

② 参见迈埃尔等：《民主》，载《历史基本概念——德国政治社会用语历史辞典》（第一卷），第 852 页。

③ 同上书，第 859 页。

④ 参见：《布洛克豪思》第三卷（Brockhaus，1840），第 372 页。

人在政治上的自我实现。在他看来，民主意味着人的社会化，它是根本不同于其他国家形态的一种特殊政体，它能真正体现人的生存。因此，民主只能是共和（国），却又不只限于政体：使完整的、未异化之人能够真正享受自由的民主，将在未来之共和国实现。①

正因为当初 democracy 和 republic 在内容上有许多相交之处甚至在 19 世纪还时常互换，所以，这两个概念在进入中国时，以及以后很长的一段历史时期内，很少见到一目了然的区分。尤其在实际运用中，人们只是就现象论现象，全然不顾概念的界定。不管 democracy 和 republic 在西方曾经多么相似，它们毕竟是两个词和两个概念。而它们在中国传播的时候却译词各异，更多的是用"民主"译释两个概念，或者干脆"民主共和"联用。②相比之下，日本明确地以"共和"译 republic 要比中国早得多。③中国人以"共和"译 republic 或 republicanism，明显受到日本影响，黄遵宪在《日本杂事诗》和《日本国志》中，使用了"共和党"和"共和"概念。④而在严复那里，我们已经可以看到"共和"（他称之为"数贤监国"）与"民主"的明确区分："夫所谓主治者，或独具全权之君主；或数贤监国，如古之共和；或合通国民权，如今日之民主。"⑤也就是说，"民主"和"共和"已被明确看作两种有着很大区别的政治制度。20 世纪初年，当 republic 意义上的"共和"或"共和国"概念开始确立并逐渐普及之时，时人对"共和"的理解，已经可从汪荣宝、叶澜编撰的

---

① 参见马克思：《黑格尔法哲学批判》（第一卷），《马克思恩格斯全集》第 1 卷，柏林：Dietz，1964 年，第 229—231 页。

② 参见郑观应：《盛世危言后编·致潘兰史、何阆樵两君论共和书》，《郑观应集·盛世危言后编》（二），第 403 页；周佐彭：《世界地理·总论》，第 12 页。

③ 1845 年，箕作省吾已经在其《坤舆图识》中用"共和"译 republic。此后，借用中国古典的"共同协和行政"之义的"共和"一词移译西方 republic 或 republicanism 概念，陆续见于日本书籍。（参见斋藤毅：《明治のことば：東から西への架け橋》，东京：讲谈社 1977 年版，第 114—116 页）

④ 参见金观涛、刘青峰：《从"共和"到"民主"——中国对西方政治概念的选择性吸收和重构》，《观念史研究——中国现代重要政治术语的形成》，第 261—262 页。

⑤ 严复译《天演论·导言十六》，《严复集》，中华书局 1986 年版，第 1353 页。

《新尔雅》中略见一斑，文中称 republic 为"公和"："立宪政体又别之为民主立宪，君主立宪。由人民之愿望，建立公和国家，举大统领以为代表，而主权全属人民者，谓之民主立宪政体。"①

表 2   republic：共和（国）

年份	汉语译词	出　　处
1838	合省国	裨治文（Elijah Bridgman）：《美理哥合省国志略》。
1844	合省国	卫三畏（Samuel Williams）：《英华韵府历阶》，第 236 页。
1846	合众国	裨治文（Elijah Bridgman）：《亚美理驾合众国志略》。
1846	合省国	梁廷枏：《海国四说·合省国说》。
1861	联邦，联邦国	裨治文（Elijah Bridgman）：《联邦志略》（《大美联邦志略》）。
1864	民主，民主之国	惠顿（Henry Wheaton）著、丁韪良（William Martin）译：《万国公法》卷一，第 15、27 页；卷二，第 37 页。
1866	民主，民主之国，合众国	张德彝：《航海述奇》，第 540、556、570 页。
1869	众政之邦，众政之国，公共之政	罗存德（Wilhelm Lobscheid）：《英华字典》，第 1474 页。
1872	民主之国	卢公明（Justus Doolittle）：《英华萃林韵府》卷二，第 195 页。
1874	民政之国，国家	李梅（Gabriel Lemaire）、日意格（Prosper Giquel）：《汉法语汇便览》，第 255 页。
1875	民主国，宽政之国，民主之国	林乐知（Young Allen）：《译民主国与各国章程及公议堂解》，载《万国公报文选》，第 438—439 页。
1876	民主之国，民主，民政之国	黎庶昌：《西洋杂志》，第 424、478、513 页。
1876	民主之国，民主国	刘锡鸿：《英轺私记》，第 81—82 页。
1877	民主	马建忠：《适可斋记言》，第 28—29 页。
1877/1878	民主国，民主之国，民主	郭嵩焘：《伦敦与巴黎日记》，第 103、321、434、562 页。
1877	民主之国	张德彝：《随使英俄记》，第 554 页。
1877	民主之国，民主	张自牧：《蠡测卮言》，载《小方壶斋舆地丛钞》第十一帙，第 3—4 页。
1877	民政之国，民政国	吴尔玺（Theodore Woolsey）著、丁韪良（William Martin）译：《公法便览》。

---

① 汪荣宝、叶澜编：《新尔雅》，台北：文海出版社 1974 年版，第 9 页。

续表

年份	汉语译词	出　　处
1878	民政，民政之国	张德彝：《随使英俄记》，第 554 页。
1879	民主之邦	曾纪泽：《出使英法俄国日记》，第 168—169 页。
1880	民主之国	郑观应：三十六篇本《易言·论公法》，《郑观应集·救时揭要（外八种）》（上），第 65 页。
1880	民政之国，民政国	步伦（Johann Bluntschli）著、丁韪良（William Martin）译：《公法会通》。
1881	共和政治	井上哲次郎、有贺长雄：《哲学字汇》，第 78 页。
1882	合众出治之国，公同之政，民主国	邝其照：《英华字典集成》，第 255 页。
1885	民主国	傅兰雅（John Fryer）：《佐治刍言》第十章"论国政分类"，第 31 页。
1886	不立王之国，兆民自主擅权之国，举众政治之国	薛力赫（Gustave Schlegel）：《荷华文语类参》。
1890	民主，共和，民主之国	黄遵宪：《日本国志》，第 25、49—50、97 页。
1894	民主，民主之国，民政	郑观应：《盛世危言》，《郑观应集·盛世危言》（上），第 89、91、96 页。
1894	民主之国	罗伯村（Edmund Robertson）著，傅兰雅（John Fryer）、汪振声译《公法总论》。
1895	民政	郑观应：《盛世危言·议院下》"附录"《今古泰西诸国设立议院源流》，《郑观应集·盛世危言》（上），第 96 页。
1898	民主国	丁祖荫编译：《万国公法释例》（常熟丁氏丛书）。
1899	民主	谭嗣同：《仁学》，《谭嗣同全集》，第 334、342—343、351—352 页。
1890	立泼勃立克，民主国，民主，合众民国，民主之国	薛福成：《出使英法义比四国日记》，第 104、160、286 页。
1902	民主国	Calvin Mateer（狄考文），*Technical Terms. English and Chinese*, p.370。
1903	公和，公和国家，民主立宪政体	汪荣宝、叶澜：《新尔雅》。
1903	民主国，民主	唐才常：《各国政教公理总论》（新学大丛书），第 III：5、15 页。
1903	共和政，民政	无名氏译：《立宪政体论》，（新学大丛书），第 IV：9—10 页。
1903	共和国	无名氏译：《宪法通义》（新学大丛书），第 VI：3 页。
1903	共和政体	池本清吉：《宪法论》（新学大丛书），第 VI：4 页。

续表

年份	汉语译词	出 处
1903	民主	霍珥（William Hall）著、丁韪良（William Martin）译：《公法新编》。
1903	共和国	雷士特（Franzvon Liszt）：《国际法大纲》（政学丛书）。
1903	共和国	北条元笃、熊谷直太编，范迪吉等译：《国际公法》。
1903	民主，民主国	劳鳞赐（T. J. Lawrence）著，林乐知（Young Allen）、蔡尔康译：《万国公法要略》。
1905	共和之国	载泽：《考察政治日记》，第580页。
1905	庐拔布力	穆勒（John Stuart Mill）著、严复译：《穆勒名学》。
1906	民主之国	戴鸿慈：《出使九国日记》，第296页。
1907	共和政体	清水澄：《汉译法律经济辞典》，第122页。
1908	共和国	戴鸿慈、端方：《列国政要》，第I：2页。
1908	共和，民主共和	周佐鬳译：《世界地理》，第11—12页。
1909	共和，共和国，共和制，共和政府，民主共和	郑观应：《盛世危言后编·致潘兰史、何阆樵两君论共和书》，《郑观应集·盛世危言后编》（二），第402—404页。
1911	共和政体	黄摩西：《普通百科新大辞典》卷三，第48页。
1912	民主之国，民主国	翟理斯（Herbert Giles）：《华英辞典》，No. 2526，7908。
1912	共和政治，共和国	井上哲次郎、元郎勇次郎：《（英独佛和）哲学字汇》，第131页。
1913	共和	田边庆弥：《汉译日本法律经济辞典》，第27页。
1913	共和政治，民主国	李提摩太（Timothy Richard）、季理斐（Donald Mac Gillivray）：《哲学字汇》，第55页。
1916	共和政体，民主国，民主政体，共治国，共和国，民国，公治	赫美玲（Karl Hemeling）：《官话》。
1922	民主国	季理斐（Donald MacGillivray）：《英华成语合璧字集》。
1923	共和国	唐敬杲：《新文化辞书》，第745页。
1927	共和国	迈达氏（Jules Medard）：《法汉专门词典》，第219页。

四、"民主"与"自由"

不管是古希腊的直接民主还是现代代议制民主，都是为了获得"自由"以及与之相连的"平等"权利。柏拉图曾幻想建立一个奴隶制的自由王国——理想国。亚里士多德则将自由与政体联系起来，认为平民政体可以享受自由。现代意义上的自由观念之最初代表人物弥尔顿、卢梭、洛克、斯宾诺莎、孟德斯鸠则继承了亚氏观点，提出了"三权分立"学说，企图以民主制度保证人的自由权利。斯宾诺莎是欧洲提倡平等和自由的先行者，最早提出"政治目的是自由"的政治学说；他认为，民主制可以使人人平等，人们可以享受宗教信仰、思想和言论的自由。斯氏把自由看得比任何东西都珍贵；在他看来，没有自由，社会治安就不会巩固，科学和艺术就不会创新。①

严复对三者的关系亦有精当之论，然而他的侧重点是先自由平等而后民主："自由者，各尽其天赋之能事，而自承之功过者也。虽然，彼设等差而以隶相尊者，其自由必不全，故言自由则不可以不明平等。平等而后有自主之权，合自主之权，于以治一群之事者，谓之民主。"②他又言："西之教平等，故以公治众而贵自由。"③梁启超说："谓国家之所以成立，乃由人民合群结约，以众力而自保其生命财产者也。各从其意之自由，自定约而自守之，自立法而自遵之，故一切平等。"④可见，西方民主思想传入中国时，也或多或少与平等自由思想联在一起。正是因为 democracy 在很长时期内还没有一个相对稳定的、众所周知的中文译词，所以时人还不时用"自主"甚或"自由"之类的词来陈述民主思想。1887 年 10 月 2 日《申报》发表一篇题为《论西国自由之理相爱之情》的文章，其中的一段文字，与其说是在介绍"自由"，毋宁说是论述"民主"（democracy）：

西国之所谓自由者，谓君与民近，其势不相悬殊，上与下通，其情不

① 参见斯宾诺莎《神学政治论》《政治论》等著作。
② 严复：《主客平议》，《严复集》（第一册），第 118 页。
③ 严复：《原强》，《严复集》（第一册），第 31 页。
④ 梁启超：《论学术之势力左右世界》，《饮冰室合集》之六，中华书局 1936 年版，第 110—116 页。

相隔阂，国中有大事，必集官绅而讨论，而庶民亦得参清议焉。君曰可而民尽曰否，不得行也。民尽曰可，而君独曰否，亦不得行也。盖所谓国事者，君与庶民共之者也，虽有暴君在上，毋得私虐一民。民有罪，君不得曲法以宥之。盖法者，天之所定，人心之公义，非君一人所能予夺其间，故亦毋得私庇一民。维彼庶民，苟能奉公守法，兢兢自爱，怀刑而畏刑，虽至老死，不涉讼庭，不见官长，以优游于牖下，晚饭以当肉，安步以当车，无罪以当富贵，清静贞正以自娱，即贫且贱，何害焉。此之谓自由。①

要理解这种以"自由"论"民主"或"自由""民主"两个概念相互替换的现象，我们有必要考察一下"自由"（liberty，freedom）在中国的初期译介。

马礼逊的《华英字典》（1822 年）将 liberty 诠释为"自主之理"②；麦都思的《英汉字典》（1847 年）译之为"自主，自主之权，任意擅专，自由得意"③。这些便是汉译 liberty 的起始。嗣后，罗存德《英华字典》（1866 年）中的 liberty 译为"自主，自由，治己之权，自操之权，自主之理"④；邝其照《英华字典集成》（1882 年）译 liberty 为"自可作主，无别人拘束，任意脱身"⑤。西方"自由"概念的另一表达 freedom 的早期汉译，基本上与 liberty 的译词大同小异：马礼逊《华英字典》译之为"自主之理"；罗存德《英华字典》译词是"自主者，治己之权，任意行之权"；邝其照《英华字典集成》"自己作主，无拘束，直白"。《荷华文语类参》（1886 年）译 vrijheid（freedom）为"自主之理，自主之情，自主之事"。⑥

① 《论西国自由之理相爱之情》，载《申报》1887 年 10 月 2 日。
② 马礼逊：《华英字典·（第三部分）英汉词典》（1822 年），第 254 页。
③ 麦都思：《英汉字典》。
④ 罗存德：《英华字典》，第 1107 页。
⑤ 邝其照：《英华字典集成》，第 206 页。
⑥ 薛力赫编：《荷华文语类参》，莱顿（Leidon）：E. J. Brill，1886 年。

郭嵩焘在《伦敦与巴黎日记》（1878 年）中说"类百尔底（liberty），言自在无拘束也"①。另据何启、胡礼垣的记述，当时还有人将 liberty 译为"民权"："'里勃而特'（liberty）译为自由者，自日本始。虽未能尽西语之意，然以二字包括之，亦可谓能举其大由。自由二字而译为民权者，此必中国学士大夫读日本所译书者为之，其以民权二字译'里勃而特'一语，吾无间然，独惜译之者于中外之理未能参究其同，阅之者或至误猜其意。"②"民权"之译，更使 liberty 和 democracy 难解难分，因为在 19 世纪末 20 世纪初，"民权"也常常是 democracy 的译词。"民权"概念在戊戌前后甚为流行，严复则尤其强调民权的"自由"内核："民有权而自为君者，谓之民主。"③梁启超则在 1901 年 6 月 7 日《清议报》上撰文曰：

> 吾侪之倡言民权，十年于兹矣；当道者忧之、嫉之、畏之，如洪水猛兽然。此无怪其然也，盖由不知民权与民主之别，而谓言民权者，必与彼所戴之君主为仇，则其忧之、嫉之、畏之也固宜。不知有君主之立宪，有民主之立宪，两者同为民权，而所训致之途，亦有由焉。凡国之变民主也，必有迫之使不得已者也。④

何启、胡礼垣的文字告诉我们，日本人先于中国人用"自由"译 liberty。freedom 和 liberty 的汉语对应词还处于"各取所好"之时⑤，"自由"译词已在日本完全确立。⑥的确，日本 1881 年出版、1884 年再版的《哲学字

---

① 郭嵩焘：《伦敦与巴黎日记》，第 715 页。

② 何启、胡礼垣：《劝学篇书后·正权篇辨》，《新政真诠》，第 415—416 页。

③ 严复：《孟德斯鸠法意》卷五按语，第 96 页。

④ 梁启超：《立宪法议》，《饮冰室文集》之五，第 4 页。

⑤ 例如张之洞在其《劝学篇》（1898）中说："至外国今有自由党，西语实曰'里勃而特'，犹言事事公道，于众有益，译为'公论党'可也，译为'自由'非也。"（张之洞：《劝学篇上·正权第六》，《张之洞全集》[十二]，武汉出版社 2008 年版，第 167 页）

⑥ 《日本国语大辞典》（东京：小学馆 1975 年版）中作为英语译词的"自由"有两个来源：freedom 与 liberty，前者主要指精神范围的自由，后者主要指政治领域的自由。

汇》①，以"自由，自主，自在"译 freedom，"自由"译 liberty。早在江户时期的日本，古汉语"自由"已被用作对译西方相关概念，幕末、明治期间日渐成熟，几部有影响的辞书均以"自由"对译西方概念。尤其是福泽谕吉等重要思想家对"自主之理""自由之理"的阐述，更使自由思想得以广泛传播。②汉籍中较早使用现代意义的"自由"一词，见之于谢卫楼（Devello Sheffield，1841—1913）的《万国通鉴》（1882 年），该书述及法国"百姓多有自由之心，欲更变历代尊爵之承袭，俾有才德者得获官爵，并欲禁止为道逼迫之事，使人各凭己心拜主"③。

古汉语"自由"多含"自由自在""自恣自专"之义。④因此，戊戌变法之前，中国知识界公开主张"自由"的人为数不多。其中最为有名的当数严复。他在《论世变之亟》（1895 年）一文中，探索西洋富强之真谛和清帝国日暮途穷之惨相，究其原委在于两点："于学术则黜伪而崇真，于刑政则屈私以为公而已。斯二者，与中国理道初无异也。顾彼行之而常通，吾行之而常病者，则自由不自由异耳！"⑤

> 夫自由一言，真中国历古圣贤之所深畏，而从未尝立以为教者也。彼西人之言曰：唯天生民，各具赋畀，得自由者乃为全受。故人人各得自由，国国各得自由，第务令毋相侵损而已。侵人自由者，斯为逆天理，贼人道。其杀人、伤人及盗蚀人财物，皆侵人自由之极致也。故侵人自由，虽国君不能，而其刑禁章条，要皆为此设耳。⑥

---

① 井上哲次郎、有贺长雄编：《哲学字汇》（1881 年）；井上哲次郎、有贺长雄等编：《哲学字汇（改订增补）》（1884 年）。

② 关于 freedom 和 liberty 两词在日本的翻译以及自由思想在日本的传播，参见冯天瑜：《新语探源——中西日文化互动与近代汉字术语生成》，中华书局 2004 年版，第 554—556 页。

③ 谢卫楼：《万国通鉴》，转引自金观涛、刘青峰：《从"共和"到"民主"——中国对西方政治概念的选择性吸收和重构》，《观念史研究——中国现代重要政治术语的形成》，第 568 页。

④ 《后汉书·阎皇后纪》："吾兄弟权要，威福自由。"《三国志·吴·朱桓传》："节度不得自由。"

⑤ 严复：《论世变之亟》，《严复集》（第一册），第 2 页。

⑥ 同上书，第 3 页。

很明显，正是出于这类思考，严复将他 1903 年翻译出版的约翰·穆勒（John Stuart Mill，1806—1873）的 *On Liberty*（1859 年）定名为《群己权界论》，取代原译名《自繇论》。严复在译叙中试图为古汉语"自由"正名，认为其本义当为"不为外物拘牵而已"，非世俗所理解的放荡不羁。因此，译本中凡需译自由之处，均用"自繇"二字（"繇"为"由"的通假词）。①不过，彼时知识界已经流行"自由"译法，严氏标新"自繇"，还是没能得到推广。②然而，在19 世纪接近尾声之时，西方"自由"概念在中国的译词已经确立，彻底摆脱了"治己之权，任意擅专"之类的译法。自由被看作人的应有之权："自由者，权利之表征也。凡人所以为人者有二大要件：一曰生命，二曰权利。二者缺一，时乃非人。故自由者乃精神界之生命也。"③

1900 年《万国公报》从第 136 册起，连载斯宾塞（Herbert Spencer，1820—1903）《自由篇》（*On Liberty*）。严复译作《群己权界论》发表的同年，马君武将穆勒著作以译名《自由原理》出版，西方自由思想终于比较完整地介绍到了中国。梁启超宣称："自由者，天下之公理，人生之要具，无往而不适用者也。"④邹容 1902 年所作的《革命军》，被誉为中国近代的"人权宣言"。该著开篇便宣扬西洋"言论自由、思想自由、出版自由"，嗟叹"中国人，奴隶也。奴隶无自由，无思想"，并在全书最后响亮地高呼："中华共和国万岁！

---

① 严复说："或谓旧翻自繇之西文 liberty 里勃而特，当翻公道，犹云事事公道而已，此其说误也。谨案：里勃而特原古文作 libertas。里勃而达乃自由之神号，其字与常用之 freedom 伏利当同义。伏利当者，无罣碍也，又与 slavery 奴隶、subjection 臣服、bondage 约束、necessity 必须等字为对义。中文自繇，常含放诞、恣睢、无忌惮诸劣义，然此自是后起附属之诂，与初义无涉。初义但云不为外物拘牵而已，无胜义亦无劣义也。……由、繇二字，古相通假。今此译遇自繇字，皆作自繇，不作自由者，非以为古也。视其字依西文规例，本一玄名，非虚乃实，写为自繇，欲略示区别而已。"［严复：《〈群己权界论〉译凡例》，《严复集》（第一册），第 132—133 页］

② 参见熊月之：《西学东渐与晚清社会》，第 692—693 页；冯天瑜：《新语探源——中西文化互动与近代汉字术语生成》，第 556—558 页。

③ 梁启超：《十种德性相反相成义》，《饮冰室文集》之五，第 45 页。

④ 梁启超：《新民说·论自由》，《饮冰室专集》之四，上海：中华书局 1936 年版，第 40 页。

中华共和国四万万同胞的自由万岁!"①"自由"不仅成为革命风暴中的响亮口号,也成了新文化运动关注的焦点之一。当 20 世纪前期中国影响最大的现代报纸《申报》(1872 年 4 月创刊)于 1911 年 7 月 24 日创办日后最负盛名的报纸副刊《自由谈》之时,"自由"已经变成家喻户晓的概念。

近代自由主义在中国的第一代传人严复对西学的界定是:"以自由为体,以民主为用。"他所说的"身贵自由,国贵自主"②,也许最能表明时人对"自由"和"民主"二者关系的理解。梁启超亦言:"今世之识者,以为欲保护一国中人人之自由,不可不先保护一国之自由。苟国家之自由失,则国民之自由亦无所附。"③当然,并不是所有人都像严复和梁启超那样认识民主和自由的,张之洞《劝学篇》曰:"考外洋民权之说所由来,其意不过曰国有议院,民间可以发公论,达众情而已,但欲民伸其情,非欲民揽其权。译者变其文曰'民权',误矣。……近日撷拾西说者,甚至谓人人有自主之权,益为怪妄。此语出于彼教之书,其意言上帝予人以性灵,人人各有智虑聪明,皆可有为耳,译者竟释为人人有自主之权,尤大误矣。泰西诸国,无论君主、民主、君民共主,国必有政,政必有法,官有官律,兵有兵律,工有工律,商有商律,律师习之,法官掌之,君民皆不得违其法。政府所令,议员得而驳之。议院所定,朝廷得而散之。谓之人人无自主之权则可,安得曰人人自主哉?"④

其实,中国早期双语辞书对 liberty 或 freedom 的诠释,已经包含大量"民主"含义;虽说"自主"常与"自由"同理⑤,但它更多地涉及西方的民主概念。正是马礼逊用以译释 liberty 和 freedom 的"自主之理"(或以后的"自主

---

① 邹容:《革命军》,《邹容集》,人民文学出版社 2011 年版,第 5、52—53 页。

② 严复:《原强(修订稿)》,《严复集》(第一册),第 17、23 页。

③ 梁启超:《答某君问法国禁止民权自由之说》,《饮冰室文集》之十四,第 30 页。

④ 张之洞:《劝学篇上·正权第六》,《张之洞全集》(十二),第 167 页。

⑤ 参见林乐知著、蔡尔康辑:《中东战纪本末》卷八(上海:广学会,1898 年),第 31 页:"天之生人无不付以自主之理,人之待人独不应略予以自主之权呼?……人固皆有自主之理者,今削其自主使不能全乎,其为人直较诸阉割人势而又过之。盖阉人之苦不过体相不具,华人之苦甚至心力不全也,心力不全,断不能成一事创一物。"

之权""自主"，尤其是"民自主"）作为概念，在西方近现代民主思想（概念）在中国的早期传播中起了举足轻重的作用。

表 3　liberty：自由

年份	汉语译词	出处
1822	自主之理	马礼逊（Robert Morrison）：《华英字典·（第三部分）英汉词典》，第 113 页。
1847	自由，自主之权，自主之理，任意擅专，自由得意，由得自己，自主之事	麦都思（Walter Medhurst）：《英汉字典》。
1869	自主，自由，治己之权，自操之权，自主之理	罗存德（Wilhelm Lobscheid）：《英华字典》，第 1107 页。
1877	自由	吴尔玺（Theodore Woolsey）著、丁韪良（William Martin）译：《公法便览》
1878	类百尔底	郭嵩焘：《伦敦与巴黎日记》，第 715 页。
1881	自由	井上哲次郎、有贺长雄：《哲学字汇》，第 36、51 页。
1882	自可作主，无别人拘束，任意脱身	邝其照：《英华字典集成》，第 171 页。
1884	自主之权	顾赛芬（Seraphim Couvreur）：《法汉常谈》
1885	自主之权	傅兰雅（John Fryer）：《佐治刍言》第十一章"论律法并国内各种章程"，第 37 页。
1894	自主之益	罗伯村（Edmund Robertson）著，傅兰雅（John Fryer）、汪振声译：《公法总论》
1895	自由	严复：《原强（修订稿）》，《严复集》（第一册），第 23 页。
1896	自由	蔡尔康等：《李鸿章历聘欧美记》，第 223 页。
1896	自主之权	梁启超：《论中国积弱由于防弊》，《饮冰室文集》之一，第 99 页。
1896	自主之理，自主之权	林乐知（Young Allen）：《中东战纪本末》卷八，第 31 页。
1896	自主之权	《日本名士论经济学》，载《时务报》第十四，见《强学报·时务报（影印本）》，第 948 页。
1902	自由	梁启超：《新民说·论自由》，《饮冰室专集》之四，第 40 页。
1902	自主，自由，自操之理，自主之理，无别人拘束	《商务印书馆华英音韵字典集成》。
1902	自由	Calvin Mateer（狄考文），*Technical Terms, English and Chinese*, p.248.
1903	自由	无名氏译：《立宪政体论》，第 IV：12 页。
1903	自繇，自由，放任	穆勒（John Stuart Mill）著、严复译：《群己权界论》。

续表

年份	汉语译词	出　　处
1903	自由	北条元笃、熊谷直太编，范迪吉等译：《国际公法》。
1905	自由	戴鸿慈：《出使九国日记》，第 386 页。
1905	自由	载泽：《考察政治日记》，第 576 页。
1907	自由	清水澄：《汉译法律经济辞典》，第 131 页。
1908	自由	周佐彲译：《世界地理》，第 18 页。
1913	自由	Evan Morgan（莫安仁），*Chinese New Terms and Expressions*，p.149。
1916	自由，自繇，自由之能	赫美玲（Karl Hemeling）：《官话》。
1921	自由，不羁，亲押	陆伯鸿、宋善良：《法华新字典》。
1922	自由	季理斐（Donald MacGillivray）：《英华成语合璧字集》。
1923	自由	唐敬杲：《新文化辞书》，第 1036 页。

五、"自主之理"——democracy 之早期汉译概念

本文已经介绍了马礼逊、麦都思和罗存德编修的三套辞书对 democracy 的诠释，不管是"既不可无人统率亦不可多人乱管"，还是"众人的国统，众人的治理，多人乱管，小民弄权"之类的译介，都基本上没有摆脱"民主"只作为政体的陈旧概念和用法，忽略了对"民主"的新的认识和时代意义。而"自主之理"或"民自主"或多或少地赶上了时代的步伐，它不但状写西方民主国家的政治现实，更展示了 democracy 的历史哲学内涵，体现了"民主"的社会和精神因素，它是一种有关民主原则的学说，是一个发展趋势之概念和历史运动之概念。《海国图志》有曾一处援引郭实猎《万国地里全图集》（1838 年）论及"自主之理"。[①]正是郭实猎等人编辑出版的《东西洋考每月统记传》，不

---

① 郭实猎：《万国地里全图集》（1838 年），见《海国图志》（中）卷四十三："大西洋欧罗巴洲意大里国沿革"，第 1246 页："其列国皆服专主，并不知自主之名。"第 1248 页："波罗峨那古城恒执其义，并不悦服其教皇，而固执其自主之理。"［波罗峨那（波洛尼亚，或：波伦亚）：Bologna］

断阐扬"自主之理"（这一表达在《东西洋考》中出现 36 次）。下面，笔者列举《东西洋考》中有关"自主之理"或"民自主"的论说，说明这两种表达、尤其是"自主之理"与 democracy 的直接联系，同时强调《东西洋考》对 democracy 概念在中国的传播所做出的贡献，而"自主之理"或"民自主"也许可以视为现代汉语"民主"概念的胚胎。这里需要特别指出的是，马礼逊《华英字典》也将 liberty 和 freedom 亦即"自由"译为"自主之理"，后来的《荷华文语类参》也是如此译释；鉴于具体运用上的模糊性，又因"自主之理"和"自主之理"时常混用，很难断定有些论述中的"自主之理"是"自由"还是"民主"，或者二者兼而有之。

首先，《东西洋考》介绍的"自主之理"意味着大开言路、各随所见；说的是自由和平等之理，是"天下之正道，天下之定理"。《东西洋考》刊载的《自主之理》一文，假托旅英八年的华人之书信，大谈"自主之理"：

> 我中国人慕英吉利国名，而未知其国家之政体如何。余要解其意，又解不详晰；欲说其治，又说不畅达。故引人信启之言，申明大略。……英民说道：我国基为自主之理。愚问其义。曰：自主之理者，按例任意而行也。所设之律例千条万绪，皆以彰副宪体；自帝君至庶人，各品必凛遵国之律例。……上自国主公侯，下而士民凡庶，不论何人，犯之者一齐治罪。……欲守此自主之理，大开言路，任言无碍各语其意，各著其志。至于国政之法度，可以议论慷慨。若官员错了，抑官行苛政，酷于猛虎，明然谏责，致申训诫警；如此露皮漏肉，破衣露体，不可逞志妄行焉。且崇上帝，各有各意见，国民若操自主之理，不敢禁神道，而容诸凡各随所见焉。……如是可知真理，又真理将释尔，可为自主也。此是天下之正道，天下之定理矣。①

---

① 《东西洋考每月统记传》，第 339—340 页。

《东西洋考》主要是在介绍西方政治体制的时候谈论"自主之理"或"民自主"的，其中涉及不少国家。然而，谈论政体时，主要还是强调作为"国基"的自主之理：

> 此民自主治国，每三年一次选首领主，以统摄政事。【此乃】"自主之理"。(《北亚未利加合郡》)①
>
> 自此以后，美理哥民自主操权，掌治国也。(《华盛顿言行最略》)②
>
> 时势如此，城邑兴隆，闾阎丰裕，至国公之权渐衰，由是民尚公论自主之理也。……上古南与北省合一统治政，后七省逐西班雅之兵，操自主之理兼摄国政，无王无君，而择总督，治理国政。(《荷兰国志略》)③

民主制度的一个重要特征是议会制度。《东西洋考》是最早把"国会"或曰"公会""国政公会"介绍到中国来的刊物之一："英吉利国之公会，甚推自主之理……倘国要旺相，必有自主之理。不然，民人无力，百工废，而士农商工，未知尽力竭力矣。"④又曰："然则自主之理，如影随形，及国政公会摄权理民。"⑤《英吉利国政公会》一文通过对议会亦即上下两院的详细介绍阐明"自主之权"，同时，它也是中国人了解西方议会制度的最早文献之一：

> 国政之公会，为两间房，一曰爵房，一曰乡绅房。在爵房独有公侯等世爵，并国之主教；在乡绅房，有良民之优者，被庶民选择者。设使王定政事，必须核实办理，遂谕宰相转告爵房。佥公然计议停当，决论微言，出意见，献其计，详拟定例。遂令乡绅房，各位酌核妥议。恐庶众不合

---

① 《东西洋考每月统记传》，第297页。(北亚米利加合郡：美利坚合众国)
② 同上书，第320页。(美理哥：美利坚)
③ 同上书，第328、330页。
④ 同上书，第186页。
⑤ 同上书，第353页。

意，又必察其大众允诺否。不允，则弃之，再不提论。国主，愿征收钱
粮，遂讨乡绅房胥，详悉妥议，可否拨发。倘百姓或愿立法，抑想改正拟
处之本，遂请本乡绅，以此事陈明公会……①

民主的另一大特征是司法的独立。对此，《东西洋考》亦有详论。《批判
士》一文则介绍了北美的陪审员制度：

英吉利亚墨理加北，合邦各国操自主之理，亦选等批判士致定案。由
是观之，宪不定罪而民定拟之；倘数位酌核妥议，不可厚于此而薄于彼。
虽各有其意见，然公平审判乃宜矣。况十目所见、十手所指其严乎。批判
士不俸禄，并无供职，亦不趋炎附势、指望做官，是以不畏人，而宜恭敬
上帝。暗室屋漏，周览天下矣。如此民畏法，而悦然服矣。②

从以上引文可以看出，"自主之理"或"民自主"就是西方 democracy 概
念的早期中文对应词；"民自主"最后被"民主"所取代，"自主之理"却自行
消失。不过，与"自主之理"甚为相近的"自主之权"却延续了很长时间，时
常也被用来表达 liberty 的意思。③就像 19 世纪介绍西方概念时汉语中习见的多
词同义或一词多义一样，"自主"二字以后又以许多不同组合和不同含义来移译
西方概念，如"自主政权"（autonomy：自治，自主等）、"自主权"（personal
right：个人权利）④ 等。

最后需要指出的是，"自主"或"自主之理"并不都是西方"民主"概念

---

① 《东西洋考每月统记传》，第 365 页。
② 同上书，第 406—407 页。
③ 如梁启超 1896 年在《论中国积弱由于防弊》一文中所言："西方之言曰：人人有自主之
权。何谓自主之权，各尽其所当为之事，各得其所应有之利，公莫大焉。"（《饮冰室文集》之一，
第 99 页）
④ 井上哲次郎、有贺长雄编：《哲学字汇》（1881 年），第 9、79 页。

的移译。恰恰相反，它有时表达的是"独裁"，如"自主之权"（autocracy：独裁；专制制度）、"自主之君"（despot：专制君主，暴君）。①这里可见汉语中的一些词在不同语境中的差异。然而，"自主"等词最常用于国家之"主权"和"独立"（independence 和 sovereignty）。②"自主"是丁韪良译《万国公法》的中心概念（译词）之一，其中还有专章《论其自护自主之权》。③

六、尾声，又是新的开始

"议会""民主"等重要思想和政治概念输入中国，首先应该归功于西方传教士和学者，但真正使其广泛传播的，则是林则徐、魏源等面向世界的中国士大夫。然而，像《海国图志》那样甚赞美国民主制度使"国家之勃起……而自

---

① 罗存德：《英华字典》，第 118、603 页。

② 卢公明：《英华萃林韵府》卷二，第 194 页："自主之国"（independent）；李梅、日意格编：《汉法语汇便览》，第 144 页："自主"（independance）。

③ 参见《万国公法》卷二。——另见《东西洋考每月统记传》，第 343 页："嘉庆元年（1796/1797，拿破仑一世之时），法兰西三军，大获胜捷，甚恨异端，放纵无道，驱逐教皇，后夺其地矣。嘉庆十八年（1813/1814），复登位，仍旧仗势倚情，自大矜夸，横行新道。但列西国，今知自主之理，藐视其吓呼，而自主行为。"《东西洋考每月统记传》，第 361 页："法兰西国王，道光十年（1830/1831），千百姓之誉，庶民举首望之，欲为君焉。逐驱古王，而立之矣。既是如此，不期其心志与日俱更，因欲操自主之理，且摄总权，相争辩驳，而民安焉。国王秉公，施仁发政，抱济世安民之才绥靖国也，故此国保泰降福。"《东西洋考每月统记传》，第 373 页："葡萄牙国民未安，甚恨五爵弄权，自主办政。……西班牙国，尊贵皆好自主之理，自觉弹遏国民难矣。故立志募庶民，不论老幼擐甲持戈，力逐乱徒，兼摄总政。"刘锡鸿《英轺私记》，第 63 页："此我之内政也。自主之国，他人不得预其内政，尔万国公法固云然。"张德彝《随使英俄记》，第 322 页："……非欲冒犯上国（土耳其）自主体制。"傅兰雅：《佐治刍言》第七章"论人类分国"，第 21 页："至一千七百有七年，苏格兰亦立国自主。"第 22 页："……立为自主之国，亦如美国之于英国矣。"郑观应：三十六篇本《易言·论税务》，《郑观应集·救时揭要（外八种）》（上），第 69 页："洋人遂执洋货免厘之说，以为要挟，显违条约，欲挠我中国自主之权。"郑观应：《条约》，《郑观应集·盛世危言》（上），第 213 页："厘捐一事，中国既为自主之国，其如何征收应听自便，如他国前来干预阻碍，实不能谓之公允。"

成世界者"，在当时毕竟是少数。19 世纪 90 年代之前，中国知识界对"民主"等概念多半囿于介绍而缺乏认同感。[①]即便像中国首任驻外公使郭嵩焘那样的开明人士，在归国途中议论法国政局与民主制度时也说："……泰西政教风俗可云美善，而民气太嚣，为弊甚大。去年德国、意大利、西班牙屡有找君谋逆之案，俄罗斯亦数伤毙大臣，亦是太西巨患。"[②]这种对民主的怀疑态度和反感，在当时是很普遍的，著名政论家王韬亦有"民为主，则法治多纷更，心志难专一，究其极，不无流弊"[③]之说。这些观点在西方亦有同调，我们也可视之为西方民主怀疑论在中国的一种折射，英国钱伯斯兄弟所编教育丛书之一《佐治刍言》中的一段文字便是明证。[④]此外，中国知识界在关注民主制度时，基本上还缺乏推翻君主专制的胆略和想象，或曰其对满清帝室还寄予厚望，因此，不少人即便以为民主制度有其可取之处，而在提倡效法的时候，却多半避开美法式民主，推崇英德或日本式民主，这就是所谓"君民共主"之说（君主立宪）在 19 世纪盛行的原因（美法体制在五四时期才更被称颂）。在这方面，刘锡鸿的观点是很有代表性的："西洋所以享国长久，君民兼主国政故也。"[⑤]薛福成则从"西学中源"的立场赞扬君民共主"最为斟酌得中"[⑥]。力主实行议会制度的郑观应在其《盛世危言·议院》一文中说得更为明白：

或谓："议政院宜西不宜中，宜古不宜今。"此不识大局，不深知中外

---

① 直到戊戌前后，中国知识界对"民主"的认知依然颇多歧义，理解不一。（参见谢放：《戊戌前后国人对"民权""民主"的认知》，载《二十一世纪》2001 年 6 月号，第 42—51 页）

② 郭嵩焘：《伦敦与巴黎日记》，第 910 页。

③ 王韬：《重民下》，《弢园文录外编》，中州古籍出版社 1998 年版，第 65 页。

④ 傅兰雅：《佐治刍言》第十章"论国政分类"，第 31 页："法国……改为民主之国，人民权柄过大，国中异常骚扰，其凶暴残刻，较之前朝，犹有甚焉。"

⑤ 引自郭嵩焘：《伦敦与巴黎日记》，第 156 页。

⑥ 薛福成：《薛福成日记》，第 712 页："中国唐虞以前，皆民主也。（夫）若夏商周之世，虽君位皆世及，而孟子'民为贵，社稷次之，君为轻'之说，犹行于其间，其犹今之英、义诸国君民共主政乎？夫君民共主，无君主、民主偏重之弊，最为斟酌得中，所以三代之隆，几及三千年之久，为旷古所未有也。"

利病者之言耳。余尝阅万国史鉴，考究各国得失盛衰，而深思其故。盖五大洲有君主之国，有民主之国，有君民共主之国君主者权偏于上，民主者权偏于下，君民共主者权得其平。凡事虽有上、下院议定，仍奏其君裁夺：君谓然，即签名准行；君谓否，则发下再议。其立法之善，思虑之密，无逾于此。此制既立，实合亿万人为一心矣。试观英国弹丸之地，女主当国，用人行政皆恃上、下院议员经理，比年得人土地已二十倍其本国，议院之明效大验有如此者。所以君民共主之国，普天之下十居其六，君主之国十居一、二，民主之国十居二、三耳。今日本行之亦勃然兴起，步趋西国，凌侮中朝。而犹谓议院不可行哉？噫！俱矣！①

虽然陈炽在《盛世危言》序言中依然视"民主之制"为"犯上作乱之滥觞"②。更有《翼教丛编》（1898 年），反民主论调比比皆是③，"犯上作乱"是反民主者给"民主"贴上的主要标签。④这才会有康有为提出的"虚君共和"主张，这个概念在民国初年甚而至于成了君主立宪的同义词。然而，早在 19世纪进入尾声之时，尤其是进入 20 世纪之后，民主思想已在中国显示出它的巨大威力。为了推翻清朝、建立民国，"共和"思想（共和主义）盛极一时。⑤

① 郑观应：《议院上》，《郑观应集·盛世危言》（上），第 91—92 页。

② 陈炽：《盛世危言》陈序，《郑观应集·盛世危言》（上），第 9 页。

③ 参见苏舆辑：《翼教丛编》。——如叶德辉《叶吏部〈輶轩今语〉评》（《翼教丛编》卷四，第 80 页）所云："西人有君主，有民主，君有君之史，民有民之史。中国自尧舜禅让以来，已成家天下之局，亦以地大物博，奸宄丛生，以君主之，犹且治少乱多，以民主之，则政出多门，割据分起，伤哉斯民，不日在疮痍水火之中哉！"

④ 另参见王尔敏：《晚清士大夫对于近代民主政治的认识》，《晚清政治思想史论》，第 261—262 页："当时人之反对民主，首先在肯定君父之义，在心目中，以君为五伦之首，神圣而不可侵犯，议之非之，俱为大逆。同时肯定上下之义，以君后为上，为长，为尊，庶民为下，为末，为卑。自然之秩序，不容紊乱。……同时更确定国政之本在君而非民，权利之始由君而非民，反此则颠倒上下，是为乱政。"

⑤ 参见金观涛、刘青峰：《从"共和"到"民主"——中国对西方政治概念的选择性吸收和重构》，《观念史研究——中国现代重要政治术语的形成》，第 260—268 页。

然而，由于民初政治亦即共和政治的失败，共和主义遭到否定，人们终于在五四时期打出了"德谟克拉西"的大旗。19 世纪你中有我、我中有你的"民主共和"，也被拆分为泾浊渭清的两个概念。

1919 年 5 月，杜威（John Deway，1859—1952）应邀来华讲学，6 月在北京作题为"美国之民治的发展"的演讲，刊发于当月的《每周评论》。这篇阐扬杜威新自由主义政治思想的讲演对五四民主思潮的演变产生了广泛的影响。担任翻译的胡适遂将杜威的 democracy 概念改译为"民治主义"或"民治"。陈独秀于 11 月发表了《实行民治的基础》（《新青年》7 卷 1 号，1919 年 12 月 1 日）一文，亦采用了杜威的"民治"概念。就在这个时期，《新青年》杂志上的民主观念经历了由"民主"而"民治"的演变。[1] 然而，杜威式的"民治"毕竟只是他以及他的追随者对 democracy 的理解[2]，因此，其时毫不久又得让位于"正宗的"德谟克拉西。《新青年》杂志刊行三周年之际，陈独秀在该刊发表《本志罪案之答辩书》，称"民主"和"科学"为"德先生"和"赛先生"："我们现在认定只有这两位先生，可以救治中国政治上、道德上、学术上、思想上一切的黑暗。"[3] 胡适在讨论新思潮的意义时说："比较最简单的解释要算我的朋友陈独秀先生所举出的《新青年》两大罪案——其实就是新思潮的两罪大案——一是拥护德莫克拉西先生（民治主义），一是拥护赛因斯先生（科学）。"[4]

原载方维规：《概念的历史分量》，北京大学出版社 2018 年版

---

① 参见金观涛、刘青峰：《〈新育年〉民主观念的演变》，载《二十一世纪》1999 年 12 月号，第 29—41 页。

② 杜威关于"民主"的阐释，超越了自由主义之民主政治的传统观念，将其扩展至社会经济领域，并将民治主义分为政治的民治主义、民权的民治主义、社会的民治主义和经济的民治主义。

③ 陈独秀：《本志罪案之答辩书》，载《新青年》第六卷第一号（1919 年 1 月 15 日），见《新青年（影印本合编）》（6），第 17—18 页，另见《陈独秀文集》（第一卷），第 361—363 页。

④ 胡适：《新思潮的意义》，载《新青年》第七卷一第号（1919 年 12 月 1 日），见《胡适文集》（第 2 册），第 498 页。

从追求正道到认同国族
——明末至清末中国公私观念的重整

黄克武

台湾"中央研究院"近代史研究所

一、前　言

公与私的区分不但在中西历史上是一个重要的课题，也是现实生活中让人寻思、论辩，而往往不得其解的一个难题。在中文语汇之中，公与私这一对概念至少指涉了实然与应然两种意涵：在实然方面它们为社会范畴的区分，一般而言"公"指国家部门（state sector），有时也包括地方公产与公众事务，而"私"则指非国家部门（non-state sector），又可再进一步细分为个人与社会群体，如家族、党社等。在应然方面两者为道德价值的判断，"公"指利他主义（altruism），"私"指追求自我利益，亦即强调一己的独占性，也包含自私自利（selfishness）。[①]

然而以上两种意涵在历史文献上并没有清楚的区分。公私价值的区别有时

[①]　就社会范畴而言，有时会将公部门再细分为公与官，因而形成了官、公、私的三分法。如马敏指出明清以降的中国社会之中，官领域是指"高度科层化的专制国家机器"，私领域是指"无数个分散的小农家庭所构成的经济实体和社会细胞"，公领域则是"一是指地方所公有的'公产'，如公田、公屋、社仓、义仓、书院、义学、各类善堂等。二是指官方不直接插手，但私人又无力完成的地方公事和公差，诸如保甲、团练、防火、防盗、修桥、铺路、水利、民间赈济，以及育婴、恤孤、养老、掩骸等慈善事业"，马敏：《官商之间：社会剧变中的近代绅商》，天津人民出版社 1995 年版，第 220 页。

是模糊与游移的，人们对于"利他"与"自私"，或何者为个人正当的情欲、何者为不正当的情欲，没有一致的看法。再者，人们对于公私范畴的划分亦无固定的标准，例如家族活动在某一些情境被认为属于公领域，某一些情境则属于私领域。①这涉及费孝通所谓中国"差序格局"的社会背景②，在此背景之下，己与人（或私与公）的界线常视其对待面之不同而具有伸缩性。

公私概念的混淆也涉及语言的歧异性。在中文语汇之中"私"有时为中立性的语辞，广义地指涉国家部门之外的人民，如《清实录》常谈到"令公私两便"。③有时公与私则同时指涉社会范畴与道德价值。这样一来，公或私不但指涉某一"社会范畴"所从事的特定活动，也带有对此一活动的"道德判断"。这些语汇上的混淆使我们对于中国历史上公私问题的探讨更为困难。

以公私语汇为基础的思考在明清以后又与士人对专制的抨击、对个人欲望与私有财产的肯定，以及追寻"现代国家"的努力等思想动向结合在一起。众所周知，现代国家是以"国家"与"国民"等概念为基础建立起一套特殊的政治运作。中国知识分子在引介、构思此一制度时，很自然地运用他们所熟悉的公与私概念范畴，来讨论个人与国家之权限，以及合适的群己关系，因而形成思想上的曲折发展，值得一探究竟。

本文即尝试以明末至清末为时间断限，从思想史的角度来探讨与公、私之概念范畴相关的一些课题。尤其注意到 16 世纪末至 20 世纪初，中国知识分子如何以传统公与私的概念来构思群与己（尤其是国与己）关系而形成的思想变迁。

明清之际中国思想界对于公私议题有十分热烈的讨论，李贽（1527—

---

① 艾尔曼曾指出在宋明清时期非血缘的党社组织被视为是私，而宗族组织反而被视为公，这与现代西方的用法相反，见 Benjamin A. Elman, *Classicism, Politics, and Kinship: The Ch'ang-Chou School of New Text Confucianism in Late Imperial China* (Berkeley: University of California Press, 1990), p.34。

② 意指该社会之中角色关系的亲疏厚薄是从近亲往外推移。见费孝通：《乡土中国》，观察社 1948 年版。

③ Thomas A. Metzger, *The Internal Organization of Ch'ing Bureaucracy: Legal, Normative, and Communication Aspects* (Cambridge: Harvard University Press, 1973), pp.281—282.

1602)、顾炎武（1613—1682）、黄宗羲（1610—1695）等人对"私"（主要指个人欲望与私有财产）提出一个新的看法，这一种肯定私的观念进一步发展为顾炎武思想之中"合天下之私，以成天下之公"，以及黄宗羲所谓"后之为人君者……使天下之人，不敢自私，不敢自利，以我之大私为天下之大公""必使治天下之具皆出于学校……天子亦遂不敢自为非是而公其非是于学校"的政治理念。①这一理路本来是因应明清社会的转变（即大陆学者所谓"资本主义萌芽"的各种现象），并针对专制统治与宋明理学将公与私、天理与人欲、义理之性与气质之性等严格区分而发②，在近代思想上促成"气的哲学""经世之学"与"考证学"等学术路向的发展，清儒戴震（1724—1777）、凌廷堪（1755—1809）等人对人情与人欲的肯定，建立"以欲为首出的哲学"，强调"以礼代理"等，可视为此一路向的展现。③然而不容忽略的是这一思想遗产也对清末知识分子认识民主、自由、权利、国家、国民等崭新的议题产生了重要的影响，他们对以上问题的讨论几乎都以明末清初思想家如顾、黄等人的公私

① 见沟口雄三：《中国前近代思想の屈折と展开》，东京：东京大学出版会1980年版，第3—24页。余英时：《中国近世宗教伦理与商人精神》，收入《中国思想传统的现代诠释》，台北：联经出版事业公司1987年版，第346页；余英时：《现代儒学的回顾与展望：从明清思想基调的转换看儒学的现代发展》，《现代儒学论》，River Edge N. J.：八方文化企业公司1996年版，第18—27页。

② 有关宋明理学对公与私的看法请见翟志成的文章《宋明理学的公私之辨及其现代意涵》，黄克武、张哲嘉编：《公与私：近代中国个体与群体的重建》，台北："中央研究院"近代史研究所2000年版，第1—58页。

③ 明末对公私问题所提出的新观点与当时思想界其他五个看法密切相关，结合成一种一方面有批判性，另一方面比较关心既得利益者的心态。这些看法是：一、不强调政治核心的政策，而较重视地方性、社会性的活动。二、在组织事务，尤其是经济组织方面，较强调私有组织，而非国家组织。三、重视保障私有财产，亦即一种保富安民的看法。四、强调通商的重要性。五、较不强调公私、义利的对立，而提倡从私之中导引出公，亦即"公者私之积"的观念。六、较不强调学术精英的领导，而重视商人角色。见拙著，《自由的所以然：严复对约翰密尔自由思想的认识与批判》，台北：允晨文化实业股份有限公司1998年版，第296—297页。此一思想变迁亦可参见黄克武：《清代考证学的渊源：民初以来研究成果之评介》，《近代中国史研究通讯》1991年第11期，第43—44页。张寿安：《以礼代理：凌廷堪与清中叶儒学思想之转变》，台北：台湾"中央研究院"近代史研究所1994年版，第25—26页。

观念为基础，而作进一步的引申与发挥。①

那么明末与清末对公私观念的讨论有何异同？以下几点值得思索：

第一，无论是明末清初还是清末民初的思想家在肯定"私"与"利"的同时并没有放弃"公"的道德理想，仍然拥抱中国传统中"天下为公""大公无私"的目标，也反对徇私或"假公济私"等自私的行为。②换言之，他们是在不抹杀个人合理的欲望，也尊重群体规范的前提下，来重新思考群己关系。因此他们的看法一方面为宋明以来的儒家传统开创出一个新的局面，另一方面仍继承了许多固有的思想预设。对明清时期这些肯定"私"的思想家而言，其思想之中连续性的因素除了大公无私之外，还包括王道、仁政、内圣外王、生生不已、乐观主义的认识论（认为人类可以获得客观的知识）、环境的乐观主义（认为天然资源十分充足）、将社会视为由士农工商所组成而环绕着"礼"的活动，以及对知识分子角色之认定等。这些预设不但在 19 世纪经世传统之中十分盛行，甚至在 20 世纪思想界仍有持续的影响力。再者，我们不能忽略的是主流儒家论述之中一直存有肯定"恒产""因民之所利而利之"与通商的观念，这也是明清时期思想家肯定"私"（特别是私有财产）的重要基础。③

---

① 一个耐人寻味的事情是清末民初士人对公私、民主、自由的讨论不仅受顾、黄等人影响，也与戴震思想的重新诠释有关，例如刘师培、章炳麟、梁启超都高度评价戴震的哲学，甚至将之与卢梭、孟德斯鸠相比，至五四运动时期戴震的哲学也被胡适等人抬出来，借以判儒家传统，在这方面拙文着墨甚少，还值得深入探讨。目前已有一些重要的研究成果，请参阅丘为君：《梁启超的戴震研究——动机、方法与意义》，《东海学报》1994 年第 35 卷，第 61—85 页；刘巍：《二三十年代梁启超、胡适、钱穆的戴震研究》，清华大学硕士论文 1998 年版。

② 刘广京：《顾炎武之公利观》，台湾"中央研究院"近代史研究所编：《近世中国经世思想研讨会论文集》，台北：台湾"中央研究院"近代史研究所 1984 年版，第 100—104 页。此文是刘氏对该论文集之中程一凡的《顾炎武之私利观》一文的书面意见，刘氏表示"顾氏认为'存公灭私'，事实上办不到，而希望公与私不致互相排斥，而能相辅为用，以私济公。程文虽亦提到此点，但行文之间，过于强调'私利'，忽视'公'之大目标"，第 100 页。

③ 有关明清时期肯定私的思想家与儒家传统之连续性在此无法细论，在这方面请参考墨子刻的作品，如 Thomas A. Metzger, "The State and Commerce in Imperial China"[*Asian and African Studies* vol.6（1970），pp.23—46]讨论到传统思想之中肯定"追利"的一些想法。墨子刻：《中国近代思想史研究方法上的一些问题：一个休谟后的看法》，《近代中国史研究通讯》1986 年第 2 期，第 38—52 页，讨论到中国文化固有的几个预设，以及固有预设与中国现代思想之关系。

第二，在近代肯定"私"的历史发展之中，中国知识分子将一个比较一元化的"私"的概念（特别是针对宋明理学对公私的看法）更细致地分为不同的概念范畴。就行为之主体而言，一类为统治者之私，一类为庶民之私。就其内涵来说，一类是负面性的自私自利、损人利己之私，需要贬抑；一类是正面性的合情、合理之私，必须肯定。明末与清末的思想家所肯定的私均为庶民的合情、合理之私，并以此来讨论"合私以为公"，亦即以肯定每一个个体的合理欲望、私有财产，以及个人对公共事务的参与，来建立社会正义的准则。

第三，就思想的渊源来说，明末公私观念的讨论与反专制、理学内部的变化，以及明清社会经济变迁有关；清末的公私观念的讨论除了有传统渊源之外，具有更强烈的西方影响的色彩。

第四，两者虽然都是从"合私以为公"的角度来肯定一个具有正面意义的"私"，但明末时所注重的私是指个人欲望与私有财产权，清末对公私的讨论则更为关注由全体国民私其国，来倡导"国民"的权利①，其理论基础不仅是人性的必然趋向，也包括公民的与种族的国族主义（civil and racial nationalism）、社会达尔文主义、社会有机体论、功利主义、自由民主思潮，与自由放任的经济思想等。尤其值得注意的是清末思想界对"私"的讨论将西方"开明自营"（enlightened self-assertion）与顾、黄的"合私以为公"的观点结合起来，来肯定个人政治、经济方面的"权利"，与实施民主制度之想望，使国人对于公私、义利，与群己关系的认识，进入一个新的境界。这样一来，明末所谓的"公"主要是指追求公平、正义或正道，而清末所谓的"公"除了追求公平、正义与正道之外，更增加了国民对于一个现代国家的认同（identity）之意涵。这一变迁也扣紧了李文孙（Joseph R. Levenson）所谓从

---

① 沟口雄三：《中国与日本"公私"观念之比较》，《二十一世纪》1994 年第 21 期，第 92—93 页。有关近代中国国民论述的形成请参考沈松侨先生近年来重要的研究，如氏著《我以我血荐轩辕——黄帝神话与晚清的国族建构》，《台湾社会研究季刊》1997 年第 28 期，第 1—77 页；《振大汉之天声——民族英雄系谱与晚清的国族想象》，《中央研究院近代史研究所集刊》2000 年第 33 期，第 77—158 页。

"天下"到"国家"的历程。①

这样的思想变化是如何产生的呢？从顾、黄到辛亥革命前夕的三个世纪之内，中国思想界对公私议题的讨论有何曲折的过程？本文将以 18 世纪末年至 20 世纪初年的几位思想家为例，来观察此一变迁。其中特别注意梁启超（1873—1929）与严复（1854—1921）的角色，梁、严一方面深受传统影响，熟稔顾、黄等人的论述，另一方面则经由不同管道认识西方思想，而对公私、义利、群己等议题提出许多创见，在当时思想界颇具影响力。②此一思想脉络的厘清，不但可以让我们了解清朝中叶以来在西力冲击之下，中国士人如何重新构想个体/群体的关系，也将提供我们对于近代中国思想界中连续性与非连续性之议题，作更深入的思索。

二、 清中叶以降经世思想对公私问题的讨论

清中叶以后思潮走向之主脉是从理学、考证转移到经世致用、汉宋调和与中体西用，此一变迁有非常复杂的渊源，如今文学的兴起与王朝的衰微等，然而不容忽略的是与上述顾、黄、王的经世传统与戴震、凌廷堪所倡导的"以礼代理"的思想倾向，亦即所谓"实学"的兴起，有直接的关系。乾隆末年时陆耀（1726—1785）曾编辑《切问斋文钞》（1776 年，以下简称《文钞》），此书是近代经世思想的前驱，其中就收有张尔岐（1612—1678）与顾炎武的通

---

① Joseph R. Levenson, *Confucian China and Its Modern Fate：A Trilogy* （Berkeley：University of California Press，1965），pp.98—104. 从天下到国家的转变一方面有重大的非连续性，但是我们不能忽略近代中国知识分子对"现代国家"的想象也包含了许多传统的成分，例如孙中山所说中国应"驾于欧美之上"即与西方的国族主义有明显的不同。

② 严、梁的思想除了通过自身的著作传播以外，也经由像《时报》那样倾向改革的报纸传递到更广泛的读者群。见 Joan Judge, *Print and Politics："Shibao" and the Culture of Reform in Late Qing China* （Stanford：Stanford University Press，1996）。

信，讨论"行己有耻"，也收录了顾炎武的《与友人辞祝书》与《答王山史书》《论风俗》，以及凌廷堪的《复礼》一文。①陆耀亦曾致书戴震讨论理欲之辨，他对戴震表示："来教举近儒理欲之说，而谓其以有蔽之心，发为意见，自以为得理，而所执之理实缪，可谓切中俗儒之病。"②

然而《文钞》同时也收录了许多理学家的作品，而将析论性与天道与重礼的想法结合为"下学而上达"的"一贯"主张。《文钞》中汤斌（1627—1687）的《答陆稼书书》一文认为"欲求孔孟之道，而不由程朱，犹航断港绝潢而望至于海也……欲明程朱之道者，当心程朱之心，学程朱之学，穷理必极其精，居敬必极其至"③。陈道（1707—1760）的《与熊心垣书》一文则表示反对这样的玄想："前明讲学者喜言高妙，辨及毫芒，析愈精而说愈纷，于己于人究无裨益。"因此《文钞》的学术立场整体来看是反对士人只知天人之学，却忽略道德实践，该书主张不放弃形而上的理想，而是以道德实践为本，逐渐体认性命与天道。用张尔岐的话来说"因标见本，合散知总，心性天命将有不待言而庶几一遇者"。如果用学派分野来看，《文钞》所谓的正确的学术是：尊崇程朱、不排击陆王，而以理学中重实际的传统来提倡下学上达的一贯主张。④再者，《文钞》所强调的经世之策一方面是继承理学的传统，要求士人要立定志向，以家国、天下为己任，另一方面则强调在"恪尊王制"的前提之下以出版书籍来移风易俗，并从事教育、行政方面的改革。

这样的观点一方面继承了明末顾炎武、黄宗羲的经世理念，重视人伦日用、人民生活与讲求实学，但也选择性地放弃了顾、黄从"合私以为公"来抨击专制君主"私天下"的批判传统，《文钞》也没有收录顾、黄肯定私有财产、

---

① 陆耀编：《切问斋文钞》（道光七年杨国祯刻本）。

② 此信转引自钱穆：《中国近三百年学术史》，台北：台湾商务印书馆1983年版，第330页。钱穆表示此信收在《切问斋文钞》，但道光初年杨国祯重刻的《切问斋文钞》之中并没有收录此文，在陆耀的《切问斋文录》也没有这一封信，因此此信的出处仍有待查证。

③ 《文钞》，第6a—7b页。

④ 请参见黄克武：《理学与经世：清初〈切问斋文钞〉学术立场之分析》，《"中央研究院"近代史研究所集刊》1987年第16期，第37—56页。

个人欲望与戴震所谓"通情遂欲之谓理"的言论。①在一篇分析《切问斋文钞》之经世思想的文章中，作者曾经以两组观念来观察 16 世纪到 18 世纪末年经世思想的变迁，一是转化与调适，前者指要求彻底的改变而达到完全的成功，后者指逐步改善而肯定等级性的成就；一是政治核心的改革与强调政治核心之外的社会性行动。根据拙文的分析，顾、黄等人倾向"彻底改造政治核心的转化思想"，强调君主专制的弊病，而重视中央政府的改造；《文钞》则较接近"核心之外的调适思想"，关怀地方性与社会性的事务，同时坚持知识分子应努力于个人的道德修养，以达到彻底的转化。②

这种强调核心之外的调适主张，搭配个人道德转化的理想，构成清中叶之后经世思想的主调。直到清末像冯桂芬、康有为、梁启超等人重新动员顾、黄的思想遗产，一方面向专制挑战，另一方面向西学接轨，才促成较重大的变化，回复到呼吁改造政治核心的转化思想。③

在《文钞》出版后的半个世纪，魏源（1794—1857）应贺长龄（1785—1848）之邀编辑《皇朝经世文编》（1826 年，以下简称《文编》），该书成为清代经世思想的开山之作。④此书基本的学术立场是消融门户之见，主张以宋学为本、汉学为末的汉宋调和论。这样的立场与《文钞》非常类似，亦即以经世关怀作为共同点来调和学界的纷争，只是因为学术思潮的变动，《文钞》所面对的是朱陆之争，《文编》所面对的是汉宋之争。

《文编》之中对学术、政治等议题的讨论也显示该书与《文钞》的基本立场是一致的，一方面从实学的角度肯定人伦日用，另一方面也有意地忽略顾、

---

① 顾炎武最重要的《郡县论》《生员论》《钱粮论》与黄宗羲的《明夷待访录》等文都没有被收录进《文钞》。而戴震的文章只收了两篇，分别是讨论天文历法的《璇玑玉衡解》与《七政解》。

② 黄克武：《理学与经世：清初〈切问斋文钞〉学术立场之分析》，第53—58页。

③ 梁启超：《清代学术概论》，台北：台湾中华书局 1974 年版，第 62 页。梁启超：《中国近三百年学术史》，台北：台湾中华书局 1983 年版，第 47 页。熊秉真：《十七世纪中国政治思想中非传统成份的分析》，《中央研究院近代史研究所集刊》1986 年第 15 期，第 30—31 页。

④ 魏源编：《皇朝经世文编》，台北：世界书局 1964 年版。以下的分析是依赖拙著《〈皇朝经世文编〉学术、治体部分思想之分析》，台湾师范大学历史研究所硕士论文，1985。

黄的批判精神。在此脉络之下《文编》对公私问题的看法实际上与顾、黄等人的观点有所出入，我们可以举《文编》所收录汪缙（1725—1792）的《准孟》与秦蕙田（1702—1764）的《任贤勿贰去邪勿疑》两篇文章来作说明。

汪缙的文章借着对于公私、义利等问题的讨论来申述孟子的观点。他针对领导阶层而发言，认为个人的求利以及人与人之间的竞争是不可避免的，但有的人是以公为出发点，有的人则以私为出发点。公与私的区别在于前者是以仁义之心来追求利，而后者是以统治者个人利害来追求利，二者表面上十分类似，然而其导致的结果则截然不同。前者是"圣王"，"若父兄之虑子弟也……自十一而外，一丝一粟，上无利焉。故民乐其生，服其教，遇饥馑兵战之厄，蟠固而不散"；后者则是"术家"，"其于民也，若毫猾之驭臧获，若屠贩者之役牛马……非有爱也，以为吾将有以用之也，故其民仰利畏威，不识君父亲戚，寡廉耻，惟利威之向"。汪缙认为中国历史最大的转折是战国时期的秦国以法家思想取代孟子王道观念，因而造成三代理想世界的消灭沉沦，因此解决的方法是重振孟子的公私、义利之辨。这样的观点一方面肯定孟子式的爱民思想，也认识到庶人的物质欲望是无法阻绝的（亦即有恒产始能有恒心），只能以疏导的方式来防范，另一方面则认为作为统治者的君子要建立更高的道德标准，实践以仁义为基础的"公"的理想。他指出：

> 曰仁人心也，义仁路也，未有失其心而可以为人者，未有人而可以不由此路者。是故所欲有甚于生，所恶有甚于死，行一不义，杀一不辜，而得天下，不为也。[①]

这与陆耀《文钞》要求知识分子道德转化的想法是一致的。

秦蕙田的《任贤勿贰去邪勿疑》一文有类似的看法，他认为平天下的一个重要方法是任用贤能而舍弃邪恶，那么如何分辨两者的不同呢？他说：

---

① 汪缙：《准孟》，《文编》，卷1，第5—6页。

> 贤邪之判在心术，而心术之辨在公私，心术果出于公欤，其气象必有
> 光明磊落之概……如心术或出于私，其情状必有掩饰闭藏之态……公与私
> 之辨彰彰如此。

以上的观点显然是将公与私作为相对立的概念，要求有经世之志的世人追求大公无私、遏制本身私欲，这也显示他们不强调顾炎武的公私观念，以及由此衍生的肯定个人欲望、私有财产的主张，反而是返回先秦儒学与宋明理学的公私、义利之辨。①

《文编》中刘鸿翱（1779—1849）的文章《封建论》《井田论》也反映了一个与明末顾炎武等人不同的思想倾向。他不像顾炎武那样看到秦以后郡县制度的弊病是"其专在上"的私心，主张"寓封建之意于郡县之中"，来制衡中央集权的过度发展。刘鸿翱继承柳宗元（733—819）、苏轼（1036—1101）以来支持郡县的传统，以为封建变为郡县是"非人之所能为也，天也"②。但是他不同意柳宗元所说"公天下之端自秦始"，或说封建是私、郡县是公的观点，他将公私之辨与君主的道德结合在一起，以为只要是"上有修德之天子，封建治郡县亦治……上无修德之天子，封建乱郡县亦乱"；换言之，只要统治者有德就是"公"，无德则是"私"。这一看法无疑是源于"内圣外王"的固有预设。然而对刘氏而言，政治制度的选择还是有一定的影响，他认为郡县比封建要好的地方是：郡县制度较封建制度易于维持政治的稳定，所以封建之世一定要"尧舜禹汤文武"才能怀服天下，而郡县制度只要汉唐的英主统治"民未尝不获安"。③

---

① 在此要说明的是肯定个人欲望、私有财产的主张虽然在《文编》所代表的清代经世思想之中不是一个重要的议题，但是顾、黄对公私的看法与他们经世倾向，或说重视人民物质生活之改善的想法有关系，这一精神亦为清代经世思想家所继承。

② 有关柳宗元与苏轼的政治思想可参阅萧公权：《中国政治思想史》，台北：联经出版事业公司1980年版，第436—440、522—525页。

③ 有关《文编》之中对封建、郡县的讨论见拙著《明清经世思想与历史观》，刊于中兴大学历史系编：《第二届中西史学史研讨会论文集》，台南：久洋出版社1987年版，第243—248页。

明清以来对封建郡县的讨论环绕着两个议题：第一，如果说公代表公平、正义，与多数人的利益，私则代表不符正义，与少数人（或统治者个人）的利益，那么何种政治体系是公，而何种是私？第二，与上述讨论相关的是要实现公的理想应该恢复封建之古制，行地方分权，还是要肯定已经实行的中央集权式的官僚组织？① 从以上的叙述我们可以了解顾炎武采取了一种折中的观点，主张"合私以为公"以及"寓封建之意于郡县之中"，希望能以地方分权、学校等制度性的安排，来抑制君主专制，开创出一个更为舒缓的社会、经济与政治活动空间，也对庶民的追利抱持更为宽容，甚至鼓励的态度；对顾炎武来说，这样的政治体制才是正道（公）的实现。然而《文编》所代表的经世的传统则把公私的讨论转移到君主（或更扩大到士绅阶层）之动机与行为是否合乎儒家仁义、爱民的根本原则，也接连着在此前提之下肯定公与私的截然划分，以及郡县制度（专制）的合法性。换言之，《文编》所显示的理念是以行仁政的统治者来实施官僚体系内调适性的改革，即是一种合于公道的政治统治。这当然是清代特殊政治气氛的产物，士人企图在肯定现实政权、现行制度的前提下，借着强化公私的区别，以及强调内圣外王的道德标准，来突显他们对专制君主的批判性。②无论如何，这样一来，清中叶经世思想之中对于封建、郡县之争所关怀的主题不再像顾炎武那样，企图开创一个新的政治体制与活动空间，而转移到"法古"与"是今"之间的辩论。他们的答案则倾向应该"是

---

① 有关清代封建、公私问题的讨论及其与新思想、新制度的关系，请参考 Min Tu-ki, "The Theory of Political Feudalism in the Ch'ing Period," *National Polity and Local Power: The Transformation of Late Imperial China* (Cambridge: Harvard University Press, 1989), pp.89—136. Prasenjit Duara, *Rescuing History from the Nation: Questioning Narratives of Modern China* (Chicago: The University of Chicago Press, 1995), pp.147—175。

② 《文编》的立场与魏源本身的想法似乎是契合的，魏源在他个人的作品之中即曾批评顾炎武过于激烈的变法主张，强调调适性的变革与改造统治者之质量的重要性，"《郡县》《生员》二论，顾亭林之少作，《日知录》成而自删之，《限田》三篇，魏叔子（按魏禧，1624—1680）三年而后成，友朋诘难而卒毁之。君子不轻为变法之议，而惟去法外之弊，弊去而法仍复其初矣。不汲汲求立法，而惟求用法之人，得其人，自能立法矣"，见魏源：《默觚·治篇四》，《魏源集》，台北：鼎文书局1978年版，第46页。

今"而不该"泥古"，这也显示顾、黄等人所开创的思想路向在清中叶之后并没有完全为经世思想的主流所继承。①

然而顾、黄的传统也没有完全断绝，《文编》之中所收录顾炎武的文章也反映了某种程度重视地方分权、地方舆论的观念：

> 后之人见《周礼》一书，设官之多，职事之密，以为周之所以致治如此，而不知宅乃事宅乃牧宅乃准之外，文王罔敢知也……求治之君，其可以为天下而预铨曹之事哉?②

> 人君之于天下，不能以独治也，独治之而形繁矣，众治之而刑措矣。③

> 立闾师，设乡校，存清议于州里，以佐刑罚之穷。④

在《文编》之中顾炎武的分权、清议的观点只能隐含地展现出来。在清中叶以后的经世思想之中，继承顾炎武思想而对"私"加以肯定，但是却没有被收入《文编》的一个作品是龚自珍（1792—1841，魏源的好友）所撰写的《论私》一文。⑤在这篇短文之中龚氏怀疑大公无私的理想，并肯定私的价值。他认为人之所以异于禽兽之处就在于：人与生俱来有一种要求"私"的倾向。仔细分析他所谓的"私"包含以下两方面的意义。第一，类似现代隐私（privacy）的观念所强调的个人身体与亲密行为的隐秘需求。他说"夫狸交禽

---

① 余英时在上举《现代儒学的回顾与展望：从明清思想基调的转换看儒学的现代发展》一文将顾、黄等思想路向说成是近代思想史上的"新基调"，然而他似乎没有注意到《皇朝经世文编》所代表的经世传统基本上并不肯定此一"基调"。

② 顾炎武：《说经（〈日知录〉）》，《文编》，卷8，第3—4页。

③ 同上书，卷8，第5页。

④ 同上。有关清朝学者对顾炎武思想的取舍，请参考 Thomas Bartlett，"Ch'ing Period Views of Ku Yen-wu's Statecraft Scholarship,"收入台湾"中央研究院"近代史研究所编：《近世中国经世思想研讨会论文集》，台北：台湾"中央研究院"近代史研究所1984年版，第39—79页。

⑤ 《文编》收有龚自珍的《平均篇》，强调财富平均的重要性，见该书第7—8页。

媾，不避人于白昼，无私也。若人则必有闺阃之蔽，房帷之设，枕席之匿，赪颜之拒矣"。第二，在人与人交往之时，每一个人对于亲疏远近会有不同的对待方式，不会一视同仁，这也是一种私，但是龚氏认为此一想法为儒家思想所肯定：

> 忠臣何以不忠他人之君，而忠其君？孝子何以不慈他人之亲，而慈其亲，寡妻贞妇何以不公此身于都市，乃私自贞，私自葆也……禽之相交，径直何私？孰疏孰亲，一视无差，尚不知父子，何有朋友？若人则必有孰薄孰厚之气谊，因有过从燕游，相援相引，款曲燕私之事矣。①

龚自珍显然对士人高谈"大公无私"的论调感到不满，而从人性论的角度将私当作一种自然的倾向，不一定要完全视之为负面性的自私自利。这样的想法与顾炎武、戴震以来的主张显然是相配合的，但是龚自珍并没有像顾炎武那样，从对"私"的反省开始，从而建构一套比较有系统的政治理论。他只是从对私的肯定出发，进而主张重视人民物质生活，强调经世、养民的重要性。这也显示出他对顾炎武思想亦作一选择性的继承。②

龚氏的观点其实与《文编》经世思想并不矛盾，而主要是发言对象的不同因而造成着重点的差异，龚氏所肯定的私是每一个个体的隐私与"亲亲"之私，《文编》所反对的私则是统治者（或士人）违反儒家仁义与爱民之原则的"徇私"行为。

---

① 龚自珍：《论私》，《龚定盦全集类编》，中国书店1991年版，第90—91页。
② 清儒对公私问题的讨论还值得进一步研究，龚自珍的看法应有其代表性。例如与戴震同时的程瑶田（1725—1814）亦反对"大公无私"，其立论与龚氏类似，以为"亲亲"乃合理之私，如果人们不肯定此种私就无法达成公的理想。清儒对公私的讨论主要是环绕着人性、家族伦理等议题，企图打破公私的对立，它不像宋明理学从公私对立的角度作一二分式的价值判断，也不像顾炎武的公私之辨那样具有强烈的政治意涵。作者感谢张寿安女士在这方面的提示。

龚自珍不但肯定"私"的重要性，也强调"我"在历史演变之中所扮演的角色。他受到佛教的影响，对"心力"（即个人意愿的力量）深信不疑，以为心力的影响要超过"天命"。因此论者以为龚自珍是"中国近代唯意志论思潮的源头"①。唯意志论是一种要求彻底改变的转化思想，这样一来龚自珍的想法也标示着清代思想的主流从调适走向转化的发展方向。难怪当清末转化思潮兴盛之际，龚自珍的思想受到许多人的青睐。梁启超曾说"晚清思想之解放，自珍确与有功焉，光绪间所谓新学家者，大率人人皆经过崇拜龚氏之一时期，初读《定盦文集》若受电然"②。主张"冲决网罗"的谭嗣同（1865—1898）也非常钦慕龚自珍，他认为龚氏"能独往独来，不因人热"③。

总之，清中叶经世思想对公私问题的讨论偏离了明末清初顾、黄等儒者所开创的经世典范，以肯定私利为基础来构思一个新的政治架构，他们转而依赖固有"内圣外王"的思维模式，将政治问题的解决归诸统治者修身，再搭配长期以来官僚组织内部所酝酿的调适性的变革传统，希望促成合理的改革。这样的取向在清末西力冲击之下逐渐无法满足士人经世之渴望。龚自珍于1841年去世之后，其亲人将龚氏的作品编辑成《定盦文录》一书，并请魏源作一叙文，魏源在文中谈到龚自珍"晚犹好西方之书，自谓造深微云"④，然而从他的思想之中我们却看不到西力的"冲击"。整体观之，鸦片战争之前的经世思想没有受到太强烈的西方影响，这样的情况到1850年之后才有较大的变化，中国思想界接触到西方民主、权利、自由等理念，也因此使人们对公私问题的讨论展露出一个新的面貌。

---

① 高瑞泉：《天命的没落：中国近代唯意志论思潮研究》，上海人民出版社1991年版，第16页。

② 梁启超：《清代学术概论》，台北：台湾中华书局1974年版，第54页。

③ 谭嗣同的《论艺绝句六篇》之中有"千年暗室任喧豗，汪魏龚王始是才"，蔡尚思编：《谭嗣同全集》，中华书局1981年版，第77页。

④ 魏源：《定盦文录叙》，《魏源集》，第239页。

三、 以君民共主或民主来实现大公无私①

鸦片战后开始介绍西方政治制度的一位先驱学者是上述的魏源，魏氏在鸦片战争前编辑《皇朝经世文编》，战后又将关怀的重点转移到对西方的认识，编成《海国图志》。该书介绍世界各国的状况，其中特别反映出对西方民主制度的高度向往。例如魏源认为美国"选官举贤，皆自下始""三占从二，舍独徇同"的制度"其章程可垂弈世而无敝"，而且制度周全，达到"公"的理想：

> 公举一大酋统摄之，匪惟不世及，且不四载即受代，一变古今官家之局，而人心翕然，可不谓公乎？议事听讼，选官举贤，皆自下始，众可可之，众否否之，众好好之，众恶恶之，三占从二，舍独徇同。即在下预议之人，亦先由公举，可不谓周乎？②

徐继畬（1795—1873）在 1848 年出版的《瀛寰志略》和顾炎武一样强调专制是"天下为私"，"得国而传子孙，是私也"；相对来说，他认为美国统领华盛顿（George Washington，1732—1799）所开创的制度"几于天下为公，骎骎乎三代之遗意也"：

> 异人也，起事勇于胜、广，割据雄于曹、刘，既已提三尺剑，开疆万里，乃不僭位号，不传子孙，而创为推举之法，几于天下为公，骎骎乎三

---

① 这一节的内容部分采自拙著：《清末民初的民主思想：意义与渊源》，台湾"中央研究院"近代史研究所编：《中国现代化论文集》，台北：台湾"中央研究院"近代史研究所 1991 年版，第 372—374 页。

② 见魏源：《增广海国图志》，台北：珪庭出版社据光绪乙未年上海书局石印本影印 1978 年版，卷首第 3 页上"后叙"与第 59 卷"外大西洋墨利加州总叙"。

代之遗意也。

他又说"美利坚合众国以为国，幅员万里，不设王侯之号，不循世及之规，公器付之公论，创古今未有之局"①。后来有不少的人受到徐继畬直接、间接的影响。例如曾经出使外国的李凤苞（1834—1887，1877 年曾带领严复等学生赴英国留学）说西方立宪国家是上下不隔、以民为主，"其治国齐家持躬接物，动与尽己推己之旨相符，直合王霸为一，骎骎三代大同之治矣"②。1900 年在革命党兴中会的机关报《中国旬报》之上也有类似的论调，赞赏华盛顿"提三尺剑，开疆万里，乃与世共之，不家天下，创推举之公法，开未有之奇局。唐尧揖让之风不能及其无弊，欧洲民主之政不足拟其宽仁，诚长治久安之道也"③。

由此可见在接触西方民主政治之始，不少知识分子就将民主制度视为一种完美的理想，而他们表达的方法是将之比拟"三代"公天下的精神，并以之批判传统专制体制。

至 19 世纪 60 年代英法联军之后，对西方民主制度的了解逐渐增加，但上述的视野并没有改变。冯桂芬（1809—1874）是这一时期之中很重要的一位思想家，他景仰顾亭林，因而自号景亭。冯氏在中国古代的历史中找到许多例子，认为这些想法与西方民主的理想相通，如官吏任免取决公议、古代乡亭之制即地方自治，并且，他主张以恢复陈诗的方法来保障言论自由，使言者无罪而闻者足戒，以革除上下之情不通的弊病。他直率地指出西方政治的长处在"人无弃才""地无遗利""君民不隔""名实必符"等。冯桂芬在某种程度上继

① 徐继畬：《瀛寰志略》（道光 28 年刊本），第 9 卷，第 15 页。

② 李凤苞：《巴黎答友人书》，收入葛士浚辑：《清朝经世文续编》，第 103 卷，台北：文海出版社 1979 年版，第 2686 页。1998 年美国总统克林顿在北大演讲时还提到徐继畬对美国民主制度的赞美。

③ 见陈沂春生：《原中原》，《中国旬报》1900 年第 22 期，第 2—3 页。转引自潘光哲：《研究近、现代中国民主共和思想的回顾与省思》，《中华民国史专题论文集第四届讨论会》，台北：国史馆 1998 年版，第 1628 页。

承了顾炎武强调地方分权的看法，希望能扩大政治参与，进而保障地方利益，然而他的观点在光绪年间受到不少反对变法人士的攻击。①冯桂芬同样地将泰西比拟为三代，而且认为民主制度的重要功能是可以通上下之情，使君民之间达到完善的沟通。②

这种强调民主制度具有整合社会、凝聚共识之功能的想法在戊戌变法前后的民主思想中十分普遍，19 世纪七十与八十年代的王韬（1828—1897）、郑观应（1841—1923，一作 1842—1922）二人的思想充分反映了这种民主观念的继续发展。③

王韬曾帮助西人翻译圣经与中国经书，他在 1867 年至 1869 年随理雅各布（James Legge，1815—1897）赴英国居住二年，他的《弢园文录外编》初刊于 1883 年（光绪九年）。在书中他将政治形态分为三类，一为君主之国，一为民主之国，一为君民共主之国；他认为其中最理想的形态是以英国为代表的君民共主制，其原因与冯桂芬的想法类似：

英国之所恃者，在上下之情通，君民之分亲，本固邦宁，虽久不变。观其国中平日间政治，实有三代以上之遗意焉。④

---

① Philip A. Kuhn, "Local Self-Government under the Republic: Problems of Control, Autonomy, and Mobilization," in Wakeman and Grant eds., *Conflict and Control in Late Imperial China* (Berkeley: University of California Press, 1975), pp. 257—298. Philip A. Kuhn, "The Case Against Reform: Some 'Conservative' reactions to Feng Kuei-fen's *Chiao-pin-lu k'ang-i*,"《近代中国史研究通讯》1990 年第 9 期，第 57—58 页。

② 见冯桂芬：《校邠庐抗议》，二手研究方面则请参考吕实强：《冯桂芬的政治思想》，《中华文化复兴月刊》，第 4 卷，1971 年第 2 期，第 5—12 页。Young-tsu Wong, "Feng Kuei-fen's Perception of Reform," *Monumenta Serica* 31 (1974—1975), pp.131—150.

③ 熊月之曾敏锐地指出清末民主与民权并不同义。民权较含糊，意指肯定人民的权利，但并不一定要反对君权，所以早期主张变法的思想家多倡民权而反民主。民主则对君权有较大的威胁性，倾向推翻专制，建立共和政府。但有时两者又是同义的，如孙中山所说的民权即指民主。熊月之：《中国近代民主思想史》，上海人民出版社 1987 年版，第 13—14 页。

④ 王韬：《弢园文录外编》（上海，1897 年），第 4 卷，第 15 页。

> 君为主，则必以尧舜之君在上，而后可久安长治；民为主，则法制多纷更，心志难专一，究其制不无流弊；惟君民共治，上下相通，民隐得以上达，君惠亦得以下逮。都俞吁咈，犹有中国三代以上之遗意焉。①

王韬民主思想中最显著的特色有二，一是将此一制度视为完美的理想，近似三代之制；其次认为西方的君民共主制解决了三代以后专制政治之下君民沟通的问题，将可使当代回复到了三代时君民相亲近的治世。他指出这个制度的实施可以达到巨大的效果：

> 苟得君主于上，而民主于下，则上下之交固，君民之分亲矣！内可以无乱，外可以无侮，而国本有若苞桑磐石焉。由此而扩充之，富强之效，亦无不基于此矣。②

郑观应也有非常类似的看法，郑氏在19世纪70年代（光绪初年）撰《易言》一书中已有立议院之议，但至1884年撰写《盛世危言》之后思想才成熟。首先他同意顾炎武、黄宗羲的观点，认为自从禅让传贤变为世袭的君主专制之后"以举国为私产，兆庶为奴隶"，结果君臣相与追求私利，"熙熙攘攘之民遂交受其害而不得复沾其利"。③

相对来说，西方的以议院制度为基础的君主立宪则可以解决长远以来"私"天下的困局，实现"公"的理想。这是因为所有的议员皆举自民间的贤者，而非出于门第或赏赐，所以不至于有营私植党，沽名罔利的弊病。他说议员"均匀普遍，举自民间，则草茅之疾苦周知，彼此之偏私悉泯，其情通而不

---

① 王韬：《弢园文录外编》（上海，1897年），第1卷，第19页。

② 同上书，第19—20页。

③ 这些观点是郑观应在1894年之后所撰《原君》一文中的看法，此文收入1900年《盛世危言》的重印本之内，转引自熊月之：《中国近代民主思想史》，第146—147页。

郁，其意公而无私"。同时议院之外多设报馆，表明议院的是非。整体配合之下"天下英奇之士，才智之民，皆得竭其忠诚，伸其抱负，君不至独任其劳，民不至偏居其逸，君民相洽，情谊交孚，天下有公是非，亦即有公赏罚"。郑观应认为透过议院制度的运作可以达到国家整合的功能，使朝野上下同心同德、众志成城，实现古代民本的理想，与富强的目标。①

郑氏的民主思想具有相当的代表性，其后有不少的思想家有类似的意见，他们均认为议院可以通上下之情、开言路，回复到三代公天下的理想，是一个相当完美的制度。②其中特别值得注意的是居于香港的何启（1859—1914）与胡礼垣（1847—1916）。③

他们同意郑观应所说实施以议院制度为基础的君主立宪，可以实现公天下的理想。首先就根本的政治原则来说，国家的基础是"公与平"，也就是"无私""无偏"，那么如何达成此一理想呢？何、胡两人的看法是"君民无二心"，"以庶民之心为心"；"君民无二事"，"以庶民之事为事"。④在制度层面要了解民心、民事则需在地方与中央开设议院，这个制度的实施即是"使民自议其政，自成其令"，"人人皆如愿相偿，从心所欲"，这样一来，统治者依照被统治者的愿望来施政，即是天下为公。⑤

除了议院制度之外，民主之所以能实现公的理想在于民主机制之中少数服从多数，亦即"从众"的原则，而众人的意见即是"公道"：

① 郑观应：《盛世危言》，台北：学术出版社影印1965年版，第4卷，《议院》。

② 将泰西的民主制度比拟为三代的尧舜盛世在19世纪八十、九十年代非常普遍，在1896年梁启超撰写《古议院考》也带有此种"引中国古事以证西政"的心态。然而1897年任公此种想法受到严复的批评（见《与严幼陵书》），1901任公所撰《尧舜为中国中央君权滥觞考》，批评以尧舜为民主的看法，认为禅让实乃"私相授受"。《饮冰室文集》，台北：台湾中华书局1978年版，第一卷，第108页，第六卷，第22页。

③ 有关何启与胡礼垣的民权思想请参考许政雄：《清末民权思想的发展与歧异：以何启、胡礼垣为例》，台北：文史哲出版社1992年版。

④ 何启、胡礼垣：《曾论书后》，《新政真诠》，格致新报馆1900年版，第3页。

⑤ 何启、胡礼垣：《新政论议》，《新政真诠》，第8—9页，第16页。

> 民，人也；君，亦人也。人人有好善恶恶之心，即人人有赏善罚恶之权。然就一人之见而定，则亦涉私心；就众人之见而观，则每存公道……此民权之大意也。①

何、胡二氏也了解到大公无私的理想不易立即实现，目前可以着手之处要先肯定"私"，亦即是人人各私其家、私其乡、私其国，如能使每个人各得其私，那么私就变成了公。这样的推理与顾、黄等人的观点是很类似的：

> 大道之行，今犹未及。天人大合之旨未可以旦夕期。是故为今日言，则家不妨私其家，乡不妨私其乡，即国亦不妨私其国，人亦不妨私其人。但能知人之私之未能一，知己之私之未尽蠲，如此则合人人之私以为私，于是各得其私而天下亦治矣。各得其私者，不得复以私名之也，谓之公焉可也。②

在何启、胡礼垣的思想之中，"公"的意涵无疑是指正义、正道，但是这样的想法与西方的民主观念结合在一起之后，"公"也开始带有群体认同的意义（所谓"私其国"），这一思路伴随着"自由""权利"与"国民"观念引介，变得更为重要，下文会较详细地描写这一变化。

总之，大约从19世纪50年代以后，中国知识分子在传统与西方的双面冲击下，尝试解决新时代的挑战，他们以一种深受传统影响的眼光来观察西方的民主政治，形成了一种充满乐观精神的民主观念。他们认为西方民主制度是一个完善的方法，可以达到许多以往无法实现的理想，例如可以使政治领袖、政府官员和人民之间有充分的沟通，可以开言路、通上下之情。因此民主不但可以达成内部的和谐，而且形成整体的团结。同时民主的政府是由贤人组成，可

---

① 何启、胡礼垣：《劝学篇书后》，《新政真诠》，第50页。
② 同上书，第48—49页。

以贯彻"仁"或"大同"的道德理想，也完全不存在追求私利、特权或维护既得利益，这样一来民主可以解决长久以来君主专制导致"私天下"的弊病，实现大公无私的理想。诚如梁启超在 1896 年写给严复的一封信中所说"国之强弱悉推原于民主，民主斯固然矣，君主者何？私而已矣；民主者何？公而已矣"①。

上述对西方民主观念的理解不但在清末士人之中十分流行，在 20 世纪中国知识分子的思想中也一直存在。近代以来国人对西方民主思想的理想化（或说乌托邦式的期望）使国人对西方民主的认识倾向于接受卢梭式的民主传统，而忽略或误会密尔式的民主传统，尤其使中国知识分子不够注意到密尔式民主思想中一些重要的面向，如张灏所谓西方民主传统中的"幽暗意识"，与墨子刻（Thomas A. Metzger）所说的"悲观主义的认识论""三个市场"等想法。②"五四"以后将"德先生"当成"德菩萨"的情形变得更为普遍③，反而忽略了密尔式民主传统中建立民间社会的重要性，颇为吊诡的是，民主理想的绝对化反而成为民主制度运作的一个障碍。④

四、 自主之权、絜矩之道与公私

清末传入中国的西方政治理念除了民主之外还有与之密切相关的 rights 与

---

① 梁启超：《与严幼陵先生书》，《饮冰室文集》第一卷，第 109 页。李国俊的《梁启超著作系年》，复旦大学出版社 1986 年版，认为此信作于 1897 年春，见第 37 页。蒋广学则断定"将它视为 1896 年年底至 1897 年 3 月之前不会有什么大错"，见《梁启超和中国古代学术的终结》，江苏教育出版社 1998 年版，第 9 页。

② 张灏：《幽暗意识与民主传统》，台北：联经出版事业公司 1979 年版。有关墨子刻的观点请见拙著：《一个被放弃的选择：梁启超调适思想之研究》，台北：台湾"中央研究院"近代史研究所 1994 年版，第 18—19 页，以及《自由的所以然：严复对约翰密尔自由思想的认识与批判》。三个市场指思想、政治与经济的市场，亦即思想、政治与经济的多元主义。

③ 顾昕：《中国启蒙的历史图景》，香港：牛津大学出版社 1992 年版，第 172 页。

④ 拙著：《公民投票与卢梭思想：从民主理论看当前台湾公民投票之论争》，《当代》1994 年第 104 期，第 116—121 页。

liberty（或 freedom）等概念，早期的翻译者有时把 liberty 径称"里勃而特"，但更普遍的方式是将 rights 或 liberty 译为"自主之权"，中国士人对这些概念的认识也与传统的公私概念交织在一起。①

西方 rights 的概念最早被译为"自主之权""权利"等，刘广京曾指出早在 19 世纪六十年代的传教士丁韪良（William Alexander Parsons Martin，1827—1916）所译《万国公法》（1864 年）之中即以"权利"来翻译庶民的 rights，这一译法似乎要比日本书刊来得早②；极有意义的是书中将 independent sovereignty 译为"自立自主之权"，而且"主权""自主之权"与"权利"等词，常互换使用，因而使读者产生个人的"权利"与国家的"主权"有所关联。③换言之，rights 概念传入中国之始就不单纯是属于个人的，而是与群体目标纠结为一。

19 世纪 80 与 90 年代在康有为、梁启超、何启、胡礼垣等人的文章中可以看到许多这方面的讨论。

康有为（1856—1927）最早的著作要推 1884 年至 1887 年间（光绪十年至

---

① "自主"为传统语汇，"自主之权"则是清末才出现的。二十五史之中"自主之权"只有一例，见 1927 年出版赵尔巽等编《清史稿·列传》（台北：鼎文，1981）"廓尔喀既为英逼，勤修国政，力保自主之权，英虽觊觎之，无如何也。光绪末，犹入贡中国云"，第 529 卷，列传 316，属国 4，第 14713 页，"廓尔喀"。

② 刘禾的诠释与刘广京不同。她指出中国古典文献之中已有"权利"一语，例如《史记·魏其武安侯列传》中有"陂池田园，宗族宾客为权利，横于颍川"。刘禾认为在古典中文之中"权利"原是一个负面性的字眼，与权力、金钱和特权等概念有关，然而她推测此一译词是在日人采用之后再传回中国。Lydia H. Liu, *Translingual Practice*：*Literature*，*National Culture*，*and Translated Modernity—China*，*1900—1937*（Berkeley：University of California Press，1996），pp. 279—280. 丘宏达则指出丁韪良所翻译的《万国公法》之中将 sovereignty 译为"主权"，privilege 翻译为"权利"，他认为这些名词为丁氏所新创，见氏著：《中国国际法名词的研究》，《中国国际法问题论集》，台北：台湾商务印书馆 1972 年版，第 26 页。

③ 刘广京：《晚清人权论初探：兼论基督教思想之影响》，《新史学》1994 年第 5 卷第 3 期，第 6 页。19 世纪六七十年代随着中外交涉的增加，"自主之权"大量出现在外交文书之中，意指国家主权，例如同治朝《筹办夷务始末》第 62 卷，同治七年 12 月（1869 年）总理各国事务恭亲王等奏附有"英国公使论拟修约节略"，其中多次使用"自主之权"。

十三年）所撰的《康子内外篇》与《实理公法》，二书已奠下后来追求"天下为公"之大同思想的基础。在《实理公法》一书中，"自主之权"出现不下 12 次之多，其意义似乎同时包含我们现在所指的自由与权利。他以欧几里得（Euclid，约 300 B.C.）的几何学为基础，掺杂基督教灵魂的概念，力主人人平等，并倡言人人皆有"自主之权"，发挥"仁"心，共同推进世界大同。康有为所谓的"自主之权"带有很强烈的个人自主与发挥个人潜能之意涵，然而对他来说个人自主之权的发展并不会走向人与人之间利害的冲突，而是由于每一个人仁爱之心的扩充，因而使人类社会推向大同与大公无私的政治理想。①如果我们用英国学者柏林（Isaiah Berlin）的"积极自由"（positive freedom，指追寻更佳之自我的自由）与"消极自由"（negative freedom，指以权利保障，而免于受制于他人的自由）的区别来看，康有为所谓的"自主之权"基本上是倾向积极自由，强调自我道德意识的发展，而较少保障自我权益不受他人侵凌的消极自由的意义，更完全忽略柏林所谓强调积极自由有导致专制的危险。②此种对自主之权的看法一方面受到西方的影响，但是另一方面在很大的程度上是将儒家的道德理想投射到西方 rights 观念之上。在近代中国思想史上这样的想法很有代表性，而在何启、胡礼垣、梁启超等人的思想之上尤其明显。

何启、胡礼垣的《新政真诠》一书写于 1887 年至 1900 年之间，他们基本的政治主张是"民权乃立国之真诠，而君宪则最宜之政体"③。曾如前述，他们对民权、议会等看法与上述许多鸦片战争之后的经世思想家是一致的，希望借着开议院、众治，通上下之情，来实践"公"的理想。但是较特别的是他们借着"自主之权"观念的讨论更深入地介绍西方天赋人权的想法：

① 李三宝：《经世传统中的新契机：康有为早期思想研究之一》以及黄俊杰：《从〈孟子微〉看康有为对中西思想的调融》，《近世中国经世思想研讨会论文集》，台北：台湾"中央研究院"近代史研究所 1984 年版，第 571—574、577—609 页。

② Isaiah Berlin, *Four Essays on Liberty* (Oxford：Oxford University Press, 1969).第四章两种自由概念。

③ 萧公权：《中国政治思想史》，第 852 页。

各行其是，是谓自主。自主之权，赋于之天，君相无所加，编氓亦无所损……夺人自主之权者，比之杀戮其人，相去一间耳。①

何启、胡礼垣认为"是故为国之大道，先在使人人之有自主之权，此不特为政治之宏规，亦且为天理之至当"②。他们所说的自主之权已在某种程度上具有保障生命、财产权与个人自由的意义，亦即柏林所说消极自由的一面。但是他们也和康有为一样，将自由与自主之权和儒家的道德理想结合在一起，他们强调自由与自主之权就是实践《大学》《中庸》的理想，一方面是自我的伸展，另一方面此一伸展不是放任而无忌惮，而是能够配合群体的目标。他们明确地指出西方人所说的 liberty 就是《中庸》所说的率性而为：

夫里勃而特与《中庸》："天命之谓性，率性之谓道"，其义如一。性曰天命，则其为善可知矣。道曰率性，则其为自由可知矣。是故凡为善者纯任自然之谓也，凡为恶者矫揉造作之谓也。③

上文之中所理解的自由显然是就个人或个人与宇宙（即天命）的关系而言，并不直接涉及群己之权界。但是在他们的观念中自主之权则不然，是个人居于群体之中为规范彼此关系所产生的；他们强调自主之权就是儒家的忠恕与絜矩之道，也就是己立立人，己达达人：

自主之权从何而起，此由人与人相接而然也。今人独处深山之中，与

---

① 何启、胡礼垣：《劝学篇书后》，《新政真诠》，第52页。当时国人对天赋人权的认识往往从儒家"天命"的角度来立说，例如毕永年（1869—1901）认为"传曰：人受天地之中以生，所谓命也，人人皆承天地之气以为命，即人人皆有自主之权"，见唐才常、谭嗣同等撰：《湘报类纂》，台北：大通书局1968年版，甲集上，第1—2页。

② 何启、胡礼垣：《劝学篇书后》，《新政真诠》，第52页。

③ 同上书，第49页。

木石居，与鹿豕游，则其人之权自若，无庸名以自主之权。惟出而与人遇，参一己于群侪之中，而自主之权以出。是自主者由众主而得名者也。众主者谓不能违乎众也。人人有权，又人人不能违乎众。其说何居？曰：权者利也、益也。人皆欲为利己益己之事，而又必须有利益于众人，否则亦须无损害于众人。苟如是，则为人人所悦而畀之以自主之权也。人之畀我者如是，则我之畀人者亦如是。是则忠恕之道，絜矩之方也。①

这样一来，根据何、胡二人的观点，有自由与自主之权的人一方面是率性而为善，同时也是率性而不违众。②以上从群己关系以及儒家絜矩之道的观点来讨论自由与权利的看法在中国近代思想史上是很普遍的。严复在 1903 年所撰《群己权界论》的《译凡例》之中即有类似的意见，他说"人得自繇，而必以他人之自繇为界，此则大学絜矩之道，君子所恃以平天下者矣"③。

梁启超对"自主之权"的讨论也显示出受到儒家理想影响的色彩。1896年任公在《时务报》发表《论中国积弱由于防弊》，反省中国政治体制而提倡变法，他思索问题的起点是公与私以及三代与三代以后的两组区别，"先王之为天下也公，故务治事；后世之为天下也私，故务防弊"，他进一步指出防弊精神的发展使君臣分隔、上下不通，结果"法禁则日密，政教则日夷，君权则日尊，国威则日损……上下暌孤，君视臣如犬马，臣视君如国人也"，因而造

---

① 何启、胡礼垣：《劝学篇书后》，《新政真诠》，第 50—51 页。

② 有关康有为与何启对"自主之权"的看法可参考日本东京大学梁一模的精彩讨论，《自由と公私——清末おける日本经由の「自由」論以前の「自由」論》，《中国哲学研究》，1996 年第 10 号，第 7—12、26—31 页。

③ 严复：《群己权界论》，商务印书馆 1903 年版，第 1—2 页。严复在这方面也有一些彷徨，在 1895 年所发表的《论世变之亟》一文，他说两者其实有所不同："中国道理与西法自由最相似者，曰恕，曰絜矩。然谓之相似则可，谓之真同则大不可也。何则？中国恕与絜矩，专以待人及物而言。而西人自由，则于及物之中，而实寓所以存我者也"，见严复：《论世变之亟》，王栻编：《严复集》，中华书局 1986 年版，第 1—3 页。或许随着时间的演变，严复更加看到两者的相通性，这也在某种程度上反映了严复思想的变化。

成中国历史上积弊难返之势。这样的批评与顾炎武、黄宗羲以君主专制为"私天下"的看法是很类似的。

任公除了从传统的公私的角度来论述当代政治的缺失之外，也援引西方"自主之权"的想法，主张使人人有"自主之权"作为解决之道。对任公来说，西方的自主之权就是先王所说的絜矩之道，人人有自主之权可以使国家有权，进而实践公的理想：

> 防弊之心乌乎起？曰，起于自私。请言公私之义。西方之言曰，人人有自主之权。何谓自主之权？各尽其所当为之事，各得其所应有之利，公莫大焉，如此则天下平矣！防弊者欲使治人者有权，而受治者无权，收人人自主之权，而归诸一人，故曰私。虽然，权也者，兼事与利言之也，使以一人能任天下人所当为之事，则即以一人独享天下人所当得之利，君子不以为泰也。先王知其不能也，故曰，不患寡患不均；又曰，君子有絜矩之道，言公之为美也。地者积人而成，国者积权而立，故全权之国强，缺权之国殃，无权之国亡。[①]

从以上的讨论可见自 19 世纪 60 至 90 年代，中国思想界经由传教士引进西方"自主之权"的想法，开始之时该词指涉国家主权的意味较浓，但逐渐地康有为等人开始用来讨论与西方 liberty、rights 相关的一些环绕着个体与群己权界的概念。然而在认识新观念的过程之中，晚清的思想家也似乎在有意、无意之中将固有的观念投射到西方思想之上。其中较重要的几点包括：以"天命""天理"作为自由与自主之权的基础来介绍西方"天赋人权"的想法；以伦理性的"絜矩之道"来阐释自主之权的意涵与其所建构之群己关系，因此自主之权的重点是自我的发展，也是率性而为，但不是为所欲为，而是与群体利益不相矛盾的。再者，以顾炎武等人"合私以为公"的逻辑来论证：积个人之

---

① 梁启超：《论中国积弱由于防弊》，《饮冰室文集》第一卷，第 96—99 页。

权可以合为国家之权，积个人之私可以成天下之公。换言之，君主的个人之私受到批判，庶民累积而成的集体之私则得到肯定。这样一来，近代中国知识分子对西方自由、权利两概念之认识的基本模型（或说一种与传统密切相关的特殊视野）在接触之初已经展现，后来进一步从这个角度接受社会有机体论、功利主义、亚当·斯密的自由放任的经济思想、国族主义，并反省墨子、杨朱与传统讳言追利等观念，都不足为奇了。

五、 自由、权利、国民与公私

戊戌政变之后梁启超逃亡日本，阅读日译西书，观念产生重大的变化。1899 年任公在《清议报》28 册上发表《自助论》一文，介绍中村正直（1832—1891）所译英国斯迈尔斯氏（Samuel Smiles，1812—1904）所著《西国立志篇》（原书名为 *Self-Help*，1859 年出版）。在此文之中我们可以看到任公思想的延续与变化。首先，任公再次申述个人自主之权与国家之间的密切关系：

> 国所以有自主之权者，由于人民有自主之权，人民所以有自主之权者，由于其有自主之志行。今夫二、三十家之民相团则曰村，数村相联则曰县，数县相会则曰郡，数郡相合则曰国。故如曰某村风俗纯实，则某村人民之言行纯实者为之也；曰某县多出货物，则某县人民之力农勤工者为之也；曰某郡艺文蔚兴，则某郡人民之嗜学讲艺者为之也；曰某国福祚昌盛，则某国人民之志行端良，克合天心者为之也。盖总称曰国，分言曰民，殆无二致也。[①]

---

① 梁启超：《饮冰室自由书：自助论》，《清议报》1899 年第 28 册，第 5 页。

他也以此观点来批评君主专制，希望通过"阖国民人之权"表达"国人之所欲行"，使君民一体、公私无别，建立一个新的国家：

> 盖西国之君，譬则御者也，民人，譬则乘车者也，其当向何方而发，当由何路而进，固乘车者之意也，御者不过从其意，施控御之术耳。故君主之权者，非其私有也，阖国民人之权，萃于其身者是已。唯然，故君主之所令者，国人之所欲行也；君主之所禁者，国人之所不欲行也。君民一体，上下同情，朝野共好，公私无别，国之所以昌盛者，其不由此欤！[1]

上述的看法与任公赴日之前的观点并没有太大的差异。大约在 1899 年秋天，《清议报》之上出现许多有关自由、权利以及"积私为公"的言论。[2]至该年 10 月，任公思想似乎有一较大的转折。在 10 月 25 日出版的《清议报》第 30 册之上任公发表《论近世国民竞争之大势及中国之前途》以及《放弃自由之罪》《国权与民权》等文。这些文章不再环绕着以前所谈的"自主之权"的概念，而开启了一个崭新的环绕着"国民"观念的新论域。[3]此一新观念的产生一方面与任公接触德国伯伦知理（Johana Caspar Bluntschli，1808—1881）的"国家论"以及社会达尔文主义有密切的关系，另一方面也直接源于顾炎武、黄宗羲的思想与1850 年以来中国思想界对公私、民主、自主之权与己群关系的思索。

任公在《论近世国民竞争之大势及中国之前途》一文开宗明义地对国家、国民及其与公私之关系作一说明：

---

① 梁启超：《饮冰室自由书：自助论》，《清议报》1899 年第 28 册，第 5—6 页。

② 例如《清议报》1899 年第 29 册的《东京大同高等学校功课》收有冯斯栾的一篇文章，"积私成公，积我便成无我，合众私而成一大私，是公之极也。合众我而成一大我，是无我之至也。即私即公，即我即无我。舍我私之外，岂复有所谓无我与公哉？"第 10 页。

③ 近代中国国民论述的出现请参考沈松侨：《族群、性别与国家——辛亥革命时期"国民"观念中的界限问题》》（未刊稿）。

中国人不知有国民也，数千年来通行之语，只有以国家二字并称者，未闻有以国民二字并称者。国家者何？国民者何？国家者，以国为一家私产之称也，古者国之起原，必自家族……一家失势，他家代之，以暴易暴，无有已时，是之为国家。国民者，以国为人民公产之称也，国者积民而成，舍民之外，则无有国。以一国之民，治一国之事，定一国之法，谋一国之利，捍一国之患，其民不可得而侮，其国不可得而亡，是之为国民。

任公对国民的想法和他对自由与民权的认识是联系在一起的。《清议报》第 30 册同时收有《放弃自由之罪》与《国权与民权》二文，任公强调国民的一个重要条件是具有"自由权"或"民权"，但是民权所涉及的不只是个人，更直接影响到"我国自由之权"或"国权"。任公说"民之无权，国之无权，其罪皆在国民之放弃耳"；换言之，每一个国民如果不放弃自由权则国之自由权"完全无缺"。在以上的看法之中，任公显然尝试将民权与国权界定为二而一、一而二的密切关系。

然而任公还是敏锐地察觉到个人自由权的伸张会影响到他人或群体，因为"自由权可谓全为私利计耳"，所以争取自由权会"排除他力之妨碍，以得己之所欲"，其中明显可以看到社会达尔文主义的影响。在这同时任公也开始放弃卢梭"天赋人权"的主张，标举出"强权论"，以为天下没有权利，只有权力，而拥有权力之后，利益随之而来。[1]然而在天演世界的权利竞争之中，如何才能维系群体的秩序呢？任公提出了一个在近代中国非常普遍的自由观念，亦即"人人自由，而以他人之自由为界"：

夫物竞天择，优胜劣败（此二语群学之通语，严侯官译为物竞天择适者生存……）此天演学之公例也。人人各务求自存则务求胜，务求胜则务

---

[1]　梁启超：《论强权》，《清议报》1899 年第 31 册，第 4—5 页。

为优者，务为优者，则扩充己之自由权而不知厌足，不知厌则侵人自由必矣。言自由者必曰，人人自由而以他人之自由为界。夫自由何以有界，譬之有两人于此，各务求胜，各务为优者，各扩充己之自由权而不知厌足，其力线各向外而伸张，伸张不已，而两线相遇，而两力各不相下，于是界出焉。故自由之有界也，自人人自由始也。①

这一观念的产生无疑地受到严复有关社会达尔文主义之作品的影响，但是亦未尝不可视为前节所论把"自主之权"当作"絜矩之道"之观点的延伸。无论如何，在此思维原则的指引之下，从"民权"到"国权"之间的中间环节得到贯通，这样的解答也针对了自由、民权观念传入中国之后，许多人担心这些追求个人自由与权利的说法会导致放纵、无节制的疑虑。②

1902 年任公撰《新民说》，其中有"论权利思想"与"论自由"两节，反复申述新的国民必须具备自由思想与权利观念等"公德"，而他所说的公德是指"人人相善其群"，亦即是在形成"社会"与"国家"等新的群体时所需要的道德项目。然而任公在论证公德之重要性时，还是利用国人所熟悉的观点，来阐述"团结"与"兼爱"，以及兼爱就是利己。任公的论点与上文很类似，首先他强调个人权利与国家权利之间通过累"积"的过程而产生的一体关系：

---

① 梁启超：《放弃自由之罪》，《清议报》1899 年第 30 册，第 1929 页。任公权界的观念很可能是受到严复的影响。在《天演论》的按语之中严复曾说"太平公例曰，人得自由，而以他人之自由为界""道在无扰而持公道，其为公之界说曰，各得自由而以他人之自由为域"，而严复则是从译介斯宾塞（Herbert Spencer, 1820—1903）的《群谊篇》（*Principles of Ethics* 之一章）所体会出来的。严复译：《天演论》，商务印书馆 1930 年版，第 34、44 页。

② 在当时认为自由会导致放纵是非常普遍的一种疑虑。最具代表性的是张之洞，他认为"自由"、"自主"就是鼓励自私，会导致社会秩序的崩溃，建议把 liberty 翻译为"事事公道，于众有益"，而不要译为"自由"。见《劝学篇·正权》，收入《张文襄公全集》，台北：文海出版社 1970 年版，第 24—25 页。另外笔名支那子的作者也说"今之所谓自命为自由者也，无公共心，无自治力，以破坏团体为目的，以不守规则为自由，逞个人利我之心，以侵害公共之权利，乃至身败名裂，犹侈口予人曰自由"，支那子：《法律上人民之自由权》，《浙江潮》1903 年第 10 期，第 1—8 页。

一部分之权利，合之即为全体之权利。一私人之权利思想，积之即为一国家之权利思想。故欲养成此思想，必自个人始。人人皆不肯损一毫，则亦谁复敢撄他人之锋而损其一毫者？故曰：天下治矣，非虚言也。（西哲名言曰："人人自由，而以他人之自由为界。"实即人人不损一毫之义也……）。①

其次，从肯定个人权利的角度，任公反驳传统贬抑私与利的观点，从而对杨朱、墨子作一重新的评估。以往认为杨朱的想法最自私，因为他说"人人不损一毫，人人不利天下"，然而在任公的眼里，杨朱却成为主张个人权利的先知②；再者，墨子说"利人即所以利己"，而利己即是兼爱，任公则指出这是对"国家思想"的深刻说明。③

以"国民""权利"和"积"的观念来贯通利己与利群，使任公肯定"私"与"利"的正面意义，这一思维逻辑和顾、黄等人的想法是非常类似的，而具体地表现在 1901 年《清议报》第 82、84 册《十种德性相反相成义》中讨论"利己与爱他"一节。在该文之中任公以为发扬墨翟与杨朱之学是救中国的良方：

为我也，利己也，私也，中国古义以为恶德者也。是果恶德乎？曰，恶，是何言？天下之道德法律，未有不自利己而立者也……人而无利己之思想者，则必放弃其权利，弛掷其责任，而终至于无以自立。彼芸芸万类，平等竞存于天演界中，其能利己者必优而胜，其不能利己者必劣而

---

① 梁启超：《新民说》，台北：台湾中华书局 1978 年版，第 36 页。

② 任公说"杨朱者，实主张权利之哲学家，而亦中国救时一良方也"，《新民说》，第 36 页。当时肯定杨朱，并将之与西方个人主义、自由主义会通在一起的人颇多，例如严复即是如此，请见拙著《自由的所以然：严复对约翰密尔自由思想的认识与批判》，第 214—215 页。

③ 有关《新民丛报》时期任公对墨子的重新诠释请见拙著《梁启超的学术思想：以墨子学为中心之分析》，《中央研究院近代史研究所集刊》1996 年第 26 期，第 53—67 页。

败，此实有生之公例……昔杨朱以为我立教，曰，人人不拔一毫，人人不利天下，天下治矣。吾昔甚疑其言，甚恶其言，及解英德诸国哲学大家之书，其所标名义，与杨朱吻合者，不一而足，而其理论之完备，实有足以助人群之发达，进国民之文明……故今日不独发明墨翟之学足以救中国，即发明杨朱之学亦足以救中国。[1]

　　总之，任公的国民观念一方面采借自德国伯伦知理有关现代国家的理论，另一方面则将之奠基于固有公私观念的重整之上，他所标举以新国民实行新道德，来建立新国家的构想，主要目标是为了解决"数千年民贼……以国家为彼一姓之私产"的根本问题。[2]任公所谓的"公"一方面具有传统"正道"的意义，同时借着主张国家是国民之公产的观点，使"公"也具有现代国家"认同"的特质。任公所谓的"私"则延续顾、黄以来对私的肯定，与"合私以为公"的逻辑推论，将之理解为个人的"利己心"，或杨朱式的"为我"以及由此而产生的自由与权利，而国民之自由与权利的结合则成为国家的自由与权利。如果我们借用西方学者将公民权分为形式的公民权（formal citizenship），重视国家认同，以及实质的公民权（substantive citizenship），强调政治社群之成员所具有政治、社会之权利两类的话，任公国民观念之中公的一面似乎侧重形式的公民权之层面，而私的一面则侧重实质的公民权之层面。[3]然而我们不能忽略的是在任公引介这些西方新观点的同时，固有的语汇、概念与理想，仍深刻地影响了他的认知。

---

[1]　梁启超：《十种德性相反相成义》，《饮冰室文集》第五卷，第48—49页。

[2]　梁启超：《中国积弱溯源论》，同上书，第28页。

[3]　两种公民权的区分请见 Rogers Brubaker, ed., *Immigration and the Politics of Citizenship in Europe and North America* (New York：University Press of America，1989)，p.3. 转引自沈松侨：《族群、性别与国家》，第11页。当然我们不能忽略任公所理解的自由与权利与西方的 substantive citizenship 有所差异，这牵涉任公思想与传统的关系（如前面谈到的絜矩之道），在这方面本文无法细论，请参阅拙著《一个被放弃的选择：梁启超调适思想之研究》。

六、 开明自营与公私

梁启超的国民观念有非常复杂的思想渊源，除了上述伯伦知理与杨朱、墨子的想法之外，严复所扮演的角色也不容忽略。严复的自由民主思想包括：以民主（包括议院与地方自治）实现上下一体，达成公的理想，并解决以往专制制度私天下的弊病；自主之权、自繇（即自由）乃絜矩之道，亦即"人人自由，而以他人之自由为界"；积私可以为公，结合自由之民，实行民主政治可成自主、富强之国等想法，这些想法与上述近代中国民主思想的主流论述是一致的。

其中特别值得注意的是严复征引顾炎武的话来说明如何建立一种新的"民德"，使国民对国家产生一种"私之以为己有"的爱国心，因而"出赋以庇公，无异自营其田宅；趋死以杀敌，无异自卫其室家……言其所生之国土，闻其名字，若……闻其父母之名，皆肺挈固结，若有无穷之爱也者"。要如何才能达成此一理想呢？严复的看法是"设议院于京师"：

> 是故居今之日，欲进吾民之德，于以同力合志，连一气而御外仇，则非有道焉使各私中国不可也。顾处士曰：民不能无私也，圣人之制治也，在合天下之私以为公。然则使各私中国奈何？曰：设议院于京师，而令天下郡县各公举其守宰。是道也，欲民之忠爱必由此，欲教化之兴必由此，欲地利之尽必由此，欲道路之辟、商务之兴必由此，欲民各束身自好而争濯磨于善必由此。呜呼！圣人复起，不易吾言矣！①

严复也提到如果无法立即实施"议院代表之制"，可先实行"地方自治"

---

① 严复：《原强修订稿》，王栻编：《严复集》，第31—32页。

以"合亿兆之私以为公"：

> 窃谓居今而为中国谋自强，议院代表之制，虽不即行，而设地方自治之规，使与中央政府所命之官，和同为治，于以合亿兆之私以为公，安朝廷而奠磐石，则固不容一日缓者也。失今不图，行且无及。①

> 再者，不但人民要合私以为公，立宪之君也应为公而忘私，以"公仆"自居，"立宪之君者，知其身为天下之公仆，眼光心计，动及千年，而不计一姓一人之私利"②。

在严复思想之中，"合私以为公"的思想渊源除了上文所说顾炎武等人的思想传承之外，我们还必须注意到严复在《天演论》与《原富》等书之中对西方"开明自营"观念之引介与诠释。③这涉及严复所谓的"私"不但是一种庶民的政治权利，也包括在经济活动的领域追求个人财利的合法性。严复认为明清社会还没有放弃"分义利为二"之习，而只有西方近代才改变了过去"讳言利"的态度，因此"开明自营"之想法的引介有助于国人经济观念的调整。④

严复指出"开明自营"（enlightened self-assertion）意指个人可以追求自

① 严复：《〈法意〉按语》，王栻编：《严复集》，第 985 页。

② 严复：《宪法大义》，王栻编：《严复集》，第 245 页。有关近代公仆观请参考王尔敏：《中国近代之公仆观念及主权在民思想》，《中华民国建国八十年学术讨论集》，台北：近代中国出版社 1991 年版，第 3 卷，第 2—23 页。

③ "自营"在传统语汇即是私的意思，最早在许慎的《说文解字》有"韩非曰：仓颉作字，自营为厶"，然而在《韩非子·五蠹》原文是"古者仓颉之作书也，自环者谓之私，背私谓之公，公私之相背也，乃仓颉固已知之矣"，清代卢文弨（1717—1795）的解释是"营环本通用"，见陈奇猷校注，《韩非子集释》，台北：河洛图书出版社 1974 年版，第 1058 页。严复用"自营"一语来代替"私"显然是想用一个较为中性的字眼来避免"私"一字所有的负面含义。

④ 严复似乎认为只有近代的西方人发现利与义能相配合，这样一来他不认为明清以来中国已有此一主张，或已产生重大的变化。如果他的观察有代表性，那么余英时所说的"新基调"，或所谓"十六——十八世纪商人的社会地位和意识形态的研究使我们看到这三百年间中国社会史和思想史都发生了很深刻的变化"，此种"变化"到底影响的范围有多深、或多广还值得进一步探究。余英时：《中国近世宗教伦理与商人精神》，《中国思想传统的现代诠释》，第 399 页。

身利益，而此一追求不会与道义与公利发生冲突。在《天演论》的案语中，严复首先辨明东西方固有的价值大抵都强调"以功利为与道义相反，若熏莸之必不可同器"，但是西方近代以来由于"生学"和"计学"的发展，一方面了解到"自营"是生存的基础，另一方面随着民智的提高更产生了"开明自营"的想法：

> 复案，自营一言，古今所讳，诚哉其足讳也。虽然，世变不同，自营亦异。大抵东西古人之说，皆以功利为与道义相反，若熏莸之必不可同器。今人则谓生学之理，舍自营无以自存。民智既开之后，则知非明道则无以计功，非正谊则无以谋利，功利何足病，问所以致之之道何如耳。故西人谓此为开明自营，开明自营于道义必不背。复所以谓理财计学，为近世最有功生民之学者，以其明两利为利，独利必不利故耳。①

后来严复翻译《原富》一书与此看法有非常密切的关系。许多研究严复经济思想的学者都注意到严译此书是为了借此破除儒家"讳言利""分义利为二"之习，希望鼓励国人追求财利，并进一步达成国富的目标。②就像吴汝纶（1840—1903）在《原富》"序"所说"中国士大夫，以言利为讳，又怵习于重农抑商之说……然而不痛改讳言利之习，不力破重农抑商之故见，则财且遗弃于不知……以利为讳，则无理财之学"③。

严复指出西方旧有的看法与儒家类似，其"用意至美"，结果却是"于化于道皆浅，几率天下祸仁义矣"。但是在达尔文的"天演学"与亚当·斯密的"计学"兴起之后，西方人有一突破，了解到利与义能够相互配合：

---

① 严复译：《天演论》下册，第47页。
② Benjamin I. Schwartz, *In Search of Wealth and Power：Yen Fu and the West*（Cambridge：The Belknap Press of Harvard University Press，1979［1964］），pp.113—129.
③ 吴汝纶：《序》，《原富》，商务印书馆1930年版，第2页。

计学者首于亚丹斯密氏者也。其中亦有最大公例焉。曰大利所存，必其两益，损人利己非也，损己利人亦非；损下益上非也，损上益下亦非。其书五卷数十篇，大抵反复明此义耳。①

泰东西之旧教，莫不分义利为二涂，此其用意至美，然而于化于道皆浅，几率天下祸仁义矣。自天演学兴，而后非谊不利非道无功之理，洞若观火，而计学之论，为之先声焉，而斯密之言，其一事耳。尝谓天下有浅夫、有昏子，而无真小人。何则？小人之见不出乎利，然使其规长久真实之利，则不与君子同术焉，固不可矣……故天演之道，不以浅夫、昏子之利为利矣；亦不以溪刻自敦滥施妄与者之义为义矣，其无所利也，庶几义利合，民乐从善，而治化之进不远欤。呜呼！此计学家最伟之功也。②

在《原富》的翻译与按语之中，严复反复地表达公私、义利、群己之间相互渗透的密切关系。亚当·斯密在讨论殖民地之商务时有"盖真利者公利，公私固不两立"的话，严复在按语中趁机加以发挥，认为"真利"一定对公私皆有利，只是有时人们见不及此：

案斯密氏此论，实能窥天道之全。盖未有不自损而能损人者，亦未有徒益人而无益于己者，此人道绝大公例也。公例之行，常信于大且远者，自其小且近者而征之，则或隐而不见，因缘滋繁，难以悉察故也，而公例之行实自若。常人信道不笃，则常取小近者以为征，此何异见轻球之升，而疑万物亲地之理，与通吸力之公例为不信乎？使公而后利之例不行，则人类灭久，而天演终于至治之说，举无当矣。③

此处所说的"真利"实际上就是开明自营所追求的公私两利。

---

① 严复译：《天演论》上册，第34页。
② 严复译：《原富》，第91页。
③ 同上书，第585—586页。

严复对"开明自营"一观念的介绍无疑地是对亚当·斯密观点的忠实介绍，诚如史华慈所指出的，亚当·斯密和其他功利主义者一样，追求最大多数的最大利益。对他来说个人开明自营的实现即是群体的福祉。亚当·斯密对道德的信心充分地表现在他较早的一本著作《道德情操论》（*The Theory of Moral Sentiment*，1759）。在此书中他强调"道德源于人心之中的同情感"（"morality arises out of the feeling of sympathy in the human heart."）①。

然而不容忽略的是借着引介西方开明自营的观念，严复同时也在表述一个他所肯定的"群己权界"的想法。他强调自我可以在经济与政治领域中追求一种与道义以及群体福祉相配合的个人利益，这样一来群与己、义与利、公与私之间就不会产生矛盾。换言之，以开明自营为中心的人性论，严复企图建构"人人自由，而以他人自由为界"的政治理论，以及亚当·斯密式的自由经济理论。严复认为这样的理论也和《大学》《中庸》以"格致诚正为治平根本"的群己观相配，以及斯宾塞"社会之变象无穷，而一一基于小己之质量"的社会有机体论。②

值得思索的是开明自营的想法与西方政治、经济的自由主义者所谓追求 legitimate self-interest（既合理又合法的自我利益）的想法虽然有类似之处，但是两者之间还有一些十分细腻的区别，严复所肯定的"自营"是以道义为前提，并且奠基在群己平衡，两者可以携手并进、不相冲突的观念之上；而西方自由主义者所肯定在民间社会中，既合法又合理的自我利益则是"个人从宗教、伦理以及强制性的政治限制之中解放出来"，具有自我与他人，或自我与群体之间有利益冲突的预设。③这样一来，严复虽然肯定开明自营，他还是无法欣赏与肯定超越公与义的私与利，更谈不上像西方马基维利和霍布斯以来的政治传统，以自私（selfish interests，或无德之私）与冲突（conflict）作为政治理论的起点。

---

① Schwartz，*In Search of Wealth and Power*，pp.116—123.

② 严复：《译余赘语》，《群学肄言》，商务印书馆 1930 年版，第 2 页。

③ David Held，*Models of Democracy*（Stanford：Stanford University Press，1987），p.116.

无论如何，严复以开明自营的观念来肯定私的想法，对当时思想界仍有一定的影响力，在上引梁启超《与严幼陵先生书》（1897年春），任公在说明民主、君主与公私之辨之后，谈到他对私与"自营"的看法：

> 公固为人治之极，则私亦为人类所由存，譬之禁攻寝兵公理也，而秦桧之议和，不得不谓之误国；视人如己公理也，而赫德之定税则，不能不谓之欺君。《天演论》云：克己太深，而自营尽泯者，其群亦未尝不败，然则公私之不可偏用，亦物理之无如何者矣。[①]

此一看法显示严复所肯定的"开明自营"亦为任公所接受。

七、 辛亥革命前夕革命派的公私观

严复与梁启超在晚清思想史上扮演着重要的角色，当时许多年轻人都表示他们对于西方新思想的认识是通过严、梁的作品。上述严、梁两人对公私观念的讨论大约是1895年之后约十年间所产生的，至辛亥革命前夕，此种公私论述究竟对一般士人有何影响？又有何变化？这些题目还需要进一步的研究。在此拙文以《辛亥革命前十年间时论选集》之中所收的两篇文章为例，来作说明。一篇是《浙江潮》第1期（1903年2月）所载《公私篇》，一篇是《民心》第1期（1911年3月）所载剑男的《私心说》。[②]这两个刊物都是支持革命的刊物，我们或许可以假设这两篇文章的作者都是革命派的支持者。

《浙江潮》于1903年2月创刊于日本东京，由浙江的留日学生孙翼中、蒋方震（百里，1882—1938）、马君武（1881—1940）、蒋智由（1865—1929）等

---

① 《饮冰室文集》第一卷，第110页。

② 这两篇文章见王忍之等编：《辛亥革命前十年间时论选集》，生活·读书·新知三联书店1978年版，第1卷，第492—495页；第3卷，第816—821页。

人主编。《公私篇》一文作者不详。

首先该文作者以为中国过去的积弊是君主专制，而专制的基础是一套将公与私视为"至反对而至不兼容"的理论，结果"人人不欲私其国，而君主乃得独私其国"。专制君主的做法是利用这种公私之别，将反对势力都贬为私，"党会一国之分子也，则谧之曰结党营私；兴学一国之元气也，则号之曰假公济私。究其所谓私者，不过曰不利吾君主一人之私而已"。该文作者以为要解决此一问题必须重新建构一套有关公私的新理论，亦即了解到公私之间相互的关系，所谓"私之云者，公之母也；私之至焉，公之至也"，并进一步肯定个人之"私"。对作者来说，私是天赋的，也是人人平等，凡人皆有的：

> 盖私之一念，由天赋而非人为者也。故凡可以入人类界中者，则无论为番、为蛮、为苗、为傜，自其生时，已罔不有自私自利之心存。

作者显然受到社会达尔文主义的影响，认为私是人类竞争的原动力，也因此是生存的基础。甚至西方人所说的自由、权利、自主、独立、爱国等"震撼其国民之精神"的重要观念，"要其归宿，则亦一私之代名词而已"。

为了肯定私的合法性，作者引用中国古代的一些言论，包括孟子、杨朱与顾炎武等，来说服他的读者，亦即他所谓的"我国民"：

> 孟子曰：人人亲其亲、长其长，而天下平。杨朱曰：人人不拔一毫，人人不利天下，则天下治矣。顾亭林曰：虽有圣人，不能禁民之有私，善为国者，亦惟合天下之大私，以为天下之大公。旨哉言乎！征诸西国史传则如彼，考之中国先儒之说又如此，嗟我国民可以悟矣！

作者也意识到在中国思想论域之中要提倡上述的"私"会引起一些疑虑，因此他借着问答的方式来作一说明：

> 难者曰：一金之微，至于卖友，借父耰锄，虑有德色，从井下石，往往而是，由斯以谭，未见其不能私也。否否，吾闻之，凡能私者，必能以自私者私国，必能以自利者利人。

以上的解释其实就是在说明"自私之私"与严复所谓"开明自营"之间的区别。

作者的结论是呼吁国人从私其身推展到私其乡、州县、府、省、国，让每一个人"私一邑事如其一家事者"：

> 人人挟其私智，出其私力，奋其私一国、私一省、私一府、私一州县、私一乡区之热心，以图救其私一国、一省、一府、一州县、一乡区之私人。励独立之气，复自主之权，集竞争之力，鼓爱国之诚，以与暴我者相抗拒、相角逐，以还吾中国真面目。

上述"私一国"的想法正反映了该文作者希望借着肯定个人之私，来建立国民对于国家的认同。

《民心》于1911年3月创刊于福建福州，编者为林刚，其政治立场是主张革命、共和，反对君主立宪。剑男所撰写的《私心说》与上述《公私篇》的看法十分类似，也是企图从肯定"各遂其私"的立场，以人人私其国，来建立国民对一个新的政治群体的认同。然而不同的是剑男特别强调他所构想的政治群体是由黄帝子孙所形成的血缘团体。

作者对公私的基本看法是：宋明理学将天理视为是公，人欲视为是私的观点是不正确的，他认为"无私而非公，无公而非私，即私即公，即公即私。有利于私，必有利于公；有害于公，必有害于私"。作者将此种对公私的看法奠基于严复式的"社会有机体论"之上：

> 社会者，乃合多数之一己而成之者也，故一己为社会之么匿，社会为

一己之拓都。拓都之能完美高尚与否，咸视乎么匿之体之各皆完美高尚与否。苟么匿而非完美高尚者，必不足以成完美高尚之拓都。而非完美高尚之拓都，亦必不足以容完美高尚之么匿。

因此在具体的实践之上，从个人到家庭，再到国家是一个"积"的过程，个人为自己、家庭打算是一种私，为本国打算也是一种私，但"国之不保，未有其家能安宁者；家之不保，未有其身能安宁者"，因此身、家、国形成一体的关系。最后作者呼吁中国是由居于神州的黄帝子孙所构成，所以国人应该认同此一"民族"，更将此一民族之事视为一家之事：

> 我四百兆之民族，皆我同胞，而为我黄祖黄帝轩辕氏之子孙，虽散处于莽莽神州，而究不失为同一血胤，最亲爱之伯叔兄弟诸姑姐妹等。倘以万期为须臾，视六合如咫尺，则四千六百另九年犹之一世，四千二百七十八万方里犹之一堂，更与一家何异？

在此我们看到近代中国一个主流的种族性的国族认同已清楚地浮现，此一认同的主体是以黄帝为始祖而建立的血缘关系的"四百兆"人，在时间上包括四千多年的共同的历史记忆，在空间上则是四千两百多万方公里的活动范围。然而当此一人、时、地的族群认同界线确定之后，也开始具有高度的排他性，首当其冲的倒不是帝国主义的国家，而是满人所建立的清廷。在上述的引文之后作者接着感叹地说：

> 噫戏！吾言及此，吾自觉悲气沉沉，而来袭心，使吾欲哭无泪。衣冠之胄，降为皂隶，阀阅之门，编作舆台，吾其胥四百兆人而为破家子矣！锦绣王孙泣路隅，不道困苦乞为奴，盖二百六十余年来如一日也。

上述两篇分别撰于1903年与1911年的文章大约可以视为革命党人对公私

一议题的看法。从以上的描述我们可以看到 1880 年以来中国思想界从公私的角度对自由、权利、民主、国民等问题的思索已经普及到一般知识分子，《公私篇》与《私心说》都是从合私以为公的逻辑来肯定"私"。他们所谓的"私"并非自私之私，而是严复、梁启超等人所反复讨论的以个人自由、权利为基础的开明自营；他们所谓的"公"也和严、梁一样主张由人人具有开明自营之念的"新国民"所累"积"成的一个自主、独立的政治群体。

然而极有意义的问题是这个政治群体是由什么人组成？他们又借着何种共同的凝聚力量团结起来？如果我们将国族主义区分为：1. 政治或公民的国族主义（political or civil nationalism）；2. 种族的国族主义（racial nationalism）两种①，那么 1903 年以前对于公私与国民的讨论基本上是环绕着一种政治性的国族建构，或者说倾向于以国民观念为中心的"公民的国族主义"，主张不分族群由每一个具有自由、权利之国民组成国家；然而 1903—1911 年之间，严、梁所建构的新国民、新国家认同开始分化，此一认同被加诸或转化为以血缘钮带凝聚而成的"种族的国族主义"之认同。在 1905 年以后国内反满的情绪日益高涨，辛亥革命的爆发与这种"种族的国族主义"所激发的动员力量有直接的关系。无论如何，1911 年的《私心说》显示：当时很具说服力的一种观点是将公民的国族认同与种族的国族认同结合成一种革命主张，企图推翻清朝的专制政体，建立一个属于汉族的民主共和国，此种以汉族为中心的建国理想被视为"公"（正义）的实现。当时的革命党人并没有强烈地意识到此一结合所蕴含的内在矛盾，也不甚理会严复、梁启超对此一矛盾的批判，然而 20 世纪寻求此一矛盾的解套成为"中国人"所面对的一个核心性的难题。

---

① John Hutchinson, *The Dynamics of Cultural Nationalism：the Gaelic Revival and the Creation of the Irish Nation State* (London：Allen & Unwin, 1987). Frank Dikötter, "Culture, 'Race' and Nation：The Formation of Identity in the Twentieth Century China," *Journal of International Affairs*, 49：2 (Jan.1996), pp.590—605. 亦请参考沈松侨：《我以我血荐轩辕——黄帝神话与晚清的国族建构》，第 25—26 页。

八、结 论

以上拙文尝试描写从明末到清末的三百年间，中国思想界环绕着公私、群己等议题所做的讨论。为了分析上的方便，并能更清晰地掌握整体的轮廓，我将以上所谈到的思想内涵约地略区分为下面部分重叠、交互影响的十个思想传统：

第一是主流的儒家与宋明理学论述，强调大公无私、内圣外王、仁政、义利之辨、忠恕等，也在某种程度上肯定民之恒产与通商。整体来说这是一种环绕着政治核心，特别是统治者之修身的转化思想。

第二是固有的调适性的思想，是从官僚组织所孕育出来的思想传统；此一思想主张渐进改革、因地制宜，并适度地肯定人民追利的倾向。

第三是明清以来从道学到实学的思想变迁，包括对于气、已发、情、利、欲、私、器、礼等方面的强调。

第四是与上述密切相关的顾炎武、黄宗羲等反专制思想，要求肯定庶民之私，并构想全面性的制度变革，这是一种从制度层面强调改造政治核心的转化思想。

第五是陆耀《切问斋文钞》中的经世思想。

第六是魏源《皇朝经世文编》中的经世思想。以上两者均受上述第二项思想传统之影响，倾向政治核心之外的调适思想，并拒绝第四项的转化主张。魏源尤其尝试将政治核心之外的调适思想与上述第一项主流儒家和宋明理学之观点结合在一起。

第七是龚自珍的经世思想，受到第三、四、六项思想传统的影响，肯定私的意义，也强调我之心力所具有的转化力量，标志着近代思想史上从调适思想走向转化思想的契机。

第八是清末梁启超、严复等倾向主张渐进改革的调适思想。

第九是清末革命派的转化思想。这两者一方面承接上述的思想传统，另一方面则受到西方思想的影响。

第十是 20 世纪之后中国知识分子主流的思想倾向，尤其是"五四"与"五四"影响之下的反传统思潮等，这种想法无论在文化领域或政治领域，都倾向彻底改变的转化思想。

拙文主要即尝试以公私的议题来贯穿明末至清末近三百年之间，上述思想传承之间交织互动的关系，并以此来描绘中国近代思想的延续与变迁。诚如本篇标题所显示，本文作者尝试以从"追求正道"到"认同国族"来描写这一过程。在此过程之中，上述第一个思想传承所孕育的诸多思想预设，发挥了巨大的影响力。尤其是大公无私、内圣外王、恕与絜矩之道等道德理想，仍支配着国人对于群己关系的根本构想，因而造成思想发展的特殊走向。

再者，顾炎武与黄宗羲所开创从"合私以为公"来肯定"私"的思维逻辑也是一条一贯的线索。明末的思想家企图以肯定个人欲望与私有财产权，来思索政治合理性的问题，他们认为一个合于正道的政治组织是能尊重庶民之私、地方舆论，同时抑制君主之私的政府。然而此一反专制的政治理想在清朝统治期间是被压抑的，清中叶以来的经世思想在接受郡县制度、君主专制的前提下，重提公私、义利之辨，希望借着儒家高标准的道德理想，使政治精英遏制私欲，追求爱民、利民。换言之，政治问题的解决在某种程度上又回到统治者道德意识的提升。

在此状况之下西方民主、自由、权利等观念的传入对清末知识分子来说提供了一条出路。中国思想界长期以来的困境是人们一方面希望追求一个能实现"大公无私"的政治理想，另一方面又觉得在中国历史上除了遥远的三代之外，从来不曾达成此一目标。幸运的是近代以后，中国士人发现西方民主制度的传入提供一个有效的方法，来实现这个长期的理想，难怪从魏源那个时代开始国人就热烈地拥抱西方的民主。①

---

① 由此可见墨子刻所谓"逃避困境"的解释是很有启发性的。Thomas A. Metzger, *Escape from Predicament: Neo-Confucianism and China's Evolving Political Culture* (New York: Columbia University Press, 1977).

对清末的知识分子来说，民主提供了一些有效的方法使个体之私凝聚为群体之公，达成上下一心、同心合德。这些方法包括一些制度与程序的安排，例如议院、地方自治与多数表决的表决方法；也包括了以一些新的概念来界定群己关系，尤其是以具有"自主之权"、自由、权利、开明自营的国民来构成一个新的国族。

在清末由国民之私所累积而成的群体之公包含了两个层面的意义。在较抽象的层次"公"代表一种符合多数人利益的超越理想，亦即是正道或正义；在一个较具体的层面，"公"代表近代国族主义下人们对新群体的想象与认同，此一群体小至家庭以外的各种社会、政治之结合，大至国家、族群。清末改革派与革命派对以上的想法是有共识的，两者的区别则是在认同对象上，革命派坚持种族的国族认同，改革派如严复与梁启超等则倾向于政治的或公民的国家认同。[1]

综观明清以来长期的变化，近代中国知识分子从"积"与"合"的角度出发，来肯定个人之私，使公私之间具有高度的互动性与渗透性。因此我们一方面看到"私"的领域，无论是指个人欲望、私有财产或政治、经济方面的权利，逐渐受到更多的尊重，但是"私"在取得自身意义的同时并没有建立一个绝对的独立性。在中国也没有出现史蒂文·卢克斯（Steven Lukes）所描写的西方的"个人主义"。[2]诚如金耀基所说，东亚现代化的经验显示中国人接受"民主"，但是却不完全肯定西方的"个人主义"与"自由主义"，他将此一政治系统称为"民主的儒家"：

[1] 在梁启超的国族想象之中也无法完全脱离"种族的国族主义"，沈松侨指出"即使是主张满汉融合最有力的梁启超，其所真正薪向的，仍是一个以汉人为主体所组成的国族国家"，见氏著：《我以我血荐轩辕——黄帝神话与晚清的国族建构》，第61页。

[2] Steven Lukes, *Individualism* (Oxford：Basil Blackwell, 1973). 王汎森曾深入地描写近代中国私人领域政治化的过程，至中共政权建立后彻底实践大公无私而达到巅峰，"政治力量假道德名义侵入到每一个人最私密的领域中……不容许有隐藏的东西，不容许有自由意志，也不允许人保留他不愿公开的私人领域。而精神裸体的结果，是人人都失去了防卫自己最基本权利的最后一点根据"，王汎森：《近代中国私人领域的政治化》，《当代》1998年第125期，第110—129页。

"民主的儒家"政治系统不同于自由主义民主系统，它珍视和尊重个人及其权利，从"共同体的"或"社会的"视角出发来对个人及其权利进行界定。①

"民主的儒家"之出现显然不是一件偶然之事，清中叶以来中国思想界对公私问题的讨论提供我们了解此一现象的重要的线索。值得思索的是，以往我们倾向于以西方为中心，从"画虎不成反类犬"的角度来探索中国"民主化"失败的诸多因素，包括一些学者所指出的不以个人价值作为终极目标、缺乏"公民社会"或"公共领域"，或不具"幽暗意识"等。②然而自我与群体之间的合理关系到底有没有一个普遍性的标准？集体主义、自由主义、社群主义或"民主的儒家"四者之中，何者最能妥当安排群己关系，实现社会正义？这些问题或许是人类社会永恒的难题，而福山（Francis Fukuyama）所谓的"历史的终结"，以为"西方的自由民主政体将作为人类最后的政体形式而得到普遍实现"，显然是一个过度乐观的看法。③

原载黄克武、张哲嘉编：《公与私：近代中国个体与群体的重建》，台北：台湾"中央研究院"近代史研究所 2000 年版

---

① 金耀基：《中国政治与文化》（香港：牛津大学出版社 1997 年版），第 175 页。
② 详见黄克武：《一个被放弃的选择：梁启超调适思想之研究》，第 14—20 页。
③ 福山的看法见 "The End of History?" *The National Interest* no.16（1989），pp.3—18. 转引自金耀基：《中国政治与文化》，第 154 页。

天下主义/夷夏之辨及其在近代的变异

许纪霖

华东师范大学历史学系

在讨论古代中国的民族认同或国家认同的时候，我们会遭遇到这样的悖论性现象：一方面，中国具有帝国的气魄和视野，以全人类的天下意识来包容异族、威慑四方；另一方面，中原民族又有华夏中心主义心态，傲视四周的"蛮夷狄戎"。天下主义与夷夏之辨，恰恰构成了古代中国自我认同的两面性，离开了任何一面都无法理解其真正的内涵。那么，到了近代社会，天下主义和夷夏之辨是否从此销声匿迹了呢？本文将从这对中国传统的核心观念出发，着重研究它们在近代思想史上的变异——以中华文明为核心的天下主义是如何蜕变为以西方为中心的文明论，而以中原文化为标准的夷夏之辨又如何异化为以社会达尔文主义为基础的种族论。而在极端的世界主义与民族主义之间，又如何为温和的文化民族主义与新天下主义提供了生长的历史可能性。它们之间的复杂互动和交叉镶嵌对近代中国的民族国家认同产生了怎么样的深刻影响。

一、古代中国的天下主义与夷夏之辨

何谓天下？在中国文化当中，天下具有双重内涵，既指理想的伦理秩序，又是对以中原为中心的世界空间的想象。

列文森指出：在古代中国，"早期的'国'是一个权力体，与此相比较，天下则是一个价值体"①。作为价值体的天下，乃是一组体现了自然、社会和人类至真至善至美之道的价值，体现在人间秩序，乃是一套文明的价值以及相应的典章制度。顾炎武有"亡国亡天下"之说："易姓改号，谓之亡国。仁义充塞，而至于率兽食人，人将相食，谓之亡天下。"②国，不过是王朝的权力秩序，但天下乃是放之四海而皆准的礼仪秩序，不仅适用于一朝一国，而且是永恒的、绝对的仁义价值与礼乐规范。天下之价值来自超越的天道，而从西周开始，天就被认为是内在地具有德性的，天道与人道是相通的，天意通过民意而表达，天下也就因此拥有了既是超越的，又是世俗的伦理价值。

天下的另一个含义是地理意义上对以中原为中心的世界空间的想象。天下由三个同心圆组成：第一个是内圈，是皇帝通过郡县制直接统治的区域；第二个是中圈，是中国的周边，是帝国通过朝贡和册封制度加以控制的藩属；第三个是外圈，是中华文明无法企及的、陌生的蛮夷之地。严格说起来，所谓的天下，指的是第一和第二个圈，外圈乃是化外之地。正如甘怀真所分析的那样："天下是由中国以及与中国有朝贡、册封关系的域外国家所建构的政治系统"，"而这个天下也是'汉字文化圈'"③。这个空间意义上的天下观念，始于西周，完成于隋唐，形成了以中原九州为中心、向东亚乃至世界呈同心圆辐射的结构。必须指出的是，古代中国的天下空间，不像现代的世界各国版图那样固定不变，内圈与外圈之间、化内之地与化外之地，经常处于弹性的变动之中，即所谓中心清晰，边缘模糊。在战国时代，天下只是方圆三千里的九州，而到了汉代，天下则成为包含"夷狄"在内、方圆万里的帝国辽阔的疆域了。④

价值意义上的天下与空间意义上的天下具有同一性，即表现出超越种族、

---

① ［美］列文森：《儒教中国及其现代命运》，郑大华译，中国社会科学出版社 2000 年版，第 84 页。

② 顾炎武：《日知录》卷一三。

③ 甘怀真：《重新思考东亚王权与世界观》，载甘怀真编：《东亚历史上的天下与中国概念》，台北：台湾大学出版中心 2007 年版，第 26—27 页。

④ 参见［日］渡边信一郎：《中国古代的王权与天下秩序——从日中比较史的视角出发》，徐冲译，中华书局 2008 年版，第 45 页。

宗族、地域和国家的普世文明特征，只要接受了发源于中原的中华文明的那套礼仪典章制度，就可以成为天下中的一个部分，只是中心与边缘的不同罢了，但服从的都是同一个文明尺度和价值，那就是天下主义。许倬云先生对此有精彩的表述：

> 所谓"天下"，并不是中国自以为"世界只有如此大"，而是以为，光天化日之下，只有同一人文的伦理秩序。中国自以为是这一文明的首善之区，文明之所寄托。于是，"天下"是一个无远弗届的同心圆，一层一层地开花，推向未开化，中国自诩为文明中心，遂建构了中国与四邻的朝贡制，以及与内部边区的赐封、羁縻、土司诸种制度。[1]

普天之下毕竟也有教化的阳光无法普照之处，于是与天下主义伴随而生的，乃是另一个概念：夷夏之辨。何为华夏、何为夷狄？在古代中国并非种族性概念，乃是文明性分野。夷夏之间，所区别的依然是与天下之价值相联系的文明之有无。宫崎市定如此区别华与夷的不同：

> "武"的有无，不能决定。但"文"的有无，却可确定华与夷的区别。换句话说，"文"只存在于"华"之中，同时，正是由于有"文"，"华"才得以成为"华"。[2]

中国历代一直有明确的夷夏之辨、胡华之别，华夏是"我者"，夷狄、胡人是"他者"，然而彼此的界限又是模糊的、可变动和转换，夷入华则华之，华入夷则夷之。夷夏之间，虽然有血缘和种族的区别，但最大的不同乃是是否

---

[1] 许倬云：《我者与他者：中国历史上的内外分布》，生活·读书·新知三联书店 2010 年版，第 20 页。

[2] ［日］宫崎市定：《中国文化的本质》，载《宫崎市定论文选集》下卷，中国科学院历史研究所翻译组编译，商务印书馆 1965 年版，第 304 页。

有中华文明，是否接受了中原的礼教秩序。华夏的骄傲与自大，并非血缘性、种族性的，而是一种文明的傲慢，而对夷狄的鄙视，也同样如此。晚清的郭嵩焘认为："所谓戎狄者，但据礼乐政教而言及之，其不服中国礼乐政教而以寇抄为事，谓之戎狄。"①反之，如果胡人或者夷狄臣服于中原的礼乐政教，那就被接纳为天下中国之一员，哪怕成为统治者和皇帝，在历史中也并非个案。

天下是绝对的，但夷夏却是相对的，所需要辨认的，只是中原文明而已。血缘和种族是先天的、不可改变的，但文明却可以学习和模仿。因此，以华变夷，化狄为夏，不仅在中国历史中为常态，也是中华帝国文明扩张的使命所在。如果说华夏是"我者"，夷狄是"他者"的话，诚如许倬云先生所说：在中国文化之中，"没有绝对的'他者'，只有相对的'我者'"②。"天下"有绝对的敌人，那就是没有或者拒绝接受中华文明教化的夷狄，因此需要夷夏之辨。但作为具体的夷夏，却都是相对的，可以教化，化"他者"为"我者"。"天下"是普世的、绝对的，而夷夏却是相对的、历史性的。

由于中原的华夏民族没有绝对的种族界限，在漫长的历史岁月中通过迁徙、通婚和文化融合了周边的蛮夷，化夷为华。历史上夷夏之间、胡人与汉人之间有四次大的融合：春秋时期、魏晋南北朝到隋唐、明代和清朝。③在这些民族大迁徙、大融合过程之中，不仅蛮夷被汉化，也有汉人被胡化的反向过程。汉人本身是农耕民族，而胡人多为草原民族，农耕中国和草原中国经过六朝、隋唐和元清的双向融合，华夏文化已经渗透进许多胡人的文化，比如佛教原来就是外来的宗教，汉族的血统里面也掺杂了众多蛮夷的成分。所谓的天下主义，乃是一个不断以夏变夷、化夷为夏的过程。夷夏之间，既是绝对的（有无礼乐教化），又是相对的（相互的融合与内化），随着每一次中原文化对外的扩张，华夏民族融合了原来的胡人，使得他们成为新的一员。钱穆先生指出，

---

① 《郭嵩焘诗文集》，岳麓书社 1984 年版，第 202 页。

② 许倬云：《我者与他者：中国历史上的内外分布》，生活·读书·新知三联书店 2010 年版，第 20 页。

③ 钱穆：《中国文化史导论》，商务印书馆 1998 年版，第 22 页。

中华帝国与罗马帝国的扩张是不同的，罗马帝国是以军事为后盾向外扩张，但中华帝国却是以文化为中心将四边向内凝聚。"中国人常把民族消融在人类观念里面，也常把国家观念消融在天下或世界的观念里。"①

天下主义与夷夏之辨，是理解古代中国认同的核心，二者互相镶嵌和包容，不能抽离了一面来理解另一面，这就像一个角币的两面，具有双重的性格。这双重性格在不同时代侧重点是不同的。宋之前从孔子到汉唐，重心落在天下主义，不太强调夷夏之分。汉唐是气吞山河的大帝国，有强大的中心吸引力，不仅"以夏变夷"，用中原文明改造蛮夷，而且"以夷变夏"，用异族的文化丰富华夏文明本身，使之变得更多元、更辽阔。唐朝的胡人可以在长安当大官，可以成为封疆大吏。一个大帝国在真正强大崛起的时候，是非常自信的，不在乎夷夏之辨，更多表现出天下主义的胸怀。到了宋代，外患危机严峻，随时有亡国（王朝倾覆）的威胁，天下主义暂时行不通，遂突出夷夏之辨的另一面，更强调夷夏之间的不相容性与中原文化的主体性。从元到清，这条脉络的声音越来越响亮，到王夫之那里产生了种族民族主义的强烈认同。晚清以后，便接上了近代的种族民族主义。

但即使在宋代之后，夷夏之辨依然无法脱离天下主义而成为独立的意识形态。夷夏之辨是相对的，并非绝对的存在。天下主义与夷夏之辨内在渗透、相互镶嵌。天下主义是进攻利器，夷夏之辨乃防守之道。防守的终极目的，依然是要实现天下归仁的儒家天下理想。在古代中国，一个新的王朝是否合法，是否为汉族士大夫所认同，有两条标准：一条标准是夷夏之辨，另一条标准是天下主义。夷夏之辨是次要的标准，最重要的还是天下主义。非华夏的外族，既是绝对的敌人又是相对的敌人。之所以是绝对的敌人，乃是他们没有被文明教化过，代表了野蛮，是对中原文明的颠覆。之所以是相对的敌人，意味着只要蛮夷被中原文明所同化，就可以成为华夏天下的一员。即使是异族统治，汉族士大夫也可以承认其统治的合法性。因此，明末清初的顾炎武最终在意的不是

---

① 钱穆：《中国文化史导论》，第 132 页。

亡国（汉人王朝），而是亡天下。

六朝隋唐之后，中国人不论从种族还是文化来说都不是纯粹的，且不说五胡乱华之后夷夏之间血缘混杂，即便是中原文明，也融合了外来文化。宋明理学就是被佛教夷化了的儒学，而佛教在中国也被汉化，从出世的佛陀变为在世的禅宗。中国的天下主义以中原文明为核心，把异端的、蛮夷的文化与种族包容进来，形成一个更大、更具开放性的华夏文明。这个华夏文明无法以种族、血脉、语言和历史的纯粹性来追溯。宋代虽然是衰世，但中原民族的主体性也早已是多个民族和文化杂交后的主体性，夷夏之辨依然受到先秦而始的天下主义之规约。

古代中国的认同之所以博大，包容性强，中心清晰、边缘模糊，无法以近代的民族国家定位，乃是始终离不开天下意识。杜赞奇说：在中国历史中有两种不同的民族主义思想资源，一种是排他性的以汉族为中心的种族主义，另一种是包容性的以天下为价值的文化主义。这两套关于民族共同体的叙述，既互相分离又纠缠在一起。[①]天下主义是普遍的，夷夏之辨是特殊的。对于古代中国而言，天下既是华夏的特殊主义，又是以华夏为中心的普遍主义。普遍性（文化）与特殊性（华夏）融为一体，或者说普遍性的天下发端和存在于特殊性的华夏文化之中。只有到了近代之后，在西方文明的冲击之下，华夏失去了普遍主义的位置，于是特殊的华夏与普遍的天下主义发生断裂，形成近代中国认同的深刻困境。

二、　夷夏之辨向种族论的蜕变

在近代中华民族建构的历史过程之中，传统中国的天下主义和夷夏之辨作

---

① 参见杜赞奇：《从民族国家拯救历史：民族主义话语与中国现代史研究》，王宪明译，社会科学文献出版社 2003 年版，第 39—74 页。

为历史性的思维框架依然左右着中国的思想家们，只是在西潮的冲击下，二者在近代的氛围中产生了历史的变异，以中华文明为核心的天下主义蜕变为以西方为中心的文明论，而以中原文化为标准的夷夏之辨异化为以社会达尔文主义为基础的种族论。它们之间的复杂互动和交叉镶嵌对近代中国的民族国家认同产生了深刻的影响。

夷夏之辨在古代中国不仅是文化的、相对的，而且受到天下主义的绝对理想的制约，因此总是处于边缘性的位置。然而，到了晚清之后，这一切都发生了变化。在一波又一波的西潮冲击之下，以儒家的礼教为核心的天下秩序发生了崩解，外来的西方列强携着枪炮的实力和文明的观念让古代的中国受尽屈辱，从此中国人失去了自信。于是，作为一种防御性的、抵抗性的民族主义意识油然产生，而它从古老的传统中所吸取的智慧，正是"非我族类、其心必异"的夷夏之防，由于其不再有天下主义的规约，古老的夷夏之辨化身为近代的族群民族主义，从边缘走向主流，成为从朝廷到士大夫的主流意识形态。

从夷夏之辨蜕变而来的族群民族主义有保守的、激进的两种不同的类型。所谓保守的民族主义，乃是晚清的传统士大夫，他们的敌人是西方的帝国列强和外来西学，在西方各种软硬实力压迫之下，强烈地守护中国本土传统，通过卫教试图保国。而激进的民族主义则表现为晚清革命党人的"反满"意识。这是一个通过族群动员推翻异族统治的政治策略，因为有夷夏之辨的历史记忆，族群动员威力无比，获得相当广泛的认同，最后决定了辛亥革命的结果。激进民族主义到20世纪20年代之后转化为另一形式的排外性民族主义，即反帝的民族主义，新的蛮夷就是在中国与世界推行霸权的西方列强，激进的民族主义自此与保守的民族主义合流。

从夷夏之辨变异为族群民族主义，个中最关键的是种族意识的萌生。古代中国的种族意识一向很淡，真正具有强烈的汉族种族自觉的是明末清初的王夫之，但他的思想在清朝大部分时期都属于大逆不道的异端，对士林影响有限。姚大力指出：种族意识"其实它充其量不过是依附于王朝忠诚观念的一种'伴生性的原民族'意识而已。一旦新的王朝巩固了它的统治秩序，这种'伴生性的原民族'情绪很快就会大面积消退"①。而族群民族主义的真正出现，一定要等到晚清西方的种族观念引进中国并被普遍接受，方才可能成为风靡全国的主流意识形态。

最早将西方的种族论引入中国的，根据松本真澄的研究，不是反满的革命派，而是将进化论介绍进来的严复。②严复在 1895 年的《原强》一文中，强调人类社会的竞争，最初是种与种竞争，然后为国与国竞争，"弱者当为强肉，愚者当为智役焉"。他认为世界上有 4 个种族：黄、白、褐、黑。中国的满、蒙、汉都是黄种，具有种族上的同一性和纯粹性，因为具有文化上的优越性，是"文胜之国"，故"异族常受制于中国"，而非"异族制中国也"。然而，近代中国所遭遇的西洋民族，德智体皆胜于中国，在残酷的生存竞争之中，中国遂有了"亡国灭种"之虞。③

晚清影响最大的新思潮是严复引进的社会达尔文主义，而种族论正是伴随着社会达尔文主义一起来到中国，二者之间犹如孪生兄弟，有着内在的、无法切割的联系。在社会达尔文主义看来，人类社会竞争的基本单位就是种族，它赋予了种族论一种新的价值观念，哪个民族在生存竞争中适合生存，是优胜者，它就是贵种，否则就是活该被淘汰的贱种。于是，晚清年间"种战""保种"的论调，一浪高过一浪。推动种族论传播最力的，仍属梁任公莫属。1898年，他在《清议报》创刊号上发表《论变法必自平满汉之界始》，认为自大地初有生物，至于今日，数万年所相争的，一言而蔽之，争种族而已。种族之多，起初不可胜数，随着生存竞争，数目日渐减少，因为凭优胜劣败之公理，劣种之人，必为优种者所吞噬，直至灭种。④1902 年，梁启超撰写《新史学》，将历史的基本单元看成是人种，所谓历史即是"人种之发达与其竞争而已"。

① 黄晓峰：《姚大力谈民族关系和中国认同》，《东方早报·上海书评》2011 年 12 月 4 日。
② 参见［日］松本真澄：《中国民族政策之研究：以清末至 1945 年的"民族论"为中心》，鲁忠慧译，民族出版社 2004 年版，第 299 页。
③ 参见严复：《原强》，载刘梦溪主编：《严复集》，河北教育出版社 1996 年版，第 540—551 页。
④ 梁启超：《论变法必自平满汉之界始》，《梁启超全集》第 1 册，第 51 页。

在他看来，世界上有两种民族：一种是有历史的，一种是没有历史的。世界上五大人种，黑种、红种和棕种皆是没有历史的，有历史的人种，只有白种人和黄种人两种，最适合竞争①，在此之前，梁启超对这一划分作了一个生物学意义上的解释："凡黑色红色棕色之种人，其血管中之微生物，与其脑之角度，皆视白人相去悬绝，惟黄之与白，殆不甚远，故白人所能为之事，黄人无不能者。"②

纵观梁启超的种族言论，虽然也是一种新的夷夏之辨，但与传统的声音不同，他不再从文明的相对角度区分夷夏，而是转换为种族的绝对性。他认为一部分人种是贱种，注定要在生存竞争中失败，而另一部分人种是贵种，将会最终赢得未来。文明可以转化夷夏，但种族却是天生的，命运不可改变。代替文明这一普遍性的，是另一种普遍性，乃是晚清所普遍认同的所谓公理：由进化论所带来的生存竞争。竞争面前种族平等，谁是通吃天下的赢家，谁被淘汰出局，似乎冥冥之中都有一个种族的宿命。

那么，作为黄种的中国前途如何呢？梁启超乐观地相信，在20世纪之中，"我中国人必为世界上最有势力之人种"，其理由是因为中国具有四大优势：有自治传统、冒险独立、思想发达、人多地广。③纠缠在梁启超内心的，是一种在白种人面前既自卑又自大的矛盾心结，一方面以白种人的生物学和文化学的标准即是否适合竞争这一普遍性来自我衡量，另一方面又相信黄种终将战胜白种统治全世界。这种于今看来属于"政治不正确"的种族优劣论，在晚清却不仅仅属于梁任公个人，而是弥漫在中国士大夫群体之中的普遍思潮，为各家各派所信奉。④比如革命派阵营的刘师培也将近代中国的亡国灭种危机归结为亚

① 梁启超：《新史学》，《梁启超全集》第2册，第741—746页。
② 梁启超：《论中国之将强》，《梁启超全集》第1册，第100页。
③ 梁启超：《论中国人种之将来》，《梁启超全集》第1册，第259—262页。
④ 关于近代中国种族论和社会达尔文主义的研究，参见［荷］冯客：《近代中国之种族观念》，杨立华译，江苏人民出版社1999年版；［美］浦嘉珉：《中国与达尔文》，钟永强译，江苏人民出版社2008年版。

种劣而欧种优：

> 物竞者，物争自存也，天泽者，存其宜种也。种族既殊，竞争自起，其争而独存者，必种之最良者也。中国当夷族入主之时，夷种劣而汉种优，故有亡国而无亡种。当西人东渐之后，亚种劣而欧种优，故忧亡种。①

在晚清的革命派与立宪派大论战中，虽然双方意见分歧，但是背后都共享同一个社会达尔文主义，以是否适合竞争这一新的普遍性来裁断一切；同时又都从种族的角度来讨论问题，相信汉族是最适合进化的民族，区别只是在于如何看待满人：梁启超、杨度他们持的是大中华主义立场，更重视黄种和白种的"外竞"，将满汉视为同一个种族下的不同民族，而章太炎、刘师培、邹容等革命派承继明末王夫之的汉民族意识，将满汉视为汉贼不两立的不同种族。在晚清广泛流传的《革命军》一书中，邹容将亚细亚的黄种分为中国人种和西伯利亚人种两个不同的人种，中国人种以汉族为中心，包括朝鲜、日本、安南、西藏等族的"昆仑山系"，而满人、蒙古人以及西部的土耳其人则属于另一个"西伯利亚系统"。邹容以极富煽动力的笔调控诉满人对"吾黄汉民族"的种族压迫：

> 汉种汉种，不过为满洲人恭顺忠义之臣民，汉种汉种，又由满洲人介绍为欧美各国人之奴隶，吾宁使汉种亡尽杀绝死尽，而不愿共享盛世，歌舞河山，优游于满洲人之胯下！②

革命派排满的理由，除了君主专制之外，便是与汉族本非一族，且非同国

---

① 刘师培：《中国民族志》，载《刘申叔遗书》，江苏古籍出版社 1997 年版。
② 邹容：《革命军》，载《中国哲学史资料选辑》近代之部下，中华书局 1983 年版，第 523 页。

之人，因此汉人建立的国家，当将满人排除在外。近代的族群民族主义还得到了中国传统中的家国天下观念的有力支持。刘师培如是说：

> 孟子言国之本在家，而西人言社会学者亦以家族为国家之起源，谓民族之起源，起于公同之特性，而公同之特性，起于血统之相同。则所谓民族者，乃合数家族而成者也，同一民族即同一国家，此家族所由为国家之起源也。①

由家族而民族直至国家，血缘性的家族扩大为单一、同质化的国族，革命派所想象的近代民族国家乃是日本式的单一民族共同体。因此相对应，立宪派对国族的想象乃是立足于清代以来的多民族并存的现实，通过立宪，融合汉、满、蒙、藏、回五族为一中华民族。晚清年间对此有系统论述的，乃是杨度。他在《金铁主义说》中力证中华并非一地名，也非血统之种名，而是一文化之族名。今日之中华民族，除蒙、回、藏文化不同，语言各异而外，满、汉在文化上已经是同一民族。他明确表明："民主立宪党所欲成之民族的国家，命之曰中华民国，则是言文化而不言血统，欲合满汉而共组织一民族的国家可以推知。"②

多位学者指出，杨度为"五族共和"思想的始作俑者，虽然他最初提出的是"五族君宪"的方案。③细读杨度的《金铁主义说》，可以发现在他的视野之中，五族并非真正的平等，而是有进化程度的差别。杨度深受由严复介绍进来的甄克思的人类社会野蛮—宗法—军国三阶段普遍进化图式的影响，认为在中华民族内部，汉族是最进化的民族，已经进入未发达的军国社会，为汉族同化

---

① 刘师培：《伦理教科书》，载《刘申叔遗书》，江苏古籍出版社 1997 年版。

② 杨度：《金铁主义说》，载《杨度集》，湖南人民出版社 1986 年版，第 374 页。

③ 参见［日］村田雄二郎：《孙中山与辛亥革命时期的"五族共和"论》，《广东社会科学》2004 年第 5 期；常安：《清末民初宪政世界中的"五族共和"》，《北大法律评论》2010 年 11 卷 2 辑。

的满族次之，而蒙、藏、回三族尚停留在宗法社会。①因此，要形成中华民族统一的国族，首先是满、汉平等，其次是同化蒙、藏、回，即以汉、满为中心，同化蒙、藏、回三个落后的民族，合五族于一族。②于此可见，无论是革命派的排满性的汉族共和国，还是立宪派的合五族于一族的多民族君宪国，都是以汉族为中心，不管是排斥还是同化异族，皆相信汉族在血统上最优，最为进化，在国内诸民族之中最具有竞争能力。辛亥革命之后，杨度的"五族君宪"方案迅速为革命党人吸纳和改造，形成"五族共和"的全国性共识，个中之重要原因，乃是革命派与立宪派都共享一个基本的预设，所谓"五族共和"就是以汉族为中心，同化与融合其他未开化的民族。根据松本真澄的研究，民国初年孙中山在各种场合谈到"五族共和"的时候，态度有微妙的差别，对汉人演讲时强调汉族在种族、竞争和文化上的优越感，需要同化和融合其他民族；而在会见蒙古王公和回教领袖时则表明民族自治和民族平等，参加民国对他们有好处。按照他的理想，民族自治只是最初的一个阶段，最后乃是要融合和同化各个民族，达到统一的、同一的中华民族。③

姚大力指出："从表面上看，族裔民族主义与国家民族主义两者的极端主张似乎是正相反对的，然而事实上，它们很可能就是一回事。历史反复提醒我们，掩盖在国家民族主义外衣之下的，经常就是一国之内主体人群的族裔民族主义。"④当夷夏之辨到近代蜕变为社会达尔文主义支配下的种族论，而天下主义的价值规范又失去的时候，极端的盲目排外便以反帝、反西方、反洋教、反洋人、反欧洲中心主义等各种各样的形式出现，越是国族打造遭遇困境，内部四分五裂，越是需要一个外部的敌人以强化自我，这种自我被掏空了的、只是以他者的存在而存在的国族认同，在近代中国只是一个抽象的空洞符号，无法

---

① 杨度：《金铁主义说》，载《杨度集》，第 258 页。

② 同上书，第 301 页。

③ 参见［日］松本真澄：《中国民族政策之研究：以清末至 1945 年的"民族论"为中心》第 2 章第 1 节。

④ 黄晓峰：《姚大力谈民族关系和中国认同》，《东方早报·上海书评》，2011 年 12 月 4 日。

落实为中华民族的自觉实体。

三、 文明论：逆向的天下主义

如同古代的夷夏之辨有天下主义的制约一样，当晚清之后以儒家礼教为核心的天下主义解体之后，一种新的天下主义出现了，这就是西方为中心的文明论。

天下主义的实质乃在于普遍的价值和文化，相信各个民族可以有各自的历史，但最终都会百川归海，为更高级的文化和制度所征服。晚清之后，当西洋文明以物质和精神的双重优越性来到中国，显示其新的文明力量的时候，中国的确面临了"三千年未有之变局"。士大夫内部发生了分化，保守主义者严守夷夏大防的传统立场，以各种方式抵御西方文明，保卫中华文明的礼教。另一些开明的士大夫则清醒地意识到时势的变化，开始接受西洋新文明。

一种外来新文明进入原来的文明母体，首先需要的是要在原来文明中获得合法性。有意思的是，如果说抵抗西洋的力量来自夷夏之辨传统的话，那么接受西洋文明的理由却出自天下主义，这就是"古已有之"论。王尔敏先生的研究表明，自龚自珍、魏源之后，最初一批"睁眼看世界"的开明士大夫，将西洋的学术政教，皆视为中国固有之物，所学于西洋者，实合于"礼失求诸野"的古训。"古已有之"论，有两种表现形态，一为西学得中国古意，一说西学源出自中国。①

"中国古已有之"论秉承天下主义的传统，并不认为西洋文明有异于中国，中华学术政教是普遍的，放之四海而皆准。在天下主义的视野之中，华夷的区别就是文野之分，文明只有一个，但寄托于何者身上，有变易的可能。"夷狄

---

① 参见王尔敏：《晚清政治思想史论》，台北：台湾商务印书馆 1995 年版，第 33 页；王尔敏：《中国近代思想史论续集》，社会科学文献出版社 2005 年版，第 56—59 页。

进中国，则中国之"，其中的"进"，并非地理和身份意义上的进入中国，最重要的是承认和采纳中国的政教理想，就是中国的一部分。王韬如此批评晚清时人中狭隘的以种族为标准的夷夏之辨："苟有礼也，夷可进为华；苟无礼也，华则变为夷，岂可沾沾自大，厚己薄人哉?"①

这是天下主义视野中的夷夏观，"古已有之"论亦如此看待西洋的文明，并不以为异端，乃是以普遍的价值尺度大度接受夷人之学术政教，并视为己出。可以如此认为，古已有之论，是一种过渡形态的文明论，它为传统的天下主义转型为近代文明论搭建了过渡的桥梁。

在神州本体的士大夫，对西洋文明只是隔岸的想象，而真正有机会漂洋过海到西洋考察的，所见所闻乃是一种真正的心灵冲击。作为驻英公使的郭嵩焘发现，西洋立国二千年，政教修明，具有本末，与以往的辽、金蛮夷，截然不同。物质繁华不论，即论制度之优，统治者品德之良，也在中国的三代之上："西洋君德，视中国三代令主，无有能庶几者；即伊周之相业，亦未有闻焉；而国政一公之臣民，其君不以为私。"②

最识洋务的郭嵩焘在这里已经意识到，西洋所出现的文明，已经非中国古人的理想所能包容，它代表一种更高级的文明。夷夏之间，可互相转变，文明之担当者，当有变易。王尔敏先生发现，自古以来，中国一直流传着一种运会学说，认为历史是循环的，易理之发展，穷毕必返；五德终始，天命常在不同的朝代变易之中。这种循环论的运回学说，到了晚清又再度流行，面对西洋文明的崛起，相信这是天命的转移，西力东渐是天机地气，运回使然。③于是能够以天下主义的大度，坦然接受新的文明。到了这一步，"古已有之"论便完成了它的历史使命，传统的天下主义开始转向另一种天下主义，以西洋为中心的近代文明论。

---

① 王韬：《弢园文录外编》，上海书店出版社 2002 年版，第 245 页。

② 参见并转引自钟叔河：《走向世界：近代中国知识分子考察西方的历史》第 13 章《西方文明对郭嵩焘的影响》，中华书局 2000 年版，第 225、215 页。

③ 参见王尔敏：《晚清政治思想史论》，第 72 页。

这种近代文明论，可以说是一种逆向的天下主义，其价值尺度不再以中国，而是以西洋为标准，夷夏之间变换了位置。从天下主义的观点来看，人类的文明只有一个，而不是多个。当儒家的三代乌托邦和礼乐教化不适时宜，不再能代表人类的普遍理想的时候，那么就需要一个新的天下宏图，新天下既代表了人类的德性价值，也有更合理的典章制度。礼失求诸野，于是天命就转移到了西洋那里，运回循环，华夏变成了蛮夷，而过去的蛮夷成为了新华夏，他们代表了新天下的真谛，这就是文明。

晚清的文明论是一种公认的、新的价值尺度，它来自欧洲和日本两位对中国影响巨大的思想家，一个是英国的甄克思（Edward Jenks），另一个是日本的福泽谕吉。甄克思是英国的法学教授，他本人在欧洲并没有什么名气，《社会通诠》（*A History of Politics*）也只是一本阐述社会发展的通俗著作。然而，当严复在 1903 年将它翻译成中文之后，却在中国引起了持续而广泛的影响，立宪派和革命派还围绕该书的观点展开了激烈的论争。①一本简明的社会发展史小册子之所以在晚清影响如此巨大，原因无它，乃是当传统的天下主义所提供的历史观式微之后，中国士大夫迫切需要一个同样是普遍的、适合全人类的进化通则和历史发展图式，而《社会通诠》简明扼要地提出了人类社会就是从蛮夷社会到宗法社会再到国家（军国）社会的历史进化过程。这一历史观与晚清流行的公羊三世说在结构上是对应的，都是直线型的一元进化历史观。在这一普遍的人类进化图式面前，西方处于进化的顶端，而中国尚处于从宗法社会向国家社会的转化过程之中。

福泽谕吉作为日本明治维新最著名的思想家，在他的《文明论概略》一书中提出了文明论思想，为日本近代的脱亚入欧提供了理论上的论证。文明是从欧洲传到亚洲的一个概念，文明是一种历史观，也是解释人类演化的历史过程和终极目标。文明在福泽谕吉那里，获得了新的解释。在他看来，文明是精神

---

① 关于《社会通诠》在中国的传播以及影响，参见王宪明：《语言、翻译与政治：严复译〈社会通诠〉研究》，北京大学出版社 2005 年版。

性的现象，表现为人类在德智方面的进步，文明随着德智的进步而发展。同时文明从拉丁语 civitas 演变而来，含有"国"的意思，因此文明也有良好的国家体制的意思。文明作为全人类追求的普遍价值和制度，它具有终极性的意义，整个人类的发展是从野蛮社会进化到半开化社会最后到达文明社会。福泽谕吉由此判定，美国与欧洲是最上等的文明国，日本、中国、土耳其等亚洲国家是半开化之国，而非洲、澳洲则是尚未开化的野蛮之国。①在日本的梁启超读到此书，深受启发，过去他相信从据乱世到升平世再到太平世的公羊三世说，如今的文明三阶段说不仅与三世说匹配，而且更有世界性的普遍价值。他在《文野三界之别》一文中说：

> 泰西学说，分世界人类为三级，一曰蛮野之人，二曰半开之人，三曰文明之人。其在春秋之义，则正谓据乱世、升平世、太平世。皆有阶级，顺序而升。此进化之公理，而世界人民所公认。②

从此，文明这个概念迅速在神州流行，成为与"大同"同等的，甚至更为重要的价值尺度，如果说"大同"还只是中华文明的一家境界的话，文明却是属于全世界的，文明是毋庸置疑的公理，是全球公认的普遍价值，而且有一套可量化、可模仿的典章制度。只是这一新的天下主义之主体已经易位，从中国变为西方，因此激励起开明士大夫强烈的赶超意识，试图朝着新天下的目标，尽快从半开化的宗法社会，进化到文明的国家社会。到了五四时期的启蒙运动，这种文明论便发展成更为激进的全盘西化论，传统的天下主义以一种文化主体颠倒的世界主义形态表现出来。

在整个近代中国，文明论与种族论始终屡屡不绝，相互冲突和对立，极端

---

① 参见〔日〕福泽谕吉：《文明论概略》，北京编译社译，商务印书馆 1998 年版，第 9—41 页，另参见〔日〕子安宣邦：《福泽谕吉：〈文明论概略〉精读》，陈玮芬译，清华大学出版社 2010 年版，第 7—35 页。

② 梁启超：《文野三界之别》，《梁启超全集》第 1 册，第 340 页。

的民族主义者和保守主义者以中西种族不同、汉贼不两立的姿态抗拒西方文明，以中华的特殊性抵抗文明的普遍性，而"五四"的启蒙者则以普遍的文明论批判中国传统，反思中国的国民性，检讨中华民族的种族和文化上的缺憾，两个阵营之间常常发生激烈的冲突。然而，种族论与文明论又非绝对的对立，它们之间有共享的逻辑预设，那就是社会达尔文主义，正如前面所叙述的那样，种族论与文明论，都相信历史进化论，不同的种族之间，按照进化的程度分为优劣，而进化的标准则是生存的竞争能力，其集中体现在德智体文明发展的程度上。所谓的进化，就是文明的进化，而种族的竞争，说到底就是文明的竞争。于是我们可以理解，为什么严复、梁启超、杨度、孙中山等人，既是一个种族论者，又是一个文明论者。如同古代的天下主义与夷夏之辨复杂地纠缠在一起一样，近代中国特殊的种族论与普遍的文明论也同样互相镶嵌，互为理解背景框架，至于何者居于支配性的位置，完全是因时、因地、因人而异。

从族群、民族、国族，到种族和世界，相互之间的界限都是相对的、模糊的，以何者为他者，就会形成什么样的自我认同。于是，汉族认同、大中华认同、大亚洲认同乃至世界的认同，都有可能发生在同一个思想家身上，从康有为、梁启超、孙中山到李大钊、毛泽东，都是热烈的民族主义者，同时赞同大亚洲主义，又有解放全人类的世界主义情怀。他们学习西方文明乃是为了拯救中华民族，而中华民族的新生和再起，又将为亚细亚提供抵抗西方的典范，为世界展示新的东方文明。1917年，李大钊先后撰写《新中华民族主义》和《大亚细亚主义》两篇文章，从亚细亚和世界的角度思考中华民族的问题。他说，今日世界之问题，非只国家之问题，西洋文明乃掠夺之文明，而高举亚细亚的旗帜而与之抗拒，乃当然之反响。"言大亚细亚主义者，当以中国国家之再造，中华民族之复活为绝大之关键。"①从世界的背景思考亚细亚的命运，又从亚细亚的命运中思考中华民族的重要位置，这种思维既是世界主义的，又是

---

① 参见李大钊：《新中华民族主义》《大亚细亚主义》，载《李大钊全集》第2集，河北教育出版社1999年版，第493、662—663页。

民族主义的，显然承继了中国的天下主义和夷夏之辨的双重传统。在近代中国的大思想家里面，很少有纯粹的民族主义者或彻底的世界主义者，他们总是在世界文明的大背景里思考中国的问题，同时试图以中国文明的复兴去拯救全世界。

传统的夷夏之辨和天下主义发展到近代所出现的两种极端形态：种族论和文明论虽然影响巨大，但它们却无法回应近代中国的核心问题：打造一个与全球文明接轨的民族国家，既保持中国自身的文化认同，又具有近代的文明价值和制度。无论是保守的还是激进的种族论虽然现成地用中国特殊的种族与历史建构国族的"我者"，但这样的"我者"却以排除"他者"的文明为前提，具有"自我幽闭症"性格。而以西方为典范的文明论尽管有可能实现中国的近代化，但在获得了"近代"的同时，却失去了"我者"的主体性，无法建立自身的国族认同。在古代中国，因为天下文明就是以华夏为中心的文明，普遍的天下建立在特殊的华夏之中，因而即便政权是异族建立的，在文化上依然不会发生"我者"认同的困境。然而，到了近代中国，普遍的文明与特殊的华夏发生了断裂，天下不再是"我者"的天下，而华夏也失去了文明的优越感，在这一困境下，天下与华夏、近代与中国之间，发生了无法弥合的裂痕，使得什么是近代中国的认同这个问题真正地凸显出来，摆在中国知识分子面前。

于是，在种族论与文明论、民族主义与世界主义两个极端之间，出现了两种温和的民族主义与世界主义，这就是文化民族主义与新天下主义。

所谓温和的民族主义，就是类似德国赫尔德式的文化民族主义，其有着世界主义的背景，绝不排斥世界的主流文明，同时又追求本民族的文化主体性。民族的主体性因为是文化的，而不是种族的，因而是开放的，也是和平的。在近代中国，这种温和的文化民族主义正是陈寅恪所倡导的"一方面吸收输入外来之学说，一方面不忘本来民族之地位"[1]。这是宋以后民族主体性意识的健

---

[1] 陈寅恪：《审查报告三》，载冯友兰：《中国哲学史》下册，华东师范大学出版社 2000 年版，第 441 页。

康版传承，是夷夏之辨与天下主义互相镶嵌的历史传统，它从晚清张之洞的中体西用开始，有一条清晰的思想史脉络：杜亚泉、梁漱溟、学衡派和新儒家，也被张君劢这样的自由民族主义者引为同调。

所谓温和的世界主义，乃是一种新天下主义。它不以中西为沟壑、古今为壁垒，而是追求全人类的普遍文明。世界主义看起来似乎是反民族主义的，但其背后又有一种最宽阔的民族主义胸怀，即借鉴全人类的文明成果建构现代民族国家。胡适先生说过："民族主义有三个方面：最浅的是排外，其次是拥护本国固有的文化，最高又最艰难的是努力建立一个民族的国家。"[1]盲目排外指的是刚性的、原教旨的种族主义，拥护本国固有文化民族文化不一定排外，但强调的是以历史文化为核心的民族主体性。而民族国家的建构，乃是一种非民族的民族主义表现，试图用全人类的文明（也包括中国自身的文明）打造一个现代民族国家，这就是从"五四"以后出现的新天下主义。

在近代中国，种族论和文明论作为两个极端，总是发生剧烈的碰撞和冲突，但文化民族主义与新天下主义之间却能够建立良好的互动，它们都有世界主义的胸怀，同时又有中国文化的主体性意识，虽然一个强调中国本位，另一个突出普遍文明，但都不以排除对方为自己的前提。它们继承了古代中国天下主义与夷夏之辨的辩证传统，在普遍的天下视野里面追求中国文化自身的定位和认同，在普遍与特殊的融合之中建构"我者"的主体性，同时不断地将"他者"文明的优秀成分化为自身的一部分。

新天下主义追求的是"好的"文明，而文化民族主义拥抱的是"我们的"文化，真正的问题在于：如何将他人"好的"文明转化为"我们的"文化，成为民族主体性的一部分；而将"我们的"文化放在世界视野之中，上升为普遍文明，让它从特殊走向普遍，成为全球普遍之"好"？古代中国的天下主义和夷夏之辨，提供了将普遍性融入特殊性、从本土文化上升为普遍文明的智慧。而它们之间的断裂产生了近代中国西方文明论和狭隘种族论的两种极端的变

---

① 胡适：《个人自由与社会进步：再谈五四运动》，《独立评论》第 150 号，1935 年 5 月 12 日。

异。而真正的问题在于如何回到新天下主义和文化民族主义的中道之中，将"好的"文明落实在"我们的"文化之中，而将"我们的"文化提升为世界"好的"普遍文明。

原载《华东师范大学学报（哲学社会科学版）》2012 年第 6 期

从 republic 到"共和":
一个西方政治概念的中国之旅

李恭忠

南京大学历史学院暨学衡研究院

前　言

　　辛亥革命期间,"共和"一词曾经与"民主"一并风行一时。革命之后的一个世纪里,"民主"持续成为学术界和公众关注的焦点,"共和"则显得"门前冷落鞍马稀"。虽然几乎所有关于中国近代民主发展史的论著多少都会涉及"共和"[①],宽泛意义上的"民主共和"也屡屡被人论及,但针对近代中国共和概念变迁问题的专门探讨较为少见。直至近十余年来,受欧美理论界古典共和主义复兴潮流影响,中国法学界、政治学界开始重新关注"共和",试图发掘、弘扬这一"古老而伟大的传统"[②]。史学界不约而同,也开始重新关注孙中山、梁启超、章太炎等人的共和思想内涵及其与中西政治思想的关系[③],或者与概

---

　　① 早期代表性成果有熊月之:《中国近代民主思想史》,上海人民出版社 1986 年版。最新成果有间小波:《近代中国民主观念之生成与流变——一项观念史的考察》,江苏人民出版社 2011 年版。

　　② 天成:《论共和国——重申一个古老而伟大的传统》,载王焱编:《宪政主义与现代国家》,生活·读书·新知三联书店 2003 年版。另参见刘训练:《共和主义的复兴》,载马德普主编:《中西政治文化论丛》第 4 辑,天津人民出版社 2004 年版;张凤阳:《共和传统的历史叙事》,《中国社会科学》2008 年第 4 期。

　　③ 参见沙培德:《辛亥革命后梁启超之共和思想:国家与社会的制衡》,《学术研究》1996 年第 6 期;王玉华:《章太炎共和思想论》,《福建师范大学学报》2002 年第 3 期;桂宏诚:《孙中山的"共和"观念及其渊源》,《国父纪念馆馆刊》总第 17 期(台北:2006 年 5 月)。

念史研究潮流互为呼应①，探讨"民主""共和"等概念在近代东亚的翻译和传播过程。②已有的研究呈现了近代共和概念演变的大致路径："共和"最初是一个古汉语词汇，被近代日本人借用来翻译 republic 一词，清末民初又作为一个新概念从日文回流中国。在前贤研究的基础上，本文尝试从"名"与"实"的关系这一视角出发③，对近代共和概念在晚清时期的输入与接受情况作一专门梳理，希望能对如下问题有所补充：西方共和概念作为一种外来事物，鸦片战争之后如何与东方既有的知识资源对接；19 世纪 80 年代以后，特别是1898—1902 年间，共和概念具体如何传入中国，又如何与"共和行政"这一

① 关于概念史研究的兴起和旨趣，参见黄兴涛：《近代中国新名词的思想史意义发微》，《开放时代》2003 年第 4 期；黄兴涛：《清末民初新名词新概念的"现代性"问题》，《天津社会科学》2005年第 4 期；孙江：《语言学转变之后的中国新史学》，载孙江主编：《新史学》第 2 卷《概念·文本·方法》，中华书局 2008 年版。

② 参见熊月之：《晚清几个政治词汇的翻译与使用》，《史林》1999 年第 1 期；熊月之：《自由、民主、总统三词在近代中国之翻译与使用》，《百年》1999 年 5 月号；熊月之：《理解的困难与表达的偏差——晚清中国对美国总统制的解读》，《史林》2007 年第 1 期；方维规：《"议会"、"民主"与"共和"概念在西方与中国的嬗变》，《二十一世纪》总第 58 期（香港：2000 年 4 月）；谢放：《戊戌前后国人对"民权"、"民主"的认知》，《二十一世纪》总第 65 期（香港：2001 年 6 月）；狭间直树：《对中国近代"民主"与"共和"观念的考察》，载中国史学会编：《辛亥革命与二十世纪的中国》，中央文献出版社 2002 年版；冯天瑜：《"革命"、"共和"：清民之际政治中间概念的形成》，《武汉大学学报》2002 年第 1 期；冯天瑜：《新语探源：中西日文化互动与近代汉字术语生成》，中华书局2004 年版；皮后锋：《严复评传》，南京大学出版社 2006 年版；金观涛、刘青峰：《从"共和"到"民主"——中国对西方现代政治观念的选择性吸收和重构》，收入金观涛、刘青峰：《观念史研究：中国现代重要政治术语的形成》，法律出版社 2009 年版；陈力卫：《「民主」と「共和」：近代日中概念の形成とその相互影響》，《成城·经济研究》第 194 号（岩本修巳名誉教授退任記念号），2011 年11 月（中文版《近代中日概念的形成及其相互影响——以"民主"与"共和"为例》，载《东亚观念史集刊》第 1 期，台北：政大出版社，2011 年 12 月）。

③ 名与实作为中国本土逻辑学和认识论传统中的一对核心范畴，在墨子那里得到了集中阐述，"名"指概念、名称、词语，"实"指客观事实、事物对象的基本特征（邢兆良：《墨子评传》，南京大学出版社 1993 年版，第 315—317 页）。"名"与"实"后来经常在更加宽泛的意义上被对举使用，成为一种描述性的两分框架，既可以用来描述虚名与实际之间的差异，也可以用来描述形式与内涵、表象与本质之间的距离。本文借鉴这一传统的描述性框架，以便大致呈现"共和"概念在晚清中国的演变轨迹。这一框架的缺陷是不够精细，尚不足以用作分析模型。

中国古典区别开来；1903 年以后共和概念在中国的进一步传播，如何与政治领域的行动选择互为纠缠①，这种互动又对共和概念在 20 世纪中国的理解和接受情况产生了何种影响。

一、从 πολιτεία 到 republic

与现代汉语词汇"共和国"对应的英语 republic 源于拉丁文 res publica，后者又与古希腊文 πολιτεία 密切相关。πολιτεία、res publica 在西方古典政治学说中具有多重内涵，从柏拉图、亚里士多德到西塞罗，这两个名词既可作为国家、宪法、政体的泛称②，又可作为一种混合政体的专称。伴随着从 πολιτεία、res publica 到 republic 的概念变化，其内涵也从古典时代国家、宪法、政体的泛称，逐渐转变为近代以来特定政体类型的专称。③

亚里士多德以统治权的归属和利益导向为标准，提出了三类基本政体及其变体。（1）一人统治，以全邦利益为归依即为君主政体，其变体则为僭主政体，只以个人利益为依归④；（2）少数统治，以全邦利益为归依即为贵族政

----

① 限于篇幅，关于辛亥革命前夕的共和表述，本文将以梁启超和孙中山这两个代表人物作为探讨重点。

② 比如柏拉图中期代表作的书名就是 πολιτεία（现一般译为《理想国》或《国家篇》）西方译本长期译作 republic，梁启超在发表于 1902 年的《亚里士多德之政治学说》一文里沿用日文译法译为《共和国》。1920 年，吴献书编译的该书中文版被纳入"尚志学会丛书"，由商务印书馆出版，译名定为《柏拉图之理想国》。吴寿彭也认为，柏拉图在这篇谈话中表达的理想城邦以哲学王主治，以士族为本，"实在不是【近代意义上专称的】正宗的共和政体"，于是同样将书名 πολιτεία 译为《理想国》，而将柏拉图在正文里提及的 πολιτεία 译为泛称的"政体"。见亚里士多德：《政治学》，吴寿彭译，北京：商务印书馆 1965 年版，第 44、132 页。

③ 此外还有一条概念演变的线索，即从 πολιτεία、res publica 到 constitution，参见徐国栋：《宪法一词的西文起源及其演进考》，《法学家》2011 年第 4 期。这两条线索之间的互动关系，值得进一步探讨。

④ 亚里士多德：《政治学》，第 133 页。

体，其变体则为寡头政体，只以富户的利益为依归；（3）多数统治，以全邦利益为归依即为 πολιτεία（politeia），其变体则为 ὀχλοκρατία（Ochlocracy），只以穷人的利益为依归①。对于第三类政体 πολιτεία，亚里士多德立足于古希腊城邦公民自治的经验基础，阐述了它作为一种混合政体类型的内涵。他主张"最好把政体保持在中间形式"，"在混合政体中应有三项同等重要的因素——自由出身、财富和才德"。兼顾财富和自由出身两个要素、倾向于多数主义的混合政体，可称为 πολιτεία；至于兼顾自由出身、财富和才德三个要素、偏重于寡头主义的混合政体，不称为 πολιτεία，而应称为贵族政体。②

古罗马政治家西塞罗将希腊文 πολιτεία 一词译为拉丁文 res publica③，并在柏拉图、亚里士多德政体分类学说的基础上阐述了与 res publica 之名对应的混合政体之实："国家乃人民之事业"（res publica res populi），而人民则是"基于法权的一致和利益的共同而结合起来的人们的集合体"④。理想的 res

---

① 亚里士多德：《政治学》，第 133—134 页。亚里士多德所说的第三类政体之名称 πολιτεία，给后人带来了概念和翻译上的麻烦。亚里士多德《政治学》一书大量使用该词泛指政制、政府、宪法、政体，但在谈到三类政体划分时，他却使用该词作为一种特定政体类型的名称。西塞罗将该词译为拉丁文 res publica，仍然保留了既作为国家和一般政体泛称、又作为特定政体类型专称的内涵（参见徐国栋：《宪法一词的西文起源及其演进考》，《法学家》2011 年第 4 期）。近代以来，随着 res publica 演变为 republic 并逐渐成为特定政体类型的专称，πολιτεία 在英语中也多被直接译为 republic。明末清初，耶稣会士高一志撰写的《平治西学》一书率先提到了亚里士多德关于政体的分类，并根据拉丁文将亚氏所说第三类政体汉译为"民众之政"（此点承黄兴涛教授见示，谨此致谢）。1899 年，梁启超根据日文著述，将 πολιτεία 及其变体转译为"合众政治"与"乱民政治"（《国家论卷一》，《清议报》第 23 册，1899 年 8 月 6 日，台北：成文出版社影印本，1967 年，第 1509 页）；1902 年又译为"民主政体（polity or democracy）"与"暴民政体（Ochlocracy）"（中国之新民：《亚里士多德之学说》，《新民丛报》第 20 号，1902 年 11 月 14 日，第 22—25 页）。严复 1906 年根据英文著作译述《政治讲义》，分别将其译为"民主，波理地"与"庶政，德谟括拉寺"（王栻主编：《严复集》，中华书局 1986 年版，第 1257 页）。后来吴寿彭根据希腊文重新翻译亚里士多德《政治学》，则分别将其译为"共和政体""平民政体"（亚里士多德：《政治学》，第 133—134 页），并成为当代中文语境里的流行译名。

② 亚里士多德：《政治学》，第 135、198、199、200、207、311—312 页。

③ 徐国栋：《宪法一词的西文起源及其演进考》，《法学家》2011 年第 4 期。

④ 西塞罗：《论共和国　论法律》，王焕生译，中国政法大学出版社 1997 年版，第 39、100 页。

publica，应该"由王政的、贵族的和人民的这三种政体适当地混合而成"；"最好是国家包含可以说是卓越的王政因素，同时把一些事情分出托付给显贵的权威，把另一些事情留给民众们协商和决定"①。这种混合模式的现实样本，就是古罗马共和国中期的制度，具体包括法治、分权、制衡、任期制、直接选举制，以及政治领导人的美德等等。②当然，与亚里士多德所说的 πολιτεία 一样，res publica 也离不开两个经验前提，即小规模的政治共同体（城邦）和公民自治传统。

可见，从亚里士多德到西塞罗，πολιτεία 和 res publica 这两个古典词汇，在专指一种混合政体的方面而言，二者既有连续性，又发生了变化。一方面，πολιτεία 和 res publica 都强调兼顾贫与富、少数与多数，在很大程度上包含了平民主义、公民参政、群众统治的内涵，从而为后来西方语境中 republic 之名与 democracy 之实的交叠以及这两个词汇之间的纠缠不清埋下了伏笔。另一方面，从 πολιτεία 到 res publica 的变化也很明显。亚里士多德所说的 πολιτεία 并不包含王政或君主政体因素，西塞罗所阐述的 res publica 却包容了王政的要素，从而为近代西方"共和"与"有限君主制"或者"立宪君主制"在实际内涵上的趋近提供了理论渊源。

近代以来，随着国民国家（nation-state）建国潮流的兴起，拉丁文 res publica 逐渐衍生出 republiche、republic、république、republiek 等西文词汇。就其专指特定政体类型的义项而言，这些词汇在内涵上逐渐偏离了西塞罗的解释，部分回归亚里士多德的思考方向，也就是从包容王政要素重新走向与君主政体完全分离。16 世纪，马基雅维利在《君王论》的开篇就将共和国（Republiche）与君主制（Prencipati）当作两种不同的基本政体类型相提并论。③到了 18 世纪，英文单词 republic、commonwealth 的含义已经基本定型，都去除

---

① 西塞罗：《论共和国 论法律》，第 83、60 页。

② 施治生：《西塞罗的共和国政治理论》，《史学理论研究》1998 年第 1 期。

③ Niccolò Machiavelli，*IL Prencipe*，1554，p.3. books.google.com.hk/books?id＝GLw6AAAAcAAJ.

了君主制的内涵。①在 18 世纪孟德斯鸠那里，république 也成为与君主制区别开来的政体类型的专称："政体有三种：共和政体、君主政体、专制政体……共和政体是全体人民或仅仅一部分人民握有最高权力的政体；君主政体是由单独一个人执政，不过遵照固定的和确立了的法律；专制政体是既无法律又无规章，由单独一个人按照一己的意志与反复无常的性情领导一切。"②至此，作为一种政体类型的西方近代共和概念，从"名"的层面而言与君主制划清了界限。

就"实"而言，近代共和也在古典的单一共和基础上发展为复合共和制度。古典共和的经验基础是城邦时代的直接民主，也就是小规模共同体范围内的公民自治。而近代以来，作为政治共同体的国家，其规模远非古典城邦时代可比，直接民主实施起来存在着技术上的困难。在不同于古典城邦的情境下，美国在"合众建国"过程中继承了西方古典共和制度的意涵，基于美国市镇自治的传统和各州自为治理的现实，以代议制民主取代了古典的直接民主，并且引入了宪政框架。③这套以地方自治为基础，以宪法、选举、分权制衡、任期制为特征的复合共和制度，成为近代共和制度的模板。

近代以来共和之"实"的变化，加剧了 republic 与其他相关概念的纠缠关系，给"共和"之名在能指上的确定性带来了冲击。一方面，近代以来的复合共和制度吸纳了宪政原则和作为一种具体制度安排的代议制民主，从而使"共和""民主""宪政"之间有了更加密切的交叠。英语语境中 democracy、republic 和 constitution 三个概念经常相互缠绕在一起，特别是 democracy 和 republic，经常被混同使用。另一方面，宪政和代议制民主既可以在共和制，也可以在君主制的宏观框架之内得到运用。在立宪君主制之下，君主如果被宪政制度彻底"驯服"，就像 19 世纪末以后的英国那样，那么立宪君主制就可能

---

① 刘训练：《共和考辨》，《政治学研究》2008 年第 1 期。

② 孟德斯鸠：《论法的精神》，张雁深译，商务印书馆 1983 年版，第 7—8 页。

③ 关于美国建国之初的复合共和体制，参见文森特·奥斯特罗姆：《复合共和制的政治理论》，毛寿龙译，上海三联书店 1999 年版。

变成虚君立宪制，与共和制趋于名异实同。由此，西方共和概念本身的"名""实"之辨，更加不易厘清。在近代以来该概念的跨文化移植过程中，这个问题显得尤为棘手。

二、从 republic 到"民主"

对于近代中国人而言，republic 是一个全新的外来事物。因此，中国学人对它的了解不是"循名责实"，而是先触及零散的事实，尔后在概念上混淆不清。至于学理层面的探讨，在很长时期内都付之阙如。

1. 初遇 republic 的陌生感

学术界讨论近代中国人对于西方民主政治（包括共和体制）的最初认识，多以鸦片战争之后的林则徐、魏源、徐继畬等人为样本①，因为他们较早接触了关于西方近代民主制度的信息，特别是关于美国的总统、选举和议会制度的新鲜信息。②当然，这些新鲜信息的获得，主要借助了外国传教士这一中介。③

林则徐主持编译的《四洲志》作为一部翻译作品，打开了中国人了解西方世界的视窗。该书详细介绍了美国的政治制度，提到了"依力多"（elector——引者按，下同）、"勃列西领"（president）、"衮额里士"（congress）、"西业"（senate）、"西那多"（senator）、"里勃里先好司"（representatives house）、"里勃里先特底甫"（representative）、"士碧加"（speaker）、"甘密底"（committee）、"士丹咨甘密底"（standing committee）等一系列令人陌生的音译名

---

① 1837 年 5 月，《东西洋考每月统记传》刊载一篇《侄外与叔书》，其中提到美国"居民不服王君，而每省良民立公会，自选人才忠烈缙绅，代庶民政治修举"（见潘光哲：《晚清士人对英国政治制度的认识（1830—1856）》，《政治大学历史学报》总第 17 期，台北：2000 年 5 月，第 164 页）。不过，这种描述还很简略，且在士大夫当中影响有限。

② 参见熊月之：《中国近代民主思想史》，上海人民出版社 1986 年版。

③ 王立新：《美国传教士与鸦片战争后的"开眼看世界"思潮》，《美国研究》1997 年第 2 期。

词，强调美国"总无世袭终身之事"，并且评论说：

> 虽不立国王，仅设总领，而国政操之舆论，所言必施行，有害必上闻，事简政速，令行禁止，与贤辟所治无异。此又变封建、郡县官家之局，而自成世界者。①

梁廷枏《合省国说》（1844 年）序文中对美国的政治制度颇为赞赏：

> 彼自立国以来，凡一国之赏罚、禁令，咸于民定其议，而后择人以守之。未有统领，先有国法……统领限年而易，殆如中国之命吏，虽有善者，终未尝以人变法……盖取所谓视听自民之茫无可据者，至是乃彰明较著而行之，实事求是而证之。②

不过，梁廷枏认为这种制度只能出现于美国这一特殊的时间、空间和人群当中，没法为其他国家仿效。

徐继畬的《瀛寰志略》（1848 年）对"米利坚合众国"（美国）的总统制度也有详细叙述，并且评论说：

> 米利坚，政最简……合众国以为国，幅员万里，不设王侯之号，不循世及之规，公器付之公论，创古今未有之局，一何奇也。③

徐继畬还将华盛顿与中国历史上的陈胜、吴广、曹操、刘备进行比较，突出表彰他不以国家为私产、不称王位、不传子孙的高尚品德，认为这种风范与中国

---

① 林则徐：《四洲志》，华夏出版社 2002 年版，第 146—147、155 页。
② 梁廷枏：《合省国说序》，《海国四说》，中华书局 1993 年版，第 50 页。
③ 徐继畬：《瀛寰志略》第 9 卷，道光庚戌年版，第 33—35 页，台北：华文书局影印版 1968 年版，第 770—773 页。

古老的天下为公理想非常契合。

　　上述文字中传达的关于美国政治体制的信息，主要是国家元首的任期制和权力限制、投票选举制、议会制度、法治原则，以及政治领袖应该具有的高尚品质。这些信息汇总起来，可以构成一幅共和制度的基本图像。直至民国初年，中国人对于西方共和制度的基本印象依然如此。

　　另外，魏源编纂、1852 年刊行的百卷本《海国图志》，收录了澳门葡萄牙人玛吉士 1847 年刊印的《新释地理备考全书》中的一段话："欧罗巴中所有诸国，政治纷繁，各从其度。或国王自为专主者，或国主与群臣共议者，或无国君，惟立冢宰执政者。"[1]这是近代知识人对西方不同政体类型的最初认识，不过仍是现象层面的描述，尚未及于政治学概念论说的层次。

　　总的来说，近代中国人最初接触西方共和制度时，难免援引儒家传统的知识资源，比如民本、德政、天下为公等等作为参照。诚如有学者指出，这是"戴着中国古代贤人政治的视镜"来观察西方政治制度[2]，或者说"中国固有的思想资源……被转化为理解西方民主传统的触媒"[3]。他们尚不了解西方的政体分类知识和 republic 概念，因而只能介绍、描述具体的制度表象，却不知如何为之命名。"自成世界""古今未有之局""一何奇也"等等评论文字，既可以形容西方共和制度的独特性，更表达了他们对这种制度的陌生感。

　　2. "民主"与 republic 的对译和混淆

　　鸦片战争之后，外国传教士编撰的英汉字典尝试着对 republic 一词进行中文释义。比如麦都思编纂的《英华字典》（1848 年），将 republic 释为"公共之

　　① 转见潘光哲：《晚清士人对英国政治制度的认识（1830—1856）》，《政治大学历史学报》总第 17 期，第 158—159 页。

　　② 冯天瑜：《新语探源：中西日文化互动与近代汉字术语生成》，中华书局 2004 年版，第 546—548 页。

　　③ 潘光哲：《晚清士人对英国政治制度的认识（1830—1856）》，《政治大学历史学报》总第 17 期，第 169 页。

政治""举众政治之国"。①不过，晚清中国人对于 republic 概念的认知和表述，很长时期内都以"民主"一词作为媒介，并且往往与 democracy 的内涵混同在一起。

已有的研究注意到，传教士丁韪良（W. A. P. Martin）1864 年主持翻译的美国人惠顿（H. Wheaton）所著的《万国公法》一书，既用"民主"一词来指 democracy，也多次在"民为主"的意义上使用该词来指称一种不同于君主国的政体类型。②从具体语境来看，"民主"一词与 republic 之间的对应关系非常明显。以下是《万国公法》中一些译文与原文的比对，分别涉及共和政体的基本形态以及遣使、缔约等不同方面：

美国合邦之大法，保各邦永归**民主**。（And the constitution of the United States of America guaranties to each state of the federal union a **republican** form of government.）③

遣发第一等钦差，惟君主之国或**民主之大国**方可。（The right of sending ambassadors is exclusively confined to crowned heads，the great **republics**，and other states entitled to royal honours.）④

君主之国，则盟约归君掌握；**民主之国**，则首领或国会、或理事部院均可任其权焉。(In absolute，and even in constitutional monarchies，it is usually vested in the reigning sovereign. In **republics**，the chief magistrate，senate，or

---

① W. H. Medhurst, *English and Chinese Dictionary*，Vol. II, Shanghae：The Mission Press，1848，p.1078. books.google.com.hk/books?id＝Bh8TAAAAYAAJ.

② 熊月之：《中国近代民主思想史》，上海人民出版社 1986 年版，第 10 页；熊月之：《晚清几个政治词汇的翻译与使用》，《史林》1999 年第 1 期；方维规：《"议会"、"民主"与"共和"概念在西方与中国的嬗变》，《二十一世纪》总第 58 期（香港：2000 年 4 月）。

③ 丁韪良译：《万国公法》，同治三年京都崇实馆版，第 2 卷，第 13 页；Henry Wheaton, *Elements of International Law*，London：1836，p.96.books.google.com.hk/books?id＝GKdJAAAAcAAJ。

④ 丁韪良译：《万国公法》，第 3 卷，第 3 页；Henry Wheaton, *Elements of International Law*，p.171。

executive council is in-trusted with the exercise of this sovereign power.）①

由上可见，丁韪良所说的数例"民主"，不是偏正结构意义上的"民之主"（即中国古典的含义），而是主谓结构②意义上的"民做主"，或者是主谓宾结构意义上"民主国"。不管是主谓结构还是主谓宾结构意义上的"民主"，都是与"君做主""君主国"相对而言的，是对近代西方相对于君主制而言的 republic 意涵的吸纳和简练表达。

经由《万国公法》的传播效应，中国人开始在"民主""君主"的名称之下接触和运用西方关于政体分类以及共和政体特征的知识。已有的研究表明，《万国公法》中文本出版后，"民主"一词逐渐成为中国出使外国人员用以表述不同于君主制的政体类型的通行术语。③比如，1866年初同文馆首届毕业生张德彝前往欧洲游历，途中即已开始运用《万国公法》的知识。沿途经过非君主制的欧洲小国酣博尔、韩挪尔，张德彝特别留意到它们"乃民主小邦""亦系民主小国"④。看到欧洲各国的相互争战，他想到了美国的情况："夫阿美利坚……民主是邦，称为合众国……"⑤改革派思想家郑观应、王韬，也都使用"民主"一词来指称西方的共和政体。王韬的说法最清楚：

> 泰西之立国有三：一曰君主之国，一曰民主之国，一曰君民共主之国……如法、如瑞、如美等，则为民主之国，其称尊号曰伯理玺天德，即中国之所谓统领也……一人主治于上而百执事万姓奔走于下，令出而必

① 丁韪良译：《万国公法》，第3卷，第14页；Henry Wheaton, *Elements of International Law*, p.185。

② 关于"民主"一词在偏正结构和主谓结构上的用法区别，见马西尼著：《现代汉语词汇的形成——十九世纪汉语外来词研究》，黄河清译，汉语大辞典出版社1997年版，第172—173页。

③ 熊月之：《晚清几个政治词汇的翻译与使用》，《史林》1999年第1期。

④ 张德彝：《航海述奇》，钟叔河校点，湖南人民出版社1981年版，第94、118页。

⑤ 同上书，第123—124页。

行，言出而莫违，此君主也。国家有事，下之议院，**众**以为可行则行，不可则止，统领但总其大成而已，此民主也。朝廷有兵刑礼乐赏罚诸大政，必集众于上下议院，君可而民否，不能行，民可而君否，亦不能行也，必君民意见相同，而后可颁之于远近，此**君民**共主也。①

显然，王韬这里描述的"民主之国"，正是名为"民主"、实为 republic 的政体类型。只不过在他看来，这种"民为主"的政体并非最理想的选择，只有"君民共主"政体才是首选。

直到 19 世纪 90 年代，"民主"一词依然经常被用来表述 republic，即无世袭君主、国家元首由人民直接或间接选举。比如，出使欧洲的薛福成在庚寅年（1890 年）闰二月十六日的日记里写道：

> 泰西立国有三类：曰蔼姆派牙（引者按：即 empire），译言王国，主政者或王或皇帝；曰恺痕特姆（引者按：即 kingdom），译言侯国，主政者或侯或侯妃；二者皆世及。曰而立泼勃立克（引者按：即 republic），译言民主国，主政者伯理玺天德，俗称总统，民间公举，或七岁或四岁而一易。法向称侯国，咸丰二年，拿破仑抱那帕托之侄拿破仑第三始称王，改国制。至同治九年，又废王，改民主焉。②

同年闰二月初四日，薛福成作为出使大臣向法国总统呈递国书，第一句话就是"大清国大皇帝问大法民主国大伯理玺天德好"；薛福成在呈递国书时的致辞也提到"大法民主国大伯理玺天德"③。中文"民主"一词与 president、republic 脱钩，完全确立与英文 democracy 的对译关系，要到五四运动前后才最终实现。此时

---

① 王韬：《弢园文录外编·重民下》，中华书局 1959 年版，第 22—23 页。

② 薛福成：《出使英法义比四国日记》，光绪壬辰年版，第 1 卷，第 47 页。见《庸盦全集》（二），台北：华文书局影印版，1971 年，第 860 页。

③ 同上书，第 42 页。见《庸盦全集》（二），第 857 页。

"民主"已经具有了新的内涵，即平民主义、庶民主义、民治主义①。

共和制度长期被冠以"民主"之名，导致近代以来中文语境里"共和"与"民主"这两个概念长期纠缠不清。那么应当如何理解丁韪良以来这种"误译"？一方面，如前所述，在西方的语境中，从 πολιτεία、res public 到 republic，一直都在很大程度上包含了 democracy 的内涵，以至于概念之间纠缠不清。惠顿的《万国公法》英文原著中也是如此，republic、democracy、democratic republic 相互混用。另一方面，这一现象体现了西方共和传统东渐时与中国人既有知识资源对接的困难。《万国公法》中文版的译者署名为丁韪良，实际参与翻译者还包括一批中国人，例如江宁何师孟、通州李大文、大兴张炜、定海曹景荣等。②面对全然不同于中国的西方政制，他们已有的"知识仓库"中尚无相应的概念。③中国历史上没有"共和国"的事例，只有两千多年"君为主"的传统，以及儒家学者关于君权如何配置、君—臣关系和君—民关系等问题的断续讨论，大致形成了"君—民"两分的思考框架。近代西方共和制度的一个明显特征就是无"君"，这与中国的君权制度形成了极大反差。面对这种情况，当时学人在"君—民"两分的思考框架下，很容易从"民"这一端来理解这种新鲜的共和制度。中国古已有偏正结构意义上的"民主"一词，其中的"主"字原本是名词。古汉语名词用作动词的情况很常见，"民主"一词转为主谓结构，用来表述无"君"的共和制度，亦属自然。

三、从 republic 到"共和"

近代意义上的"共和"语汇由日本学者首先创制，19 世纪 80 年代初期从

① 王人博：《庶民的胜利——中国民主话语考论》，《中国法学》2006 年第 3 期。

② 丁韪良译：《万国公法》，凡例第 1 页。

③ 关于"知识仓库"对于近代中西知识互动的意义，见潘光哲：《追索晚清阅读史的一些想法——"知识仓库"、"思想资源"与"概念变迁"》，《新史学》第 16 卷第 3 期（台北：2005 年 9 月）。

日本传入中国。"戊戌"之后的四五年里，经由梁启超为代表的一批知识人的集中介绍，西方政体分类知识得以系统传入中国。此后，以孙中山为代表，少数直接受过英美教育、对西方政治制度有所体验的中国人，也明确以"共和"概念来表达自己的民权追求。在多方合力的作用下，近代"共和"概念逐渐在中文语境里流行开来。

1. 近代"共和"语汇的创制及甲午以前在中国的传播

已有的研究表明，以汉字"共和"对译西方语言 Republiek，最早是由日本学者完成的，并且确实参考了中国古典"共和"的内涵。①穗积陈重在出版于 1926 年的《法窓夜话》中记载说，地理学家箕作省吾遇到荷兰文 Republiek（即英文 republic）一词，查阅词典后得知意指无君主之政体，于是请教宿儒大槻盘溪如何翻译成日文；大槻征引中国古代周王出逃、周公召公"共和行政"之典故，认为国无君主即为有变，可用汉字"共和政治"作为 Republiek 一词的译语。②箕作省吾采纳了这一意见，在自己改绘的一幅世界地图中用汉字"共和政治"来指称美国。③1845 年，箕作省吾出版《坤舆图识》一书，也采用汉字"共和政治州"来指称美国，并且介绍说美国有三十多个州，"非有国主酋长，每国推其贤者数人为政官"④。此后，汉字"共和"逐渐成为 republic 在日语中的习惯译法。

大槻盘溪的解释，既体现了会通东西方文化的尝试，也体现了跨文化沟通过程中难以避免的误解。"共和"为儒家经典中已有的词汇，从司马迁开始一

---

① 陈力卫：《「民主」と「共和」：近代日中概念の形成とその相互影響》，《成城・经济研究》第 194 号（岩本修已名誉教授退任記念号），2011 年 11 月。

② 穗积陈重：《法窓夜話》，岩波书店 1980 年版，第 59 节"共和政治"，青空文库，http://www.aozora.gr.jp/cards/000301/card1872.html.

③ 箕作省吾：《新製輿地全圖》，1844 年，日本国立国会图书馆藏，http://dl.ndl.go.jp/info:ndljp/pid/2542748.

④ 箕作省吾：《坤舆图识》，美作：箕作氏梦霞楼，1845 年，卷四下，第 3 页。宫城县图书馆藏，http://eichi.library.pref.miyagi.jp/eichi/detail.php?type＝3&literatureId＝55446.

般解释为西周末年厉王出奔，周、召二公"共和行政"①，也有人解释为共伯和摄政。②不管是哪种情形，根据儒家经典的解释，其内涵都是"虽偶无君……而礼义不废"③，即本有君主制度，但君主临时缺席。也就是说，儒家传统的"共和"话语，与非君主制、根本没有国王的西方制度形态之间存在着实质的差异。大槻的例子，与其说表明中国古典"共和"约略体现了"公""共""和"三层意蕴从而具有与西方近代"共和"概念相通和对接的内在基础④，还不如说置身于中西知识交汇格局之下、较早开眼看世界的近代学人，在理解和诠释西方共和概念时，难免以自身所属的文化体系为本位，援引东方传统的知识资源作为参照。"共和行政"这一东方事例，很难被化约为"原始民主"，进而在逻辑上与近代意义上的"民主共和"连接起来。

随着日本知识人对西方国家特别是美国的了解的增加，日语中的汉字术语"共和"逐渐摆脱了与儒家古典"共和"内涵的关联，完全转变为一个与 republic 相互对应的近代政治概念。1862 年，堀达之助编纂的《英和对译袖珍辞书》出版，republic 被翻译为汉字"共和政治"⑤。福泽谕吉的畅销书《西洋事情·初编》（1866 年），一开头就介绍了三种基本的政治制度"立君""贵族合议""共和政治"；他采用汉字字形加日文假名注音的方式，把 republic 翻译为"共和政治レポブリック"，并且给出了这个概念的具体解释："不管家族背景是高贵还是低贱，选择在人们当中享有声望的人为首领，与国民一起，通过

① 《附释音春秋左传注疏》，第 52 卷，嘉庆二十年南昌府学重刊宋本十三经注疏本。

② 《春秋左传注解辩误》，卷之下，明万历刻本。

③ 《论语注疏》，第 3 卷，嘉庆二十年南昌府学重刊宋本十三经注疏本。

④ 冯天瑜：《新语探源：中西日文化互动与近代汉字术语生成》，中华书局 2004 年版，第 549 页。冯天瑜先生关于"共和"一词在近代中国生成与流变情况的研究，采用了刘军宁作为一个无时空的理想类型而提出的共和概念，即认为"共和"理念包含"公""共""和"三层意蕴（刘军宁：《共和·民主·宪政——自由主义思想研究》，上海三联书店 1998 年版，第 105 页），侧重于从古今演绎、中西对接的理路展开分析，强调"共和行政"这一中国古典内涵与西方 republic 概念之间的相通性。

⑤ 堀達之助：《英和对訳袖珍辞書》，江户：1862 年版，第 683 页。

协商的方式管理国家大事。"①他还在这本书里详细介绍了美国独立战争和建国的历史，以及政治和法律制度。到了 19 世纪 80 年代，这种译法正式进入日英辞典；大筑拙藏重新翻译美国人 H. Weaton 的《万国公法》，也采用"共和政治"而非此前来自中文的"民主国"作为 republics 一词的译语。②这样，一个西方的近代政治概念以古老的汉字形态在日文语境中得到确立。

近代意义上的"共和"语汇在日本流行开来以后，通过中日之间的知识互动和媒体交流渠道传入中国，甲午以前即在中文语境里得到了零星使用。金观涛、刘青峰通过创建"中国近现代思想史专业数据库"发现，熟悉日本情况的黄遵宪在 1879 年的诗文里最早提及近代意义上的"共和""共和党"③。当然，黄遵宪这一近代"共和"用例只是出现于个人诗文当中，尚未进入大众传播领域。从大众传播角度而言，当时中国最有影响的商业性报刊《申报》值得注意。该报经常转载日本各大报纸的消息，在传播国际资讯的同时，也将一些来自日语的新词汇——包括"共和"——传递给中国读者。1882 年 12 月 22 日，《申报》的"东报杂录"栏目提道，日本栖川亲王巡游"至法国附近之共和国，该国大统领先期预备迎迓之"④。1884 年，《申报》转载日本报纸的消息：法国左派批评"政府所施政略，未经两院议允，用兵东洋……非共和政治之本意"，"直使向定宪制为废文"⑤。1886 年，《申报》一篇文章提到法国的"共和党"⑥。1888 年，《申报》从日本报纸转载了"瑞西共和国大统领"逝世的消息⑦。1889 年，

---

① 福沢諭吉纂辑：《西洋事情·初编》，江户：尚古堂 1866 年版，第 1 卷，第 5 页。

② 陈力卫：《「民主」と「共和」：近代日中概念の形成とその相互影響》，《成城·经济研究》第 194 号（岩本修巳名誉教授退任记念号），2011 年 11 月，第 17 页。

③ 金观涛、刘青峰：《观念史研究：中国现代重要政治术语的形成》，第 267—268 页。1884 年，黄遵宪也在诗文中描绘了美国大选的热闹声势："击我共和鼓，吹我共和笳，书我共和簿，擎我共和花"（《人境庐诗草笺注》，上册，钱仲联笺注，上海古籍出版社 1981 年版，第 365 页）。陈力卫前揭文指出，当时日语中"共和党"一词，很可能对应于 democratic party，而不一定是 republican。

④ 《东报杂录》，《申报》1882 年 12 月 22 日第 2 版。

⑤ 《扶桑杂志》，《申报》1884 年 11 月 7 日第 3 版。

⑥ 《论法国党祸》，《申报》1886 年 4 月 27 日第 1 版。

⑦ 《东报汇译》，《申报》1888 年 12 月 19 日第 2 版。

《申报》上一则短文提道："南美共和国名埃秦他英，欧州人民皆视之为乐土，移家往住者纷纷不绝……诚海外桃源欤！"①

然而，直至"戊戌"前后，中文语境里的"共和"一词尚未完全发展为一个近代概念。首先，它往往作为一个孤立的外来新词汇在中文语境里出现，未能与其他政治学术语共同构成一幅清晰的概念图景，难免令读者（受众）感到莫名其妙。其次，它与 republic 的对应关系尚未完全确立，"民主"依然是 republic 的通行译法。1893 年，驻美公使崔国因日记记载："美国为民主之国，总统断不能与民争胜。"②黄遵宪 1898 年版的《日本国志》依然称："环地球而居者，国以百数十计……而此百数十国，有一人专制，称为君主者；有庶人议政，称为民主者；有上与下分任事权，称为君民共主者。民主之位，与贤不与子，或数年一易，或十数年一易，无所谓统也。君民共主，或传贤，或传子，君不得私有其国，亦无所谓统也。"③再次，作为一个古汉语词汇，"共和行政"这一古典含义，在中国知识人当中依然有强大影响。1882 年 2 月宁波辨志文会，"共和考"仍被列为史学兼掌故科题目之一。④1893 年，上海求志书院史学科的夏季试题中也出现了"共和考"⑤。"尧舜之禅让、共和之并治"，依然被视为中国古代罕有的善政。⑥

学术界一般认为，1894 年兴中会成立时即已明确了"驱除鞑虏，恢复中华，创立合众政府"这一目标。狭间直树从日本领事报告中发现，1895 年 3—4 月，孙中山两次在日本驻香港领事面前提到起义成功后"使两广独立为共和国"的构想。⑦1897 年 8 月，孙中山与宫崎寅藏、平山周笔谈时表示："共和者，我国治世之神髓，先哲之遗业也。我国民之论古者，莫不倾慕三

---

① 《海外桃源》，《申报》1889 年 4 月 30 日第 2 版。

② 崔国因：《出使美日秘日记》，刘发清、胡贯中点注，黄山书社 1988 年版，第 607 页。

③ 黄遵宪：《日本国志》第 1 卷，光绪二十四年上海图书集成印书局印行，第 1 页。

④ 《宁郡辨志文会二月分题目》，《申报》1882 年 3 月 24 日第 2 版。

⑤ 《上海求志书院癸巳夏季题目》，《申报》1893 年 7 月 15 日第 2 版。

⑥ 《论宜通民情》，《申报》1887 年 5 月 1 日第 1 版。

⑦ 狭间直树：《对中国近代"民主"与"共和"观念的考察》，第 1589 页。

代之治，不知三代之治实能得共和之神髓而行之者也"；"余以人群自治为政治之极则，故于政治之精神，执共和主义"；"共和政治"是"政体之极则"，主张"豪杰之士起而倒清虏之政府"，"作联邦共和之名之下，其夙著声望者使为一部之长，以尽其材，然后建中央政府以贺【驾】驭之，而作联邦之枢纽"。①

不过，孙中山在"甲午"前后所说的"共和"究竟何指，这个问题尚可进一步辨析。1895、1897 年孙中山有关"共和"的谈话，都来自日本人的记载。当时日文中的"共和政治"一词既可对应英文 republic，也可对应 federal government。如中村敬宇 1873 年翻译出版的《共和政治》一书②，英文原著即为 *The Federal Government*。从日本人留下的这些言论来看，此时孙中山对近代共和概念的理解也还谈不上透彻。"三代之治"云云，表明他对西方共和概念的理解依然没有摆脱中国古代圣人治世理想的烙印。而"合众政府""联邦共和"云云，则表明此时他对西方共和概念的理解更接近于"联邦主义"（Federalism）、联邦建国，而不是"共和主义"（Republicanism）、民权宪政。从 1895 年广州起义的实际构想来看，孙中山等人并未明确提出以建立共和政体（republic）为目标。③也就是说，孙中山早年揭橥的颇具种族色彩的武装斗争路线，与"共和革命"容或有所差异。"戊戌"之后几年里，随着抨击君主专制、力倡民权共和思潮的兴起，孙中山从中吸取思想营养，对"共和"的理解乃逐渐偏重于"民权"方面。

---

① 《孙中山全集》第 1 卷，第 172—173 页。本文引用的《孙中山全集》，均为中华书局 2006 年第 2 版。

② 关于中村敬宇的翻译工作，参见陈玮芬：《西学启蒙：由中村敬宇和严复的翻译事业观其会通东西的实践》，《台湾东亚文明研究学刊》总第 9 期，2008 年 6 月。

③ 史扶邻：《孙中山与中国革命的起源》，中国社会科学出版社 1981 年版，第 37、64—65 页。据谢缵泰《中华民国革命秘史》（*The Chinese Republic*：*Secret History of the Revolution*，1924）和陈少白《兴中会革命史要》（1935 年）两书所述，筹备起义期间，围绕由谁担任未来的合众政府的总统这个问题，孙中山和杨衢云之间曾经发生过严重的纷争。不过这两本书出版于三四十年之后，彼时"共和国""总统"等概念在现代汉语当中已经普及。

2. 戊戌之后的学理输入与共和概念的流行

1898—1902 年间，言论先锋梁启超长期流亡日本，同时中国留日学生逐渐增多。他们通过日文书刊翻译、介绍了大量西方的人文、社会科学知识（包括政治学知识），形成一股蔚为壮观的知识潮流。借助梁氏言论的巨大影响力，近代共和学说在中国知识人当中逐渐传播开来，"共和"作为与 republic 对应的新概念也广为流行。

1898 年 12 月 23 日，梁启超主持的《清议报》创刊号在横滨出版，开始连载自己翻译的日本著名政治小说《佳人奇遇》，旨在借助小说的感染力来影响舆论、促进中国的政治变革。这部小说的日文原著刊行于 1885—1897 年间，表达了作者提倡国粹主义、抵制欧化潮流的强烈主张，也明确流露了希望以日本为盟主的大亚细亚主义思想。值得注意的是，小说里反复出现了与"立君公议之政"相对而言的"共和""共和民政"等词汇，对于中国读者而言充满了新鲜的气息。小说中生动曲折的情节构筑了一种文本语境，有助于读者更好地理解"共和"这个新的概念。

小说第一卷以某日本志士邂逅西班牙和爱尔兰美女的浪漫故事为引子，敷陈了西班牙、墨西哥、法国政治制度变革的历史。作者借西班牙流亡女子幽兰之口，讲述了西班牙人从君主制遽然转向共和制度导致的混乱：

> 时学士书生，有别说自立自由之利，唱道**民政共和**者……众论喧嚣……乃相共会于**议院**，议前途之国是……京城之众庶，如醉如狂，会于寺院，集于道路，招群集众，大唱**共和**万岁之歌……所在争杀僧侣，追捕贵族，所谓以暴易暴，不自知其非者也……政党相轧、首领相忌……民迷其途，商厌其令，士恶其行，兵侮其律，变自由乐境之迷梦，作寡人为政之苦境。①

---

① 《佳人奇遇卷一》，《清议报》第 2 册，1899 年 1 月 2 日，台北：成文出版社影印本 1967 年版，第 123—128 页。本文引用《清议报》页码均为成文出版社影印本，后文不另注。

小说的基本观点是反对遽尔实行共和制度、主张君主立宪制度。文中首先借幽兰父亲之口说：

> 以共和而建民政，文物粲然、富强骎骎而可证者，其惟北米合众国而已，此诸君所目击也。抑北米之人民，本生长于自主自由之俗，沐浴于明教礼义之邦，舍私心，执公议，不泥虚理而务实业，是所以能建民政而冠于宇内也。

然后，小说征引墨西哥的经验教训，阐明必须尊重国情、不能遽然实行共和的道理："墨西哥者，与米国接境，同时所建共和民政之国也，然朋党相忌，首领相仇……政府朝迭暮更，其人民托生斯土者，又安能寻进路于文明。"小说还提到，法国的情况与墨西哥类似，1830年革命之后，"人民厌其王政"，希望将军罗柄斗"立为民政之首领"，罗氏推辞说，自己虽然倾慕"米人独立自治之诚心"，但"我民之气象风教，奈何不适于自治之用，故宜迎贤主，以倡立君公议之明政"。[1]

刚开始翻译这部小说时，梁启超还在逃往日本的船上。[2]当时他的日文水平很有限，好在日文原著以华丽典雅的诗化汉文体见长，大量使用了中国式的诗文、典故、人物和景色描写[3]，因而梁启超阅读起来容易找到熟悉的感觉。中译本里出现的"共和""共和党"等概念，应该是梁启超对日文原著中的汉字"共和"的直接沿用。译文里没有对"共和"这一概念作出解释，不过它与"立君公议"（即君主立宪）对举，置于议院、政党政治的具体语境当中，显然可以向中文读者传达 republic 这种政体类型的具体内容。

随着日文水平的提高、接触日文书籍越来越多，梁启超开始了大规模的译介工作。在此过程中，他对于近代"共和"概念的介绍也逐渐进入学理层面。

---

① 《佳人奇遇卷一》，《清议报》第2册，1899年1月2日，第126—127页。

② 丁文江、赵丰田编：《梁启超年谱长编》，上海人民出版社1983年版，第158页。

③ 黎跃进：《简论东海散士及其代表作〈佳人奇遇〉》，《日本研究》2006年第3期。

从 1899 年 4 月 10 日开始,《清议报》断续连载德国学者伯伦知理《国家论》卷一的译文。①这本书结合欧洲国家发展的历史,讨论了国家的含义、立国的依据和条件、国家之建立沿革及亡灭、立国之渊源、国家的目的,旁及近世以来关于国家的各派学说,包括社会契约论,等等。该书第一章"国家之改革"提道:

> 今举政学家之著名者略述之。第十六世纪,弗鲁连(今译弗罗伦萨——引者按,下同)则有麻季维利(今译马基雅维利),法国则有暮担(今译蒙田)。第十七世纪,荷兰则有夫卧特具洛(今译格老秀斯),英国则有密耳敦(今译密尔顿)、胡北土(今译霍布斯)及洛苦(今译洛克)等诸人。所论分为共和、专制、立宪三种,各不相同也……②
>
> 北美利加之民,脱英国束缚,立代议共和政府,自称合众国。③

《清议报》第 23 册开始断续发表《国家论》卷三"国体"篇的译文。第一章开篇即说:"自古代希腊人别政体为三种,学者至今皆依据焉,曰君主政治,曰贵族合议,曰国民合议是也。亚利斯土尔稍改其名,曰君主政治、贵族政治、合众政治;又别其变体,曰暴主政治、权门政治、乱民政治……此三种政体之外,宜加集合政体一种。此说古代既有之,而今人亦往往倡之。"④断续连载于《清议报》各册的《国家论》译文,1902 年被编辑为《清议报全编》第 3 辑,由横滨新民社印行单行本,在中国学人当中进一步传播开来。

1899 年 4 月,梁启超在《清议报》发表译作《各国宪法异同论》。文章前

① 关于中译本的来源,法国学者巴斯蒂和日本学者狭间直树认为依据的是吾妻兵治的日译本,郑匡民对《国家论》一书不同日译本进行了比较,更倾向于认为依据的是平田东助的日译本(郑匡民:《梁启超启蒙思想的东学背景》,上海书店 2003 年版,第 232—234 页)。
② 《国家论卷一》,《清议报》第 11 册,1899 年 4 月 10 日,第 692 页。
③ 《国家论卷一》,《清议报》第 15 册,1899 年 5 月 20 日,第 955 页。
④ 《国家论卷一》,《清议报》第 23 册,1899 年 8 月 6 日,第 1509 页。

289

言明确告诉读者：

> 宪法者，欧语称为孔士九嵩，其义盖谓可为国家一切法律根本之大典也。故苟凡属国家之大典，无论其为专制政体（旧译为君主之国），为立宪政体（旧译为君官共主之国），为共和政体（旧译为民主之国），似皆可称为宪法。①

括号中的话，是梁启超对新旧译名的解释。这里明确将"共和"作为政体类型的一种介绍给中国人，并且明确指出，它就是以往经常提及的"民主之国"。接着，正文第一章"政体"又提道：

> 政体之种类，昔人虽分为多种，然按之今日之各国，实不外君主国与共和国之二大类而已。其中于君主国之内，又分为专制君主、立宪君主之二小类。但就其名而言之，则共和国不与立宪国同类，就其实而言之，则今日之共和国，皆有议院之国也，故通称之为立宪政体，无不可也。②

这样，19 世纪后期流行的"君主之国""民主之国""君民共主之国"政体三分法，在梁启超这里变成了另一套全新的类型。正如当代学者所言，梁启超率先以宪法为尺度所做的政体分类，在近代中国宪政思想史上具有重大意义，因为旧的分类关注点在于谁做主，而梁氏的分类关注点则落在宪法的有无上。③

基于对各国宪法的比较，梁启超此文着重分析了立宪君主国与共和国的异同。比如，关于国会制度：

> 上院之制度，各国不同……下院之制，则不然，无论君主国、共和

---

①② 新会梁任译：《各国宪法异同论》，《清议报》第 12 册，1899 年 4 月 20 日，第 747 页。
③ 闾小波：《近代中国民主观念之生成与流变——一项观念史的考察》，第 178 页。

国，虽国体大异，其制皆如出一辙，皆由人民公举，为人民之代表。①

又如，关于国家元首制度：

> 君主者，立宪政体之国，世袭继统者也……各国皆于宪法上声明国王无有责任，虽然，又声明政府大臣有责任……共和国之大统领，必由公举，定期更任……共和国之大统领，则无论何国，皆有责任。②

该文还分析了君主和大统领在军事、宣战、媾和、缔约、复议法律、召集与解散国会等方面的差异。

1899 年 12 月，梁启超在《清议报》发表《蒙的斯鸠之学说》一文，介绍了孟德斯鸠关于政体的分类：

> 蒙氏又分各国之政体为三大类，曰专制政体，曰立君政体，曰共和政体。而于共和政体中复分两种，一曰贵族政体，二曰平民政体，后世谈政体者，多祖述其说……
>
> 蒙的斯鸠曰：万国政体，可以三大别概括之，一曰专制政体，二曰立君政体，三曰共和政体。
>
> 凡邦国之初立也，人民皆惧伏乎君主之威制之下，不能少伸其自由权，是谓专制政体。及民智大开，不复置尊立君，惟相与议定法律而共遵之，是谓共和政体。此二者，其体裁正相反。③

专制政体的特征是"君主肆意所欲，绝无一定之法律"，"君主惟务以武力威吓

---

① 新会梁任译：《各国宪法异同论》，《清议报》第 12 册，1899 年 4 月 20 日，第 751—752 页。
② 同上书，第 816—819 页。
③ 任公：《蒙的斯鸠之学说》，《清议报》第 32 册，1899 年 12 月 13 日，第 2071、2073—2074 页。

其民"，"必禁遏一切新奇议论"，"守一二陈腐之主义"，"以使民畏惧为宗旨，虽美其名曰辑和万民，实则斩伤元气，必至举其所赖以立国之大本而尽失之"；立宪政体的特征是"威力与法律并行"，君权稍微得到贵族的制约。①对于立君政体，梁启超习惯性地将它与中国两千年的政体进行对比，认为二者颇为接近，只是专制的程度有所区别。他感兴趣的是孟德斯鸠所说的立君政体得以维持长治久安的深层动力，即君主和臣僚的荣誉意识。不过对于共和政体，梁启超此文尚未来得及具体介绍，文末注明"未完"。

1902 年 3—4 月间，梁启超又在《新民丛报》发表《法理学大家孟德斯鸠之学说》一文，除了重复两年多以前那篇文章中关于专制政体和立君政体（此时已称之为立宪政体）的内容，还补充了关于共和政体的内容。文章一开头就以称赞的口气介绍了作为共和制度典范的美国三权分立体制，然后指出，这一切都要归功于孟德斯鸠的学说。梁启超详细介绍了共和政体主权在民的特征：

> 若夫共和政治，则人人皆治人者，人人皆治于人者。盖各以己意投票选举，以议行一国之政，故曰人人皆治人。既选定之司法官，则谨遵其令而莫或违，故曰人人皆治于人。而其本旨之最要者，则人民皆自定法律、自选官吏，无论立法、行法，其主权皆国民自握之，而不容或丧者也。②

他对孟德斯鸠"共和国尚德"这一观点尤其叹服，并且解释说："其所谓德者，非如道学家之所恒言，非如宗教家之所劝化，亦曰爱国家、尚平等之公德而已。"③

梁启超不仅办报纸、写文章，还办学校、教学生，直接传播西学知识。1899 年 9 月，梁启超创办的东京高等大同学校正式开学，他既任校长又任教

---

① 任公：《蒙的斯鸠之学说》，《清议报》第 32 册，1899 年 12 月 13 日，第 2074—2078 页。

② 中国之新民：《法理学大家孟德斯鸠之学说》，《新民丛报》第 4 号，1902 年 3 月 24 日，第 19 页。

③ 同上书，第 20 页。

员,开设的课程即包括政治学、泰西学案等,向学生们传播卢梭、孟德斯鸠等人的政治学说。①除了梁启超,其他留日学生也致力于将近代意义上的共和概念介绍给中国人。1900 年,留学生戢元丞等人在日本东京创办《译书汇编》月刊,致力于编译西方的政治学名著,孟德斯鸠关于法律和政体的学说,也是该刊介绍的重要内容。②

经过学理层面的系统输入,到了 1902 年以后,"共和"与 republic 之间的对译关系逐渐固定下来,作为一个概念而不仅仅是孤立的词汇,为越来越多的新知识人乃至士大夫精英所了解和接受,甚至成为士子们应试的必备知识。1902 年湖北乡试,第二场第一题即为"俄主专制,英主立宪,美主共和,政策之宗旨不同,国民之感受顷异,试为抉其利病得失之数策"③。同年十月,张百熙考查京师大学堂师范馆学生,其中外国史题目也包括如下内容:"福禄尔特之说,多排宗教;卢梭之说,多主共和。二氏之说,皆圆密欤?抑有可攻之懈?"④

盛宣怀的例子显示了"共和"与"民主"这对关联概念的影响力。1902年 11 月,盛宣怀奏陈南洋公学翻译外国书籍的选择原则,提到了新的共和概念以及相关政体知识:

> 泰西政俗流别不同,有君主专制之政治,有君主宪法之政治,有民权共和之政治,有民权专制之政治。美民主而共和,法民主而专制,其法律议论,判然与中夏殊风。英之宪法,略近尊严顾国体,亦与我不同。惟德意志自毕士马以来,尊崇帝国,裁抑民权,画然有整齐严肃之风,日本法之,以成明治二十年以后之政绩。俄虽号称君主专制之国,其法律多效自法人,制度与国体参差,故邦本杌陧,而世有内乱,不若德日之巩固也。

---

① 李喜所、元青:《梁启超传》,人民出版社 1993 年版,第 139 页。

② 冯自由:《革命逸史》第三集,中华书局 1981 年版,第 143 页。

③ 《湖北乡试二场题》,《申报》1902 年 9 月 20 日第 1—2 版。

④ 《大学试题二志》,《申报》1902 年 12 月 5 日第 2 版。

较量国体，惟德日与我相同，亦惟德日之法与我适宜而可用。①

对于如何借鉴各国的政法制度，盛宣怀显得胸有成竹，他的自信显然又与对这些新概念的掌握和运用有关。

值得注意的是，"共和"与 republic 的对译关系确定下来的同时，它与"民主"（democracy）一词在内涵上的关联依然很密切。如前所述，这两个概念在英文和日文当中具有高度关联性，经由日文进入中文以后，也常被当作一对相互联系的概念来使用。1901—1902 年间，梁启超介绍卢梭的自由民权主张时多处使用"民主"一词，称他为"近世真民主主义开山之祖"，并引述其结论说："凡政体之合于真理者，惟民主之制为然耳。"②严复在 1903 年出版的一系列西学译著，也将"共和"与"民主"相提并论。他将穆勒《论自由》一书提及的 the best government 译为"民主共和"，并在《法意》中添加按语："民主者，治制之极盛也"，"民主者，天下至精之制也"。③

3. 近代共和概念与中国古典"共和"的分离

随着近代共和概念在中国的流行，与在日本的情况一样，它也被与古汉语中的"共和"一词区别开来。严复明确指出，古汉语"共和"一词是指大臣暂时代摄君权的事例，并未形成一种制度，与西方的"公治之制""其实无一似者"，"异乎今之共和"；"今之共和非东方所旧有也"④。他更愿意在中国古典而非近代意义上使用该词。当代学者注意到⑤，《天演论》里有一则严复自己的按语："夫主治者，或独据全权之君主；或数贤监国，若周共和；或合通国

---

① 《工部侍郎盛杏荪少司空奏陈南洋公学译书纲要折》，《申报》1902 年 11 月 20 日第 2 版。

② 《民约论巨子卢梭之学说》，《新民丛报》第 12 号，1902 年 7 月 19 日，第 16 页。

③ 皮后锋：《严复评传》，第 514 页。

④ 皮后锋：《严复评传》，第 147—148 页。清末民初报人刘成禹据传闻称，严复认为"共和"在《汉书》中为第十四等女官的名称，地位卑微，不宜尊为国号。皮后锋教授指出，刘成禹此说为孤证，不足为据。

⑤ 皮后锋：《严复评传》，第 148 页。

之权，如泰西之民主。其制虽异，其权实均，亦各有推行之利与弊。"①

与此相应，严复1903年集中出版的一系列西学译著基本不使用"共和"一词，而试图另起炉灶，采用"民主""公治""公产"等汉语字汇来对译 republic、republican、commonwealth 等英文词汇；尤其是《群学肄言》，英文原著中 republic、republican 共出现 7 次，但严复译著中或省略，或改译，绝不使用"共和"二字。②严译《法意》一书，同样以自创的名词来指称孟德斯鸠所说的政体类型："治国政府，其形质有三：曰公治，曰君主，曰专制……公治之制，更分二别：曰庶建，曰贤政。庶建乃真民主，以通国全体之民，操其无上主权者也。贤政者，以一部分之国民，操其无上主权者也。"③"公治"即 republic，"庶建"即 democracy，"贤政"即 aristocracy。

严复这种译法虽然古雅，但却曲高和寡，不如梁启超的译笔那样雅俗共赏。结果，"公治"远不如"共和"那样流行，以至于严复自己也不时在文章和书信中使用近代意义上的"共和"一词。④1906年出版的《商务书馆英华字典》收录词条如下："Republic 共和政治、民政国、共治国；Republican 共和国的、共和政治的、共和党、民政党。"⑤

当然，中国古典"共和"没有完全被遗忘，但已与近代共和概念泾渭分明。武昌起义爆发后不久，劳乃宣出于对共和革命的抵制，在《民是报》发表了《共和正解》一文，认为中国历史上"共和"的本义是"君幼不能行政，公卿相与和而修政事"，将"共和"理解为民主政体乃是"谬解"，而将其理解为

---

① 《天演论手稿·卷上·厄言十六》，王栻主编：《严复集》，中华书局1986年版，第1433—1434、1353页。1897年，梁启超在《论君政民政相嬗之理》一文中引述了严复的说法："严复曰，欧洲政制向分三种，曰满那弃者，一君治民之制也；曰巫理斯托格拉时者，世族贵人共和之制也；曰德谟格拉时者，国民为政之制也。"

② 皮后锋：《严复评传》，第149、477页。

③ 严复译：《孟德斯鸠法意》上册，商务印书馆，1981年，第11—12页。

④ 皮后锋：《严复评传》，第149、597页。

⑤ 陈力卫：《「民主」と「共和」：近代日中概念の形成とその相互影響》，《成城·经济研究》第194号（岩本修巳名誉教授退任纪念号），2011年11月，第26页。

君主政体才是"正解"；中国只能实行"正解之共和"，而不能实行"谬解之共和"①。劳乃宣的曲解随即遭到反驳。《进步》杂志刊登了一篇题为《共和解》的随笔，言简意赅地阐述了共和概念的含义："共和政体，英语谓之利泼白利克 Republic 政体，大旨为无君主，而或由少数或由多数行政，均得以共和称。若纯粹的共和，则必如瑞士与北美，方足以副厥名焉。"②文中还扼要介绍了中国古代的"共和"，指出那只是"摄政之事，绝非今日之共和政体"。

四、从"共和"到"假共和"

在 19 世纪末 20 世纪初救亡图存的呼声愈益高涨的背景下，西方共和概念的输入与现实制度变革的吁求密切交织，"共和"尚未得到充分的学理探讨，就成为优先选择的行动方案，迅速在中国的政治制度框架和大众观念土壤中落地。但在此过程中，"共和"之实与名之间再度呈现疏离倾向。

1. 共和概念与革命潮流互为推演

"共和"概念传入中国以后，不仅在知识领域逐渐流行，而且与"革命"潮流互为推演。

最初介绍西方的政体类型知识时，梁启超对共和政体的倾向性非常明显。孟德斯鸠在三种政体当中最为推崇英国式君主立宪，梁启超对此不以为然。他征引卢梭的观点，批评孟德斯鸠"未知民政之真精神"；又征引美国的体制，批评孟德斯鸠"未达法治之大原"。在梁启超看来，孟德斯鸠"未真知平等之义"，"心醉英风太甚，而不知英国此等现象乃过渡时代不得不然，非政治之极则也"③。

---

① 《桐乡劳先生遗稿》卷 1，丁卯冬日桐乡卢氏校刻本，见沈云龙主编《近代中国史料丛刊》第 36 辑，台北：文海出版社 1969 年版。

② 酠海：《酠海堂随笔·共和解》，《进步》第 4 期，1912 年 2 月。

③ 中国之新民：《法理学大家孟德斯鸠之学说》，《新民丛报》第 5 号，1902 年 4 月 8 日，第 15—16 页。

梁启超倾心于美国式的共和政体, 一度鼓吹暴力革命。① 据冯自由称, 1899 年夏秋之间, 梁启超与孙中山初步达成联合意向之后, 曾经写信给自己的老师康有为说: "国事败坏至此, 非庶政公开, 改造共和政体, 不能挽救危局。今上贤明, 举国共悉, 将来革命成功之日, 倘民心爱戴, 亦可举为总统。"② 1899 年 10 月, 梁启超在文章中公开鼓吹"快刀断乱麻, 一拳碎黄鹤"③。1900 年 1 月 30 日午夜, 梁启超乘船从檀香山前往美国本土途中, 即兴写下了一首磅礴大气的《二十世纪太平洋歌》:

> 亚洲大陆有一士, 自名任公其姓梁, 尽瘁国事不得志, 断发胡服走扶桑。扶桑之居读书尚友既一载, 耳目神气颇发皇。少年悬弧四方志, 未敢久恋蓬莱乡, **誓将适彼世界共和政体之祖国**, 问政求学观其光。乃于西历一千八百九十九年腊月晦日之夜半, 扁舟横渡太平洋……④

诗中"誓将适彼世界共和政体之祖国"这一句, 原文添加了着重号, 强调了梁启超对于作为共和政体样板之美国的政教风尚的向往。

此后, 梁启超撰写了《拟讨专制政体檄》一文, 对中国传统政治制度发起酣畅淋漓的批判:

> 使我数千年历史以浓血充塞者谁乎? 专制政体也。使我数万里土地为虎狼窟穴者谁乎? 专制政体也。使我数万万人民向地狱过活者谁乎? 专制政体也! ……专制政体之在今日, 有百害于我而无一利! ……
>
> 起起起! 我同胞诸君! 起起起! 我新中国之青年! 我辈实不可复生息于专制政体之下, 我辈实不忍复生息于专制政体之下。专制政体者, 我辈

---

① 张朋园:《梁启超与清季革命》, 台北: "中研院" 近代史研究所 1999 年版, 第 75—85 页。
② 冯自由:《革命逸史》第二集, 中华书局 1981 年版, 第 29 页。
③ 任公:《破坏主义》,《清议报》第 30 册, 1899 年 10 月 15 日, 第 1938 页。
④ 任公:《二十世纪太平洋歌》,《新民丛报》第 1 号, 1902 年 2 月 8 日, 第 109 页。

之公敌也，大仇也！有专制则无我辈，有我辈则无专制。我不愿与之共立，我宁愿与之偕亡！①

　　1902 年 9 月，梁启超在《新民丛报》撰文反驳"今日之中国，必不可以言共和，必不可以言议院，必不可以言自治"之类的说法，认为这种观点其实是想让中国继续维持"数千年专制之治"②。1902 年 11 月，梁启超还在《新民丛报》撰文批判中国的专制政体："今民间稍有智识者，莫不痛心疾首于专制政体……专制政体者，实数千年来破家亡国之总根原也。"他提醒当时的统治者和一般中国人：专制政体在当今世界已经没法存在下去，如果试图以人力来抗拒"理势"，那就好比以卵击石、螳臂当车，自不量力。③

　　随着共和概念的逐渐流行，革命派也明确采用"共和"一词来表述自己的民权革命主张。1903 年，邹容出版《革命军》一书，猛力抨击"数千年种种之专制政体"，替代的选项则是革命，号召以美国为蓝本，建立"中华共和国"。其制度要点大致可以归纳如下：（1）建立中央政府，为全国办事之总机关。（2）区分省份，于各省中投票公举一总议员，由各省总议员中投票公举一人为暂行大总统，为全国之代表人；又举一人为副总统；各州县府，又举议员若干。（3）各人权利必须保护。须经人民公许，建设政府，而各假以权，专掌保护人民权利之事。（4）全国无论男女，皆为国民；凡为国人，男女一律平等，无上下贵贱之分；各人不可夺之权利，皆由天授；生命自由及一切利益之事，皆属天赋之权利；不得侵人自由，如言论、思想、出版等事。全书以两句口号结尾："中华共和国万岁！中华共和国四万万同胞的自由万岁！"④随着这

---

　　① 梁启超：《拟讨专制政体檄》，载李华兴编：《梁启超选集》，上海人民出版社 1984 年版，第 380 页。

　　② 中国之新民：《新民说十四·论合群》，《新民丛报》第 16 号，1902 年 9 月 16 日，第 7 页。

　　③ 中国之新民：《论专制政体有百害于君主而无一利》，《新民丛报》第 21 号，1902 年 11 月 30 日，第 15—16、32 页。

　　④ 邹容：《革命军》，载周永林编：《邹容文集》，重庆出版社 1983 年版，第 41、72—74 页。

本书的畅销,作为"专制"对立面的"共和"概念,在中国得到了更为广泛的传播,并成为革命派的鲜明旗帜。

1903 年 12 月,孙中山在檀香山发表演说,正式提出"共和革命"纲领:

> 我们必要倾覆满洲政府,建设民国。革命成功之日,效法美国选举总统,废除专制,实行共和。……中华民族必将使其四亿人民的力量奋起并永远推翻满清王朝。然后将建立共和政体,因为中国各大行省有如美利坚合众国诸州,我们所需要的是一位治理众人之事的总统……①

1904 年 8 月,孙中山撰写《支那问题真解》,提出将"满洲往日专制政体,变为支那共和之政体"②。1905 年 11 月,中国同盟会机关报《民报》创刊号发表陈天华的文章,明确提出"苟革彼膻秽残恶旧政府之命,而求夫最美最宜之政体,亦宜莫共和若"③。1906 年 4 月,胡汉民发表文章,详细解释《民报》所持的六大主义,提出"反乎专制政体""建设共和政体"④。1906 年 12 月,孙中山在东京《民报》创刊周年纪念大会发表演讲,再次提到"中国数千年都是君主专制政体",因此要仿效当时法兰西的例子,建立"民主立宪政体"⑤。

2. 共和阶段论与条件论

来势汹汹的民权共和思潮,引起了保守人士的批判。1902 年 11 月,《申报》刊载一篇文章,批评当年湖北乡试士子多受"君民平等之邪说"影响,并指出美国以民权著称,但贤明的林肯、麦根来却"被弑于乱党",可见共和政治之弊难以估量。⑥1903 年 8 月,武昌某小学开学,署理湖广总督端方亲临训

---

① 《孙中山全集》第 1 卷,第 226—227 页。
② 同上书,第 241 页。
③ 思黄:《论中国宜改创民主政体》,《民报》第 1 号,1905 年 11 月 26 日,第 41 页。
④ 汉民:《民报之六大主义》,《民报》第 3 号,1906 年 4 月 5 日,第 9 页。
⑤ 《孙中山全集》第 1 卷,第 325 页。
⑥ 《君权民权释义》,《申报》1902 年 11 月 17 日第 1 版。

话，告诫学生不要"浮薄忘本，张自由之狂谈，慕共和之治体"①。湖南巡抚赵尔巽也提醒湖南高等学堂学生不要盲目追随民权自由、共和政体之说，而应正视中国人素质不高的现实。②

也有人试图"和稀泥"，认为专制、共和、立宪各有所宜、各有其弊，而中国却折中了三种政体类型："唐尧之求言也，开四门，求四岳；周武之访范也，谋及卿士，谋及庶人；孟子之告齐宣也，左右诸大夫国人皆曰贤，然后用之，左右诸大夫国人皆曰不可，然后去之，谓非共和之意乎？……我朝体天出治，未尝有专制之号……君主之规制崇隆也。未尝有共和之号，而凡百政令，务顺民情，朝廷更张，必下六部九卿会议，即下至一郡一邑，遇有兴作，亦必咨询绅耆士庶而后施行，则诚暗合于民主国之制度也……君民共主之政，中国固未尝不相符也。"作者得出结论说："我中国……不共和而共和，不专制而专制，不立宪而立宪，庶君主行法，民皆奉法，熙熙皞皞，同游于光天化日之中，而非泰西所能望其项背哉！"③

改革派代表人物康有为，则试图从学理层面讨论共和政体的现实适应性问题。1902 年春，避居印度大吉岭的康有为撰写《论语注》一书，糅合西方进化论与传统儒学三世说，阐述了下列观点：

> 升平世则行立宪之政，太平世则行共和之政……人道进化，皆有定位，自族制而为部落，而成国家，由国家而成大统。由独人而渐立酋长，由酋长而渐正君臣，由君主而渐为立宪，由立宪而渐为共和……盖自据乱进为升平，升平进为太平，进化有渐，因革有由，验之万国，莫不同风。④

---

① 《告诫学生》，《申报》1903 年 9 月 25 日第 2 版。
② 《湖南巡抚赵大中丞劝诫高等学堂肄业生文》，《申报》1903 年 7 月 27 日第 2—3 版。
③ 《君主之国、民主之国、君民共主之国得失利弊论》，《申报》1903 年 11 月 29 日第 1 版。
④ 康有为：《论语注》卷 2，中华书局 1984 年版，第 17、28 页。

康有为并且以法国大革命之后长期的政治内乱为例证，具体阐述了这一看法：

> 今日由……君主而至民主，正当过渡之世，孔子所谓升平之世也，万无一跃超飞之理。凡君主专制、立宪、民主三法，必当一一循序行之。若紊其序，则必大乱。法国其以然者矣。①

康有为并不否认共和制度是最好的制度，但他强调政治制度的演进有阶段性，即由野蛮走向专制，由专制走向立宪，再由立宪走向共和，不能以人力强求。②从康有为的表述来看，他用以观察西方政治制度变革的知识资源虽然还保留了传统儒学的理论框架，但来自西方的机械进化论对他有着突出影响。这种渐进式的共和表述，可以概括为共和阶段论。

一度鼓吹过共和政治、对共和革命思潮的流行起过重要推动作用的梁启超，此时思想也发生了很大转变。他着重阐述了"共和条件论"，与乃师的"共和阶段论"相互呼应。

梁启超在 1902 年 11 月发表的《亚里士多德之学说》一文，已经受亚里士多德关于政体循环的观点，尤其是民主政体（democracy）蜕变之后回归君主政体的说法影响。结合古罗马共和国恺撒、法国拿破仑和拿破仑三世回归君主制的实例，深感"民智民德之程度，未至于可以为民主之域而贸然行之，此最险事！言政治者不可不熟鉴也"③。经过对欧洲学者论著的进一步研读，对美

---

① 康有为：《答南北美洲诸华商论中国只可行立宪不可行革命书》，汤志钧编：《康有为政论集》上册，中华书局 1982 年版，第 476 页。

② 梁启超早前也宣传过类似的观点。1897 年 10 月 6 日，他在《时务报》发表《论君政民政相嬗之理》一文，结合西方有关政体知识，将康有为的三世说加以发挥："治天下者有三世：一曰多君为政之世，二曰一君为政之世，三曰民为政之世。多君世之别又有二：一曰酋长之世，二曰封建及世卿之世。一君世之别又有二：一曰君主之世，二曰君民共主之世。民政世之别亦有二：一曰有总统之世，二曰无总统之世。多君者据乱世之政也，一君者升平世之政也，民者太平世之政也。此三世六别者，与地球有人类以来之年限有关之理，未及其世，不能跃之，既及其世，不能阏之。"（《时务报》第 41 册，第 1 页）

③ 中国之新民：《亚里士多德之学说》，《新民丛报》第 21 号，1902 年 11 月 30 日，第 10 页。

国政治的实地考察，加上师友康有为、黄遵宪等人的规劝①，梁启超对于欧洲共和制度得以确立的历史和社会条件、共和是否适合当时中国国情等问题，有了全新的认识。

1903 年底梁启超游历美国结束，撰写了《新大陆游记》一书，记载了在美国考察的感受，其中既有对美国制度、风俗、人情的褒扬，也有对美国政治制度弊端的批评。他特别留意到，美国共和政治发达的基础在于"市制之自治"，而中国只有"族制之自治"。他细致考察了旧金山华侨社会，结合国内人民的情况，将中国人的缺点概括如下：一是有族民资格而无市民资格；二是有村落思想而无国家思想；三是只能受专制而不能享自由；四是无高尚之目的。他的结论是，从大多数人民的程度来看，中国当时还不具备成立共和政体的条件。②

与此同时，梁启超在《新民丛报》发表《政治学大家伯伦知理之学说》一文，着重介绍德国学者伯伦知理和波仑哈克关于共和政体的分析。伯伦知理分析了近代法国、美国和瑞士共和政治的成败经验，认为共和政体顺利运行的前提是人民接受完整的教育、具有圆满的共和品德；否则实行共和政体不但不能收到良好效果，反而可能导致暴民政治乃至亡国。波仑哈克则比较了近代美国、法国、南美和中美洲诸国的共和历史，认为共和制度的成功须以人民具有自治习惯、养成自治能力为前提。具有悠久"专制"历史的国家倘若匆忙实行共和制度，则原有的社会平衡被打破，人民又缺乏自治习惯，不理解何为公共利益，持自我主义各营其私，就会导致一团混乱。个别豪杰利用人民渴望恢复秩序的心理，终将回归"民主专制政体"，此时不要说纯粹共和政体之益，就是立宪君主政体的好处也难以实现，近代法国和南美各国的"共和"历史就是典型例证。③波仑哈克的结论颇为简练，但却令人警醒："因于习惯而得共和政

① 张朋园：《梁启超与清季革命》，第 123、129 页。
② 梁启超：《饮冰室丛著第十二种·新大陆游记》，商务印书馆 1916 年版，第 194—199 页。
③ 中国之新民：《政治学大家伯伦知理之学说》，《新民丛报》第 38、39 号合本，1903 年 10 月 4 日，第 35—40、41—47 页。

体者常安，因于革命而得共和政体者常危。"[1]

两位德国学者的学说，让梁启超看到了自己以前所鼓吹的共和，其实是无源之水、无根之木：

共和国民应有之资格，我同胞虽一不具，且历史上遗传性习，适与彼成反比例，此吾党所不能为讳者也。今吾强欲行之，无论其行而不至也，即至矣，吾将学法兰西乎？吾将学南美诸国乎？……吾党之醉共和、梦共和、歌舞共和、尸祝共和，岂有它哉，为幸福耳，为自由耳。而孰意稽之历史，乃将不得幸福而得乱亡；征诸理论，乃将不得自由而得专制。[2]

他不禁感到后怕：

吾心醉共和政体也有年，国中爱国蹴踔之士之一部分，其与吾相印契而心醉共和政体者，亦既有年。乃吾今读伯、波两博士之所论，不禁冷水浇背，一旦尽失其所据，皇皇然不知何途之从而可也。[3]

因此，梁启超不得不沉痛地向共和告别：

呜呼痛哉！吾十年来所醉所梦所歌舞所尸祝之共和，竟绝我耶！……呜呼！共和！共和！吾爱汝也，然不如其爱祖国；吾爱汝也，然不如其爱自由……呜呼！共和！共和！吾不忍再污点汝之美名，使后之论政体者，复添一佐证焉以诅咒汝。吾与汝长别矣！[4]

---

[1] 中国之新民：《政治学大家伯伦知理之学说》，第 44 页。

[2] 同上书，第 47—48 页。

[3] 同上书，第 47 页。

[4] 同上书，第 48 页。张朋园先生敏锐地注意到，该文在《新民丛报》分两次刊载，前后相隔半年之久，署名也不一样，第一次署名"力人"，第二次署名"中国之新民"，这也是梁启超思想和心理变化的反映。（张朋园：《梁启超与清季革命》，第 121 页注 2）

梁启超的共和条件论，在后代学者看来虽然不无袭用日文论著之嫌①，但却显示了一条由共和之"名"进而深入探讨共和之"实"的路径。他沿着"循名责实"的方向，尝试着从学理层面展开细致探讨，进行东西政治制度的横向比较，开始触及西方共和传统的历史、文化与社会根基。

无独有偶，严复也在大约同一时期表达了与梁启超类似的观点，而且比梁启超更见学理深度。严复的思想主要来自对斯宾塞《群学肄言》、穆勒《群己权界论》、甄克斯《社会通诠》以及孟德斯鸠《法意》等西文学术著作的直接研读和翻译。基于这些著作中传达的理论观点，尤其是《群学肄言》提供的关于墨西哥、南美诸国以及美、法两个大国政治制度演变的知识，结合自己对中国民众素质的观察，严复一再强调政治制度演变的渐进性和长期性，反对通过暴力革命从君主专制跳跃式实行民主共和。②

3. 共和跨越论及优选论

在孙中山为代表的革命派看来，共和阶段论根本没有道理，共和条件论也不足为信，在文明交汇、有不同方案可资选择的时代，政治制度的变革无需拘泥于自然演进的轨道，而应该"取法乎上"，选择最新式的东西。对于正在追求政治制度变革的中国而言，共和就是最优的选择。这种观点可以称之为共和跨越论及优选论，也可以简单概括为共和速成论。

孙中山灵活运用来自欧洲的知识资源来反驳共和阶段论，努力证明"共和"应该是优先选择。1904 年 1 月，他撰写长篇文章，对檀香山保皇派报刊主笔陈某的观点进行批判。针对陈某所说的"立宪者，过渡之时代也；共和者，最后之结果也"，孙中山嘲笑对方不懂西方的政治学常识：

> 立宪者，西语曰 Constitution，乃一定不易之常经，非革命不能改也。

---

① 巴斯蒂：《中国近代国家观念溯源——关于伯伦知理〈国家论〉的翻译》，《近代史研究》1997 年第 4 期。

② 皮后锋：《严复评传》，第 150—159 页。

过渡者，西语曰 Transition，乃变更之谓也。此二名辞皆从西文译出，中国无此成语也。该主笔强不知以为知，而妄曰 Constitution 乃 Transition 时代，一何可笑也。①

接着又反驳对方关于立宪与共和先后顺序的说法：

> 不知天下之事，其为破天荒者则然耳，若世间已有其事，且行之已收大效者，则我可以取法而为后来居上也。②

他又以交通工具为例：中国从来没有火车，最近才开始制造，都是采用最新的式样；可如果按照康、梁一派的逻辑，那么中国目前还处在起步阶段，自然应当采用英美国家几十年前陈旧的技术和产品，然后逐渐更新，最后才能采用目前的新式火车，这样才符合进化的顺序。孙中山随即反问：世界上怎么有这种道理？人世间怎么会有这样愚蠢的人？

孙中山并且指出：当前中国依然处于"专制之时代"，不管是追求君主立宪还是追求共和，势必都要经过一次破坏；既然必须经过强力的破坏，那么君主立宪也好，共和也好，完全在于变革者的主动选择。在这种情况下，为什么不选择作为最终结果的共和政体，而要选择过渡性质的君主立宪政体呢？就像乘船过河，为什么要停留在河中间等待将来继续前进，而不是直接过河登上彼岸？在孙中山看来，跳过君主立宪，直接走向共和政体，才是"一劳永逸之计"③。

1905 年 8 月 13 日，孙中山在东京中国留学生欢迎大会发表演说，再次详细阐述了"民主大共和国"作为优先选择方案的观点。他反驳共和阶段论说：

> 又有说欧米共和的政治，我们中国此时尚不能合用的。盖由野蛮而专

---

① ② 《孙中山全集》第 1 卷，第 236 页。
③ 同上书，第 236—237 页。

制，由专制而立宪，由立宪而共和，这是天然的顺序，不可躁进的；我们中国的改革最宜于君主立宪，万不能共和。殊不知此说大谬。我们中国的前途如修铁路，然此时若修铁路，还是用最初发明的汽车（即蒸汽机车——引者按）？还是用近日改良最利便之汽车？此虽妇孺亦明其利钝。所以君主立宪之不合用于中国，不待智者而后决。①

孙中山以一种革命浪漫主义的姿态，坚决主张跨越式变革，跳过君主立宪制度，从速直接建立共和制度。在他看来，这就是"取法乎上"。他强调：

> 若我们今日改革的思想不取法乎上，则不过徒救一时，是万不能永久太平的……若此时不取法他现世最文明的，还取法他那文明过渡时代以前的吗？我们决不要随天演的变更，定要为人事的变更，其进步方速。兄弟愿诸君救中国，要从高尚的下手，万莫取法乎中，以贻我四万万同胞子子孙孙的后祸。②

针对康有为、梁启超等人的共和条件不足论，孙中山将美国南方及檀香山的情况与中国进行比较，据此进行反驳：

> 又有说中国人民的程度，此时还不能共和。殊不知又不然。我们人民的程度比各国还要高些。兄弟由日本过太平洋到米国，路经檀香山，此地百年前不过一野蛮地方，有一英人至此，土人还要食他，后来与外人交通，由野蛮一跃而为共和。我们中国人的程度岂反比不上檀香山的土民吗？后至米国的南七省，此地因养黑奴，北米人心不服，势颇骚然，因而交战五六年，南败北胜，放黑奴三百万为自由民。我们中国人

---

① 《孙中山全集》第 1 卷，第 280 页。
② 同上书，第 281—282 页。

的程度又反不如米国的黑奴吗?我们清夜自思,不把我们中国造起一个二十世纪头等的共和国来,是将自己连檀香山的土民、南米的黑奴都看作不如了。①

孙中山显然坚信,中国人并不缺乏共和国民的资格,即便能力上暂时尚不充分,也可以在追求共和的革命过程中培养起来。

孙中山这种跨越式的共和速成论,在革命派当中是一种共识。在与梁启超的论战中,其他人也表达了与孙中山类似的观点。陈天华认为,既然日本都能在四十年里赶上欧美,一跃成为世界强国,那么中国也可以采取"特别之速成法","五年小成,七年大成"②。胡汉民也认为,以当前中国的政治形势而言,革命是不可避免的,既然如此,就"不可不实行至公至良之政体",免得将来还要再次进行变革;他并且批评梁启超歪曲中国历史,认为历史证明汉人恰恰具有实行共和的条件。③汪兆铭(精卫)则与梁启超一样,援引伯伦知理和波伦哈克的国家学说,并且展开学理辨析,在此基础上对梁启超的共和条件论展开批判。④总体而言,革命派主张快刀斩乱麻,坚持中国可以,而且应该走跨越式道路,直接移植最先进的政治制度——共和制。

4."共和"的凯旋和悬置

孙中山等人的跨越式共和优选论,在梁启超看来并不符合逻辑。他反驳说,国家不同于具体的机械,乃是人类心理的集合体,需要从"人""地""时"三个要素,也就是具体的时空环境和行为主体出发,才能对某种政治制度的优劣做出评判,离开此三要素漫谈孰优孰劣,只是"梦呓之言";至于革命派宣称政治制度的取舍可以像交通工具的改良那样简单,可以在短短十几、二十年内养成西方人数百年间自然形成的共和国民资格,则是大言欺人,或

① 《孙中山全集》第1卷,第280页。
② 思黄:《论中国宜改创民主政体》,《民报》第1号,1905年11月26日,第44页。
③ 汉民:《民报之六大主义》,《民报》第3号,1906年4月5日,第10—11页。
④ 孙宏云:《汪精卫、梁启超"革命"论战的政治学背景》,《历史研究》2004年第5期。

者是自欺欺人。①

1906 年 1—3 月，梁启超在《新民丛报》连载《开明专制论》一文，批评革命派热切鼓吹共和，却没能从理论和历史方面给出有力证明。梁启超指出，谁不羡慕议会政治之美？然而像德国、日本，并不缺乏卓拔出类拔萃的政治家和学者，都没能实行议会政治，原因就在于人民资格不够，时机未至。他再次详细征引了波仑哈克关于共和政体必以人民自治习惯为前提的论述，比较了各国的经验和中国的情况，得出结论说：

> 国民有可以行议院政治之能力者，即其有可以为共和国民之资格者也。……今日中国国民，未有可以行议院政治之能力者也。……故今日中国国民，非有可以为共和国民之资格者也；今日中国政治，非可采用共和立宪制者也。②

梁启超上述观点一经发表，自然遭到了革命派的批判。面对革命派的文字攻势，1906 年 4 月，梁启超又在《新民丛报》予以回应，从理论、历史和现实等方面详细阐述了自己的观点：

> 一曰，未有共和资格之国，万不能行共和立宪；二曰，今日中国国民，实未有共和资格；三曰，共和资格，非可以短期之岁月养成；四曰，革命军倥偬骚扰时代，必不适于养成共和资格。③

他并且强调：

---

① 饮冰：《开明专制论》，《新民丛报》第 4 年第 3 号（原第 75 号），1906 年 2 月 23 日，第 25—26 页。

② 饮冰：《开明专制论》，第 33、38 页。

③ 饮冰：《答某报第四号对于本报之驳论》，《新民丛报》第 4 年第 7 号（原第 79 号），1906 年 4 月 24 日，第 20 页。

> 共和之真精神，在自治秩序而富于公益心。国民心理而能如是者，则共和不期成而自成，美国是也；或且无共和之名而有其实，英国是也……自由、平等，固共和精神之一部分，然必与自治心、公益心相和合，乃成完全之共和心理。苟为离自治心、公益心而独立之自由平等，则正共和精神之反对也。[1]

梁启超还尖锐地指出，时下那些"自命为忠于共和主义之人"、"闻共和而好之者"，都抛开自治、公益，片面谈论自由、平等。在梁启超看来，他们其实"绝未知共和为何物"，这种心理"先已不适于共和"。[2]

不过，孙中山和革命派专注于直接的革命行动，已经无心与梁启超继续展开学理辩论，也不把严复类似的书生之见放在眼里。[3]

孙中山和革命派无视现实条件而欲速行共和，那么他们预期中的"共和"究竟是怎样一种形态？中国同盟会确立了 16 字纲领"驱除鞑虏，恢复中华，创立民国，平均地权"，对于何为"民国"，孙中山和黄兴等人在 1906 年制定的《中国同盟会革命方略》中这样解释：

> 今者由平民革命以建国民政府。凡为国民皆平等以有参政权。大总统由国民公举。议会以国民公举之议员构成之。制定中华民国宪法，人人共守。敢有帝制自为者，天下共击之。[4]

由此可见，革命派对于共和的构想，最明确、最具体的就是坚决打倒"帝制"。在与改良派论战过程中，革命派"共和"话语的焦点逐渐集中于以"革命"手段破除"专制"这一笼统的口号，以及"排满"、废除帝制这一具体目标。相

---

① 饮冰：《答某报第四号对于本报之驳论》，第 33 页。
② 同上书，第 33—34 页。
③ 皮后锋：《严复大传》，福建人民出版社 2003 年版，第 356—359 页。
④ 《孙中山全集》第 1 卷，第 284、297 页。

比之下，对于如何在有着两千多年帝制传统的辽阔国土上建设一套合宜的宪政民主制度、真正贯彻民权，他们还缺乏深入细致的考虑。①

随着政治形势的快速变化，清王朝的统治迅速垮台。值此维系中华统一秩序的帝制趋于瓦解、破壳而出的多民族国家急需整合之际，原本专心致志于打倒清王朝的孙中山和革命派，在具体建国方案方面的准备不足立即凸显出来。而立宪派对此却有所构思。早在 1903 年，梁启超就提出了"以汉人为中心"，"合汉、合满、合蒙、合回、合苗、合藏，组成一大民族"的思路。②1907 年，杨度继之提出"五族合一"构想③；到了 1911 年底，张謇等人正式提出汉、满、蒙、回、藏"五族共和"的建议。④在这种情况下，革命派不得不吸收这一建议。"共和"的焦点，于是从武力排满变成五个族群联合建国。及至民国

---

① 关于共和制度的具体架构，孙中山有过思考和阐述。1906 年 11 月在东京与俄国社会革命党首领该鲁学尼等人谈话、1906 年 12 月在东京《民报》创刊周年纪念大会发表演讲、1910 年春与刘成禺谈话，孙中山都明确提到，自己希望在中国实施的共和政治，是除立法、司法、行政三权外，还有考选权和纠察权的五权分立的共和政治。因为孙中山看到，当时一般的共和国家，政治方面也存在不足之处，比如国务被政党一手包办、选举出来的不全是人才、政治监督不力，等等。所以他希望吸收中国传统的考选和纠察制度并且加以改造，形成独特的五权分立政治体制（《孙中山全集》第 1 卷，第 319—320、330—331、444—445 页）。孙中山关于五权分立政体的思考，表明他对革命派正在大力宣传的口号式"共和"其实心存保留意见。不过当时武力革命、夺取政权才是最主要任务，他没有花太多的精力去研究、设计共和制度的具体架构。民初的历次政治行动失败之后，孙中山真正对政治制度问题进行了深入研究，最后选择扬弃西方共和制度，采纳"党治国家"这一万能政体。相比之下，康、梁在共和革命与否的论战之后，进一步开展了对共和制度的研究。武昌起义之后，他们提出了"虚君共和"论，即"以共和为主体，而虚君为从体"（李喜所、元青：《梁启超传》，人民出版社 1993 年版，第 285—289 页）。梁启超在《新中国建设问题》这篇长文中比较了世界上总统制、虚戴君主的共和制等六种共和政体的优劣，认为中国人最熟悉、最羡慕的美国式共和政体其实只适合于美国特殊的历史和国情，没法为中国所仿效；英国式的虚君共和制最能体现混合政体精神，才是中国需要的真共和（梁启超：《饮冰室丛著第十种·政闻时言（下册）》，商务印书馆 1916 年版，第 399—401、403、417 页）。

② 中国之新民：《政治学大家伯伦知理之学说》，第 33 页。

③ 黄兴涛：《现代"中华民族"观念的最初形成——兼论辛亥革命与中华民族认同之关系》，《浙江社会科学》2002 年第 1 期。

④ 村田雄二郎：《孙中山与辛亥革命时期的"五族共和"论》，《广东社会科学》2004 年第 5 期。

成立、袁世凯上台后,在复杂的政治格局之下,"共和"的焦点又变成如何与袁世凯为代表的强大保守力量斗争,尽量维护任期制总统这一形式要素,坚决防止君主之"名"再度复活。

这样,民初的"共和"成了一个略显含混的概念,越来越偏重于共和之"名",即无君的政体;却逐渐疏远了 republic 之"实",即公共精神的培养和宪政民主制度的完善。"共和"一词在中国流行开来,几乎成为口头禅,但其制度和精神内涵却尚未为国人所理解,更遑论付诸实施。结果,"共和"由令人憧憬的目标,很快变成令人失望、招致质疑乃至批判的对象。1913 年 9 月,林纾痛感于"共和"有名无实,写了一首讽刺诗歌《共和实在好》:"共和实在好,人伦道德一起扫!⋯⋯四维五教不必言,但说造反尤专门⋯⋯得了幸财犹怒嗔,托言举事为国民⋯⋯全以捣乱为自由⋯⋯如此瞎闹何时休。"[1]严复也对"所谓共和"深感失望,认为"共和万万无当于中国"[2]。守旧名士辜鸿铭则认为,中国要实现真正的共和,就好比黄河水变清一样遥遥无期,现实的共和政治只是导致混乱和堕落。他将民初四处奔走的政客与沿街拉客的妓女相提并论,认为"不废共和政体,国不可一日安也"[3]。至于曾经的革命者,武昌起义领导人之一蔡济民不久就发出如下感慨:"无量头颅无量血,可怜购得假共和。"[4]到了 20 世纪 20 年代初期,就连孙中山也认为"现在的中华民国只有一块假招牌"[5],"徒有民国之名,毫无民国之实"[6]。

孙中山在清末民初的跨越式乃至"名"过于"实"的共和表述,既与特定时代中国人的危机感、紧迫感和孙中山个人不拘细节、勇于求新乃至急于求成

[1] 张俊才:《林纾评传》,南开大学出版社 1992 年版,第 176 页。

[2] 皮后锋:《严复评传》,第 144、160 页。

[3] 读易老人著、黄兴涛等译:《纲常名教定国论》,《辜鸿铭文集》(下),海南出版社 1996 年版,第 262 页。

[4] 蔡济民:《书愤》,《中华民国公报》1912 年 7 月 18 日,转见罗福惠:《湖北近三百年学术文化》,武汉出版社 1994 年版,第 378 页。

[5]《在上海中国国民党本部的演说》,《孙中山全集》第 5 卷,第 262 页。

[6]《在广州中国国民党恳亲大会的演说》,《孙中山全集》第 8 卷,第 280 页。

的性格倾向有关，也与中国古老的"仁人志士""圣人"救国传统相连。后一点尤其值得注意。1903 年 12 月孙中山在檀香山演讲时提到，最先起来发动革命的乃是"圣人"，比如周武王。①1905 年 8 月孙中山在东京中国留学生欢迎大会的演说中，明确表达了这样的自我角色定位：

> 百姓无所知，要在志士的提倡；志士的思想高，则百姓的程度高。所以我们为志士的，总要择地球上最文明的政治法律来救我们中国，最优等的人格来待我们四万万同胞。②

这种当仁不让的"仁人志士"乃至"圣人"自任姿态，跟 1897 年与宫崎寅藏和平山周等人笔谈时的心态一脉相承。只不过在 1897 年的时候，孙中山的政治声望还不够高，作为一名寄人篱下的政治流亡者，他在接纳了自己的日本友人面前，还不敢明确宣称自己就是足以担当救国大任的"豪杰志士"。而到了 1905 年中国同盟会成立之际，他的革命领袖声望已经确立起来，因而可以在公开场合毫不掩饰地宣示自己作为救国志士的自我期许。

由此可见，作为革命派代表人物的孙中山，虽然全身心地拥抱西方共和传统，但其政治理念仍未摆脱根深蒂固的中国传统认知。这种政治认知的核心，就是认为极少数圣贤、先知、仁人志士才有能力把握国家的方向，因而有资格为普通民众决定他们的命运。这是西方共和传统在中国"落地"时的土壤，也是外来共和概念在中国的接受过程中产生变异的重要原因。注意到孙中山在1905 年极力鼓吹共和时所依凭的"百姓——志士"认知框架和圣人治世的传统领袖模型，他后来的思想为何会发生巨大转变，也就容易得到理解。众所周知，孙中山后来提出了一套关于人之分等的理论，把人划分为先知先觉、后知后觉和不知不觉三个等次，并主张以先知先觉的革命领袖去"训育"众多不知

---

① 《孙中山全集》第 1 卷，第 226 页。
② 同上书，第 281 页。

不觉的国人,使之成长为真正合乎资格的国民。也就是说,孙中山打算把"假共和"弃之一边,从根本处入手,"把国家再造一次"①。孙中山身故之后,国民党打着他的旗号实施"党国"体制,"共和"事实上被束之高阁。

结　语

从 republic 到"共和"的概念之旅,体现了西方共和传统与中国本土知识资源在近代中西文明交汇背景下的艰难对接。这一对接过程,既是知识领域的概念输入和转化问题,又是政治领域的行动选择问题。

一方面,晚清知识人对西方共和概念的了解和表述,首先是一个知识领域的跨文化互动问题。共和作为一种来自西方的古老传统,"名"与"实"之间的关系本来就很微妙。面对这一陌生而复杂的传统,当时人免不了援引本土传统知识资源作为参照和对应。在这种情况下,他们对西方共和概念的认识长期呈现名与实依违不定的特征。日本知识人最早采用汉字"共和"来翻译 republic 一词。19 世纪 80 年代初期,近代意义上的汉字"共和"词汇通过日文中介传入中国。"戊戌"维新失败之后的几年里,梁启超等人又借助于日文书刊,对作为一种政体类型的共和概念以及相关学说作了系统介绍。到了1903 年前后,近代共和概念已在中文语境中流行开来,与革命潮流互为推演,并逐渐与中国古典的"共和"一词划清了界限。

另一方面,来自西方的共和概念在中国的辗转传入,又是在救亡图存的急迫形势下匆匆展开的,从一开始就未停留在学理层面,而是与现实政治领域的吁求紧密相连。由此,汉字"共和"与英文概念 republic 的名实对接,就不仅仅是知识领域的跨文化互动问题,还是政治领域的"yes or no"问题。"共和"表述日益呈现为两条相互竞争的路径。作为改革派代表人物的梁启超,一度鼓

---

① 《中国国民党第一次全国代表大会开幕词》,《孙中山全集》第 9 卷,第 97 页。

吹直接的革命行动，但很快回归言论家、启蒙者的角色，尽量持稳健态度，侧重于从学理层面探究共和概念的要义，更多考虑到西方共和传统与中国社会文化的适应性问题，在行动方面主张缓行共和。作为革命派代表人物的孙中山，则始终以行动家自任，相对于知识和学理而言，他更强调实际行动，追求跨越式的政治变革，主张速行共和。

知识领域的问题与政治领域的问题交织在一起，使得西方共和传统在中国的输入呈现为概念与制度的落差，或者说"名"与"实"的疏离。一方面，共和概念的传播过程颇为迅速，两种相互竞争的"共和"表述一度互为映衬，"共和"迅速成为辛亥前后令人耳熟能详的新名词。虽有个别守旧人士搬出"共和行政"这一中国古典来曲解 republic，却并不妨碍略显含混的近代共和概念迅速确立其在现代中国政治话语体系当中不容置疑，乃至熟视无睹的地位。另一方面，由于文化传统、社会现实以及发展时序等方面的巨大差异，西方共和制度的移植过程不如革命派当初想象的那样顺利，未能达到预期效果，以至于被视为"假共和"，甚至原本持乐观态度的孙中山也彻底感到失望。一度在清末"共和"话语竞争中落于下风的梁启超等人阐述的共和阶段论、共和条件论，尤其是自治习惯与"共和真精神"之间的关系问题，此时反而显得令人深思。

原载《近代史研究》2013 年第 1 期，原标题为《晚清的"共和"表述》，此处内容略有修订。

梁启超与 20 世纪前期社会阶级话语的流行

蒋凌楠

上海社会科学院历史研究所

进入 20 世纪，向西方学习的新潮，渐为主流社会认同。[1]思想界的关键问题变为如何理解西方的新，如何反观中国的旧。思想分歧皆源于此。作为近代思想史上的关键人物，梁启超始终是绕不过的话题。[2]当清末的"弄潮儿"进入民国后，梁启超经历了声望式微的过程，但他对于新思潮与新名词仍保持着相当敏锐的洞察力。

在"阶级"概念的早期传播过程中，梁启超的位置颇为特别。19 世纪末随着新学传入，西方社会主义学说中的阶级问题，曾是旅日政治家、知识人热衷讨论的议题。民国初年，社会主义再度兴起热潮，阶级问题引几度争论。所

---

[1] 如论者言，从晚清"天不变，道亦不变"，到清末承认"道出于二"，民国时人普遍以西学"道通为一"，见罗志田：《近代中国"道"的转化》，《近代史研究》2014 年第 6 期。

[2] 梁启超思想研究经典辈出，仅就本题相关成果举要一二：张朋园对于 20 世纪初梁启超与革命党论战、对民初议会政治的意见、欧游后对社会主义问题的思考、对北伐和中共的态度、晚年的反思等等问题都做过考察，散见于《梁启超与清末革命》《梁启超与民国政治》（吉林出版集团 2007 年版）各处，这些线索对笔者多有启发。张文涛的博士论文《国民革命前后的阶级观念研究》（北京师范大学历史学院 2013 年）注意到了 19 世纪末梁启超使用的"阶级"概念，更关注梁氏在二三十年代有关阶级言论，详述了 20 年代研究系与中共社会主义论战，以论证中共的阶级话语优势。赵利栋、邓丽兰都注意到梁启超"有业阶级"和"无业阶级"的划分，作为 20 年代阶级话语的论争的一部分提过，见赵利栋：《五四前后中国马克思主义传播中的阶级与阶级斗争观念》，《中国社会科学院近代史研究所学术论坛》2011 年卷，社会科学文献出版社 2002 年版；邓丽兰：《阶级话语的形成、论争与近代中国社会》，《历史教学》2009 年第 4 期。本文在先行研究基础上，联系梁启超所接受的西方知识资源，剖析梁氏在时代思潮变换中新的回应与旧的坚守。

谓"五四时代，大家争着谈社会主义，五卅之后，大家争着辟阶级斗争"[①]。梁氏从清末旅日到"一战"后旅欧，思想几经转变，但一直关注并参与社会主义思想论争。值得注意的是，梁启超不是马克思主义话语的宣传者，却是社会主义最初的接受者与客观上的传播者。本文考察梁启超对早期流行的"阶级"概念以及不断嬗变的新思潮之理解与回应，进而讨论"阶级"这类社会主义新概念在民国思想界的演变特点。[②]

一、 西欧等级制话语波及下的阶级革命观

与清末趋新士人类似，梁启超最初理解的"阶级"概念，是西欧旧制度里

[①] 瞿秋白：《国民革命运动中之阶级分化——国民党右派与国家主义派之分析》，《新青年》季刊，第 3 号，1926 年 3 月 25 日，第 21—41 页。

[②] 既有概念史研究，在"阶级"概念的庞杂框架里各有侧重。以语言词汇史为基础的研究如，陈力卫：《让语言更革命——〈共产党宣言〉的翻译版本与译词的尖锐变化》，孙江主编《新史学》第二卷，中华书局 2008 年版，第 189—210 页；朱京伟：「明治期における社会主義用語の形成」，『19 世紀中国語の諸相』，東京：雄松堂出版，2007 年；李博（Wolfgang Lippert）著、赵倩等译：《汉语中的马克思主义术语的起源与作用》，中国社会科学文献出版社 2003 年版；徐天娜：《近代中国的"资本家"：以其概念之生成、演变为中心》，《江苏社会科学》2016 年第 3 期等等。以传统与现代社会对比的研究，如孔飞力 Philip A. Kuhn，"Chinese Views of Social Classification"，in *Class and Social Stratification in Post-revolution China*，James Watson ed.，NY：Cambridge University Press，1984，pp.16—28. 瞿同祖：《中国的阶层结构及其意识形态》，《中国思想与制度论集》，刘纫尼译，台北：联经出版事业公司 1976 年版，第 267—291 页。以中共党史文本中词汇梳理为主的研究如王友明：《中共党史上"阶级"概念的演变》，《上海市社会科学界第六届学术年会文集》2008 年度哲学·历史·文学学科卷，上海人民出版社 2008 年版，第 302—305 页；栗荣、郭若平：《20 世纪三四十年代中国共产党"阶级"概念的演变》，《党的文献》2012 年第 6 期。强调贫富差距等思想影响的研究如赵利栋：《"五四"前后中国马克思主义传播中的阶级与阶级斗争观念》，《中国社会科学院近代史研究所青年学术论坛》2001 年卷，社会科学文献出版社 2002 年版，第 60—96 页；黄冬娅：《对"阶级"理论传入中国的历史考察》，《二十一世纪》2003 年第 6 期，第 61—72 页；王贵仁：《20 世纪早期中国社会的阶级观念论析》，《史学月刊》2011 年第 7 期等。看重国民革命在其中作用的研究如，尹钛：《阶级话语的建构与实践：以 1920 年代中国国民革命为中心的分析》，中国人民大学，博士学位论文，2007 年；张文涛：《国民革命前后的阶级观念研究》，北京师范大学，博士学位论文，2013 年，等等。本文以梁启超代表的非马克思主义者趋新知识人所理解的"阶级"，来考察其间社会主义理论在中国的接受、结合与流行。

的等级（estates），即他常说的贵族制度。追溯西方"阶级"概念的前史，其社会来源就是中世纪的等级制。①王权与教权斗争后形成的等级君主制（estates of the realm），将社会成员划分为僧侣（祈祷者）、贵族（战斗者）与劳动者三种等级秩序。等级制在大约 15 至 17 世纪的欧洲普遍存在，最明显表现在分等级的国家会议上。这就是托克维克形容的、英法德诸国政治制度的"惊人相似之处"，包括俄国 16—17 世纪的缙绅会议。②

中世纪等级制对近代史的影响有两方面。沿袭传统的社会等级，有序发展出了近代议政形式，扩大了政治基础。在政治生活中，三个等级的权利和义务有所不同，却享有一个集中体现的机会——国王召开的等级会议。虽然形式偶有不同，西欧议会传统由此而来，如英国神职人员与贵族合并的上议院与平民组成的下议院。这是社会分层与秩序关系的一面。

另一方面，激进的革命思想以推翻固化的等级制为号召。法国大革命就由此而起。法国"第三等级"（Tiers état）挣脱了旧制度的束缚，成了近代革命的遗产之一。这是近代平等风气所波及的一面。

近代以来日本翻译的西欧近代史书籍中，旧制度的"等级"（état/estate）皆被译为"阶级"。③而 19 世纪末 20 世纪初，国内西学的传播途径依赖日本。梁启超最初理解的"阶级"概念，也是充满日译西欧历史色彩的等级制标志。因而他论道：西欧旧制度的产物，是身份等级制的桎梏，在近代革命中逐渐被铲除。"欧洲自今世纪以来，学理大昌，天赋人权平等同胞之声，遍满全洲，

---

① Peter Calvert, *The concept of class: An Historical Introduction*, London: Hutchinson, 1982, p.54.

② 托克维尔：《旧制度与大革命》，冯棠译，商务印书馆 2012 年版，第 56 页。另参见刘新成：《英国都铎王朝议会研究》，首都师范大学出版社 1995 年版，第 28—30 页；洪波：《法国政治制度变迁》，中国社会科学出版社 1993 年版，第 8—9 页；张芝联主编：《法国通史》，北京大学出版社 2009 年版，第 70—73 页。

③ 蒋凌楠：《"第三阶级"与"第四阶级"在中国的概念演变》，《苏区研究》2017 年第 3 期，第 57—60 页。

于是分国民为数等阶级之风渐息矣。"①

不仅如此，任公看到：西方正经历的革命，已从"政治阶级"滑向"社会阶级"问题，"贫富阶级"继"贵贱阶级"而起矛盾。"自十九世纪初元产业革命以来，富殖之分配愈失平衡，前此贵贱之阶级方除，而后此贫富之阶级旋起。"②贵贱、贫富，可以造成社会等差的政治、经济因素，都被看作"阶级"的分化时代。

梁启超的观点在趋新知识界并不孤立。19、20世纪之交，旅日知识界流行的"欧洲近世史"论述，把法国革命视为同时铲除君主专制和社会阶级两大障碍的平民政治范例。如"经法兰西三次革命之震荡之洗刷，风潮所遍轰动全欧，自由钟振而专制之妖氛灭绝，平等旗张而阶级之毒焰扫清，所谓平民政治者，乃大出现于十九世纪"③。

又1903年翻译出版的福井准造《近世社会主义》详介欧美社会主义流派，开篇从法国革命改革社会讲起："铲除君主之尊严，打破贵族之阶级，绝灭僧侣之特权，各国效之，而求改革社会之策"，"于'不公平''不平等''专制''压抑'等，皆讳言之，一洗旧来之面目，而高唱民权"。"其所主张者，凡平民与其余之人民，皆得享有自由平等之权利，摆脱旧来专制之习惯，而求政治上自由平等之真理"；"四民平等，无有阶级"。④

这里的"四民平等，破除阶级"，一直影响着日本明治、大正时期的社会革命思想。日本武家社会传统，等级"身份"固化严重，明治维新在"四民平等"的观念主导下，逐渐瓦解身份制度。但西方的自由平等浪潮相较下，社会不平等问题一直是相继的自由民权运动、社会主义的关注。到1902年，幸德

---

① 任公：《论中国与欧洲国体异同》，《清议报》1899年第26期，第4页。

② 梁启超：《外资输入问题》第六节，《新民丛报》1904年第3卷第6号，第2页。

③ 汉驹：《新政府之建设》，《江苏》第五期，1930年8月。

④ 福井准造：《近世社会主义》"绪论"，赵必振译，广智书局1902年，收于姜义华编《社会主义学说在中国的初期传播》，第81—90页。

秋水还在为"四民平等，破除阶级"为努力。①

"四民平等，破除阶级"也成为清末革命思想的共同源泉，最终成了辛亥革命的基本要求之一。如革命派所论，"国民"的概念内涵之一就是"平等"。②《中华民国临时约法》起草时，第二章"人民"第一条就是"中华民国人民一律平等，无种族、阶级、宗教之区别"。其后的民国约法也保留了这样的用语。③而民初的这一用语表达的只是西欧—日本传来的传统社会等级制之义。

西欧等级制度与大革命的关系，长久地刺激着 20 世纪中国革命。④即便脱离了直接转译日本新名词，民国时期中国人在汲取大革命平等精神给养时，依然忘不了"阶级"的西欧历史背景。⑤1924 年中学教科书论大革命起因："贵族教士又藉其向有之特权，占有全国土地大半而不负纳税义务。第三阶级之平民，既不堪国王及贵族教士之横征暴敛，而各地饥荒迭至，颠沛又无所告诉。"⑥

---

① 幸德伝次郎「社会主義と団体」《六合雑誌》明治三五（1902）・三・一五号。

② 《说国民》，《国民报》第二期，1901 年 6 月 10 日。

③ 《中华民国临时约法》（1912 年 3 月 10 日），《中华民国档案资料汇编》第二辑，江苏古籍出版社 1991 年版，第 106 页。

④ 法国大革命史的叙述模式在近代中国如何嬗变，是一个戏剧性的题目；但关于法国革命前社会不平等现象的描述，始终是国人关注要点之一。清末民初以来，中国知识界对于法国大革命的认识逐渐丰富，且随着政治文化而嬗变。学界研究集中在清末民初时段，尤其关注政界对法国革命史的介绍如何激发了辛亥革命前后的革命氛围。张芝联论述了清末民初从改良派到革命派对法国革命的看法转变；端木正的文章则着重讨论 20 世纪三十年代以后法国革命史在中国的翻译与撰述情况；俞旦初在前人基础上，补充完善了 20 世纪初的相关文献；近年研究仍是综合总论清末民初的文本而成。参见张芝联：《清末民初政论对法国大革命的评议》，中国法国史研究会编：《法国史论文集》，生活·读书·新知三联书店 1984 年版；端木正：《法国革命史的研究在中国》，中国法国史研究会编：《法国史论文集》，生活·读书·新知三联书店 1984 年版；俞旦初：《20 世纪初年法国大革命在中国的介绍和影响》，《近代史研究》1989 年第 4 期；粟孟林：《中国知识界对"法国大革命"的理解与迎拒（1840—1919）》，博士学位论文，湖南师范大学，2014 年。

⑤ 蒋凌楠：《"第三阶级"与"第四阶级"在中国的概念演变》，《苏区研究》2017 年第 3 期，第 60—62 页。

⑥ 金兆梓编，戴克敦、张相校：《新中学教科书初级世界史》，中华书局 1924 年版，第 82 页。

二、 中国绝无欧式"阶级"制度

基于以上对西方"阶级"的认识，梁启超反观中国，明确称中国自古无阶级。1906 年《新民丛报》与《民报》论战之时，梁启超就提到，中国与西欧社会制度有差异，无需经历西欧革命。当时有言："彼贫富悬隔之现象，自工业革命前而既植其基，及工业革命以后，则其基益固，其程度显著云耳。"相反，"我国现时之经济社会组织，与欧洲工业革命之组织则既有异，中产之家多，而特别豪富之家少"①。当时梁启超所理解的西方社会主义，重在纠正社会制度之流弊，而他认定中国无此弊。

当他立足国情，看待中西社会时，"阶级"概念是一个有利的比较标尺。在梁氏看来，中国与欧洲国体两大相异点之一，就在"欧洲有分国民阶级之风而中国无之"，"中国可谓之无贵族之国，其民可谓之无阶级之民"；"我中国则历古以来，此风不盛，自汉以后，尤绝无之。"②

中国没有贵族身份，科举制与官阶流动性都优于他国。③因而，梁启超认为这是中国文明进化的表现。

> 无阶级之国民，一般享受幸福，固为文明进化之以一征验矣。
>
> 有阶级之民，比于无阶级之民，则无阶级者为优，此天下之所共认

---

① 饮冰：《社会革命果为今日中国所必要乎》，《新民丛报》第 86 期，1906 年 11 月。

② 任公：《论中国与欧洲国体异同》，《清议报》1899 年第 26 期，第 4—5 页。

③ 关于中国传统的阶级词语史，参见文崇一：《官民阶级与阶级意识：中国的阶级模式》，《民族学研究所集刊》1991 年第 72 期。关于中国传统社会阶层研究，参见 Philip A. Kuhn，"Chinese Views of Social Classification"，in *Class and Social Stratification in Post-revolution China*，James Watson ed.，NY：Cambridge University Press，1984，pp.16—28. 瞿同祖：《中国的阶层结构及其意识形态》，《中国思想与制度论集》，刘纫尼译，台北：联经出版事业公司 1976 年版，第 267—291 页。

也。然则我中国之进化，远在欧洲人二千年以前。①

梁论笔端常带感情，特别在涉及救亡主题之时，中国文明优越论往往被夸大。梁氏另有《中国与土耳其之异》一文，反驳外人将中国与土耳其悲剧命运并论。其中，梁启超也提到土耳其"以行极端阶级制度故"，职业都以民族区分；而"我国则绝无阶级，士农工商，同为国之齐民，而勤敏质朴之风冠万国，在生计界实具有最优胜之能力"②。

这种"中国社会之优越在无阶级"的看法，在中西思想碰撞的 20 世纪初几番出现。在康有为那里，孔子创立了中国无阶级的平等制度，早于欧洲，强过印度。"自孔子创平等之义，明一统以去封建，讥世卿以去世官，授田制以去奴隶，作春秋立宪以限君权，不自尊其徒属而去大僧，于是中国之俗，阶级尽扫……无阶级之害。此真孔子非常之大功也，盖先欧洲二千年行之，中国之强盛过于印度，皆由于此。"甚至断言，"中国有一事过于大地者，其为寡阶级乎？"③

然而，任公亲身感受民初宪政失败之后，自我超越了这种优越论调，反身总结西欧"阶级"制度的秩序性与近代过渡优势。西欧近代议会产生过程中，等级制传统确实起到了稳定基础作用。梁启超由此认为中国行议会制度不成功，缘于社会无阶级之分。他认为中国人在议院中的斗争，不是为了阶级利益，而是派系倾轧。④

近世代议制度之建立，实以阶级精神为中坚。既未能发明更优于代议制度之政制，而**我以绝无阶级根据之国**，向人效颦，势必以失败终了。

① 任公：《论中国与欧洲国体异同》，《清议报》1899 年第 26 期，第 4—5 页。
② 梁启超：《中国与土耳其之异》，《大中华》1915 年第 1 卷第 3 期，第 4—5 页。
③ 康有为：《大同书》第二，收入姜义华、张荣华编校：《康有为全集》第七集，人民大学出版社 2007 年版，第 37、40 页。
④ 张朋园：《梁启超与民国政治》，吉林出版集团 2007 年版，第 168 页。

> 阶级之为物，实为人类进化不可缺之一工具，**我国民以绝无阶级故，**全国成为平面的，反散漫而未由抟捖。①

对议会制评价的背后，是梁启超开始转向重视精英政治。他观察雅典、罗马，到近代英美的历史，得出结论："国中须有中坚之阶级"，是"行多数政治而能善其治者"不可缺之第一要素。多数政治的形式，实质上必由少数精英阶级主导的政治发展而来。关于"中坚之阶级"，他解释道："所谓阶级者，非必如印度之喀私德，如埃及之毗卢，严辨等威，沟绝不相通也；要之，必有少数优异名贵之辈常为多数国民所敬仰矜式，然后其言足以为重于天下，而有力之舆论出焉。夫有力之舆论实多数政治成立之大原也。"②这时，梁启超对"阶级"分层特别是精英群体的存在，已经有了钦慕之意。平等有其限度，阶级非皆负面，有了这一认识，梁启超才得以开始新的政治形式讨论与社会分析工具。

三、"有枪阶级"引发的"无处不阶级"

19、20世纪之交的西学东渐，尚处于与传统的碰撞、结合期。经过十几年间社会主义急速传播，到了"五四"时期新思潮新概念内涵全然翻新。社会学的知识体系、思想资源传入，以社会科学思维方式解决中国问题，成为"五四"思想转折的重要内容。③"阶级"明确作为一个社会分析工具概念，重新

---

① 梁启超：《历史上中华国民事业之成败及今后革进之机运》，《改造》1920年第3卷第2期，第1—8页。

② 梁启超：《多数政治之试验》，《庸言》1913年第1卷第12期，第5页。

③ 杨念群《五四的另一面："社会"观念的形成与新型组织的诞生》（上海人民出版社2019年版），王汎森《思想是生活的一种方式》（北京大学出版社2018年版）等近代思想史专著中有所论述。闻翔《劳工神圣》（商务印书馆2018年版）从社会学学科史的角度，梳理了二三十年代的中国劳工问题研究。

闯入中国知识界眼帘。

此时，梁启超经历了欧游的新思考，对西欧社会主义、中国固有制度特殊性，都做出了新情势下的新表达。梁启超明晰地看到，20 年代新兴名词"阶级"已非彼时的概念，因而先对"阶级"的政治、经济领域做了区分，拉开了对中国社会结构分析的讨论大幕。

> 现代新阶级发生，全以"生计的"地位为分野。前此之血族的、宗教的阶级，已成陈迹。我国民虽未受旧阶级之毒，然今后新阶级之发生，终不能免。①

照此理解，"旧阶级"在中国没有，"生计的地位"的"新阶级"也尚未发生。那么，中国现有的社会结构要怎样理解？梁启超索性利用"阶级"概念工具，分析社会分层，创制了脍炙人口的"有枪阶级与无枪阶级"之说。

如果说 20 世纪初与《民报》论战时，梁启超对社会主义只是初识门径，那么，20 年代的梁氏则窥见堂奥，对马克思主义学说基本了解之后具体分析中国适用问题。这时期，每每谈起社会阶级问题，梁启超都会先讲西欧的阶级与阶级斗争史。叙述范式来源于当时流行的社会主义文本，如《共产党宣言》中对阶级斗争的历史论述："全部西洋史，一言以蔽之，可以说是'阶级争斗史'。""他们的阶级有种种分野：或是奴隶对市民，或是平民对贵族，或是贵族对皇族，或是原住人民对外来征服者，或是外来侨寓者对原住人民，或是这教对那教，或是一个教里头这派对那派。"②

但是，梁启超意在说明中国社会与欧美不同。"欧美人的阶级分野，屡屡变迁，好像台上唱的'过昭关'闯过一道城门再疮第二道城门。如今他们是无产阶级对有产阶级的时代了。""这是他们阶级的分野，我们还够不上这分野；

---

① 梁启超：《历史上中华国民事业之成败及今后革进之机运》，《改造》1920 年第 3 卷第 2 期，第 1—8 页。

② 梁启超：《无枪阶级对有枪阶级》，《法政学报》1922 年第 3 卷第 1 期，第 1—6 页。

这是他们目前火烧眉毛的问题，我们还要隔好几层再说到这问题。"①

梁氏明言，中国社会结构依靠军政地位，现时症结是有枪的军阀武人，即统治者与产业无必然相关。

> 我们有产的人本来就不配成一个阶级，就勉强算他个阶级罢，他们绝对的不配当统治者，那统治者与其说他是有产的人；毋宁说他是无产的人。最少也是本来无产的人，因据着那统治者地位，才渐变成有产，或者是靠着许多无产的人拥护他，他才变成有产。**无产的固然是被压迫受困苦，有产的也是一般的被压迫受困苦，所差不过程度问题**。无产的把有产的打倒就算解放了吗？咳，不能不能。因为**这绳子的结不是在这里**，所以我国有产阶级对无产阶级这问题，我虽然确信将来必要解决，但现在说这些话，纯然不着痒处。**我国目前生死关头，只有无枪阶级对有枪阶级一个问题**。②

这样创制新名词，无疑是偷换概念。梁氏何尝不知："眼面前事实的确如此，诸君只能怪事实不通，不能怪我的题目不通。原来兵是人民做的，今天是个民，明天就可以变成个兵……这其间有什么阶级呢？虽然，正因为本来不应分阶级的人，给他两个对待的名称，他自然会变成两个阶级……自然会划出一个大鸿沟来。"所以，梁启超不过是拿"阶级"概念当作分类范畴来使用，与传统语义相靠近，有意破除狭义的不适用性。

该语出自 1921 年 12 月梁启超在北京法政专门学校的讲演，使用了当时流行话语，分析又切合中国实际，反映了舆论对军阀的不满心态。就这样，颇有戏谑意味的"有枪阶级"与"无枪阶级"被广为流传。1924 年，《国闻周报》社评直接以"有枪阶级之成绩"为题，指代军阀武人的所为。③蒋梦麟为《晨

---

①② 梁启超：《无枪阶级对有枪阶级》，《法政学报》1922 年第 3 卷第 1 期，第 1—6 页。

③ 一得：《有枪阶级之成绩》，《国闻周报》1924 年，第 1 卷第 14 期，第 2—3 页。

报》作文，也一样使用"有枪阶级"代指军阀武人。①陕西旅京学生组织刊物《共进》观察称，"在文人的笔尖上，又时时带出时髦的'有枪阶级''无枪阶级''知识阶级'……一大堆名词来。这样不实在的情形，如还用那一副看得大而又远的眼睛来看，仿佛中国今日的五花八门，真是阶级斗争的历史中最精彩的一章了。"②

既然只是一种社会分类，"阶级"就失去了专有性，一时间流行的各种阶级频繁出现。连《妇女杂志》上都刊登作者创制的"新阶级"。

现代社会阶级多极了——在经济上，有所谓"有产阶级"和"无产阶级"，在政治上有"治人阶级"和"被治阶级"，就权力上说，更有所谓"压制阶级""被压制阶级"，此外更有所谓"有枪阶级""无枪阶级"……"无家阶级"一语，是我和一个朋友谈话，偶然想出来的。③

可以说，"有枪阶级"与"无枪阶级"名词一出，把传统的"统治—被统治"、马克思主义的"有产—无产"等话语的内涵都消解掉了，只剩下二分对立的社会分析范式。梁启超创制的新名词，为更多的"阶级"流行语铺垫了道路，一时间社会"无处不阶级"。

四、 理想化的"有业阶级"

戏谑归戏谑，稍后梁启超转回学理论述，不仅断言经济分野的"阶级"在中国没有形成，而且提出中国独特的社会人群分野在"有业"与"无业"，不

---

① 蒋梦麟：《知识阶级的责任问题》，《晨报六周年增刊》1924 年第 12 期，第 10 页。
② 哈雷：《阶级斗争和阶级意识》，《共进》1924 年 4 月 25 日，第 60 期，第 1 页。
③ 黄石：《无家阶级》，《妇女杂志》第 10 卷第 8 期，1924 年，第 1223—1234 页。

在"有产"与"无产"。

> 欧美目前最迫切之问题，在如何而能使多数之劳动者地位得以改善。中国目前最迫切之问题在如何而能使多数之人民得以变为劳动者。故在欧美倡此主义，其旗帜极简单明了，亦曰无产阶级与有产抗争而已。中国则有业无业乃第一问题，而有产无产，转成第二问题。[①]

至于"五四"后期流行的"劳动阶级"用语，梁启超也不以为然。首先认为不应混入有危害的"游民阶级"。"此言虽近似，然细按之则大戾于名实也。"其次，梁氏认为"农民与散工"并非"劳动阶级"。"劳动阶级一语，本含广狭二义。广义的解释，自然凡农民及散工悉含在内。狭义的解释，则专指在新式企业组织之下佣工为活的人。而社会运动之主体，必恃此狭义的劳动阶级。中国则此狭义的劳动者未能成为阶级，故谓之无阶级也。"[②]在这里，梁启超秉持的"阶级"概念，恐怕比早期中共党人还要严格与学理化。

这时期，梁启超及《改造》社会主义研究专栏的文章，在知识界依然有相当的影响力，引得陈独秀组织社会主义讨论，进行反驳。李达直言"梁任公是多方面的人才，又是一个谈思想的思想家，所作的文字很能代表一部分人的意见，很能博得一部分人的同情"。甚至"认定梁任公这篇文字（指《复张东荪书论社会主义运动》）是最有力的论敌"[③]。

1925年，梁启超正式提出新名词"无业阶级"与"有业阶级"。文章依然强调欧美的阶级与中国的绝不相同。"欧美社会，确截然分为有产阶无产两阶级，其无产阶级都是天天在工场商场做工有正当职业的人，他们拥护职业上勤劳所得或救济失业，起而斗争，所以斗争是正当的，有意义的。"

---

① 梁启超：《复张东荪书论社会主义运动》，《改造》第 3 卷第 6 号，1921 年 2 月 15 日，第 17 页。

② 同上书，第 21—22 页。

③ 李达：《讨论社会主义并质梁任公》，《新青年》1921 年第 9 卷第 1 号，第 12 页。

中国社会到底有阶级的分野没有呢？我其实不敢说，若勉强说有，则我以为有产阶级和无产阶级不成对待名词，只有**有业阶级和无业阶级成对待名词**，什么是有业阶级，如农民（小地主和佃丁都包在内），买卖人（商店东家和伙计都包在内），学堂教习，小官吏，与及靠现卖气力吃饭的各种工人等，这些人或有产，或无产，很难就产上画出个分野来。什么是**无业阶级，如阔官，阔军人，政党领袖及党员，地方土棍，租界流氓，受外国宣传部津贴的学生，强盗（穿军营制服的包在内），乞丐（穿长衫马褂的包在内），与及其他之贪吃懒做的各种人等**，这些人也是或有产，或无产，很难就产上画出个分野来。

梁启超把党员、活动家都算为"无业阶级"，批评其无法代表劳动者，最后还模仿宣传口号，简明总结：

> 欧美人今天的运动，大抵都打着"无产阶级打倒有产阶级"的旗号，这个旗号，我认为在中国不适用，应改写道："有业阶级打倒无业阶级。"①

梁启超对工作者和游手好闲者的分类，在思想史上似曾相识。恩格斯称为"空想社会主义"代表的圣西门（Henri de Saint-Simon）的阶级理论也曾影响马克思。圣西门最初对无产者的痛苦抱以同情，对资本主义导致的阶级分化持批判态度。但在目睹了大革命的反复，法国社会产生新的特权阶级，而投机的资本家与政客使国家一再堕入混乱等一系列巨变之后，晚年圣西门提出的阶级理论，转而有意弥合财产的沟壑，促成社会与产业进步，将革命初"第三等级"与"特权阶级"对立的口号，改为以"产业者"（或译实业家 industrials）反对"闲惰者"（idlers）的形式表现出来。其中，闲惰者不只是旧制度下的贵

---

① 梁启超：《无产阶级与无业阶级》，《兴华》1925 年第 22 卷第 17 期，第 47—49 页。

族、教士等特权阶级，还包括所有没有生产贡献却占有收入的人；产业者不止工资劳动者，还有一切对社会有贡献、有生产效率的人群，包括农民、工厂主、商人，以及经理人、科学家、银行家与手工业者等。①

圣西门有意倚重实业家团结形成"统一的阶级""第一阶级"，成为变革社会的力量，从而积极调和社会矛盾。②这与梁启超对中国"有业阶级"的期望与判断相似。这也是近代以来西方政治哲学的主流思路，即提出一般的社会阶级理论，目的在于解决现有的政治问题如利益冲突，而解决方法有更理性的、"文明"的手段，无须阶级斗争。③

但马克思的阶级斗争理论与这些思想家的区别，不在解决问题的手段，而在于从前提上消解产生问题的存在合法性。④马克思从经济学上阶级形成过程出发，进入政治哲学领域对私有制的批判思考，最终回到政治上阶级斗争乃至消灭阶级的出路。换句话说，马克思已脱离了从解决眼前社会问题出发、直接提出政治纲领的思路，这才是早期社会主义思想家未能达到的思维方式。这也是民国时期中国早期泛社会主义者所不能理解的。

20世纪20年代的社会主义热潮，固然比清末民初东渐的"西学"要成熟许多。但对多数学说，仍倾向于"拿来主义"的现实解决思路。因此，在梁启超等人看来，马克思与圣西门区别在定义，反而是现实分析的思路更值得借鉴。梁启超提出"有枪阶级"意在批评军阀统治；几年后提出"无业阶级"针对工农运动的话语，都是他结合中国现实分析的直接反映。但是，理想社会主义中的"有业阶级"，在现实社会结构中过于分散，实际很难团结

---

① Frank E. Manuel, *The New World of Henri Saint-Simon*, Cambridge, Mass, Harvard University Press, 1956, pp.249—250. 圣西门：《实业家问答》，《圣西门选集》第二卷，商务印书馆1979年版，第51—56页。

② 圣西门：《实业家问答》，《圣西门选集》第二卷，董果良译，商务印书馆1982年版，第51—84页。

③ 密利本德：《马克思主义和政治学》，黄子都译，商务印书馆1992年版，第19页。

④ 孙亮：《重审马克思的"阶级"概念：基于政治哲学解读的尝试》，江苏人民出版社2016年版，第27—34页。

起来发挥力量。

结　语

梁启超对待"阶级"概念的态度变化，在近代学人中颇有代表性。起初，他以社会等级制来理解阶级，观察到中国自古以来社会等级不明显，产业尚不发达等。一如章太炎所说，"吾国阶级制度向不发达，自总统以至仆役，仅有名职差别"①。

"五四"后，梁氏发现了"现代新阶级"的概念。"全以'生计的'地位为分野。前此之血族的、宗教的阶级，已成陈迹。我国民虽未受旧阶级之毒，然今后新阶级之发生，终不能免。"②这一新概念与社会主义思潮的兴起息息相关，也连带着中国社会的现实关联。任公开始把"阶级"当作一种社会分析的概念工具，去理解现实社会问题，甚至量体裁衣般地创制"有枪阶级""有业阶级"等新名词。

与《改造》同人一样，梁启超既受西欧社会主义影响，也是 20 世纪二十年代社会主义思潮的重要传播者。③他们将众多社会主义概念与视角带入思想界讨论，却又反复表达中国当时不能立即实行社会主义的可惜与无奈。"我们当有自知之明：我们无力打倒军阀，而只能眼看军阀与绅商阶级的瓜代；我们无力阻止绅商阶级的发生。"④只能促进工人的意识与组织，"属望劳动阶级为

---

① 《国内要闻：章太炎在湘之两演讲》，《申报》1925 年 10 月 11 日，第 9 版。
② 梁启超：《历史上中华国民事业之成败及今后革进之机运》，《改造》1920 年第 3 卷第 2 期，第 1—8 页。
③ 张朋园也承认，梁启超欧游归来，虽然矛盾彷徨，但明显倾向于社会主义，参见张朋园：《梁启超与民国政治》，第 175—176 页。张东荪的社会主义思想倾向，更为研究者所注意，参见高波：《追寻新共和：张东荪早期思想与活动研究（1886—1932）》，生活·读书·新知三联书店 2018 年版，第 254—302 页。
④ 东荪：《现在与将来》，《改造》1920 年第 3 卷第 4 号，第 36 页。

将来改造社会之主体"。①并且提倡劳资调和，发展资本主义以外的协作生产。

但这种持论在现实中遭遇重重困境。只有言论倡导，在促成工人组织和阻止强权政治方面，很难有作为。而"头痛医头、脚痛医脚"的劳资调和解决手段，与西欧社会主义一样，尚停留在社会现象分析直接行动到政治主张的阶段。梁任公所属望的人群，无论是产业下的"劳动阶级"还是理想化的"有业阶级"，都很难团结起来发挥力量。

反观马克思的阶级概念，与民国时人的理解有较大差别。"阶级"概念的提出，实质在于批判资本主义私有制的生产关系。它不是单纯的经验性事实描述，而是具有历史哲学意义的抽象概念。从经济根源上消解资本主义的前提，是马克思所期待的对劳动者的真正解放。②如何理解和利用马克思理论，在近代中国确有很多可能性。而民国时人的关注重心都在眼前现实问题。"阶级"这样一个广义概念工具被拿来反映表层现象，变为具体的某几个阶级划分的表现，都是遮蔽了更深的政治经济与政治哲学理论内涵。

但这样表层化的"阶级"认识，何以在近代思想文化史上留有一席之地？这恐怕要回到马克思主义学说与概念的早期流行、传播特质上考察。

梁启超创制的"有枪阶级"与"无枪阶级"说法，反映了讨军裁兵情绪，正中民众心理，又颇为有趣，此后被各大报刊舆论广为引用。"有枪阶级"几乎成为军阀武人的代名词。如1924年《国闻周报》社评直接以"有枪阶级之成绩"为题，指代军阀武人的所为。③

受影响而使用者，不分党派政见，不仅有教育界与政界名士如蒋梦麟④，也有共产主义倾向的刊物如《共进》。凡举"阶级"名词纷乱之象，都少不了"有枪阶级"在列。"在文人的笔尖上，又时时带出时髦的'有枪阶级''无枪

---

① 梁启超：《复张东荪书论社会主义运动》，《改造》1921年第3卷第6号，第24页。

② 孙亮：《重审马克思的"阶级"概念：基于政治哲学解读的尝试》，江苏人民出版社2016年版，第68—105页。

③ 一得：《有枪阶级之成绩》，《国闻周报》1924年第1卷第14期，第2—3页。

④ 蒋梦麟：《知识阶级的责任问题》，《晨报六周年增刊》1924年第12期，第10页。

阶级''知识阶级'……一大堆名词来。这样不实在的情形,如还用那一副看得大而又远的眼睛来看,仿佛中国今日的五花八门,真是阶级斗争的历史中最精彩的一章了。"①

"有枪阶级"与"无枪阶级"名词一出,把传统的"统治—被统治"、马克思主义的"有产—无产"等话语的内涵都消解掉了,只剩下二分对立的社会分析范式。梁启超创制的"有业—无业"等新名词,为更多的"阶级"流行语铺垫了道路,一时间社会"无处不阶级"。

也因梁启超的泛阶级名词影响之大,对马克思主义理论有消解意义。李达视其为"最有力的论敌",因为梁任公"所作的文字很能代表一部分人的意见,很能博得一部分人的同情"。李达虽不好解释"无产阶级"与"劳动阶级"概念的混乱性,便从逻辑上反驳道:有产业就一定有劳动者。"中国的游民,都可以说是失业的劳动者。"②

深谙苏俄理论的郑超麟,从正统学理上反驳:"有'枪'或无'枪',有'业'或无'业',有'产'或无'产'不仅不足为区分阶级的标准,而且自己受决定于各阶级在生产上作用的不同。"③强调"社会生产上的作用"是唯一的、根本的阶级差别标准,其他都是表象。可是,这样学究式的辩论,夹杂着理论与外语词汇,反而不如望文生义的理解通俗易懂。吊诡的结果却是,早期共产主义者辩论的标准并不广为人知,而正是借助"产""业""枪"这些贴近现实的字眼,"阶级"话语在范围更广的知识界越加流行起来。

今天研究者普遍接受"阶级泛化"的说法,是以中国马克思主义概念为内核标准。对于中国革命史而言,这是精准而深刻的。④但某种意义上,这恰是

---

① 哈雷:《阶级斗争和阶级意识》,《共进》第 60 期,1924 年 4 月 25 日,第 1 页。

② 李达:《讨论社会主义并质梁任公》,《新青年》1921 年第 9 卷第 1 号,第 12 页。

③ 超麟:《梁启超怎样了解中国的阶级斗争?》,《中国青年》第 4 卷第 79 期,1925 年 5 月 9 日,第 422—428 页。

④ 王奇生:《从"泛阶级化"到"去阶级化":阶级话语在中国的兴衰》,《苏区研究》2017 年第 4 期,第 31—40 页。

因后世阶级斗争，反推民国时期的概念发轫。倘若退回到西欧"阶级"概念开始流行的 19 世纪，或是"阶级"传入中国的 20 世纪初，就会发现它在各国语言中都是一个复杂而充满困惑的词语，从来没能明确地定义，即便在马克思主义学说和中共话语里。①

民国时人没有后世的框架意识，已然看到了"阶级"词语的开放性。张东荪 1919 年就评价说："阶级两个字原文是 class，不尽是高低的分别，实在含有平等的种类的意思。日本人译做阶级，非常使人误会。"②易引人误会的，不仅在日译词的形式，而体现在"泛化"的方方面面。

但这些误会，反而增加了"阶级"概念的传播适用性。如雷蒙·阿隆所说，"远远没有限制一个学说的成功，反而发挥了有利作用。阶级概念本身越是不稳定，阶级和阶级斗争的学说越是容易传播"。③

原载《史林》2020 年第 4 期

---

① 无论马克思还是后世的马克思主义者都没能有效界定这一概念，参见雷蒙·阿隆：《阶级斗争——工业社会新讲》，周以光译，译林出版社 2003 年版，第 14—40 页。中共党史上"阶级"概念常与实践交织变动，参见黄宗智：《中国革命中的农村阶级斗争：从土改到文革时期的表达性现实与客观性现实》，《中国乡村研究》第二辑，商务印书馆 2003 年版，第 66—95 页。

② 张东荪：《答陈秋霖君》，《时事新报》，1919 年 12 月 8 日，第 1 版。

③ 雷蒙·阿隆：《阶级斗争——工业社会新讲》，周以光译，译林出版社 2003 年版，第 14 页。

概念的旅行："启蒙运动"在东亚的语义变迁

陈建守

台湾"中央研究院"近代史研究所

本文尝试去除启蒙运动的欧洲中心论，重新考虑这个由欧洲创发的概念，如何输出到世界的其他国度。这等于是企图处理启蒙运动的全球史意涵。由这个角度出发，启蒙运动是概念交换和交织的历史、是翻译和引用的历史，以及共同生产知识的历史。我们需要重新思考全球启蒙运动的时间和空间向度。作为概念的启蒙运动大部分是由位居地方的（local）历史行动者加以形塑的概念，而非由欧洲的原生脉络文本抟成的概念。作为概念的启蒙运动让地方的历史行动者，开始进行全球式的思考方式，并将自身的处境置放于世界的位阶。本文依循这样的思考方式，先从启蒙运动这个概念在欧洲的脉络如何出现开始，进而讨论启蒙运动作为思想的舶来品，亦且作为一个概念，如何经由日本的转介，在近代中国的历史脉络中如何生成与转译的过程。本文对于欧洲源头的部分措意较少，希望能将焦点放在近代中、日两国如何接受这个概念的过程上。

一、 前　言

我们该如何认知 18 世纪欧洲的启蒙运动？这一段距今两百多年的历史，孕育出许多大名鼎鼎的思想巨子，从英国的洛克（John Locke，1632—1704）、法国的伏尔泰（Voltaire，1694—1778）、卢梭（Jean-Jacques Rousseau，1712—1778）、狄德罗（Denis Didero，1713—1784）以迄德国的康德（Immanuel Kant，1724—1804），这些思想深邃的启蒙哲学家为当代世界留下什么样的遗产？1966 年，流亡至美国的犹太裔历史学家彼得·盖伊（Peter Gay，1923—2015）出版其里程碑式的启蒙运动著作，盖伊认为启蒙运动具备反教会和自由的特征，是从古典主义和科学的世界主义中汲取灵感而生的思想运动。在盖伊笔下，文艺复兴可说是启蒙运动的史前史时期。①从文艺复兴到启蒙运动，再从启蒙运动到法国大革命，这样的历史叙事逻辑是将"启蒙运动"作为一个开启西方现代政治文化的"现代化命题"（modernization thesis）②。盖伊的启蒙运动史著作关注的焦点在于精英层面的上层启蒙，其著作虽有论及欧洲其他地区的实况，但焦点仍放在法国一地的启蒙运动如何影响欧洲其他国度的启蒙运动。就某种层面上来说，盖伊的著作是单一的启蒙，专指法国的启蒙运动。

盖伊所提出的"现代化命题"晚近已经有学者提出质疑，认为"启蒙运动"这项专有名词，是后起的研究者便于进行欧洲史事的分期或分类所发明出来的措辞，就如同夏提叶（Roger Chartier，1945—　）所言，一般咸认是"启

① 盖伊比较了文艺复兴和启蒙运动的相似之处，提出从 1300 到 1700 的四百年间，可说是启蒙运动的史前史时期。从启蒙运动的超然观点来看，这个世纪是处于一种战乱频仍，之后逐渐走向复苏的过程，批评的心灵开始恢复和古典的对话，然后迈向独立。但启蒙思想家认为这还是一个深为神话所束缚的时代，只是启蒙运动的史前史时期，而不属于启蒙运动本身。不管是对基督宗教体制的对抗，还是对基督宗教信仰的坚持，都无法抵挡旧有思想的再生，继而衍生新的思想模式。这是一个世俗力量开始扩充的世纪，也是中世纪整体系统被颠覆的时代。见彼得·盖伊著，刘森尧、梁永安合译：《启蒙运动（上）：现代异教精神的崛起》，台北：立绪文化 2008 年版，第 312—313 页。

② 这样的"现代化命题"乃是起自盖伊的著作。见 Annelien de Dijn，"The Politics of Enlightenment：From Peter Gay to Jonathan Israel，" *The Historical Journal* 55.3 （2012），pp.789—791。盖伊是从 20 世纪五十年代开始倡言这样的论述，先表现在 1954 年的一篇论文中［"The Enlightenment in the History of Political Theory，" *Political Science Quarterly* 69 （1954），pp.374—389］，再浓缩于 1964 年一本讨论法国启蒙运动的专著［*The Party of Humanity：Essays in the French Enlightenment* （New York：Knopf，1964）.］，最后则集大成于两卷本的启蒙运动史［*The Enlightenment：An Interpretation* （New York：Alfred A. Knodf，1966—1969）.］

蒙运动"导致了法国大革命，这是由于在时间的顺序上"启蒙运动"的出现早于法国大革命，启蒙哲学家的思想言论较之法国大革命的新兴思想要早几年出现。然而，夏提叶提醒我们，来自各方的阅听人在阅读这些启蒙哲学家的思想言论时，对于革命这个事件所展现出来的态度，有高度的差异甚至是矛盾之处。因此，革命的思想和革命这个事件两者是截然不同的产物。夏提叶提出是法国大革命"形塑"（shape）甚至发明（invent）了启蒙运动。法国大革命借由这些启蒙哲士成帙的书籍言论，来为自身的革命立下合法性的基础。①大部分的启蒙哲学家主张维持现状，并非要进行一场革命。孟德斯鸠（Montesquieu，1689—1755）和伏尔泰的言论，与革命推翻政权无所干系。百科全书派的学者，所规划的思想蓝图，并不存在一个美国或法国式的民主政体。法国大革命出现的那个当下及其余波，才是真正民主现代性的创建时刻。②

英年早逝的英国史家波特（Roy Porter，1946—2002）告诉我们，我们需要打破以法国为中心的启蒙运动研究，将启蒙运动置放于不同的国族脉络中予以检视，这样的研究取径才能脱离法国中心式和盖伊式的启蒙运动史。启蒙运动不是非得要如同法式启蒙一般，拥有革命、颠覆性的运动性质，在其他国族脉络中的启蒙哲学家，对于创建秩序的渴求要比法国的启蒙哲学家更为深刻。③以波特自己的著作为例，他所研究的英国启蒙运动就不是以推翻旧秩序和建立自由的世界为要务，英式的启蒙不是以激进为特质，关注的重心也从政治的向度转为道德的问题。④波特的研究等于把启蒙运动置放在国族的脉络底下，成为复数的启蒙运动。威瑟斯（Charles Withers，1954— ）则将空间视

---

① Roger Chartier, *The Cultural Origins of the French Revolution*, trans. Lydia G. Cochrane (Durham: Duke University Press, 1991), p.5.

② Annelien de Dijn, "The Politics of Enlightenment: From Peter Gay to Jonathan Israel," p.786, 792, 794.

③ Roy Porter and Mikuláš Teich, "Preface," in Roy Porter and Mikuláš Teich eds., *The Enlightenment in National Context* (Cambridge: Cambridge University Press, 1981), pp.vii—ix.

④ Roy Porter, "The Enlightenment in England," in Roy Porter and Mikuláš Teich eds., *The Enlightenment in National Context*, p.6, 16.

角从国族往地理区域转移，措意的是启蒙运动如何置放于地理学的脉络之中，地理学这项出现于 18 世纪的科学如何与自然和世界产生连结，而不再强调启蒙运动国族特征的重要性。①

倘若我们把视角从各色的国族脉络往全球史的脉络推进，检视启蒙运动的全球史意涵，则能进一步地去除启蒙运动的欧洲中心论，重新考虑这个由欧洲创发的概念，如何输出到世界的其他国度。由这个角度出发，启蒙运动是概念交换和交织的历史、是翻译和引用的历史，以及共同生产知识的历史。我们需要重新思考全球启蒙运动的时间和空间向度。作为概念的启蒙运动大部分是由位居地方的（local）历史行动者加以形塑的概念，而非由欧洲的原生脉络文本拵成的概念。作为概念的启蒙运动让地方的历史行动者，开始进行全球式的思考方式，并将自身的处境置放于世界的位阶。②亦即，我们要去探讨启蒙运动与全球、世界的创造之间的关系。③本文依循这样的思考方式，讨论启蒙运动作为思想的舶来品，亦且作为一个概念，如何经由日本的转介，在近代中国的历史脉络中如何生成与转译的过程。

二、从 Aufklärung 到 Enlightenment：欧洲的"启蒙运动"④

公元 1783 年 12 月，普鲁士思想家策尔纳（Johann Karl Friedrich Zöllner，

---

① Charles Withers, *Placing the Enlightenment：Thinking Geographi-cally About the Age of Reason* (Chicago：University of Chicago Press，2007).

② Sebastian Conrad, "Enlightenment in Global History: A Historio-graphical Critique," *American Historical Review* 117.4（2012），p.1011，1019.

③ Dorinda Outram, *The Enlightenment* (Cambridge：Cambridge University Press，2013)，p.8.

④ 本节内容曾部分发表于陈建守：《从"启蒙"到"启蒙运动"：近代中国"Enlightenment"的概念史》，收入孙江主编：《亚洲概念史研究》，第 3 辑，生活·读书·新知三联书店 2017 年版，第 113—119 页。

1834—1882）在《柏林月刊》（*Berlinische Monatsschrift*）上撰文抛出一个问题"何谓启蒙？"（Was ist Aufklärung？）策尔纳的问题随即引发一场激烈的论战，普鲁士文化界人士，如穆赫辛（Johann Mohsen，1722—1795）、门德尔松（Moses Mendelssohn，1729—1786）、莱因霍尔德（Karl Reinhold，1757—1823）以及哲学家康德等，都纷纷加以为文讨论。其中，我们最为熟悉的是康德对这个命题的回应，康德认为："如果有人问：我们目前是否生活在一个业已启蒙的时代（an enlightened age）？答案将是否定的。但是，我们确实正处在启蒙运动的时代（an age of Enlightenment）。"①康德所指称的"Aufklärung"是一种解放的心灵过程，经由思考自身的能力，所达至的思想成熟。康德并没有提出"Aufklärung"具备一套有组织地宣传新哲学和改善人类景况的计划。②在1780年以前，"Aufklärung"作为一个正向的表述方式，被广泛地使用来指称个人、社会或过去历史时段之思想、道德和文化发展的状态与过程。就如同"进步"（progress）一般，"Aufklärung"被那些倡导改革或进步工具的人，宽松地使用于价值宣传的表述方式。③对于"Aufklärung"的信念，是将之定义为一个导向人类集体增进改善过程的结果。④至于作为历史或时代分期概念的"Aufklärung"指陈的则是1720以迄1790年这段时期，以及这段时期的思想特征。⑤

相较于欧陆思想界，18世纪英语世界对于启蒙运动的响应，似乎没那么敏锐和热烈。我们可以从英国人对于"启蒙"一词的理解看出些许端倪。在18世纪的英文里，"启蒙"（to enlight，or enlighten）并非新词汇。萨缪尔·约翰逊（Samuel Johnson，1709—1784）在1755年编纂过一部字典《英语词典》

---

① Anthony Pagden, "Introduction," in *The Enlightenment: And Why It Still Matters* (New York: Random House, 2013), pp.5—9.

② Keith Thomas, "The Great Fight Over the Enlightenment," *The New York Review of Books*, April 3, 2014 (https://www.nybooks.com/articles/2014/04/03/great-fight-over-enlightenment/).

③ H. B. Nisbet, "'Was ist Aufklärung?': The Concept of Enlightenment in Eighteenth-Century Germany," *Journal of European Studies* 12.2 (1982), p.79.

④ Ibid., p.80.

⑤ Ibid., p.78.

（*Dictionary of the English Language*），里面收有三个与启蒙相关的字。约翰逊对这三个字的解释如下：

1. (to Enlight)：To illuminate; to supply with light.

2. (to Enlighten)：To illuminate; to supply with light.

3. (Enlightener)：Illuminator; one that gives light.

从这些释义来看，约翰逊对当时欧洲正如火如荼进行的"启蒙运动"似乎没有特别的关注，亦看不出任何干系"启蒙运动"的意涵。其实，在18世纪的英文中，"Enlightenment"并非一个新创的单字；但是作为一个专有名词来指称18世纪法国的思想，"Enlightenment"一词却是个外来语。根据《牛津英语词典》（*Oxford English Dictionary*）的解释，"Enlightenment"一词早在1669年就已经出现。而作为"启蒙运动"的"Enlightenment"则是要到19世纪中叶以后才出现。饶富意味地，英文的"启蒙运动"一词不但是个外来语，还带有贬抑的意涵。①《牛津英语词典》对于"Enlightenment"，作出如下的解释：

源自德文的 Aufklärung 或 Aufklarerei 一词，有时用来指称18世纪法国哲学家，或其他被指为主张肤浅、自负的智识主义、无理的蔑视传统与权威的人的精神与目标。

如上所述，在英国学术界，作为一个专有名词来表示18世纪欧洲的思想运动，"启蒙运动"一词出现得甚晚，时间上大约是在19世纪中叶以后。这一点，从《牛津英语词典》的举例，可以看出来：

1. (1865) J. H. Sterling *Secret of Hegel* p. xxvii, Deism, Atheism, Pantheism, and all manner of *isms* due to Enlightenment. Ibid. p. xxvii.

---

① 有论者就提出 *Oxford English Dictionary* 对启蒙运动的解释，反映了维多利亚时代的偏见。见 Keith Thomas, "The Great Fight Over the Enlightenment."

2. Shallow Enlightenment, supported on such semi-information, on such weak personal vanity, etc.

3. (1889) Caird *Philos*. *Kant* Ⅰ. 69 The individualistic tendencies or the age of Enlightenment.

1933 年，《简明牛津英语词典》（*Shorter Oxford English Dictionary*）亦延续《牛津英语词典》对"Enlightenment"的定义。"Enlightenment"被仅仅视为是"Aufklärung"的翻译，且解释局限于 18 世纪的德国文学。①抑有进者，许多当时的作者认为无论是英语的"Enlightenment"或是法语的"Illumination"都无法详尽表达启蒙运动的意义，在写作上仍旧倾向挑选"Aufklärung"一语，才得以曲尽启蒙运动的多样性。②由此可知，至少到 19 世纪中叶以后，"启蒙运动"才真正进入英语世界的词汇中。③不过，从《牛津英语词典》所列举的"Enlightenment"解释中可以看出，此时的"Enlightenment"并非指称一个特殊历史时段的"the Enlightenment"，而是指向一种诞生于 18 世纪较为广泛综合的方案（project），是一种过程，而非一种时段或分期。④

"Enlightenment"一词本身即带有光亮的隐喻，当 18 世纪"Enlightenment"出现的时候，便是保有其原初的意涵。⑤现今对于"启蒙运动"的辩论，一项最

---

① John Lough, "Reflections on Enlightenment and Lumières," *Journal for Eighteenth-Century Studies* 8.1 (1985), p.2.

② James Schmidt, "Inventing the Enlightenment: Anti-Jacobins, British Hegelians, and the Oxford English Dictionary," *Journal of the History of Ideas* 64.3 (2003), p.425.

③ 笔者对于这段历史的认识，主要来自杨肃献教授一篇讨论英格兰启蒙运动的精彩论文。见杨肃献：《英格兰有启蒙运动吗？——历史家论十八世纪的英国与启蒙思想》，《新史学》，第 9 卷第 4 期（1998 年），第 7—11 页。John Lough, "Reflections on Enlightenment and Lumières," pp.1—15.

④ James Schmidt, "Inventing the Enlightenment: Anti-Jacobins, British Hegelians, and the Oxford English Dictionary," p.426.

⑤ Barbara Cassin ed., *Dictionary of Untranslatables: a Philosophical Lexicon*, trans. Steven Rendall, Christian Hubert, Jeffrey Mehlman, Nathaniel Stein, and Michael Syrotinski（Princeton: Princeton University Press, 2014），pp.576—581.

为明显的特征便是所有参与讨论的写手，都极为熟知"the Enlightenment"为何物。然而，生活在 18 世纪欧洲的人们，并不以"the Enlightenment"指称所生活的时代，而是以"les Lumières""Illuminismo"和"Aufklärung"来称呼 18 世纪，且这些词汇的意义时有重叠之处。①在 1700 年左右的欧洲，有许多欧洲的词汇用来称赞某些人是被启蒙的（being enlightened）。在法语中是以"eclaire"、在德语中是以"aufgeklart"、在荷兰语中是以"verlichte"来表示的。在 18 世纪初期，关于"Enlightenment"的定义开始在报纸和学术刊物出现，但是我们现今最为熟悉的一项定义，要到了 18 世纪 80 年代才由大哲学家康德撰文提出。康德该文的重点在于"daring to know"，意指要去点亮、阐发人类心灵的黑暗角落。②1798 年，理查德德森（John Richardson）翻译康德的"Beantwortung der Frage：Was ist Aufklärung？"（An Answer to the Question，What is Enlightening？）③，可以看出 18 世纪末对于"Aufklärung"的认识是一种过程，而非历史分期。所以译者选择以"Enlightening"而非"Enlightenment"对照翻译。④

在 18 世纪的最后二十五年，英语的"Enlightenment"和法语的"Lumières"大行其道，这两个词汇都是来自德文"Aufklärung"的衍生词汇。"Aufklärung"一语在 20 世纪主要被用于表述两个领域：第一个领域是指称 1720 年以迄 1785 年的德国文学，以及由培根（Francis Bacon，1561—1626）和笛卡尔（René Descartes，1596—1650）以降至康德的西欧理性主义思潮。

---

① Keith Thomas，"The Great Fight Over the Enlightenment."

② Margaret C. Jacob, *The Enlightenment：A Brief History with Documents*（Boston：Bedford/St. Martin's, 2001），pp.1—3.

③ Immanuel Kant, *Essays and Treatises on Moral，Political，and Various Philosophical Subjects*（London，1798；repr. Bristol，1993），p.3. 关于理查德德森针对翻译康德论文所挑选的字词，可见米凯利（Giuseppe Micheli）所撰写的导言（xiii—liii）。

④ James Schmidt，"Inventing the Enlightenment：Anti-Jacobins，British Hegelians，and the Oxford English Dictionary，" p.429.

康德将"Aufklärung"定义为心灵解放的过程，经由思考来达致智识成熟的成就。康德并没有将之意指为一项有组织的计划，借以宣传一种新哲学和改革人类的状态景况。①这个观点主要是由卡西尔（Ernst Cassirer，1874—1945）在其著作中所提出。第二个领域表述的是除了德国之外，其他国家对于18世纪思想的阐释。是由哈茨费尔德（Helmut Hatzfeld，1892—1979）的著作《法国启蒙运动的历史》（*Geschichte der Französischen Aufklärung*）于1922年所提出的。②在法语世界，"le siècle des lumières"这个词汇如同"Aufklärung"，在18世纪末才出现，亦一直被延续使用至今。③"le siècle des lumières"这个词汇一直要到19世纪晚期，才被英语世界的书写论客描述为"the Enlightenment"的同义词。④

英语世界对18世纪的表述方式，经过一番发展后，是以"理性时代"（Age of Reason）成为代名词，这个用法始自潘恩（Thomas Paine，1737—1809）在1794年所发表的书中。这个用法在英语世界持续将近两百年之久，尼科尔森（Harold Nicolson，1886—1968）在1960年所发表的一系列关于欧洲思想的著作中，有一册即定名为《理性时代》［*The Age of Reason*（1700—1789）］。而"Enlightenment"一词到了20世纪50年代在英语世界仍未见普遍使用。在《钱伯斯百科全书》（*Chamber's Encyclopedia*）中"Enlightenment"仍是被拿来阐释18世纪德国文学的用法，被以"age of Aufklärung（Enlightenment）"的方式来表述时代。1951年，卡西勒尔大作被翻译成英文在美国出版，该书的法文翻译版要一直到1966年才面世。此举推波助澜地让"Enlightenment"这个用法，跃上英语世界的舞台。1959年在美国出版的《大英百科全书》（*Encyclopedia Britannica*），已经将"Enlightenment"这个词汇运用到英、法两国的18世纪思潮，并强调这个词汇是起始于18世纪的德国脉

---

① ④　Keith Thomas，"The Great Fight Over the Enlightenment."

② 　John Lough，"Reflections on Enlightenment and Lumières," p.1.

③ 　Ibid.，p.4.

络。原文如下：

ENLIGHTENMENT，in German *Aufklärung*，a term used to desig-nate a period of great intellectual activity in the cause of general education and culture，including the preparatory self-emancipation from prejudice，con-vention and tradition. The name is applied primarily to the movement in 18th-century Germany which was inspired by the so-called popular phi-losophy of Lessing. Mendelssohn，Reimarus and others. It is sometimes extended to include the England of Locke and Newton and the France of Condillac，Diderot and Voltaire.①

除此之外，我们还可以发现"启蒙时代"（The Age of Enlightenment）的用法在 20 世纪五六十年代出现，譬如在伯林（Isaiah Berlin，1909—1997）的著作中，可以发现这般用法。在 1968 年之后的英国，"Enlightenment"这个用法开始盛行，许多著作开始冠上"Enlightenment"作为书名。②

若是从实际的历史文本下手，较早将"Enlightenment"当成一个历史时段来看待的著作，是以哲学史的研究为大宗。③例如希本（John Grier Hibben，1861—1933）在 1910 年出版的《启蒙运动的哲学》（*The philosophy of the Enlightenment*）在前言即开宗明义地道出："启蒙运动时代（the age of En-lightenment）对于研究哲学史的学生来说，是一个具有特殊兴趣和价值的时代。"④又再如瑞典人许夫定（Harald Høffding，1843—1931）在 1895 年出版的

① John Lough，"Reflections on Enlightenment and Lumières，" p.3.

② Ibid.，pp.3—4.

③ 就如同论者所言，认识欧洲 18 世纪启蒙运动的关键词在于"哲学"。见 John Robertson，*The Enlightenment：A Very Short Introduction* （Oxford：Oxford University Press，2015），p.1.

④ John Grier Hibben，*The philosophy of the Enlightenment* （London：Longmans Green，1910），p.vii.

德文著作 *Geschichte der neueren Philosophie：Eine Darstellung der Geschichte der Philosophie von dem Ende der Renaissance bis zu unseren Tagen* 于 1900 年首次被翻译为英语。①该书第 2 卷开篇即是讨论德国启蒙运动哲学与莱辛（Gotthold Ephraim Lessing，1729—1781）的关系，同样以"启蒙运动时代的思想特征"（Characteristics of Thoughts in the Age of the Enlightenment）作为章节名称的表述。下一章节随之讨论的即是康德和批判哲学之间的关系。从这本英译本可以看出来，由于原著是德文，康德在 18 世纪 80 年代用"age of Enlightenment"来表达 18 世纪身处的时代，所以在许夫定的哲学史中顺理成章也有一章，名曰启蒙时代。另一本于 1901 年出版，翻译自文德尔班（Wilhelm Windelband，1848—1915）著述的《哲学史》（*A History of Philosophy*）第 2 卷，内容的铺排即按照文艺复兴、启蒙运动和 19 世纪哲学发展的分期方式。②文德尔班在叙述完文艺复兴时期哲学的发展后，随即论及启蒙运动时代的哲学发展。不过，该书同样是翻译的作品，显见英语世界最初对于启蒙运动的理解，以及如何将启蒙运动编写进历史文本中，成为一个历史分期的时段，仍是受到欧洲的影响。然而，需要注意的是，在翻译名词的挑选上，"Enlightenment"对应"Aufklärung"的译法仍属凤毛麟角。在 1856 年到 1893 年间，有四本哲学史的著作翻译出版，当遇到"Aufklärung"时，译者挑选的对应词汇为"clearing up"和"Illumination"。要一直到塔夫茨（James H. Tufts，1862—1942）翻译文德尔班的著作时，才将"Aufklärung"的翻译等同于"Enlightenment"。③

就如同科塞雷克（Reinhart Koselleck，1923—2006）曾经论及文艺复兴人

① 英译书名为：*A History of Modern Philosophy：a Sketch of the History of Philosophy from the Close of the Renaissance to Our Own Day*。

② 该书是翻译自 Wilhelm Windelband，*Geschichte der Philosophie*（Freiburg i. Br.：Mohr，1892）。

③ James Schmidt，"Inventing the Enlightenment：Anti-Jacobins，British Hegelians，and the Oxford English Dictionary，" pp.428—429.

文学者偏好使用动词和形容词的表述方式，来指称他们生活于其中的更新与觉醒的过程。作为大写的文艺复兴是在启蒙运动时期才成为普遍的用法。①同样地，在18世纪中有许多关于小写启蒙运动（enlightenments）发展的过程，18世纪的思想家用来范畴化这个过程所发生的时期，则是以"哲学时代"（a philosophical age）、"批判时代"（age of critique）、"启蒙时代"（age of enlightenment）和"开明时代"（age of enlightened age）等。一言以蔽之，作为历史分期的"启蒙运动"（the Enlightenment）则尚未出现在这群18世纪书写论客的笔端。②"启蒙运动"作为一个特殊的历史分期而非发展中的行动，则是始自黑格尔（G. W. F. Hegel，1770—1831）之手。在1807年出版的《精神现象学》（*Phenomenology of Spirit*）一书中，黑格尔将"Aufklärung"作为一个特殊的地理位置（法国），以及作为一个特殊的历史时段（导致法国大革命的时段）。二十年后，黑格尔在《哲学史讲演录》（*Lectures on the History of Philosophy*）中，纵谈世界史的时段与哲学发展的特殊阶段时，论及德、法两国哲学的发展过程，同样使用了"Aufklärung"作为历史时段的表述用法。黑格尔亦奠定了启蒙运动和法国大革命之间的因果关系，在其著作中可以清晰地意识到启蒙运动所展现出来的多样形式，是如何作为引发法国大革命出现的一套独特叙事。③1910年，贝利（J. B. Baillie，1872—1940）将黑格尔的《精神现象学》翻译成英文出版，才首次在黑格尔的著作中将"Aufklärung"对译为"Enlightenment"。④因此，在欧洲的脉络下，"启蒙运动"先是由作为发展过程的"enlightenment"转变至作为特殊时段的"the Enlightenment"。从19世纪中叶开始，英语世界的翻译者还无法找到对应的词汇翻译"Aufklärung"。在

---

① Reinhart Koselleck, *Futures Past：On the Semantics of Historical Time*, trans. Keith Tribe (Cambridge, Mass.：MIT Press, 1985), p.236.

② James Schmidt, "Inventing the Enlightenment：Anti-Jacobins, British Hegelians, and the Oxford English Dictionary," p.430.

③ Ibid., p.440.

④ Ibid., p.426.

1898 年以前，"Aufklärung"的对应翻译并非"the Enlightenment"，而是"the Illumination"。要到 1910 年，希本的著作《启蒙运动的哲学》出版，英语世界才真正首次使用"the Enlightenment"作为书名，指称 18 世纪的哲学史。①

三、 从文明开化到启蒙运动：日本的"启蒙运动"②

在 1870 年前后，日本出现词汇的大量更新，这是由于外来的新概念涌入日本，为了翻译这些新概念，造就了新词汇的出现。日本在编纂双语辞典上，起步晚于中国。罗存德（Wilhelm Lobscheid，1822—1893）的《英华字典》影响了日本初期编纂日英辞典的尝试。在英和辞典尚未问世的情况下，日本的知识人借助《英华辞典》作为理解英文的快捷方式，以及尔后作为英和对译时的日译参考。自 19 世纪末以迄 20 世纪初，日本对于英和辞典的编纂取得长足的进步，不仅在汉语译词方面大为增加，而且使之成为符合新时代的新名词。③1891 年，大槻文彦（1847—1928）编辑的《日本辞书言海》出版，正是日本转向字词和百科全书式辞典的最佳例子。日本在这段时间编辑出版的双语、多语或术语辞典，内中所出现的新名词，不仅有来自日本独创的名词，还有许多是从 19 世纪后半叶《英华辞典》所吸收而来的产物。这些词汇在进入 20 世纪以后，让日本成为东亚的开创者，成为晚清中国辞典编纂者重要的参考资源。为了快速吸收来自西方的新思想和新概念，以英

---

① James Schmidt，"Inventing the Enlightenment：Anti-Jacobins，British Hegelians，and the Oxford English Dictionary，" p.441.

② 本节内容曾部分发表于陈建守：《双语辞典与词源考索——以"启蒙运动"为例的讨论》，《思想史 7：英华字典与思想史研究》，台北：联经出版公司 2017 年版，第 130—135 页。

③ 陈力卫：《19 世纪至 20 世纪的英华辞典与英和辞典的相互影响——中日近代新词往来的渠道之一》，收入王宏志主编：《翻译史研究》，第 2 辑，复旦大学出版社 2012 年版，第 104、115 页。

和辞典为编辑蓝本的模式成为当时中国辞典编纂者汲取新词的一种快捷方式。①1908 年，作新社为了因应如过江之鲫涌入的日本书籍，编译了《东中大辞典》。这本辞典编译的目的在于理解东籍之中的专门术语，原因在于"专门术语，则因中国尚无成语之故，往往袭用原语而不改"②。这本辞典取名"东中大辞典"，是要强调"东语辞典"在学习新学上的重要性③，因此一改往例，将日本的"东"置于中国的"中"之前。④在这本辞典中，"启"的词条中没有关于"启蒙"的用法。⑤"运动"一语则有两项用法：1."（英）Motion 谓变物体之位置，然于运动中而静止者有之。例如乘火车者，对土地虽为运动，对火车则为静止之类是也。故物体之运动，须以其所对之物为标准。通常所称运动者，对自己及地球而言也。"2."斡旋也钻营也。"⑥若是以片假名拼音进行检索，则有"Illumination"一词，释义为："满张电灯为饰。"⑦笔者遍查这本辞

①　见高野繁男著，于日平译：《〈英华字典〉与英日辞书——中日英语辞典中译词的交流》，收入王勇主编：《中日汉籍交流史论》，杭州大学出版社 1992 年版，第 392—402 页。陈力卫：《19 世纪至 20 世纪的英华辞典与英和辞典的相互影响——中日近代新词往来的渠道之一》，第 115 页。Milena Doleželová-Velingerová，"Modern Chinese Encyclopaedic Dictionaries：Novel Concepts and New Terminology (1903—1911)," in Milena Doleželová-Velingerová and Rudolf G. Wagner eds., *Chinese Encyclopaedias of New Global Knowledge* (1870—1930)：*Changing Ways of Thought* (Heidelberg：Springer Science & Business Media, 2014), p.289, p.297, p.299. 不只是辞典，日本针对百科全书的翻译计划亦加速了日本的国语运动，吸纳西方知识创造新词，使得日文不再过度依赖汉文。见任达（Douglas R. Reynolds）著，吴伟明译：《德川及明治时期的参考书目与日译西书对中国的冲击》，收入吴伟明主编：《在日本寻找中国：现代性及身份认同的中日互动》，香港：香港中文大学出版社 2012 年版，第 169 页。

②　作新社："绪言"，收入氏编：《东中大辞典》，作新社戊申（1908）年版，第 1 页。

③　编纂者是这样说的："学者苟欲藉译本以求新智识，势非先尽通此等术语，有所不能。而汇辑此等术语之书，又遍索出版界而弗可得，宁非憾事耶。夫以习东文东语者，如此其盛，则东语辞典宜有善本。新书译出如此之多，则新学辞典，宜有专书。"见作新社："绪言"，第 2 页。

④　"中国向例，凡外国语字书，不问性质如何，其署名皆以本国名冠首，而置外国名于下。如以中语注解英语之字典，颜曰华英字典。……然本书则独异乎此例，不曰中东辞典而曰东中辞典。"见作新社："绪言"，第 3 页。

⑤　作新社：《东中大辞典》，第 252 页。

⑥　同上书，第 1224 页。

⑦　同上书，第 1417 页。

典，无法寻得与"启蒙运动"相关的描述。这是意味着"启蒙运动"尚未进入时人的视野？抑或是"日本书报、华译新书中所散见之语"①，无法觅得"启蒙运动"的踪迹？这必须从检视日本所编纂的双语辞典入手，才能进行合理的推断。

1885 年，由中村正直题辞"我情以是启书钥，可造学术精。寄语青年人，光阴不可轻，须成有用材，不枉过一生"的《大全英和辞书》出版，内中尚未出现"enlightenment"这项名词，只有出现相关的"enlighten"和"enlightener"，两项词汇的对译是"照亮"和"照亮者"。②1894 年出版的《英和新辞林》中出现有"enlightenment"对译则为照亮、开化、教化和文明。③1905 年，新渡户稻造编辑的《新式日英辞典》出版，在该辞典中有"Bummei kaikwa（文明开化）"，对应的英文为"civilization"。④而在"Bummei（文明）"的词条中，对译的英文则为："civilization; culture; enlightenment. Refined; civilized; enlightened."⑤从这个内容编排来看，"civilization; culture; enlightenment"三者为同义词。若是单从出现"enlightenment"的词条来看，则有：

Bodai（菩提）：Perfect Knowledge; full enlightenment〔as to the law of Buddha〕; the way of salvation; salvation

---

① 编纂者对于词汇选择的范围和标准在于"凡日本现用之雅语、俗语、新语、古语及政治、法律、经济、哲学、伦理等形上诸学之术语。理化、博物、天文、地文等形下诸学之术语，以至日本书报、华译新书中所散见之语，无不广加搜采，罗列篇中，其注解之法，就寻常日用语，则用对译法，以雅语、俗语分别解释。就专门学术语，则以时文体解释之，而均以简括明了为主。"见作新社："绪言"，第 3 页。

② 箱田保显纂译：《增补订译大全英和辞书》，东京：日报社诚之堂，明治十八（1885）年 9 月，第 197 页。

③ 秋保辰三郎等编：《英和新辞林》，东京：三省堂，明治二十七（1894）年 5 月，第 441 页。

④ 新渡户稻造、高楠顺次郎编：《新式日英辞典》，东京：三省堂，大正五（1916）年 4 月第 14 版；本书初版于明治三十八（1905）年 4 月，第 102 页。

⑤ 新渡户稻造、高楠顺次郎编：《新式日英辞典》，第 102 页。

Kaimei（开明）：civilization; enlightenment

Kemmei（贤明）：enlightened; intelligent; wise

Meikun（明君）：an enlightened ruler

Mikai（未开）：barbarousness; uncivilized; barbarous; unenlightened

Momai（蒙昧）：obscyre; dark; stupid; ignorant; unenlightened

Satori（觉、悟）：Perception; discernment; understanding; intelli-gence. Understanding the truth or nature of anything; enlightenment

Takusetsu（卓说）：Excellenct opinion; enlightened views.[①]

在这部辞典中，"enlightenment"的对应日语词汇并没有"启蒙"，对应的意义仍是在传统汉语启蒙意涵内的范围。而"开明"一词则可能与"启蒙"一样是从传统汉语借用而作为"enlightenment"的用法。而"运动"和"进步"的对应则为：

Shimpo（进步）：Advancement; progress; improvement. To advance; make progress

Undo（运动）：motion; movement; exercise. 政治运动 political move-ment.[②]

从以上征引的这些词条可以看出，"运动"已经对应到政治运动，而"进步"具有"progress"的意涵。1907 年，《双解英和大辞典》中"enlightenment"的词条出现两条描述："Act of enlightening or state of being enlightened"，释义仍为"照亮、开化、教化和文明"[③]。

---

① 新渡户稻造、高楠顺次郎编：《新式日英辞典》，第 84、410、451、566、573、587、755、944 页。

② 同前注，第 816、1079 页。

③ 岛田丰编：《双解英和大辞典》，东京：共益商社，明治四十（1907）年，第 295 页。

若是从日本当时的出版品入手，亦是观察"enlighten-ment"语义场域的可行方式。明治日本学者对于"Enlighten-ment"的翻译认知兼使用，如同其欧洲的先行者，同样经历一段挑择的过程。根据赫兰德（Douglas Howland）的研究，至少在 1870 年前后的日本文本中，并没有出现"Enlightenment"的相关记载。唯有"enlightened"出现在岩仓具视（Iwakura Tomomi，1825—1883）1871 年的出国考察日记当中。岩仓具视是用来形容由外面的世界传递进日本的知识，用英文来说可称之为"enlightened civilization"，也就是"文明开化"①。1872 年，被派遣往美国的日本使臣森有礼（Mori Arinori，1847—1889）亦是用"enlightened"形容西方是地球上已经文明"开化"的国度，人类社会"开化"国家的集合体。②因此，明治早期的知识人是将"enlightened"与文明（civilization）等量齐观的。1884 年，哲学家井上哲次郎（Inoue Tetsujirō，1856—1944）编纂的《哲学字汇》（第 2 版），在"大学"（daikaku）一词底下的释义为："a religious（that is Buddhist）term for the great realization of enlightenment"。且将"enlightenment"等同于"文明开化"（Bunmei Kai-ka）。1886 年，在平文（James Curtis Hepburn，1815—1911）所编纂的日本最早的和英辞典《和英语林集成》中，将"enlightenment"作为"文明"（Bun-mei）的第二种翻译。在 19 世纪七八十年代的明治知识人中，尚未将"En-lightenment"等同于 18 世纪法国思想事件的"启蒙运动"。1912 年，井上哲次郎的《哲学字汇》（第 3 版），增加了德文的"Aufklärung"来形容启蒙，将之解释为"the elimination of superstition"。这已经触及欧洲"启蒙运动"的思想本质，但却未用来形容"启蒙运动"这个历史事件。因此，日文中的"启

---

① 转引自木村毅：《文明开化：青年日本の演じた悲喜剧》，东京：至文堂 1954 年版，第 6 页。原书尚未得见。

② 森有礼：《信仰自由论》（"Religious Freedom in Japan：a Memorial and Draft of Charter"），《森有礼全集》，收入大久保利谦编：《近代日本教育史丛书·人物篇一》，东京：宣文堂书店 1972 年版，第 1 卷，第 16、22 页。森有礼此文写在 1872 年 11 月 25 日。森有礼对该文有翻译，在本文所引之处的译文为"文明进步"和"文明开化"。见森有礼：《信仰自由论（译文）》，《森有礼全集》，第 28、32 页。

蒙"（Keimo）对应"Enlightenment"应当是 20 世纪的发明。而早期少数使用"启蒙"的个案，则是与汉语传统中"启发蒙幼"的概念相关。譬如英国传教士理雅各布（James Legge，1815—1897）在 1856 年编辑出版的《智环启蒙塾课初步》。①

上文所提及的森有礼是被称为明治维新初期启蒙刊物《明六杂志》的重要成员，透过检视《明六杂志》的内容，可以得知明治初期对于"enlightenment"的认识。②笔者检视了《明六杂志》全部 43 号的内容，发现并未出现"启蒙"或"启蒙运动"的相关字眼，是以"开化""开明""开明进步"和"文明开化"为使用的词汇。③举例来说，津田真道在第 3 号［明治七（1874）年 4 月］的《开化を进る方法を论す》，提及基督教是帮助日本人民开化的最好工具，采纳基督教中最为自由、文明和进步的思想，可以促进日本的开化。④在第 5 号［明治七（1874）年 4 月］的《米国政教（一）》中，加藤弘之翻译美国学者汤普森（Joseph Parrish Thompson，1819—1879）讨论美国政教分离的著作，内中提及美国的这套政教分离制度是促进政治和平和"人智开明"的基本元素。⑤箕作麟祥在第 7 号［明治七（1874）年 5 月］的《开化の進むは政府に因らす人民の衆論に因るの説（バックル氏の英国開化史より抄訳）》中，翻译著名英国文明史家巴克尔（Henry Thomas Buckle，1821—

---

① Douglas R. Howland, *Translating the West：Language and Political Reason in the Nineteenth-Century Japan* (Honolulu：University of Press, 2002)，pp.37—40.

② 关于明六社的发展及其同人的介绍，可见大久保利谦：《明六社》，东京：讲谈社 2007 年版，第 14—67 页。

③ 这并非我个人的观察，已有研究明治维新的学者指出《明六杂志》是一本被冠以启蒙名义的杂志，内容却未出现任何关于"启蒙"和"启蒙运动"的字眼。见 Alistair D. Swale, *The Meiji Restoration：Monarchism，Mass Communication and Conservative Revolution* (New York：Palgrave Macmillan, 2009)，p.92。

④ 津田真道：《开化を进る方法を论す》，收入山室信一、中野目彻校注：《明六杂志》，东京：岩波书店，1999 年版，上册，第 117—121 页。

⑤ 加藤弘之：《米国政教（一）》，收入山室信一、中野目彻校注：《明六杂志》，上册，第 195—201 页。

1862）的《英国文明史》①，将"civilization"翻译成"开化"。在第 12 号［明治七（1874）年 6 月］中村正直翻译的《西學一斑（三）》中，在讨论马基雅维利（Machiavelli，1469—1527）对于政治制度的阐释时，引述休谟（David Hume，1711—1776）的话，提及当政府体制是君主制时，"开化之国"的政治结构乃发展最为成熟之时。②西村茂树在最终号［明治八（1875）年 11 月］的《転換説》中，则将"文明开化"作为描述日本发展的专有名词。在该文中，西村茂树论及日本社会的大转变，先缘起于"尊王攘夷"，此后转变的主旋律则成为"文明开化"③。

前述赫兰德对于"Enlightenment"在明治日本思想界的流传进行了一番描述，他的叙述大抵无误。然而，赫兰德却忽略了其实早在明治中晚期，已有学者将德国的"Aufklärung"一词翻译为"启蒙"，并将之指称为我们现今熟知的 18 世纪的思想事件："启蒙运动"。该名学者就是有日本康德之称的哲学家大西祝（Onishi Hajime，1864—1900）。大西祝在其专著《西洋哲学史》第 45 章中，谈论近世哲学的诸家流派时，以"佛蘭西に於ける啟蒙思潮"为题介绍启蒙思潮下的法国哲学。在该章节中，大西祝以"启蒙时代"形容 18 世纪欧洲思想界的特殊现象，在介绍 18 世纪的法国因为受到 17 世纪英国思想界

---

① 见箕作麟祥：《開化の進むは政府に因らす人民の衆論に因るの説（バックル氏の英国開化史より抄訳）》，收入山室信一、中野目徹校注：《明六杂志》，上册，第 250—255 页。近代中国知识人对于巴克尔的描述，则为"属于达尔文学派而持唯物的历史观的史家，史学乃脱却神学的外衣而受了科学的洗礼"。见金兆梓：《修正课程标准适用：新编高中外国史》，中华书局 1940 年 3 月第 8 版，下册，第 83 页。关于英国文明史学传入中国的历程，可见李孝迁：《西方史学在中国的传播》，华东师范大学出版社 2007 年版，第 56—70 页。

② 中村正直：《西學一斑（三）》，收入山室信一、中野目徹校注：《明六杂志》，上册，第 398—405 页。

③ 见西村茂树：《転換説》，收入山室信一、中野目徹校注：《明六杂志》，东京：岩波书店 2009 年版，下册，第 399—408 页。"文明开化"是 1868 年之后的十年间，明治日本常见的口号。见 William Reynolds Braisted trans., assisted by Adachi Yasushi and Kikuchi Yūji, *Meiroku Zasshi：Journal of the Japanese Enlighten-ment*（Cambridge，Mass.：Harvard University Press，1976），p.531。

的活泼影响时，又以"启蒙运动"一词形容法国经历的思想运动。①而在该书出版后，大西祝在明治三十年（1897 年）发表一篇名为"啟蒙時代の精神を論ず"的文章，在叙及"启蒙时代"的翻译由来时，就指出该译词是在指涉"Aufklärung"这个时代。大西祝亦在文章中指出日本明治维新时期的启蒙思潮，与 18 世纪的法国有极大的亲缘性。②

在笔者浏览的西洋史著中，有一本村川坚固（1875—1946）所编著的《八订中等西洋历史》，是作为当时日本中学校的教科书，可作为"启蒙运动"在日本的旁证。该书初版于明治四十年（1907 年），笔者手边的版本是昭和四年的订正第 17 版。在第 17 章"近古の文明"中，已经直接呈现反映出日本对于"启蒙运动"的翻译与接受。在这章的内容中，作者村川坚固一开笔即提及自文艺复兴以后，欧洲各国逐渐脱离中古时期宗教的束缚，无论是学问、美术和文学等，都呈现自由发达的气象。进入 18 世纪以后，所谓的"启蒙主义"勃兴，中古时期以来的旧思想、旧制度随之被打破。特别的是著者在"启蒙主义"旁标注"Illuminism"。从字典上来看"Illuminism"具有：

1. Belief in or proclamation of a special personal enlightenment.

2. (Philosophy) belief in and advocation of special enlightenment.

3. the beliefs or claims of certain religious groups or sects that they possess special religious enlightenment.

而"Illuminism"这个字即为"enlightened"之意，一开始时是用来形容 1776 年所创立的一个秘密社团 Bavarian Illuminati 的意识形态与教规。该社团的宗

①　大西祝：《佛蘭西に於ける啟蒙思潮》,《西洋哲学史》,下卷，第 375—377 页。本书收入大西祝：《大西祝全集》,東京都：日本図書センター，2001 年版，第 4 卷。大西祝的《西洋哲学史》出版于 1895 年。见卞崇道、王青主编：《明治哲学与文化》，中国社会科学出版社 2005 年版，第 213 页。

②　大西祝：《啟蒙時代の精神を論ず》,《思潮評論》,第 624—625 页。此文收入大西祝：《大西祝全集》,第 6 卷。

旨在于反对宗教迷信、偏见、国家权力的滥用、宗教介入公众生活以及鼓吹提倡妇女的教育与性别平等，于 18 世纪 80 年代早期发展臻于兴盛。一般咸认，该组织是由参与启蒙运动的自由思想家所组成的。[1]在德意志地区，这个组织主要是由怀抱理性精神，主张激进、彻底的改革理念的官员所组成。这些参与者希冀透过渗透各邦的文武官僚组织，增加同道的数量，在逐渐能影响各邦的决策与行政之后，进一步落实改革的理想。[2]

村川坚固于此使用"Illuminism"，应当是想强调启蒙运动所带来的"光明"之意。村川坚固嗣后分项介绍 18 世纪各项学科的成就。在关于哲学的部分，从培根的经验论、法人笛卡尔的唯理论、莱布尼茨（Gottfried Wilhelm Leibniz，1646—1716）的唯心论，以迄 18 世纪康德以殿军之姿，廓清总结此前的哲学创获。在关于文学的部分，村川坚固提及 18 世纪以后法国的纯文学衰落，代之而起的是因为启蒙主义的勃兴所出现的"启蒙文学"。随着"启蒙文学"论述的勃兴，笔锋流畅锐利的散文体，一扫中古以来的弊病；对于自由平等和君主权力的认知，亦随之改弦更张。此刻最具代表性的著作即是孟德斯鸠的《法律の精神》和卢梭的《社会契约论》。而在该书的第四编论及近世的历史事件时，第一章的主题即为——法国大革命——作为欧洲近代的开端。村川坚固在归纳法国大革命的原因时，除了法国的专制政治、社会状况的不公平和美国独立的影响以外，"启蒙文学"所带来的批判言论以及自由平等的观念，尤其是孟德斯鸠、伏尔泰和卢梭对于贵族僧侣的批判、自由平等学说的倡导以及激发人民对于王室的怨怼，同样是导致法国大革命的起因。[3]

透过前述的讨论，我们可以得知"Enlightenment"一词在 19 世纪 70 年代

---

[1] James Schmidt, "Inventing the Enlightenment: Anti-Jacobins, British Hegelians, and the Oxford English Dictionary," p.434.

[2] 夏克勤：《德意志与启蒙运动（Aufklärung）——一个初步的反思》，《新史学》，2001 年第 12 卷第 3 期，第 149 页注 35。

[3] 村川坚固：《八订中等西洋历史》，东京：宝文馆藏版，明治四十（1907）年 11 月初版，昭和四（1929）年 1 月订正 17 版，第 154—157、159 页。

是以"开化"作为措辞的最大宗，并且与文明相接成为"文明开化"这样的表述方式。①这样的翻译方式正是呈现了 19 世纪社会达尔文主义的观点，各种文明需要经由不同的文明阶段，最终才能到达"现代"的文明阶段。在许多时刻，"Enlightenment"和"civilization"是交互使用的词汇，甚至是同义词。即便"启蒙"要比"文明开化"出现得早，在 19 世纪后半叶亦逐渐让位于"文明开化"②。

日本在大正、昭和年间出版了一系列关于新词汇的辞典，1918 年一本名为《增訂補正新らしい言葉の字引》，就出现"启蒙运动"的词条，其英文对译为 Enlighten-ment，释义为"将传统的迷信、强制、束缚的支配加以摆脱，学问的见解要符合于科学的、合理的和公正的判断的一场运动"③。在《现代新语辞典》中，关于"启蒙运动"的释义与《增訂補正新らしい言葉の字引》相去不远，差别只在于强调"启蒙运动"是"新运动の一种"④。上田景二领衔编辑的《模范新语通语大辞典》中的"启蒙运动"内容与《现代新语辞典》的词条相同。⑤昭和年间，竹野长次监修的《近代新用语辞典》付梓出版，是这套集成辞典中对于"启蒙运动"描述最为详细的一本。该辞典有"启蒙运动"和"启蒙思想"两项词条。"启蒙运动"的词条，仍是强调对于人的束缚、

---

① "文明开化"一词是由福泽谕吉（1835—1901）所创制，在其 1868 年翻译 John Hill Burton（1809—1881）的著作 *Political Economy*（《西洋事情·外编》）中出现。见 Albert M. Craig, *Civilization and Enlightenment：the Early Thought of Fukuzawa Yukichi*（Cambridge，Mass.：Harvard University Press，2009），p.41。

② 见 Mick Deneckere, "The Japanese Enlightenment：a Re-Examination of its Alleged Secular Character," *Global Intellectual History*（2017），pp.2—4。

③ 服部嘉香、植原路郎：《增訂補正新らしい言葉の字引》，东京：实业之日本社，大正七（1918）年 10 月版，第 106 页。这本字典收录于松井荣一、曾根博义、大屋幸世监修：《近代用语の辞典集成》，东京：大空社 1994 年版，全 41 卷。第 42 卷为编辑者所撰写的书目解题：《新语辞典の研究と解题》。

④ 时代研究会编纂：《现代新语辞典》，东京：耕文堂，大正八（1919）年 2 月版，第 65 页。

⑤ 上田景二编：《模范新语通语大辞典》，东京：松元商会出版部，大正八（1919）年 5 月版，第 90 页。

压迫需加以脱离，追求人的自觉。这样的结果就是废除旧有的弊端，开启新的生活，就称之为启蒙运动。编者特别将"启蒙运动"作为当时出现的社会运动的总称。对于"启蒙思想"的描述，则是先从启蒙的字义讲起，"启蒙"乃是启发蒙昧的意思，即是开启理智的眼界，追求人的自觉与自由人生的思想，就称之为启蒙思想。这项词条特别提到关于人的自觉思想是始于文艺复兴时期，启蒙思想乃是文艺复兴派生而出的现象。对于启蒙思想的描绘，大抵与启蒙运动相去不远。启蒙思想乃是固有思想和新思想之间的斗争。[1]

四、 当启蒙遭遇运动：近代中国的"启蒙运动"

1920 年，一本标榜"社会底进步，都起于思想底进步，而思想进步，惟赖'评论'"的杂志《评论之评论》创刊，在这本明显受到进化史观影响的杂志中[2]，有篇讨论俄罗斯社会主义的文章，内中提及"文艺复兴运动是人类'自觉'底运动，实为近代思想底源泉。然当时对于俄国毫未发生影响，所以俄国思想启蒙运动则后在十八世纪初叶。"[3]在这里的"启蒙运动"，明显指向俄国接受了法国启蒙哲学家引进的启蒙思想所造成的启蒙运动，指称俄国的思想如何被"启蒙"起来的一场运动。[4]1923 年，湖南自修大学出版同人刊物

---

① 竹野长次监修、田中信澄编辑：《音引正解近代新用语辞典》，东京：修教社书院，昭和三(1928) 年 1 月版，第 213—214 页。

② 《本志宣言》，《评论之评论》，1920 年 12 月第 1 卷第 1 号，第 4 页。在这份宣言中，直接说道："一切过去的思想进步史，都是评论史。"

③ 鄢祥褆：《俄罗斯社会思想底源泉和派别并各家说略》，《评论之评论》，第 1 卷第 1 号，第 81 页。

④ 俄国的启蒙运动要到 19 世纪中叶才出现，"俄国 19 世纪 60 年代，也有过相像的新文化运动。列氏（案：指列宁）说：60 年代派的宝贵遗产，是他们的新文化运动（启蒙运动）；第一，60 年代思想的大多数代表，也和西欧的新文化运动家一样……都极端的痛恨农奴制度及其经济社会上法律上的一切副产物。"见易嘉：《五四和新的文化革命》，《北斗》，1932 年 5 月 20 日第 2 卷第 2 期，第 323 页。

《新时代》①，在创刊号中，有篇讨论西洋哲学演进史的文章，就直接捻出"启蒙运动"的用法：

> 欧洲自一千四百五十九年，东罗马亡后，好学知勇之士，蔚然兴起，不胜指数，热心研究希腊文化，对于中世宗教之黑暗，深致痛恨。结果人类久困于宗教之性灵，忽蒙解放，洋溢澎湃，有如阳春一转，万花争放，沛然不之能御。历史家名此时为文艺复兴期。先是中世纪的人，有一种不可不如是的共同信念，就是我为"上帝"教会而存在，上帝而外，没有我的自由，文艺复兴后，人皆感觉得我为"自然"——宇宙——而存在，自然而外，如上帝教会等等，没有能干涉我的。质言之，即其全副精神，专注于希腊文化，尽量去模仿。——希腊很重自然——然其流弊所至，是脱了宗教的桎梏，又戴上希腊的桎梏。此后二百余年，所以又有所谓启蒙运动兴起，把希腊桎梏解去，主张我为"自我"而存在，自我以外，没有能指导我的。就是说吾人一切思想行为，只宜听命宿于吾身之意志和欲望。人类至此，解放极了，自由极了，浪漫极了。②

这里所使用的"启蒙运动"明显指陈单数大写的"Enlightenment"，是两百余年后继文艺复兴时期，兴起的历史时段。在近代中国的历史情境中，"启蒙运动"一词与"启蒙"和"运动"这两个词汇交叠相错、相连共生。"启蒙"一语自古有之，论者早已提出"运动"一词乃是源于东瀛的"和制汉语"③。这两个词汇如何拼凑成"启蒙运动"，实则环绕近代中国的思想文化传统与脉络如何

---

① 《发刊词》，《新时代》，1923 年 4 月 10 日第 1 卷第 1 号，第 1 页。本文用的版本是"爱如生中国近代报刊库"的全文检索版。

② 邹蕴真：《现代西洋哲学之概观》，《新时代》，第 1 卷第 1 号，第 2 页（总第 178 页）。本文用的版本是"爱如生中国近代报刊库"的全文检索版。

③ 刘禾著，宋伟杰等译：《跨语际实践：文学、民族文化与被译介的现代性（中国：1900—1937）》，生活·读书·新知三联书店 2008 年版，第 410 页。

因随历史情境的变化、域外思想的传布，进而面临转化或重整的态势。

传统汉语典籍中，早已出现"启蒙"一语，若是以台湾"中央研究院"历史语言研究所制作的《汉籍全文数据库计划》进行检索，则可发现在陈寿的《三国志》，卷3中有云："顾恺之《启蒙注》曰：魏时人有开周王冢者，得殉葬女子，经⋯⋯"。这里的启蒙所指的是顾恺之的《启蒙注》。该书有少部分内容被传抄至陈寿的书中。而在《隋书》，卷32则有："《启蒙记》三卷，晋散骑常侍，顾恺之撰"同样指陈顾恺之的作品。这里的启蒙尚不具我们一般熟习的"启发蒙昧"之动词意涵，而是作为书名而出现的。在传统的汉语典籍内，启蒙多作为书籍的接首语。较早使用"启蒙"作为动词的例子，出现在明人李烨然删定，徐文龙、陈懋德订，宋奎光辑的地理书《径山志》中："说法谈经，启蒙祛蔽"。若是以近代中国发行最长的报刊《申报》而论，"启蒙"一词早在1872年现身，唯仍是作为书名出现："则有曰算学启蒙、勾股六术、运规约指三书。"[1]作为动词使用的启蒙则在稍晚出现，在一篇讨论传教士如何精挑细选徒众，以防宵小杂入"洋教"的文章中，提及"贵教智明之士，往而教之，正如启蒙发睛"[2]。

由此观之，"启蒙"一语在近代中国的问世，仍是延续传统汉语典籍中的形式出现，厥属传统词汇的范畴。因此，"启蒙"一词，对近代中国的思想界来说并不陌生。[3]中国自古有"蒙学""蒙馆"之说，内涵之义即是对儿童进行启蒙教育。[4]1856年，英国传教士理雅各布出版《智环启蒙塾课初步》[5] 一书，

---

[1] 《拟制造局新刻西学书十三种总序》，《申报》，第80号，同治壬申六月廿七日（1872年8月1日），第1版。

[2] 《拟请西国传教牧师慎择端人说》，《申报》，第653号，同治甲戌五月初三日（1874年6月16日），第1版。

[3] 关于"界"的用法，参考章清：《「界」的虚与实：略论汉语新词与晚清社会的演进》，《东アジア文化交涉研究》，别册7号（吹田：关西大学文化交涉学教育研究拠点ICIS，2011年3月），第55—76页。

[4] 例如《启蒙字书》《启蒙算学除法》《启蒙算学》一类的书籍。

[5] 关于这部书还可参见沈国威与内田庆市的讨论。见沈国威、内田庆市编著：《近代启蒙の足跡：東西文化交流と言語接触：「智環啟蒙塾課初步」の研究》，吹田市：关西大学出版部2002年版。

该书是作为香港英华书院院长的理雅各布，给中国学生学习英文所编的英汉对译教材。在书中提及野蛮民族、半开化民族和文明民族的区别时，则提到西班牙、葡萄牙、意大利、俄罗斯、波兰、英国和美国人"其中士子谙熟技艺文学，惟民尚多愚蒙"。在这当中，又以英美两国"其民为天之至明达者"。"明达"一词指的是"开化"（enlightened），即前此所使用的"启蒙"状态之意。①

"启蒙"一词亦有翻译作"启明"者，如《新青年》上有署名"凌霜"者，介绍19世纪大文豪托尔斯泰之地位，即云："及托尔斯泰起，俄罗斯昔为世界所讥为 Dumb Russia 无文学之国者，一跃而为文学复兴时代之启明，俄罗斯之魂寄于托氏一身。"②又或者是茅盾介绍19世纪匈牙利文学的发展阶段，"19世纪的匈牙利文学，这一百年间的匈牙利文学是一步进一步的发展，若照年代先后分起期来，可分为三期：一启明期，二隆盛期，三极盛期。"③这里所使用的启明期，其实就是启蒙期的代称。然而，"Enlightenment"一词何时在汉语世界中被等同于"启蒙运动"，其确切时间点犹难查考。"Enlightenment"一词作为"启蒙运动"的翻译史较为模糊；就现阶段笔者寓目所及的材料而论，只能进行大略的推测。"启蒙运动"在汉语世界中的理解涉及传统汉语"启蒙"一词的理解，以及从日语借用来翻译欧洲的现代词语"运动"一词的组成。要之，"启蒙运动"的翻译可拆解成"启蒙"加上"运动"的理解方式。

"运动"一词在晚清思想知识界中兼有三义，一义是谓身体上的活动、体育活动之代称，如《童子世界》上有上海幼童为应付考试之作，提及如何大量开设运动会以为训练身体之凭借，进而成为保家卫国之基础。"开运动会者乃从军众人之谓，而非保一身之谓也。今欧洲各国与亚洲之日本侮我至此，并我

---

① 黄兴涛：《晚清民初现代「文明」和「文化」概念的形成及其历史实践》，《近代史研究》2006年第6期，第8页。

② 凌霜：《托尔斯泰之平生及其著作》，《新青年》，1917年6月1日第3卷第4期，第1页。

③ 沈雁冰：《十九世纪及其后的匈牙利文学》，《新青年》，1921年6月1日第9卷第2号，第4页。

国之土地，夺我国之产业，当何以敌之？此无他法，惟广开运动会而已。"[1]第二义乃是观察者见某物体相对于他的位置发生变化，即称该物在运动，如机器运动或天体运动之说。例如收录晚清西学书目数据库的《增版东西学书录》有傅兰雅翻译，徐寿述的《机动图说》一书，该书的解说："哀采群书而成，凡机器运动之法毕具，阅之足以自出新裁"即为例证。[2]最后一义则为在社会群众间，有意义的宣传活动，抑或是指称集体/群体的行动，较为接近今日习知的社会行动（social movement）之意。如《游学译编》取材日本报纸论述天津日商如何设立日清银行作为扩张商权之"运动"。[3]该文其后又被在浙江创刊的《萃新报》转载[4]，《萃新报》转载该文应当是看重内容的有效性，不过，这也正显示了"运动"一词在言论市场上的方兴未艾，其传播的可能空间，实无远弗届。又或者是如在东京创刊的《江苏》上，有文章提及俄人以东三省撤兵问题，趁隙作乱，逼迫中国签订新约，中国全国之国民应该愤起"运动"，以民气为本作为抗议之资。[5]在晚清所出版的小说中，对"运动"一词亦有所使用，如《新党现形记》中有此描述："看到后来，率性将一切名心、利心、自私自保、贪鄙卑陋，和盘托出，分明是恣横，误认为自由；分明是虚骄，误认为高尚；分明是欺诈，误认为权术；分明是哄骗，误认为运动；分明是嫉妒，误认为竞争；分明是专制，误认为决断；分明是懒惰，误认为从容；分明是怙过，误认为坚定；分明是暧昧，误认为秘密；分明是暴动，误认为进取；分明是怯

---

① 刘宝书：《广开运动会说》，《童子世界》1903 年第 31 期，第 43 页。本文用的版本是"民国时期期刊全文数据库（1911—1949）"的全文扫描版。

② 《增版东西学书录》，收入"晚清西学书目数据库"，本文用的是"'中央研究院'近代史全文数据库"的全文检索版，第 157 页。

③ 《日清银行设立之运动（译日本报）》，《游学译编》1903 年第 12 期，第 1—4 页。本文用的版本是"民国时期期刊全文数据库（1911—1949）"的全文扫描版。

④ 《日清银行之运动》，《萃新报》1904 年第 4 期，第 1a—3a 页。该文作者处有"游学译编译日本报"字样。本文用的版本是"民国时期期刊全文数据库（1911—1949）"的全文扫描版。

⑤ 《对于俄约之国民运动》，《江苏》1903 年第 2 期，第 135—136 页。本文用的版本是"民国时期期刊全文数据库（1911—1949）"的全文扫描版。

懦，误认为忍耐；分明是卤莽，误认为勇往直前。"①

从上文的讨论来看，"运动"一词先由晚清着重身体（physical）的体育活动论述而起。例如有大学在1896年报道校内运动赛事之消息，又或者是《东方杂志》在1905年为文论述运动的目的与效果，皆是着眼于"运动"的身体层面。②

晶佩尔（Denise Gimpel）则指出晚清民国时期的女子体育活动，性别因素从晚清开始建构现代中国的体育论述，论述的角度已然跳脱国族视野，进而提倡透过体育构筑个人身体的自主性。晚清与五四妇女利用体育企求所谓"心灵解放"，借此跳脱父权体制的桎梏，传达寻求身体自主的想法。女性对体育的讨论，则聚焦在人格发展与体育两者之间的关联，主要着眼于女性对身体的自主与掌控，以及如何冲破男性网罗寻求解放。因此，无论是后来由女性提倡的体育救国，抑或其他保国保种的运动，爱国心并非促使女性行动的推进力，对现实生活的考虑和自身的掌控，成为自己身体的主人才是最大公约数。③从中可以隐然见到一条"运动"由着重身体的论述，开始往措意"社会"（social）面向的"运动"之转变。根据瓦格纳（Rudolf G. Wagner）的研究，"运动"（movement）一词作为一种社会行动形式的概念之全球化，则是五四运动以后的主流趋势。④

1931年，由商务印书馆编译所所长王云五发起的《百科名汇》（*Encyclo-*

---

① 见嗟予：《新党现形记》，《新新小说》，第2号，光绪三十年十月二十日（1904年11月26日），收入新新小说编：《新新小说》，上海书店1980年版，第3—4页。

② 《本校田径赛运动消息一束》，《交大月刊》，1896年第1卷第2期，第169—170页。《运动之目的与效果》，《东方杂志》，1905年第2卷第1期，第1—3页。本文用的版本是"大成老旧刊全文数据库（1840—1949）"的全文扫描版。

③ Denise Gimpel, "Exercising women's rights: debates on physical culture since the late nineteenth century," in Kai-Wing Chow, et al. eds., *Beyond the May Fourth Paradigm: In Search of Chinese Modernity* (New York: Lexington Books, 2008), pp.98, 103—106, 113—115, 119.

④ Rudolf G. Wagner, "The Canonization of May Fourth," in Milena Doleželová-Velingerová and Oldřich Král eds., *The Appropriation of Cultural Capital: China's May Fourth Project* (Cambridge, Mass.: Harvard University Asia Center, 2001), pp.66—122.

pedic Terminology）编纂工作，该书是以严复当年主导的"中国科学名词审查委员会"的科学名词为张本，进行英汉对照的编译工作。①内中对于"Enlightenment"的相关描述，就有：

> Enlightenment or clearing-up　启明。
> Enlightenment，philosophy of　启明时代之哲学。②

　　王云五编纂的这本辞典将"Enlightenment"翻译为"启明时代"。从字面上来看，捕捉了"Enlightenment"的光亮之意。除了启明时代，启明也会与运动连用成为"启明运动"。陈心纯翻译日人鹤见佑辅（1885—1973）的文稿时，就将法国启蒙哲学家伏尔泰所引领的18世纪欧洲兴起的思想文化运动，翻译作"法兰西启明运动"。③而留学日本的陈群在1919年的《建设》杂志上的一篇文章《欧洲十九世纪文学思潮一瞥》上，则将"Enlightenment"翻译成"启蒙时代"。④陈群的翻译，可能来自日人的用法。1906年，由梁启超领衔主编的《新民丛报》上，有日人八木光贯的文章译文，便以"启蒙时代"为译词，这是笔者现今寓目所及，针对"Enlightenment"最早的译法，该文极有可能是最早将"Enlightenment"拈出我们现今熟知的"启蒙运动"意涵的译语。日人八木光贯之文历述国家主义教育在古希腊以迄19世纪的发展过程，在论及18世纪以前的教育思潮时，这篇译文如此道出："遂起宗教改革。人文主义勃兴，稍重个人之价值，不依人种及国民之区别，而以文学之嗜好，图组织文学上之共和团体。降及18世纪之启蒙时代，最重视个人之价值，个人主

---

① 王云五编：《百科名汇》，商务印书馆1931年版，第1页。

② 同上书，第141页。

③ 鹤见佑辅著，陈心纯译：《法兰西启明运动前驱者伏尔泰——十八世纪的欧洲是伏尔泰的欧洲！——史家对伏尔泰的赞词》，《黄钟》，1936年第8卷第7期，第6—14页。本文用的版本是"大成老旧刊全文数据库（1840—1949）"的全文扫描版。

④ 《欧洲十九世纪文学思潮一瞥》，《建设》，1919年第1卷第4号，第823—827页。本文用的版本是"爱如生中国近代报刊库"的全文检索版。

义达于极点。"①

除了"启蒙时代"这项译法之外，晚清以降尚有针对欧洲启蒙运动不同的译法流转于世。晚清河南留日学生所创办的《河南》杂志，有文章论及国家之出现不在于政府之力，而在于国民之精神自觉，"古希腊之光华，伊大里之艺文振耀，北独乙之宗教易仪，十八期末之佛朗西革命，此皆洞性灵之奥区，极文明之骨髓也"②。法国大革命乃是开启 19 世纪历史之先声，"国家之兴，焕乎始盛"。法国大革命的历史意义在于作为"近代文明之春雷"，社会的变动乃是起因于思想的激变，"当十八期之后半，启明思潮横溢欧陆，其特色，一言蔽之曰：以理性主义与个人自由二者，仇君权教权，欲尽举旧有之制度文物而一新之也。……伟哉新思潮之力也，奔腾澎湃洋溢全欧。有大哲康德 Kant 出，是其朝宗也。康德乃十八期思潮之代表，亦十九期思潮之先导，谓之佛国革命精神之代表也可，谓之十九期兴国精神之先导也亦可。氏之重视理性，即重视我之权能者，正佛国革命精神之表显。"③这里的启明思潮，便是欧洲启蒙运动的时代之风。而在谈到普鲁士的独立建国历程时，该文作者亦从思潮的演进切入，"抑十八期末，启明思潮称霸欧陆，宗教、哲学、文艺、政治，无一不染其色采，盖旨在理性万能，以理解为可以律人生一切，然其弊也乃育孽子。其个人主义之泽乃流而为幸福主义，又流而为知识主义，更下则流而为斥美主义。……康德亦理性主义之人也，曷谓其救主，曰彼之说，无上命令，以理性之声为神之声，要求至善。扩已而至于恒久之至道者，即其跃脱启明主义之明验也。由是启明主义一转而为宗教为道德为上征其孽子，若贪生若清谈皆夭折无遗"④。这里

① 日本文学士八木光贯著，光益译：《国家主义教育》，《新民丛报》，第 4 年第 22 号（原第 94 号）（1906 年 12 月 30 日），第 2—3 页（总第 76—77 页）。本文用的版本是：《新民丛报》，艺文印书馆 1966 年版。

② 旒其：《兴国精神之史曜》，《河南》，1908 年 5 月 5 日第 4 期，第 56 页（总第 246 页）。本文用的版本是：桑兵主编：《辛亥革命稀见文献汇编》，国家图书馆出版社 2011 年版，第 14 册。

③ 旒其：《兴国精神之史曜》，第 56—57 页（总第 246—247 页）。

④ 同前注，第 61 页（总第 251 页）。

所用的"启明主义"，指称的是"启明思潮"无限上纲之后的思想状态。无论是陈群翻译使用的"启蒙时代"，或是这位作者身处晚清使用的"启明思潮"与"启明主义"，皆可作为"Enlightenment"的对译词，"主义""思潮"和"时代"，都是用来搭配"启明"的名词，重点在于接首语的"启明"所代表的光明意涵。

1921 年，周太玄（1895—1968）在《少年中国·宗教问题号（下）》上，借以讨论宗教之便，分疏介绍了欧洲启蒙运动的缘由：

> 自欧洲中古以来，久为宗教之奴隶……及至 17 世纪之末，欧洲长梦渐渐复醒，所谓启蒙运动者乃挟着人类真正的感情，排山倒海而来，文学与艺术得其救助，方霍然有脱出宗教之勇气。①

周太玄这里所使用的"启蒙运动"便是"Enlightenment"的对译。罗家伦（1897—1969）在 1920 年的《新潮》杂志上，翻译杜威（John Dewey，1859—1952）的《思想的派别》，该文主要介绍洛克的思想和实践方法，文中提及在洛克的学说在 18 世纪影响最巨。文中即用中古时代与欧洲启蒙运动相比，唯文中所用之词为"启明时代"："18 世纪可以算是一个破坏的时代，此时的人对于一切旧思想旧迷信都攻击得不遗余力而在法国为尤甚。当时的法国正可以算是极端奉行洛克学说的地方，不但是法国如此，在他国亦然。凡是 18 世纪的欧洲人都称中古时代为'黑暗时代'（Dark Period），而以自己的时代为'启明时代'"，且直接解释了欧洲启蒙运动的字源来由：

> Enlightenment，法文称之为 Eclarissement，德文称之为 Aufklärung，都是所谓"启明"。在这个时代不但学术思想，一一革新；就是社会风俗，政治制度，经过分析方法极力破坏洗刷过一次，也就大变颜色。②

---

① 周太玄：《宗教与中国之将来》，《少年中国·宗教问题号（下）》，1921 年 8 月 1 日第 3 卷第 1 期，第 31 页。

② 杜威著，罗家伦、吴康译：《思想的派别》，《新潮》，1920 年 5 月第 2 卷第 4 号，第 714 页。本文用的版本是：《景印中国期刊五十种》，台北：东方文化书局 1972 年版。

罗家伦明确地点出"启蒙运动"对应的英、法、德三国的原文，唯所挑选的汉语译文为"启明时代"。罗家伦在另一篇文章中为文讨论"批评"一类的文章要如何写作，同样使用"启明时代"来表述 18 世纪的欧洲，该文提及"18 世纪的欧洲是一个很好的时代，是一个启明时代（Aufklärung），中国现在还不及多多。我有一个很亲敬的朋友，还想刻颗图章，自称'十八積人'。我只能说现在中国有当年欧洲十八世纪的趋势。"①1920 年，以张东荪（1886—1973）为编辑群之首的《解放与改造》上一篇讨论欧陆社会主义发展史的文章，则将 18 世纪欧洲世界哲学的发展，形容为"一种通俗简明的世界观、人生观，成为欧洲全体的思潮，在欧洲哲学史上，所以就叫做'启蒙时代'（Aufklärungs periode）"②。"启蒙时代"亦有被翻译为"开明时代"者，如《改造》第 3 卷第 7 号上有一篇讨论奥义肯（Rudolph Euken，1846—1926）之哲学思想的文章，内中就提及"人类生活中向内心之活动……若宗教改革、若开明时代（或译启蒙）运动，若今日之社会运动皆是也"③。然而，同样在《改造》杂志上，主题同为奥义肯的学说思想介绍，"开明时代"则被转换为"启蒙时代"。在这篇文章中，主要是介绍希腊哲学的发展，认为希腊哲学的论述与传统支配欧洲人心理长达千年之久，一直到了"十八世纪启蒙时代才把这观念推翻了，可以说是大大的变动"④。"开明"一词亦会搭配"运动"使用，如《学衡》杂志上，白璧德（Irving Babbitt，1865—1933）论及欧亚两洲文化之区别，《学衡》的翻译者即使用"开明运动"介绍 18 世纪的这波思潮。⑤与

---

① 罗家伦：《批评与文学批评（通信）》，《现代评论》，1925 年 4 月 18 日第 1 卷第 19 期，第 17 页。本文用的版本是《现代评论》岳麓书社 1999 年版。

② 《社会主义简明史》，《解放与改造》，1920 年 1 月第 2 卷第 1 号。本文用的版本是"爱如生中国近代报刊库"的全文检索版。

③ 《倭伊铿精神生活哲学大概》，《改造》，1920 年 9 月第 3 卷第 7 号。本文用的版本是"爱如生中国近代报刊库"的全文检索版。

④ 《倭伊铿谈话记》，《改造》，1922 年 7 月第 4 卷第 5 号。本文用的版本是"爱如生中国近代报刊库"的全文检索版。

⑤ 《白璧德论欧亚两洲文化》，《学衡》，1925 年 2 月第 38 期。本文用的版本是"爱如生中国近代报刊库"的全文检索版。

前述的《改造》相同，《学衡》中介绍启蒙运动的用法并不统一。在《学衡》的第六期中，当谈起 18 世纪英、法两国思想家之特征时，作者用了"启蒙时代其最显著之特征在反抗旧说"这样的形容。[1]

事实上，除了上文所提及的几种译法外，胡适则将 18 世纪的欧洲称为"理智时代"。胡适在《现代评论》上撰文回忆在纽约参加一个名为"我们这个时代应该叫什么时代?"的两周讨论会，胡适认为"十八世纪是'理智时代'，十九世纪是'民治时代'"[2]。在胡适笔下，18 世纪的欧洲成了"理智时代"。18 世纪启蒙哲学家要求古代以批判当代的策略，其中最重要的则是"理性"概念的重铸，并以人之理性与宗教对抗。[3]胡适的翻译同样触及欧洲启蒙运动的核心价值。同样在《现代评论》上的文章，顾昂若在回顾欧洲学术之进步历程，使用的是"启蒙时期"：

> 我以为欧洲学术思想之得有今日，可说是二个时期的精神所促成：就是十六世纪的文艺复兴时期同十八世纪的启蒙时期。前者的精神在研究；后者的精神在革新。研究精神为体，革新精神为用。以研究希腊学术的结果，为革新陈旧社会的工作：凡事以理知为指归，有不与理知相吻合的，即加以根本的革新。有体有用，因此欧洲思想一日千里，我国的新文化运动时期可说是与欧洲的启蒙时期同其效用，实不能说是与欧洲的文艺复兴时期同其性质。因此可说我国一部分人士已有了革新的精神，但不能说大部分人士，已做过研究的功夫。结果，我国学术思想界可说已有了新觉悟，但没有伟大的新贡献。[4]

---

[1] 《非宗教运动评议》，《学衡》，1922 年 6 月第 6 期。本文用的版本是"爱如生中国近代报刊库"的全文检索版。

[2] 胡适：《漫游的感想（一）》，《现代评论》，1927 年 8 月 20 日第 6 卷第 141 期，第 12 页。

[3] 彼得·盖伊著，刘森尧、梁永安合译：《启蒙运动·现代异教精神的崛起》，上册。

[4] 顾昂若：《给我点新鲜空气（通信）》，《现代评论》，1925 年 10 月 10 日第 2 卷第 44 期，第 20 页。

顾昂若的这篇文章除了点出"启蒙时期"这项翻译外，亦模拟了新文化运动和欧洲启蒙运动之间的关系。由上文简要的讨论来看，无论是德文的"Aufklärung"抑或英文的"Enlightenment"，作为对译语的"启蒙运动"在20世纪20年代的中国仍尚未定于一尊，处于众声喧哗的状态。

1935年，商务印书馆出版"史地小丛书"，内中有一本翻译著作《西洋文化史》，该书第8章名为"宗教宽容与启蒙运动"。唯在内容上，作者是以宗教宽容在欧洲各个地区的发展为主要的叙述场景，说明宗教自由如何导引出思想自由，并未直接道出"启蒙运动"这段历史的来龙去脉。[①]在下一个章节论及法国大革命的起因时，作者从旧制度下的法国讲起，当述及思想如何引发革命的内容时，作者强调的是美国革命的影响，反倒不是如上文所讨论的启蒙哲学家的思想创获，或是将两者并置说明，这是较为特别的一点。[②]本书英文原著使用"Enlightenment"来表示启蒙运动。不过覆按原文，这本书中所用的"Enlightenment"并非一个历史时段，而是接近"启蒙"意义下的"启蒙运动"。但仍可看出近代中国的知识人在当时阅读"Enlightenment"之际，脑中立即思考的对译办法即是"启蒙运动"。"启蒙运动"业已深入近代中国知识人的心灵。

---

① Alan F. Hattersley 著，宋桂煌译：《西洋文化史》，商务印书馆1935年版，第128—143页。该书翻译自 *A Short History of Western Civilization*，初版于1926年。

② 作者是这样形容的："……法国官员因得与美国人民中之平等政制实际接触，这实是革命思想的一个强有力的刺激，一直到十八世纪中心，政治哲学总未能对于法国社会有多大的影响。孟德斯鸠、福耳特耳及狄德罗的著作，读者甚少，或则仅视为纯粹的理论。反之，美国人不但宣布了社会平等与民意高于一切的原则，并且能使之见诸实施。从这一点看来，哲学思想的影响之为一种力量，必须视为仅催促了民众的不满，并未能创造之。鲁索供给了革命的口号，盖必须有此口号，才能刺激民众的热情。鲁索并未有独创，他不过将已在人心中蠢动了三十余年之久的情感宣泄出来而已。"见 Alan F. Hattersley 著，宋桂煌译：《西洋文化史》，第207—208页。不过，需要注意的是，这样的描述是较为接近历史的实情，理由在于从伦敦到柏林参与启蒙运动的哲士们，的确是从美国革命中得到思想的灵感，才从纸面语言的宣传辩论转向对于各种权威形式的质疑，开始从事社会和政治的改革工作。见 Margaret C. Jacob, *The Enlightenment：a Brief History with Documents* (Boston：Bedford/St. Martin's, 2001)，p.3.

而在一本以学校讲义形式出版的《欧洲通史》中，在该书的第 34 章，已经清楚描绘出启蒙运动的轮廓，该书是以提纲挈领式的条列主题展开铺陈，作者以"唯理主义与开明专制"为题，唯对于"Enlightenment"的命名是以"开明运动"行文。不过，这位作者已经明确将该运动的欧洲语汇清楚标明，在开明专制（Enlightened Despotism）一节下，作者提出这项制度乃是 18 世纪末期，君主专制时代末期之潮流。而这项制度乃是出于唯理主义（Rationalism）或开明运动之结晶（Enlightenment；Eclarissement；Aufklärung）。抑有进者，作者将此时代称之为"理性时代"（Age of reason）①。这本著作对于启蒙思想家梳理剖析，较为细致。作者从霍布斯（Thomas Hobbes，1588—1679）和"缓和理想家"洛克的学理谈起，论及伏尔泰和狄德罗时，则将其称为"维持旧状之仁抚的专制主义思想家"，并往前溯及文艺复兴时代的理论基础，说明两氏的思想是来自马基雅维利学说之合理化，并以牛顿学说为根据之专制中央政府说。②伏尔泰被冠为是"一般理想之总代表"，其信仰的中心为"开明信条"。以狄德罗为首的百科全书派（Encyclopédie），则被誉为"一般理想之总结晶"③。以倡导英国三权宪法闻名的孟德斯鸠于此则成为"学者理想家"之代表，主张人民权利的卢梭则成为"革命与民治理想家"④。以"理性时代"作为整个欧洲 18 世纪的总称，亦曾在《申报》中出现，这一篇书籍介绍的文章中，对于书中主人翁的叙述，是以"造成了从形而上学底时代向理性时代的推移的人们之一"进行形容。对于形而上学时代的解释为"指着写以形而上学底奇想和超越常轨的空想为特征的这一类诗的十七世纪诗人辈出的时代"⑤。因此，我们可以推断"理性时代"乃为下一个时代，即是欧洲十八世

① 畦海宗：《欧洲通史》（出版时地不详，本书庋藏于上海图书馆），第 187a 页。不过，从内容的详细程度，可以推断出是民国时代的作品。
② 畦海宗：《欧洲通史》，第 188a 页。
③ 同前注，第 191b 页。
④ 同前注，第 189a 页。
⑤ 《世界文学的故事》，《申报》，第 20228 号（1929 年 7 月 16 日），第 30 版。

纪"启蒙运动"发生的大时代。

1940 年，朱谦之（1899—1972）在其讨论中国思想对于欧洲文化的诸般影响的专著中，使用了"启明运动"一词来形容 18 世纪的欧洲思想状态。抑有进者，朱谦之认为 18 世纪是属于"哲学的时代"，而身处在这个时代底下的学者，则是属于"启明主义者"。朱谦之提出 18 世纪"启明思想"发达的源头，应该溯及 17 世纪的笛卡尔，认为其是"启明运动"之先驱。①朱谦之在这本书中，把握住启蒙运动的意蕴，利用"启明"一词为接首语，来形容 18 世纪欧洲的时代特征、思潮和人物。朱谦之的大作出版之际，《申报》即在"上海商务印书馆每周新书"予以介绍，内中沿用朱谦之在书中对于"Enlighten-ment"的翻译方式"启明运动"②。事实上，在《申报》长达七十几年的出版历程中，就只有两处用了"启明运动"来表示"Enlighten-ment"。另一处是在 1947 年为文评介恒慕义（Arthur William Hummel，1884—1975）的《清代名人传略》，作者引用伏尔泰的话语谈论历史的重要性，将"启明运动"一词拈出，"法国启明运动的大著作家伏尔德（Voltaire），当谓历史是伟人的表演，任何人不否认伟人的生平与事业，是一种时代的反镜"③。

透过前述的讨论，我们可以得知近代中国知识人在面对"Enlightenment"时有其心领神会的对译办法，从这些纷繁不一的翻译用法中，我们一方面可以得知当时的知识人对于欧洲的启蒙运动有一定的历史认识，所采择的译法亦有所触及启蒙运动的核心；唯在于翻译用法的选择上尚处于"众声喧哗"的状态，日后为我们所熟悉的"启蒙运动"译法，在 20 世纪 20 年代的中国尚未定于一尊。若是以辞典的用法为准则，我们或许可以推断出，"启蒙运动"的译法在三十年代已经普遍为学人所知，但各家译法仍是处于"各花入

---

① 朱谦之：《中国哲学对于欧洲文化之影响》，上海书店 1989 年版，第 156、160、172 页。本书收入：《民国丛书·第一编·第 5 册》。朱谦之该书于 1940 年出版。

② 《上海商务印书馆每周新书》，《申报》，第 23955 号（1940 年 11 月 10 日），第 1 版。

③ 黄维廉：《评"清代名人传略"》，《申报》，第 24865 号（1947 年 5 月 8 日），第 9 版。

各眼"的情况①。

五、结　语

海德堡大学的欧洲现代史家迈森（Thomas Maissen）与汉学家梅嘉乐（Barbara Mittler）在甫出版的著作《为什么中国没有文艺复兴以及为何重要：一个跨领域的对话》中提出，作为欧洲历史分期的大写文艺复兴概念（the Renaissance）的特殊性与普遍性，以及"文艺复兴"如何成为研究者的分析性工具等课题。迈森认为源起于欧洲的文艺复兴有其特殊性，无法输出到欧洲以外的国度成为分析和诠释的概念，纵使欧洲以外的地区有其自身定名的文艺复兴现象，在某个层面上来说，大写的文艺复兴仍是专属于欧洲的产物，并且有其自身发展的脉络。梅嘉乐在迈森的基础上开展对话，梅嘉乐提出中国仍有"一个大写的中国文艺复兴"（a Chinese Renaissance），只要研究者调转视角，将这段历史置放于全球史的脉络底下进行检视，各个地区国度的历史都将成为"区域史"（regional history）。梅嘉乐措意的重点在于回到欧洲以外其他区域的历史脉络中进行检视，观察的重点在于各地的历史行动者如何挪用"文艺复兴"的概念去诠释自身的历史。如此一来，"文艺复兴"虽然源起于欧洲（特别是意大利一地），但欧洲以外的其他地区和国家如伊斯兰、爱尔兰或中国，都将有一个自身的大写文艺复兴。②

---

① 笔者用的是 1936 年初版的《辞海》，其中对于"启蒙运动"的描述如下："启蒙运动（Enlightenment）一称黎明运动，欧洲中世纪，黑暗异常，各种思想言论，皆受禁锢。十七八世纪之交，有一派学者起而打破因袭传统思想，专以开拓蒙昧，普及文化为务。其特征为尚实利、重实际，以理性为万能，主张个人自由，排斥宗教、国家之威权。此时学术界以明了（clearness）与精析（distinctness）为一切现象之解释与判断之标准。英之陆克、牛顿。法之鲁索、福耳特耳。德之勒新皆此运动之有力人物。"见中华书局：《辞海·丁种》，中华书局 1936 年版，下册，第 90 页。

② Thomas Maissen and Barbara Mittler, *Why China Did Not Have a Renaissance-and Why That Matters：An Interdisciplinary Dialogue*（Berlin；Boston：De Gruyter Oldenbourg, 2018）.

正如梅嘉乐的提醒一般，以区域为主体接受"启蒙运动"概念的后进国，对于"启蒙运动"的吸纳和挪用也与原生地大异其趣。作为欧洲概念译语的"启蒙"，经由日本的中介输入中国，日本学者把这一文化转译的过程称之为"逆输入"。逆输入中国的"启蒙"，便具有了与汉语原有纯工具性质的"启蒙"不同的意义。①隐藏在"启蒙"或"启蒙运动"背后的是，欧洲启蒙运动中的现代文明理性与现代性的价值观念。而"启蒙"或"启蒙运动"则变成价值判断的词汇，用以判别高下，分殊我群（we）与他者（other）的价值工具。如同刘禾所云，由西方传进中、日两国的文明等级论，将人类社会分为"野人"（savage）、"蛮人"（barbarian）和"半开化"（half-civilized）。从 18 世纪末到整个 19 世纪，欧美人的文明论始终是把中国、日本和其他亚洲国家划入"半开化"的社会阶段。福泽谕吉在《文明论概略》中如法炮制，承认中国和日本属于"半开化"的社会阶段，这也是福泽谕吉提出"脱亚入欧"的基本前提。②明治日本所使用的"文明开化"口号，恰恰承认了自己的"半开化"地位。文明等级论的来势汹汹，可能是让大西祝的翻译未能流行的原因之一。

至若近代中国的"启蒙运动"则可能涉及中国、日本和欧洲的文化交流。"运动"一词明显是来自于日本的和制汉语，"启蒙"则厥为传统汉语的词汇，两者相加成为现今习用的"启蒙运动"。在词汇内在的思想意涵上，除了有进化史观和文明等级论的影响之外，尚须注意欧洲启蒙运动哲学家对于中国的看法。在欧洲启蒙早期的政治思想中，"中国"扮演了若干重要的角色。欧洲的启蒙哲学家未曾亲临中国，通过传教士的著作，却将中国的实情进行转化乃至于扭曲的形象。为了与欧洲的政治生活进行连结，特别是在讨论 17、18 世纪的法国政治之时，启蒙哲学家驰骋对于中国的想象，已然脱离中国实际的脉络。一百年后的近代中国知识人重新接触欧洲启蒙运动的思想时，其实重新阅读了启蒙哲学家将"中国"作为政治关怀的构成要素。这些欧洲早期启蒙哲学

---

① 董健、王彬彬、张光芒：《启蒙在中国的百年遭遇》，《炎黄春秋》2008 年第 9 期，第 13 页。

② 刘禾：《全球史研究的新路径》，收入刘禾主编：《世界秩序与文明等级：全球史研究的新路径》，生活·读书·新知三联书店 2016 年版，第 7—11 页。

家对中国的观点，无论是抱持负面的例证抑或是正面的赞扬，皆是与其对政府的理论、权力、主权、正义、专制主义和帝国的看法交织连结在一起的，而这些课题也正是近代中国知识人在晚清西力东渐、开眼看世界之后，首先需要面对的重要课题。[1]近代中国"启蒙运动"的故事，就伴随着这些历史课题的辩论，一路延续至当代中国，未曾方歇。

原载黄冠闵、吕政倚主编：《近代启蒙脉络中的思想论争：宗教与启蒙》，台北：台湾"中央研究院"文哲所 2020 年版

---

[1] Simon Kow, *China in Early Enlightenment Political Thought* (New York：Routledge，2017)，pp.6—9.

何为进步： 章太炎译介斯宾塞的主旨变焦及其投影

彭春凌

中国社会科学院近代史研究所

一、 中英日跨语际传译中的科学与宗教关系之调适

19 世纪中后期，作为英国维多利亚时代"进化"哲学运动的知识领袖，赫伯特·斯宾塞（Herbert Spencer，1820—1903）[1] 关于政治、宗教、科学乃至生活伦理的种种言论似巨浪激荡着全球思想界，他也因此被视为"第一位全球公共知识人"[2]。在东亚，"日本人自言，斯宾塞为其学界之母"[3]，

---

[1] W. R. Sorley，*A History of English Philosophy*（New York and London：G. P. Putnam's Sons，The Knickerbocker Press，1921），p.260. 如非特别说明，本文所涉英文、日文著作的翻译均为笔者所译。英语世界 2000 年以前斯宾塞的研究史，参见潘德重《近代工业社会合理性的理论支撑——斯宾塞社会进化思想研究》（博士学位论文，华东师范大学 2004 年）的归纳。2000 年之后，Michael W. Taylor，*The Philosophy of Herbert Spencer*（London：Continuum International Publishing Group，2007），全面总结斯宾塞哲学；Mark Francis，*Herbert Spencer and the Invention of Modern Life*（Stocksfield：Acumen Publishing，2007），回到维多利亚时代的思潮和论争来理解斯宾塞的思想世界。

[2] Michael W. Taylor，*The Philosophy of Herbert Spencer*，p.2.

[3] 彗广：《大哲斯宾塞略传》，《新民丛报》第 38—39 号合本，署 1903 年 10 月 4 日（该刊有拖期，此文实际作于癸卯十一月斯宾塞逝后第 29 天，即 1904 年 1 月 6 日），第 112 页。斯宾塞对日本影响的情况可参见山下重一《明治初期におけるスペンサーの受容》，日本政治学會编《日本における西欧政治思想》，東京：岩波书店 1975 年版；山下重一《スペンサーと日本近代》，東京：御茶の水書房 1983 年版。

斯宾塞为日本明治维新后的政治与学术涂上了墨彩；而通过颜永京、严复、章太炎、马君武的翻译，经由格致书院、《万国公报》《新民丛报》等机构、杂志的推荐，以及引介日译斯宾塞作品等多重渠道，他也影响了清末中国的思想和学术。①从《社会静力学》（*Social Statics*，1851）、十卷本《综合哲学》（*Synthetic Philosophy*，1859—1896），到《个人与国家》（*The Man versus the State*，1884），斯宾塞著述卷帙浩繁，论题纷呈。语言文化有亲疏，采撷翻译的篇章有差异，不同民族、国家以及同一社会不同成员自身的知识语境、核心关切、利益诉求有殊别。这使斯宾塞著述的跨语际翻译、传播、意义歧变及交叉影响，成为工业革命后具有全球化特征的思想史事件。1898 年，《昌言报》连载的《斯宾塞尔文集》，包括《论进境之理》与《论礼仪》两文，分别对应斯宾塞《论文集：科学的，政治的和推断的》（*Essays：Scientific，Political，and Speculative*）中的《论进步：其法则和原因》（*Progress：Its Law and Cause*）和《礼仪与风尚》（*Manners and Fashion*）。《斯宾塞尔文集》虽由曾广铨、章太炎合译，但是，作为"笔述"者兼具有"再生产"能力的思想家，章太炎在译作中展现了自身的话语方式和观念逻辑，并将译作的内容整合进自身的思想表达中。本文首次全面依据译作所对应的原作底本②，集中探究章太炎翻译《论进步：其法则和原因》（简称为《论进步》）

---

① 关于中国翻译斯宾塞的历史，可参阅韩承桦《斯宾塞到中国——一个翻译史的讨论》，台北：《编译论丛》第 3 卷第 2 期，2010 年 9 月；韩承桦《审重咨学：严复翻译〈群学肄言〉之研究》，台北：台湾师范大学历史学系、五南图书出版股份有限公司 2013 年版；王宪明、宛钧《近代中、日两国引介斯宾塞学说的差异及原因》，《河北学刊》2017 年第 3 期。

② 斯宾塞的《论进步：其法则和原因》和《礼仪与风尚》分别原刊于 1857 年和 1854 年的《威斯敏斯特评论》（*The Westminster Review*），先后收入 1858 年、1868 年、1891 年几个版本的《论文集：科学的，政治的和推断的》，内容有所修改和调整。曾、章译《斯宾塞尔文集》的原作底本，乃是 1868 年伦敦 Williams and Norgate 公司发行的美国铅印版《论文集：科学的，政治的和推断的》。斯宾塞原作的版本流变及底本考定，章氏语言方式及思想在译作中的体现，参阅彭春凌：《章太炎译〈斯宾塞尔文集〉原作底本问题研究》，《安徽大学学报》2017 年第 3 期。在全球史视域下研讨《斯宾塞尔文集》的方法论，参阅彭春凌：《关于"变化"的观念碰撞和知识生产——全球史视域下的汉译〈斯宾塞尔文集〉》，《中国现代文学研究丛刊》2018 年第 8 期。

所发生的主旨变焦，以及这一变焦映射的中英日各自内部充满紧张、彼此又互相联动的思想史图景，从而将斯宾塞辨析"进步"问题的前提亦即现代性过程的重要标记——科学与宗教关系的调适，置诸更广袤复杂的背景中予以审视。

"变焦"是一个光学名词，指通过改变焦距来实现影像覆盖面放大或缩小的效果。学界此前讨论斯宾塞与近代中国包括与章太炎的关系，多集中在早期社会学的萌芽、社会进化学说的影响，以及民族国家的建构理论等方面，较少关注斯宾塞哲学本体层面上影响的有无与深浅。[①]此种格局的形成，固然取决于论者对斯宾塞学说重要关切的把握，但不容回避的是，它也和译介者"变焦"斯宾塞作品的主旨亦即刻意放大或缩小其中某一部分的内容有关。《论进步》观照从天体、地质、生物的演化发展，到人类社会以及文明诸表象的演变进步，归纳和提挈其背后共同的法则和原因，后来融入斯宾塞"综合哲学"提纲挈领的《第一原理》（*First Principles*，1862），浓缩呈现了斯宾塞进步哲学的整体设想。[②]斯

[①] 关注斯宾塞社会学影响者，如董家遵：《清末两位社会学的先锋——严几道与章炳麟》，《社会研究》第 1 卷第 3 期，1937 年 1 月；姚纯安：《社会学在近代中国的进程（1895—1919）》，生活·读书·新知三联书店 2006 年版；王天根：《严复与章太炎社会学思想的对峙与交流》，《广西大学学报》2003 年第 2 期；王天根：《章太炎对"本土经验"的强调与早期"西方社会学中国化"》，《东方丛刊》2004 年第 2 期；黄克武、韩承桦：《晚清社会学的翻译及其影响：以严复与章太炎的译作为例》，沙培德、张嘉哲主编：《近代中国新知识的建构》，台北："中央研究院"2013 年版。关注斯宾塞社会进化学说影响者，如姜义华：《章太炎评传》，百花洲文艺出版社 1995 年版，第 27—39 页；王中江：《进化主义在中国的兴起：一个新的全能式世界观》，中国人民大学出版社 2010 年版；张士欢、王宏斌：《究竟是赫胥黎还是斯宾塞——论斯宾塞竞争进化论在中国的影响》，《河北师范大学学报》2007 年第 1 期。关注斯氏学说与近代中国民族国家相关理论及思想文化建构者，如本杰明·史华兹著，叶凤美译：《寻求富强：严复与西方》，江苏人民出版社 1995 年版；蔡乐苏：《严复启蒙思想与斯宾塞》，《清华大学学报》1989 年第 1 期；王宪明：《严译名著与中国文化的现代化——以严复译〈群学肄言〉为例的考察》，《福州大学学报》2008 年第 2 期；周红兵：《严复与斯宾塞的"社会有机体论"》，《东南学术》2015 年第 2 期；傅正：《斯宾塞"社会有机体"论与清季国家主义——以章太炎、严复为中心》，《近代史研究》2017 年第 2 期。

[②] Herbert Spencer, *Essays：Scientific，Political，and Speculative* （London：Williams and Norgate，1891），Vol. I，p.8.

宾塞哲学的根基，"发端于不可知、可知之分"①。《论进步》的主旨，首先就是通过区分"可知"与"不可知"，来处理理解进步问题的前提，即科学所揭示的进步的法则和原因，这些都是针对"可知者"而言的，与宗教相联系的、本体意义上的"不可知者"仍然保持着神秘性。通过强调两者共生而非对峙，斯宾塞试图调解最困惑维多利亚人的科学与宗教之间的矛盾。而章太炎译作以增删改写的方式，"变焦"了原作的主旨，使原作"不可知"范畴所投射的宗教视域整体淡出；相对而言就"放大"了原作基于"可知"领域的科学所塑造的物质宇宙图景。译作肯定人的认知能力，呼应了章太炎此一时期对神秘主义思想的抵制。

"投影"在光学上指光线照射物体，其影子投射到平面上的迹象。曾广铨、章太炎译介斯宾塞的变焦、偏误，刺痛了斯氏学说的"护法"——严复。他针锋相对翻译了《论进步》的首段。无论是斯宾塞批判以人的幸福和利益为尺度的目的论（teleological）的进步观，还是其"不可知"范畴，严复都有较准确的把握和认同。这提示出另一条接受斯宾塞进步哲学的路径，凸显了近代中国思想学术界的内部分歧。而章太炎庚子年（1900 年）后对斯宾塞的基本认知维持在其"看得宗教都是漠然"②"崇重科学，以为最上"③；但相比于"戊戌"时期翻译《论进步》时对斯宾塞的赞赏，其态度却逆转为批判。个中原因，主要是投身革命的章太炎自身对宗教的态度发生积极的转变。而从学术资源角度看，除太炎早年翻译《论进步》所秉持的错误印象外，东学——这里主要指日本学术，成了章太炎观察斯宾塞的新滤镜。日本明治时期的最后十年，斯宾塞热逐渐衰退，宗教思潮日益高涨。留德留美的学人姊崎正治、岸本能武太介绍、翻译了或质疑或有别于斯宾塞的西方宗教与社会学说。日本学界译介英语作品，本就有断以己意、添枝加叶的现象，例如角田柳作翻译本杰明·基德

---

① 严复：《穆勒名学》第 3 篇《论可名之物》第 8 节《论心》案语，汪征鲁等主编：《严复全集》第 5 卷，福建教育出版社 2014 年版，第 58 页。

② 太炎：《演说录》，《民报》第 6 号，1906 年 7 月 25 日，第 4 页。

③ 太炎：《四惑论》，《民报》第 22 号，1908 年 7 月 10 日，第 16 页。

(Benjamin Kidd)《社会之进化》（*Social Evolution*）时对斯宾塞的评价。总之，日本学界有选择地推荐西学以及其中隐含的变形，影响了章太炎对斯宾塞的观感。而彼时日语并不灵光的中国学者在用中文翻译介绍日译英语作品时，又或断章取义、扣盘扪烛，例如章太炎之转述藤井宇平所译斯宾塞的《综合哲学原理》（即《第一原理》）。斯宾塞著作及评价在英、日、中数种文字间的曲折传译，产生了一系列枝权丛生、负负相加的跨文化错判和误读。本文首次辨别了关于斯宾塞的知识经由日本流播、变形而到达章太炎的复杂环节，分析其原因，从而在交叠错落的不同国别文化背景的幕布上，映射出一幅立体的知识地图。

二、 译作《论进境之理》对原作《论进步》主旨的变焦

《论进步》结构整饬，前半部分讨论进步的法则，后半部分分析进步的原因。斯宾塞指出，"从最早的可追溯的宇宙变化到最近的文明成果，我们都能发现这种从同质性向异质性的转化，这就是'进步'本质上包含的东西"；进步的原因，是"每一个变化都跟随着不止一种其他的变化"。斯宾塞对"进步"的情感趋向是乐观的，称其"并不受人的控制，而是一个有益的必然"①。译作谓"变化之故，非矫揉所能为也"②，中性叙述，未带多少乐观情绪。

斯宾塞承认人的认知有局限性，比如地壳现象的复杂多样，"古生代"的具体情况，浩茫的宇宙以及关于地球的全部知识，就人的个体或某一门专门知识来说，终生难以穷尽，或难以全部触及。相关内容，译作亦有所呈现。③但

① Herbert Spencer, "Progress: Its Law and Cause", in *Essays: Scientific, Political, and Speculative*, Vol. I (1868), p.3, p.42, p.58.
② 曾广铨采译，章炳麟笔述：《斯宾塞尔文集·论进境之理》，《昌言报》第 5 册，沈云龙主编《近代中国史料丛刊三编》（329），台北：文海出版社 1987 年版，第 263 页。按：本文所引《昌言报》均出自此一原刊影印本，下文不再列出译者、版次。
③ 《斯宾塞尔文集·论进境之理》，《昌言报》第 1 册，第 4—5 页。

是，类似经验上的"不知道"，科学探索上目前"还不能知道"，并非宗教意义上的、终极神秘的"不可知"。

《论进步》在文章中间与结尾处集中讨论了谈论"进步"的前提。这些涉及斯宾塞哲学根柢，即终极神秘的"不可知"的内容，译作予以大量删除或改写。通过删改，原作"不可知"范畴所指涉的宗教视域被整体淡化。原作《论进步》中间部分用了近4页的篇幅，归纳进步的法则，并过渡到讨论进步的原因。这4页的内容，译作对应部分仅用120余字、一个段落，予以总结。①删除的内容包括：

（一）斯宾塞简略概括文学的发展，从《希伯来圣经》神学、宇宙起源学、历史、传记、民法、伦理、诗歌诸成分混杂，分化到今日文学各种独立的类型；科学从艺术中分裂出来；建筑学、戏剧、服装的演化，也都遵循从同质到异质的进步法则。②

（二）斯宾塞明确指出，"进步基本上包含着从科学所能探测的最遥远的过去，到昨天出现的新奇事物"，科学所探测的进步之原因"不应该从本体上考虑"（noumenally considered, is not to be supposed）；这样做，"意味着去解决超越于人类智慧之上的终极神秘之事"③。这里涉及斯宾塞分别将科学与宗教对应于"可知"与"不可知"两个范畴。

（三）斯宾塞要做牛顿式的学者："从基于经验的概括走向理性的概括"，其根本关怀在"将有多重表现的进步的法则解释为某一种类似的宇宙原理的必然结果。"④这里表现了19世纪上半叶流行的科学统一观以及对宏大理论的追求。

---

① 《斯宾塞尔文集·论进境之理》，《昌言报》第3册，第138页。

② 原文第29页"Were they needed ... with the Drama, with Dress"整段未译。Herbert Spencer, "Progress: Its Law and Cause," *Essays: Scientific, Political, and Speculative*, Vol. I (1868).

③ Herbert Spencer, "Progress: Its Law and Cause," in *Essays: Scientific, Political, and Speculative*, Vol. I (1868), p.30.

④ Ibid., pp.30—31.

原作《论进步》结尾近 5 页 7 个段落的内容，《论进境之理》仅以 3 个段落对应，匆匆收尾。其间整体删除未译的，一是概述语言、雕塑、音乐上的一个变化如何带来更多变化，而科学上一个部门的改进如何促进其他部门的改进（涉及光学发展对天文学、生理学发展的影响，化学间接提升电学、磁学、生物学和地质学上的知识等）；一是叙述更带英国文化现场感的事例，即原初的神秘剧衍生出近代喜剧，且影响其他类型的诗歌、小说，前拉斐尔画派（pre-Raffaelites）影响其他绘画流派，拉斯金（John Ruskin，1819—1900）新的批评学说产生复杂结果等。①而斯宾塞数次讨论"可知"与"不可知"的段落，其意义则被译文严重扭曲。兹举其中一段：

原作：

A few words must be added on the ontological bearings of our argument. ... The foregoing generalizations apply, not to the genesis of things in themselves, but to their genesis as manifested to the human consciousness. After all that has been said, the ultimate mystery remains just as it was. The explanation of that which is explicable, does but bring out into greater clearness the inexplicableness of that which remains behind. However we may succeed in reducing the equation to its lowest terms, we are not thereby enabled to determine the unknown quantity: on the contrary, it only becomes more manifest that the unknown quantity can never be found.

参考译文：

这里必须要增加一些关于我们所论话题的本体论层面的讨论。……上文的概括并不适用于事物本身的起源，而只是适用于它们呈现在人类知觉

---

① 被删掉的两段是从 "Space permitting, we could willingly have pursued the argument in relation to all the subtler results of civilization" 到 "here become so involved and subtle as to be followed with some difficulty". Herbert Spencer, "Progress: Its Law and Cause", *in Essays: Scientific, Political, and Speculative*, Vol. I (1868), pp.56—57。

范围内的起源。这里想说的是，终极的神秘仍旧保持它的神秘性。对可解释事物的解释，恰恰使它背后的事物的不可解释性显得更加清楚。然而，虽然我们也许成功地将公式降为它最简单的形式，我们并不能因此判定那些未知数；相反，它仅仅使未知数绝不能被发现这一点更加明白。①

译作：

是篇推物性实体之学，不得不系以解说，以释累惑……如右所论，论物与人智之始，然溯其究竟，卒不可得而知，则亦言其可知者耳。所不知者，以俟后人可也。虽然，就余所知，诚足以知未知矣。幽玄罔象之理，笔削所不能达，余虽知之而不能言也，则余固知之。②

译作不仅不存在斯宾塞形而上学的绝对主义的"不可知"，还反其意而用，来肯定人的认知能力。它先承认"物与人智之始……卒不可得而知"，但转过头来，就否定了"不可知"具有本体意义，指出有两个方向可以破解：一是"俟后人"，依靠世代之间知识的累积来不断突破；一是努力挖掘自身潜能，"就余所知，诚足以知未知"。甚至"笔削所不能达""不能言"的"幽玄罔象之理"，实质也是可知的。这和斯宾塞原意南辕北辙。

《论进步》的结尾称，科学的无畏探索，反而能持续给予真正的宗教以更坚实的基础。因为"人类理智的力量可以处理所有那些在经验范围内的事物"，却"无力来处理所有那些超越于经验的事物"。"绝对知识是不可能的"，"在所有的事物之下存在着看不透的神秘"。③

译作此处亦作扭曲："谓人智之有涯可也，谓其无涯亦可也。何者？因其所知而缒凿之则无涯；于所未历，于所未见，不能立天元一而求之，则又有涯

---

① Herbert Spencer, "Progress: Its Law and Cause", *in Essays: Scientific, Political, and Speculative*, Vol. I (1868), p.58.

② 《斯宾塞尔文集·论进境之理》，《昌言报》第 5 册，第 263 页。

③ Herbert Spencer, "Progress: Its Law and Cause", *in Essays: Scientific, Political, and Speculative*, Vol. I (1868), pp.58, 59—60.

矣，然后知天下无极知之理，而万物各有不能极知之理。"①称人智"无涯"，可用所知来探凿未知，固然为肯定认知能力。以假设句的方式讨论人智"有涯"，其实也是变相地承认认知能力的无限。因为只有在不能设立"天元一"来探求"所未历""所未见"的条件下，人智才有涯涘边界，万物才有不能极知之理。立"天元"乃中国传统"算氏至精之理"②，"天元"相当于今天代数中的一元方程式，"天元一"即是方程式中的未知数 X。宋代秦九韶《数书九章》、元代李治《测圆海镜》等著作都运用了这种算法，清代学者焦循还作有《天元一释》。译作想表达的是，只要能运用"天元一"那样的精妙的算学，人智仍旧无涯。这意味着没有终极的神秘可言，进步乃通过人智的探索和知识的积累增进而实现，并无限界和终点。

《论进步》讨论科学所能探测的"可知"范畴，大至宇宙天体的形成、人类社会的演变，微至蜡烛燃烧的过程、天花病毒作用于人体的反应，章太炎皆饶有兴趣。平情而论，无论天文、地质，还是物理、化学，在这场跨越 40 年的自然科学测验中，两位译者的科学素养有些捉襟见肘。《论进步》所涉自然科学知识对章太炎影响最大的，是关于宇宙构成的"星云假说"（Nebular Hypothesis）以及关于生物进化的"获得性状遗传"（inheritance of acquired characteristics）理念。③星云假说主张，最初宇宙空间充满了基本颗粒，在引力与斥力的作用下，逐渐形成了太阳系的星体和宇宙秩序。在斯宾塞思想结构的整个基础和设计中，一组通常被描绘为"机械论"（mechanism）的观念，充当着其进化哲学的基础，甚至比进化本身更为根本。④"机械论"观念的核心，是用物质（matter）、运动（motion）和力（force）来解释生命、精神和社会

---

① 《斯宾塞尔文集·论进境之理》，《昌言报》第 5 册，第 264 页。

② 李锐：《天元一释序》，焦循：《里堂算学记五种·天元一释二卷》，《续修四库全书》子部天文算法类第 1045 卷，上海古籍出版社 2002 年版，第 344 页。

③ 关于"星云假说"对章太炎儒学观念的影响，参阅彭春凌：《章太炎儒术新诠中的近代学术嬗变》，《中华文史论丛》2018 年第 2 期。章太炎对"获得性状遗传"理念的接受，笔者有别文讨论。

④ W. R. Sorley, *A History of English Philosophy*, pp.264—265.

现象，其重要依据就是星云假说。斯宾塞指出，"这个假说的一般性结论，如果不带偏见，无论如何都是必须接受的"①。《论进步》刊发后，斯氏 1858 年又专门创作《星云假说》（*The Nebular Hypothesis*），要在"星云假说"已经声名扫地之时为它辩护。②

《论进步》在篇首、篇中、篇尾，三度以星云假说支撑的宇宙演进观念，来说明进步的法则和原因。从译作的处理，能看到译者认知的层累、增进。

第一次，原作侧重于讲述宇宙如何从最初充斥着密度、温度及其他物理属性上同质的星云介质，分化出若干星体，并发展出具有高度异质性的太阳系（太阳与行星、各行星和卫星彼此间在重量、运行速度、温度等方面均有极大差异）。③译作加入了表达震惊的感慨："乌呼！吾不得太初之神人与之论大块之理，故所见局促于是，又安知是纷论错杂者，其始固一质之点所积而成乎？"④承认自己之前的见解太过局促，太阳系原来初始于"一质之点"，宇宙构造之谜已然解开。

第二次，原作重点在叙述不规则的星云物质微粒通过彼此吸引，产生凝聚与旋转、热与光、地球昼夜交替，形成潮汐，产生水与空气、岁差和季节……在这里，斯宾塞还介绍了支撑星云假说的万有引力定律，谓"万有引力同时生成向心力和离心力"⑤，并较详细地解说了"离心力"（centrifugal force）。译作不仅逐层呈现了上述内容，还将"星云假说"较为准确地意译为"散点积成之说"⑥。

---

① Herbert Spencer, "Progress: Its Law and Cause," in *Essays: Scientific, Political, and Speculative*, Vol. I (1868), p.5.

② Herbert Spencer, "The Nebular Hypothesis," in *Essays: Scientific, Political, and Speculative*, Vol. I (1891), p.108.

③ Herbert Spencer, "Progress: Its Law and Cause," in *Essays: Scientific, Political, and Speculative*, Vol. I (1868), pp.3—4.

④《斯宾塞尔文集·论进境之理》，《昌言报》第 1 册，第 3 页。

⑤ Herbert Spencer, "Progress: Its Law and Cause," in *Essays: Scientific, Political, and Speculative*, Vol. I (1868), p.34.

⑥《斯宾塞尔文集·论进境之理》，《昌言报》第 3 册，第 140 页。

第三次，原作只简单提及"如果星云假说被证实，那么整个宇宙如同每个生物体一样，曾经是同质的，就会很明白"[①]。译作却在此处添加了对星云假说更详细的解说，谓，"如吾前言太始之时，日星皆为散点因欻成积，使是说果合，则天地太始与他物之原质点，皆为一体"[②]。表现出译者对该学说愈加自信的把握和理解。

在斯宾塞看来，星云假说非但未挑战，反倒更印证了不可知的终极神秘的存在。《星云假说》结尾称，"虽然太阳系以及无数其他类似系统的起源，现在变得可以理解了，终极的神秘仍旧如其最初那样伟大。存在的问题并没有解决：它仅仅是更向后推移"[③]。

章太炎在《菌说》中，从"机械论"立场出发，以原子微粒的运动及力的相互作用来解释万物之生成，谓，"凡物之初，只有阿屯，而其中万殊，各原质皆有欲恶去就，欲就为爱力、吸力，恶去为离心力、驱力，有此故诸原质不能不散为各体，而散后又不能不相和合"；他凭此论证物乃"自造"，与上帝等任何神秘力量无关。[④]他还根据"星云假说"以及彼时译介的《谈天》等西学成果，在《儒术真论》的附文《视天论》中，对中国传统"宣夜"学说"无所根系"[⑤]的宇宙图景作了实体化论证："日与恒星，皆有地球"[⑥]，浩茫的宇宙由无穷的太阳系拥有无数的地球而构成；其境况都能通过我们自己的处境得到投射，并无神秘力量存在。"星云假说"在斯宾塞那里意味着存在"第一原因"、神秘力量，科学和宗教始终互相支撑；但"星云假说"却为章太炎提供了否定

① Herbert Spencer, "Progress：Its Law and Cause", in *Essays：Scientific，Political，and Speculative*，Vol. I （1868），pp.57—58.

② 《斯宾塞尔文集·论进境之理》，《昌言报》第 5 册，第 263 页。

③ Herbert Spencer, "The Nebular Hypothesis", in *Essays：Scientific，Political，and Speculative*，Vol. I （1868），pp.298—299.

④ 章氏学：《菌说》，《儒术真论》附文，《清议报》第 28 册，1899 年 9 月 25 日，中华书局 1991 年影印版，第 1838 页。

⑤ 章氏学：《视天论》，《儒术真论》附文，《清议报》第 25 册，1899 年 8 月 26 日，第 1641—1642 页。

⑥ 章氏学：《儒术真论》，《清议报》第 23 册，1899 年 8 月 6 日，第 1507—1508 页。

神秘主义思想的依据，科学与宗教因此两相对峙。这体现了跨语际传译过程的买椟还珠对于知识再生产的魔力。

斯宾塞所秉持的"不可知论"，属于上溯至笛卡尔、休谟、康德，下延及尼采、韦伯、波普等的"西方认识论大革命"。墨子刻（Thomas A. Metzger）指出，根据此一革命的看法，宇宙本体或"天道"属于"第一个世界"，实践规范或"人道"属于"第二个世界"，知识的范围则只限于能以实验来证明或反驳的命题所构成的"第三个世界"。①关于斯宾塞的形而上学资源，有两条思考路径：一是传统以来就建立他与柏拉图、洛克、康德之间的思想联系②；一是近期的研究更为关注 19 世纪 50 年代英国知识环境的影响。这一知识环境包括《领袖》（the *Leader*）杂志结合宗教与科学的"唯灵论"（spiritualism）与"新改革"（New Reformation）思潮的知识群落、出版人约翰·查普曼（John Chapman，1821—1894）周边的河岸街知识圈子，以及 19 世纪中期苏格兰常识哲学等。③斯宾塞通过区分"可知"与"不可知"，"将 19 世纪实证主义的肉体嫁接到 18 世纪自然神论的骨骼上"④，令科学、宗教和谐共生。《论进步》文本所携带的民族文化关于宗教信仰的"执拗的低音"，散发着整个英国社会进步中兼具保守的气息。它也印证了马修·阿诺德（Matthew Arnold，1822—1888）对 1833 年后展开的"牛津运动"的评价，即其所培育的信仰的"感情洪流"，"已于不知不觉中对国人的思想产生了影响"⑤。

---

① 墨子刻：《形上思维与历史性的思想规矩：论郁振华的〈形上的智慧如何可能？——中国现代哲学的沉思〉》，《清华大学学报》2001 年第 6 期，第 59 页。

② 持此论者中外都甚多。比如冯契主编《外国哲学大辞典》，上海辞书出版社 2008 年版，第447 页。桑木严翼《现代思潮十講》，东京：弘道馆 1913 年版，第 73—74 页。John Cartwright, *Evolution and Human Behaviour*：*Darwinian Perspectives on Human Nature*（Cambridge，MA：MIT Press，2000），p.18.

③ 参阅 Mark Francis, *Herbert Spencer and the Invention of Modern Life*，Part II The lost world of Spencer's metaphysics. pp.111—186。

④ Michael W. Taylor, *The Philosophy of Herbert Spencer*，p.8.

⑤ 马修·阿诺德著，韩敏中译：《文化与无政府状态》，生活·读书·新知三联书店 2012 年版，第 26 页。

如杨国荣所述，在实证主义传入中国的过程中，中国不少思想家难以接受西方正统实证主义极端的经验论和反形而上学的原则。比如，严复就"并不否定本体世界的存在，只是认为本体世界超越了现象的领域，从而'不可思议'"①。严复一方面受到道家"道可道，非常道"以及佛教"不可思议"观念的影响，另一方面也接受了斯宾塞具有形而上意义的"不可知"（unknowable）观念。②译作《论进境之理》的主旨变焦，可在太炎此一时期的《儒术真论》（1899 年）、《訄书》初刻本（1900 年）中得到印证。太炎扭曲斯氏"不可知"的意旨，淡化其所指涉的宗教视域，走在和严复接受实证主义不同的道路上。在驳斥康有为孔子受命于天及儒学宗教化神秘化的种种主张过程中，章太炎打出经古文学的大旗，建立了颇具个人和时代色彩的"真儒术"——意即将孔子最大的功劳勘定为"独在以天为不明及无鬼神二事"③。此后，他又与明治日本带有神道意味的"天意论"论战，立志切割儒学中原有的"敬天论"，扫除社会文化中的神秘主义。④这反而使他至少在此一时期，对西方实证主义的经验论和反形而上学，有更多的同情。就连《訄书》重订本、《儒术真论》援引佛教典籍，也是"试图表明在东方存在着与西方科学相匹敌的知识传统"⑤。

总之，具有形而上学终极意义、指向宗教的"不可知"，在原作《论进步》与译作《论进境之理》中的有或无，以及不同的诠释，体现了斯宾塞、章太炎面对各自急遽变化之社会的思考和因应。

---

① 杨国荣：《实证主义与中国近代哲学》，华东师范大学出版社 2009 年版，第 2 页。

② 参阅黄克武：《惟适之安：严复与近代中国的文化转型》，社会科学文献出版社 2012 年版，第 163—169 页。

③ 章氏学：《儒术真论》，《清议报》第 23 册，1899 年 8 月 17 日，第 1507 页。章太炎对康有为孔教思想的驳异，参阅姜义华：《章炳麟评传》，南京大学出版社 2002 年版，第 315—332 页。

④ 太炎旅居殖民地台湾期间与明治日本"国体论"的思想对话，参阅彭春凌《儒学转型与文化新命——以康有为、章太炎为中心（1898—1927）》，北京大学出版社 2014 年版，第 83—118 页。

⑤ 陳繼東：《從〈訄书〉初刻本（一九〇〇）看章炳麟的早期佛教認識》，《言語·文化·社會》第 7 號，東京：學習院大學 2009 年 3 月，第 3 页。

三、 严复理解"进步"立足点的差异
及其对斯宾塞的呼应

《论进步》指出，伦理上的功利主义思想，边沁（Jeremy Bentham，1748—1832）主张的"最大多数人之最大的幸福"，容易形成以人为中心的目的论视域，从而误导人们对"进步"这一立足于整体考察宇宙构成、地球演变、物种起源问题的认知。《论进步》首段明确反对以人的幸福和利益为尺度的功利的（utilitarian）、目的论（teleological）的进步观，因为人并非宇宙的中心，而是嵌凿在宇宙自然中的一部分。

汪康年编《时务报》时，想请"当今名手赓续"，完成严复未译全的《斯宾塞尔劝学篇》。"名手"一语对自负的严复本就有些刺激，何况严氏颇有自己动手之意。估计和汪康年没有谈拢酬金，遂作罢。严复调侃汪氏找人翻译"卷帙綦繁"的《天人会通论》即全部《综合哲学》。①哪知汪康年真的听取建议，去别发洋书坊购得斯宾塞书籍。《综合哲学》全集当然难以下手；《第一原理》虽然提纲挈领，其专著篇幅仍非杂志所能涵盖；而《论进步：其法则和原因》却浓缩了《第一原理》主旨。汪康年遂退而求其次，打算翻译斯氏《论文集》（其首篇即《论进步》），译者则选任懂英文的曾广铨和汉文功底深厚的章太炎，以为如此便可取长补短。汪康年与康、梁争夺《时务报》失败，另创《昌言报》，译文遂阴差阳错成为《昌言报》的第一篇文章。严复本以翻译《第一原理》为译书理想，谓使之"得转汉文，仆死不朽"②，哪知曾、章率尔操觚翻译浓缩《第一原理》意旨的《论进步》，弄得纰漏百出。严复读后之痛心疾首，可想而知。他撰《论译才之难》，质问"西书可译而急用者甚多，何必取此以苦人自苦"，并译

---

① 严复：《与汪康年》（1898 年 6 月 21 日），汪征鲁等主编：《严复全集》第 8 卷，第 111 页。

② 严复：《与张元济》（1899 年 4 月 5 日），汪征鲁等主编：《严复全集》第 8 卷，第 131 页。

8

出《论进步》首段，以证明曾、章所译《论进境之理》"满纸唵呓"①。

就《论进步》首段的翻译问题，之前的研究往往聚焦于两种译作的质量高低，事实上，两种译作的差异也呈现了译者此处观念的差别。严复拍案而起，根本上还是出于"公心"。②他较准确地把握了斯宾塞讨论"进步"的立场，指出，只有祛除以人为中心的"人见"的目的论，方能识得"天演"真谛；而曾、章译作没领会到这层意思，且始终围绕着肯定人的理性认知能力展开议论。以下为《论进步》首段原文与严译以及曾、章译文的对照表（分行及序号均为笔者所加），确可见"二译舛驰若不可以道里计者"③：

	原　文	严复译文	曾、章译文
1.	The current conception of progress is somewhat shifting and indefinite.	夫世俗之言进也，说屡迁，而其义也混。	言进境者，至噤口敝舌而人或不能喻。非其言之难喻也，其所包者既深闳广博，虽言进固不足尽之，假借以立号，缘不得已以定名。
2.	Sometimes it comprehends little more than simple growth—as of a nation in the number of its members and the extent of territory over which it has spread. Sometimes it has reference to quantity of material manufactures is the topic. Sometimes the superior products—as when the advance of agriculture and quality of these products is contemplated; and sometimes the new or improved appliances by which they are produced. When, again, we speak of moral or intellectual progress, we refer to the state of the individual or people exhibiting it; while, when the progress of Knowledge, of Science, or Art, is commented upon, we have in view certain abstract results of human thought and action. Not only, however, is the current conception of progress more or less vague, but it is in great measure erroneous.	有以滋长为进者，如国则指其民人之加多，与其幅员之弥广；有以所产之丰歉言进者：则树畜工虞之事是已；有时以所殖之美恶良楛言进，有时以操术之巧拙精粗言进，举无定矣。至于验德智之进否，则第人品能事之高下；言学问艺术之进否，则又视其思索之所及，与夫制作之所成。感物造端，随地而易，盖不仅觳杂不章而已，谬误则大半也。	则言进云尔，今夫五洲之国，其户口之多寡，版图之广狭，物产之盈绌，械器之良楛，货殖之奇赢，法度之优劣，斯固可以进境言之矣。从而询其人之志识学问，与其技艺，则其用在虚，大气举之，其思虑与神明往来，不可以校先后，进境之义，于此又非其凱切者也。

---

① 严复：《论译才之难》(1898年)，汪征鲁等主编：《严复全集》第7卷，第88页。

② 由于和曾广铨之父曾纪泽不和，严复的批评或亦有"私怨"成分。之前所列黄克武、王天根的相关研究均有讨论严、曾关系，此不详赘。

③ 严复：《论译才之难》(1898年)，汪征鲁等主编：《严复全集》第7卷，第87页。

续表

	原　　文	严复译文	曾、章译文
3.	(1) It takes in not so much the reality of progress as its accompaniments—not so much the substance as the shadow. That progress in intelligence seen during the growth of the child into the man, or the savage into the philosopher, is commonly regarded as consisting in the greater number of facts known and laws understood; whereas the actual progress consists in those internal modifications of which this increased knowledge is the expression. Social progress is supposed to consist in the produce of a greater quantity and variety of the articles required for satisfying men's wants; in the increasing security of person and property; in widening freedom of action; whereas, rightly understood, social progress consists in those changes of structure in the social organism which have entailed these consequences. (2) The current conception is a teleological one. The phenomena are contemplated solely as bearing on human happiness. Only those changes are held to constitute progress which directly or indirectly tend to heighten human happiness. And they are thought to constitute progress simply *because* they tend to heighten human happiness. But rightly to understand progress, we must inquire what is the nature of these changes, considered apart from our interests.	(1) 夫言进有道，今既置其本而求其末，追其影而失其形矣。则以人为论，由孩提以至【长】大成人。以国为论，由野蛮以至于开化。将徒见其发见外缘之先后，而不悟有内因焉实为之本。外缘者是内因所呈露之端倪，有所待而后能变者也。是故彼论一国一群之进化也，徒诧于人民欲求之日得，居养之日优，抑其生命之日安，财产之不寇，与其悠游多行，日以自由，而无所抑困；而不知是国与群之中，必其条理形官有其先变者存，夫而后乃有是之显效也。 (2) 惟常智不离人见，而穷理因以不精。不离人见者，举两间之变境，皆自人之利不利而进退之。苟利斯以为进矣，苟不利斯以为不进矣。而不知求进理之真实，必尽祛人见，而后其变之性情体用可得言也。	至微之理，或虚而无所薄，迹象所不能显，彼龀童之为成人钦，野蛮之慕为圣贤钦，非阅历问学，不足以就，固也。然而，餍饫于阅历问学矣，其智虑或不足以运之，则是安足为用也。今人类教化，所需于器物者愈多，斯似教化进境之准矣。庸讵知识见既精，阅历既广，则所待于用者，自不能不求其博，非因物而增识，乃因识而须物，斯亦自然之势也。然则其内不足以表外，而其外乃可以表内矣。是故欲探隐索微，宜一切涤除其故见。
4.	Ceasing, for example, to regard the successive geological modifications that have taken place in the Earth, as modifications that have gradually fitted it for the habitation of Man, and as *therefore* a geological progress, we must seek to determine the character common to these modifications—the law to which they all conform. And similarly in every other case. Leaving out of sight concomitants and beneficial consequences, let us ask what Progress is in itself.	今有为地学者，不知地体之进有大例，不系夫生民之初、生民之后也，乃凡水土奠分草禾木条之事，皆执民居、民食以验天演之浅深，于地学庸有当乎。故原进者，必就进以言进，而凡与进同时而并著，及夫利我之境，偶与偕行，皆不容稍杂于其际。能如是，则进之真可以见矣。	譬之地球之变迁，沧海大陆之不能久，非深求地学，与考其变化之理者，无以知之，以是知凡事当得其比例，而后可考其进境何如也。

资料来源：Herbert Spencer, "Progress: Its Law and Cause", in *Essays: Scientific, Political, and Speculative*, Vol. Ⅰ（1868）pp.1—2. 严复：《论译才之难》（1898 年），汪征鲁等主编：《严复全集》第 7 卷，第 88 页。《斯宾塞尔文集·论进境之理》，《昌言报》第 1 册，第 1 页。

　　斯宾塞在追问"进步"的本质之前，开篇首段要扫除的是理解"进步"的误区。上表第 1、2 条，斯宾塞批评现行"进步"概念含混，甚至谬误。比如有时仅从简单的增长来谈，如国家人口和土地的增长；有时关涉物质产品的数量，那么农业和制造业的推进就成为主题；有时关注这些产品优质与否；有时涉及生产工具的改良。谈论"道德"或"智识"进步时，指涉的是展示它们的个体或群体的状态；而评论"知识""科学"或"艺术"的进步，考虑的是人类思想和行动所带来的抽象结果。各项所指层面都不相同。

　　原文这两条内容，严译基本到位，曾、章译作则如在梦中。第 1 条，曾、章擅自发挥，将言"进境"之困难，归因于符号学意义上所指与能指难以完全贴合的普遍性问题。彼以为"进"这个名称（能指）所囊括的意思（所指）极为"深闳广博"，难以用"进"完全概括；以"进"命名，不过是"不得已""假借以立号"而已。此处可见章太炎立足于语言文字学的思维习惯。而他之后的《文学说例》（1902 年）、《齐物论释》（1910 年）等作，亦试图用西学的"表象主义"（symbolism），佛经的"能诠"与"所诠"的关系，来说明"假借"。[1]第二横栏，斯宾塞指出"进步"概念混淆，原因是没有一套内核贯通的科学标准。曾、章却以为，讨论"进境"，在"户口之多寡，版图之广狭，物产之盈绌，械器之良楛，货殖之奇赢，法度之优劣"等质实的人地、器物、制度层面是可行的，所谓"斯固可以言进也"，但是，"人之志识学问，与其技艺"涉及人类精神发展"其用在虚"的层面，难以用"进境"衡量，所谓"进境之义，于此又非其剀切者也"。此论与斯宾塞原文无关，倒是和"戊戌"时期，知识人从器物、制度与人的培养"实""虚"两个层面思考变法之轻重缓急的思想框架，颇为相通。

　　上表第 3、第 4 条，斯宾塞指出，造成进步观念之谬误的原因有两方面：

　　其一，舍本逐末，将进步的伴随物和表现形式当作进步本身。他举了两个例子，一是人们通常将从孩童到成人的智力进步，理解为其了解更多事情与法

① 参阅章氏学《文学说例》，《新民丛报》第 5 号，1902 年 4 月 8 日，第 76—77 页；上海人民出版社编《章太炎全集·齐物论释》，上海人民出版社 2014 年版，第 30—32 页。

度，而忽视真正的进步在内在的调整，知识增加仅是其内在调整的外在表现而已；一是将社会进步理解为生产更多数量和种类的物品来满足人们的需求、保障人身和财产安全、扩大行动自由等，而忽视了社会进步真正的内涵，在于能产生这些结果的社会有机体（social organism）的结构变化。

其二，当前的进步观是功利的（utilitarian）、目的论的（teleological），是将人的幸福（human happiness）和利益（interests）作为判定进步与否的标准。斯宾塞以地质学为例指出，如将地球上持续的地质演变当作为了逐渐适应人的居住而进行的调整，就可见功利论、目的论之进步观的荒谬。他认为只有抛弃这种观念，探索这些调整的一般特征和法则，超脱进步所带来的伴随物和有利结果，才能够对"进步"本身进行追问。从 19 世纪 40 年代开始，斯宾塞就持续反驳边沁的功利论说，即反对将政治视为满足个人利益和增进个体幸福的方式。无论是反功利论，还是反目的论，在斯宾塞自身思想中都有深层的悖论。[1]他并非不重视人类的幸福，但在他看来，人类的幸福与自然的演变并不矛盾，因为，"自然正在朝一个眼前难以想象的人类幸福阶段进化"，与自然站在同一边，也就是和幸福的创造者站在同一边。[2]

对第 3、第 4 条的内容，严、章两种翻译有程度不同的变形；他们既是传播者，又是域外思想的消费者与生产者。差别在于，严复精心筹划，在把握原意的基础上有意识地挟带些私货，或为异文明间的屏障作一些必要的疏通；而曾、章译文则更多地是信马由缰的自我表达。

严复几乎逐句对译了斯宾塞举证的第一个方面，但所谓"以国为论，由野蛮以至于开化"，则是他添加的内容。斯宾塞原文只说"从粗野的人到哲人"（the savage into the philosopher），并未涉及国家的野蛮与开化问题，而偏向于民族国家视野，恰恰为严复翻译和理解斯宾塞的一大特点。[3]反倒是曾、章译之为"野蛮之慕为圣贤欤"，更加准确。第二个方面，严复极具创意地将以人

---

① Mark Francis, *Herbert Spencer and the Invention of Modern Life*，p.248.

② 约翰·麦克里兰著，彭淮栋译：《西方政治思想史》，海南出版社 2003 年版，第 541 页。

③ 本杰明·史华兹著，叶凤美译：《寻求富强：严复与西方》，第 67 页。

的幸福和利益为尺度的进步观，归纳为"人见"的进步观。具体表现在，他将"the current conception is a teleological one"，译为"常智不离人见"；将"we must learn the nature of these changes, considered apart from our interests"，译为"必尽祛人见，而后其变之性情体用可得言也"。严氏《论译才之难》还称，"（《论进步》）此段所谓未祛人见，即庄周所谓其见'未始出于非人'，息之至深而后有此"。① 严复运用庄子的哲学话语来翻译斯宾塞的核心观念，试图构建一座桥梁，以期在近代科学所建立的自然宇宙观中重新理解庄子哲学，同时使中国的思维世界更容易接纳斯宾塞"天演"进化的思想。"其见'未始出于非人'"，典出《庄子·内篇·应帝王》蒲衣子的话："而乃今知之乎？有虞氏不及泰氏。有虞氏，其犹藏仁以要人，亦得人矣，而未始出于非人。泰氏，其卧徐徐，其觉于于。一以己为马，一以己为牛。其知情信，其德甚真，而未始入于非人。"郭象、成玄英将"有虞氏……未始出于非人"，解释为虞舜未曾出于"以所好为是人，所恶为非人"的是非之域。这种传统解释在人的范围内区隔"是人""非人"，来落实"未始出于非人"。严复并未沿袭这种理解，他以"其见'未始出于非人'"来界定"人见"，主要是将人作为万物中一个物类而言的；他以"祛人见"为"出于非人"，不只意味着超越人我或人己，更重要的是意味着超越对人这一物类的偏执，将人类作为宇宙自然的一个构成部分。严复的观点和郭嵩焘的诠释颇相一致。郭嵩焘谓："有人之见存，而要人之仁行焉。无人之见存，出于鸟兽之群而不乱；其（世）【与】人也（汛）【汛】乎相遇泯泯之中，而奚以要人为！出于非人，忘非我之分矣。入于非人，人我之分之两忘者，不以心应焉。为马为牛，非独忘人也，亦忘己也。"② 严、郭二人在英国相遇相知。他们超越以人为本位的传统，强调从更阔大的宇宙自然立场上观察，其背后均有对"浩如烟海""中土人视之茫然莫知其涯"③的

① 严复：《论译才之难》（1898 年），汪征鲁等主编：《严复全集》第 7 卷，第 88 页。

② 郭庆藩撰，王孝鱼点校：《庄子集释》，中华书局 1961 年版，第 288 页。

③ 参阅郭嵩焘《日记》，光绪五年七月初二（1879 年 8 月 19 日），《郭嵩焘全集》第 11 册，岳麓书社 2012 年版，第 150 页。

英、法现代科学的领会。立足于现代科学，人只是宇宙自然的一部分，进化"天演"并不必然与人相关。要祛除"人见"，才能体察进步的本性。

曾、章译文紧紧抓住斯氏原文的第一个方面。斯宾塞在批评舍本逐末的进步观时，所举第一例，即人类智力进步的根本是内在的调整，外部掌握知识的多少仅是其表现形式。译文作"餍饫于阅历问学矣，其智虑或不足以运之，则是安足为用也"，是相对准确的。由于吻合译作肯定人认知能力和主观能动性的整体取向，译者遂发挥道，"非因物而增识，乃因识而须物"。只有提高人的识见和阅历，才能掌握更广博的器物，实现教化的进境。斯宾塞原文第一个方面所举第二例，是社会进步表现在社会有机体结构的变化，曾、章译文竟未作任何呈现。社会有机体（social organism）是斯宾塞社会学说的重要概念。《论进步》原作共三次、《论礼仪》原作有一次提到这一概念，译作《论进境之理》和《论礼仪》均未翻译，可见彼时章太炎对"社会有机体（social organism）"并无自觉的概念意识。至于斯氏原文第二个方面，曾、章译作不仅没有翻译斯宾塞对以人的幸福和利益为尺度的进步观的抨击，并且反其意而用之，将原作第4条嘲讽为地球地质演变是为了适合人类居住，改写为只有"深求地学"，"考其变化之理"，人才能了解地球的演进。斯宾塞否定以人为中心的进步观，曾、章译作却充分肯定人的意志乃进步的中心。论者早就指出，进化学说强调"天数"（势之自然）的"决定论"（determinism），与中国文化推崇"人力"（人为过程）的"决心论"（determinationism）和唯意志论之间的冲突，乃是观察该学说在中国产生反响的重要面相。[1]章太炎主张"物苟有志，强力以与天地竞，此古今万物之所以变"[2]，属于唯意志论者；而严复颇徘徊于"天数"与"人力"之间。章、严理解进化学说的差别，在翻译斯宾塞《论进步》首段

---

[1]　参阅浦嘉珉著、钟永强译：《中国与达尔文》（江苏人民出版社2014年版）一书的分析，引文见该书第51—52页。

[2]　章太炎：《原变》，上海人民出版社编：《章太炎全集·〈訄书〉初刻本》，上海人民出版社2014年版，第25页。

的差异中已露出端倪。

与曾、章译作凸显了跨文化的误读不同，严复对《论进步》别样的译介，提示出近代中国接受斯宾塞进步哲学的另一条路径。沿此路径前行的学者背靠或儒或释的资源，较准确地理解了斯宾塞平衡科学与宗教的本意。1899 年，钟天纬在格致书院课艺答卷中，谓施本思（案即斯宾塞）之学，将"确可知者，与确不可知者，晰分为二"，而"至若圣教中之所言上帝，格致学之所论原质"，乃"万物之精微"，"非人思力所能知能测"。①曾游历英国的康有为于1904 年称，"英人斯宾塞，兼利心物，学识最为精深，其论穷理尽性，且至于命，吾最取焉"②；严复以《第一原理》的"宗教主体在知识范围之外"，来理解"孔门性与天道所以不可得闻"，与康有为相当默契。③而颇有佛学造诣的桐城光钟石士因友人"邃于科学，执著甚深，未易骤语于玄妙之学"，于1918 年选译了斯宾塞《第一义谛》（即《第一原理》）"论事理之不可思议者"编（The Unknowable），目的是"破其心习，使知即以西国唯物家言，亦谓宇宙间自有其不可思议者"。光钟石士指出，释教的"不可思议"在"涅槃之究竟"与"妄念之初生"；《第一义谛》"以不可思议为宗教之极义也"，"虽以东土迥绝人天之释教，亦赅括于是例之中"。④所谓"以不可思议为宗教之极义"，主要是指斯宾塞在"教义之终极"章末的概括："如果说宗教与科学能够和解，那么和解的基础一定是所有事物中最深、最广、最确定的部分——宇宙显示出来的力量对我们来说是完全的不可思议。"⑤

---

① 《钟天纬答卷（1889）》，王韬编：《格致书院课艺》第 2 册，"分类西学课艺·格致"，光绪戊戌年仲春上海富强斋书局仿足本重校石印，第 12—13 页。

② 康有为：《英国监布烈住大学华文总教习斋路士会见记》（1904 年），《康有为全集》第 8 集，中国人民大学出版社 2007 年版，第 31 页。

③ 严复：《"民可使由之不可使知之"讲义（癸丑仲秋丁祭日在国子监演讲）》（1913 年），汪征鲁等主编：《严复全集》第 7 卷，第 459 页。

④ ［英国］斯宾塞尔原著，桐城光钟石士译述：《第一义谛》（上编），《戊午杂志》，1918 年第 1 卷第 1 期，第 1 页；第 2 期，第 17、18 页。

⑤ Herbert Spencer, *First Principles* (London: Williams and Norgate, 1862), p.46.

四、 东学滤镜下章太炎对斯宾塞的再认识

章太炎翻译《论进境之理》尚算是从容，1898 年 9 月戊戌政变发生，《论礼仪》之翻译无奈中匆匆收尾①，《昌言报》在办了十册后戛然停刊，《斯宾塞尔文集》之译载自然也难以为继。而此后，章太炎的人生和思想更经历了剧烈的跌宕起伏。整体来讲，20 世纪最初十年（特别是 1902 年之后），章太炎和斯宾塞科学与宗教观念的关系呈现了诡异的变化，即以思想学问上相反的方式，走向了旨趣追求上的某种一致性。章太炎对斯宾塞的误解误读还在加深，在宇宙观上，他几乎走向斯宾塞所肯定的、属于"可知"范畴的科学所揭示的物质世界的反面；然而在革命逻辑驱动下，章太炎充分肯定宗教塑造人的道德情感的价值，他和斯宾塞一样，批判伦理上的功利主义思潮。

一方面，章太炎这一时期"涉猎《华严》《法华》《涅槃》诸经"，学问上逐渐"转俗成真"②，佛教特别是法相唯识论逐渐铸成他新的宇宙观。章太炎以佛教来建立革命者的宗教信心，强调"万法唯心""一切有形的色相，无形的法尘，总是幻见幻想，并非实在真有"③。在早期翻译或撰作的《论进境之理》与《儒术真论》中，他受斯宾塞影响，承认由"星云假说"所构筑的物质宇宙图景。而如今在他看来，这并非真理，不过是"常人所信"的"覆谛"④（颠倒的道理）而已。1907 年，太炎创作《五无论》时，已然对"星云假说"

---

① 斯宾塞 "Manners and Fashion" 原作中，从 "Who then shall say that the reform of our system of observances is unimportant?" 到结尾近 7 页的篇幅，译作《论礼仪》，未进行翻译。Herbert Spencer, "Manners and Fashion," in *Essays: Scientific, Political, and Speculative*, Vol. I (1868) pp.108—115.

② 章太炎：《菿汉微言》，《菿汉三言》，辽宁教育出版社 2000 年版，第 60 页。

③ 章太炎：《演说录》，《民报》第 6 号，1906 年 7 月 25 日，第 7 页。

④ 章太炎：《五无论》，《民报》第 16 号，1907 年 9 月 25 日，第 9 页。

有了明确的概念意识①，尝谓，"世界初成，溟濛一气，液质固形，皆如烟聚。佛谓之金藏云，康德谓之星云，今人谓之瓦斯气，儒者则以太素目之。尔后渐渐凝成，体若熟乳，久之坚硬，则地球于是定位，次是乃有众生滋长"。然而章太炎指出，星云说构筑的"器世间"，"由众生眼翳见病所成，都非实有"——物质宇宙并非实有，不过如众生因眼生白翳、障蔽视线而形成的幻象而已。一旦"众生既尽，世界必无豪毛圭撮之存，譬若病眼者死，而眼中所见之空华与之俱死"②。在斯宾塞那里坚不可摧、章太炎自己也曾执着的宇宙世界，此处被他以视之为人心之"幻"的理解方式消弭。

另一方面，章太炎"东走日本……旁览彼土所译希腊、德意志哲人之书"③，其接受域外思想的重点从西学逐渐向东学转移。《论进步》作于1857年，当时英帝国如日中天，青年斯宾塞声名鹊起。《论进步》及"综合哲学"致力于探讨科学世界中道德和宗教的位置，符合19世纪中叶传统信仰衰退之际维多利亚时代英国人的心理诉求。然而19世纪与20世纪之交，英美工业化国家的主要困境，已转变为如何在发展所带来的痛苦的阶级矛盾中维持社会秩序；斯宾塞理论对此稍显无力。加之，斯宾塞所体现的"博雅"的、为一般大众写作的知识传统面临写作愈益专业化的挑战；特别是科学日新月异，由于所依赖的一些科学依据如拉马克主义崩盘，斯宾塞的知识大厦有倾圮之危。④而19世纪80年代之后，德国、美国逐渐崛起，在包括全球知识传播在内的各个领域挑战英帝国的文化权势。不管是英语圈还是日本，更年轻的世代都在质疑

---

① 贺麟《康德、黑格尔哲学在中国的传播——兼论我对介绍康德、黑格尔哲学的回顾》中，认为章太炎是在《五无论》才介绍了星云说（贺麟：《五十年来的中国哲学》，商务印书馆2002年版，第86页）。事实上如本文所论，译文《论进境之理》乃太炎首次介绍星云假说，唯将之意译为"散点积成之说"。

② 章太炎：《五无论》，《民报》第16号，1907年9月25日，第9页。

③ 章太炎：《菿汉微言》，《菿汉三言》，第61页。

④ James R. Moore, *The Post-Darwinian Controversies: a Study of the Protestant Struggle to Come to terms with Darwin in Great Britain and America, 1870—1900* (Cambridge: Cambridge University Press, 1979), p.172.

权威中成长起来。新的关于斯宾塞的知识及评价从欧美涌向日本，又在日本被重新诠释。于是章太炎与斯宾塞再次"相遇"时，就戴上了"东学"的滤镜。①

20世纪最初十年，章太炎仍旧零星吸收散布在日本学界里的斯宾塞学说，但其论斯宾塞，持负面意见者居多。②其中1902年译著《社会学》之自序，以及1906年刊载于《民报》的《演说录》、1908年撰作的《四惑论》，均批评斯宾塞漠然于支持社会运转的宗教（心理）因素，而崇重科学，以为最上。章太

① 小林武《章炳麟と明治思潮：もう一つの近代》一书（東京：研文出版2006年版）检讨了章太炎与明治思潮的关系，氏著《章炳麟〈訄书〉と明治思潮——西洋近代思想との關連で》（《日本中國學會報》第55集，2003年）谈到了《訄书》重订本吸收日译斯宾塞著作的一些情况，但都未涉及日本对西学的介绍如何影响章太炎对斯宾塞的认知。

② 1900年至1910年，章太炎著论提及斯宾塞的情况如下：1900年《〈訄书〉初刻本·订文》称，"吾闻斯宾塞尔之言曰：有语言然后有文字……"（《章太炎全集·〈訄书〉初刻本》，第44—45页），此为直接援引其所译《斯宾塞尔文集·论进步》中相关段落，《〈訄书〉重订本·订文》保留了此段落，《检论·订文》在略加删减后保留了该段落的大意，却删去斯宾塞的名字，改为"远人有言"（上海人民出版社编：《章太炎全集·〈检论〉》，上海人民出版社2014年版，第499页）。1902年章太炎旅日期间曾三论斯宾塞。1.《与吴君遂》（1902年7月29日）："管、庄、韩三子，皆深识进化之理，是乃所谓良史也。因是求之，则达于廓氏、斯氏、葛氏之说，庶几不远矣。"（上海人民出版社编，马勇整理：《章太炎全集·书信集（上）》，上海人民出版社2017年版，第118页。）2.《致吴君遂书》（1902年8月8日）："顷斯宾萨为社会学，往往探考异言，寻其语根，造端至小，而所证明者至大。"（《章太炎全集·书信集（上）》，第119页。）3.《〈社会学〉自序》。（上海人民出版社编：《章太炎全集·译文集》，上海人民出版社2015年版，第45页。）1906年太炎两论斯宾塞。1.《演说录》。（《民报》第6号，1906年7月25日，第4页。）2.《俱分进化论》："近世言进化论者，盖昉于海格尔氏……达尔文、斯宾塞尔辈应用其说，一举生物现象为证，一举社会现象为证。"（《民报》第7号，1906年9月5日，第4页。）1907年《答铁铮》称："今之夸者，或执斯宾塞尔邻家生猫之说，以讥史学。"（《民报》第14号，1907年6月8日，第116页。）1908年《四惑论》（《民报》第22号，1908年7月10日，第16页。）1910年《中国文化的根源和近代学问的发达》谓："可笑那班无识的人，引了一个英国斯宾塞的乱话，说历史载的，都是已过的事。"（上海人民出版社编，章念驰编订：《章太炎全集·演讲集（上）》，上海人民出版社2015年版，第81页。）1910年《原学》称："有严复者，立说差异，而多附以功利之说，此徒以斯宾塞辈论议相校耳，亦非由涉历人事而得之也。"（《国粹学报》第66期，《国粹学报》影印本第13册，广陵书社2006年版，第7565页；此文后来收入《国故论衡》，参见上海人民出版社编，王培军、马勇整理《章太炎全集·〈国故论衡〉先校本、校定本》，上海人民出版社2017年版，第107、282页。）

炎这几次议论都受日译西学的影响，下面将一一厘清其间的纠葛。

1902 年，章太炎第二次东渡日本，寓居《新民丛报》报馆，和梁启超一起，大量涉猎日译西学著作。他翻译岸本能武太的《社会学》，在《自序》中评价斯宾塞曰：

> 社会学始萌芽，皆以物理证明，而排拒超自然说。斯宾塞尔始杂心理，援引浩穰，于玄秘淖微之地，未暇寻也；又其论议，多踪迹成事，顾鲜为后世计，盖其藏往则优，而匮于知来者。美人葛通哥斯之言曰：社会所始，在同类意识，倣扰于差别觉，制胜于模效性，属诸心理，不当以生理术语乱之。故葛氏自定其学，宗主执意，而宾旅夫物化，其于斯氏优矣。日本言斯学者，始有贺长雄，亦主斯氏；其后有岸本氏，卓而能约，实兼取斯、葛二家。①

章太炎作出此种判断，其或隐微或显豁的根据，包括了东京专门学校（今早稻田大学）在 1896—1900 年间出版的三种讲义，即姉崎正治《宗教学概论》（1900 年）、岸本能武太《社会学》（1896 年）以及远藤隆吉所译《社会学》（1900 年），远藤隆吉所译之原作是弗兰克林·吉丁斯（Franklin H. Giddings，1855—1931）的《社会学原理》（*The Principles of Sociology*）。②

---

① 章太炎：《〈社会学〉自序》，《章太炎全集·译文集》，第 45 页。

② 三种著作即姉崎正治《宗教学概論》，東京專門學校出版部 1900 年版；岸本能武太讲述《社会学》，東京專門學校藏版（内標"東京專門學校文學科三年級講義録"，刊年不明，据悉是作者明治二十九年，即 1896 年在东京专门学校讲述社会学的讲义）；米國ギッヂングス著、文學博士元良永次郎閲、文學士遠藤隆吉譯《社會學》，東京專門學校出版部 1900 年版。岸本能武太之《社會學》有两个版本，另一个版本由東京大日本圖書株式會社 1900 年出版，该版对 1896 年版本的内容有所调整和修正。经笔者比对，章太炎翻译所据的是 1896 年的版本。韩承桦《从翻译到编写教科书——近代中国心理倾向社会学知识的引介与生产（1902—1935）》（收入张仲民、章可编《近代中国的知识生产与文化政治——以教科书为中心》，复旦大学出版社 2014 年版，第 126—152 页）注意到章太炎《社会学》译本所据的原作是 1896 年岸本在东京专门学校的讲义本，但该文并未比较 1896、1900 两个原作版本的差别以及章太炎译作对原作有所变形和修改的地方。相关问题，笔者拟另撰文讨论。

井上哲次郎 1884 年留学德国，研习哲学，1890 年回日本后，担任东京帝国大学哲学科教授，从此为日本确立了输入德国哲学的方向。①他旅德期间曾拜访冯·哈特曼（Eduard von Hartmann，1842—1906），经哈特曼推荐，科贝尔（Raphael von Koeber，1848—1923）从 1893 年开始，在东京帝国大学等校讲授了 21 年的哲学。科贝尔在课堂上宣布，"世人以英语为世界溥通之语，诚然；然英语者，溥通于物质世界而已；精神世界，则今日当以德语为溥通语"②。1893 年之后，姉崎正治进入东京帝国大学，研习哲学，受教于井上哲次郎和科贝尔，1900 年后留学德国，承袭叔本华、哈特曼一系德国形而上学的理路。其《宗教学概论》乃依据哈特曼的《宗教哲学》撰写的。1902 年，章太炎从日本回国后，着手修订《訄书》。1904 年出版的《訄书》重订本援引最多的日本著述，即为姉崎正治的《宗教学概论》。③该书予章太炎革命时期的思想，以来自德国的深沉背景和底色：一方面，他认识到宗教作为人意志与欲求的自我扩张，乃"人类特性之一端"，组织宗教与民间宗教并无高下之别，"姉崎生言教，齐物论而贵贱泯，信善哉"④；另一方面，"热情憧憬，动生人最大之欲求"⑤，宗教在革命中能发挥凝聚人心的巨大作用，有特别重要的现实价值。从客观上讲，这补齐了章太炎早年思想中关于宗教的"短板"。而主观上，章太炎难免产生"精神世界"德国领先的想法，谓"康德、索宾霍尔诸公，在世界上称为哲学之圣"，其推崇佛教时，也以"德人崇拜佛教"

① 参阅井上哲次郎：《井上哲次郎自伝》，東京：富山房 1973 年版，第 23—30 頁。明治时期哲学界的情况，参见高坂史朗：《东洋与西洋的统合——明治哲学家们的追求》，《日本问题研究》2012 年第 3 期。

② 科培尔（Raphael von Koeber，即科贝尔）著，下田次郎笔述，蔡元培译：《哲学要领》，商务印书馆光绪二十九年（1903 年）版，高平叔编《蔡元培全集》第 1 卷，中华书局 1984 年版，第 177 页。

③ 小林武：《章炳麟と姉崎正治——〈訄書〉より〈齊物論釋〉にいたる思想の關係》，《東方学》第 107 輯，2004 年；彭春凌：《章太炎对姉崎正治宗教学思想的扬弃》，《历史研究》2012 年第 4 期。

④ 章太炎：《原教》（上），《章太炎全集·〈訄书〉重订本》，第 286 页。

⑤ 章太炎：《通谶》，《章太炎全集·〈訄书〉重订本》，第 164 页。

予以护持①，进一步把斯宾塞乃至整个英语圈哲学的位置相对化。章太炎屡次数落斯氏耽于物质、附以功利，部分外因即在此。章太炎称岸本能武太"兼取斯、葛二家"["葛通哥斯"是对吉丁斯（Franklin H. Giddings）日译假名"ギッヂングス"的汉语音译]，是他的误植。岸本氏《社会学》一书并未提及吉丁斯，也没有讨论"同类意识"。但该书的确反省了斯宾塞的学说，强调社会学"知来"的功能，也重视心理学元素，谓"宗主执意，而宾旅夫物化"。关于其理论来源，岸本氏称："斯宾塞尔之社会学重在静止，故密于分析历史之研究，而疏于哲学结局之研究。如利他哀夫欧尔德之社会学重在转动，故始终所向，皆在哲学结局之研究，而切论促进程度贯彻目的之道。呜呼！欧尔德者，可谓有意于助长社会者矣。"②"利他哀夫欧尔德"即莱斯特·F.沃德（Lester F. Ward，1841—1913），岸本氏原文使用之假名作"レスター・エフ・ウォールド"。沃德《动态社会学》（Dynamic Sociology，1883）是美国出版的第一部社会学专著，标题即反驳斯宾塞"静态的社会学"（Static Sociology）。与斯宾塞尊重宇宙万物的自然演进、对社会采取自由放任的进化态度不同，沃德相信，进化自身会产生"有目的"（telic）的进程，社会可以通过人们深谋远虑的干涉而获得改善和进步。在自由放任的资本主义面临重重困境的情况下，沃德强调以人为干涉的方法来谋划社会进步，从相当程度上反映了当时的社会思潮；意欲"革命"的章太炎，也能欣然接受这种肯定人的主观能动性的社会学理论。

上述引文中，章太炎对吉丁斯的评价，来源于远藤隆吉所译的吉丁斯《社会学》。远藤在凡例中评价该书"盖社会学书中第一的好书"；"同类意识""模效"，则是远藤对"consciousness of kind"和"imitation"的汉字译词。③吉丁

---

① 章太炎：《演说录》，《民报》第6号，1906年7月25日，第7页。

② 此为章太炎的译文。参阅岸本能武太著、章炳麟译《社会学》，《章太炎全集·译文集》，第60页。原文参阅岸本能武太讲述《社会学》，東京專門學校藏，1896年版，第26—27页。

③ 远藤隆吉译本在目录之前有"译字例"，专门罗列该书的英语术语与汉字译词之间的对应情况，"consciousness of kind"（同類意識）与"imitation"（模倣）两条紧邻排布。参见米國ギッヂングス著、遠藤隆吉譯《社會學》，"凡例"第1页，"譯字例"第5页。

斯说，社会学是心理学的科学，以生物学的术语来描述社会学不免于谬误；能区分人与其他动物，于人群中又以人种、政治、阶级进行区分的"同类意识"，则是产生社会集团的心理学基础。①章太炎重订《訄书》时，在《序种姓》上篇也数处援引远藤隆吉所译吉丁斯《社会学》，可见他对该译作相当熟稔。

章太炎虽然"沃"冠"葛"戴，岸本氏一书实际受沃德影响，章太炎却以为受吉丁斯影响，但他的确敏锐地感觉到受沃德理论影响的岸本氏《社会学》，与远藤隆吉所译的吉丁斯《社会学》具有相近性。长期供职于政府部门的沃德和任教于哥伦比亚大学的吉丁斯，都是美国社会学的早期奠基者。"心理的进化主义"（psychological evolutionism）可以描述他们的工作。②事实上，这批美国社会学家通常被指认为斯宾塞自由放任观念的反对者；但他们对斯宾塞学说细节的驳斥，"不能遮蔽他们全然斯宾塞式的出身背景"，因为对他们来说，"斯宾塞的社会学就是社会学本身"。③沃德、吉丁斯二人强调社会进步中人的主观元素，可以克服自身对前辈斯宾塞的"影响的焦虑"；他们和美国同时代社会学家，比如执教于耶鲁大学、以强硬支持自由放任政策而著称的威廉·萨姆纳（William Graham Sumner，1840—1910），展开学术竞争，其实显示了处于学术光谱带不同位置的斯宾塞主义者各自的价值。岸本能武太 1890—1894 年间在哈佛大学神学院学习，回日本后，于 1896 年和姊崎正治组织了比较宗教学会。二人和 1899 年毕业于东大的远藤隆吉一起，在日本进入精神烦闷期的世纪之交，推崇"后斯宾塞"的社会学与宗教学。这不仅反映了追求宗教之

① Franklin H. Giddings, *The Principles of Sociology* (London，New York：Macmillan and Co. 1896)，"preface"，p.v. 米國ギッヂングス著、遠藤隆吉譯：《社會學》，"原序"，第 1—3 頁。

② Mitchell，G. Duncan，*A Hundred Years of Sociology* (Chicago：Aldine Publishing Company，1968)，p.58.

③ Daniel Breslau，"The American Spencerians：Theorizing a New Science"，in Craig Calhoun (ed.)，*Sociology in America：A History* (Chicago and London：The University of Chicago Press，2007)，p.49.

存在的时代风尚，而且事实上，和自由民权运动时期以翻译斯宾塞知名的有贺长雄一代相比较[①]，也凸显了更年轻一代的不同知识趣味。章太炎译岸本氏《社会学》之自序对斯宾塞的再认识，不仅隐藏着全球文化权势变动、英语圈学术思想变迁的踪迹，还折射了日本学术世风转移的波纹。

1906 年，章太炎出狱后再赴日本。他在《民报》社的演说中，鼓动"用宗教发起信心，增进国民的道德"。他将斯宾塞与边沁（宾丹）捆绑在一起，予以抨击：

> 近来像宾丹、斯宾塞尔那一流人崇拜功利，看得宗教都是漠然。但若没有宗教，这道德必不得增进。生存竞争，专为一己，就要团结起来，譬如一碗的干麦子，怎能团得成面。欧美各国的宗教，只奉耶稣基督，虽是极其下劣，若没有这基督教，也断不能到今日的地位。那伽得《社会学》中，已把斯宾塞的话，驳辩一过。[②]

斯宾塞被加上漠视宗教的罪名，何其冤哉！章太炎的依据，是"那伽得《社会学》中，已把斯宾塞的话，驳辩一过"。之前从未有研究明确"那伽得"究竟何指。其实，"那"这里是一个指示代词，"伽得"就是英国社会学家本杰明·基德（Benjamin Kidd，1858—1919），梁启超译为"颉德"，口语读音相近，或系记录之误。基德讨论社会进化时，强调宗教扮演的重要角色。这种流行于早期工业化时代的对待宗教与世俗的态度，后来在马克斯·韦伯的著述中有更详尽的发挥。基德《社会之进化》（*Social Evolution*）的确曾批评斯宾塞，但不是因为斯宾塞"漠然"于宗教，而是斯氏对宗教现象的处理"没有捕捉到现在所理解的进化科学的精神"，斯宾塞"关于宗教信仰从鬼神和祖先崇

---

① 在 1883—1884 年间，有贺长雄以斯宾塞的《社会学原理》和《社会学材料集》为基础，通过东洋馆书店翻译出版了三卷的《社会学》，即《社会进化论》《宗教进化论》与《族制进化论》。

② 太炎：《演说录》，《民报》第 6 号，1906 年 7 月 25 日，第 4—5 页。

拜发展起来的理论"，"浅薄""让人失望"。①而角田柳作翻译基德《社会之进化》的日译本《社會の進化》，有意扭曲了原书的部分意思。梁启超在《新民丛报》18 号上介绍《进化论革命者颉德之学说》时，以角田之译作为基础②，复以自己如椽大笔肆意发挥，助推了斯宾塞漠视宗教的判断。章太炎 1902 年在《新民丛报》上发表《文学说例》，文中援引过角田译作的内容。③章太炎认为基德批驳斯宾塞漠然于宗教，最贴近梁启超的文章和判断。总之，章太炎 1906 年《演说录》脱口而出的关于斯宾塞的论断，是他 1902 年旅日时建立的印象，其间已经历基德作品英译日、日译中的双重扭曲。

梁启超《进化论革命者颉德之学说》，表彰颉德乃"进化论之传钵巨子，而亦进化论之革命健儿"，这两重身份都是通过超越前辈斯宾塞而实现的。梁文深得起承转合之妙法，先铺排斯氏之伟绩曰，"斯宾塞起，更合万有于一炉而冶之，取至赜至颐之现象，用一贯之理，而组织为一有系统之大学科。伟哉！近四十年来之天下，一进化论之天下也。唯物主义倡而唯心主义屏息于一隅。科学（此指狭义之科学，即中国所谓格致）盛，而宗教几不保其残喘"；接着梁氏话锋一转，说斯宾塞"以科学破宗教"成为众矢之的，颉德则后来居上：

　　虽然，以斯宾塞之睿智，创综合哲学。自谓借生物学之原理，以定人

① Benjamin Kidd, *Social Evolution*（New York and London：Macmillan and Co.，1894），p.22. 基德和斯宾塞对宗教与进化关系的理解有差异。在斯宾塞看来，社会生活中的宗教需要不断进化，以与人类发展相适应。过于强调神权，会有伤害人伦、发生宗教间的斗争等弊端。宗教的"进步"，表现在其礼仪形式或陈旧信条不断蜕皮、剥损，虽然"仪文随世升降"，但"教之精意，将与天地终始"，"宗教为物，乃群治所不能废"。Herbert Spencer, *The Study of Sociology*（London：Henry S. King & Co.，1873），pp.312—313. 严复译：《群学肄言》，商务印书馆 1981 年版，第 240 页。

② 森纪子《梁启超的佛学与日本》通过分析具体用语，已经指出梁启超《进化论革命者颉德之学说》援用过角田柳作的译作《社會の進化》（参见狭间直树编《梁启超·明治日本·西方：日本京都大学人文科学研究所共同研究报告》，社会科学文献出版社 2001 年版，第 201—202 页），但该文并未讨论日中两个文本对斯宾塞评价的差异。

③ 太炎：《文学说例》，《新民丛报》第 15 号，1902 年 9 月 2 日，第 53—54 页。

类之原理。而其于人类将来之进化，当由何途，当以何归宿，竟不能确实指明，而世界第一大问题，竟虚悬而无薄。故麦喀士（日耳曼人，社会主义之泰斗也）嘲之曰："今世学者以科学破宗教，谓人类乃由下等动物变化而来，然其变化之律，以人类为极点乎？抑人类之上更有他日进化之一阶级乎？彼等无以应也。"赫胥黎亦曰："斯宾塞之徒，既倡个人主义，又倡社会主义（即人群主义）。然此两者势故不可以并存。甲立则乙破，乙立则甲破。故斯氏持论虽辩，用心虽苦，而其说卒相消而无所余。"此虽过激之言，亦实切当之论也。虽然，麦喀士、赫胥黎虽能难人，而不能解难于人。于是颉德乃百尺竿头，更进一步，于一千八百九十四年，初著一书，名曰《人群进化论》（Social Evolution），以此解此问题。①

那么，与此段相对应的基德原作的概论部分究竟是怎么说的呢？基德先是回顾了 19 世纪末西方文明遭遇前所未有的问题，而"以科学和权威的名义对未来进步的方向所作的任何清晰指示，几乎全部缺席"：

最近最倾向于以在我们复杂的社会现象中起支配作用的法则为基础，培养一个统一的概念和普遍原理的，并非来自正统的科学学派。毋宁说以卡尔·马克思作为最重要统帅的社会革命者的学派提出了（这样的普遍原理）。(The generalisations which have recently tended most to foster a conception of the unity underlying the laws operating amid the complex social phenomena of our time, have not been those which have come from the orthodox scientific school. They have rather been those advanced by that school of social revolutionists of which Karl Marx is the most commanding figure.)

---

① 中国之新民：《进化论革命者颉德之学说》，《新民丛报》第 18 号，1902 年 10 月 16 日，第 17—18 页。

之后，基德指出，斯宾塞的"综合哲学"乃是时代的不朽之作，它不仅致力于实现知识的统一，而且力图以进化的科学来解释人类社会正在经历的发展。然而，斯宾塞"几乎没有成功地为时代之社会问题的本质投射什么实践的光亮"，他的调查和结论，仅仅是说我们的社会慢慢被组织成了个人主义者和集体主义者两个极端对立的阵营。再接下来，基德批评赫胥黎之近作虽极力抨击个人主义和社会主义这两个对立派别，却没有激发出当前境遇下我们的职责何所在的任何清晰理论。基德认为，不满既有状态的赫胥黎是虚无主义者。①

基德原作中既没有马克思（麦喀士）、赫胥黎嘲讽斯宾塞的表述，也没有马克思批评"今世学者以科学破宗教，谓人类乃由下等动物变化而来"的表达。梁启超之所以得出这个印象，其中原由还在角田柳作此前对基德原作的扭曲。角田译作《社会之进化》于相关部分写道：

> 近來斯學の發達漸やく著るしくして複雜なる社會現象の裏自ら動かすべからざる不斷の法則あり變幻の事相も究竟一定の原義に歸趨するものなりと說くものあるに至りたれど這般の統一的觀念も亦決して舊科學派の首唱せしものにあらで、却てカアル・マルクス等を首宗とせる實際的政治的なる社會改革派の提唱に出づ。カアル・マルクス等は科學を罵りて曰はく、十九世紀に於て偉大なる科學の進步は全く舊來の宗教的迷信を破却し人類は決して不可思議靈妙の生物にあらずして下等動物か一定の進化律によりて次第に進化し發達し來りたるものに外ならざるを明にしたり。（参考译文：近来斯学渐渐发达起来，已经开始出现有些人主张说：复杂的社会现象中也会有不由自己运转而连绵不断的法则，变换的事相也归趋于究竟一定的原义。虽说如此，这般统一观念亦决非由旧科学派首唱，反而是由首宗卡尔·马克思等人的实际的、政治的社会改革派所提出。卡尔·马克思等叱骂科学曰：十九世纪之中伟大科学的进步，破坏

---

① Benjamin Kidd, *Social Evolution*, pp.2—3.

了旧来的宗教的迷信，证明人类决非不可思议的灵妙的生物，而不外乎下等动物根据一定的进化律次第进化发达而来的东西。）①

马克思"叱骂科学"的内容，完全是角田柳作日译本添加的。但日译本并未把斯宾塞拎出来批判，而仍旧遵循原作顺序，先介绍马克思，之后介绍斯宾塞、赫胥黎。倒是梁启超在日译本添加的马克思叱骂科学、维护宗教之基础上，又加以乾坤大挪移，将原作介绍斯宾塞的部分往前提，并把斯宾塞说成是马克思斥责的以科学破坏宗教的代表，说成是赫胥黎攻击的目标。如果说日译本的扭曲是毫厘之差，那么梁启超中译日的再度夸大和改写，就发展为判断上的千里之谬。跨语际传译中负负相加的效应，累积出章太炎以斯宾塞为尊崇科学、漠视宗教的印象。

1908 年，章太炎在《四惑论》中解构"今人以为神圣不可干"的"惟物"之惑，对准借着"惟物"理念，"以物质文明求幸福""执鞭为隶于物"②，物欲横流的功利主义。提到斯宾塞的哲学，曰：

> 世人之矜言物质文明者，皆以科学揭橥，而妄托其名于惟物，何其远哉！斯宾塞尔著《综合哲学》，分可知、不可知为二篇。曰：时间、空间不可知，力不可知，物质不可知，流转不可知。而又崇重科学，以为最上。然力与物质且不可知，则科学之根已绝。虽有所建立发明，如海市寻香城耳。物质既不可知，则惟求之现象。而现象与现象之因果，于此心界虽可知，于彼物界诚有此因果否，亦不可知。则名言堑绝，无可为趣入之途矣。③

---

① 英國ベンチャミン・キッド著、日本角田柳作譯《社會の進化》，東京：開拓社 1899 年版，第 2 页。

② 太炎：《四惑论》，《民报》第 22 号，1908 年 7 月 10 日，第 1、17、18 页。

③ 同上书，第 16 页。

章太炎终于主动涉及他在译作《论进境之理》中删除或扭曲阐述的斯宾塞"不可知"范畴。这一知识的更新，渊源或受益于日译斯宾塞著作。上揭章太炎之论述，则直接取自藤井宇平所译之《综合哲学原理》（即《第一原理》），1898年由东京经济杂志社推出。由于之前无人揭破两者间的联系，这里略作论证和分析。自严复大力推崇斯宾塞后，中国趋新知识人就颇为关心日译斯宾塞著作的情况。邵力子（原名邵闻泰）1902年还就这一方面写信询问《新民丛报》，而该报给出的答复就提及藤井宇平这一译作。① 章太炎应是通过《新民丛报》这一渠道了解了该书。《四惑论》将《第一原理》称为"综合哲学"。彼时将斯宾塞哲学体系"Synthetic Philosophy"译为"综合哲学"十分常见，但将"*First Principles*"这本书译为"综合哲学"或"综合哲学原理"，笔者目前还仅发现藤井宇平的日译版作如此处理。严复拟将该书命名为"第一义海"②，《新民丛报》有彗广《大哲斯宾塞略传》，提及该书时称为"哲学原理"第一③，后来中国学者翻译该书，或名为"第一义谛"，或名为"第一原理"④。最有意味的是，藤井宇平所译《综合哲学原理》，在书的页眉处往往添加话语，对相应部分之内容作简单归纳。在原书第一编"不可知编"（The Unknowable）第三章"最终的科学的观念"（Ultimate Scientific Ideas）的页眉中，就分别提挈有"空间、时间不可知""物质不可知""运动不可知""力不可知""力的运用不可知""心识的始终不可知""自己的存在不可知"几条。⑤ 章太炎《四惑

---

① 参阅《新民丛报》第9号"问答"栏"上海南洋公学的邵闻泰提问"，1902年6月6日，第94页。

② 严复：《穆勒名学》，汪征鲁等主编：《严复全集》第5卷，第58页；严复：《与张元济》，汪征鲁等主编：《严复全集》第8卷，第131页。

③ 彗广：《大哲斯宾塞略传》，《新民丛报》第38—39号合本，第96页。

④ 即英国斯宾塞尔原著，桐城光钟石士译述：《第一义谛》（上编），《戊午杂志》，1918年第1卷第1—2期；H.斯宾塞尔著，刘燕谷译：《第一原理（First Principles，1862）》，《读书通讯》，1947年第142期，第16、18页。

⑤ スペンサー著、藤井宇平譯：《綜合哲學原理》，東京：經濟雑誌社1898年版，第73、85、90、91、94、99、103頁。

论》说"斯宾塞尔著综合哲学，分可知、不可知为二篇。曰：时间、空间不可知，力不可知，物质不可知，流转不可知。而又崇重科学，以为最上"，当来源于藤井宇平的提挈。

藤井宇平页眉的概述本来就不甚准确，如不加以限定和解释，单独拎出"时间、空间不可知""力不可知""物质不可知"数语，更会造成对斯宾塞的误解。斯宾塞始终坚信科学有范域和限制，事物终极的原因和起源（Cause and Origin）是神秘不可思议的，在这个层面上，时间、空间、力、物质等可以说不可知。然而，在相对的现象界，这些东西又都是可知的。所以，《第一原理》的第二编"可知编"（The Knowable）有专门章节讨论空间、时间、物质、运动和力。如果它们在任何层面上都不可知，"可知编"就没有必要设立相关讨论了。总之《四惑论》的判断不是斯宾塞的本意。

章太炎在译作《论进境之理》中淡化了原作"不可知"观念所指涉的宗教视域，显示了对斯宾塞的错误印象。之后太炎又对日译斯宾塞断章取义。作为发挥自身理论的垫脚石，太炎竭力将斯宾塞塑造成"崇重科学，以为最上"、漠视宗教的物质主义者。然而有趣的地方在于，通过扭曲斯宾塞关于科学和宗教共生的思想，批判自己想象出来的、只重视科学的"伪斯宾塞"，章太炎反而曲折地和珍视宗教价值的"真斯宾塞"实现了立场与观念上的某种一致性。

结　语

章太炎对斯宾塞的译介，既指涉 1898 年他与曾广铨合译《斯宾塞尔文集》，又包括他在 20 世纪最初十年不断介绍和评骘斯宾塞学说。无论是直接翻译，还是间接援引，前后十余年间，他对斯宾塞的认知具有内在一致性，即将斯宾塞讨论进步问题的前提——科学与宗教的共生，扭曲为斯宾塞认为两者对立。然而，1902 年旅日前后，章太炎接触斯宾塞的渠道和自身的立足点又有所转变。在此之前，他通过英语直译，删除或扭曲阐述斯宾塞原著指向宗教终极意义的"不可知"，以抵制包括敬天论在内的神秘主义；在此之后，他主要经由东学过滤，站在以宗教发起信心的立场上，愤而抨击斯宾塞尊崇科学、漠视宗教。覆盖在认知统一性之下的知识通道的多歧和态度的分裂，特别值得玩味。

斯宾塞立足于宇宙自然的演变来考察进步，强调只有祛除以人为中心的目的论视域，才能体察进步的本性。他并非不关注人类的幸福，而是持"前达尔文的宇宙观"①，相信宇宙自然本身是一个仁爱的设计，"民群任天演之自然，则必日进善，不日趋恶"②。在"自然，染红了牙齿和爪子"③的时代氛围中，斯宾塞遭遇了赫胥黎的挑战；而依据斯宾塞宇宙观所推行的自由放任的社会政策，在世纪之交，也逐渐被相信人为干涉的社会理论所质疑。章太炎不仅在翻译斯宾塞时没有体会到他对目的论进步观的抨击，之后他在《俱分进化论》中，还几乎重复赫胥黎"善固演也，恶亦未尝非演"④的观点，批评达尔文、斯宾塞等以为"进化终极，必能达于尽善醇美之区"⑤。章太炎鲜明的革命立场，使他更易于被肯定人的主观能动性的社会理论所吸引。而严复与章太炎在宇宙观及政治主张上的差别，可视为斯宾塞及其面临的挑战在中国语境中某种程度的投影和再现。

---

① Michael W. Taylor, *The Philosophy of Herbert Spencer*, p.150.

② 此为严复为《天演论·演恶篇》所作按语对斯宾塞学说的归纳。汪征鲁等主编：《严复全集》第1卷，第149页。

③ Alfred Tennyson, *In Memoriam A. H. H. The Complete Works of Alfred Tennyson：Poet Laureate*（New York：R. Worthington, 1880），p.118.

④ 此为严复对赫胥黎《天演论·演恶篇》原文的翻译。（汪征鲁等主编：《严复全集》第1卷，第149页。）《演恶篇》译自赫胥黎《进化论与伦理学》（1893年）从 "Modern thought is making a fresh start from the base whence" 到 "but all the understanding in the world will neither increase nor diminish the force of the intuition that this is beautiful and that is ugly" 的段落。参见 Thomas H. Huxley, *Evolution & Ethics and Other Essays*（London Macmillan and Co., 1895），pp.77—80.

⑤ 章太炎：《俱分进化论》，《民报》第7号，1906年9月5日，第2页。章太炎主张"进化之所以为进化者，非由一方直进，而必由双方并进，……若以道德言，则善亦进化，恶亦进化"，与赫胥黎观点相似。

19世纪末，工业化已逐渐扩张为一种全球现象，相较而言，思想文化之全球发展的同步程度滞后。一方面，发生在思想史上的重要转折，"和以往一样，在很大程度上仍然是由各国文化的特性所决定的"①，另一方面，章太炎译介斯宾塞的案例表明，随着印刷工业及大众传媒的崛起，随着留学、政治流亡、外国人教师所带来的知识精英跨国流动的日趋频繁，中、英、日不同语言圈思想与知识的彼此粘连度已越来越深。但由于语言与观念的双重屏障，加上不同国别知识话语、同一语言圈不同代际以及同时代人彼此间的竞争与排斥，思想流通中的遮蔽、过滤、改写仍旧属于常态，思想领域的全球化进程以"进一步、退半步"的节奏缓慢展开。

原载《近代史研究》2019年第1期

---

① 于尔根·奥斯特哈默（Jürgen Osterhammel）著，强朝晖、刘风译：《世界的演变：19世纪史》，社会科学文献出版社2016年版，第133页。

从"大同"到"存伦"
——陈焕章对康有为的反思

皮迷迷
首都师范大学哲学系

《礼记·礼运》中关于"大同""小康"的内容，曾引起一批近代思想人物的高度关注。康有为的解读无疑是最引人注目的一种，他将《礼运》"大同"与《春秋公羊传》"三世"说创造性地结合，并发挥出一套"大同三世"理论，将"大同"描绘为一幅人人平等的乌托邦图景，门下弟子皆受其说。然而，一个值得注意的事件是，康门弟子陈焕章在民国期间对"大同"做出了与康有为大相径庭的解释。

陈焕章（1880—1933），字重远，广东高要人，十五岁入万木草堂就学，光绪三十年（1904 年）中进士，1905 年奉派留美，1911 年以英文论文《孔门理财学》获哥伦比亚大学哲学博士学位。1912 年回国后，在康有为的授意下，陈焕章于上海创办孔教会，任总干事，并创办《孔教会杂志》《经世报》，致力于阐扬孔教教义，发展孔教会组织，一直积极跟随并配合康有为的各项主张和筹划。但在对"大同"的理解上，师徒二人却产生了巨大差异，二人的差异体现在何处？这种差异缘何产生？差异的背后，是二人对孔子教旨怎样不同的理解？

一、"举国若狂"：反思"大同"之契机

陈焕章年少从康有为学，熟习康氏"大同三世"说，这一点从他在哥伦比

亚大学完成的博士论文《孔门理财学》中即可获知。他在论文中援引《礼运》"大同"章之文称："在大同世界，全世界是唯一的社会组织，个人乃独立的个体，……民众选拔贤明与能干之人，因而天下为民众所公有，君臣之伦不复存在；男子与妇女不受婚姻关系所束缚，因而夫妇、父子及兄弟之伦不复存在。"①以"大同"为一伦理关系不复存在的世界，这显然是采用了康有为的对《礼运》"大同"的理解。

1912 年，辛亥革命成功，民国成立，陈焕章归国，于上海成立孔教总会，并发表了《论中国今日当昌明孔教》一文。在文中，陈焕章通过分述孔教"以往之大功""现在之适用""将来之进化"，旨在证明革命之后孔子之教仍有益于当前时代，是故社会各界应当加以尊奉昌明。在对"孔教将来之进化"的展望中，包括了"破除国界""改良人种""大振女权""破除家界，同为天民""公营生业"等内容②，也都是出自康有为《大同书》的内容。然而，康有为在《大同书》完成后，曾有秘不示人的叮嘱③，陈焕章为何在公开发表的刊物上大讲康有为"大同"说的内容？辛亥鼎革终结了帝制，两千年中孔子之教赖以生存的制度基础就此瓦解，如何在革命之后的共和语境中宣讲和传播孔教，是他们面对的新挑战。陈焕章引述当时孔教所面临的质疑云："或曰：'孔教于既往诚著功效矣，然今者国体更新，凡事皆大变，孔教必不适于今日之用，故为今日之中国计，不当昌明孔教也。'"④民国初立之时，社会上讲求自由、平等之风气渐起，若欲宣扬孔教，则必当讲明孔教与自由、平等之价值兼容不悖。在康有为的"大同三世"理论中，共和、自由、平等属升平、太平之世，是故陈焕章云："今日虽未至太平，然已为升平世，故男女之别，必当破除，

---

① 陈焕章撰、韩华译：《孔门理财学》，商务印书馆 2015 年版，第 20 页。

② 陈焕章：《论中国今日当昌明孔教》，载《陈焕章文录》，岳麓书社 2015 年版，第 207 页。

③ 张伯祯在《南海先生传》中云："书成，继而思大同之治非今日所能骤几，骤行之，恐适以酿乱，故秘其稿不肯以示人。"参见张伯祯《南海先生传》，载《康有为全集》第十二集，中国人民大学出版社 2007 年版，第 497 页。

④ 陈焕章：《论中国今日当昌明孔教》，载《陈焕章文录》，岳麓书社 2015 年版，第 195—196 页。

方合于孔子有教无类之旨，大合男女，宣讲圣教，此今日之急务也。"①也就是说，在民国初期，世人争相以自由、平等为趋尚的背景下，以康有为所言升平世乃至太平世之说争取信众，乃理势之必然。

然而，仅仅四年后的 1916 年，陈焕章在所作《孔教经世法》中，对"大同"的理解已发生重大转变，最根本的转变在于明确"大同"世界存在伦理关系，其说云："或以为大同之世，不信四常而无之，则未免推论太过，而属于臆断，此非孔子之本意也，吾昔著《孔门理财学》亦尝有此误解，今谨改正于此。"②继而他又在 1922 年的《存伦篇》中更加系统、完整地论证了这一观点。陈焕章对"大同"的理解为何会发生此种转变？根据其本人在《存伦篇》中的回溯，对于康有为所描绘的人人平等，公同无别之"大同"，他早存有疑惑，"焕章不敏，二十年前，亦尝疑惑于此说，在纽约著《孔门理财学》，在上海著《孔教论》，曾略及之。常与中外人士细心研究，而未能论定"，直至"乙卯岁，著《孔教经世法》，将《礼运》文本反复玩味，更参以《春秋》太平世之旨，始断然知《礼运》大同之有五伦，而十余年来之疑惑，乃尽祛矣"③。表面来看，陈焕章只是于乙卯岁（1915 年）偶然发得"大同"必存五伦之说，但其中是否另有缘故？

在《存伦篇》中，陈焕章对民国社会状况做过如此形容：

> 今日者，举国若狂，彝伦攸斁，人伦固大不明矣。其尤甚者，因国体共和，而误疑君臣之伦可废；因男女苟合，而谬谓夫妇之伦可废；因家庭革命，而言父子之伦可废。三纲既沦，万事尽坏，邪说暴行大作，此中国五千年来未有之奇祸也。④

---

① 陈焕章：《论中国今日当昌明孔教》，载《陈焕章文录》，岳麓书社 2015 年版，第 197 页。

② 陈焕章：《孔教经世法》，上海书店出版社 2016 年版，第 22 页。

③④ 陈焕章：《存伦篇》，载《陈焕章文录》，第 79 页。

进入民国之后，政治层面的革命暂告一段落，观念和思想层面的革命接踵而至，东西洋各种"主义"蜂拥而入，对中国人的生活方式和思想观念产生剧烈冲击，其中的一股主流便是对个人自由的推崇。1915 年拉开序幕的新文化运动，更是直接将革命矛头对准了"家庭"这一被认为是束缚个人自由的重大障碍。陈独秀在《青年》杂志创刊号上发表《敬告青年》一文，猛烈抨击儒家的伦理思想，指出"忠孝节义"等老教条是"奴隶道德"①，傅斯年以"万恶之原"称呼中国家庭②，吴虞则将"忠""孝"看作是中国古代帝王用以培育顺民的工具。③对于家庭革命所导致的人伦解体，陈焕章非常警惕，一方面，他在《存伦篇》中多次提及，若无父子之伦，将令父母不复愿生子女，若无夫妇之伦，则男女唯有恣情纵欲，避孕堕胎，无所不用，此皆"灭绝人类之道"，出于保种的考虑，亦应力图保家。而另一方面，"今日人欲横流，奇邪百出，随波逐流之士，或反附会于孔教之经义，以文饰过激之新潮，日言大同，而非其本旨"④，经由康有为重新阐释的孔子"大同"说，屡屡成为流俗之徒攻击家庭与人伦的武器。对陈焕章而言，若要传播孔教，不能不讲明孔子教义，然而，在举国竞以"自由""平等"为口号以至于人欲横流、奇邪百出的背景下，若孔子教义不能与流俗浅见作出界分，则势必不能自坚，将为其所夺。

职是之故，陈焕章在《孔教经世法》中展开了对存伦式"大同"的论证。

二、 存伦的"大同"：对《礼运》的再阐释

在《孔教经世法》中，陈焕章援引《礼运》大同、小康两章文字，解释道：

---

① 参见陈独秀：《敬告青年》，载《青年杂志》1915 年 1 卷 1 号。
② 参见傅斯年：《万恶之原》，载《新潮》1919 年第 1 卷第 1 期。
③ 参见吴虞：《说孝》，载《吴虞文录》，黄山书社 2008 年版，第 10 页。
④ 陈焕章：《存伦篇》，载《陈焕章文录》，第 79 页。

此两节为孔子最重要之遗言，必比较而互勘之，乃得其真意。其主眼即在"天下为公""天下为家"八字。选贤与能，讲信修睦，天下为公之实也；各亲其亲，各子其子，货力为己，大人世及以为礼，城郭沟池以为固，天下为家之实也。①

陈焕章此段解释的特别用意需与康有为的《礼运注》对勘方能看出。康有为曾说，正是因为孔子对大同、小康之道"发之明而别之精"②，才让他在《礼运》中发现了一套与两千年来的"小康"之法截然不同的"大同"之法。孔子对"大同"的每一句描述，都被康有为赋予了具体的内涵，如"天下为公，选贤与能"被解释为"合大众公选贤能以任其职"；"使老有所终，壮有所用，幼有所长，鳏寡孤独废疾者皆有所养"被解释为"公世，人人分其仰事俯畜之物产财力，故以为公产，以养老、慈幼、恤贫、医疾"；"男有分、女有归"被解释为"男子虽强，而各有权限，不得逾越，女子虽弱，而巍然自立，不得陵抑，各立合约而共守之"等等③。归根结蒂，"大同"世的一切治法，都必须遵循"人人如一，平等公同"的原则，而这种平等公同是通过逐步"去界"实现的："凡隶天下者皆公之，故不独不得立国界，以致强弱相争。并不得有家界，以致亲爱不广。且不得有身界，以致货力自为。故只有天下为公，一切皆本公理而已。公者，人人如一之谓。"④"界"意味着差异和分别，在康有为看来，人类之苦源于不平，不平源于差异，有差异则有分别心，有分别心则自私之意起，自私之意起，则必然有远近亲疏贵贱的差别，反过来又加剧了人类社会的不平。因此，为了实现平等，必须最终打破一切小群体、小族类、小范畴的边界。与康有为的解读形成鲜明对照的是，陈焕章强调，《礼运》中孔子讲论"大同"与"小康"的两段文字必须连在一起理解，不能打成两截，其意在于削弱"大同"和"小康"的差异，以为存伦式的"大同"张本。但无论如何消

① 陈焕章：《孔教经世法》，第 22 页。

② 康有为：《礼运注》，载《康有为全集》第五集，第 553 页。

③④ 同上书，第 555 页。

弭差异，解释者必须面对"大同"和"小康"存在差别这一事实，陈焕章的策略是，将二者的差异限定在"天下为公"和"天下为家"上，即天子之位是传贤还是传子，而后文所有对"大同"与"小康"的描述，只是"天下为公"和"天下为家"的自然成效而已。在康有为之前，历代注家对"天下为公"与"天下为家"的理解，大多从郑玄之说，以"天下为公"谓五帝时代"禅位授圣"，以"天下为家"谓三王时代"传位于子"。因此，表面看来，陈焕章不过是回到了郑玄的解释，但对前代诸注家而言，"大同"之世五伦五常皆存是不言自明之事，根本无需再做解释，而在康有为之后，"大同"之世存有人伦，则成了一个需要论证的命题。

首先，陈焕章援引《春秋》之文，证"大同太平"世必有天子，他举僖公元年《公羊传》邢国灭于夷狄，齐桓公不得救，而经文为之讳为例，根据《公羊传》的书法，据乱之时，因"上无天子，下无方伯"，"天下诸侯有相灭亡者，力能救之，则救之可也"，故《传》文予以齐桓公以专封之权。而《传》又云"诸侯之义不得专封"，何休称"此道大平制"，也就意味着，到了太平世，则上必有天子，下必有方伯，由此诸侯当然不得专封。接着，陈焕章紧扣"大同"章文句，就文句的内在逻辑，重点论证了"大同"必存君臣、父子、夫妇三伦：

> 大同之世亦不能不正君臣，不然则选贤与能何以位之？讲信修睦，将孰任之？未有选人而无可居之位，睦邻而无负责之人者也。
>
> 大同世亦不能不笃父子，盖亲其亲以及人之亲，故曰不独亲其亲，子其子以及人之子，故不独子其子。其亲其子，名义俱在，即施由亲始，亦何尝有害于天下为公？不然，虽日日谓他人亲，谓他人子，而无源之水无本之木，终不能发生耳。
>
> 孔子论大同之制曰"女有归"，明女有"二归"之道，即夫家与母家也。（《公羊传》注隐公二年）春秋时，凡名归者，每字子家，楚仲归，郑公子归生，鲁公孙归父，齐析归父，皆字子家者也。（《左传》文公十年、十二年，宣公、十年，襄公十八年）妇人外成，尤以夫家为重，故谓嫁曰

归，郑玄释女有归，谓 "皆得良奥之家" 者，是也……孔子不曰 "女有家" 而曰 "女有归" 者，明女子以得所归宿、有安身立命之所，方为真正之独立自由也。且大同之世明明有所谓 "其亲" "其子"，若男女无别，而 "女有归" 之 "归" 不是家，则其亲其子安从而别之哉！此又因大同之有父子而知其有夫妇也。①

陈焕章指出，既有 "选贤与能" 之名，就意味着存在着与贤能相对的愚、不肖，若人人如一，便无所谓贤与能。而智慧、才干、德性上的高下之分，反映在政治中，必然会形成身份地位的高下差异和层级秩序，若只是选拔出了贤能之人而使其无位可居，那么这种选拔可谓毫无意义。既有 "讲信修睦"，则意味着被选拔出的贤能之人将作为施教者，讲谈诚信，教人修习亲睦，若人人平等无别，施教者又何来资格教人讲信修睦？因此，只有在君臣关系存在的前提下，"选贤与能" 和 "讲信修睦" 才成为可能。同理，陈焕章称，既然经文在名义上有 "其亲" 与 "他亲" 之别、"其子" 与 "他子" 之分，那么，"不独亲其亲，不独子其子" 显然不是无差别地对待己亲与他亲、己子与他子，而是在亲己亲、己子的同时，还能兼及关爱那些与自己没有直接血缘关系的亲与子。事实上，要如何理解 "大同" 的 "不独亲其亲"，是令历代注家感到棘手的难题。按照唐代孔颖达的理解，"不独亲其亲" 指的是 "君既无私，言信行睦，故人法之，而不独亲己亲，不独子己子。使老有所终者，既四海如一，无所独亲，故天下之老者皆得赡养"②。"四海如一，无所独亲" 似乎暗示了一种无差异的泛爱，但根据远近亲疏立等差分别，又是儒家的基本原则。因此，到了宋儒处，张载就提出，"各亲其亲" 无妨于 "不独亲其亲"，"各亲其亲" 只是 "恩差狭" 的阶段，而到了情感推扩 "顺达" 的阶段，即可 "不独亲其亲"③。就此看

<hr>

① 陈焕章：《孔教经世法》，第 22 页。

② 郑玄注、孔颖达疏：《礼记正义》，上海古籍出版社 2008 年版，第 878 页。

③ 卫湜：《礼记集说》，摛藻堂《四库全书荟要》第 54 册，台湾：世界书局 1985 年版，第 54 册，第 253 页。

来，陈焕章只是借鉴了宋儒的成说而已。但实际上，他还另有一番用意，即对康有为论证"去界"式"大同"时存在的问题进行暗中回应。

在康有为的设想中，"三世进化"不仅是人类文明的发展演进过程，更是人类之"仁"不断发展、扩充的过程。他借用孟子亲亲、仁民、爱物之说来解释"仁"在"三世"中的发展过程云：

> 孔子立"三世"之法：拨乱世仁不能远，故但亲亲。升平世仁及同类，故能仁民，大平世众生如一，故兼爱物。仁既有差等，亦因世为进退大小。[1]

从据乱到升平，再到太平的"三世"，是人类之爱从亲亲发展到仁民，再到爱物的三个阶段，是人类从对特定群体的偏爱发展至对世间万物无所不爱的过程。但孟子明言："君子之于物也，爱之而弗仁，于民也，仁之而弗亲，亲亲而仁民，仁民而爱物。"[2]赵岐注云："先亲其亲戚，然后仁民，仁民然后爱物，用恩之次者也。"[3]从亲亲到仁民，再到爱物，固然是对人情推扩先后次序的描绘，但亲亲、仁民、爱物是三种程度不同的情感，因此，孟子特别用"亲""仁""爱"三个不同的词区分对亲、民、物的情感。面对不同的对象，有情感的差异，这是人情之自然，也是儒家伦理得以建立的基础。而康有为刻意模糊了这种差异，"亲""仁""爱"都被笼统概括为一种无差别之"爱"，从亲亲到爱物，只不过是所爱范围的不断推展，爱的程度没有区别。虽然他承认，要实现爱物必先经过亲亲和仁民的过程，但在他的设想中，亲亲和仁民扮演的不过是"舟车"的角色，一旦进入泛爱万物的阶段，就意味着亲亲和仁民的使命已经完成，可以弃舟登岸，因此，"不独亲其亲"必然是对"各亲其亲"的消解，二者无法并存。

---

① 康有为：《孟子微》，载《康有为全集》第五集，第 415 页。
② 焦循：《孟子正义》，中华书局 1987 年版，第 948—949 页。
③ 同上书，第 949 页。

陈焕章意识到，康有为以"弃舟登岸"模式来描述人类的情感发展与推扩，将亲亲和仁民看作功能性的存在，存在很大问题。在他看来，人类情感的发展与推扩是如同种树筑楼一般逐步建立起来的，即便在"大同"世，若无亲亲之爱为基础，对他人的普遍之爱就如无源之水、无本之木，是难以想象的。"大同"之世的"不独亲其亲"，是在保证"各亲其亲"的前提下，推己及人。当然，不言自明的是，对他人亲之爱相较于对己亲之爱，在程度或表现形式上必然存在差异。

对"女有归"一句的解释，历代皆无异义，从郑玄"皆得良奥之家"①之说，"归"即指女子嫁入男子之室。然康有为嫌此解有碍于他发明"大同"世女子自由平等独立之义，于是不惜改字解经，将"归"改为"峉"，训为"巍然自立"②。陈焕章则回到前人旧解，并引《春秋》公羊、左氏二传为据，明《礼运》所谓"归"者指妇人或归夫家，或归母家。陈焕章指出，"归"字隐含的对象是"家"，无家之人无所归宿。若女子独身一人，无父母无婚姻，便无所得言家，若言家，则无非父母之家与婚后成立之家。

至此，可以对陈焕章所理解的"大同"情形概括如下：由于天下至尊的天子之位传于贤能者而不世袭，以此"公天下"之政垂范天下，是而各级臣僚官吏亦选贤与能而任，在此治下，人人讲信修睦，德义沛然，不仅父子亲笃，夫妇和睦，且能兼及养恤扶助无血缘之人，无盗窃乱贼之事，是一个存在差异，但秩序井然的社会。

但孔子以"大道之行"属"大同"，以"大道既隐"属"小康"，若"小康"与"大同"皆有五伦五常，那么二者差距何在？陈焕章云："公天下之成效，可至于谋闭不兴，盗窃乱贼不作，外户不闭，是真所谓大同矣。若家天下之成效，则无论其礼义伦纪制度之如何，而既以勇知为贤，以为己立功，则谋用是作，而兵由此起，此亦家天下者必至之势也。"③这一看法继承了前代注家

---

① 郑玄注、孔颖达疏：《礼记正义》，第 875 页。
② 康有为：《礼运注》，载《康有为全集》第五集，第 555 页。
③ 陈焕章：《孔教经世法》，第 22 页。

之说，即"大同"与"小康"的核心差别在于是禅位受圣还是世及以为礼。然而，何以五帝之时能行公天下之政，而三王时仅能行家天下之政，这一为历代注家所最切关的问题，却被陈焕章轻轻一语带过："特大同世则由大道而行，小康世则以礼义以为纪，有自然勉强广大狭小之分耳。"①这并非陈焕章无暇论及，而是有意为之。与前代注家解释"大同"的目的不同，陈焕章无意于借"大同""小康"讨论理想政治，也并非建立一套新的"大同"理论，他只是要对康有为《礼运注》所导致的"大同"人伦消解进行纠偏，从而在新的社会局面中，重新厘定孔教基本立场。

虽然陈焕章对《礼运》经文的重新阐释澄清了经书中的"大同"世界仍有五伦，但尚未触及"去界"式"大同"的理论根基，这一工作在《存伦篇》中才得以全部完成。

三、 对康有为"大同"说理论根基的反思

康有为虽对《礼运》推崇备至，但实际上，《礼运》经文本身并非他得出"大同"之义的根本依据②，于是，陈焕章在 1922 年又作《存伦篇》，表面看来，意在"对于居中国而去人伦者，发对症之药耳"③，实则更进一步对康氏"大同"的内在依据进行了检讨和反思。

康有为笔下的"大同"世界之所以呈现为彻底无界别的"人人如一，平等公同"，根本依据在于他的"人为天生"说。所谓"人为天生"，康有为在《大

---

① 陈焕章：《孔教经世法》，第 22 页。
② 在《中庸注》中，康有为就说过："孔子知三千年后必有圣人复作，发挥大同之新教者。"因此，《礼运》"大同"章在他看来只是个引子，不过是孔子为后人理解真正的"大同"所提示的一条思考线索，而孔子对"大同"理解从未完全地表达出来，直到康有为的《大同书》将孔子的"大同"真义彻底揭示出来。参见康有为：《中庸注》，载《康有为全集》第五集，第 388 页。
③ 陈焕章：《存伦篇》，载《陈焕章文录》，第 79 页。

同书》中解释道：

> 即父子天性，鞠育劬劳，然人非人能为，人，天所生也，托藉父母生体而为人，非父母所得专也，人人直隶于天，无人能间制之。①

按照常识，人皆为父母所生，但在康有为看来，人为父母所生只是描述人的形体在经验世界中如何产生，仅具备形体，尚不能称其为人。康有为曾经举过一个例子："吾尝见狂人矣，母妻饭之而不识，而啮其指，此有体魄而无魂灵，而不得为人。"②在他看来，发狂而失去意识之人不可以被称为"人"，人之所以为人，是因为有其性，换言之，"性"的有无成了真正界定人之"生"的标准。那么人在何种意义上得性于天？康有为称：

> 夫浩浩元气，造起天地。天者，一物之魂质也；人者，亦一物之魂质也。虽形有大小，而其分浩气于太元，挹涓滴于大海，无以异也。③

康有为认为，人与天地万物，乃至于天地本身，皆为一气所造，此气即为元气，它既是宇宙的起源，也是造物的质料。人获得其性的过程是"禀于天气以为神明"④，人性作为"神明"之物，正是从天那里得到了这种"气"，才具备其性。在现实世界里，人从父母之体中出生时，便已经落入各种不平之中，形体有美丑残健之分，投生之家有贫富贵贱之别。而"人为天生"的设定，不仅是对人的存在做了新的定义，也为一切人的绝对平等提供了前提。既然在先验的层面上，人人均为天之一气所生，那么，"人人如一，平等公同"的"大同"之法正是对人之天性自然的成全与实现。

---

① 康有为：《大同书》，载《康有为全集》第七集，第36页。
② 康有为：《礼运注》，载《康有为全集》第五集，第561页。
③ 康有为：《大同书》，载《康有为全集》第七集，第4页。
④ 康有为：《中庸注》，载《康有为全集》第五集，第369页。

　　除了"人为天生"外，人皆有求乐去苦之愿是康有为"大同"理论的另一个重要前提，其说云："普天之下，有生之徒，皆以求乐免苦而已"，纵然有"曲折以赴，行苦而不厌者"，"亦以求乐"①。而人在有形世界中所经历的种种苦痛，皆可诉诸种种不平，因不平而发生不均，因不平而产生压制，由此令人长久处于苦痛中不得解脱。因此，康有为表示："立法创教，能令人有乐而无苦，善之善也。"②正是本于"人为天生"和"求乐免苦"两个基本设定，康有为对"大同"世的男女关系做出了如下设计："大同太平之世，男女各有独立之权，有交好而非婚姻，有期约而非夫妇，期约所订，长可继续而终身，短可来复而易人。"③"今世至太平，男女平等，各自独立，生人既各养自公家，不为一姓之私人，而为世界之天民矣。"④"男女之事，但以殉人情之欢好，非以正父子之宗传，又安取强合终身以苦难人性乎？……一切自由，乃顺人性而合天理。"⑤

　　陈焕章在对夫妇、父子、君臣之伦不可废的论证中，对康有为的这两个设定做出了暗中回应，首先是针对"人为天生"的设定：

　　　　男女同出于天，理论上固属平等，然而实体上究属不同，此亦无可如何之事。女怀胎而男不怀胎，则当女子生育时期，女子不可以恋爱男子，而男子可以自由恋爱他女，此亦不平也。……吾料自由恋爱之社会，其女子之自由，当必较少于有婚礼之社会，而男子之自由，当必较多也。

陈焕章指出，"人为天生"只是一种理论上的设定，而非实际能够达到的情况。人类社会在制度上固然可以排除婚姻，但"天不能合男女以同为一形"的事实无从否认，即便进入"大同"之世，也无法改变女子怀胎而男子不怀胎的自然

---

① ② 康有为：《大同书》，载《康有为全集》第七集，第7页。

③ 康有为：《大同书》，载《康有为全集》第七集，第180页。

④ ⑤ 同上书，第76页。

状态，正是这一事实导致了在女子生育期间，男女交往他人的自由度不可能绝对相同，而如果没有婚姻关系对男女行为进行约束，男子必然会享有更多的交往可能，从而造成对女性的不公，换言之，婚姻未必真为压制女性的枷锁，若彻底抛弃婚姻，男女不平将愈发严重。

其次，陈焕章提出了和康有为不同的苦乐观：

> 夫人之相与，必须由恒久不变之道，固结不解之情，夫然后足以相信相安，而互相托命。此虽在交接朋友尚然，而况有婚姻之关系乎？若婚姻不以礼，而自由苟合，情动则夫妻，情移则陌路，如水过鸭背，如风吹浮萍，毫无意味，何足言乐？此其悖于人性也特甚。[①]

"乐"的内容有很多，声色口腹之欲的充分满足、安全舒适的生存环境、健康无疾的身体状况，这些都是人所公认之"乐"，但并非所有的"乐"都表现得如此直白。康有为只是强调了人类短暂易变的情欲得到满足时所获得的快乐，而陈焕章看到人类情感体验的复杂性，人不只有对短暂情欲获得满足的需求，也有着获得稳定、持久情感的强烈需求，放任情欲所带来的未必是快乐，可能是被泛滥情欲所破坏掉的对持久情感的美好体验。婚姻和家庭就是为人的这种稳定情感需求所提供的制度保障，夫妇之间的情感，更多的时候是以"相信相安，互相托命"的形式表现出来的。

在五伦中，受到"人为天生"论冲击最大的便是父子之伦，康有为抛开人为父母所生这一经验事实，将人之生系于天，必然导致父子关系解体，最终以公养公恤制度来替代传统家庭中父子之伦。陈焕章对人之所由来的论述，不取"人为天生"说，而是回到了一般经验："人之生也，不能无所自来，故谓生我者为父母，而以所生者为子女，此万无可改造者也。"[②]《穀梁传》云"独阴不

---

① 陈焕章：《存伦篇》，载《陈焕章文录》，第 82 页。
② 同上书，第 85 页。

生，独阳不生，独天不生，三合而后生"，康有为解之曰："谓母之子也可，天之子也可。……但圣人姑别其名称，独以王者为天之子，而庶人为母之子，其实人人皆为天之子。"①而陈焕章在《存伦篇》中同样援引了此句，但做出了全然不同的解读："诚哉父母之恩与天同也。言天与父母三者缺一不可也。"②纵然理论上人为天生，但不可因此抹煞父母对于作为实体之人的生养之功。而对于将儿童养育之责归之公有的制度设计，陈焕章指出，"盖父母之于子，其亲爱之情，乃由于天生而非出于人为，不可以人为者代天生也，保赤子之诚心，岂能以之遍责育婴堂中人乎？"③在此，"天生"的不再是人本身，而是父母对于子女的亲爱之情，养育子女乃父母之天职，因此不可替代。

辛亥之后，随着君主制覆灭，传统的君臣之伦亦不复存在。陈焕章对"君"之名重新进行了训释，其说云：

> 君者，群也，使世界之人皆各各孤立，两不相涉，则无君可也。若犹有两人之结合，则虽可不相统属，然已有不能不分正副之势。④

陈焕章指出，"君"之本义为群，能群人者则谓为君。传统的"君臣"关系虽亡，但无论在何种政治制度中，君臣之实必然存在，"凡近日习用之名词，如社会、团体、组织、系统、秩序之属，皆非有君不可"⑤。康有为认为君臣关系在本质上是阶级压制，"王族之尊自别异于众庶"所造成的是"阶级之苦"，不符合追求平等的人性。⑥陈焕章则提出了不同的看法："合群者，人性也，故有君者亦人之性也。"⑦人类不是以孤绝封闭的原子式个体状态生存于世的，而

---

① 康有为：《春秋董氏学》，载《康有为全集》第二集，第 375 页。
② 陈焕章：《存伦篇》，载《陈焕章文录》，第 85 页。
③ 同上书，第 88 页。
④ 同上书，第 93 页。
⑤⑦ 同上书，第 96 页。
⑥ 康有为：《大同书》，载《康有为全集》第七集，第 36 页。

是天然地需要不断地交往和沟通，由此必然形成组织，并在组织中产生对待性关系。即便是“大同”世人人高度平等自立，亦存在着各种社会组织和生活共同体，也需要以某种伦理来规定和引导组织和共同体中参与者的行为，在他看来，此种伦理本质上即为君臣之伦。而对君臣之伦与平等价值之间的紧张，陈焕章也做出了解释：

> 夫平等云者，乃法律上之意义，言法律一视同仁，无畸轻畸重之分，即谚所谓“天子犯法，与民同罪”之意耳，岂尽天下之事物而平之哉？物之不齐，物之情也。……若以无君为平等，是欲治丝而益棼之也，是欲使船而去其舵也，必不可得矣。①

在此，陈焕章一针见血地指出了时人对于西方平等主义的最大误读，在于将“平等”简单地理解抹除一切差异。西方平等主义的核心在于法律（政治）上的平等，包括在法律意义上承认天赋人权，人人享有同等的政治权利等等。反观民国政坛，政党林立，各谋其利，党魁以平等自由之说惑众而对人民实行专制，党派内部则互相倾轧，毫无责任担当，因而陈焕章复倡君臣之伦，亦存救弊之意。

四、结　语

辛亥革命及其带来的政治、社会变革，使许多从晚清延续下来的思想不断受到挑战。对康有为而言，最重要的变化是他的政治追求从君主立宪制向虚君共和制转化。虽然政治立场从激进转向保守，但康有为并不认为他的“大同”学说需要再做审思，而是认为皆因世人未能深刻理解他的“三世”不可躐等之

---

① 陈焕章：《存伦篇》，载《陈焕章文录》，第97页。

说，时机未熟而骤行"大同"之法，反以为害。而在康门弟子中，真正对大同与人伦的关系进行反思的，主要就是陈焕章。1926年之后，陈焕章见其孔教主张难行于国内，遂将孔教的发展重心从国内移往东南亚诸国，他在《孔教经世法》与《存伦篇》中的"存伦"呼吁也就此湮没在革命时代的浪潮声中。但他在民国早期对家庭革命和人伦危机的警觉与防范，对康有为"大同"理论的反思与回应，为我们今日再次思考"大同"提供了重要的经验和线索。

原载《中国哲学史》2020年第3期

"以自识为宗"与"以众生为我"：
再论章太炎的革命主体学说

郝颖婷

浙江大学人文学院

    章太炎一生的思想前后多变，经历多个阶段和转折，但若论其中影响最大、与中国革命的历史进程联系最为紧密、理论深度最为卓绝的时期，则非其《民报》时期莫属。《民报》时期主要指章太炎于"苏报案"后的 1906 年 7 月到达东京担任同盟会机关党报《民报》主笔开始，到 1908 年 10 月《民报》被查封为止的这段时间。在这一思想阶段，章太炎将因"苏报案"被拘捕后系狱上海时吸收的佛学思想资源应用于对中国革命诸问题的思考中，著成了发表于《民报》的六十余篇论文，并为其后《齐物论释》等系统阐发其思想的理论著作打下了基础，形成了一套立足于佛学理论框架、具有强烈批判色彩和理论深度的革命政治哲学。

    本文将深入探讨章太炎的革命主体思想，以"否定"与"抵抗"作为描述其革命主体的关键词，在哲学架构上厘清章太炎式革命主体是如何建构成立的。从出狱到达东京进入革命风潮核心的伊始，章太炎首先最为措意的，就是革命主体问题：在中国革命中，谁或者哪个群体堪当革命的主体？革命主体需要什么样的道德？个体如何成功主体化成为革命主体？

一、"齐民"阶层：主体"否定性"的自在阶段

学界对章太炎主体性哲学的研究经常具有某种自觉或不自觉的本质主义

（essentialism）倾向，即试图找寻章太炎主体哲学的内在本质，或以之为意志，或以之为道德，或以之为真如。①在抽丝剥茧式的文本分析下，这些研究结论均有一定的合理性，然而问题在于这一探本求源的研究路径与章太炎对主体性问题的思考路径恰好背道而驰。章太炎并非书斋内的体系型思想家，他的论争性、战斗性极强，是一位浑身溅满现实之泥浆的思想实践者，他的众多理论著作都是在具体的革命情境中与具体的论敌进行论争时写就的。因此，章太炎并不是通过搭建体系的大楼来安放其对革命主体的设想，而是在与诸多论敌的辩论中逐渐剥落赘疣驱逐幻象，在不断的否定再否定中形成了其革命主体理论。因此，河间悌一将章太炎概括为"否定的思想家"确实可谓不刊之论，只不过河间主要着眼于章太炎对其时各类思潮、制度的否定，并未深入章太炎否定性的理论性格与这一理论性格下形成革命主体观念。②

　　章太炎对之寄以"革命"③厚望的主体首先是一种否定性主体，正如近藤邦康所言："章炳麟并不将人类的本质看成是阶级、民族等总体性的东西，而是把它看成个体的自意识和自意识中表现出来的无边际的众生。而这些都是否定性的东西。"④在笔者看来这一否定性主要表现在两个层面：第一，就革命主

---

　　①　如高瑞泉以意志为章太炎式主体的本质，认为章太炎思想滑向了唯意志论，见氏著《章太炎"依自不依他"说评析——兼论章太炎哲学的唯意志论倾向》，《学术月刊》1990年第12期；张春香则以道德主体和道德自由作为章太炎主体性思想的核心，见氏著《章太炎主体性道德哲学研究》，中国社会科学出版社2007年版；而蔡志栋则以真如为章太炎形而上主体的本质，见氏著《章太炎后期哲学思想研究》，上海社会科学院出版社2013年版。

　　②　河间悌一：《否定的思想家——章炳麟》，《贵州师范大学学报（社会科学版）》1980年第3期。

　　③　讨论章太炎对于"革命"的具体定义将是一个复杂的议题，故而在本文中只取其革命定义中的两个简单层面：第一，在当时的情境下"革命"被章太炎用以表述"光复"中国之种族、州郡、政权的民族主义革命，见氏著《革命道德说》，载《章太炎全集》（七），上海人民出版社2014年版，第284页；第二，在其以佛教理论资源搭建的主体性哲学中，章太炎虽未使用"革命"一词，但在其中表达的精神，则接近现代政治和社会意义上革命反对体制性压迫、反对不平等权力结构的基本原则。因为这两个层面在章太炎的哲学架构中实际上密不可分，故而本文中对"革命主体"一词的使用中不会区分这两个层面。

　　④　近藤邦康：《救亡与传统——五四思想形成之内在逻辑》，丁晓强、单冠初、姜庆明译，山西人民出版社1988年版，第77页。

体的自在（in-itself）阶段而言①，主体是被否定的，它被排除在统治资格之外，不被当作政治秩序的构成性要素，而仅仅作为秩序施加于其上的惰性要素存在。然而这一排除同时也否定了统治秩序本身：个体存在的自足性否定了政治的普遍性，统治的逻辑在此断裂。但这一阶段，自足的个体并未真正认识和实现自己的主体身份，其作为革命主体的主体性仅仅是潜在的。第二，就革命主体的自为（for-itself）阶段而言，主体因其意识到了自身的被否定境况而成为具有否定性的普遍性存在：这些被驱逐出统治资格、被否定其符号价值的主体借由"法相之理"觉察出了所有既定的文野之别、统治资格、尊卑秩序都不过是因遍计所执而起的幻象，本身是虚妄的，进而否定自识之外任何不平等的现存秩序，从而获得不同于"公理""进步"等霸权普遍性的真正普遍性，也就是源自否定性的、对公理式霸权进行抵抗的普遍性。这一由自在走向自为的革命主体也就必然是行动的抵抗主体，正如卢卡奇所言，自我意识本质上是实践性的，获取自觉的主体必然自发成为实践的革命主体，进而改变客观现实。②

　　首先来看章太炎式否定性主体的第一重否定性，即其自在阶段被否定和驱逐的境况，对这一问题的讨论基本集中于章太炎《革命道德说》一文。一般而言研究者将这篇文章作为章太炎关于革命在现实策略层面需要革命者怎样的革命道德的探讨，这种解读固然正确，但是忽视了此文更为重要的另一主题——探讨传统社会的诸多组成部分中何者堪当革命主体，正如近藤邦康所言，这种分析方法是接近阶级分析的一种尝试。③此文中章太炎对传统社会存在的十六

---

　　① 自在自为概念来自黑格尔对绝对精神上升阶段的描述，之后被马克思、恩格斯借用来说明无产阶级在政治上的两个发展阶段。笔者这里借用这一理论框架来厘清章太炎关于革命主体之否定性的复杂表述。

　　② 卢卡奇：《历史与阶级意识》，杜章智、任立、燕宏远译，商务印书馆 1992 年版，第 299—301 页。

　　③ 近藤邦康：《救亡与传统——五四思想形成之内在逻辑》，第 69 页。

种职业——进行分析，最终得出结论："知识愈进，权位愈申，则离于道德也愈远。"[①]此论乍看非常具有民粹色彩，但是如果深入章太炎的思考脉络可以发现，他得出这一结论遵从的并非民粹主义逻辑，而是其定义下的革命逻辑。

这一逻辑隐藏在章太炎对他提及的十六种职业的排序中，他在排序时基本遵循了一个主要原则，即按照各职业距离统治资格的之远近进行排序，除去"雇译者"这一伴随欧风美雨而来的新兴职业以外，剩下的十五种职业基本可以分为四类：以农人、工人、稗贩、坐贾为代表的齐民阶层，以学究、艺士、通人为代表的知识阶层，以行伍、胥徒、幕客、职商为代表的外围统治阶层，以京朝官、方面官、军官、差除官为代表的核心统治阶层。其中以农人为代表的齐民阶层被章太炎赞许为"道德最高"，以通人为代表的知识阶层则被章太炎认为是最有可能觉醒革命道德而成为革命之"提倡者"，剩下的两种统治阶层则完全依附、顺从既存统治秩序，在其中"竞名死利"挣扎求进。[②]此外一般被认为破坏统治秩序的会党、盐枭之徒，也不过是在法定秩序之外为秩序本身填补官方统治不能直接到达的权力真空，因此章太炎说"以会党制会党，盐枭制盐枭者，逆胡之长策也"，这正是看到了这种反体制力量本质上对权力的依附和补充。

何以齐民阶层"道德最高"，是本文解读章太炎关于革命道德的思考最先应当解决的问题。以农人、工人、稗贩、坐贾为代表的"齐民"阶层，在章太炎看来主要具有三个基本特点：第一，他们不具备知识、权位、暴力这样的统治资格，因此也不具有上升至统治阶层的途径，故而也远离统治阶层的名利诱惑，在遭遇统治阶层的过度剥削时会奋起反抗；第二，他们的生存主要依靠从事基础的物质生产和交换活动，也因此必须遵循物质生产和交换活动自身要求的基本法则，具有源自劳动生活的德性，所谓"贸迁有无，必济以信"；第三，因其生存状态，以农人为代表的"齐民"阶层在章太炎的想象中过着"自足"

---

① 章太炎：《章太炎全集》（七），第 292 页。
② 同上书，第 289—293 页。

的生活："其人劳身苦形，终岁勤动，田园场圃之所入足以自养，故不必为盗贼，亦不知天下有营求诈幻事也。"①章太炎的这一想象显然来自道家思想传统，在传统道家理想的黄金时代，个体的生存与价值皆不必诉诸和依附任何外在的政治秩序。

齐民阶层本身自足，却被纳入政治秩序中而仅仅作为其中被统治的惰性因素，这恰恰说明了统治秩序最根本的内在断裂：知识、权位、暴力等统治资格并不构成统治本身的合法性，自足的、不需要被统治的阶层的存在，彰显了统治资格自身的匮乏。或者用朗西埃的话来说："统治者履行统治的终极基础在于根本不存在好理由来解释一些人为什么能统治另一些人。归根结蒂，统治的实践基于统治理由的缺席。"②章太炎在这里同样展现了统治逻辑的断裂和统治理由的缺席，将本身自足的个体强行纳入统治秩序是一种对个体自足性的褫夺，也是统治秩序本身不合理的体现。强行将统治施加于自足的个体身上体现的并非统治秩序的普遍性，而恰恰说明了秩序本身的失调和断裂。

财富、暴力、权位这类统治资格只对其所属范围内的管制关系产生权力效果，它们必须求助"知识"这个唯一直接宣称自身普遍性的、将自身的特殊性霸权转换为具有公理形式普遍性的统治资格。因此，知识不同于其他或自然或人为的特殊性统治资格，它直接宣称自身具有对所有人进行统治的普遍有效性，宣布自身为所谓"公理"。针对这一公理式霸权，章太炎在《四惑论》中进行了进一步批判：

> 彼其言曰：不与社会相扶助者，是违公理；隐遁者，是违公理；自裁者，是违公理。其所谓公，非以众所同认为公，而以己之学说所趋为公。③

① 章太炎：《章太炎全集》（七），第 289 页。

② ［法］朗西埃：《关于政治的十个论点》，载汪民安编：《生产（第 8 辑）：忧郁与哀悼》，江苏人民出版社 2013 年版，第 181 页。

③ 章太炎：《章太炎全集》（七），第 469 页。

在章太炎看来，特殊性的霸权一旦窃据那个代表着普遍性统治秩序的空位，便要求所有个体无条件地服从秩序的安排，公理式霸权的主要内容就是强调社会抑或政治的无远弗届，抹杀个体存在的自足性。因此，章太炎之所以褒奖齐民阶层的"道德最高"，实际上推崇的是这一阶层远离利禄政治的存在自足性，因此他在这里所使用的"道德"也并非道德自觉意义上的德性，而是指一种自足的存在状态。

然而，尽管"知识"有可能被特殊性霸权窃取而成为具有压迫性的公理式霸权，但知识依然是唯一可能具有真正的普遍性的统治资格，故而章太炎认为在齐民阶层外，知识阶层也具有成为革命主体的潜能：

> 今之革命党者于此十六职业将何所隶属耶？农、工、裨贩、坐贾、学究、艺士之伦，虽与其列，而提倡者多在通人，使通人而具道德，提倡之责舍通人则谁与？[①]

之所以通人可能成为提倡者，原因正在于通人所通之学术多种而非专精一艺，这种"通"代表了这一阶层潜在的普遍主义倾向，这一超越特殊性的普遍主义倾向具有达到"笃信好学，志在生民"高度的可能，若以此为志向，且能以狂狷之情摆脱功名利禄的诱惑，则可谓"天下之至高"。然而，究竟如何达至真正的普遍性，章太炎在此处并没有给出答案。

章太炎的贡献在于他看到了个体的否定性状态对主体构建的意义。以肯定性、确证性为主导的符号秩序质询（interpellation）并不一定能使个体觉醒为政治主体，正如朗西埃对阿尔都塞的反驳，统治秩序并不通过高声呼喊"喂，在那儿的，你！"勒令个体进行回应来完成意识形态质询，其根本运作模式恰恰相反，是像警察在街上呵斥"没什么好看的！快走开"一样，通过将个体驱

---

① 章太炎：《章太炎全集》（七），第 292 页。

逐出统治资格、贬抑为秩序施加于其上的客体，来实现统治。①由此可见，个体也并不依赖于统治秩序来实现自身的价值与意义。恰恰相反，在章太炎看来只有挣脱出统治秩序的束缚才能成就"大独"的主体性，个体的自足性构成了真正的政治主体也就是革命主体进入自为阶段的开端。

然而开端并不等于实现，个体自足性仅仅是瓦解了有机体式社会/政治共同体成立的逻辑，齐民阶层自在层面上的自足性始终存在于一种未能自觉的潜在状态中，而知识阶层的普遍主义倾向中也并无具体的内容。一旦他们被统治秩序授予"干禄致用"的资格，这一潜在的自足状态和普遍主义倾向就会消失。革命主体必须从自在阶段对统治秩序潜在的否定性走向自为阶段进行自觉抵抗的否定性，才能形成具有实践性的革命道德。这也是章太炎所说"用宗教发起信心，增进国民的道德"的真意：他希望增进的道德并非依附顺从统治秩序的奴隶道德，而是破除统治秩序、实现"齐物平等"的主人道德或者说超人道德②，而对这一超人道德的自觉必须借由唯识学的开显才能真正达至。

二、"以自识为宗"：主体"否定性"的自为阶段

章太炎的主体否定性在其自为阶段——也就是完成其革命主体身份的自我建构时，要经历两个步骤：第一，解构依赖语言符号秩序形成的自我认同，超越依托于"分别我执""俱生我执"成立的主体认同及伴随主体认同出现的文野之别、尊卑之分的幻象；第二，在超越原本认同的基础上获得"否定的普遍性"，即能够抵抗以公理式霸权为代表的一切虚假普遍性的真实普遍性，由此

---

① ［法］朗西埃：《关于政治的十个论点》，载汪民安编《生产（第 8 辑）》，第 183 页。

② "犹有厚自尊贵之风，尼采所谓超人，庶几相近。排除生死，旁若无人，布衣麻鞋，径行独往，上无政党猥贱之操，下作懦夫奋矜之气，以此揭橥，庶于中国前途有益。"见章太炎：《答铁铮》，载《章太炎全集》（七），第 393 页。

成就主体的"真我"面相，成为"以自识为宗"①的革命主体。章太炎关于这部分内容的讨论主要集中于《人无我论》《建立宗教论》中。

章太炎在《人无我论》中基本遵循了《瑜伽师地论》中《计我论》的论述结构，将"我执"分为"俱生我执"和"分别我执"，并在前半部分改写了无著《瑜伽师地论》中的《计我论》一节以显示"我"之虚妄。不过这一改写几乎只是将原文中佛教色彩过于浓厚的名相概念替换为了当时流行的语词，实际上并非章太炎自己思想的全面展开。在《计我论》中，唯识学从"我执"的发生根源上进行判摄，将之区分为先天的"俱生我执"和后天形成的"分别我执"，其中末那识执取阿赖耶识为所缘境，而成常相续无间断的"俱生我执"；第六意识则缘眼耳鼻舌身五识所变五取蕴相，而成有间断的"俱生我执"，又缘外道所教有我诸论而成"分别我执"。②然而尽管改写了《计我论》，章太炎对"我执"的遮破实际上并不同于原本《计我论》中的思路，而是在唯识三性的框架中处理这一问题，着重于批判在"我执"的形成中起关键作用的"名言"要素。

所谓"分别我执"，章太炎认为是指"邪见所指为我。即与常人有异，寻其界说，略有三事，恒常之谓我，坚住之谓我，不可变坏之谓我，质而言之，则我者即自性之别名。此为分别我执，属于遍计所执自性者。"③"分别我执"成立的关键在于"遍计所执自性"，而所谓"遍计所执"，章太炎将其定义为"由意识周遍计度刻画而成，……离于意识，则不得有此差别。其名虽有，其义绝无，是为遍计所执自性。"④这里的"意识"并非一般意义上的意识，而是唯识学八识中的第六识"意"，它遍计依他起性生起之法，产生了以为我、法实有的妄执，故而其中因第六识"意"识的作用而起的对"我"之"恒常、坚

---

① 章太炎：《章太炎全集》（七），第 436 页。
② 参见高明：《唯识论对我执之遮破——以〈成唯识论〉及〈成唯识论述记〉为中心》，载金泽、赵广明编《宗教与哲学》第三辑，社会科学文献出版社 2014 年版，第 344 页。
③ 章太炎：《章太炎全集》（七），第 441 页。
④ 同上书，第 423 页。

住、不可变坏"性质的执取被称为"分别我执"。"名言"是遍计所执性得以生起运作的基础和关键，正是凭借语言以及语言所构成的概念符号秩序，遍计所执性才能将我、法诸相执着为实有。玄奘在《摄大乘论本》中就强调了"名势力"在遍计所执性执着依他起性而生起虚妄分别的运作机制中的核心作用：

> 当知意识是能遍计，有分别故。所以者何？由此意识用自名熏习为种子，及用一切识名言熏习为种子，是故意识无边行相分别而转，普于一切分别计度，故名遍计。①

意识遍计诸法为实存的运作是围绕名言进行的，名言习气自无始以来保存在阿赖耶识当中，其后作为异熟识的阿赖耶识中有相应的根生起时，名言熏习种子也在意识之中生起相应的名言。故而这一名言之所以是这一名言（如"眼"名为"眼"），并非是因为名言所指的相具有"自性"或曰特定的意涵——也就是说事物的名称并不被其内在意涵所决定，而是因为无始以来就是用如是名言来对所指之物进行差别训释，由是意识才会将依他起诸法以名言的方式执着为实有，固定为支持着整个现实世界运作的语言符号秩序。

故而章太炎认为遍计所执性执取而出的"我"实际上是指"我"的符号性存在：

> 若遍计所执自性，佛家小乘有诸法但名宗，而大乘《般若经》中亦谓我但有名，谓之为我，实不可得，以不可得，故空。②

"我"存在于我之"名"中，没有以我的名字为代表的一系列符号委任、符号指称，"我"将无处存在。因此章太炎认为"分别我执"之外的"俱生我执"

---

① 《摄大乘本论》，电子佛典集成（CBETA）2019.Q3，T31，no.1594，p.139b10—16。
② 章太炎：《章太炎全集》（七），第424页。

同样要依赖名言而存在：

> 俱生我见，亦有次第增长。一者我相，二者我名，三者后起氏族名字代表我者，而氏族名字既起于我相我名上，复生一增益执。①

在章太炎这里，"分别我执"主要是指意识借助名言对自我的建构和认同，其范围主要停留在主体内部认知的层次上，"俱生我执"则扩展到了支撑起"我"这一符号性存在的一整套外部名言秩序的层面。章太炎的这一认知是不同于唯识学原意的，不论是在《成唯识论》还是在《瑜伽师地论》，其关于"俱生我执"的讨论都强调其无始以来恒与身俱②、由意根末那识恒审思量而无间断的"俱生"性质。而在章太炎这里，"俱生我执"所强调的并非主体意识内部的恒审俱生，而是转而强调"我执"在"我相"之上被强加的"我名""氏族名字"等符号秩序层面。按照章太炎的思路，主体在其意识内部形成有意识的自我认知自我认同的"分别我执"之前、在其出生之前，就存在着将伴随其一生的"俱生我执"：由其"我名""氏族名字"所代表的符号委任和符号秩序。因此，对"我执"的批判和破除实际上就是对以语言为基础的符号秩序、名言秩序的破除。每个个体的名字只有破除了依赖于"我之名"建立的遍计所执之假我，才有可能显出依阿赖耶识而起之真我，即所谓"无我而显我"。

通过廓清两种"我执"围绕名言的运作逻辑，章太炎解构了主体依赖语言符号秩序形成的自我认同的逻辑。从熏习性的角度而言，无始以来善恶种子就已经存在：

> 一切生物，无不从于进化之法而行，故必不能限于无记，而必有善恶种子与之杂糅。……自尔以来，由有覆故，种种善恶，渐现渐行，熏习本

---

① 章太炎：《章太炎全集》（七），第 424 页。
② 《成唯识论》，电子佛典集成（CBETA）2020.Q3，T31，no.1585，p.2a9—10。

识,成为种子。①

主体总是已经处于被抛的生存境遇之中,总是已经被召唤、被要求承担在这一符号系统中注册的符号义务,并在这种承担中将这一体系中关于是非善恶、尊卑智愚种种区判执取为真,最终利用这一语言体系进行自我认知和自我认同,将这一总是回溯性构成的自我形象当作主体本来就是的形象,当作主体的真相。章太炎对遍计所执之我的批判正强调了这一主体认同过程的回溯性和偶然性、虚妄性,进而以此为基点,试图破除主体对现世符号秩序营造的统治与被统治、尊贵与卑贱、文明与野蛮等等不平等秩序的认同。

因此,主体的建构及其自我认同不能依靠围绕名言而形成的"分别我执",而是必须从原本名相的种种规定性限制中挣脱出来,进入到对自我和世界的批判性反思中。通过遮破遍计所执性,主体将有能力摧毁一切窃据着普遍性位置之特殊性霸权,通过否定一切名相的特殊规定性,主体将获得以否定性为内核的普遍性,这便是"以自识为宗":

> 今之立教,惟以自识为宗。识者云何?真如即是惟识实性,所谓圆成实也。②

章太炎革命主体的"自识"之"识",实际上就是唯识学的"唯识实性",章太炎将之等同于"圆成实性"。他并未区分华严学的真如如来藏与唯识学作为"唯识实性"的圆成实性,而是选择将两者等同起来,以之为包括人在内一切事物的本体:

> 夫此圆成实自性云者,或称真如,或称法界,或称涅槃。而柏拉图所

---

① 章太炎:《章太炎全集》(七),第408页。
② 同上书,第436页。

谓伊跌耶者，亦往往近其区域。佛家以为正智所缘，乃为真如，柏拉图以为明了智识之对境，为伊跌耶，其比例亦多相类。乃至言哲学创宗教者，无不建立一物以为本体，其所有之实相虽异，其所举之形式是同。是圆成实自性之当立，固有智者所认可也。[1]

章太炎为革命主体订立的最高标准就是"以自识为宗"，所谓"自识"就是圆成实性。这里章太炎将圆成实性等同于"真如""法界""涅槃""正智所缘"，并未在境、行、果不同层次上区分这一概念，但是总的来说，章氏在使用圆成实性这一概念时侧重的依然是其作为最高认识境界的一面。就唯识学本身对圆成实性的定义，可以发现理解圆成实性的关键在于理解它与依他起性和遍计所执性的关系：

> 二空所显圆满成就诸法实性，名圆成实，……此即于彼依他起上常远前遍计所执，而空所显真如为性。说于彼言，显圆成实与依他起不即不离。常远离言，显妄所执能所取性理恒非有。[2]

圆成实性是指真如或如来藏具有的圆满、成就、真实的性质，是我法俱空、不执着依他起诸法为实有，故而能够破除我执、法执，由此显现出的不受名言分别限制的本来面貌。

在唯识学的脉络下理解章太炎所说的"以自识为宗"，指的就是否定遍计所执的名言秩序的虚妄后所显示的真实境界。章太炎之所以认为佛教能够"增进国民的道德"，原因正在于他看到了这一否定的普遍性在塑造激进的革命道德时的巨大潜力：

---

[1] 章太炎：《章太炎全集》（七），第 424 页。

[2] 《成唯识论》，电子佛典集成（CBETA）2020.Q3，T31，no.1585，p.46b10—16。

> 非说无生，则不能去畏死心；非破我，则不能去拜金心；非谈平等，则不能去奴隶心；非示众生皆佛，则不能去退屈心；非举三轮清净，则不能去德色心。①

当佛教"无生""破我""平等""清净"等等教义落实于主体的道德实践中时，其最为直接的面相就是对现世种种流俗心态和凡俗价值的否定。章太炎所希望的道德，其基本特征就是对自爱原则的否定——革命道德将抵抗、否定、超越自爱原则及建诸其上的所有既定规范或秩序。

由是，"以自识为宗"就意味着以否定的普遍性作为主体的根本立足之点。这一否定的普遍性为内核的革命主体力求脱序，拒绝在名言—符号秩序中进行注册或者承担既有符号秩序委任的任务，通过否定和批判主体身处的特殊社会境况，主体获得了一种真正的普遍性：只有当主体意识到自己并非它的"名""氏族名字"所指称之物，主体的社会身份内部永远充满着对抗性和不一致，且这种对抗性和不一致不能被整合进任何号称具有终极同一性的"天理"或"公理"的普遍性叙事中、不能被化约为某个"天理"或"公理"差等秩序中的特殊部分，主体作为"苦聚"②所体验到的无限痛楚不可能在任何名言层面得到消解和平息时，它才能具有不会被任何符号秩序驯化的真正的普遍性。反过来说，革命主体的普遍性必然以否定和批判为其内核："天""神""公理""进步"等等普遍性叙事宣称能够赋予主体存在以根本的同一性和坚实的自我认同，然而这种赋予必然建立在依托于名言符号秩序的对主体的分割和异化之上，因为这些普遍性叙事本身没有实体一致性——根本上并不存在某个无所不包的有机体式差等秩序或形而上目的，它们全都是依托于符号秩序被回溯性建构的，而主体正是通过否定自身虚假的同一性、否定被回溯性建立的符号秩序，才能真正自觉。可以说，主体正是通过抵抗的否定性，获得了不会被任何霸权式符号秩序占据的真正普遍

---

① 章太炎：《章太炎全集》（七），第440页。
② 同上书，第468页。

性。这也正是章太炎在《菿汉微言》中所说的"无我而显我"。

在章太炎这里，佛教对主体道德的塑造正是通过赋予主体否定性的革命力量完成的，"以自识为宗"意味着主体首先要抛弃一切现世秩序提供的价值准则，进入一种无依无傍无畏的道德境界。

三、"以众生为我"：革命主体的行动性与最终目的

然而问题在于，单纯"以自识为宗"的革命主体面临着某种"虚无主义"的危险：破除"遍计所执之我"固然造就了主体对现存符号秩序的否定，能够促使主体形成自尊无畏的革命道德，但这同时也意味着主体失去了依托于符号秩序进行的一般意义上的主体建构和认同的基本模式，"以自识为宗"的革命主体面临着主体自身境界与现实革命层面的双重困境。

首先就主体自身而言，"以自识为宗"的主体依托圆成实性而成立，然而圆成实性作为最高境界实际上难以为主体所企及：

> 此圆成实者，太冲无象。①

不论是在《建立宗教论》中被安立为革命主体之核心的"圆成实性"，还是在《齐物论释》定本中被建立为万物本体的"庵摩罗识"，章太炎实际上都是在强调如来藏或者说真如本体的实、遍、常性质②，是为主体之"自证"③所设定的

---

① 章太炎：《章太炎全集》（七），第 436 页。

② 参见章太炎《菿汉微言》："其如来藏自性不变即是佛性，即是真我，是实是遍是常。而众人未能自证，徒以生灭者为我，我岂可得邪？及得佛果，佛性显现，即为常乐我净，此则《涅槃经》中所说第一义谛。要知无我，真我乃见，然则是两说者，亦撄而后成者也。今应说言依真我起幻我；依幻我说无我，依无我见真我。"载虞云国点校：《菿汉三言》，辽宁教育出版社 2000 年版，第 6 页。

③ 章太炎：《章太炎全集》（六），第 106 页。

高妙境界。然而对这一最高境界的"自证"存在两个问题：首先，圆成实性"太冲无象"，庵摩罗识"本来自尔，非可修相，非可作相，毕竟无得"①，这一最高的觉悟境界不是一般层面的修习所能达至的，也并非诸行造作的结果，世俗符号秩序中的个体要在唯识学的修行证悟层面达到这一境界是极为困难的甚至不可能的；第二，完全"以自识为宗"去追求"圆成实性"的高妙境界，可能导致主体仅仅沉浸在主体内部的"自证"中，进而也就"惟有消极之道德"②，根本上失去了其革命性或者说行动性。

其次，就现实革命路线而言，主体内部纯粹的否定性难以为现实的革命斗争提供切合实际的路线和纲领。章太炎最为激进也最为精彩的《五无论》实际上就是将这一否定的普遍性扩展开来的一场思想冒险。"五无"所谓"无政府、无聚落、无人类、无众生、无世界"，其中对"我"的否定即"无人类"正是"五无"的核心：政府、聚落必待人而成之，而五者中的后三者又以"无人类为最要"③。而"无人类"的核心便是要"以证无我而尽其缘生"④，完全实践革命主体之"否定的普遍性"则必然导向激进的"五无论"。换言之，"五无论"与其说是为未来世界提出的某种乌托邦式发展纲领或路线，毋宁说是章太炎将其思想中的"否定的普遍性"推扩到极致的产物，是对任何承诺"肯定的、现实的普遍性"的乌托邦的彻底否定和批判。⑤这样的激进批判实际上是一种思想实验，并不具有现实层面的可行性。

基于上述两个困难，章太炎不得不为这一否定性主体寻找一个现实层面的

① 章太炎：《章太炎全集》（六），第72页。
② 章太炎：《章太炎全集》（七），第437页。
③ 同上书，第463页。
④ 同上书，第458页。
⑤ 如蔡志栋将章太炎的"五无论"概括为"无生主义"的"真如心乌托邦"，然而这个说法多少存在问题，细究"乌托邦"这一概念在历史上的出现和使用，可以发现这个概念同时带有对现实的强烈批判色彩和建基于某种形而上观念的本质主义和进步主义倾向，而后者恰恰是章太炎的哲学体系所深深反对的。蔡志栋文参见：《无生主义：章太炎的真如心乌托邦》，《华东师范大学学报（哲学社会科学版）》2010年第3期。

立足点，从最为高妙也最为激进的位置回撤。这一回撤到的位置，就佛学义理层面而言是"依他起性"，就其具体内容而言则是"以众生为我"：

> 圆成实者，太冲无象，欲求趋入，不得不赖依他，逮其证得圆成，则依他亦自除遣。故今所归敬者，在圆成实自性，非依他起自性。若其随顺而得入也，则惟以依他为方便，一切众生，同此真如，同此阿赖耶识，是故此识非局自体，普遍众生，惟一不二。①

> 有情际即实际者，圆成实自性也。以方便善巧故安立有情于实际中者，随顺依他起自性，令证圆成实自性也。顺此依他，故一切以利益众生为念，其教以证得涅槃为的。②

> 大乘有断法执，而不尽断我执，以度脱众生之念，即我执中一事，特不执一己为我，而以众生为我。③

首先来看"依他起性"。在章太炎看来，虽然是"圆成实性"构成了主体"自识"的核心并代表了主体能达至的最高境界——因此以"自识"为根本宗趣的主体必须归敬"圆成实性"而非"依他起性"，但"依他起性"却是到达至"圆成实性"的方便路径。这里需要注意的是，章太炎对"圆成实性"与"依他起性"关系的处理更接近华严学思路而非唯识学思路。唯识学思路下说随顺依他起性达至圆成实性，强调的是依他起性下的缘起现实可以具有"净分依他"或名"正智"④的功用，依他起性下所摄的名相或曰语言文字和诸法相状，作为具有肯定性内容的特殊存在，提供了由之以显圆成实性的可能。而华严学则更为强调真如本体的生成性作用，"真如"作为"实际"会通缘起法而

---

① 章太炎：《章太炎全集》（七），第 436 页。
② 同上书，第 437 页。
③ 同上书，第 448 页。
④ 程恭让：《抉择于真伪之间：欧阳竟无佛学思想探微》，华东师范大学出版社 2000 年版，第44 页。

生成"有情际"，这便是"依他起"，就其具体内容而言就是"众生"。在华严学看来"心、佛、众生，三无差别"，以普遍性作为性格的本体及其生成的诸存在者之间被"心"联系起来，"心"作为本来性自由地穿梭于"佛"与"众生"的不同位阶之间。因此，"众生"虽然是依他起层面的"有情际"存在者，但也是普遍性真如本体运作生成的产物，如果否认其存在而仅仅肯定"实际"的存在，就是犯了章太炎所说"减损执"的错误。章太炎否定的从来都是依赖名言成立即所谓"由名义转"①的遍计所执性，并不是要否认圆成实性或者说如来藏缘起作为"体"所生发之"用"。因此，回到"依他起性"并不意味着取消或者废除主体否定性的抵抗性力量，而是要为主体自身所进行的"否定的普遍性"式抵抗奠定一个坚实的立足基点——"众生"。

"以众生为我"意味着章太炎的革命主体不能逃遁入常乐我净自证涅槃状态，而是要保留最次程度的"我执"，这一"我执"的具体内容便是"利益众生""度脱众生"，也就是章太炎念兹在兹的反对一切压迫性普遍主义叙事的革命。这也正是章太炎在"法相之理"之外还要强调"华严之行"或"菩萨行"的目的所在：主体作为革命主体虽然必须"以自识为宗"，但这并不意味着主体对压迫性秩序进行解构和否定只能停留在自我意识内部；主体作为革命主体还必须"以众生为我"发扬"积极之道德"②，它必须走出自我意识，来到"众生"存在着的场域展开行动。也就是说，主体在抛弃奠基于虚假的名言秩序的"遍计所执"之"我"、收缩回自身内部否定性的"自识"之后，还要再次从"我"的内部走出，在现实和行动中将"我"打开为"众生"，这便是革命主体要保留的唯一的"我执"。这一"度脱众生"的"我执"实际上是促成主体行动的动力，同时也构成了这一革命行为的目的取向。因此，章太炎的革命主体不仅仅是在理论层面对符号秩序的批判与否定，真正的革命性必然以行

---

① 《显扬圣教论》卷十六："问：若遍计所执相无有自体，云何能起遍计执耶？答：由名于义转故，谓随彼假名于义流转，世间愚夫执有名义决定相称真实自性。"电子佛典集成（CBETA），2021.Q1，T31，no.1602，p.557b29—c3。

② 章太炎：《章太炎全集》（七），第438页。

动超越自我意识的范畴，进入以"众生"为代表的被生成的特殊性存在者的领域。

而在章太炎被迫离开《民报》后端居深观写就的《齐物论释》中，主体"以众生为我"的面相不再仅仅是一种"依他起性"层面令其体证"圆成实性"最高境界的"方便善巧"，而是被重新表述为《老子》中经典的"以百姓心为心"，并进一步被安置在章太炎"齐物哲学"的核心：

> 夫齐物者，以百姓心为心，故究极在此，而乐行在彼。[1]
>
> 就世法言，以百姓心为心；就出世法言，有依他心，无自依心。[2]

由是，"以自识为宗"和"以众生为我"不再是《建立宗教论》中"本体"与"方便"之间的不对等关系，而是作为"真谛"与"俗谛""出世法"与"世法"形成了真俗平等的"齐物"关系。而在这样真俗两行框架中，章太炎进一步提升了"以百姓心为心"的地位，他放弃了《建立宗教论》中以"证得涅槃"为最终目的的说法，转而提出主体纵然"证得庵摩罗识自体"纵然菩萨行十地圆满，也依旧"无涅槃事"。[3]他肯认庄子为已证法身的"菩提一阐提"，认为庄子的高妙处正在于他没有遁入寂静涅槃的虚玄境界，而是在真谛层面知一切法本来涅槃，故而在俗谛层面"随顺法性""不住涅槃"，即不舍弃俗谛层面的"众生""百姓心"，因此也绝不停留在涅槃境界，而是要"依他"也就是依于"自识"究极于真如自体，来实现"经国宁民"[4]之"乐行"。如是，革命主体的行动与最终目的在"以百姓心为心"中彻底结合起来，这便是章太炎创造性解释后的"内圣外王"境界：

---

[1] 章太炎：《章太炎全集》（六），第 120 页。

[2] 章太炎：《菿汉三言》，第 20 页。

[3] 章太炎：《章太炎全集》（六），第 119 页。

[4] "此土圣哲，悉以经国宁民为其别愿。"参见章太炎：《菿汉三言》，第 43 页。

又其特别志愿,本在内圣外王,哀生民之无拯,念刑政之苛残,必令世无工宰,见无文野,人各自主之谓王,智无留碍之谓圣。①

章太炎解释的突破性在于他不再将"内圣外王"的主体理所当然地视为进行统治、单方面拯救生民的主体,而是以之为最终实现"人各自主"的革命主体。如是"以百姓心为心"也就不再是某种统治原则甚至统治策略,而是号召"百姓""众生"行动起来自我拯救,为实现最终"以自识为宗"的自主、平等理想而斗争。

---

① 章太炎:《章太炎全集》(六),第119—120页。

"格物穷理"： 晚明西洋哲学与宋明理学之间的话语竞争

王 格

上海财经大学哲学系

晚明时期，欧洲天主教传教士来华，为"西学东渐"拉开了序幕。此时的欧洲正处于近世（early modern）文艺复兴时期，虽然整体上依旧笼罩在中世纪知识体系之中，但种种突破正在开始发生，新教改革极大地冲击天主教传统，造就了以新兴耶稣会人文主义为代表的天主教革新。①而中国方面，虽然程朱理学是明代官方意识形态，而且随着明中期以后王学的兴起以及形形色色"三教合一"思潮的展开，虽然此时的儒学依旧沉浸在传统的道统论中，但却在客观上造成了"宗旨林立"的多元局面。②在中西思想都开始经历自身"古今之变"的时候，中学与西学相遇，并且发生了对话与碰撞。

此时的欧洲哲学与宋明理学都具有高度系统性的特征，晚明时期的耶稣会传教士采取的策略并非与之融合；我们可以想见，如果他们选择去融入理学，一定会很容易淹没在当时理学强大的话语体系之中。最终，可能出于多方面的背景、机缘和考量，他们决定以"复古"为旗号，即以经院哲学的方式重新解释中国古代儒家经典，而对宋明理学的阐释进行批判。③这就意味着，西洋哲

---

① 参见［美］夏伯嘉：《天主教世界的复兴运动：1540—1770》，余芳珍译，上海人民出版社2015年版，"导言"。

② 参见王格：《王学语境中的"宗旨"与"宗旨林立"》，《哲学门》第32辑，北京大学出版社2016年版。

③ 参见［意］利玛窦著，［法］梅谦立注、谭杰校勘：《天主实义今注》，商务印书馆2014年版，第15—22页。

学与宋明理学在当时的中国实际上构成了一种竞争关系。在这场竞争中，西洋哲学需要嫁接到中国古代思想传统上来，他们就必须以汉语为载体，其中音译词也只能作为一种辅助手段，那么，最方便的莫过于借助已经高度体系化的宋明理学话语，也就是借用对手的话语来与之竞争。如此一来，中西哲学的竞争首先不是在哲学思想层面本身，而是一场概念话语层面上的竞争，甚至争夺。

在这场话语竞争中，由于程朱理学中的"穷理"与西洋 Philosophia（哲学）的本义"爱智慧"在结构和语义上均相似，且都承载了丰厚的思想文化传统，所以早期传教士在汉语世界翻译和解释 Philosophia 时，几乎都用到了"格物穷理"一语①；这一"格义"影响深远，直到 19 世纪的新教传教士仍然沿用，而晚清中国知识分子也多采用类似的表述；大概直到 19 世纪末叶，日译词"哲学"才刚刚开始在中国流传。②那么，晚明时期的西洋哲学与宋明理学是如何在"格物穷理"上展开话语竞争的呢？本文首先回顾欧洲"西学"和哲学的最早引入，然后从"天""理""礼"等最重要的话语面向理清晚明西洋哲学的"格物穷理"之内涵与宋明理学传统话语之间的差异化策略与竞争性机制。

一、"西学"和西洋哲学的最早引入

1615 年，意大利来华传教士高一志（字则圣，又名王丰肃，Alfonso Vagnone，1568—1640）在南京撰写《西学》一篇，这是目前所见晚明西学东渐文

---

① 此外，1687 年柏应理（Philippe Couplet，1623—1693）在巴黎出版的《中国哲学家孔子》（*Confucius Sinarum Philosophus*）中，还出现了将《论语》"好学近乎知"中的"好学"译为 Philosophus（哲学家），也是基于"爱智慧"的本义，参见 Thierry Meynard：*The Jesuit Reading of Confucius：The First Complete Translation of Lunyu（1687）Published in West*，Brill，2015，pp.57—60。

② 冯天瑜：《"哲学"：汉字文化圈创译学科名目的范例》，《江海学刊》2008 年第 5 期。

献中最早使用"西学"来指称欧洲传统的学问。在这篇文章中，高一志系统性介绍了西学的知识学科体系。不过该文当时并未立即刊行，而是十七年之后，被收入到在山西绛州刊行的高一志《童幼教育》（1632年）一书中；其间，艾儒略（Giulio Aleni，1582—1649）曾获读此稿，并于1623年在杭州刊刻出版了著名的《西学凡》。①二者对"西学"的介绍大体一致，但《西学凡》的影响较大。西学分为六科，其中第二科"理科"或"理学"，即Philosophia（哲学），艾儒略给出了这样的解说：

> 理学者，义理之大学也。人以义理超于万物，而为万物之灵。格物穷理，则于人全而于天近。然物之理藏在物中，如金在砂，如玉在璞，须淘之剖之以斐禄所费亚之学。②

"格物穷理"是程朱理学最重要的正统宗旨，它来自朱熹对《大学》的"补传"。③这里用程朱理学的"格物穷理"解释Philosophia（哲学），并使用了理学常用的"义理"一词；不过，他说"物之理藏在物中"，而"格物穷理"的方式则是Philosophia之学，并且说"于人全而于天近"，则与程朱理学的思路有别，是在嫁接西学。

事实上，更早在高一志所撰《西学》中，则是直接称"格物穷理之学"——这也是目前所发现最早对哲学的汉译。④该译名在晚明大量西学译介书籍中得到了沿用，比如毕方济（Francesco Sambiasi，1582—1649）口授、徐光启（1562—1633）笔录的《灵言蠡勺》（1624年），高一志译校、毕拱辰

---

① ［意］高一志著，［法］梅谦立编注、谭杰校勘：《童幼教育今注》，商务印书馆2017年版，第216页。

② ［意］艾儒略：《西学凡》，《四库全书存目丛书》子部第93册，齐鲁书社1995年版，第631页。

③ ［南宋］朱熹：《四书章句集注》，中华书局1983年版，第4—5页。

④ 参见［法］梅谦立：《理论哲学和修辞学的两个不同对话模式》，收入景海峰主编《拾薪集》，北京大学出版社2007年版，第82—85页。

（?—1644）删润的《斐录答汇》（1631 年），等等；其中后者的标题"斐录"即 Philosophia 音译名的省称，该书是中文世界里第一次在书名标题上出现哲学。此外，葡萄牙来华传教士傅泛际（Francisco Furtado，1587—1653）则似乎有一些新的探索，他与李之藻（1565—1630）合译的《寰有诠》（1628 年）中译为"性学"。在程朱理学语境中，"性学"与"理学"名异而实同，因为"性即理也"。他们二人合译《名理探》（1630 年）第一卷第一节则名为"爱知学原始"，这里的"爱知学"即哲学：

> 爱知学者，西云斐录琐费亚，乃穷理诸学之总名，译名则知之嗜，译义则言知也。古有国王问于大贤人曰：汝深于知，吾凤闻之，不知何种之学为深？对曰：余非能知，惟爱知耳。后贤学务辟傲，故不敢用知者之名，而第取爱知为名也。①

他们在此阐明了 Philosophia 在古希腊传统的"爱智慧"本义，其中虽然译出了"爱知学"这一更为精准的名称，但在解说时，仍然称其为"穷理诸学之总名"，"穷理"一语仍然是必要的津梁。可以说，不论是理学、理科、穷理学、性学、爱知学，还是直接音译，"格物穷理之学"都是早期来华传教士译介西洋哲学时通行的解说，所以，后来清代四库馆臣为《西学凡》撰写"提要"，亦称西洋哲学为"西洋穷理之学"，并言西学"以格物穷理为本"。②另外，在高一志《神鬼正纪》（1636 年或 1637 年）一书中，虽然出现了"明哲学人"一语，但这是在非常宽泛的意义上使用，不同于后世译名"哲学"。

传教士既要使用宋明理学的话语，又要批判宋明理学，那么，他们就要展示出西洋版"格物穷理之学"的内容较宋明理学更为高明。Philosophia（哲

---

① ［葡］傅泛际译义、李之藻达辞：《名理探》，商务印书馆 1935 年版，第 1 页。这里"国王"指菲留斯的僭主里奥（Leo of Phlius），"大贤人"指毕达哥拉斯（Pythagoras），相关内容见于西塞罗（Cicero）《在图斯库伦的论辩》卷三（*Tusculanae Disputationes* V.3）。

② 见于《四库全书存目丛书》子部第 93 册，齐鲁书社 1995 年版，第 647 页。

学）又分为五类，传教士给出中文的"译言"，分别是：落日伽（"明辨之道"，Logica，逻辑学）、费西加（"性理之道"，Physica，物理学）、马得马第加（"几何之道"，Mathematica，数学）、默大非西加（"性以上之理"，Metaphysica，形而上学）、厄第加（"义礼之学"，Ethica，伦理学）等。①其中特别值得注意的是，在中文语境里，"性理"一般用来指称理学的内容，而传教士用"性理之道"指称物理学，用"性以上之理"称形而上学，这显然出于对宋明理学的误读和贬低，视之为唯物论。与此同时，"性以上之理"这种说法除了基于 Metaphysica（形而上学）与 Physica（物理学）的字面关联外，亦暗含有与宋明理学较量的意味。我们知道，理学只探讨"性理"，甚至"性"是言说的极限，程颢就曾说"人生而静以上不容说，才说性，便已不是性"，朱熹和王阳明都对此有过专门的讨论和解释②，传教士自然当亦有所耳闻。当他们将宋明理学的"性理"等同于西方物理学和唯物论时，那么"性以上之理"就处在了宋明理学未曾到达的高度。同样，后来清初意大利来华传教士利类思（Ludovico Buglio，1606—1682）翻译《神学大全》，成《超性学要》（1676 年）一书，这里的"超性学"一词，既是指神学是超出哲学（其中包括物理学）之上，同时也意味着神学超于宋明理学之上。

另一方面，至少在明代后期，中国学者对"理学"一词的使用已经包含程朱理学与陆王心学等不同流派，涵盖形上本体与心性修养的言说，那么它也就约略可以对译当时欧洲较为宽泛的 Philosophia（哲学）一名。尽管这里的"格物穷理"都很明显对应的是西洋哲学，但仍有学者从具体内容出发，认为晚明"格物穷理之学"的实质主要是科学。③这种论断其实是一种时代的错置，因为

---

① ［意］高一志著，［法］梅谦立编注、谭杰校勘：《童幼教育今注》，商务印书馆 2017 年版，第 219—220 页。亦见梅谦立：《理论哲学和修辞学的两个不同对话模式》，第 36 页。艾儒略《西学凡》与之相同，见《四库全书从目丛书》子部第 93 册，齐鲁书社 1995 年版，第 631—633 页。

② 参见《传习录》卷中，《王阳明全集》，上海古籍出版社 1992 年版，第 60—61 页。

③ 比如尚智丛：《明末清初（1582—1687）的格物穷理之学》，四川教育出版社 2003 年版，第 4—11 页。

在当时的知识和教育体系中，自然科学尚未从哲学中分化出来获得独立地位，而是从属于哲学——由前述高一志、艾儒略所介绍的西学分科体系，便可以看得很清楚。

然而，或许正因为当时西洋哲学的内涵过于丰富，内容过于庞杂，而其所借用理学的话语，不论译名还是解说，如"格物穷理""穷理学""理学""性学"等，本身已经有数百年论述传统，其意涵丰厚而牢固，所以当时中国主流学者似乎并不觉得传入的西洋哲学有多大的新意或者多深刻的思想洞见。除了极少数例外，大多数中国学者似乎并未觉察到中西哲学之间正在展开的话语竞争。但我们可以肯定，当徐光启大谈"翻译""会通"和"超胜"的时候，他应该是觉察到了西学东渐背后的竞争在暗流涌动。[①]但他虔诚地沉浸于"翻译"工作，寄希望于"会通"，二者都是基于其宗教信仰的认同，而"超胜"则是基于一种民族认同。他似乎没能够跳出这些认同，进一步批判性地反思这一时期的翻译工作，看出其背后是一场话语的争夺。

实际上，西洋哲学的内容译入中国要比这一科目名称译入更早一些，至少早在利玛窦（Matteo Ricci，1552—1610）《天主实义》（1603年）中，就开始介绍中世纪及古希腊哲学，而后来到了学术造诣更高的高一志那里，更是全面系统地传入西洋哲学体系，尤其是亚里士多德哲学。在这一过程中，中西思想围绕"天"以及"理"和"礼"的话语竞争尤为激烈。

二、"天"："天主"与"天理"的对抗

对于儒家经典中"天"的多重含义，朱熹曾给出过一个清晰的分判："也有说苍苍者，也有说主宰者，也有单训理时。"[②]这里"苍苍"是指我们能看见

---

① 张德让：《翻译会通论》，《外国语》2010 年第 5 期。

② ［南宋］黎靖德编：《朱子语类》卷一，《朱子全书》第 14 册，安徽教育出版社、上海古籍出版社 2010 年版，第 118 页。

的有形有色的天空，是一种感官认知的"天"；"主宰"是对"天帝"的原始神秘信仰中"天"之作用的根本性概括，是一种神秘认知的"天"；而"理"即"天理"，则是理学家对这种神秘作用的合理化解释，是一种理性解释的"天"——虽然这种解释亦远非理性主义。在这三种含义中，理学中"天"最根本的含义无疑是"天理"，理学家要将前二种含义纳入其中，从而得到一种高度系统性的理解和论说。因此，朱熹将"理"的解说大量注入传统经典文献中的"天"，比如，他在注《论语·八佾》中"获罪于天，无所祷也"（3.13）一句的时候说"天即理也"，而《朱子语类》里面对此条注释，更收录了这样一段详细的问答：

> 周问："获罪于天"，《集注》曰："天即理也。"此指获罪于苍苍之天耶，抑得罪于此理也？
>
> 曰：天之所以为天者，理而已。天非有此道理，不能为天，故苍苍者即此道理之天，故曰："其体即谓之天，其主宰即谓之帝。"如"父子有亲，君臣有义"，虽是理如此，亦须是上面有个道理教如此始得。但非如道家说，真有个"三清大帝"着衣服如此坐耳！[1]

与道教倾向于要将民间信仰纳入规范化的神仙体系不一样，理学家跟更倾向于采取一些合理化的解释来规训民间信仰，在客观上有很强的"祛魅"作用。[2]所以，朱熹这里在将"天"合理化解释成"有个道理教如此"的同时，批评了道教"三清大帝"的人格神信仰主张。

与此同时，为了与佛教划清界限，程颐提出的所谓"圣人本天，释氏本心"之分判得到了儒家主流正统学者的认可。[3]1601年，冯应京（1555—1606）

---

① ［南宋］黎靖德编：《朱子语类》卷二十五，《朱子全书》第 14 册，安徽教育出版社、上海古籍出版社 2010 年版，第 900 页。

② 参见王格：《神神鬼鬼：当西方"天使"遭遇中国"鬼神"》，《哲学与文化》2021 年第 5 期。

③ 参见赵士林：《确立天本体——孔子、孟子、程颐、朱熹》，《北京社会科学》1990 年第 2 期。

在为利玛窦《天主实义》所作序言中，同样借用了程颐的这一分判为其师利玛窦的传教主张助力，认为"师心之与法天，有我无我之别，两者足以定志也"①。因为此时利玛窦同样要"辟佛"，而这里冯应京的策略是借用程朱理学对佛教及儒家心学的批评，来为西方基督宗教哲学寻求一个嫁接点，也就是"天"。具体而言，就是在肯定古儒所论之"天"的前提下，用"天主"一语来批判今儒（宋明理学）的"天理"。

与程朱理学中"理气不离不杂"相对，利玛窦则强调的是完全的"不杂"。他引入亚里士多德哲学里的"四因说"（作、模、质、为），认为"模"和"质"就是所谓阴阳，而"作"和"为"是"在物之外、超物之先"而"不能为物之本分"者，二者不能相混。②显然，这里植入了中世纪哲学的创造论，即上帝创造万物，并与宋明理学的理气论（即太极/阴阳论）形成话语竞争。利玛窦甚至不止一次表示，如果为"理"和"太极"赋予灵性，那么，它们就等同于西方的"天主"概念，如此则可以接受③；不过，这却并不意味着利玛窦接受"天理"及"太极"等观念，而是要指责宋明理学家在话语上的错误——在利玛窦看来，只能用古代经典里的"天"之主宰义，即只能使用"天主"一语。所以，"天主"与"天理"构成了在"天"的论说话语上的竞争关系。晚明高僧云栖袾宏（号莲池，1535—1615）在撰文批评利玛窦等人时，也题为"天说"，可见"天"是争辩的核心议题。

事实上，早期耶稣会在华传教策略中，"儒者本天"是一个基本的出发点，比如在 1623 年杨廷筠（1557—1627）为艾儒略《西学凡》所作序言中，开首即言"儒者本天，故知天、事天、畏天、敬天者，皆中华先圣之学也"④，以

① ［意］利玛窦著，［法］梅谦立注、谭杰校勘：《天主实义今注》，商务印书馆 2014 年版，第 70 页。

② 同上书，第 85 页。

③ 同上书，第 99 页。

④ ［意］艾儒略：《西学凡》，《四库全书存目丛书》子部第 93 册，齐鲁书社 1995 年版，第 625 页。

此为引入西洋天主教哲学思想作铺垫。传教士在"天"字上的话语竞争取得了一定范围内的成功，随着李之藻《天学初函》（1628年）等译介工作的展开，"天学"一语很快就在相当长的一段时间里成为天主教哲学的专属，并被广泛接受。可是，作为舶来品的"天学"，其实在西学自身语境中并没有对应词，因为"天学"既包括西洋哲学的一部分，也包括神学。传教士使用"天学"一词，是有意以"天主之学"对抗"天理之学"，也就是"天学"要与"理学"进行一场话语竞争。不论如何，作为一种纯粹外来的一神论，借用以"天之主宰义"为基础的"天主"一语，其教义很快在中国天主教徒群体中就得到了卓有成效的贯彻①；而到后来，康熙皇帝亦手书"敬天"二字匾额，赠予北京的"南堂"。

可是，传教士仍然经常会袭用宋明理学的说法，比如利玛窦说"天地万物，咸有安排一定之理，有质有文，而不可增减焉者"②。只不过，他们决不止步于这"一定之理"，而是一定要进一步追溯到终极性的"天主"，并且极力批判止步于"理"的宋明理学，认为是无神论：因为他们把气（阴阳）仅仅理解为质料因（质）和形式因（模）。而反过来，黄宗羲批判道：

> 为天主之教者，抑佛而崇天是已，乃立天主之像记其事，实则以人鬼当之，并上帝而抹杀之矣。③

这里，黄宗羲适度肯定天主教"抑佛崇天"的立场，而批评其立像记事，表明他对天主教仪式方面可能仍缺乏深入理解。而另一方面，黄宗羲怪罪程朱理学家在"天"的多重含义中忽视了"主宰"义，才导致天主教"邪论"

---

① 王格：《从"天"到"天主"的儒耶会通诠释——梵蒂冈所藏〈论儒家之天、太极与天主〉析论》，《国际汉学》2019年第2期。

② ［意］利玛窦著，［法］梅谦立注、谭杰校勘：《天主实义今注》，商务印书馆2014年版，第83页。

③ ［清］黄宗羲：《破邪论》，《黄宗羲全集》第1册，浙江古籍出版社1986年版，第195页。

盛行：

> 今夫儒者之言天，以为理而已矣。《易》言"天生人物"，《诗》言
> "天降丧乱"，盖冥冥之中，实有以主之者。不然，四时将颠倒错乱，人民
> 禽兽草木，亦混淆而不可分擘矣。①

黄宗羲指责今儒言天，认为其只讲"天理"，无视古儒言天的主宰义，并
举《易》《诗》经文为证，在论述策略上似与《天主实义》如出一辙，虽然两
种主宰义相差悬殊。由此，我们可以窥测，天主教的"天主"对理学家的"天
理"已经形成一些冲击，虽然力度亦十分有限。

三、 从"理"到"礼"：西洋伦理学的引入

事实上，不仅是"天"，就在"理"上，传教士也要展开话语竞争。在宋
明理学中，"理"是对"天"的合理化解释，它带有浓厚的形上学色彩。宋明
理学中的"义理"则贯穿了从道德伦理到宇宙论的一套整全解释，虽然其目的
主要在于道德与政治的实践。

传教士将西学嫁接到"理"上，与理学家的"天理"构成话语竞争。在
利玛窦那里，首先区分了感官认知和理性认知，"以目睹物，不如以理度之。
夫目或有所差，惟理无谬也"，并列举了太阳大小、水中折射、影非物等事
例来说明要"以理细察"。②早期来华传教士并未很好地领会程朱理学的形而
上思辨，大体上，他们是将"理"作日常用语来理解，进而用"理学""穷
理"来翻译基于理性（reason）的 Philosophia（哲学）。这种策略有一定的中

---

① ［清］黄宗羲：《破邪论》，《黄宗羲全集》第 1 册，浙江古籍出版社 1986 年版，第 195 页。
② ［意］利玛窦著，［法］梅谦立注、谭杰校勘：《天主实义今注》，商务印书馆 2014 年版，第
122 页。

国文本语境基础，因为直到二程，"理"字的用法仍然较为日常，是个"虚字"，意指某种应当，或者宋代白话的"合当"，而非后来朱熹那种作为"实字"的"理"。[①]

在西洋哲学的名义下，"理"包括了自然规律及数学逻辑学等；但如果就理性的学问来说，工具和技术性的内容当然也能纳入其中，清初传教士南怀仁（Ferdinand Verbiest，1623—1688）就更一步，将技术学问也纳入"穷理学"。如此一来，南怀仁意义上的"穷理学"已经越出了西洋"哲学"的古典意涵。换言之，与晚明时期前辈的较为谨慎的做法不一样，南怀仁这里的"穷理学"已不再是哲学的译名，而只能说是西洋的"理学"，专门用于跟宋明的"理学"竞争；这背后有南怀仁自身的西方优越感。[②]与"天学"一样，传教士采取"穷理学""理学"等译名背后是有很强的话语竞争意味的，甚至会凌驾于忠实地译介哲学等西洋学问之上。

不过，另一方面，中国主流理学家似乎对这种"理学"毫无兴趣，黄宗羲在《破邪论》中批判到天主教时，基本上将其视为低级的民间宗教一类，因此他关注的是上帝、魂魄和地狱等，而几乎没有任何西洋哲学论说[③]；也就是说，理学家们往往觉得传教士所传来的西洋哲学并无足够的思想深度。不过，至少当时汉语表述的西洋哲学也的确不够深入；这不仅由于作为主要的交流者，传教士对汉语语言的掌握有限，还因为在传教士那里，中世纪哲学只是通往神学和基督信仰的手段和路径而已。他们介绍西洋的教育体系，也是为其自身的事业服务。[④]

理学家对"礼"的论述是与"理"相关的。大体说来，理学家往往是从一

---

① ［日］土田健次郎：《道学之形成》，朱刚译，上海古籍出版社 2010 年版，第 202—203 页。

② ［法］梅谦立：《理论哲学和修辞学的两个不同对话模式》，收入景海峰主编《拾薪集》，北京大学出版社 2007 年版，第 90 页。

③ 连凡：《论黄宗羲〈破邪论〉及其与利玛窦思想之比较——以魂魄、轮回、祭祀为中心》，《华侨大学学报（哲学社会科学版）》2017 年第 6 期。

④ 参见张胜前：《从高一志〈童幼教育·西学〉看西方教育体系的传入——兼论"哲学"和"逻辑"概念的引进》，《华北水利水电大学学报（社会科学版）》2016 年第 1 期。

种"表现"的角度来理解"礼"，即天理在人世间的表现形式。而这种"表现"同时包括了呈现样态和规范约束两个方面，朱熹就讲"礼者，天理之节文，而人事之仪则也"①。看起来，"天理之节文"是实然的描述，而"人事之仪则"是应然的规范，但这里并没有"是"与"应当"的断裂，因为"自然而然的存在是实然与应然未分之处"②。理学的根本前提（本体）与终极追求（境界）正是"自然而然的存在"，也就是"天理"；而在西方中世纪哲学那里，"自然而然的存在"只能是"上帝"。因此，当传教士将理学视为无神论和唯物论的哲学时，对于儒家思想文化中无处不在的"礼"，在哲学上他们只能用亚里士多德伦理学来与之抗衡。

在上一节引述传教士译介哲学五类时，其中"义礼之学"一语在中国传统典籍中则未见有先例，这是高一志新造出来的一个词，用来指称西方传统的伦理学，其使用要比现在一般的伦理学意涵更广一些。在高一志那里，"义礼之学"包含有"修身西学""齐家西学"和"治平西学"，这里用到了《大学》"八条目"的后四条，分为三组，即身、家、国，分别指称亚里士多德哲学所界定的个人伦理学、家政学和政治学——这也是当时耶稣会所通行的人文教育之分类法。③这里虽然出现了"治平"，但高一志似乎有意回避了"天下"这一范畴。

高一志将"义礼之学"与"性理之学"（即物理学）对立，认为二者是"格物穷理之学"的两大门类，其中"性理言知"，而"义礼兼言行"，并认为后者较前者更是"独善兼善，喜未可言喻也"。④从中国语境来讲，中国的"性理之学"其实恰恰是后者，高一志不应当不明白这一点。那么，他这样故意扭转话语，另辟蹊径造出"义礼之学"的目的，显然也是为了防止西洋伦理学淹

① ［南宋］朱熹：《四书章句集注》，中华书局1983年版，第51页。

② 陈嘉映：《何为良好生活：行之于途而应于心》，上海文艺出版社2015年版，第62页。

③ ［意］高一志著，［法］梅谦立、谭杰、田书峰编注：《修身西学今注》，商务印书馆2019年版，第6—8页。

④ 同上书，第6页。

没在宋明理学话语之中，而别立一名与之对立，进而才能与之竞争。同时，高一志也注意将西洋哲学的"义礼之学"与中国传统的"礼学"相区隔，他在书中只有一次使用"礼学"，即称亚里士多德为"礼学之师"。[①]在具体的德目上，高一志主要围绕中世纪哲学的"四枢德"展开[②]，但对大量的具体德目用词，都是给出了西洋哲学的重新定义，比如"孝""悌""仁""义"等，如果从宋明理学家对这些词的界定看来，都会显得颇为奇怪；但如果对照中世纪及文艺复兴时期的伦理学，就会发现基本上是对西学不折不扣的"译介"。[③]这也足以表明，传教士在译介西洋哲学的时候，始终在与宋明理学争夺话语和用词。

余 论

晚明来华传教士在中国面对的是一套强大的宋明理学话语体系，它已经统治中国思想界五六百年。作为外来的西洋哲学，如果在其汉语译介时完全迎合这套话语，必然淹没于其中；而如果完全撇开宋明理学话语，则不能参与中国思想，也就难以进入中国。于是，传教士选择与之进行话语竞争，苦心孤诣地用宋明理学的话语来抨击宋明理学思想，从而转接上西洋哲学。

不过，这场竞争的策略似乎收效甚微，虽然晚明传教士做了大量学术工作，通过汉语出版物已经呈现出当时西洋哲学的整体框架[④]，比如高一志等人几乎完整地译介了整个亚里士多德哲学体系，但他们的挑战似乎不足以引起主

---

① ［意］高一志著，［法］梅谦立、谭杰、田书峰编注：《修身西学今注》，商务印书馆2019年版，第55页。

② 参见谭杰：《中西德性教育思想的融合——晚明传教士高一志德性教育思想研究》，《现代大学教育》2018年第4期。

③ 参见王格：《高一志〈修身西学〉中的"孝悌"观》，杨雄威主编：《宗教与历史》第2辑，上海大学出版社2014年版；谭杰：《另类的仁义——高一志"义礼西学"中的"仁""义"观》，《西学东渐研究》第五辑，商务印书馆2015年版。

④ 参见张耀南：《简论晚明"西洋哲学"之输入》，《北京行政学院学报》2012年第3期。

流理学家的兴趣，遑论任何危机感。这也不能完全责备于中国思想家的固步自封，因为从我们今天作为旁观者的角度来看，传教士的诸多挑战是基于对宋明理学的误解和贬低，理学家对其不屑一顾也是有底气的。作为早期来华的西方人，他们很难深入理解理学思想传统——他们花了一百年时间通过几代人的努力，才出版首部《四书》的西方译本，而且其中还未包括《孟子》。①

所以，晚明西洋哲学与宋明理学的竞争只是在话语上的，因为在中西文化全面相遇的最初时期，出于彼此之间过多的误解或者肤浅的理解，这场竞争并没有太多深入到思想实质的内容。只有到了更晚时期，传教士才获得更为深入的理解，清初的卫方济（Francois Noel，1561—1729）在深入理解了"理气""阴阳"等概念和思想学说后，不再简单地将宋明理学视为唯物论和无神论，而且他甚至不再选择与之对立，而是几乎全面地接纳了宋明理学。②与此同时，一方面在"礼仪之争"后，教廷的禁令叫停了耶稣会的传教策略，这场话语竞争在中国也就随之暂停；另一方面，裹挟着理学话语的诸多学说开始影响西方的启蒙运动。也就是说，最迟到 18 世纪初，这场话语竞争就已不复存在；当然，此时中国的宋明理学本身也已接近尾声。中西思想的下一场话语竞争要等到 19 世纪了，那将是一场现代的（modern）全面西学东渐，而晚明这场话语竞争中的成果贡献和遗留问题都将融入到下一场话语竞争之中。③

原载《世界哲学》2021 年第 4 期

---

① ［法］梅谦立：《〈孔夫子〉：最初西文翻译的儒家经典》，《中山大学学报（社会科学版）》2008 年第 2 期。

② ［法］梅谦立、王格：《超越二元，迈向统一——耶稣会士卫方济〈中国哲学〉（1711 年）及其儒家诠释的初探》，《哲学与文化》2017 年第 11 期。

③ 参见张西平：《简论罗明坚和利玛窦对近代汉语术语的贡献——以汉语神学与哲学外来词研究为中心》，《贵州社会科学》2013 年第 7 期；张耀南：《简论晚明"中西哲学对决"之主要格式》，《北京行政学院学报》2011 年第 4 期。

"形而上学"何以成为中国哲学现代转型的"关键词"

韩立坤

南京林业大学马克思主义学院

在中、西文化比较中获得范式自觉的中国哲学，借助于一系列新的概念语词，实现了自身话语系统与思想体系的现代转型。其中，作为"Metaphysics"的对译词，"形而上学"既被视为"中国哲学"的代名词，又引发"形而上学合法性"的大规模讨论。而其在"拒斥"与"重建"两大阵营的讨论中，"形而上学"进一步与"中国哲学"的其他主要论域关联起来，成为贯穿"现代哲学史"的核心线索。尤其是，在此背景下诞生的诸多"形而上学体系"，亦构成"中国哲学"现代转型的主要方式与主体内容。正因在现代哲学的"语词系统"中，"形而上学"概念是等同于"哲学"概念的核心语词，并关系到"中国哲学"的学术范式；在现代哲学的"问题谱系"中，"形而上学合法性"是众多哲人们聚焦讨论的核心问题，并关联到"中国哲学"的合法性问题；在中国哲学现代转型的"理论载体"中，"形而上学"是众多哲人们一致选择的核心范式，并决定着"中国哲学"的现代发展方向。由此可以说，"形而上学"是中国哲学现代转型的"关键词"。

一、"形而上学"：关系"中国哲学"学术范式的关键概念

日本学者井上哲次郎和西周在 1881 年编著的日文辞典《哲学字汇》中首

次以汉字"形而上学"翻译"Metaphysics",并加按语注明出处源自《周易·系辞上》的"形而上者谓之道,形而下者谓之器"。而此英文对应之拉丁文"Metaphysica",原意为"物理学之后卷",是后世学者对亚里士多德专门讨论"存在""实体"的论文和笔记之命名。在亚里士多德那里,此种学问是研究"存在之为存在"之"第一哲学""智慧""神学"①。有学者也指出:"在希腊语中,meta-这个前缀不仅有在……之后的意思,也有'元(基础)……'、'超越……'的意思。"②所以,在西方哲学传统中,"存在""实体""第一因""上帝""本体""灵魂"等问题本就属于"超验"的学问。显然,日本学者将"物理学之后"译为"形而上学",即是突出此学不同于中国语境中的"形名之学""器物之学",而类似于专门讨论"形而上者"的学问。

但是,《系辞》中的"形而上者谓之道,形而下者谓之器",虽是以"形"为中心区分"道"与"器",同时亦说"一阴一阳之谓道",肯定"即气即道""即器即道"之形上逻辑:有形有象之器物可直接由感官认识,而器物之本质规定性与支配力量则是无形无象的。但圣人可观"象"以知"道",且并非"道"在"象"外,而是"象"乃"气"化,"道"凭"象"显。之后张载说:"凡可状,皆有也;凡有,皆象也,凡象,皆气也。"③相比有形之器物,"气"之"象"则可有"形"与"无形"之别,只是,此"无形"并非彻底虚无,而是相比具体器物而言。因此,"象"之本体需借助特殊的理性加以把握。之后王夫之强调:"象者,理之所自著也。……由理之固然者而言,则阴阳交易之理而成象,……象成而阴阳交易之理在焉。"④对此"象""道"关系,他明确"天下无象外之道",且"象"与"象"可"通而为一",而"道"正在无数器

① 不过,柯林伍德则明确否认"形而上学"有所谓"纯粹存在"的对象,以及"预设"能力,而是将其视为"历史的科学"。[英] 柯林伍德:《形而上学论》,宫睿译,北京大学出版社 2007 年版,第 5 页。

② 张志伟主编:《形而上学读本》,中国人民大学出版社 2010 年版,第 2—3 页。

③ 张载:《张载集》,中华书局 2006 年版,第 231 页。

④ 王夫之:《船山全书》第 1 册,岳麓书社 1996 年版,第 586 页。

物的运演不息之"象"中得以呈现。焦循在论及此问题时，也说："象，能变化者也。形器，不能变化者也。形器以成既济言，象以变通言。"[1]认为时空中的"形而下者"之"象"，乃是变化不息的，而其发展变化的普遍的、一般的"理"，则可谓"形而上者"。

方东美、牟宗三等现代哲人在比较中、西方哲学时，均明确肯定《周易》奠定了"中国形而上学"的认识框架、思维方式、理论传统，尤其在本体论中，天、道、理、心、性等形而上之本体，均不是超绝于器、物、人、事、气等形而下的经验存在之外。且这种"形而上者"寓于"形而下者"的基本范式，还体现在中国哲学的主要论域如宇宙论、心性论、方法论、认识论、价值论、境界论等之中。显然，这与"Metaphysics"多将本体视为彼岸存在、超绝独存、逻辑潜存的传统泾渭分明。所以，日本学者将中、西哲学相比附，虽把握到二者对"形而上"的致思旨趣，却忽略了两种学问的最根本差异。

在最早将"Metaphysica"介绍至中国的传教士那里，此学与中国之"理学""道学""心性学"为代表的"天道心性之学"并不相同。意大利传教士高一志在1615年撰写的《西学》文中，即将"Metaphysica"音译为"默大非西加"[2]，并将其解释为"性以上之理"。将宋明时期的"理学"译为"性理之学""心性之学"。但他又将"性理"视为"物"之"理"[3]。受其影响，艾儒略在1623年出版的《西学凡》中，虽将欧洲大学中的"理科"（他音译为"斐禄所费亚"，即哲学）与宋明时期的"理学"比附，但他在翻译"Metaphysica"时，也用音译"默达费西加"，并将其解释为某种"超心性学"，其本意正是将其与中国的"心性之学"相区分。可见，在早期传教士那里，"Metaphysica"与"天道心性之学"乃泾渭分明之两种学问。

有学者指出，自从利玛窦做《天主实义》（1956年完成）之后，艾儒略与

---

① 焦循：《易学三书易通释》，九州出版社2003年版，第540—541页。

② ［意］高一志著，［法］梅谦立编注、谭杰校勘：《童幼教育今注》，商务印书馆2017年版，第219—220页。

③ 同上书，第216页。

中国士大夫叶向高等的《三山论学纪》（1625 年前后）、汤若望摘译的《主制群征》（1622 年前后）、直到清朝时期法国传教士孙璋的《性理真诠》（1753 年）著作中，均一致表现出传教士们以"西学格式"批评中学"性理之学"的特点。而"西学格式"的核心框架，即是柏拉图、亚里士多德的"本体论式格式"①。所以，作为中、西哲学初遇时学术比较的首要交汇点，"Metaphysica"于中国"性理之学"本就分属两种学术范式。此种观念甚至影响到之后的魏源，他在当时介绍西学时，也将"Metaphysica"音译为"默达费西加"，亦将其解释为"性理以上之学"②。

进入 19 世纪后，英文"Metaphysics"逐渐被使用，其在诸多"英华字典"中，则开始被比附于中国"形而上者"之学。如在 1822 年马礼逊的《英华字典》中被译为"天地鬼神之论"、1847—1848 年麦都思的《英华字典》中被译为"理气学"、1866—1869 年罗存德的《英华字典》中被译为"理学""理知""博理"与"万有理之学"、1872 年卢公明的《英华萃林韵府》被译为"天地鬼神之论"。1899 年邝其照的《华英字典集成》中被译为"理学"。

而 1881 年日本学者西周译为"形而上学"之后。在 1902 年在中国出版的《英华辞典》中，已有"形而上学"这个词条出现，并明确将之视为哲学范畴。③之后，在 1908 年颜惠庆的《英华大辞典》中，就将"形而上学"等同于"万有之学""超性学"④。并且，"形而上学"概念也逐渐得到更准确的运用，即被理解为中、西哲学史中专门讨论不同经验存在的超验本体的学问。⑤

而之所以学界顺畅接受了"形而上学"这个外来概念，甚至自觉以其来指称中国哲学之中的专门讨论"天""道""心""性"等"形而上者"的学问，

---

① 参见张耀南：《中国哲学批评史论》，商务印书馆 2009 年版，第 153—165 页。

② 魏源：《海国图志》（中），岳麓书社 1998 年版，第 1103 页。

③ 陈力卫：《语词的漂移：近代以来中日之间的知识互动与共有》，《21 世纪经济导报》2007 年 5 月 28 日。也可见豆瓣网 http://www.douban.com/group/topic/15619858/。

④ 参见台湾"中央研究院"近代史研究所"近代史数位资料库"之"英华字典资料库"。

⑤ 1902 年出版的《英华辞典》，1911 年出版的《普通百科新大词典》，1926 年出版的《哲学辞典》，均明确此学乃不同于研究现象之超验之学。

是中国学者从当时逐渐流行的"Metaphysics"的字面含义，即"物理之后学"或"超物理学"中获得了某种启发，以"形而上学"来表达中国哲学的核心之学，乃是"超感觉""超物理"的特殊学问。

由此亦可说，"形而上学"概念之所以逐渐成为"中国哲学"的代名词，还是因为"形而上学"这种学问，可以更直观的凸显其研究对象、研究范围、研究方法、研究范式与外来的科学之差异。也即是，面对体现为"船坚炮利"的，以物理学、化学、工学为核心的科学的冲击，以及当时流行的科学知识观挑战。"中国哲学"只有找到更有效的表达方式与存在方式，才能彰显自身学问的特殊性与合法性。

事实上，早在魏源那里，他就以"技——道"框架区分"形而下学"与"形而上学"两类型学问，即将科学划为形而下的"技艺之学"，将儒学视为形而上的"天道之学"，以化解科学文明对儒教天道文明的冲击。之后的晚清学人，延续了魏源的理解方式，亦始终突出传统"天道心性之学"的超验属性，以与科学相区别。这种学术比较与分类的方式体现在当时学界对概念语词的译解与使用方面，最明显的就是在"科学"与"形而上学"两个概念流行之前，学人们将"Science"译为"格物学"，而将"Metaphysics"译为"格物后学"。如1889年颜永京在其翻译西学著作时就将"Natural Science"译为"格物学"，而将"Metaphysics"译为"格物后学"[1]。严复也针对科学那种研究有形器物的形气之学，将"Metaphysics"译为"出形气学"[2]。显然在20世纪初年，学人们自觉将"格物学"（科学）与"格物后学"（形而上学）对列。

而审视本土"形而上学"的观念传统，可发现，此种学问既有"格物后

---

① 陈启伟：《"哲学"译名考》，《哲学译丛》，2001年3月，第60—68页。

② 严复最早在1897—1900年翻译亚当·斯密的《原富》时，将"Metaphysics"翻译为"神理之学"，在《穆勒名学》（1900—1902年翻译，只译了半部，最早是1905年金陵金栗斋木刻版，笔者注）中译为"出形气学"。因而学界通常认为严复是国内首先翻译"形而上学"一词的学者，为误。

学",即《大学》"八条目"中"正心诚意"的"心性之学"内涵,又有超越"形"即具体形器之物的"形而上者"内涵,这样,"形而上学"的译法即凸显了此学区别于自然科学的"后物理学"的学术定位,又内在规定了只能以"天道心性之学"作为其对象论域。但是,由于魏源、冯桂芬、张之洞以及严复等没有深入思考"Metaphysics"与"中国形而上学"的本质差异,仅简单借助"技—道""学—教"模型来区分"科学"与"超科学",反而由于过度强调"天道心性之学"的"形而上"属性,即"超验"属性,而连带将儒学乃至"中国哲学"置于科学知识之对立面。从而将整体上表现为"形而上学"的"中国哲学",置于源于西方且在中国思想界俨然愈发强势的"拒斥形而上学"思潮的冲击之下,而岌岌可危。

王国维在当时就明确指出,在十九世纪最后两年,一些学人就揭示古代"天道心性之学"的"形而上"之思想特性,而"形而上学"的广泛使用,也就将其对译词"Metaphysics"在西方文化中的合法性危机传导至中国哲学。事实上,在严复、章太炎那里,已经明确表达了他们对中国本土的"形而上学"的超验特性的批评与排斥。按王国维所说,这种态度在1902—1908年间已然渐成规模。批判者认为,此学是以自由意志、绝对实体、终极本体之类的"形而上者"为对象,因而与经验知识、充足理由律、语言概念充满张力,其思想内容既不可验证,又没有实际用处。

为此,王国维批评以"实用"标准来裁判本就超乎"功用"的"形而上学",认为"形而上学"乃是哲学的基础,且是出于人性的根本要求,可提供"终身之慰藉"。为此,他从中国"天道心性之学"与现实生活之紧密关联,来论证其"有用性""合法性"。他说:"夫人类岂徒为利用而生活者哉,人于生活之欲外,有知识焉,有情感焉。感情之最高之满足,必求之文学、美术;知识之最高满足,必求诸哲学。叔本华所以称人为形而上学的动物而有形而上学的需要者,为此故也。故无论古今东西,其国民之文化苟达一定程度者,无不由一种之哲学。……即在世界所号为最实际之国民如我中国者,于《易》之太极,《洪范》之五行,《周子》之无极,伊川、晦庵之理气等,每为历代学者研究之题目，足以见形而上学之需要之存在。"①还强调，与西方那种"纯粹之哲学"相比，中国周、秦、两宋间之"形而上学"，尽管设定某些超验实体，但根本却落实于生活经验，是为道德哲学、政治哲学提供论证。②

但在他看来，中西古今哲学中的各种"本体"，都不过"为吾人知识之普遍之形式"，是"构造概念"，"但有主观的意义而无客观的意义，即但有心理学上之意义而无形而上学之意义也"③。因而均无法化解"以知识论易形而上学"，无法摆脱"形而上学之不可能"的困境。正如 1907 年他的一段著名文字，显露出了他对"形而上学合法性"问题并不坚定的信念："哲学上之说，大都可爱者不可信，可信者不可爱。余知真理，而余又爱其谬误。伟大之形而上学，高严之伦理学，与纯粹之美学，此吾人所酷嗜也。然求其可信者，则宁在知识论上之实证论，伦理学上之快乐论，与美学上之经验论。知其可信而不能爱，觉其可爱而不能信，此近二三年中最大之烦闷。"④可见，当时以王国维为代表的学人们，却根本还是将"中国形而上学"与"Metaphysics"视为皆"预想"一种作为宇宙万物本源的"独立实体"的同一类型的学问。

二、"形而上学合法性"：关系"中国哲学"存废的关键问题

如果说，自魏源直至王国维，已经觉察到"形而上学"与中国哲学的合法性危机，那么新文化运动前后，"形而上学"已经完全成为事关"中国哲学合法性"的关键所在。这是因为，随着科学知识、科学方法、科学文化日益深入人心，西方的实证主义、经验主义、科学主义、实用主义等思想亦随之席卷中

---

① 王国维：《王国维文学美学论著集》，上海三联书店 2018 年版，第 112 页。
② 同上书，第 90 页。
③ 王国维：《王国维遗书》第五册，上海书店出版社 1985 年版，第 18—21 页。
④ 王国维：《王国维文学美学论著集》，第 261 页。

国学界，并通过各自代言人之申述论说，汇聚为影响深远的"拒斥形而上学思潮"。其突出表现在于，虽基于学派、立场、观点而切入的路径不同，但围绕"形而上学合法性"问题、"形而上学方法论合法性"问题展开的讨论，却出奇的一致："拒斥"甚至"取消"哲学尤其是"形而上学"。而其主要理据恰是前人为区别西方科学，为"形而上学"所设定的超验特点。而他们"拒斥"与"取消"的武器，也正是复制西方学人对"Metaphysics"的批判理据："形而上学"讨论的是既不传达事实内容，又无法以经验证实或证伪的抽象对象，因而其虽自成系统，但却不可归为科学文明中的任何一种知识体系，由此，他们认为以"形而上学"为核心的"中国哲学"也必须经过彻底改造，方能在"科学时代"发挥作用。

1914 年 9 月"中国科学社"成立，并发行《科学》杂志，其主要成员即是之后"科玄论战"的主要推动者如任鸿隽、赵元任以及之后加入的唐钺、胡适等。任鸿隽大力宣传"归纳的论理""实验的方法"等科学方法。而按照他们判断"科学知识"的标准，那么"中国形而上学"，显然因其超验性，而应被划在科学之外。事实上，蔡元培为《科学》杂志题词中就明确说："民之初生有神话而已，进而有宗教，又进而有哲学，是谓学之始。学有二道，曰：沉思，曰实验。哲学之始于沉思多于实验，虽有形之物亦皆以悬想定之。及实验之法既备，凡自然现象皆分别钩稽成为系统之学，而哲学之领土半为所占，是为科学之始。至于今日，则精神界之现象亦得以研究物质之道鳏理之而建设为科学，如心理学是。而实验教育学，实验美学亦遂缘是而发生，有成立科学之希望。循是以往，凡往昔哲学之领域自玄学以外将一切科学所占领。"①

只是，蔡元培的温和立场并没有化解科学对"形而上学"的冲击。之后的学人，正是以后者根本乃超脱经验现象"凭空构造"之理由，对其大肆鞭挞。新文化运动时期，科学家群体、唯物主义者、经验主义者、实证主义者，或者主张借驱逐"形而上学"进而驱逐旧哲学，或者借驱逐"形而上学"而重新改

---

① 胡军：《分析哲学在中国》，首都师范大学出版社 2007 年版，第 17 页。

造旧哲学。而相对温和之后者，其改造之利器却是扫除一切"无常识之思维，无理由之信仰"（陈独秀语）的"科学知识"与"科学方法"，其驱逐的对象却是以"道德形态的形而上学""境界形态的形而上学"为主的传统哲学。显然，被剥离掉上述核心思想与超越观念的"中国哲学"，仅剩下零散与浅显的智慧思想、逻辑思想、认识思想。但这种"哲学的科学化"，正是拒斥阵营所期许之方向：以科学改造哲学，将哲学变为"科学方法"（胡适语）、"实验哲学"（陈独秀语）、"科学的科学"（王星拱语）、"科学的思想"（叶青语）。这也充分体现了当时"科学至上""科学万能""科学一元论"的口号背后，试图统摄一切知识、思想、文化的"科学价值观"。

只是，对于中国文化而言，"形而上学"并非是一般的经验知识，而是以其"天道心性相贯通"的形上学逻辑，规定并塑造着中国人的宇宙观、本体观、人性观、道德观、价值观、境界观的"生命的学问"。而若顺此激进路径发展，势必会彻底失去传统价值观之支撑，消解生活意义之目标，进而丧失终极信仰之寄托。1923 年"科玄论战"之所以爆发，正体现出一些哲人对上述重大课题的深切领会与急迫焦虑。

作为发起者的张君劢，他以人生观、直觉、自由意志的特殊性入手，明确限制"科学方法"，主张为科学与"玄学"划界，其"玄学"以人生观立论，用意却指涉"形而上学"之维。而他所以敢对抗头顶"公理"光环之科学思潮，是因为，他发现科学得以产生的欧洲文化中，已然因为反省"科学万能""科学主义"而进入了一个"新玄学时代"。[①]在他看来，不但科学不能规范进而取代"形而上学"，甚至还应重建新的"形而上学"以反省、引导科学。

作为"玄学派"的盟友，梁启超、张东荪也强调人生哲学、玄学绝非科学所能取代。而作为"玄学派"的对手，"科学派"的胡适、丁文江等人则坚持

---

① 这个新时代中，"反机械主义""反主智主义""反定命主义"思潮兴起，对于科学理性、理智分析、规律至上等错误观点给予系统批判。而张君劢也从中获得抗拒证实方法与科学检验之信心。参见张君劢、丁文江等：《科学与人生观》，山东人民出版社 1997 年版，第 100 页。

否认"玄学方法",认为未来哲学家之方法必须是"科学试验的方法"。胡适宣称:"将来只有一种知识,科学知识。"①吴稚晖认为科学才是"真理公道"②,丁文江认为只有科学知识才是"普遍的原则"③。胡适讥讽玄学家在科学时代,依然在那里"谈玄说妙,寻他们所谓'最后之因',寻他们所谓'绝对的',寻他们所谓'命根'"④。丁文江嘲笑玄学家步步后退到"本体论"来狼狈迎战。而唯物主义者陈独秀,李大钊、邓中夏同样批判"形而上学",并完全否认其在现代知识谱系中的合法地位。如陈独秀说:"什么先天的形式,什么良心,什么直觉,什么自由意志,一概都是生活状况不同的各时代各民族之社会的暗示所铸而成。"⑤还强调,根本就没有超出客观环境之外的"天外飞来的主观的意志",因而人生观是社会科学可以说明的,而"决不是形而上的玄学可以说明的"⑥。两派一致主张将所谓的"形而上的哲学"——"本体论宇宙的玄学"剔除掉,只保留"实验主义的及唯物史观的人生哲学"⑦。

参与论战的"调和论派"中,林宰平虽承认"科学的方法有益于人生观",但却认为"玄学是专讲本体论的",因此,"人生观",尤其是"形而上学"之"根本部分"是"科学方法"无能为力的。范寿康也论证说:"伦理规范——人生观——一部分是先天的,一部分是后天的。先天的形式是由主观的直觉而得,绝不是科学所能干涉。后天的内容应由科学的方法探讨而定,绝不是主观所应妄定。"⑧显然,他们根本上是否决了科学替代哲学,彻底改造哲学之可能性,试图保留中国哲学中以天道天理、良知本心、精神体验、体悟直觉为主要内容之"形而上学"。

---

① 胡适:《胡适全集》,第8卷,安徽教育出版社2003年版,第7页。
② 吴稚晖:《吴稚晖先生全集》,第8卷,合作出版社1927年版,第49—51页。
③ 丁文江:《科学化的建设》,载于《独立评论》1934年版,第151号。
④ 胡适:《胡适全集》,第7卷,安徽教育出版社2003年版,第483—484页。
⑤ 陈独秀:《〈科学与人生观〉序》,《科学与人生观》,山东人民出版社1997年版,第6页。
⑥ 同上书,第3页。
⑦ 胡适:《胡适文存》,第2集,第2卷,外文出版社2013年版,第31页。
⑧ 同上书,第12页。

事实上，张君劢本人正是主张人生问题只能在"玄学"中解决，他罗列理由如下："第一科学上之因果律，限于物质，而不及于精神。第二各分科之学之上，应以形上学统其成。第三人类活动之根源之自由意志问题，非在形上学中，不能了解。"①在多年之后的《新儒家思想史》中，他重提发起论战之目的，亦明确说是为了"维护哲学和形上学"②。

只是，论战发生在中国"还不曾享着科学赐福"的，从"前科学时代"向"科学时代"转型的初级阶段。因而，"玄学派"的阻击，并没能遏制挟带"科学方法"利器之科学浪潮，"后论战"时期，拒斥或取消"形而上学"依然拥趸众多。顾颉刚在 1926 年的文章中，认为科学的本质即在于方法，而科学方法可适用于"国学"研究。丁文江在 1934 年仍主张将哲学剔除出科学之外。之后，林语堂、毛子水也均主张用科学方法改造中国原有学术。可见，剔除超验的"玄学""形而上学"，以实证、实验之科学方法改造传统学术，实现中国哲学之科学化、实证化，仍是拒斥形上学阵营之基本立场。

无疑，20 世纪二三十年代哲学界的核心话题即是"形而上学合法性"问题，而"拒斥形而上学"阵营曾一度占据显著优势。不过，除"玄学派"外，作为之后影响深远的"现代新儒家"的开山人物，梁漱溟同样坚定且明确捍卫中国哲学的"玄学"即"形而上学"。他反省论战诸人没能认识到"形而上学"乃是不同文化传统以及价值传统的特殊产物，因而既有其一般的"共相"，又有其各民族的"殊相"。中国文化中最重要的恰恰是"无处不适用的哲学——形而上学"。若此学被驱逐，不但关系中国哲学之存废，中国文化亦会因此死亡。为此，他系统梳理西方"Metaphysics"的对象、思维、方法、取向，认为西方的"形而上学"之所以"几至路绝"，以致"无法可讲"，根本在于其"形而上"与"形而下"的两分思维与理智思辨的方法。而中国的"形而上学"则与"Metaphysics"全然不类，乃是秉持一种"体用一源"的"整体主义"

---

① 张君劢：《中国现代学术经典·张君劢卷》，河北教育出版社出版 1996 年版，第 579 页。
② 张君劢：《新儒家思想史》，中国人民大学出版社 2006 年版，第 536 页。

思维，并主要运用本心体证与逆觉体悟式的"直觉法"。为此，他明确反对错将"Metaphysics"与本土"玄学"相比附，进而取消后者之说。而另一位新儒家熊十力，在谈及此时期拒斥"形而上学"造成的困局时，亦猛烈抨击一些人将中国哲学沦为"科学的附庸"，而彻底失去自性。

从哲学史之客观轨迹看，梁漱溟以其著名的"文化三路向"说，引发学界开始深入比较思考中、西哲学的内在差异，而其"形而上学类型观"之创见，亦是当时最有启发性之论断。自梁漱溟之后，学界开始重新找回"中国哲学"的主体性，亦受其启发而更加深入的比较、辨析本土"形而上学"与西方"Metaphysics"、科学知识的关系，更加全面的揭示并论证中国哲学的"形而上学"的特殊性、民族性，以凸显"中国形而上学"的合法性，从而彻底扭转前三十年间"形而上学"乃至"中国哲学"的现实困境。

三、"重建形而上学"："中国哲学"现代转型的主要载体

在论证本土"形而上学"合法性过程中，梁漱溟、熊十力、张东荪、金岳霖、冯友兰、贺麟、方东美、牟宗三、唐君毅等人，从西方文化之知识性、思辨性、逻辑性特点出发，认为西方"Metaphysics"总是试图作为"最科学的科学"或"第一科学"出现，因而不可避免受到近代科学之拒斥。而本土"形而上学"虽在广义上可视为一种学问，但却与科学追求确定性、事实性、实证性的"知识"不同。所以，在面对"人类的最进步的科学知识思想"时①，他们一致以"知识类型观"区分"科学知识"与"形而上学知识"。如熊十力的"客观真理"与"返己之学"，冯友兰的"积极底释义"与"形式底释义"，张东荪的"使用天然"的知识与"安然生活"的知识，方东美的"平面的宇宙观"与"层叠的宇宙观"，牟宗三的"知识之知"与"德性之知"等新"知识

---

① 胡适：《胡适全集》，第 8 卷，安徽教育出版社 2003 年版，第 7 页。

模型"，均严格划分二者界限。

而在"中国形而上学"与"Metaphysics"的比较研究中，他们既承认在不同文化中存在"哲学共相""哲学一般"，又认为不同文化中的"哲学殊相""哲学个别"具有特殊性、差异性。为此，他们一致论证，西方哲学的"Metaphysics"体现本体与现象的"二分模式"，中国哲学则是"天人不二""道器不二""体用不二"的"一体模式"。例如，梁漱溟认为中国"玄学"基于"变化思维"与"整体思维"，追求宇宙本身"一而变化、变化而一的本体"①，与西方哲学在经验之外建立某种"呆板的静体"完全不同；熊十力认为中国哲学中以"天道心性实体"为核心的"玄学"，研究的是"体用不二"的本体论。因而，与西方哲学"静止的""空的"、隔绝经验之外的"ontology"不同；冯友兰认为中国哲学的传统是"极高明而道中庸"，肯定超越本体寓于现实世界之中，因而与西方哲学不同；张东荪认为"形而上学知识"具有"历史的""主观的"特点，因而在不同民族文化中的类型表现存在差异。②他从语言结构、思维方式、价值取向出发，论证中国的形上学主要是一种"现象论"，而非西方"ontology"那样的"本体论"。方东美从体用关系、本体属性、宇宙图景、超越方向来区分西方哲学的"超绝形上学"（亦称"超绝型态之形上学"），与中国哲学"超越形上学"两大类型。牟宗三认为由于民族气质、地理环境与社会形态的不同，哲学观念也有普遍性和特殊性的形态差异，并区分中、西哲学的"道德底形上学"与"道德的形上学"、"实有形而上学"与"境界形而上学"之不同。

由此，现代哲人还着力阐发"中国形而上学"的特殊作用。也即是，与"Metaphysics"不同，"中国形而上学"，根本为一种"本体—心性论""本体—价值论""本体—境界论"，即类似于一种信仰系统，提供"终极关怀"与

---

① 梁漱溟：《东西文化及其哲学》，上海人民出版社2006年版，第81页。

② 张东荪在为牟宗三的《周易的自然哲学与道德涵义》作序时指出："有人说中国没有形而上学（即玄学或元学），这句话实在是错了。中国的形而上学实在很古。但中国的形而上学与西洋的却大不相同。"牟宗三：《牟宗三全集》(1)，台湾：联经出版事业有限公司2003年版，第9页。

"价值承载"。例如，梁漱溟肯定儒家形上学，"同宗教一般的具奠定人生勘勉情志的大力，却无借乎超绝观念，而成功一种不含出世倾向的宗教；同哲学一般的解决疑难，却不仅为知的一边事，而成功一种不单是予人以新观念并实予人以新生命的哲学"①。张东荪指出："形而上学是人类认识中的一种具有特别性质与特别功用在文化上是一个不可缺少的东西"②，其承担着与宗教相似的功能，根本目的是为人类造出"理想的实在"。方东美认为"形而上学"的合法性体现在对"人类精神工作意义的探讨，文化创造之价值的评判"③。冯友兰则明确强调提升人的精神境界与智慧修养，需要借助"形而上学"。张君劢、牟宗三、唐君毅亦明确主张重建现代儒学的"形而上学"，以为"转型中国"与"科学时代"提供社会道德观、价值观与意义观。

而哲人们为重建新的"中国形而上学"，也聚焦对"方法论"的讨论。他们首先揭示"中国形而上学"与"Metaphysics"在方法上的差异。如梁漱溟认为中国的"形而上学"以"玄学方法"关注生生不息之宇宙整体，其使用之概念名词并不追求精确，而仅为传达"抽象意味"，因此中国哲学对置身于其中的永恒变化的天道进程的理解，不能依赖思辨法、分析法、逻辑法，而应借助"直觉法"。熊十力、冯友兰、贺麟、牟宗三、唐君毅也批评西方的"Metaphysics""Ontology"仅使用"实测的方法""纯客观的方法""解析方法"，因而必然建立超绝现实世界之外的某种本体。认为中国"形而上学"的核心方法应该是"体认的方法""修养的方法"。

同时，现代哲人也改造重塑了新的方法论，为重建"形而上学"提供理论支持。如熊十力、冯友兰、方东美、贺麟、牟宗三、唐君毅等人，一方面明确传统的直觉法、体悟法、直观法的主体地位，一方面又引进西方哲学的理智法、思辨法、逻辑分析法等，并将其于本土的心性工夫如反求内证，逆觉体证等方法相结合。熊十力建构了"思证兼用""思修交尽"的方法论。冯友兰既

① 梁漱溟：《梁漱溟全集》，第 1 卷，山东人民出版社 1993 年版，第 523 页。
② 张东荪：《思想与社会》，辽宁教育出版社 1998 年版，第 5 页。
③ 方东美：《科学哲学与人生》，上海；商务印书馆 1937 年版，第 9 页。

引进逻辑分析法与传统"辩名析理"相结合构成"正的方法"，又改造直觉法为"负的方法"。贺麟也将"直觉法"与"逻辑分析法""辩证法"糅合在一起，服务于其"新心学"。牟宗三明确肯定中国哲学有"智的直觉"，进而肯定"内在超越"的合法性。方东美认为中国的"形而上学"更适用本心体悟和内向体证的"内在超越法"。唐君毅也与牟宗三、张君劢等一致，论证"内在超越法"的重要性，同时还进一步提出"超越的反省法"来为重建形上学服务。

也正是基于上述的比较研究与方法重塑，现代哲人们广泛汲取古今中西的思想资源，推动了 20 世纪哲学史中大规模的"形而上学重建运动"。从梁漱溟的儒学"心本体论"开始，熊十力创建"新唯识论"的"体用不二"的本体论，冯友兰创建了"理（共相）本体论"、金岳霖创建了"式本体论"、张东荪阐发了"层创进化的宇宙观"、贺麟以"逻辑意义的心"为本体建构了"新心学形而上学"、方东美以"生命本体"为核心重建了"生命形而上学"、牟宗三以"良知本体"为核心阐发了"道德的形而上学"、唐君毅以"道德自我""心灵本体"为核心塑造了宏大的"性情形而上学"。

这些"形而上学"体系，既是"中国形而上学"在现代时期的全新模式与全新形态，又构成"中国哲学"现代理论创新的主体内容，体现了当时中国哲学的最高理论水平。而现代哲人们不但认为他们的哲学体系，规避了"Metaphysics""Ontology"所存在的理论困境，还可以现实地参与到"中国现代化"的建构进程之中，并发挥积极且重要的理论阐释作用、思想引领作用、价值引导作用。最明显的，就是他们运用中国哲学一贯的"体用合一""内圣外王"框架，通过"本体论"为科学（包括科学的社会秩序——民主）提供"本体论承诺"。如金岳霖、冯友兰重建"逻辑的本体论"，通过形式逻辑与归纳逻辑，为科学原理的合法性提供超越依据，将科学纳入到"形而上学"之中。贺麟在"文化体用论"中，将作为本体的"逻辑意义的心"视为"理想的超经验的精神原则"，与"经验行为知识以及评价的主体"，将科学原理的超越基础与科学实践的评判准则全部收摄于"形而上学"。牟宗三强调"本心良知"可以自我

"坎陷",转出"认识心"即具备"知识理性"与"科学理性",为科学提供"主体理性"的"性能"依据。唐君毅以"道德心"为形上本体,将"认识心""科学心"视为"心本体"的"附套",在形上本体与科学之间建立"体—用"逻辑。同时又依据"价值体用论"确立"道德知识"对"科学知识"的范导地位。从而完成"形而上学"对科学的"超越的统摄"。

总之,20世纪的"形而上学重建",几乎关涉"中国哲学"的宇宙观、本体论、方法论、知识观、人性论、道德观、价值观、境界论等所有重大论域。伴随着这场重建运动,中国古代哲学的优秀思想资源得以重新焕发生机,"中国哲学"在现代时期的转型发展也寻获到最佳的理论载体、重要的思想路径、有效的发展路向。

四、 总 结

梁启超曾概括外来文化对中国哲学之影响,他说:"中国知识线与外国知识线相接触,晋唐间的佛学为第一次,明末的历算学为第二次。"[1]而在笔者看来,两次外来思想观念之刺激,前者发展到宋明时期,即是理学、心学形态的"儒家形而上学"的重建运动;后者发展到晚清,则是科学冲击背景下,现代哲学的"形而上学"重建运动之兴起。这其中,"Metaphysics"的传入以及长期的概念对译、概念诠释,以及早期的对译词的探索运用,为"形而上学"概念的出现与普及,奠定了思想基础,并在"形而上学"概念广泛运用之后,强化了"中国哲学"与"Philosophy"、"中国形而上学"与"Metaphysics"的比较研究的重要性与必要性。而在此比较研究中形成的"拒斥"与"重建"两大阵营,全面且充分地展现了现代哲人们的多种多样的"形而上学观念",从而既为学界进一步深入把握哲学本身的一般性与特殊性、世界性与民族性提供了

---

① 梁启超:《中国近三百年学术史》,东方出版社1996年版,第11页。

正、反两方面的参照。同时，又催生了自觉基于"哲学特殊性""文化特殊性"而展开的大规模的"重建形而上学"运动，从而深刻影响到中国哲学现代转型的发展方向与理论范式。

哲学视域中的"关键词"，应该具有复杂的"解释向度"和"关涉维度"，会成为激发哲学研究问题意识的"源发焦点"与"路径引领"，进而在"写的哲学史"中发挥"辐射效应""思想启蒙""观念培育""范式构建"等重要影响。而审视"形而上学"与中国哲学的现代转型的关系，可以发现，对译"Metaphysics"的"形而上学"，因为其"观念叠合"与"复合观念"①的特点，在现代哲学中发挥着塑造新观念、引发新思潮、建构新范式、引导新方向的重大理论影响，可被视为百年来哲学转型期之"关键词"。

因此，无论是为更好的进行中、西哲学比较研究，为辩证把握哲学本身的一般性与特殊性、世界性与民族性关系，还是为内在把握"中国形而上学"的话语模型、思维方式、核心精神、价值旨趣，"形而上学"都应成为现代哲学研究的关注焦点。事实上，现代哲人们借助"形而上学"，以凸显"中国哲学"的"民族性"、"地方性"品格，论证"中国哲学"的"科学性""时代性""创新性"之思想逻辑，在当下依然发挥"源发焦点"与"路径引领"作用：出于对"中国形而上学"核心理论逻辑、核心思想观念之认同，以及其在现代文明中的解释效力、规范功能的期许，新一代学者们依然自觉重建"形而上学"。以杨国荣教授的"具体形上学"，陈来教授的"仁学本体论"、胡伟希教授的"中观哲学"、王中江教授的"关系的宇宙论"、丁耘教授的"道体学"等为代表，这些新的"形而上学"的体系化建构，在整体上更富有原创性，也是在新的时代对"中国哲学"传统的创新与发展。而这也预示着，

① 王汎森提醒我们注意晚清以来由古今、中西的时空叠合而构成的"复合性概念"对思想界之影响。借用此思路，"形而上学"也是"把显然有出入或矛盾的思想迭合、镶嵌、焊接，甚至并置在一个结构中"的"复合性概念"，也正是其关涉内容的复杂性与触及中国哲学各论域的基础性，它才能成为中国哲学近现代转型之"关键词"。参见其著：《思想是生活的一种方式：中国近现代思想史的再思考》，北京大学出版社 2018 年版，第 216 页。

"改革开放"之后，随着"中国哲学"的研究重新回归学术正轨并找回"形而上学"的基点，后者将会长期且深刻地影响到今后的哲学研究以及"写的哲学史"的发展。

河南大学人文社会科学交叉学科培育计划"人文语义学"专项资助

语境和语义

近代中国思想世界的关键词

王中江　张宝明◎编

上海人民出版社

下　卷

日译关键词与中国新名词

日本学人西周对汉字哲学用语的贡献

徐水生

武汉大学哲学学院

19 世纪中叶至 20 世纪初叶，西学东渐之风为东亚各国哲学的近代化提供了良机。如何用汉字来准确翻译西方哲学范畴、介绍西方哲学思想？成了"汉字文化圈"尤其是中、日两国哲学界迫切需要解决的课题。在中国，译介西学"要推侯官严复为第一"（蔡元培：《五十年来中国之哲学》）。在日本，百科全书式的学者西周（1829—1897）则对此作出了重大贡献，其用汉字创译的哲学范畴不仅为日本近代哲学的建立奠定了重要基石，而且还通过当时中国赴日学人的回传对中国哲学的近代转型起到了促进作用。

一

"日本近代哲学之父"①——西周具有丰富的东西方文化知识、对东西方哲学均有深刻的理解，是日本第一位系统地介绍西方哲学的人。他自幼由祖父亲自教字授书，四岁读《孝经》，六岁读《论语》《孟子》《大学》《中庸》，十二岁进藩学开始接受严格的汉学训练，遍读《周易》《尚书》《诗经》《春秋》《礼记》《近思录》等蕴藏着丰富的中国传统哲学思想的儒家典籍。（见西周《自传草稿》）西周在回忆其思想轨迹时说："余也少而家庭之训诲，遵诸公之指导，

---

① 船山信一著：《日本的觀念論者》，日本英宝社，第 36 页。

以略得与闻圣贤之大道。"曾沉潜反复于《二程全书》《正蒙》《朱子语类》等书，"而奉诵有年，尝得其居敬惺惺之法而日行之，几如禅僧入定，然而自谓其道至矣尽矣，不可以加也。""年十六七，略得读《左传》《国语》《史记》《汉书》其他诸家之书，退而夷考诸宋学，其气象全然别矣。"①他21岁时获准游学大阪三年，先后在大阪的松阴塾、冈山的冈山学校学习儒学，毕业后任培达塾塾夫（私塾学长），兼任授读教官。1853年7月，西周到达江户樱田门户新桥的藩邸，任时习堂（以学儒学为主）的讲释，负责每月十六日的讲经。在早期的家庭启蒙、学校教育和后来任儒学教官时期，西周阅读了自先秦诸子至宋代理学的大量著作，从而奠定了深厚的汉学基础。

1862年，西周作为日本幕府派遣的首批留学生赴荷兰莱顿大学随法学博士维塞林学习。维塞林既是荷兰当时著名的法学家，又是有影响的实证主义哲学家。西周通过维塞林系统地接收了孔德的实证主义和穆勒的功利主义，此外，他还学习了康德等其他西方哲学家的哲学和自然科学的进化论等。然而，西周并未因学习了西方文化而完全否定或抛弃汉学，他认为，哲学在"西方世不乏人"，而在东方，兴于孔孟，盛于程朱，"孔孟之道与西洋哲学相比，大同小异、东西相通、符节相合，此原本于人理而立，四海古今相同也"②。"东土谓之儒，西洋谓之斐卤苏比（philosophy一词日语之音译），皆明天道而立人极，其实一也。"③即西周认为以儒家思想为代表的中国传统哲学和西方哲学相比，虽二者形式有异，但实质为一，都是探求自然规律和人生真谛的学问。经过三年的留学，西周于1865年从荷兰回国，此后系统地介绍了西方的哲学和文化。1870年，西周应明治新政府兵部省之聘供职，公务之余，创办私塾"育英舍"，以《百学连环》为其讲课的主要内容。此书稿对当时西方学术作了全面介绍，故被称为日本近代的"百科全书"。西周参照孔德的科学分类思想，在《百学连环》中将"哲学"学科分成七大部分：即（一）"致知学"（逻辑

---

① 大久保利谦编：《西周全集》第一卷，日本宗高书房1950年版，第3—5页。
② 《复某氏书》，见大久保利谦编：《明治启蒙思想集》，日本筑摩书房1967年版，第29页。
③ 《西周全集》第一卷第575页，第19页。

学）；（二）"性理学"（心理学）；（三）"理体学"（本体论）；（四）"名教学"（伦理学）；（五）"政理家之哲学"（政治哲学）；（六）"佳趣论"（美学）；（七）"哲学史"等。从此书稿开始，西周用汉字对译了大量的西方哲学概念和范畴。西周一生著述颇丰，共有 80 余种。

二

范畴是人们在一定历史时代理论思维发展水平的指示器，是帮助人们认识和掌握自然现象之网的纽结。哲学近代化的重要体现之一，是哲学范畴的清晰化、时代化。西周自觉而认真地翻译西方哲学的范畴，但他的翻译不是生硬的直译，而是融合了中国古代哲学思想的创译。试看以下几例：

第一，西周创译了汉字"哲学"范畴。

在古希腊，哲学原词为"philosophia"，意为"爱智"。西周参照中国宋代哲学思想，开始将"philosophia"译成汉字"性理学""理学""穷理学"。"性理"一词指心性、理性。关于"理"，张载认为，"万物皆有理"，"理"为物质运动的规律；二程认为，理是事物所以然者；朱熹认为，理是天地万物之"主宰"，是万事万物运动变化的推动者。故有时人们又将宋明儒家哲学称为"理学"。"穷理"也是宋代的重要哲学思想，二程说："格犹穷也，物犹理也，若曰穷其理云尔。"朱熹认为，"穷理便是穷究事物之中的理，从而体认本体的理"。但他将"穷理"更视为探究和发挥内心天理和善性的道德修养过程。随着对近代哲学认识的加深，西周便觉以上译语均不大妥。继之，他又说，"斐卤苏比（philosophia 之日语音译）之意如周茂叔说的'圣希天，贤希圣，士希贤'之意，故亦可将斐卤苏比直译为希贤学"[1]。后来他又将"斐卤苏比"译为"希哲学"，这可能受中国《尚书》类思想的启示。《尚书·皋陶谟》记载大

---

[1]　大久保利谦编：《西周全集》第四卷，第 146 页。

禹语说："知人则哲，能官人，安民则惠，黎民怀之。"《孔氏传》解释说："哲，知是也。无所不知，故能官人、惠，爱也。爱则民归之。"经西周反复思考和进一步推敲，最后他在 1874 年刊行的《百一新论》中说："把论明天道人道，兼之教法的斐卤苏比译名哲学。"①这样与英文原意的"爱智"十分吻合。由此可见，"哲学"一词是经过精心琢磨才创译出的。

第二，西周创译了汉字"理性"范畴。

"Reason（理性）"原词产生于西方哲学，它一般指概念、判断、推理等思维形式或思维活动。西方理性主义的共同特性是，只承认理性认识的可靠性，否认理性认识依赖于感性经验。西周在 1862—1865 年留学荷兰期间所写的《破题门》一文中说："宋儒和理性主义二者在说法上虽有不同，然也有酷似之处。"中国的宋儒们都非常重视理性，如程颐主张，格于物而穷其理，但不能逐物，必须"反躬"。朱熹提出了"即物穷理"的系统方法，认为，穷理多后，便能"豁然贯通"，内外合一。陆九渊强调"反观"，认为心便是理，只须向内反观，不必向外求索。王守仁提出"致良知"说，认为格物致知就是致吾心之良知于事事物物。西方的理性主义者，如以笛卡尔、莱布尼茨等人为代表的大陆理性派，认为感性知识不可靠，强调只有用数学推理方法才能得到真正可靠的知识，并认为观念的清晰明白就是真理的标准。中西二派虽说法有异，但在只承认理性认识是最可靠这点上确实有共同之处。可见西周对西方近代理性主义和中国宋代哲学有深刻的理解。

西周在 1870 年左右写的《尚白札记》中，又作了如下注释：Reason 广义使用时，可译为"道理"；狭义使用时，可译为"理性"。在 1873 年所写的《生性发蕴》中又解释说："理性就是理解道理的性能。"他在 1884 年所写的《生性札记》中又指出："理性，英语 Reason 是唯吾人因抽象作用而命此名者。……理性之作用，亦如记性不特限知感二觉，又并及情欲二动，然其所以异于记性者，在于记性则受而不拒，理性则有时与二动抗衡抵争也。若夫抗

① 大久保利谦编：《西周全集》第一卷，第 289 页。

争，此心城为之扰乱，是宋儒人心道心之别，独知诚意之工夫，所以陆子便是之说，阳明良知之工夫亦存于此也，盖尝推究其所以然者，理性也者。其质正直贞信，其印象，一踵外界显像极其曲折，无一点矫饰，无毫厘加损，惟纯性精，以奏天君。是以心君虽为情所扰，为欲所扰，理性呈象者依然袭旧，毫无变更，不服从谀君心之非，是其所以为心府之司直，而每与情、欲二动相斗争而不止也。"①西周对"理性"范畴的创译，虽主要是以西方理性主义哲学为蓝本，但不可否认，他从宋明哲学，尤其是陆九渊、王阳明等人的心学中得到较大的启迪。

第三，西周创译了"归纳"和"演绎"这对汉字哲学范畴。

西周以穆勒的《逻辑学体系》（1843 年）为基础，在介绍西方的逻辑学同时，创译了"归纳"和"演绎"。西周在《百学连环》中指出："这里介绍一个新致知学（即逻辑学）的方法，它是英国的约翰·穆勒发明的，其著作《逻辑学体系》大部分内容是谈此的。可以根据它对学域进行重大改革，最终达到兴盛。此改革之法是何？即 induction 归纳之法，要知此归纳法，必须先了解以前的 deduction 演绎之法。所谓演绎法，顾名思义，'演'就是推广、发挥之意，'绎'就是从线头引出线之意，即从一个重要之处牵出种种。可将此比喻为猫吃老鼠。猫吃老鼠时先从鼠的重要头部开始，然后逐渐吃老鼠之身躯、四足、尾巴。即使在古代圣贤之学那儿，孔子言仁智，孟子说性善，孔子所有论述没有离其宗，孟子言必称尧舜说性善。不论是仁智，还是性善，都是他们重要的依据并由此引出各种道理。古代学者的言论大概均同此理，学《孟子》的将《孟子》作依据，学《论语》的以《论语》作依据。总之，从其认为最重要之处引出种种道理，这就是如同猫吃老鼠的演绎法。……归纳法与演绎法相反，可将此比喻为人吃鱼。人吃鱼是先一点点吃鱼的最美味之处，然后吃完所有应该吃的部分。从细微处接近全部，由外归到内。懂得了这种归纳法，就可谓真理无二。……西洋有位叫牛顿的人，他由苹果从树上落到地下的现象中发

---

① 大久保利谦编：《西周全集》第一卷，第 144—145 页。

现了地球的引力，而且他观察的不仅仅是苹果，还包括石头、树叶等等均是从上往下落，于是他总结出了地球万有引力的真理。无论何事，只要总结许多试验，就会揭示出其中的共同真理。"西周还概括性地指出："过去西洋均重演绎之法，近来却趋向归纳之法。"①西周为了使在"育英舍"私塾的讲课生动形象、通俗易懂，以"猫吃老鼠"和"人吃鱼"比喻演绎法和归纳法，尽管不十分精当，但是他对"induction"和"deduction"的理解是正确的，翻译也是贴切的，从中也可见西周的深厚汉学底蕴。西周在 1874 年发表的《知说》中进一步指出："在最近的学术中最关键的是方法，钻研之中要注意演绎法和归纳法。这两种方法可以比喻为富家子弟消费资本金和穷人子弟积蓄资本金。演绎法好比是假定有百万资金，将其分配承担各方面的费用，将假定至善至高的统一原理演绎、推广到万事万物之中。故作为其原理应该是至善至正的，假如其中有误，即会失之毫厘差之千里，富家子弟也会因滥用百万资金，变得一贫如洗。而归纳法，如同一分、二分的积累，日积月累，最后会得到百万资金。积累大量的事例，就会得到一以贯之的真理。如上所述，它不仅不可能从根本上产生差错，而且还会如同穷人得到巨资一样能发现新的真理。总之，它能将事实归纳为一以贯之的真理。"②在逻辑学上，穆勒是一位归纳主义者，他认为，没有归纳法，就不可能有新知识，归纳法是科学的方法。因而他贬低演绎法，认为演绎法不是科学的方法。穆勒的逻辑学思想对西周产生了直接的影响，从以上论述中也可以看出西周明显抬高归纳法，贬低演绎法。实际上，归纳和演绎相互联系、相互补充，两种方法均是逻辑学中的有机组成部分。当然，对于一百多年前的西学东渐，我们不能苛求于故人。

第四，西周为"美学"一词的译定做出了艰辛的努力。

西周最初在《百学连环》（1870 年）中把"Aesthetics"译为"佳趣论"他认为，"佳趣论"起源于希腊时代，但它成为一种学问，则是从鲍姆嘉通

---

① 大久保利谦编：《明治启蒙思想集》，日本筑摩书房 1967 年版，第 53—54 页。

② 植手通有编：《日本の名著》第 34 卷，日本中央公论社 1984 年版，第 208 页。

（1714—1762）开始的。他还指出，在人类的心理上有着以智、意、感为基础的知、行、思这三种能力。他把这个知行思与真善美对照，提出"能使知成为真者要靠致知学，能使行成为善者要靠名教学，能使思成为美者要靠佳趣论"。西周还指出"佳趣论"的特点是"一切风趣都在于一致中有不一致，在不一致中又有一致的东西"。也就是说，他把佳趣论的主旨归结到多样性的统一上。1872 年 1 月，由于要为日本皇室讲学，西周又把《百学连环》中的"佳趣论"加以扩展，便形成了日本最早的美学专著——《美妙学说》①，在此书中，他进而把"佳趣论"改称为"美妙学"。《美妙学说》一书分为四章。第一章论述了"美妙学"形成的原因及其研究对象，他指出，"哲学之中有一种叫做美妙学的学问，此学问与所谓的美术有相通之处，是研究美术的原理的学问"。在人类社会中，除了有道德上的善恶和法律上的公正与不公正这两个要素之外，"还有分辨美与丑这样的要素存在于人生之中"，这就是美妙学所涉及的内容。他还认为："从人类脱离野蛮的最初时期开始，这个美妙学的因素就已出现在社会上并产生了巨大的影响。"接着，西周引用了《论语·八佾》中的一段话，"子谓《韶》：尽美矣，又尽善也；谓《武》：尽美矣，未尽善也"。他认为，孔子的论述中蕴藏了值得重视的朴素的美学思想。在讲述美妙学时说道："在西方，当今列入美术之中的有绘画学、雕像术、工匠术这样一些内容，然而，诸如诗歌、散文、音乐以及中国的书法也属于此类，这些都适用于美妙学的原理。如果将范围再扩大一些，那么，舞蹈、戏剧等也可划入这一范围内。"在第二章中，西周指出了美妙学的要素。他说："美妙学的要素可以分为两种。一种是存在于物中的要素，另一种是存在于我中的要素。存在于物中的要素就是物的美丽足以使我感到适意之处，而存在于我中的要素则是吾人的想象力。"他在谈到美的体验之所以能够形成的条件时指出："按照美妙学的理论，首先美丽应存在于物中，物中没有美丽当然不行，但是如果只有存在于物中的美丽而没有存在于我中的想象来助成这种感受，也是无法感应到美的。"在第三章

① 大久保利谦编：《西周全集》第一卷，第 477—492 页。

中，西周详细地论述了"美妙学外部的要素"，认为"这就是通过我们的五官而显现于我们之前的事物"。在第四章中，西周论述了"美妙学的内部要素"，这就是"人情"和"为助长此情的想象力"。首先，他把情分为"道德上的情"和"美妙学上的情"。他认为，美妙学之情可用"有趣、可笑"两词来概括，"美妙学上的情并不是因有喜怒哀乐爱恶欲这七情与本人的私欲得失有关而发生的"，"这些情是在无意之中发生的，它是无罪的而且是与人类道德完全无关的"，因而他认为这是一种所谓的无关心的满足。他还认为这两种情的根源都在于上述外部的要素，是由"规则之中有变化、变化之中有规则"这一原理诱导出来的。他从这种观点出发，对这两种情分别作出了心理学上的解释。最后，他明确指出，美是一种经验的相对的快感，也是来自对对象形式合理性的感觉上的印象和想象而产生的愉快。他甚至认为，"美术是使人文昌盛、使人类世界进入高尚之境"的事物，主张美妙学应与道德法律之学并列而得到应有的地位。在西周对"Aesthetics"的精心翻译和对西方美学思想的深入介绍的基础上，日本近代另一位哲学家——中江兆民（1847—1901）把"美妙学"三字又缩译为"美学"二字。中江兆民在1883年受日本文部省之邀，翻译出版了意大利艺术家维龙的《维氏美学》，该书正式使用了"美学"译词。

三

此外，西周还是"主观""客观""悟性""现象""实在"（见《百学连环》）以及"感觉""触觉""知觉""观念""意识"（见《哲学关系断片》①）等汉字化的西方哲学范畴的首译者。

西周因曾任"开成所"（东京大学前身之一）教授、东京学士会会长、文部省顾问，学术地位和社会地位颇高，故他在后来公开发表的论著中陆续使用

---

① 大久保利谦编：《西周全集》第一卷，第173—231页。

的以上哲学用语，很快普及了当时的整个日本学术界。1881 年，日本人的首位哲学专业教授、留学德国六年的井上哲次郎博士（1855—1944）组织编写了《哲学字汇（字典）》，搜集、汇总、整理了已普遍运用的大量和译汉词哲学用语，使西周等人创译的"哲学"类用语在日本学术界、思想界乃至社会上广为流传。

日本现代著名哲学家下村寅太郎指出，在大力吸收西学的明治时代（1868—1912），日本学者全部以汉学为教养基础，西洋哲学的理解只有将此作为途径才有可能，"哲学用语的翻译就证明了此点。如'悟性''理性'这类今天均在使用的概念多半是亏了这些人们，尤其是西周"[1]。此语十分深刻地道出了西周等人创译工作的文化基础、理论价值及历史意义。

那么，这些日本近代学者创译的汉字哲学用语是如何传播到中国的呢？20 世纪初叶是中国青年学子首次赴日留学的高潮，其中 1905 年留日人数约达 8 600 人之多[2]，他们成立的众多翻译团体（如：译书汇编社、教科书译辑社、闽学会等）如饥似渴地翻译了包括哲学著作在内的大量日本书籍。于是，西周创译的一批哲学范畴随同这些书刊陆续传入到中国，被我国近代学人逐步熟悉和掌握。"哲学"类范畴因其较为"传神"和洗练，有的代替了当时中国学人翻译的较为晦涩的西方哲学范畴（如"归纳"与"演绎"取代了严复创译的"内籀"与"外籀"）而流行于世，有的至今还在中国学术界广泛使用，显示着其旺盛的生命力。从此意义上说，西周创译的许多汉字哲学范畴，为东西方哲学思想的交流融合，为中国哲学的近代化作出了积极贡献。

尤其有二位中国近代思想家在此方面做出了突出的贡献：其一是居日十余年的梁启超（1873—1929）。梁启超在亡命于日本期间撰写的《论学日本文之益》（1899 年）中说："日本自维新三十年来，广求智识于寰宇，其所译所著有用之书，不下数千种。而尤详于政治学、资生学（即理财学，日本谓之经济

---

① 下村寅太郎著：《下村寅太郎著作集》第 12 卷，日本東京みすず書房 1990 年版，第 543 页。
② 実藤惠秀：《中国人日本留学史》，日本くろしお出版 1981 年版，第 39 页。

学），智学（日本谓之哲学），群学（日本谓之社会学）等，皆开民智强国基之急务也。"①（第 80 页）如：在梁启超 1902 年写作的《近世文明初祖二大家之学说》中，"哲学""宗教""诡辩""空想""观察""实验""经验""理论""意识""智慧""精神""思想""假相""真理""谬误""定律""原理""定理""政治""自由"等近代的哲学术语或与哲学密切相关的新术语被大量使用。在他 1903 年撰写的《近世第一大哲康德之学说》中，也反复的出现了"直觉主义""快乐主义""感觉""知觉""推理""观念""空间""时间""现象""本质"等哲学术语。而在他的《进化论革命者颉德之学说》（1902 年）中，我们还可以看到"唯物主义""唯心主义""科学""宗教学""伦理道德学"等现在仍在当代中国哲学界运用的术语。

其二，是熟悉日译西学②的王国维③（1877—1927）。王国维先后翻译了桑木严翼的《哲学概论》、元良勇次郎的《心理学》《伦理学》（以上三书的中文版均为 1902 年）。王国维通过以上日文论著的翻译，将日本学者创译且已成熟定型的汉字哲学用语（概念、范畴）介绍到 20 世纪初的中国，为我国哲学的近代化作出了重要贡献。首先，他对新术语的重要性有着清醒的认识，他说："字语者，思想之代表也，故新思想之输入，即新言语输入之意味也。"④其次，他以开放的胸怀和正确的态度来对待日译汉字术语，他说："日人之定名，亦非苟焉而已，经专门数十家之考究，数十年之改正，以有今日者也。窃谓节取日人之译语，有数便焉：因袭之易，不如创造之难，一也；西国学术有交通之

---

① 梁启超：《饮冰室合集》第 1 册，文集之四，中华书局 1989 年版。

② "日译西学"：此处主要指日本近代学者所翻译、编译、介绍西方学术和思想的论著。

③ 王国维从 1898 年 3 月起，就在"东文学社"连续地学习了二年半的日语。担任日语教师的是毕业于东京帝国大学的藤田丰八，该人兼通英、德文，熟悉西学，汉文能读能写。1899 年秋，"东文学社"又添聘田冈佐代治为教师。王国维在《自序》中说，藤田、田冈"二君故治哲学，余一日见田冈君之文集中，有引汗德（今译康德）、叔本华哲学者，心甚喜之"。（《王国维集》第二册，第 295 页）因而，他们二人不仅使王国维熟练地掌握了日语，而且精心挑选了日本著名学者所撰写的哲学著作让其结合日语学习和编辑工作来进行翻译。

④ 《王国维全集》第二册，第 306 页。

便，无扞格之虞，二也。有此之便，而无二难，又何嫌何疑而不用哉？"①再次，他除了准确地翻译了日文论著中的哲学术语外，还认真地参照相关的日、英文辞典及著作，亲手编定了作为附录而原著所没有的四个"对照表"，即《伦理学学语中西对照表》《伦理学人名中西对照表》《心理学学语中西对照表》《心理学人名中西对照表》。其实上述四表的范围并非局限于"伦理学"和"心理学"，而是整个哲学学科。四表中包括有"哲学""主观""客观""感觉""知觉""理性""一元论""二元论""唯物论""唯心论""真理""观念""经验""归纳""演绎""柏拉图""叔本华"等200个左右的至今仍在使用的哲学术语。在近代汉字哲学术语传入中国国内的质与量上，王国维的贡献也是名列前茅的。

20世纪初之后的中国哲学用语的逐渐统一，西方哲学思想更容易为人们所理解，中国近代哲学思想更具思辨性，不能不说与以梁启超和王国维等人为代表的近代学人借用日本西周等人的"和制汉词"新语的译介工作有着重要的关系。

这里，顺便与同时代的中国介绍西洋思想最早的思想家严复（1854—1921）略作比较，以拓展和加深对20世纪初叶汉译西方哲学用语的思考。

对于严复在此方面的贡献，我们应给予实事求是的评价。首先，其创译"物竞""天择"等新语和翻译的《天演论》等名著成了当时人们向旧社会制度宣战的精神武器，影响了梁启超、鲁迅、毛泽东等一大批重要的代表人物。其次，其提倡独立思考，研读西学原著，自主创译新语的精神值得肯定。他说："今求泰西二三千年之学术，于三十年勤苦仅得之日本，虽其有译著，其名义可决其未安也，其考订可卜其未密也。乃徒以近我之故，沛然率天下学者群而趋之，世有无志而不好学如此者乎？侏儒问径天高于修人，以其愈已而遂信之。今之所为，何以异此。"②事实上，严复独自创译的"乌托邦""逻辑""图

---

① 《王国维全集》第二册，第306页。
② 《严复集》第三册，第561页。

腾"等语词也使用至今。再次，严复在创译西学过程中提出的"信、达、雅"三标准有着深远的影响，并对我们今天西著（含西方哲学用语）中译的工作仍有着重要的指导意义。

无庸讳言，在今日，严复创译的新语比西周创译的新语流存更少。其原因之一是，严复创译新语的接受对象定位于读过较多古书的知识人（见与梁启超的通信中的"多读中国古书之人"等语）。严复认为，西学"实则精理微言，用汉（代）以前字法、句法，则为达易。用近世利俗文字，则求达难"①。故他创译之语多取先秦古籍之词，"求其尔雅"②。如：严复在《穆勒名学》中，将 Intuition（今译为直觉），译为"元知"；将 Consciousness（今译为意识）译为"觉性"；将 Induction（今译为归纳）译为"内籀"；Deduction（今译为演绎），译为"外籀"；将 Reason（今译为理性），译为"良知"；将 Space（今译为空间）译为"宇"、将 Time（今译为时间）译为"宙"。③

当然，对此复杂文化现象，应进行系统的分析，既要分析译者个人的原因，也要分析译者所处的文化氛围和时代条件。也许这样，结论会更加平和。

原载《延边大学学报（社会科学版）》2007 年第 4 期，原标题为《西周在西方哲学范畴汉字化上的贡献》。

---

① ② 《严复集》第五册，第 1322 页。

③ 需要说明的是，这里论述并非是对近代翻译词语的优劣判断，而是对于历史上译语使用情况的客观描述。

从"佳趣论"到"美学"
——"美学"译词在日本的形成简述

徐水生

武汉大学哲学学院

美学这门有远大前程的学科正在中国迅速而健康地发展，然而汉字的"美学"一词却是由日本哲学家根据西文创译之后，回传我国的。

"美学"一词的创译有其思想积累和发展过程。"日本近代哲学之父"西周（1829—1897）1862 至 1865 年在荷兰留学，回国后系统地介绍了西方哲学以及其他学术思想。1870 年（明治三年），西周应明治新政府兵部省之聘供职，公务之余，创办私塾"育英舍"，讲授《百学连环》，此书稿对当时西方学术作了全面介绍，故被称为日本近代的"百科全书"。西周参照孔德的科学分类思想，在《百学连环》中将"哲学"分成：（1）"致知学"（逻辑学）；（2）"性理学"（心理学）；（3）"理体学"（本体论）；（4）"名教学"（伦理学）；（5）"政理家之哲学"（政治哲学）；（6）"佳趣论"（美学）；（7）"哲学史"，等等。

西周最初把西方哲学意义上的"美学"译为"佳趣论"。他认为，"佳趣论"起源于希腊时代，但它成为一种学问，则是从鲍姆嘉通（1714—1762）开始的。他还指出，在人类的心理上有着以智、意、感为基础的知、行、思这三种能力。他把这个知行思与真善美对照，提出"能使知成为真者要靠致知学，能使行成为善者要靠名教学，能使思成为美者要靠佳趣论"。西周还指出"佳趣论"的特点是"一切风趣都在于一致中有不一致，在不一致中又有一致的东西"。也就是说，他把佳趣论的主旨归结到多样性的统一上。

1872 年（明治五年）1 月，由于要为日本皇室讲学，西周又把《百学连环》中的"佳趣论"加以扩展，于是形成了《美妙学说》，它是日本最早的美学专著。在此书中，他进而把"佳趣论"改称为"美妙学"。《美妙学说》一书分为四章。第一章论述了"美妙学"形成的原因及其研究对象，他指出，"哲学之中有一种叫做美妙学的学问，此学问与所谓的美术有相通之处，是研究美术的原理的学问"。西周认为在人类社会中，除了有道德上的善恶和法律上的公正与不公正这两个要素之外，"还有分辨美与丑这样一个要素存在于人生之中"，这个要素就是美妙学所涉及的内容。他还认为："从人类脱离野蛮境界的最初时期开始，这个美妙学的因素就已出现在社会上并产生了巨大的影响。"接着，他在讲述美妙学时说道："在西方，当今列入美术之中的有绘画学、雕像术、工匠术这样一些内容，然而，诸如诗歌、散文、音乐以及中国的书法也属于此类，这些都适用于美妙学的原理。如果将范围再扩大一些，那么，舞蹈、戏剧等也可划入这一范围内。"

在第二章中，西周指出了美妙学的要素。他说："美妙学的要素可以分为两种。一种是存在于物中的要素，另一种是存在于我中的要素。存在于物中的要素就是物的美丽足以使我感到适意之处，而存在于我中的要素则是吾人的想象力。"他在谈到美的体验之所以能够形成的条件时指出："按照美妙学的理论，首先美丽应存在于物中，物中没有美丽当然不行，但是如果只有存在于物中的美丽而没有存在于我中的想象来助成这种感受，也是无法感应到美的体验的。"在第三章中，他详细地论述了"美妙学外部的要素"，说"这就是通过我们的五官而显现于我们之前的事物"。

在第四章中，西周论述了"美妙学的内部要素"，这就是"人情"和"为助长此情的想象力"。首先，他把情分为"道德上的情"和"美妙学上的情"，他把属于后者即美妙学之情只用"有趣、可笑"这两个词来进行概括，他把这些之所以能成为"美妙上的情"的道德归结为"这些情并不是因有喜怒哀乐爱恶欲这七情与本人的私欲得失有关而发生的"，"这些情是在无意之中发生的，它是无罪的而且是与人类道德完全无关的"，因而他认为这是一种所谓的无关心的满足。他还认为这两种情的根源都在于上述外部的要素，是由"规则之中有变化、变化之中有规则"这一原理诱导出来的。他从这种观点出发，对这两种情分别作出了心理学上的解释。最后，他明确指出，美是一种经验的相对的快感，也即是来自对对象形式合理性的感觉上的印象和想象而产生的愉悦。他甚至指出，"美术是使人文昌盛、使人类世界进入高尚之境"的事物，主张美妙学应与道德法律之学并列而得到应有的地位。

西周留学期间，荷兰盛行孔德、穆勒的实证主义哲学，他的老师维塞林就是当时颇有影响的实证主义者，因而西周对美学的介绍和论述不可避免也与实证主义哲学思想有着密切的联系。由于西周有着显赫的社会地位（任过文部省顾问、贵族院议员）和较高的学术地位（曾任东京学士会院七年的会长），加之学生众多（听他讲课的学生有时多达五百余人），故西周的"佳趣论""美妙学说"在当时的日本学术界产生了较大的影响。

受西周翻译工作的启迪和对西方美学的消化理解，日本近代另一位哲学家——中江兆民（1847—1901）把"美妙学"又改译为"美学"。中江兆民于1871—1873年赴法国留学，学习法学和西方文化，1883年受日本文部省之邀，翻译出版了意大利艺术家维柯著的《维氏美学》，在该书中正式使用了"美学"译词。经文部省审定而刊行的《维氏美学》对日本近代哲学、文学的启蒙均产生了积极作用，并逐渐在日本民众中流传。遗憾的是，中江兆民因种种原因除翻译了《维氏美学》一书外，再没有任何对美学进行专门研究的著作。

后来，经过中国留日学生（包括中国近代美学开创者之一的王国维）转述，如同"哲学""伦理学""理性""抽象""具体""意识"等译词一样，汉文"美学"一词也输入中国，并被我国学者广泛应用至今。

原载《东方丛刊》1998年第3辑

近代中国译名同日本译名的相遇和选择：从严译术语到日译术语的转换及其缘由

王中江

北京大学哲学系

一

一般认为，近代中日关系的一个基本特征，是中日思想文化关系的地位发生了逆转。[①]这可以从许多方面看出来，其中之一，就是众多中国留日学生，大量翻译日文书籍，从日文中借用了许多社会科学译语。这些译语，随着时间的推移，逐渐成为中国思想文化的一个组成部分。围绕这一问题，海内外学者已进行了不少富有开拓性的研究。[②]但是，仍存在着一些疑难问题，需要进一步考察，如中国近代究竟借用了多少日译社会科学术语，其来龙去脉如何；与此相关，中国（主要是严复）直接西译过来的术语，何以反被日译术语所取代。在此，我们先就后一方面作些讨论。

中国对西方文化的翻译，开始于明清之际，以西方传教士来华为契机。这

---

① 参阅汪向荣《中日文化地位的逆转》，《日本教习》，生活·读书·新知三联书店 1988 年版，第 28—41 页。

② 比较突出的有高名凯等著的《现代汉语外来词研究》（文字改革出版社 1958 年版）、实藤惠秀的《现代汉语与日语词汇的摄取》（见《中国人留学日本史》，生活·读书·新知三联书店 1983 年版）、《中国语なかの日本语》（见《近代日中交涉史话》，东京：春秋社 1973 年版）、谭汝谦的《现代汉语的日语外来词及其搜集和辨认问题》（见《近代中日文化关系研究》，香港日本研究所出版 1988 年版）、铃木修次的《日本汉语と中国》（东京：中央公论社 1981 年版）。

一时期翻译的著作，主要集中在自然科学和基督教方面，与社会科学有关的著作甚少。人们熟知的《名理探》，非常难得。此书对术语的翻译，采用了两种方式，一是音译，一是意译。前者如"第亚勒第加"，音译西语"dialectic"；"络日伽"，音译西语"logic"。后者如"推理"，意译西语"reasoning"；"语言"，意译西语"language"；"文法"，意译西语"grammer"等。由于诸种原因，在清末系统输入西方逻辑学之前，此书没有受到应有的重视。

19世纪中叶之后，在西方压力下，中国被迫开国，面向西方，开始谋求富国强兵之道，即所说的洋务运动。其重要内容之一就是翻译西学书籍。但是，通观这一时期的译书，几乎完全是在科学技术方面。以"江南制造局翻译馆"为例，此馆从1868年开设到1880年间，共译书140余部（已刊98部，未刊45部），计377本（已刊235本，未刊142本），基本上都是科技书籍，只有国史和交涉公法（共7部）与社会科学有点关系。[1]其他一些译书学馆（如京师同文馆、船政学堂等）和翻译机构（如强学书局、南洋公学译书院等），也大同小异。之所以如此，与当时人们对西方的认识（"船坚炮利"）和文化选择（"中体西用"）相关，正如梁启超所说："中国官局旧译之书，兵学几居其半。中国素未与西人相接，其相接者兵而已。于是震动于其屡败之烈，怵然以西人之兵法为可惧，谓彼人之所以驾我者兵而已，吾但能师此长技，他不足敌也。故其所译，专以兵为主，其间及算学电学化学水学诸门者，则皆将资以制造，以为强兵之用。"[2]又说"盖当时之人，绝不承认欧美人除能制造能测量能驾驶能操练之外，更有其他学问，而在译出西书中求之，亦确无他种学问可见"[3]。即使在梁主办《时务报》（1896—1898）期间，已认识到中国此前译书的片面性，但他的《时务报》所登载的译文，与社会科学基本上也没有什

---

[1] 参阅傅兰雅：《江南制造总局翻译西书事略》，《翻译论集》，商务印书馆1984年版，第224—226页。

[2] 梁启超：《变法通义·译书》，光绪二十三年四月二十一日《时务报》第二十七册。

[3] 梁启超：《清代学术概论》二十九，《梁启超论清学史二种》，复旦大学出版社1985年版，第79页。

么关系，就像"时务"所意味的那样，一直是翻译东（日本）西报章上有关时事的文字。正是由于社会科学书籍的翻译还处在不被注意的状态中，因而社科术语的翻译问题自然也不重要。如同王国维在《新学语之输入》中所说："十年以前，西洋学术之输入，限于形而下学之方面，故虽有新字新语，于文学上尚未有显著之影响。"①

但是，这种情形在中日甲午战争之后，开始有所变化，其开拓性人物为严复。1895 年，严复先后在《直报》上发表了《论世变之亟》《原强》《辟韩》和《救亡决论》等振聋发聩的文章，文中已对西方的新学说和术语有所介绍。据认为，最迟在同年，严复也开始了《天演论》一书的翻译。②1896 年 10 月，严复在给梁启超的信中说："拙译《天演论》，仅将原稿寄去"③，由此可知译稿此时已经脱手。此书正式出版于 1898 年。在此书的"译例言"中，严复提出了著名的"信、达、雅"说，同时谈到了术语翻译问题。由于书中的术语，此前没有现成的译法可以借鉴，其内容又为中国旧学所未曾闻知，因此，严复必须从头开始，根据原意定以汉语之名，他说："新理踵出，名目纷繁，索之中文，渺不可得，即有牵合，终嫌参差。译者遇此，独有自具衡量，即义定名。"强调"物竞""天择""储能""效实"等名，都始于他自己（"皆由我始"）。为定下一名一词，严复往往要花费半月甚或一月的时间去推敲和思考，"一名之立，旬月踟蹰"，其中的甘苦，由此尽可知晓。

继《天演论》之后，严复陆续翻译和出版的西学著作有《原富》《群学肄言》《群己权界论》《社会通诠》《法意》《穆勒名学》和《名学浅说》等。这些书涉及经济学、社会学、法学和哲学（主要是逻辑学）等学科，其术语也大都未有成例可寻（有之严复亦不轻易因循），需要新设重定，严复对此尤加留意。他在《原富》《群学肄言》和《群己权界论》所加的"译例言"或"译凡例"中，均对重要术语的译法问题有所讨论。"economics"，在严复看来译为"理

---

① 王国维：《海宁王静安先生遗书》第 14 册，上海商务印书馆 1940 年石印本。
② 王栻：《严复与严译名著》，《论严复与严译名著》，商务印书馆 1982 年版，第 5 页。
③ 《严复集》第 3 册，中华书局 1986 年版，第 515 页。

财学"和"经济学"（日译）都不恰当，而只有译为"计学"则较吻合，"顾必求吻合，则经济既嫌太廓，而理财又过狭，自我作故，乃以计学当之。虽计之为义，不止于地官之所掌，平准之所书，然考往籍，会计、计相、计偕诸语，与常俗国计、家计之称，似与希腊之聂摩较为有合。"①特别是，严复译书的一个重要特点，是在书中加上"按语"（共几百条，约 17 万字，占总译字数的1/10），这些"按语"，提纲挈领，疏通义理，对读者理解本文和了解西学，很有帮助。在这些"按语"中，严复不时对西学术语，述其意蕴源流，定夺适切汉字。如，《穆勒名学·按语》在谈到"logic"的译法时，严考论说："逻辑此翻名学。其名义始于希腊，为逻各斯一根之转。逻各斯一名兼二义，在心之意、出口之词皆以此名。引而申之，则为论、为学。故今日泰西诸学，其西名多以罗支结响，罗支即逻辑也。……逻各斯名义最为奥衍。而本学之所称逻辑者，以如贝根言，是学为一切法之法，一切学之学；明其为体之尊，为用之广，则变逻各斯为逻辑以名之。学者可以知其学之精深广大矣。逻辑最初译本为固陋所及见者，有明季之《名理探》，乃李之藻所译，近日税务司译有《辨学启蒙》。曰探，曰辨，皆不足与本学之深广相副。必求其近，姑以名学译之。盖中文惟'名'所涵，其奥衍精博与逻各斯字差相若，而学问思辨皆所以求诚、正名之事，不得舍其全而用其偏也。"②此外，在一些其他文章和给人的书信中，严复也对译名问题多有阐发，强调译名首先要弄清西学原术语的意义，然后确定相称的中文词汇。为了使译名能够统一起来，避免混乱，严复认为，不管是意译，还是音译，对所译之书，最好都要列出中西名词对照表，为学者提供查阅之便。有人建议先译专门字典，严复指出，此法无甚益处，因为辞典"义取赅备，故其中多冷字"，在他看来，可随译随定，定后列出一表，互相参考，最后通用，达到一律。③

---

① 严复：《译斯氏〈计学〉例言》，《严复集》第 1 册，第 97 页。

② 《严复集》第 4 册，第 1027—1028 页。

③ 见严复《与张元济书》，《严复集》第 3 册，第 528 页。在《京师大学堂译书局章程》中，严复两处专门谈到译名及其统一问题。见《严复集》第 1 册，第 128、131 页。

从上述来看，严复对西学术语的中译非常慎重，也花费了很多心血。他译出的术语，主要是意译，也有少数是音译。1931 年，商务印书馆编辑出版"严译名著丛刊"时，于每册之后，附有严复意译的术语及流行的译名对照表。而音译者则随时引出原名词。1981 年，商务印书馆重印此"丛刊"时，译名对照，统一出以脚注。其中两册，依三联书店 1959 年版本，译名对照附以书后。根据所有的译名对照，严复亲定译出的有关哲学、经济学、法学和社会学等学科的重要和普通术语，非常之多。但是，撇开普通的不说，即使一些重要的译语，也大都没有通行起来，而是被日译术语所取代了。

二

日本与西方思想的接触开始于 16 世纪，一方面与"南蛮人"①到日有关，另一方面与传教士有关。日本最早翻译的西学著作，是基督教方面的，在西方哲学的影响下而写出的最早著作是《妙贞问答》。但是，由于后来的禁教，日本长期实行类似于中国的闭关锁国政策，从而堵塞了接触西学的通道。18 世纪初，新井白石的《西洋纪闻》《采览异言》，是根据对监禁在日本的意大利传教士西多蒂的审问记录而写成的。虽说幕末时期（18 世纪末至 19 世纪中期），日本与西学开始了较多的接触，继兰学之后的英学、法兰西学也逐渐兴起了，但由于存在着所谓"东洋道德，西洋艺术"和"和魂洋才"的观念，它们所注重的只是西学中的自然科学和技术。1868 年，以明治维新为转折点，西方社会科学开始在日本全面传播。以"明六社"为中心的日本启蒙知识分子②，在输入西方社会科学上，做出了重要的贡献。到 19 世纪末，西方社会科学领域中的大量重要著作，都被译成了日文。在这一过程中，术语的翻译当然是一个

---

① 从室町（1392—1573）末期到江户时代（1600—1867），日本人对葡萄牙、西班牙人的称呼。

② "明六社"，日本学术团体。1873 年，在森有礼的倡议下成立。出版有《明六杂志》，其成员几乎涵盖了明治初期所有著名知识分子，如福泽谕吉、西周、津田真道、加藤弘之等。1875 年解散。

基本的环节。

与中国一样，此时日本所遇到的大量西学术语，除了个别的例外①，最初都没有现成的译法，需要从头开始。上面提到的"明六社"知识分子，都程度不同地有为译名而冥思苦想的经验，并分别在不同社科领域中译出了许多新词。如福泽谕吉这位传输西学的先知者，在回忆他译西学术语的经历时说："随着西洋新事物的逐渐传入而感到缺少用日语表现这些新事物的新词。开始时，这个那个地从汉文中乱抽一阵，想找出一些相当的字眼，但其结果，当然没有什么成效。本来，词汇只不过是观念的符号。没有观念之形，而想求词汇之影，这好像叫一个没有看过雪的印度人作一首咏雪的诗一样，终究不成。因此，就摹仿古人，也创造了不少新日本所需的新词。……另外，在我的朋友当中，他们创造的新字眼也不少。"②福泽特别提到为了翻译英语的"copyright"和"speech"，他是如何创造出"版权"和"演说"这两个词的。说到西周，他在翻译西方哲学术语上是很著名的。正是他最早把"philosophy"译成为"哲学"。其他诸如主观、客观、理性、悟性、归纳、演绎、真理、科学等都是由西周首定并在以后通行起来的译语。当然，有些术语前后有不同的译法，是经过选择才最后固定下来的。如西周曾把"aesthetic"译为"善美学""佳趣论"和"美妙学"，稍后中江兆民则把它译成"美学"，取代了西周的译法。为了满足译名统一的需要，专门的辞典也出现了。如井上哲次郎等在1881年就编出了《哲学字汇》一书，经过修订，第二版（1884年）之后，大多数译语，都被定型通用起来了。③这恰恰为中国人通过日本学习西方提供了方便之门。

本来中国近代开国是面向西方的，只承认西方有一技之长。但没有想到一

① 载之于此前的西日辞书，如兰学家稻村三伯编的《波留麻和解》（1796年）、翻译家本目正荣编的《谙厄利亚语林大成》（1814年）、桂川甫周编的《和兰字汇》（1855—1858年）等。

② 福泽谕吉：《〈福泽谕吉全集〉绪言》，《福泽谕吉自传》，商务印书馆1980年版，第285—286页。

③ 参见柳父章《翻语成立事情》（东京：岩波书店1989年版）和铃木修次的《日本汉语与中国》。

直作为中国学生的日本，明治维新后，在学习西方上捷足先登，突然强盛起来，竟能战败中国。这就促使上层官僚和知识分子产生了借鉴日本革新和通过日本学习西学的强烈愿望（在这一点上，张之洞、康有为最为典型）。① 于是清政府决定向日本派遣中国留学生，几年之内，中国大批留学生纷纷涌向日本，他们和流亡日本的仁人志士一起，开始了通过日本学习西学的进程。其中一个重要方式就是译书。张之洞和梁启超此前对这一点都有清楚的认识。张在《劝学篇·外篇·广译》中指出："各种西学书之要者，日本皆已译之。我取径于东洋，力省效速，则东文之用多。……学西文者，效迟而用博，为少年未仕者计也。译新书者，功近而效速，为中年已仕者计也。若学东洋文，译东洋书，则速而又速者也。是故从洋师不如通洋文，译西书不如译东书。"梁把译书作为求得中国富强的首要任务，"苟其处今日之天下，则必以译书为强国第一义，昭昭然也"②。梁承认直接译西书来学习西学的好处，但是，他认为这太慢，不能适应中国变法革新的迫切需要。而通过日本，可以事半功倍。因为，一是日本已与西方并驾齐驱，西学重要之书，大都可以通过日文得到。二是日本距离近，所需资费少。特别是由于日文与中文有渊源关系，日文易学。为了把西学之书译成中文，向中国人传播新思想、新观念，在日中国学人，接二连三地创办起了各种期刊，兴起了中国历史上又一次空前的译书热潮。

三

译书的关键当然仍是术语，但是，由于日人译西学术语，基本上都是意译，而且使用的是已有的汉文词汇或用汉字组合的词汇，这对中国人来说，实在是方便法门，几乎可以坐享其成。在几年之中，中国学人就译出了数以千计

---

① 参见张之洞《劝学篇·游学》和康有为《日本变政考》。
② 梁启超：《变法通义·译书》，光绪二十三年四月二十一日《时务报》第二十七册。

的日文书籍和论文，而日本所译西学术语，也随之涌进中国。由此产生了日译术语是否恰当，应不应该加以借用的争论。

受到冲击的首先是严复，因为他翻译的黄金时代，与日译术语的涌进恰恰在一个时间坐标上。但严复有充分理由相信自己所定术语的权威性，因为他不仅具有深厚的国学根基，而且他的西文也是一流的水准。在这两方面，很难有人能向他提出挑战和怀疑。然而面对日译术语，严复不得不作出反应，来为自己所译术语的合理性辩护。最典型的要算是"计学"一词了。当严复把"economics"译成"计学"时，日人已把它译成了"经济"。1902 年，梁启超在日本横滨创办《新民丛报》，在第一号上介绍了严复《原富》一书，他对严复的译名基本上持肯定态变，并大加赞赏严的中西学识："至其审定各种名词，按诸古义，达诸今理，往往精当不易，后有续译斯学之书者，皆不可不遵而用之也。严氏于西学中学，皆为我国第一流人物。"但梁认为，把"economics"译为"计学"或"经济学"，似都不妥，他试译为"理财学"。对此，先后有署名"东京爱读生"和"驹场红柳生"者，向梁质问，求其恰当之译，梁先改译为"平准学"，后又以为不当，易为"生计"之名。① 与此同时，严复也看到了梁所寄的《新民丛报》，他马上给梁写信，就"economics"的译法与梁商讨。认为译为"平准学"不足以表达此学，如欲适俗，不如直接用"理财"二字；若嫌意思不清，则仍可用"计学"，"即如执事今易平准之名，然平准决不足以当此学。盖平准者，乃西京一令，因以名官职，敛贱粜贵，犹均输常平诸政制。计学之书，所论者果在此乎？殆不然矣。故吾重思之，以为此学义苟欲适俗，则莫若径用理财，若患义界不清，必求雅驯，而用之处处无扞格者，则仆计学之名，似尚有一日之长，要之后来人当自知所去取耳"②。严复对自己的译名

① 见光绪二十八年二月一日、四月十五日《新民丛报》第三号、第八号。

② 《与梁启超书》，《严复集》第 3 册，第 518 页。又如，严认为日人译"Philosophy"为"哲学"也不恰当，应译为"理学"或"爱智学"，他说："理学，其西文本名，谓之出形气学，与格物诸形气学为对，故亦翻神学、智学、爱智学。日本人谓之哲学。顾晚近科学，独有爱智以名其全，而一切性灵则归于心学，哲学之名似尚未安也。"（《〈穆勒名学〉按语》，《严复集》第 4 册，第 1029 页）。

是颇为自信的，他相信他的译名能经受住时间的考验，他在给张元济的信中，表白了他的这种自信："《丛报》于拙作《原富》颇有微词，然甚佩其语；又于计学、名学诸名义皆不阿附，顾言者日久当自知吾说之无以易耳。"①但是，在通过日本学习西学的过程中，人们过多地肯定了这一桥梁的优越性，甚至认为通过日本胜于直接从西文中求西学。对此，严复很不以为然，他说"大抵翻译之事，从其原文本书下手者，已隔一尘，若数转为译，则源流益分，未必不害，故不敢也。颇怪近世人争趋东学，往往入者主之，则以谓实胜西学。通商大埠广告所列，大抵皆从东文来。夫以华人而从东文求西学，谓之慰情胜无，犹有说也；至谓胜其原本之睹，此何异睹西子于图面，而以为美于真形者乎？俗说之悖常如此矣！"②

在对来自日译术语的批评上，严复并不孤立。梁启超不时也提出自己的不同意见。上面说的"经济"就是一例。此外，他通过辨析"revolution"的原意和中国古典中"革命"的意义，指出"日本人译之曰革命。革命二字，非确译也"③。他主张译为"变革"。当然，梁肯定，有的日译术语是恰当的，可以借用。如"金融"。他解释说："金融者，指金融行情之变动涨落，严氏原富译为金银本值，省称银值，惟值字仅言其性质，不言其形态，于变动涨落之象不甚著。且省称银值，尤不适用于金货本位之国，日本言金融，取金钱融通之义，如吾古者以泉名币也，沿用之，似亦可乎！"④又说：金融"谓金银行情也。日人译此两字，今未有以译之"⑤。批评比较激烈的是一位叫彭文祖的人，他（署名"将来小律师"）著有《盲人瞎马之新名词》，对日译术语在中国流行，大为不满，他说："顾吾国人之谈新学也有年矣，非惟不受新学之赐，并

① 严复：《与张元济书》，《严复集》第 3 册，第 551 页。
② 严复：《与曹典球书》，《严复集》第 3 册，第 567 页。
③ 梁启超：《释革》，《梁启超选集》，上海人民出版社 1984 年版，第 368 页。
④ 梁启超：《问答》，光绪二十八年三月十五日《新民丛报》第六号。
⑤ 梁启超：《论民族竞争之大势》，光绪二十八年正月十五日至三月一日《新民丛报》第二号至第五号。

吾国固有之文章语言亦几随之而晦。试观现代出版各书，无论其为译述也，著作也，其中佶屈聱牙解人难索之时髦语比比皆是。呜呼！是何故也？是不治外国文之过也，或治之而未深求也，盲谈瞎吹，以讹传讹。曩者大隈重信讯我曰：日本维新以前，汉文行乎日本，自维新而后，日文行乎中土。予闻此语，深慨国人之愈趋愈下而不知自振作也。"①彭举了许多具体例子——批评日译之新名词，要求国人不要使用此等术语。

与上述批评意见相反，还有来自肯定的意见，即强调日译术语的正当性和借用的合理性。最典型者要数王国维。他把输入新术语作为当时中国文学的一个最显著现象，"近年来文学上有一最著之现象，则新语之输入是也"②。在王看来，这是自然之势，因为语言是国民思想的代表和象征，一国的思想如何，要看其语言如何。中国文化虽有其独特性（相对于西方），但在抽象和分类方面却不够自觉，已有的语言不能适应接受西学的需要，所以不得不造新名词。他说："我国学术而欲进步乎，则虽在闭关独立之时代，犹不得不造新名词，况西洋之学术骎骎而入中国，则言语之不足用，固自然之势也。"③而日本在这方面先走一步，成为中国输入西学的一个桥梁，"数年以来，形上之学渐入于中国，而又有一日本焉为之中间之驿骑，于是日本所造译西语之汉文，以混混之势而侵入我国之文学界"④。但是，王指出，对此的两种态度：即好奇滥用和泥古唾弃，都不可取。他通过严译术语和日译术语的比较，指出，日译术语虽非尽当，但长处尤多，因而基本上是可以借用的，"日人所定之语虽有未精确者，而创造之新语，卒无以加于彼，则其不用之也，谓何要之处。今日而讲学，而已有不能不增新语之势，而人既造之，我沿用之，其势无便于此也"⑤。

不管如何，日译大部分术语，最终在中国通行、固定了下来。就是严复在晚期的不少著论中，也不由自主地使用起日译术语来。下面我们通过若干译语

---

① 转引自实藤惠秀《中国人留学日本史》，第 301—302 页。

②③④⑤ 王国维：《论新学语之输入》，《海宁王静安先生遗书》第 14 册。

的对比来具体看一看：

英文原词	严译	日译	通用
evolution	天演	进化	进化
struggle for existence	物竞	生存竞争	生存竞争
selection	天择	天然淘汰	自然淘汰
philosophy	爱智学	哲学	哲学
metaphysics	理学	形而上学	形而上学
induction	内籀	归纳	归纳
deduction	外籀	演绎	演绎
space	宇	空间	空间
time	宙	时间	时间
sociology	群学	社会学	社会学
science	学术	科学	科学
economics	计学	经济学	经济学

四

接着的问题自然是，应该如何解释这种现象，即严复作为中国第一位中西贯通的大家、翻译家，他译出的大多数术语为什么会被日译术语所取代。

这首先与严复译文、译语的方式有关。严复译书，出以古文，执意雅驯，虽在文学史上有一席之地，但与近代文学走向通俗化、大众化的趋势并不合拍，缩小了读者的范围，不利于向大众传播。在这一点上，梁启超曾向严复提出过批评和建议，希望他能在文字上通俗一些，以适应大众的需要。梁在介绍严译《原富》时说"其文笔太务渊雅，刻意摹仿先秦文体，非多读古书之人，一繙殆难索解。夫文界之宜革命久矣。欧美、日本诸国文体之变化，常与其文明程度成正比。况此等学理之书，非以流畅锐达之笔行之，安能使学僮受其益乎？著译之业，将以播文明思想于国民也，非为藏山不朽之名誉也。文人结习，吾不能为贤者讳矣"①。但是，严复根本不能接受梁的批评。对他来说，学理之书不能出以通俗之词，"窃以谓文辞者，载理想之羽翼，而以达情感之音声也。是故理之精者不能载以粗犷之词，而情之正者不可达以鄙倍之气"②。如果为了使那些学识浅薄之人都能理解，而求通俗，这是对文学的凌迟，绝不是革命。而他译书的目的绝不是为这些人，而是为了多读古书之人，"不佞之所从事者，学理邃赜之书也，非以饷学僮而望其受益也，吾译正以待多读中国古书之人"③。最后，严强调，他不是有意去求雅，而是为文之道不得不如此，故即便读者再少，也不会去迎合世人的口味，"声之眇者不可同于众人之耳，形之美者不可混于世俗之目，辞之衍者不可回于庸夫之听。非不欲其喻诸人人也，势不可耳"④。"有求于世，即啼笑皆非。此吴挚甫所以劝复不宜于并世中求知己。"⑤

与此相联，严复翻译西学术语，也多求古字古意，视之本不易理解，而要传达西语之义尤难。对此，王国维指出："如侯官严氏所译名学，古则古矣，其如意义之不能了然何以，吾辈稍知外国语者观之，毋宁手穆勒原书为快也！"⑥王还通过比较严复和日人对"evolution""sympathy""space"和"time"等的不同译法，认为日译为善，严译有所不及，他说："严氏造语之工者固多，而其不当者亦复不少。兹笔其最著者如 evolution 之为天演也，sympathy 之为善相感也，而天演之于进化，善相感之于同情，其对 evolution 与 sympathy 之本义，孰得孰失，孰明孰昧，凡稍有外国语之知识者，宁俟终朝而决哉！又西洋之新名往往喜以不适当之古语表之，如译 space（空间）

① 梁启超：《介绍新著·原富》，光绪二十八年正月初一日《新民丛报》第一号。
② 严复：《与梁启超书》，《严复集》第 3 册，第 516 页。
③ 同上书，第 516—517 页。
④ 同上书，第 517 页。
⑤ 严复：《与张元济书》，《严复集》第 3 册，第 535 页。
⑥ 王国维：《论新学语之输入》，《海宁王静安先生遗书》第 14 册。

为宇，译 time（时间）为宙是已。夫谓 infinite space（无限之空间）infinite time（无限之时间）曰宇曰宙可矣。至于一孔之隙，一弹指之间，何莫非空间、时间乎？空间、时间之概念足以该宇宙，而宇宙之概念不足以该空间、时间。以宇宙表 space、time 是举其部分而遗其全体（自概念上论）也。以外类此者不可胜举。"①在这一点上，张君劢也有同样的看法，照他的说法，严复以古字译西学之新观念，文学虽美，但与原义不甚符，有失科学家字义明确之精神。②而且，严复继承了中国传统多以"单字"表示术语的思维方式，喜用"单字"译西学新术语，影响了精密性。对此，梁启超和王国维有一致的看法。他们认为，日译术语的一个重要特点，就是多用复合词表示，与单音词相比，复合词更能准确地表达术语的意义。如王国维说："日本人多用双字，其不能通者更用四字以表示。中国则习用单字，精密不精密之分全在于此。"③

同时，客观的情势也不利严译术语的通行。如上所说，中国近代介绍西学主要是通过日本这一桥梁，在日中国学人大规模地把日译西学书和日人著述翻译成中文，这些书中的术语名词基本上都是照日本的译法和说法直接借用过来。此外，中国学人在日还创办了很多期刊，这些期刊除了刊载翻译文字外，登载的大都是介绍西学的论文，论文中所使用的术语基本上也都是日译术语。由于这些书籍和杂志占领了当时的中国思想界、学术界，因而非常有利于日译术语的广泛传播，并逐渐被中国思想界所认同。特别是像梁启超的著论，使用了新的文体，通俗易懂，"笔端常带感情"，赢得了广大的读者，所用日译术语也容易被人所接受。还值得注意的是，"五四"前后，活跃在中国思想界前沿的一批著名知识分子，不少都曾留学日本，他们著文论说，常常使用日译术语，使其通行无阻。

总之，由于严译术语的局限和中国近代思想与日本的特别关系，就使得严

---

① ③　王国维：《论新学语之输入》，《海宁王静安先生遗书》第 14 册。
②　参见《最近之五十年》（申报馆），1923 年 12 月。

译术语为日译术语所取代，留下了中国思想文化发展史中这一耐人寻味的现象。

原载《近代史研究》1995 年第 4 期

日译西学新范畴与中国哲学的近代转型

郭　刚

南京信息工程大学马克思主义学院

19 世纪末至 20 世纪初，中国近代哲学思想产生了重要的变化和快速的发展。这种变化与发展固然有着思想自身的逻辑依据和深刻复杂的社会原因，但是，也与此时传入的大量西学（西方思想文化）有着密不可分的关系。赴日中国学人回传的日译西学①为中国近代哲学的转型提供了丰富的思想资料和起到重要的促进作用。最为根基的是，中国近代哲学新概念的使用对日译西学新范畴有着直接的"拿来"精神。换言之，中国哲学的近代转型是与日译西学的引推密不可分的，首要体现了以新范畴的传入与应用为基点。

一、"和制汉词"的创译与传入中国

20 世纪初，中国思想界广泛使用着新引进的概念，其中赴日学人引入的大量"和制汉词"构成了中国近代哲学转型的基本单位。

---

① 此处"日译西学"主要指日本近代学者所翻译、编译、介绍西方学术和思想的论著，也包括他们深受西方学术思想影响而有的西学精神（具体可参见徐水生的《日译西学与中国哲学的近代转型——以居日期间的梁启超为中心》，《武汉大学学报（人文科学版）》2010 年第六期；以及郭刚的《论梁启超汲取日译西学的启蒙思想——以进化论和民权说为例》，《理论月刊》2006 年第三期）。从广泛意义上说，日译西学还是日传西学，包括一切传入日本的西学书籍。

（一）"和制汉词"的创译

"和制汉词"，也称"日本造汉字词"，是日本学者翻译西方文化的主要符号方式。素有日本近代哲学之父之称的西周很早在其讲稿《百学连环》等文献中用汉字创译出大量的西方的学术名词和哲学范畴，成为西方哲学范畴、哲学史、逻辑学、心理学和美学的最早传播者。日本学者森冈健二教授认为西周用过 1 410 个译语，其创译的词汇达 787 个。①例如，西周在 1874 年的《百一新论》中第一次将"philosophy"译为"哲学"（黄遵宪在 1896 年前后将"哲学"一词介绍到中国，渐渐为中国学术界所接受），将"spirit"译为"精神"，还创译了"主观""客观""理性""悟性""现象""归纳""演绎"等数量很多的哲学用语。在这些哲学词汇中，一些是借用中国古语所创造的译语，如智、情、意、意识等，一些是未能在中国典籍中找到出处的译语，如感觉、实质、物质、元素等，另一些则是以古汉语中的个字为基础的创译，如哲学、概念、感性、主观、抽象、理想、直觉等。森冈教授认为，西周所创造的百余条译语为社会所接受，且能持续地使用，不能不说是一个特异的现象。②

继西周之后，日译西学新范畴的创译更是层出不穷。1881 年，日本首位哲学专业教授井上哲次郎组织编写了《哲学字汇（字典）》，搜集整理出包括西周等人创译的已普遍使用的"和制汉词""哲学"类术语，这些新范畴不仅在学术界、思想界中得到认可，而且在社会上广为流传和使用。例如，社会主义思想初传日本，加藤弘之于 1870 年在《真政大意》一书中音译了"socialism"一词，西周于 1871 年在《百学连环》中将其意译为"会社之说"，之后日本学者约于 1877 年采用"社会"一词翻译 society，福地源一郎于 1878 年 6 月在《东京每日新闻》上第一次用汉字将"socialism"译为"社会主义"。

---

① 郑匡民：《西学的中介：清末民初的中日文化交流》，四川人民出版社 2008 年版，第 232 页。

② 郑匡民：《西学的中介：清末民初的中日文化交流》，第 233 页。

这样，"socialism"一词几经创译，最终被确立下来。值得注意的是，这种翻译手法体现出日本学者开始用"主义"翻译某种特定理论或系统化的社会意识形态字汇，并进一步用来合成新的词汇；正因如此，"社会主义"是"社会"与"主义"的合成词，"共产主义"是"共产"与"主义"的合成词，如此等等。这些新范畴不仅为日本学者所熟练运用，而且也为中国赴日学人所普遍使用。翻阅20世纪初赴日学人创办的刊物，不难发现，他们已普遍使用着"社会主义""国家主义""人道主义"等概念名称。

(二) 日译西学新范畴引入与应用

日译西学新范畴不同程度地被赴日学人传入中国。实藤惠秀在《中国人留学日本史》中曾写专章探讨日译西学传入中国情况，列举了中国现代汉语来自日语的单词784个，后增加了46个，共830个，成为当时学界所知的日语外来词最大数目。[①]除上面提及的哲学术语外，还有现实、心理、判断、范畴、意志、归纳、革命、一元论、人生观、生产力、唯物论、唯心论、唯理论、辩证法、意识形态、唯物史观、不变资本、共产主义、军国主义、生产关系等大量哲学词汇。

众所周知，梁启超居日期间以"将世界学说为无限制的尽量输入"的精神在《清议报》和《新民丛报》上传入大量"西学"。他仅在《和文汉读法》引进日语外来词就接近200个[②]，其中有关哲学方面的就不少于几十个，且大都作了注释，如经济（理财学、资生学，打算）、主观的（内理应如是）、客观的（外形应如是也）、绝对的（完全无比者）、抽象（哲学译语，想其理由之义）、概念（大概想念）、积极（哲学译语，阳极也）、组织（构成）、个人（匹夫）、个人权（各人自立权）、具体（实象）、利润（利息）、团体（凡众聚之称）、空

---

① 郑匡民：《西学的中介：清末民初的中日文化交流》，第222页。
② 同上书，第250页。

想（预想后来）、理想（就现在想）、观念（观而想念）、目的（宗旨）、结构（善美之意），等等。实藤惠秀和郑匡民两位学者都注意到留日学生创办的《译书汇编》中的大量译注，郑氏还列举了权利、社会主义、组织等部分译注。①可以说，《译书汇编》不仅对西学译介的数量可观，而且译介内容对国人的影响力不可忽视。由黄兴、杨度等人于 1902 年创办的《游学译编》介绍的西学内容更为丰富，而且侧重于西方政治思想理论。该杂志强调"录学术第一"，以夹叙夹议的形式传播了大量西学（政治、教育、时事为主）。

除以报刊形式传入日译西学外，还有一些学者以著书的形式传播之。马君武在日本度过 6 年，广泛传播了西方的政治学说、哲学思想。他主要在 1903 年前后传播西方哲学理论，传入了"唯物论""无神论""主体""客体""绝对""相对""精神""物质""自由""归纳法""演绎法"等西学新词汇。马君武还以《社会主义与进化论比较》等论文形式翻译和介绍马克思主义、社会主义著作，并提到马克思主义唯物史观和阶级斗争学说，揭示了马克思"阶级斗争历史之钥"的观点。朱执信以救国救民的理念为指引，也将目光投向西方近代以来的民权国权思想，在他的文献中频频使用"国家社会主义""权利""阶级""资本""利润"等概念。章太炎在他古朴的文章中也留下大量日译西学的痕迹，居日期间便使用了民族、思想、人权、革命、观念、民族主义、共和政体、无政府主义等。资产阶级革命派在《民报》等刊物上以西学新知来宣传自己的革命主张和宗旨，在传播西学思想之时也介绍了马克思主义的学说，涉及阶级对立、阶级斗争、剩余价值等概念，为马克思主义在中国的传播作出了贡献。德国汉学家李博教授在其《汉语中的马克思主义术语的起源与作用》一书中收集了一批日译西文词汇，而特别指出了"五四"时期"中国人对欧洲各社会主义流派的了解，包括对马克思、恩格斯创立的社会主义学说的了解几乎全部来自日语，或是欧洲语言原著的日文翻译，或是日语的社会主义著作"②。

---

① 郑匡民：《西学的中介：清末民初的中日文化交流》，第 210—213 页。

② 李博：《汉语中的马克思主义术语的起源与作用》，赵倩等译，中国社会科学出版社 2003 年版，第 79 页。

这些日译术语随着马克思主义在中国的传播而在中国文化土壤中开始生根，并且随着马克思主义中国化的进程而逐渐积淀为马克思主义哲学中国化的基本词汇。可以说，中国早期对马克思主义的传播大都依赖于这些概念、范畴，并在此基础上进行运用和发展。

通过考察大量文献，可以获悉很多日译西学字汇变革而被运用的信息，这表征着日本学者用传统汉字与外来词相融合的词意变迁以及被传入中国后使用的情况。例如，"价值"一词在 1884 年的日本《哲学字汇》中首次出现，最初为经济学术语，随着马克思主义的价值理论学说在中国的流行，汉语中才泛化性地使用"价值"一词。又如，日本最初用"封建制度"与"封建主义"翻译西文中 feudality 与 feudalism，中国一些学者对其使用尚有歧义，但随着 1908 年源自日文的《共产党宣言》的第一个中译本的出版发行，"封建制度""封建主义"才开始广为流行，一直用到今天。另外，日本人对经济基础与上层建筑的翻译则相对晚了些。1912 年日本学者 Sakai 在翻译马克思的《政治经济学批判序言》时第一次使用"经济基础"这种译法，我国学者李大钊在 1919 年翻译马克思的《政治经济学批判序言》时效仿了这种译法。20 世纪二十年代，日本学者河上肇第一次创造了"上层建筑"来翻译 ueberbau 这个词，并逐渐成为中文标准译法。不过，最初日本学者翻译 ueberbau 时为"上层构造"，而李大钊于 1919 年在宣传马克思主义唯物史观时译成"表面构造"，后来接触到河上肇的"上层建筑"翻译时采用之。

基于上述种种现象，有学者认为，"我国早年所用的译名，大都是由日本输入的"[①]。赴日学人不断反复引介日译西学，虽带有一定的盲目"崇拜"心理，但在一个"知识匮乏"的时代，目不暇接的西学给赴日学人注入了新鲜血液，且逐渐融汇到他们自己的母语中，甚至达到"日用而不知"的程度。在此，这些新鲜的日译西学术语不仅为清末民初的赴日学人宣传西方哲学思想提供了便利的语言中介条件，而且对赴日学人的思想转型起到极大的推动作用。

---

① 郑匡民：《西学的中介：清末民初的中日文化交流》，第 218 页。

二、 日译西学新范畴助推中国哲学的近代转型

在近代，"和制汉词"哲学新范畴带来了中文概念或范畴的革新，很大程度上助推了中国近代哲学基础理论的形成，促进中国哲学由封闭性转为开放性，主动融入世界哲学对话的平台上来，而拥有着世界意义"符号"意蕴。

首先，像"哲学""归纳""演绎""辩证法""唯物论""感性""理性""主观""客观""精神""意识""时间""空间""现象""本质""美学"等一大批哲学新范畴，为中国学者传入并认同，在求变、求新的时代中无疑为中国近代哲学向前发展注入新鲜血液。

日本近代哲学之所以转型成功且能够走向世界，最为重要的原因是日本思想家所创译的哲学范畴具有时代性和清晰性的特征。在日本近代哲学世界化的进程中，西周首次把 philosophy 创译为汉字"哲学"范畴，蕴含着西学原创之意的"爱智之学"，且不偏离中国古典文献学的意蕴，类同于《尚书·皋陶谟》中的"知人则哲"含义。起初，中国学者将"哲学"音译为"费录苏非亚""斐洛苏非"等，或对译为中国传统儒学概念的"格物穷理之学""爱知学""格致学""格学""性理之学"等。无论是"格物""格致"，还是"性理"，一般指心性之学，或引申出理性之学。然而，"哲学"一词则更多蕴含着超越一切经验科学追求形而上学的学问，是人的精神力量的总和，即人类的智慧之学。因此，"哲学"给予人的是"大智慧"。西周经过精心的推敲，创译的"哲学"意蕴是囊括"理学"的，这与传统儒家理学作了区别，而有着"洋学"义涵的"中学"意蕴。所以说，日译西学"哲学"一词译语准确精练，达意吻合，内涵丰富，表征着异质文化转译的合理性、科学性，其时代性与清晰化是有利于近代哲学转型的。赴日的王国维于 1901 年在《教育世界》杂志上使用"哲学"概念，随后严复、蔡元培、胡适等便都以"哲学"来介绍 philosophy，而不再使用之前的种种汉译名称。如此，以"哲学"一词的转译被广泛使用为

契机，标志着东方哲学的转型有了一个崭新的开始。高坂史朗在《从儒学到哲学》一文中说："对于日本人西周翻译的 philosophy 即哲学，中国思想家对它加以积极地吸收，以这一契机为鉴，也许我们可以认为中国人也在变革着自身的思维方式。"①这里，"哲学"一词虽等同于"理学"之意，有着形上学、玄学的含义，但"哲学"创译的语义本身更有着启发智慧意蕴，它的使用意味着中国哲学的自我体系由封闭式走向世界性，而拥有主动与世界哲学接轨的姿态。

又如哲学中的重要概念"理性"一词。西周在 1884 年所写的《生性札记》中指出："理性，英语 reason 是唯吾人因抽象作用而命此名者……理性之作用，亦如记性不特限知感二觉，又并及情欲二动，然其所以异于记性者，在于记性则受而不拒，理性则有时与二动抗衡抵争也。若夫抗争，此心诚为之扰乱，是宋儒人心道心之别，独知诚意之工夫，所以陆子便是之说，阳明良知之工夫亦存于此也，盖尝推究其所以然者，理性也。其质正直贞信，其印象，一踱外界显像极其曲折，无一点矫饰，无毫厘加损，惟纯性精，以奏天君。是以心君虽为情所扰，为欲所扰，理性呈象者依然袭旧，毫无变更，不服从谀君心之非，是其所以为心府之司直，而每与情、欲二动相斗争而不止也。"②此处，"理"内含着"合于事实的"事物的联系，具有不依赖于人的"发现"而存在的客观性，以及有着客观规律的普遍性，是概括了自培根、莱布尼茨和黑格尔到孔德等人的"理性"意蕴，充满着思辨与实证的创译。"理性"基本上表征了 reason 在西方哲学中一般指概念、判断、推理等思维形式或思维活动的内涵，与西方理性主义只承认理性认识的可靠性、否认理性认识依赖于感性经验的特性是基本吻合的。不过，西周最初把它理解为与"空理""虚学"相对立的"实理"学，有时又与孔孟儒学有着一致性（"穷理"），则片面了。这与中国传统主张的格物穷理、"反躬"而成，"即物穷理"而"豁然贯通"，有着浑

---

① 卞崇道、藤田正胜、高坂史朗：《东亚近代哲学的意义》，沈阳出版社 2002 年版，第 74 页。
② 徐水生：《西周在西方哲学范畴汉字化上的贡献》，《延边大学学报（社会科学版）》2007 年第 4 期。

然不分的地方。因此说，"理性"走过了一个"正名"的过程。

再如，西周创立的"归纳"与"演绎"曾取代了严复创译的"内籀"与"外籀"译法。所谓演绎法，顾名思义，"演"就是推广、发挥之意，"绎"就是从线头引出线之意，即从一个重要之处牵出种种。有学者认为，西周与严复在创译西学名称时有着哲学根底上的差异，指出"严复虽然生来受着中国传统哲学的熏陶，但他并没有专门研究哲学，而是从事实学的，他留学西方也完全是为了使实学造诣更趋精湛博深，所以他宣传介绍西方哲学思想，并不想也不是要建立包罗万象的哲学体系。而西周则是专门研究哲学的学者，曾专门学习过朱子学，研究过荻生徂徕的学说，有较深的哲学根底"①。自古以来，日本人善于吸收外来思想和创新改革意识一直保持不变。类似于严复，中国赴日学人无不有着"实学"的特点，在救亡图存的急需之用时代里，他们所用的日译西学是清新真确的，既与西方原意基本吻合，又合于中国传统意蕴，从而替换了国内已有的译词，且在中国哲学中得到广泛运用直至今日。于是说，日译西学的直接被使用也无不体现着中国人的实学精神和敢于变革自我而面向世界的勇气。

基于此，谢地坤就指出："就哲学领域而言，中国虽然有自己的哲学传统，但'哲学'这个名称并不是中国土生土长的，而是日本哲学家西周在 1874 年用汉字翻译西语'philosophy'，以后被中国哲学界所接受。近现代中国的哲学犹如中国的科学、技术一样，不管我们愿意不愿意，都不可避免地处于西方哲学的巨大影响中，而且这种影响如影随形，成为现代中国哲学的一个基本特征。"②因此可以说，"哲学"类概念的引进，成为中国近代思维方式转型的理论基础。

其次，这批日译西学哲学新范畴不仅严密、真确、清新，而且更具"句法"逻辑，能够在逻辑性、理论性诸方面推进中国哲学的近代转型。

---

① 刘秀芬：《中日近代哲学家严复西周同异论析》，《理论学刊》1990 年第 6 期。

② 卞崇道：《东亚哲学史上西周思想的意义——透视"哲学"用语的定译理念》，《杭州师范学院学报（社会科学版）》2007 年第 6 期。

在人类思维发展过程中，合理的概念、范畴应当是清楚、明确的，这是概念、范畴使用最起码的要求，也是助成语言结构的基本要求。中国传统学术由于句法逻辑意识不够发达，所以许多概念往往含义较多模糊不清。如冯友兰就在《贞元六书》的"新理学"中分析了"道"在历史上曾经有过的几种含义：第一，本义为路，"人之道"即人在道德上当行之路；第二，指真理，或最高真理，或全体真理之义，如孔子的"朝闻道，夕死可矣"；第三，道家所谓道，无形无名，能生成万物；第四，指"宇宙间一切事物变化所依照之理"，如程朱所言"形而上者谓之道"。在这本书中，他也梳理了像"气""天""理""性"等传统哲学中的其他一些重要术语，指出概念含义的歧义多且指向不一。金岳霖同样认为，中国哲学的一个特点就是认识论和逻辑意识不发达，并进而影响到概念的准确、明晰。他指出："中国哲学家没有一种发达的认识论意识和逻辑意识，所以在表达思想时显得芜杂不连贯，这种情况会使习惯于系统思维的人得到一种哲学上料想不到的不确定感，也可能给研究中国思想的人泼上一瓢冷水。"[1]它表征着每个民族文化都应有普遍性的概念与特殊性观念的明确化。这也意味着字词真确是句子明晰性的基础，虽然说"清晰思想不是哲学的目的，但是它是每个哲学家需要的不可缺少的训练。它确实是中国哲学家所需要的"[2]。中国近代哲学若要融入世界哲学，就必须要求概念的明晰性、逻辑性和普适性。日译西学的严密、真确、清新，更具"句法"逻辑，能够在逻辑性、理论性上带来"清晰思想"，成为中国哲学近代转型的主要显证。另外，中国哲学家能够直接使用"和制汉词"，还有一个不可忽视的理由，那就是，这些日译西学术语的便利、简洁风格，更合于新时代中国人的文化"口味"，而易于接受。

日译西学之所以有着严密、真确和逻辑的特征，是因为日本人在接触西洋学术、引进西方科学文化时，除用日语片假名直接音译西洋外来语外，更多地

---

[1]　金岳霖：《金岳霖学术论文选》，中国社会科学出版社 1990 年版，第 354 页。

[2]　冯友兰：《中国哲学简史》，涂又光译，北京大学出版社 1996 年版，第 295 页。

是利用汉字意译法创造新词汇的缘故。日译西学的译文中运用了许多本土化的语言来使原文更贴近中国语境，而翻译中的种种讹误也成为破解各种思潮合法性来源的关键所在。这表现为那些"习惯于接受通顺易懂的译文，把外国文本中的价值观隐匿在本国的价值观之中，令读者面对他国文化时，还在自我陶醉地欣赏自己的文化"①。中国的赴日学人也大都以一种"欣赏"的态度接纳日译西学的名称，一是由于同文的缘故，二是合乎逻辑句法，三是时代紧迫性的要求。可以说，文化转型和文化抉择表征了那个时代的文化精神。近代面临新旧文化的交替、东西文化的冲突，需要对民族文化的走向作出历史性应答，也就必须对待世界文化的挑战作出积极的态势，内含着一种迎拒的心理和奋发图强的心态。因而，中国近代历史是承载着像赴日思想家一样的文化活动、文化思想及文化贡献等内涵的。

总的来看，日译西学的新术语经过赴日学人的回传，不仅使国人耳目一新，而且通过解释者诠释、整合为一种新式的思维范式，在一定程度上促进了中国近代哲学理论基础的转型。这种转型表征了"历史的解释者自身应站在现时代的基础上，意识到自身的历史性，突破陈旧传统的束缚，搬进来或创造出新的语言、词汇、概念、思维模式、表达方法、怀疑精神、批判态度来'重新估定一切价值'，只有这样，才能真正继承、批判和发展传统"②。西学是中国近代哲学形成的前提，日译西学新范畴起到了至关重要的助推作用。不论是西周所介绍的知识论、心理学和"哲学""理性"等范畴，还是中江兆民所宣传的自由民权论，甚至是日本早期的社会主义社团和运动等，都可以在赴日思想家身上看出日译西学留下的烙印。日译西学对中国思想界的影响是深刻的，不仅表现为其对赴日学人的学理研究和自我改造上，而且表现为其推动中国哲学思想的转型上。具体言之，赴日思想家通过译介日译西学，不仅将中西方哲学新范畴糅合在一起，形成新的哲学范式，而且能够与其他民族哲学家进行对

---

① 劳伦斯·韦努蒂：《译者的隐身：一部翻译史》，张景华等译，上海外语教育出版社 2004 年，第 34 页。

② 李泽厚：《中国思想史论》，安徽文艺出版社 1999 年版，第 155 页。

话、交流，从而展现出中国近代哲学转型特征。换言之，赴日学人思想的形成是以传播和接受日译西学为重要基础的，进而承载着中国哲学的近代转型。

原载《广西社会科学》2017 年第 8 期

日译西学与中国哲学的近代转型
——基于王国维哲学思想的分析

杜永宽

苏州科技大学马克思主义学院

19 世纪末至 20 世纪初，在与西方思想文化的对抗中，中国传统学术体系渐趋崩溃，中国哲学也开始了从传统形态向近现代形态的转变，拉开了以西方哲学为参照建构中国哲学及其学科的序幕。而大规模引入西方哲学的首个渠道却是日本，经日本引进和消化的西方文化思想以汹涌之势流入中国，对中国哲学的近代转型起到了重要的促进作用。王国维对中国哲学近代转型的贡献已经受到诸多学者的赞扬。[①]本文以王国维为个案，考察他在日译西学的影响下诠释中国哲学的状况，以求展现中国哲学近代转型中的一个面向。

一、 日译西学与王国维哲学观的转变

王国维的中国哲学研究之所以为学者所重视和赞扬，一个重要原因在于他

---

① 如干春松认为王国维初步创立了作为现代教育学科而存在的中国哲学范式（《王国维与中国哲学学科的建构》，《中国人民大学学报》2004 年第 4 期）；郑家栋指出王国维是最先把"以西解中"作为方法论原则治中国哲学史的学者（《"中国哲学史"写作与中国思想传统的现代困境》，《中国人民大学学报》2004 年第 3 期）；李承贵指出王国维对"中国哲学"系统做出了重要贡献（《论王国维对"中国哲学"的建构》，《河北学刊》2007 年第 27 卷第 5 期）；穆允军认为王国维是早于胡适和冯友兰的中国现代哲学的奠基人（《简析王国维早期哲学思想及其贡献》，《船山学刊》2008 年第 1 号）；田文军称王国维是"中国现代哲学与现代中国哲学史学科的创设者之一"（《王国维与中国哲学史》，《人文杂志》2011 年第 5 期）。

努力吸收近代西方哲学的理论、概念和方法，将之运用到中国哲学的研究中，采用了有别于传统学术研究的方法。而王国维对哲学的认识和理解离不开日译西学的影响。

从王国维早期的读书经历和书信来看，他相当认同康梁学派和严复等人的学术思想。居海宁时就尽力搜集宣扬新学的报刊杂志，一旦到手就废寝忘食的汲取知识。①等到了上海，还短暂接受康有为弟子欧榘甲的教导，学习康有为的学说。②而且受到严复《天演论》的影响，赞同斯宾塞学说③，更是手抄《天演论》以加深印象。但到了 1905 年，王国维则态度一转，对康有为、梁启超、谭嗣同和严复的学术思想提出了严厉的批评，认为他们都没有触及哲学的本质。④这种态度的转变是出于对"哲学"性质的不同理解，王国维所要求的是视为目的而不视为手段的"纯粹之哲学"。而王国维对"纯粹哲学"全面地认识和了解首先来自桑木严翼的《哲学概论》。

《哲学概论》作为日本近代哲学史上第一本哲学概论的著作，广受欢迎。全书由正文和附录组成，其中正文由"序论""哲学之定义""哲学之渊源""哲学之形态""哲学之问题—知识哲学""哲学之问题—自然哲学""哲学之问题—人生哲学"七章组成，王国维翻译了正文的全部内容。正是在其影响下，王国维形成了较之同时代国内其他学者更具西方近代哲学色彩的哲学观。

第一，哲学出于"人性必然之要求"。桑木严翼指出一般人对于哲学有种种偏见和非难，其第一之非难就是认为哲学无益于实用。而这种看法全然出于对哲学性质的不了解，实际上哲学对人类来说是不可或缺的，是来自普遍人性的追求。桑木氏又把人类对哲学的追求与维持生存的欲望相比较，"要求哲学，实人之天性之所使然也。饥渴之欲，人人不能离；而哲学之欲，亦人之心性上

---

① 转引自王令之：《王国维早年读书志趣及家学影响》，《王国维学术研究论集》第三辑，华东师范大学出版社 1990 年版，第 481 页。

② 陈鸿祥：《王国维年谱》，齐鲁书社 1991 年版，第 31 页。

③ 王国维：《王国维全集》第十五卷，浙江教育出版社、广东教育出版社 2009 年版，第 13 页。

④ 王国维：《王国维全集》第一卷，第 122—124 页。

所固有。此欲虽于其种类与普通之所谓知识欲同，然其动人之深则非他欲之所能比"①。

王国维参考了桑木氏的说法，同样指出："于是说者曰：哲学即令无害，决非有益，非叩虚课寂之谈，即骛广志荒之论。此论不独我国为然，虽东西洋亦有之。夫彼所谓无益者，岂不以哲学之于人生日用之生活无关系乎？"②王国维更进一步指出不仅哲学，凡是理论性的学科都可以说与人类的日常生活无关。如果以此为标准来判定学科价值，那么除了医、工、农外，其他学科皆无实用价值。王国维也是以哲学根植于人性之中来做解答："人之所以为人者，岂徒饮食男女，芸芸以生、恹恹以死云尔哉？饮食男女，人与禽兽之所同，其所以异于禽兽者，则岂不以理性乎哉？宇宙之变化、人事之错综，日夜相迫于前，而要求吾人之解释，不得其解则心不宁，叔本华谓人为形而上学之动物，洵不证也。哲学实对此要求而与吾人以解释。"③而与桑木氏以生存之欲来强调哲学之欲乃人之天性使然相比，王国维明显融合了孟子"人之所以异于禽兽者几希"的说法，认为饮食之欲人与禽兽几无差别，对哲学的渴求才是发自人类以生存之欲来突出哲学之欲为人所特有。这不仅说明王国维在理解过程中加入了自己的思考，也表示中国传统思想是王国维理解西方哲学的一个媒介。而哲学既然是出于"人性必然之要求"，那么中西哲学在本质上就没有什么不同，为王国维融汇中西、倡导"中西二学，盛则俱盛，衰则俱衰"扫清了道路。

第二，哲学具有"无用之用"。虽然哲学在现实中没有实际的效用，但因其根植于人性深处之需求，因此哲学之用是超越于实际之用的，给人以感情慰藉的，甚至可以当做判断国民文化发达程度的标准。王国维指出："以功用论哲学，则哲学之价值失。哲学之所以有价值者，正以其超出乎利用之范围故也。且夫人类岂徒为利用而生活者哉！人于生活之欲外，有知识焉，有感情焉。感情之最高之满足，必求诸哲学。叔本华所以称人为形而上学的动物而有

---

① 王国维：《王国维全集》第十七卷，第 179 页。
②③ 王国维：《王国维全集》第十四卷，第 7 页。

形而上学的需要者，为此故也。故无论古今中西，其国民之文化苟达一定之程度者，无不有一种之哲学。"①

王国维的上述看法也是吸收了桑木严翼的部分观点。桑木严翼说："有用与无用之意义犹甚漠然。若以有用之意义为物质的利益之意义，则谓哲学明明无此利益可也。夫一切科学，皆得应用之以求物质上之效验。……于哲学则未尝有此实例。然世有不与人以物质上之利益而宁损失之者，反为人所爱赏，因之不能全视为无用，如游戏、美术等是也。何者？此等游戏与人以一种精神之利益，即所谓快乐故也。而哲学亦与人以一种之快乐。盖就一切事物而欲知其颠末，人情之常，谓之曰知识欲。既有此欲，则明充其欲而得快乐矣。一切之理论的研究，皆于此点与人以满足。哲学由此点观之，则亦可谓之生高尚之快乐之有用之业也。"②在哲学于感情方面的作用王国维与桑木严翼是一致的。

桑木氏认为哲学除了满足人类的精神需求，还对社会变革发挥着重要作用。王国维则巧妙地转化了桑木严翼论述的哲学与社会之间的关系，将哲学与人类文化的发展程度结合起来，依然认可哲学的社会效用，而且更加强调哲学家的作用，说："所谓哲学家者，亦无不受国民之尊敬，而国民亦以是为轻重。……即在世界所号为最实际之国民如我中国者，于《易》之太极、《洪范》之五行，周子之无极，伊川、晦庵之理气等，每为历代学者研究之题目，足以见形而上学之需要之存在。而人类一日存此学，即不能一日亡也。而中国之有此数人，其为历史上之光，宁他事所可比哉！"③

因此王国维认为哲学"况乎其有无用之用哉"④，以庄子的"无用之用"来解释哲学的作用，既说明了哲学拥有超越于一般学术的作用，是其他学科的基础，又强调了哲学的独立性和学术性。

第三，哲学"所志者，真理也"。桑木严翼认为所谓的哲学就是根本的原

---

① 王国维：《王国维全集》第十四卷，第34页。
② 王国维：《王国维全集》第十七卷，第176页。
③ 王国维：《王国维全集》第十四卷，第34—35页。
④ 同上书，第35页。

理之学，不触碰到根本原理问题的哲学可称为无哲学上的价值，也就是说"哲学之主眼在一般之原理"，"哲学者果能建一家之学说以表示真理，其说必不但与自己以满足，必解他人之疑惑而为众所公认者也"①。在此基础上，王国维提出哲学追求的是具有普遍性的真理。

王国维说："天下最神圣、最尊贵而无与于当世之用者，哲学与美术是已。天下之人嚣然谓之曰无用，无损于哲学、美术之价值也。至为此学者自忘其神圣之位置，而求以合当世之用，于是二者之价值失。夫哲学与美术之所志者，真理也。真理者，天下万世之真理，非一时之真理也。其有发明此真理（哲学家）或以记号表之（美术）者，天下万世之功绩，而非一时之功绩也。唯其为天下万世之真理，故不能尽与一时一国之利益合，且有时不能相容，此其神圣之所存也。"②在王国维看来，既然具有"无用之用"的哲学是源自人类一般本性的追求，万物和人事的变迁都要求哲学做出解答，那么哲学所追寻的必然是能够透过复杂多变的现象看出世界、人间的一般性普遍原理，即真理，哲学具有普遍性。因此他多次强调："苟研究哲学，则必博稽众说，而唯真理之是从。"③王国维在这里还说明了哲学家的作用，即能够将真理总结展示出来，这与桑木严翼对哲学家产生的说明也若合符节。所以王国维认为在追求真理这个层面中西哲学并无不同，"宇宙人生之问题，人人所不得解。其有能解释此问题一部分者，无论其出于本国或出于外国，其偿我知识上之要求，而慰我怀疑之苦痛者则一也。……学术之争，只有是非、真伪之别耳。"④正是基于这种深刻的认识，王国维能够平和地看待西学的传入、儒学与诸子学的关系。

第四，"哲学为中国固有之学"。桑木严翼认为中国哲学的存在是毋庸置疑的，如在说明哲学家的产生时，桑木严翼认为"自进而当其解释之任，代表此

---

① 王国维：《王国维全集》第十七卷，第 164、181 页。

② 王国维：《王国维全集》第一卷，第 131 页。

③ 王国维：《王国维全集》第十四卷，第 7 页。

④ 王国维：《王国维全集》第一卷，第 125 页。

等民众而教化一世，即所谓哲学者也。支那之所谓儒即是也"①。但是桑木氏也存有偏见，他认为"支那哲学，殆可谓全为人生哲学耳"②。王国维在吸取了桑木氏观点的基础上，明确提出"哲学为中国固有之学"。与桑木严翼不同的是王国维虽然也承认中国哲学多为道德哲学、政治哲学，但他指出中国哲学中并不缺乏形而上学。同时王国维也清醒的认识到中国哲学的形而上学不同于西方作为"自然哲学"的形而上学，在中国哲学中形而上学与道德哲学有着密切的关系，他说："《易》不言太极，则无以明其生生之旨；周子不言无极，则无以固其主静之说；伊川、晦庵若不言理与气，则其存养省察之说为无根底。故欲离其形而上学而研究其道德哲学，全不可能之事也。"③形而上学作为道德哲学的保证而有意义，不研究形而上学也不能理解道德哲学，从这个意义上来说，桑木严翼认为中国哲学全属人生哲学有一定道理，故王国维有时也认同这一说法，批评道："我国无纯粹之哲学，其最完备者，唯道德哲学与政治哲学耳。"④可以说，这种"哲学为中国固有之学"的判定为王国维研究中国哲学打下了理论基础、增添了思想动力。

总的来说，对哲学系统清晰而深刻的了解不仅使王国维同早期的学术兴趣产生了决裂，而且极大深化了王国维中国哲学研究的方法意识，提出"通西方哲学以治吾中国之哲学"，成为在中国哲学研究中最早提出和采用"以西释中"方法论的学者。

二、 日译西学与王国维中国哲学研究范式的探索

19世纪末至20世纪初日本出版了一批堪称精品的中国哲学论著，基本涵

---

① 王国维：《王国维全集》第十七卷，第179—180页。
② 同上书，第171页。
③ 王国维：《王国维全集》第十四卷，第35—36页。
④ 王国维：《王国维全集》第一卷，第132页。

盖了中国哲学史上的重点和要点，为中国哲学史研究甚至整个东洋学研究确立了典范，开拓了研究的基本方向和方法。在藤田丰八的指导下，王国维编译了一系列这类学术文章，涉及的著作包括松村正一的《孔子の学説》、蟹江义丸的《孔子研究》、远藤隆吉的《支那哲学史》、纲岛荣一郎的《春秋伦理思想史》、桑木严翼的《荀子の論理説》、高桥正雄的《管子之伦理学说》。在编译过程中，王国维形成了自己的中国哲学研究特色。这些特色所反映的正是他对中国哲学研究范式的思考。

（一）截断众流，重视先秦子学

虽然乾嘉至道光年间，先秦子书作为考证儒经的重要辅助资料引起学者的关注，在主流文化中造成了一定影响。但仍以文字考据为主，当时的社会氛围仍然视诸子学说为异端，儒学正统观念依旧深入人心。1840 年鸦片战争的失利，传统文化与西方文化开始直面交锋，儒学不足以应对西方文化挑战的现状，这使得先进的知识分子逐渐从独尊儒学的观念中脱离出来。先秦诸子学的思想价值开始受到有识之士的重视，但主流思想仍然认为先秦时期是"道术将为天下裂"的思想暗淡期。而 19 世纪末 20 世纪初的日本学者则提出了不同看法，将先秦时期视为文化璀璨之阶段，对百家争鸣的状态给予了肯定评价。

首先从中国哲学史的撰写体例来看，早于胡适《中国哲学史大纲》，1888 年内田周平在哲学馆讲解中国哲学相关课程时，就抛开了三代，直接从孔子讲述儒学史。①真正意义上的第一本中国哲学史著作松本文三郎的《支那哲学史》（1898 年）在概述中把中国哲学史分为了三个阶段：创作的时代、训诂的时代、扩张的时代。其中第一阶段创作的阶段，即从东周至秦（公元前 800 年左

---

① 在哲学馆讲义录中内田周平有关中国哲学的讲义仅有《支那哲学史—总论》《支那学—儒学史》《老庄学讲义》《周易讲义》《儒学史附讲 1》《儒学：孔孟学·老庄学》，搜索日本国立国会图书馆也未见有内田周平著《支那哲学史》。故笔者认为"1888 年内田周平出版了世界上第一部《中国哲学史》（当时称《支那哲学史》）"的说法有待商榷。

右至 203 年），以孔子和老子为中国哲学史的开端，理由是"孔老以前的诗歌及杂著固然不能说不包含哲学的思想，但以余辈之见，似未根据普遍的、必然地元理给予世界之现象以一贯的说明。孔子以一阴一阳之交错说明宇宙生成，老子以无为万有之本原，此明显可谓之一种哲学。余辈以支那哲学始于东周，实为此"①。松本氏是基于对"哲学"的理解，才以东周作为中国哲学的开端，认为中国真正具有系统性的哲学体系开始于老子和孔子。1900 年出版的远藤隆吉的《支那哲学史》同样将中国哲学史分为三个阶段，相比松本以哲学之内容来划分，远藤氏纯粹以历史分期来划分，分为古代哲学、中古哲学、近代哲学，但三阶段的时间划分并无不同，古代哲学即先秦诸子，全书内容"上自孔老，下至王罗"，也是把孔子和老子作为中国哲学史的开端。虽然远藤氏没有明说何以将孔子和老子作为中国哲学史的开端，但 1903 年中内义一的《支那哲学史》分期照搬远藤氏，只是在近代哲学中增加了清代的哲学思想。正如有的学者所说："透过松本和远藤二人之手，已经建构了日后中国哲学史写作的基本雏形。"②概而言之，诸学者之所以选择先秦作为论述中国哲学史的开端，原因就在藤田丰八所说："尧、舜、皇陶、禹、汤及文、武、周公虽皆被后世视为圣贤，然其言说并无一个系统。"③三代仅有思想，而具有系统性的中国哲学始于先秦诸子。

其次从对先秦学术的评价来看，日本学者均认可先秦时期为中华文化长河中最具活力、最有创造力的年代，奠定了中国哲学的价值取向和走势。如松本文三郎："支那哲学第一期是支那哲学史上最深邃、盛大的时期"，其中儒家和道家"一论公明平夷，措辞流畅，易读易解，另一其说深邃幽远，遣文诘屈，难读难解。一主说道义，另一主叙纯正哲学。一世间的，另一厌世的。而共以济世救民为其极致。实通支那哲学史的二大潮流"④。井上圆了也认为：

① 松本文三郎：《支那哲学史》，东京专门学校出版部 1900 年版，第 2 页。
② 陈威瑨：《〈中国哲学史〉通史专书写作的发展——从中日交流的视角谈起》，《台大中文学报（第五十八期）》，第 15 页。
③ 藤田丰八：《支那伦理史》，哲学馆 1898 年版，第 9—10 页。
④ 松本文三郎：《支那哲学史》，第 3 页。

"其学自东周始，二千数百年相传至今，其间学者一时辈出，唱和异论，以春秋战国以后至秦最著。"①远藤隆吉称："此思想传承相继至孔子而得完全之发挥。……孔子卒……墨子、子思、孟子、荀子相继而出，老子、列子、庄子之徒接踵而至。有杨家、有诡辩家、有杂家……是思想活动最盛之时代，称之为古代哲学，以谓唐虞至秦一统天下前一年。"②中内义一进一步跳出中国哲学史的视界，他说："思索之运动最活泼期，实当推周末与宋代。其间，诸家纷然杂出，璨如秋晏之星，辩难攻击之盛似龙虎相斗。思想多趣变化丰富，比之欧西刻下思想界之现状，未甚相逊。"③虽然表述简单，但已隐然含有中西比较的态势。而且上述学者有一个共识，即纵观整个中国哲学史，值得称道的唯有先秦诸子和宋明理学家。故在松本氏、远藤氏和中内氏的中国哲学史中重心都在先秦和宋明，对秦汉至唐的讨论较为简单和武断。

受此影响，王国维对先秦时期评价很高，将之称为"中国思想之能动时代"，所谓"诸子九流各创其学说，于道德、政治、文学上，灿然放万丈之光焰"④，因此"夫周秦与宋代，中国哲学最盛之时也"⑤。在综述中国思想流变时也往往自先秦始，故其中国哲学研究的重心主要放在先秦诸子上，编译的中国哲学史方面的文章，除《周濂溪之哲学说》和《国朝汉学派戴阮二家之哲学说》两篇外，其余全为研究先秦诸子的文章。在三篇通论性质的作品《释理》《论性》《原名》中先秦诸子部分也占据了大半篇幅。

(二) 反思传统哲学，涉足名学研究

19 世纪末，日本学者多从学理上指出中国的民族性格重实践、轻理论，

---

① 井上圆了：《哲学要领　前编》，哲学书院 1889 年版，第 15 页。
② 远藤隆吉：《支那哲学史》，金港堂 1900 年版，第 1 页。
③ 中内义一：《支那哲学史》，博文馆 1903 年版，第 2 页。
④ 王国维：《王国维集》第二册，中国社会科学出版社 2008 年版，第 301 页。
⑤ 王国维：《王国维集》第一册，第 256 页。

传统学术缺乏系统性，内容零散，不成体系。仅以王国维熟悉的作品为例，如藤田丰八认为重实践的性格导致东洋（主要是指中国）学术也重视实践工夫而忽视理论之归纳整理。[①]远藤隆吉也从中国与西方国民之性格不同上立论："支那人之为性，长于叙述，短于概括，是以后世所著，愈出愈支，未尝有叙思想之渊源与其所推移。"[②]纲岛梁川也批评中国过于注重实际的性格阻碍了哲学的发展，他说："支那民俗一大特性是实践的。其宗教然，哲学然，文学亦然"，"关于知识论和实体论等纯乎思辨的形而上学的抽象问题几乎不可见，其研究重心一向在人事实际之上。老庄之思辨哲学和宋儒之性理论，宁为支那思想史上之异类，而其根柢仍不出社会维持之观念和彝伦道德之目的"[③]。

这些日本学者严厉地批评了中国传统学术的缺点，却并非为了证明传统学术属于"过时""落后"的无价值的学问，反而是欲以此凸显东西方学术理路的不同，强调只要善加利用西方近代人文学科的优点，可以弥补东方传统学术的不足，使其重新焕发活力。因此王国维受日本学者的影响，强调："吾国古书大率繁散而无纪，残缺而不完，虽有真理，不易寻绎，以视西洋哲学之系统灿然，步伐整齐者，其形式上之孰优孰劣，固自不可掩也。"[④]因此王国维试图从中国哲学内部发掘出逻辑学的萌芽。这方面的努力主要体现在他立足于桑木严翼的《支那古代论理思想发达之概说》[⑤]，发掘先秦逻辑学的意义。如关于荀子逻辑思想的主要观点王国维几乎全吸收自桑木严翼。

桑木严翼的论述如下：第一，认为《正名》篇涉及的是概念论，总体来看荀子与亚里士多德观点相近。第二，荀子"正名"之目的在于纠正名实不符造成的社会混乱，以此点来看与苏格拉底相似。第三，荀子对"正名"的论述可

① 藤田丰八：《支那伦理史》，第3页。
② 远藤隆吉：《支那哲学史·序》，第2页。
③ 纲岛荣一郎：《春秋伦理思想史》，早稻田大学出版部1908年版，第1—2页。
④ 王国维：《王国维全集》第十四卷，第8—9页。
⑤ 该文发表于1900年的《哲学杂志》上，后收入了1943年出版的桑木严翼著《哲学史劄记》中。

分为三个部分，"（一）制名之必要；（二）制名之根据；（三）制名之规范"。第四，指出荀子从组织上分名为单名、兼名、共名。第五，指出荀子从物之关系上分名为大别名和大共名，具体指出荀子在论证时的粗疏、不严谨之处。第六，指出荀子从名之价值上分名为宜名、实名、善名。第七，区分人为分类法与自然分类法。第八，指出不按照制名法则，会产生"三惑"。①从第四到最后其实都是针对制名规范而言，王国维完全接受了桑木严翼前六个论点，在语句表述上也颇为相近。

(三) 诠释中国传统哲学核心概念

王国维不满足于简单地介绍和附会西方哲学，而是要融会中西哲学，他一方面深入研究西方哲学，致力于理解纯正的哲学，另一方面又注意到中国哲学存在的一些问题。他尖锐地指出了传统学术中基本概念含义模糊、游移，内容缺乏基本的逻辑结构，"夫古人之说，固未必悉有条理也，往往一篇之中，时而说天道，时而说人事。岂独一篇中而已，一章之中，亦复如此。幸而其所用之语，意义甚为广漠，无论说天说人时，皆可用此语，固不觉其不贯串耳"②。因此王国维尝试用西方学术的观念和方法疏解中国传统哲学的概念，以此来丰富和完善中国哲学的范畴和内容，力图通过会通东西方哲学，促进中西文化的共同进步。王国维的这一思想理念的精华就凝结在性、理、命、仁、义等中国哲学核心概念的诠释中。下面以仁、义为例做简要说明。

王国维继承了传统思想中仁、义概念的伦理学意义并从《法学通论》中汲取了营养，为仁、义观念注入了时代的新内容。矶谷幸次郎的《法学通论》反映了日本新兴资产阶级对明治维新后在新的社会关系中形成的权益的保障需求，因此强调对个人权利的保护，提出"权利之观念为法律之基础"③。

---

① 桑木严翼：《哲学史劄记》，小山书店 1943 年版，第 345—349 页。
② 王国维：《王国维全集》第十四卷，第 73 页。
③ 王国维译：《王国维全集》第十七卷，第 125 页。

书中分析了法律与道德的关系，认为："道德与法律均为裁制人间行动之规则，皆不外奖善惩恶，以保持社会之秩序安宁者也。"但是"所行背德义者，本可概视为法律上之罪人，加以相当之处分。然如此则讼狱滋滥，国家不堪其烦，况人不必皆圣贤，直取道德上善恶之标准用之法律，强万民以遵行，必不可得也。""是法律者，非有造圣人君子之宗旨，唯防已甚之恶德，使人尽寻常之责任而已。"①道德无法代替法律，重视法律也不能轻视道德，若将法律"视与道德相等，一切人事以法律为规矩，法之所不禁，即以为善行，谓法律所不言，我不妨行之，则国家将有不堪法律之弊"②。这就划定了法律与道德的不同适用领域，两者互相补充，相得益彰。王国维吸收了这一区分，他说："《易传》曰：'立人之道，曰仁与义。'仁之德尚矣。若夫义，则固社会所赖以成立者也。义之于社会也，犹规矩之于方圆，绳墨之于曲直也。社会无是，则为鱼烂之民；国家无是，则为无政府之国。凡社会上之道德，其有积极之作用者，皆可以一'仁'字括之；其有消极之作用者，皆可以一'义'字括之。而其于社会上之作用，则消极之道德，尤要于积极之道德。前者政治与法律之所维持，后者宗教与教育之目的也。"③此处的"政治与法律"显然不是以仁政为中心的儒家治国理念，王国维把法律的精神与"义"结合起来，认为"义"就体现于法律之中，而把"仁"限定在道德范围，不再作为治国政策的基础，完成了对"仁"和"义"的近代性诠释。

由于《法学通论》体现的是近代资产阶级的根本利益和政治要求，因此尤其强调对个人生命、财产、自由、名誉的保护。④在传统的儒家思想中极为重视义利之辨，义利往往是对立的，而王国维则参考了《法学通论》，提出："仁之事，非圣贤不能。若夫义，则苟栖息社会以上者，不可须臾离者也。人有生命，有财产，有名誉，有自由。此数者，皆神圣不可侵犯之权利也。苟有侵犯

---

① 王国维译：《王国维全集》第十七卷，第21—23页。

② 同上书，第125页。

③ 王国维：《王国维全集》第一卷，第135页。

④ 王国维：《王国维全集》第十七卷，第110—112页。

之者，岂特渎一人神圣之权利而已，社会之安宁亦将岌岌不可终日，故有立法者以虑之，有司法者以行之。"①一方面继承了传统思想强调仁、义的重要性，另一方面把生命、财产、自由、名誉等个人权利都纳入"义"的范围，巧妙的把"义"和"利"结合起来。从这个意义而言，侵犯了个人权利也就是不义："凡侵犯他人之生命、财产、自由者，皆社会所谥为不义，而为社会之大戮者也。故曰义之于社会，其用尤急于仁。仁之事，非圣哲不能；而义之事，则亦得由利己主义推演之，非特社会之保障，亦个人之金城也。"②以道德来要求所有人是不现实的，而法律可以保障所有人的基本权利，所以王国维提出"义之于社会，其用尤急于仁"，这不仅是对义利观的现代性诠释，也是对传统道德和理想人格在社会所起作用的质疑。

注重个人权利是资本主义法治思想和实践的一个重要方面。相比康、梁对西方法律的引进是为了保国、保种、保教，带有急功近利的性质，漠视了个人权利，以及严复等人将目光聚焦于西方法律中的自由，将自由作为西方法治的精髓。王国维更突出对个人权利的保护，如果仅从当时中国的社会情况来分析很难想象王国维何以能够提出如此超前的理念，这也就反映了日译西学对王国维思想的重要影响。

王国维以传统概念"义"来衔接近代资产阶级法律的精神，虽然论述相比专业的法学学者显得简单幼稚，但王国维已经自觉或不自觉地为西方法律制度的移植寻找本土化的社会伦理基础，王国维的做法不仅在当时具有前瞻性，即使在当前社会也引人深思。

结　论

综上所述，王国维的中国哲学研究较为琐碎，有浓厚的模仿痕迹，某些结

---

① 王国维：《王国维全集》第一卷，第135—136页。
② 同上书，第136页。

论也失之简单，但他的学术取向和见解超出了同时代的人，重视先秦学术价值、发掘先秦名学研究、疏解传统哲学核心范畴，其模仿日本学者所形成的研究模式开了一代风气，影响深远，如干春松所说："这种模式其实就是整个 20 世纪我们对于中国哲学的基本叙述方式。如果我们仔细对照胡适和冯友兰的中国哲学史著作，甚至是 1949 年以后任继愈等人的版本，都不难发现其中的内在联系。"①

这种模式对中国哲学发展的利弊关系如何，争论颇多。诚如有的学者所说：在中国哲学领域"所达到的境界的高低，成就的大小，都依赖于对于西方哲学的理解把握"②。针对这一点，王国维也有反思："如执近世之哲学，以述古人之说，谓之弥缝古人之说则可，谓之忠于古人，则恐未也。"③然而"近世中国哲学之不振，其原因固繁，然古书之难解，未始非其一端也"④，这其实也就是冯友兰所说的中国哲学缺乏形式上的系统，因此不得不取西方哲学步伐整齐、系统灿然之长来补中国古书繁散无纪、残缺不完之短，也就是把中国哲学的实质的系统用形式的系统突显出来。这种方法下中国哲学沦为被研究的"客体"，作为研究主体的学者自然可以根据立场的不同总结出不同的形式系统。那么，身处中国哲学转型期的王国维是如何看待"以西解中"方法的呢？

需要辨明的一点，在王国维看来，忠于古人和知古人真意是不等同的。在评价辜鸿铭翻译的《中庸》时，王国维说："其他种之弊，则在以西洋之哲学解释《中庸》"，这是"不忠于古人"的做法，然而"如为解释《中庸》之书，则吾无间然，且必谓我国之能知《中庸》之真意者，殆未有过于辜氏者也"⑤。这种态度的不同就在于"以西解中"的"解"是"解释"还是"翻译"。若是

---

① 干春松：《王国维与中国哲学学科的建构》，《中国人民大学学报》2004 年第 4 期，第 82 页。
② 郑家栋：《"中国哲学史"写作与中国思想传统的现代困境》，《中国人民大学学报》2004 年第 3 期，第 7 页。
③ 王国维：《王国维集》第一册，第 411 页。
④ 同上书，第 257 页。
⑤ 王国维：《王国维集》第一册，第 412 页。

翻译，则既不能"减古书之意义"，也不能"增古书之意义"，强调的是"忠"。所以在翻译中"未必悉有条理""其所用之语，意义甚为广漠"这些在哲学方法视角下的短板，就变成了需要保留的"古人之说之特质"，翻译之难就在于如何选用同样广袤的外语词汇来体现出古人之说的"贯穿统一"。

若是解释，则标准大不相同，更注重系统性和清晰性。甚至为了一套框架系统的完整性，可以强为解释。如远藤隆吉在《支那哲学史》中多采用宇宙论、知识论、伦理学、政治论等名目来分解古代学者的学术。经由这种体系化的分类叙述，古人思想显得清晰明了，各名目密切相关，呈现出明确的逻辑关系。王国维深受影响，甚至更为激进。抛开翻译文章不谈，就参考《支那哲学史》写成的《墨子之学说》和《老子之学说》来看，《老子之学说》一文的章节安排与远藤氏基本保持一致，第一章均为传及著书，第二章"形而上学"从观点到引用材料皆参照《支那哲学史》的老子部分第二节"纯正哲学"，第三章"伦理政治论"综合了《支那哲学史》老子部分的第三节"实践哲学"。王国维对老子思想的阐述基本是依据《支那哲学史》的框架和观点。

而《墨子之学说》，在核心观点和具体论述中王国维基本亦步亦趋，改动不大。但在章节标题安排上，则有较大变动。远藤隆吉重视墨子思想中的伦理因素，《支那哲学史》中墨子这一章分为三节，第一节是传并书，第二节是学说，第三节是结论。其中第二节学说分为七个部分，按顺序分别是爱、伦理的法则、利、利的观念演绎、爱利为天之意、非命说、鬼神。按内容来说，其实也就是三大部分，爱与利、非命说、鬼神。在王国维看来这种框架安排导致墨子的哲学意味并不突出，因此《墨子之学说》的章节分为第一章传及其著书，第二章形而上学＝天与鬼，第三章伦理学＝爱与利，第四章名学＝概念论＝推理说。值得玩味的是第二章的标题与内容，王国维指出："则其天与鬼之说，为政治道德上整理的原理，而非形而上学建设的原理，甚明也。"[1]这一观点颇有见地，但问题是王国维分析了墨子提倡天之意志与鬼神说的主要内容后，即

---

① 王国维：《王国维集》第一册，第381页。

下了上述的论断。既然墨子哲学中并不存在形而上学，墨子讨论天、鬼神的用意不是探究宇宙万物的根本原理，何以标题中要突出"形而上学"呢？只能说王国维过于强调形而上学的重要性，墨子的天与鬼之说虽在内涵上不具备但形式上却接近形而上学的性质，为了突出墨子思想中的哲学因素，必须安排一章形而上学。这一点在其对孔子的论述和翻译中也存在，他数次提到孔子思想中不具备形而上学的特质，"孔子于《论语》二十篇中，无一语及于形而上学者"①，"孔子教人，言道德，言政治，而无一语及于哲学"。但在其翻译的松村正一的《孔子之学说》中依然保留了"形而上学"部分。

但如果在王国维的设想里中国哲学完全处在被动地位，仅仅依据裁剪的需要提供相应材料，那么所谓"中西二学，盛则俱盛，衰则俱衰"又从何谈起呢？这涉及王国维的一处思想变化，可以说从1903年"异日昌大吾国固有之哲学者，必在深通西洋哲学之人无疑也"②，到1911年"未有西学不兴而中学能兴者，亦未有中学不兴而西学能兴者"的变化，也就是从最初的以西方学术补中国学术不足，到中西互补的变化。可惜的是，随着学术方向的转变，王国维并没有针对这一问题做学理上的进一步阐述。但总的来说，在日译西学影响下王国维试图摆脱引入一些西方概念范畴改造中国传统哲学的局限，建立一套新的话语体系以重新诠释中国传统哲学，他对中国哲学近代转型的可贵探索无愧于"中国现代哲学与现代中国哲学史学科的创设者之一"③的称谓，他的哲学研究在中国近代思想史上占据不可忽略的地位。

原载《苏州科技大学学报（社会科学版）》2019年第5期，原标题为《论日译西学对王国维哲学思想的影响》，此处内容有较大增订。

---

① 王国维：《王国维集》第一册，第355页。
② 王国维：《王国维全集》第一卷，第9页。
③ 田文军：《王国维与中国哲学史》，《人文杂志》2011年第5期，第56页。

清末民初的"主义"话语

"主义时代"的来临
——中国近代思想史的一个关键发展[①]

王汎森

台湾"中央研究院"史语所

一、 前 言

近年来，中国思想界出现了"告别主义"或"没有主义"的呼声。之所以

---

① 在这里我要特别感谢老友罗志田教授，感谢金观涛、刘青峰两位教授与政治大学合作开发的"中国近现代思想及文学史专业数据库（1830—1930）"，同时要谢谢沈国威教授、许纪霖教授、林胜彩博士、罗皓星的协助。本文初稿大略成于八年前，并曾在 2004 年东海大学"刘崇铉学术讲座"、2011 年政治大学举办的"近代东亚的观念变迁与认同形塑"国际学术研讨会，及 2012 年香港中文大学"余英时先生历史讲座"中宣读。在"近代东亚的观念变迁与认同形塑"国际学术研讨会中，谢谢德国瓦格纳（Rudolf G. Wagner）教授提醒我，挪威奥斯陆大学史易文（Ivo Spira）教授的博士论文即讨论近代中国"主义"的问题。在这里要谢谢史易文教授送我他刚出版的专著，史易文教授的书的重点与本文不尽相同，拙文偏重于从思想史的角度谈"主义"，史易文教授则是偏重在对近代中国各种"主义"的现象分析，书中所包括的主题甚多，我想趁这个机会举例介绍。史易文教授的书探讨了"主义"思想的传统渊源、主义作为政治运作的词汇与概念、主义作为政党认同之标帜。近代中国以爱国主义为根，吸收各种主义的现象、20 世纪二三十年代，知识分子被逼着要选"主义"的边站的现象、中国知识分子对西方"主义"之反应、主义与未来理想的结合、主义的唯意志理想论之特色、主义成为迈向未来新社会的手段、主义的乌托邦特质、主义的化约性、主义作为一种混合体、主义作为一种对意识形态的强制分类（譬如责备某人是"过激主义"）。主义提供一套易于对人的行为、思想分类之范畴，主义的人格性、主义与主义者……等，请读者参看 Ivo Spira, *Chinese-Isms and Ismatisation: A Case Study in the Modernisation of Ideological Discourse* (Norway: University of Oslo press, 2010)。

会出现这么大规模的反思，是因为过去一个世纪，"为了主义"是一个强而有力的运动。①在过去一百年中，"主义"的影响最大，所以人们在百年之后，要回过头来省思"主义"，并告别"主义"。

这篇文章并不是"告别主义"之作，甚至也不谈过去一百年间各种主义的内容，我的讨论只局限在 1895 到 1925 年——也就是张灏先生所说的近代思想中的"转型时代"之中"主义"这个论述的转变。②

"主义时代"的来临，是中国近代历史上一场惊天动地的转变。五四新文化运动之后，"新主义"时代登场，它将晚清以来到五四新文化运动的多元气象，逐渐收归于一，而且影响异常地深远。

本文将讨论的时间放在 1895—1925 之间是有一定理由的。据我目前的了解，近代中国最早出现"主义"一词，是在 1887 年，到了 1925 年，也就是五卅惨案发生的时候，"主义"已成功地结合思想、组织、行动，成为一股新力量。胡适（1891—1962）曾说近代思想以 1924 年为界，此后进入集团主义（collectivism）的时代③，张灏在《中国近代思想的转型时代》中则特别提到一种"转型的政治力量"，在我看来，他们隐约指陈的便是"主义时代"的来临。胡、张两说虽有一年的出入，但其差别并不明显。④

在这里我想要讨论的有四个重点：一、"主义"概念的出现与演变，从中可以看出一种知识的转型及新政治论述形式的形成。二、五四新文化运动与主

---

① 此处我借用俄国作家苏忍尼辛（Aleksandr Isayevich Solzhenitsyn，1918—2008，又译索尔仁尼琴）一篇短篇小说的题目"为了主义"（For the Good of the Cause）。参见苏忍尼辛：《为了主义》，收于刘安云译：《苏忍尼辛选集》（台北：东大图书公司 1976 年版），第 49 页。

② 张灏：《中国近代思想史转型时代》，《时代的探索》（台北：联经出版事业公司 2004 年版），第 37 页。

③ 胡适：《1933 年 12 月 22 日日记》，见曹伯言整理：《胡适日记全集》（台北：联经出版事业公司 2004 年版），第 6 册，第 729—730 页。

④ 当然，主义正式发为大规模的革命行动是 1927 年的北伐。"主义"研究有另一本重要的书，即罗志田：《乱世潜流：民族主义与民国政治》（上海古籍出版社 2001 年版），其中有几章深入分析北伐前后的"主义"问题，值得读者参考。

义：讨论"主义"如何变成青年们渴切的追求。三、刚性"主义"的出现：看政治"主义"如何一步步变成唯一的、排他性的、包办所有一切的真理；而且希望在现有社会外，另外创造一个新的"社会"。这种全盘的改造，排斥任何在现实中点滴改造的意义。四、"主义"如何由解决问题的"工具"变成崇拜的对象。

同时我也想解答一个问题：为何主义会如此吸引人？这包括两部分：1.近代政治、思想、文化创造了什么样的土壤，使得主义如此吸引人？2.我们一般提到"主义"便想到政治，本文想问除了政治之外，某些"主义"如何组成一个无所不在的网络，提供各种说理资源，吸引着无数的人？①

二、"主义"一词的出现

晚清以来在国难与救国的迫切要求下，有两个重要的思想旋律逐渐形成。第一个主旋律：群体化、组织化，由"群"→"社会"→"团体"→"党"。第二个主旋律是寻找一种义理，一步一步将它扩展为包罗一切的中心思想，"主义"是其中最值得瞩目的一种形式。这两者互相交缠，形成近代中国历史转型期中颇值得注意的现象。

在讨论近代中国乃至东亚的"主义"之前，应简略介绍近代西方的"主义"。史易文（Ivo Spira，1978— ）教授对19世纪末到20世纪以来"主义"在西方的状况有一个很好的介绍。在18、19世纪的欧洲，"主义"一词暴增。"主义"常被用来指涉异端，常被用来映照出不同的人群、不同的教义，甚至是用来攻击或贬抑某种东西。而且"主义"的内容常常讲得隐晦不清。在启蒙时代，狄德罗（Denis Diderot，1713—1784）、达朗贝尔（Jean-Baptiste le

① 本文另有一篇姊妹作《烦闷的本质是什么？——"主义"与中国近代私人领域的政治化》（刊登于《思想史》创刊号，台北：2003年9月），其中有一部分是从人生观、世界观，或日常生活的层面讨论"主义"何以吸引人，请有兴趣的读者参考。

Rond d'Alembert，1717—1783）的百科全书中使用了大量"主义"来描述哲学系统、世界观、信仰。他们使用"主义"时，常常暗示着不只是科学，这些被称为"主义"的东西也有其精确性及博学的意味。在 19 世纪初，尤其是法文及英文中，各种"主义"的数量暴增，其中许多与"社会运动"有关，这时也有大量为了反对某种主义而形成的"主义"。此时的"主义"常常不只是指示现状，而且还指涉一些面向高远未来的运动。

与西方自 18、19 世纪以来已广泛使用"主义"的情形不同，对近代东亚而言，"主义"一词几乎是新创的。早期西方传来的"ism"有各种不同的汉文译名，譬如社会主义（socialism），曾经被译为"公用之道"。根据斋藤毅（Saito Takeshi，1913—1977）《明治のことば》一书的考证，日本开始使用"主义"一词，是在 1878 年记者福地源一郎（Fukuchi Genichiro，1841—1906）用"主义"一词来翻译"principle"①。值得注意的是，在中国历代古籍中，"主义"一词极为罕见，我们用台湾"中央研究院"历史语言研究所的"汉籍电子文献数据库"查，除掉清末的《续文献通考》，出现不到十次。最早较接近现代用法的是《史记》中的"敢犯颜色，以达主义"，我们有理由猜测，当福地源一郎使用"主义"一词时，应该是受到《史记》的暗示，日本近代许多新创的语汇，时常可以从中国古典文献中找到源头。②

但是事实上，19 世纪 70 年代初期，在福地源一郎之前，已经有一些日本文献开始使用"主义"一词。最常被举出的例子如下：1873 年，记录日本岩仓俱视访问团的《特命全权大使米欧回览实记》，便使用了"主义"一词；若山仪一（Wakayama Giichi，1840—1891）于 1877 年翻译《分权政治》时，也使用"主义"。1878 年以后，"主义"的用例确实增加，《东京每日新闻》中的

---

① 斋藤毅：《明治のことば：東から西への架け橋》（东京：讲谈社 1975 年版），第 371—372 页。

② 王彬彬说《史记》中的"主义"之"主"是指汉文帝。全句的本意是说敢于犯颜强谏，致皇上于义。见王彬彬：《近代中文词汇与日本的关系》，收于黄秀如主编：《词典的两个世界》（台北：网路与书 2002 年版），第 36—39 页。

报道即大量使用。1879—1880 年西周（Nishi Amane，1829—1897）所撰的《社会党论ノ説》，也用了"主义"。①以上诸例，或可显示日本人已然约略知晓在西方"主义"是与政治竞争的场域相关的。

通常字典中的译名是在用法比较稳定之后才登著录的，故往往比初用时稍晚。日本在 19 世纪 80 年代的字汇或字典中，已经普遍使用"主义"一词，明治二十年（1887）以后，各种译书、教科书、新闻、杂志中，均可见"主义"一词被广泛地使用。②但是"主义"使用之初尚未有独占性。1881 年初版的《哲学字汇》中，对"ism"一词，并不全译作"主义"，时而译为主义，时而译作理、道、教、论、学、说、式、学派、术，并不一致。③1883 年，柴田昌吉（Shibata Masakichi，1842—1901）和子安峻（Koyasu Takasi，1836—1898）合编的《附音插图英和字汇》中，在翻译"socialism"时，初版所用的是"交际ノ理，众用ノ理"，二版所用的是"社会论、交际之理、众用之理"。④

根据佐藤亨（Sato Toru）的研究，在日本，"主义"出现以前，用来表达这一类意思的是"趣意""主意""主张""方针""理""道理"。⑤在中国，1866—1869 年，德国神父 W. Lobcsheid（生卒年不详）所编纂的《英华字典》并未出现"主义"一词，而是与日本一样，用"道"之类的字眼翻译。在这部字典中，"principle"译为"源、本、本源、原由、理、道理"，而"-ism"也不译作主义，譬如"communism"译为"大公之道，通用百物之道，均用百物

---

① 参见李汉燮：《"主義"という語の成立及び韓国語への流入問題》，收于宫地裕・敦子先生古稀記念論集刊行會编：《日本語の研究：宫地裕・敦子先生古稀記念論集》（东京：明治书院 1995 年版），第 324—325 页；佐藤亨：《主義》，收于佐藤喜代治编：《講座日本語の語彙 10 語誌 2》（东京：明治书院 1983 年版），第 218—222 页。

② 李汉燮：《"主義"という語の成立及び韓国語への流入問題》，第 325—326 页。

③ 同上书，第 327 页。

④ 同上书，第 326 页。

⑤ 佐藤亨：《主義》，收于佐藤喜代治编：《講座日本語の語彙 10 語誌 2》（东京：明治书院 1983 年版），第 218—219 页。

之道"，"socialism"译为"公用之道、公用"。①孙中山（1866—1925）在1896年应英国翟尔斯（Herbert Giles，1845—1935）之邀而撰述的自述里，讲到"Darwinism"时，所用的正是"达文之道"。②

接着，"主义"一词约莫在19世纪80年代后期扩散到东亚其他国家，90年代随着韩国留日学生引介回韩国。③依照意大利学者马西尼的考证，中国大概是在19世纪80年代末开始使用"主义"一词，黄遵宪（1848—1905）的《日本国志》首次出现"主义"。④黄遵宪在19世纪80年代担任驻日公使，有机会大量接触日本人已广泛使用的"主义"一词。《日本国志》于1887年6月成书，第一版在1890—1895年间刊印，它旨在介绍日本维新成功的经验，以俾清政府效法，该书第19卷有"颇以消减纸币为主义"云云。⑤我们大概可以确定，在90年代，尤其是中期以后，"主义"一词在中国已经相当流行，清末的官书中大量出现各种"主义"。⑥

根据马丁·伯纳尔（Martin Bernal，1937—2013）有关1906年以前中国社

① 罗存德著，井上哲次郎增订：《英华字典》（东京：日本善邻译书馆1900年版），第280、835、987页。相关讨论请见李汉燮：《"主義"という語の成立及び韓国語への流入問題》，第322—323页。李博在《汉语中的马克思主义术语的起源与作用》中说，"socialism"在进入中国时，有几种不同的译名，京师同文馆的汪凤藻与丁韪良（W. A. P. Martin）在翻译 Henry Fawcett 的 A Manual of Political Economy 时，便将"socialosm"译为"均富之说"；康有为在《大同书》中则选择以"人群之说"作为"sozialismus"的汉语对等词；另一种就是由日文汉字词汇"社会主义"。以上李博之说引自詹筌亦、王乃昕：《"主义"的数位人文研究》，收于项洁编：《数位人文在历史学研究的应用》（台北：台湾大学出版中心2011年版），第231页。

② 广东省社会科学院历史研究室等合编：《孙中山全集》，中华书局1981年版，第1册，第48页。史易文亦注意到孙中山早期提到达尔文主义时用"达尔文之道"，请参见 Ivo Spira, Chinese-Isms and Ismatisation: A Case Study in the Modernisation of Ideological Discourse, p.108。

③ 李汉燮：《"主義"という語の成立及び韓国語への流入問題》，第319—340页。

④ 马西尼（F. Masini）著，黄河清译：《现代汉语词汇的形成——十九世纪汉语外来词研究》，汉语大词典出版社1997年版，第270页。

⑤ 黄遵宪：《日本国志》，上海古籍出版社2001年版，卷十九，《食货志第五·货币》，第214页。

⑥ 晚清使用"主义"的用例很多。在官书方面，曾以宣统元年（1909年）商务印书馆出版的《大清光绪新法令》一书为例进行搜寻，约有60多笔使用"主义"的数据。

会主义的研究,《万国公报》中最早谈到"社会主义"或"社会主义"团体时,用的是"安民学"及"赛会",当时(1899年)从日本译来的书中,也有称社会主义为"安民学"。不过1902年梁启超(1873—1929)已称马克思(Karl Marx,1818—1883)为"社会主义之泰斗",1902到1903年《社会主义》《近世社会主义》等书已通行于中国。①这些新旧两种表述混用情形,正表示"主义"一词,还未形成坚固不可移易之共识。

我们相信,随着电子文献数据库的发展,近代文献中对"主义"一词的受容过程将会很快得到更确切的答案。本文所关心的是:"主义"一词为何如斋藤毅所说的是一个"重宝",尤其是"主义"一词的出现,如何微妙地改变了人们对政治知识或真理的态度。②

近人的研究显示,近代中国常用"主义"一词来表达:思潮、思想、观念、体系、学说、作风、倾向、教派、流派、原则、阶段、方法、世界观、政策、主张、态度、表现形式、表现形态、形式、理论、看法、社会、国家、制度、精神、纲领、行为等。③它们在转化成各种"主义"之后,不但带有标明一种方针并矢志实行的意涵,不少政治性的主张在"主义化"之后马上"刚性化",带有独断性、排他性,甚至是不容辩驳、你死我活的味道,其论述性质产生重大的转变。

大体而言,从19世纪80年代开始,"主义"在中国已经逐渐流行,而且使用者的身份是跨界的,士人、活动家与满清的官僚都在使用。当清廷开始有

---

① 关于梁启超对社会主义的理解和引进,可参见 Martin Bernal, *Chinese Socialism to 1907*, Ithaca, N. Y.: Cornell University Press, 1976, pp.90—106。

② 1982年,刘正埮等人所编的《汉语外来词词典》中对"主义"的定义:"对客观世界、社会生活以及学术问题等所持有的系统的理论和主张"。这个定义中的"主义"是对形形色色主义的一般性定义,如乐利主义,而不大能描述近代中国政治"主义"之特色。光从字面上看,"主义"二字便直接让人有一种确定坚持的特殊主张的意思。参见刘正埮等编:《汉语外来词词典》,上海辞书出版社1984年版,第408页。

③ 参见 Ivo Spira, *Chinese-Isms and Ismatisation: A Case Study in the Modernisation of Ideological Discourse*, pp.232—235,还应参考该书的附录(第287—317页)。

意识地模仿西方国家，一步一步转换成现代国家时，便常常使用"主义"一词，提到某种新制度或新政策时，往往要特别申明所根据的是什么主义。[①]官员上奏中也使用"主义"，甚至连旧文人如王闿运（1833—1916）之辈也用"主义"，并控诉当时的学堂"以夺寺产为主义"[②]。坚确、独断、排他、不容辩驳的"主义"观是在1900—1917年间逐步形成的。

三、 1900—1917 年之主义

拜"中国近现代思想及文学史专业数据库（1830—1930）"[③]之赐，我们可以知道在1910—1917年之间，"主义"一词使用的大致情况。这一段时间，是西方各种主义传入中国的时候，无政府主义、社会主义盛行，赞成、反对之声此起彼落，大抵革命派倾向社会主义，而立宪派基本上持反对态度。当时讨论的一个重点是，究竟中国应该步趋西方最新潮的社会主义而强调"分配"，还是应该重视"生产"，后者认为当时中国没什么"生产"，故谈不上"分配"。

此处不拟讨论当时形形色色主义的内容，而想探讨当时的"主义"有哪些特质。据我所知归纳，"主义"大致有如下的特质：

---

① 在清人刘锦藻所编的《清朝续文献通考》（商务印书馆1921年版）中，留有大量这类的例子，如奕劻奏刑律时所用"相互担保主义"一语（卷二四五，"刑考四"，第4063页），商部讨论兴办铁路时所用的"官督民办主义"（卷三六四，"邮传考五"，第6144页），大理院考察他国审判制度所用"以公开为主义"一语（卷三九六，"宪政考四"，第6805页），又或者内阁总理大臣在讨论立宪后国家财政时所用"以量入为出为主义"一语（卷三九六，"宪政考八"，第6896页）等等，可见当时朝臣使用"主义"一词的频繁。

② 此条年代较晚，参见《王湘绮之遗笺零墨》，收于刘禺生撰，钱实甫点校：《世载堂杂忆》，中华书局1997年版，第76页。

③ 本项研究中关于"主义"一词的部分数据，取自"中国近现代思想史专业数据库（1830—1930）"（香港中文大学中国文化研究所当代中国文化研究中心开发，刘青峰主编），现由台湾政治大学"中国近现代思想及文学史专业数据库（1830—1930）"计划持续开发功能与完善数据库，并提供检索服务，谨致谢意。

其一，当时固然有人对"主义"抱持负面的态度，但大体而言，人们认为"主义"是一种进步的、有益的东西。主义可以使一切努力及活动有一个定向，不致涣漫而无所宗。就个人而言，如果一个人要"尽其在我"，就要有"主义"。[1]就团体而言，为了要能凝聚一个团体就要有"主义"。而且认为可能的话，一个人或一个团体（包括国家），应该"铸一主义"。[2]

其二，"主义"带有道德色彩，是对抗污秽、庸懦的利器。

其三，大量使用"主义"作为后缀词，发明各式各样的主义，尤以梁启超为最。梁氏行文中所铸造的主义名目之多，几乎到了令人目不暇接的地步。凡是讲一种特定主张者，或是隐约感受到一种特性时，梁氏即缀以"主义"，以突出其说，如"单独主义"。梁氏在《新民说》中更到处主张要"徇主义"，朝着自己持定的"主义"走。[3]在这个时代，许多原本在英文原文中不带"ism"的词，常以"主义"译之。

其四，"主义"往往与进化、公理的观念相联，所以在宣称自己的主义之正当性时，常常加上进化、公理、最新潮流、真理等概念，以突出其为最先进，最正当之"主义"。

1900年以后，"主义"使用更广泛，林林总总的西方主义传入中国，另一方面中国人自创了许多的主义名目，"铸一主义"是时人之渴求，能铸主义的人是现代的，是好的。各种自造的主义，如"三克主义"[4]，光从字面实在看不出"三克"是什么，攻击对方时也将铸一主义来归纳之，如

---

[1]　章士钊：《我》，收于章含之、白吉庵主编：《章士钊全集》，文汇出版社2000年版，第3册，第630页。

[2]　刘显志：《论中国教育之主义》，收于张枬、王忍之编：《辛亥革命前十年间时论选集》，生活·读书·新知三联书店1960—1978年版，卷2，下册，第884—894页。

[3]　梁启超在《新民说》中说到有主义的人是何等气概："其徇其主义也，有天上地下惟我独尊之观。"梁启超：《新民说》，收于林志钧编：《饮冰室专集之四》，《饮冰室合集·专集》，中华书局1936年版，第3册，第25页。

[4]　"时髦三克主义"，见刘声木撰，刘笃龄点校：《苌楚斋随笔》，中华书局1998年版，卷9，第202页。

"金铁主义"①。此处我并不想缕举 1900 年以后的各种"主义"，而是想由各种使用"主义"的场合中，归纳出此时人们心中主义的论述究竟有何特质。

人们逐渐区分有主义与没主义的政治活动之不同，并以有无主义作为区分现代的或前现代的，高尚的或低下的政治活动之分别。

这是中国学习西方现代议会民主政治的时代，也是中国开始比较深入了解西方政治的时代。拿来与中国相比较，他们似乎发现新、旧两种政治有一个重要差异，即西方现代政治的主张、结合等方式与中国不同，其中有一个特质是"公"与"私"之别，"主义"所表达的是"公"的政见，所求的是"公"的（国家的、大众的）利益，同志之间的结合是"公"的关系，它们与传统的，尤其是晚清民初政治乱象的症结——一切为个人私利，所有结合都是出于个人的关系利害——形成强烈的对比。对当时的人而言，有主义的政治是积极而正面的，没有主义的政治是蝇营狗苟的。

严复（1854—1921）很清楚地区分说：东林、复社之类的学会或古代的朋党都是落后的，因为"未闻其于国家之定何主义而运何手段，以求达其何种之目的也"②。梁启超在 1913 年所写的《敬告政党及政党员》一文中说"朋党"之特征有五，第一条即是"以人为结合之中心，不以主义为结合之中心"③。现代的政团是有主义的。梁启超在《市民的群众运动之意义及价值》中又说"有主义的政治"是欧洲近一百多年来才发展出来的，而且与"国民意识"分不开。④

另一方面，当时的言论家认为传统观念中的君子"群而不党"是错误的观

① 杨度：《金铁主义说》，收于刘晴波主编：《杨度集》，湖南人民出版社 2008 年版，第 1 册，第 212—396 页。

② 严复：《说党》，收于王栻主编：《严复集》，中华书局 1986 年版，第 2 册，第 299 页。

③ 梁启超：《敬告政党及政党员》，收于林志钧编：《饮冰室文集之三十一》，《饮冰室合集·文集》，第 11 册，第 7 页。

④ 梁启超：《市民的群众运动之意义及价值：对于双十节北京国民裁兵运动大会所感》，收于林志钧编：《饮冰室文集之三十九》，《饮冰室合集·文集》，第 14 册，第 36 页。

念，鼓吹中国应该有"政治团体"，梁启超在《政闻社宣言书》中说"政治团体"之为物，为今日中国所需要而不得不发生，"早发生一日，则国家早受一日之利"①。而"政治团体"又与"主义"分不开，梁启超说："政治团体之起，必有其所自信之主义，谓此主义确有裨于国利民福而欲实行之也，而凡反对此主义之政治，则排斥之也。故凡为政治团体者，既有政友，同时亦必有政敌。友也敌也，皆非徇个人之感情，而惟以主义相竞胜。"②在《政治与人民》中又说："政党之性质，则标持一主义以求其实行，而对于与此主义相反之政治，则认为政敌而加以排斥者也。"③

梁启超上述的两篇文章皆写于 1907 年，此时他之所以大谈"党"与"主义"，可能多少受到 1905 年同盟会宣布奉行三民主义的影响。总结以上的讨论，在晚清，人们已然开始认为西方的政党与主义合一，政党加上主义之政治竞争是一种健康的形式，与过往纵横捭阖式的政治是大相径庭的，当民国步入军阀政治时代——一个以争夺地盘为尚的时代，这正是解决政治乱局的一味解药，也是当时中国所应模仿之形式。

任何一种思想之形成必与它的时代环境有关。在晚清民初的士风与政风之下，"主义"有一种与西方国家不一样的特色。晚清民初传统失去约束力，旧

---

① 梁启超：《政闻社宣言书》，收于林志钧编：《饮冰室文集之二十》，《饮冰室合集·文集》，第 7 册，第 27 页。

② 同上书，第 24 页。

③ 梁启超：《政治与人民》，收于林志钧编：《饮冰室文集之二十》，《饮冰室合集·文集》，第 7 册，第 15 页。在当时，"主义"加"政团"的言论相当多，如竞盫：《政体进化论（节录）》（1903年）："欲达此莫大之目的，必先合莫大之大群；而欲合大群，必有可以统一大群之主义"；佚名：《大同日报缘起》（1903 年）："无会则无团体，无党则无主义。……党也者所以树主义也"；飞生：《近时二大学说之评论》（1903 年）："立一主义焉，将欲国民闻吾之言而有所警惕焉，有所动作焉，有所改革而进步焉"；佚名：《民族主义之教育——此篇据日本高材世雄所论而增益之》（1903 年）："顾在各小团体中，不可无确定之方针，而各种团体互相应附，不可无统一之主义"。"主义揆扬，徒党充实，而后能挫折政府之锋铓而无所于衄"；真：《驳新世纪丛书"革命"附答》（1907）："合诸分子以成革命之全体，全体者即吾之所谓主义，分子者即吾之所谓作用。愿吾同志合尽其分子能力可也"。以上引文参见张枬、王忍之编：《辛亥革命前十年间时论选集》，第 1 卷，下册；第 545 页；第 1 卷，上册，第 361 页；第 1 卷，下册，第 409、516 页；第 2 卷，下册，第 998 页。

传统中的节概与风操成为过时之物，政党风气堕落，人们被现实利害所牵引，纵横捭阖，变幻莫测，政治团体也有同样的弊病。此处仅举章太炎的一段话为例，章太炎在《革命道德论》中区分当时中国人的道德水平为 16 种，凡有知识，居领导地位者都是道德水平最低下的，倒是没有知识的平民道德水平较高。①章太炎的《诸子学略说》《儒家之利病》《诛政党》等文，也都直接间接讽刺得意的读书人及政治人物的品格，认为这些人不能"隐沦独行""坚贞独善"，不为现实利害所动摇。

我之所以陈述前面这一背景是为了说明当时人提到"主义"时，每每有一种暗示，认为在传统的礼义廉耻日落西山之时，"主义"是一种新的道德药方，是个人或团体政治人格的保险。而且当时人赞美古今中外值得学习的伟大人物时，往往突出其能坚守主义，如梁启超《意大利建国三杰传》（1902 年），认为三杰皆因坚持主义而伟大，"我辈苟坚持此主义，虽复中道以死，而此同仇敌忾之念，犹将传诸我子孙"。相反地，有些人则因为"无主义，无定见"者则终归于失败。②此外像雨尘子在《近世欧人之三大主义》一文中也提道："皆无一非有大愿力大主义存乎内。"③

当时人似乎形成一种观念，"主义"是类似韦伯（Max Weber，1864—1920）所说的"非关个人"（impersonal）的信念。在韦伯的《中国宗教》中，他反复批评中国历史文化最大的病状之一是缠绕在"个人利害"（personal）的网络中，使得人们行事没有真正的信念与原则。④晚清以来的"主义"论述似

---

① 章炳麟：《革命道德说》，收于汤志钧编：《章太炎全集》，上海人民出版社 1985 年版，第 4 册，第 280—283 页。

② 梁启超：《意大利建国三杰传》，收于林志钧编：《饮冰室专集之十一》，《饮冰室合集·专集》，第 4 册，第 39—40 页。梁氏评价康有为亦如此。梁启超的《南海康先生传》（收于林志钧编：《饮冰室文集之六》，《饮冰室合集·文集》，第 3 册，第 87 页）称康有为"所执之主义，无论何人，不能摇动之。"

③ 雨尘子：《近世欧人之三大主义》，收于张枬、王忍之编：《辛亥革命前十年间时论选集》，第 1 卷，上册，第 343 页。

④ 韦伯著，简惠美译：《中国的宗教：儒教与道教》，台北：远流出版事业公司 1989 年版。

乎给人带来一种新感觉，认为个人之争应该弃绝，且"主义"之争非关个人利害，而是关乎信念与原则，所以是正面的事。"人"与"主义"是可以分开的，"人"可能是坏的，而"主义"是好的。虽然当时的主义论述已出现唯一化、排他化的倾向，但整体而言，"主义"的内容仍是可以争论的。当时人认为"主义"之争与个人之争不同，"主义"之争是一种现代的、比较高级的论争。严复在《述黑格尔唯心论》中说："古之为战也，以一二人之私忿欲，率其民人，以膏血涂野草；乃今为战，将必有一大事因缘。质而言之，恒两观念两主义之争胜。"①一、二私人忿欲之争是坏的，而两种观念与两种"主义"之争是好的。正因为"主义"已经取得"公"的特质，所以此时人的言论中不断透露出"主义"之争是好事，甚至朋友之间也不以在"主义"的战场上相见为意——譬如梁启超说："互持一主义以相辩争，则真理自出"②，而且对于持之有故，言之成理之主义，"吾乐相与赏之析之"③。有主义的政治即是现代的政治，而中国应该由前现代的政治形式过渡到现代的政治形式。所以主义时代的政治是争"主义"之内容，不牵涉个人的恩怨。主义下的政治即使是你死我活的竞争，也还被广泛欢迎。而且认为当时与有主义的西方对抗，则中国也必须要有主义，最理想的状况是所持的主义要与当时西方最当令的主义相当，譬如西方是民族帝国主义，则中国只有提倡民族帝国主义才能与之对抗。

以上言论无不表示，有主义的人人格气质比较高尚、坚贞不折、独立向前，像寄生（汪东）所写的《正明夷"法国革命史论"》（1907年）中说："诚与其主义，不以中道相弃捐。"④1907年，吴樾（1878—1905）《与章太炎

---

① 严复：《述黑格尔唯心论》，收于王栻主编：《严复集》，第1册，第216页。
② 梁启超：《新中国未来记》，收于林志钧编：《饮冰室专集之八十九》，《饮冰室合集·专集》，第19册，第11页。
③ 梁启超：《答和事人》，收于林志钧编：《饮冰室文集之十一》，《饮冰室合集·文集》，第4册，第47页。
④ 寄生（汪东）：《正明夷"法国革命史论"》，收于张枬、王忍之编：《辛亥革命前十年间时论选集》，第2卷，下册，第638页。

书》："亦以某之志已决，势必九死一生，以实行此区区之主义。"①以上引文都表示"主义"可以激励一个人奋力往前，不为挫折所挠，而这些在过去是要靠古圣先贤道德教训的挟持，才能做到的。

前面提到过，当时中国各种的"主义"往往是模仿西方或为了与西方对抗而起，不管模仿或对抗，他们都在争论所采取的或所反对的主义是否合乎"公理""公例"或"潮流"，所以"主义"一词常与"公理"等观念合在一起，合于"公理"者为善，不能合于"公理"者为劣。当时反对他人主义时，也每每责备其"主义"不能与世界之"公理"相合。②

在林林总总的主义中，民族主义、国家主义、民族帝国主义常被认为最符合当时之"公理"——事实上即是因为符合西方最"先进"国家之政治形式，而获得最高的正当性。以下所引几条史料可为明证：

> 国家主义，既为必不可避之公理。③
>
> 今日地球诸国，所谓陵厉无前者，帝国主义也，而此帝国主义，实以民族主义为之根柢；故欲横遏此帝国主义之潮流者，非以民族主义，筑坚墉以捍之，则如泛挑梗于洪涛之上而已矣。④

杨笃生并进而论证民族主义是生人之"公理"，天下之正义。用梁启超的话来说，"民族帝国主义"乃是一种"全盛于二十世纪，而其萌达也在十九世纪之下半"的"新帝国主义"：

① 吴樾：《与章太炎书》，收于张枬、王忍之编：《辛亥革命前十年间时论选集》，第2卷，下册，第732页。

② 梁启超谴责清政府说："政府之主义，……是明与世界之公理相幻背。"见梁启超："论今日各国待中国之善法"，收于林志钧编：《饮冰室文集之五》，《饮冰室合集·文集》，第2册，第52页。

③ 佚名：《教育泛论》，收于张枬、王忍之编：《辛亥革命前十年间时论选集》，第1卷，上册，第401页。

④ 湖南之湖南人（杨笃生）：《新湖南》，收于张枬、王忍之编：《辛亥革命前十年间时论选集》，第1卷，下册，第632页。

十九世纪之帝国主义与十八世纪前之帝国主义，其外形虽混似，其实质则大殊。何也？昔之政府，以一君主为主体，故其帝国者，独夫帝国也；今之政府，以全国民为主体，故其帝国者，民族帝国也。凡国而未经过民族主义之阶级者，不得谓之为国。譬诸人然，民族主义者，自胚胎以至成童所必不可缺之材料也；由民族主义而变为民族帝国主义，则成人以后谋生建业所当有事也。[①]

在各种论争中，我们也注意到有不少人任意宣称自己的主义合乎"公理"，形成了一种"公理"的"无政府"状态。譬如前面提到"民族主义"符合"公理"的说法，但是当时也有人认为民族主义不合于"公理"。[②]至于无政府主义，有人主张最合乎"公理"，但是反对者则认为相反的一方才具备"公理"。[③]

"公理"加上"进化"，强化了当时人对自己的"主义"的唯一化、正当化倾向。[④]梁启超 1904 年在《新民说》第 20 节"论政治能力"中说："顾吾今者

---

① 任公：《国家思想变迁异同论》，《清议报》，第 95 册，1901 年 10 月 22 日，该文收于《饮冰室文集之六》，《饮冰室合集·文集》，第 3 册，第 22 页。当然梁启超之论"民族帝国主义"，与明治时期的日本思想界息息相关，本文不详论，参见石川祯浩：《梁啓超と文明の視座》，收于狭间直树编：《共同研究梁啓超：西洋近代思想受容と明治日本》，东京：みすず書房 1999 年版，第 120—122 页。

② 志达：《保满与排满》，收于张枬、王忍之编：《辛亥革命前十年间时论选集》，第 2 卷，下册，第 916 页。

③ 真：《驳新世纪丛书"革命"附答》说："此非讲此等主义之时。今法人能不若是者，因有公理在。"收于张枬、王忍之编：《辛亥革命前十年间时论选集》，第 2 卷，下册，第 995 页。

④ 譬如当时的无政府主义者所宣称的，"'新'的主义比'旧'的主义好。故共产主义之合于公道、真理，不待明言"。参见民（李石曾）：《驳〈时报〉"论中国今日不能提倡共产主义"》，收于张枬、王忍之编：《辛亥革命前十年间时论选集》，第 3 卷，第 224 页。他在《无政府说》（1908 年）又说："以重科学、凭公理之社会主义较，何啻霄壤之隔。"参见民（李石曾）：《无政府说》，收于张枬、王忍之编：《辛亥革命前十年间时论选集》，第 3 卷，第 172 页。另一位无政府主义者吴稚晖在 1908 年所写的《无政府主义以教育为革命说》一文中也说"较进步之无政府主义"。见燃（吴稚晖）：《无政府主义以教育为革命说》，收于张枬、王忍之编：《辛亥革命前十年间时论选集》，第 3 卷，第 219 页。足见新、旧，是否进步，是否合乎公理，成为人们论证其"主义"之论据之一斑。

实信吾主义之最适，而无他主义焉可以媲也。而吾主义之所以不发达则由有他主义焉。持异论于其间，以淆天下之视听也。吾爱吾国，故不得不爱吾主义，其有不利于吾主义者，吾得行吾主义之自卫权以敌视之。"①在这段话中，梁氏强调了：只有我的主义是合适，其他主义无法比美。我的主义之所以不发达，是因为有别的主义相扰乱。为了爱国，必须要爱我的主义，而且对于敌对的主义，可以行使"主义之自卫权"而加以排斥。②

总结前面的讨论，在清末最后十年间，"主义"与"党"逐渐成为两种政治上的正面价值，是当时中国最应追求之物。③人们每每认为主义是好的，是应该追求的，作为一个现代人，从个人的立身处世到团体的行动，皆应有"主义"。把理想与经验合而为一，需要"主义"来维持一个人意念之纯洁、行事之一贯，贯彻他的意志与行动。作一个团体"主义"是它共同的理想方向和内聚力。有主义是现代的、进步的、高尚的，合乎"公理"与"进化"的，没有主义是旧式的、落后的、个人私欲私利的。人们似乎觉察到"定主义""结党派""运手段""达目的"四个步骤可以一气呵成，思想不再是漂浮在脑海中的虚幻之物。把思想化为实际的政治力量，似乎因为有了"主义"而有轨辙可以依循。

辛亥革命前十年间最具里程碑意义的是孙中山提出的三民主义。在 1905

---

① 梁启超：《新民说》，收于林志钧编：《饮冰室专集之四》，《饮冰室合集·专集》，第 3 册，第 159—160 页。

② 另外，当时还出现另一种思想定义，认为处于列强相争之时，一国不宜有许多主义，只能牢守一种主义。例如佚名：《论外交之进化》（1903 年）说："至于主义杂出，方术矛盾：甲则保教，乙又仇教；丙既排外，丁又媚外。一国之中，若有无量数国然。以此而与列强交涉，犹以土偶对猛兽，何特而不为之蹂躏乎？"参见张枬、王忍之编：《辛亥革命前十年间时论选集》，第 1 卷，上册，第 326 页。

③ 当然也有人认为"主义"（"党"）不是佳物，1913 年严复在《说党》中说"党非佳物。……盖人心不同则主义异，主义异故党派纷纷，……"参见严复：《说党》，收于王栻主编：《严复集》，第 2 册，第 305 页。又，1905 年严氏在半译半述的《政治讲义》也提道："其为崇拜主义如此。……深恐此等名词主义，后此传诸口耳者，必日益多。"见《政治讲义》，收于王栻主编：《严复集》，第 5 册，第 1279—1280 页。

年之前，孙中山并不使用"主义"，而是宣扬十六字的誓词。

1905 年 10 月，孙中山在《民报》"发刊词"中提出了民族、民权、民生"三大主义"，同盟会的宣传家们将它简称为"三民主义"。这一名词很快流传开来，来年孙中山在《民报》创刊周年庆祝的演说中系统地阐述其三民主义①，这个事件标志着一个新的政治论述方式的转变。

19 世纪七八十年代之后崛起的一批思想家，从冯桂芬（1809—1874）、郑观应（1842—1921）、何启（1859—1914）、胡礼垣（1857—1917）、汤震（生卒年不详）、陈虬（1851—1904），乃至康有为（1858—1927），他们表达政治主张的方式是思想家的方式，而不是主义者的方式。他们提出这样或那样的观点，与后来提出"主义"来系统表达其全体主张的主义者有所不同。"主义"使跟随者有一个清楚的方向可以遵循，而且也使得各种主张在同一主义之下组成一个系统，个别分子之间有联贯性的关系，最后使得就具体事物表达主张的方式逐渐失去吸引力。

日后常乃惪（1898—1947）对这种重大转变有这样的分析："当时立宪派的主张是根据于现状立论，别无什么根本主义，虽然比较的易于实现，但缺少刺激性，不易引起同情。革命派则主要的立足点在民族主义，专从满、汉的恶感方面鼓吹，尤其易于鼓动人。"②"根据现状立论"与提出"根本主义"是两种不同政治论述的。立宪派与革命派都使用"主义"一词，但是内容有所不同，刺激力不同。在当时人看来，立宪派不算有"主义"，革命派才是有"主义"，而革命派之所以成功，用孟森的话说是"以有主义胜无主义"③。

1907—1908 年已经出现了"主义"与"办法"究竟如何区分的争论。无

① 彭明等编：《近代中国的思想历程（1840—1949）》，中国人民大学出版社 1999 年版，第 283 页。

② 常乃惪：《中国思想小史》，收于黄欣周编，沈云龙校：《常燕生先生遗集·补编》，台北：文海出版社 1975 年版，第 176—177 页。

③ 孟森曾说："国民政府之起也，所郑重自标者曰：'以有主义，胜无主义。'及今而曰现代化，则以追随现代为主义以外之主义，是即示人以无主义而后可也。"参见孟森：《现代化与先务急》，收于邓维桢选辑：《独立评论选集》，台北：长桥出版社 1980 年版，第 3 册，第 30 页。

政府主义者李石岑（1892—1934）与人争论时说："凡我之认为主义者，君皆认为办法"，[1] 章太炎（1869—1936）则说："正以现有其事，则以此主义对治之耳。其事非有，而空设一主义，则等于浮沤。"[2] 所以"主义"究竟是拔高于现实之上而带有抽象的性质，还是主义是对事情所提出的"办法"，这又关涉当时主义的另一个特质，即它是凌驾于现实之上的，还是现实之中的。这样的争论在民国八年的"问题与主义"论战中，又以另外一种方式再度被提出来了。

四、 由"思想的时代"到"主义的时代"

1919 年 8 月所爆发的问题与主义论战，是一个代表性的事件，它反映了两种道路的决裂：是个人、家庭、婚姻，还是经济制度的；是文学、伦理、哲学的、人生观的、世界观的、家庭的，由个人解放入手的，还是社会整个的，由全局下手的；是就实际问题个别加以解决的，还是全盘的一次解决、根本解决的主义。

前面的模式以新文化运动的旗手胡适（1891—1962），早先的陈独秀（1879—1942）等为代表，后面一种是社会主义的模式。

促发这场论战的是李大钊（1889—1927）与胡适。李大钊在俄国大革命成功之后，即已开始宣传俄国革命及马克思主义，当时李大钊尚未完全由一个民主主义者转化为一个马克思主义者，但是他的一系列连篇累牍地谈"主义"的文章，引起了胡适的注意，胡适遂于 1919 年 7 月发表了《多研究问题，少谈些主义》，对此迷信主义的现象加以批评。这场论战其实是新文化运动以来

---

[1] 真：《驳新世纪丛书"革命"附答》，收于张枬、王忍之编：《辛亥革命前十年间时论选集》，第 2 卷，下册，第 998 页。

[2] 章太炎：《排满平议》，收于张枬、王忍之编：《辛亥革命前十年间时论选集》，第 3 卷，第 51 页。

"点滴"的或"全盘"的,"个人"的或"社会"的两种思路的争锋。

关于这场论战的讨论已多,此处仅扼要言之。在这次论战中,李大钊的文章其实并未讲出"共产主义"这几个字。他的文章宣扬一种在政治主义的指导下,全盘的、彻底的社会及政治革命的方向。而胡适却反对以一个全盘的、抽象的蓝图来解决,他不相信有一种可以笼罩一切的"主义"。同时,他主张一种就问题解决问题的点滴式改革。从这场论战中,许多被提出来讨论的现实问题及双方对这些问题的看法,我们可以看出两种思维方式:一方是把个别问题视为病兆,在这个病兆之下,有无数问题牵缠在一起,而且认为在当时的中国,病太多了,一个一个解决,已经来不及了。所以医生不只应该医治这个病,应该解决整个体质;论战的另一方则认为在一个个地解决了所有的病症以后,整个体质便会随着改变。

从这里当然也可以看出马克思主义与杜威(John Dewey,1859—1952)的实验主义的对立,前者要信仰单一的主义,后者则认为没有一个单一的主义,问题应该是一个一个解决。①

胡适说"实验主义"对"思想"与"真理"的本质有特定的看法。首先是不认为有天经地义的定律:"(一)科学律例是人造的,(二)是假定的——是全靠它解释事实能不能满意,方才可定它是不是适用的,(三)并不是永远不变的天理。""他只承认一切'真理'都是应用的假设;假设的真不真,全靠他能不能发生他所应该发生的效果。"此外,杜威的五点思维术:(一)思想的起点是一种疑难的境地。(二)指定疑难之点究竟在何处。(三)提出种种假定的解决方法。(四)决定那一种假设是适用的解决。(五)证明。②秉承上述宗旨的人很自然的是以解决所面临的"问题"为出发点,质疑横扫一切,"根本解决"的"主义"。

---

① 有意思的是,当时的毛泽东是"问题"的拥护者,而傅斯年主张"主义",认为"有主义总比没有主义好",足见人们趋向未定之情况。

② 胡适:《实验主义》,《胡适文存》,台北:远东图书公司1953年版,第1集,卷2,第294、323页。

在《多研究些问题，少谈些"主义"》中，胡适认为当时的风气有高谈"主义"的危险，"主义初起时，大都是一种救时的具体主张。后来这种主张传播出去，传播的人要图简便，便用一两个字来代表这种具体的主张，所以叫他做'某某主义'。主张成了主义，便由具体的计划，变成一个抽象的名词。'主义'的弱点和危险，就在这里。因为世间没有一个抽象名词能把某人某派的具体主张都包括在里面。""'主义'的大危险，就是能使人心满意足，自以为寻着包医百病的'根本解决'，从此用不着费心力去研究这个那个具体问题的解决法了。"①

胡适在"主义"这种新政治论述上，看到许多他感到不安的特质。胡适说杜威的思想训练使他相信一切主义、一切学理，都只是参考的材料、暗示的材料、待证的材料，绝不是天经地义的信条。②在这篇文章中，胡适还提道："凡是有价值的思想，都是从这个那个具体的问题下手的。"他强调："我并不是劝人不研究一切学说和一切'主义'。学理是我们研究问题的一种工具。……种种学说和主义，我们都应该研究。有了许多学理做材料，见了具体的问题，方才能寻出一个解决的方法。但是我希望中国的舆论家，把一切'主义'摆在脑背后，做参考数据，不要挂在嘴上做招牌，不要叫一知半解的人拾了这些半生不熟的主义，去做口头禅。"③在"问题"与"主义"的论战中，胡适发表了五篇文章。这五篇文章的重点基本上是一贯的，主张主义只是解决问题的一种"参考材料"，而不是一种"天经地义的信条"。④

在"问题"与"主义"的论战中，蓝志先（生卒年不详）则认为"问题"

---

① 胡适：《多研究些问题，少谈些主义》，《胡适文存》，第1集，卷2，第343—344、364页。
② 胡适：《三论问题与主义》，《胡适文存》，第1集，卷2，第373页。
③ 胡适：《多研究些问题，少谈些主义》，《胡适文存》，第1集，卷2，第345—346页。
④ 如胡适在《三论问题与主义》中提道："所以我们可以说主义的原起，虽是个体的，主义的应用，有时带着几分普遍性。但不可因为这或有或无的几分普遍性，就说主义本来只是一种抽象的理想。""一切主义，一切学理，都该研究，但是只可认作一些假设的见解，不可认作天经地义的信条；只可认作参考印证的材料，不可奉为金科玉律的宗教；只可用作启发心思的工具，切不可用作蒙蔽聪明，停止思想的绝对真理。"胡适：《胡适文存》，第1集，卷2，第369、373页。

与"主义"是两回事,"主义"与实行的方法是两回事,但两者不是相反而不能并立的东西。他说:"若是一种广泛的含有无数理想的分子的——即为尚未试验实行的方法——问题,并且一般人民,对于他全无反省,尚不能成为问题的时候,恐怕具体的方法,也不过等于空谈。"①

蓝氏认为凡是革命,一定从许多要求中抽出几点共通性,加上理想的色彩,形成一种抽象性的问题才能发生效力。他说法国大革命、辛亥革命,俄国、德国革命之所以能够成功,都因为共同信奉着一个"抽象主义"。他说:"主义是多数人共同行动的标准,或是对于某种问题的进行趋向或是态度""在文化运动进步不息的社会,主义常由问题而产生……若是在那文化不进步的社会,一切事物,都成了固定性的习惯,则新问题的发生,须待主义的鼓吹成功,才能引人注意。"②

李大钊与蓝志先的看法略有出入,他认为"问题"与"主义"应该交互为用:"所以我们的社会运动,一方面固然要研究实际的问题,一方面也要宣传理想的主义。这是交相为用的,这是并行不悖的。""我们只要把这个那个的主义,拿来作工具,用以为实际的运动,他会因时、因所、因事的性质情形生一种适应环境的变化。""我们唯有一面认定我们的主义,用他作材料、作工具,以为实际的运动;一面宣传我们的主义,使社会上多数人都能用他作材料、作工具,以解决具体的社会问题。"③

至于"根本解决",李大钊说,如果在一个有组织,有生机的社会,一切机能都很敏活,没有这方面的需要,但在没有组织,没有生机的社会,一切机能皆已停止,"任你有什么工具,都没有你使用作工的机会。这个时候,恐怕必须有一个根本解决,才有把一个一个的具体问题都解决了的希望。"他说:"就以俄国而论,罗曼诺夫家没有颠覆,经济组织没有改造以前,一切问题,

---

① 蓝志先:《问题与主义》,收于《胡适文存》,第1集,卷2,第348页。

② 蓝志先:《问题与主义》,第351、354页。

③ 李大钊:《再论问题与主义》,收于朱文通等整理、编辑:《李大钊全集》,河北教育出版社1999年版,第3卷,第305、306、309页。

丝毫不能解决"，但是在俄国大革命成功之后，则一切问题已经全部解决了。①陈独秀（1879—1942）《主义与努力》一文则表示："我们行船时，一须定方向，二须努力。""主义制度好比行船底方向，行船不定方向，若一味盲目的努力，向前碰在礁石上，向后退回原路去都是不可知的。""我敢说，改造社会和行船一样，定方向与努力二者缺一不可。"②

细心的读者可以发现这个时期的"主义者"还是相当通融，李大钊口气中的"主义"只是一种"工具"，会因时、因地、因事产生适应于环境的变化，而且李大钊说信仰什么主义都好，并没有设定一种唯一可用的主义，也不大具有排他性。但是同时也相当激进，主张对当时中国那样一个没有组织，没有生机的社会，要有一个"根本的解决"。

"问题"与"主义"的论战其实不因这一轮的驳火而结束，此后在20世纪20年代，它仍一再地被提出来，打着"全盘解决"，"根本解决"的口号，左派青年不断地攻击胡适派的英美知识分子是"清谈问题"。

有意思的是，当胡适警觉到主义热潮时，他也觉察到"主义"是一种全新的表达形式，所以他用来反对"主义"的其实是另一种"主义"——"实验主义"。以提倡杜威实验主义闻名的胡适，在民国六、七年并未直接写文章介绍实验主义，而是在为了批判新主义时，才写了《实验主义》《新思潮的意义》等文章。他标举一种"点滴改良"的主义来对抗正在崛起的要求"根本解决"的新主义。而此后"实验主义"始终也成为左右两派新主义者攻击的目标。严格说来，在1919年以后，也只有它成为对抗新主义的另一种学理上的"主义"。

总结以上的争论，"问题"与"主义"的论战代表两个方面。一方面是文学、伦理、思想的路线，这一路的人相信可以用一个一个问题零碎解决的办

---

① 李大钊：《再论问题与主义》，收于朱文通等整理、编辑：《李大钊全集》，第3卷，第310页。

② 陈独秀：《主义与努力》，《新青年》第8卷第4号，1920年12月1日，第2—3页，该文收于《陈独秀文章选编》，生活·读书·新知三联书店1984年版，中册，第63页。

法；另一方面是认为社会是一个整体，而且是一个有机体，所有单个的问题错综复杂，交织在一起，故问题是整个的，因此必须全体解决之后，才可能有个体的解决。

这两者之分歧便归结到一个根本差异，即是中国社会所需要的是就问题解决问题的主义，还是就全盘解决问题的主义呢？前者是旧的主义，是晚清以来所有的形形色色的后缀词式的主义，后者是全盘解决的主义，为"新主义"。李大钊等与胡适之争论，其关键差异在此，而李大钊等对此争端坚决不让，其根本原因也在此。

五、 后五四的思想图谱与主义的流行

经过"问题"与"主义"的论战之后，"主义"在后五四时期取得了与五四之前不大相同的意义，我称之为"新主义"。在分析"新主义"崛起的过程时，我想引述张灏先生在《中国近代思想史的转型时代》中所提到的一种三元的心理架构。张灏先生指出 1895—1925 年，在危机意识高涨下出现了一种特殊的三段结构：（一）对现实日益沉重的沉沦感与疏离感。（二）强烈的前瞻意识，投射一个理想的未来。（三）关心从沉沦的现实通向理想的未来应采何种途径。[1]这三种意识往往同时存在一个人心中，不过在寻找通向理想的未来时所应采取的途径时，人们提出各式各样的主张（宗教、实业、教育、新的生命哲学），这些提议也各有它的追随者，有的比较成功，有的不然。从后来的历史发展看来，"主义"是其中最为热烈的一种途径。

新文化运动是一个输入"新学理"的运动，"新学理"中含有两大因子，一方面是英美自由、民主、科学（"德先生""赛先生"），一方面是各式各样的社会主义。晚清革命团体在日本所进行的宣传中，已带有广泛而浓厚的社会

---

① 张灏：《中国近代思想史的转型时代》，《时代的探索》，第 56—58 页。

主义色彩。[1]但在民国初建时，宣扬社会革命的孙中山因为各方面的反对，一度取消了民生主义[2]，然而，各种社会思想从未断绝。以上这两种"新学理"有时因缘为用，有时混杂在一起，颇难分辨。在新文化运动初起时，文学、伦理、个人解放等英美式的价值占据上风，但是过了几年，社会改造、社会革命转居于优势，许多人开始不满于只是改造"个人"，而想要改造"社会"。

这些多元而又相当含混的社会主义思想，改变了青年人的"理想世界"。打开五四时期的社团记录及他们所出版的各种期刊，可以发现连篇累牍地出现两组观念。第一组是对民初以来的社会表达最深刻的不满，往往以极严厉的词句谴责当时的政治与社会，认为它是"昏浊的""黑暗的""鬼蜮的"，或是认为应该经过洪水冲洗才可能干净而有生机。另一组词汇是"社会改造""社会革命"，希望将来的理想社会不是英美的议会民主，而是平等的，知识阶级与劳动阶级、劳心者与劳力者合而为一，下级与上级相互联络，工读互助，是一个各尽所能、各取所需的新社会。其中还有两个值得注意的现象：第一，把新文化运动的自由、民主、科学、解放的思想推到极端，主张比英美更自由、更民主、更科学、更彻底的解放，而将这些延伸的内容与社会主义混合在一起。第二，受儒家道德思想的微妙影响，他们往往公开拒绝儒家思想，但是儒家的仁民爱物，不忍人之心，不患寡而患不均等理想，仍然隐隐地起着作用，决定了他们对社会主义思想的了解与诠释。

从新文化运动到后"五四"期间，青年思想世界是一个调色盘，什么颜色都有，而且思想来源不一，只有"杂糅附会"四个字可以形容。他们仰望北京，《新青年》《新潮》及其他报刊是他们思想的重要来源，蔡元培（1808—1940）、陈独秀、胡适、李大钊、周作人（1885—1967）等言论界的明星是他们吸收新思想的对象。可是他们对各种刊物、各思想领袖之间的差异并没有清

---

① Martin Bernal，*Chinese Socialism to 1907*，pp.107—128.

② 张朋园：《梁启超与清季革命》，台北："中央研究院"近代史研究所 1999 年版，第 176—178 页。

楚的了解，对当时西方思想界的派别也几乎没有了解。往往同时吸收在今人看起来互相矛盾的元素，然后加以无限的扩充、衍化，并且赋予自己的理解与诠释。往往一个概念或一个名词被提出来之后，便在思想界的大海中飘移、挪用、扩大解释，以致后来已经分不清它们的来源了。在同一个青年社团中也因各种思想元素并存，社员之间往往产生矛盾。

在青年们看来，这些凡是与传统异质的思想成分都值得研究。"拿来主义"依现在的标准来看是一个贬词，但对当时的青年来说则是一个褒词，新人物就是要尽情地"拿来"，作为一种凸显自己身份地位的"社会资本"①。能在各种场合谈着"主义"，是当时青年进步身份的象征。而且当时青年还有一种将西方传来的思想文化概念当成主义的现象。

但这也并不表示他们之间没有任何区别，我们从五四时期的社团与期刊中可以隐隐然发现，大概在新文化运动之后的一两年间，调色盘内的颜色渐渐向三边流注：一边是以蔡元培、胡适等人的影响为主的；另一边是以陈独秀、李大钊为主的；第三边则以无政府主义的思想为主。不过思想世界中交互混杂的现象，仍然非常明显，往往一个人身上即可以看到各种不同的元素，只是分量轻重有别而已。②

由"主义"到"新主义"的转变过程中有三个重点：（一）发现"社会"，（二）未来的神话，（三）组织与主义。

---

① 20世纪二三十年代，不断有冠上"主义"一词的辞典出现在市面上，可见"主义"已成为社会上的时髦现象。如1932年上海阳春书局出版梁耀南编的《新主义辞典》、1933年上海光华书局也出版了孙志曾编的《新主义辞典》。各式各样的课本、书籍也都被冠上"新主义"，如《新主义自然课本》《新主义国语读本》《新主义常识课本》《新主义数学》，甚至还有《新主义对联》等。

② 张朋园：《梁启超与清季革命》，第176—178页。譬如1918年12月创刊的《每周评论》其中每一种思想都有，有陈独秀、高一涵、王光祈（无政府主义）、李大钊、胡适。中共中央马克思恩格斯列宁斯大林著作编译局研究室编：《五四时期期刊介绍》，生活·读书·新知三联书店1979年版，第1集上册，第42页。《国民》杂志同时宣传了无政府主义、基尔特社会主义、新村主义、泛劳动主义。参见上书，第73页。以个人而论，罗家伦思想即有自相矛盾的现象。见上书，第76—79页。

以下我要分成几个部分说明前面提到过的新的"理想世界"及各种心理特质。

(一)"反政治"与"发现社会"

第一种独特心态是"反政治"。关于这一点，五四时期正在中国访问的杜威即已敏感地捕捉到当时青年"非政治"或"反政治"的特点。[①]

我们知道民国建立之后，言论界的重心是政治[②]，但是很快出现一种矛盾的发展：一方面是各种刊物连篇累牍地讨论政治学理，另一方面是人们对现实政治的混乱产生了前所未有的失望，认为"政治"不能解决中国的政治，这种空虚、苦闷的现象在民国五、六年时达到第一个高峰，无政府主义则顺势得到人们的重视。

造成"政治"无法解决"政治"的思考逻辑的主因，当然是对当时混乱、黑暗的军阀统治最深刻的失望与不满，认为在"黑幕层张"的军阀政治中[③]，即使最清明的政治行动最后都归无用。就像一个巨人不可能把自己举起来一般。当时人常常形容现实政治生活是一个大染缸，任何洁身自好的人都不可能维持自己的纯洁，一旦接触现实政治，马上便被卷入大染缸而不能自拔。[④]

[①] 参见王汎森：《"主义"与"学问"——一九二〇年代中国思想界的分裂》，收于许纪霖主编：《启蒙的遗产与反思》，江苏人民出版社 2010 年版，第 221—255 页；罗志田：《对"问题与主义"之争的再认识》，《激变时代的文化与政治——从新文化运动到北伐》，北京大学出版社 2006 年版，第 61—145 页。

[②] 常乃惪注意到"革命成功以后，大家的精神才力都注重到政治方面，对于思想文化无人注意"。参见常乃惪：《中国思想小史》，收于黄欣周编，沈云龙校：《常燕生先生遗集·补编》，第 179 页。

[③] 陈独秀：《文学革命论》，《陈独秀文章选编》，上册，第 172 页。

[④] 这方面的史料非常多，譬如冯玉祥在《我的生活》中说："和北京当政的大人先生们往还久了，使人更进一层地认识了他们的面目。他们三个五个聚会一块，多无一言涉及国计民生。……使人只见目前漆黑一团简直闷得透不过气来。"参见冯玉祥：《我的生活》，黑龙江人民出版社 1981 年版，第 383 页。

此外，民初以来各种政治思想与政治组织，每每以英美议会民主作为模范，可是在一个对民主、自由、政党、社会、国家等概念的确切意义都不太熟悉的旧社会里，对英、美政治的模仿往往成为一出又一出的荒谬剧，故所谓"非政治"或"反政治"心态还有一个针对面，即对英、美式的代议政治的怀疑与失望。①当时人们对政党的态度趋于两极化，有的主张"造党"，而且是依照西方民主政党之制度"造党"，但更多的是"无党论""不党论""反党论""毁党论"。②

许多人认为政治的生活应该被唾弃，认为政治解决不了问题。解决政治问题应该靠"非政治"的手段。对政治的不满造成几种现象：第一，使得无政府主义得到一种新的活力。无政府主义广泛影响当时的青年社团，如北京的实社、广州的新社、南京的群社等，不一而足。③第二，因为政客、军人造成了无止境的混乱，所以当时有一种态度认为改变"政治"的责任，要由不涉足"政治"的青少年、劳动阶级来承担。第三种现象是仇视政治活动。如

---

① 从 1911 年 10 月政党公开活动开始，到 1913 年底政党蜕变甚至大幅消散为止，具备近代政党性质的团体有 312 个。党的政纲往往相近——"拥护共和""巩固统一""谋国和民福"等。参见张玉法：《民国初年的政党》，台北："中央研究院"近代史研究所 1985 年版，第 33 页。

② 黄远庸（1884—1915）在《铸党论》一文中，这样形容上面两种截然的态度："今者党之问题，可谓波靡全国矣，一般之贤愚不肖，既尽驱率入于此围幕之中，旗帜分张，天地异色。又有一群矫异自好或无意识之徒，以超然为美名，以党为大恶，相戒以勿争党见为爱国，……乃复演为千奇百怪之崇拜政党论或毁谤政党论。"参见黄远庸：《铸党论》，《远生遗著》，台北：文星书店 1962 年版，卷 1，第 209 页。

③ 在 1919 年 11 月所出版的《浙江新潮》之中，斥知识阶级不能改造社会，只有劳动阶级可以。参见中共中央马克思恩格斯列宁斯大林著作编译局研究室编：《五四时期期刊介绍》，第 2 集上册，第 434—435 页。施存统的"非孝"一文即受无政府主义的影响。《钱江评论》（创刊于 1920 年 1 月杭州），文中提倡废姓、认为文章是公有的。参见上书，第 439 页；改造旧社会，建设新社会，只能依靠青年。参见上书，第 437 页。在《实社意趣书》中提道："除从事政治生活人员外，凡赞成本社旨趣者，无国界男女之别，皆得为本社社友。"参见张允侯等编：《五四时期的社团》，生活·读书·新知三联书店 1979 年版，第 4 册，第 162 页；实社的"弁言"则说："颠连无告者之盈天下也，于是思有以变革之。……主张共产之真理。"参见张允侯等编：《五四时期的社团》，第 4 册，第 164 页。

天津觉悟社有一社友说道："大多数青年，对于政治缺乏兴味，为中国思想界之大劣点。而青年之加入政治活动者，又多步'老前辈'之故智，以钻营为进步之阶，因之优秀青年更仇视政治活动"①；傅斯年（1896—1950）于《新潮》杂志中所发表的《新潮之回顾与前瞻》中指出："在中国是断不能以政治改政治。"②《少年中国》的社员则在争论要不要加入任何社会组织③；创刊于安徽的《芜湖》，在其第一期的"宣言"中则指出："不相信用政治底手腕和方法，可以把社会根本改造的。"④少年中国学会的一些成员则认为："康有为、章太炎、梁启超、汪精卫都是失败者，他们失败的根本原因，就是只知有政治，不知有社会，只知从事政治活动，而不知从事社会改革。"⑤第四，也是最为重要的：摆脱晚清以来的英、美派政治理想，重新寻找道路。

在新文化运动时期，人们所向往的是以思想、文学、伦理的改造为中国的政治奠定一个非政治的基础，以道德、伦理的改造切断产生旧势力的盘根错节，以创造一个新的精神文明来洗刷黑暗的政治。但是前面已经说过，在短短两、三年之间有不少人开始不满这条路，转而主张"整体的"社会改造或社会革命。不管是文化的或社会的进路，他们都宣称自己所从事的是非政治的活动。

然而，俄国大革命的成功把一个人们原先认为是彻底空想的社会落实了，这对当时人而言是震惊，同时亦有鼓舞作用的。从五四青年的文字中可以看到，他们往往在摸索各种问题的解决办法之后，归纳到"社会"上来，认为是

---

① 觉悟社：《本刊的酝酿（三）施以给石逸》，收于张允侯等编：《五四时期的社团》，第 2 册，第 319 页。

② 中共中央马克思恩格斯列宁斯大林著作编译局研究室编：《五四时期期刊介绍》，第 1 集上册，第 92 页。

③ 同上书，第 249 页。

④ 同上书，第 2 集下册，第 480 页。

⑤ 同上书，第 1 集上册，第 263 页。

黑暗的"社会"造成这一切。这种"唯社会"的观点事实上是一个连环①："社会"是极重要的，但"社会"是令人痛恨的，"社会"是可以被改造的，改造之后的"社会"可以是极光明的。

这个极光明的社会带有一些特色：一是中国传统思想中和平的，没有人对人的仇恨、压迫，平均的、性善的理想。②一是晚清以来乌托邦世界的倾向，这种乌托邦思想与无政府主义及社会主义相互杂糅附会。有时且与《大同书》《仁学》等乌托邦意味较浓厚的书混合在一起。这一个思路发展成对英、美资本主义国家的敌对，这种敌对意识的形成与对一次大战后威尔逊（Thomas Wilson，1856—1924）等英、美国家领袖政策的不满有关。人们由于不满"西方"而寻找另一个"西方"——俄国，而这个新"西方"对当时的中国又处处表现善意。在"少年中国学会"中，郑伯奇（1895—1979）等提案指出，少年中国学会最好要提出一种主义，如果少年中国学会不规定一种主义，他担心青年会不知不觉地倾向资本主义。③这段话隐然假设否定资本主义是纯洁青年的最起码要求，它与王光祈（1892—1936）所说的"各人信仰起码亦系社会主义"有所出入，因为王光祈所向往的社会主义是以充分发展实业为前提。④它

① 当然也受了当时社会主义观点的影响。

② 江亢虎回忆道："幼受《大学》至治国平天下，尝叩师：'天下何以不曰治，而曰平？又'不患寡而患不均，天下国家可均也'，亦请其意义。师均无以应。怀疑既久，触悟亦多。及读'礼运'，慨然慕'大同之治'，妄草议案，条例多端，以为必如何如何，而后天下可企于均平。因虚拟一理想世界，如佛陀、耶稣所谓天国者。"转引自汪佩伟：《江亢虎研究》，武汉出版社1997年版，第39页。

③ "如我们有了共同的趋向，我们的社会活动才有意义，我们的预备工夫也才不是盲目的工作，而研究学问的与实际活动的也才有一个连络。法、德同人颇引张謇、黄炎培以为社会活动的标准人物，不知他们的社会活动都有正确的目的，换言之，都是有主义的。他们的教育和实业都是为达他们资本主义的。我们会员中也有许多人志望实业和教育，若预先没有一种确定倾向，恐怕早晚被他们造成的新兴的资本主义潮流吸收了去。"参见郑伯奇：《郑伯奇等的提案》，收于张允侯等编：《五四时期的社团》，第1册，第448页。

④ 中共中央马克思恩格斯列宁斯大林著作编译局研究室编：《五四时期期刊介绍》，第1集上册，第259—261页。

与戴季陶（1891—1949）等人的社会主义思想也有所出入，因为戴氏等人认为，当时中国根本没有实业，谈不上"分配"的平等，故他们一面讲社会主义，一面希望中国应该尽快发展实业。

当他们深入分析"社会"的问题时，发现"社会"是一个有机体①，所有问题都盘根错节地交缠在一起，所以产生"社会是整个的"这个观念。②我们在前面提到，在民国八年年底的"问题与主义论战"中，远在湖南的毛泽东（1893—1976）是站在胡适的"问题"这一边的，毛泽东针对当时的社会开了一长串的"问题单"，可是他逐渐发现"问题"列不完，由于所有问题都串联在一起，毛氏逐渐转向整体的解决，宣称："社会万恶"以及要"创造一种新社会"。③

当时青年们也逐渐倾向于认为，改变社会必须彻底改变经济组织，人们遂放弃新文化运动以来的几种信念：1.点滴式的改革。2.个人主义式的，每个分子力求健全自己，最后达到整个社会的进步。3.由思想、文艺入手的努力。尤其是经过问题与主义论战的洗礼，许多原先倾向"问题"的人，后来发现"问题"多到解决不完，"问题"之间又有千丝万缕的联系，不能像胡适等人所宣称的先解放个人再解放社会，而是必须对社会进行彻底改造。唯有先改造社会，才能回过头来解救个人；要先毁灭旧社会、建立新社会，所有个别的问题才能获得全盘解决。④在中国传统思想中，"人"是一个不成问题的概念，但在

---

① 晚清以来，"社会"及"社会有机体论"，两者都是新的思想观念，"社会有机体论"这个理论经严复翻译的斯宾塞著作如《群学肄言》之后，成为许多人的口头禅，成为对社会的想象的方式。整个社会是像人的身体一样的有机体，不可能单独切开任何一部分，所以改造社会也不可能是点滴的，而是要对整个有机体做通盘解决。

② 郑振铎曾回忆说："（瞿）秋白那时已有了马克思主义者的倾向，那一切社会问题，作为一个整体来看。"参见中共中央马克思恩格斯列宁斯大林著作编译局研究室编：《五四时期期刊介绍》，第 1 集上册，第 325 页。

③ 前者见《"社会万恶"与赵女士》，后者见《学生之工作》，皆收于中共中央文献研究室等编：《毛泽东早期文稿》，湖南出版社 1990 年版，第 425—434、454 页。

④ 《开明》编辑宋云彬说："未来的中国，将有一场大火，毁灭旧社会的一切，重新建设起一个没有人对人的仇恨，阶级对阶级的剥削的社会。"参见刘仰东编：《梦想的中国：三十年代知识界对未来的展望》，西苑出版社 1998 年版，第 61 页。后来，甚至到 20 世纪 30 年代，这一（转下页）

新文化运动之后人们不断问"人"是什么，并随时加上引号以便说明"人"仍旧是"有问题"的状态。它当然也意味着，没有成为真正的"人"之前的生活状态是不值得过的。

"人"成为一个有问题的状态与当时西方思想界的主流有关。包默（Franklin Baumer，1913—1990）认为西方传统的"人"观在近代面临三种危机：其一，传统崩溃之后，价值世界不再有中心力量，不再有一套稳定的系统使人们面临冲突的价值时有一个参照架构。其二，达尔文进化论及弗洛伊德心理分析对"人"提出复杂而颠覆性的见解。其三，最重要的是一种把"人"当成完全是社会与文化形塑的产物，所以它是漂浮不定的，相对化的，而不是任何一种确定的东西。①

在前述三种使"人"成为有问题的因素中，第一、二项，与当时中国相近，但我们在此所关心的是把"人"问题化、把"生活"问题化、把"意识"问题化之后，如何支撑起一种新的内在生活。

"主义"是一个意外的受惠者，它支撑起一个新架构，使得能过某种状态的生活，能思考某种主张的人，取得了高人一等的道德优位，同时也让人们相信，有理想有热情的人，应该是有"主义"的人。有的认为 20 世纪世界的新潮流是"人的潮流"②，有的认为"完成人格必须劳力"③，有的认为"惟具有

（接上页）路思维基本上是确定下来，巴金："要全社会得着解放，得着幸福，个人才有自由幸福可言。"参见刘仰东编：《梦想的中国：三十年代知识界对未来的展望》，第 103 页；金丁（一位读者）："据历史告诉我们说，在某一个时期，做医生的，做理发师的，做瓦木匠的，做教员的，做……都一定要抛开他们各人的专长，而大家去做一件共同的事！因为这一件共同的事不办好，他们各人的专长就没有站脚的地方。这就是说：这一件共同的事，必然是集团的消灭个人的。"参见刘仰东编：《梦想的中国：三十年代知识界对未来的展望》，第 107 页。

① Franklin Baumer，*Modern European Thought：Continuity and Change in Ideas*，1600—1950，New York：Macmillan，1977，pp.417—438.

② 中共中央马克思恩格斯列宁斯大林著作编译局研究室编：《五四时期期刊介绍》，第 2 集上册，第 431 页。

③ 周馨：《工学会的旨趣书一》，《工学》第 1 卷第 1 期，1919 年 11 月 20 日，收于张允侯等编：《五四时期的社团》，第 2 册，第 504 页。

奋斗精神，独立精神，互助精神的'平民'，才算作'人'"，并认为他们的目标便是"传播'人'的思想，提倡'人'的生活，建设'人'的社会"①。有人说"人化"即"欧化"②，或是说"人化"即"主义化"，没有主义不成其为"人"。③施存统（1899—1970）曾经提醒"我们不要存一个'以一个主义支配世界底野心'"④，正可想见当时人们以为"主义"无所不包的心态。

人们也争论要怎样才可以使中国人得到"人的生活"。1920 年 11 月，陈望道（1891—1977）与邵力子（1882—1967）与张东荪（1886—1973）、舒新城（1893—1960）对此有所争论：究竟如张、舒二人所说在资本主义下才能使人得着"人的生活"，或是在社会主义下才能使人得到"人的生活"。邵力子说一定要是兼顾精神及物质的社会主义才行，他说"而要使中国人得着'人的生活'，一定非先有一种主义不可。⑤"

他们关心着缩短"旧人"到"新人"的时间，1920 年由上海新人社所出版、并与上海泰东书局有密切关系的刊物《新人》创刊，在"发刊词"中宣言该社之宗旨为"缩短旧人变新人的时间"，"使这理想社会变成现实社会"；"推翻字典上头你我他三个字的解释"。⑥

人们向往着成为光明、纯洁、奋斗的"新人"。"纯洁""坦白"成为"五四"社团中常见的口头禅。⑦为能维持"人格的光明坦白"，有的则主张社员之间要随

① 中共中央马克思恩格斯列宁斯大林著作编译局研究室编：《五四时期期刊介绍》，第 2 集，上册，第 441—442 页。

② 傅斯年：《怎样做白话文》，收于傅孟真先生遗著编辑委员会编：《傅斯年全集》，台北：联经出版事业公司 1980 年版，第 4 册，第 1133 页。

③ 傅斯年说："见理不明，因而没主义可说；志行薄弱，因而没宗派可指。"见傅斯年：《白话文学与心理改革》，收于傅孟真先生遗著编辑委员会编：《傅斯年全集》，第 4 册，第 1179 页。

④ 施存统：《我们底大敌，究竟是谁呢?》，《民国日报》"觉悟"副刊，1920 年 9 月 28 日。

⑤ 邵力子：《再评张东荪君的"又一教训"》，收于傅学文编：《邵力子文集》，中华书局 1985 年版，上册，第 438 页。

⑥ 中共中央马克思恩格斯列宁斯大林著作编译局研究室编：《五四时期期刊介绍》，第 2 集上册，第 409 页。

⑦ 工学会的"会务纪要"说："各分子的思想非常纯洁，绝无卑鄙；心胸非常坦白，绝无虞诈。"张允侯等编：《五四时期的社团》，第 2 册，第 512 页。

时公开相互批评（如"觉悟社"）。而且重要的是理想有为的青年，眼光是放在未来的社会，而不是现在的社会。要为未来社会之人，不为现在社会之人。少年中国学会中也说要区分"现在的政治"与"未来的政治"。他们相信缩短由"旧人"变"新人"的时间，则可以使"理想社会"马上落实成"现实社会"，或者认为凡社会改造事业，不从全局下手，仅作小规模的试验，最后一定是要失败的。瞿秋白（1899—1935）说应该是"全世界，全社会，各民族，各阶级"的解决。①

　　总结上面的讨论可以看出：人们都认为，政治是一件肮脏的事，投入政治是为了拒绝政治。②我称之为"现实政治之外的政治行动"与"现实社会之外的社会行动"。这种在现实政治社会之外参与政治的形式的前提是不进入社会进行改革的活动，而是以一种超越、凌驾于当时政治、社会环境之上，宏观一切，规划一切，又改变一切的方式进行，是孙中山《三民主义》中说到的：广州西关那边的阔学生先穿上毛大衣，然后希望改变天气来适应它。③

（二）未来的神话

　　"社会"的思维与"未来"的神话是一体的，"未来"隐然是一个新宗教。

---

　　①　瞿秋白：《革命的时机到了！》，收于蔡尚思主编：《中国现代思想史资料简编》，浙江人民出版社 1982 年版，第 1 卷，第 643—644 页。

　　②　类似的论述可参见林毓生对鲁迅从政态度的讨论，参见林毓生：《鲁迅政治观的困境——兼论中国传统思想资源的活力与限制》，《政治秩序与多元社会》，台北：联经出版事业公司 1989 年版，第 253—275 页。

　　③　孙中山说："我记得三十多年前，我在广州做学生的时候，西关的富家子弟，一到冬天便穿起皮衣。广州冬天的天气本来不大冷，可以用不着皮衣的；但是那些富家子弟每年到冬天，总是要穿皮衣，表示他们的豪富。在天气初冷的时候，便穿小毛；稍为再冷，便穿大毛；在深冬的时候，无论是甚么天气，他们都是穿大毛。有一天他们都是穿了大毛皮衣，到一个会场，天气忽然变暖，他们便说道：'现在这样的天气，如果不翻北风，便会坏人民了。'……现在一般青年学者信仰马克思主义，一讲到社会主义，便主张用马克思的办法来解决中国社会经济问题，这就是无异不翻北风就坏人民一样的口调。"参见孙文：《民生主义第二讲（民国十三年八月十日讲）》，《三民主义》，收于中国国民党中央委员会党史委员会编订：《国父全集》，台北：中国国民党中央委员会党史委员会 1973 年版，第 1 册，第 190 页。

新文化运动的一个重要思维是理想的社会可以很快实现，而且如果有某种有效率的新组织来领导行动，这个"未来"并不远。我们在当时一些青年（如陈范予，1901—1941）的文字中不断发现前面提到张灏先生所形容的一种极度失望与极度兴奋合而为一的心理结构。极度失望的是现在的社会，极度兴奋的是未来的美好社会。这两者原来是有巨大距离的，但是在这一代青年的心理结构中却认为两者可以是一个。只要能找到一种办法，则最美好的社会必定可以实现。顾颉刚（1893—1980）说只要努力，最美善的社会便能在一夕之间完成，即模糊地表现出这种心态。

以下要举几个青年刊物的例子说明当时青年的这种心理结构，如少年中国学会成都分会在 1919 年 7 月所创办的《星期日》，这份刊物以李劼人、孙少荆等为主，《星期日》的发刊宣言说："今后便是光明的世界，是要人自觉的世界。"[1]又说："我们为什么要办这个周报，因为贪污黑暗的老世界，是过去的了。"[2]出刊仅仅两期的《芜湖学生会旬刊》到处强调："黑暗、光明之对比。"[3]《杭州学生联合会报》"改革本会会报的意见"之作者认为，今后的宗旨应该"根据世界潮流，促进知识阶级和劳动阶级彻底的觉悟，……建设'光明''合理'的社会。"[4]

瞿秋白也说中国"无社会"[5]，故要人为地、有意识地去造成种种新的社会组织。毛泽东要造湖南为"黄金世界"。[6]这一类的话很多，譬如说："只希望广东成为世界上一个模范的'新国'"[7]。

---

[1]　中共中央马克思恩格斯列宁斯大林著作编译局研究室编：《五四时期期刊介绍》，第 1 集上册，第 280—281 页。

[2]　同上书，第 1 集上册，第 281 页。

[3]　同上书，第 2 集上册，第 478 页。

[4]　同上书，第 2 集上册，第 445—446 页。

[5]　瞿秋白：《中国之"多余的人"》，《赤都心史》，收于周谷城主编：《民国丛书》，上海书局出版社 1996 年版，第 5 编，第 120 页。

[6]　毛泽东：《为湖南自治敬告长沙三十万市民》，收于中共中央文献研究室等编：《毛泽东早期文稿：1912.6—1920.11》，第 529 页。

[7]　陈独秀《答皆平》一文所附皆平寄给陈独秀的书信，收于陈独秀：《独秀文存》，安徽人民出版社 1987 年版，第 822 页。

（三）组织的神话

在"未来的神话"之后，还要附带谈"组织的神话"。

许多敏感的观察者都提到，"五四"是一个"个人意识"及"集体意识"觉醒的时代。在此之前，"学校里除了同乡会的组织以外，任何组织都没有，也不允许有"[1]。郑超麟回忆"五四"时说，那是"一个意识的觉醒"的时代，说"当代中国的集体意识，可以说，是在这一年觉醒的；我个人的小小意识则确实是在这一年觉醒的"[2]。一方面是"潜伏的个人意识已经觉醒，从此我是自己的主人，我能支配自己的命运，而不再是父师及其他长辈给我安排的家族链条中一个环节了"[3]。另一方面是从当时学生与军阀之间的斗争中看到青年团体与组织所能产生的巨大力量。而白话文又使得一向限于精英的活动可以下及工农，可以动员、组织他们参与广大的救国活动。

此处我要举几条史料说明当时人积极创造"组织"作为战斗大本营的想法。

在描述《国民》杂志社成立周年情形的记载之中，蓝公武（1887—1957）演说时指出五四运动之价值说："盖必先有组织而后始能奋斗，设'五四'后而无组织的运动，卖国者何能遽去？"[4]此为当时许多人共同的想法，也激发了以强固而有纪律的组织与社会决战的无限乐观情绪。

宗之櫆（1897—1986，即宗白华）在《少年中国》所发表名为"中国青年的奋斗生活与创造生活"的文章中提道：

---

① 刘勋宇：《忆工学会》，收于张允侯等编：《五四时期的社团》，第2册，第526页。

② 郑超麟著，范用编：《郑超麟回忆录》，东方出版社2004年版，第160页。

③ 同上书，第165页。

④ 一觉记：《本社成立周年纪念大会纪事》，收于张允侯等编：《五四时期的社团》，第2册，第27页。

　　"高蹈远引脱离这个恶社会"是消极遁世的办法，应该实行的是"联合全国青年组织一个大团体，与中国社会上种种恶习惯、恶风俗、不自然的虚礼谎言、无聊的举动手续，欺诈的运动交际，大起革命，改造个光明纯洁、人道自然的社会风俗，打破一切黑暗势力的压迫。"[①]

　　《新人》杂志主张"新村主义"，认为新村是"另立一新社会之模型，以便世人的仿制，并且是和旧社会宣战的大本营"[②]。天津觉悟社曾有以下的主张：即期许能"作成一个预备'牺牲''奋斗'的组织，认他为一个作战的'大本营'"[③]。

　　把前面几点稍加综括以后，我们可以发现后五四时代形成了一种新论述，即中国是需要社会改造、社会革命，以实践未来的政治、未来的社会。而且未来的社会是带有乌托邦色彩的黄金社会，与民初以来不断出现在人们笔下的"混浊的社会"形成巨大反差。另一个心态认为只要找到办法，在最快时间内，便可以缩短未来的理想与昏暗的现在之间的距离。这双重的距离感为结合党组织、主义，武力的"新主义"铺下了沃土，人们要寻找一种可以跨越这个距离到达目标的办法，就像毛泽东所说的要以它来"另造环境"。[④]

　　最早引起我注意五四时期"转向主义"这个现象的是傅斯年。"五四"健将傅斯年在当时宣称"有主义比没有主义好"，不过我们细检他当时宣扬主义的脉络，所指涉的大多是文化方面，在涉及政治的基本上是以"主义"来进行"国民训练"。[⑤]但对以"社会改造"为无上任务的人而言，他们所企求的是一种刚性的、强有力的政治主义，可以从社会外面强力地把"社会"加以彻底改

---

　　① 中共中央马克思恩格斯列宁斯大林著作编译局研究室编：《五四时期期刊介绍》，第1集，上册，第246—247页。

　　② 同上书，第2集，上册，第411页。

　　③ 二八：《三个半月的"觉悟社"》，收于张允侯等编：《五四时期的社团》，第2册，第310页。

　　④ 毛泽东：《致李思安信》，收于中共中央文献研究室等编：《毛泽东早期文稿：1912.6—1920.11》，第557页。

　　⑤ 请参见拙著：*Fu Ssu-nien：A Life in Chinese History and Politics*（Cambridge：Cambridge University Press，2000），p.46，p.155。

造的主义。从五四青年社团的文件中，我们不断看到他们在各种主义之间寻寻觅觅的实例。他们当时所谓的"新主义"，是指过激主义、社会主义、无政府主义。[1]在这些"新主义"中，当时青年们便作过一些评价。如他们认为无政府主义的自由作用太无限制，"容易流为空谈"[2]，并不足以在旧势力与黄金未来之间架起一道有力的桥梁。从上述案例看来，人们已经觉得要有一个"主义"，但这个主义究竟是什么？其实并无定见。

在各种主义之间出出入入的人很多，个殊性与差异性非常大。不信主义、怀疑主义，埋首做其他工作以试图解决问题的人也非常多，不可一概而论。虽然如此，当俄国大革命成功的消息传来后，人们已经模模糊糊觉得俄国大革命是一个很有用的模式，用毛泽东在《论人民民主专政》中的话说，俄国大革命一炮送来了马克思主义。人们看到一种新型的力量，它打破帝俄时代的昏暗落后，使俄国一夕之间过渡到社会主义的天堂——但是并不是所有人都马上觉察这项讯息，很多人是在后来才逐渐领悟到它的重要性。

关于中国共产党的建立及它的影响、著作已经很多[3]，此处想讨论的是俄国式的"新型力量"——主义、党、党军三位一体，如何影响近代中国的"主义"论述。

俄国大革命为当时的中国提供了一个可用的模型、一个成功的范例。西方是近代中国的"新三代"，而俄国是英、美之外另一个"西方"，思想界迅速的由英、美、法、德转向俄国。既然与中国情况相仿佛的俄国可以做到，则这是一条可以照着走的道路。正如许德珩（1890—1990）所说的：

　　十月革命以后，我们有了一个模糊的方向。[4]

_____

① 柯璜：《余对于新思潮之疑问》，《教育潮》第 8 期，收于中共中央马克思恩格斯列宁斯大林著作编译局研究室编：《五四时期期刊介绍》，第 2 集，上册，第 432 页。

② 伍一小、山：《社员通信：西欧的"赤"况（节录）》，收于张允侯等编：《五四时期的社团》，第 2 册，第 344—345 页。

③ 如陈永发：《中国共产革命七十年》，台北：联经出版事业公司 1998 年版。

④ 许德珩：《回忆国民杂志社》，收于张允侯等编：《五四时期的社团》，第 2 册，第 37 页。

类似的话还有许多，此处不具引。俄国大革命使得当时许多人认为他们找到了一个"方向"，一切变得可以理解，而且变得可能了。俄国大革命成功的要素——主义、党、军队三位一体也成了新的万灵丹，是把"idea"与"reality"的距离压缩到最小的利器。1921年中国共产党的成立是一里程碑。李璜（1895—1991）回忆说，民国十年以前中国各政党的组织皆是政客式的，真正具有一定主义，为政治之宣传，向群众发言，对同志加以组织，乃是民国十年成立的中国共产党。[①]

较早对俄国"新型力量"给予注意的是孙中山。1921年，孙中山开始写信给俄国领导人，表现出对新型力量的关注。此后，中国国民党的一个重要方向是"以俄为师"，以列宁为师。布尔什维克党的主义、党、宣传、军队成为孙中山及他的追随者的模范。后来北方的冯玉祥（1882—1948）也对俄国的"新型力量"表现极高的向慕。这种在主义的指导下，高度组织化、战斗化的新形式，使人们在它上面看到希望，重燃救国的信心。

青年们的心理逐渐产生一种改变，自觉到要放弃新文化运动初期那种尊重个人自由、解放的路子，改为崇尚集体的权力而愿投身革命组织，参加国民党、共产党或其他政党，以救中国，宁愿牺牲个人自由，而服从集团之纪律。[②]

六、 主义化的时代

在这里，我要暂时从论文的主线叉开，转而讨论"五四"前后到20世纪二十年代的一种"主义化"的现象。从个人到政党、到国家，弥漫着"有主义总比没有主义好"，有主义的生活才是"人的生活"的论调。

"主义化"可以分成两个阶段：五四运动之前为一阶段，五四运动之后为

---

① 李璜：《学钝室回忆录》，台北：传记文学出版社1973年版，第118页。

② 唐君毅：《六十年来中国青年精神之发展》，收于胡菊人编：《生命的奋进：四大学问家的青少年时代》，台北：时报文化出版公司1986年版，第79—80页。

另一阶段。

"五四"前后所高喊的"主义化"呼声，可以以 1916 年 12 月傅斯年所写的《心气薄弱之中国人》为例。傅氏说：

> 人总要有主义的。没主义，便东风来了西倒，西风来了东倒，南风来了北倒，北风来了南倒。
>
> 没主义的不是人，因为人总应有主义的，只有石头，土块，草，木，禽兽，半兽的野蛮人，是没灵性，因而没主义的。
>
> 没主义的人不能做事。做一桩事，总要定个目的，有个达这目的的路径。没主义的人，已是随风倒，任水飘，如何定这目的？如何找这路径？既没有独立的身格，自然没有独立的事业了。
>
> 没主义的人，不配发议论。议论是非，判断取舍，总要照个标准。主义就是他的标准。去掉主义，什么做他的标准？既然没有独立的心思，自然没有独立的见解了。
>
> 我有几个问题要问大家：
>
> (1) 中国的政治有主义吗？
>
> (2) 中国一次一次的革命，是有主义的革命吗？
>
> (3) 中国的政党是有主义的吗？
>
> (4) 中国人有主义的有多少？
>
> (5) 中国人一切的新组织，新结合，有主义的有多少？
>
> 任凭他是什么主义，只要有主义，就比没主义好。就是他的主义是辜汤生、梁巨川、张勋……都可以，总比见风倒的好。
>
> 中国人所以这样没主义，仍然是心气薄弱的缘故。可叹这心气薄弱的中国人！[1]

---

[1] 傅斯年：《心气薄弱之中国人》，收于傅孟真先生遗著编辑委员会编：《傅斯年全集》，第 5 册，第 1573—1575 页。

这是一篇很可玩味的文献，它写于"五四"之前，它的论断是非常斩钉截铁的：中国人是没有主义的，"没主义不是人，因为人总应有主义的"，石头、草木、野兽没有灵性，所以没有主义，"任凭他是什么主义，只要有主义，就比没主义好"。傅氏甚至认为即使像张勋（1854—1923）这般执守复辟主义者也是可取的。他主要针砭中国人"心气薄弱"，所以这一种"主义化"着重的似乎是中国人作为人的起码质量。不过值得注意的是，此时提出以有主义作为人之所以为人的基本条件，带来一种紧张感，一种驱动力，认为要做一个起码的人，便要有"主义"，这是"主义化"过程中不可忽视的驱动力。

前面引用傅斯年的话时，已提到"主义化"与一种新的人观分不开。除了新的"人"观之外，当时也有其他心理特质与它的流行有关。譬如当时时常可见的模模糊糊的口号："向上的"或"向上的生活"的观念，究竟是向上到何处去，随着人们信仰的价值体系而有不同，对许多人而言，"向上的生活"便是向上到过有主义的生活。当时常用"有意识"的一词，要求人们过"有意识的生活"，而"有意识"的生活便是有"主义"的生活。

当时人心中隐隐然关心自己是不是"进步青年"。"进步青年"应该做些什么，在不同时代，不同的阵营，目标有所不同。在"五四"以后，以有"主义"为进步青年的思想势力愈来愈大，一套新的文化语言，一些隐微的心理特质，把"主义者"与"非主义者"的身份作高下的分别。不过傅斯年并未把"主义"往政治方向推进。他说新潮社"最后的目的，是宣传一种主义。到这一层，算止境了，我们决不使他成偌大的一个结合，去处治社会上的一切事件。"[1]他并未将"有主义总比没有主义好"的主张推到社会改造、社会革命。但五四运动之后，一直到 20 世纪 20 年代中后期，青年、政客和军人"主义化"的现象，则主要表现为政治的、革命的。在进入讨论之前，我必须说明：当时青年提到布尔什维克主义的频率似远超过马克思主义，提到马列主义的频

---

① 傅斯年：《"新潮"之回顾与前瞻》，收于傅孟真先生遗著编辑委员会编：《傅斯年全集》，第 4 册，第 1207 页。

率也超过马克思主义。从 20 年代起，政治上的"主义"成为时髦语。像是梁启超就曾讥讽说，这几年看似蓬勃有生气的新思潮、新文化运动，试检查其内容，"大抵最流行的莫过于讲政治上、经济上这样主义那样主义，我替他起个名字，叫做西装的治国平天下大经纶；次流行的莫过于讲哲学上、文学上这种精神那种精神，我也替他起个名字，叫做西装的超凡入圣大本领"①。马君武（1881—1940）也指出了"主义癖"显现的负面意义，他表示："无论何种主张，皆安上主义二字。其中每每有不通可笑的，又有自相冲突的"；往往是出主入奴，辩论纷纭，有时竟是同根相煎。如"Nationalism"，孙中山称为民族主义，"醒狮"同人则叫做国家主义，未料以民族主义相号召的国民党，却把国家主义的青年党当成仇敌。②

在短短几年之间，一些原先服膺新文化理想的人，纷纷转向"主义"。陈独秀于 1920 年 9 月《比较上更实际的效果》一文中说："与其高谈无政府主义、社会主义，不如去做劳动者教育和解放底实际运动"③，同年 12 月，在《主义与努力》中则表示他已改变立场，从原先所谈一点一滴的改造，转向高谈应该受主义指导以定方向。④写《赤都心史》时代的瞿秋白，嘲讽 1911 年以来，"满天飞舞的'新''主义''哲学''论'……无限，无限"⑤。同时也说"一切一切主义都是生活中流出的，不是先立一理想的'主义'。""不在于拘守'主义'，死的抽象词。"⑥但是在 1920 年左右，他也转向拥抱主义，主张"整个地"解决社会问题。

① 梁启超：《科学精神与东西文化（八月二十日在南通为科学社年会讲演一）》，《晨报副镌》，1922 年 8 月 24 日，第 1 版，该文收于林志钧编：《饮冰室文集之三十九》，《饮冰室合集·文集》，第 14 册，第 2 页。

② 马君武：《读书与救国——在上海大夏大学师生恳亲会演说》，《晨报副镌》，1926 年 11 月 20 日，第 4 版。

③ 陈独秀：《比较上更实际的效果》，《独秀文存》，第 588 页。

④ 陈独秀：《主义与努力》，《独秀文存》，第 599 页。

⑤ 瞿秋白：《赤都心史》，第 154 页。

⑥ 同上书，第 156 页。

柔石（1902—1931）是一位敏感而富理想性的年轻人，我们可以从他短短几年的日记中看到一种迅速的移动，由个人主义、人道主义，迅速转入社会整体改造的革命主义。①

另外一个值得讨论的例子是张申府（1893—1986）。张氏原先显然摆荡在"问题"与"主义"之间，但到了1922年，也就是"问题"与"主义"论战之后的第三年，他写了一篇恍兮忽兮，而又显然要走向"主义"的文章，痛责清谈问题，主张"主义"。②

想评估当时青年"主义"化的历程，应从那些原本赤诚服膺胡适的"问题"，而逐渐转向"主义"的人下手，最现成的例子便是毛泽东。

从毛泽东的早期文稿之中，可以看出他最初将胡适的一言一语信奉为圣经，胡适偶然讲自修大学，毛泽东便在湖南开办自修大学。③在毛泽东所主办的文化书社中，胡适的各种著作与社会主义的书籍都是热门读物。胡适提倡"问题"，批判"主义"，毛泽东也于1919年9月1日，筹组"问题研究会"，在"问题研究会章程"中开列一长串的"问题单"：教育问题、女子问题、国语问题、孔子问题，东西文明会合问题，婚姻制度改良及婚姻制度应否废弃问题，宗教改良及宗教应否废弃的问题，洋洋洒洒，七十几大项，细项还不在此数。④

他又说"问题之研究，须以学理为根据。因此在各种问题研究之先，须为各种主义之研究"，所开列认为需要研究的主义有十种：哲学上之主义、伦理上之主义、教育上之主义、宗教上之主义、文学上之主义、美术上之主义、政治上之主义、经济上之主义、法律上之主义、科学上之规律。⑤

---

① 赵帝江、姚锡佩编：《柔石日记》，山西教育出版社1998年版。

② 赤（张申府）：《随感录·研究问题》，《新青年》第9卷第6号，1922年7月1日，第84—85页，该文收入《张申府文集》，河北人民出版社2005年版，第3卷，第47页。

③ 不只是胡适，像傅斯年当时一些文句，也被毛泽东有样学样地照搬。

④ 毛泽东：《问题研究会章程》，收于中共中央文献研究室等编：《毛泽东早期文稿：1912.6—1920.11》，第396—403页。

⑤ 毛泽东：《问题研究会章程》，第401页。

但是很快地他的注意力转向"社会"，认识到"社会"才是一切的根本。在当时，一些小小的事件即可牵连敏感年轻人的神经，湖南有一位赵女士的自杀事件即是。①毛泽东对赵女士之自杀，先是发表了《对于赵女士自杀的批评》，指出赵女士所以自杀是因为有"三面铁网"②，第一面即是中国的社会。接着在《"社会万恶"与赵女士》中说：

> 社会里面既含有可使赵女士死的"故"，这社会便是一种极危险的东西。③

此后"社会"变成一个主词④，"社会"是整个的，而不是一个一个问题。故他想办新社团，"创造一种新社会"。⑤毛泽东在 1920 年 3 月"致周世钊信"中提道："老实说，现在我于种种主义，种种学说，都还没有得到一个比较明了的概念。"⑥同年 7 月，他注意到俄国大革命声称："不但湖南，全中国一样尚没有新文化。全世界一样尚没有新文化。一枝新文化小花，发现在北冰洋岸的俄罗斯。"⑦同年 9 月《湖南建设问题的根本问题——湖南共和国》中说："俄

---

① 当时青年知识群体走上自杀之路的原因，错综复杂，可以参考海青：《"自杀时代"的来临？：二十世纪早期中国知识群体的激烈行为和价值选择》，中国人民大学出版社 2010 年版。

② 毛泽东：《对于赵女士自杀的批评》，收于中共中央文献研究室等编：《毛泽东早期文稿：1912.6—1920.11》，第 413 页。

③ 毛泽东：《"社会万恶"与赵女士》，收于中共中央文献研究室等编：《毛泽东早期文稿：1912.6—1920.11》，第 424 页。

④ 毛泽东：《非自杀》，收于中共中央文献研究室等编：《毛泽东早期文稿：1912.6—1920.11》，第 431 页。

⑤ 毛泽东：《学生之工作》，收于中共中央文献研究室等编：《毛泽东早期文稿：1912.6—1920.11》，第 454 页。

⑥ 毛泽东：《致周世钊信》，收于中共中央文献研究室等编：《毛泽东早期文稿：1912.6—1920.11》，第 474 页。

⑦ 毛泽东：《发起文化书社》，收于中共中央文献研究室等编：《毛泽东早期文稿：1912.6—1920.11》，第 498 页。

国的旗子变成了红色，完全是世界主义的平民天下。"①在另一篇文章中则总结说俄国大革命的成功是因"有主义（布尔失委克斯姆）"②。

"五四"也是一个"团体"大觉醒的时代，学生们认识到团体可以发挥意想不到的力量，社会人士亦复如此，而且杜威在中国宣扬"共同生活"，也是促因之一。故五四时期出现大量青年社团，这些社团倏起倏灭，其中有一大部分很快地放弃了新文化运动文艺、思想、个人改造的路线，而提出彻底社会改造，社会革命的主张，而且认为应该追求一个"主义"，它们大部分尚未形成实际行动的方案，至于新型模式——"主义、党、军队"也尚未成形。

此处拟举几个社团作为主义化的例子。这些社团转向"主义"，每每是因为发现社会的问题是"整个的"，要整体的解决，因此放弃个体路线，转向在一个"主义"下聚合同志，组成一个有方向，有组织，有纪律的团体，以达到改造社会的目标。

"新型力量"的出现，使当时中国有些军阀、政客，为了对抗新主义起而提出另一种新"主义"，有些是震惊于有"主义"的军队的威猛力量，故而提出一种"主义"，其中有的奏效，有的只是一场闹剧。

政党的主义化，与知识青年加入主义化的政党是影响最大的事件。在俄国大革命成功，五四运动及中国共产党成立，这三大连环事件的刺激下，孙中山迅速作了相应的调整，尤以1924年的联俄容共，全盘模仿俄国的"主义、党、军队"的新型力量最具关键。

在胡适发表《多研究些问题，少研究些主义》之前，上海少年中国学会的会员即已针对北京会员提出"多研究学理，少叙述主义"之口号。当时会中有一派人认为要使每个人成为完全的人，然后再讲"主义"，而所谓完全的人，即是能过团体生活并有劳动习惯的人。"此外，尚有种种训练，都是养成做

---

① 毛泽东：《湖南建设问题的根本问题——湖南共和国》，收于中共中央文献研究室等编：《毛泽东早期文稿：1912.6—1920.11》，第504页。

② 毛泽东：《打破没有基础的大中国建设许多的中国从湖南做起》，收于中共中央文献研究室等编：《毛泽东早期文稿：1912.6—1920.11》，第508页。

'人'应该具备的性格和习惯，并且是凡向光明方面走的人，必不可不如此的。"[1]王光祈的意思是希望少年中国学会当时还不应该选定一种"主义"，但要成为将来运用各种主义的"训练营"。

1921年7月，少年中国学会在经过多次争执之后，终于彻底分裂，受李大钊影响的"主义"派占上风，恽代英（1895—1931）由不要求有一致的主义到确定一致的主义[2]，邓中夏（1894—1933）则主张"主义如不相同，分裂亦好"。他们甚至认为因"主义"不同，将来要在战场上相见。[3]

除了少年中国学会外，另一个颇具规模的团体是天津觉悟社，社员们也是受到李大钊文章的影响而"主义化"。在社员的回忆文字之中，就有提到他们在当时"得到了李大钊同志的亲切教导，他告诉我们，要改造社会必须确定鲜明的主义"[4]。

天津觉悟社原先属于"问题"派，希望实行"人的生活"，"觉悟无边无止，进化无穷"，而且明白说："大家都还没有一定的信仰。"[5]1921年8月，天津觉悟社为了联合进步团体，与少年中国学会、人道社、曙光社、青年互助团等五团体采取共同行动，全体会员集结到北京。李大钊代表少年中国学会致答词时，即提出各团体有标明"主义"的必要。认为"近年以来，世界思潮已有显然的倾向，一个进步团体，如不标明主义，对内既不足以齐一全体之心志，对外就更不能与他人有联合的行动。"[6]

1923年4月天津觉悟社的政治取向开始出现转向，说："我认的主义一定

① 中共中央马克思恩格斯列宁斯大林著作编译局研究室编：《五四时期期刊介绍》，第1集，上册，第241页。

② 同上书，第257页。

③ 同上书，第268页。

④ 刘清扬：《回忆觉悟社》，收于张允侯等编：《五四时期的社团》，第2册，第356页。

⑤ 邓颖超：《五四运动的回忆（节录）》，收于张允侯等编：《五四时期的社团》，第2册，第303、352页。

⑥ 张申府：《所忆》，《张申府文集》，第3卷，第471—472页。

是不变了"①，而且已经有部分社员"对于主义上已有同一的趋向"②。社歌云："社会革命，阶级战争，青年齐努力。"③大谈同一目标、同一途径，与"社会"对抗不能靠个人自觉，要靠团体，要由文化转向社会，由"人"的生活转向社会，不要受环境支配，要支配环境，与恶社会奋斗，创造一种新生活。1921年于安徽创刊的《芜湖》则宣称"教育问题，正和一切问题一样，非把全部社会问题改造好了，是不得会解决的"④。河南的《青年》杂志也由原本改造个人的思想与道德入手，转向改造社会，认为"物质变动决定一切"⑤。

胡适在新文化运动时期的口号之一是"输入学理"⑥。原先甚有力量的民主主义、个人主义、资本主义、社会主义、国家主义、共产主义，是以输入学理的方式进入的，但过不了多久，它们成为主义，理解它们的方式是主义式的。学理与主义当然不同，学理只是知识、思想层次，而主义则包括知识、思想、价值、信念、信仰、道路、行动。主义标示着统一的意志、集体的追求、动员各阶层，希望深入各阶层。此时"学理"的吸引力已经让位给主义，尤其当新文化运动时期思想、文艺的关心，让位给政治的关心之后，"主义"——信仰化的主义，在政治论述的市场中成为强势货币。诚如梁启超所说的，"理性只能叫人知道某件事该做，某件事该怎么做法，却不能叫人去做事，能叫人去做事的，只有情感"。"情感结晶，便是宗教化。"⑦将知识与行动绾合为一的

_____

① 见伍一杉逸、衫峙：《伍的誓词》，收于张允侯等编：《五四时期的社团》，第 2 册，第 348—349 页。

② 施以：《我们的开张篇（〈觉邮〉发刊词）》，收于张允侯等编：《五四时期的社团》，第 2 册，第 315 页。

③ 《我们的五一节（节录）》，收于张允侯等编：《五四时期的社团》，第 2 册，第 325 页。

④ 见恽代英给沈泽民、高语罕的信，收于中共中央马克思恩格斯列宁斯大林著作编译局研究室编：《五四时期期刊介绍》，第 2 集，上册，第 482 页。

⑤ 中共中央马克思恩格斯列宁斯大林著作编译局研究室编：《五四时期期刊介绍》，第 2 集，上册，第 492—493 页。

⑥ 见胡适：《新思潮的意义》，《胡适文存》，第 1 集，卷 4，第 727—736 页。

⑦ 梁启超：《评非宗教同盟》，收于林志钧编：《饮冰室文集之三十八》，《饮冰室合集·文集》，第 13 册，第 22 页。

论述之吸引人们的目光，也标示着时代的关怀与新文化运动时期之不同。信仰主义，即表示脱离了新文化运动时代个人觉醒与理想的观念，进入了集体行动的时代，而且在不断竞逐的过程中，只有以主义形式进入市场才可能生存。

1934年，《独立评论》发表一篇名为"新旧交替时代的游移性"的文章，在回顾过去几年的发展时，说出了不以"主义"作号召，在思想市场上如似矮人一截之状况：

> 前几年，主义这个玩艺，不论什么人，不说牠，不拉一个来作靠柱，就不能存在似的。三民主义，马克司主义，及一切花花绿绿的主义，只要占上主义两个字，就不愁无人欢迎。[1]

"只要占上主义两个字，就不愁无人欢迎"，为了赶上这一种新的表达方式，故自创主义的动机相当强烈，少年中国学会的领袖王光祈，在这时期一直为是否为这个团体定一个主义烦恼不堪。他喊出要"自创主义"，一直到在德国时，他仍想创造一种比世界上现有的主义（包括布尔什维克主义在内），都更合乎世界潮流与中国民族性的主义。后来他提出了一种近于礼乐主义的想法。[2]

"自创主义"之热门现象，还可以拿1919年3月成立的工学会所提出的"工学主义"为例。工学会显然是一个受无政府影响而成立的团体，他们说"工学主义的第一义，便是认定人生只有工与学两件事。……工学主义的第二义，便是认定作工和求学时相互需要的，工离不了学，学更离不了工"[3]。他们要打破劳动与智识阶级的划分，会员自由发展，不加限制。[4]但他们也宣称，

---

[1] 寿生：《新旧交替时代的游移性》，《独立评论》第96期，1934年4月15日，第14页。

[2] 中共中央马克思恩格斯列宁斯大林著作编译局研究室编：《五四时期期刊介绍》，第1集，上册，第259—261页。

[3] 石樵：《工学会旨趣书二》，收于张允侯等编：《五四时期的社团》，第2册，第505—506页。

[4] 《会务纪要》，收于张允侯等编：《五四时期的社团》，第2册，第513页。

有了"工学主义"之后，要"确信我们所抱的主义有提倡的价值和必要。我们今后最大的希望是工学主义能普遍的实现"①。值得注意的是连科学也成了一种主义，而胡适的"实验主义"当然也是一种主义，一种为了消解主义而提出的主义。

诚如前面所提到的，即使像解决赵女士自杀这样一个小问题也被认为需要"另造环境"才能解决——"政治改良一途，可谓绝无希望。吾人惟有不理一切，另辟道路，另造环境一法。"②为了"另造环境"，"主义"开始成为毛泽东笔下的常语，1920年11月25日在写给罗璈阶的信中说："我虽然不反对零碎解决，但我不赞成没有主义头痛医头脚痛医脚的解决。"③要"共为世界的大改造"④。要造成"一种有势力的新空气"，但为了换空气，"固然要有一班刻苦励志的'人'，尤其要有一种为大家共同信守的'主义'，没有主义，是造不成空气的"，新民学会不可以只是人的聚集或感情的结合，"要变为主义的结合才好"⑤。

这类言论在20世纪20年代颇不乏见。例如有人说："我是一个爱护'主义'者。我觉得任何主义他都有多少精义，都不容有人假借他，……我不愿意有人拏任何主义来欺世盗名，骗一般头脑纯洁有心向上的青年。""讲主义的人们，你要知道主义是纯洁的，向进化轨道中进展的，你们既然要讲主义，自然负有引导主义进展的责任。"⑥爱真接着归纳出四种条件："A.要有高尚纯洁的人格才可以讲主义。B.要言行合一的才可以讲主义。C.要不好同恶异的，才可

---

① 季尊：《本会一年来之回顾及今后之希望》，收于张允侯等编：《五四时期的社团》，第2册，第522—524页。

② 毛泽东：《致向警予信》，收于中共中央文献研究室等编：《毛泽东早期文稿：1912.6—1920.11》，第548页。

③ 毛泽东：《致罗璈阶信》，收于中共中央文献研究室等编：《毛泽东早期文稿：1912.6—1920.11》，第553页。

④⑤ 同上书，第554页。

⑥ 爱真：《怎样才可以讲主义？（上）》，《国闻周报》，第1卷第21号，1924年12月21日，第9页。

以讲主义。D.要明了社会历史及现实社会情状的，才可以讲主义。"①所以不管是什么主义，只要有"主义"之名，便即是神圣、纯洁的。反倒是"人"才是不可靠的。主义是主义，人是人，主义是好的，人不一定是好的，那么什么样的人才有资格成为主义者？

爱真所列举的四个条件大抵是当时人所同意的，不过此处也必须指出，主张先要做到"人"，才能谈"主义"，与主张能拥护主义才配称为"人"的两种思维，是有一些不同的指涉。前者常常表现为理想上是应该有主义的，但先要改造个人，所以他们通常反对立即投入社会主义或布尔什维克主义的怀抱，投入某种主义的怀抱之前要先完善个人，王光祈及爱真都成为既爱主义，又迟疑于迅速主义化的人。

在后五四时代有两条正路，一条是以胡适为代表的，由文学、哲学改进入手的道路，另一条是"从事于根本改造之计划和组织的道路"。然而，从20世纪20年代中期起，"主义者"往往成为一种有利的身份。

科举废除之后，传统中国鉴别社会精英的"识认系统"（用经济学的术语是"传讯系统"，"signaling system"）② 已经崩溃，新的"识认系统"一直在变，而且变成多元的，学位当然是一套新的识认系统，造成风气的言论领袖也成为一种新的身份，而成为"主义者"也是一种新的精英身份。

在新旧政治及思潮的更迭中，地方人士有时会巧妙利用新潮流为自己在地方社会中安排一个使自己优越于他人的新精英地位。五四运动时期如此，在"主义"风行的时代，能否成为"主义者"，也成为一种识别"新精英"的识认标志。

抑且，讲求"主义者"，更还可能在地方政治生活里占有一席之地。从晚

---

① 爱真：《怎样才可以讲主义？（下）》，《国闻周报》，第1卷第22号，1924年12月28日，第14页。

② 我对"传讯系统"的思考，受益于G. S. Becker所介绍的"教育传讯论"。可参见朱敬一、林全：《经济学的视野》，台北：联经出版事业公司2002年版，第77—82页。

清废科举以来，有所谓"绅士大换班"的现象。①过去在地方社会中什么样的人可能上去做绅士是可以被猜到的。从废科举到辛亥革命以后，有不少参与革命或新学堂的学生回乡成为新精英。从 20 世纪 20 年代开始，另一批新绅士换了班，"主义者"成为新身份，而且主义者的身份更为开放，不问出身，不问学历，不问财富，只问是否信仰主义，是否领有党证，是否愿意在主义的大纛下奋斗。获得这个新身份的重要方式是把自己写进自己所参与创造出来新的大剧本中，在其中为自己安排一个位置，而这个新的大剧本中，角色之间的关系是"同志"、是新的主义者的关系。

包天笑（1876—1973）在《钏影楼回忆录》中记载一个故事，颇能反映当时作为一个主义者或懂党义的人的骄傲。北伐成功之后，苏州吴县来了一位县官王引才，"但是苏州的那些老乡绅，还是瞧不起他的。他们有些都是科甲出身，在前清做过大员的，从没有见过这样一位县官。王引才自命为新人物，也不买他们的账。""最可笑者，苏州有些青年学生，研究国民党党义的，以为他不识党义，借了一点事，想去诘责他。惹得王引才老气横秋的说：'老弟！你要把孙中山先生的遗教，细心研究。他的《建国真诠》上怎么说，你读过吗？我倒要考考你！'说着，他把这一段书背诵如流。学生被他吓倒了，原来他是老党员，也许是老同盟。"②沈定一（1883—1928）就曾将这等行为形容为"只是借传播主义来维持生活，就活现一个择肥而噬的拆白党"③。

此处可以看出一种新、旧两批地方人士在新的"绅士大换班"之际争夺社会精英身份时产生的争执，而能否懂得"主义"是一个重要的判别标准，也决

---

① 郑超麟著，范用编：《郑超麟回忆录》，第 115、119 页。

② 包天笑著，刘幼生点校：《钏影楼回忆录·续编》，山西古籍出版社 1999 年版，第 742、744—745 页。

③ 沈定一：《告青年》，原刊于《劳动与妇女》第 2 期，1921 年 2 月 20 日。此据沈定一著，陶水木编：《沈定一集》，国家图书馆出版社 2010 年版，下册，第 445 页。陈独秀在一篇文章中也提及此，见陈独秀：《下品的无政府党》，《新青年》第 9 卷第 2 期，1921 年 6 月 1 日，收于《独秀文存》，第 613—614 页。

定了王引才是不是够资格作为地方领导人的判准。1925 年，一位化名"霆声"
的作者，在《洪水》发表"主义与主义者——论是非二"一文，说当时谈主义
者几乎"多如寒空中聒噪的老鸦"，"几乎不是主义者便失了做人的资格一般。"
他说："如寒鸦一般多的主义者中，真正是信仰奉行某种主义的信徒，实在并
没有那般以主义为招牌的'贾维新'那么多。贾维新们捐了主义的招牌是另有
作用的，所以，主义者对于主义到底是怎么一种关系就很难说了。""即是真正
信奉主义的主义者，他的言行仍不免被个人的情感和习惯支配着而往往有非主
义中所应有的状态，……""最近我们常常看见不同的主义者互相咒骂，互相
攻击，例如醒狮派和共产党……他们互相摭拾一些主义者的个人言行来咒骂，
来攻击主义的本身。"①

七、"新主义"与"新型力量"

在 20 世纪 20 年代的"主义化"风潮，也深深影响了孙中山。

孙中山深知用几句鲜明的"主义"勾勒其蓝图是非常重要的。在清季革命
中，孙中山以"主义"压倒没有"主义"的立宪派。当时革命与君宪之论争
中，立宪派基本上是根据现状立论，别无根本的主义，而革命派吸引人的原因
之一，是有清楚明快而且简洁的"主义"。这种近乎口号式的宣传，确实比没
有统率全局与方向的鲜明的主义者，更能吸引人。

不过当时孙中山，除了三大主义有关的演讲之外，未曾针对他的"三民主
义"，完成像马克思《资本论》那样成体系的著作。②而且他的三大主义真正在

① 霆声：《主义与主义者——论是非二》，《洪水》第 1 卷第 2 期，1925 年 9 月 1 日，第 36—
37 页。

② 孙中山在《建国方略：孙文学说》（见正中文库第 2 辑）第 8 章 "有志竟成" 中说："伦敦
脱险后，则暂留欧洲……两年之中，所见所闻，殊多心得……此三民主义之主张所由完成也。"（台
中：正中书局 1959 年版，第 78 页）。

晚清发挥效果的，主要是民族主义，当时似乎也没有足够的新阅听大众足以明了民权与民生两种主义。

1912 年，同盟会改组为国民党，孙中山之三民主义在国民党党纲中只剩下"采取民生政策"一条，1914 年 6 月，孙中山在东京成立中华革命党时，则只重申民权主义。在护国战争结束之后，中华革命党由日本迁至上海，黎元洪（1864—1928）继任总统后，中华革命党本部奉孙中山之命于 1916 年 7 月 25 日，向各分、支部发布通告，停止活动，实际上宣布了取消中华革命党。一直到五四运动之后，正式组成中国国民党时，才完整恢复了实行三民主义的宗旨，此时的民族主义针对的是帝国主义。①

此处要讨论说明的是，孙中山是时代的一分子，他也受到 20 世纪 20 年代"主义"思潮的巨大影响，而进入我所谓的"再主义化"之阶段。此时孙中山决定比较系统地阐述三民主义。②在晚清较早宣传社会主义的，也是同盟会人物。当时与同盟会对立的梁启超，一再发表文章痛斥革命党的社会主义，是鼓动流氓与乞丐之主义，所以当时国民党不只是从事政治革命，而欲根本改造国家，同时也讲求社会平等的社会革命。③

"五四"前后，在李大钊之前，于北京《晨报》副刊上宣传由日本输入的马列主义的陈溥贤（1891—1957），早期也是在日本帮革命党运送武器的人。④"五四"以后，国民党的宣传家们大力宣传社会主义，戴季陶（1891—1949）、胡汉民（1879—1936）、朱执信（1885—1920）、廖仲恺（1877—1925）等皆然。胡汉民等也致力于在古代历史文化中发现社会主义的思想，并引起过诸如

---

① 以上见彭明等：《近代中国的思想历程（1840—1949）》，第 529 页。

② 孙中山本人并未直接说明这一层影响，但是我们从年代的比对及其他蛛丝马迹可以作此判断。依据崔书琴《三民主义新论补篇》所言：孙中山在民国八年亲撰三民主义长文一篇，张继在此文的跋语中说此文"内容虽与今通行本（系指三民主义十六讲）大旨无殊，但申论要点，以及所举例证，则多为今本所未及详"。崔书琴说孙中山还有一份亲笔修改的三民主义讲演稿，崔氏并作了详细的比对。见姚渔湘等：《研究孙中山的史料》，台北：文星书店 1965 年版，第 121—161 页。

③ *Martin Bernal*，*Chinese Socialism to 1907*，pp.90—106.

④ 石川祯浩：《中国共产党成立史》，东京：岩波书店 2001 年版，第 27—46 页。

"井田制有无"等等的学术论战。①

不过理想上的社会主义与如何达到社会主义似乎有一些分别。在社会改造的内容之广狭、彻底的程度，以及实行的手段之间，因人而异。在社会主义的理想方面，双方是一致的，但究竟可不可能有一种不要马克思的社会主义？

再主义化的孙中山，明白地是以俄国为师。1921 年 8 月，孙中山在《复苏俄外交人民委员契特林书》中云："我非常注意你们的事业，特别是你们苏维埃的组织，你们军队和教育的组织。"②1922 年夏天，陈炯明（1876—1973）叛变；1924 年 1 月，中国国民党第一次全国代表大会的宣言，宣布"联俄、容共、扶持工农"的政策，容许共产党员以个人身份加入国民党。这一年，孙中山开始演讲三民主义，记录而成《三民主义》一书。在一开头即说"主义就是一种思想、一种信仰和一种力量"。

由于当时国民党正与俄国携手合作。在这前提之下，孙中山在《三民主义》中，就纳入党内共党及非共党双方的意见，故他说："民生主义就是社会主义，又名共产主义，即是大同主义。"③这段话也引来无数的辩论，一直到国民政府来台之后，三民主义的理论家们仍然为了化解这段话而大伤其神。不过，当时国民党觉得他们的理论是与共产党有所分别的，是没有马克思的社会主义，"纯用革命手段，不能完全解决经济问题"。"我们主张解决民生问题的方法，不是先提出一种毫不合时用的剧烈办法，再等到实业发达以求适用，是要用一种思患预防的办法，来阻止私人的大资本，防备将来社会贫富不均的大毛病。"④又说："资本家改良工人的生活，增加工人的生产力。工人有了大生产力，便为资本家多生产，在资本家一方面可以多得出产，在工人一方面也可以多

① 相关研究参考赖建诚：《井田辨：诸说辩驳》，台北：学生书局 2012 年版。

② 转引自彭明等：《近代中国的思想历程（1840—1949）》，第 533 页。

③ 孙文：《民生主义第一讲（民国十三年八月三日讲）》，《三民主义》，收于中国国民党中央委员会党史委员会编：《国父全集》，第 157 页。

④ 孙文：《民生主义第二讲（民国十三年八月十日讲）》，《三民主义》，收于中国国民党中央委员会党史委员会编：《国父全集》，第 178、190、191 页。

得工钱。这是资本家和工人的利益相调和，不是相冲突。"①故声明不以革命手段剧烈方法对付资本家，方法不同，但其最终理想是一致的。孙中山阵营自认为在思想上与马克思、列宁（Vladimir Ilyich Lenin，1870—1924）作出相当清楚的区分。孙中山当时决定"以俄为师"，最关心的是前面所提到的"你们苏维埃的组织，你们军队和教育的组织"。也就是主义、党、军三位一体的"新型力量"。后来俄国派遣越飞（Adolf Abramovich Joffe，1883—1927）前来协助，蒋介石（1887—1975）赴俄考察军事，以及1924年黄埔建军等都是相关的发展。

在当时人的心中，模模糊糊地认为孙中山与共产党分不开，冯玉祥在《我的生活》中，观察到这种心理："在他们（北方政客）的心意，凡是诚意欢迎中山先生北来主持国政的人，都当加上一个共产党的头衔。"②

虽然孙中山一再地区分他与俄国布尔什维克之不同，但是当时许多国民党员是把两者合在一起看的，此处略引南社的一个例子：南社的汪大千于1924年在盛泽镇担任区党部的书记，当时徐蔚南创办的报刊《新盛泽》，所宣传的便是孙中山的三民主义和列宁的社会主义思想，并且得到汪大千的热烈支持。③当时这一类的例子相当多。

即使在出版界，从1925—1927年，也是马列主义与孙中山的《三民主义》及《中山全书》同时大盛的时期，当时《三民主义》《建国大纲》《共产主义ABC》和其他关于社会运动、国际运动等的新书，非常畅销。随着北伐军的步伐，孙中山的著作广为传播，张秉文用了几个月编了《中山丛书》，在广州大卖，更跟随北伐进展，在湖南、江西、汉口，各重要都市倾销此书。任何书店只要印这套书就可发财，一批又一批地卖《三民主义》《中山全书》。就连向来对于新书不感兴味的工商界也为了要知道什么是"三民主义"或"共产主义"而开始读书。这股狂热的情形一直到民国十六年（1927年），国民党开始进行

① 孙文：《民生主义第一讲（民国十三年八月三日讲）》，《三民主义》，收于中国国民党中央委员会党史委员会编：《国父全集》，第169页。
② 冯玉祥：《我的生活》，第413页。
③ 柳无忌、殷安如编：《南社人物传》，社会科学文献出版社2002年版，第225页。

清党运动之后才开始衰退。①

与本文所探讨的主题比较相关的是，处处模仿俄国的结果，使得晚清以来的"主义"观产生一个重大的转变。即主义不再只是一种思想，而是像《三民主义》一开头所说的是"一种思想、一种信仰和一种力量"②。

后来，随着北伐军的成功，人们似乎找到了一种秘方。将各种主义信仰化的现象相当普遍，而且是极度排他性的信仰。③

在孙中山逝世之后，他的信徒中如戴季陶、胡汉民、蒋介石都倾向于把三民主义当作信仰、当作圣经，并强调以党治国，以党义治国。④清党运动清除了国民党内的左翼势力，以蒋介石为中心的，带有法西斯味道的一派遂成为国民党的主体，"主义"更为圣经化，而"新型力量"也与独裁的领袖合为一体。

在当时，各个政治团体多以主义、信仰为目标。在国家主义方面，曾琦（1892—1951）在一篇题为"国家主义与中国青年"的演说辞中，先是论说当时军阀与知识分子朝秦暮楚，忽南忽北，时而挂着国民党的招牌，时而充当军阀的走狗，说：

一言以蔽之曰："无主义信仰之故也。"⑤

---

① 整理自张静庐：《在出版界二十年》，江苏人民出版社 2005 年版，第 86—87 页。

② 孙文：《民族主义第一讲（民国十三年一月二十七日讲）》，《三民主义》，收于中国国民党中央委员会党史委员会编：《国父全集》，第 1 页。

③ 在孙中山故逝之后，国民党内部产生剧烈的变化，当时有几派对孙中山思想的诠释，略可归纳为三种：一种是只讲国民党第一次全国代表大会宣言中的"新三民主义"，强调联俄、容共、扶持工农，大抵国民党的左翼及共产主义者属于这一派。第二种是就孙中山三民主义的体系发挥。第三种特别值得注意，是要限缩三民主义中平等、自由等方面的意思，调换它的原意，尤其是要撇清孙中山所说的"民生主义即共产主义"这一点。见彭明等：《近代中国的思想历程（1840—1949）》，第 537—541、554—602 页。

④ 以胡汉民为例，他说"世界自有革命史以来，没有一次革命的意义，三民主义不能包括的"，"就是将来世界上任何真正革命的事实，三民主义一定也无不为其主宰的"，并强调"党"是"先天的国家"，转引自彭明等：《近代中国的思想历程（1840—1949）》，第 574、579 页。

⑤ 曾琦：《国家主义与中国青年（民国十四年五月在上海国立暨南大学讲）》，收于曾慕韩先生遗著编辑委员会编：《曾慕韩先生遗著》，台北：中国青年党中央执行委员会 1954 年版，第 123 页。

又说：

> 中国国势之不振，至今日而极矣！其堕落之程度，亦至今日而达极点矣！然何以不能挽救耶？皆以国人缺乏为主义而牺牲之精神也。凡人既服膺一种主义，必能为之而牺牲，虽赴汤蹈火，效命疆场，义不反顾。[1]

显然是国家主义者的爱真，在其所写的《怎样才可以讲主义?》中提道：

> 宗教势力渐渐小了，但是人们的信仰心，依然要有所寄托，于是学术的演进，乃宗教化而为人们信仰的中心。[2]

就是在左派刊物（如《中国青年》）中，亦弥漫着"信仰化"的情绪。如（萧）楚女（1893—1927）所写的《革命的信仰》中，就提及"我们眼前这般青年，在自己底内心生活上，大都没有什么信仰"。他认为"我们生活上、一切烦恼，沉闷、悲哀，痛苦，都是发于这个根源。""一个人底内心没有信仰，就是那个人没有'人生观'，没有人生观的生活，等于没有甜味的蜜，没有香气的花。""我们应该想一想：我们现在这种生活，还能算是'人'的生活。"[3]

在北伐前后，不论是主张信仰主义或信仰领袖的言论，都得到高度的发挥。戴季陶是其中的要角。由于戴氏当时的言论很有特色，也很有代表性，故在这里我要花较多笔墨来讨论。

戴季陶原先显然没有很深的"主义"观念。但在《日本论》中，则连篇累牍地陈述"一个主义""一种信仰""一个伟大领袖"三连环的重要性。他认为这是近代日本成功最重要的原因，而事实上读者都了解，那是戴季陶针对北伐

---

[1] 曾琦：《国家主义与中国青年（民国十四年五月在上海国立暨南大学讲）》，第124页。

[2] 爱真：《怎样才可以讲主义?（上）》，《国闻周报》第1卷第21期，1924年12月31日，第9页。

[3] 楚女：《革命的信仰》，《中国青年》第12期，1924年1月5日，第7—8页。

前后的中国所说的，日本只是被用来作为一面镜子。他以日本为例说明近代日本能而中国不能的关键即在日本国民有信仰、有统一的中心、集中的意志、有主义，中国如果想步趋日本，就应该信仰蒋介石所代表的三民主义，并在此旗帜下形成全国统一的意志。

戴季陶很聪明地区分"客观理知"与"主观意识"。从这个区分中可以看出新文化运动以来两种思路正在分道扬镳的现象。新文化运动要求人们客观、理智、解放（"客观理知"），但是戴氏的言论代表一种新走向，要主观、要统一、要信仰（"主观意识"）。①

他说："总理说主义是'信仰'，就是很明显地说明冷静的理知不化为热烈的情感时，绝不生力量。"②"信仰"与理智（或戴氏所谓的"打算"）是矛盾的，在两者之间要求"信仰"，"只有信仰，才能够永生，只有信仰，才能够合众。"③他说：

> 能把一切私的计算抛开，把永久一切的生存意义建设起来，从死的意义上去求生存的意义，为信仰而生为信仰而死的军队，就是革命军。
>
> 一个民族，如果失却了信仰力，任何主义都不能救得他起来。思想不变成信仰时，不生力量，不到得与生命合为一致时不成信仰。鄙弃信仰的唯物史观，决不能说明人生的意义，更不能说明民族生存的意义，伟大的

---

① 他说："日本的国民，是一个信仰最热烈而真切的国民了。一个人的生活，不能是单靠理知的，单靠理知的生活，人生便会变成解剖室里的死尸，失却生存的意义。而尤其是一个国民一个民族的生活，绝不能单靠理知的。民族的结合，是靠一种意识的力量。这一种意识的力量，当然由种种客观的事实而来。但是种种客观事实的观察和判断，不变成一种主观的意识时，绝不发生动力。"见戴季陶：《信仰的真实性》，《日本论》，台北：中央文物供应社1954年版，第94页。

② 戴季陶：《信仰的真实性》，《日本论》，第94页。

③ 戴氏又说："人们的打算，自古来没有完全通了的时候。……我们如果知道人生是'力'的作用时，便晓得信仰是生活当中最不可少的条件。……只有信仰才能够永生。只有信仰才能够合众。""信仰是无打算的，是不能打算的，一有了打算就不成信仰。"见戴季陶：《信仰的真实性》，《日本论》，第95、96页。

三民主义伟大的民生史观呵！①

他一再引日本为例，确信"信仰是一切道德的极致"是日本成功的最大元素。②

戴氏对于有"主义"之军队与无"主义"的军队，也有深入的讨论，他说古人论兵，以"道"为先，"道"就是主义。他痛斥当时的军阀，说他们最大的罪状是不肯为国家、为民族、为民众造成强而有力的军队，而造不成强而有力军队之主因，便是因为"他们的行径，说不上是什么主义，他们的力量，更够不上维持什么主义。"③

戴季陶主张要把主义当佛经般"一个字，一句话去念"。他说佛教中有"依经派"与"不依经派"，后者是禅派，而中国佛学之堕落即因禅宗而起。④戴季陶还提出要把佛教的"信、解、行、证"作为对三民主义的态度。⑤事实上是主张将主义宗教化。

他同时也论证信仰、领袖之重要性："领袖的人格和本领，也是创造时代

---

① 戴季陶：《信仰的真实性》，《日本论》，第 101、102 页。

② 戴季陶如此形容日本海军名将秋山贞之（1868—1918）："他确信信仰是一切道德的极致。在一切修为上，有最大威力。"见戴季陶：《秋山贞之》，《日本论》，第 67 页。

③ 戴季陶：《国家主义的日本与军国主义的日本》，《日本论》，第 50 页。

④ 杨玉清便清楚地记录戴季陶如何将三民主义当作佛经读："当我接办刊物（《三民主义半月刊》）时，我去见了戴季陶。我本知道戴季陶是把中山遗教当作佛经念的。我曾问他：'对于总理的主义，还是遵照精神好，还是遵照文字好？'他说：'应该遵照文字。对总理的著作，还是一个字，一句话去念的好！'中国学佛有依经派与不依经派之分。依经派就是依照佛经一个字、一句话去念。不依经派就说，我就是佛，何必念佛经。不依经派就是禅宗。中国佛学之坏，就坏在禅宗。"见杨玉清：《解放前孙中山三民主义思想研究浅略述评》，收于孙中山研究学会编：《回顾与展望：国内外孙中山研究述评》，中华书局 1986 年版，第 212 页。

⑤ 在一次"三民主义学会"成立大会中，戴氏说："他提出研究三民主义的态度，是佛学教人'信、解、行、证'四个字。""他说：'佛学教人有信、解、行、证四个字，借来点明本党同志研究主义应采取的态度，最为恰当。'"见杨玉清：《解放前孙中山三民主义思想研究浅略述评》，收于孙中山研究学会编：《回顾与展望：国内外孙中山研究述评》，第 212 页。

的一个最大要素。"①此处指的是蒋介石，到这里，戴季陶完成了"一个主义""一种信仰""一个伟大领袖"连环相扣的系统。他相当完整地论述了主义之必要性，及三民主义的优越性，然后把"领袖"的部分交给应该得到人们普遍信仰的伟大领袖蒋介石身上，成为多位一体的逻辑，最后走向法西斯化。

此处要特别强调一点，在北伐时期，人们确实也主动相信或主动认为，三民主义能统摄一切，笼罩一切，领导一切，徐复观（1904—1982）的一段话可以为证。民国十六年左右，他曾有一段时间认为"三民主义加科学便足够了，还要什么文科法科？"②言下之意是人文及社会科学的所有道理都被三民主义涵括了。不过徐复观说这个想法只持续了半年左右。

蒋介石从黄埔时期到南京政权建立之初，都一贯主张"三民主义为中国唯一的思想"，"要确定总理的三民主义，为中国唯一的思想，再不好有第二个思想。"③常乃惪在《中国思想小史》有这样一段观察，他说国民党自民国十三年改组以后，遂鼓吹一种党化教育的政策，即以国民党的主义强制灌输于受教育的儿童，以及举行纪念周、读《总理遗嘱》等等，北伐成功以后更进而推行至全国。民国十七年大学院校召集全国教育会议，因党化教育一词不佳，改为三民主义的教育。④推行三民主义教育的结果，便是罗隆基（1896—1965）所深深不满的"社会科学要三民主义化，文艺美术要三民主义化，于是学校教授先生们采明哲保身的格言，守危言行顺的策略，成为无思想无主见的留声机"⑤。

以上为国民党将主义信仰化的情形，在20世纪二三十年代的若干政党中也可以看到"主义化"的特质。在20世纪20年代崛起的"国家主义派"，是

---

① 戴季陶：《维新事业成功之主力何在》，《日本论》，第33页。

② 徐复观：《港居零记》，《徐复观杂文：忆往事》，台北：时报文化出版公司1980年版，第241页。

③ 中国第二历史档案馆编：《蒋介石年谱初稿》，档案出版社1992年版；彭明等编：《近代中国的思想历程（1840—1949）》，第591页。

④ 常乃惪：《中国思想小史》，第192页。

⑤ 罗隆基：《论中国的共产》，收于蔡尚思主编：《中国现代思想史资料简编》，浙江人民出版社1982年版，第3卷，第359页。

为了对抗联俄容共的势力而起。国家主义派的骨干大多出自少年中国学会，他们当年在少年中国学会的主义与非主义之争中，大多主张暂时不要抱定一种主义，或主张绕过主义，在教育、实业等现实问题中奋斗。

1921 年中国共产党成立，1922 年国民党开始酝酿联俄容共，这个新发展激发了少年中国学会这一派力量，开始朝向建立一个主义，一个坚强而有纪律的政党的方向推进，乃有 1923 年底于巴黎组成中国青年党，宣扬国家主义之举动。

此处之重点不在叙述该党与该主义之创建过程，而想借此观察在主义时代，政治人物如何向"主义"趋近的过程。从曾琦的《旅欧日记》可以看出摸索一种新型政治方式的想法。曾琦他们痛恨军阀、对任何旧人物、旧势力不再抱持幻想，想要塑造"新人物""新势力"。他们痛省国人不能过团体生活，他们要"造新党"，要不以党同伐异为恶德[1]，要将"善有力主义"作为"救国之根本主义"的其中一义。[2]由这些零星的反思可以看出："造主义"是曾琦等人的一种主观的意愿。但是另一面的驱动力也很重要，即为了对抗左派的"主义"，不得不提出另一种"主义"。因此曾琦、李璜等人特别标举"国家主义"，再三强调如果要打破中国不死不生之局，"中国非再经一次大流血，使旧势力完全推倒，则政治不能入轨道"[3]。同时为了与他们所痛恨的"新型力量"相抗衡，他们决定加以模仿，国民党如此、国家主义亦是如此。曾琦说：因为共产党"有组织、有纪律、有策略、有训练、每个党员都能明了党义"[4]。所以与之对抗的国家主义，及其政党也必须有组织、有纪律、有策略、有党义。所以当时曾琦等人所提出的口号：国家高于一切、全民革命等，也是一种对抗之

---

① 曾琦：《旅欧日记》，收于曾慕韩先生遗著编辑委员会编：《曾慕韩先生遗著》，第 440、456 页。

② 同上书，第 437 页。

③ 同上书，第 451、455 页。

④ 曾琦：《蒋介石对于共产党认识之进步（民国十六年六月十八日）》，收于曾慕韩先生遗著编辑委员会编：《曾慕韩先生遗著》，第 51 页。

下形成的主义。

1924 年李璜在《释国家主义》一文中说："主义者,有一定明了的意识,不徒恃盲目激刺的感情",是变含混的状态为"有意识"的状态。[1]而从先前所提到曾琦的演讲亦可以看出:不管动机如何不同,但一时皆以信仰主义,组成死党为动向。他痛责当时军阀与知识分子因缘为用,朝秦慕楚,忽南忽北,说"一言以蔽之曰:'无主义信仰之故也。'""主义乃导达目的地之指南针也。""主义有如航海之'救生袋',当轮船被难,势将沉没,其赖以救全船生灵者,仅赖有救生袋……主义之于人生,其功效有如此。故人不可无主义,以为行为之准绳也。""凡人既服膺一种主义,必能为之而牺牲。"结论是"惟国家主义,可以救中国。"[2]

"主义"确有实效,而"主义化军队"的威力,更震撼了当时的中国,蒋介石便曾自负地比较过"有主义的军队"与"无主义的军队"的悬殊对比[3],也有人认为有主义的是新军队,没有主义的是旧军队,新军队是为一定的政治理想而战,旧军队是为争夺私人地盘而战。"主义"加上"军队"会产生如此巨大的物理力量,主要原因之一,是赋予军事力量一个意义世界,有一定的理想及蓝图。这也是为什么梁启超说国民党清党之后,"简直是一个没有灵魂的躯壳了"[4]。

如果拿冯玉祥的自述《我的生活》作为底本,便可以看出"主义"在军事上所发挥的奇妙力量。冯玉祥显然很早就认识到现代军队在物理力量之上还要有精神力量,他带兵以来便一直在为他的军队寻找一套意义系统,先是以四书

---

① 李璜:《释国家主义(节录)》,收于蔡尚思主编:《中国现代思想史资料简编》,第 2 卷,第 633 页。

② 曾琦:《国家主义与中国青年(民国十四年五月在上海国立暨南大学讲)》,第 123—124 页。

③ 蒋介石:《认识我们唯一的敌人(节录)》,收于蔡尚思主编:《中国现代思想史资料简编》,第 2 卷,第 741—742 页。

④ 梁启超:《与令娴女士等书》,收于蔡尚思主编:《中国现代思想史资料简编》,第 2 卷,第 289 页。

五经等书籍，编成各种"精神书"以作为训练教材①，接着又找到基督教，并模仿教会宣道的方式，灌输军队一套价值与意义。接着是三民主义，然后是列宁式的主义。

在《我的生活》中，可以看到冯玉祥一直在摸索一种梁启超所说的精神世界或"第二世界"。冯玉祥认为旧的那一套已经不够用了："而且所读的书，又都是修身齐家治国平天下的一套旧东西。以此来应付这激变期的中国社会，时时显得格格不能相入。"②因此，要找寻与现代政治、国家前途更有关的精神道德教育与政治教育。

他套用基督教的赞美诗形式，将基督教义作为军中精神教育的材料。③"每次作战之前，应当使官长士兵确实明了，这次我们是同谁作战？为什么作战？为什么必须以武力打倒敌人？官长士兵对这些都能切实了解，作战时才能发挥最大的效力。"④

冯玉祥后来成为孙中山的信徒。在其所写的《我的生活》中，他曾提到孔祥熙来看他，并带给他一份中山先生手书的《建国大纲》，并说"各方面的朋友都三三五五地来看我，大约国民党朋友来得最多。……那时所谓新兴社会科学，只在萌芽。三民主义在旧政治的压迫之下，也未普遍地公开于世，因此，社会人民对于新兴社会政治的知识，都很简陋"⑤。在孙中山逝世前不久，他说"中山先生送给我六千本《三民主义》，一千本《建国大纲》和《建国方略》，我便全数分发给各部队，令官兵列为正课，悉心研读。……此外，我也

---

① 孙连仲回忆道："曾文正公说：'带兵如鸡伏卵，如炉炼丹，须臾不离。'这些名句，当时西北军将领都能背诵，军中有六百字课，给士兵诵读，是从美以美教会的六百字传道文改编的，包括修身、道德、教育、智育四项。以后又增加八百字，都用成语缀成，容易背诵上口。""对于军官，另有古文四十篇，要背要讲……还有一种'精神书'，总共五十条"，见《孙仲连口述历史》，收于孙仿鲁先生九秩华诞筹备委员会编：《孙仿鲁先生述集》，台北：编者自印1981年版，第95—96页。

② 冯玉祥：《我的生活》，第172页。

③ 同上书，第296页。

④ 同上书，第361页。

⑤ 同上书，第390、420页。

经常规定时间召集重要的官长在一起，一段一段地轮流挨着读。对中山先生学说和主义，我们才第一次有了更深一层的有系统的全部认识和了解，大家对整个的政治思想才开始有了体系，当时我们全体官兵那一种欢欣鼓舞，兴奋难制的情形，实非笔墨所可形容的。此时我自承已为一党外的中山主义信徒，全体官兵亦莫不如此"①。

冯玉祥留俄的三个月里，更"深切地领悟到要想革命成功，非有鲜明的主义与参加为行动中心的党的组织不可"。"吴佩孚（1874—1939）张嘴闭嘴所抱守的纲常名教，尽可由学究们放在纸堆里保存，不能拿到 20 世纪的民主国里害人。""不仅旧有的纪律与精神要恢复，更要进一步使之成为有主义有信仰的革命部队。"故此他注意官兵的革命教育，"除每晨朝会演讲三民主义而外，又编有革命精神问答书，发给各部诵读、答问，借以提高部队的政治水平"②。

站在国民党对立面的地方军阀，亦注意到"主义"的威力。如太原的阎锡山（1883—1960）显然也在摸索一套新的义理系统。他创立"自省堂"，以在主义战场得以与南京政府抗衡。③孙传芳（1885—1935）则发明了"三爱主义"④，奉天的张作霖（1875—1928）则发明了"四民主义"，即在孙中山的三民主义之上又加一个"民德主义"，张宗昌（1881—1932）则发表演讲，力倡

---

① 冯玉祥：《我的生活》，第 422 页。

② 同上书，第 481、492、504、519 页。

③ 邓演达以讽刺的口吻表示：南京当时所主张的"'以礼义廉耻为立国之本'是和太原的'自省堂'约莫旗鼓相当，手来脚应。"见邓演达：《中国内战与文化问题（一九三〇年九月二十日）》，收于周天度编：《邓演达文集》，人民出版社 1981 年版，第 188 页。

④ 在一篇刊登在潮州黄埔军校分校刊物上的文章中。是如此分析孙传芳何以要提出"主义"："因为我们国民革命军此次出师的旗帜是在青天白日之下摇幌的三民主义的旗帜，同时孙传芳为要抵制我们起见，于是他只有一闭眼一思索之劳就很轻快的创出他的三爱主义来。他是想用'三爱'主义的'三'，来和'三民'主义的'三'针锋相对的拼个上下。他的意思似乎说：你们的三民主义的'民族''民权''民生'，目的是要使全国人民到了'民治''民有''民享'的地步；我的三爱主义是'爱民''爱国''爱敌'，我孙传芳是要自己站在最高的地位上施行我最大的能力去爱尽他乞一切黎庶的。"见醒耶：《"三不"主义与"三爱"主义》，《潮潮周刊》第 10 期，1926 年，第 11 页。

"国家主义"以对抗南方的"世界大同主义"①，四川的刘文辉（1895—1976）则有"全民主义"。②张宗昌也提出过三什么主义。③虽然有人批评"他们以为主义是枪杆上的装饰"。但是由这些形形色色的"主义"可以看出：当时人们对国民党的"主义"加"军队"所造成的空前成功且群起仿效之情况。

"主义"发挥的力量如此之大，以致远在川康边区的一位回民——他显然弄不清三民主义与中华民国究竟是什么——1929 年当史语所的川康民俗调查团到达时，调查员与当地的杨喇嘛有这样一段对话。在《川康民俗调查报告》之中，杨喇嘛既知道孙中山，并且听说过蒋介石，但不知有南京也，更可惜的是他问我们道："三民主义和中华民国到底谁个的本事大？"④

但是主义也成为紧箍咒，主义相同者称为"同志"，主义不同者即是仇敌，两边成为生死之间的决战。朱光潜（1897—1986）于 1937 年所写的《中国思想的危机》一文中，对当时他与其交友圈子所处的社会与政治环境有以下的观察："政治思想在我们中间已变成一种宗教上的'良心'，它逼得我们一家兄弟们要分起家来。思想态度相同而其余一切尽管天悬地隔，我们仍是同路人；一切相似而思想态度不一致，我们就得成仇敌。""甚至于以某一派政治思想垄断全部思想领域，好像除它以外就别无所谓思想。"⑤朱光潜只是许许多多对当时主义狂热感到不满的人之一。甚至于"主义"的创始者更俨然扮演着裁决是非对错的"上帝"，如胡适批判在国民党的统治之下，"造成了一个绝对专制的局面，思想言论完全失去自由。上帝可以否认，而

---

① 罗志田：《地方意识与全国统一：南北新旧与北伐成功的再诠释》，《乱世潜流：民族主义与民国政治》，第 212 页。

② 唐君毅：《记重庆联中几个少年朋友》，收于胡菊人编：《生命的奋进：四大学问家的青少年时代》，第 40 页。

③ 吴世昌：《中国需要重建权威》，《观察》第 1 卷第 8 期，1946 年 10 月 19 日，第 5 页。

④ 黎光明、王元辉著，王明珂编校、导读：《川西民俗调查记录 1929》，台北："中央研究院"历史语言研究所 2004 年版，第 106 页。

⑤ 朱光潜：《中国思想的危机》，收于朱光潜全集编辑委员会编：《朱光潜全集》，安徽教育出版社 1987 年版，第 8 册，第 514、516 页。

孙中山不许批评"①。

当"主义"成为只此一家，别无分号，包办一切真理、包办一切是非的新东西时，1895年以来思想转型的多元竞逐之局于焉结束。

八、结　论

本文一开始即已强调，本文主要是讨论近代中国思想转型期间"主义"作为一种政治论述的转变，探讨它由一个平凡无奇的观念，变成信仰，变成"宗教"，并与党、军队结合成一种"新型力量"，而这个过程在短短三十几年间就完成了。

"主义"的影响无远弗届，它像一袭清纱、像一层薄雾，不但改变中国近代政治的气候，同时也把文学、艺术、历史等几乎所有知识领域及生活世界中的形形色色，轻轻罩上一层纱，或染上一缕颜色。主义之前的新文学与主义之后的新文学、主义之前的新学问与主义之后的新学问，往往可以从中看到微妙的或重大的不同。而"主义化"之后的学问与生活气质也不声不响地传递下来，它们构成一个很稳定的架构，但是它们也形成无所不在的束缚，是我们探讨近百年历史最不可绕过的部分，同时也是最为丰富的习题。

综而言之，如果从"主义"出现的频率来为三十多年间"主义"的发展分期，人们可以利用金观涛、刘青峰的《中国近现代思想及文学史专业数据库（1830—1930）》所得到的统计资料来看到几次明显的变化：从1899年开始出现大量的"主义"，于1903年达到第一个波峰，共有324种之多，1906年之后，主义的种类开始减少。在1911至1912年间降到波谷，之后再度出现大量

---

① 胡适：《新文化运动与国民党》（1929年11月29日撰），收于张忠栋、李永炽、林正弘主编，刘季伦、薛化元、潘光哲编辑：《现代中国自由主义资料选编④——文化的道路》，台北：唐山出版社2000年版，第188页。

的"主义"，于 1919 年达到第二个波峰，之后虽然逐年减少，但仍维持一定的数量。但 1919 年至 1927 年之间，则呈现复杂的状态，如社会主义的波峰在 1921 年，而帝国主义的波峰在 1926 年，且各主义之间有爬升与下降之不同趋势，更有曲线交错的现象。①如果以各种"主义"出现的词频进行统计也可以看出近代中国最常见的十一个主义分别是："民族主义""社会主义""帝国主义""国家主义""孟禄"或"门罗主义""国民主义""自由主义""无政府主义""民生主义""个人主义"和"共和主义"。②

如果是从思想历程的角度去观察，则可以看到"主义"论述的形成，至少经过了四个阶段的变化：第一阶段是主义作为一种"重宝"在日本诞生的过程，并讨论"主义"一词在东亚传播。其次，是讨论由"道"→"主义"的过程。在不用"主义"一词翻译西方的"-ism"等字眼之前，人们常使用"道"之类的字眼来翻译，譬如社会主义译为"公用之道"。"道"是一个比较传统，且也比较带有包容性的概念，"主义"从字面上看来便带有比较浓厚的一贯性、排他性及意志论的色彩，带有坚持特定主张与方向的意涵。

第二阶段是 1900 年以后一直到新文化运动之前，此时主义逐步取得了思想上的优势地位。在这个阶段，人们使用"主义"或谈论"主义"时，基本上是以近代西方的民主政治为模型，区分现代政治与传统政治，认为近代政党政治是有主义之争，现代型的政治人物是有一贯主义的政治人物。

这一时期的"主义"也带有一些道德的色彩。首先，人们认为"主义"与"人"可以分开，"人"可能是自私自利的，"主义"是公的，为主义而争并不是为个人利益而争，"主义"几乎成了化私为公的保证，为主义服役，为主义效力是好事，而且有主义的人往往坚持某种理念、前后一贯，所以"主义"有人称它是一种"人格的保险公司"。但是在这一个时期还没有"有主义比没有

---

① 詹筌亦、王乃昕：《"主义"的数位人文研究》，第 229、232—236 页。

② 参见金观涛、刘青峰：《从"群"到"社会"、"社会主义"》，《观念史研究：中国现代重要政治术语的形成》，法律出版社 2010 年版，第 217 页。

主义好"（傅斯年语），或"现在吾辈之信仰主义，自谓不敢后于他人"①。

主义论述的第三阶段是新文化运动及"五四"前后这一段时期，人们宣称"有主义总比没主义好"。此外，还有几种值得注意的发展：理想世界的变化、改造社会、社会革命之说压倒新文化运动以文学、伦理革命的主轴的思维，新的社会理想是在社会之外去创造一个新的社会，使得现实与理想之间距离拉得非常大。青年人受到辛亥革命成功的暗示，认为理想是可以透过组织的力量加以完成的，"以为天下无难事，最美善的境界只要有人去提倡就立刻会得实现"②。

可以说这个时期出现一种心理丛聚：一方面是理想与现实的距离拉大了，另一方面是对政治深切不信任，不认为政治能改变民国政治，同时又发现社会才是一切问题之根源，认为社会是一整个的，不可能采用单子式的解决，必须先改变整个社会，才可能解放个人。同时，因为厌恶政治，所以不认为进入现实政治中去改变政治是一件正当的事，故他们寻求的是一种非政治的社会革命。以上思维的轴心是"主义"加上"组织"。

此时的另一个思想倾向是喜欢将"学理"加以主义化，加上主义的缀词，青年人争相成为"主义者"，认为能有主义才是一个真正的"人"。从"五四"的种种社团的发展也看得出主义化的倾向，许多社团纷纷争论是否应该有一个共守的主义。不过在前文中我也指出，这时候的"主义"并不全然是布尔什维克主义。但是正如前面所提到的，由不主张马上为少年中国学会立定一个主义的王光祈无意间说的一句话——少年中国学会将来所采主义，"各人信仰起码亦系社会主义"，可以看出当时以改造社会为宗旨的社会主义在主义的市场中，已经取得了最大的优势。

朱家骅（1893—1963）曾经说过：近代中国的共产主义是从日本来的，行

---

① 王光祈：《政治活动与社会活动》，《少年中国》第 3 卷第 8 期，1922 年，第 403 页。

② 顾颉刚：《古史辨自序》，《古史辨》，香港：太平书局 1962 年版，第 1 册，第 17 页。

动是从俄国来的。①新文化运动以来的社会理想及各种杂糅附会的主义，大多从日本转手而来，但是俄国大革命的成功，却使当时人觉得找到了一个可用的模型，俄国大革命成功之后，让人们在模模糊糊之中找到一个方向，这使得俄国的布尔什维克主义在各种主义竞逐的市场中成为热门的选项。

主义论述的第四阶段是 20 世纪 20 年代以后：中国共产党的成立，孙中山以俄国为师，俄国式的"主义、党、党军"三位一体，成为国民党的新方向。全国只能有一个主义，只能有一个党，以党治国、以党治军的"新型力量"成了主义的新面目。孙中山在《三民主义》中的第一段话"主义是一种思想，一种信仰，一种力量"，具体而微地表现了信仰化、宗教化了的"主义"，成了张灏先生所说的"政治宗教"②。"主义"成为无所不包的真理系统，"主义"相同者是"同志"，"主义"不同者是"仇敌"。前者"拥护"，后者"打倒"，"拥护"与"打倒"往往在很短的时间内变来变去。

"主义"加上党，加上军队，确实发挥极大的威力，成为扩张个人地盘或救国的利器。"有主义的军队"与"没有主义的军队"的力量往往高下立判，"新型力量"成为一种风行的形式，为各地军阀政客所仿行，甚至还曾经得到胡适的赞美。③胡适说："全党也多少在军事纪律约束之下"，使民党的党和军队"实际上已成为一体，至少也是联锁式地结合起来。"他认为这是"极为卓著而且重要的"，"这样组织起来的军队当然要打败没有组织的旧军队"④。

经过四个阶段的演变，"主义"成了支配 20 世纪 20 年代以后中国命运的无上律令，也成了我们在海峡两岸所看到的"主义"国家的样态。

---

① 萨孟武：《河上肇及米田庄太郎》，《学生时代》，台北：三民书局 1967 年版，第 177 页。

② 张灏：《三民主义的蜕变：由政治宗教走向改良主义》，《幽暗意识与民主传统》，台北：联经出版事业公司 1989 年版，第 201—208 页。

③ 参见并转引罗志田：《地方意识与全国统一：南北新旧与北伐成功的再诠释》，《乱世潜流：民族主义与民国政治》，第 206—207 页。

④ Hu Shih, "The Renaissance in China"，原刊：*Journal of Royal Institute of International Affairs*，Vol. 5（1926），收于季羡林主编：《胡适全集》，安徽教育出版社 2003 年版，卷 36，第 179—180 页。

不过，在结束本文之前，我还要强调两点。

第一，在左、右两种最强而有力的新主义中，三民主义的力量并不及布尔什维克主义。在国民政府时期，虽然处处冠上"主义"，但往往要求模糊、徒具虚文，以学术方面的主义化为例，往往帽子大、实质小。有些抓住三民主义的科学性或其中任何一点，来合理化本来就在进行的工作。但在布尔什维克主义方面的情形就大不相同。它笼罩力自四面八方而来，判断是否合乎主义时，论证严谨，层次井然，宛如是进行守护真理的辩诤，其威力广大无比。[1]

本文所谈的是三十年间"主义"发展的倾向，至于对个别青年而言，在追求生命及国家的救赎过程中，他们的生命轨道往往游移变化。此处仅引用唐君毅回忆他的一位朋友的一生为例——"他之短短的一生，由向内而向外，由唯心而唯物，再由向外而向内，由唯物而唯心，……他在前后十多年中，思想上生活上经历了无数的跌宕，忽而道，忽而儒，忽而佛；忽而青年党，忽而共产党，忽而国民党，仿佛于十数年中，即过了数世纪。内心的向往，外在的刺激，使一个人之生命，由于激荡太多而分裂，这是不能免于一悲剧的命运的。"[2]这是近代中国相当典型的一个生命，许多青年都经历过狂读社会主义书籍，向往社会革命、入党、离开党等迷离的生命过程。这也就是说他们的生命轨迹都是向着主义前进。譬如唐君毅虽然读过许多社会主义的书籍，因为不同意唯物论，所以掉头不顾，最后转向儒家，建立一套人生哲学。也有人在寻寻觅觅之后，成为三民主义的信徒。[3]

有些主义瞬间烟消云散，但有些却变得强大无比。布尔什维克主义与三民主义虽然有强弱之别，但在它们最有吸引力的时候，它们不但给人目标，也指引方向，指示了救国的道路、动员了分散的力量、完成了许多事业，而且新主

---

① 能反映这个情形的文献非常之多，譬如在茅盾的《我走过的道路》（香港：三联书店 1981—1988 年版）及《舒芜口述自传》（中国社会科学出版社 2002 年版）中都可以看到这类的情节。

② 唐君毅的朋友为游鸿如，见唐君毅：《记重庆联中几个少年朋友》，收于胡菊人编：《生命的奋进：唐君毅、徐复观、牟宗三、梁漱溟四大学问家的青少年时代》，第 43—44 页。

③ 傅启学编著：《中山思想体系》，台北：台湾商务印书馆 1985 年版，第 1 页。

义的信从者似乎对什么问题都有现成可用的答案。在那个时代，"主义"是一个如罗马的古神"雅努斯（Janus）"般的两面神祇，一方面能解救国家，为人生提供了意义的框架，另一方面却也带来了无限的压制与束缚。不管是两面神祇的哪一面，"主义"都是近百年来最强大有力的一种政治论述。

原载王汎森：《思想是生活的一种方式：中国近代思想史的再思考》，北京大学出版社 2018 年版。

近代各种"主义"的传播与《清议报》

陈力卫

日本成城大学经济学部

一、引　子

戊戌变法失败后，康有为、梁启超流亡到日本，在旅日华侨的资助下，于横滨创办了作为改良派宣传阵地的期刊《清议报》（旬刊，每月三册）。从戊戌十一月十一日（1898 年 12 月 23 日）至辛丑十一月二十一日（1901 年 12 月 31 日）的 3 年期间，共出 100 册。除早期的一二册外，平均每期销售 3 000 余份，发售点多达 38 处，成为近代中国在知识转型期间的一个重要的新闻媒体。它一方面猛烈抨击以慈禧太后为首的保守势力，另一方面则在传播新思想新概念上发挥了巨大的作用，该报所设的栏目最初有《本馆论说》《支那近事》《寄书》《外国近事》及《外议》《支那哲学》《政治小说》《诗文辞随录》等，后来有所增改，但基本保持《名家著述》《文苑》《外论汇译》《纪事》《群报撷华》等内容。其中，直接转译了不少外文报刊杂志的文章和消息，为近代中国与世界的接轨提供了丰富的知识信息。

我们知道《清议报》之前有《时务报》，之后又有《新民丛报》，它的意义在于承上启下地反映了梁启超以及当时中国的思想脉络的变化，因而，通过梳理其中"主义"的传播，可以为我们观察和研究西方思想概念如何通过日本的中介传播到东亚这一渠道提供具体的指标，特别是其概念的消长亦可反映出中国本土接受西方思潮的步伐，所以在追溯这一过程时，我们首先要看这些主义概念是如何经由日本这一途径得以接受的，即日本的汉字译法是如何炮制的，然后再看其通过《清议报》在清末的中国如何得以展开并流通的。特别是还要关注在中文里面改造了哪些，最后又独自创造了哪些"主义"。

二、"主义"在日本的对译

有关"主义"在日本的对译及其传播过程，拙稿《"主义"概念在中国的流行及其泛化》① 曾有过详细的阐述，这里我们只将其内容简单地概括一下，据斋藤毅《主义という重宝なことばの诞生》一文的调查②，"主义"在日本最先是单独使用的，如《哲学字汇》（1881 年）里便是将 principle 对译为"道、原理、主义"，然后才是作为词缀 ism 的译词广泛使用。对此，中国早期是用"理"和"道"来对译的，比如，在罗存德的《英华字典》（1866—1869）里有下面的例子：

> Communism　大公之道，通有百物之道
> Socialism　公用之理

当然这一译法亦被日本采纳过，但后来在日语里则先后涌现出"～教、～论、～学、～说"③的译法，作为词缀的"～主义"，如"干涉主义"和"自由主义"最早出现在 1877 年的《东京日日新闻》（明治十年十一月二日）上，四年后的《哲学字汇》里也收录了"利他主义、自利主义、兼爱主义、联邦主义"这类复合词。再往后的《国民之友》（1887—1888）杂志里，"主义"的总使用量已达 704 例，其中受名词修饰（加"の"）的为多，直接与其他词组成

---

① 陈力卫：《"主义"概念在中国的流行及其泛化》，《学术月刊》2012 年第 9 期。
② 斋藤毅：《明治のことば》，东京讲谈社 1978 年版。
③ 此处"～"相当于中文"某某"，下同。

复合词的有：

> 爱国主义、暧昧主义、威力主义、英国主义、王权主义、欧洲主义、我力主义、改革主义、改进主义、开发主义、劝业主义、干涉主义、劝农主义、贵族主义、奇道主义、急进主义、教育主义、强硬主义、共和主义、禁遏主义、君治主义、经济主义、兼并主义、功利主义、国家主义、国体主义、自治主义、支那主义、社会主义、自由主义、儒教主义、宗教主义、商卖主义、消费主义、进化主义、进攻主义、神国主义、侵略主义、进步主义、牛产主义、政治主义、精神主义、正道主义、西洋主义、折衷主义、擅制主义、退守主义、泰西主义、忠孝主义、独逸主义、日本主义、博爱主义、反对主义、藩阀主义、平等主义、复古主义、佛国主义、武力主义、平均主义、平民主义、保护主义、保守主义、忘德主义、弥缝主义、民极主义、民主主义、民政主义、民治主义、命令主义、门阀主义、理想主义、笼城主义、基督教主义、衡平贸易主义、国粹保存主义、自由放任主义、自由贸易主义、政府万能主义、文明输入主义、立宪君治主义

上述 80 种"主义"大多数都反映在后来的《清议报》中，我们今天中文里使用的主要概念"自由主义、民主主义、社会主义、保守主义、爱国主义、帝国主义、保护主义、自由放任主义、自由贸易主义"等也都源于此。如果再将时代范围扩大一些，我们还可以知道日语里的"主义"在《太阳》杂志的 1895 年中出现了 263 例，而到了 1901 年则成倍增长为 779 例，只是与《国民之友》不同的是，单独用的"主义"已经大大低于词缀组合的"～主义"了，仅新增的复合词就有 56 种：

> 威迫主义、厌世主义、开放主义、开明主义、隔离主义、客观主义、吸收主义、教权主义、共同主义、勤王主义、禁欲主义、形式主义、经略

主义、严禁主义、后天主义、个人主义、裁定主义、自然主义、事大主义、实用主义、写实主义、主观主义、守镂主义、消极主义、尚古主义、人道主义、人物主义、政党主义、世界主义、积极主义、渐进主义、先天主义、总花主义、退婴主义、多数主义、地方主义、超然主义、帝国主义、东洋主义、排外主义、批评主义、并合主义、法定主义、方便主义、无为主义、利己主义、历史主义、侠客主义、卖力主义、腕力主义、无政府主义、教科书主义、非理性主义、道德万能主义、独立自尊主义、西洋崇拜主义

这一时代日本用的规模（80＋56＝136）成为中文里出现的各种"～主义"的先河。它几乎囊括了同一时代的《清议报》中出现的各种"～主义"。

三、《清议报》对"主义"的吸收(1898—1901)

如上所述，"主义"虽然早在 1877 年就出现在日本，但在中国的传播和使用则晚了 20 年左右，比如，在梁启超主笔的早期报刊《时务报》（1896—1898）上，我们只能在译自日文报章的《东文报译》栏里找出两个例子："保护税主义"和"社会主义"①，而自从梁启超亡命日本后，其主办的《清议报》里开始大量涌现出"主义"。我们如果将《清议报》按出版年限分为三期的话，其"主义"单独出现的次数和比例分别如下（参见表1）：

---

① "保护税主义是美国共和党一派之说"（《美新总统麦见尼传》译自大阪朝日报西十一月初七，《时务报》第 13 册，光绪二十二年十月十一日）；"亦足以窥怀抱社会主义之政策"（《德皇政策》译自《东京日日报》二月廿三日，《时务报》第 21 册，光绪二十三年二月二十一日）。朱京伟认为《时务报》里尚无"主义"的复合词，可能是忽略了上述两例，特别是后者"社会主义"在中国的传播时代应引起重视。（朱京伟："《清議報》に見える日本借用語"，收入沈国威编著：《漢字文化圏諸言語の近代語彙の形成—創出と共有》，大阪关西大学出版部 2008 年版，第 111—144 页）。

表 1

	册　数	年　代	"主义"单用	比例	"～主义"总数
第一期	第一册至第三十三册	1898.11—1899.11	46	30%	151
第二期	第三十四册至第六十八册	1900.1—1900.11	35	24%	146
第三期	第六十九册至第一百册	1900.11—1901.11	42	15.3%	275
小计			123		572

也就是说第一期里出现的"主义"单用占总次数的 30%，第二期的比例下降到 24%，第三期单用的比例则降至为 15.3%，也即表明越往后加词缀的复合使用的"～主义"就出现得越频繁。至于为何第二期总次数不增反减，我们后面会有解释。

除去单用的"主义"外，从第一期到第三期总共出现的加词缀的"～主义"个数是 119 条，见本文最后的表 4。它反映出中文早期从日本引进的规模及国人对主义的初期认识，比如，早在 1898 年的第一册中还只有"整定官制为主义"或第二册的"利士佛在上海演说主义"这种单独用法，而第二册里就出现了与其他语词组合的"帝国主义"等词，第三册里则出现"社会主义"的用法。翌年的第十三册上开始有"其他或云帝国主义。或云侵略主义。或云平和主义"等例，随后又出现"泰西文明主义、改革主义、国家主义、积极主义、消极主义、商国主义"等新的主义。

我们按出现频率将《清议报》的"主义"加以划分，作为表 4 附在本文的后面。仅出现一次的"～主义"有 67 条，占总条数（119 条）的一半以上，三期出现的词数依次为 23∶15∶29（这一统计情况见表 2），第一、二期出现的"～主义"多为一次性组合，而第三期出现的"互惠主义、渐进主义、利己主义、独裁主义、国粹主义"等主义至今还在使用。

表 2

	年代	语　词	小计
第一期	1898.11—1899.11	强硬、泰西公共、泰西文明、积极、消极、商国、平和积极、急进侵略、缓慢保全、开化、开放、忧哀、康乐、小康政治、牧羊、笼络、诒谖、均势、锁国、突飞、公利、全国通商、德国	23

	年代	语　　　词	小计
第二期	1900.1—1900.11	八面、野蛮之、共和国之、罗马国之、扩张军备、海军、冲突、延弱国国命、华盛顿、小英国、勤王、排外、大体、民政、服从	15
第三期	1900.11—1901.11	和缓、突飞进取、进攻、互惠、渐进、忍耐、闭锁、快乐、克己、乐天、利己、爱他、维新、家族、酋长、万国大同、民族帝国、压制、独裁、实重、相助、产业、国粹、三大、大国、急激、硬货、爱国公党、会合	29
总个数			67

出现 2 至 4 次的主义共有 36 条，但没有一条是横贯三期使用的，至今仍在使用的"个人主义、民主主义、共和主义、殖民主义、保护主义、自由贸易主义、立宪主义、自然主义、功利主义"等也都多出现在第二、三期里。出现 6 次以上的"主义"有 17 条：

帝国主义、国家主义、国民主义、膨胀主义、自由主义、蒙路主义、平民主义、侵略主义、社会主义、专制主义、和平主义、破坏主义、民族主义、平等主义、世界主义、保守主义、正统主义

从这高频率出现的"～主义"中，我们可以看出的两大特征：首先最为突出的是"帝国主义"的登场次数居首位，共 128 次，遥遥领先于第二位的"国家主义"（22 次），三个时期的递增幅度为 6∶11∶111，其总数几乎占了整个《清议报》"～主义"（572 条）的四分之一，完全印证了 19 世纪末 20 世纪初的时代特征。而且从每期递增的数字上也可见 1901 年是这一概念最为活跃的一年，这一点与日语的使用高潮几乎同步。

第二个特征是与"帝国主义"相关的概念均出现在高频率之中，如出现 6 次以上的上述 17 条主义几乎都是伴随着对"帝国主义"的阐述而出来的。

以上 17 条内其他的词都与"帝国主义"一样，是横贯三期使用的。其中有不少概念是相互连接的，比如："国家主义"是走向近代国民国家的道路之一，而"国民主义"则是支撑这一路线的基本保障，因为两者的英文都是

nationalism，特别是后者"国民主义"主要用于第二期，而第三期则只有一例，由此可知这是同一概念的不同时代的叙述。再看看"民族主义"一词反倒在第一、第二期没有出现，仅出现在第三期，也就是说这一概念实际上经过了"国家主义—国民主义—民族主义"的替换过程。①有趣的是这种替换一直到后来的《共产党宣言》也仍在继续。②再往后还有"国粹主义"和"爱国主义"的出现，也都是在同一英文概念下与之构成的类义关系。③这种译词的替换与日语本身的译词变迁有关，例如，对应 Humanism 时出现过的"人道主义、博爱主义、人文主义、复古主义"四种译法的交替和区分也可以算作同一类型。④

《清议报》中这种类义语词的替换过程也反映在"庶民主义—平民主义"和"民政主义—民主主义"之上，这些均可视为译词概念演变过程的不可缺少的一环，概念史研究当然不应忽视之。音译词的多种表记也可以算作这类，比如，门罗主义（Monroe Doctrine）发表于 1823 年，后来成为美国扩张主义的指针。在《清议报》中第一期里先是译作"木爱罗"，然后第二期以"蒙罗""孟鲁"为多，"蒙路"和现在用的"们罗"仅在第三期各出现过一次。到了民国期间"孟录""孟禄"则较为普遍，后者作为词条收入到 1936 年版的《辞海》里。

综上所述，我们可以看出各种"～主义"的译法日趋成熟，第一期的除了

---

① 参考王柯：《"民族"，一个来自日本的误会》，《民族社会学研究通讯》第 70 期。该文云："日本人首先是从'国民'的角度开始接受英语中 nation 的概念，然后又从'民族'的角度对 nation 进行了再认识。"

② 陈力卫：《〈共产党宣言〉的翻译问题》，《二十一世纪》总第 93 期。第 107 页指出 1949 年的定译本将 1920 年陈望道旧译本中的"国民""国家"进行了大幅度的改动，突出"民族""祖国"用以抵消"国民""国家"。

③ 明治三十年（1897 年）的《和译字汇》将 nationalism 译作"民情，爱国，国风"，后来大正六年（1917 年）版《井上英和大辞典》将之译作"1.爱国心，御国魂，爱国主义，国民主义，爱国的运动。2.国民独立政策。3.产业国有政策。4.国家社会主义。5.国风"。

④ 陈力卫：《"主义"概念在中国的流行及其泛化》，《学术月刊》2012 年第 9 期。

出现频度较高的个别词外，其他多不复使用，而后两期的译法则延续使用的几率要大得多。

前面提到过，《清议报》里三个时期的"～主义"出现得并不均衡，分别为 53：44：51，形成中间少两头多的 V 形局面。三期通用的只有"帝国主义、国家主义、膨胀主义、自由主义、蒙路主义、侵略主义、社会主义、专制主义、和平主义、破坏主义、保守主义"这 11 条主义。那么，第二期为何呈现出"主义"使用量减少的现象呢？这可能与麦孟华主掌《清议报》期间的政策有关。据冯自由《革命逸史》云，1899 年秋天，他到东京梁启超任校长的高等大同学校读书，那时梁启超正和孙中山商谈合作事宜，康有为震怒，严令梁离开日本到檀香山。梁走后，大同学校和《清议报》都交由麦孟华主持。康有为遥控指挥，报中连"自由""独立"等字眼都不准提。查《梁启超年谱长编》可知其外游时间为半年，从阴历 1899 年 11 月 17 日至翌年（1900 年）4 月，即相当于我们所设的第二期的前半部。所以，看表 3 中"革命""自由""民权""独立"这四个词的分布情况，也可印证第二期的使用量少于其前后两期（"独立"一词第三期的使用量有些例外）。

表 3

语词		革命	自由	民权	独立
第一期	1898.11.11—1899.11.21	43	337	38	173
第二期	1900.1.1—1900.11.11	37	173	28	168
第三期	1900.11.21—1901.11.11	47	350	34	126
总个数		127	860	100	467

这也就是说，因梁启超的暂时走开，连《清议报》用词的犀利程度都随之有所变化，这一点再看这期间刊载的文章内容会得到进一步印证。

总之，《清议报》中弘扬的"主义"几乎 90% 以上取自日本，特别是对帝国主义的认识有一个渐进的过程，它基本起到一个承上启下的知识转型的作用，将日本资源化为己有，为其后"主义"在中国大陆的流行做好了铺垫。下面我们通过几个具体的例子，来看这一过程。

四、"帝国主义"的流行

有关"帝国主义"这一概念的缘起和生成过程，拙稿①已作过详尽的叙述，其主要内容如下：

英文 imperialism 出现在 19 世纪中叶的 1858 年，这一概念本是基于 1870 年以后英国兴起的政治用语，指针对自由主义而起的膨胀主义或殖民地主义，在 19 世纪末期它成了欧美各国崛起的主要方向。但在日本早期的英和辞典里 imperialism 只被译成了"帝位"，与"帝国主义"的挂钩多在 1898 年左右，最先以"イムビリアリズム"这一概念的音译形式出现在高山樗牛写于 1898 年 9 月的《殖民地の歴史の教訓》（收入其《时代管见》，东京博文馆 1899 年版）一文中，然后在其写于 1898 年底的《罪恶の一千八百九十八年》（收入《时代管见》，同上）中我们才能看到打引号的"帝国主义"一词的汉字形式出现。高山樗牛感慨帝国主义成了风靡天下的大势，"人类历史上最为惨淡的一幕即将由此拉开"。而翌年德富猪一郎著《社會と人物》（东京民友社 1899 年版）中便专设一节"帝國主義の真義"，其中就已阐明"帝国主义"概念创于英国，后经美国传入日本，目前正在成为政界的热门熟语，并对之多持褒义加以介绍。明治三十三年（1900 年）十一月十七日的《万朝报》还登载了《帝國主義を排す》（排斥帝国主义）一文，由此可见当时的欧美世界的主流正是帝国主义的兴盛期，在日本现有的材料里，"帝国主义"出现得最为频繁的是 1901 年。既有幸德秋水著《帝國主義》（东京警醒社 1901 年版）的出版，又有浮田和民著的《帝國主義と教育》（东京民友社 1901 年版）的问世，后者明确在第一章提出"日本的帝国主义"这一概念，同年的综合杂志《太阳》的使用也多达 71 例。年底还出版有高田早苗翻译的《帝國主義論》（东京专门学校出版部

---

① 陈力卫：《"帝国主义"考源》，台湾《东亚观念史集刊》第 3 期。

明治三十四年十二月版)①。著名的民权活动家中江兆民的《一年有半》（1901年）中，也多见此词的使用。

《清议报》第二册（阴历 1898 年十一月二十一日）便载有关于"帝国主义"的译文《极东之新木爱罗主义》，内有"举用此议，使美英二国操持世界共通之新帝国主义"之例，但该文是收在《东报译编》栏内的，由日本人片冈鹤雄②译出，"新木爱罗主义"即现在的"新门罗主义"。因此也可以将之视为日文材料的汉译，而并非中国人的直接使用。但从上面日语中"帝国主义"一词出现的年代，我们知道《清议报》译自日文的例子是同步的。翌年（1899年）的第十二册上开始出现有"其他或云帝国主义。或云侵略主义。或云平和主义"（见于《论太平洋之未来与日本国策》）等例，第十七册里《扩张国势及列强协商论》里还对"帝国主义"释义为："帝国主义者谓专以开疆拓土扩张己之国势为主即梁惠王利吾国之义也。"但这些均出自《外论汇译》栏，即都是译自外文的用法，所以对后者才加以梁惠王例来注释说明。经过这一消化过程后，"帝国主义"才开始独自进入使用的阶段。

《清议报》第九十册（1901年）以后，围绕着"国家主义、民族主义、帝国主义"的议论愈发增多，其中梁启超对"帝国主义"的议论最多，而且是置于"民族主义"的基础之上的。在他的《国家思想变迁异同论》（第九十五册）中对欧洲国家思想的"过去现在未来变迁之迹"做了图示并解释说："今日欧

---

① 高田早苗还有《国家学原理》一书，其第五章的题目就是"民族主義と帝國主義"，该书标有"东京专门学校史学科一回一学年讲义录"字样，或许早于 1901 年就已经开始使用"帝国主义"了。

② 据吕顺长云：片冈鹤雄为梅清处塾塾生。生于明治八年四月十六日，备前国邑久郡朝日村人。（中略）《清议报》中有其署名的译文有：《俄法同盟疑案》《极东之新木爱罗主义》（第 2 册）、《大阪朝日新闻廿四日至廿七日杂报》《东京日本报自廿三日至廿五日杂报》（第 3 册）等。在康有仪致山本宪的信函（C119）中对其译文评价如下："片冈君译文甚佳，惜常有方言及少见之字面，及新名物，多不能解。此间润色改削之人，无从下手改正，以至前后来文不能全录于旬报内，为憾。"吕顺长：《康有儀の山本憲に宛てた書簡（訳注）》，载《四天王寺大学纪要》第 54 号，2012 年 9 月。

美则民族主义与民族帝国主义相嬗之时代也。今日之亚洲则帝国主义与民族主义相嬗之时代也。"①且欧洲 "民族主义全盛于十九世纪而其萌达也在十八世纪之下半。民族帝国主义全盛于二十世纪而其萌达也在十九世纪之下半。今日之世界实不外此两大主义活剧之舞台也" ②。

特别是《时论译录》栏连载的《帝国主义》分别登载在第九十七、九十八、九十九、一百册之内，使之出现频率更为集中且剧增。该文是译自日本《国民新闻》的，我们从中也可看出中日之间其他主义的直接挪用。如：

> 经济主义、国家主义、国粹主义、国民主义、个人主义、相助主义、竞争主义、产业主义、社会主义、弱肉强食主义、自由主义、自由贸易主义、侵略主义、专制主义、世界主义、大国主义、平民主义、放任主义、保护主义、保护贸易主义、保守主义、平等主义、民族主义、蒙路之主义、和平主义

而且，日文原文是阳历 11 月 5 号开始连载，至 11 月 23 号结束，共分为 15 次。而《清议报》将之分为 4 次连载。第九十七册 (5、6、7 号三次)、九十八册 (9、10、12 号三次)、九十九册 (13、14、15、16 号四次)、一百册 (17 号，略去没译，登载了 19、21、22、23 号四次的译文，但最后一天仅译了最后一段，其余都用 "中略" 来处理了)。我们知道第九十七册是阴历十月一日发行的，相当于阳历的 11 月 11 日，也就是说从《国民新闻》的《帝国主义》开始见报的 5 号到 7 号的三次连载距《清议报》第九十七册的出版 (11 号) 只有短短的三天！真是争分夺秒的同步刊出。第九十八册发行于阴历十月十一日

---

① 到了二十世纪初，承梁启超之说，杨笃生《新湖南》第四篇就两者的关系的分析道："而此帝国主义，实以民族主义为之根柢；故欲横遏此帝国主义之潮流者，非以民族主义，筑坚塘以捍之，则如泛桃梗于洪涛之上而已矣。"

② 梁启超后来在《新民论》(1902 年) 第二节对民族帝国主义作如下解说："民族帝国主义者何？其国民之实力，充于内而不得不溢于外，于是汲汲焉求扩张权力于他地，以为我尾闾。"

（阳历 11 月 21 日），《帝国主义》的连载尚未完结，但时间上多少有了些富裕，所以翻译得稍稍从容些。第九十九册发行于阴历十月二十一日（阳历 12 月 1 日），连载已完。尽管如此，第一百册（阴历 11 月 21 日）里还是删去一整次的篇幅最后才得以全文译出刊发的。

五、"主义"的发展扩大

《清议报》中的"～主义"多译自日文，这也跟当时学术的基本走向有关。自张之洞的《劝学篇》（1898 年）后，其主张的"东文近于中文，易通晓"，"西学甚繁，凡西学不切要者东人已删节而酌改之，中、东情势风俗相近，易仿行，事半功倍，无过于此"等思想贯彻人心，通过日文了解世界成了当时的潮流。有鉴于此，《清议报》第九十册的录东洋报栏亦有《论中国宜改良以图进步》之文回应之并强调照搬西学的主义亦有许多弊端：

> 七日本学术之输入。近来中人之有志者。多谓莫如输入日本之学术。彼等之意。殆谓日本之学术取自西洋。而中国翻译取读之甚便。盖言取西洋学术之便也。然岂止此乎。夫西洋之学术无量。其分科甚繁杂。卒尔甚难着手。彼中人不过初步。若直入研究之。恰如投之五里雾中。徒使榜往苦于甄别耳。于此点若得日本学者之指导次序。学习故甚便。加之如前所述。风气之开发。先由精神上为急务。若只翻译西洋之哲学伦理宗教等诸学科。岂遂足供研究乎。故必须参以东洋古来哲学伦理宗教。使东西两洋之思想浑合调和。不可不经此层之特别研究也。即如伦理一学。西洋学者诸说纷纷。快乐主义之对有克己主义。厌世主义之对有乐天主义。利己主义之对有爱他主义。彼此互相反对。若今译之。仍之咽下。则脑为其搅乱。不能解其理。

也就是说在字面上我们虽然通过日语吸收了不少西方的主义，但要真正理解还要做到学贯东西，才能有所进步，否则只能是生吞活剥。比如在第九十九册，《政治学案第九·卢梭学案》中出现了"民主主义"的说法：

> 然后卢梭之本旨乃可知矣。盖以为民约之为物，非以剥削各人之自由权为目的。实以增长竖立各人之自由权独目的者也。但卢氏深入于古昔希腊罗马之民主政治，其各种旧主义来往胸中。拂之不去。故虽以炯炯如炬之眼。为近世真民主主义开山之祖。而临去秋波。未免有情。

但对其意义究竟理解到什么程度很难说，日本在明治十年（1877 年）就翻译出版了卢梭的《民约论》（服部德译，田中弘义阅，有村壮一藏版），其第三编第四章的题目就是"民主政治"，但中文里的"民主"一直到 19 世纪末还多停留在 republic 的理解之上。①

再有，虽然"社会主义"和"共产主义"几乎同时（1882 年）出现在日文里，但这两个词在中文语境的最早使用者都是当时蛰居日本的梁启超②，实际上，《清议报》里多侧重介绍了前者：

> 维持社会主义者联图革命。
>
> 《东报译编》第 3 册
>
> 即社会主义，虽我当局之所深忌。
>
> 《时论译录》第 41 册
>
> 然社会主义，实可行于我国之政治上。
>
> 《时论译录》第 41 册

---

① 陈力卫：《近代中日概念的形成及其相互影响——以"民主"与"共和"为例》，台湾《东亚观念史集刊》第 1 期。

② 金观涛、刘青峰：《观念史研究——中国现代重要政治术语的形成》，香港中文大学当代中国文化研究中心 2008 年版。

社会主义，至十九世纪下半期，其势力逐日增高。

《时论译录》第 51 册

或取社会主义之一部，而改良社会。

《时论译录》第 100 册

至社会主义，亦非全与帝国主义不兼容者也。

《时论译录》第 100 册

至破坏的社会主义，非独与国家不兼容。

《时论译录》第 100 册

上述介绍均出现在译自日文的文章里，这也从另一个角度说明了日语对中文的直接影响，即近代知识在转型过程中如何汲取日本资源的问题。但其使用还只是停留在介绍新思想上，尚未被中文完全接受。只有到了第 100 册才在任公（梁启超）的《康南海先生传》一文里出现：

先生之哲学，社会主义派哲学也。泰西社会主义，原于希腊之柏拉图，有共产之论。

这里不仅论及"社会主义"而且也提到"共产之论"（与前面《哲学字汇》的译法相同），但没有"共产主义"的字眼。[1]

当然，也有梁启超独创的"主义"，比如在第 100 册的《康南海先生传》第六章"宗教家之康南海"的文中有下列描述：

孔教者进步主义非保守主义

---

[1]　实际上，后来中文里面也用"均产之说""通用、共享者、均用者"等来表示"共产主义"这一概念。进入 20 世纪后，西洋人编辑的新语集 Technical Terms 初版（1904 年）还是把 Socialism 译成"均富"，而把 Communism 译成"有无相通"，但最终还是抵抗不过日本来的影响，在 1910 年的再版时，就将后者直接写成了"共产主义"。

孔教者兼爱主义非独善主义

孔教者世界主义非国别主义

孔教者平等主义非督制主义

孔教者强力主义非巽懦主义

孔教者重魂主义非爱身主义

在这里面，既有来自日本的"进步主义、保守主义、兼爱主义、独善主义、世界主义、国别主义、平等主义、督制主义"，也有独自创新表达的"强力主义、巽懦主义、重魂主义、爱身主义"等临时性造词，加上"万国大同主义"等，均可见"主义"这个招牌或标签已经被当时的知识精英运用得得心应手了。

1903年留日学生汪荣宝等编写的新语集《新尔雅》（1903年）也是对"～主义"的传播和新概念的启蒙起到了极大的作用。其认为"决定意思之实行。标明一种方针者谓之主义"。并将帝国主义这一概念释为："以一群为主，而众群从屈其下者，谓之帝国主义。"其所收的54条"～主义"如下：

爱他主义、保守主义、悲观主义、本心主义、参赞主义、大观主义、道德主义、帝国主义、独立主义、放任主义、干涉主义、个人主义、共产主义、国粹主义、国家主义、急进主义、阶级主义、进步主义、禁欲主义、开发主义、快乐主义、乐天主义、立宪主义、利己主义、纳税主义、平等主义、破坏主义、人道主义、社会主义、幸福主义、形式主义、厌世主义、依他主义、知识主义、主他主义、主我主义、专制主义、自然主义、自由主义、自在主义、保护贸易主义、自由贸易主义、自由判断主义、公众利用主义、教化价值主义、口头审理主义、直接审理主义、不干涉审理主义、道德的实有主义、客观的自然主义、主观的自然主义、宗教的人道主义、教授学的唯物主义、间接地伦理的实有主义

可以看出这些都是在日本的语境下收集诠释的主义，中文里对二字词组合

的"～主义"基本采纳，而对后面五字词和六字词组合的"～主义"仅使用在具体语境中，作为临时构词来用。由此可见，各种主义经日本流入中国，基本上是日本意义的一种直接使用。

六、小　结

《清议报》作为推动中国改革、唤起民智的一块前沿阵地，为传播新词、新知识起到了承上启下的作用，也就是通过日本这一窗口，几乎同步地翻译和介绍了当时最新的思想动态与世界局势，通过"主义"在三年内的使用分布情况，我们不仅能够把握其规模和范围，还能了解当时知识分子最为关心的话题和内容，又能将各种相关的"主义"放在同一平面来考虑，而不是孤独地只看一种"主义"的生成。同样，在做概念史研究时，对语词的量化调查也可为我们解释某些历史事实（如编辑方针的转换等）提供一些依据。

从译词的创制来看，像"帝国"或"主义"等都是日本人用中文的古典词来对译西方的近代概念，并使之流通。而中文则通过翻译日文，几乎是同步地直接采纳了这一译法。这种拿来主义为其概念在中国的迅速传播和普及提供了便利，也正是通过这种方式，才得以及时应对当时汹涌来袭的各种思潮和主义，从而与世界接轨。

但是，如果作为语言材料来看的话，我们还应该注意《清议报》的材料性质，分清译文和国人执笔的文章之别，特别是当时将日文译成中文的译者多为日本人（比如《时务报》《东文报译》就是由日本人古城贞吉担任的），而《清议报》的译者研究近期也有了进展，吕顺长介绍了以康有仪为中心的翻译及其准备工作，特别列举了山本宪办的梅清处塾的几位日本人：片冈鹤雄、井上、冈山等。①

---

① 吕顺长：《康有儀の山本憲に宛てた書簡（訳注）》，《四天王寺大学纪要》第 54 号，2012 年 9 月。

在康有仪致山本宪的信函中说:"弟子既就此职,则每期应用东文十一二三篇,是弟子之责任。"且"此间同志拟以计字酬金,其比例为译千字酬译费五十钱,月译东文四万字,而酬劳之费为二十圆"。由此可见其翻译多取自日文报刊,故容易直接移译日文概念。因翻译水平等问题,这些语料中的例子很难说是反映了汉语使用的早期面貌,近来的辞典编辑和一些论文似乎将《清议报》不加区别地一律视为汉语语料,更有甚者将《清议报》里出现的许多语词一股脑地都算作梁启超的用法。这种不分辨材料性质的处理方法在某种程度上会引起误会的。上述《清议报》里出现的"社会主义"的9个例子多为译文,只有第一百册梁启超使用的两例可以视为其概念在汉语中的运用。

在此基础上,我们可以设想《新民丛报》中的"主义"的进一步的展开,描述在以梁启超为代表的改良派的这块阵地上的主义的传播和普及。此外,我们还可以横向地对比《民报》《天义》《新世纪》等社会主义、无政府主义的思想反映和传播,从而凸显出其时代的特征,比如《新世纪》最后作为丛书出版的"无政府主义与共产主义"等,都意味着对其认识已经达到了一个新的阶段。最后,我们还应该关心这种翻译文体,即由四字词以上构成的这些"主义"的运用对近代中文报刊论说文的影响,以及对其后《新民丛刊》所代表的"新民体"的形成所起的作用,这些问题是值得我们留作课题来认真考虑的。

表4

	第一期 1898.11.11	第二期 1900.1.1	第三期 1900.11.21	总计
主义	46	35	42	123
帝国	6	11	111	128
国家	10	1	11	22
国民	0	17	1	18
膨胀	2	10	3	15
自由	3	2	8	13

	第一期 1898.11.11	第二期 1900.1.1	第三期 1900.11.21	总计
木爱罗	1			13
蒙罗		3		
孟鲁		6	1	
们罗			1	
蒙路			1	
平民	0	1	11	12
侵略	6	3	2	11
社会	1	3	5	9
专制	3	3	2	8
平和·和平	4	3	1	8
破坏	4	2	2	8
民族	0	0	8	8
平等	4	0	3	7
世界	4	0	3	7
保守	3	1	3	7
正统	0	6	0	6
强立	3	0	1	4
分割	1	3	0	4
门户开放	1	3	0	4
改革	4	0	0	4
个人	0	3	1	4
民主	0	3	1	4
温和	0	0	4	4
独善	2	1	0	3
进步	1	0	2	3
厌世	1	0	2	3
共和	0	2	1	3
殖民	0	3	0	3
保全	0	3	0	3

续表

	第一期 1898.11.11	第二期 1900.1.1	第三期 1900.11.21	总计
保护	0	0	3	3
自由贸易	0	0	3	3
重魂	2	0	1	3
竞争	0	0	3	3
进化	2	0	0	2
兼爱	2	0	0	2
文弱	2	0	0	2
博包	2	0	0	2
相容无碍	2	0	0	2
大同政治	2	0	0	2
单狭	2	0	0	2
爱身	1	0	1	2
独立	1	1	0	2
国爱利益	0	2	0	2
立宪	0	2	0	2
自然	0	2	0	2
放任	0	2	0	2
仇视	0	2	0	2
日本	0	1	1	2
干涉	0	0	2	2
功利	0	0	2	2
经济	0	0	2	2
强硬	1			1
泰西公共	1			1
泰西文明	1			1
积极	1			1
消积	1			1
商国	1			1
平和积极	1			1

续表

	第一期 1898.11.11	第二期 1900.1.1	第三期 1900.11.21	总计
急激进略	1			1
缓慢保全	1			1
开化	1			1
开放	1			1
忧哀	1			1
康乐	1			1
小康政治	1			1
牧羊	1			1
笼络	1			1
诏谀	1			1
均势	1			1
锁国	1			1
突飞	1			1
公利	1			1
全国通商	1			1
德国	1			1
八面		1		1
野蛮之		1		1
共和国之		1		1
罗马国之		1		1
扩张军备		1		1
海军		1		1
冲突		1		1
延弱国国命		1		1
华盛顿		1		1
小英国		1		1
勤王		1		1
排外		1		1
大体		1		1

续表

	第一期 1898.11.11	第二期 1900.1.1	第三期 1900.11.21	总计
民政		1		1
服从		1		1
和缓			1	1
突飞进取			1	1
进攻			1	1
互惠			1	1
渐进			1	1
忍耐			1	1
闭锁			1	1
快乐			1	1
克己			1	1
乐天			1	1
利己			1	1
爱他			1	1
维新			1	1
家族			1	1
酋长			1	1
万国大同			1	1
民族帝国			1	1
压制			1	1
独裁			1	1
重实			1	1
相助			1	1
产业			1	1
国粹			1	1
三大			1	1
大国			1	1
急激			1	1
硬货			1	1

续表

	第一期 1898.11.11	第二期 1900.1.1	第三期 1900.11.21	总计
爱国公党			1	1
会合			1	1
	151	146	275	572

原载孙江主编：《亚洲概念史研究》第 2 卷，商务印书馆 2018 年版

1919：在"学说"与"主义"之间

张宝明

河南大学历史文化学院

回眸 1919 年，渐入佳境的《新青年》杂志在为自己主导的白话文胜券在握而踌躇满志的同时，也遇到了前所未有的挑战和风险。这从年初那篇《本志罪案之答辩书》已经初见端倪。不过，这一年也可谓创举多多。撇开标点、横排、公历、"她"字问题等等不一而足的"石破"之举，单以 6 卷 5 号上以马克思为主角的专题性文字来说就是一挂响炮。也正是这个原因，这一思想史上的精神事件倍受关注，每每成为学术界甚至教科书的焦点。学界的例子兹不赘言，以近来审阅到的历史教科书来看，至少普通高中历史的几个版本无一例外地曾将这一带有倾向性的专题文字称为"马克思主义研究专号"①。尽管这一历史细部看来只是一个微不足道的小节，但对中学生史学素质的培养来说也不可小觑。

一

对历史上一些小细节的较真，可以从积习或者史家的职业操守上去理解，否则误会在所难免。回到本题，"马克思研究号"出自"轮值编辑"李大钊之手，倾向性、专题性非常明显。需要指出的是，尽管《新青年》推出一系列专

---

① 《普通高中课程标准实验教科书·历史》第 74 页，人民教育出版社 2017 年 7 月版。

号，但与这一号不同的是：前几期属于预告、预约过的"预谋性"专题。诸如"易卜生专号""劳动节专号""女子问题专号""俄罗斯研究专号"等。而"马克思研究专号"虽然不能说没有预先计划，但这一个人"喜欢"和偏好下的组稿至少没有"主义"，因此笔者倾向称之为个人化、自发性的专题，与之相比同仁性似乎弱了不少。尽管李大钊曾将这一号与其他号相提并论，并自命"马克思研究号"①，但这一号（"马克思研究"）毕竟与此后几号（"马克思主义研究"）不可同日而语。这从与1922年9卷6号的专题性比较上也可以得以佐证。不过，那时的"同仁"性正在逐渐蜕变成"同志"性。

这样说，是为了能更好地回到现场，将历史讲清楚。1919年5月出版的6卷5号《新青年》是这样编排的：前三篇是《马克思学说》《马克思学说的批评》《俄国革命之哲学基础》（下）；接下来的便是常规性的文学作品与理论，它们分别是鲁迅的《药》、若干白话诗以及胡适的《我为什么要做白话诗》；再就是《马克思研究》《马克思传略》《我的马克思主义观》（上）、《巴枯宁传略》《老子的政治哲学》；最后是五篇"随感录"。我们不妨分析一下这个篇目背后的盘算：小说、诗歌、理论以及随感都是杂志按照固有的常规套路出牌。除去这些，较为抢眼的应该是那些以马克思为题头的文章编排。细说起来，周作人翻译的《俄国革命之哲学基础》这篇译文不过是胡适编辑的4号文字的延续，高一涵的《老子的政治哲学》则是较为纯粹的学术研究，加之《巴枯宁传略》（是不是有针对性的约稿我们不得而知），即使是带有倾向性的约稿，我们感觉到的还是学术研究的指数较强。如果说以上文章只是以马克思学说为主题的"配菜"，那么具体到这个具有倾向性、专题性的"研究"又是一番怎样的情形呢？

二

首先让我们打开这些以"马克思"打头的文字看个究竟。首篇顾兆熊的

---

① 李大钊：《再论问题与主义》，《每周评论》第35号。

《马克思学说》以介绍和批评的方式方法铺就了研究（学说）的底色。在对马克思的生平、学说之学术史以及主要论断做出意义介绍之后，作者以"研究"的心态评说道："'唯物史观'是一种极有用的史学方法，是一种空前的社会哲学。"其"意义""应用""批评"之态度都显示一种学术评论的腔调："马克思的学说虽然包含许多的错误，它在历史上的大意义却是终古不能磨灭的。……但是马克思学说的严酷的格式，始终没有经科学的赞许。他对于现代经济消极的批评与精神解剖固然是非常可贵，但是他的积极的抽象的构造与褊狭的推测，却是不与事实真象相符。"[①]这里不但有"空前的社会哲学"之"大意义"的认同，也有诸如"错误""褊狭""误谬"等的批评；既有"一种科学历史的历史观察法"（"唯物历史观"）的高度评价，也有诸如"没有经科学界赞许"（"赢余价值论"）的犹疑。就"马克思价值论里所用的论理很属勉强，并且有根本矛盾的地方"一语来看，这是带有十足学究味的学术研究，离日后所说的科学社会主义相去甚远。

接踵而至的凌霜撰写的《马克思学说批评》更是一脉相承。标题开门见山，一是以"批评"二字挂帅；二是破题开宗明义："把马氏学说的缺点和他的好处写出来"；三是结论更一语道破天机："马氏的学说，在今日科学界上，占重要的位置。我这种批评，究竟对不对，我可不敢武断。今更引马氏致友人书数语做这篇的结论。他说：'误谬决不学那些空论家，想以自己的主义征服世界。说道这就是真理，跪下来吧！'我们由世界自己的原理中，抽出新的原理来，我们不叫人：'你的奋斗是不好的，你离了他罢。你听我的话，跟着我来战斗就够了。我们不过说明奋斗的真目的，就是他不赞成，也要自己找出一个必要达到的目的来。'作者很愿传播新思想新学说的人，都有这种态度。"[②]这是一种自我判断与自由选择的态度：讲求研究"学说"而非膜拜"主义"，追求冷静的理性与客观的真理。《新青年》同仁的这一"真理愈辩愈明"的圭

---

① 顾兆熊：《马克思学说》，《新青年》6 卷 5 号，1919 年 5 月 15 日。

② 凌霜：《马克思学说批评》，《新青年》6 卷 5 号，1919 年 5 月 15 日。

枭直到 1920 年中期尚有延续：一篇讨论欧洲马尔塞斯的文章道出了"研究问题"与"谈论主义"者的初衷："我向来有两种信念：一是相信进化无期，古往今来只有在一时代是补偏救弊的贤哲，时间上没有'万世师表'的圣人，也没有'推诸万世而皆准'的制度；一是相信在复杂的人类社会，只有一方面的真理，对于社会各有一种救济学说，空间上没有包医百病的良方。我对于马尔塞斯底人口论，就是这种见解；不但马尔塞斯人口论是这样，就是近代别的著名学说，像达尔文自然淘汰说，密尔自由论，布鲁东私有财产论，马克斯唯史观，克鲁泡特金互助论，也都是这样。除了牵强、附会、迷信，世界上决没有万世师表的圣人，推诸万事而皆准的制度和包医百病的学说这三件东西。在鼓吹一种理想实际行动的时候，这种妄想、迷信自然很有力量价值；但是在我们学术思想进步上，在我们讨论社会问题上却有很大的障碍。这是我个人的一种愚见，是由种种事实上所得一种归纳的论断，并且想用这种论断演绎到评判各种学说，研究各种问题的态度上去。"[1]从主编陈独秀这个所谓的"愚见"中，读者能看到的只是学人的气质：往积极上是儒雅，往消极里说则迂腐。进一步说，这离《新青年》成为机关刊物还有一段历史的路。

往下说，跳过文学作品，另外几篇以马克思为主题的文字跃然纸上。相对集中的"马克思研究"板块分别采用了陈启修的《马克思的唯物史观与贞操问题》、渊泉的《马克思的奋斗生涯》与《马克思的唯物史观》。细读这三篇文章，有这么几个需要加以注意的特点：一是虽然阵地集中，但是三篇专论都是属于转摘性文字，第一篇录自《新中国》，渊泉的两篇同是录自《晨报》；二是目录和正文的排序出现了编辑错误，从目录看，《马克思的唯物史观》在《马克思的奋斗生涯》之前，但实际内容来了个颠倒；三是打头的陈启修那篇文章，原题为《女子贞操的金钱价值》，本来只是在个人"兴味"的驱使下"拿来用唯物的历史观研究研究"社会上的"重要的几种现象"的一种自发学术行为，却被编者改头换面，以《马克思的唯物史观与贞操问题》面世。由此，我

---

① 陈独秀：《马尔塞斯人口论与中国人口问题》，《新青年》7 卷 4 号，1920 年 3 月 1 日。

们也可蠡测出当年编者的基本意图以及根本情形：一是《新青年》杂志社不曾做过整体的预谋和设计，如果有，也只是轮流"坐庄"的编辑临时动议，根据个人的喜好而动议的一期似是而非的专号；二是从文章之录选而非编辑部同仁的亲力亲为来看，尚未达到深层次意识上的系统论述。这从其"研究研究"之文字就不难窥见一斑：多是一个视角的管见、一种方法论上的尝试、一种个人学说的简介；三是从译名的"马尔克司""马克思"等的各"司"其名，从概念的"唯物史观""经济史观"的不一而足，从文字虽号称"研究"但也只是日文（河上肇）或俄文翻译等层面来看，当时的专号还流于浅显、表层和概念意义上的寻绎。这从下文《马克思传略》也可以看出个究竟："主义"之前的预研、预设还有一段不小的预演时段。

值得一提的是接下来《新青年》杂志的两篇原创：刘秉麟的《马克思传略》和编者的《我的马克思主义观》。这里所谓的"原创"，意思是说首发。如果说前一篇了无新意，属于和前文《马克思奋斗生涯》大同小异的生平简介之文字，那么李大钊亲力亲为之"观"可以算作是比较系统、大有起色的"主义"之开山之作。不过，值得注意的是，同时马克思的简介，也不可一概而论。就刘秉麟的介绍看，文字的感情因素已经无法"春秋"，在明知"关于马克思死后之评论意见颇不一致"的背景下，却明白无误地以诸如"马克思家庭之乐最圆满""谈理太深""研究社会主义之最好之资料""纽约追悼会为最盛"等等"最""太"的字眼已经将倾向性暴露无遗了。尤其是李大钊的"主义观"尽管作者自谦甚多，但这一"稍加整理"已经算是时代条件下"马克思研究号"头彩了：可以说是"学说"向"主义"过渡的一个重要枢纽或说中介。

作者加编者的李大钊在开篇将"马克思的学说"说成是"卷帙浩繁、学理深晦"的学术理论。第一部分的500余字有三处以"学说"名之，而以"马克思主义"相称的则有六处。关键在于，"学说"处多以生怕不得要领、生硬僭越而忐忑，而一旦论及"马克思主义"则以"风靡世界"的"正宗"主义相承诺，而且尽管世人多"误解"，本人也要冒着"知能谫陋"的危险来做这"不是绝无裨益的事"，这个"事"就是"正确的解释"。在这篇"学说"与"主义"杂陈，"研究"与"偏好"并立的文字中，为"马克思的学说"尤其是"主义"辩护则是作者不二的情怀。在"新青年派"杂志同人中，胡适对李大钊的这个偏爱和喜好早有觉察并采取了一系列的"抵制"措施。与当年刚刚加盟《新青年》时和陈独秀针锋相对的"不谈政治"没有什么区别，正是胡适的"联合抵抗"以及陈李（后来的"南陈北李"）的"免生闲气"，才有了 1918年 12 月 22 日那本带有强烈政治色彩的《每周评论》创刊。这在后来陈李"跑马"离京，胡适"占地"为主时得以真相大白：胡适 1919 年 7 月 20 日接管《每周评论》后发表的《多研究些问题，少谈些主义》已经将底牌亮出，而李大钊在回应中公然申明："我可以自白，我是喜欢谈谈布尔什维主义的。……我总觉得布尔什维主义的流行，实在是世界文化上的一大变动。"[1]在李大钊，这个"布尔什维主义"的"布尔"就是不二的代名词，是唯一的选择；在胡适，马克思、布尔什维克、社会主义不过众多学说中的之一。两个人所谓的"一个一个的具体问题都解决"还是"根本解决"孰先孰后的问题，看似是一个先有鸡还是先有蛋的两难问题，充满着吊诡和尴尬，但是归根结蒂却是一个思想史上在"学说"与"主义"之间二选一的选择题。如同我们看到的那样，随着《新青年》色彩不断染浓，尤其是成为中共机关刊物后，胡适等自然会在兴味索然的不合作中淡出视线。与此同时，"主义"自然也就成为唯一的选择。

三

必须看到，-ism 是英文中一个很常见的词缀，汉语通常将其译为"主义"，用以指称意识形态或价值信念。其实，在很多时候，这个词缀多指"学说"或"理论"，是一种关于知识形成的学说，译成"论""论者"更为妥帖。两种-ism 的根本区别还在于，作为主义的-ism 关涉价值判断，而作为学说的-ism

---

[1]　李大钊：《再论问题与主义》，《每周评论》第 35 号，1919 年 8 月 17 日。

则与事实判断相关。一旦作为学说的-ism被理解成作为价值信念的-ism甚至被千人一面地译成"主义"时，事实判断就会换算成价值判断，主义皮实、学说腼腆，于是教条和偏见便应运而生。正是在这个意义上，我们非常有必要对主义与学说做出明晰的判别，以免走进误区和偏见的泥淖，甚至还会给一种学说带来污名化的严重后果。当然，不可否认的是，正如李大钊所预言的"主义"有可能面临着被概念化、"招牌"化甚至会被"冒牌"那样，我们不能因噎废食。相反，更应该看到，一旦一个学说"不为人读"就会"渐渐磨灭"，因此要使其拥有价值，就必须有充分的"正义的宣传"。唯有如此，我们"认定的主义"才能不胫而走、生根开花。也正是在这一意义上，笔者才在马克思"学说"何时在中国成为"主义"上较了真。毕竟，我们已经领略到了两者之间的异化给学术界带来的严重后果：学说往往会在主义的强势挂帅下否定自我乃至消失殆尽。

如上所述，李大钊自述《新青年》6卷5号是"马克思研究（专）号"。我们姑且可以认同这一说法，因为如同笔者一再强调的——尽管这一号不是共谋，充其量只是李大钊一个人的担当和作为，但是毋庸讳言的是，个人在某个历史时段的兴趣与选择也能发挥石破天惊作用。它如同捆绑式炸弹，也好像是握紧的拳头，或者说是一个"过激主义"的集结号，一经抛出便起到了为马克思主义传播披荆斩棘的效果。然而，意义归意义、作用归作用，严格意义上，这只能说是一个人的专号。

我知道，对这样的演绎，胡适们是一再抵抗的：从"不谈政治"的契约，到《每周评论》另立门户的妥协，再到"问题与主义之争"的刺刀见红，再到不参与写稿的软暴力"抵制"，一路走来，《新青年》就这样在为"特别色彩"的染浓与淡化上做着"有谓"的纷争。1920年前后，《新青年》很快回到了初创期的尴尬局面：供血不足。等米下锅的南下同人将催稿当成了头等大事。在这一背景下，一贯激进、任性的陈独秀还是退避三舍，做了一些必要的让步：负责《新青年》的陈望道在"将令"下尽量将原班人马诸如"周氏兄弟"的稿件作为标志性作品予以推出。这样做，意在落实主编陈独秀定夺的调子："稍改内容""趋重于文学哲学"、力争"北京同人多做文章"。有两个细节可以佐证作为杂志主心骨陈独秀的虚与委蛇：一是在《谈政治》一文中所说的心中底牌早在 1920 年 5 月 24 日在南洋公学的有此演讲中就披露过了。但当时并没有发表在《新青年》上，而是以《我的解决中国政治方针》为题付梓于《时事新报》的"学灯"副刊上，而在同人刊物上公开声明则是三个月之后。这多少说明为了"团结"，陈独秀还是有所顾忌、顾大局的；二是新青年社成立之前，陈独秀就有了对东拉西扯之"百衲"杂志的严厉批评，他给杂志的定位亦可视为不折不扣的夫子自道："凡是一种杂志，必须是一个人一团体有一种主张不得不发表才有发行的必要。"①

历史地看，一方面是在大局意识下进行着扶大厦于将倾的努力，另一方面忍不住地关怀着自己的"主义"。尽管陈独秀顾及了同人感受，但反对东拉西扯的初衷却不断占据上风。1920 年 9 月之后，那种"迫不及待"式的"喊话"与"鼓动"每每出现②："本来没有推之万世而皆准的真理，学说之所以可贵，不过为他能够救济一社会一时代弊害昭著的思想或制度。"这一随感并不是随随便便有感而发，是在实实在在为马克思站台和张目。此后陈独秀依然提及"学说"，但强调的是"学说"的实用性而非学术性："学说重在需要，装饰品重在时新。"③这一根据"需要"的论道，已经将马克思主义"实际研究"与"实际活动"这两大道统说成"都是中国人所最缺乏的"精神资源。④

需要说明的是，正是由于胡适的抵抗和陈独秀的顾忌，《新青年》在南北形成了同人共存的局面。尽管这一局面是一种无可奈何情境下的"僵局"，北方同人也是身处边缘、鞭长莫及，但毕竟还是在并立着、掣肘着。我们看到的 8 卷以后的诸如俄罗斯研究、社会主义讨论、共产主义宣传等虽然一浪高过一

---

① 陈独秀：《随感录·新出版物》，《新青年》7 卷 2 号，1920 年 1 月。
② ［美］利昂·巴拉达特，张慧芝等译：《意识形态起源与影响》，世界图书出版公司 2010 年版。
③ 陈独秀：《随感录·学说与装饰品》，《新青年》8 卷 2 号，1920 年 10 月 1 日。
④ 陈独秀：《马克思的两大精神》，《广东群报》，1922 年 5 月 23 日。

浪，但是胡适们的余光已经成为“回光”。由此才有了《新青年》于 1922 年 7 月 1 日的寿终。至于时隔不久问世的《新青年》季刊，那才算是陈独秀的初心和归宿，也才是我们后来说的实至名归的机关刊物。

如果再多说一句话，无非是说，所有学说尤其是被一个时代高举的“学说”时时都面临着“选择正确”（与否）的命题。对于思想史上的重要节点，我们在今天有必要历史地审视之，以免我们的心灵被偏见占据（这一点是人类无可避免的）对《新青年》在“学说”与“主义”之间的重读，告诉我们一个信息：作为月刊的《新青年》，一直保持着一份同人的清醒和坚守。无论在政治立场与思想观念上有怎样的出入，胡适的名字还能照样赫然入目地出现在最后一期《新青年》上就是最好的注解。直到季刊之前，即使是作为“主撰”（总编）、发行人（法人）的陈独秀也不曾有那诤友胡适所批评的一刀切式的“目的热”和“方法盲”。恰恰相反，“马克思学说”只是一种一家之言式的“科学的”学说，而非后来我们熟知的“主义”。学说成为“主义”需要很多条件，而非需要慎之又慎；在 1919 年这样重要的思想史时间，“学说”显然还不具有后来“主义”的种种特征。对思想史上这样重要的时间节点进行细节辨析与较真，会让我们更加贴近思想史真实，更容易看清“来时的路”。

原载《读书》2019 年第 8 期

从五四时期的"主义"建构到中共初创的行动纲领——一条思想史线索的考察

欧阳哲生

北京大学历史学系

第一次世界大战后中国进步的思想界面对新的国内外形势,追踪世界大势,加大引进欧美新思潮的力度,探索中国问题,适时地调整思想坐标,逐渐形成新的思想定向。探寻"五四"以后走上共产主义道路的知识分子,他们的思想历程大体经历了三次演变:首先是接受新文化运动的洗礼,确认"主义"为传统儒学的替代品;然后是在各种主义的选择中,倾向社会主义;最后是在各种社会主义思潮(如无政府主义、马克思主义、新村主义、基尔特社会主义)中认同俄罗斯的无产阶级专政和共产主义。这三部曲可以说是五四时期走上共产主义道路的知识分子的常规步骤。把握这三部曲的演进,是我们开启第一代共产主义知识分子思想世界的一把钥匙。

一、"主义"开始引领时代的新潮流

新文化运动是一场思想解放运动。所谓"思想解放",其内涵无非是两层:一是从传统文化、从旧文化中解放出来,主要是摆脱儒学理念和礼教秩序;一是输入西方近世文化,特别是西方的各种新兴主义,以为指导人生、解剖社会、改革政治,谋求出路的思想工具。前一层具有破坏的意义,后一层具有递进的意义。新文化的核心价值观念主要是从新的"主义"演绎而来。新文化的现代性也主要体现在此。

傅斯年是最早认识到"主义"重要性的思想者之一。他说:"人总要有主义的;没主义,便东风来了西倒,西风来了东倒,南风来了北倒,北风来了南倒。没主义的不是人,因为人总应有主义的,只有石头,土块,草,木,禽兽,半兽的野蛮人,是没灵性,因而没主义的。没主义的人不能做事。"他向大家发出几个问题的疑问:"(1)中国的政治有主义吗?(2)中国一次一次的革命,是有主义的革命吗?(3)中国的政党是有主义的吗?(4)中国人有主义的有多少?(5)中国人一切的新组织,新结合,有主义的有多少?任凭他是什么主义,只要有主义,就比没主义好。就是他的主义是辜汤生、梁巨川、张勋……都可以,总比见风倒的好。中国人所以这样没主义,仍然是心气薄弱的缘故。可叹这心气薄弱的中国人!"[1]傅斯年呼唤"主义",他认为革命应该有主义引导,政党组织要有主义指导,中国人必须信仰主义。傅斯年的这一看法代表了新一代青年知识分子的思想觉悟。李大钊则更进一步,他对运用主义与解决问题的辩证关系作了新的阐发,"因为一个社会问题的解决,必须靠着社会上多数人共同的运动。那么我们要想解决一个问题,应该设法使他成了社会上多数人共同的问题。要想使一个社会问题,成了社会上多数人共同的问题,应该使这社会上可以共同解决这个那个社会问题的多数人,先有一个共同趋向的理想、主义,作他们实验自己生活上满意不满意的尺度(即是一种工具)。那共同感觉生活上不满意的事实,才能一个一个的成了社会问题,才有解决的希望"[2]。他强调主义在社会运动中的指引、导向作用,他为自己推介的"过激的"布尔什维克主义作了辩护。成为共产党人的陈独秀把主义比作方向,"我们行船时,一须定方向,二须努力"。"主义制度好比行船底方向","改造社会和行船一样,定方向与努力,二者缺一不可"[3]。这是他对自己之所以选择共产主义所作的思想注脚。从傅斯年、李大钊、陈独秀对"主义"的这些认

---

① 傅斯年:《心气薄弱之中国人》,载《新潮》第1卷第1号,1919年1月1日。

② 李大钊:《再论问题与主义》,载《每周评论》第35号,1919年8月17日。

③ 陈独秀:《努力与方向》,载《新青年》第8卷第4号,1920年12月1日。

识可以看出，"主义"支配社会政治的新时代来临了！

五四时期传输的主义先后有无政府主义（Anarchism，又译作安那其主义）、易卜生主义、实验主义、马克思主义、新村主义、基尔特社会主义、平民主义等等。这些主义的传输途径各有不同，实验主义主要是由留美归国的胡适和来华讲学的杜威传播而成，新村主义的传人主要是曾在日本留学的周作人。无政府主义代言人的成分相对复杂，既有老一辈的国民党元老吴稚晖、蔡元培、李石曾，他们曾在法国勤工俭学，也有年轻的北大学生区声白、黄凌霜。基尔特社会主义宣传者主要是研究系的张东荪、梁启超等，马克思主义的传播者则以李大钊为代表。主义的代言人往往与特定的人物发生关联，这些人物在精神气质上受其宣传的主义融化，形成某种新思想偶像。粗看上去，五四时期传布的"主义"并没有人们想象得多，但因其对年轻一代知识分子具有引领性的影响力而成为时代的新潮流。

这些新传输的主义带有很强的先锋性特点，有的是 19 世纪下半期才在西方流行的思潮，如无政府主义；有的在西方甚至是刚刚兴起或尚在实验阶段，如实验主义、易卜生主义。无政府主义在中国传输相对较早，辛亥革命时期即有刘师培、刘师复等人宣传力行，"五四"以前在青年学生中已有一定的市场，五四时期流行的无政府主义主要是克鲁泡特金的"互助论"、工读互助论。实验主义是美国的本土哲学，带有很强的美国精神气质，它的源头可追溯到皮耳士（1839—1914），中经詹姆士（1842—1910）的发展，再到杜威（1859—1952），不过半个多世纪的时间，成为在美国影响极大的主流哲学，胡适、陶行知等哥大留学生将其介绍到中国来，把它改造成一种适应本土的思想工具和教育思想。在五四时期传输的各种欧美思潮中，这两股思潮影响较大。

五四时期这些"主义"在中国流传开后，对新青年影响很大。告别儒教、礼教价值观念的新青年转向新的主义。当时的新青年可能是一种主义的追随者，也可能是多种主义的混合体。前者如人们熟知的巴金，他的取名即是接受巴枯宁和克鲁泡特金无政府主义影响的明证。后者如青年毛泽东，他在五四前期可以说受到无政府主义、实验主义、新村主义多种新思潮的影响，因此投身思想解放的激流。有一种看法认为，大多数早期马克思主义者都是从无政府主义转变而来，实际上，应该说无政府主义只是构成他们身上的某种新的元素，同时传输的其他主义也在产生作用。实验主义对青年毛泽东的影响就不可小视，他拟订的"问题研究会章程"即是一个案例。恽代英早年与基督教青年会联系密切，接受了基督教社会主义思想的影响，基督教成为他通向马克思主义的桥梁。①当一个青年没有确定自己的思想信仰，他的内在世界是一个漂泊体，是流动不居的，任何新鲜的思潮都可能对他产生冲刺，使他的思想发生这样那样的变化。早期马克思主义者的思想前史并不单一，他们有着复杂的多样化的思想来源。

"主义"构建了新的不同于传统儒教（儒学）的话语系统。儒教是以四书五经（或十三经）为经籍，以修身齐家治国平天下为思想路线，以三纲五常、四维八德为价值体系。"主义"关注的是个人、社会、国家之间的关系，以不同文明之间的对话为主轴，社会、文明（文化）、国家、民族、阶级成为新的关键词，民主、自由、科学、解放、革命这些新概念、新名词由于符合新文化的气质而被高频使用。

五四时期的公共空间主要由社团和报刊构建。新思想的传播途径主要由新报刊、新社团、新学堂、新书籍发布。新思想通过这些渠道扩散，新思想也在这些场域展开讨论、激辩。

五四时期的报刊多达 600 多种。②新思潮、外来主义的传输主要是通过这些报刊流布。报刊据其发行量、读者面有大有小，五四时期的大多数报刊用今天的话说，其实都是自媒体，自生自灭，存活期大多不长。这些自媒体运作灵活、反应敏捷、信息量大，往往成为传布新思想、新观念、新主义的载体。

"主义"的兴起造就了不同的思想场域。由于主义与社团结合，不同的主

---

① 参见韩凌轩：《早期恽代英与基督教》，载《近代史研究》1988 年第 2 期。覃小放、余子侠：《恽代英与基督教青年会》，载《华中师范大学学报（人文社会科学版）》2009 年第 6 期。

② 目录参见 Chow Tse-tsung, *Research Guide to the May Forth Movement*, Cambridge, Massachusetts：Harvard University Press，1963. pp.26—129。

义信仰者往往构建不同的社团。社团和其创办的刊物往往成为宣传主义的阵地。由此社团、报刊、主义形成一种共振关系。抬杠式的争论往往成为当时一种常用的论辩方式。

"主义"打造新的社会政治组织。从前的会党、宗族是没有什么主义，只讲究江湖规则，朋友义气，血缘关系，地方结帮，即使辛亥革命时期的革命组织，如同盟会，也带有浓厚的秘密社会性质。五四时期传输的"主义"很快就与政治（政党）结合，成为各个政党的行动指南或指导思想。

主义的组织化最初是从无政府主义者开始。早在辛亥革命时期，无政府主义者刘师培、何震、张继等在日本东京成立社会主义讲习会，刊发《天义》《衡报》；吴稚晖、李石曾、张静江等在法国巴黎成立世界社，创办《新世纪》。刘师复在广州成立心社。这些早期的无政府主义组织影响力比较有限，组织化程度也不高。五四时期的无政府主义思潮弥漫于许多进步报刊。《新青年》《新潮》《少年中国》《晨报副镌》《时事新报》"学灯"、《民国日报》"觉悟"都有大量宣传无政府主义的言论。无政府主义组织在北京有实社、进化社、奋斗社、互助社、学汇社，在上海有民众社，在南京有群社、民锋社，这些无政府主义组织涣散，存活时间短，明确标示自己为无政府主义的人士也并不多，因此无政府主义未能成立政党，但无政府主义已然成为一股富有影响力的思潮，对很多青年知识分子有不同程度的影响。

新传输的马克思主义首先促发了共产主义小组的诞生。五四时期的马克思主义之所以在中国能够形成气候，与十月革命的影响直接相关。马克思主义通过日本、法国、俄国等外来途径传入中国。新兴的共产主义小组因为外有俄罗斯和共产国际的扶助和支持，内有陈独秀、李大钊的坚强领导，很快脱颖而出，成为充满活力、组织化程度较高的政党雏形。

国民党原来虽以三民主义为政纲，但在辛亥革命前后却缺乏对于这一革命理论的系统阐述，它也不特别重视自身的理论建设，而以暗杀、破坏、倒清为能事。"五四"以后，孙中山受到新思潮的影响和启发，开始注意舆论在革命中的造势作用，胡汉民、朱执信等创刊《星期评论》《建设》，介入新文化运动，孙中山改组国民党，重新解释三民主义，国民党与主义的结合日益紧密。

研究系人士张东荪、梁启超等曾探讨、宣传过基尔特社会主义，但内部对基尔特社会主义的认同度不一，没有形成共识，自然就无法完成主义的组织化。研究系的萎缩，与其未能确认"主义"有一定关系。主义不仅具有指导方向的意义，而且能起联结组织的纽带作用。一个现代组织毕竟需要思想重心。

从少年中国学会分化出来的国家主义派成立了青年党。青年党能够迅速壮大，与其确定的主义指向有很大关系。很难想象，青年党在 20 世纪 20 年代曾与国民党、共产党鼎立三足，说明当时的国家主义有极大的影响力。主义的盛衰不仅与其国内的角力有关，而且与国际秩序的变化相联，国家主义派缺乏来自国际上的支持，最终趋于式微。

"主义"是新的思想武器。有主义比无主义要好，这是新思想界的共识，也是新思想界各种"主义"泛滥的基础。在评及过去辛亥革命时期的意见分歧时，常乃惪说："当时立宪派的主张是根据于现状立论，别无什么根本主义，虽然比较的易于实现，但缺少刺激性，不易引起同情。革命派则主要的立足点在民族主义，专从满、汉的恶感方面鼓吹，尤其易于鼓动人。"[1]在常氏看来，革命派是以其民族主义优于立宪派而得胜。在总结五四运动的经验时，蔡元培认为，"从前的学生，大半是没有什么主义的，也没有什么运动"。"五四运动以来，全国学生界空气为之一变，许多新现象新觉悟，都于五四以后发生。"他总结"五四"以后的一个重要变化是"有计划的运动"[2]。在他看来，主义与运动是五四运动的真正法宝。

各大政党都有其明确的"主义"追求。主义的组织化和政治化，使得主义与政治的关系变得紧密而复杂。政党之间的竞争和角逐常常伴随着"主义"的争论。主义成为中国政治生活的重要组成部分，五四实开其先河。

---

① 常乃惪：《中国思想小史》，上海古籍出版社 2006 年版，第 134 页。

② 蔡元培：《对于学生的希望》（1921 年 2 月 25 日），中国蔡元培研究会编：《蔡元培全集》第四卷，浙江教育出版社 1997 年版，第 333—337 页。

二、 新思想界转向对社会主义思潮的探求

1918 年 11 月 14 日，为纪念第一次世界大战协约国胜利，北京十余所大、中小学校组织了盛大的集会游行。11 月 15、16 日，北京大学在天安门举行群众集会，蔡元培、王建祖、陈独秀、胡适、陶孟和、马寅初、李大钊、马寅初、陈启修、丁文江等发表演讲，他们的演讲陆续在《新青年》《北京大学日刊》等刊发表，表现了新思想界对战后世界与中国发展趋向的思考，在当时知识分子中产生了极大的影响。

在这些演讲中，社会主义成为引人注目的新兴思潮。蔡元培欢呼一战的胜利，他以"几个交换的主义"作为例证："第一是黑暗的强权论消灭，光明的互助论发展"；"第二是阴谋派消灭，正义派发展"；"第三是武断主义消灭，平民主义发展"；"第四是黑暗的种族偏见消灭，大同主义发展"。他呼吁人们"都快快抛弃了这种黑暗主义，向光明方面去呵！"①从蔡元培列举的"光明的互助论""平民主义""大同主义"显见，他对战后世界朝着社会主义的趋向已有了朴素的认识。

李大钊大声高唱一战是"庶民的胜利"。他说："这回大战，有两个结果：一个是政治的，一个是社会的。政治的结果，是'大……主义'失败，民主主义战胜。""社会的结果，是资本主义失败，劳工主义战胜。""民主主义、劳工主义既然占了胜利，今后世界的人人都成了庶民，也就都成了工人。"②这是一战后世界的新局面。李大钊在剖析一战的性质的基础上，对东欧和俄罗斯兴起的社会主义运动寄予新的希望。"匈、奥革命，德国革命，勃牙利革命，最近荷兰、瑞典、西班牙也有革命社会党奋起的风谣。革命的情形，和俄国大抵相

---

① 蔡元培：《黑暗与光明的消长》，载《北京大学日刊》1918 年 11 月 27 日。

② 李大钊：《庶民的胜利》，载《新青年》第 5 卷第 5 号，1919 年 1 月。

同。赤色旗到处翻飞，劳工会纷纷成立，可以说完全是俄罗斯式的革命，可以说是 20 世纪式的革命。像这般滔滔滚滚的潮流，实非现在资本家的政府所能防遏得住的。因为 20 世纪的群众运动，是合世界人类全体为一大群众。……在这世界的群众运动的中间，历史上残余的东西，——什么皇帝咧，贵族咧，军阀咧，官僚咧，军国主义咧，资本主义咧，——凡可以障阻这新运动的进路的，必夹雷霆万钧的力量摧拉他们。他们遇见这种不可当的潮流，都像枯黄的树叶遇见凛冽的秋风一般，一个一个的飞落在地。"李大钊由衷地欢呼："由今以后，到处所见的，都是 Bolshevism 战胜的旗。到处所闻的，都是 Bolshevism 的凯歌的声。人道的警钟响了！自由的曙光现了！试看将来的环球，必是赤旗的世界！"①

蔡元培、马寅初对劳动者的地位作了新的诠释。蔡元培喊出了"劳工神圣"的口号，他明确指出："此后的世界，全是劳工的世界呵！"他不但打破了传统的士农工商的"四民"之说，而且破除了体力劳动与脑力劳动的界限，提出了新的劳动观，"我说的劳工，不但是金工、木工等等，凡用自己的劳力作成有益他人的事业，不管他用的是体力、是脑力，都是劳工。所以农是种植的工，商是转运的工，学校职员、著述家、发明家，是教育的工，我们都是劳工。我们要自己认识劳工的价值。劳工神圣！"②马寅初从比较中西生产的三要素（自然、人工、资本）的讨论着手，认为"中国地大物博，人口繁多，足以与欧美相抗衡，故自然与劳力二者，大有取之不尽用之不竭之势；若夫资本，则枯竭已达极点。"而要解决资本短缺，则必有赖储蓄。要保障私人储蓄，"其最要者，厥为完备之法律制度，确能保护个人之所有权也"，但在武人专横、兵连祸结之国，则求之而不可得。"苟武力能除，则生产与储蓄之障碍已去，而劳动者，自有从容从事之机缘。吾故曰：中国之希望，在于劳动者。"③马寅初的看法与蔡元培异曲同工，都表现了对劳动大众的特别重视。像蔡元培、马

① 李大钊：《Bolshevism 的胜利》，载《新青年》第 5 卷第 5 号，1919 年 1 月。
② 蔡元培：《劳工神圣》，载《新青年》第 5 卷第 5 号，1918 年 11 月 15 日。
③ 马寅初：《中国之希望在于劳动者》，载《北京大学月刊》第 1 卷第 3 期，1919 年 3 月。

寅初这样的高级知识分子与劳动者携手并肩，这是知识界的新动向。

五四时期的社会主义思潮汹涌澎湃，包括无政府主义、马克思主义、新村主义、基尔特社会主义、平民主义，它们都是社会主义思潮的不同支流。当时宣传社会主义思潮的人员可谓三教九流，既有李大钊、杨明斋、陈望道、李达、俞秀松这样的初步共产主义者，也有戴季陶、朱执信、沈仲九、邵力子这样的国民党员，还有梁启超、张东荪这样的研究系人士。《新青年》《晨报》《时事新报》《建设》《星期评论》这些分属北大新文化派、研究系、国民党不同党派的报刊，是当时宣传社会主义思潮的主要阵地。众声喧哗形成的多重合唱，对社会主义思潮在中国的传播和发展显有推波助澜的作用。在社会政治领域从追求个性解放、家庭解放，到追踪社会主义思潮，走向社会解放，五四时期的社会运动渐趋复调而多重，社会主义俨然成为新思想界中最具有活力的新思潮。

各种思潮、各种主义之间展开争鸣。五四时期的思想论争，已不是主义的有无之争。而是主义的合理性之争。各种社会主义思潮展开辩论，以检验自己在中国探求社会主义前途的适用性。无政府主义、马克思主义、新村主义、基尔特社会主义因对中国社会、中国革命、世界前途认识的分歧最终使他们分道扬镳。他们所争在各自所持"主义"的合理性。

新思想界并不全然认同这样的变化。胡适对新文化运动的日益政治化抱有抵触情绪，对于"主义"的日益流行更是心存戒备意识。他设想的"中国的文艺复兴"是为革新打下一个非政治的文化基础。他早在 1918 年就发表《旅京杂记》时指出："如今的人，往往拿西洋的学说，来做自己的议论的护身符。例如你引霍布士来驳我，我便引卢骚来驳你；甲引哈蒲浩来辩护自由主义，乙便引海智尔来辩护君主政体，丙又引柏拉图来辩护贤人政治。……不去研究中国今日的现状应该用什么救济方法，却去引那些西洋学者的陈言来辩护自己的偏见：这已是大错了。"[①]胡适对盲目照搬西洋名哲的言论不以为然。1919 年 7

---

① 胡适：《旅京杂记》，载《新青年》第 4 卷第 3 号，1918 年 3 月 15 日。

月发表的《少谈些主义，多研究些问题》即将其抵抗"主义"的情绪表露无遗。他明确告诫人们："空谈外来进口的'主义'，是没有什么用处的。一切主义都是某时某地的有心人，对于那时那地的社会需要的救济方法。我们不去实地研究我们现在的社会需要，单会高谈某某主义，好比医生单记得许多汤头歌诀，不去研究病人的症结，如何能有用呢？""我因为深觉得高谈主义的危险，所以我现在奉劝新舆论界的同志道：'请你们多提出一些问题，少谈一些纸上的主义'。"这是在主义时代来临时发出的第一声抗议。在胡适的言语背后，人们可感受到他对主义的"幽暗"意识和对"激进"的社会主义思潮的保留。胡适对"主义"泛化的这些防范动作，后来被解释为纯粹对抗马克思主义，这多少有点误读。①其实胡适并不是针对某种特定的"主义"，而是反对主义的泛化。从更深层的意义来说，他的真实意图是反对离开实际境地、实际需要空谈外来的主义。

像胡适这样对主义抱持戒备心理的思想家毕竟是个别。绝大多数新文化人在经过观察、思考和选择以后，都自觉、不自觉地被主义的浪潮裹挟而去，最终选择了自己认定的"主义"。胡适后来的思想发展，也朝着建构"主义"的方向发展，这是现代中国思想论争越来越意识形态化使然。

五四时期还有一种特殊现象，就是对群众运动的疏离感，鲁迅是这方面的代表。运动是五四事件以后一种新现象——一种日益时兴的社会现象，它是一种新的社会动员方式，也是偏于激进的知识分子谋求社会进步的样态。从运动学生到运动群众，运动逐渐成为一种新常态。五四时期鲁迅对运动始终保持距

---

① 胡适在《每周评论》第31号（1919年7月20日出版）发表《多研究些问题，少谈些"主义"》一文。李大钊主编《新青年》第6卷第5号"马克思志号"实际在1919年9月15日出版，李大钊《我的马克思主义观》是在李7月下旬回到家乡乐亭以后写作而成。从胡、李两文写作时间可以看出，胡适一文并非针对新兴的马克思主义而发，而是对当时流行的各种社会主义思潮（主要是无政府主义）抱有看法。胡文对李大钊显有刺激，李看了胡文以后，有感而发，接着发表《再论问题与主义》，并同时撰写《我的马克思主义观》，胡适最后发表《三论问题与主义》回应。"问题与主义"的讨论对胡、李理清他们的思想的确有一定作用。关于"问题与主义"讨论的辨析，过去已有多文探讨，篇目不赘。

离，自然对五四运动也保持沉默，这种沉默与其说是对运动的保留，不如说是对自我的保护。不愿随波逐流，保持自我的独立性，自然不会涉身群众运动。鲁迅对群众运动的距离感与他早年接受尼采的超人哲学多少有些关系。[①]

三、 中国共产党初创时期的行动纲领

五四时期中国知识分子在走向共产主义的征途上，有五个重要节点：(1) 李大钊在《新青年》第 5 卷第 5 号发表《庶民的胜利》《Bolshevism 的胜利》，这是中国知识界对俄罗斯十月革命的最先响应。(2) 李大钊在《新青年》开设"马克思专号"，发表《我的马克思主义观》（原载 1919 年 5 月、11 月出版的《新青年》第 6 卷第 5、6 号，第 5 号实际是 1919 年 9 月出刊），第一次比较系统地介绍、宣传马克思主义。(3) 1920 年 5 月 1 日出版的《新青年》第 7 卷第 6 期"劳动节纪念号"，是中国最早介绍和报道"五一"国际劳动节专刊。该期刊有孙中山、李大钊、陈独秀、蔡元培等各界知名人士为国际劳动节撰写的文章或亲笔题词，报道了各地工人组织为纪念五一开展的活动情况，还刊登了 33 幅当时社会各界底层工人的生活照片和 12 名工人的亲笔题词等。这是《新青年》面向无产阶级，大篇幅地报道工人状况的先声。(4) 1920 年 11 月 7 日上海共产主义小组出版机关刊物《共产党》月刊，该刊由李达主编，这是在中国大地上第一次出版共产党的刊物。(5) 1921 年 7 月中国共产党第一次全国代表大会在上海召开，会议通过中国共产党纲领、中国共产党第一个决议。这是中国共产党正式成立的标志。

上述五个依次递进的节点成为初步共产主义者成长的界标。其中在前面三个节点，接受马克思主义影响的知识分子（以李大钊、陈独秀为代表），

[①] 有关鲁迅对五四运动态度的最新研究，参见姜异新《鲁迅之于五四运动的抵抗性》，载《鲁迅研究月刊》2019 年第 5 期。

与非马克思主义的进步知识分子或新文化人处在同一阵营，彼此并没有清晰地划界，而是相互呼应。所以在李大钊主编《新青年》6卷5号设置的"马克思研究"专栏，我们可看到李大钊本人的《我的马克思主义观》、顾孟余《马克思学说》、黄凌霜《马克思学说批评》、陈启修《马克思的唯物史观与贞操问题》、渊泉《马克思的唯物史观》这些不同思想观点的文章同号刊出，它说明当时李大钊设置此栏意在提供一个讨论马克思主义的平台，并不在意其他作者的思想属性。与此相仿，陈独秀主编《新青年》7卷6号"劳动节纪念号"时，卷前我们可看到孙中山、蔡元培、吴敬恒等人的题词。这是在共产党成立前马克思主义者与其他进步人士或党派互助共存、不分彼此状态的反映。①在后面两个节点，也就是以上海共产主义小组成立为标志，早期共产党人才开始有了自己独立的组织和理想追求，完成了主义的组织化初建这一步。而这一步的迈出，又是在共产国际的直接扶助和指导下进行的，在早期共产主义者成长为共产党人的过程中，第三国际的影响和扶助是极为关键的因素。

初步共产主义者同其他社会主义思潮宣传者并没有清晰的界限。作为一个后来给定的名称，"初步共产主义者"是对那些后来成为早期共产党人的追认或附加的一个标签，因此要把早期共产主义者与同时期其他社会主义思潮宣传者在思想上作一个明确的区分并不是一件容易的事，或许也不必这样做。但从早期共产主义者成长为共产党人，或者说在组织上加入共产党，应该可以发现其具有某些不同于一般的宣传社会主义思潮的思想标识。罗章龙忆及自己入党之初的思想认识时说："第一，我们是信仰马克思主义的；第二，我们是拥护苏联十月革命的；第三，我们是要搞工人运动的。在这三点上，当时我们与无

---

① 罗章龙的回忆特别提到中共成立之初，党与无政府主义之间的关系，"有的无政府主义者参加了党，有的无政府主义者就没有参加党"，"当时我们和无政府主义者在工作中不分彼此，但是在党外合作"。参见罗章龙：《回忆党的创立时期的几个问题》（1978年4月—9月），收入中国社科院现代史研究室、中国革命博物馆党史研究室选编：《"一大"前后——中国共产党第一次代表大会前后资料选编》（二），人民出版社1985年二版，第200页。

政府主义是有很不同的看法的。"①张国焘提到1920年11月无政府主义者退出北京共产主义组的两大原因："一是组织问题，无政府主义者根据他们自由联合的观点，不赞成所谓全国性的和地方性的领导，以及职务衔名和纪律等等，这点在实际工作上引起许多的不方便，连温和的李大钊先生也为之头痛；二是无政府主义者反对无产阶级专政，在一次解决争端的小组会议上，刘仁静特别强调无产阶级专政和马克思主义的精义，如果不承认这一点，现在就无法一致进行宣传工作。我们经过一番讨论，无法获得协调，结果那五位无政府主义者就和和气气的退出了我们这个小组，……此后我们与无政府主义者虽仍保持友谊关系，但在工作上从此分道扬镳了。"②综合罗、张的回忆，当时共产主义小组成员的思想标识就是：信仰马克思主义，拥护俄罗斯十月革命，承认无产阶级专政。

1920年11月上海共产主义小组成立，制定了《中国共产党宣言》，其内容有三：第一，共产主义者的理想。对于经济方面的见解，实行生产工具"社会共有，社会共用"，消灭剥削制度；对于政治方面的见解，"共产主义者主张废除政权"；对于社会方面的见解，要最终消灭阶级。第二，共产主义者的目的。是要按照共产主义者的理想，创造一个新的社会。为了达到这一目的，要以阶级斗争的方式，铲除现在的资本制度；共产党的任务是要引导革命的无产阶级去向资本家争斗，要从资本家手里获得政权，并将这政权放在工人和农民的手里。第三，阶级斗争的最近状态。阶级斗争将必然导致俄罗斯式的无产阶级专政；只有实行俄罗斯式的无产阶级专政，"才能达到抵抗国内外的仇敌的目的"，实现共产主义；无产阶级专政是要继续消灭资本主义的剩余势力，制定共产主义的建设法。③这份宣言既没有出现马克思或马克思主义，也没有出

① 罗章龙：《回忆党的创立时期的几个问题》（1978年4月—9月），收入中国社科院现代史研究室、中国革命博物馆党史研究室选编：《"一大"前后——中国共产党第一次代表大会前后资料选编》（二），人民出版社1985年二版，第200页。

② 张国焘：《我的回忆》第一册，东方出版社1991年版，第108页。

③ 《中国共产党宣言》（1920年11月），收入中国社科院现代史研究室、中国革命博物馆党史研究室选编：《"一大"前后——中国共产党第一次代表大会前后资料选编》（一），人民出版社1985年二版，第2—5页。

现列宁的名字,而是强调"实行俄罗斯的无产阶级专政",这是马克思主义者与无政府主义者的根本分歧。正是基于这一认识,共产党人与无政府主义者开始划清界限。

中共"一大"通过的《中国共产党的第一个纲领》与上述内容基本一致,其文字较此前的《中国共产党宣言》更为简明扼要。中共"一大"通过的纲领规定:"(1)革命军队必须与无产阶级一起推翻资本家阶级的政权,必须援助工人阶级,直到社会阶级区分消除的时候;(2)直到阶级斗争结束为止,即直到社会的阶级区分消灭时为止,承认无产阶级专政;(3)消灭资本家私有制,没收机器、土地、厂房和半成品等生产资料;(4)联合第三国际。"与此前的《中国共产党宣言》一样,这份纲领也没有出现马克思、列宁的名字,但表示"我们党承认苏维埃管理制度,要把工人、农民和士兵组织起来,并以社会革命为自己政策的主要目的"①。这就把中共的奋斗目标与苏维埃管理制度联系在一起。《中国共产党的第一个决议》对中共领导工人组织,指导工人运动作了具体规定,对中共与现有其他政党的关系明确"应采取独立的进取的政策",对中共与第三国际的联系方式明确党中央委员会"每月应向第三国际提出报告"②。强调中共与国内其他政党的组织独立性,强调中共与第三国际的密切关系,这是"一大"两份文件的新特点,这两个特点可以说上相互为用,就是实际上明确了新成立的中共是共产国际的一个支部这一身份定位。③

---

① 《中国共产党的第一个纲领》,收入中国社科院现代史研究室、中国革命博物馆党史研究室选编:《"一大"前后——中国共产党第一次代表大会前后资料选编》(一),人民出版社 1985 年二版,第 6—8 页。

② 《中国共产党的第一个决议》,收入中国社科院现代史研究室、中国革命博物馆党史研究室选编:《"一大"前后——中国共产党第一次代表大会前后资料选编》(一),第 12—14 页。

③ 按:"一大"通过的《中国共产党的第一个决议》对中共与共产国际的关系只是表述"党中央委员会每月向第三国际提出报告"。但马林《给国际执委会的报告》(1921 年 7 月 11 日)提法稍有区别:"一九二一年七月,各地小组的代表在上海举行会议,决定成立中国共产党,并加入共产国际。尽管它仍然作为一个宣传团体会更好一些。"收入中国社科院现代史研究室、中国革命博物馆党史研究室选编:《"一大"前后——中国共产党第一次代表大会前后资料选编》(一),第 421—422 页。

中共"一大"现存这两份文件来源有二：一是俄文版《中国共产党的第一个纲领》《中国共产党的第一个决议》。它是 1950 年 9 月时任中共中央办公厅主任杨尚昆到莫斯科访问，经与苏共交涉，要求将原中共驻共产国际代表团的档案移交给中共中央，苏共答应了中方要求，遂将这批档案交给中方，共计 18 箱，其中有《中国共产党第一个纲领》《中国共产党的第一个决议》。二是英文版《中国共产党的第一个纲领》《中国共产党关于（奋斗）目标的第一个决议》。它是 1960 年美国学者韦慕廷在哥伦比亚大学图书馆发现 1924 年 1 月陈公博（Chen Kung-po）撰写的硕士论文《共产主义运动在中国》，陈文附录有《中国共产党的第一个纲领》《中国共产党的第一个决议》。俄文版的来源比较容易解释，参会有第三国际代表马林（荷兰人）和翻译尼可洛夫（俄罗斯人），他们两人，一通英文，一通俄文，马林参会时用英语演讲。[①]俄文本从其对《中国共产党第一个纲领》第 14 条的注释"这一条在 1922 年第二次代表大会上曾引起激烈的争论"一语看，俄文版译本应是在 1922 年 7 月以后才译的。陈公博硕士论文的英译本同样保留了这条注释。显然中文本在"二大"以后还存留，否则不会两个不同译本都会出现这同样的注释。

关于"一大"文件，参会者都只是比较模糊地提到。1944 年陈公博最早在他的回忆中提到了"一大"宣言："归来上海之后，佛海来找我，才知道最后大会已经在嘉兴的南湖船上开过，会议算至结束。大会宣言发出与否，授权仲甫决定，因为仲甫已被举为中共书记，当日所谓书记，就是党魁。"[②]从陈的这段回忆可知，"一大"存留了宣言文件。而他作为广东代表，极有可能由他

---

① 李达回忆"一大"时，提到会中法国巡捕之所以进入会场搜捕，是因"马林用英文大声演说，夹杂着说了好几次中国共产党，被法国巡捕听去了，所以才有那一场风波"。参见李达：《中国共产党的发起和第一次、第二次代表大会经过的回忆》（1955 年 8 月 2 日），收入中国社科院现代史研究室、中国革命博物馆党史研究室选编：《"一大"前后——中国共产党第一次代表大会前后资料选编》（二），人民出版社 1985 年二版，第 12 页。

② 《陈公博回忆中国共产党的成立》（1944 年），收入中国社科院现代史研究室、中国革命博物馆党史研究室选编：《"一大"前后——中国共产党第一次代表大会前后资料选编》（二），人民出版社 1985 年二版，第 426 页。

带回广州，交给陈独秀。陈公博是在 1922 年 11 月初乘船赴日本，此后他脱离了中共。在此之前，他还有机会接触甚至保存党内文件。如果是这样的话，陈赴美留学时，实际上携带了党内文件，否则他不可能在 1924 年 1 月的硕士论文中引用这些文件。至于陈公博使用的这份英文版《中国共产党的第一个纲领》《中国共产党关于（奋斗）目标的第一个决议》是他后来自译，还是原来就有，我的猜测是原来就有，这是因为马林本人只通英文的缘故，极有可能当时就存有俄、英两个译本，否则两个译本的语言和内容不会如此雷同。

第二个提到"一大"文件的是李达。他在 1955 年 8 月 2 日的回忆中谈到会议的成果时说："接着大会讨论《中国共产党第一次代表大会的宣言》草案，这宣言有千把个字，前半大体抄袭《共产党宣言》的语句，我记得第一句是'一切至今存在过的历史，是阶级斗争的历史'。……宣言最后以'工人们失掉的是锁链，得到的是全世界'一句话结束（这个宣言后来放在陈独秀的皮包中，没有下落）。大会最后讨论党的组织问题，通过了一个简单的党章（这个党章和那个宣言一样都没有印行）。"①李达所提的"一大"宣言后来"没有下落"，而"简单的党章"就是我们现在看到的《中国共产党的第一个纲领》。李达作为"一大"选举的中央局宣传委员，他的回忆应是可靠的，他也是可能接触这些文件的参会者。

第三个提到"一大"文件的是董必武。1971 年 8 月 4 日他回忆道："起草大会的宣言，我参加了，李汉俊执笔，刘仁静（有的记录是李达）也参加了。文件的底子被马林带走了。"他还说："'一大'没有任何文件，共产国际保存的中国共产党成立时的两个文件没有名字，没有年月日。这样的状况，是什么原因呢？有两个原因。一个原因是：'一大'时共产国际派的代表是马林（荷兰人，托派）。他把当时的文件都带走了，没有交给共产国际。另一个原因是：'一大'以后好久没有中央，文件没有人管，那时我们也不

---

① 李达：《中国共产党的发起和第一次、第二次代表大会经过的回忆》（1955 年 8 月 2 日），收入中国社科院现代史研究室、中国革命博物馆党史研究室选编：《"一大"前后——中国共产党第一次代表大会前后资料选编》（二），人民出版社 1985 年二版，第 13 页。

知道有中央。"①董必武由于会后回到武汉，显然对于"一大"以后中央的情形基本上不了解。

第四个提到"一大"文件的是张国焘。他在回忆录中提到"一大"结束时，"决定将大会所通过各案原则由中央整理后作成正式文件；一切尚未决定的事，也由中央全权处理"②。如果是这样的话，"一大"并没有形成正式决议，只是留有各种尚存争议的草案等待处理。陈独秀接收这些文件后，可能感到尚不成熟，故没有在党内公布，以至其他不在中央的党员根本就不知晓。③

中共"一大"的两份文件实际上只是确定党的行动纲领④，这可能与陈独秀的思想个性和行事风格的影响有关。陈独秀在阐述"五四精神"时曾特别指出两点："（一）直接行动。（二）牺牲的精神。"⑤注重"直接行动"，这是陈独秀的个性。在党的理论水平有限的情形下，并不特别涉及党的指导思想或意识形态方面的内容。主导会议的共产国际代表马林用董必武的话说是一个"托派"分子，他可能对这方面的内容也不感兴趣。实际上，在马林之前共产国际派往北京、上海与李大钊、陈独秀接洽的代表魏经斯基，其层级较低，1920

---

① 《董必武谈中国共产党第一次全国代表大会和湖北共产主义小组》（1971年8月4日），收入中国社科院现代史研究室、中国革命博物馆党史研究室选编：《"一大"前后——中国共产党第一次代表大会前后资料选编》（二），人民出版社1985年二版，第366—367页。

② 张国焘：《我的回忆》第一册，东方出版社1991年版，第146页。

③ 杨奎松指出"一大"纲领存在缺陷，但他没有注意到这份文件在当时并未在党内公布，因而也不具实际影响力这一情形。参见杨奎松：《关于早期共产党人"马克思主义中国化"问题——兼谈中共"一大"纲领为何没能联系中国实际》，载《史林》2021年第1期。

④ 韦慕廷注意到1921年《中国共产党关于（奋斗）目标的第一个决议》与1922年《中国共产党第二次代表大会决议案》这两个文件的不同之处："头一个文件没有为决议案提供基础，它所提供的关于行动的六个问题也很少详述。对比之下，第二个决议案则充满了对马克思列宁主义的阐发，党的行动方针也有明确详细的说明。"参见陈公博著、韦慕廷编，中国社科院近代史研究所翻译室译：《共产主义运动在中国》，中国社会科学出版社1982年版，第56—57页。中共"二大"制定的《中国共产党章程》共六章，对党员、组织、会议、纪律、经费、党章解释权做了具体规定，其实也未涉及对党的指导思想的说明。

⑤ 陈独秀：《五四运动的精神是什么》，载《时事新报》1920年4月22日。

年 4 月他是作为俄共（布）远东局海参崴分局外国处代表团负责人派往中国，魏经斯基曾在美国生活五年（1913—1917），1915 年加入过美国社会党，擅长英语，《新青年》开辟"俄罗斯研究"专栏，译文取材多出自美国纽约 *Soviet Russia* 周报、美国《国民》杂志和封面绘制的地球图案①，这可能与魏经斯基的供给有关。魏、马两人都说不上是列宁主义者，他们的使命是要在中国建立一个隶属于共产国际的共产党组织。有的论者将中共建党时接受阶级斗争学说和俄罗斯式的无产阶级专政，简单归之为"列宁主义化"一途，这种提法是值得商榷的。②

现有的材料可以证明，列宁著作的译介在中共"一大"以前为数极少，从中国共产党成立到第一次国内革命战争结束，我国出版列宁著约 6 种，报刊发表列宁著述约 28 篇。③"列宁主义"或"列宁的主义"一词在"五四"时期虽已依稀出现在中文世界里，但对它含义却不甚了了。④"列宁主义"作为正面概念在中文世界的真正出现可能是迟到列宁逝世以后，1924 年 1 月 25 日共产国际代表鲍罗廷在国民党"一大"期间举行的追悼列宁逝世大会上发表演讲说："列宁虽死，列宁主义万岁。"⑤"列宁主义"一词首次出现在中共文献中是在中共"四大"，这次会议是正式接受"列宁主义"的转折点，大会通过的《对于托洛茨基同志态度之议决案》指出："中国共产党大会对于俄国共产党领袖所解释之托洛茨基主义亦为投降主义之一派，完全同意；并且希望托洛茨基

---

① 据石川桢浩考证，《新青年》九卷一号出现的地球图案是模仿美国社会党（Socialist Party of America）的党徽，参见（日）石川桢浩著、袁广泉译：《中国共产党成立史》，中国社会科学出版社 2006 年版，第 43 页。

② 参见杨奎松：《浅谈中共建党前后的列宁主义接受史——以 1920 年前后毛泽东的思想转变及列宁主义化的经过为例》，载《史学月刊》2021 年第 7 期。

③ 参见陈有进：《列宁著作在中国的翻译出版和传播》，载《中国社会科学院报》2007 年 12 月 20 日。

④ 参见梁化奎：《论"列宁主义"从苏俄到在中国的出场》，载《马克思主义研究》（京）2014 年第 10 期。

⑤ 鲍罗廷：《列宁之为人》，载广州《民国日报》1924 年 1 月 26 日。

同志改正自己的错误而完全承认列宁主义。"①中共"四大"通过出席共产国际第五次代表大会代表的报告，已获悉共产国际对于托洛茨基主义和列宁主义的明确态度，因此做出这一决议案。随即在 1925 年 1 月 21 日公布的《中国共产党第四次大会对于列宁逝世一周年纪念宣言》公开表态："列宁主义就是资本帝国主义专权时代的马克思主义，是消灭帝国主义的唯一武器。"②由此可见，在"四大"以前中共并没有自觉的列宁主义意识，列宁著作的译介又颇为有限，如将中共建党之初的历史归结为"列宁主义化"，这样的提法是否合适值得斟酌和推敲。中共建党之初认同俄罗斯式的无产阶级专政与"列宁主义化"应该说还是有些差异，并不是对等或可置换的概念。严格来说，中共对俄国革命经验的吸收和列宁主义的接受存有一个过程，其初期（1920—1923）还只是一个相对泛化的马克思主义政党组织而已。

中共"一大"设定的入党条件较严，门槛较高，强调中共组织的独立性。党纲第十四条规定"党员如果不是由于法律的迫使和没有得到党的特别允许，不能担任政府的委员或国会议员。士兵、警察和职员不在此例"。这条在会上就引起了激烈的争论，李汉俊等人坚决反对，事实上在当时也很难做到。

按照"一大"设置的条件吸收党员，在思想上务必接受共产党的理论教育和训练，这也就是早期共产党人的基本成分为什么大多是知识分子的缘故。即使如此，早期共产党人接触马列原著或译著的机会受阻于当时的传播条件仍是颇为有限。

建党的任务到中共"二大"才真正完成。1921 年 9 月陈独秀辞去广东教育委员会委员长一职，回到上海，全力承担领导中共的责任。"二大"制定了党的章程，提出了党的最高纲领和最低纲领；通过了一系列决议案，明确了开展工会运动、妇女运动、少年运动的任务，确定了中共与共产国际的关系、中

---

① 收入中共中央党史研究室、中央档案馆编：《中国共产党第四次全国代表大会档案文献选编》，中共党史出版社 2014 年版，第 5 页。

② 同上书，第 32 页。

共对帝国主义的态度、中共对民主的联合战线的政策。"二大"议决"正式加入第三国际，完全承认第三国际所决议的加入条件二十一条，中国共产党为国际共产党之中国支部"①。中共从此真正确立了自己的地位和实际的行动方略。应该说，二大能够完成这一系列规定动作，与陈独秀的直接介入和承担起领导的责任分不开，"二大"一系列文件的制定，表现了陈独秀那种雷厉风行的行事风格。"二大"以后，中共加快了组织发展的步伐，脱颖而出，作为一股新兴的政治力量开始活跃在中国社会政治舞台。

原载《中共党史研究》2021 年第 6 期

---

① 《中国共产党第二次全国代表大会决议案》，收入《"二大"和"三大"——中国共产党第二、三次代表大会资料选编》，中国社科出版社 1985 年版，第 68 页。

陈焕章论儒教社会主义

唐文明

清华大学哲学系

一

在中国近现代思想史上，第一个使用"儒教社会主义"（Confucian social-ism）概念的人是陈焕章（1880—1933）。陈焕章为广东肇庆人，1892 年中秀才，次年到康有为创办的万木草堂读书学习；1898 年任澳门《知新报》主笔，1904 年参加了清末最后一次科举考试并考中进士，次年奉派成为留美学员；1907 年入哥伦比亚大学学习政治学和经济学，1911 年获哥伦比亚大学博士学位，博士论文为《孔门理财学》（*The Economic Principles of Confucius and His School*）。①《孔门理财学》参照西方经济学的论题与框架，对儒教经典中包含的经济思想和中国古代的经济思想以及相关制度进行了深入探讨，出版后

---

① 按照我们现在的翻译习惯，该书书名的直译为"孔子及其学派的经济原理"；"孔门理财学"则是陈焕章自己拟定的译名，现有中译本采纳了这一译法，且主要用"理财"一词来翻译"economy"。我们现在通用"经济"作为"economy"一词的学术翻译，而以"理财"来指谓个人打理自己财务的活动；陈焕章不取来自日译的"经济"，而是援引《系辞》中"何以聚人曰财；理财正辞、禁民为非曰义"的话，并强调"经济"一词具有更广的含义，认为"理财"是对"economy"更恰当的翻译："通常而论，'经济'一词包括政界之全，涵盖政府行为的整个领域，因此，'经济'一词当属于政治学，而非理财学。正因为如此，继续沿用古老的'理财学'一词代替'经济学'，则更为恰当。"见陈焕章《孔门理财学》，韩华译，商务印书馆 2015 年版，第 42—43 页。本文引文使用"经济"的译法，但保留"孔门理财学"的书名译法。

获得了西方学术界的充分肯定与高度赞扬。①正是在该书中，陈焕章提出了儒教社会主义这一既涉及儒教经典解释又涉及中国历史理解的重要主题。②

关于儒教经典与中国历史的关系，需要做一简要说明。我们知道，古代中国是一个儒教国家，是儒教文明的承载者，儒教经典对于古代中国社会的影响是笼罩性的、主导性的。于是，在讨论儒教经典与中国历史的关系时，特别是进入非常具体的经学史探究时，人们有时会混淆乃至忽略二者之间的差异。陈焕章自述《孔门理财学》是"关于中国古代思想与制度"的研究，而他对于儒教经典与中国历史的关系有着非常清晰的把握。具体来说，在《孔门理财学》中，对于儒教经典与中国历史的关系，陈焕章在论述中区分了三种层次不同的看法：首先，是直接呈现于儒教经典中的一些思想与制度；其次，是在中国历史上依照儒教经典而产生出来的思想与制度；再次，是在中国历史上没有依照或有悖于儒教经典而产生出来的思想与制度。

关于儒教经典的范围与内容，在该书的"通论"部分有一个说明。可以看到，陈焕章基本上概述了康有为的看法：除了《五经》之外，还包括作为五经之记与传的《论语》《孝经》大小戴《礼记》《易传》《公羊传》《穀梁传》《七纬》，以及在汉代被列入子学类儒家著作的《孟子》与《荀子》。值得指出的是，对于《周礼》与《左传》，陈焕章也和康有为一样，一方面不认可其具有经的地位，另一方面又承认其作为历史著作的重要性："尽管《周礼》与《左传》为刘歆所编，但因《周礼》《左传》提供了大量关于古老风俗、制度、事实的资料。因此，纯粹为了事实，我们不得不使用这两本书。"③事实上，《周

---

① 最引人注意者，约翰·梅纳德·凯恩斯曾为该书撰写书评，塞利格曼、熊彼特、韦伯都强调了该书的重要性，可参考韩华《陈焕章与〈孔门理财学〉》，见《孔门理财学》附录部分，第603页。

② 按照陈焕章习惯使用的概念，"Confucian socialism"当译为"孔教社会主义"，中译本亦是如此翻译。这个短语当然亦可译为"儒家社会主义"；出于我自己的理解和考虑，在此我使用"儒教社会主义"的译法。

③ 陈焕章：《孔门理财学》，第32页。刘歆伪造《周礼》与《左传》，这是康有为《新学伪经考》中的核心观点，现在已很少有人相信，但是，刘歆之前，《周官》不列于礼经，《左传》非《春秋》之传，则为经学史上不争之事实。

礼》是《孔门理财学》引用率比较高的一部著作，陈焕章非常明确地将之作为周代思想与制度的历史记录。

将社会经济、生活分为生产、分配、交易与消费四大部门，这在一般经济学著作中是比较常见的。陈焕章则将之收摄于两大部门，即生产与消费，其理由一方面是考虑到"交易仅为生产之一部"，而"分配与生产紧密相连"，于是可以将交易与分配收摄于生产部门，另一方面则诉诸儒教经典。《大学》中说："生财有大道。生之者众，食之者寡，为之者疾，用之者舒，则财恒足矣。"陈焕章援引此文并做出自己的解释，认为这是将社会经济、生活分为生产与消费两大部门的重要理由："虽然'众'与'寡'指的是人口数量，但'疾'与'舒'则指生产与消费的过程。此即是涵盖全部经济学领域的最综合的原则。"[1]更进一步讲，"为之者疾"一语不仅意指生产，而且也包含交易与分配，"'疾'一词则具有非同寻常之含义，他涵盖了在经济活动中的全部进步。简言之，它包括了所有使生产'为之者疾'的全部因素，高效率的机器、运输、通信、货币与银行体系、商业组织等，这些皆包括在所有使'为之者疾'之中。因此，'为之者疾'一句不仅包括了生产，也包括了交易与分配"[2]。陈焕章论及儒教社会主义，涵盖社会经济生活的全部领域，而重点则在分配与社会政策方面。[3]以下略加列论。

二

儒教社会主义的理论基础，是儒教的社会理念。儒教经典中的人伦观念最

---

[1]　陈焕章：《孔门理财学》，韩华译，商务印书馆 2015 年版，第 147 页。中译本的"理财"我将一律改为"经济"，下不注明。

[2]　同上书，第 148 页。

[3]　在西方政治思想史上，社会主义兴起于 19 世纪。在空想社会主义之后，马克思主义在社会主义思潮中影响最大，也分化出多个派别。陈焕章并未对西方的社会主义思潮进行主题性刻画，但从他的论述可以看出，他对马克思主义并未有过专门地或深入地研究，且他在写作《孔门理财学》时列宁主义的社会主义形态尚未诞生，因此，他所理解的社会主义，主要指向他从社会经济问题和国家经济政策方面提出的一系列主张。

能呈现儒教的社会理念。《仪礼·丧服传》云："禽兽知母而不知父。野人曰：'父母何算焉!'都邑之士，则知尊祢矣。大夫及学士，则知尊祖矣。"孟子曰："人之所以异于禽兽者几希! 庶民去之，君子存之。舜明于庶物，察于人伦，由仁义行，非行仁义也。"（《孟子·离娄下》）荀子曰："人之所以为人者，非特以其二足而无毛也，以其有辨也。夫禽兽有父子，而无父子之亲，有牝牡而无男女之别。故人道莫不有辨。"（《荀子·非相》）又曰："水火有气而无生，草木有生而无知，禽兽有知而无义，人有气、有生、有知，亦且有义，故最为天下贵也。力不若牛，走不若马，而牛马为用，何也? 曰：人能群，彼不能群也。人何以能群? 曰分。分何以能行? 曰义。"（《荀子·王制》）按照以上经文，人伦并非仅仅附着于单个人身上的某种外在关系或可有可无的偶然角色，而是意味着人之为人之所在，或者说意味着人与动物的根本区别，从而历史地来看也意味着文明与野蛮的根本区别。人是"能群"的，是自始至终处在人伦之网中的一种社会性存在，并非原子式的、孤独个体式的存在，这是儒教的一个核心看法，是我们理解儒教社会主义主张必须首先注意到的一个要点。

对于这个要点，陈焕章在《孔门理财学》中并没有进行主题性的刻画，虽在多处有所涉及但只是强调其经济学意义。在论及经济学与社会学的关系时，陈焕章分别引用荀子、班固和柳宗元，就"人类社会如何形成"的问题给出了三种回答。荀子以"能群"来说明人类社会的形成，最终归之于"义"；班固亦以"能群"说明人类社会的形成，而以仁爱为"能群"之基础；柳宗元则沿用荀子的思想对人类社会的形成进行了历史的刻画。对于这三种看法，陈焕章皆予以肯定，认为三者只是角度不同，其共同点在于三者都表明了经济活动对于人类社会形成的重要性。[①]其结论竟然是："总而言之，社会群体是人类以集体形式为生存而进行斗争的组织，而道德规范与法律、宗教与政治、爱与恨、和平与战争、正义与非正义，凡此种种，均为经济引起的结果。"[②]这种将经济

[①] 陈焕章：《孔门理财学》，第46—49页。荀子与班固将社会的形成分别归于义与仁，虽侧重不同，但其实都是归于人伦，即所谓"仁者事亲，义者敬长"。

[②] 同上书，第49页。

活动作为社会形成之原因的看法颇有些历史唯物主义的倾向，可以看作是对儒教社会理念的一种经济学解释，而他对于儒教社会理念本来具有的伦理含义却多有忽视。

在论及礼教之于消费的意义时，陈焕章从人的欲望说起，引用荀子"礼者，养也"的说法，指出礼的功用有两个方面，一是满足人的欲望，一是克制人的欲望。对于"礼"在克制人的欲望上的功用，陈焕章着重于限制消费这一点，大概因为这个主题是在讨论消费问题时引出的。对于"礼"何以能够克制人的欲望，陈焕章只强调了其动力因素，而没有明确指出人伦之理作为克制人的欲望的目的因素这一点。即使是在引用了《礼记·礼运》中孔子以礼为"达天道、顺人情之大窦"的著名说法和《礼记·乐记》中的天理人欲之辩后，陈焕章也没有明确指出人伦之理之于天理或天道的重要意义，而是强调"天道包含在人的欲望之中"，其目的仍是为了证明，"孔子把人的经济需要作为其伦理教义的基础，为了满足经济需要而规定了社会制度"[①]。尽管陈焕章在这里为了强调礼教的经济功能而完全忽视了"礼教本于人伦之理而成"这一儒教经典中的重要思想，但是，他还是正确地指出了礼教所包含的经济意义与经济功能。站在儒教经典的立场上，我们毋宁说，经济生活是伦理生活的一部分，伦理生活是目的，经济生活应当服务于伦理生活，亦因其重要性而构成伦理生活的重要内容。

在论及社会不同阶层之于生产的意义时，陈焕章指出劳动分工是儒教经典所认可的一个重要社会原则，这一原则因被应用于中国古代社会而呈现出特别重要的意义。从劳动分工的角度理解社会的构成，自然是陈焕章在学习西方经济学后获得的新视野，而他基于这一新视野对儒教经典与中国社会的解释也的确颇有新意。

在儒教经典中，社会阶层被划分为天子、诸侯、卿大夫、士、庶民。以有土与无土为划分标准，则天子、诸侯、卿大夫为一类，士、庶民为一类；以统

[①]　陈焕章：《孔门理财学》，第 155 页。

治与被统治为划分标准，则士当归于统治阶层。陈焕章注意到儒教经典对于官与民在经济活动方面的不同要求："孔子为官员与士人阶层、广大的庶民阶层规定了两条原则，分别为：位居社会上层的官员与士人，伦理活动先于经济活动；而处于社会底层的庶民阶层，则是经济活动先于伦理活动。"①这一点也关联于儒教经典中的"义利之辨"。在解释孔子所说的"君子喻于义，小人喻于利"这句话时，陈焕章认为这里的"君子"与"小人"是指社会地位，即指在位者与庶民。因此，他总结说，孔子的义利之辨意味着，"在孔子看来，存在两个社会阶层，孔子分别为不同的社会阶层提出了不同的准则。一方面，孔子禁止社会上层'君子'——从皇帝到士人追逐私利，他们在经济活动上必须受到伦理活动的限制；而另一方面，孔子准许社会下层——广大民众谋取利益，并认为民众应该谋利"②。

《论语》中的"君子"与"小人"既表达德行上的差异，也表达地位上的差异，其原因在于"以德配位"是儒教的一个重要思想。因此，陈焕章这里的解释是有道理的。孟子说："或劳心，或劳力。劳心者治人，劳力者治于人。治于人者食人，治人者食于人，天下之通义也。"（《孟子·滕文公上》）官与民的不同在于劳心者与劳力者之别，这在孟子的这段话里体现得非常清晰。但陈焕章在此基础上注意到孔子对于官与民在经济活动方面的不同要求，则是非常难能可贵的。这对于我们理解中国古代的社会构成规范与政治运行逻辑极有帮助。

对于儒教经典中关于"士、农、工、商"的"四民"说，陈焕章予以着重阐发。《穀梁传》云："古者有四民：有士民，有商民，有农民，有工民。"何休解释说："古者有四民：一曰德能居位曰士；二曰辟土殖谷曰农；三曰巧心劳手以成器物曰工；四曰通财鬻货曰商。四民不相兼，然后财用足。"陈焕章在引用这些文献后对"四民"说做出了独到的分析，认为应当注意其中"具有

① 陈焕章：《孔门理财学》，第80页。
② 同上书，第81页。这个划分涉及"食禄者不与民争利"的重要政策，将在后面讨论。

特殊意义的三点"："第一，社会平等，士、农、工、商均一视同仁谓之民，即四民平等"；"第二，商与士、农、工一样，他们均具有生产性"；"第三，是劳动分工的原则。划分四民的目的是使生产力量更加充分，而且，民众并未被限制在任何被指定的职业类别之中，而只是通过职业分类被划分为某一类民。"①这三点综合起来，即以劳动分工来理解"四民"说的实质，因为只有"四民"之间的社会地位平等才能保证"四民"的划分是出于劳动分工的，而认为"四民"都具有生产性则恰恰是"四民"平等的表现。陈焕章这里强调了商人的生产性，有为商人洗脱不劳而获之污名的考虑，而在专门论及士人阶层时，他也特别强调了士人的生产性。

以劳动分工原则来理解"四民"说，其目的是想说明中国古代的社会阶层并非西方式的阶级制度或印度式的种姓制度，而是职业上的划分，如后来梁漱溟在《中国文化要义》中所特别着意的"职业分途"，且这种职业上的划分构成了黑格尔在《法哲学原理》中所谓的"需要的体系"。于是我们看到，陈焕章一开始就如此概括他的论点："中国人很早就以劳动分工原则为基础，将人们划分为四类。这样的分类并非种姓制度，而是在职业上的区分，包括了所有人。"②这里似乎未论及士人以上的阶层。既然士人作为官的一部分也像民一样具有生产性，那么，进一步推论，我们自然也可以说士人以上的阶层，包括天子、诸侯和卿大夫，也具有生产性。事实上，在论及分配问题时，陈焕章又一次谈到各个社会阶层的生产性问题："根据孔门弟子的原则，对社会而言，劳动分工乃极为重要之事，而且，所有的劳动均具有生产性。不仅农民具有生产性，工匠、商人也都具有生产性；不仅农、工、商三类人群具有生产性，行政官员、士人也无一例外具有生产性。"③接着他以孟子与许行之徒陈相的对话为依据，说明包括国君在内的政府官员"如何具有生产性"，又以孟子与其弟子彭更的对话为依据，说明"士人如何具有生产性"。

---

① 陈焕章：《孔门理财学》，第 289 页。
② 同上书，第 288 页。
③ 同上书，第 378 页。

这样一来，我们就能得出一个结论，古代中国的社会阶层，包括官与民，都被理解为劳动分工的结果。以孟子对劳心者与劳力者的区分以及相关的"通功易事"的看法而言，孟子的学说"以劳动分工为基础，统治阶层虽由其他社会阶层供养，但并未压迫人民，因为这个阶层的人士在为政府工作的同时，不能同时兼顾耕地，而且，他们从事被统治阶层不能胜任的脑力工作；统治阶层与被统治阶层之间仅仅是一种服务交换，双方彼此依赖"①。事实上，陈焕章也正确地指出，天子、诸侯、卿大夫、士、庶民等社会等级，在儒教以德配位的理念下促进了人们对美德的追求从而体现了一种独特的、以维护差等为方案的平等理念，因为按照孔子的教义，"在社会等级上，并不存在不变的社会秩序，人人均能通过自己对社会的贡献而找到自己的社会等级位置，高社会等级对任何人开放"②。

以劳动分工来看待社会阶层的划分，是儒教经典、特别是在孔子的思想中呈现出来的，将这一点进一步落实到中国古代社会，陈焕章得出了一个非常引人注目的结论："在中国历史上，有一极荣耀之事，那就是奴隶制度从未作为一项普遍制度在中国存在过。"③为了进一步证成这一观点，陈焕章做了一些说明。

首先，一般来说奴隶制度常见于农耕时期，但在中国却不是这样的。陈焕章也分析了其中的原因，认为井田制是一个主要因素："在井田制下，每夫受田一百亩，以至于人人均成了地主，那么，谁可能是奴隶呢？奴隶制度如何能成为现实呢？且因土地肥沃，易于耕作，拥有耕地限制在一百亩，因而并无奴隶存在的需要；此外，如此精耕细作的耕种并不适合奴隶劳动，又因人口众多，在这样的竞争下，自由劳工也不容许奴隶制度存在。"④因此，奴隶制度或许曾经存在于中国的史前时期，但即便如此，我们也无法知道了。

其次，"尽管中国不存在普遍的奴隶制度，但依然有少量的奴隶存在"⑤。陈焕章援引《周礼》的记载，说明古代中国奴隶"只是对犯罪行为的一种惩

---

① 陈焕章：《孔门理财学》，第 379 页。
② 同上书，第 163 页。
③ 同上书，第 293—294 页。
④⑤ 同上书，第 294 页。

罚"，"并不是一项社会制度或经济制度"，因此在许慎的《说文解字》中以"古之罪人"解释"奴"字。

再次，陈焕章也明确地指出，要理解中国古代社会为何没有奴隶制度这一历史事实，还是要"回到孔子的教义上来"："根据孔子及其学派，不应当有奴隶制度存在，社会阶层被划分为五：天子、诸侯国君、大臣、士人和庶民；人们被划分为四类：士、农、工、商，但却没有这样的阶层与职业类别存在，即奴隶阶层与奴隶。"①也就是说，中国古代不存在普遍的奴隶制度，这一点在理论上要归功于孔子的思想。②

最后，陈焕章也指出，随着环境的变化，特别是井田制的破坏，奴隶制度在秦朝曾经出现过，但在汉代又被废除了："第一位公开宣告反对奴隶制的是西汉董仲舒"，"第一位废除奴隶制的是王莽"，"对废除奴隶制产生最大影响的儒者皇帝是光武帝"，而"自光武帝统治以后，中国在事实上就根本不存在奴隶"。他因此将光武帝称作"中国的亚伯拉罕·林肯"③。虽然在五胡时期奴隶制被再一次引入中国，但奴隶制并未作为一项社会制度真正确立下来，因此，陈焕章最后得出的结论是："我们不能说中国完全没有奴隶，但我们否认中国有像古希腊、古罗马以及美国内战以前的奴隶制度存在。"④

三

任何政治与经济主张的提出，最终都是为了维护和促进某种生活方式。呈

---

① 陈焕章：《孔门理财学》，第 294 页。

② 这个看法可能来自康有为，为康门弟子所熟悉。梁启超在写作于 1897 年的《论君政民政相嬗之理》一文中，说："孔子之制，则自天子以外，士农工商，编为四民，各授百亩，咸得自主。六经不言有奴隶。"见《饮冰室合集》第一册，文集之二，中华书局 1989 年版，第 9 页。

③ 陈焕章：《孔门理财学》，第 296—297 页。

④ 同上书，第 298 页。

现于儒教经典的独特的社会理念意味着儒教所倡导的独特的生活方式，也是我们理解传统中国人生活方式的最重要的思想资源。呈现于儒教经典并对中国历史产生巨大影响的政治与经济主张，自然是为了维护并促进儒教所倡导的生活方式。陈焕章并没有对"社会主义"这个概念作详细的说明，而是直接用来解释儒教经典和中国历史上出现过的一些政治与经济主张。他认为这些政治与经济主张类似于西方学界所说的"社会主义"，从而提出儒教社会主义的概念，其重点则是落在一些具体的社会制度和社会政策上。

除了强调按照儒教经典士、农、工、商每一个都不可或缺从而必须认识到每个行业的重要性之外，陈焕章特别指出了呈现于儒教经典中的两项重要制度，都与"儒教社会主义"这一整体断言有密切关系。这两项重要制度正是在儒教传统中颇受重视的井田制与学校制。①

陈焕章引经据典，说明井田制在历史上可追溯到黄帝的时代，在周代获得完善，而被孔子及其弟子所提倡。关于何谓井田制，一般会引用孟子的话：

> 方里而井，井九百亩，其中为公田，八家皆私百亩，同养公田。陈焕章进一步解释说："在公田的中央，二十亩共为八家的庐舍，每一家各得两亩半，余下的八十亩公田由八家共同料理，每户实际耕种十亩。而每户人家受田一百亩，并为政府耕种十亩公田，此即是十分税一制度。"②

在详细说明了井田制的具体操作过程后，陈焕章从经济学的角度概括了井田制的特点："我们注意到井田制是与具有社会主义倾向的个人主义等同。在井田制里，人人都有自己的耕地、自己的庐舍、自己的住宅、自己的桑树、蔬菜、瓜果与家禽动物，以及其余全部属于个人自己的财产。他收获在田间的生

---

① 井田制与学校制，历来被认为是儒教关于王道思想的两大核心制度，如罗泽南在《读孟札记》中云："孟子当日欲行王道，其施为甚有次第。夫王政不外教养，教养不外井田、学校。"陈焕章显然熟悉这一解释传统。

② 陈焕章：《孔门理财学》，第391—392页。

产所得，其收获所得数量的变化，从供养九人所需到仅能供养五人所需不等。此外，从60岁到69岁，在他已经还田于政府之后，他或者由孩子赡养，或者依靠其积累养活，因此，从11岁到70岁，他完全依赖自己生活，这也是个人主义。"①

这么看起来井田制主要是一种土地分配制度，对此，陈焕章做出了进一步的申论："根据孔子的理论，井田制乃万事之根本，而并非仅仅是分配土地的基础。"②具体来说，井田制不仅仅是经济制度，也是政治、教化和军事制度，它是呈现于儒教经典中的一种全面的社会组织原理，或者用陈焕章自己的概括来说，井田制其实是一"经济的、道德的、合群的、政治的与军事的社会体制"③。孟子在论及井田制时说：

> 乡里同井，出入相友，守望相助，疾病相扶持，则百姓亲睦。陈焕章解释说："里有序，乡有庠，每乡设有学校，学校也作为道德教堂，以及社会、政治活动的集会场所，因此，井田制也是合群的、政治的社会。"④

另外，"农夫同时也是士兵，十井供一乘为军赋；在和平时期，他们是在家共同务农的合作者，而在战争时期，他们则为战场上的战友。因此，井田制也是军事社会。"⑤

陈焕章最后概括井田制的基本思想是："人人均应获得均等的份额、均等

---

① 陈焕章：《孔门理财学》，第394页。这里值得注意的是"具有社会主义倾向的个人主义"这个表述，说明陈焕章注意到在井田制里也有经济自由的因素，后文还会涉及。不过，在后面关于井田制的总结部分（第415页），陈焕章又说："在井田制下，民众甚至不拥有他们的住宅，他们的全部理财活动均在国家的控制之下，这是极端的社会主义，或者国家社会主义。"与这里以"具有社会主义倾向的个人主义"概括井田制特点的观点似乎有所不同。

② 同上书，第415页。

③ 同上书，第394页。

④⑤ 同上书，第395页。

地享受经济活动，以及社会生活、政治生活、智力生活与道德生活的机会。"①一言以蔽之，井田制的精髓其实是机会平等。陈焕章由此将井田制与现代的社会主义相提并论，认为在许多基本思想上，井田制均类似于现代社会主义，二者都有平均全社会财富的相同目标。即使考虑到现代与古代的差别，二者的相同之处仍然很明显："在现代，经过从农业时期到工业时期，土地不如从前重要，即使能够平均分配土地，或者能够实现土地国有化，民众的财富依然不均等，因为除了土地而外，还有许多其他的资本货物。因此，现代社会主义较古人的社会主义有着更多的困难需要战胜。但尽管如此，现代社会主义与井田制的基本思想却并不相异。根据井田制规定，人人收获他所生产的全部，因为在井田制下没有地主。苏洵之所以谴责地主，那是因为地主从耕种者那儿取走一半的产品，这与社会主义者反对资本家攫取工人一半的劳动产品理由相同。总而言之，井田制与社会主义，二者的目标均旨在均等财富，以及旨在让生产者获得他们生产的全部产品。"②

陈焕章也简要地论述了古代中国社会废除井田制的历史，以及试图恢复井田制的历史，并对后来关于井田制的一些主张进行了必要的分析。他指出，尽管古代圣王制作井田的意图在后来几乎一直被肯定，但中国历史上恢复井田制的努力大都失败了，其原因在于，井田制的实施需要一定的条件，而这是秦汉以来的中国社会所不再具备的。因此，陈焕章特别指出，我们可以看到，无论是东汉的荀悦，还是北宋的苏洵，虽然都谴责豪强地主的无道，"令人想起拥护社会主义者对资本家的谴责"，但是，他们都不主张恢复井田制。荀悦认为，只有在土地充足、人口稀少的情况下才可能建立井田制；苏洵则认为井田制根本就不可能实现，只能通过限田政策才能达到"不用井田，而获井田之制"的效果。南宋的朱熹、叶适和马端临也反对恢复井田制，将其原因归于势之不可得，如朱熹认为，"恢复井田的唯一机会是在大规模的战争之后"，因为一方面

---

① 陈焕章：《孔门理财学》，第 415 页。
② 同上书，第 415—416 页。

人口因战争而减少，一方面战争后土地归属政府；而叶适和马端临则都强调"封建制度与井田制二者间的关系"，也就是说，在封建制废除之后，井田制的恢复就不再可能了。[1]

顺此，陈焕章提出了一个问题：既然封建制与井田制有密切的关系，而孔子并不赞成封建制，那么为什么孔子会赞成井田制呢？他对这一问题的回答是："这是因为封建制导致政治上的不平等，故而孔子痛恨封建制度，而井田制带来经济上的平等，因此孔子热爱井田制。孔子的思想完全建立在平等原则的基础之上。"[2]说孔子反对封建制，这种观点可能得不到多数人的认可，其来源仍是康有为的三世说，或只能归于孔子的微义，所诉诸的经典依据是《春秋》的"讥世卿"。抛开这些可能存在的问题不管，我们还是可以看到，陈焕章抓住了孔子思想的一个要点，因为孔子对周礼的损益就是倾向于更加平等，无论是在经济上还是在政治上。简而言之，孔子所构想的是一个认可差等的平等社会，而能够保证这个认可差等的平等社会的基本运作的，在当时的情况下除了井田制之外，还有就是与社会阶层的合理流动密切相关的学校制度以及相应的选举制度，陈焕章称之为教化制度："根据孔子构想的政治制度，井田制与教化制度是其中两个最重要的组成部分。"[3]可以说，这是儒教社会主义的又一项核心制度。

陈焕章分析出教化制度的"三大分支"："教育、宗教与选举"，试图说明儒教经典中的教化制度是一项涵盖性很广的、颇为复杂的政治制度。具体而言，儒教经典中的教化制度表现出以下四个方面的重要特点。

首先，是普遍的免费教育，这是教育平等的基本保证。陈焕章依据《礼记·学记》中的相关说法，如是说明这一点："国家存在不同等级的学校，最低为闾塾，然后依次为党庠、州序、国学，最高级别是大学。闾塾设置在每一村中，党庠设在党，州序设在州，国学设在诸侯国的都城，大学在首都。上述

---

① 陈焕章：《孔门理财学》，第408—412页。

② 同上书，第413页。

③ 同上书，第70页。

各级教育机构均是公立学校，遍布于全国各地，并由各级政府管理、维持，而正因为如此，这些学校均为免费教育。"①

其次，是纳宗教教育于学校教育："因为'教'既意味着教化，也意味着宗教，故而教育机构既是教堂，同时也是学校。"②儒教教化的内容主要是人伦道德，如孟子所谓"学则三代共之，皆所以明人伦也"，或"申之以孝悌之义"，宗教教育的目的其实也包括道德教育，由此可以理解二者的交集：以人伦教化进行道德教育，从而代替宗教教育。就是说，在陈焕章看来，儒教的教化制度意味着通过功能性替代的方式将宗教教育涵盖于学校教育中，从而不需要专门的宗教教育："中国人以神庙、文庙、学宫的名义称呼孔庙，这就是在井田制里没有教堂的原因，因为宗教的功能被教育涵盖了，父老尽管也是学校的教师，但也如牧师或神父一样。"③这样的类比自然有其不恰当之处，特别是当我们注意到，学校教育基本上以青、少年为对象，而牧师或神父的教育对象则是成人。不过，陈焕章仍然抓住了儒教在制度安排上的一个特点，即，儒教虽然具有明显的宗教性，但在过去并没有发展出纯粹、独立的宗教组织。

再次，是这种教化制度呈现出来的独特的政教关系。由于没有独立的宗教组织，所以，类似于基督教世界中所存在的教会与国家的冲突就不存在。同样，也不会形成一个类似于西方社会中享有特殊利益的阶层（如教士），既然孔子的教化本来就"与政治有着密切的关系"士人"通过接受教育而被赋予的资格，并非通过宗教特权"，从而也"无需将儒教从政治中分离出来"。陈焕章如是概括儒教在中国历史上的政教关系："自有儒教以来，中国从未有将儒教与国家政治分开的时期，除非中国要毁灭它的全部文明。"④在这部书写出一百多年后的当下读到这些话，我相信很多关心儒教复兴的人都会有很深的感慨。现代中国的诞生，首先表现为儒教中国的解体，而新的国家建构与儒教已经没有什么紧密关联。如果中国试图恢复它在历史上承载的文明，在教化制度的重

---

① 陈焕章：《孔门理财学》，第71页。

②③ 同上书，第72页。

④ 同上书，第74页。

建上似乎会不可避免地陷入两难：一方面，传统的教化制度似乎已经不再可能，也就是说，企图通过政治制度来重建儒教的思路已经不再可能了；另一方面，企图通过宗教制度来重建儒教的思路似乎也困难重重。

最后，是与学校制度密切关联的选举制度，陈焕章称之为"作为民众代表制的教育性选举"。他如是刻画这种教育性选举制度的经典依据及其历史落实："根据孔子所论，学校不仅是教育制度，也是选举体系；就此而论，学校将政治与教育结合起来。……《礼记》说：'天子之元子，士也。天下无生而贵者也'。在《春秋》中，孔子否认贵族的世袭权利，而以教育选举制替换贵族世袭制。在那时的社会生活里，这是革命性的思想，并在董仲舒的建议下得以实现。"①孔子的这种革命性思想也就是前面已经论述过的认可差等的平等理念："简而言之，在孔子的思想体系里，没有阶级差别，而在社会地位上，教育是唯一起决定作用的力量。我们可以说存在受教育的贵族，但这样的贵族统治是不可避免的，除非人的特质生而平等。为了让每个人享有同等的机会，人类力量唯一能做的是使教育普遍并免费，这就是孔子的途径。"②

在陈焕章看来，这种教育性选举制度也是一种代表制度，因为从民众中选拔的士人变成了高级官员，所以，各级学校是真正选举人民代表的地方。陈焕章进一步指出，这种教育选举制度实际上意味着以教育考试来替代普选权，他也对此做出了相当正面的评价："接受教育是惟一被当选的资格，这样，教育考试替代了普选权。但选择接受教育作为获得选举的资格，这比选择其他任何作为标准都更好，尤其是当教育处于普遍免费的情况时。这样的选举方式，尽管没有民众的投票，但也不会远离民众的感情，因为所选之人均是最优秀的士人。"③

陈焕章也简要刻画了这种教育性选举制度在中国历史上引起的后果，一言以蔽之，是"摧毁了贵族统治"，特别是在隋朝发展出科举制以后，中国社会

---

① 陈焕章：《孔门理财学》，第74—75页。
② 同上书，第75页。
③ 同上书，第76页。

随之一变。"孔子的选举制度是破坏阶级利益的主要武器",这种"教育性选举制度对中国而言是特有的制度",这是陈焕章参照美国、英国的政治制度而得出的主要结论。陈焕章也展望未来,认为在中国走向宪政的过程中,"应当继续保持自己最好的方面,并吸取邻国制度的精华,抛弃其弊端。如果延伸、扩大民众选举权原则到一个适当的度,那么,中国将会出现一种超越美国行政机构改革者最热切希望的政府体制"①。如果现在我们仍然对这一点有所感触,那么,可以断言,由孔子开创、在中国历史上发挥了极重要影响的教育性选举制度对于中国今后完善自己的社会主义道路仍可能具有不可低估的启发意义。

四

如果说呈现于儒教经典中的独特社会理念与井田、学校这两种独特制度构成儒教社会主义的一个基本理念和两项核心制度,那么,在陈焕章笔下,儒教社会主义的证成,还包括若干重要政策。对于这些重要政策的理解,可以从儒教经典中关于政府职责的规范性论述展开分析。

既然社会是一个由劳动分工形成的合作体系,其目的是为了维系、促进美好的生活,那么,政府作为民众的代理,或者说,作为全民利益的代表,就应当以促进社会发展、维系美好生活为目的。陈焕章依据经典指出,儒教认为,政府的最终目的是使民众享受"五福",其途径一言以蔽之则是达到"至平"。②"五福"的说法来自《尚书·洪范》:"一曰寿,二曰富,三曰康宁,四曰好攸德,五曰考终命。"与"五福"相对的是六种灾祸,即"六极":"一曰凶、短、折,二曰疾,三曰忧,四曰贫,五曰恶,六曰弱。"其中值得注意的是,"康宁"——相对的是"忧"——涉及对美好生活的理解,"好攸德"——

---

① 陈焕章:《孔门理财学》,第 79 页。

② 同上书,第 140、360 页。

相对的是"恶"——涉及德行的诉求，也就是说，促进民众的德行乃是政府职责的一个重要内容。"至平"的说法来自《荀子·荣辱》：

> 夫贵为天子，富有天下，是人情之所同欲也。然则从人之欲，则势不能容，物不能赡也。故先王案为之制礼义以分之，使有贵贱之等，长幼之差，知愚、能不能之分，皆使人载其事而各得其宜，然后使穀禄多少厚薄之称，是夫群居和一之道也。故仁人在上，则农以力尽田，贾以察尽财，百工以巧尽械器，士大夫以上至于公侯莫不以仁厚知能尽官职，夫是之谓至平。故或禄天下，而不自以为多；或监门、御旅、抱关、击柝，而不自以为寡，故曰："斩而齐，枉而顺，不同而一。"夫是之谓人伦。

其中值得注意的是，荀子明确将"农以力尽田，贾以察尽财，百工以巧尽械器，士大夫以上至于公侯莫不以仁厚知能尽官职"作为政府治理的直接目标，而将伦理生活的维系与促进作为政府治理的最终目标。总而言之，"以至平求五福"可以理解为儒教经典中关于政府职责的总纲。

在这个总纲之下，陈焕章论述了政府应当履行的具体职责，可分为两个方面：一个方面涉及对政府或政府官员的限制；另一个方面涉及政府出于公共利益的考量应当进行的宏观调控。

前面已经提到，孔子对于官与民两个不同阶层的行为提出了不同的规范性要求，表现在经济方面，对政府官员的要求可表达为"食禄者不与民争利"。陈焕章从历史的角度解释了孔子提出这一规范的理由："在孔子的时代，封建制度盛行全国，封建诸侯与贵族家族占有所有的土地，他们因此是地主。他们也拥有许多牲畜，以及若干其他的生产资料，因此，他们也是资本家。……把握全部政治权力与享有全部社会高位的诸侯与贵族，如果他们在经济领域与普通民众竞争，那么，他们将会赚取全部利润。……因此，一方面，为了摧毁封建制度，使贵族政治改变为民主政治，孔子在君主专制政体上集中政治力量，不承认官员任职的世袭权利，另一方面，为了向民众提供全部的机会，孔子禁止食禄者言利。"①陈焕章认为这体现了孔子的经济平等与经济自由的思想。经济平等能够从历史的角度得到解释，即相对于周代的等级制而言，孔子的这一思想也呈现出平等的趋势："提升统治阶层的品质到更高的道德标准，剥夺他们在经济领域里的有利条件与强有力的竞争，并向所有普通民众提供相当的经济机会。这是社会改革的伟大计划，经济平等是其呈现的趋势。"②经济自由则是着意于官与民的区别："食禄者只应该拿取俸禄，并为庶民保持整个经济领域的自由。"③

陈焕章也谈到了这一原则在中国历史上的应用情况与实际效果。就应用情况而言，"禁止食禄者言利被历朝历代载入现行的法规之中"④。就实际效果而言，"禁止官吏、言利的原则对中国的经济活动产生了不可忽视的影响。在中国历史上，极少有官吏以他们可能的任何手段积累大量的财富，谦虚和纯洁是官吏普遍的精神。而正因为他们没有与民争利，因此，民众在没有特权官吏参与竞争的前提下，充分享有经济活动的自由，并有更多机会相互竞争"⑤。这对我们历史地理解儒教社会主义的实际运行极有助益。

陈焕章也就此将儒教社会主义与现代社会主义相比较，得出的结论则是认为儒教社会主义在这一点上比现代社会主义走得更远："在现代，社会主义者为劳动者提倡近世社会主义，反对资本主义。在古代，孔门弟子为农民倡导儒教社会主义，反对封建主义。而这两种学说在原则上并无抵触，因为古代的封建领主，同时也是资本家，而农民自身就是劳动者。然而，当我们将两种学说进行比较时，儒教社会主义似乎比现代社会主义走得更远、更彻底。……现代社会主义者并不阻止领取俸禄的官员从事有利可图的职业，但是，孔门弟子则完全禁止食禄者言利。"⑥

---

①② 陈焕章：《孔门理财学》，第 425 页。

③ 同上书，第 427 页。

④ 同上书，第 428 页。

⑤ 同上书，第 430 页。

⑥ 同上书，第 424 页。

关于政府应当具有的调控作用，可以从三个方面来概括。第一个方面是关于分配的。前面的讨论已经在很多具体主题上涉及分配问题了。这里再做一些相关梳理。陈焕章首先指出，儒教的经济理论重视分配问题胜过生产问题，其原因在于儒教所具有的社会主义倾向胜于个人主义倾向。关于分配的原则，陈焕章谈到三种类型。其一是按照需要分配，这涉及儒教关于财产所有权的看法。陈焕章依据《春秋》，指出儒教承认财富的私人占有权，但社会所有权则是其更为根本的观念："孔子承认财富的私人拥有权，但是，孔子否认私人对财富享有绝对的权利。因此，他使社会成为万物的最高拥有者，并使暂时的财富所有者只是财富的托管者。大自然是生产的合作者，任何人均不能依据占有理论或劳动理论要求对任何事物的绝对所有权。所以，财富的分配应该根据社会成员的需要。简言之，那些拥有太多财富的人们应该有赠物的义务，而那些一无所有者，则享有受赠的权利。"①这种看法与西方中世纪如阿奎那提出的需要权（the right of necessity）理论接近，也与晚近中国政治话语中的生存权理念有相似之处。其二是平等的分配，这在前面讨论井田制的时候已经谈到了，主要是为了保障每个人获得发展自己的同等机会。这种机会平等显然并未停留于抽象的平等承认，而是类似于阿马蒂亚·森提出的能力自由或实质的发展机会，可以称之为"实质平等"（substantive equality）。②其三是按照功绩分配，也就是我们一般所说的按劳分配。与按劳分配原则相关的一个主题是工资制度，陈焕章专门进行了论述。他比较说，西方的工资制度起源于奴隶制度，而中国的工资制度则起源于自由农民，工资标准根据农民的收益来确定，符合生产率论，即"劳工的工资总量应该以他所贡献的产品数量为依据"。具体来说，全社会理想的工作等级应当这么来定，"普通劳动者的工资等级以最低能力农夫耕种一百亩土地所得为基数，也就是足以供养五个人的数额为基础"，而

---

① 陈焕章：《孔门理财学》，第 364 页。

② 森使用"实质自由"（substantive freedom）的概念，侧重的是个人发展能力的获得，但这个自由概念亦有平等的含义，或者说就是一个以实质自由为内涵的平等理念，也可参见森《再论不平等》，王利文、于占杰译，中国人民大学出版社 2016 年版。

"上等农夫耕种一百亩土地所得构成全体公职人员俸禄的基础"①。他也特别提到儒教经典中关于最低工资的规定，即"能力最差的劳动者，其工资的最低比率必须足够供养五人"②。至于工资水平与教育挂钩这一点，我们在前面讨论学校制度以及相关的教育性选举制度时已经有所触及了。既然教育是个人在社会中上升的重要权衡，那么，工资的高低也就与教育密切关联起来了。陈焕章如是评论这一点："正像政治民主建立在教育基础之上一样，工业民主也一样建立在教育基础之上。"③

政府应当具有的调控作用的第二个方面，是关于供求调节与反垄断。陈焕章指出经典中记载的以政府银行来调节供求的方法："根据《周礼》，政府银行'泉府'的功能之一是调剂商品的供需。当商品卖不出去、供大于需时，泉府以商品的市场价格收购货物；而当市场对货物的需求上升、需大于供时，泉府以货物的原价——审慎地一件一件加上标签，标明价格出售。前一种情况，生产者获益；而后一种情况，消费者获益，但政府自身并未从交易中挣钱。"④至于政府调节供求的目的，当然是为了平稳价格，保护消费者和生产者——特别是中、小生产者的利益，因此其实际的指向，是消灭私人垄断。从这个角度看，食禄者不得与民争利及政府调节供求就是儒教所提出的两项反垄断措施。关于公共垄断，儒教的基本立场是，"旨在为社会的公正而进行的公共垄断是有益的，但旨在为政府财政的公共垄断则是无益的"。这也意味着，对于平常的商业交易，国家不应当垄断市场，而是应当作为价格调整者起到"促进自由竞争与消灭私人垄断"的保护作用。⑤陈焕章还比较详细地叙述了中国历史上政府为调节供求而发明出的种种制度和措施，重要的如汉代桑弘羊的均输与平准制度、王莽的五均制度、唐代刘晏的常平法、宋代王安石的均输法、市易

---

① 陈焕章：《孔门理财学》，第 375—384 页。
② 同上书，第 382 页。
③ 同上书，第 387 页。
④ 同上书，第 433 页。
⑤ 同上书，第 418 页。

法，还有专门为平均粮价而发明的李悝的平籴政策、耿寿昌的常平仓制度等。陈焕章分析了这些制度和措施成功或失败的原因，并认为可以用"国家社会主义"来描述这些制度和措施。

政府应当具有的调控作用的第三个方面，是关于政府借贷与政府救济。陈焕章将政府借贷追溯到《周礼》，认为周公建立了政府银行，发明了政府有息贷款的法规，其目的是满足民众生产和消费方面的急需。在分析了中国历史上关于政府借贷的种种成功与失败的经验之后，陈焕章指出，尽管此类政府借贷政策在历史上往往在接济穷人和政府岁入的两难中难以持久从而起不到良好的效果，但是，在现代民主社会中这些政策反而更有可能发挥积极的作用："对我们而言，《周礼》中的某些法规似乎可以应用于现代民主社会。以政府借贷为例，如果政府权力真正为民众所掌握，那么，政府的利益与民众的利益将为一体，在这样的情形下，政府，尤其是政府官员，奸弊无由生，不会对民众犯错作恶；如果在各方面都具备优良的管理制度，那么，政府最薄息的借贷不仅帮助了处于困难中的民众，而且，也增加了国家的收入。王安石确实是一个伟大的政治家，但他却生不逢时。如果王安石的全部计划得以贯彻施行，那么，中国早在一千年前就应该是一个现代国家了。"[1]

至于政府救济的理念，明确见于儒教经典。如《礼记·王制》中说："少而无父者谓之孤，老而无子者谓之独，老而无妻者谓之矜，老而无夫者谓之寡。此四者，天民之穷而无告者也，皆有常饩。"类似的说法亦见于《孟子·梁惠王下》和《礼记·礼运》。儒教政治理论的一个核心观念是，要行仁政，必须首先照顾到这四类人，即如孟子所说的"文王发政施仁，必先斯四者"。这是儒教政府救济原则的经典依据。值得指出的是，这里的救济对象——孤、独、矜、寡者，并不是指一般所说的老、弱、病、残，而是指那些因家庭生活的残缺而不能由自己的家庭成员照顾好的弱势群体。从中可以看出，儒教的政府救济原则实际上充分认可家庭承担照顾其弱势成员的责任，所以重点放在了

---

[1]　陈焕章：《孔门理财学》，第 467 页。

不能得到家庭照顾的孤、独、矜、寡这些因家庭原因导致的弱势群体上。

以上简要地叙述了陈焕章提出的儒教社会主义的主要内容，包括一个基本理念、两项核心制度和若干重要政策。我们也可以用几个短语来概括儒教社会主义的核心主张：伦理社会，福利国家，实质平等，教育优先。尽管时代已经发生了巨大的变化，但我们相信，呈现于儒教经典并对古代中国社会产生了巨大影响的儒教社会主义对于我们当下和今后完善社会主义道路仍有相当重要的启发意义。

原载唐文明：《彝伦攸斁：中西古今张力中的儒家思想》，中国社会科学出版社 2019 年版

论《仁学》中的世界主义
——谭嗣同思想的再检讨

吕存凯

中央社会主义学院中华文化教研部

梁启超称谭嗣同为晚清思想界的一颗"彗星"①。这一譬喻显然包含两重含义：既称赞其思想之光辉，又慨叹其生命之短暂。谭嗣同生活在晚清中西碰撞交融的时代，其思想受到所处历史情境以及古今中西各种思想的多重影响，展现出超迈时人的光彩；而其生命之短暂，则导致他未能充分消化和融贯各种思想资源，因而又不可避免地带有复杂性。这种复杂性集中体现在对其政治思想的整体定性问题上。学界对于这一问题的讨论，概括而言有两种不同的观点。大部分研究者都倾向于从民族主义的角度进行阐发，这种解释视角又有几条不同的叙述脉络：一是盛赞其"爱国主义"精神，二是将其思想置于"救亡与启蒙"的框架中进行把握，三是从他对传统伦理道德的批判中看到其建构民族认同的努力。②以上三条叙述脉络虽然有着明显的区别，但总体来看，都是从近代中国所遭遇的民族和国家危机这一普遍的时代背景着眼，将谭嗣同作为"救亡图存"这一时代主题的代表人物来看待。与此相对，张灏则突出强调谭

---

① 梁启超：《清代学术概论》，上海古籍出版社 1998 年版，第 90 页。

② 以上三种叙述脉络的代表性研究成果，分别参见：一、1998 年"纪念谭嗣同殉难 100 周年大会"论文集：《谭嗣同与戊戌维新——纪念谭嗣同殉难一百周年论文集》（田伏隆、朱汉民主编，岳麓书社 1998 年版）中的相关论文；二、魏义霞：《平等与启蒙——从明清之际到五四运动》（中华书局 2011 年版），其中关于谭嗣同"平等"思想的论述以及相关论文；三、参见坂元弘子：《谭嗣同思想与民族认同、性别意识》，收于前揭《谭嗣同与戊戌维新》，第 255—267 页。

嗣同的思想具有明显的世界意识，并明确指出以"民族主义"来把握是不恰当的；他同时指出，梁启超也将谭嗣同的思想概括为"世界主义"。[①]

本文认为，以上两种观点都有其合理性，同时也都有以偏概全之嫌。仅就《仁学》而言，谭嗣同的思想的确呈现出鲜明的世界主义色彩；但如果结合其他文本及其现实活动来看，其中又有着不可忽视的救亡图存的民族主义倾向。两种倾向之间显然存在着一些不可化约的矛盾，这造成了谭嗣同思想与行动之间的某种断裂。这种断裂虽然体现在谭嗣同个人的短暂生命之中，但却具有较为普遍的思想史意义，需要我们认真看待。鉴于学界从民族主义的视角已有较多研究成果，本文将首先集中分析谭嗣同思想中的世界主义，进而揭示其世界主义与民族主义之间的张力，在此基础之上对其思想进行重新检讨；并尝试探讨这种张力产生的原因及其在中国近代思想史上的意义。

一、 世界主义的理论基础：普遍主义的重建

中国传统的"天下主义"世界观和政治观，是建立在一整套普遍主义的基础之上的。它以普遍的"天道"或曰宇宙本体论为基础，以儒学的伦理价值体系为主要内容，具有毋庸置疑的超越性与规范性。然而，近代以来，中国受到西方文明的强势冲击，传统世界观也不断遭到质疑并日趋解体。在这一背景之

[①] 张灏指出："谭嗣同思想虽含有一些国家观念与种族意识，这些观念和意识对他中心思想却影响不大。梁启超在《清代学术概论》里称谭嗣同思想为'世界主义'，实在是有所见而发的。"见氏著《烈士精神与批判意识——谭嗣同思想的分析》，广西师范大学出版社 2004 年版，第 3 页。另参见张灏：《危机中的中国知识分子——寻求秩序与意义》，高力克等译，山西人民出版社 1988 年版，第 2—3 页。梁启超的评价见前揭《清代学术概论》，第 94 页。不过，梁启超的这一评价大概与其自身的思想转变也有很大关系。他在第一次世界大战之后游历欧洲，目睹战争惨状，思想上发生转变，由"国家主义"转而提倡"世界主义"，并自悔道："其后梁启超居东，渐染欧、日俗论，乃盛倡褊狭的国家主义，惭其死友（按：指谭嗣同）矣。"（前揭，第 94 页）顺便指出，张灏的观点在目前的谭嗣同研究中并不占据主流。

下，近代人士仍然通过多种方式试图维护儒学普遍主义。①谭嗣同正是其中具有代表性的思想人物。

实际上，谭嗣同在短暂的一生之中，思想虽然发生多次转变，但对于普遍主义的坚持则一以贯之。在其早年所作《治言》中，他对于世界地理格局的认识已经大为扩展，但仍然按照传统的"夷夏之辨"将世界分为华夏之国（中国及其藩邦）、夷狄之国（欧美日诸国）和禽兽之国（非洲、澳洲和南美洲），并指出"今之中国，犹昔之中国也；今之夷狄之情，犹昔之夷狄之情也"，在"蛮夷猾夏"的现实情况下，仍应以诚意不自欺为治道之关键。②由此可见，此时他仍然坚持华夏中心主义与伦理中心主义，并未超越传统天下观的藩篱。③

甲午战争的惨败和《马关条约》的签订给谭嗣同造成强烈的刺激，促使他对待西方文明的态度发生了根本转变。在作于1895年的《报贝元征》中，他指出，道具有普遍性，并非中国所私有；西人衣服、饮食、器用、法度政令，乃至伦常关系，无一不备，而且比中国更加符合圣人之道；因此不能再以夷狄视之，反而应该向西方学习。④在这样的思想转变中，谭嗣同仍然坚持以儒学普遍主义为框架解释现实，从而将原本异质的西方文明纳入"道"的统摄范围之内；于是"中西之别"不再是"夷夏之辨"的问题，而是转变成判断何者更加符合圣人之道的问题。在这一视野下，儒学已经与"华夏"或"中国"相分离，成为一种去中心化的关于世界的普遍知识和价值；中西文明因而被相对

---

① 汪晖对此有一个简要的概括。他指出，这种努力主要表现为两种不同的方式："维新者力图将新的变化和知识组织到儒学视野中去，从而通过扩展这一视野重构儒学的普遍主义，而守旧者或者宣称'古已有之'以排挤新知，或者断言新知均为异端邪说以抵制新知，他们力图将'外部'纳入传统知识视野之中来处理，进而维持儒学普遍主义的幻觉。普遍的知识如果不是'无外的'，也必须是'正统的'。"参见汪晖：《现代中国思想的兴起》上卷第二部，生活·读书·新知三联书店2004年版，第740页。

② 谭嗣同：《治言》，《谭嗣同全集》（增订本）上册，中华书局1981年版，第236页。

③ 朱其永指出，中国古代"天下"观念隐含了整体主义、华夏中心主义和伦理中心主义的倾向。参见朱其永：《"天下主义"的困境及其近代遭遇》，《学术月刊》2010年第1期，第49—54页。

④ 谭嗣同：《思纬氤氲台短书·报贝元征》，《谭嗣同全集》（增订本）上册，第196—230页。按：谭嗣同自署《报贝元征》日期为"甲午秋七月"，《谭嗣同全集》编者注改为"乙未秋七月"。由于书信中明确提及《马关条约》签订一事，则"甲午"显系作者有意或无意之误记，编者所改为是。

化，"中—西"的划分方式被超越，道的绝对性和普遍性重新得到强调。换言之，"道"并非仅为中国所代表和体现，西方同样有可能体现道（实际也是如此）。于是，向西方文明的学习（变法）就不再是"用夷变夏"，而毋宁说是在一种类似于"礼失求诸野"的心态之下向"道"的复归。通过将外部的异质文明纳入"道"的内部，谭嗣同心安理得地接受了西方文明。①

1896 年谭嗣同北上游学，思想再次发生重大变化，其思考的成果就是 1897 年春完成的《仁学》一书。②在《仁学》中，他将近代物理学知识与儒家思想相结合，建构了一个"以太—仁"的本体论哲学体系，试图重建普遍主义，以作为他全部思考的理论基础。这个体系的核心概念之一是"以太"（ether）。谭嗣同在《仁学》开篇就指出：

> 遍法界、虚空界、众生界，有至大、至精微，无所不胶粘、不贯洽、不筦络、而充满之一物焉，目不得而色，耳不得而声，口鼻不得而臭味，无以名之，名之曰"以太"。……法界由是生，虚空由是立，众生由是出。③

在 19 世纪的物理学理论中，"以太"被认为是普遍存在的物质，它在电磁波的传播过程中起媒介作用，类似于空气在声波传播中所起的作用。"以太"曾被假想为透明、无重量、无摩擦阻力，用化学或物理实验都不能探测，但却

---

① 金观涛、刘青峰指出，甲午战争的失败造成中国由传统"天下"观转化而来的"万国"观进一步去（中国）中心化，从而导致华夏中心主义的解体，并促使向西方的全面学习："甲午战败的一个直接后果，就是朝野士大夫对儒家伦理优越性和儒家提供的社会组织蓝图产生了怀疑，中国也不再处于用道德教化世界的至高无上地位，也就是说，华夏中心主义从此解体。但是，这并没有改变万国须要以某一种文明模式为中心的心态，只不过西方列国（包括学习西方成功的日本）的社会制度和文化（甚至包括道德）都可能比中国优良，是中国全面学习效法的榜样。其后果是中国不再成为万国之中心，对外开放、引进敌国制度，也就成为天经地义。"见金观涛、刘青峰：《从"天下"、"万国"到"世界"——兼谈中国民族主义的起源》，收于氏著《观念史研究：中国现代重要政治术语的形成》，法律出版社 2010 年版，第 240 页。
② 《仁学》的成书时间，参见徐义君：《谭嗣同思想研究》，湖南人民出版社 1981 年版，第 171 页。
③ 谭嗣同：《仁学》，《谭嗣同全集》（增订本）下册，中华书局 1981 年版，第 293 页。

渗透所有物质和空间的特殊物质。①不过，谭嗣同的"以太"与作为物理学概念的"以太"却并不完全一致。按照《仁学》的相关描述，"以太"具有如下特点：第一，"以太"不仅充满全部宇宙空间，而且是组成万事万物的根本物质，因而成为宇宙之"体"，也就是宇宙存在的物质基础。第二，"以太"具有能动性：一方面，"以太"自身具有"微生灭"的运动，因而"无时不生死，即无时非轮回"，"旋生旋灭，即灭即生"②；另一方面，宇宙的"日新"源于"以太"的运动，而"以太"的运动则在于其自身之动机。③第三，"以太"具有精神和道德属性。谭嗣同指出，孔教的"仁"、墨家的"兼爱"、佛教的"慈悲"、耶教的"灵魂"等学说，都是"以太"的作用和表现。④总之，作为宇宙本体的"以太"本身是一种物质存在，但同时又具有精神和道德属性。

可以看到，谭嗣同的"以太"与物理学中的"以太"有着较大的差距。后者仅仅被看作是电磁波传播的媒介；而在谭嗣同的笔下，"以太"则成为整个宇宙存在的物质基础。尽管从形式上看，《仁学》的思想体系是建立在自然科学的基础之上，因而似乎与传统宇宙论划清了界限；但实际上，"以太"与传统哲学的"气"具有十分相似的特点。对此，很多研究都已明确指出，谭嗣同的"以太"正是披着近代自然科学外衣的"气"。⑤

---

① 《简明不列颠百科全书》第9册，中国大百科全书出版社1986年版，第80页。

② 同上书，第313、314页。

③ 谭嗣同以自然界的雷雨现象为例进行说明，进而指出："以太之动机，以成乎日新之变化，夫固未有能遏之者也！"同上书，第321页。

④ 同上书，第293页。

⑤ 如张灏指出："就以'以太'这个观念而论，表面上，谭嗣同似乎是受当时西方的格致之学的影响，但骨子里，却保留很多'气一元论'的观念。"见氏著《烈士精神与批判意识——谭嗣同思想的分析》，广西师范大学出版社2004年版，第69—70页。另外，按照坂元弘子教授的研究，谭嗣同的"以太"概念来自乌特亨利的《治心免病法》（傅兰雅译），参见坂元弘子：《谭嗣同的〈仁学〉和乌特亨利的〈治心免病法〉》，《中国哲学》第13辑，人民出版社1985年版，第264—275页。坂元教授的研究有助于我们更准确地把握谭嗣同思想的多种来源。不过，我们也不能忽略张载与王夫之哲学对谭嗣同的深刻影响；换言之，正是因为乌特亨利对"以太"的解释与中国传统的"气"具有相似性，谭嗣同才会毫无障碍地取而用之。

　　谭嗣同将中国传统宇宙观的"气"观念替换为"以太"，使得他的哲学体系在获得"科学"形态的同时，完整地保留了气论哲学的普遍解释力。"以太"作为遍布宇宙、并构成宇宙万物的基本物质，成为保证世界统一性和普遍性的本体。在这一基础上，谭嗣同得以建立起宇宙万物之间的普遍感通关系——这就是"仁"的基本内涵。他明确指出"以太为体，仁为用"，"仁"是"以太"根本作用的体现。①他在《仁学界说》中首先界定："仁以通为第一义。以太也，电也，心力也，皆指出所以通之具。"②他运用类比的方式，将宇宙类比为人之一身。人之一身的统一性在于脑的作用：遍布全身的"脑气筋"将身体各部分的感觉传于大脑小脑，从而使得各个部分通贯联系为一个有机的整体。与之相似，无形质的"电"可以弥纶贯彻所有事物，从而将"天地万物人我"通贯联系起来。因此，"宇宙"并非近代物理学意义上的所有事物机械相加的集合，而是依赖"以太"和"电"的贯通作用而形成的有机整体。因此，人身及宇宙得以成为一个整体的关键在于"通"。他以"医家谓麻木痿痹为不仁"为例进一步强调指出，"通"是"仁"的基本内涵："不仁则一身如异域，是仁必异域如一身"，"是故仁不仁之辨，于其通与塞；通塞之本，惟其仁不仁"。③从这一理论表达来看，谭嗣同实际上接续了宋明理学中程颢至王阳明及其后学"以万物一体言仁"的仁学解释脉络，并将理学家并未明言的"通"这一内涵提出加以强调，作为"仁"的基本定义。④可以说，"以通言仁"是谭嗣同对传统仁学的继承和发展。

　　不过，谭嗣同的"仁—通"思想与理学家的"万物一体之仁"仍有着不可

---

　　① 需要说明的是：中国哲学史上的"体用"范畴具有多种含义，方克立先生曾分析了两种基本含义，一种是本体及其作用、功能、属性，另一种是本质与现象。谭嗣同"以太为体仁为用"中的"体用"概念是在本体与作用的意义上使用的。关于中国哲学史上的"体用"范畴，参见方克立：《论中国哲学中的体用范畴》，《中国社会科学》1984 年第 5 期，第 185—202 页。

　　② 谭嗣同：《仁学》，《谭嗣同全集》（增订本）下册，第 291 页。

　　③ 同上书，第 296 页。

　　④ 关于宋明理学中"万物一体之仁"的思想，陈来先生有着精详的梳理和分析。参见陈来：《仁学视野中的"万物一体"论》，《河北学刊》2016 年第 3 期，第 1—6 页；第 4 期，第 1—7 页。

忽视的重要区别。理学家的"万物一体"虽然有从客观的"一气流行"进行把握的因素，但主要地还是侧重于通过个人修身实践所达到的主观精神境界。而谭嗣同受到张载、王夫之气论哲学和近代自然科学的影响，更多地从实然层面理解"万物一体"。建立在"以太"这一宇宙本体基础上的"万物一体"说，揭示的是宇宙存在的实然状态：通过"以太""电""脑气筋"等物理和生理作用，宇宙万物在事实上就是一个密切关联的有机整体。因此，"以通言仁"不仅指向一种修养工夫和精神境界，而且指向现实状况的变革要求。在谭嗣同看来，由于全球乃至整个"虚空界"都可以通为"一身一家"，因此那些保守的士大夫主张"闭关绝市""重申海禁"，乃是至为不仁的："夫仁，以太之用，而天地万物由之以生，由之以通。星辰之远，鬼神之冥漠，犹将以仁通之；况同生此地球而同为人，岂一二人之私意所能塞之？亦自塞其仁而已。……而猥曰闭之绝之禁之，不通矣。夫惟不仁之故。"[①]以"仁—通"为依据，他提出通学、通政、通教、通商等政治、社会变革的要求。在此需要注意的是，谭嗣同并没有诉诸大多数近代知识分子以国家为本位的"自强"或"富强"逻辑，而是从作为一个内部相互关联的有机整体的宇宙着眼，从普遍的"仁—通"原理出发，提出与世界（主要是西方国家）相交通的各项措施。

"以太—仁"理论体系的建构体现了谭嗣同重建普遍主义的努力。与《报贝元征》中的立场相比，谭嗣同不再将"圣人之道"视为不言自明的真理，而是通过将近代自然科学知识纳入理论建构之中，为普遍主义的重建寻找新的宇宙本体论基础。他将作为传统儒家思想核心价值的"仁"与近代物理学的"以太"相结合，从而在近代西学传入、中学遭受冲击的情况之下，为传统的价值理念提供自然科学的论证。"以太"作为宇宙存在的物质基础，使得"仁—通"成为宇宙的本然与应然状态，从而具有了超越时空限制的普遍规范性。谭嗣同的社会与政治批判正是在此前提之下展开的：在个体方面，由"仁—通"引申出的"平等"观念成为他批判"三纲"、建构新型伦理关系的价值基础；在政

---

① 谭嗣同：《仁学》，《谭嗣同全集》（增订本）下册，第 297 页。

治方面，由于欧美国家更加符合"仁"的本质要求，因此变法不是对异己的西方文明的学习，而是对普遍"仁"道的践行。

二、 世界主义的内涵："地球之治"与"普遍成佛"

谭嗣同认为，随着人类社会的发展，世界各国之间此疆彼界、隔阂不通的不仁状态将不复存在，"仁—通"的价值原理将会完全实现，地球最终将成为美好的"大同"世界。不难看出，这与康有为的"大同"理想十分相似；不过，在《仁学》中并没有《大同书》中那样的详尽描述，只是勾勒了这一盛世的基本轮廓：

> 地球之治也，以有天下而无国也。庄曰："闻在宥天下，不闻治天下。"治者，有国之义也；在宥者，无国之义也。□□□曰"在宥"，盖"自由"之转音。旨哉言乎！人人能自由，是必为无国之民。无国则畛域化，战争息，猜忌绝，权谋弃，彼我亡，平等出；且虽有天下，若无天下矣。君主废，则贵贱平；公理明，则贫富均。千里万里，一家一人。视其家，逆旅也；视其人，同胞也。父无所用其慈，子无所用其孝，兄弟忘其友恭，夫妇忘其倡随。若西书中百年一觉者，殆仿佛《礼运》大同之象焉。①

这段话较为详细描绘了谭嗣同心目中的理想社会，也是其世界主义思想的集中表达。有如下两点需要注意。第一，"地球之治"消除了国家间的分界，实现了地球的合一。在谭嗣同看来，国家是导致战争、猜忌乃至彼我之见的重要原因，也是人们不能获得真正自由平等的重要原因。这显示出谭嗣同已经隐

---

① 谭嗣同：《仁学》，《谭嗣同全集》（增订本）下册，第 367 页。

约认识到以现代民族国家为基本组成单位的国际社会的根本问题所在：由于国家是现代社会存在的最高位阶的政治实体，因此往往成为人们思考现实问题的出发点和落脚点；而明确的领土和权力边界又是现代国家的主要特征之一。这就必然会导致人们普遍追求国家利益的最大化，而使得作为整体的世界（天下）被人为分割成各不相同、且彼此对立的存在单位；这种四分五裂的现实局面又进一步加剧了彼我之见。因此，要真正实现"地球之治"，实现世界本然的"仁—通"状态，就必须消除国家的存在。

第二，谭嗣同并没有提出康有为在《大同书》里所设想的由各国组成世界联邦政府的方式实现全球治理。他并没有明确提及、或者说并不关心实现大同之治的现实政治途径。与《大同书》相比，谭嗣同的"大同"世界最主要的特征在于追求个体的完全自由平等。他主要诉诸佛教，通过个体发挥心力作用、泯除人我之见来实现"通天地万物为一体"的状态。因此，"人我通"不仅是一种认识论，更是一种存在论；更准确地说，在谭嗣同所援引的佛教唯识学中，认识论与存在论、主观与客观本来就是不可分割的，"三界唯心""万法唯识"，心识才是世界的本原。

如上所言，在谭嗣同对未来世界的构想中，个体的自由平等居于核心位置。实际上，这一理想也充分体现为他批判以"三纲"为核心的名教制度以及建构新型伦理关系的现实主张。以往的研究已经充分讨论了谭嗣同伦理思想的具体内容，本文不拟重复叙述，在此仅作一概括分析。整体来看，谭嗣同"三纲"批判的本质是要让人们摆脱血缘（父子）、性别（男女）和政治权力（君臣）的种种束缚，从传统社会的政治和家族共同体中解放出来，成为自由平等的独立个体。但是，这却有可能陷入另一种危险，即个体完全成为离散的原子式的存在。为此，谭嗣同诉诸"仁—通—平等"的价值原则，以本然的普遍感通作为联结独立个体的纽带，从而避免社会的解体。两方面的思考结合起来，就是他提倡的朋友一伦。一方面，朋友之间以义相合，因此"不失其自主之权"；另一方面，又由于无功利的、真诚的情感而相互联结。在谭嗣同看来，孔、耶、佛三教皆以"朋友"相号召，作为组织信徒、宣讲真理的基本方式，而其信徒也都自愿抛弃君臣父子夫妇兄弟等人伦关系跟从教主。①他大力倡导并积极组织南学会、时务学堂等各种近代学会组织，正是对"朋友"原则的具体实践。

不过，在谭嗣同看来，个体的真正自由平等并不能在学会、教团等以"朋友"为原则的组织中完全实现，而在根本上仍然依赖于个体自身的不断修养和最终解脱。在他独特的"两三世"理论叙述中，人类社会的不断发展，与个体修养境界的不断提升之间具有明确的对应关系：人类社会发展的主要标志就是个体所能获得的自由和平等的程度；同样，个体修养的最终目标也是破除一切束缚和隔阂，达致完全的自由和平等。他设想，随着科技的巨大发展，人类将进化成"纯用智，不用力，纯有灵魂，不有体魄"②的全新物种。此后再经由无量数时间，最终"一切众生，普遍成佛"，业力全消，则个体修养达到最高境界，获得真正的解脱；而受到众生业力牵引的地球也将消失："众生之业力消，地球之业力亦消；众生之体魄去，地球之体魄亦去。"③谭嗣同畅想这一实现了彻底的自由平等的境界："天下治也，则一切众生，普遍成佛。不惟无教主，乃至无教；不惟无君主，乃至无民主；不惟浑一地球，乃至无地球；不惟统天，乃至无天；夫然后至矣尽矣，蔑以加矣。"④于是达到无教、无民主、无地球、无天的终极境界，一切有可能造成对个体的束缚和限制的存在——宗教、政治乃至地球都消失殆尽。这正是"冲决一切网罗"所要达到的最终结果。⑤

综合以上分析，谭嗣同的思想具有鲜明的世界主义特征。他的世界主义理

---

① 谭嗣同：《仁学》，《谭嗣同全集》（增订本）下册，第 350 页。
② 同上书，第 366 页。
③ 同上书，第 367 页。
④ 同上书，第 370 页。
⑤ 谭嗣同"冲决网罗"的主张是十分彻底和激进的，他如是表述道："网罗重重，与虚空而无极；初当冲决利禄之网罗，次冲决俗学若考据、若词章之网罗，次冲决全球群学之网罗，次冲决君主之网罗，次冲决伦常之网罗，次冲决天之网罗，次冲决全球群教之网罗，终将冲决佛法之网罗。"见《仁学·自叙》，《谭嗣同全集》（增订本）下册，第 290 页。

论以"以太—仁"的普遍主义哲学体系为本体论基础与价值论依据，从两个方面提出了自己的主张：在政治方面，他以"仁—通"为根本原则，要求中国实行变法，与世界各国相交通；在世界各国普遍交往的基础之上，扬弃国家，消除隔阂，进而实现地球"大一统"乃至"遍地民主"的大同世界。在个体方面，他以"仁—平等"为价值标准，激烈批判中国传统的名教制度对个体造成的戕害，要求打破血缘、性别和政治权力对个体的束缚和压制，提倡个体的自由平等；不仅如此，借助科技的发展和佛教的解脱修行，最终"冲决一切网罗"，超越包括宗教、政治和地球在内的一切共同体，达到"一切众生，普遍成佛"的完全自由平等的圆满境界。

三、 世界主义关怀下的"中国问题"

至此，我们不禁疑问：在如此美好的世界主义图景之中，外患频仍、岌岌可危的现实中国处于怎样的位置呢？正是在这一问题上，谭嗣同的某些言论主张呈现出明显的幼稚性和危险性，而这与其强烈的世界主义关怀有着直接的关系。

谭嗣同在《仁学》中曾提出"以心力挽劫"的主张。他认为，中国当时所面临的危难处境，根本上是由于众生之机心所造成的劫运；而要改变中国的劫运，根本上仍然需要依靠心力的作用。[①]不过，他所追求的不仅仅是挽救中国自身之劫运，而是要挽世界各国之劫运。在他看来，西方各国虽然强盛，但仍有"致衰之道"。他认为，英法德美诸列强对亚洲各国的侵略乃是为了革除各国之弊政，从而治疗其病症，以助其康复；然而，这一行为却会导致西方各国的衰败。他的逻辑是这样的：立国之道在于"信与义"，欧美各国之所以强盛

---

① 关于谭嗣同的"心力"概念，参见高瑞泉：《谭嗣同"心力"说初探》，《文史哲》1990年第6期，第34—40页。另外，坂元弘子教授指出，谭嗣同的"心力"概念主要取自乌特亨利的《治心免病法》，参见坂元弘子：《谭嗣同的〈仁学〉和乌特亨利的〈治心免病法〉》。

"罔不由于信义"；然而当列强以此对待亚洲各国时，却难以奏效，"于是不得已而胁之以威，诈之以术"，反而得其所欲。欧美各国因此认为胁诈之术胜过信义之道，转而将这一外交原则施行于内治，最终导致内治与外交之信义皆亡，"其祸胡可言哉！"①

应该看到，谭嗣同准确地看到了西方列强在内治、外交两方面所采取的双重标准，即对内施以信义之政，对外则施以胁诈之术。然而，他并未现实主义地认为这就是现代国际社会的本质法则，而是颇具"自反"精神地认为这是由于中国、土耳其、阿富汗等"病夫"之国所造成的；西方国家不仅未能救治"病夫"，反而会被"病夫"传染而招致灾祸。他因而为西国打抱不平："甚矣病夫之累人，而各国遭遇之苦，诚有不幸也！"为了避免西国招致灾祸，同时救治"病夫"，他甚至公开主张西方各国"明目张胆，代其革政，废其所谓君主，而择其国之贤明者，为之民主，……俾人人自主，有以固存，斯信义可复也"②。这种公开欢迎列强干政的想法，无异于开门揖盗。

谭嗣同不仅如此设身处地地为西国着想，而且劝告国人"甚毋为复仇雪耻之说，以自乱其本图"。在他看来，中国之所以招致轻贱欺凌，其责任完全在于自身：正因为中国不变法，所以列强的侵略行为完全是"兼弱攻昧，取乱侮亡，彼分内可应为"的。因此，中国应该"反躬自责，发愤为雄，事在人为，怨尤胥泯，然后乃得一意督责，合并其心力，专求自强于一己"③，如此方可自强。

在另一处他也提到，中国的君主之祸不仅给中国人民带来危害，而且会殃及其他国家；这是东西方列强压制中国的根本原因，也是天道仁爱的曲折表现。谭嗣同如是说道："故东西各国之压制中国，天宜使之，所以曲用其仁爱，至于极致也。中国不知感，乃欲以挟忿寻仇为务，多见其不量，而自窒其生

---

① ②　关于谭嗣同的"心力"概念，参见高瑞泉：《谭嗣同"心力"说初探》，《文史哲》1990 年第 6 期，第 359 页。

③　谭嗣同：《仁学》，《谭嗣同全集》（增订本）下册，第 361 页。

矣。……夫焉得不感天之仁爱，阴使中外和会，救黄人将亡之种以脱独夫民贼之靰轭乎？"①

毋庸讳言，从这些表述来看，他并没有认识到列强侵略中国的本质，甚至为列强的侵略行径进行辩护。不过，如果对这些幼稚而危险的言论做一种"同情的了解"，那么我们不难看到其思想中深刻的世界主义关怀。上述言论不能仅仅定位在"中国"语境之中，而是应该置于"世界"范围内，其含义才能得到确切的理解。在普遍主义和世界主义的理论背景之下，谭嗣同并不以中国一时一地的问题作为思考的边界和中心，而是将中国问题放置在世界这个更大的整体之中进行思考：解决中国问题的意义主要并不在于中国自身的"保国、保种、保教"，而是在于它构成了解决世界问题的重要一环；中国实现"仁—通"，是整个世界、整个地球实现"仁—通"的重要步骤。反而言之，中国君主权力的强大，不仅对于中国人民造成危害，而且会危及世界其他国家；而列强对于中国的压制，也并非是要灭亡中国，而是要制止中国君主专制的危害，拯救中国人民乃至世界人民于水深火热之中。

四、世界主义的近代困境：不合时宜的超越

从以上分析来看，谭嗣同似乎并不以"救中国"为真正关心。然而，这一逻辑结论与他的行为和其他言论都是不符合的。以往研究普遍认同甲午战争是导致谭嗣同思想发生巨变的最重要原因，这一转变背后显然是他的忧国忧民之情。在他甲午战后写给师友的信中，这类文字俯拾皆是："悲愤至于无可如何"②，"不图才数月，使天下大局破裂至此！割心沉痛，如何可言！"③悲愤之情溢于言表。信中且有明显引自严复《原强》的"争自存遗宜种"之言。这种

① 谭嗣同：《仁学》，《谭嗣同全集》（增订本）下册，第344—345页。
② 谭嗣同：《兴算学议·上欧阳中鹄书》，《谭嗣同全集》（增订本）上册，第153页。
③ 谭嗣同：《思纬氤氲台短书·报贝元征》，《谭嗣同全集》（增订本）上册，第196页。

危机意识可以说贯穿谭嗣同之后的所有思考。他在《仁学》中激烈批判清政府，而甲午战败乃是最大罪状①；他在南学会的第一次讲义内容就是"论中国情形危急"②，并且忧心忡忡地描述了中国瓜分豆剖的局面："台湾沦为日之版图，东三省又入俄之笼网，广西为法所涎，云南为英所睨。迩者胶州海湾之强取，山东铁路之包办，德又逐逐焉。"③可以说，亡国灭种的危机感始终在谭嗣同心头萦绕不去，这也是他积极参与湖南的变法运动以及"百日维新"的直接动因。

那么，应该如何理解谭嗣同思想中这一显而易见的矛盾呢？在笔者看来，这一矛盾直接反映了中国传统天下观在转化为近代世界主义之后④，面对现实局面的无能为力。如上所论，中国在近代遭遇到西方文明的强势挑战，出现了"三千年未有之大变局"；这一"变局"不仅表现在政治、经济和军事方面的不断挫败，更体现为价值取向、精神取向和文化认同的重大危机。⑤在这一时代背景下，谭嗣同以一种完全开放的姿态，广泛吸收儒家、墨家、佛教、基督教和近代自然科学等各种思想资源，重建一种新的普遍主义，从而将异质的西方文明相对化、并重新纳入普遍主义的话语体系之中；相应地，中国所面临的外部危机被转化为是否符合宇宙普遍原理的内在问题，传统的天下观也转化成为

---

① 参见谭嗣同：《仁学》，《谭嗣同全集》（增订本）下册，第341—348页。王汎森在论及清末汉族历史记忆复活的原因时强调指出，"清朝政权在现实上的挫败是引起所有变化的主要因素"。参见《清末的历史记忆与国家建构——以章太炎为例》，收于氏著《中国近代思想与学术的系谱》，河北教育出版社2001年版，第72页。同样，谭嗣同的排满言论主要也是出于对清政府的腐败无能、特别是甲午战败的强烈不满。

② 谭嗣同：《论中国情形危急》，原刊《湘报》第三号，清光绪二十四年二月十七日（1898年3月9日）出版；收于《谭嗣同全集》（增订本）下册，第397页。

③ 谭嗣同：《壮飞楼治事十篇·湘粤》，原刊《湘报》第三十七号，清光绪二十四年三月二十八日（1898年4月18日）出版；收于《谭嗣同全集》（增订本）下册，第444页。

④ 参见朱其永：《"天下主义"的困境及其近代遭遇》，《学术月刊》2010年第1期，第49—54页。

⑤ 参见张灏：《中国近代思想史上的转型时代》，《幽暗意识与民主传统》，新星出版社2006年版，第140—147页。

具有近代意义的世界主义。这是谭嗣同面对时代问题所给出的解决方案。然而，在这一转化过程中，儒学与"中国"相分离，传统天下观所内含的"华夏中心主义"被扬弃的同时，"中国"的主体性也被一并取消。其结果，正如我们所看到的，思想与行动之间产生了巨大的断裂，高远的普遍主义和世界主义无法为保国保种的现实行动提供有效的理论支撑：如果世界终将实现"大一统"之治，那么当下汲汲于保中国又有什么必要呢？

中国近代试图重建普遍主义的思想家中，康有为是最有代表性的一位。不过，他显然清醒地看到了理论与现实的张力中所隐藏的危险，因此提出"三世"进化之说，坚持历史发展应该循序渐进，以此调和"救中国"的急务与"大同"乌托邦之间的矛盾。①与之相比，谭嗣同明显缺少区分高远理想与严峻现实的思想自觉。他鼓吹变法、批判"三纲"、提倡个体解放等主张虽然恰好符合了近代中国救亡与启蒙的现实要求，但在世界主义的深切关怀之下，这些只能被看作是一种"巧合"；它们最终指向的并非作为主体的"中国"，而是作为主体的"世界"。其逻辑后果，竟至于为列强以"文明"之名行侵略之实而张目。

就近代中国所面临的现实危机而言，谭嗣同的世界主义呈现出一种"不合时宜"的超越性。他对世界主义的提倡无疑具有批判以民族国家为主体的现代国际体系的理论面向，实际上他也看到了国家的存在是导致世界四分五裂的重要原因；就此而言，传统天下观的普遍主义和"大一统"政治理念可以为超越民族国家提供重要的思想资源。从主观上讲，他对于普遍主义的强调是为了减小变法的阻力；然而，这却在客观上部分遮蔽了他对于近代中国与世界局势的清醒认识。正如康有为在给光绪皇帝的上书中所说："今略如春秋、战国之并争，非复汉唐宋明之专统，所谓数千年未有之变也。……今当以开创治天下，

---

① 汪晖对康有为的儒学普遍主义有着详细的分析，参见汪晖：《现代中国思想的兴起》上卷第二部，第七章"帝国的自我转化与儒学普遍主义"，生活·读书·新知三联书店2004年版，第737—830页。

不当以守成治天下，当以列国并争治天下，不当以一统无为治天下。"①忽视"列国并争"这一基本现实，忽视侵略和被侵略的本质不同，一味提倡普遍的"仁—通"，就会导致中国主体性的丧失，进而陷入对列强的美好幻想之中，甚至公开主张列强对包括中国在内的弱小民族和国家的干涉，客观上造成为侵略行为辩护的后果。

另外，佛学思想特别是唯识宗在谭嗣同普遍主义和世界主义的理论建构中发挥了重要作用，佛教对于各种现实伦理关系的批判、对于个体精神解脱的强调都对谭嗣同的自由平等思想产生了积极的影响，从而有助于克服和超越现代社会中个体的抽象化和原子化倾向。但另一方面，浸淫于佛学也使得谭嗣同的思想带有明显的出世色彩，他提出的"以心力挽劫"对于近代中国所遭遇的困局难以产生实际的作用，"众生普遍成佛"的美好愿景也只能是一种不切实际的理想而已。

作为一篇"急就章"，《仁学》集中展现了谭嗣同尚未完成的思想探索。或许是现实的紧迫和生命的短暂，导致他未能修正和完善自己的理论建构。而他的思想困境也促使我们进一步思考，在民族国家和全球化并行的当代世界，重建一种世界主义是否以及如何可能。

原载《中国哲学史》2017 年第 3 期

---

① 康有为：《上清帝第四书》，《康有为政论集》上册，中华书局 1981 年版，第 151—152 页。

观念史/概念史研究的方法和翻译

关键词方法的意涵和局限——雷蒙·威廉斯《关键词：文化与社会的词汇》重估

方维规

北京师范大学文学院

作为英国马克思主义文化理论家、新左派的领军人物、文化研究的重要奠基者，雷蒙·威廉斯（R. Williams，1921—1988）对于中国相关领域，尤其是文化研究学者来说，可谓人人皆知。可是在人文学科的大多数人那里，威廉斯的名字或许主要是同他的著作《关键词：文化与社会的词汇》[①] 联系在一起的。威氏在该书 1983 年"第二版序言"中说："这本书的初版，深受欢迎，远超过我的预料。"[②]若他有幸知道该书在 21 世纪初被介绍到中国以后的情形，或许不是"出乎意料"可以形容的。

伊格尔顿（T. Eagleton）认为威廉斯能与萨特和哈贝马斯相提并论，称他为战后英国最重要的文化思想家。[③]《关键词》曾对英国的新左派运动产生过很大影响，是欧美文化研究中的经典作品之一。该书随着文化研究进入中国以后，被广泛接受和大量征引。作为文化研究、文学研究以及不少人文学科中的重要理论资源和研究方法，《关键词》在中国的走红，还体现于颇为丰赡的研

---

① Raymond Williams, *Keywords: A Vocabulary of Culture and Society*, London: Fontana Paperbacks, New York: Oxford University Press, 1976.

② 威廉斯：《关键词：文化与社会的词汇·导言》，刘建基译，生活·读书·新知三联书店 2005 年版，第 1 页。

③ 参见 Terry Eagleton, "Foreword", in Alan O.Connor, *Raymond Williams: Writing, Culture, Politics*, Oxford: Blackwell, 1989, p. xii.

究成果。但另一方面，在文化研究的语境中，威廉斯是个热门话题，专门研究《关键词》的文章却寥寥无几。

《关键词》在中国备受关注，主要是它被当做工具书：对不少人来说，要找相关"概念"，可以从中信手拈来。颇为有趣的是，这同彼时英美对《关键词》的一种接受状况不谋而合，如威廉斯自己后来所发现的那样："我现在注意到对我的其他任何作品都没有兴趣的人们在使用《关键词》一书，他们遇到这些词中的一个，想在书中查找它。"①

这便出现了一个更大的问题：在不多的《关键词》研究文献中，偶尔能见到一种说法，即该书在西方的评价"毁誉参半"。对此，论者的一般做法是一笔带过。所以，常能见到的是一些大词，比如《关键词》开启了研究方法上的革命。在为数不多的《关键词》研究中，一般是褒奖之词，至多是中性评述。作为一个积极的社会主义者，威廉斯对语言、文学和社会之间的关系兴趣浓厚，并有大量相关著述。因为他的左派立场而引起意识形态上的对垒是可想而知的，但是还有方法论上的质疑。在笔者所见的讨论《关键词》的文章中，有一个突出现象，就是顺着威廉斯本人的观点和思路展开，且以《关键词》的作者"导论"为主要理论依据；接着是挑选此书中的几个词条陈述一番，以显示威廉斯的渊博和独到视野。

在国际学界时常遭到诟病的是《关键词》在方法论上的缺陷。然而在它落脚中国之后，为了彰显威氏创造性思想及其"关键词批评"的理论特质和文本体例非同一般，有人会用"隐在的体系性"来为《关键词》缺乏体系性辩护，说一个个关键词自成系统，潜隐着相应的理论脉络。另一种结论也令人生疑：《关键词》所触及的术语都是相关领域不可或缺的核心范畴，多半蕴含巨大的理论能量，并对认识研究对象甚至一个学科的深入发展具有根本意义。而笔者以为，《关键词》的词条数目删去一半或一大半，是不会出问题的，而且后来也有人这么做了。的确，威廉斯本来就不愿像《牛津大辞典》那样号称所谓客

---

① 威廉斯：《政治与文学》，樊柯、王卫芬译，河南大学出版社 2010 年版，第 170 页。

观性、权威性和非个人性，他是要彰显他的价值观、他的文化政治立场、他的个人预设。这就必然"借题发挥"。

作此《关键词》重估，绝无矮化威廉斯的意图，何况他这样的人物是无法被矮化的；能够编写《关键词》这样的著作，委实难能可贵，成就不容置疑，出版后几经再版也不是没有道理的。关键问题是我们应当如何看《关键词》，这是本文的写作动机之一。本文的更大追求是，厘清一些与《关键词》有关的基本问题，以显示理论匮乏而生发的误导。

《关键词》毕竟是一项历史语义学研究，须尊重历史和尽可能的客观性。威廉斯尽力扣住语言的社会和历史之维，而且写得深入浅出、通俗易懂，但他的不少词义解释，旨在阐发自己的思想，显然不是历史的全部，这就出现了何谓"标准"的问题，也就是威氏文化与社会关键词的代表性问题。笔者将讨论威氏《关键词》的成就和缺陷。首先是在"文化与社会"研究模式的大框架中，展示《关键词》的生成语境，即威廉斯的立足点和批评理念的一般特征；然后在此基础上梳理和评估孕育于文化研究母体的《关键词》，以呈现威氏关键词讨论的理论视野、写作理念和文本体例。笔者会不时借助德国的"同类"著作《历史基本概念》进行考察，也就是把《关键词》与概念史这一历史语义学的标志性范式作对照，在比较中见出二者的异同。

在国际学界，概念史和关键词研究均被看做"历史语义学"（德文：Historische Semantik；英文：Historical Semantics）；换言之，关键词和概念史均可用"历史语义学"来称谓。威廉斯也明确用历史语义学归纳"关键词"方法，甚至视之为文化/社会研究的主要方法。并且，他倡导的社会史方向的关键词研究，其理论、方法论思考以及不少立论与德国概念史代表人物科塞雷克（R. Koselleck）的观点颇为相似，例如词汇含义在历史关键时期会发生重大变化等，二者之间有着不少相通之处。"余论"将简要论述关键词方法在西方的效应和现状。

一、"文化与社会"研究模式与"关键词"

文化研究的核心论题是文化与社会之错综复杂的关系，以及文化分析和社会分析的结合。①英国文化研究发端之时，威廉斯曾把历史语义学描绘成文化/社会研究的方法。他要尽力通过词语意义的考辨梳理，寻找有效研究社会和文化的独特方法，以呈现问题的起源、发展与流变，揭示隐身于词语的意识形态，绘制出认识文化与社会的路线图。"这种探索最初的用意是要了解当前若干迫切的问题——实际上，就是了解我们现今的世界问题。"②

说起文化研究，人们马上就会想到起始于 20 世纪 60 年代的伯明翰学派，也就是一种新的大众文化研究范式的崛起。可是对学术史而言，另一文化研究的传统是不应被忽略的。20 世纪 30 年代希特勒上台，德国的文化/知识社会学亦即不少文化研究的尝试不得不中断。从某种程度上说，那正是后来文化研究的起点；不仅在方法论上如此，同样也关乎研究主题。③然而，虽有曼海姆（K. Mannheim）在英国的流亡经历，以及艾略特（T. S. Eliot）对曼海姆的接受所产生的或明或暗的联系，但对英国文化研究创立时期来说，德国 20 世纪二三十年代的倡导并未产生任何影响。④对于同文化研究平行发展的德国社会史取径的概念史，英国的文化研究学者也无动于衷。尽管二者有着颇多共同之处，却没有直接的触点，这里似乎能够见出这个领域的"两种文化"。其代表

---

① 参见 Rainer Winter, "Die Zentralität von Kultur. Zum Verhältnis von Kultursoziologie und Cultural Studies", in Karl H. Hörning und R. Winter, Hrsg., *Widerspenstige Kulturen. Cultural Studies als Herausforderung*, Frankfurt: Suhrkamp, 1999, S. 146—195。

② 威廉斯：《关键词：文化与社会的词汇·导言》，第 4 页。

③ 参见 Ernst Müller und Falko Schmieder, *Begriffsgeschichte und historische Semantik. Ein kritisches Kompendium*, Frankfurt: Suhrkamp, 2016, S. 699.

④ 参见 Claudia Honegger, "Karl Mannheim und Raymond Williams: Kultursoziologie oder Cultural Studies?" in Jörg Huber, Hrsg., *Kultur-Analysen*, Wien: Springer, 2001, S. 115—146.

人物之截然不同的生平，只是问题的一个方面，更重要的还有英、德两国不同的学术文化传统。一般而论，德国的历史主义与学术研究中的普遍主义倾向，在英国都是较为淡漠的，那里更关注英伦三岛上的事情。以《关键词》为例，例证主要出自大不列颠历史；这对欧洲主要语言的发展史来说，经常是不够充分的。另外，德国那种深厚的语文学传统，在英国是稀缺的，对古希腊和拉丁语等语言遗产缺乏敏感度，没有法国人、德国人那样的自觉。

威廉斯著《关键词：文化与社会的词汇》出版于1976年，那正是德国概念史的繁盛时期。《关键词》面世之时，八卷本《历史基本概念——德国政治/社会语言历史辞典》（1972—1997）① 的前两卷已经出版，按照字母排列的词条，亦见于《关键词》的有"工作""工人""民主""解放""发展""家庭""进步""自由""历史""社会""平等"；仅这些条目的叠加篇幅，已经超过整本《关键词》。另外，德国的十三卷本《哲学历史辞典》（1971—2007）② 也已出版四卷（第四卷1976年出版），其中不少词条，同样出现在《关键词》中。两相对照，人们定会发问："关键词"和"概念史"的区别究竟在哪里？暂且简单回答：威廉斯论述的不少"关键词"历史，原文一般只有三五页文字；其中很多条目，很难说是词语史还是他也试图追寻的概念史。尽管他的有些研究理念与概念史有着相同或相似的追求，只是他时常混淆词语与概念。

《关键词》的前期工作亦即"文化与社会"的研究模式，可以往前追溯近二十年，即被看作文化研究开创之作的威廉斯《文化与社会（1780—1950）》（1958年）。如作者在该书"前言"和"导论"中所说，此书基于一个发现，即18世纪晚期和19世纪上半叶以降，当代语言中的"文化"概念及相关重要词语获得了新的涵义。他认为这种意义嬗变与两次革命（工业革命和政治革

---

① Otto Brunner，Werner Conze und Reinhart Koselleck，Hrsg.，*Geschichtliche Grundbegriffe. Historisches Lexikon zur politisch-sozialen Sprachein Deutschland*，8 Bde，Stuttgart：Klett-Cotta，1972—1997.

② Joachim Ritter，Karlfried Gründer und Gottfried Gabriel，Hrsg.，*Historisches Wörterbuch der Philosophie*，13 Bde，Basel/Stuttgart：Schwabe，1971—2007.

命）密切相关。在他看来，"文化"概念与"工业""民主""阶级""艺术"等范畴有着很大的关联性，它们在同一个发生重大历史变迁的关键时期发生了语义变化，同属一类结构，不仅是思想上而且是历史的结构；在这种关联性中分析文化概念的发展，足以见出人们对社会、经济、政治生活之历史变迁的一系列重要而持续的反应。这可被视为分析文化概念诸多变化的主线，并可用关键词来组织论点。①

从结构史视角出发，分析一个概念的历时深层分布，揭示各种结构和重大事件的关联以及语言变化的结构性特征，常被看做历史语义学的核心。《文化与社会》的主要目的，是描述"文化"这个在观念和关系上都极为复杂的词语的形成过程及其意义结构；作者把文化看做"一场广大而普遍的思想与感觉运动"，他要揭示文化概念的抽象化和绝对化过程。②就方法而言，威廉斯的分析基础是对大不列颠精神史中"伟大"思想家和作家之关键文本的细读，研究从伯克（E. Burke）到奥威尔（G. Orwell）这些"当事者的实际语言"③，即"赋予他们的经验以意义时所使用的词汇与系列词汇"④。因此，米勒、施米德尔认为《文化与社会》是一种偏重词语的观念史或精神史研究。⑤

该书的时间框架，关于词汇含义重大变迁的基本立论，对主导概念之变化模式的考证，以及意义史与社会史的紧密联系，都与科塞雷克 10 年之后在《概念史文库》年刊中所介绍的《历史基本概念》的追求类似。⑥这同样体现于对许多现代语义学视角的认同，例如对很多"主义"复合词之起源的理解，或如何把握一些自足的一般概念，如"文化自体"（Culture as such，a thing in

---

① 参见威廉斯：《文化与社会（1780—1950）·导论》，吴松江、张文定译，北京大学出版社1991 年版，第 15、19 页；另参见威廉斯：《关键词：文化与社会的词汇·导言》，第 4 页。

② 参见威廉斯：《文化与社会（1780—1950）·导论》，第 20 页。

③④ 同上书，第 21 页。

⑤ 参见 Ernst Müller und Falko Schmieder，*Begriffsgeschichte und historische Semantik. Ein kritisches Kompendium*，S. 700。

⑥ 参见 Reinhart Koselleck，"Richtlinien für das Lexikon politisch-sozialer Begriffe der Neuzeit"，*Archiv für Begriffsgeschichte*，vol.11，1967，S. 81—99。

itself）。从语言入手，考察社会、政治、文化、思想的历史演进，挖掘文化的历史语义，将词汇分析与文化联系起来，并揭示其复杂的内在关联性，都是威廉斯的主要研究兴趣所在。伊格尔顿说："在威廉斯看来，词语是社会实践的浓缩，是历史斗争的定位，是政治智谋和统治策略的容器。"①

关注具体历史和社会情境中的词义及其变化，并对文化概念的泛化和大众化作意义史查考，是威廉斯发展一种新的、一般意义上的文化理论的出发点。威廉斯之后，文化研究所依托的文化概念建立在对文化的拓展了的理解基础上，涉及物质、知识、精神的"全部生活方式"。他尤其借鉴了文学理论家利维斯（F. Leavis）和诗人、评论家艾略特的思想；他们发展了整体论的文化观念，可是带着保守的文化批评之精英意识，注重社会上层及其活动。威廉斯则将目光转向利维斯瞧不起的大众文化、通俗文学、传播媒介等领域。他依据自己的关键词考察，将所有阶级的活动纳入作为总体生活方式的文化概念，以证明这个概念的民主化转型，而绝非少数精英的专利。②他的意义史研究表明："我们在探讨和商榷自己行动时所使用的词汇——即语言——绝非次要的因素，而是一个实际而且根本的因素。实际上，从经验中汲取词的意义，并使这意义有活力，就是我们的成长过程。"③并且"在许多例子中都可发现，意义的变异性不论在过去或现在其实就是语言的本质。事实上我们应该对于意义的变异性有所认知，因为意义的变异性呈现出不同的经验以及对经验的解读"④。

威廉斯在此论及的经验场域，与德国概念史所强调的"经验空间"（Erfahrungsraum）亦即概念史模式的任务颇为契合，即概念史"既追溯哪些经验

① 伊格尔顿：《纵论雷蒙德·威廉斯》，王尔勃译，《马克思主义美学研究》第 2 辑，广西师范大学出版社 1999 年版，第 405 页。

② 参见 Rainer Winter，"Die Zentralität von Kultur. Zum Verhältnis von Kultursoziologie und Cultural Studies"，S. 160。

③ 威廉斯：《文化与社会（1780—1950）·结论》，第 416 页。

④ 威廉斯：《关键词：文化与社会的词汇·导言》，第 18 页。

和事实被提炼成相应概念，亦根究这些经验和事实是如何被理解的"①。语言能够积累各种历史经验，聚合着关联中的大量理论和实践，而"变异性"或旧词获得新义，也就呈现出对于历史经验的新的阐释力，缘于变化了的历史和时代经验。

威廉斯考证出的事实，与各种文化泛化理论相去甚远。因此，他在《文化与社会》"结论"部分中，把"文化参与"和创造一种大众平等拥有的共同文化视为重要任务。他所见到的文化概念与实际生活的不协调，也见之于其本人的生平。他出身于工人家庭，奖学金使他有可能进入高等学府，而其他许多人被拒之门外；但他在大学期间一直是个局外人。后来，威廉斯受邀为一本名为《我的剑桥》（1977 年）的文集撰文，他起首便写"那从来不是我的剑桥，一开始就很明确"②。他与中产阶级出身的同学在生活上的差距，也让他看到社会的不平等首先是教育和文化的不平等，文化差异才是讨论文化概念的起点。他的许多研究都与一般文化和特殊文化之间的基本对立以及受到排挤的经验有关，这也是葛兰西和阿尔都塞讨论文化霸权的再生产、（亚）文化反抗的缘由，布迪厄的文化资本和文化生产概念也与此通连，这些都是文化研究的重要方法论视野。威廉斯晚期颇为重视布迪厄的研究，但认为布迪厄对社会变化的可能性过于悲观。

威廉斯腹诽对文化的均质化处理，强调不同时的发展以及文化斗争中的对立和冲突，这也是他后来从事历史唯物主义关键词研究的前期准备。在论文《马克思主义文化理论中的基础与上层建筑》③ 以及在此基础上撰写而成的专著《马克思主义与文学》④ 中，他区分了四种文化要素：主导性的，选择

① Reinhart Koselleck, "Stichwort: Begriffsgeschichte", in *Begriffsgeschichten. Studien zur Semantik und Pragmatik der politischen und sozialen Sprache*, Frankfurt: Suhrkamp, 2006, S. 99.

② Raymond Williams, "My Cambridge", in R. Hayman, ed., *My Cambridge*, London: Robson Books, 1986, p. 55.

③ Raymond Williams, "Base and Superstructure in Marxist Cultural Theory", *New Left Review* I/82（1973）, pp. 3—16.

④ Raymond Williams, *Marxism and Literature*, Marxist Introductions Series, Toronto: Oxford University Press, 1977.

性的，残留的和新出现的。产生重要影响的是他提出的"感觉结构"（"struc-tures of feeling"）①，用以描述某一特定时代的人对现实生活的普遍感受，即集体日常经验的结构性和形式性，如同后来布迪厄所发展的"惯习"（Habitus）理论，分析行为与结构之间的纠缠关系。威廉斯说："我想用感觉结构这个词来描述它：正如'结构'这个词所暗示的，它稳固而明确，但它是在我们活动中最细微也最难触摸到的部分发挥作用的。在某种意义上，这种感觉结构就是一个时代的文化：它是一般组织中所有因素带来的特殊的、活的结果。"②

二、《关键词》的立意与实绩之间的距离

《关键词》竭力梳理和叙写词汇发展及其意义，揭示词语背后的历史蕴含和隐含动机。作者明确将之归于历史语义学范畴，这也是其文化研究的重要方法。他要以此重拾原先的计划，即为《文化与社会（1780—1950）》添加一个"附录"，对重构文化概念具有重要意义的 60 个概念作注解及短评。③《关键词》"参考书目"中的一些著作，对德国概念史研究也曾有过重要影响，例如奥地利著名罗曼语言文学家、文学理论家施皮策（L. Spitzer）和德国艺术史家潘诺夫斯基（E. Panofsky）的英语论著④，德国语言学家特里尔（J. Trier）的

---

① 参见威廉斯：《漫长的革命》，倪伟译，上海人民出版社 2013 年版，第 57—82 页；威廉斯：《马克思主义与文学》，王尔勃、周莉译，河南大学出版社 2008 年版，第 141—144 页。

② 威廉斯：《漫长的革命》，第 57 页。

③ 参见威廉斯：《关键词：文化与社会的词汇·导言》，第 5—6 页。

④ 参见 Leo Spitzer, *Essays in Historical Semantics*, New York: S. F. Vanni, 1948; Erwin Panofsky, "The History of Artasa Humanistic Discipline", in Theodore M. Greene, ed., *The Meaning of the Humanities: Five Essays*, Princeton: Princeton University Press, 1938, pp. 89—118; Erwin Panofsky, "Artist, Scientist, Genius: Notes on the 'Renaissance-Dämmerung' ", in Wallace K. Fergusonetal., eds., *The Renaissance: Six Essays*, New York: Harper and Row, 1962, pp. 121—182。

《含义视阈中的德语词汇：语言领域的历史》（1931 年）。[1]威廉斯主要借鉴的是语义学史中的英语文献，如巴菲尔德（O. Barfield）的《英语词汇中的历史》[2]，斯特恩（G. Stern）的《意涵与意涵的变化》[3]，燕卜荪（W.Empson）的《复杂词汇的结构》[4]，希尔（C.Hill）的《十七世纪英国的变化与接续》[5]。

　　《关键词》究竟是一部什么性质的著作？威廉斯自己说它不是一本辞典，也不是一个特殊学科的术语汇编，而是一种探询和质疑文化与社会词汇的记录。[6]显然，这绝非人们通常所理解的辞书。就这点而言，它同《历史基本概念》有着相似之处。不管威廉斯承认与否，他实际上是要借助辞书形式，比如按照字母顺序排列词语，以历史语义学方法进行关键词钩沉，努力发现词汇意义的嬗变历史、复杂性和不同用法。因此，视之为理论辞书是没有问题的。

　　如前所述，《关键词》出版之前，《历史基本概念》前两卷已经出版，但人们看不到威廉斯对《历史基本概念》的任何观照，很可能缘于语言障碍，他没有发现在实践或理论上与他的研究方向相同的研究。《关键词》第一版问世之后，他才得知还有与他的研究相关的学派，比如德国学派。[7]同样，德国概念史研究对威廉斯也置若罔闻（肯定不是语言原因），而且至今没有改变。把威廉斯引入德国语境的一个尝试，体现于《文化与社会》的德译本，这是原作发表 16 年之后的事，而且译本书名为《作为概念史的社会理论："文化"的历史

---

①　Jost Trier, *Der deutsche Wortschatz im Sinnbezirk des Verstandes*, *Die Geschichte eines sprachlichen Feldes*, Heidelberg：Winter, 1931.

②　Owen Barfield, *History in English Words*, London：Methuen & Co., 1926.

③　Gustaf Stern, *Meaning and Change of Meaning*：*With Special Reference to the English Language*, Göteborg：Wettergren & Kerber, 1931.

④　William Empson, *The Structure of Complex Words*, London：Chatto & Windus, 1951.

⑤　Christopher Hill, *Change and Continuity in Seventeenth-Century England*, London：Weidenfeld & Nicholson, 1974.

⑥　参见威廉斯：《关键词：文化与社会的词汇·导言》，第 6 页。

⑦　参见威廉斯：《政治与文学》，第 166 页。

语义研究》。①人们不太愿意把《关键词》与《历史基本概念》作比较，或许也很难比较；这部由上百位各路专家分头撰写的八卷本巨制，9 000多页篇幅且排版细密，而威廉斯个人撰写的《关键词》原文仅 337 页。可是相去不远的是同样按照字母排列的词条数目：《历史基本概念》共有 119 个词条，《关键词》有 110 个词条，1983 年第二版为 131 个词条。《历史基本概念》中的有些词条有几百页的篇幅（纯粹就是专著），而《关键词》中最长的词条为"class"（阶级，等级，种类）共 8 页，"structural"（结构的）7 页，"culture"（文化）和"nature"（自然，天性）各 6 页。

威氏"关键词"是跨学科的，如《文化与社会》所显示的那样，不少关键概念往往相互关联、相互依赖，且有脉络可循。而《关键词》与《历史基本概念》的一个明显区别，是前者显豁的现实关联。威廉斯说《关键词》的"明显的特征是，不仅强调词义的历史源头及演变，而且强调历史的'现在'风貌———现在的意义、暗示与关系"②，也就是过去与现在的联系和对话。明确的跨学科追求和威廉斯本人的文学研究背景而外，现实关联也是这两部"辞书"的条目只有三分之一相同的主要原因。现实关联见诸"career"（职业，生涯，历程），"consumer"（消费者），"hegemony"（霸权），"jargon"（行话，隐语），"management"（资方，管理，技巧），"media"（媒介，媒体），"technology"（工艺，技术）等条目。而"art"（艺术，技艺），"fiction"（小说，虚构），"genius"（天才），"image"（意象），"originality"（独创性，创造力），"realism"（实在论，唯实论，现实主义），"taste"（味道，鉴赏力，品位）等条目，则能见出作者的文论学术背景。此外还有"unconscious"（无意识的，未知觉的），"psychological"（心理的，心理学的），"subjective"（主观的，主体的）等心理学术语，这里也可看到威廉斯也顾及形容词。《关键词》中另有

---

① Raymond Williams, *Gesellschaftstheorie als Begriffsgeschichte*：*Studien zur historischen Semantik von "Kultur"*, übersetzt von Heinz Blumensath, München：Rogner & Bernhard，1972.

② 威廉斯：《关键词：文化与社会的词汇·导言》，第 17 页。

一些概念，如"alienation"（异化，疏离），"status"（身份，地位，状态），"wealth"（财富，资源）等，其实亦当出现在《历史基本概念》中。

《关键词》的问世，无疑是一个研究方法兴起的重要标识，用时髦的说法，或许可称之为关键词转向。就理论和方法论而言，《关键词》明显比《文化与社会》更为明了，也与《历史基本概念》有着许多相通之处。威廉斯在《关键词》"导言"中，更深入地探讨了意义和意义变化等问题以及语言、历史、社会之间的关系，视之为历史语义学的应有之题。对他而言，关键词"在某些情境及诠释里，它们是重要且相关的词。另一方面，在某些思想领域，它们是意味深长且具指示性的词"。他又说："每一个词的原始意涵总是引人注意，然而通常最引人关注的是后来的变异用法。"现在被看做"正确"的用法，是词义演变的结果。"语言的活力包含了引申、变异及转移等变化层面。"①前文已经论及威廉斯强调词义的古今关联，但他与科塞雷克相仿，也强调"的确有变异、断裂与冲突之现象，且这些现象持续发生，成为争论的焦点。我书中所挑选的语词，包含了与这些现象有关的关键词，其中可以见到词义的延续、断裂，及价值、信仰方面的激烈冲突等过程"②。

威廉斯视"关键词"为复杂的、关乎价值和规范的概念，它们充满争议，难下定义，在重要的文化论争中不同凡响，因而必不可少。③不同社会团体、立场和利益的代表人物，都不会忽视关键词，从而使之成为分歧和争论的焦点，成为长久的争夺对象。对关键词的这种理解（"具有争议且备受关心"④），与《历史基本概念》有着共同之处。同科塞雷克一样，对威廉斯来说，关键词的发展也是社会问题使然。社会和历史发展过程在语言之内发生，不是来自语言却贯穿其中。

若将威廉斯的观点与科塞雷克的观点稍加比较，便能轻易地发现，他们对许多问题的认识"如出一辙"。就在《关键词》问世的那个时期，也就是《历史基

---

① 参见威廉斯：《关键词：文化与社会的词汇·导言》，第7、14页。

② 同上书，第17页。

③ 同上书，第6—7页。

④ 同上书，第15页。

本概念》编纂早期，有人对概念史研究方案的可行性提出批评。针对这类批评和强势的话语分析方法带来的压力，科塞雷克在后来的思考中颇多强调基本概念的分析范畴：基本概念的首要特征是其对于观察和解释社会、政治状况时的不可或缺；由此而出现第二个特征，也就是基本概念的争议性。关于第二点，主要源于不同话语群体都为了自己的利益，力争自己的话语权，因而各取所需地突出基本概念的不同阐释视角。科塞雷克对政治和社会"基本概念"的解释是："与一般概念不同，《历史基本概念》所探讨的基本概念是政治和社会语汇中不可或缺、无法替代的概念。……基本概念连通各种经验和期待，从而成为相关时代最迫切的焦点问题。基本概念极为复杂；它们总是有争议的，且有与之颉颃的概念。这使它们在历史上特别显豁，并因此区别于纯粹的技术或专业术语。没有一个政治行动、没有一种社会惯习的生发和存在，能够缺少最起码的历时长久的基本概念，并突然出现、消失、重现或者变易，不管是骤变还是渐变。我们必须诠解这些概念，厘定它们的多重含义、内在矛盾及其在不同社会阶层的不同应用。"①

威廉斯不认同艾略特《文化的定义刍议》② 中的观点，或其他一些对于关键概念的所谓不刊之论，概念在他看来必然是多义的："在特殊的社会秩序结构里，在社会、历史变迁的过程中，意义与关系通常是多样化与多变性的。"③

---

① Reinhart Koselleck, "A Response to Comments on die Geschichtliche Grundbegriffe", in Hartmut Lehmann and Melvin Richter, eds., *The Meaning of Historical Terms and Concepts*: *New Studies on Begriffsgeschichte*, Ocasional Paper No.15, Washington D. C.: German Historical Institute, 1996, pp. 64—65.

② T. S. Eliot, *Notes Towards the Definition of Culture*, London: Faber & Faber, 1948.

③ 威廉斯：《关键词：文化与社会的词汇·导言》，第15页。同样，科塞雷克把"多义性"和"多层次性"视为确认概念的标准。在他眼里，尽管词语可能会有不同含义，但它们所指明确，定义使其含义显然。概念则是无法明确定义的词语。换言之：一个词语因其多义而意义肯定，一个概念却必须保持多义才是概念。概念虽附着于词语，但比词语丰富。概念可能与一些词语的多种义项有关，但它不认可约定俗成的定义，而是指向实际经验和经验关联。鉴于其多义性，概念是不可定义的，只可阐释。作为具有特定历史意义的词语，概念是区别于"一般词语"（"纯粹词语"）的"特殊词语"。（参见 Reinhart Koselleck, "Begriffsgeschichte und Sozialgeschichte", in R. Koselleck, *Vergangene Zukunft*: *Zur Semantik geschichtlicher Zeiten*, Frankfurt: Suhrkamp, 1979, S. 110）

此外，威廉斯的一个重要追求是，"希望从词义的主流定义之外，还可能找出其他边缘的意涵"①。对意涵的各种理解上的差异，是社会矛盾亦即语言中的社会差异性造成的。不同时期、不同身份和不同的文化背景，使得不同人的出发点多种多样，结论也只能是多种多样的。他不无惋惜地看到，无论分析多么详尽，仅想通过厘清概念来排除争执甚至解决社会矛盾，只能是幻想。他说："我相信了解'阶级'（class）这个词的复杂意涵对于解决实际的阶级纷争与斗争问题助益不多。"②他把自己的关键词研究看做启迪历史行动的辅助手段。

伊格尔顿说威廉斯"从《文化与社会》到《关键词》，语言问题自始至终是他思想上热情探究的问题之一"③。《关键词》的短小篇什，主要关注意涵变迁的连接点，也就是以关键词为"结点"来衔接"文化"这一核心概念。《关键词》的文章铺陈没有统一的体例，尤其重视词汇发展中显著的评价变化与语言运用的有意偏离和不同的运用，以及词汇的过时、专门化、贬义化或褒义化；作者还分析了意涵重叠、用法的扩展、转化或限定、词语创新与旧词的承接或改变；另有关于平行概念、上位概念、次要概念、对立概念的论述，还论及复合概念以及派生的名词或形容词。威廉斯始终注目于概念的社会辐射度亦即传播程度，然而例证不多。他自己提出的对主导性、选择性、残留性、新生性意涵的区别处理，在其实际研究中并不多见。

威廉斯的关键词讨论中不乏敏锐。关于抽象的一般概念的形成，他的研究成果与《历史基本概念》也有可比性。在"History"（历史）条目中，他重构了这个概念从其多样性（复数）向单一性（单数）亦即"复合单数"的过渡，并在其对于未来的开放性中见出现代历史概念之新的品质。④这是语义转变时期特有的现象和变化之一，即"历史"概念从先前的"许多"历史转变为包括

---

①② 威廉斯：《关键词：文化与社会的词汇·导言》，第18页。

③ 伊格尔顿：《纵论雷蒙德·威廉斯》，《马克思主义美学研究》第2辑，第405页。

④ 参见 Ernst Müller und Falko Schmieder, *Begriffsgeschichte und historische Semantik. Ein kritisches Kompendium*, S. 706。

"历史总和"和"历史反思"的总括性概念。①总的说来，威廉斯的关键词钩沉，以他眼中的核心术语为考察重心，不但追溯词源，还要查考语义的变化过程，呈现意义的延续、变异、冲突、断裂以及延展性释义，这是《关键词》单篇文章用三五页文字很难胜任的。

《关键词》的一个缺陷是语文学方面的不足，也就是疏于从文献角度考证语言文字的发展。作者自己也坦承，此书中的许多重要词汇，早在其他语言中，也就是先于英语而生发出重要意涵，或者有着错综复杂的发展史，尤其是在古典语言和中世纪拉丁语中的发展变化。挖掘和把握这方面的材料，显然不是威氏强项。偶尔发现一些材料，他的感觉是"又兴奋又困惑"，甚至"充满疑惑，无法得到解答"②。另外，他对年代或时间的认定，往往只是猜测而已，或者极为模糊。大部分例证出自高雅文学（明显不符合他对通俗文学和大众文化的推重），时常源于异类出处的偶然发现。跳跃式的论说，常常跨越很长的历史时段。③此外，文中几乎没有紧凑的论据和较为具体的社会事实或相关问题的实证材料。松散的（开放的、延展的）架构安排，当然也与作者的一个思考不无关系：书后特地留有一些空白页，供读者做笔记或添加条目，或指正、补述、回应、批评书中的内容，威廉斯也把这看做《关键词》的精神之所在。

三、 斯金纳的批评：概念、语境与意义

在对《关键词》的接受中，曾有不少非议。尤其是剑桥学派斯金纳的檄文

---

① 参见方维规：《概念史八论：一门显学的理论与实践及其争议与影响》，《东亚观念史集刊》第 4 期，2014 年，第 113 页。科塞雷克认为，"复合单数"是从前不可言说、无法想象的概念。他把"发展""进步""自由""平等"或"历史"等总体概念称为复合单数，它们是对西方从近代到现代转型时期形成的日益复杂的历史整体性的反思。这些概念的出现所体现出的语义变化过程，得以揭示之前不曾有、也不可能有的近现代经验。

② 威廉斯：《关键词：文化与社会的词汇·导言》，第 12—13 页。

③ 参见 Gerry H. Brookes, "Turning Key words", *Prairie Schooner*, vol.51, no.3 (Fall 1977), p. 316。

《文化词典之观念》，具有强劲的学术穿透力，曾对国际学界的《关键词》接受产生较大影响。他对《关键词》的数落，也连带德国概念史研究遭到质疑。但他对威廉斯的指斥，远比他后来对科塞雷克的诟病翔实得多。应该说，他对科氏研究不够深入，而他的批评在德国却被看做国际学界关注"德国概念史"的明证；他对科塞雷克的批驳，只是重复或改写了他在 20 世纪 70 年代末期批评威廉斯时的主要观点。[1]另一方面，斯金纳观点又与德国语言学界对科塞雷克方法的批判有着不少类似之处。[2]

《文化词典之观念》原载于牛津大学的《批评随笔》季刊第 29 卷（1979年），修订本收入作者文集《政治的视界》第一卷《方法论思考》（2002 年）。[3]斯金纳在该文修订本的注释中说，他在 1979 年的文章中驳斥了威廉斯的大多数主张，威氏在《关键词》第二版（1983 年）中都作了相应修改，或者干脆删掉了相关内容。[4]尽管如此，斯金纳新文对《关键词》的批判几乎还是全方位的（他的批评涉及《关键词》的前后两个版本）。他认为威廉斯著作的主要缺陷在于缺乏一套方法论的铺陈，而要把社会语汇看做理解社会的线索，方法论是不可或缺的。[5]他还批评威廉斯没有在方法论上分清词语或术语与概念的区别，对概念的特点和功能不甚明了。[6]从前文的论述可以见出，威廉斯不至

---

① 参见 Jörn Leonhard, "Grundbegriffe und Sattelzeiten—Languages and Discourses: Europäische und anglo-amerikanische Deutungen des Verhältnisses von Sprache und Geschichte", in Rebekka Habermas und Rebekka v. Mallinckrodt, Hrsg., *Interkultureller Transfer und nationaler Eigensinn: Europäische und anglo-amerikanische Positionen der Kulturwissenschaften*, Göttingen: Wallstein, 2004, S. 84。

② 参见 Ernst Müller und Falko Schmieder, *Begriffsgeschichte und historische Semantik. Ein kritisches Kompendium*, S. 707。

③ 参见 Quentin Skinner, "The Idea of a Cultural Lexicon", *Essays in Criticism*, vol.29, no.3, 1979, pp. 205—224; also in Q. Skinner, *Visions of Politics: Regarding Method*, vol.1, Cambridge: Cambridge University Press, 2002, pp. 158—174。

④ 参见 Quentin Skinner, "The Idea of a Cultural Lexicon", in Q. Skinner, *Visions of Politics: Regarding Method*, p. 158。

⑤ Ibid., p.172.

⑥ Ibid., p.160.

于真的分不清词语与概念的区别，问题当出在实际研究中。

在斯金纳眼中，威廉斯过于轻率地把词语运用看做对概念的理解，把一个词的意涵与指涉混为一谈。他没有说清楚"关键词"与"概念"相比，究竟有何特别之处；或者说，威廉斯的说法晦涩不明。对于威廉斯试图借助词汇来阐明人们的许多核心经验，斯金纳曾说，我们若想理解某人如何看待世界，我们所需要知道的，并不是他使用了什么样的词语，而是他持有哪些概念。将二者画等号的任何做法都是错误的，比如威廉斯在讨论"自然"这个术语时，把词语与概念等同起来。①斯金纳的反证是：弥尔顿（J. Milton）结合自己的《失乐园》，认为诗人的原创性极为重要，但他从未用过"原创性"（originality）一词，这个词在弥尔顿死后一百余年尚未在英语中出现。②换言之，尽管人们可以考证出"originality"一词之不同用法的历史，但绝不能将之等同于"原创性"的概念史。

威廉斯认为，语境能够展现历史例证，但意涵不能单靠语境来解释，有时甚至会得出相反的结论。③坚持语境说的斯金纳则非难《关键词》对词语的孤立处理，且以为通过分析词语的内在结构和历史，便可澄清意涵问题。他批评威廉斯忽略了一个事实，即一个词语所具备的整体意义：某个词语发生了意涵变化，亦改变了它同一整套语汇之间的关系。④就概念的整体性而言，《关键词》中的不少说法不足为凭。概念总是在宽广的语境中，在社会哲学的框架内，才能获得其完整含义。要理解概念争议，就须弄清特定群体为何以特定方

---

① ② 参见 Quentin Skinner,"The Idea of a Cultural Lexicon", in Q. Skinner, *Visions of Politics*：*Regarding Method*，p. 159。

③ 参见威廉斯：《关键词：文化与社会的词汇·导言》，第11页。

④ 就"语境"问题而言，科塞雷克与斯金纳有着相似的看法。在科氏眼里，"历史概念"是特定时代、特定思想和事物发展之语境中生成的概念，永远带着产生时代的语境。概念史真正谋求的是"语境化"。它在分析词语运用时，极力进行语境化处理，且主要出于两个层面的认识意图：第一层是分析概念的具体运用，第二层则要揭示概念运用时的具体政治状况或社会结构。从这个意义上说，概念史当被理解为结构史。科氏"概念史"关注概念在历史语境中的社会意义之生成，探寻一些特定概念（"基本概念"）为何得以确立。

式使用某个概念，而另一群体不这么做，甚至拒绝在某种语境中使用特定词语。在《文化词典之观念》第一稿（1979 年）中，斯金纳表达了他后来一再变换说法的思想："严格说来，不可能存在对概念之争的分析，只能分析概念在论说中的运用。"①

我们可以设想：倘若如威廉斯原先所愿，把 60 个关键词作为"附录"附于《文化与社会》，或许不会招致"孤立处理"的指责，语境也颇为明确，他遴选的是"一些与书中的问题范围有关的词"②。拓展并独立成书以后，《关键词》不少条目的入选，很会给人留下"随心所欲"之感。若无对威廉斯思想的总体认识，很难窥见《关键词》的体系。另一个问题或许更为重要，即批评者的立足点，同时也是对语境本身的理解。一方面是威廉斯本人的立场：他的关键词钩沉，也志在现实意义和现实关怀，也就是萨特那样的"参与"或"介入"。另一方面是史学家斯金纳的立场，他很难接受《关键词》的做法。

他针对《关键词》的许多批判性思考，无疑具有建设性意义，比如他认为，分析有争议的概念是必要的（威廉斯也有类似观点），然而重要的是先确认概念的标准意涵和运用范围，然后才能确认以此为依据的具体意涵和具体运用。③威廉斯认为，在"意义"被赋予、证实、确认、限定的过程中，所有争执都是围绕词语的意义展开的；此言不差，斯金纳不会反对，但他强调指出，为了更好地理解语言分歧背后的社会性争论，评价性词语应根据其公认意义来评说，这才是描述词语应用情境的适当方式。④显然，这是直接针对威廉斯而说的，不难听出欲言又止的话外之音。他在《文化词典之观念》的开头，就已略带讥诮地突出威廉斯见重"边缘意涵"：这么一来，还有何标准可言，该如何展开研究呢？的确，常有批评者说，《关键词》的释文中渗透着作者的文化

---

① Quentin Skinner，"The Idea of a Cultural Lexicon"，p. 224.

② 威廉斯：《政治与文学》，第 166 页。

③ 参见 Quentin Skinner，"The Idea of a Cultural Lexicon"，in Q. Skinner，*Visions of Politics：Regarding Method*，pp. 159—162。

④ Ibid.，p. 165.

政治观点，充满门户之见。这无疑是斯金纳强调词语之"公认意义"的原因。同理，若将《关键词》与《历史基本概念》稍加比较，不难发现一些本该属于文化与社会关键词的概念，如"权威""等级""公共领域"等，都被威廉斯排除在外，这也是他的政治立场使然，令他更关注弱势阶级和非主流文化。

威廉斯认为《牛津大辞典》或《约翰逊辞典》（*Dr. Johnson's Dictionary*），都不足以用来把握"关键词"的历史语义；它们主要关注语料及词源，较少关注词与词之间的关联和互动，缺乏对晚近社会史中的意义发展的描述，而他自己注重"意义与语境的探寻"。他认为《牛津大辞典》体现的是编者或社会主导阶层的意识形态和价值观："虽然《牛津大辞典》标榜不具个人色彩，但实际上并不是如其所声称的那样不具个人观点、那样纯学术性、那样不含主观的社会与政治价值观。"[1]不过他认为，这是可以接受的，学术不必避免倾向性，他坦承《关键词》中的词义评论也有他自己的立场，至少是暗含臧否。然而，这就存在一个内在矛盾，使他陷入自己设下的陷阱：一方面，他要人们警惕那些在论辩中采用对自己有利的词义，视而不见不合适的词义。另一方面，他在挖掘重要词义的边缘意涵时，又无处不在或显或隐地表露自己的意识形态，结果被人诟病门户之见。

最后，斯金纳责备威廉斯未顾及言语行为及其潜能的各种形式。概念能够有其指涉范围和意涵，但作为社会变化因素的价值观是变化的。论及语言变迁和社会变迁之间的关联，或语汇在社会变迁过程中所扮演的角色，斯金纳指出，不只是现实，语汇也能决定人们所说的历史。"的确，我们的社会实践会赋予社会语汇以意义。但同样确凿的是，我们的社会语汇亦能构建社会实践的特性。"并且，"语言看来并不是行为的映射现象，而是行为的决定性因素之一"[2]。在《关键词》第二版中，作者删除了遭到斯金纳批判的主张：社会变迁是语汇发展的主要原因，语汇发展被视为社会变迁的反映（当缘于他的文化

---

① 威廉斯：《关键词：文化与社会的词汇·导言》，第 11 页。

② Quentin Skinner，"The Idea of a Cultural Lexicon"，in Q. Skinner，*Visions of Politics*：*Regarding Method*，p. 174.

唯物论）。斯金纳则认为，第二版中依然可见这种反映论，将语言视为更具根本性的社会现实之镜。[①]斯金纳称之为"风行却很贫弱的化约论"[②]。

杰伊（M. Jay）赞同斯金纳从言语行为理论出发的历史语义研究，认为有必要用"文化语用学"来充实"文化语义学"。[③]其实，1961 年出版的威廉斯著《漫长的革命》，其中有对文化分析的任务设置，可以见出威廉斯的研究在原则上是可以与言语行为理论相结合的。他区分了"文化"的三种类型：理想的文化，即具有普遍价值、以高雅文学艺术为代表的文化传统；文献的文化，即以各种形式记载下来的人类思想和经验；社会的文化，即体现于各种社会机制和日常行为的价值观。同第三种类型相关，"文化分析就是要阐明一种特殊的生活方式——即一种特定的文化——中或隐或显的意义和价值"。[④]《关键词》出版以后，威廉斯又在 1981 年发表深入浅出的论著《文化》，进一步翔实考证了这个概念，将之界定为"既成重要机制"（"a realized signifying system"），并在多个章节中分析了"文化生产的手段与文化再生产的过程"[⑤]。威廉斯在此书中竭力倡导"文化社会学"，并希望它成为一门"新的主要学科"[⑥]。

余　论

《关键词》出版 40 年有余，起初，借重文化研究转向的强劲势头，这本书产生了较大影响。威廉斯在文化研究草创时期所倡导的、包括各种机制和日常

---

①　参见 Quentin Skinner，"The Idea of a Cultural Lexicon"，in Q. Skinner, *Visions of Politics*：*Regarding Method*，p. 173。

②　Ibid., p. 174.

③　Martin Jay，"Introduction"，in M. Jay, *Cultural Semantics*：*Keywords of Our Time*，London：Athlone Press，1998，p. 3.

④　威廉斯：《漫长的革命》，第 51 页。

⑤　Raymond Williams, *Culture*, London：Fontana，1981，pp. 206，207.

⑥　Ibid., p. 233.

行为等实践的宽泛的文化概念，尤为彰显催生社会涵义的多种多样的形式，并试图借助关键词来挖掘历史实在。这种方法得到不少人的赞赏，至少给人耳目一新之感。然而，如琼斯（P. Jones）在其回顾文章《三十年关键词》中所说，威廉斯所主张的社会史取径的关键词研究，在后来的文化研究中已经失去意义。①在美国，罗杰斯（D. Rodgers）的《尚无定论的事实：独立以来美国政治中的关键词》②一书，承接了威廉斯的方法取向，但该书只集中考察 6 个关键词："utility"（公用事业，效用），"natural right"（自然权利），"the people"（国民，人民），"government"（政府，政体，治理），"the state"（政府，国家），"interests"（兴趣，权益，公共利益）。罗杰斯主要查考了重要人物的论争。在他看来，"关键词"并非缘于频繁使用，而是被争论、被争夺的强度所决定的。③

无论如何，关键词方法的启示性是毋庸置疑的，跟进者在英美学界大有人在。在杰伊的《文化语义学：我们时代的关键词》一书中，论文篇幅较大也较为系统，但语文学和史学维度不很突出。本尼特（T. Bennett）等人合编的《新关键词：文化与社会词汇修订本》④，从书名便可判断该著是对威廉斯著作的"更新"。此书包含 92 个新条目（其中有"纳粹大屠杀"，"全球化"），而威廉斯《关键词》中的约一半条目被删除。琼斯的结论是，在历史语义学的新课题中，几乎已经看不到威廉斯《关键词》的理论和方法论基础，而他曾反对的立场和方法，却表现得尤为强劲。⑤琼斯认为，从编写辞书转向撰写关键词，

① 参见 Paul Jones, "Thirty Years of Keywords", *Sociology*, vol. 40, no. 6, 2006, pp. 1209—1215。

② Daniel Rodgers, *Contested Truths：Keywords in American Politics Since Independence*, New York：Basic Books, 1987.

③ 参见 Daniel Rodgers, "Keywords：A Reply", *Journal of the History of Ideas*, vol. 49, no. 4, 1988, pp. 669—676。

④ Tony Bennett, Lawrence Grossberg and Meaghan Morris, eds., *New Keywords：A Revised Vocabulary of Culture and Society*, Oxford and Malden, MA：Blackwell, 2005.

⑤ 参见 Paul Jones, "Thirty Years of Keywords", p. 1215。

这一新的趋势是对社会知识生产之根本改变了的前提条件的回应，如同威廉斯彼时关心成人教育和工人教育、公共领域读者的形成或技术媒介的意义。这样看来，威廉斯《关键词》至少在西方已经过时，然而关键词方法仍在显示其强大的生命力。

总体而言，随着文化研究向文化理论的转向，也明显出现了从社会史兴趣向文化和政治的重点转移。伯吉特（B. Burgett）和亨德勒（G. Hendler）主编的《美国文化研究关键词》①，现实问题意识显豁，例如在"environment"（环境）条目中，没有一项参考文献是 20 世纪最后 30 年之前的；并且，该书中的文章不再见重语言，而是偏重观念史和理论史。晚近学界重理论的倾向，尤其见诸文化、文论和文学领域，例如以关键词形式编排的本尼特（A. Bennett）、罗伊尔（N. Royle）合编《文学、批评与理论导论》。②另有沃尔夫莱（J. Wolfreys）等人编写的《文学理论关键概念》③，沃尔夫莱著《批判性关键词：文学与文化理论》④，或帕德利（S. Padley）著《当代文学关键概念》。⑤

威廉斯《关键词》第一版发表不久，希恩（J. Sheehan）曾在《"概念史"：理论与实践》⑥一文中认为，以后对于语言的历史研究，都会受到威廉斯的影响；现在看来，这种说法在很大程度上已经过时，或只能在广义的文化语义学

---

① Bruce Burgett and Glenn Hendler, eds., *Keywords for American Cultural Studies*, New York: New York University Press, 2007.

② 本尼特、罗伊尔：《关键词：文学、批评与理论导论》，汪正龙、李永新译，广西师范大学出版社 2007 年版；原著标题中无"关键词"：Andrew Bennett and Nicholas Royle, *An Introduction to Literature, Criticism and Theory*, London: Pearson, 1995.

③ Julian Wolfreys, Ruth Robbins and Kenneth Womack, *Key Concepts in Literary Theory*, Edinburgh: Edinburgh University Press, 2002.

④ Julian Wolfreys, *Critical Keywords in Literary and Cultural Theory*, Houndmills: Palgrave Macmillan, 2004.

⑤ Steve Padley, *Key Concepts in Contemporary Literature*, Houndmills: Palgrave Macmillan, 2006.

⑥ James J. Sheehan, "'Begriffsgeschichte': Theory and Practice", *The Journal of Modern History*, vol.50, no.2, 1978, pp. 312—319.

中来理解。新近的英美文化研究中的历史语义研究，如杰伊在《文化语义学：我们时代的关键词》"导论"中指出的那样，更有点像鲍尔（T.Ball）所说的"批判性概念史"（Critical Conceptional History），这是鲍尔在其专著《政治话语的转型：政治理论与批判性概念史》[①] 中提出的，依托于他对斯金纳和科塞雷克研究方向的分析。而在著名的《观念史杂志》（*Journal of the History of Ideas*）的文化研究转向中，威廉斯的关键词方法已经无人问津，反倒是科塞雷克的概念史受到关注。前文提及的《文学理论关键概念》或《当代文学关键概念》，似乎有点这个迹象，但那在很大程度上只是"关键词"的改头换面而已。伯克（M.Burke）十多年前在《概念史在美国：没有"国家工程"》一文中指出，美国的历史学家、哲学家、政治学家各自为政，加之长时间的跨学科大项目的研究经费很难得到，因而没有其他国家那样的政治/社会概念史研究，尤其是不可能有德国那样的重大概念史辞书项目。[②]他倡导在美国研究公共话语中的核心概念，似乎也很难实现。

原载《中国社会科学》2019 年第 10 期

---

① Terence Ball, *Transforming Political Discourse：Political Theory and Critical Conceptional History*, Oxford：Basil Blackwell，1988.

② 参见 Martin J. Burke, "Conceptual History in the United States：A Missing 'National Project'", *Contributions to the History of Concepts*, vol.1, no.2（October 2005），pp. 127—144.

清季围绕万国新语的思想论争

罗志田

四川大学历史学院

　　清季最后几年，语言文字的地位因西潮的影响而上升，其一个表现即国粹学派所提倡的"古学复兴"的重点之一正落实在语言文字之上；语言文字的改革成为朝野共同关注的问题。那时不少士人主张国粹不阻欧化，强调二者可以兼容，就连国粹学派拟设的国粹学堂也隐约指向欧化的方向。①然而，当同样以欧洲为学习榜样的吴稚晖等无政府主义者认为中国"古学"缺乏可开发的思想资源，明确表示不赞同"古学复兴"，而主张直接走"欧化"之路时，国粹与欧化那冲突的一面便得到凸显。对特别强调"国家"存在意义的国粹学派来说，若弃国粹而欧化，结果可能是虽富强而文明却已非"中国"，故本来对欧化持开放态度的国粹学派针对弃国粹而欧化的主张进行了激烈的斗争，其核心则在语言文字之上。

　　当时开始流行的"东瀛文体"成为这次斗争的一个重要对象。不过，与"东瀛文体"的冲击相比，简化中国文字甚至以拼音方式再造中国新文字的主张则是更明显也更强烈的挑战，而废弃中国语文并代之以万国新语的提议就可以说至为激进了。由于语言文字被视为国粹的要素之一，即使章太炎等曾受无政府主义影响的人也不能容忍用"万国新语"取代中文，结果形成一场革命党人内部的争论。争论的主角是皆反满而倾向于革命的吴稚晖和章太炎，其中虽

---

　　① 参见罗志田：《温故知新：清季包容欧化的国粹观》，《中华文史论丛》第 66 辑，2001 年 9 月。

夹杂了一些个人恩怨，但主要还是基本文化观念的冲突。这一争论所涉及的当然不仅是革命党，民间一些致力于读音统一者固相当希望得到政府的支持，清政府那时也在充满内部阻力的情形下尝试推行简体字，甚至出现了废汉文而用拼音"通字"的奏折。本文主要侧重革命党人内部关于万国新语的论争进行考察，稍兼及其他方面的相关主张。①

一、 中西文字的优劣

西学不能不引进在清季最后十余年可以说已成广泛共识，像吴汝纶、黄遵宪、严复和王国维这样对西词中译有许多歧异之见的士人，也有一个大致的共同点，即多不像接受了西方民族主义的国粹学派那样视语言文字为构成"民族"的要素而力图予以保存（王国维视言语为国民思想之代表，稍近民族主义，但他正基于此而强调改革固有言语的必要性），而是认为既存的文字在表述西方学理上有困难。②沿着枝枝节节地造新字新语的路再往下走，就是整体的再造语言文字；对于自信稍弱或尊西倾向更强的人来说，采用更"文明"的西方文字又是自然的选择。复因中外国家利益冲突的实际存在，绝大多数尊西中国士人多少皆具隐显不一的民族情绪，结果既是西文而又最能模糊其区域和民族认同的万国新语便成为一些人最佳的选择。

蔡元培在1904年设想的未来社会里已拟造一种世界通用语言："国内铁路四通，又省了许多你的我的那些分别词、善恶恩怨等类的形容词，那骂詈恶谴的话自然没有了。交通又便，语言又简，一国的语言统统画一了。那时候造了

---

① 清季关于万国新语（世界语）的思想论争在两类论著中都会提到，一是有关革命党、同盟会、国粹派和无政府主义的论著，二是关于国语运动和中文拼音化运动的论著，但多数都语焉不详；至于专门的研讨似较少见（我尚未见）。

② 说详罗志田：《抵制东瀛文体：清季围绕语言文字的思想论争》，《历史研究》2001年第6期。以下凡涉及吴汝纶、黄遵宪、严复和王国维关于语言文字功用而又未注出处者，均请参阅此文。

一种新字，又可拼音，又可会意，一学就会，又用着言文一致的文体。"这样
"一学就会"的文字，全世界"几乎没有一个人不学的。从文字上养成思想，
又从思想上发到实事"，自然就世界一家了。①文字既然可以养成思想，当然比
严复所谓"载理想之羽翼而以达情感之音声"这一表述工具更重要；然蔡元培
将"铁路四通"与"语言画一"并论，显然注重其沟通功能，似乎仍着意于其
工具作用。而试图去掉"你的我的那些分别词"恐怕即是传统的大同理想对国
势已弱的清季中国士人的新吸引力之所在。

蔡元培设想的世界新语虽已言及拼音，尚未明言是本西文而造。到 1907
年巴黎的《新世纪》创刊，乃直接表述出废弃中国文字而改用"万国新语"的
主张。其理论基础，即风行于近代中国的进化论。李石曾说，文字进化之次序
与生物进化同理，皆由简单进为高等；最古象形，其次表意，再进则合声。
"文字所尚者，惟在便利而已，当以其便利与否，定其程度之高下。象形与表
意之字，须逐字记之，无纲领可携，故较之合声之字画括于数十字母之中者为
不便。由此可断曰：象形表意之字，不若合声之字为良。于进化淘汰之理言
之，惟良者存。由此可断言曰：象形表意之字，必代之以合声之字，此之谓文
字革命。"从文字进化看，合声的西文虽尚多缺点，"较支那文自大善"，必
"将日趋于便"以"合世界之文字而为一"。②

再从印刷方式的进化看，只有古老的人工镂刻法是"东西文皆可用之"；
若活字版，已是"西文较东方文简而易排"；再到机器铸字，则"惟西文可
用"。可知"机器愈良，支那文愈不能用。从进化淘汰之理，则劣器当废；欲
废劣器，必先废劣字"。且中国语言文字只能废而不宜改，当时有人欲"仍照
支那文体"而"创合声字母"，虽已较进化，然其缺点尚多（如印刷不便），仍
"不可得而存"。即使那些"欲以西式字母合支那之音而为字者"，也不过是

----

① 蔡元培：《俄事警闻》（1904 年 2 月），葛懋春等编：《无政府主义思想资料选》上册，北京
大学出版社 1984 年版，第 51 页。

② 本段与下两段，见真：《进化与革命》，《新世纪》第 20 号，1907 年 11 月 2 日，台北：文海
出版社影印本，第 1 页。

"存留语言，革命文字"；只有"直以西文或万国文代中文"，才是"语言文字同革命"。这本是"人人得而见之者"，然"知之而不肯行之，因有成见在；此成见即所谓'保国粹'也。粹之字意即良也，若国粹名果符其实，则必存，便无所用其保矣；若其名不符实，即不良，则必当革，不能因其为国粹而保也"。良则存、不良则亡乃公理，"故求良而已，不必求保也"。可知李石曾基本站在"超人超国"的"世界"立场来讨论人类事物的优劣，并据此反驳当时朝野共同具有的凡国粹即当保存的观念。这就带出关于万国新语之争那更实质的问题，即在中外"国家"利益冲突实际存在的情形下是从"世界民"还是"中国民"的立场来看待中国的固有事物。李氏这篇文章既已基本概括了主张废中文而代之以"西文或万国文"的主要论点，也揭示了双方最基本的学理分歧所在，即语言文字是否"工具"（或是否仅为工具）。

如果语言文字仅是工具，即当以便利与否定高下，并可据高下以定取舍。这样，若承认西文（包括书写方式）一类合音文字最便利也适合当时的机器印刷，故程度最高，且将成为未来世界统一的文字，则中国文字自因程度低而当废。若语言文字不仅是工具，而是构成中华"民族"的一要素，则其存废便牵涉时人特别重视的亡国灭种问题，远非便利与否可决定的。两者当然是相关的，因为"便利"隐喻着进化的程度，即另一个时人极为关注的问题——文明与野蛮。若承认不便即程度低，等于部分接受了中国文化"野蛮"（而当淘汰），故章太炎等对两方面都不能不进行反驳。

章太炎稍后指出，万国新语是《新世纪》的核心主张之一，其"所汲汲表扬在是，以是为邮表缀，以是为印上虎纽，以是为门户金铺首，神之重之，把之握之，惟恐失之"①。其实，在文字的使用层面，章太炎等人也同意改革中文并有具体的方策；如果将万国新语作为一种外语来学习，他们也不反对；故双方最核心的实质性争端并不在万国新语本身，而在于中文是否当废，以及与此相关的"国粹"是否当保。下面先讨论和语言文字直接相关的内容。

---

① 章太炎：《规新世纪》，《民报》第24号，1908年10月，第49页。

在李石曾文章刊发后不久，即有署名"前行"者给《新世纪》投稿，再次提出"中国现有文字之不适于用，迟早必废；稍有翻译阅历者，无不能言之矣；既发现有文字，则必用最佳最易之万国新语，亦有识者所具有同情矣"。此人指出中国文字的不适用是因"翻译"而发现，实有所见，在这方面尚与吴汝纶、黄遵宪等人观念相近；但当时同意中文迟早必废而当改用万国新语的"有识者"恐怕不多，所以他自己也说，"欲使万国新语通行全国，恐持论太高，而去实行犹远"，故不如先"编造中国新语，使能逐字译万国新语"，这样似更"因时合势，期于可行"，并能"介通现有文字及万国新语"，逐步达到通行万国新语的目的。①

吴稚晖以编者按语的形式充分赞同"中国文字迟早必废"，并提出暂时改良之二法：一是"限制字数，凡较僻之字，皆弃而不用。有如日本之限制汉文"；二是"手写之字，皆用草书。无论函牍证凭，凡手写者，无不为行草，有如西国通行之法"②。前行的文章刊发后，据吴稚晖说参与讨论的来稿甚多，他摘取了三篇文章，皆已超出创造"中国新语"的范围。前行自己的续稿已在进一步探讨"采用一种欧文""采用罗马字母反切中国语言"和"径用万国新语"三法，他认为后者最有利于世界的"划一声音"。盖中国人数有四万万之多，若改用万国新语，欧人习此本三月可成，何乐而不为，如此则"左右世界之力，并非臆想空言"③。

"新语会会员某君"也认为应该直接采用可以"普及全地球"的万国新语，若"编造中国新语，徒生枝节，其结果不外多造一难题"。而吴稚晖引笃信子所述尤详，后者提出："学问之事，譬之个人与个人：彼之胜我者，我效法之而已。中国文字为野蛮，欧洲文字较良，万国新语淘汰欧洲文字之未尽善者而去之，则为尤较良。弃吾中国之野蛮文字，改习万国新语之尤较良文字，直如脱败絮而服轻裘。"故必须认定"中国略有野蛮之符号，中国尚未有文字，万

---

① 前行：《中国新语凡例》，《新世纪》第40号，1908年3月28日，第3页。

② 燃（吴稚晖）：《前行〈中国新语凡例〉注》，《新世纪》第40号，第4页。

③ 本段与下段，燃：《新语问题之杂答》，《新世纪》第44号，1908年4月25日，第2—3页。

国新语便是中国之文字"。若先造中国新语来过渡，好比"欲人之长行万里，先使之在室中推磨三年"。本来前行的主张已属较激进的了，但在笃信子看来，改良中文笔画等"补缀修缮"之法仍可"视之为顽固人所嗜之弃痂"，与"喜固守其结绳之故物"之"内山苗猺"相类。其实，只要"精神上直认万国新语为子孙当授受之文字，即可兼认中国文字为暂时入内山交通野蛮之应用文字"。

另有署名"苏格兰"者径提"废除汉文议"，以为"文字为开智第一利器，守古为支那第一病源，汉文为最大多数支那人最笃信保守之物。故今日救支那之第一要策，在废除汉文。若支那于二十年内能废除汉文，则或为全球大同人民之先进。"他发现当时"留欧美之学生，尚往往有夸张'汉文甚好'者，诚可谓不知人间有羞耻事"。汉文再好，"于实用上有丝毫价值乎？即充一文明事业之书记员，欲求其适用，非先习练一二年不可"。其实"作一种语之达意文章，为人人应有之职，否则宛同半哑。然凡不哑者，皆视为经天纬地之才，岂非荒谬之极？至于词章考据，不过美术而已。称美术家为办事才，非丧心病狂者不至此也"。①

说汉文不适合实用的"文明事业"，是主张废汉文者的一个主要论点，后面还要论及。②吴稚晖不仅赞同苏格兰废除汉文的提议，且进一步揶揄道，留学生"如果汉文甚好，则督抚处之条陈、监督处之报告，皆能丝丝入扣"，正"适用于野蛮事业之书记员"；然而若要做"文明书记员"，则尚不像苏格兰那样乐观，"如一二年习练得来者，窃恐此事业，文明不透"。汉文好者号称能做

---

① 苏格兰：《废除汉文议》及吴稚晖《按语》，该文前半部分载《新世纪》第 67—69 号中之某号，后半部分载第 71 号（1908 年 10 月 31 日）；我所用的《新世纪》影印本恰缺第 67—69 号，故前半部分只能引用收入吴稚晖《国音、国语、国字》（台北：传记文学出版社 1970 年版）中的文本（题为《书苏格兰君〈废除汉文议〉后》），引文在第 19—20 页。然该书手民错误不少，只能将来设法核定了。

② 就是不主张废汉文的高凤谦在几乎同时也认为当时中国"凡百事业，皆求之于文人，必多废事；有为之士，专力于文章，不屑稍治他业，必多废材"。参高凤谦《论偏重文字之害》，《东方杂志》第 5 年第 7 期，1908 年 8 月，张枬、王忍之编：《辛亥革命前十年间时论选集》第 3 卷，生活·读书·新知三联书店 1977 年版，第 12 页。

"达意之文章"，其实"遇着天文之天，地理之地，往往便经纬不过来；不哑如哑"。不过吴氏没有苏格兰那样强调"实用"，他认为"美术自是世界上一件事，办事亦是世界上一件事，皆为世界进化所不可缺之要素"①。

在苏格兰之前的几篇来稿中，吴稚晖认为"笃信君之说，最为简便易行"；他基本能接受其"暂时兼认中国文字"的主张，盖以"中国人之智识程度，一跃即能采用万国新语"只能是愿望；"中国人暂时欲办中国事，不能不习中国文，此正如欲往斐洲传教，宜习斐人土语"。不过仅"为应用上暂图之便利"，只宜"在教育上先置于附属品中，俟新文字代用之势既盛，便可消灭其踪迹"。既然汉字早晚必废，短期内"因大多数人方恃之为交通宣意之符号，而必苟且承用，则如不适用之废屋，然短时之间，不能不藉之以蔽风雨，惟有用最廉价之便法，稍事修缮，使风雨不侵而后止"。其苟且修缮之法，即仿效日本方式改革汉字。②

前引吴氏提出"如日本之限制汉文"那样限制使用汉字字数，已提示着其主张受日本影响。章太炎当时便指出，"顷者日本人创汉字统一会，欲令汉人讽诵汉文，一以日本厖奇之音为主。今之欲用万国新语者，亦何以异是"③。这里所说的"汉字统一会"是个有意思的现象，当时中国朝野都存在反对东瀛文体的倾向，然而这一"规设于日本人"之会，"中国人亦争附之，张之洞、端方辈且代表国人为会长"。太炎基本认可该会的方向，即"反对罗甸字母，且欲联合亚东三国，遵循旧文，勿令坠地，亦微显〔显微？〕阐幽之义"。然其"选择常用之字以为程限，欲效秦皇同一文字事"，在日本固可因陋就简；中国今日"方宜简稽古语，以审今言"，实不应"以限制文字为汉字统一之途"。且中文"本自汉人创造，日本特则而效焉，末流之不如本源"，自无疑义。"中国

---

① 吴稚晖：《苏格兰〈废除汉文议〉按语》，《新世纪》第 71 号，第 11—12 页。

② 燃：《新语问题之杂答》，《新世纪》第 44 号，第 3 页；燃料：《书驳中国用万国新语说后》，《新世纪》第 57 号，1908 年 7 月 25 日，第 12 页；吴稚晖：《苏格兰〈废除汉文议〉按语》，《新世纪》第 71 号，第 15 页；《书神州日报〈东学西渐篇〉后》，《国音、国语、国字》，第 35 页。

③ 章太炎：《印度人之论国粹》，《章太炎全集》（4），上海人民出版社 1985 年版，第 344 页。

人虽自枉屈，于此固自知其胜于日本"，又何必"俯而殉之"呢？①

连自创的汉字都要俯从日本，最能体现清季举国上下的自信不足。其实"日本之规设此会者，皆素不识字"。日本人用汉字，"知今隶而不知秦篆，蒙于六书之法"，亦不知《说文》"为文字本根"。既于汉字"本形本义之不知，而欲窥求义训，虽持之也有故，其言之必不能成理"。故自德川幕府以来，日本儒者"训诂考证，时有善言"，然其学术层次终不甚高。"岂日本诸通儒，其材力必不汉人若？正由素未识字，故擿埴冥行如此也。"太炎"每怪新学小生，事事崇信日本。专举政事，或差可耳；一言学术，则日本所采摭者，皆自西方，而中国犹有所自得；老、庄、朱、陆，日本固不可得斯人。黜我崇彼，所谓'轻其家丘'者矣。"

不过，与当时朝野之反对东瀛文体的倾向不同，吴稚晖并不掩饰且坦承其受到日本影响；他本不以学日本为耻，而是明确其逐步改革中国文字正要取法日本。吴氏提出："中国文字本统一也，而语言则必有一种适宜之音字，附属于旧有之文字以为用，于是声音亦不得不齐一，有如日本之以东京语音齐一通国。"盖"文字有二职：一为志别，一为记音。中国文字志别之功用本完，所少者，记音之一事。"当学"日本通俗书之刻刊法"先刊字典一册，"即如日本所翻印之中国字典，字附音训于其旁"。这种作为读音的笔画，既"附加于野蛮之汉字上，又莫如即用野蛮笔画，与之相适，则莫有过于日本假名之状"，以今隶之体"附益于今隶之旁"②。

中国当时"所谓简字切音字等，忘其苟简之术不足为别于文字之间，故离旧文字而独立；歆于作苍颉第二，遂失信用于社会"。若注音皆以"旧文字表而出之"，则"音训不与旧文字相离"，更易于通行。这是第一步，下一步亦"如日本已往之例，入高等学者必通一种西文，由高等学入大学校者，必通两

---

① 本段与下段，章太炎：《论汉字统一会》（原名《汉字统一会之荒陋》，《民报》第 17 号，1907 年 10 月 25 日），《章太炎全集》（4），第 319、320—322 页，个别标点略有更易。

② 燃料：《书驳中国用万国新语说后》，《新世纪》第 57 号，第 12 页；吴稚晖：《书神州日报〈东学西渐篇〉后》，《国音、国语、国字》，第 35 页。

种西文”。即使对将入小学的“未来国民”来说，“与其教以‘制造局派’所译述之国文、格致、课艺，不如改教多搀日本新字眼之国文读本”①。身在欧洲的吴氏却处处以日本为榜样（这或者提示着他的基本观念在其留日时已形成），与那时在日本和中国国内的士人相当关注欧洲古学复兴相当不同。

对章太炎来说，自创汉字的中国与采纳部分汉字的日本有极大的不同。他注意到，认为汉字“凌杂无纪”的观念正是从日本人用汉字的事例得出，但“日本语言固与汉语有别，强用其文以为表识，称名既异，其发声又才及汉音之半，由是音读训读，所在纷猱。及空海作假名，至今承用。和汉二书，又相羼厕。夫语言文字，出于一本，独日本则为二本，欲无凌杂，其可得乎？汉人所用，顾独有汉字耳。”中国“文字本出一途，不以假名相杂，与日本之凌杂无纪者，阡陌有殊。忧其同病，所谓比拟失伦者哉”②。

而吴稚晖则看到日文中用汉字的动状等词皆“双叠之词”，中国人对此“习焉不察，仅目之为掉文而已，其实有时非双用不能达意”。他特别欣赏“日本新学词头，采用于欧书者，近二十年之所增添，大都不喜译意，而用假名译音。然则一经将日文改书欧母，于其和训之字，本不过改换字母之面目，至于译音之新学词头，即可还西文之旧”。日本的“和英、和法诸词典，已秩然其有条，为别之易，固非与汉文之繁然无统者可同日语”③。在章太炎眼中的“凌杂无纪者”，吴氏则见其“秩然有条”，实因其以合于西文为评判标准；据此反观中文，自觉“繁然无统”。

太炎承认中文并非没有缺点，如中国口语差异甚大，“一道数府之间，音已互异；名物则南北大殊，既难齐一，其不便有莫甚者。同一禹域之民，而对语或须转译，曷若易之为便”？问题是，“以万国新语易汉语，视以汉语南北互输，孰难孰易？今各省语虽小异，其根柢固大同，若为便俗致用计者，习效官

① 燃：《新语问题之杂答》，《新世纪》第45号，1908年5月2日，第3页；燃料：《书驳中国用万国新语说后》，《新世纪》第57号，第13页。

② 本段及下三段，章太炎：《驳中国用万国新语说》，《章太炎全集》（4），第338—341页。

③ 吴稚晖：《书神州日报〈东学西渐篇〉后》，《国音、国语、国字》，第43页。

音，虑非难事"。由于"中原板荡，佚在东南"，既不可谓"边方无典语"，也不可谓"中原无别语"，实则各地方言多可上溯到古音。故"北人不当以南纪之言为磔格，南人不当以中州之语为冤句；有能调均殊语，以为一家，则名言其有则矣。若是者，诚不若苟习官音为易。视彼万国新语，则难易相距，犹不可以筹策计也。"

若用万国新语来统一世界语言，"欧洲诸族，因与原语无大差违，习之自为径易"。中文则"排列先后之异，纽母繁简之殊，韵部多寡之分，器物有无之别，两相径挺。此其荦荦大者。强为转变，欲其调达如簧，固不能矣。乃夫丘里之言，偏冒众有，人情互异，虽欲转变无由"。比如托尔斯泰就认为"中国'道'字，他方任用何文，皆不能译"。又有一个传教士告诉他，在拿东西的动作方面，"汉语有独秀者，如持者，通名也；高而举之曰抗，俯而引之曰提，束而曳之曰捽，拥之在前曰抱，曳之自后曰拕，两手合持曰奉，肩手任持曰担，并力同举曰台，独力引重曰扛，如是别名，则他国所无也。今自废其分明者，而取他之捆合者，言以足志，宜何取焉！"①

在章太炎看来，"言语文字者，所以为别；声繁则易别而为优，声简则难别而为劣"。中文读音繁富，为世界之最，岂能改优从劣！且"纵尽改吾语言以就彼律，抑犹有诘诎者"，盖"常言虽可易，而郡国、姓名诸语必不可易。屈而就彼，音既舛变，则是失其本名，何以成语？"吴稚晖以为此不足为虑，他不认为"中国有如何特别之名物为他国所穷于指名。如其物而为不适于世界所用者"，则"可以不必名"，亦"可以随便比附音义，予以一名"。至于"中国之所谓'道'，果定其界说，验其功用，为未来时代必当有一独立之专名，则且译其音为'道'，而详其界说及功用于词书，于是又有专科之道学"；如"其为无足重轻一古代学术之名，则译音可也"。实际上，该字"所有区域及意

① 稍后吴稚晖提出，此传教士关于"抗、提、曳、抱等之分别"的说法未必真是赞美，恐怕有讥笑之意；太炎也不敢肯定，然反驳说，"无论为誉为嘲，要之本有其事；而彼不能分别为名，则不得称言语完具"。燃料：《书驳中国用万国新语说后》，《新世纪》第57号，第15页；章太炎：《规新世纪》，《民报》第24号，第52—53页。

趣，既为万国新语各种学术之专名所分析而包有，则中国一'道'之文字，其意义为野蛮无意识之混合，绝无存立之价值，故亦无需为之密求其意味"①。

吴稚晖凡语及中文，每加以"野蛮"的定语；而太炎则指出，有些他们认为进化高而"文明"的，实未必然。如《新世纪》主张"象形字为未开化人所用，合音字为既开化人所用"；而太炎以为，文字的区别未必代表文化的优劣，"象形、合音之别，优劣所在，未可质言。今者南至马来，北抵蒙古，文字亦悉以合音成体，彼其文化，岂有优于中国哉？"②反之，有些其眼中所谓"新文明"，不过"欧洲事物"的代称，却是真野蛮。

比如他们主张改汉字笔画，使"存者复为钝势，不见锋芒"，其用意"殆为习用铅笔计"。中国古时本"铅铁并可作笔"，后"觉其匡刺"，而以鹿豪、兔豪以至鸡毛笔代之。"展转蜕变，豪之制造愈良，而铅铁遂废不用。欧洲则讫今未改。以笔言之，亦见汉土所用为已进化，而欧洲所用为未进化也。彼固以进化为美谈者，曷不曰欧人作书，当改如汉文形态；乃欲使汉字去其锋芒，抑何其自相攻伐耶？"其实毛笔"转移轻便"，实胜于欧洲。"诸子在巴黎，习用铅笔，则言铅笔之善；向若漂流绝域，与赤黑人相处，其不谓芦荟叶胜于竹纸者几希。"章氏慨叹道："呜呼，贯头之衣，本自骆越为之，欧洲人亦服焉，而见者以为美于汉衣；刀叉之具，本自匈奴用之，欧洲人亦御焉，而见者以为美于汉食。趋时之士，冥行盲步以逐文明，乃往往得其最野者。"

太炎认为，中西语言各有所长，也各有所短，双方皆存在"有实而阙其名"的现象，唯"汉土所阙者在术语，至于恒言则完；欧洲所完者在术语，至于恒言则阙。语言文字者，其职在于宣情应务，非专为学术计。且汉文既有孳乳渐多之用，术语虽阙，得絣集数字以成名，无所为病。若令恒言不具，则其语无自孳生，斯朝夕不周于事已。荀子曰：'名闻而实喻，名之用也。絜而成文，名之丽也。用、丽俱得，谓之知名。'今汉字于恒言则得用，于术语则得

① 章太炎：《驳中国用万国新语说》，《章太炎全集》（4），第342、344页；燃料：《书驳中国用万国新语说后》，《新世纪》第57号，第14—15页。

② 本段与下段，章太炎：《驳中国用万国新语说》，《章太炎全集》（4），第338、352—353页。

丽；欧洲之文，术语不待丽，诚善；而恒言不给用，则不可以是更我。"①

田北湖稍后也说，"东西文字，各有短长，本其土俗人理，习惯使然，囿于一方一隅。既无完备之造作，则施诸域外，都非所宜"。将来世界大同，人类公共用语尚待创造。目前"列国并立，竞以文字争胜，迫其就我，于是弱且衰者益为强盛所诋毁。中土不振，受侮及兹，讥其不变于夷，此尤吾人所甚不平者"。这即是叶德辉早就指出的以强弱胜负分文野，中国之国力不竞，故文字也抬不起头。田氏心既"不平"，说话也就没有先前那么公允，他比较中外文字优劣，发现"言其体制，则连结者不若独立；言其义意，则拼母者不若形声之孳生。况运用词句，变动位置，无中土之神妙简易。人之所绌，我以为长。在今世文字中，已足雄于群丑"②。唯其"人之所绌，我以为长"一语，实道出几分意气之争的消息。

而章太炎尚能平静指出，废汉文而用万国新语，则"吐辞述学，势有不周；独用彼音，则繁简相差，声有未尽"。其实，"寻常译述，得其大义可也；至于转变语言，必使源流相当而后可。泛则失实，切则失情，将以何术转变之也？且万国新语者，学之难耶，必不能舍其土风而新是用；学之易耶，简单之语，上不足以明学术，下不足以道情志。苟取交通，若今之通邮异国者，用异国文字可也，宁当自废汉语哉？岂直汉语尔，印度、欧洲诸语，犹合保存。"他引庄子的话说："凫胫虽短，续之则忧；鹤胫虽长，断之则悲。"今"以中国字母施之欧洲，则病其续短矣；乃以欧洲字母施之中国，则病其断长矣"。他

---

① 章太炎：《规新世纪》，《民报》第 24 号，第 54—55 页。
② 田北湖：《国定文字私议》，《国粹学报》（按该报按栏目的类别分页，我所用者有的是原初分册本，有的又是全年分类重装本，难以统一，故不标页；时间则依原刊惯例写明第几年，每一年首次出现时注明大致相应的公元年份）第 4 年（约 1908 年）第 12 期。其实吴稚晖清楚地知道国势强弱对文字的影响，当"前行"来稿提出"径用万国新语"可有"左右世界之力"的说法时，吴稚晖现实地指出，既然国界仍在，"则强者之对于弱者，苟有一隙可以用其欺惑，则保护之惟恐不完；故利用彼所相习、人所不相习之文字，以为外交上之权利，久矣奉若科律矣"。尽管西人学万国新语远比中国人容易，"其如存心不学何？如此，则外交上利便之劝，终为旁义"。燃：《新语问题之杂答》，《新世纪》第 44 号，第 2 页。

甚至不反对"欲求行远，用万国新语以省象译"，然汉字"更易既无其术，从而缮治，则教授疏写，皆易为功"①。

若"徒以交通为务，旧所承用，一切芟夷；学术文辞之章章者，甚则弃捐、轻乃裁减，斯则其道大毁，非宜民之事"。从便民角度看，《新世纪》诸人一个重要论点即中国人识字率低即因象形的汉字太难，太炎以为此说不立，盖汉字"日本人识之，不以为奇恒难了。是知国人能遍知文字以否，在强迫教育之有无，不在象形、合音之分也"。而中国识字者不多，部分也因为农夫工匠"以为文字非所急图"，到其出而涉世，因不知书而"常苦为人所诈"，乃自悔其失学。"若豫睹知书之急，谁不督促子弟以就学者？"故"重以强迫教育，何患汉字之难知乎"②。强迫教育者，即今日所谓义务教育也。这当然主要是政府之事，而当时清廷也确有试图普及识字和统一国语的努力，足证朝野的关怀相当接近。

二、 文字改革的朝野观念异同

从19世纪90年代起，民间各类"简字"（非今日所谓简体字，实多为各种形式的注音、拼音文字）纷纷出现，早期的多受西方传教士影响，后来的则以学日本假名为主；特别是王照的"官话字母"和劳乃宣的"合声简字"影响

① 本段及下段，章太炎：《驳中国用万国新语说》，《章太炎全集》（4），第338、341—344、351页。按各种语言均当保存是太炎的一贯主张，不仅在世界范围言是如此，就是在中国范围之内寻求"音韵一致"，也应当"不从乡曲，不从首都，惟一意求是"；而"殊言别语，终合葆存"。章太炎：《论汉字统一会》，《章太炎全集》（4），第320页；《规新世纪》《民报》第24号，第64—65页。

② 汪德渊也认为，所谓汉文"艰深者，实由未得良善之教法。果用造字之原则教授，引伸触类，吾未见有此病也"。对此吴稚晖不同意，他说自己在20年前也曾主张"以《说文》教训童蒙"，现在则认为这是"谬说"。盖经过"识字之苦"的人，"觉一见《说文》，头头是道"；但对初学者则"徒于今体外又记一篆文"，只能使童蒙倍感"识字之苦"。吴稚晖：《书神州日报〈东学西渐篇〉后》，《国音、国语、国字》，第27、33页。

较大，前者受到直隶总督袁世凯的支持，后者因慈禧太后召见劳氏而更有力。到清季筹备立宪，"国语教育"正式列入学部的分年筹备清单之中。

1910年资政院成立，议员江谦在院中大力推广"合声简字"，并提出说帖，质问学部所编官话课本"是否主用合声字拼合国语，以收统一之效"？连署此说帖的有严复等32人，同时提出的类似说帖尚另有5份，连署者共约400人。资政院遂推严复一并审查，严复的报告主张试办，并提出将"简字"正名为"音标"。此案得通过而提交学部，后于次年的"中央教育会议"中通过一项"统一国语办法案"，其中包括"以京音为主，审定标准音；以官话为主，审定标准语"的内容。①

由此可知当时官方的态度和取向与革命党人颇有相通处，尤其与《新世纪》诸人的主张接近；而在野者对政府此举的反应则不一。钱玄同在其1908年9月的日记中说："今日见有法部主事江某奏请废汉文、用通字云。通字系用罗马字母二十改其音呼者。噫！近日学部纷纷调王照、劳乃宣入内拟简字，后有此獠出现，何王八蛋之多也。"钱氏当年偏向于国粹学派，认为"凡文字、言语、冠裳、衣服，皆一国之表旗，我国古来已尽臻美善，无以复加，今日只宜奉行"，故态度鲜明地反对中文拼音化。②此"江某"大约即江谦，在吴稚晖鼓吹废汉文的当年，同样的主张已正式见诸官员的奏折，可知双方见解的相近，江氏的奏折与反政府的《新世纪》客观上形成互为呼应之势。

---

① 参见倪海曙：《中国拼音文字运动史简编》，上海时代画报出版社1948年版，第32—64页（本书承钱文忠先生赐借，特致谢忱）。倪海曙另著有《清末汉语拼音运动编年史》，上海人民出版社1959年版，书未见。吴宓当年日记中记录了中央教育会讨论统一国语案的情形，可以参考，他注意到"反对者亦不乏人。惟此会究难得良善之成绩，缘开会之初，俨分两派，各省派来人员则结为一体，专与学部人员反对。而凡议一事，则各省会员又有南北之见存焉。南人所倡，北人非之；北人所计，南人破之。而于统一国语案，议时尤多龃龉云。且各省会员中，惟江苏人目空一切，自视甚高，对各省人皆有鄙不屑视之意。呜呼，是岂和衷共济之道哉！"《吴宓日记》（1），1911年8月4日，生活·读书·新知三联书店1998年版，第117—118页。

② 钱玄同日记，1908年9月27、30日，转引自杨天石《振兴中国文化的曲折寻求——论辛亥前后至"五四"时期的钱玄同》，中国社会科学院科研局等编：《五四运动与中国文化建设》下册，社会科学文献出版社1989年版，第993—994页。

　　吴稚晖对于民间各切音字方案，大体精神上赞同而实际不欣赏，他以为这些人"各有苍颉自负之野心，故各换其面目以表神奇"。其实"说穿了竟不值一笑也！以西文字母切土音，乃耶教徒之惯法，凡天津、上海、宁波、厦门、香港等处，所有曾入耶教之华人，莫不各有其土音之西母文字"，这些人不过仿效而已。读西文者，众口一词，"以为中国人不知切音"实则"能切字音，本狗屁不值一钱之天然现成法"，不至如死读西文之人意中"有若彼之难也"，唯"造作文字，固不若是之易"。为注音计，不必故弄玄虚，"即用简字之笔画为老实"；具体则"莫有过于日本假名之状，即近日官中正提倡之王照氏劳乃宣氏等之简字是也"。①这本是吴氏的一贯主张，故其并不因"近日官中正提倡"而不赞同。

　　但吴稚晖却看出官方在具体改革方式上仍有矛盾，盖拼音化的"简字"与"官话"其实是两回事，却被学部混为一谈。他质问道，"学部所谓分年筹备清单者，既称颁布简易识字课本矣，何以又言颁布官话课本？吾实不解中国所谓官话者，究何话也。若能作文字可写之语，而又不杂以一方之土俗典故，使人人通解，而又出以官音者，是即官话"；这样的官话，似不必有课本。"如以为其中之音读有不同，则简易识字课本又是何物？岂真简字又独立于文字之外，别为一种新字乎"？若因"我国文字过于典雅，凡近俗语者，皆不得谓之文。官话课本，即系通俗之文，是真不可缺少。然惟其为此，故尽可仍目为话。虽'话语'与'文字'，字面可互通用，然以各国为例，必称之曰国语读本，或曰汉语课本，方为适当"。其实在学部的分年筹备清单里，这些内容正是所谓"国语教育事项"，吴氏在指出其具体改革方式之矛盾时，不啻为学部之总体计划正名。

　　且吴稚晖虽不同意像有些提倡新语者那样寄希望于政府的支持，即不可因"求代用以万国文字，强为政治上之专制禁劝"；但也不讳言愿获得政府的容忍

---

　　①　本段与下段，吴稚晖：《书神州日报〈东学西渐篇〉后》，《国音、国语、国字》，第35、37—40页。

以达到"剿灭华文"和打击"顽固党"（至少应包括章太炎）的目的。他认为文字改革当从社会好尚方面努力，而好尚最有力者为党会，"今中国党会之禁虽未大弛，然于此等讲习万国新语之会"却少"无理之干涉"。盖中国旧制，"非天子不考文，简字等尚有考文乱圣之嫌，而新语直不过为一种无足轻重之外国文耳"。故"新语虽为剿灭华文之利器，隐为顽固党至猛之死敌，然其表面，实较简字等尤为温和"，不易招致干涉。①

同时，吴稚晖还有一点与清廷相当一致，后者正试图统一国语，而吴氏固主张"能合各国之语言，代表以一种之语言，是谓万国新语；则能合各省之语言，代表以一种之语言，始足称为中国新语"②。由于中国文字本统一，尚需统一者仅为语音。问题在于，以何者为准来统一语音呢？章太炎认为，"今虏虽建宅宛平，宛平之语未可为万方准则"，而应在既存官话基础上综合各地方言来取得一致的读音；他指责以京师语音统一全国有悖于吴稚晖等鼓吹的"新文明"学理："夫政令不可以王者专制，言语独可以首都专制耶?"③

方言和京师语音的差异既融入章太炎等革命党人关注的"夷夏之辨"，其意义就更不同。刘师培申论章太炎所著《新方言》的意义说："自东晋以还，胡羯氐羌，入宅中夏；河淮南北，间杂彝音。重以女真蒙古之乱，风俗颓替，异语横行。而委巷之谈、妇孺之语，转能保故言而不失，此则夏声之仅存者。昔欧洲希、意诸国，受制非种；故老遗民，保持旧语，而思旧之念沛然以生，光复之勋薿蕵于此。今诸〔按《刘申叔遗书》易此字为'睹'〕华彝祸，与希、意同；欲革彝言而从夏声，又必以此书为嚆矢。"而"异日统一民言，以县群众"，也必将有取于此。刘氏指出，"今也教民之法，略于近而详于远，侈陈瀛海之大，博通重译之文，而钓游之地、桑梓之乡，则思古

_____

① 燃：《新语问题之杂答》，《新世纪》第 45 号，第 2 页。

② 燃：《前行〈中国新语凡例〉注》，《新世纪》第 40 号，第 4 页。

③ 章太炎：《驳中国用万国新语说》，《章太炎全集》（4），第 352 页；《规新世纪》，《民报》第 24 号，第 64 页。纯从语音的角度看，中文之一字多音（指同一字在方言中的不同读法）正寓以不齐为齐之"非专制"的意思，似乎也是一种个性的发扬？

之情未发，怀旧之念未抒，殆古人所谓数典忘祖者"，所以有必要编乡土志以教民。①

这样，改朝换代特别是异族入主后，方言乃被认为具有保存故物之特殊功用，而清季政府以京师语音来统一国语，因此也似乎别有深意；同理，略近详远，将国人的注意力引向国外，也能起到使人"忘祖"的功用，两者竟然异曲同工！这些当然更多是革命党人的"当代诠释"，实际说方言的民众恐无此意识；然太炎等人在努力为方言争地位时，固不仅是据此以反对言语的"首都专制"，实亦因"建宅宛平"者正其欲反对的清王朝也。不过，清季朝野上下不同的派别都在思考中国语言文字的改革，这是各种歧异冲突都不能掩盖的事实。

有意思的是，那时也在思考人类未来的康有为在其拟议中的全球新语言文字即以中文为基础，而且他与章太炎和吴稚晖对中文的认知相当不同，章、吴皆认为中文比西文更复杂（不过章以此为高明的体现，而吴却认为此乃不便的表征），康则以中文为世界之最简者。他主张"择大地各国名之最简者如中国采之，附以音母，以成语言文字，则人用力少而所得多矣。计语言之简，中国一物一名，一名一字，一字一音。印度、欧洲一物数名，一名数字，一字数音。故文字语言之简，中国过于印度、欧、美数倍"（这与王国维提倡双字和多字词的观念相反），不过他也承认，"中国于新出各物尚有未备者，当采欧、美新名补之"②。

康有为固主张"语言文字出于人为耳，无体不可，但取易简，便于交通者足矣，非如数学、律学、哲学之有一定，而人所必须也。故以删汰其繁而劣者，同定于一为要义"。将来各国语言文字，"务令划一，以便交通。以免全世界无量学者，兼学无用之各国语言文字。"不过目前"各国并立，国界

---

① 刘师培：《〈新方言〉后序》，《国粹学报》第 4 年第 6 期；《编辑乡土志序例》，《国粹学报》第 2 年（约 1906 年）第 9 期。

② 康有为：《大同书》，收入钱锺书主编、朱维铮执行主编《康有为大同论二种》，生活·读书·新知三联书店 1998 年版，第 134 页。

未除，则各国教育，当存其本国语言文字，以教其爱国心为立国之根本"。与吴稚晖一样，他也主张在过渡时期"定一万国通行之语言文字，令全地各国人人皆学此一种以为交通，则人人但学本国语言文字及全地通行语言文字二种"。①

木山英雄已注意到，吴稚晖"亦视语言为工具，与康有为共有着同类型的思考态度"②。唯《大同书》定稿较晚，关于万国通用语言这一部分很可能是康有为采纳了吴稚晖的主张。吴稚晖1909年提出确定全国读音的方法是，在北京或上海"特设一三个月之短会，延十八省所谓能谈中国'之，乎，者，也'之名士，每省数人"；开会方法是由书记据字典一一唱字，唱一字即"大家议定官音当注何音"；依此法日注三四百字，"三月必可讫事"。而康有为设计的确立全球语言文字之法，则"制一地球万音室"，集合全地球各种发音之人，"不论文野，使通音乐言语之哲学士合而考之，择其舌本最轻清圆转简易者制以为音，又择大地高下清浊之音最易通者制为字母"。两相比较，明显可见康有为模仿的痕迹，这一点颇支持朱维铮先生关于《大同书》之定稿在1909年后的判断。③

无论康有为是否模仿吴稚晖，他们确实都大致认为语言仅是工具，可以万国统一；章太炎正基于相反的观念反对文字"定于一"，他认为语言文字与"人事"相关，代表着"国性"，世界各民族"人事"本不齐，故言语文字亦不必齐一（详后）。王国维视语言为思想之代表，其重视语言文字与国粹学派、存古派等略同，然其主张吸收西方"新学理"方面则又与康有为、吴稚晖等相近。各方面的观念错综复杂而相互渗透、相互覆盖，故即使直接对立冲突的章太炎和吴稚晖二人其实也有不少共同之处。

---

① 康有为：《大同书》，《康有为大同论二种》，第128页。

② 木山英雄：《"文学复古"与"文学革命"》，《学人》第10辑，1996年9月，第247页。

③ 吴稚晖：《书神州日报〈东学西渐篇〉后》，《国音、国语、国字》，第38—39页；康有为：《大同书》，《康有为大同论二种》，第133—134页。关于《大同书》实际成书时间，参见朱维铮为《康有为大同论二种》所写的《导言》，第13—15页。

当太炎指责语音统一有"首都专制"之嫌时，吴稚晖敏锐地指出，"语言文字应当统一之声，不惟震慑于白人侈大之言者言之"；像章太炎这样"横好古之成见者亦复言之。所谓纽文韵文等之制作，不惮空费其笔墨者；无非由人之好善莫不相同，故殊途遂至于同归。"自己确曾提出一套切音方案的章太炎只能从技术上反驳说，"汉字以形为主，于形中著定谐声之法，虽象形、指事、会意诸文，亦皆有正音在；非如欧洲文字，以音从语，不以语从音，故可强取首都为定也"。《新世纪》号称"'谈学理者只知为繁芜之就删'，不悟学理为求是，非为便用"。欧洲语音"本无定是，故虽强从都会，未为倍于学理；在中国既有定是，若屈其定是而从首都，则违于学理甚矣"[1]。

正像吴稚晖看到章太炎与他观念相通之处一样，吴氏虽说过要仿效日本以东京语音统一全国语音，他自己其实也不赞成用京师口音为统一中国语音的标准。他稍后说："所谓官音，官者，言通用也，言雅正也。汉人之祖宗，税居于黄河两岸，故汉音之初，近于北音；南人则杂有蛮苗之音，然北人亦未尝不离胡羌之声。故以通用而言，即以今人南腔北调，多数人通解之音为最当。其声和平，语置典则，即可以为雅正之据。"如时人作为讥讽对象的所谓"南京官话"，实即"改良新语所最适当之音调也。若近日专以燕云之胡腔认作官话，遂使北京辫子，学得几句擎鸟笼之京油子腔口，各往别国为官话教师，扬其狗叫之怪声，出我中国人之丑，吾为之心痛！"[2]

两人观念类同之处还不少，如吴稚晖提出的暂时改良中国文字的方法之一即"手写之字，皆用草书。无论函牍证凭，凡手写者，无不为行草，有如西国通行之法"。章太炎显然赞同，在其《驳中国用万国新语说》一文中列举了"辅汉文之深密，使易能易知"的方法，首先即提出"人人当兼知章草"以"速于疏写"；盖草书本汉代通用，彼时"辞尚简严，犹以草书缀属；今之辞繁，则宜用草书审矣"。两人的区别，仅在于吴氏的依据是"西国通行之法"，

---

① 燃料：《书驳中国用万国新语说后》，《新世纪》第57号，第11页；章太炎：《规新世纪》，《民报》第24号，第64页。

② 吴稚晖：《书神州日报〈东学西渐篇〉后》，《国音、国语、国字》，第39页。

而章氏所本则为"草书之作，导源先汉"而已。①

同样，章、吴二人对于当时的"简字"皆有所保留。吴稚晖先指出，"今日所谓简字切音字等，忘其苟简之术，不足为别于文字之间，故离旧文字而独立。歆于作苍颉第二，遂失信用于社会"。章太炎稍后"闻仁和劳乃宣方造简字，又且以是上满洲政府而颁诸僮仆学校。劳乃宣者，则劳权、劳格之子姓，宜略识文字训诂。然中岁染新党风，颇与陶模辈鼠窃狗偷，不能无曲学哗世。"故太炎以为："若其所造简字，不直以代正文，惟为反语，笺识字旁，而分纽分韵又能上稽唐韵，下合宇内之正音；完具有法，不从乡曲，不从首都，惟一意求是者，余亦将表仪之。"这些大多与吴氏所见相近，更明显的是太炎接着说，"若其直代正文，自以为新苍颉，或新定纽韵奇觚非法，殉用而不求是，是则析辞擅名以乱正"，当治以"符节度量之罪"。昔人甚重比拟，今章不以吴先用苍颉而避之，可知确实赞同；而吴也不因章表赞同即弃之，后来再次指责创简字诸公"必歆于作苍颉第二，离于旧文字，炫耀之以为创造新字"②。

其实，章、吴二人与劳乃宣以及彼时朝野中许多人一样，皆认识到中文需要适当简化以便民用。高凤谦便主张区分应用之文字与美术之文字，他说，"应用之文字，既比之于衣食，无论所治何业，皆不可不习。美术之文字，则视为专门之一科"。前者"犹语言也。恒人之情，苟欲宣其心意及以所见闻告人，相隔较远，以文字代之，势所不得已也"。但自文字偏于美术，文人创出种种讲究，并据此而批评文字，使"苟非能文之士，举笔能有千钧之重"。故宜区分"美术文"与"应用文"，俾各得其所。③

---

① 燃：《前行〈中国新语凡例〉注》，《新世纪》第40号，第4页；章太炎：《驳中国用万国新语说》，《章太炎全集》（4），第344页。

② 燃料：《书驳中国用万国新语说后》，《新世纪》第57号，第12页；章太炎：《规新世纪》，《民报》第24号，第63—65页；吴稚晖：《书神州日报〈东学西渐篇〉后》，《国音、国语、国字》，第41页。

③ 高凤谦：《论偏重文字之害》，《辛亥革命前十年间时论选集》第3卷，第13页。

这就触及当时读书人正在思考的"言文一致"问题，太炎以为解决的方法应在方言中寻找。他发现那时的"俗士"为言文一致"所定文法，率近小说、演义之流。其或纯为白话，而以蕴藉温厚之词间之；所用成语，徒唐、宋文人所造"。不如"一返方言，本无言文歧异之征，而又深契古义，视唐、宋儒言为典则"。中文之一字而读音"方言处处不同"，正体现了其"便俗致用"之意。惜"俗儒鄙夫，不知小学，咸谓方言有音而无正字，乃取同音之字用相摄代；亦有声均小变，猝然莫知其何字者"，不得不"强借常文以著纸帛，终莫晓其语根云何"。其实"今之里语，合于《说文》《三仓》《尔雅》《方言》者正多"。那些"以今语为非文言者，岂方言之不合于文，顾士大夫自不识字耳"。此"固非日本人所能知，虽中国儒流乐文采者亦莫知也"。而解决的方法，即"令士大夫略通小学，则知今世方言，上合周、汉者众"①。

不过，如果连士大夫都已不识字、连"乐文采"之儒流也不知方言"深契古义"，若以当下"开智"而非长远的"保存"为目的，则"令士大夫略通小学"诚未必能应急，遑论多数百姓；那些能读书而不通小学的知识青年正可因此避而远之。吴稚晖指出，"彼横通之嚼甘蔗者，心疑掊击汉文之人皆为不解汉文道妙之人"，故对汉文"漠然曾不措意"。其等而下者，"且疑后生小子，将以其所不学，代其所学，而从此彼不复得人之敬礼；故直盲相护持，尽出其砖头瓦片、破布烂絮文学，作门客之词翰考据，为钞胥之掇拾者，用以斗薛仁贵之法宝、显孙行者之神通。其意若曰：你识得么？青年不屑过问，亦惟付之一笑"。盖"能废弃较野蛮之汉文，采用较文明之别种文，则于支那人进化之助力，定能锐增"②。小学本甚难，故不少青年避而不问；但原来"不识字"可能还稍觉惭愧，在思想权势转移之后，既然中文本野蛮不足学，则"不识字"反成优点，可以"不屑"为之，又何乐而不为！

章太炎当然知道这一后果的严重，他理解那些主张"汉字统一"者也是担

① 章太炎：《论汉字统一会》，《章太炎全集》(4)，第319—320页。
② 吴稚晖：《苏格兰〈废除汉文议〉按语》，《国音、国语、国字》，第20页。

心"十年以内，士气夸毗，惟变古易常是务，不如是将不足保存汉文"；但合适的方法当于学校"置小学一科，比于浅露不根之经史学，其虚实相悬矣。不然，小学既亡，而欲高谈古义，何异浮绝港以趋溟渤哉？"吴稚晖甚能体会此意，当汪德渊提出用造字之原则教授则汉文不难时，吴氏反驳说："经典之文字，一乱于隶书，再乱于今体，支那无所谓学术，惟周、秦、汉、魏以前之古书，公认之为学术。自此以后，千秋万世，惟尊信之，惟注释之，否则阐演之而已。故若欲考知古义而不谬，必识造字之源，此乃通经之阶梯，而非识字之丹丸也。"①他显然了解章太炎在学校中置小学课程的重要目的是要能解"古义"，而未必仅仅是易于教学。

的确，语文在当时的含义决不仅限于语文本身，学什么文也有其伴随的社会功能。由于晚清世风尊西，太炎便观察到"以欧文致高官厚禄者，无虑数十。其人素未习国学，为儿嬉戏，常游泳于白人间。迨而仕宦，多怀市井猥鄙之心，而卖国养交者常在此。江浙广东，多白种通商地，风气早开，其学欧文者众，则媚外者亦众。"②吴稚晖也注意到尊西的社会效果，他发现"一班半老未死之臭八股家，希望读得几本翻译书，也好充做新学家，做学部尚书，为学生监督"；而"中国文稍佳"之留学生，"往往恐人之诮其仅通洋语"，反而"ABCD只字不言，满口之乎者也以投时机"③。章太炎看到世人欲习欧文，吴稚晖则见留学生以古文自诩，虽各重其一面，所见者实同，即新学可以干禄也。

中文对于中国民众还有特别之用，盖"今世语言，本由古言转蜕，音声流

---

①　章太炎：《论汉字统一会》，《章太炎全集》（4），第 322 页；吴稚晖：《书神州日报〈东学西渐篇〉后》，《国音、国语、国字》，第 33 页。按吴氏在此文中承认"《说文》之在汉文，即如腊丁之于欧文，能通腊丁，则通解欧文为较易。然此特指中学校以上之学生，将习文学者言耳，曾未见挽训腊丁于小学也。有之，则在昔年黑暗时代。"可知他也知道通《说文》则易于通解中文，不过以为不切"实用"也。

②　章太炎：《规新世纪》，《民报》第 24 号，第 61 页。按江浙广东因早与白种通商，买办略多，故媚外者或稍众；然是否与学欧文相关，则尚可斟酌。

③　吴稚晖：《苏格兰〈废除汉文议〉按语》，《新世纪》第 71 号，第 15 页。

衍，或有小殊，而词气皆如旧贯"。词气既同，则通晓为易；周秦两汉之书固然要通小学者才能得其旨趣，"里言小说，但识俗字者能读之"。今日"家人妇孺之间，纵未涉学，但略识千许字，则里言小说，犹可资以为乐。一从转变，将《水浒传》《儒林外史》诸书，且难卒读，而欢愉自此丧，愤郁自此生"。汉文之改革本以其难为理由，"及革更之，令读书者转难于昔。甚矣，其果于崇拜欧洲而不察吾民之性情土用也"①。

只要将最后一语的表述方式稍作更易，便正是《新世纪》诸人的主张。吴稚晖以为，"种种世界最新之学问，中国人以不通西文之故，皆为之阻塞而不能习；即有健者，能一一译为中国之文字，使中国人不惟能治各种之新学，且能因而发明外国所未有，则在中国人固心满意足矣。然学问者，世界之公物，外国人所未有者，自亦许外国人之传习"。野蛮之中文固"未良未便于今日之西文，或更未良未便于今日所有之万国新语"，就是"后日西人之学问不如中国人"，为方便外国人学习，也当废中文而采用万国新语。况目前中国"野蛮"而西方"文明"为不争之事实乎！②

以最简单直接快速的方式与"世界文明"并驾齐驱，是吴稚晖欲废中文而用万国新语的基本考虑；他在论证这一目的时并未始终坚持文字仅为工具这一基础观念：若文字与事理如其所述的那样互动，显然已超出工具的意义。他进而提出，"文字虽不过为表意之记号，然其排列及书写之面目稍异，不啻若图

① 章太炎：《驳中国用万国新语说》，《章太炎全集》（4），第351—352页。这并非章太炎危言耸听，这一问题及其一些趋新士人的类似态度均延续到民初。新文化运动后许多民众正有读不懂新小说的问题（对多数识字者而言，欧化的"白话文"可能比文言更难懂），而茅盾则认为不应是"民众文学"适应民众，而应是民众更换思想以适应"民众文学"。参见罗志田：《新旧能否两立：二十年代〈小说月报〉对于整理国故的态度转变》，《历史研究》2001年第3期。又注意不使人产生"愤郁"似乎是一些清季士人的共性，宋恕在主张区别"邪说"和"逆说"时提出，"逆说"当禁，而对于"诸子百家之异谈及西来、东来一切之新议论，除革命排满之逆说必当严禁外，其余皆不妨任令学生研究发挥，以畅其天机而绝其愤郁之源"。宋恕：《吴守禀稟及附件批文》（1905年），胡珠生编：《宋恕集》上册，中华书局1993年版，第393—394页。

② 燃料：《书驳中国用万国新语说后》，《新世纪》第57号，第14页。

画之点缀，烘染各殊；虽条件未换，而观感不同"。他举例说，如有人问："你们城里归县官管的义学里边，有附徒没有？"其意谓"你们地方上县立的小学校，有寄宿舍否？"然前者"几成绝对的不适当，而且生人许多不快之感情；必且如下一语，采用许多日本字眼，才合新文明之条件"。即此"可以推见，便是专课贵国文，已不能不采用日本新字眼参杂其间。所以如此者，即因贵国之旧文，已于新文明甚不接合"①。这里的"贵国"或为故意戏谑，未必即自居"他人（the other）"；然其对中文"不快之感情"则系直白，透露出他对更合新文明的日文那更亲切的态度。

但若以"新文明"为标准，日文当然又不如西文，吴氏发现："仅仅横亘许多日本新字眼于胸中，有时与原来新文明之兴味，又极多不密合之处。此所以往往有在日本书中闹了半天，不知其为何等怪事，及一经检出西文原字，方笑而颔之曰：原来便是那件事。"故中国一些"广览译籍或借径东文谈述甚高之学理"者，即因不通西文，"往往于术语之所推衍，周章无序，于平常西国甚浅之事物，又装点之若甚离奇；全不能生与世界新文明为直接结合之观念，而兴起其真正科学思想之兴味"。同理，对将入小学之未来国民，"虽不必望其能通极高之新文明学理。然与其教以'制造局派'所译述之国文、格致、课艺，不如改教多搀日本新字眼之国文读本，因新字眼于发生新观念为有力。然则由此推想，又可云：与其专教多搀日本新字眼之国文读本，不如兼教一种西洋文，能发生其新观念尤为直接而有力"。

这里关于"新字眼发生新观念"的论述多半受王国维 1905 年所撰《论新学语之输入》一文的影响，问题在于，王国维固未仅视语言文字为工具也。②吴稚晖实际认为，不仅欲"治世界文明之事理"便不能不以西文代中文，而且也只有新字眼才能表述新文明。则语言文字虽为工具，却又不只是工具；当其主张改换文字时，便说不过如工具之更易，毋庸多虑；当涉及研治和表述"新

---

① 本段与下两段，燃：《新语问题之杂答》，《新世纪》第 45 号，第 2—3 页。

② 王国维：《论新学语之输入》（1905 年），《王国维遗书》第 5 册，上海古籍出版社 1983 年影印本，第 97—100 页。

文明"时，则连排列书写之面目也必须改换成产生该"文明"之文字才行！目的虽类，而文字在其间的重要性则迥异。说来说去，皆因以中文"讲求世界新学，处处为梗"。①

正因此，吴稚晖虽然采用了王国维的一些观念，却根本反对"强以科学之名词译成汉文，以望仅通汉文者亦能研究极深之科学"；理由很简单，若"科学而能以东方文字研之极深，则日本人亦不消制定规则，入大学者必通两种欧文矣"。换言之，严复、王国维等在翻译方面的努力及争论无非纠缠于"吃力不讨好"的事情；其实主张通过翻译引进西方新学理此类"鬼思想，全是一班半老未死之臭八股家，希望读得几本翻译书，也好充做新学家，做学部尚书，为学生监督"；同时也因辜鸿铭、严复、伍光建等留学生，其中国文稍佳，"往往恐人之诮其仅通洋语"，遂"ABCD只字不言，满口之乎者也以投时机"。②

章太炎注意到鼓吹万国新语者以为"汉音虽繁，然译述他国固有名辞，亦少音和而多类隔"只能"得其大致"；反之，"以新语译汉土旧名，小有盈朒，亦无蓸焉"。他以为："以汉语译述者，汉人也。名从主人，号从中国。他方人、地，非吾所习狃者，虽音有舛侈，何害？今以汉人自道乡里，而声气差违，则不可以此相例，亦明矣。盖削趾以适屦者，工之愚也；戕杞柳以为桮棬者，事之贼也。"其实太炎看到的问题与吴稚晖所见相同，不过两人立场迥异：章氏更多考虑"讲求世界新学"的"汉人"本身，盖即使从文字功用言，"荒废国学，故译文亦无术"③，何有于西学？而吴稚晖则主张为"讲求世界新学"不如直接习欧文，全不必为"仅通汉文者"考虑。

吴稚晖申论其语言当统一的主张说："就其原理论之，语言文字者，相互之具也。相互有所扞格，而通行之范围愈狭，即文字之职务愈不完全。今以世

① 燃料：《书驳中国用万国新语说后》，《新世纪》第 57 号，第 12 页。

② 吴稚晖：《苏格兰〈废除汉文议〉按语》，《新世纪》第 71 号，第 15 页。

③ 章太炎：《驳中国用万国新语说》，《章太炎全集》(4)，第 343—344 页；《规新世纪》，《民报》第 24 号，第 59 页。

界之人类皆有'可相互'之资格，乃因语言之各异其声、文字之各异其形，遂使减缩相互之利益，是诚人类之缺憾。欲弥补此缺憾，岂非为人类惟一之天职?"要使语言文字"能得相互之效用，或为相互所不可缺，自必见采于统一时之同意"，有类"日本以江户之音变易全国"。这"在谈种界者，不免有彼此之感情；而在谈学理者，止知为繁芜之就删。因语言文字之便利加增，即语言文字之职务较完，岂当以不相干之连带感情，支离于其相互之职务外耶"①?这就凸显了双方一个根本性的分歧：一方重视当下的"种界"，而另一方却推崇面向未来的"学理"。

三、 种界与学理

章太炎指出，《新世纪》那些"震矜泰西之士，乃以汉字难知，便欲率情改作"，又不探求语言差异之利病，"而儳焉以除旧布新为号"；实"好尚奇觚，震摄于白人侉大之言，外务名誉，不暇问其中失所在"，根本即"鹜名而不求实"。他希望吴稚晖等人"当以实事求是为期，毋沾沾殉名是务"。实际上，"中西文字源流各别，至日本则音训分歧、全无规则，皆不容互相拟议"。故其特别强调荀子在其《正名》中论证的"约定俗成谓之宜，异于约则谓之不宜"②。

所谓"约定"，即注重历史形成这一因素，这是太炎本人及国粹学派一个重要的观念支点（如太炎所谓"历史民族"说便是一例）③。文字是在历史发

---

① 燃料：《书驳中国用万国新语说后》，《新世纪》第57号，第11—12页。

② 章太炎：《规新世纪》，《民报》第24号，第64页。

③ 今日中西文论中主张文本一产生即具有独立的生命、读者实际是（故亦不妨）"望文生义"的新派，便不甚重视文字和"文本"的历史形成这一因素。实际上，文本固在已约定之"成俗"中产生，必受其影响，读者亦然；而从文本产生到有人阅读再到多人阅读这一时间过程，也可以视为某种约定俗成的过程，唯不必一字一文仅一固定不变之"义"而已。

展中形成和演化，无意中也就留下了历史的烙印；尤其象形文字的演变直接反映着历史的痕迹，这是章太炎在写作时特别要使用古字的一个重要考虑。这一观念也受西学影响，当年太炎读了斯宾塞的社会学著作，对其"往往探考异言，寻其语根；造端至小，而所证明者至大"一点，颇有心得。于是重新"发现"惠栋、戴震的文字训诂，也有类似功用，可借以发现中国"文明进化之迹"。盖古事不详，"惟文字语言间留其痕迹，此与地中僵石为无形之二种大史"①。故他强调，中文"一字而引伸为数义者，语必有根，转用新语，彼此引伸之义，其条贯不皆相准，是则杜绝语根也"②。杜绝语根即等于删除中国"文明进化之迹"的一大来源，当然不可轻视。

同样，这也是刘师培看到的中国文字之价值所在。刘师培在 1903 年还承认中国文字有自身的弱点，曾指出以象形为主的中文有字形递变而旧意不可考、一字数义而丐词生、假借多而本意失、数字一义及点画繁多等五弊，而致弊的首要原因即"崇拜古人，凡古人之事无不以为胜于今人，即言语文字亦然"；故读书人"所习之文以典雅为主，而世俗之语直以浅陋斥之"，结果导致文字与言语不合。欲救此弊，有两种方法，首先是"宜用俗语"，以"达意而止，使文体平易近人，智愚悉解"。其次便是"造新字"以名新物。③但到 1908 年，他却特别撰《论中土文字有益于世》，据西人"社会学"论证因文见史的取径，以驳斥废中文的主张。

刘师培说，"察来之用，首贵藏往；舍睹往轨，奚知来辙？中土史编，记事述制，明晰便章；惟群治之进、礼俗之源，探赜索隐，鲜有专家。斯学之兴，肇端哲种"，即英人称为社会学（Sociology）者。其方法"大抵集人世之现象，求事物之总归，以静观而得其真，由统计而征其实。凡治化进退之由来，民体合离之端委，均执一以验百，援始以验终。使治其学者，克推记古今

---

① 章太炎：《致吴君遂书》，《章太炎政论选集》，中华书局 1977 年版，第 172 页。

② 章太炎：《驳中国用万国新语说》，《章太炎全集》（4），第 341 页。

③ 刘师培：《中国文字流弊论》，《左盦外集》卷 6，《刘申叔先生遗书》，江苏古籍出版社 1997 年影印本，第 1441 页；并参其《攘书·正名》，《刘申叔先生遗书》，第 645—646 页。

迁变，穷会通之理，以证宇宙所同然。斯学既昌，而载籍所诠列，均克推见其隐；一制一物，并穷其源"，可谓精微之学。他认为社会学"成立之源"主要因人类学和考古学发达所致，而后来"穿凿之迹、附会之谈，虽著作大家莫或克免。今欲斯学之得所折衷，必以中土文字为根据"。盖"文字简繁，足窥治化之浅深。而中土之文，以形为纲，察其偏旁，而往古民群之状况，昭然毕呈。故治小学者，必与社会学相证明"①。

有意思的是，由此角度看，他前面说的中文"五弊"中除笔画多的那一弊外，余皆成为优点。欲研治以象形文字为据来追溯"器物变迁、政教代嬗"这门学问，"厥有数例：察文字所从之形，一也；穷文字得训之始，二也；一字数义，求其引伸之故，三也。三例既明，而中土文字古谊毕呈；用以证明社会学，则言皆有物，迥异蹈虚。此则中土学术之有益于世者也。今人不察于中土文字，欲妄造音母，以冀行远。"却不知中文之"数字一音，数见不鲜，恒赖字形为区别。若舍形存音，则数字一音之字，均昧其所指，较之日人创罗马音者，其识尤谬"。故"中土文字之贵，惟在字形"；而"中国文字之足以行远者，【亦】惟恃字形"。其原因正以"顾形思义，可以穷原始社会之形，足备社会学家所撷摘，非东方所克私"。

不过刘师培本亦直接参与推广无政府主义者，他也主张创造一种世界语文，其设计的未来社会便要在"破除国界以后，制一简单之文字，以为世界所通行；语言亦然，无论何人仅学一种语言文字，即可周行世界"②。故他也提出，"今欲扩中土文字之用，莫若取《说文》一书译以 Esperanto（即中国人所谓世界语）之文。其译述之例，则首列篆文之形，或并列古文籀文二体，切以 Esperanto 之音，拟以 Esperanto 相当之义，并用彼之文详加解释，使世界人民均克援中土篆籀之文，穷其造字之形义，以考社会之起源。此亦世界学术进步之一端"，且能"阐发国光"，实一举两得。可知刘师培的态度在章太炎与吴

---

① 本段与下两段，师培：《论中土文字有益于世》，《国粹学报》第 4 年第 9 期。

② 刘师培：《人类均力说》，钱锺书主编、朱维铮执行主编：《刘师培辛亥前文选》，生活·读书·新知三联书店 1998 年版，第 108 页。

稚晖之间①，其反对废弃中文的出发点也与太炎不甚同；然其固为反对东瀛文体之一人，且因小学知识丰厚，知道以拼音代中文"以冀行远"的方式难以实行。

不以小学见长的吴稚晖也隐约感觉到一点文字与历史的关系，他说："文字为语言之代表，语言又为事理之代表；譬如日本古世之语言，止能代表彼人所发明之事理，不足以代表中国较文明之事理；故虽其后造有假名文字，止能代表其固有之语言。若出于中国较文明事理之语言，必兼取中国文字代表之。今日西洋尤较文明之事理，即西洋人自取其本国之文字为代表，尚再三斟酌而后定，通行甚久而后信。若欲强以中国文字相译，无人不以为绝难。"在吴氏看来，正因文字与事理有这样的关系，"欲以中国文字治世界文明之事理，可以用绝对之断语否定之"②。也就是说，为了让国人能"治世界文明之事理"，就不得不废弃中文。

希望尽可能以最简捷的方式接受"世界文明"，的确是吴稚晖的基本考虑。故凡可能妨碍美好未来者，无论与"种界"是否相关，皆可弃置，至少当送入博物馆。吴氏欲学日本限制汉字，即因这样则"凡中国极野蛮时代之名物，及不适当之动作词等，皆可屏诸古物陈列院，仅供国粹家好嚼甘蔗滓者之抱残守缺，以备异日作世界进化史材料之猎取"③。这是《新世纪》诸人一个重要主张，吴稚晖最乐道之，且长期得以流传，新文化运动时类似主张仍较流行④，

① 实际上，刘师培参与的《天义报》第 16—19 期曾连载介绍世界语的文章（文未见，沙培德书中曾引及，参见 Peter Zarrow, *Anarchism and Chinese Political Culture*, New York: Columbia University Press, 1990, p.169）。吴稚晖后来说，"今有某报之记者，固汉文学者中之威廉第二也。早已自毁其德意志之皇冠，为万国新语之天使"（吴稚晖：《苏格兰〈废除汉文议〉按语》，《国音、国语、国字》，第 20 页），或即指刘师培也。

② 燃：《新语问题之杂答》，《新世纪》第 44 号，第 2 页。观此表述，仍依稀可见王国维前引文的影子，知此文对吴氏影响较大，他好几次偏离自己的基本立场，皆为不知不觉中引述此文观念之时。

③ 燃：《前行〈中国新语凡例〉注》，《新世纪》第 40 号，第 4 页。

④ 参见罗志田：《古今与中外的时空互动：新文化运动时期关于整理国故的思想论争》，《近代史研究》2000 年第 6 期。

二战后更可能影响了美国史家李文森（Joseph R.Levenson）①。

而当年这些在巴黎的中国无政府主义者得出这一观念却是受德国人恩格斯的启发，《新世纪》一位署名"反"的作者引"社会党烟改儿士论家族、私产、国家三者曰：'待社会革命之后，此种种者，当置诸博物馆，与古之纺车、青铜斧并陈之。'余亦曰：中国之国粹，若世人之所谓种种者，尤当早于今日陈诸博物馆。"②

此后类似表述不断得到重复，参加"新语"讨论的新语会会员某君云："如谓中国文明，存于旧简，一旦废之，殊为可惜。然好古者固不废希腊、腊丁文矣，则将旧有之中国文，仍可隶于古物学之一门也。"吴稚晖更一则曰中国经史皆"应送博物院"以"供考古家之抱残守阙"；再则曰章太炎"欲取已陈之刍狗，将中国古世椎轮大辂、缺失甚多之死文及野蛮无统之古音，率天下而共嚼甘蔗之渣；正所谓'无当玉厄'，陈之于博物院，则可触动臭肉麻之雅趣；若用之大饭庄，定与葱根菜叶，共投于垃圾之桶"③。

这些无政府主义者不仅欲将中国文字"送入博物院"，且明确其若仍在现代社会流通，便会被投入垃圾桶。之所以如此，即因中国语言文字"野蛮"；后者尤其是当日许多趋新者（不仅无政府主义者）的口头禅，前引笃信子的来

---

① Cf. Joseph R. Levenson, *Confucian China and Its Modern Fate*（Berkeley & Los Angeles：University of California Press），Vol.3，pp.76—82.

② 反：《国粹之处分》，《新世纪》第44期，第1页。按恩格斯本系论国家必定消失，原文今译为："以生产者自由平等的联合体为基础的、按新方式来组织生产的社会，将把全部国家机器放到它应该去的地方，即放到古物陈列馆去，同纺车和青铜斧陈列在一起。"恩格斯：《家庭、私有制和国家的起源》，《马克思恩格斯选集》第4卷，人民出版社1972年版，第170页。恩格斯此书对当时中国读书人影响不小，刘师培即从此中悟出因文见史的治学取向，详另文。

③ 燃：《新语问题之杂答》，《新世纪》第44号，第2页；燃料：《书驳中国用万国新语说后》，《新世纪》第57号，第12—13页。在康有为的未来大同世界中，也是在"国界已除、种界已除后，乃并本国本种之语言而并舍之，其文字则留为博古者之用，如今之希腊、拉丁文及古文篆隶、印之霸厘及山士谄烈可也"。或曰，全球皆用统一的新语言文字后，"其各国旧文字，存之博物院中，备好古者之考求"。不过康氏终以为"中国文乃有韵味者，不易去也"，同样置诸博物院，却相对更具善意。参见康有为《大同书》，《康有为大同论二种》，第129、134页。

稿就一再说"中国文字野蛮""中国略有野蛮之符号，尚未有文字"，将中文比作"败絮""弃痂"及"内山苗猺所喜之结绳故物"等。他们当然不是对中文有什么深仇大恨，而是担心这一"野蛮"符号会影响中国进入"新文明"。

不但中国文字野蛮，就是"中国文所记之古事物古法制"亦多野蛮，然因其尚具考古价值，又不必由中国人特意保存。盖"一名一物，凡不能不用中国文字以留历史上之往迹者，此实古物学、历史学陈列场之野蛮重要品。即使中国人种从此灭绝，亦尚有社会上分功作事之一小部分人，情愿理会此事者，一一为之理而董之，设一最妥当之保存法。又何必发糊粥泼在乱毛里之议论，祸及全体教育，驱多数之人共为此不相干之保存乎？故保存国粹至保存将来博物院所不收者，或保存道理之奇谬者，此适如于式枚之保存其干粪，其意若曰：此曾在我之肠腹中转化而成者，故可贵也。"①

正因有"送入博物院"这一取向的存在，那些"不通之经学大师"以为改革读音会使"古音之音训全淆"的担忧便不成立，盖"讲求古音者，古书俱在，仍可资其嚼甘蔗渣之研究；虽新改者，至离奇亦不过于汉字古今音源流表上，添一沿革之大故事而已"。吴稚晖《作持平之论》曰："后人为历史比较之学，定当远过于今人。故中国古代之文字，自足为文学、比较史学科之重要材料。倘有笃旧之士，能潜心于此等无味之嚼蜡，亦未尝不可谓能尽人类中应有之一事，固求有其人而不得；若以为此我之门户所在也、我之声誉所在也，必欲强世界为之倒行，则谥其名曰野蛮、晋其号曰顽固，亦谁曰不宜。"②

章太炎以为此"可为大笑解颐者。'野蛮'之名，本市井鄙倍语。吾匈中素不谙识此。顽固则自署徽号久矣。不为顽民，将为顺民，故宁自坎壈以就此。"至于中国语言文字，"传之四千岁，服习之者四万万人，非吾所擅而有；其蕃衍而为国学者，自先正道其源，并世亦时有二三钜子"。吴稚晖"曩者尝

① 吴稚晖：《苏格兰〈废除汉文议〉按语》，《新世纪》第 71 号，第 14 页。吴氏或以为此已够挖苦，殊不知今日有所谓"垃圾考古学"，正循此取向也。

② 吴稚晖：《书神州日报〈东学西渐篇〉后》，《国音、国语、国字》，第 38—39 页；燃料：《书驳中国用万国新语说后》，《新世纪》第 57 号，第 13—14 页。

以国粹归张之洞，今又移赠于斯一老，其犹张之洞以平等自由之说专委诸康梁耶"？关键在于，"斯门户者，汉种之门户；斯声誉者，诸华之声誉"①也。这样斤斤辩驳非其个人之事，说明太炎对此"野蛮"名号并未"大笑"，实较愤怒。然其最后一语则凸显了双方的分歧：章氏如此强调的"种界"，对站在"世界"立场的吴氏看来，不仅无足轻重，根本就是让历史"倒行"。

当年思想言说中的"世界"，往往是西方的代名词。太炎以为，《新世纪》诸人提倡万国新语，"其实为擨落者张气。始租界市井之学，渐染海滨士人，若颜介所谓弹琵琶学鲜卑语者，入腹地则被姗笑。海滨人奋欲报仇，犹不得便。及僮仆学校既立，遍延宇内，以爻法远西为宠，学子益堕废国粹"。但这类人"自守伧陋可也，遇中原诸学者犹被笑"。故"欲为僮仆新党雪耻，独有排摒国文，令他人无所借口"。那些"欲以万国新语剿绝国文者"正是如此。他们"挟其功利之心，歆羡纷华，每怀靡及，恨轩辕历山为黄人，令己一朝堕藩溷，不得蜕化为大秦晰白文明之族；其欲以中国为远西藩地者久"。如《新世纪丛书》即曾说："为公益计，则为革命。即使果有瓜分之事，亦必革命。因今政府之害民，尤甚于瓜分之祸也。吾何畏瓜分乎，畏失吾自由与平等而已。请观他国与吾政府之专制，孰为甚耶？"类此"虽似赞成革命，其实愿为白人奴隶"。若"革命党濡染此种见解，则犹不如望立宪者"。

过去一种常见的观点是革命党人重政治革命甚于种族革命，这当然不错，他们确有类似的表述；但至少对章太炎这样的革命党来说，西潮东渐以后中国面临着与古代有重大区别的国际环境（约即康有为所谓由"一统垂裳"变为"列国并立"竞争之势），故"昔人读史，注意一代之兴亡"，而今日则"当注意全国之兴亡"；以今人熟悉的白话表述，即中外矛盾重于国内政争。②且不说

---

① 本段与下段，章太炎：《规新世纪》，《民报》第 24 号，第 62—63、49—50 页。

② 说详罗志田《中外矛盾与国内政争：北伐前后章太炎的"反赤"活动与言论》，《历史研究》1997 年第 6 期。

当时即有人认为中国政府未必比外国更专制①，就是真的外国政府比清政府更不专制，也不能因为追求所谓"自由平等"而甘为"远西藩地"。在中外矛盾面前，太炎甚至宁愿与革命党的政治竞争对手立宪党站在一起（这其实隐喻着认同大清）。

除了"中国"和（西方主导的）"世界"这一空间立场的差异，注重国粹和提倡万国新语的两派革命党人在时间立场上也相当对立：一方强调历史的因素，而另一方着眼于"现在"（实际更多是面向未来）；这一分歧后来一直延续到民初，仍为思想界争论的一个焦点。②在太炎看来，历史观念并不仅仅意味着回向往昔，而是代表着一个从过去到未来的时间发展过程。他指出：《新世纪》之人会说，"史传者，蒿里死人之遗事；文辞者，无益民用之浮言。虽悉弃捐可也。"关键在于，"人类所以异鸟兽者，正以其有过去未来之念耳。若谓过去之念当令扫除，是则未来之念亦可遏绝，人生亦知此瞬间已耳，何为怀千岁之忧而当营营于改良社会哉？"③

章太炎承认"种界"与"学理"不同，他说，"义有是非，取是舍非者，主观之分；事有细大，举大而不遗细者，客观之分。国粹诚未必皆是，抑其记载故言，情状具在，舍是非而征事迹，此与人道损益何与？"按太炎本不认为中国历史上的一切皆"粹"，他在《规新世纪》一文中已将国粹、国学、国故并用，基本作为互换的同义词而避免重复；稍后将其论集命名为《国故论衡》，则显然取相对中立的立场。但从"国粹以历史为主"这一角度看，"人类所以殊于鸟兽者，惟其能识往事，有过去之念耳。国粹尽亡，不知百年以前事，人

---

① 马叙伦即认为："今日中国政治之专制，仅及于将甚未甚，尚未臻于大甚之点。试举中国种种政治机关之专制，若法律、若警察、若宗教、若教育，与俄对照而比较之，皆不俄甚。若而中国言覆专制政府，盖戛戛哉。"马叙伦：《二十世纪之新主义》，《癸卯政艺丛书·政学文编卷四》，台北，文海出版社影印本，第145页。

② 参见罗志田：《古今与中外的时空互动：新文化运动时期关于整理国故的思想论争》，《近代史研究》2000年第6期。

③ 章太炎：《驳中国用万国新语说》，《章太炎全集》（4），第352页。

与犬马当何异哉？人无自觉，即为他人陵轹，无以自生；民族无自觉，即为他民族陵轹，无以自存。"故"评弹国粹者，正使人为异种役耳"！①

吴稚晖等主张废弃中国文字语言，正欲"令历史不燔烧而自断灭，斯民无感怀邦族之心"。唯"种界"实与"历史"伴生，而语文即种界之要素。故即使改汉语而使其辞气与万国新语相当，也对民族自觉不利。盖"今世语言，本由古言转蜕；音声流衍，或有小殊，而词气皆如旧贯"。若"恣情变乱，以译万国新语则易，以读旧有之典籍则难。凡诸史传文辞，向日视而能了者，今乃增其隔阂。"问题在于，"语言之用，以译他国语为急耶？抑以解吾故有之书为急耶"？太炎固主张"洞通欧语，不如求禹域之殊言；经行大地，不如省九州之风土；搜求外史，不如考迁、固之遗文"②。但吴稚晖等人显然认为吸收"新文明"之"新学理"才是当前之急务（严复等士人也主张将中国书籍暂时束诸高阁，先尽全力吸收西方学理；然其目的仍在自保自强，立场又不同）。

太炎强调："一国之有语言，固亦自为，非为他人。为他人者，特余波所及耳。夫日本人于汉学，所得至浅末，然犹不欲堕废汉文；罗马字代假名之说，无过崇拜势力与轻剽好异者为之，深思者无不与反对。况吾土旧有之文，所以旐表国民之性情节族者乎！"无政府主义者自诩"不恩民族、不赖国家，兴替存亡无所问；效雄鸣以求新牡，其无所顾惜也则宜"。然欧洲"无政府家如苦鲁巴特金，一意尊其国粹，而此土言无政府者反是；忖度其心，亦曰彼文明之白人当尊国粹，此野蛮之黄人不当尊国粹耳"③。

彼"徒知以变语求新学，令文化得交相灌输，而不悟本实已先拨。岂必如露人之迫波兰、英人之迫杜兰斯瓦，使舍其国语而从新主；纵汉人自废之、自用之，其祸已不可噬齐矣。"只有草昧初开之族，符号简单，故改从他方言语而无害；且"其国素无历史文学，一朝改从异语，于故有者未亏，而采获新知

---

① 章太炎：《印度人之论国粹》，《章太炎全集》（4），第366页。

② 章太炎：《规新世纪》，《民报》第24号，第50页；《驳中国用万国新语说》、《印度人之论国粹》，《章太炎全集》（4），第351、366页。

③ 本段与下段，章太炎：《规新世纪》，《民报》第24号，第59—60页。

无量"，尚颇相宜。若"以冠带之民，拨弃雅素，举文史学术之章章者，悉委而从他族；皮之不存，毛将焉附"？其实太炎此论与吴稚晖无甚歧异，在吴氏眼里"野蛮"的中国正类"草昧初开之族"。且"冠带之民"便有"皮"，独"草昧初开之族"无之乎？在今日观点看来，自己也不被西人看重的中国士人仍不免有以不平等观念看待他族之嫌，然对章太炎而言，民族发展的不平衡仍是各族之"历史"在起作用。

重要的是，"民族区分，舍语言则无以自见。一昔捐弃其固有而执鴃鴂，狌狌之业，无往而可"。而万国新语"本以欧洲为准，于他洲无所取"。全地球"殊色异居，非白人所独有。明其语不足以方行世界，独在欧洲有交通之便而已"。故不如命为"欧洲新语"。①太炎也不反对亚洲人"学之以为驿传，取便交通"，不过当正其名为"外交新语"。正名之后，则学之而"不以乱士风"，不啻另学一种欧洲文字。且欧洲人口面积均不敌亚洲，"若欲令亚洲人言语交通，亦可自编新语，为会同邮传之言，当名为'邦交新语'，以别于'外交新语'。犹不得自废故书，惟新语之为务"。总之东方西方皆可造新语以便交通，然"妄庸子不惠于东人，不念邦族，不度地邑民居多少，惟欲改易旧言"，只能称为"西方牛马走"②。

在某种程度上，愿为"西方牛马走"正与以日本为榜样而提倡学习欧文相关。主张改用万国新语者常"以日本成事相拟，不悟日本承封建末流，其尊种爱国之心坚不可坏，故习学欧文无所损；且其人皆素知和汉文言，亦无或昧于东方历史，终不以欧化易其肺肠，故少弊耳"。中国则情形不同，"人心故涣散，主之者又适为异族政府，令民志不幅凑区中；挽以国文，犹惧不蔇；又随

---

① 田北湖后来再申此意说，"西人之制万国新字者，无虑数十家"，其意或不为不美；然本应"博考旁征，明于同异之故；独立标准，可以综摄全球"。结果并未参考非欧洲文字，其"凭籍【藉】之具，率取材本国。既倚一偏，卒无所效"。田北湖：《国定文字私议》，《国粹学报》第 4 年第 12 期。

② 章太炎：《驳中国用万国新语说》，《章太炎全集》（4），第 337 页；《规新世纪》，《民报》第 24 号，第 51—52 页。

而戮夷之，民弃国语，不膏沐于旧德，则和悦不通，解泽不流，忘往日之感情，亦愈杀其种族自尊之念。焉得不比暗白人而乐为其厮养耶？"①

一旦丧失"种族自尊"，则虽号称以未来之美好"世界"为念，其实有双重标准，盖其"曷不曰今日欧洲之楼台苑囿，丽夔而精妍者，一切当摧烧使无余烬，以待美富种性之后人建筑其黄金世界乎？土木之美则靳之，文学之美则弃之，不图市侩屠沽之见，犹在斯人也"！尤其这里的"土木"是欧洲的，而"文学"则是中国的，非常能体现其"西方牛马走"的特色。而且，正是欧洲人自己特别强调语言为民族之要素。太炎指出，不是他要"强世界倒行"，而是"世界"各国皆注重本国文化；假如全俄罗斯人皆"欲尽改其言为万国新语"，则他对中国改用万国新语也"不以一语相遮。所遮者，独在汉土"②。这正凸显了语言和土地在意义上的等同，国粹学派本强调以国土确定国学，即所谓"有是地然后有是华"③也。在世界尚未大同之时，语言文字与国土一样，都是必须保存的。

稍后田北湖再申此意，明确"国家之建造与其成立，所以显明之者，土地也、人民也、文字也。沟画内外，宰执始终，苟缺一端，则名实之间离矣。失其依据，将安存焉？"他同时也指出，保存国粹之义，不是"死守有限之旧字，强以今物就古义"，而是要使之发展生长。"佳麦良茧，欲长守其富源，则必播之育之，殖而繁之，然后嘉种之传，绵延至于弗绝。一旦农夫蚕妇，什袭篚笥之中，以为典守故物，而不知生机已锢，后莫为继；经历岁时，销铄光彩，腐朽且不适用，能复化为神奇乎？"保存文字亦然。文字本是发展的，"与知识学术，同隶范围之中，不容离立者也。人群进化，本无穷期，文字随之为转移，亦无止境"。故"一国之文字，可以历久不敝，而无终古不变之理"；使其发展，本后起者之责任。但要"因而不革、益而不损，型范矩庸，殊无违于朔

---

① 章太炎：《规新世纪》，《民报》第 24 号，第 61—62 页。
② 同上书，第 62—63 页；《东京留学生欢迎会演说辞》，《章太炎政论选集》上册，第 277 页。
③ 参见罗志田：《清季保存国粹的朝野努力及其观念异同》，《近代史研究》2001 年第 2 期。

例，循乎文明事业应历之梯阶"①。

《新世纪》诸人对这些观念皆不认可，署名"反"的作者直接挑战"历史"，他十分赞同尼采所言："【若】社会之进化，恒取准于历史，则又如人欲急行，而以巨石自系。"则历史不仅不是资源，反为"急行"的负担。故他说："吾生平最不满意于历史家，尤憾于学者中之所谓历史派，凡遇一事，非曰历史上之所使然，则曰证诸历史斯不可易。孟子曰，'訑訑之声音颜色，距人于千里之外'，其是之谓乎！近数年来，中国之号称识者，动则称国粹。环海内外，新刊之报章书籍，或曰保存国粹，或曰发挥国粹，甚者则曰国粹之不讲，则中国其真不可救药。呜呼，此岂好现象乎！吾敢一言以断之曰：是受历史之毒，而不齿于尼采者也。"②而"苏格兰"更明确文字与守古的关联说，"文字为开智第一利器，守古为支那第一病源，汉文为最大多数支那人最笃信保守之物"③，故欲救中国必先废汉文。

这位署名"反"的作者尚自认是《新世纪》中比较能承认中国历史上之成就者，他认为，"以言形上之学，若周秦之学术，两汉之政治，宋明之理学，皆可超越一世，极历史之伟观，较诸希腊罗马未或下也"。而物质方面之发明，若指南针、经纬度、锦、印刷器、火药、瓷器等，"则大裨于全世界之文明，虽在今日，西人犹多艳羡之者。以言为中国之国粹，是诚无愧"。的确，将这些言论放在《国粹学报》之中，也算是相当肯定中国往昔的了。不过其话锋一转，随即指出，在"万事以进化为衡之世，是种种者，当在淘汰之列；其补助于社会文明之功，已属过去之陈迹；其所产生之新文明，已历历然现诸面前"。当"以新产生者为模范"，而不能"以未发生新文明以前之旧模型为师法"。

故若将这些国粹陈诸博物馆，"是诚保守之上策，亦尊重祖先之大道也。三五学者，既得考古之道，又可借此以观进化往迹。再若热心改革者，知平民

---

① 田北湖：《国定文字私议》，《国粹学报》第 4 年第 10 期。

② 本段与下两段，反：《国粹之处分》，《新世纪》第 44 期，第 1 页。

③ 吴稚晖：《书苏格兰君〈废除汉文议〉后》，《国音、国语、国字》，第 19 页。

之难化，借古所已有而今亡者以引导鼓舞之，则其苦心之处，尚在崇仰之列"。这一态度也比吴稚晖提到博物馆总要加一个"嚼甘蔗滓"的定语显得温和。然其又明确指出，"若专是古而非今、尊己而卑他，标异于人，而以助国界之愈严明；梦想草昧，而使人群之日退化；则其祸群之罪，不啻应加以大辟之刑"。他强调："科学超于国界，良知贯于万民，固无分于东西，更无区于黄白种也。世之学者，不察于此，专以标异为务，则亦可悲矣。"很明显，要讲究不分东西黄白的"科学"，便不能"标异"而严明"国界"与"种界"。

但不着意于区分东西黄白并不意味着其没有标准，当章太炎本"以不齐为齐"的原则提出"风律不同，视五土之宜，以分其刚柔侈敛。是故吹万不同，使其自已，前者唱喁，后者唱于，虽大巧莫能齐"时①，吴稚晖便不能同意，他反驳说"语言文字之为用，无他，供人与人相互者也。既为人与人相互之具，即不当听其刚柔侈歙，随五土之宜，一任天然之吹万而不同，而不加以人力齐一之改良。执吹万不同之例以为推，原无可齐一之合点，能为大巧所指定。然惟其如是，故能引而前行，益进而益近于合点，世界遂有进化之一说。科学中之理数，向之不齐一"。然亦可"假定一数，强称齐一，为便于学理及民用者"。况"语言文字止为理道之筌蹄、象数之符号"②。

吴氏明确指出，"无政府党之能废强权，全恃乎能尊学术。尊学术必排斥不足为学术者，不足为学术，而必固守其习惯，为妨碍于世界，即可与强权同论"，当然在排斥之列。他针对章太炎所说"学之近文者，其美乃在节奏句度之间"的观念说，文学不论中西，要在其是否合于"声响之定理"，如其不合而"为甘带逐臭之偏嗜，何足以言学术？盖异日后民脑理之细密，当别成美富之种性，岂野蛮简单之篇章所足动其情感？故无论摆伦之诗、汉土之文，不在摧烧之列，即为送入博物院之料"。这里将"摆伦之诗"与"汉土之文"同等处置，倒真有点《新世纪》强调的尊今薄古的意味，与其多数言论皆尊西薄中

---

① 章太炎：《驳中国用万国新语说》，《章太炎全集》（4），第 337 页。

② 本段与下段，燃料：《书驳中国用万国新语说后》，《新世纪》第 57 号，第 11、15 页。

不甚同。而其对"不足为学术者"必排斥之的主张揭示出这些无政府党强烈的进攻性，盖是否"足以为学术"的标准其实每由其自定也。①

章太炎反驳说，"科学固不能齐万有，而创造文字，复与科学异撰。万物之受人宰制者，纵为科学所能齐；至于文字者，语言之符，语言者，心思之帜。虽天然言语，亦非宇宙间素有此物，其发端尚在人为，故大体以人事为准。人事有不齐，故言语文字亦可不齐"。所谓"品物者，天下所公；社会者，自人而作"。就器物言，"固有此土所无而彼土所有者，则比字属名，亦定其号；终不可题号者，不妨从其主称"。而社会既"自人而作，故其语言各含国性以成名，故约定俗成则不易"。与"人事"相关的不同语言各含"国性"，自"不容以他方言语乱之"。②

章太炎观察到，《新世纪》"每至词穷，辄矫藉科学之名以自文，若狡兔有窟穴然。不审绝无经验而妄言者，于科学何当也？"比如其"函胡其语，以科学牢络万端，谓事事皆可齐一"；然其"所以齐一之者，彼亦未有其术，徒以大言自任；又不专心揖志以求其是，而谓假定一数，强称齐一，足以便民用。夫徒为便用计，至于假定、强称，是奚足以言科学？抑《新世纪》记者之科学欤？"今日学者多知科学的一些基础观念（即所谓公理者）的确是尚未证明的，当年"科学"正在兴起之时，这样看便被认为是贬低（这也提示着太炎视科学甚高）。③然章氏至少有一点所言不误：讲求学理的"科学"不是"技术"，绝非"徒为便用计"。他进一步提出，"藉令异日民情别怀美富，于今日固未有此种性。舍今日之急图，责方来之空券，非愚则诬"。其实岂止科学、文学，近代新派的法宝正在于几乎可以任意描绘美好之未来，而凡带守旧意味者却必须

---

① 类似取向日后在新文化运动时仍相当流行于新派之中，参见罗志田：《权势转移：近代中国的思想、社会与学术》，湖北人民出版社 1997 年版，第 269—271 页。

② 本段与下段，章太炎：《规新世纪》，《民报》第 24 号，第 55—56、62 页。按强调"种界"与"历史"的关联是太炎的一贯看法，与其言民族不全据血统而侧重"历史民族"的观念相通。

③ 这一观念也延续到民国，当年"科学与人生观"之争时，当"科学"一边的丁文江指出科学也有力所不及处时，"人生观"一边的张君劢便认为丁氏贬低了"科学"。说详罗志田：《从科学与人生观之争看后五四时期对五四观念的反思》，《历史研究》1999 年第 3 期。

先证明其所守者之价值所在。

章、吴二氏的辩论至此层次已相当高，所涉及者大体是迄今中西学界仍讼而未决的问题。"学理"与"种界"之争到这样的层次便难以继续，故吴稚晖提出，既然章太炎"尚怀羊毫竹纸之智识，则我辈对语，岂能相喻。听作者自为诂经精舍之獭祭课卷，我辈亦自为万国新语之摇旗小卒，各行其是可也"。虽然太炎曾论证羊毫比铅笔更进化，在吴氏眼里显然仍是"野蛮"的象征。当太炎谓中西乐器各能演奏自方乐曲而未必适宜于对方乐曲时，吴稚晖再次指出这是"简单之耳"无法听更加进化之音乐，正像贵州内山之苗"必闻东邻击石，欢跃不已"而对奏岳鄂王曲的笛声"瞠目惊怪"一样。①

双方辩论中一个颇有意思的现象即章太炎屡斥吴稚晖崇洋而为"西方牛马走"，吴稚晖则不断贬章太炎进化层次低而"野蛮"。这当然不止是互相攻击，实揭示了各自的价值取向；不过，吴稚晖基本不以崇洋为耻，而章太炎则总欲表明自己并非"野蛮"，又提示出当时世风的趋向。当中国在中外竞争中一败再败时，要为其"国粹"张目的确相当困难（尤其所谓国粹的不少具体内容对一般国人而言已过于艰深了）；而趋新者既有欧美日本等成功榜样，更可随意描绘尚未发生的美好未来，在争论时往往先立于更加有利的地位。

一般而言，主张抛弃国粹者才更重视"今日之急图"，盖"国粹"妨碍中国吸收新文明的当下需要是从自强派到无政府派的共识；当主张保存国粹的章太炎强调起"今日之急图"时，似给人以错位的感觉。其实当年中国士人多怀有焦急的心态，保国粹然后国人知国可爱、人人爱国则国可以存正是太炎眼中的"急务"。然而恰在这一点上，吴稚晖至少在学理上确实击中了主张革命的国粹学派之痛处。

吴氏指出，今日一些"顽固东西"以为汉文之用处尚多，对于"学生抛荒汉文"或太息或忿恨。"凡抱此种见解者，其议论易入于夹杂，且其徒党必每况愈下，愈偏愈旧。其迁变之层次略有可寻者：（一）认定中国人定与中国人

---

① 燃料：《书驳中国用万国新语说后》，《新世纪》第57号，第14—15页。

交涉为多，应通中国文；（二）通了中国文，便可有计【许】多说不出话不出的爱国思想；（三）不但应通中国文，也并应多知中国文所记之古事物古法制；（四）于是索性笼统其词，承国家教育家之谬论，硬断国文是根本，也就并不理会自己之国文为何等之国文；（五）益发吃醉了，爽性立一个保国粹的名目，不管什么叫做文字上的汉文或名学上的汉文，凡中国笔画装起来的便是国粹。"①

以接纳（不分"种界"的）新文明为要务的吴氏当然不认为中国人交涉的对象主要为中国人（这与前引章太炎主张"语言之用以解吾故有之书为急"的观念适成鲜明对照），唯那时"一般爱国派，专以造就国民为急务；故于小学校中，倡专教国文，禁习外国文之说，此师法各国之成事也。然吹开了尿缸之沫，返照一照，看贵国文为如何之国文？惟其因此等文字，不足以发挥新文明之学理，故日陷于头等野蛮之地位，于是才有所谓兴办学堂之一说。若仍把这一桶阳沟水，倒来倒去，其去于造就义和团也几希！"②以义和团喻教学之中西取舍似也非吴氏的发明，章太炎就观察到，上海的新学堂中"有教师课历史，言教科书荒陋，愿尔曹参考《纪事本末》。学童大哗，以其师为义和团"③。在吴稚晖看来，中文原是造成中国"野蛮"的原因，这样的国文怎么能"硬断为根本"呢？

且"所谓国文为根本者，想来断不是言贵国之国文最足以治世界进化之新学。则所谓根本之说，大约即谓中国人能将中国字给他看了，便忘不了中国"。吴氏以为，"此等屁说皆为犹太、波兰等人之迷谬思想，效果未尝有，徒留一劣感情于自己种族之间"④。在他看来，"此等似是而非之影响谬说，固出于有

---

① 吴稚晖：《苏格兰〈废除汉文议〉按语》，《新世纪》第 71 号，第 13 页。

② 燃：《新语问题之杂答》，《新世纪》第 45 号，第 2 页。

③ 章太炎：《规新世纪》，《民报》第 24 号，第 50 页。

④ 鲁迅当时即指出，多受侵略的近代中国人忘其尚文传统，颂美侵略而讥讽被侵略之印度、波兰人，实为势利的"兵奴"。吴稚晖这一表述既提示了无政府主义者的超人超国意味，也表明其并未逾越清季"举世滔滔"的"崇强国"而"侮胜民"之世风。参见鲁迅：《破恶声论》（1908 年），《鲁迅全集》（8），人民文学出版社 1982 年版，第 32—34 页；并参见罗志田：《从无用的"中学"到开放的"国学"：清季国粹学派关于学术与国家关系的思考》，《中华文史论丛》第 65 辑，2001 年 3 月。

国界之自私自利者，不足深辨。然即就彼之屁说以相反诘，不知其成效何在？妨碍何在？普鲁士能以德语统一萨克森等之学校，世人流口沫言之矣；然澳大利亚（今译奥地利）亦能之，何以澳则终失日耳曼共主之权，此成效何在耶？美人何以能操英语反对英人？比利时何以能操法语表异法国？此妨碍何在耶？故世间一哄之议论，至为可笑"①。

如前引述，吴稚晖已观察到，爱国派提倡在小学校中专教国文而禁习外国文是"师法各国之成事"；今顽固者"硬断国文是根本"这一思路，又是承西方"国家教育家之谬论"。中国之保国粹者的思想资源其实也来自"新文明"的产地，这是后来许多研究者不甚重视的，吴氏却早已将其指明，故其特意援引西方事例来证明此说不立。他进而返观中国的情形："若言中国人能读中国文之效果，不说犹可，一说则使我顿时通身的肉，绉将起来麻一个不了。口读中国书，头挈鞔子尾，二百六十余年之八股，其成效可睹矣。尚迷信此物定能爱国耶？"所谓"以国文发起人民之爱国心"，无非欲"增添抵抗外族之热度"，然而搉诸"写汉字、读汉文而作满洲之官、拖满洲之辫"的现象，"国文之效力何如？曾从汉文上稍增爱国心之热度否耶"？② 清季中国士人本已极重"实用"，革命党人又正倡反满，而中外实际成效不过如此，这一辩驳的确相当有力。

吴稚晖继续驳斥"采用他国文字，自弃其国文，直与服从无异"的言论说，"美国服从英国乎？比利时服从法兰西乎？满洲人服从汉人乎？反而诘之，印度人未服从英人乎？犹太人之分居各国者，未服从所在之国乎？"当时"世俗之见，称曰亚人欧化，即以为亚人降服；称曰东学西渐，又以为东人胜利"。然在欧洲留学之人皆正其名为"留欧学生"，而"学生则必有为之师者，出洋留欧，明明言以西人为师；若照世俗之成见，中国多一学生，是即外国多一俘囚。然而凡居学生之名者，初不作是想。因人类之相师，固与相制异也"。故

① 本段与下段，吴稚晖：《苏格兰〈废除汉文议〉按语》，《新世纪》第 71 号，第 14 页。
② 本段与下两段，吴稚晖：《书神州日报〈东学西渐篇〉后》，《国音、国语、国字》，第 48、44、30—31 页。

"或渐或化，各当顺乎好学之自然而迎受之耳，无荣辱包于其中"。若"但喜我之能渐，不愿人之来化"，不免过于"自足而拒善"。

他重申："文字者，不过器物之一。如其必守较不适用之文字，则武器用弓矢可矣，何必采用他人之快枪？航海用帆樯可矣，何必采用他人之汽舟？文字所以达意，与弓矢、快枪、帆樯、汽舟之代力，非同物欤？何为不宝祖宗之弓矢与帆樯，而必宝其呆滞朴塞之音、板方符咒之字哉！是真所谓以伪【讹？】传伪【讹？】、习焉不察者也。"这就凸显出视语言文字为工具的意义了，工具当求其良，弃此取彼，正相宜也。故明知是"较不适用之文字"而保守之，实"故意与他人不相齐一"，反"阻碍于智识之活泼"。

文字既为工具，则对于"中国文所记之古事物古法制"，且不说"就普通一般之教育而言，应知之者，至为有限"；就是应知，"无论用何种新改之文字，皆能适如其数，编之译之，以供普通教育之取求"，影响并不大。那些"以为汉文之用处尚多"的顽固者"立一个保国粹的名目"，"凡中国笔画装起来的便是国粹"。然而"所谓粹者，当指道理之精确、未能为后世学说所非难者而言。如有此种精确之道理，不拘用何种文字，皆可记述，不必保之以中国文"。同样，"野蛮之国粹，亦可以无论何种文字记述之，何必兼保中国文字"？故"粹字上加一国字实为不通之谬名词。如其此种道理，在中国文字记载之中，则为至精；若质之于世界之新学说，早已显其谬误。如此而曰国粹，分明以此为野蛮国学说之最精粹者，所以自生分别，自认非为世界学说之精粹者。则国粹之名词，自确当矣；然保存之，有异乎慎保鞑狗之猪尾乎？"①

不过，吴稚晖立刻又从文字仅工具的立场移位，承认文学在"美术上之价值，先赋于种性，而后即充溢于一种族所创之文字，代表而出之。故欲保持何种民族之种性，必先保持其美术（文字音乐雕刻等皆是）。"但由于他已认定中国种性野蛮，则"惟知保持中国人固有之种性，而不与世界配合别成为新种

---

① 吴稚晖：《苏格兰〈废除汉文议〉按语》，《新世纪》第 71 号，第 14—15、13 页。

性，岂非与进化之理正相反"？若"必以代表单纯旧种性之文字，以之保存旧种性于无疆，则质而言之，直为一制造野蛮之化学药料"。故以后"先当废除代表单纯旧种性之文字（旧种性者本于文字外充溢于精神），而后自由杂习他种文字之文学，以世界各种之良种性，配合于我旧种性之良者，共成世界之新文学，以造世界之新种性。如此，对于一种人，则为改良；对于世界，则为进化；对于文字，则为能尽其用"①。

这里吴氏已稍让步，到底承认中国"旧种性"尚有"良"之成分。他在呼应"苏格兰"主张"今日救支那之第一要策在废除汉文"时说，"支那好古家不尝自负曰：'中国之文明为世界先进之文明'乎？然则中国人之祖宗，能于全世界野蛮相等夷时，独先超进于文明，乃至于今之不肖子孙，每曰西洋不过如此，中国何能如此；作一跟屁股虫，尚歉然自以为不足。故中国所谓好古家者，特好祖宗之糟粕，未尝能好祖宗之精神"。可知吴稚晖的许多偏激言论或者也带有梁启超等人那"故意激进"的意味②，他至少还接受古代中国曾走在世界前列，其"精神"亦可法。而其之所以要"故意激进"，很可能正如"苏格兰"所说，"若支那于二十年内能废除汉文，则或为全球大同人民之先进"。短期内便一举走在世界前列，正近代中国士人持续梦寐以求者，吴氏号称超越"种界"，又何尝不希望中国为全球之先进呢！③

后汪德渊（寂照）在《神州日报》刊《东学西渐篇》，引日本汉学家槐南陈人的文章，反对废汉字之假名的主张，吴稚晖又有评说。因槐南氏所据为西人爱读汉文书，吴氏乃一反常态，专论西人不足为据。他说，"西人亦人耳。人类之进化无穷，故在比较级上论气质，杂有善恶。普通之弊习，以西人较于他族之人，一切皆有"。反对槐南氏者"每谓西人之异于我，不当从我"；赞成槐南氏者"又谓西人之同于我，自可从我"。虽"轻我重我，彼此有别，而认西人即为道理，固无少异。吾人论世间事，皆非一己之私事，误与不误，皆不

① 吴稚晖：《苏格兰〈废除汉文议〉按语》，《新世纪》第71号，第12—13页。
② 参见罗志田：《权势转移：近代中国的思想、社会与学术》，第60—61、282—284页。
③ 引在吴稚晖：《书苏格兰君〈废除汉文议〉后》，《国音、国语、国字》，第19页。

必回护。彼此之所以认西人即为道理者，无非急求论证，可以强词驳难，故遂不暇研究其误点"①。

本来"西人之习华文，特参考东学耳，非习东文也"。但槐南氏"所论者为学术，而所以论者则仅指文字"。吴氏叹曰，"久矣，东方人初不知学术与文字为同为异矣！以广义言之，文字固亦学术之一；若就典型泯灭、汉学大光等云云之狭义言之，学术自学术，文字自文字"。比如中国禅宗，"其源非记载以梵文乎？何以译为华文之《华严经》等等，梵文消灭而佛理仍在，并且见采于宋学？《华严经》等等又消灭，而佛理之存在如故。则公佛有灵，当无戚于腐心采用支那字笔画、废弃梵文之字母也"。吴稚晖说得口滑，大概没想到似如此之学术与文字为异，以汉文翻译西方学理岂不甚宜，又何必废汉文而改万国新语？

于是他不得不反复申论东方旧文字不论怎样改革仍为"大同之梗"，不如竟"舍其旧文"，直接"采用较公用之文字、如万国新语等，次亦采用任何一国通行较广之语"，则"世界不同之点，亦以减缩"。盖"既知彼之较适用、较齐一于我，不得已欲仿之而改良，则又何必专殉国界之私见，必造异点于世界"？之所以采用西文，"因有不可掩之比较，实彼良而我劣耳；非因西人所行用，从而迁就之也"。吴氏知道，"父壤母舌等之无意识语，西人之迷信有过于我，然可恕其伪谬之恶根性贻自彼之劣祖宗。今但问道理应当何如"，而"断不能即认西人所言遂为道理"。

实际上，"二百年来科学时代之思想与事物，实世界古今之大变动"；而"科学世界实与古来数千年非科学之世界，截然而为两世界"。吴氏提出，"凡悬想者为哲理，而证实者乃科学。道德、仁义，不合乎名数质力者，为悬想；以名数质力理董之者，是为科学。故自科学既兴，以声光化电之质力，遂至名数益精"，分科亦专，"其理道之深微，皆用尺度表显，岂如古世希腊诸贤，及

---

① 本段及以下数段，吴稚晖：《书神州日报〈东学西渐篇〉后》，《国音、国语、国字》，第28、30—31、43—44、46—47页。

我春秋战国老、庄、孔、墨之徒，以及禅学之经典，仅有无理统之悬想所可同日语乎"？故"以非科学世界之文字，欲代表科学世界之思想与事物，皆牵强附会，凑长截短，甚不敷于应用"。

"二百年来"是个重要的时间断限，此前确有所谓东学西渐，"罗盘、印器等等，来自东方，明载西籍，固无所事于讳匿；特用其原理，变为新制，不害其为西器"。这里吴氏不"讳匿"西人采用了东方原理，更明确此不妨碍其"西器"之认同，立场相当清晰，且其并不指出这是人类共同的知识。然"二百年来"则不同，科学"忽涌现于西方，此非应西人独得之智识"，乃人类各时代之积累，适至此时此地；或即因此，欧洲文字自更能表述"科学世界之思想与事物"，他人径用之可也。盖"世界有科学，起点在西与在东，不过发脚之先后；世界既有其物，固必普及于人类"；若仍用非辗转引申假借不能达意的中文，"徒为修学之魔障，自画其智识，不能与世界共同进化而已"。

吴稚晖这样从"世界"角度立论看似超越，但他却忽略了一点，当年东学西渐之时西方并未采用东方语言而仍能运用其"原理"，何以今日中国不废中文便不能接纳西方学理呢？二百年来之"科学世界"真与"古来数千年非科学之世界"有这样本质的区别吗？当"科学""新文明"与"世界"都与近代西方直接相关之时，吴氏虽有意不计"种界"而专重"学理"，然无意中却每偏向更"文明"的西方。综观其论述，"欧化"一词出现极少（本文所引仅一次），然其实欲中国欧化的意思则随处可见。

四、余论：万国新语之余波

在清季最后几年，万国新语和国学对青年学子皆有相当的吸引力，在当时的竞争中，似乎国学一方稍占上风。在日本留学的钱玄同于 1906 年 3 月读《国粹学报》后，深感"保存国粹，输入新思想，光大国学，诚极大之伟业也。数年以来，余扮了几种新党，今皆厌倦矣，计犹不如于此种寻绎之有味也"。

然他到 1907 年秋又积极参与无政府主义和社会主义的活动。到 1908 年时，日本无政府主义者大杉容举办世界语讲习班，章太炎举办国学讲习会，钱皆欲参加，终因时间冲突而选择后者，听讲中并发愿自此"一志国学，以保持种性，拥护民德"①。

到 1910 年钱氏协助老师章太炎创办《教育今语杂志》，即强调"我国文字发生最早、组织最优、效用亦最完备，确足以冠他国而无愧色"。只因唐宋以降"故训日湮、俗义日滋"，导致读书人"习流忘源；不学者遂视为艰深无用，欲拨弃之以为快。夫文字者，国民之表旗；此而拨弃，是自亡其国也"②。此时他的态度完全站在国粹学派一边，正式反对废弃中文的主张。

不过吴稚晖一边的观念也在延续，胡适在美国留学时，便发现"吾国学生有狂妄者，乃至倡废汉文而用英文"。胡适则以为，"吾国文字本可运用自如。今之后生小子，动辄毁谤祖国文字，以为木强，不能指挥如意（Inflexible），徒见其不通文耳。"③这已是民国初年，那时闻一多仍在申述"国于天地，必有与立，文字是也。文字者，文明之所寄，而国粹之所凭"。他认为中国"汉唐之际，文章彪炳，而郅治跻于咸五登三之盛。晋宋以还，文风不振，国势披靡。洎乎晚近，日趋而伪，亦日趋而微。维新之士，醉心狄鞮，么么古学；学校之有国文一科，只如告朔之饩羊耳"。但他也承认"夫赋一诗不能退虏，撰一文不能送穷；恒年矻矻、心瘁肌瘦，而所谓诵《诗》三百，使于四方，不能专对者，遍于天下"④。以文字为凭借的国学在退虏、送穷及外交等致用方面

① 杨天石：《振兴中国文化的曲折寻求——论辛亥前后至"五四"时期的钱玄同》，《五四运动与中国文化建设》下册，第 989 页。引文皆为钱玄同日记。钱玄同在数年间便几易思想倾向，然总不离趋新的大方向，相当能体现清季那"日日新"的世风。

② 钱玄同：《刊行〈教育今语杂志〉之缘起》，《钱玄同文集》第 2 卷，中国人民大学出版社 1999 年版，第 313 页。

③ 胡适：《藏晖室札记》（胡适日记），1914 年 9 月 13 日记 4 日事，1915 年 6 月 6 日，上海亚东图书馆 1939 年版，第 375、660—661 页。

④ 闻一多：《论振兴国学》（1916 年），《闻一多全集》（2），湖北人民出版社 1994 年版，第 282 页。

显然不足，而闻一多并不能提出实际的解决方案。

结果，到新文化运动后则风气再转，原来的万国新语如今多已改称世界语，而其昔日的反对者钱玄同也转而为支持者了。钱氏后来回顾说，当年在《新世纪》和《国粹学报》之间，他是倾向于后者的，除了共和政体外，"那时对于一切'欧化'，都持'詀詀然拒之'的态度"。而复古之念更甚于章太炎，"以为保存国粹的目的，不但要光复旧物。光复之告成以后，当将满清的政制仪文一一推翻而复于古"。而 1917 年的张勋复辟使许多新文化人转为激进，清季曾在几年间数易思想趋向的钱氏如今观念又变，他于次年回忆起吴稚晖提出的中国文字迟早必废、或至少当送入古物陈列院的主张，自己也成为主张废汉文的健将，以为"欲使中国不亡，欲使中国民族为二十世纪文明之民族，必以废孔学、灭道教为根本之解决；而废记载孔门学说及道教妖言之汉文，尤为根本解决之根本解决"。只有"先废汉文"，才能废孔学，才能"驱除一般人之幼稚的顽固的思想"①。

当时持相同观念的新文化人甚多，陈独秀对钱玄同说："今日'国家''民族''家族''婚姻'等观念，皆野蛮时代狭隘之偏见所遗留，根底甚深，即先生与仆亦未免能免俗，此国语之所以不易废也。倘是等观念悉数捐除，国且无之，何有于国语？"他提出"先废汉文，且存汉语，而改用罗马字母书之"的主张。但这似乎也有点"言文不一致"的味道，故胡适一方面表示对此"极赞成"，又进一步论证说，"中国将来应该有拼音的文字，但是文言中单音太多，决不能变成拼音文字。所以必须先用白话文字来代文言的文字，然后把白话的文字变成拼音的文字。"②

对傅斯年来说，"语言是表现思想的器具，文字又是表现语言的器具"；且

---

① 钱玄同：《三十年来我对于满清的态度底变迁》（1924 年），《钱玄同文集》第 2 卷，第 113—114 页；《中国今后之文字问题》（1918 年），《钱玄同文集》第 1 卷，第 168、162、166—167 页。

② 陈独秀致钱玄同、胡适按语，《新青年》第 4 卷第 4 号，1918 年 4 月 15 日，通信栏，第 356—357 页。

也"仅仅是器具，器具以外更没有丝毫作用"。惟其都是器具，"所以只要求个方便"；他主张废文言而改用国语以及将汉字改用拼音，"无非为现在和将来一般人的便利起见"。这里"既没有古不古的问题，更不存国不国的观念"；为了"要为一般人谋一种表达语言的方便器具，任凭国家的偶像破除了，中国不国了，我们总得要发展这国语的文学……中国可以不要，中国的语言不可不存"。这是因为，"外国语是极难学的，更不是中国人都能学得的。万一改用外国语当做国语，大多数的中国人登时变成哑子。"[①]

傅斯年这里似乎已在为亡国之后的中国人考虑，鲁迅也有类似的思虑，但主张恰相反，他认为"汉文终当废去，盖人存则文必废，文存则人当亡。在此时代，已无幸存之道。"[②]这才是关键，也是闻一多注意到而未能解决的问题，以前吴稚晖只说中文不能输入和研究"科学"的西方新学理，如今形势更恶化，中国"文字"已影响到"中国人"之存废，这是当时不少新文化人主张废汉文的实际思虑。与当时的国粹保存者一样，他们视文字为"传统"的载体；而文字在这里同时又是一个象征，他们根本认为中国的"文化"或"传统"已在阻碍作为"国家"或"民族"的中国向着变成"现代的世界文化"这一发展方向前进。

但1919年的五四学生运动向许多人提醒了"国界"的亦然存在，增强了国人对外患的关注，中国思想倾向又有所转变。周作人在1922年自述他关于国语的观念变化说，当清季吴稚晖与章太炎论争时，他"对于章先生的言论完全信服，觉得改变国语非但是不可能，实在是不应当的"。到1918年钱玄同重提改用世界语，周氏的思想也随之改变。"到了近年再经思考，终于得到结论，觉得改变言语毕竟是不可能的事，国民要充分的表现自己的感情思想，终以自己的国语为最适宜的工具"。因为人的表述"多少受着历史的遗产的束缚"，而"一民族之运用其国语以表现其情思，不仅是文字上的

---

① 傅斯年：《汉语改用拼音文字的初步谈》（1919年2月11日），《新潮》第1卷第3号，1919年3月，第392—394页。

② 《鲁迅致许寿裳》（1919年1月16日），《鲁迅全集》（11），第357页。

便利，还有思想上的便利更为重要：我们不但以汉语说话作文，并且以汉语思想，所以便用这言语去发表这思想，较为自然而且充分"，此即"言语的职分"①也。

吴稚晖当年大概未曾预料到他的主张在新文化运动期间会有这么多知音，他以前一度显得相当自信，曾向章太炎提出"试悬我等二说于方来，遭后人瘟臭之毒骂者为谁"的挑战；然马上又退缩，以为万国新语"与中国人之程度太悬殊"，只能逐步进行；且"在今日中国昏瞀之时代，或且作者（章太炎）等之邪说为易入，亦未可知。我辈尽我辈之言责，不使后人对于往事抱无穷之遗恨，如是而已"。20 多年后，北伐造成的政权更迭伴随着世风的大转，身与北伐的吴氏自己终于承认，"日本事事瞧不起中国，事事崇拜西洋，如其能废汉文，早已废了汉文、造成西洋文了。汉文的废不了，非不欲也，是不能也。我们要废除汉文，也是废不了；也为了尽管想要废止，必不能废"②。日本是因"崇拜西洋"而欲"废汉文"，吴稚晖等"我们"当年是否也因此呢？

至于汉文何以"废不了"，吴氏没有申论。但曾留学日、美两国的杨荫杭在 1920 年指出，清季"吾国教育家或亦拾西人之唾余，谓汉文难学，有碍教育普及。昔有人弃其所学之八股试帖而入学堂，每发愤感慨，自叹脑力已敝，皆多读汉文、多用记忆力所致"。其实，汉文"通行至三千余年之久，为地球上最长寿文字"。且汉文之难，虽在形体太多而难记，但其"文法之简便，为各国文字之所无。论者或讥之，谓文法太简，措辞易涉模棱。然以吾辈之经验言之，则用之数千年，固亦甚便，实无取乎苛细之文法。此欧人所不料也"③。"欧人所不料"者，"崇拜西洋"的吴稚晖等"我们"大约也难料及。其实如果

① 周作人：《艺术与生活·国语改造的意见》，上海中华书局 1936 年版，第 101—104 页。

② 燃料：《书驳中国用万国新语说后》，《新世纪》第 57 号，第 13、14 页；吴稚晖：《三十五年来之音符运动》（1931 年），《国音、国语、国字》，第 276 页。

③ 文载 1920 年 12 月 21 日《申报》，收入杨荫杭：《老圃遗文辑》，长江文艺出版社 1993 年版，第 164—165 页。

回到清季人最心仪的天演论，适者生存，正是《新世纪》诸人最不欣赏的"历史"早已回答了这一问题。

原载《近代史研究》2001 年第 4 期

中国近代翻译性文本中的"同名异译"与"异名同译"现象

王宪明

清华大学马克思主义学院

在中国近代翻译性文本中,"同名异译"与"异名同译"是比较常见的现象,但却常常容易被忽略,一些关键词和主义、学说理论的研究等也因此而受到影响。

首先是同名异译现象。以"社会"及"社会主义"为例。

"社会"一词至迟在唐代就已经出现,指的是里社在社日举行的赛会,后泛指节日演艺集会,也指志同道合者结合的团体。而在此之前,更多是用单字的"会""社"等,所指的都是民间结社、民间团体等。由于唐、宋时期政治中"党争"现象严重,出现"牛李党争"等,危及江山社稷,从此以后历朝统治者都严禁朋党,受此影响,"社会"也多转明为暗,成为民间秘密结社组织,明、清间大量存在的下层民众组织的各种"社会"或"会社""会党"等,都属此类。文人学士公开组织"东林""复社"等,研究学术,批评朝政,但最后也多被镇压。可以看出,中国古代的"社会"主要与地方祭祀、节日庆祝等活动相关,纯粹是地方性的民间团体,而越是往后,尤其是到了明清时期,这类组织的政治性越强,已经完全超出了地方、家族的范围,变成带有全国性的政治团体的意味,只不过大多数时候还是秘密的,得不到朝廷的承认,在统治者眼中,它们都是"不合法"的组织。

在中国近代早期的翻译文本中,"群""社""会""社会"等被用来翻译"political society"或"society"①。严复所译《群学肄言》《社会通诠》等名著

---

① 参见惠顿:《万国公法》,丁韪良译,总理衙门藏版,1865 年,《各国政治艺学分（转下页）

中，用"群""社会"来翻译人类在发展过程中所形成的严密程度不等、带有政治性的组织。用严复自己的话说，就是："群有数等。社会者，有法之群也。社会，商工政学莫不有之，而最重之义，极于成国。"①这实际上指的也就是中国传统中所说的"结社""立会""会社""会党""结党"之类的现象，或近代意义上的"政党""社团""团体"等。严译《社会通诠》中的"社会"二字，对应于"政治""政团""政党"。严复所译《社会通诠》第一版中译稿的书名就是《政史撮要》。②后来留美学生重译该书，题名则是《政治简史》。③

19 世纪末、20 世纪初，随着留日学生的增多，日本学术界用来翻译 society、sociology 等词的"社会""社会学"等词在中国流行开来，但其意思与严译名著中的"社会""群""群学"等词含义并不完全相同，其背后所反映的西方学术传统也不尽相同，严复所代表的是以英国学者斯宾塞为代表的广义社会学即包括哲学、历史、经济、伦理、语言、宗教等所有人文社会各学科在内的社会科学传统，与之相对的则是狭义的社会学，即只包括今天人们所理解的社会学这一门学科在内的社会学。

后来的研究者因不了解这种差别，在研究严复思想时，常常容易做出似是而非的解释，说严复是中国社会学的鼻祖、严复所用的"群""群学"被从日本传入的"社会""社会学"二字所替代，最后连严复本人也不得不放弃"群""群学"，改用"社会"等。④但实际上，严复笔下的"群""社会"却有着特殊

（接上页）类全书》本，1901 年版，第 5 页；英文原版见 Henry Wheaton：*Elements of International Law，with a sketch of the History of International Law*，London：B. Fellows，Ludgate Street，1836，Vol.I，p.62.

① 《译余赘语》，斯宾塞尔著：《群学肄言》，严复译，商务印书馆 1931 年版，第 2 页。

② 参见《政史撮要》，广学会 1902 年版。

③ 参见甄克思著，张金鑑译：《政治简史》，商务印书馆 1934 年版。

④ 近期代表性论著可参见李博著：《汉语中马克思主义术语的起源与作用》，赵倩等译，中国社会科学出版社 2003 年版，第 114—115 页；金观涛、刘青峰：《从"群"到"社会"、"社会主义"——中国近代公共领域变迁的思想史》，载《中研院近代史研究所集刊》第 35 期（2001 年 6 月）；景天魁：《论群学复兴——从严复的心结说起》，《社会学研究》2018 年第 5 期。

含义，与后来的理解有很大不同。

socialism 一词，最初有的译者将之译作"大同学"，有的将之译作"均贫富"或"均富"，也有的受严译名著的影响，将之译作"群义""民法"。20 世纪初开始，受日本所译社会主义文献的影响，尤其是幸德秋水所著《社会主义神髓》多种中译本的影响，"社会主义"一词逐渐开始流行起来。这些译法之中，"大同学""均贫富""社会主义"等是我们所比较熟悉的，而"群义""民法"则不太为我们所熟悉。不仅如此，还常常容易发生误解。如，有的学者把"民法"理解为与"公法""刑法"等相区别的法律，即理解为"调整作为平等主体的公民之间、法人之间、公民和法人之间的财产关系和人身关系的法律规范之总和"的法律体系，从而把《泰西民法志》等研究社会主义史的著作归入到法学领域，而对于探讨社会主义史的《群义衡论》等著作，则长期被研究者所忽视，直到近年北京大学顾海良教授等主持编纂《马藏》，将之重新发掘出来，该书才重新为世人所知。①

比同名异译更复杂、更容易引起误解的是异名同译，"民族"及"民族主义"可谓是这方面的典型。

英文 nation 及 nationalism 一词，辛亥革命时期的革命党人将之译为"民族"及"民族主义"，1905 年同盟会成立后，又将之与"民权""民生"并列，成为中国近代史上著名的"三民主义"，成为"排满革命"的旗帜。而在"三民主义"还没有正式问世之前，严复用"民族"来翻译"tribe"（部落）、"patriarch"（宗族、宗法），用"民族主义"指与"部落""宗族""宗法"相关、与现代社会格格不入的那些中世纪残存的社会现象，批评当时中国的政党"虽有新旧之殊，至于民族主义，则不谋而皆合，今日言合群，明日言排外，甚或言排满，至于言军国主义，期人人自立者，则几无人焉。盖民族主义，乃吾人种智之所固有者，而无待于外铄，特遇事而显耳。虽然，民族主义将遂足以强

① 参见韦磊、李爱军、裴植编校：《〈群义衡论〉编者说明》，北京大学《马藏》编纂与研究中心编，顾海良主编：《马藏》第一部第六卷，科学出版社 2020 年版，第 423—436 页。

777

吾种乎？愚有以决其必不能者矣"①。《社会通诠》于 1904 年初由商务印书馆出版之后，《东方杂志》及《大公报》等都曾专门做过介绍，并进一步对"民族主义"提出了更加严厉的批评。《东方杂志》发表的介绍《社会通诠》的文章中说："泰西诸国，今皆入军国社会，而我国犹滞于宗法社会之中，故民族主义已属陈言，我国之人，犹欢迎之不暇，过此以往，吾恐彼此程度相去愈甚，而进步将无可期。然则严氏之译，其可以药吾国病者，岂浅鲜哉！"②"民族主义源于泰西，近十年来灌输我国，虽从其说者见有广狭，术有文野，而其排外则一也。"③《大公报》刊发了《读新译甄克思〈社会通诠〉》一文，随后出版的《外交报》第七十一期等转载。该文虽未署名，但据考证，系严复本人所作。④文中严厉批评民族主义："宗法社会之民，未有不乐排外者，此不待教而能者也。中国自与外人交通以来，实以此为无二惟一之宗旨。……夫民族主义非他，宗法社会之真面目也。虽然，处今之日，持是义以与五洲之人相见，亦视其民品为何如耳。使其民而优，虽置此义，岂至于灭？使其民而劣，则力持其义者，将如昔商宗之计学，以利国不足，而为梗有余。不佞闻救时明民之道，在视其所后者而鞭之。民族主义，果为吾民所后者耶？此诚吾党之所不及者矣。"此文的结论是："总之，五十年以往，吾中国社会之前途，虽有圣者，殆不敢豫；而所可知者，使中国必出以与天下争衡，将必脱其宗法之故而后可。而当前之厄，实莫亟于救贫。救贫无无弊之术，择祸取轻，徐图补苴之术可耳。彼徒执民族主义，而昌言排外者，断断乎不足以救亡也。"⑤

严译《社会通诠》出版后，以康有为、梁启超为代表的立宪派纷纷拿严译

---

① 甄克思著：《社会通诠》，严复译，商务印书馆，光绪三十年（1904 年）四月再版，第 143—144 页。

② 《东方杂志》第一期，1904 年 3 月 11 日《新书介绍》栏评《社会通诠》。

③ 《东方杂志》第二期，1904 年 4 月 10 日，《新书介绍》栏评《社会通诠》。

④ 王栻编：《严复集》，中华书局 1986 年版，第一册，第 146 页脚注。

⑤ 《读新译甄克思〈社会通诠〉》，《大公报》，光绪三十年三月五日至八日（1904 年 4 月 20 日至 23 日）。

中对"民族主义"的批评来攻击革命党人，而革命党人则一方面与立宪派展开论战，一方面迁怒于严复。为此，汪精卫、章太炎、胡汉民等革命党理论家纷纷撰文批评和攻击严译《社会通诠》①，章太炎甚至更进一步，在批评严译的同时，还痛贬严复的学术水平和人格，说"严氏之为人也，少游学于西方，震叠于其种，而视黄人为猥贱，若满若汉，则一丘之貉也，故革命、立宪，皆非其所措意者。天下有至乐，曰营菟裘以娱老耳"，"就实论之，严氏固略知小学，而于周秦两汉唐宋儒先之文史，能得其句读矣，然相其文质，于声音节奏之间，犹未离于贴括，申夭之态，回复之词，载飞载鸣，情状可见，盖俯仰于桐城之道左，而未趋其庭庑者也。至于旧邦历史，特为疏略，辄以小说杂文之见，读故府之秘书，扬迁抑固，无过拾余沫于宋人，而自晋宋以下，特取其一言一事之可喜者，默识不忘于其胸府，当时之风俗形势，则泊然置之。夫读史尽其文不尽其质，于藏往则已疏矣，而欲以此知来，妄其颜之过厚耶！观其所译泰西群籍，于中国事状，有毫毛之合者，则矜喜而标识其下，乃若彼方孤证，于是土或有牴牾，则不敢容喙焉。"②

这场学术"混战"成为中国近代政治思想史上一桩备受关注的公案，而国内外学术界长期以来据此断定严复是反对民族主义、反对革命的，并进一步推断严复没有民族主义思想，严复的"民族主义"由此成为中国近代思想学术史上的一桩"悬案"。但是，各家在不约而同地断定严复反对民族主义的同时，却几乎少有学者深究过严复翻译《社会通诠》时的"民族""民族主义"的确切含义，没有对严复所批评的"民族主义"的具体内涵进行深入研究，便想当然地将"民族"直接等同于西文中的 nation，将"民族主义"等同于西文中的 nationalism，并等同于孙中山所倡导的三民主义中的"民族主义"，又据此认

---

① 参见汪精卫：《民族的国民》，《民报》第一号（1905年10月20日）；胡汉民：《述侯官严氏最近之政见》，《民报》第2期，1905年；胡汉民：《胡汉民自传》，台北：传记文学杂志社1987年版，第12—13页；章太炎：《〈社会通诠〉商兑》，《民报》第12号（一九〇七年三月五日印刷）；蔡元培：《五十年来之中国哲学》，申报馆编：《最近之五十年》，上海书店出版社影印本1987年版。

② 章太炎：《〈社会通诠〉商兑》，《民报》第12号，光绪三十三年阳历三月五日，第1—2页。

定严复反对"民族主义"，反对革命。不仅中国学者如此，史华兹等国际知名学者也未能例外。[1]

到了20世纪二、三十年代，该词的翻译又出现了新的变化。蒋廷黻等将之译作"国族主义"，而以曾琦、李璜等人为代表的青年党人则将之译成"国家主义"。由此，抱持国家主义的青年党人、打着孙中山"三民主义"旗号的国民党人和信仰马克思主义的共产党人之间在思想理论战线进行了长期论战和斗争，"九一八"事变后，青年党人放弃原来的反蒋立场，逐步靠拢到国民党阵营，与蒋介石集团联手对付共产党。从这段历史可以看出，译名已经不仅是简单的翻译之争，更涉及对译名背后的理论体系、政治方向与现实选择。

徐继畬在鸦片战争时期就已经清醒地认识到，翻译外籍存在着极大的歧异性，同一外来名词，可能"十人译之而十异，一人译之而前后异"[2]。翻译中存在歧异，但其影响却又极大。民初曾有人慨叹："近时为新名词所惑也众矣。人恒有言，动曰四万万同胞，曰代表，曰保种，曰排外，曰公敌，曰压力，曰野蛮，曰推倒君权，其不可一二数，凡此皆借以为笼络挟制之术者也。"[3]发这通感慨的虽然是当时对辛亥革命后的现实极为不满的"遗民"升允，但是，他道出的却是当时社会存在的一个很真实的问题，即名目繁多的"新名词"让普通民众为之"所惑"，且对社会民众颇有"笼络挟制"之力，即颇有影响力。而翻译中所存在的歧异现象，则使得这种影响或平行而前，或四散而行，井水不犯河水，渐行渐远，消失在历史深处；或逆向而行，狭路相逢，迎头相撞，经过一番战斗，勇者大获全胜，或双方势均力敌，则需反复纠缠，长期争斗，方能分出胜负。这就增加了近代翻译文献与翻译术语发生社会影响的复杂性。我们作为这段历史的研究者，无疑需要非常清醒地认识到这类主义和关键术语

---

[1] 参见 Benjamin Schwartz：*In Search of Wealth and Power：Yen Fu and the West*，Cambridge，Massachusetts：The Belknap Press of Harvard University Press，1964，1979（second printing，pp.183—184.）。

[2] 徐继畬：《瀛环志略》，总理衙门藏版 1866 年版，第 3 页。

[3] 中国历史博物馆编，劳祖德整理：《郑孝胥日记》，中华书局 1993 年版，第三册，第 1470 页。

在当时翻译介绍到"过渡时代"的中国时的复杂情况，从具体语境和跨文本、跨语际的翻译传播过程中，探寻这些主义和关键词语的翻译、竞争等等发展演变情况，从而做出合乎那一时代实际的阐释。

出现"同名异译"与"异名同译"现象的根源是什么？对研究者提出了什么样的要求？

众所周知，对于思想史研究而言，如何尽可能地超脱于研究者本人所处时代的局限，贴近自己所研究对象的时代与社会，抱着"同情"的态度去开展研究，始终是一个极大的挑战。但是，非此不足以做出比较接近研究对象的解释，也非此不足以使研究者自身及其时代从这类研究中受益。

中国史上的"近代"是一个"过渡时代"①，面临"三千余年一大变局"②，此种变局史无前例，可谓"五千年史未闻诸"③。剧烈震荡和大变化是这个时代的普遍现象，整个中国不仅政治、经济、社会体制在西方列强的冲击下摇摇欲坠，四分五裂，不复统一，而且思想文化和意识形态也失去了往日"天朝上国"的威严和自信，逐渐沦为被批判的对象。在此过程中，列强为了各自国家的利益，竞相推介其本国的思想文化，中国各派系、各地方、各学者亦按照各自的实力、认识水平和外语能力，直接间接地从不同国家、不同文化、不同渠道引进不同时代、不同流派、不同学者的论著和思想学说，各种思潮如过眼云烟，不待凝固下来并形成统一的、标准化的术语、观念、体系，便为纷至沓来的更新的东西所替代。一个外国人名，可能同时存在多种译法，例如今天大家所熟悉的同一个德国文学家歌德，在近代文献中被译作"桂特""圭得""改得""贵推""爵特"等；法国历史上名垂青史的"圣女贞德"，在近代翻译文献中则被译作"姜大库"、"让达克"等。甚至同一位作者所写的同一部论著中，对同一个外国人的译名前后不一，如日本学者福井准造著、留日学生赵必

---

① 语出梁启超：《饮冰室合集》，第一册，中华书局1989年版，文集之六，第27页。
② 李鸿章：《筹议制造轮船未可裁撤折》，《李鸿章全集》，第二册，海南出版社1997年版，第676页。
③ 《黄遵宪集》，上册，天津人民出版社2003年版，第117页。

振翻译、上海广智书局 1903 年出版的《近世社会主义》中，德国政治家俾斯麦（Otto von Bismarck）被译作"卑斯马克""比西马克"等，哲学家黑格尔（Georg Wilhelm Friedrich Hegel）被译作"海科陆""哈契陆"等，而马克思主义的主要创始人马克思则被译作"马陆科斯""马陆加斯""马克斯""加陆马陆科斯"等。有些重要的名词术语，常常存在多种不同的译法，如 Evolution 被译作"天演论""进化论"，Logic 被译作"名学""论理学""逻辑学"，Economic 被译作"货殖""食货志""计学""理财学""家计学""富国论""经济学"等。Bureaucracy 一词，有的译作"官政"，有的译作"官僚政治""政府分部制""分部处理政务""分部政治"等，指文官制度、专家治国，官员不由民选而从专家中遴选，而后来更流行的则是"官僚主义"，指的是不顾民意、只重官权的专制压迫主义，漠视群众利益和要求，唯知发号施令，因循敷衍，讲求形式，以保全自己的官位，一褒一贬，意思正好相反。有时，中文字眼虽不同，意思却可能相同，如"自主""自由""独立"等，今天看来是三个意思完全不同的词，但在近代翻译文献中，却被用来翻译同一个西方词"independent"/"independence"；字眼相同，而意思却未必相同，如同一个"民主"，有时被用来翻译 Democracy，与我们今天所理解的词义相同，有时又被用来翻译 President、Governor、King 等西文词，意为"民之主"，指的是西方国家的总统、总督、国王等，含义与我们今天所理解的"民主"刚好相反；"自由"，在近代翻译文献中被用来翻译"liberal/liberty""free/freedom""independent/independence""democratic/democracy""popular sovereignty"等多个不同的西文词或词组，在不同的上下文中有不同的含义；"政治"被用来翻译"Politics"，同时也被用来翻译"government""administration"等，在不同的语境下，含义不尽相同。这样的现象在实际的历史进程中，往往会在这些词汇的使用者之间造成误会乃至冲突，而后来的学者在研究这段历史文献时，稍不留意，往往就会按照后来形成的统一的标准译名，倒回去理解和阐释近代新文本中所用的术语、观念等，形成对历史文献及相关史事和人物的误读误释。

　　针对近代文本的上述特点，研究者在研究过程中就需要相应地借鉴翻译学等相关学科的理论和方法，采取一些新的方法来开展研究。在这方面，跨语际、跨文本研究等，都是比较有效的。

"文明"与"社会"奠定的历史基调
——略论晚清以降"新名词"的浮现对"中国历史"的重塑

章　清

复旦大学历史学系

　　龚自珍所谓"一代之治，即一代之学"的看法，用于对"史学"发展的解释，大体亦可说对"过去"的认知，代有不同。[①]晚清士人普遍感受到"三千年来所未有之变局"，相应的也推动着对"历史"的重新认识，对此不仅有诸多分歧，还产生着持续的影响。20 世纪二十—三十年代围绕中国社会性质所发生的论辩，就透露出对中国历史与社会的认知，各方存在着严重分歧。耐人寻味的是胡适（1891—1962）提出了这样的看法：今日中国之危机，正体现在"只是抓住几个抽象名词在那里变戏法"。言下之意，"资本主义""资产阶级""封建势力""帝国主义"即属"抽象名词"，用以指称"中国"未必合适。[②]而

　　[①]　龚自珍：《乙丙之际箸议第六》，《龚自珍全集》，上海人民出版社 1975 年版，第 4—5 页。

　　[②]　胡适对于时人早已惯用的指称中国的"符号"，均指出有不妥之处："资本主义"不在内，因为我们还没有资格谈资本主义；"资产阶级"也不在内，因为我们至多只有几个小富人；"封建势力"也不在内，因为封建势力早已在二千年前崩坏了；"帝国主义"也不在内，因为帝国主义不能侵害那五鬼不入之国。见胡适《我们走那条路?》，《新月》第 2 卷第 10 期，1929 年 12 月 10 日，第 4 页。1930 年 7 月 29 日，胡适还写了一封措词颇为严厉的信给《教育杂志》的编辑，进一步阐明："这个问题并不是很简单的。一班浑人专爱用几个名词来变把戏，来欺骗世人，这不是小事，故我忍不住要指出他们的荒谬"。此亦表明，胡适撰写此文是有感于当时普遍存在的风气。见季羡林主编《胡适全集》第 31 卷，安徽教育出版社 2003 年版，第 685 页。相关的讨论参见潘光哲《"封建"与"Feudalism"的相遇："概念变迁"和"翻译政治"的初步历史考察》，收入叶文宪、聂长顺主编《中国"封建"社会再认识》，中国社会科学出版社 2009 年版，第 104—132 页。

正是因为这些字眼世人早已耳熟能详，并广泛用于对中国历史与中国社会的分析，胡适的看法也不免"曲高和寡"。梁漱溟（1893—1988）就明确提出："中国社会是什么社会？封建制度或封建势力还存不存在？这已成了今日最热闹的聚讼的问题，论文和专书出了不少，意见尚难归一。先生是喜欢作历史研究的人，对于这问题当有所指示，我们非请教不可。"①梁所质疑的，正道出问题的关键：对中国历史与中国社会的把握早已不同于过往，并难以摆脱上述"新名词"。

此亦正是本文试图略加申论的问题："新名词"如何重塑了"中国历史"？此一过程如何发生？又经历了怎样的曲折？尤其是所带来的问题应该如何看待？

"新名词"频频出现，成为现代汉语新词，乃自然的语言现象，然而，就"新名词"之"入史"来看，却并不单纯，攸关于以什么方式审视"过去"，并延续历史的"记忆"。带有浓厚"东瀛"色彩的汉语新词在晚清的出现，原本即引发激烈的争辩；进入到"历史"书写中，更不免产生诸多分歧，毕竟"历史"之意义在晚清颇不寻常。②对此，研究者基于"封建""文明"等话语之"入史"已有所讨论。③我想强调的是，"新名词"的构成重塑"中国历史"的基调，所呈现的是整个"话语"的转向，乃中国纳入"普遍历史"（universal history）的产物。值得重视的还在于，重塑"历史"的这些"新名词"，在学

---

① 梁漱溟：《敬以请教胡适之先生》，《新月》第 3 卷第 1 号，1930 年 3 月 10 日，第 10 页。

② 研究者已撰文论述在近代中国"国族"建构过程中，可以从晚清最后十年间大量涌现的"民族英雄"的历史书写，明白窥见"神话历史"或"历史意识形态"的运作。见沈松乔《振大汉之天声——民族英雄系谱与晚清的国族想象》，《中研院近代史研究所集刊》第 33 期，2000 年 6 月，第 81—149 页。笔者对此也有所讨论，参见拙文《"历史的意义"：略论晚清中国对"历史"的认知和阅读》，待刊。

③ 关于"文明"的讨论，参见方维规《近现代中国"文明"、"文化"观的嬗变》，《史林》1999 年第 4 期，第 69—83 页；黄兴涛《晚清民初现代"文明"和"文化"概念的形成及其历史实践》，《近代史研究》2006 年第 6 期，第 1—34 页。关于"封建"，除前揭潘光哲的文章，还可参见冯天瑜《封建考论》（修订版），中国社会科学出版社 2010 年版。

科归类上未必会被划分到历史学科中，如此一来，这一问题又与近代学科知识在中国的成长结合在一起。正是因为对"中国历史"的重塑牵扯许多复杂因素，因此也有必要将此纳入中西历史的"会通"，尤其是在 20 世纪初年中国所催生的"新史学"这样的背景中予以审视①。换言之，将"新名词"与"中国历史"的重塑结合起来，乃是期望从新的角度对此有所申论，重要的不是"新名词"进入到历史书写中（这样的问题绝非一篇短文所能展开），而是关注"文明"与"社会"这些因素的浮现如何影响到历史学科的成长，并因此改变了中国对于"过去"的认知。

一、"新名词"之"入史"——
"文明"与"教化"的视野

"历史沉淀于特点概念"，论者引述科塞雷克（Reinhart Koselleck）"鞍型期"的理论就揭示了，语言所展示的概念转换，并不只具有表象的意味，还构成推动历史发展的重要因素，相应的借助于被考察的"概念"，可以重构社会历史色彩缤纷的截面并以此呈现整个社会历史。②针对汉语新词进行"历史语义学"（"概念史"）的分析，近些年中国学界也有不少尝试；结合"文本"与"语境"开展"概念"的分析，也渐渐在形成一些共识。重要的是，"语义"分析的基础乃语言本身，而语言现象往往与思想文化的进程有着密切关联。若说

① 有关中西历史之"会通"以及"普遍历史"观念对中国历史书写的影响，笔者在其他文字中已有所讨论。参见章清《中西历史之"会通"与中国史学的转向》，《历史研究》2005 年第 2 期，第 75—95 页；《"普遍历史"与中国历史之书写》，杨念群等编《新史学——多学科对话的图景》上册，中国人民大学出版社 2003 年版，第 236—264 页。因问题的相关性，上述文章所引证的一些资料与例证，在本文中也略有涉及。

② 方维规：《概念史研究方法要旨》，黄兴涛主编《新史学》第 3 卷，中华书局 2009 年版，第 3—20 页；《"鞍型期"与概念史——兼论东亚转型期概念研究》，《东亚观念史集刊》第 1 期，台湾政治大学 2011 年 12 月，第 85—116 页。

"概念"在西方世界成为现代世界诞生的象征，则近代中国出现的诸多概念也构成"转型"的象征。

实际上，晚清中国频频出现汉语新词，也大致可归于来华西人"援西入中"的产物。当两种文化的沟通依托于"出版物"展开，在译书活动中广泛采用"新名词"，也难以避免。林乐知（Young John Allen，1836—1907）1904年在一篇文章中就说明：

> 中国今日于译书之中，苦名词之枯窘而借日本所已译者用之，正如英文借德文、法文之比例。且日本之文原祖中国，其译书则先于中国。彼等已几费酌度，而后定此新名词，劳逸之分，亦已悬殊，何乐而不为乎？

尤其还说明，"在未教化之国，欲译有文明教化国人所著之书，万万不能。以其自有之言语，与其思想，皆太单简也"。具体到中国，尽管中国之文化"开辟最早"，然而"至今日而译书仍不免有窒碍者"。别的且不论，"中国之字不过六万有奇，是较少于英文十四万"，因此"译书者适遇中国字繁富之一部分，或能敷用，偶有中国人素所未有之思想，其部分内之字必大缺乏，无从移译"，由此"新名词不能不撰"[1]。审视"新名词"之"入史"，也当紧扣晚清以降中西史学"会通"背景下史学观念发生的转变，正是立足于"文明"与"教化"的视野对"历史"重新审视，才催生通过源自"西洋""东洋"的"新名词"重新认识历史。

可以明确的是，"新名词"的出现往往是寻求对"他者"恰当的表述，与理解另一种"文化"息息相关，因此，最初常常是以"音译词"的方式表现出来。当然，立足"自我"想象"他者"的历史，将"西史"纳入"中史"的架

---

[1] 林乐知著、范祎述：《新名词之辨惑》，《万国公报》第184册，1904年5月，"译谭随笔"，第23—24页。

构中进行认识，并且袭用中国本土的"语词"描绘"西史"，也曾是晚清士人常常使用的方式。《四洲志》《海国四说》《瀛环志略》《海国图志》等通常被视作中国士人认知世界所产生的最早一批著述，即体现出这一特点，往往基于中国的历史纪年，将"西史"纳入其中予以把握。①由艾约瑟（Joseph Edkins，1823—1905）编译的《欧洲史略》，还借助了不少中国的"话语"，如描绘到欧洲起源就说明：

> 希腊一国，实为之始。即后此诸国，率各纪有正史，以备载其国之君政民风，亦实由希腊创立民主国时，有数大著名人作诸民史，为之作俑，是今欧洲人民所遵六艺以及格致等学，始皆创自希腊。②

"正史""六艺"之类，即是中国"话语"投射到"西史"的直接体现。而且，这往往与捍卫自身悠久的历史相关，"西学中源"见解的流行，其要旨也体现于此，"教化"即构成"中史"投射于"西史"的关键词。郭嵩焘（1818—1891）作为中华帝国派出与西方世界接触的第一位正式代表，即表达了这样的看法："三代以前，独中国有教化耳，故有要服、荒服之名，一皆远之于中国而名曰夷狄。自汉以来，中国教化日益微灭；而政教风俗，欧洲各国

---

① 徐继畬（1795—1873）《瀛环志略》在描绘"欧罗巴"时（具体到国家亦然），即以这样的方式进入其历史，"其地自夏以前，土人游猎为生，食肉寝皮，如北方蒙古之俗。有夏中叶，希腊各国，初被东方之化，耕田造器，百务乃兴。汉初，意大里亚之罗马国，创业垂统，疆土四辟，成泰西一统之势，汉史所谓大秦国也。前五代之末，罗马衰乱，欧罗巴遂散为战国。唐宋之间，西域回部方强，时侵扰欧罗巴，诸国苍黄自救，奔命不暇"。见徐继畬《瀛环志略》卷四，台北：商务印书馆1986年重印本，第293—294页。夏燮（1800—1875）《中西纪事》，也依据中国纪年勾画出西方社会之演进，"考其分合之由，则自汉以前，皆统于额力西（即今之希腊）。至东汉时，罗马浸强，即之意大里亚国，并吞各部，历四百年纲纪西洋一统最久。六朝之际，罗马衰微，为北狄峨特（即哥德人）之族所侵，分裂其地，于是各部自王，部相统摄。惟共奉一教主，而其教皇世居意大里亚国中，凡大西洋受封废立之事，皆请命焉，然不能执予夺之权也"。见夏燮《中西纪事》卷一"通番之始"，高鸿志点校，岳麓书社1988年版，第2页。

② 艾约瑟编译：《欧洲史略》，"西学启蒙十六种"之一种，总税务司1886年版，第6页。

乃独擅其胜。其视中国，犹三代盛时之视夷狄也。"①

正是郭嵩焘，在描绘西史、中史时，其所使用的"新名词"，也颇为引人瞩目。只不过郭氏不懂英语，全凭翻译传递信息，往往以"音译"方式进行表述。在一则日记中郭就写道：

> 西洋言政教修明之国曰色维来意斯得，欧洲诸国皆名之。其余中国及土耳其及波斯，曰哈甫色维来意斯得。哈甫者，译言得半也；意谓一半有教化，一半无之。其名阿非利加诸回国曰巴尔比里安，犹中国夷狄之称也，西洋谓之无教化。②

这里所呈现的，正是诸多以"音译"方式表示的"新名词"，"色维来意斯得"与"巴尔比里安"，分别对应于今日通行之"文明"（civilized）与"野蛮"（barbarian）之译名。当然，使用"音译词"不仅与掌握语言的能力有关，更与对"外来词"的"理解"相关——能否找到恰当的对应词或创出合适的"新词"。即使以翻译享誉的严复（1854—1921），也曾使用不少"音译词"。如在《原富》中针对"corporation"的翻译，即显示出由于中西之间存在明显差异，要寻找合适的语词加以说明，翻译者不得不费尽心机。严复在所加按语中就这样写道：

> 此所谓联，西名歌颇鲁勒宪。犹中国之云会，云行，云帮，云党。欧俗凡集多人，同为一业一事一学者，多相为联。然与中国所谓会、行、帮、党，有大不同者。盖众而成联，则必经议院国王所册立，有应得之权，应收之利，应有之责，应行之事，四者缺一，不成为联。

---

① 郭嵩焘：《伦敦与巴黎日记》，岳麓书社 1984 年版，第 491 页。用不着特别指明，两种不同的历史书写方式的对话，是双向的过程。参见安田朴（Rene Etiemble）：《中国文化西传欧洲史》，耿昇译，商务印书馆 2000 年版，第 668—669 页；维吉尔·毕诺（Virgile Pinot）：《中国对法国哲学思想形成的影响》，耿昇译，商务印书馆 2000 年版，第 214 页。

② 郭嵩焘：《伦敦与巴黎日记》，第 491 页。

所谓"歌颇鲁勒宪"，即系"corporation"的"音译"，今译作公司、社团、法人等，乃社会的基本组织形态之一。之所以选择"音译"，乃是因为严清楚感受到中西之间的差异突出表现在欧西社会"同为一业一事一学者，多相为联"，中国与之相关的所谓会、行、帮、党，"有大不同者"①。这也表明从事翻译工作时，严复不得不面对"社会"如何构成的问题。

他所面对的是西方架构下的社会分层（体现在与国家分权的社会组织），但在中国，即便同样有帮、有会，却与之大异其趣。

无论是郭嵩焘观察到的欧洲之视中国"犹三代盛时之视夷狄也"，还是严复觉察到的中西之间"有大不同者"，皆揭示出"新名词"之"入史"，与中西历史之"会通"有关，并且是在中国纳入"普遍历史"的背景下。由于中西之间强弱对比已发生变化，相应的，重新定位"历史"，并立足于"文明"与"教化"的维度重新认识中国的历史，也成为"新名词"涌现的关键所在，因为不少"新名词"往往与对"文明"发展程度的认识相关。②

传教士之"援西入中"，重要的一环即是如何理解中国的历史，理雅各（James Legge，1815—1897）作为西方世界最有影响的中国经典的翻译者与阐释者，之所以动摇了"过去由耶稣会士和启蒙运动时期的有关中国经典和儒家

---

① 《原富》"按语"，王栻主编：《严复集》第 4 册，中华书局 1986 年版，第 864—865 页。1897 年严复就着手翻译此书，到 1900 年全部脱稿，1901—1902 年全书陆续由张元济主持上海南洋公学译书院出版。

② 杨联陞：《从历史看中国的世界秩序》，收入氏著：《国史探微》，台北联经出版公司 1983 年版，第 1—19 页。可略加补充的是，此前中国在历史书写中也曾守望于此。书写周边民族乃至国家的历史与文化，也算得上中国史书的一个传统。除依从中国之纪年方式，也衍生出对文明发展程度的考虑。《隋书·经籍志》就表示，"夏官职方，掌天下之图地，辨四夷八蛮九貉五戎六狄之人，与其财用九谷六畜之数，周知利害，辨九州之国，使其同贯"（《隋书·经籍志二》，中华书局 1973 年版，第 987 页）。意味着面对不同的民族与文化，往往立足中国文明之"普世性"加以审视。相应的，"中华"与"夷狄"不同的历史发展阶段，也纳入中国史家的视野。如杜佑《通典》已有"古之中华，多类今之夷狄"的看法，认为"古之人质朴，中华与夷狄同"，尔后"地中而气正"之中华，"继生圣哲，渐革鄙风"，而"地偏气犷"之四夷诸国，"则多仍旧"（杜佑：《通典》卷四十八，岳麓书社 1995 年版，上册，第 704 页）。

学说的那些老生常谈式的说法",关键即在于将中国列入"人的普遍历史"之中。①而对"西史"的介绍,则体现在向中文世界揭示出另一种"历史"。既然这一工作主要由传教士担当,所呈现的世界历史图景不免含有浓厚的神学色彩,致力于将人类历史纳入"普遍历史"的模式中。②将历史演化定位于不同"阶段",乃至古、中、近三个时代,即体现出这样的视野。较早介绍西方史学的慕维廉(Willam Muirhead,1822—1900),在《大英国志》"凡例"中即将天下万国之"立国之道"区分为三,将中国定位于"礼乐征伐自王者出,法令政刑治贱不治贵"。只是还未将此与另外两种政体作高下之分。③1882 年出版的谢卫楼(Devello Zololos Sheffield,1841—1913)编译的《万国通鉴》,于此却呈现出别样的情形。该书计分四卷,分别为"东方国度""西方古世代""西方中世代""西方近世代"。单就卷次的安排来说,就不难察觉出对历史富于深意的理解。"东方国度"只一卷,没有像书写西方历史那样区分三个"世代",便大有意味。固可说对"东方国度"的书写,一向没有据此进行区分(稍后才照此划分),然而,这其中未尝没有"东方国度"还没有发展到"近世代"的意识。实际上,该书也固守西方各国走在历史进程前列的立场:"东方之国虽有

① 吉瑞德(Norman J. Girardot)著:《朝觐东方:理雅各评传》,段怀清、周俐玲译,广西师范大学出版社 2011 年版,第 57 页。

② 所谓"普遍历史",简言之即是试图将人类历史描绘为一个整体,理解为一致的发展过程。按照克罗齐(B. Croce,1866—1952)的说法,"普遍史确乎想画出一幅人类所发生过的全部事情的图景,从它在地球上的起源直到此时此刻为止"。在基督教时代,可以印证奥古斯丁的《上帝之城》;在近代,则可以引证黑格尔的《历史哲学》。见克罗齐《历史学的理论和实际》,傅任敢译,北京商务印书馆 1982 年版,第 39—40 页。雅斯贝斯(Karl Jaspers,1883—1969)也强调了,就"普遍历史"在经验上可以理解来说,"只有在关于历史整体是统一的这一思想指引我们时,我们才可能领会普遍历史的意义"。见雅斯贝斯《历史的起源与目标》,魏楚雄、俞新天译,华夏出版社 1989 年版,第 6 页。关于"普遍历史"这一概念的演变,可参见 Kelly Boyd, ed. *Encyclopedia of Historians and Historical Writing*, London and Chicago:Fitzroy Dearborn Publishers, 1999, pp.1244—1246; Harry Ritter, ed. *Dictionary of Concepts in History*. New York and London:Greenwood Press, 1986, pp.440—445。

③ 慕维廉:《大英国志》,上海墨海书馆 1856 年版,"凡例",第 1 页。

正道，亦多兴起异端，甚有以主道为虚，自甘废弃，以异端为实，至今奉崇。"因此，"平心比拟，则西方各国，实有数事愈于东方焉"①。

"世代"划分之外，更突出的是强化对历史的二元认识，"文明"与"教化"也渐渐构成划分历史的准则。傅兰雅（John Fryer，1839—1928）所译《佐治刍言》，对世间事物的描述，即明显在古代与现代之间划分出"黑暗"与"光明"来；也展现出对历史不断向前发展的认知："考各国史书，则知各国政事，已有蒸蒸日上之势，其间或行而辄止，或进而复退，不能直臻上理，然统核前后，总可谓愈进愈上矣。"②由李提摩太（Timothy Richard，1845—1919）翻译的《泰西新史揽要》，更是明确传递了"进化论"的思想。原书1889年出版于英国伦敦，正是进化论盛行的年代，也表达了社会不断进步的看法，明确以"古世""近代"为尺度，道出中国处于落后位置，指出"中国古世善体天心"，"一日万几，无不求止于至善，是以巍然高出于亚洲为最久之大国，而声名之所洋溢且远及于他洲，犹欿盛哉！"然而，"近代以来良法美意忽焉中收，创为闭关自守之说，绝不愿与他国相往来。……沿至今日，竟不能敌一蕞尔之日本"③。林乐知等编译的《全地五大洲女俗通考》，还以进化论思想批驳循环论史观，认为"世运盛衰之说，不足凭也"，"自古以来，论国则有盛有衰，论教化则有进无退。"该书也堪称"万国古今教化论衡"，指明大致可区分"教化"为三等："最下者为未教化人，其次为有教化人，最上则为文明教化人。"④

以"文明"为核心重新认识历史，不可忽略的是日本因素的作用。周予同（1898—1981）曾指出，将中国史分为若干时期，再用分章分节的体裁写作，是由日本间接输入的，"这类书影响于中国史学界较早而较大的，大概是日本

---

① 谢卫楼编译：《万国通鉴》卷四下，上海益智书会1882年版，第73—79页。该书英文序言交代了，是书并非译自一部书，乃依据韦伯（Weber）、威尔逊（Wilson）、斯温顿（Swinton）的"大纲"，罗林森（Rawlinson）和查汉茂（Thalheimer）出版之"手册"，及各种"百科全书"等资料汇编而成。

② 傅兰雅译，应祖锡述：《佐治刍言》，上海江南制造局1885年版，第42—43页。

③ 李提摩太译，蔡尔康述：《泰西新史揽要》，上海广学会1895年版，"译本序"，第1页。

④ 林乐知等编译：《全地五大洲女俗通考》第6集下卷，上海广学会1903年版，第73页。

那珂通世的《支那通史》和桑原骘藏的《中等东洋史》两书；更其是前者，因为用汉文写作的关系，影响更大"①。具体到史学书写样式，梁启超（1873—1929）《西学书目表》史学部分列为首篇的冈本监辅（1839—1905）著《万国史记》，也值得重视。该书"凡例"强调了："文虽用汉字，其体反仿泰西史例"。冈千仞（1833—1914）在"序"中还说明，西史分称三古——上古、中古、近古，不独是"明古今明暗之别也"，同时这样的"世运岁进"，也是万国常态，"与地球始终者矣"②。不仅将欧洲历史理解为依次进化的不同阶段，同时也试图将东洋纳入这一模式，指出东洋之发展尚停留在西洋之中古时期。

来自日本的著作之所以在晚清颇为流行，原因正如同张之洞（1837—1909）的认知③，敬业学社 1902 年出版的《欧洲历史揽要》，则具体说明了

---

① 周予同：《五十年来中国之新史学》，朱维铮编《周予同经学史论著选集》（增订本），上海人民出版社 1996 年版，第 535 页。究竟哪部书影响更大，或见仁见智，陈庆年就更为肯定桑原骘藏之书产生的广泛影响："桑原骘藏《东洋史》自樊炳清译本出于东文学社，其书盛行，殆遍于东南诸省，庆年在武昌时见诸校印者已有数本，盖自己亥以来四五年间以此为教者相属也，顾其为书世界史之例耳，而于国史所应详者，尚多疏略。"进一步还阐明其编写的教科书，即"略依桑原篇题，补集事实，以为此编"。见陈庆年编纂《中学中国历史教科书》，商务印书馆 1909 年版，"后序"，第 1 页。

② 冈本监辅著，中村正直阅：《万国史记》，上海申报馆 1879 年版，"凡例"，第 1 页；"序"，第 5 页。

③ 张之洞《劝学篇·游学第二》即表示："西书甚繁，凡西学不切要者，东人已删节而酌改之。中、东情势风俗相近，易仿行，事半功倍，无过于此。"见苑书义主编《张之洞全集》第 12 册，河北人民出版社 1998 年版，第 9738 页。陶行知在《中国建设新学制的历史》中还具体阐明了中国如何走向效法日本之路："甲午战败之后，大家以兴学为急务。此时热心兴学的人，对于从前之偏重西文，颇不满意，故'中学为体'，'西学为用'，成为当时最有势力的反动。那时虽为日本打败，但却不佩服日本。孙家鼐说：'中国五千年来，圣神相继，政教昌明，决不能如日本之舍己芸人'。故看二十四年的学堂章程，日本教育的势力还未侵入。但日本之所以强，究竟不能不加以注意，渐渐的就有人到日本去考察。日本离中国近，仿效日本，也是一种自然的趋势。后来加以庚子失败的激刺，更觉得兴学为救国要图，不容稍缓。但拟订学制，自然要参考各国的成法。日本学制，因那时国情及文字关系，最易仿行，故光绪二十八年的学制，特受日本学制的影响。张百熙的奏章，虽说他曾参考各国的学制，但除日本的外，他对于那时各国的学制所说的话，简直是没有根据。二十九年学制，对于日本学制，更加抄得完备，虽修改七次，终少独立精神"。见陶行知：《中国建设新学制的历史》，《新教育》第 4 卷第 2 期，1922 年 1 月，第 240—259 页。

"历史"方面的情况："泰西可译之书多矣，而史为要，史不胜译矣，而以日东名士所译之史为尤要。盖泰西上古、中古、近古数千年盛衰兴亡之理，史皆具焉。日本与吾国近，自明治维新汲汲之以译书为事，所译以历史为多，且其书皆足以为吾国鉴戒，故译史尤以日本所译之史为尤要。"①1905 年《万国公报》刊登的一篇演说稿，还提到这样的情况：

> 日人之在华不但充当教习，亦多取东文之书翻成中文；近数年来由东文译成华文之教科书，从蒙学课本至格致、历史、理学等书为止，皆在上海日人所设之书店出售。②

不过，来自日本的著述，无论是用汉文写作，还是翻译的著作，采集颇广，还难以说明语词的来源。③重要的是，既然对"中国历史"的理解方式与书写形式业已改变，则按照新的术语进行阐述，再自然不过。论者揭示出，对明治时期的知识人来说，文明史观呈现的"文明（开化）/野蛮""进步/停滞"的二元认识，既是认识西洋世界、确定日本以欧美为典范的"文明开化"的指针，也是重新认识中国的坐标轴。所书写的"支那史"，"正是欧洲文明史教科书影响下重新书写中国历史的产物"④。那珂通世（1851—1908）所著《支那通史》，于此即有充分体现，并使用了不少"和制汉语"。中村正直（1832—1891）所纂"序"开篇即云："四书五经者，支那之精神命脉者"。又表示：

---

① 长谷川诚也著，长水敬业学社译：《欧洲历史揽要》，东京敬业学社 1902 年版，"序"，第 1 页。

② 哈拉达：《论日本在华之教育势力》，林乐知译，任保罗述，《万国公报》第 201 册，1905 年 10 月，"论说"，第 12—13 页。

③ 此类用汉文写作的著作，大致都有这样的问题，前面讨论的《万国史记》亦是如此。冈千仞在"序"即说明，该书"辑和汉近人译书数十部"。见冈千仞《万国史记序》，《万国史记》，第 5 页。

④ 黄东兰：《书写中国——明治时期日本支那史·东洋史教科书的中国叙述》，见黄东兰主编：《新史学》第 4 卷，中华书局 2010 年版，第 130 页。

"窃以为海内士子，有甲乙二种，甲为专门学科之士，乙为随意学问之士。"①立足"文明"与"开化"书写历史，也成为该书的选择。"叙言"说明是书重点"叙历代治乱分合之概略，庶几初学之徒，或得由以察我邻邦开化之大势也"，用到"文化"一词："秦汉以下，二千余年，历朝政俗，殆皆一样，文化凝滞，不复进动，徒反复朝家之废兴而已"。卷一"总论"又涉及"文明"："国人自称曰中国，盖以为居天下之中也；又曰中华，或曰华夏，犹言文明之邦也。此皆对夷狄之称，而非国名也"②。"精神""学科""开化""文化""文明"等语词，不少即可归为"和制汉语"③。在为桑原骘藏（1871—1931）《中等东洋史》所撰"序"中，那珂通世又特别指出东洋"文明"的价值应得到充分重视：

> 叙述欧洲之治乱兴亡，名之谓世界史与万国史，此一偏之见，非通论也。世界文明，非必尽由欧洲，东洋诸国，社会之勃兴，风气之进化，亦不弱于欧洲。④

以"文明"为中心书写历史，也成为晚清读书人的选择。1901年蔡元培（1868—1940）在为《选报》所写序中，将"史例"区分为"记注""辑比""撰述"，为此也指明，所谓"撰述者"，乃"抽理于赜动之总，得间于行墨之

---

① 中村正直：《支那通史序》，见那珂通世著《支那通史》，日本中央堂1890年版，第1—2页。

② 那珂通世：《支那通史》，"叙言"，第6页；卷一，第1页。

③ 除"精神"出自马礼逊（Robert Morrison，1782—1834）《五车韵府》，其余的皆可归于"和制汉语"。见 R. Morrison. *A Dictionary of the Chinese Language*, in three parts. Macao, China：Printed at the Honorable East India Company's Press，1822，此据上海点石斋1879年石印本，第160页。关于"和制汉语"，可参见沈国威《近代日中语汇交流史》，东京笠间书院1994年（2008年改订新版）；荒川清秀《近代日中学术用语の形成と伝播》，东京白帝社1997年版；陈力卫《和製漢語の形成と展開》，东京汲古书院2001年版，等。

④ 那珂通世：《中等东洋史原序》，见桑原骘藏：《中等东洋史》，周同愈译，上海文明书局1904年版，"原序"，第1页。

外，别识通裁，非文明史不足当之"①。梁启超在《东籍月旦》中介绍西洋历史教科书时，则批评这些书籍"言文明之进步，嫌其不详"，指明"文明史者，史体中最高尚者也"，中国之"文明变迁之迹从未有叙述成史者"②。章太炎（1869—1936）在《訄书·尊史》中也指出："中夏之典，贵其记事，而文明史不详，故其实难理"③。这也代表着清末历史书写转变的象征。④翻译的著作自是不少，上海文明书局 1903 年出版的《西洋文明史之沿革》即阐明："进步、统一、自由三思想不发达，文明史断无由起，是不待智者而后知矣。"⑤秦瑞玠（1874—？）编著的《高等小学西洋历史教科书》，也突出了这方面的意思：泰西诸邦，"其立国之久，开化之夙，则自希腊罗马，固已代孕文明，彬彬称盛"，"近世进步顿速，而其力日富，势日强智慧日新，学艺日进，治内之法制日详，对外之政策日狡"。作者所期望的是，"详其历史，告我国民，以策改良而资进化"⑥。此外，"横阳翼天氏"所作《中国历史》，"总叙"论及"历史之要质"则突出了"竞争""进化"等"话语"：

> 所谓二十四史、《资治通鉴》等书，皆数千年王家年谱、军人战记，非我国民全部历代竞争进化之国史也。今欲振发国民精神，则必先破坏有史以来之万种腐败范围，别树光华雄美之新历史旗帜。⑦

---

① 蔡元培：《蔡叙》，《选报》第 1 期，1901 年 11 月 11 日，第 3 页。

② 梁启超：《东籍月旦》，《饮冰室合集》第 1 册，中华书局 1989 年版，"文集之四"，第 82—85 页。

③ 章太炎：《尊史》，见徐复：《訄书详注》，上海古籍出版社 2000 年版，第 785 页。

④ 相关研究可参考石川祯浩《梁启超与文明的视点》，收入狭间直树编：《梁启超·明治日本·西方——日本京都大学人文科学研究所共同研究报告》，社会科学文献出版社 2001 年版，第 95—119 页。

⑤ 家永丰吉著：《西洋文明史之沿革》，王师尘译，赵必振序，上海文明书局 1903 年版。有关"文明史"著作的翻译介绍，不是这里可以展开的，相关研究可参见李孝迁、林旦旦：《清季日本文明史作品的译介及回应》，《福建论坛·人文社会科学版》2005 年第 3 期，第 83—88 页。

⑥ 秦瑞玠编著：《高等小学西洋历史教科书》，上海文明书局 1903 年版，"编辑大意"，第 1 页。

⑦ "横阳翼天氏"：《中国历史》，上海东新社 1903 年版，"总叙"。

  刘师培（1884—1919）在《中国历史教科书》中也强调："西国史书多区分时代，而所作文明史复多分析事类。盖区分时代近于中史编年体；而分析事类则近于中国'三通'体也。今所编各课，咸以时代区先后，即偶涉制度文物于分类之中，亦隐寓分时之意，庶观者易于了然。"①商务印书馆1907年出版的吕瑞廷、赵澄壁等合编《新体本国史》，在"绪论"中还表达了这样的看法：当下所见之"史书"，"非失之略，即失之浑"，强调"历史"当关注"建国之体制，学术之隆替，武备之张弛，政治之沿革，文明之进步，实业之发达，风俗之变迁"等方面的内容，才能使读者了解"社会之变迁""文化之由来"。②

  既以"文明"为中心，也促成历史书写逐步成为认同"普遍价值"的示范，与之相关的"新名词"也不断涌现，构成"话语"的核心。举例来说，在各种历史教科书中，"自由"即作为西方社会演进的重要价值得到肯定。不唯"自由"，实际还包括与之关联的"民权""平等""主权""权利""自由主义"等等，"新名词"之"入史"，正是以这样的方式进行。③

  中国被纳入"普遍历史"架构，无疑是晚清以降历史观所发生的最为深刻的变化之一，纳入"普遍历史"，不只具有时间的意义，还包括价值的取舍。"新名词"之"入史"，往往即体现为对西方近代知识的接纳。西洋历史著作中充斥着"自由"等"话语"，即显示出是对历史进程新的把握；不唯如此，对于"中国历史"的描绘，也往往依托于这样一些"新词"展开。其原因正在于，凡事求诸于历史，在历史中寻求答案，向为中国士人所乐为。④梁启超对于"革命"话语之流行，就表达了这样的看法："凡发言者不可不求其论据于

  ① 刘师培：《中国历史教科书》，国学保存会1904年版，收入《刘申叔遗书》下册，江苏古籍出版社1997年版，"凡例"，第2177页。

  ② 吕瑞廷、赵澄壁等合编：《新体本国史》（中学堂教科书），商务印书馆1907年版，"绪论"。

  ③ 这里无法完全展开，相关讨论参见章清：《"自由"的界限——"自由"作为学科术语在清末民初教科书中的"呈现"》，收入孙江主编：《新史学》第2卷，中华书局2008年版，第47—75页。

  ④ 钱穆晚年讲"从中国历史来看中国民族性及中国文化"，就特别讲到所谓"述而不作，信而好古"不仅孔子如此，也是中国人做学问的一套主要方式，可称为一种生命学。见钱穆：《从中国历史来看中国民族性及中国文化》，香港中文大学出版社1982年版，第64页。

历史，凡实行者愈不可不鉴其因果于历史"①。《新世界学报》1903 年第 10 号刊登的一篇讨论"中国历史"的文章，则对于中国历史上的人与事，皆透过各种"新名词"展开，不仅说明"孔子者，吾中国之大政治大哲学家也"，还以此阐述对周末历史的看法。"精神""自由""神经""意识""主权""脑识""进步""学界""文明""发明"等语词，构成解读中国历史的"关键词"，自然令人印象深刻。其中写道：

> 中国历史之精神最发达者何在？大抵天下事有所制者，必不能自由。吾欲改革吾学术，淬励吾神经，增长吾意识，若犹羁束于数千年至尊无上之主权，则宗派不能立，而天然之理想易窒；不然，或迷信于数千年独一无二之宗教，则脑识为所迁，而学界之进步易阻；或浸淫于旧族之太深，株守数千年老师宿儒之说，则不能组织异议，而文明因之以不生，或吸取他国之新语，而尽弃数千年先哲大师之学，则甘为外人奴隶。而古义无所发明之数端，实为古今之时势所趋。生此间者，必不能脱此等种种魔障。然而吾中国诸大家，适生于有周之末，幸无此等种种魔障。即有此魔障，而能出其所学以推荡而廓清之，所为能铸造此学派，而为中国历史上放大异彩，是即中国历史精神之发达也。②

征诸各种以"中国历史"为题名的书籍，也显示出同样的特点。1903 年出版的《支那四千年开化史》，其"弁言"开篇即写道："恫哉，我国无史，恫哉，我国无史"，说明该书"据东士市村氏泷川氏所为《支那史》者，去吾二十四姓家乘所备载之事实，而取其关于文明之进步者，断自上古以逮。于兹删其芜，补其阙，正其误，译以饷我无史之士夫"。既然重点落在"文明史"，相

---

① 中国之新民：《中国历史上革命之研究》，《新民丛报》第 46、47、48 号合刊，1904 年 2 月 14 日，第 115 页。

② 高步云：《论周末诸大家学派与中国历史之关系》，《新世界学报》第 10 号（癸卯第 1 期），1903 年 2 月 12 日，第 33—34 页。

应的每章所写的具体内容，均按照制度、学术、宗教、技艺、产业、风俗展开。①前面提到的"横阳翼天氏"所作《中国历史》一书，亦体现出这样的诉求，在《中国历史出世辞》中作者就直言："中国有历史乎？何配谭有中国历史乎？余一人朕天子之世系谱，车载斗量；而中国历代社会文明史，归无何有之乡。飞将军、大元帅之相斫书，汗牛充栋；而中国历代国民进步史，在乌有子之数。"为此也强调是书之作，"译述中国历代同体休养生息活动进化之历史，以国民精神为经，以社会状态为纬，以关系最紧切之事实为系统"②。所谓"社会文明史""国民进步史"，就构成中国历史新的"基调"。夏曾佑（1863—1924）《中国历史教科书》总结"古今世变之大概"，"文化""宗教""社会"之类的字眼也构成"关键词"③。各种历史书籍中充斥着这样一些"新词"，也意味着书写历史在话语上的转变，并因此改变了历史的基调。所谓"重塑历史"，即体现在对历史的重新认识中。④

二、以"社会"为核心的"新名词"

针对某一学科"新名词"展开的调查，往往依托于各种字典、辞书进行，

---

① 支那少年编译：《支那四千年开化史》，上海支那翻译会社 1903 年，"弁言"。某些朝代不包含"宗教""风俗""产业"等内容。

② 横阳翼天氏：《中国历史出世辞》，《政艺通报》第 2 年第 9 号，1903 年 6 月 10 日，"政史文编"，第 13—14 页。

③ 此外，也使用各种"新词"书写历史。如对巴比伦就有这样的叙述："巴比伦女子可受父母之遗产，在公庭父子平权，奴隶亦有财产与讼狱之权。……商法甚详，教育普及，女子亦讲学问，邮信极多……人皆平等自由"。见夏曾佑：《中国历史教科书》（最新中学教科书）第 1 册，商务印书馆 1904 年版，第 5 页。

④ 这是认同这些价值的体现，相应的在其他教科书中也有所体现。中华出版的"修身教科书"便指出："本书以养成中华共和国完全国民为宗旨。以独立、自尊、自由、平等为经；以公德、私德、国民科为纬。""国文教科书"也有相似的"宗旨"："以独立、自尊、自由、平等为经；以生活上必须之知识为纬。"见《中华书局宣言书》，《中华教育界》第 1 年第 1 号，1912 年 1 月 25 日，告白页。

然而，与"历史"相关的"新名词"，却呈现出不一样的情形。在各种字书、词典中，或许难以发现标明为"历史类"的"新词"，这种"异象"正大可玩味，显示出"新名词"之"入史"另有枢机。以"文明"为核心揭示历史之变迁，固是晚清以降史学发生转变的重要方向，同样值得重视的是，伴随"社会"的成长，对"历史"认知较之以往也大异其趣。这里的关键是，逐渐成形的分科知识成为书写历史新的"资源"，影响所及，不仅"新史学"的成长受此主导，"新名词"之"入史"，也由此体现出来。换言之，各种字书、词典中鲜少标明为"历史类"的"新词"，并不能说明"历史学科"的新词不多，不宁唯是，反倒说明由于与"他学"紧密结合，其他学科之术语广泛进入到历史书写中，成为"新名词"滥觞的显著特征。

1903 年出版的《新尔雅》，虽未专门列出"历史"方面的名词，却有不少与"历史"相关，如"释政""释法""释教育""释群"等篇章中，即列出不少与"国家""社会"相关的"新名词"，实际成为书写历史的主要语词。"释国家之起源"就写道："研究人类社会之历史，而推论国家之所以成立者，谓之国家起源说。"[①] 黄摩西（1866—1913）所编《普通百科新大辞典》，对于"历史"方面的语词较少搜集即有所说明："本书搜辑一切学语、调查种种专门学书籍为基础，中外兼赅，百科并蓄，以适用于教员考检学子自修为宗旨。"还指出：

> 吾国原有词类，即历史一门，浩如恒沙，且学界诸君，旧学必多根底，否则类是种种，取之即是，毋烦河头卖水也。故本书于本国学术词类，仅采大纲，家派源流，同条共贯，不一一另立。[②]

从该书标识为"史"的语词来看，主要是人名、地名之类，也包括历史上

---

① 汪荣宝、叶澜：《新尔雅》，上海明权社 1903 年版，第 4 页。
② 黄摩西编：《普通百科新大辞典》，上海国学扶轮社 1911 年版，"凡例"，第 2 页。

的一些"事件",没有多少"新词",用以揭示社会发展状态的只有"近世"一词。尽管"史学"部分所收"新词"不多,但不难发现,书写历史的许多"新名词"往往收在别的学科中,如"主权"收于"宪法"类,"社会"收在"社会学";还列出"通用门",收有"公理""共和政体""改良""改革""国体""国家""义务""权利"等。因此,史学著作中频频出现的"新词"未必会归入"史学"的学科术语中,正说明"新史学"受到"他学"之影响颇为明显,往往体现在借助"他学"的"术语"书写历史。

正是"社会"的成长,影响到历史书写的方向。如王汎森揭示的,"新史学"诞生于19、20世纪之交学术圈围绕"有史"与"无史"争论的背景,而问题之实质,或需援据晚清同时发展的政治概念才能很好把握,但在中国这样一个有着深厚史学传统的国家争论这样的问题,却无疑意味着对历史的理解逸出了传统范畴,重新提出了"历史是什么"的问题。[①]有一点是清楚的,20世纪初年"新史学"的催生,紧扣的是对"史学"新的界说,"社会"即成为核心所在。严复译《群学肄言》即指出前史体例,"于帝王将相之举动,虽小而必书,于国民生计之所关,虽大有不录"。提出审视过去当关切于"一群强弱治乱盛衰之故"[②]。在"译余赘语"中,还传递出没有"社会"也难以有"国家"的看法:"群也者,人道所不能外也。群有数等,社会者,有法之群也。社会,商工政学莫不有之,而最重之义,极于成国。"[③]为此严也将"史学"作为"群学"的一部分,在1898年所作之《西学门径功用》即说明:"群学之

① 王汎森:《晚清的政治概念与"新史学"》,收入《中国近代思想与学术的系谱》,河北教育出版社2001年版,第165—196页。瓦格纳也曾论及中国"新史学"的诞生,特别论述了日本因素的重要性。见 Rudolf G. Wagner. "Importing a 'New History' for New Nation: China 1899." In Glen Most, ed. *Historization-Historisierung. Aporemata*, *Kritische Studien zur Philologiegeschichte*, vol. 5. Göttingen: Vandenhoeck & Ruprecht, 2001, pp.275—292.

② 斯宾塞:《群学肄言》,严复译,该书最初由上海文明编译书局1903年版,此据商务印书馆1981年版,第8页。

③ 严复:《〈群学肄言〉译余赘语》,《严复集》第1册,第125—126页。

目，如政治，如刑名，如理财，如史学，皆治事者所当有事者也。"①章太炎对此的思考也颇有代表性，指出中国史家各有阙失，实难"当意"："太史知社会之文明，而于庙堂则疏；孟坚、冲远知庙堂之制度，而于社会则隔；全不具者为承祚，徒知记事；悉具者为渔仲，又多武断。"②不难看出，"社会"也成为章思考书写历史之关键所在。

大致说来，对"历史的范围"的重新厘定主要体现在对"社会"的重视。梁启超阐述的"新史学"，究其实质，即是立足此探讨中国史学未来的发展方向。内中特别提到昔之史家的两项弊端：其一，"知有一局部之史，而不知自有人类以来全体之史"。指出"欲求人群进化之真相，必当合人类全体而比较之，通古今文野之界而观察之"。其二，"徒知有史学，而不知史学与他学之关系"。在梁氏看来，地理学、地质学、人种学、人类学、言语学、群学、政治学、宗教学、法律学、平准学，"皆与史学有直接之关系"；其他如哲学范围所属之伦理学、心理学、论理学、文章学，及天然科学范围所属之天文学、物质学、化学、生理学，"其理论亦常与史学有间接之关系"③。此两点正构成"新史学"关切的要点所在，当"历史之范围"拓展为"全体之史"，所突出的是以"社会"为主轴书写历史，而既以"社会"为中心，则不免借助于其他学科的知识以更好认识"社会"。原因无他，在近代意义上的"国家意识"主导下，"社会"的构成也成为关切的焦点，对此的解释则由不同的分科知识担当。

梁氏这些见解展现出试图在各学科中为"史学"寻求新的定位，这也是当时学界较为普遍的看法。陈黻宸（1859—1917）言及史学，即自觉结合其他学科进行界定："史学者，凡事凡理之所从出也。一物之始，而必有其理焉；一人之交，而必有其事焉。即物穷理，因人考事，积理为因，积事为果，因果相

---

① 严复：《西学门径功用》，《严复集》第 1 册，第 95 页。

② 章太炎：《致吴君遂书八》，见汤志钧编《章太炎年谱长编》上册，中华书局 1979 年版，第 141 页。内中提及的史家分别是司马迁、班固、孔颖达、陈寿、郑樵诸人。

③ 梁启超：《新史学》，《饮冰室合集》第 1 册，"文集之九"，第 7 页。

成，而史乃出。是故史学者，乃合一切科学而自为一科者也。"①黄节（1873—1935）在《黄史》中说明"吾四千年史氏有一人之传记，而无社会之历史"，同样突出了对"社会"的重视，为此也特别提到新兴学科对于史学大有裨益，"吾以为西方诸国，由历史时代进而为哲学时代，故其人多活泼而尚进取。若其心理学、政治学、社会学、宗教学诸编，有足裨吾史科者尤多"②。针对1904年颁布的《奏定学堂章程》（"癸卯学制"），王国维（1877—1927）还具体阐明研究史学须具备如下学科的基本知识：（1）中国史，（2）东洋史，（3）西洋史，（4）哲学概论，（5）历史哲学，（6）年代学，（7）比较语言学，（8）比较神话学，（9）社会学，（10）人类学，（11）教育学，（12）外国文学。③

晚清士人针对"史学"与"他学"阐述的这些见解，令人印象深刻。显然，伴随现代学科在中国的成长，"史学"也获得了新的发展机遇。上海通雅书局1903年编印了《新学书目提要》，卷二之"历史类"便强调"历史一门最切于今日学界，亦莫杂于今日学界"④。而且问题还不只是"他学"有裨于"史学"，"史学"有功于"他学"，二者之结合尚可产生"他学"之"史"——学科史。陈怀（1877—1922）在《学术思想史之评论》中即有如斯之言：

> 尝纵观宇宙之大观，翻欧美之载籍，分析其史学之种类，无论为政治，为法律，为宗教，为教育，为经济，为天文，为地理，为格致，为社会中种种现象，莫不有史，而惟学术思想史，为尤精伟哉。⑤

---

① 陈黻宸：《京师大学堂中国史讲义》，陈德溥编：《陈黻宸集》下册，中华书局1995年版，第675页。

② 黄节：《黄史·总叙》，《国粹学报》第1期，1905年2月23日，第2—3页。

③ 王国维：《静安文集续编·奏定经学科大学文学科大学章程书后》，《王国维遗书》第3册，上海书店出版社1983年版，第650—652页。

④ 沈兆祎：《新学书目提要》，上海通雅书局1903年版，引文见《历史类总叙》卷二，第1页。

⑤ 陈怀：《学术思想史之评论》，《新世界学报》第9号（壬寅第9期），1902年12月30日，第2页。

言下之意，史学该书写什么，也有清楚交代。宋恕（1862—1910）1905年所撰《粹化学堂办法》，就不仅在课程安排上突出史学的重要性，还明确表示，"有一学必有一学之史，有一史必有一史之学，数万里之原案咸被调查，数千年之各断悉加研究，史学极盛，而经、子、集中之精理名言亦大发其光矣！"①所谓"有一学必有一学之史"，甚为关键，它所意味的是，随着学科知识逐渐成长，围绕此进行"专史"书写，也构成重塑"中国历史"的方向。②

职是之故，被"解放"的，就不仅是史学，清理其他学科的资源同样可以借鉴此方式。这里的意味是，晚清士人由西方分科观念获得了新的分析工具，并致力于将中国传统资源纳入此中进行证明。换言之，历史范围的拓展，是由于接受了对史学新的认知，这既反映在书写内容的拓展，也体现在对史学学科地位新的认识上。刘师培1905年发表的《周末学术史序》，就将此问题显露出来。按照刘之自诩，此书之作，乃"采集诸家之言，依类排列，较前儒学案之例，稍有别矣"。并且解释说："学案之体，以人为主。兹书之体，拟以学为主。义主分析，故稍变前人著作之体也。"岂止是"稍有别矣"，"以学为主"的结果，是依照西学分类的方式重新梳理中国学术，所列序目包括心理学史、伦理学史、论理学史、社会学史、宗教学史、政法学史、计学史、兵学史、教育学史、理科学史、哲理学史、术数学史、文字学史、工艺学史、法律学史、文章学史等。③这样的分科之论，或有可商之处，令人印象深刻的是立足各学

---

① 宋恕：《粹化学堂办法》，胡珠生编：《宋恕集》上册，中华书局1993年版，第380页。

② 按照周予同的看法，中国史学体裁上的所谓"通史"包含两种意义，一是中国固有的"通史"，即与"断代史"相对的"通贯古今"的"通史"；另一种是中国与西方接触后输入的"通史"，即与"专史"相对的"通贯政治、经济、学术、宗教等等"的"通史"。见周予同《五十年来中国之新史学》，朱维铮前引书《周予同经学史论著选集》，第513—573页。这方面具体的讨论参见章清《重塑"中国历史"——学科意识的提升与"专门史"的书写》，《学术月刊》第8、9期，2008年8、9月，第124—130，121—131页。

③ 刘师培：《周末学术史总序》，《国粹学报》第1期，1905年2月23日，第5页。该文续刊于2—4期。

科的"学科史"名目繁多；并且，在诸多学科中，"史学"反而不复存在了。这也部分解释了何以各种词典中较少标明为"历史学科"的"新名词"或"新术语"。

反映在对"史学"的认知上，即意味着确立了"系统化"的观念。针对来自日本方面史著的解读，就突出了这方面的意味。王国维《重刻支那通史序》就这样写道："所贵于读史者，非特考得失、鉴成败而已，又将博究夫其时之政治、风俗、学术，以知一群之智愚、贫富、强弱之所由然。"为此也强调："近百年来，民智日进，新理日出，承学之士，持今世之识，以读古书，故其所作提要钩元，而于政治、风俗、学术之间，尤三致意。"①东文学社在《申报》上刊登的"告白"，即指明中国历代通史若《通鉴》《纲目》之类的著作，往往"卷帙繁重，不便记诵"，后世之"删节之书"，"则又多脱略，编定鲜识，致典章沿制皆不可考"。为此也表彰《支那通史》一书，"体例精善，于历代政令、风俗、建制沿革，考证详核，洵为至美至善之作"②。在为樊炳清（1877—1929）译《东洋史要》所作序中，王国维还进一步指出：

> 自近世历史为一科学，故事实之间不可无系统，抑无论何学，苟无系统之智识者，不可谓之科学。中国之所谓历史，殆无有系统者，不过集合社会中散见之事实，单可称史料而已，不得云历史。③

---

① 王国维：《重刻支那通史序》，见那珂通世《支那通史》，上海东文学社1899年版，第1页。

② 东文学社启：《支那通史》，《申报》光绪二十五年五月二十四日（1899年7月1日），第5页。随后，《申报》还刊登一篇短文，表彰此书"为帙者只五，而于我国上下数千载治乱理忽，提纲挈领，简而能赅，诚足为乙部之津梁，而于《通考》《通典》《通志》外别开生面者也。"见《书〈支那通史〉后》，《申报》光绪二十五年八月十四日（1899年9月18日），第3页。

③ 王国维：《东洋史要序》，桑原骘藏著《东洋史要》，樊炳清译，上海东文学社1899年版，第1页。东文学社在《申报》上也刊登了《新译〈支那通史〉〈东洋史要〉》的告白，除肯定《支那通史》"体例精善"，同时介绍《东洋史要》一书，"于亚洲各国由上古迄现在政治、教育、风俗、交涉各大政，备载无遗，约而得要，洵为教科善本"。见《申报》光绪二十六年正月初十日（1900年2月9日），第5页。

不仅王国维有这样的看法，其他学者也持类似的看法。广智书局 1902 年出版了市村瓒次郎（1864—1947）著的《支那史要》一书，担任翻译工作的陈毅（1873—?）就肯定此书，"叙录我国自开辟以迄今代数千年来政治上变迁之大纲，提要钩元，不烦不漏，至于学术风俗之有关政治上者，亦择要著论，更附各表，以便参照，其有便初学，岂浅鲜哉"①。金为重译桑原骘藏著《东洋史要》，也说明该书致力于"演绎其间种族之衰亡，邦家之废兴，嶷然而与西洋史相班，划然而干世界史之半者也"。并且在《凡例》介绍说："是编于文化、国粹、民气、种界数端，与内讧、召侮、迷信、柔靡诸弊，并极注意，恒详哉言之。"②

汪荣宝（1878—1933）编的《史学概论》也持有这样的看法，过去的史学，"不过撮录自国数千年之故实，以之应用于劝善惩恶之教育，务使幼稚者读之而得模拟先哲之真似而已"，"未能完成其为科学之形体"。在其看来，"历史者，记录过去现在人间社会之陈迹者也，人间社会为最复杂之现象，故历史有种种之方面，若政治，若法律，若宗教，若产业，若学术技能，无一非人间社会之产物，即无一非历史之要素"。为此也阐明，"就此众多之方面与不完全之形体，而予以科学的研究，寻其统系而冀以发挥其真相者，是今日所谓史学者之目的也，史学之大价值实在于此"③。其主持编写的《中国历史教科书》也批评中国之"旧史"，"事实散漫，略无系统，可以为史料，不可以为历史"。相应地也强调：

历史之要义在于钩稽人类之陈迹，以发见其进化之次第，务令首尾相

---

① 陈毅：《支那史要序》，市村瓒次郎著《支那史要》，上海广智书局 1902 年版，第 1 页。

② 桑原骘藏：《东洋史要》，金为译，卷一，"总论"，商务印书馆 1908 年版，第 1 页；"凡例"，第 3 页。

③ 汪荣宝：《史学概论》第一节"序论"，《译书汇编》第 2 年第 9 期，1902 年 12 月 10 日，第105—106 页。

贯，因果毕呈。晚近历史之得渐成为科学者，其道由此。①

基于"系统""科学"理解"史学"，既配合着各分科知识在中国的确立，也与"社会"的成长有着密切的关系。关键在于，所谓"系统"的"史学"，往往体现在通过政治、文化、宗教、学术数端呈现"历史"。针对商务印书馆出版的蒋维乔（1873—1958）编《简明中国历史教科书》就有这样的看法，一方面肯定该书"注重我国文学、风俗、农、工、商等之进化，深得历史教育之本旨"，"实为近今初等历史教科书最新之善本"，对此的批评即是指出"是书不及完全系统，究与历史谈不同，似为迁就定章不得已而作者"②。

以"社会"为中心编纂历史教科书，首先体现在"西洋历史教科书"方面。针对广智书局出版的《中学西洋历史教科书》，论者就有这样的评价：

> 历史定义，在研究社会人类之进化，故泰西史家，凡有著述，必以关系社会人类之进化为标准。吾辈之读西史，注重在此，而今日之译西史，亦当持此意旨，以定取舍。

正是有这样的看法，作者因此也说明，"吾国自有翻译西籍以来，西史寥寥，而可充中学堂用，已辑为教科书者，不可得"，而反复搜罗，商务印书馆所出《中学西洋历史教科书》为最佳，其次则广智书局所出《中学西洋历史教科书》，原因无他，"惟能依据历史之定义耳"，言下之意，是否立足于"社会"编写历史教科书已成为取舍的标准。③对照上述两书，确实体现出这样的特点。

---

① 汪荣宝编：《中国历史教科书》（原名本朝史讲义），商务印书馆 1909 年版，叙论，第 1 页。

② 《简明中国历史教科书》，《教育杂志》第 1 年第 2 期，1909 年 3 月 16 日，"绍介批评"，第 6 页。

③ 《中学西洋历史教科书》，《教育杂志》第 1 年第 6 期，1909 年 7 月 12 日，"绍介批评"，第 18 页。

如商务印书馆 1909 年所出傅岳棻（1878—1951）编纂的《西洋历史教科书》，在"叙例"部分就突出了这层意思："历史者，所以叙述人群、国家、世界渐化致治之陈迹也，抑所以叙述往古人群、国家、世界渐化致治之陈迹，而牖现今人群、国家、世界渐化致治之新机也。"内中还特别提到所谓"通例"："盖历史定义，以考究社会人类进化为主要，故西史通例，叙述人物事实，亦必以关系社会人类进化为标准。"①

书写历史"话语"之转向，于兹也有充分体现，并通过"新名词"之"入史"展现出来。刘师培的《中国历史教科书》即确立了这样的"视野"。《凡例》就表示：

中国史书之叙事，详于君臣而略于人民，详于事迹而略于典制，详于后代而略于古代。今所编各课，其用意则与旧史稍殊。其注意之处约有数端，试述之如左：一、历代政体之异同。二、种族分合之始末。三、制度改革之大纲。四、社会进化之阶级。五、学术进退之大势。②

既如此，对于文字颇为看重的刘师培，也广泛采用"新名词"。仅以章节目录而言，便不难发现诸如"政治""宗教""权利""义务""财政""工艺""美术"等"新名词"，而且不少与学科有关。③夏曾佑之书也同样体现了这一特点，述及"历史之益"即强调：

读上古之史，则见至高深之理想（如《大易》然），至完密之政治

① 傅岳棻编纂、庄俞校订：《西洋历史教科书》，商务印书馆 1909 年版，"叙例"，第 1 页；卷一，第 5 页。广智书局 1908 年所出为坪井九马三著，吴渊民译述《中学西洋历史教科书》。

② 刘师培：《中国历史教科书》，"凡例"，《刘申叔遗书》下册，第 2177 页。

③ 如第一册之第 12、13 课为"古代之政治"（上下），第 19 课为"古代之宗教"。第二册第 5 至 7 课为"西周之政体"，具体分为"一天子权利义务""二封建制度""三臣民之权利义务"。此外第 8 课"西周阶级制度"、第 9 课"地方自治制度"，第 12 课"西周之宗教"，第 18、19 课"西周之财政"（上下）。第三册第 31 课"西周之工艺"，第 35 课"西周之美术"。

（如《周礼》然），至纯粹之伦理（如孔教然），灿然大备。①

　　其他历史教科书，也展现了这一特点。1908 年文明书局出版的《中学中国历史教科书》，其"编辑趣意"开宗明义，指出"史之例凡五"，分别为"政治史""文明史""世界史""分国史""国别史"。尽管说明"本编取第五例者也"，但同时又说明："本编叙事，注意之端凡八：一国势，二风俗，三社会，四制度，五族制，六政制，七人才，八学术，皆分条详述，逐代钩稽，而联之使成一贯。"②商务印书馆 1909 年出版的陈庆年（1862—1929）编纂的《中学中国历史教科书》，也批评以往之史著，"于世界之思想，无所鉴观"，突出了"知识"的重要："知识全而后国家全，历史全而后知识全，完全之历史造完全知识之器械也。"并强调符合这一标准的，"日本所为东洋诸史，庶几其近之欤，桑原骘藏之书，尤号佳构。"③

　　这样的历史书写方式，也得到学部的认可。《学部第一次审定初等小学暂用书目》列有两种历史教科书，一为《乡土历史》（标明"无书"，原因在于，既然讲乡土历史，则"各地异书，无可通用之本"），一为文明书局《蒙学中国历史教科书》（二册）。对此有这样的评价："今日国史教科绝少合初等小学程度者，是编于进化之理，尚有发明，故录存之。"④《学部第一次审定高等小学暂用书目》则通过了两种历史教科书，均为文明书局本，所列"附说"也显

---

　　① 夏曾佑：《中国历史教科书》（最新中学教科书）第 1 册，第一篇第一章第五节"历史之益"，第 7 页。

　　② 章嵚编著：《中学中国历史教科书》，上海文明书局 1908 年版，"编辑趣意"，第 1—2 页。

　　③ 陈庆年：《中学中国历史教科书序》，见陈庆年编纂《中学中国历史教科书》，"序"，第 2 页。到民国时期，这一特点也延续下来。中华书局所出《历史教科书》也说明："编辑历史之宗旨，人各不同。本书于民权消长民族盛衰之点，最加注意，故精神面目，与他种历史教科书，迥乎不侔。且我国国体，已成共和，凡历朝政治，关于一姓一家之存亡者，更不能不爬罗剔抉，以供学者之研究，故本书于专制政治之缺点，尤三致意。"见潘武编辑、刘法曾参订《历史教科书》，中华书局 1913 年版，"编辑大意"，第 1—2 页。

　　④ 《学部第一次审定初等小学暂用书目》，学部 1906 年，第 6 页。

示"历史教科书"的编写在当时的"共识"。针对《高等小学中国历史教科书》（二册）就有这样的评说："凡五编五十五章，于历代大势洞见无遗，旁及于学艺、宗教、文化、美术，与历代夷夏之盛衰，尤饶兴趣，非撮拾故事者比。"[①]对于《蒙学西洋历史教科书》（二册），也说明该书"四篇十二章，取材行文颇有调理"。同时对于外国名称之疏漏有所批评："虽曰外国之名词不能尽确，然一课中多所抵牾，不可谓非疏也。"[②]

来自报章的言论对此也有所说明，以此作为"历史教育"的基本方针。《大公报》刊载的一篇《论各学科之价值及其教授之方法》针对"历史"学科即有这样的解读："历史之价值，在明社会之关系，养成其健全爱国心，与发其普通之道德观念也。"并强调：其一，"历史贵按年代而行，讲解时必用追年的顺进法。然不可以编年为课本，宜采传纪体，择其事实及人物之主要者著于篇。此最易启活泼明了之知识也"。其二，"历史之中要注意文明史，其法在以过去之光辉照现今之社会。其材料宜多采农工商学术等事"。其三，"历史教授宜取近代之史事为主，现今社会与经济之问题，正难判决其难也"[③]。北洋官报局编印之《学报汇编》，内收有日本学者所著《历史教授新法》，译者特别附识：

> 万物之因果在理化，人类之因果在历史。欲知现在，已过者是，欲知将来，现在者是。绾已过现在之枢纽，而达将来之希望者，舍历史其奚由？此科成立，距今才百余年，教者受者，皆以多识前言往行为得计，而于世界进化之原，社会发达之理，语焉不详，择焉不精，日本立柄教俊氏，所以有教授新法之作欤。[④]

---

① 《学部第一次审定初等小学暂用书目》，学部 1906 年，第 2 页。

② 同上书，第 4—5 页。

③ 古愚：《论各学科之价值及其教授之方法》（再续），《大公报》1910 年 4 月 14 日，第 3 版。

④ 《历史教授新法》，北洋官报局编印《学报汇编》甲编，北洋官报局 1906 年，第 1 页。

由此亦可看出，围绕"社会"的"系统"认识"历史"，也成为新的方向，相应的书写历史与其他学科知识高度结合，并广泛借助其他学科的"术语"，同样成为"新名词"之"入史"重要的一环。有意思的是，尽管这已成为历史书写显示的新气象，但史家对此似乎还并不满意，对于历史教科书的检讨往往也集中于此。黄现璠（1899—1982）对中等学校中国历史教科书的调查，分出三期，"自光绪二十八年至民二年"为第一期——"帝王政治叙述时期"，指出历时 12 年所出版的教科书，约 13 部，皆偏重于政治。第二期"自民国三年至十六年"，为"社会文化叙述时期"，特别指出："我国自民国以来，欧风东渐，极其勇猛，历史学家，始改变旧观，抛弃偏重政治的态度，注重社会文化方面。"言下之意，主要反映在受欧风之影响，乃"注重社会文化，就法律、学术、道德、宗教、风俗、民生等而研究之"①。实际上，对"社会"的重视并非始于这一时期，倒是所展示的愈益重视"社会文化"的趋向，确算实情。程国璋（1898—1935）曾选择清末民初出版的五种历史教科书进行评说，也指明有下列缺点：（1）"选择事实太无标准了，太繁杂冗乱了"；（2）"文化史太少了"；（3）"社会经济和人民生活状况太缺乏了"；（4）"各期选择材料的多寡太不合宜了"。②

三、 围绕"新名词"的争辩

王国维 1905 年撰写的《论新学语之输入》，注意到接受新知所带来的言语上的变化："夫言语者，代表国民之思想者也，思想之精粗广狭，视言语之精粗广狭以为准。观其言语，而其国民之思想可知矣。……言语者，思想之代表

① 黄现璠：《最近三十年中等学校中国历史教科书之调查与批评》，《师大月刊》1933 年 7 月第 5 期，第 81 页。

② 程国璋：《中学中国历史教科书研究法》，《史地丛刊》1923 年 2 月第 2 卷第 2、3 期，第 1—14 页。

也，故新思想之输入，即新言语输入之意味也。"王对此的分析没有陷入简单的赞同与批评，对于两种截然对立的观点，"好奇者滥用之，泥古者唾弃之"，王的意见是"两者皆非也"。原因在于："夫普通文字之中，固无事于新奇之语也，至于讲一学，治一艺，则非增新语不可。而日本之学者，既先我而定之矣，则沿而用之，何不可之有。"而且，"处今日而讲学，已有不能不增新语之势，而人既造之，我沿用之，其势无便于此者矣"①。"新名词"频频出现于汉语中，引发诸多争议已为研究者所重视。②略为勾画历史书写中"新名词"的呈现方式，进一步要说明的是，历史书写中出现的"新名词"，或曰对于中国历史新的表述方式，引起怎样的分歧。

问题之所以引起高度关注，最基本的还在于，书写历史于中国来说，向于"文字"有严格要求。刘师培《文说》"记事篇第二"即强调"简要详博""不杂芜词"乃"记事之文"的特点所在，还具体说明："古人以事为主，凡记事必以文；后人以文为主，或因文以害义。故古事因文而传，近事因文而晦，以文胜质，此之谓乎。是以文苑之英，词林之秀，必参观古籍，博览群书，参互考验，穷流溯源，斯能出语有章，立言不朽。若征材聚事，徒供獭祭之需，恐摘句寻章，不越虫雕之技，以此言文，不亦误乎。"③在《中国文学教科书第一册序例》中也阐明这样的看法，"文学基于小学，彰彰明矣"，其不揣固陋，编辑国文教科书，也"首明小学，以为析字之基。庶古代六书之教普及于国民，此则区区保存国学之意也"。该书第一课也题作"论解字为作文之基"④。刘师培绝非孤立的例证。"立言"向被作为"三不朽"之一，则可以想见"做文章"于古人来说，的确算得上很"严重"的事。高凤谦（1869—1936）就注意到："今之所谓新名词，大抵出于翻译，或径用东邻之成语，其扞格不通者，诚不

---

① 王国维：《论新学语之输入》，《教育世界》1905 年 4 月第 96 号，第 1—5 页。
② 沈国威：《近代中日词汇交流研究：汉字新词的创制、容受与共享》，中华书局 2010 年版，尤其是第三章"清末民初中国社会对日语借词之反应"，第 285—320 页。
③ 刘师培：《文说》"记事篇第二"，《刘申叔遗书》上册，第 702—703 页。
④ 刘师培：《中国文学教科书第一册序例》，《刘申叔遗书》下册，第 2117 页。

可胜数",然而,却不能因噎废食,弃之不用,"后起之事物既为古之所无,势不能无以名之;此正新名词之所由起,固不必来自外国而始得谓之新也"。他还表示,"世界交通,文明互换,外来之事物苟有益于我国者,既不能拒绝之",又何必"计较于区区之名词"。甚至强调:

> 平心言之,新名词之不可通者,勿用可也;既已习用,必从而禁之,不可也。治古学者不用新名词,可也;必以责通常之人,不可也。且谋教育之普及,不能不设学堂,学堂不能不教科学,教科学不能不用新名词。①

这里言及"治古学者不用新名词,可也",正值得重视,"史学"即可被归于此列,因此,"史学"中出现"新名词",引发激烈争辩,也不难理解。关键在于,"史学"中出现的"新名词",往往是基于"西史"分析中国历史与社会,是将中国纳入"普遍历史"的产物,也是认同西方价值具有"普遍性"的体现。此外,历史书写中出现的"新名词"引发诸多争论,重要的还在于"中史"构成斯时所流行的"中体西用"论的关键所在。②

在制订各学堂章程之际,张之洞就表达了对此的看法:

> 中国文章不可不讲。自高等小学至大学,皆宜专设一门。韩昌黎云

---

① 高凤谦:《论保存国粹》,《教育杂志》1909 年 8 月 10 日第 7 期,第 547—548 页。

② 这方面张之洞的看法颇具代表性,在《劝学篇》"循序第七"即曾明言:"今日学者,必先通经以明我中国先圣先师立教之旨,考史以识我中国历代之治乱、九州之风土,涉猎子、集以通我中国之学术文章,然后择西学之可以补吾阙者用之、西政之可以起吾疾者取之,斯有其益而无其害。"在"守约第八"中,则强调了"史学考治乱典制"的作用:"史学切用之大端有二:一事实,一典制。事实择其治乱大端,有关今日鉴戒者考之,无关者置之;典制择其考见世变,可资今日取法者考之,无所取者略之。"见张之洞《劝学篇》,《张之洞全集》,第 12 册,"循序第七",第 9724—9725 页;"守约第八",第 9729 页。相关的讨论可参见章清《"中体西用"论与中西学术交流——略论"体用"之辩的学科史意义》,收入复旦大学历史学系编《中国现代学科的形成》(《近代中国研究集刊》第 3 辑),上海古籍出版社 2007 年版,第 209—253 页。

"文以载道"，此语极精，今日尤切。中国之道具于经史，经史文辞古雅，浅学不解，自然不观。若不讲文章，经史不废而自废。①

对于文字改革的声音，张也是有所保留的，每利用机会表达对此的看法，"近来新学输入，转译较难。而浅学者，每谓中国文字不足以用，创为废文字、立字母、用拼音之法，以求语言文字合而为一。推其流极，将见文字既随方音而变，而方音又随字母而变，势必咫尺之地，文字不通，岂非大乱之道哉？"②后来张之洞参与制订的《奏定学堂章程》（癸卯学制），对如何坚守"中体西用"之原则，使办学"端正趋向"，严拒一切"邪说诐词"，也成为内中之"学务纲要"关注的要点。其中有两条内容，均与"文辞"有关：其一，"学堂不得废弃中国文辞，以便读古来经籍"。其二，"戒袭用外国无谓名词，以存国文，端士风"。为此也强调"夫叙事述理，中国自有通用名词，何必拾人牙慧？"并且说明：

倘中外文法参用杂糅，久之必渐将中国文法字义，尽行改变，恐中国之学术风教，亦将随之俱亡矣。此后官私文牍，一切著述，均宜留心检点，切勿任意效颦，有乖文体，且徒贻外人姗笑。如课本、日记、考试文卷内，有此等字样，定从摈斥。③

晚清士人对此也发出了不少质疑之声。1902 年 2 月邓实（1877—1951）、

---

① 张之洞：《致京张冶秋尚书》，《张之洞全集》第 11 册，第 8743—8745 页。

② 张之洞：《致东亚同文书院根津》，《张之洞全集》第 11 册，第 9630—9631 页。

③ 内中描绘了令人忧虑的现象："近日少年习气，每喜于文字间袭用外国名词谚语，如团体、网魂、膨胀、舞台、代表等字，固欠雅驯；即牺牲、社会、影响、机关、组织、冲突、运动等字，虽皆中国所习见，而取义与中国旧解迥然不同，迂曲难晓；又如报告、困难、配当、观念等字，意虽可解，然并非必需此字。而舍熟求生，徒令阅者解说参差，于办事亦多窒碍。此等字样，不胜枚举，可以类推。"《奏定学堂章程·学务纲要》，多贺秋五郎编《近代中国教育史资料·清末篇》，日本学术振兴会 1972 年版，第 215—217 页。

黄节（1873—1935）等人在上海创办《政艺通报》，即表达了对语言文字的高度重视。邓实注意到这样的现象："海市既开，风潮震撼，吾国不学之士、无良之民，浸淫于蟹行之书，病祖国言文之深邃，反欲尽举祖宗相传以来美丽风华光明正大之语言文字废之而不用，而一惟东西之言文是依，以为夷其言语文字即足以智民而强国。"为此，他也表达了这样的看法："一社会之内，必有其一种之语言文字焉，以为其社会之元质，而为其人民精神之所寄，以自立一国。"尤其说明"文言者，吾国所以立国之精神而当宝之以为国粹者也。灭其国粹，是不啻自灭其国"。"今之灭人国也，不过变易其国语，扰乱其国文，无声无臭，不战而已埋人国圮人种矣，此欧美列强所以多灭国之新法也。"①1905年创刊的《国粹学报》，也延续了这样的看法。黄节表达了这样的意思，英俄灭印度裂波兰，亦"皆先变乱其言语文学，而后其种族乃凌迟衰微"。并且说明日本影响如何逐渐渗透进来："甲午创后，骇于日本，复以其同文地迩情洽，而收效为速也。日本遂夺泰西之席而为吾之师，则其继尤慕日本。呜呼，亡吾国学者，不在泰西而在日本乎？"②相应的鲜明表达对时下流行的"东瀛文体"的排距："本报撰述，其文体纯用国文风格，务求渊懿精实，一洗近日东瀛文体粗浅之恶习。"③刘师培也将日本文体之输入中国，视作"中国文学之厄"：

> 文学之衰，至近岁而极。文学既衰，故日本文体因之输入于中国。其始也，译书撰报，据文直译，以存其真。后生小子，厌故喜新，竞相效法。夫东籍之文，冗芜空衍，无文法之可言，乃时势所趋，相习成风，而前贤之文派，无复识其源流。谓非中国文学之厄欤？④

---

① 邓实：《鸡鸣风雨楼独立书·语言文字独立》，《癸卯政艺丛书·政学文编卷七》，台北文海出版社影印本，第173—174页。

② 黄节：《国粹学报叙》，《国粹学报》第1期，1905年2月23日，第2页。

③ 内中还指明："我国旧有之载籍卷帙浩繁，编纂极艰，故无一成书者，坊间所有多译自东文，夫以本国之学术事实，而反求之译本，其疏略可知，其可耻孰甚"。见《国粹学报略例》，《国粹学报》1905年2月23日第1期，第1页。

④ 刘师培：《论近世文学之变迁》，《国粹学报》1907年3月4日第26期，第4页。

对"新名词"持最严厉批评立场的，大概要算彭文祖的《盲人瞎马之新名词》，单就书名来看已鲜明表达了对"新名词"的立场。张步先在《序》中还大体描绘了其中之成因，以及问题的严重性："凡治其国之学，必先治其文。顾吾国人之谈新学也有年矣，非惟不受新学之赐，并吾国固有之文章语言，亦几随之而晦。试观现代出版各书，无论其为译述也，著作也，其中佶屈聱牙、解人难索之时髦语比比皆是。呜呼，是何故耶！是不治外国文之过也，或治之而未深求也。盲谈瞎吹，以讹传讹。"①不唯将"新名词"与"新学"结合在一起，尤其还将此作为对"新人物"之讥讽。该书首篇"新名词"即据此立论，指出凡此种种，皆为"不知新名词之为鬼为祟，害国殃民，以启亡国亡种之兆"：

> 我国新名词之起源，于甲午大创以后，方渐涌于耳鼓，此留学生与所谓新人物（如现大文豪梁启超等）者，共建之一大纪念物也。旧人物，见之退避三舍，欣欣向新者，望洋而叹，不知其奥蕴如何深邃，于是乎新名词日进无疆。欢迎者，恨不能兼夜研之；嫌恶者，恨不能入土骂之。因此新人物、老腐败之名起，终日笔战汹汹，大有不相两立之势。②

这里重点要说明的是"新名词"之"入史"引出的争辩。日本因素的作用，不仅展现于大量的翻译著作，也体现在对中国学者编写历史教科书的影响，其中就包括夏曾佑的《中国历史教科书》和刘师培的《中国历史教科书》。而且，直至五四时期，历史教科书仍"概以桑原氏为准，未见有变更其纲者"③。之所以出现这一现象，也是事出有因。1902年《钦定学堂章程》（"壬

---

① 张步先：《序文》，见彭文祖《盲人瞎马之新名词》，东京秀光社1915年版，序文，第1—3页。

② 彭文祖：《盲人瞎马之新名词》，第3—4页。书中对当时流行的"新名词"，提出59个例证逐一进行质疑。

③ 傅斯年：《中国历史分期之研究》，《北京大学日刊》1918年4月17—23日，第4版。

寅学制")颁布后，各省"多以课本应用何书为问"，因此"管学大臣"张百
熙（1847—1907）组织编就《京师大学堂暂定各学堂应用书目》，"刊发各省"。
其中"中外史学"部分，教材及参考书，均包含大量的日本出版物及翻译于日
本者。[①]1902 年担任京师大学堂教习的王舟瑶（1856—1925），在编写《京师大
学堂中国通史讲义》时也坦陈："中国旧史，病在于繁，不适时用"，反倒是
"日人新编，较为简要，且多新识"，"皆足备览"[②]。

　　开办新式教育使"教科书"构成"生意"，推动着编译工作的展开，并引
出"新名词"的话题。具体到历史教科书，上海文明书局 1903 年出版的秦瑞
玠编著《高等小学西洋历史教科书》，即已道出："西史全系译本，人地事物，
各种专名，歧出不一，近更有由日本转译，而一新其名词者"[③]。同年由丁保

---

　　① 其中"中外史学"列出的"教材"包括：《史鉴节要便览》（6 卷本，鲍东里辑，武昌局刻
本）、《读史镜古编》（32 卷，潘世恩辑，飞霞阁刊本）、《普通新历史》（1 册，上海普通学书室本）、
《支那史要》（6 卷附图 1 册，市村瓒次郎著，陈毅译，广智书局本）、《支那通史》（4 卷，那珂通世
编著，上海东文学社本）、《最近支那史》（4 册，河野通之、石村贞一著，上海振东室本）、《世界近
世史》（1 册，作新社译本）、《东洋史要》（4 卷，桑原骘藏著，樊炳清译，东文学社本）、《西洋史
要》（2 卷附图 1 册，小川银次郎著，樊炳清、萨端同译，上海金粟斋本）、《节本泰西新史揽要》（8
卷，李提摩太译，周庆云节录，梦坡室刻本）、《欧罗巴通史》（4 册，箕作元八、峰山米造合纂，徐
有成、胡景伊、唐人杰同译，上海东亚译书会本）、《亚美利加洲通史》（2 册，戴彬编译，商务印书
馆本）、《东洋历史地图》（1 册，石泽发身辑，日本宏文馆本）、《历代地理沿革图》（1 卷，广东冯氏
重刻本）、《历代舆地沿革险要图》（1 册）、《支那疆域沿革图》（1 册附略说 1 册，重野安绎、河田罴
合辑，日本富山局本）。"参考书"为：《钦定二十四史》（五局合刻本）、《资治通鉴》（294 卷，武昌
局刻本）、《通鉴目录》（30 卷，武昌局刻本）、《通鉴外纪》（10 卷，武昌局刻本）、《续资治通鉴》
（220 卷，武昌局刻本）、《明通鉴》（200 卷，武昌局刻本）、《历代帝王表》（3 卷，文选楼本）、《历代
职官表》（65 卷）、《历代地理志韵编今译》、《万国史纲目》（8 卷，重野安绎著，日本东京劝学会刻
本）、《日本国志》（40 卷首 1 卷，广东刻本）、《西洋历史教科书》（2 卷，商务印书馆本）、《南阿新
建国史》（2 册，福本诚著，陈志祥译，文明书局本）。参见《京师大学堂暂定各学堂应用书目》，光
绪二十九年癸卯（1903）四月湖广督署重刊，第 1、9—11 页。

　　② 所提及的包括：桑原骘藏《东洋史要》，田中萃一郎《东邦近世史》，市村瓒次郎、泷川龟
太郎《支那史》，那珂通世《支那通史》，河野通之、石村贞一《最近支那史》，田口卯吉《支那开化
小史》，白河次郎、国府种德《支那文明史》。见《京师大学堂中国通史讲义》，"贰编"，"论读史
法"，商务印书馆 1904 年版，第 2—3 页。

　　③ 秦瑞玠编著：《高等小学西洋历史教科书》，"编辑大意"，第 2 页。

书编写的《蒙学中国历史教科书》，更有这样的认知：

> 顾近岁以来，各学堂多借东邦编述之本，若《支那通史》、若《东洋史要》，以充本国历史科之数。夫以彼人之口吻，述吾国之历史，于彼我之间，抑扬不免失当。吾率取其书用之，勿论程级之不审，而客观认作主位，令吾国民遂不兴其历史之观念，忘其祖国所自来，可惧孰甚。窃不自量，编成此册，以我国人述我国事，如以孙子述父祖之德行。凡予族姓，庶闻而兴起，念厥先缔造之不易，而以护恤保存，为人人应尽之义务乎！①

《东方杂志》创刊号上介绍商务出版的姚祖义编纂《最新高等小学中国历史教科书》，也表达了这样的看法，"今各省兴学，学科中无不列历史"，可兹"教授"用之"历史课本"，近年以来也陆续出版，"然大都取自日本成书点窜一二以为之，颇有伤于国民之感情，谈教育者时以为憾"。相应的也强调"是书出自吾国人之手，一切去取，无所偏弊"，尤其体现在"措词得体，绝无时下嚣张之习"，"用诸学堂，尤为合理"②。前面提到的黄现璠对历史教科书的调查，对于第一期出版的 13 部教科书，也持这样的看法："本期教科书，除吕瑞廷《新体中国历史》、夏曾佑《中国历史》、章嵚《中国历史教科书》外，皆无足观。且最大错误者，是采用日人著述为蓝本，改作教科书，或直接用之为教科书。"③

对于"教科书"的编写，清政府也颇为重视。按照《学务纲要》的要求，"于各省各设学务处一所"，"由督抚选派通晓教育之员总理全省学务，并派讲

---

① 丁保书：《蒙学中国历史教科书》，上海文明书局 1903 年版，"编辑大意"，第 1 页。

② 《最新高等小学中国历史教科书》，《东方杂志》第 1 卷第 1 号，1904 年 3 月 11 日，"新书介绍"，第 256 页。

③ 黄现璠：《最近三十年中等学校中国历史教科书之调查与批评》，《师大月刊》1933 年 7 月第 5 期，第 75 页。

求教育之正绅，参议学务"。可以说，"学务处"在推行新式教育过程中扮演着重要角色，其中就包括对教科书的审定，"择其宗旨纯正，说理明显，繁简合法，善于措词，合于讲授之用者"①。宋恕任职山东学务处议员兼文案时，即负有"将府州县各等学堂教科书从速审定"之责，"强忍寒疾，夜以继昼，不敢稍涉粗疏，致负宪委"②。宋恕对"日本因素"倒并不排斥，其所拟《粹化学堂办法》就建议"学课"宜分"华文、日文两课"，"讲授四部宜兼用日文书"，甚至认为："'藏书楼'三字连用之新名词亦不通之俗译也。日本译为'图书馆'，当矣！"还发出这样的感叹："盖今华人识字之浅于日人远矣！"③因此，在其对教科书进行审定时，并未就"新名词"多加注意，而是对历史教科书犯有"大不敬"之内容，尤为注意，拟出《请通饬禁购三种历史教科书禀》。④而《吴守呈禀及附件批文》也特别说明：

> 上海新出编译各书，宗旨极杂。其中历史一门，最多趋重民族主义，甚或显露革命排满之逆意。司学务者，若不逐卷细检，徒见其书名尚无违碍之字样，遽取以列于教科，则学堂之中必将隐行逆说，朝局危机，将伏于是。⑤

---

① 《奏定学堂章程·学务纲要》，多贺秋五郎编《近代中国教育史资料·清末篇》，第221页。

② 宋恕：《审定初小教科书禀》，1905年11月11日，《宋恕集》上册，第392页。

③ 宋恕：《粹化学堂办法》，1905年11月15日，《宋恕集》上册，第377—390页。

④ 在其所审定的35种教科书中，特别提出"三种历史教科书皆犯大不敬，理合揭明"。原因在于，此三种教科书，"皆直书我太祖庙讳，肆无忌惮，乃至此极，按之律例，实属大不敬之尤。方今孙文逆党到处煽乱，此种大不敬之教科书实亦暗助其势力，若不从严禁购，何以隐销逆萌"。见宋恕《请通饬禁购三种历史教科书禀》，《宋恕集》上册，第390—391页。

⑤ 《吴守呈禀及附件批文》，1905年12月4日，《宋恕集》上册，第393—394页。从"批文"亦可看出，地方官对此也希望能实现"开智"与"防祸"的目标，内中就写道："邪说之界说无定，而逆说之界说有定。即男女平等、官民分权等说，中国士大夫尚多目为邪说，而在英、德、日本等国，则共以为堂堂正正之正说。"为此也强调："该守务须善体本总理等开智、防祸双管齐下之苦衷，时时切嘱各学堂教员、管理员等，于中国诸子百家之异谈及西来、东来一切之新议论，除革命排满之逆说必当严禁外，其余皆不妨任令学生研究发挥，以畅其天机而绝其愤郁之源，是本总理等所相期于该守者矣！"

1907 年 2 月湖南学务公所开办，皮锡瑞（1850—1908）受聘为图书课长，主要职责也是审订湖南各学堂所编讲义。通过其留下的日记，可略知此项工作之繁重。往往一天需要"批阅"讲义十本，甚至二十本。而审查之重点，则是讲义是否符合学部所颁发之"宗旨"。该年 3 月 20 日的日记就写道："阅经学、修身学，所讲颇有思想，而宗旨不正。已签出批驳，将呈学使视之。"[①]皮锡瑞也是颇为看重"文章之道"的，读了戴鸿慈（1853—1910）的《出使九国日记》，在日记中就留下这样的话："美总校长言法取他国，仍须勿忘本原，中国以文章著于世界，当保存之；怀特君亦云然。即东人国粹之说。"[②]正是基于此，对于讲义中的文字，皮也有"新名词拉杂多至不可数"的感叹。[③]不过对于历史教科书中的问题，皮倒并没有更多言及。日记中提到《支那开化史》，也只是表示："《支那开化史》略翻阅，似亦可用，仍宜增定。"[④]

对于当时各自编写教科书的方式，皮锡瑞并不看好。于商务所出教科书，就有这样的看法："到公所，见商务印书局以书四十种请审定。其书实无可用，皆由上不颁教科之过也。"[⑤]在其 1907 年上湖南学政吴庆坻（1848—1924）书中，也阐述了"教科诸书宜颁定"的主张：

> 考日本学堂教科书，皆由文部审定颁行，是以整齐划一。今学堂林立，教科尚未颁行，教员人自为书，家自为说，新旧异趣，高下殊途，每换一人，则教法不同，甚或全然反对，生徒莫知所从，以致师弟冲突。其所沿用之教科书，乃日本人及留学生所编辑，宗旨既不尽合，教授殊不相宜。教员之学问稍深者，犹能择取其长，自编讲义；其学问不深者，但知

---

① 皮锡瑞：《师伏堂日记》第 6 册，北京国家图书馆出版社 2009 年版，"丁未年二月初六日"，第 372—373 页。

② 同上书，"丁未年九月廿三日"，第 451 页。

③ 同上书第 6 册，"丁未年九月廿六日"，第 453 页。

④ 同上书，"丁未年十二月廿八日"，第 481 页。

⑤ 同上书，"丁未年九月二十日"，第 451 页。

钞录原文，一字不易，师以此教，弟子以此学，近日学生离经畔道，皆由此等教科书有以启之。即有提学认真调查讲义，而讲义由教科书出，不清其源，终不能绝其流。①

山东、湖南的"学务"工作，是普遍的情形，《申报》1908 年刊载的《江督饬司审订教科书》一则消息也透露出相似的一幕。内中强调了，"小学教科书一事，总以文义浅显，宗旨纯正为主"，正是基于此，对于某局所编写的初等小学历史教科书"第一节太古汉族"，就有这样的批评："汉族意义，即外人称吾国人为秦人、唐人之例，小学学生断不能领会此说"，尤其是，"不善讲解者，且甚至举满汉为解释，如此教学岂非歧之又歧"②。

此一时期留学日本的钱玄同（1887—1939），也提供了值得检讨的例证。钱 1905 年底赴日留学，对于此时频频出现的"新名词"当有不少接触。一开始也并非全是负面的评价，1906 年 2 月 20 日的日记就写道："阅任公《太平洋歌》，直可当历史歌读，以记事之笔，作瑰奇之文，而又以种种新名词填入其中，而仍浑存自然，毫无堆砌之痕，真才子笔也。"③不过，很快的对于新名词似乎就失去了好感。该年 5 月 4 日的日记中谈到曾鲲化所著《中国历史》，就留下这样的评价："曾氏之《中国历史》，体例未错，而喜用新名词，太远国风，且考据多讹，恨矣。"④在其自编年谱中，对此还念念不忘："平心而论，历史教科佳者，首推夏氏，次则刘氏。若曾氏者，专务用新名词，并照图像，不率故常，实极可笑。"⑤而孙诒让（1848—1908）1907 年也提出"译教科书宜统一名词"的问题："新学大兴，译述外国教科书，繁如烟海。凡中国文所有

---

① 皮名振：《皮鹿门年谱》，商务印书馆 1939 年版，第 101 页。

② 《江督饬司审订教科书》，《申报》光绪三十四年十一月二十八日（1908 年 12 月 21 日），第 11 页。

③ 北京鲁迅博物馆编：《钱玄同日记》第 1 卷，福建教育出版社 2002 年版，"1906 年 2 月 20 日"，第 59 页。

④ 同上书，"1906 年 5 月 4 日"，第 130 页。

⑤ 钱玄同：《钱德潜先生年谱稿》，《钱玄同日记》第 12 卷，"附录二"，第 7554 页。

之名词，自宜概用中文；惟外国人名、地名，则宜用西文译音"，"各科学中国向未发明者，亦多用译音"。在其看来，"应请大部审正音纽，垂为定名，而附注异同于下方，勒成一书，颁行天下，俾各校悉用定名教授，庶可秩若划一，以省纷互"①。《申报》1906 年刊发的《学务刍言》，针对"改良学务"也特别提出"审查图书"的重要性：

> 自学堂兴办后，操觚之士，雷动而蜂涌，其译者以输入文明为言，其编者以导率后进自任。而吾读其书，则纯驳不一。有昌言适用于何校而程度不能符合者；有掇拾仅三四十课而教授不敷一年者，大都书贾谋利，心计极工。树国民之标识，达营业之目的，盖什之七焉。凌乱错杂，厥害宁鲜。②

在此前后，针对教科书的审定即不乏这方面的内容。官方针对文明书局的一件批复就表示："欲治西学，必精西文；欲译新书，必深旧学；不读周秦两汉之书而能通欧亚两洲之驿者，无是理也。近来译本风行，日新月异，大都后生初学稗贩东邻。朝习和文，夕矜迻译，求合于信达雅之旨者，百不见一。"肯定文明书局在这方面的示范作用，为此也批示：

> 嗣后文明书局所出各书，无论编辑译述，准其随时送候审定，由本大学堂加盖审定图章，分别咨行，严禁翻印，以为苦心编译者劝。该局益当详慎从事，惠兹学界。③

科举废除后成立的"学部"，更是介入到教科书的编写工作中。1906 年 8 月

---

① 孙诒让：《学务枝议》，见孙延钊《孙衣言、孙诒让父子年谱》，上海社会科学院出版社 2003 年版，第 479 页。

② 《学务刍言》（续），《申报》光绪三十二年九月初八日（1906 年 10 月 25 日），第 2 页。

③ 《钦命（管理、会同管理）大学堂事务大臣（吏、刑）部尚书张荣批》（1903 年），此据汪承镛编《国史教科书》，上海文明书局 1905 年版，封底。

创办的《学部官报》，作为学部的机关刊物，体现的是官方对"学务"的管理，强调此举乃"刊发公告以辅行政之机关"，并要求"发交各省提学使转发各学堂一律阅看"，以使"在学之人有所遵循，不至自为风气"①。《学部官报》第 3 期起，专设"审定书目"栏，说明"本部因学堂急需，故拟审定暂用之本，凡有自著教科书者，准其呈请审定。如属合用，自当揭登本部官报，或汇齐刊列书目，通行各省"②。后来的一篇文字还阐明了学部对教科书审查工作的定位：

> 各省呈请审定教科书籍，良楛错出，纯驳不齐，皆经派员悉心钩校，取其胚胎经史与阐发各种科学而不背畔道德者，准予锓板鬻行，以裨教授。其有蔑礼斁教，稍涉奇衺，如平权之瞽说，种族之讆言，自由结婚之歌辞，惑世诬民之报纸，凡若此类，业已节次通饬严禁发行各在案，断不任其混乱人心，贻误来学。③

对于学部审定教科书的工作，郑鹤声（1901—1989）后来在一篇文章中有所评说，指出当时对教科书的流弊，学部的报告约有以下数端："一曰事多假设不能证实；二曰杂立名词无复抉择；三曰方言讹误不便通行；四曰文意艰深索解不易；五曰卮言异说惑乱人心。"④内中显示出，对于教科书书中涉及政治方面的"语汇"，往往遭到批驳。1908 年浙江出版的何琪编《初等女子小学国文教科书》，即因为"取材有平等字样，学部认为不合，下令查禁"⑤。可略加说明的是，对"教科书"的审定，"日本名词""东文语气"等环节也成为重点

---

① 《奏编录官报片》，《学部官报》第 4 期，光绪三十二年九月十一日，第 57 页。

② 《咨鄂督转饬武昌府令亚新铜版地图局速行登报申明冒名本部审定字样文》，《学部官报》第 13 期，光绪三十三年正月二十一日，"审定书目"，第 15 页。

③ 《覆陈直督陈夔龙奏时局阽危敬陈管见折》，《学部官报》第 129 期，宣统二年七月十一日，"本部奏章"，第 4 页。

④ 郑鹤声：《三十年来中央政府对于编审教科图书之检讨》，《教育杂志》1935 年 7 月 4 日第 25 卷 7 期，第 23 页。

⑤ 《教科书之发刊概况》，《第一次中国教育年鉴》，上海开明书局 1934 年版，"戊编"，第 123 页。

所在。如《学部第一次审定初等小学暂用书目》中，针对商务所出《学校管理法》就指出："书中沿日本名词，我国有不通行者，如出席、迟参之类。讹字尤多，重印时当校改。"①而从"学部官报"的"审定书目"栏更是可以了解到，因为同样的原因遭受"批驳"的所在多有。

《学部官报》的"审定书目"栏，汇集了学部审定教科书的意见。第13期所审定的书目中，两种都因为"日本因素"而遭批驳，或者被指为"夹杂东文语气"，或者以其"俱系日本人说法"②。第17期针对江楚编译官书局呈送《日本历史》等书，又有这样的批复："查《日本历史》，叙述尚少误谬，惟各学堂不能以日本史为独立科目，且该书纯沿日人语气，碍难审定。"③第31期针对浙江巡抚咨送高等学堂讲义及乡土教科书，学部则有这样的回复："《教育原理心理学》浅显便于教授，惟征引间有未确，纂言间有鄙俚之处，且多沿日本人语气，似是抄译东籍而未及改正者。《西洋历史讲义》译辑东籍而成，其取材不外元良氏《万国史纲》与长泽氏《万国历史》，而空语太多，译名亦有前后违异处，自系随教，未定之本。"④

针对其他讲义，也有类似的批评。对余维涛所呈《自然地理学》，"学部"的批复即直指其"用语"皆"多沿东译"，未能掩其"捃摭之迹"⑤。对四川提学使送呈速成师范讲义诸书，也有类似的批语："《行政法大意》为日本行政法之大要，条理简明，译述亦能达意，惟语气有直译处，须酌改。《经济学大意》

---

① 《学部第一次审定初等小学暂用书目》，学部1906年版，第12页。

② 《北洋警察毕业生丁永铸呈书三种请审定禀批》、《江苏试用直隶州知州郑宪成呈译书二十二种请审定禀批》，《学部官报》第13期，光绪三十三年正月二十一日，"审定书目"，第16、17页。

③ 《咨覆江楚编译官书局呈书六种均毋庸审定文》，《学部官报》第17期，光绪三十三年三月初一日，"审定书目"，第18页。

④ 《咨覆浙抚所送高等学堂讲义改正后再呈审定，定海教科书无庸审定文》，《学部官报》第31期，光绪三十三年七月二十一日，"审定书目"，第41页。

⑤ 内中写道："该书分编叙述，尚无大谬，惟所举例证率以日本为主，而地名、国名等亦多沿东译，如独逸露西亚之类，且第三编盛称岛国之特色，张皇过甚。此等处盖皆由移译而来，未能掩其捃摭之迹，于国民教育之旨，颇不相符。"《生员余维涛呈自著自然地理学请审定禀批》，《学部官报》第25期，光绪三十三年五月二十一日，"审定书目"，第37页。

大体已具，而沿用东文语气及日本名辞，于吾国人读之殊不便，为酌易一二，不能尽改也。书中所引西儒学说处，其人名悉用假名译音，亦为易以汉字。"说明"以上两书均须修改润色，乃可作为中学参考之用"①。对于商务呈送的《和文汉译读本》，更直接说明"毋庸审定"：

> 该书系日本寻常小学国语读本，译者以为便吾国人学和文之用，故每卷附有译文，然以所译汉文与和文对勘，闲字尚多，且有不成语处。②

《学部官报》第 57 期公布了《本部审定中学所用书目表》，其中与历史相关的包括《历代史略》（8 册，中新书局）、《中国历史》（2 册，陈庆年纂）、《本朝史讲义》（2 册，京师译学馆本）、《东洋历史》（2 册，商务印书馆）、《万国历史》（3 卷，作新社编译）、《西洋史要》（2 册，金粟斋）、《西洋课程》（3 册，山西大学堂编本）、《万国史纲》（1 册，商务印书馆），还列出相关书籍的"提要"③。由第 60 期刊出的《中国历史教科书校勘表》则不难发现，对于教科书中的日本痕迹，着力予以删改。如涉及时代划分的"上古期""中古期"等均改作"上古史""中古史"等。④第 61 期又登有《万国历史教授细目》和《万国历史校勘表》，删除了不少"敏感"性的语词，如"以固人民之自由及平

---

① 《札覆四川提学使前送师范讲义可作参考无庸审定文》，《学部官报》第 95 期，宣统元年六月二十一日，"审定书目"，第 1 页。同期还刊有对《民法原论》一书的批复："译笔亦能达意，惟文气语句直袭自日本处多，阅之殊苦费力。法律用语诚不可轻为更易，至词句之间，但期不背法理与其条文之原意，固未尝不可使改而从我，以便读者。除签出各条外，应大加改正，并俟下卷续出后再行统呈审定可也。"《王双岐呈民法原论请审定禀批》，《学部官报》第 95 期，宣统元年六月二十一日，"审定书目"，第 2 页。

② 《商务印书馆经理候选道夏瑞芳呈地质学各书请审定批》，《学部官报》第 107 期，宣统元年十月二十一日，"审定书目"，第 2 页。

③ 《本部审定中学所用书目表》，《学部官报》第 57 期，光绪三十四年五月二十一日，"审定书目"，第 2—4 页。

④ 《中国历史教科书校勘表》，《学部官报》第 60 期，光绪三十四年六月二十一日，"书目审定"，第 1—16 页。

等之权利"，注明"二句删"；与"革命"相关者，要么删除，要么改"大革命"为"大乱"，"革命党"为"新党"，"革命时代"改为"旧学改革时代"。有的改动还加上"评语"予以说明，如"司巴达人精神至使为之不怠"一句，就加上这样的"评语"："此等不可训之语虽系纪，亦以不用为是。"①

正是因为对此的重视，学部在这方面也有所努力。张之洞入主学部后，即于 1909 年设立了"编订名词馆"，致力于"统一文典，昭示来兹"，负责规范教科书中的"术语"。约半年后即奏称："编订名词馆自上年奏设以来，于算学一门已编笔算及几何、代数三项；博物一门已编生理及草木等项；理化、史学、地学、教育、法政各门已编物理、化学、历史、舆地及心理、宪法等项。凡已编者，预计本年四月可成，未编者，仍当挨次续办"②。到 1910 年"学部"又奏称"各种学科中外名词对照表"年底可以告竣。③"学部"所致力的工作，也起到示范作用，黄摩西所编《普通百科新大辞典》即强调该书之编纂，"一切学语以学部鉴定者为主，余则取通行最广者"④。其时"适领名词馆于学部"的严复，也欣然为该书写序，指明该书之编纂，"其所以饷馈学界，裨补教育，与所以助成法治之美者，岂鲜也哉？"⑤

余　论

"新名词"对中国历史的重塑，是一个持续的过程。梁启超 1923 年在《先

---

①《万国历史校勘表》，《学部官报》第 61 期，光绪三十四年七月初一日，"审定书目"，第 6—9 页。

②《学部奏陈第二年下届筹办预立宪成绩折》，《教育杂志》1910 年 6 月 16 日第 2 卷第 5 期，第 31—32 页。

③《奏预备立宪第三年上届筹办事宜折》，《浙江教育官报》1910 年 11 月 16 日第 42 期，第 270 页。

④《凡例》，黄摩西编撰《普通百科新大辞典》，上海国学扶轮社 1911 年版，"凡例"，第 1 页。

⑤ 严复：《普通百科新大辞典序》，黄摩西编撰《普通百科新大辞典》第 1 册，第 1 页。

秦政治思想史》"再版自记"中，对此有所总结："国故之学，曷为直至今日乃渐复活耶？盖由吾侪受外来学术之影响，采彼都治学方法以理吾故物，于是乎昔人绝未注意之资料，映吾眼而忽莹，昔人认为不可理之系统，经吾手而忽整，乃至昔人不甚了解之语句，旋吾脑而忽畅。质言之，则吾侪所恃之利器，实'洋货'也。坐是之故，吾侪每喜以欧美现代名物训释古书，甚或以欧美现代思想衡量古人。"[①]略说晚清时期"新名词"之"入史"所产生的影响，还有必要对后续的发展略加补充，实际上延伸到民国时期才凸显出其问题所在。由于过度关注这些新词的"政治意味"，或贴上"东瀛文体"的标签，清季对此的反省显然是不够的。以这样的方式重塑中国的"过去"是否合适，到民国时期才堪称有所检讨。

可以明确的是，"变革"的基调是贯穿清季民国的主题，影响所及，"新名词""新术语"也可谓层出不穷；学界热衷编纂各种辞书、词典，就揭示出这一特质。1923 年出版的《新文化辞书》就阐明："我国近年来的新文化运动，把我国人底知识欲望提高了"，并说明在这样一个"分科的时代"该书采集的范围："关于政治、宗教、经济、法律、社会、哲学、文艺、美术、心理、伦理、教育以及自然科学方面，凡是和新文化有关系而为我人所必需的知识，和对于各方面有重大贡献的学者底传记及其学说，兼收并采，分条叙述"[②]。1929 年出版的《新术语辞典》一书也持相似的看法："我国自五四运动以后，不断地介绍欧美的学术进来，因此，读者阅读书报时，就常常碰到许多的'新术语'。"说明该书即因应这样的情况，"选择在一般的读者所最常见的属于经济学、政治学、法学、社会学、社会心理、社会问题、社会思想、社会运动、哲学、文学、欧洲外交史、中国外交史等的'新术语'以及我国自己所有的流行的新术语"[③]。

---

① 梁启超：《先秦政治思想史》，"民国丛书"第 4 辑，上海书店出版社 1989 年版，"再版自记"，第 13 页。

② 唐敬杲：《新文化辞书叙言》，《新文化辞书》，商务印书馆 1923 年版，第 1—2 页。

③ 吴念慈、柯柏年、王慎名编：《新术语辞典》，上海新文艺书店 1929 年版，"编辑凡例"，第 1 页。

从各种词典收词的情况看，同样鲜少标明"历史学科"的术语，与之前所发生的情况颇为相似。1934 年出版的《中国历史小辞典》，所收内容包括"中国历史上的国名、朝代名、种族名、官爵名、制度名、史部名著、重大事件、专门术语等"，也未曾涉及与"社会"相关的术语。[①]不过，这其中值得重视的转变也渐渐浮出水面，那就是以这样的方式重塑中国的"过去"是否合适，到民国时期也有所检讨。

围绕"历史"学科的种种"术语"即有诸多争论。1923 年钱玄同针对西语之中译，就仍有改"意译"为"音译"的主张，原因即在于，"照原字的意义译成中国字，译得不确当固然不对，即使译得极确当，也还是不对，因为无论如何总是隔膜了一层"。相应的，其不仅更接受"不能算做翻译"的"音译"，还以此阐述其所持"用罗马字母作国语字母"的主张：

> 中国人要希望与世界文化融合而不再受隔膜的苦痛，除了用罗马字母作国语字母，实在没有更适宜的办法。国语用了罗马字母拼音，则西洋字的输入，真如"水之就下"，顺便无比："论理学"自然写 Logic，……"伦理学"也自然写 Ethics。[②]

1926 年傅斯年在与顾颉刚（1893—1980）讨论古史的信函中，更是提出用"新名词"指称"旧事物"是否合适的问题："大凡用新名词称旧物事，物质的东西是可以的，因为相同；人文上的物事是每每不可以的，因为多是似同而异。"信中亦提及："'史'之成一观念，是很后来的。章实斋说六经皆史，实在是把后来的名词、后来的观念，加到古人的物事上而齐之，等于说'六经皆理学'一样的不通。"进而还说明："我不赞成适之先生把记载老子、孔子、墨子等等之书呼作哲学史。中国本没有所谓哲学。""思想一个名词也以

---

① 周木斋：《中国历史小辞典》，上海新生命书局 1934 年，"凡例"，无页码。

② 钱玄同：《林玉堂〈国语罗马字拼音与科学方法〉附记》，《晨报副刊》1923 年 9 月 12 日，第 3—4 版。

少用为是。盖汉朝人的东西多半可说思想了，而晚周的东西总应该说是方术。"①在给胡适的信中，傅也道出古代中国严格说来"没有哲学"而只有"方术"，他也舍弃"哲学"一词不用，而只用历史性的"方术"一词，"用这个名词，因为这个名词是当时有的，不是洋货"，乃"他们自己称自己的名词"，反之，如"把后一时期，或别个民族的名词及方式来解他，不是割理，便是添加"②。

可以说，对于"新名词"之"入史"，给中国历史贴上新的标签，一直都有批评的声音。本文一开始提及的胡适与梁漱溟的争辩，不过是其中之一，是伴随马克思主义史学在中国的成长所引发的新一轮争辩。胡适的言论在当时的政治氛围下或许显得有些"曲高和寡"，但就史家对此的讨论来看，不少都有类似胡适那样的困惑。在《闲谈历史教科书》中，傅斯年就致力于说明"历史教科书和各种自然科学教科书之不同处"。自然科学"可以拿大原则概括无限的引申事实"，然而，"在历史几不适用"。尤其说明史家"以简单公式概括古今史实，那么是史论不是史学，是一家之言不是客观知识了"。"历史上件件事都是单体的，本无所谓则与例"，因此，傅所设想的是，"我们对于历史事

<hr>

① 傅斯年：《与顾颉刚论古史书》，欧阳哲生主编《傅斯年全集》（一），湖南教育出版社 2000 年版，第 457、459 页。由此，也可以理解傅何以会反对使用"哲学"一词。在《战国子家叙论》中，即阐述了这样的意思："哲学乃语言之副产品，西洋哲学即印度日耳曼语言之副产品"，"汉语实非哲学的语言，战国诸子亦非哲学家"。在其看来，就语言层面来看，"哲学"断难在中国发生，"是很自然的"。"拿诸子名家理学各题目与希腊和西洋近代哲学各题目比，不相干者如彼之多，相干者如此之少，则知汉土思想中原无严意的斐洛苏非一科"。因此，"为什么我们反去借来一个不相干的名词，加在些不相干的古代中国人们身上呀？"见傅斯年《战国子家叙论》，《傅斯年全集》（二），第 251—255 页。

② 傅斯年：《致胡适》，1926 年 8 月 18 日，收入耿云志编《胡适遗稿及秘藏书信》第 37 册，黄山书社 1994 年版，第 357 页。直至今日，在国际学界仍在提出中国有无"哲学"的争辩。见 Carine Defoort "Is There Such a Thing as Chinese Philosophy? Arguments of an Implicit Debate." *Philosophy East and West*，Vol.51，No.3，Eighth East-West Philosophers' Conference（Jul.，2001），pp.393—413。中国方面对此的回应可参见葛兆光《穿一件尺寸不合的衣衫——关于中国哲学和儒教定义的争论》，《开放时代》2001 年第 11 期，第 49—55 页。

件，虽不能作抽象的概括命题，却可以根据某种观点，作严密的选择。古今中外的历史事件多得无数，既不容归纳，只得选择了"①。邓之诚（1887—1960）撰写《中华二千年史》，也发表了这样的感想："尝见今人所谓历史教科书，每以今时之文字叙述古事，甚或以白话文行之。……以今时之文，纪古时之事，其不中程，亦犹之乎以古时之文，纪今时之事也。"在其看来，"史贵求真，苟文字改易，将必去真愈远"，故此，"求真之义不磨，则原文似不当改"②。钱穆（1895—1990）撰写《国史大纲》，对起于清之季世，为有志功业、急于革新之士所提倡的"革新派"之史学，也多有批评，指出"近人率好言中国为'封建社会'，不知其意何居？"并将此归于"懒于寻国史之真，勇于据他人之说"③。在别的地方，钱也叹息于"帝王专制与封建社会之两语，乃成为中国史之主要纲领"，并表示："试问何以在封建社会之上尤得有专制政治。近人必以西方史学来治中国史，则恐终难理解矣。"④

与之相应的，对此的检讨还引出以"新名词"理解历史是否造成严重隔阂的看法。"新名词"之所以频频"入史"，是因为不断产生的重新认识中国"过去"的需求，因此，能否守护"历史的维度"，并恪守此延续历史的记忆，也成为问题的关键。所谓"历史的维度"，无非是强调"证释古事者"，当注意其"时代限制"⑤。陈寅恪（1890—1969）诠释"了解之同情"的治史取向，所论最为详尽。在为冯友兰（1895—1990）《中国哲学史》上册所写的"审查报告"中，陈就强调，"凡著中国古代哲学史者，其对于古人之学说，应具了解之同情，方可下笔"。然实际情形却是著者有意无意之间，"往往依其自身所遭际之时代，所居处之环境，所熏染之学说，以推测解释古人之意志"。在陈看来，

---

① 傅斯年：《闲谈历史教科书》，《教与学》1935 年 10 月 1 日第 1 卷第 4 期，第 99—112 页。
② 邓之诚：《中华二千年史》上册，商务印书馆 1935 年版，"叙录"，第 7—8 页。
③ 钱穆：《国史大纲》，上海商务印书馆 1940 年版，"引论"，第 3—4 页。
④ 钱穆：《现代中国学术论衡》，生活·读书·新知三联书店 2001 年版，"序"，第 5 页；第 124 页。
⑤ 陈寅恪：《元白诗笺证稿》，上海古籍出版社 1980 年版，第 167 页。

这样的哲学史,"其言论愈有条理统系,则去古人学说之真相愈远"①。这段常被征引的话,自有其深意在,所涉及的乃纵横古今之间的历史学的自处之道。不过,这样的见解算不上是什么"新见",涉及古今问题的论述历代都不乏相似见解者。②同样是为冯友兰《中国哲学史》上册所写审查报告,金岳霖(1895—1984)就提出,"所谓中国哲学史是中国哲学的史呢? 还是在中国的哲学史呢?"与之相应的也涉及两个基本"态度":"一个态度是把中国哲学当作中国国学中之一种特别学问,与普遍哲学不必发生异同的程度问题;另一态度是把中国哲学当作发现于中国的哲学"。对胡适的《中国哲学史大纲》也有这样的批评,指出该书乃"根据于一种哲学的主张而写出来的","简直觉得那本书的作者是一个研究中国思想的美国人",颇多牵强附会之"成见",而且书中所流露的成见"是多数美国人的成见"③。这也从另一个侧面揭示出何以会发生"新名词"的情形。

"新名词"之"入史",构成清季民国引人瞩目的现象,其影响是多面的。尤其值得重视的是,由于"新名词"之"入史",乃中西历史"合和"的产物,因此,不仅涉及史学编纂的问题,将中西历史纳入到相同的时间序列中,其意义也不限于史学。将中国纳入"普遍历史",究其实质,实际是认同西方社会的演进代表着人类"普遍"的发展模式,还以此作为中国历史演进的未来。尤可虑及的是,对此的反省,尽管也时有流露,但毕竟是微弱的。

严复与章太炎围绕《社会通诠》产生之歧义,即与此有密切关联。严复接受甄克思(Edward Jenks,1861—1939)提出的"始于图腾,继以宗法,而成于国家"的社会发展模式,认为"此其为序之信,若天之四时,若人身之童少

---

① 陈寅恪:《冯友兰中国哲学史上册审查报告》,《陈寅恪集·金明馆丛稿二编》,生活·读书·新知三联书店 2001 年版,第 279—281 页。

② 对此详细的分析可参见罗志田《陈寅恪史料解读与学术表述臆解》,收其所著《近代中国史学十论》,复旦大学出版社 2003 年版,第 175—200 页。

③ 金岳霖:《审查报告二》,见冯友兰著《中国哲学史》,上海神州国光社 1932 年版,附录,第 5—6 页。

壮老，期有迟速，而不可或少絜者也"。还推断中国社会也是由宗法而渐入军国，"综而核之，宗法居其七，而军国居其三"①。严复通过译述《社会通诠》表达的对社会演进的理解，也曾激起热烈回响，章太炎却提出了不同看法，"甄氏之意，在援引历史，得其指归。然所征乃止赤、黑野人之近事，与欧、美、亚西古今之成迹，其自天山以东，中国、日本、蒙古、满洲之法，不及致详，盖未尽经验之能事者"。指明甄氏之书"不足以悬断齐州之事"，"皮传其说"的严复并不了解中国。②章太炎对严复的质疑，可看作是对"普遍历史"之抗拒，非一时之见，章也据此批评过其他人。1906 年章出狱后在东京发表演说，就针对斯时流行的"欧化主义"表达了不安，指出其所秉持的，"并不像做'格致古微'的人，将中国同欧洲的事，牵强附会起来；又不像公羊学派的人，说什么三世就是进化，九旨就是进夷狄为中国，去仰攀欧洲最浅最陋的学说"③。这里所讥斥的，就包括主张"西学源出中国说"的王仁俊（1866—1913），以及以"三世"仰攀"进化论"的康有为（1858—1927）。稍后，他还直指康，"好举异域成事，转以比拟，情异即以为诬，情同即以为是"。这种枉顾中西历史差别，强行将中西纳入所谓"类例"，"何其迂阔而远于物情耶？"④

类似于章太炎这样的反思，在五四时期也曾演出相似的一幕。在"尊西"与"趋新"成为主导价值的五四，梁漱溟《东西文化及其哲学》的发表，颇不寻常。梁在书中强调文化的发展有一定律则（即所谓的"没尽的意欲"），并据此提出一套理论架构，认为西方文化、印度文化和中国文化各有不同的特点及成因。耐人寻味的是，文章一开始曾述及胡适对于"抓住几个抽象名词在那里变戏法"的批评，然而，这里所显示的是，胡适也是认同于"普遍历史"

---

① 严复：《译〈社会通诠〉自序》，《严复集》第 1 册，第 135—136 页；《〈社会通诠〉按语》，《严复集》第 4 册，第 923 页。

② 在章看来，"社会之学，与言质学者殊科"，涉及自然科学之问题，"验之彼土者然，即验于此土者亦无不然。"因此，"若夫心能流衍，人事万端，则不能据一方以为权概，断可知矣！"见章太炎《〈社会通诠〉商兑》，《章太炎全集》第 4 集，上海人民出版社 1985 年版，第 322—337 页。

③ 章太炎：《演说录》，《民报》第 6 号，1906 年 7 月 25 日，第 1 页。

④ 章太炎：《信史上》，《章太炎全集》第 4 集，第 64 页。

的。梁氏对文化差异性的辨析，即遭到胡适的反驳，在胡那里，各民族文化所表现的，"不过是环境与时间的关系"，如以历史眼光观察文化，"只看见各民族都在那'生活的本来的路'上走，不过因环境有难易，问题有缓急，所以走的路有迟速的不同，到的时候有先后的不同"①。显然，胡适将东西文化归于历史步调的差异，认同的即是"普遍历史"与进步理念。因此，胡认为梁的理论太过笼统，秉承的却是将世界历史纳入一个类型更笼统的看法，难怪梁也予以有力反驳，"胡先生说我笼统，说我不该拿三方很复杂的文化纳入三个简单公式里去；他却比我更笼统，他却拿世界种种之不同的文化纳入一个简单式子里去！"②

不能说章太炎、梁漱溟等的看法乃"空谷足音"，但不得不承认的是，当我们试图去了解构成 20 世纪中国历史书写最重要的思想资源，很容易就会聚焦于"普遍历史"。马克思主义史学在中国的成长，尤其是以"五种社会形态"描绘中国的历史进程，即是将中国纳入"普遍历史"模式的结果。"五种社会形态"，显然就不只包含时间概念，还隐含着历史演化是有着深远意义的过程。即使是非马克思主义的史学家，也同样是在"普遍历史"的架构里进行阐述。或许可以说，"历史的终结"，于此有了实质的意味。如何伟亚（James L. Hevia）所揭示的，中国思想家重新审视中国的过去，主要体现在接受时间观念和组织分类，并运用"西方"新话语解释中国之"落后"，这些"与从前存在于中国的任何治史方法完全不同"③。而如何超越"在中国发行历史"，走通"发现在中国的历史"，仍然是史家需要面对的问题。④

① 梁漱溟：《东西文化及其哲学》，商务印书馆 1922 年版；胡适：《读梁漱溟先生的〈东西文化及其哲学〉》，《读书杂志》1923 年 4 月 1 日第 8 期，无页码。此为《努力周报》的增刊。

② 梁漱溟：《答胡评〈东西文化及其哲学〉》，陈政记：《晨报副刊》1923 年 11 月 16 日，第 2 版。

③ 何伟亚：《怀柔远人：马嘎尔尼使华的中英礼仪冲突》，邓常春译，社会科学文献出版社 2002 年版，第 250 页。

④ 参见罗志田：《发现在中国的历史——关于中国近代史研究的一点反思》，《北京大学学报》2004 年第 5 期，第 107—112 页；《见之于行事：中国近代史研究的可能走向》，《历史研究》2002 年第 1 期，第 22—40 页。

尤有甚者，史学的"政治化"及"意识形态化"，也足兹反省。钱穆对"革新派"史学的检讨就道出，"其治史为其有意义，能具系统，能努力使史学与当身现实相缔合，能求把握全史，能时时注意及于自己民族国家已往文化成绩之评价。故革新派之治史，其言论意见，多能不胫而走，风靡全国。今国人对于国史稍有观感，皆出数十年中此派史学之赐"。然而，"革新派"之于史也，"急于求智识，而怠于问材料"："彼于史实，往往一无所知。彼之所谓系统，不啻为空中之楼阁。彼治史之意义，转成无意义。彼之把握全史，特把握其胸中所臆测之全史。彼对于国家民族已往文化之评价，特激发于其一时之热情，而非有外在之根据。其缔合历史于现实也，特借历史口号为其宣传改革现实之工具。彼非能真切沉浸于已往之历史智识中，而透露出改革现实之方案。彼等乃急于事功而伪造智识者，智识既不真，事功亦有限。今我国人乃惟乞灵于此派史学之口吻，以获得对于国史之认识，故今日国人对于国史，乃最为无识也。"[1]诚哉斯言！"政治"与"意识形态"主导下的历史书写，更是改变了中国历史的基调。在历史教科书的编写上，即贯穿着这样的主旨。中华书局1913年所出《历史教科书》即阐明："编辑历史之宗旨，人各不同。"言下之意，过去的历史教科书，"本其专制国民之眼光，于民族民主民生三大主义，每多背迕。前清之季，教科书晚出，号曰革新，然仍不免斯弊"。为此也强调："本书于民权消长民族盛衰之点，最加注意，故精神面目，与他种历史教科书，迥乎不侔。且我国国体，已成共和，凡历朝政治，关于一姓一家之存亡者，更不能不爬罗剔抉，以供学者之研究，故本书于专制政治之缺点，尤三致意。"[2]配合着南京国民政府建立的政治形势，商务所出《新时代历史教科书》，开宗明义，"历史教科书，本中山先生三民主义的精神，凡历史上重要事实，如中外民族的盛衰，君权民权的消长，人民生活和文化的进退，采取编述"[3]。而

---

① 钱穆：《国史大纲》，"引论"，第3—4页。

② 潘武编辑、刘法曾参订：《历史教科书》，中华书局1913年版，"编辑大意"，第1—2页。

③ 傅林一编、王云五校：《新时代历史教科书》，注明"大学院审定"，"小学校高级用"，第1册，商务印书馆1928年版，"新时代高小历史教科书编辑大意"，封2页。

在"国难"背景下,杨东莼(1900—1979)编著《高中本国史》述及"本书目标",则有如是之言:"叙述中华民族的拓展,与历代文化政治社会的变迁,以说明本国现状的由来;同时注重近代外交失败的经过及政治经济诸问题的起源,以说明本国国民革命的背景,指示今后中华民族应有的努力。"①此亦说明历史书写高度配合政治的演进,"政治"与"意识形态"的"基调"左右着历史书写的"基调"。关乎此,德里克(Arif Dirlik)在其研究中国马克思主义史学的著作中已颇有洞见地指出:"20 世纪中国人的历史意识在与中国社会的革命化进程的辩证关系中逐步发展。世纪之交,由新的政治需要产生了一种新的对于社会的意识,进而开始了寻求'新史学'的进程。""我们可以相当肯定地预言,只要革命的问题继续,历史的问题也仍将继续下去。"②相关讨论不是这里可以展开的,当揆诸另文。

原载孙江主编:《亚洲概念史研究》第 2 卷,商务印书馆 2018 年版

①　《例言》,杨东莼编著:《高中本国史》上册,上海北新书局 1935 年版,第 1 页。

②　德里克:《革命与历史:中国马克思主义历史学的起源,1919—1937》,翁贺凯译,江苏人民出版社 2005 年版,第 212、217 页。

严复与科学名词审定

沈国威

日本关西大学外国语学部

小　引

傅兰雅在谈到翻译西方科学书籍时说，最大的困难是中国"无其学无其名"①。严复早在翻译伊始就遇到了译名问题，他说"新理踵出，名目纷繁，索之中文，渺不可得，即有牵合，终嫌参差"②。后来更加强调说"今夫名词者，译事之权舆也，而亦为之归宿"③。

严复在其翻译、著述中多次谈到"学语"，即学术用语与科学的关系，可信手拈来几条：

> 诸公应知科学入手，第一层工夫便是正名。（中略）所恨中国文字，经词章家遣用败坏，多含混闪烁之词，此乃学问发达之大阻力。④
>
> 既云科学，则其中所用字义，必须界线分明，不准丝毫含混。⑤

---

① 傅兰雅：《江南制造总局翻译西书事略》，《格致汇编》第二册，南京古旧书店 1991 年影印本，第 349—354、381—386 页；第三册，第 19—24、51—54 页。

② 严复：《天演论·译例言》，第 xii 页。

③ 《普通百科新大词典序》，《严复集》第 2 册，中华书局 1983 年版，第 277 页。

④ 《严复集》第 5 册，中华书局 1983 年版，第 1247 页。

⑤ 同上书，第 1280 页。

科学之一名词，只涵一义，若其二义，则当问此二者果相合否。（中略）然此正是科学要紧事业，不如此者，无科学也。孔子曰："必也正名乎。"①

清末西学翻译第一人的严复，如其所言"一名之立、旬月踟蹰"，对译词的创制是极其认真的，并多次发表自己的意见。《原富》出版后，梁启超在《新民丛报》上撰文介绍严复的新译，同时希望严复能"将所译之各名词，列一华英对照表，使读者可因以参照原书，而后之踵译者，亦得按图索骥，率而遵之，免参差以混耳目也"②。严复在给梁启超的回信中说："台教所见要之两事：其本书对照表，友人嘉兴张氏既任其劳。"③他已经认识到了译词的统一和普及与创制一样重要。1903年严复为京师大学堂译书局草拟章程，对译词（意译词、音译词）的厘定、统一提出了更具体的设想：

局章

九、所有翻译名义，应分译、不译两种：译者谓译其义，不译者则但传其音；然二者均须一律。法于开译一书时，分译之人另具一册，将一切专名按西国字母次序开列，先行自拟译名，或沿用前人已译名目【国名、地名、凡外务部文书及《瀛寰志略》所旧用者从之】，俟呈总译裁定后，列入《新学名义表》及《人地专名表》等书，备他日汇总呈请奏准颁行，以期划一。

章程条说

一、译书遇有专名要义，无论译传其意，如议院、航路、金准等语，

---

①　《严复集》第5册，第1285页。

②　梁启超：《介绍新著·原富》，《新民丛报》第1号，1902年2月23日，第113—115页。亦见《与梁启超书二》，《严复集》第3册，中华书局1983年版，第516—517页。但二人在这里谈及的实际上是人名等专有名词的音译问题，而不是一般的术语。

③　同上书，第517页。

抑但写其音，如伯理玺天德、哀的美敦等语，既设译局，理宜订定一律，以免纷纭。法于所译各书之后附对照表，以备学者检阅，庶新学风行之后沿用同文，不生歧异。①

即不论是音译词，还是意译词都有一个"一律"（统一）的问题。严复为之设想了具体的施行办法。但京师大学堂译书局并没有实际开设，严复关于译词的种种想法要等到他出任学部编订名词馆总纂以后才有可能付诸实现。本章集中考察严复在学术用语的审定、统一方面的贡献。

一、　严复与学部编订名词馆

科学术语一方面需要严格定义，另一方面需要对不同译者创制的译名加以统一。卢公明编纂的《英华萃林韵府》（1872 年）即是传教士试图统一译名的一种努力。但实际上直至 19 世纪末，无论是术语的制定，还是译名的统一，都极大地落后于科学书籍翻译的需要。关于清末以传教士为中心的术语统一问题，王树槐、王扬宗的研究廓清了主要事实②，但清政府这一部分还有不少谜团。1905 年，清政府设置学部（即民国以后的教育部），其工作之一就是着手解决传教士没有做到的术语创制与统一的问题。1909 年初冬，学部奏设编订名词馆，拟派严复为总纂。据严复之子严璩的《侯官严先生年谱》：

戊申（1908）学部新设，荣尚书庆聘府君为审定名词馆总纂。（原注：系在 1909 年）。自此供职三年，直至国体改革，始不视事。遗稿甚多，尚

---

①　《严复集》第 1 册，第 128 页、131 页。【】中为夹注。

②　王树槐：《清末翻译名词的统一问题》，《中央研究院近代史研究所集刊》1969 年第 1 期，第 47—82 页。王扬宗：《清末益智书会统一科技术语工作述评》，《中国科技史料》1991 年第 2 期，第 9—19 页。

存教育部。①

"供职三年"是著者的笔误，严复在名词馆实际供职期间只有两年的时间。关于编订名词馆的详细情况，如人员、组织和具体工作成果等，尚有很多不为人知的细节。清末设学部，学部下设五司：总务司、专门司、普通司、实业司、会计司；总务司下设审定科，"掌审查教科图书，凡编译局之已经编辑者，详加审核颁行"；同时"拟设编译图书局，即以学务处原设之编书局改办。其局长由学部奏派，其局员均由局长酌量聘用，无庸别设实官。并于局中附设研究所，专研究编纂各种课本"②。编订名词馆（以下略为"名词馆"）是编译图书局的下属机构。下面我们对名词馆的建立做一个简单的梳理。

1909年6月28日的《申报》上首次登出了"名词馆"的消息，内容如下：

> 严几道近曾在学部上一条陈，请设审定名词馆。其办法拟设总纂一员、副纂一员、分纂五六员、彙辑一员、司务一员、取定名词，分翻音、译义两科，并闻有调英国留学生伍君光建充当总纂之请。③

两天以后的《申报》报道后续消息："学部奏派缪荃孙办图书局，严复办审定学科名词馆。"④而严复在先前写给夫人朱明丽的信中则可见：

> 学部又央我审定各科名词，此乃极大工程之事，因来意勤恳，不可推辞，刻已许之。但我近来精力不及从前甚远，若做不好，岂不为笑？学部

---

① 《严复集》第5册，第1550页。
② 《学部奏酌拟学部官制并归并国子监事宜改定额缺折》（光绪三十二年闰四月二十日），舒新城编《中国近代教育史资料》，人民教育出版社1961年版，第280页。
③ 《申报》1909年6月28日。
④ 《申报》1909年6月30日。

叫我自寻帮手，而我又想不出谁来，欲调之人，又恐调不动也。①

时为 1909 年 6 月 2 日，这是严复第一次提及审定名词事，建馆尚在拟议中。应该是学部游说严复，在得到严复允诺后，以严复名义上奏朝廷的。②严复在另一封信中告诉朱明丽：

> 学部设立正辞馆，已定九月十六日出奏，该馆即在学部街考棚内，离我们京寓却甚近。③

这个奏折即"学部开办编订名馆折"半个月后由《申报》刊出：

> 学部奏云，本年闰二月二十八日（西历 4 月 18 日——引者，下同），臣部具奏分年筹备事宜单开，编订各种学科中外名词对照表，择要先编以后，按年接续。又五月初六日（6 月 23 日），臣部奏请以候选道严复在臣部丞参上行走，令其编订学科名词、各种辞典。均经奉旨允准，自应钦遵办理。查各种名词不外文实两科，大致可区六门。一曰算学，凡笔算、几何、代数、三角、割锥、微积、簿记之属从之；二曰博物，凡草木、鸟兽、虫鱼、生理、卫生之属从之；三曰理化，凡物理、化学、地文、地质、气候之属从之；四曰舆史，凡历史、舆地，转音译义之属从之；五曰

---

① 《严复集》，第 3 册，第 747 页。这封信写于 1909 年 6 月 2 日。

② 《申报》（1910 年 3 月 21 日）传递北京的消息《严几道已允充名词馆总纂》："学部设立名词馆，业已草创开办，所调外务部各员，亦经陆续到馆，按照各国文字分纂一门，惟总纂一席，不易得人，客岁曾经各堂公举严君几道充任此职，未经允诺，盖严君以大著作家自命，其所担任教育上之责成，较诸他人独重，故无暇担任此职，但各堂屡次磋商，意中竟无他人，近日荣相复又面恳再四，嘱托以为吾国审订名词一事，洵为信今传后之举，若非严君总其大成，势难尽美尽善。严君得此赞美、勉励之词，无可再辞，已当面认可矣。该馆自开办后所有应用缮写人员，拟于举贡生监或有中学程度。""以大著作家自命"应是坊间传闻，但学部大臣荣庆"面恳再四"与严复信中的"来意勤恳"可互参。

③ 《严复集》第 3 册，第 749 页。这封信写于 1909 年 10 月 27 日，此时严复还没有使用正式的名称。

教育，凡论辩、伦理、心灵、教育之属从之；六曰法政，凡宪政、法律、理财之属从之；惟各种名词繁赜，或辨义而识其指归，或因音而通其假借。将欲统一文典，昭示来兹，自应设立专局，遴选通才，以期集事。拟暂借臣部东偏考院，作为办公之地，名曰编订名词馆。即派严复为该馆总纂，并添派分纂各员分任其事，由该总纂督率，分门编辑，按日程功。其一切名词将来奏定颁行之后，所有教科及参考各书，无论官编民辑，其中所用名词有与所颁对照表歧异者，均应一律遵改，以昭画一。九月十六日奉旨：知道了。

又片奏云再编订名词分纂需人，查有准补江苏六合县知县孙筠，文章雅赡，邃于西学，堪以调充分纂，如蒙俞允，即由臣部咨行江苏巡抚，饬令该员迅速到差，同日奉旨：知道了。①

可知编订名词馆的主要目的是术语的制定（编定）和统一（画一）。其实，此前《申报》已经报道了编订名词馆获批的消息，②并引起了议论。有人在"清谈栏"发文批评名词馆可能会耗资"太钜"：

编订名词馆之价值 学部近奉添设编订名词馆之旨。从学部愿问官某道之请也。某道固长于订名词者。数日定一字。数月译一文。其技固不恶劣也。抑知一馆之。设有重译有审定。有提调。有总裁不知又容许多之官吏。容许多之官吏。不知又将费许多之银钱。而每年不知能得几何划一之名词。今当财政困穷之际而特设此编订名词馆。将以助长教育也。但恐所订名词少。而所委人员多。则此种名词之价值。不免太钜耳。③

教科书所用术语的"审定""划一"是张之洞以来的既定方针。数日后，《申报》再次介绍了名词馆成立的背景：

① 《申报》1909 年 11 月 13 日。笔者认为这个奏折是由严复执笔的。
② 《申报》1909 年 11 月 2 日传北京专电："学部奏设编订名词馆，奉旨知道。"
③ 《申报》1909 年 11 月 3 日。

学部开办审定名词馆　张文襄管学部时，曾拟将学堂教科书内中外名词详加审定，以归划一。现张相已经逝世，该部荣尚书拟继文襄未竟之志，实行办理。现于新筑考棚内开办名词馆一处，遴派司员分任审定，并派严复、常福元二员总理一切，其分纂人员闻已调刘大猷、王国维、王用舟、周述咸、曾宗巩诸人。①

严复继续给夫人写信告知名词馆开始运作：

学部编订名词馆，已于廿开办，月薪馆中及丞参堂两处共京足三百两，略毂京中敷衍耳。（中略）本日所以作此信者，因明日起便须常日到馆督率编辑，每日须有六点钟左右，恐怕没有工夫作信。②

月薪似乎不及严复的期望值，而且须每日到馆工作 6 小时，严复抱怨恐怕连写信的时间都不能保证。1909 年 11 月初起到 1911 年 10 月武昌起事，严复统辖名词馆近两年，那么编订的具体成果如何？③

严复等在编订名词馆审定的术语没有公之于众，不为人知。但是后来有人

---

①　《申报》1909 年 11 月 11 日。

②　《严复集》第 3 册，第 750 页。这封信写于 1909 年 11 月 4 日。

③　关晓红说"编译图书局专门设置编订名词馆，至 1910 年已编成几何、代数、笔算、生物、物理、化学、地理、心理、宪法等项，并编辑公布了各学科的中外名词对照表"。（《晚清学部研究》，广东教育出版社 2000 年版，第 379 页）但事实似乎有一些出入。《学部奏陈第二年下届筹办预备立宪成绩折》说："编订名词馆，自上年奏设以来，于算学一门，已编笔算及几何、代数三项；博物一门，已编生理及草木等项；理化、史学、地学、教育、法政各门，已编物理、化学、历史、舆地及心理、宪法等项。凡已编者，预计本年四月可成；未编者，仍当挨次续办。"（《教育杂志》第 2 年第 5 期，1910 年 6 月 19 日，章程文牍第 31—32 页）这只是"预计本年四月可成"，"编辑"姑且不论，实际上并没有"公布了各学科的中外名词对照表"。作为有案可查的成果仅有《物理学语汇》（学部审定科编 1908 年版）和《辩学名词对照表附心理学及论理学名词对照表》（编订名词馆 1909 年版）。前者公开发行，后者如下所述只是印出来而已。参见沈国威《中国近代的科技术语辞典（1858—1949）》，《或问》2007 年第 13 期，第 137—156 页。

提到了这批术语。王栻在《严复传》中写道：

> 1908 年（光绪三十四年），清政府新添设学部（教育部），学部尚书荣庆聘严复为审定名词馆总纂。自此以至辛亥革命发生，三年时间，严复一直在此供职。①但他对这项工作仅是应付而已。据章士钊说："（民国）七年（1918年），愚任北大教授，蔡校长（元培）曾将先生（严复）名词馆遗稿之一部，交愚董理，其草率敷衍，亦弥可惊，计先生借馆觅食，未抛心力为之也。"②

即亲自看过"名词馆遗稿"的章士钊认为，严复在名词馆审定科学名词不过是"借馆觅食"，"草率敷衍"，"未抛心力为之也"。③从多次给当道权贵写信寻觅官职④，可推测严复那时需要更多的钱维持一家的生活。⑤章士钊就是从这个角

---

① 王栻：《严复传》，上海人民出版社 1957 年版，第 65 页的脚注：严复实际在名词馆供职仅两年。

② 王栻：《严复传》，第 65 页。

③ 但是王栻并没有说明这段引文出自何处。应该是首见于《青鹤》杂志第 4 卷第 12 期上的《孤桐杂记》（第 4 页）。王遽常《严几道年谱》中见："据严谱案。积稿今尚存教育部。《现代中国文学史》云：其后章士钊董理其稿，草率敷衍，亦弥可叹。复借馆觅食，未抛心力为之也。"（第 79页）另据《东方杂志》，1918 年北大开始设立各种研究所以推动研究。研究所简章第十一条为：教育部移交之名词馆稿，依学科性质，分送各研究所，为研究之一部。章士钊为论理学（即逻辑学，笔者）研究所主任教员。（第五卷）章士钊在《逻辑指要》"定名章"中写道："侯官严氏译《穆勒名学》，谓名字所函，奥衍精博，与逻辑差相若……前清教育部设名词馆，王静安氏维国欲定逻辑为辩学。时严氏已不自缚奥衍精博之说，谓：'此科所包至广，吾国先秦所有，虽不足以抵其全，然实此科之首事；若云广狭不称，则辩与论理俱不称也。'（此数语，吾从名辞馆草稿得之，今不知藏何处）……"（第 2 页）。但对一个译名加了几十个字的评语，也可见严复绝非草率。

④ 《与毓朗书》《与那桐书》中有："前在京，南北洋皆有津贴，略足敷衍，比者因计部裁减一切经费，皆已坐撤，仅剩学部月三百金，一家三十余口，遂有纳屦决踵之忧"之句（《严复集》第 3册，第 596—598 页）。严复为了维持一家三十余口的生活希望得到外务部游美留学公所的差事。这两封信写于 1910 年秋冬，此时严复在名词馆工作已经一年多了，但生活仍很拮据。

⑤ 但王栻指出："严复当时任译局总办、名词馆总纂、资政院议员，总的来说，这一时期，他的生活已逐渐在相当大的一部分上依靠他的稿费，但基本上还是依靠清政府及其达官巨吏们的'借重'与豢养。"（1976 年新一版，第 97 页）

度来看严复审定名词的。对于章士钊的责难，汪晖在表示赞同的同时还从科技教育体制上着眼，指出："晚清审定名词馆的设定无疑是和西学的传入和教育体制的改革有关，但是，由于没有专门的科学家群体的工作，这项工作仍然具有深刻的官僚和文人性质，严复担任这项工作的上述状况，大致说明了这一点。"[1]

然而，在接触了大量新发现的关于严复的第一手资料后，王栻在《严复传》1976年改订版97页的脚注3中说："关于严复的生活，自1900年（光绪二十六年）以后，因为保留了较多的朋友书札及家书，并且保留了一部份清末民初的日记，我们所知较多。"[2]正是根据这些资料王栻改变了自己的观点，将初版中"但他对这项工作仅是应付而已"一句删去，并对章士钊的"借馆觅食""未抛心力为之"的说法加以反驳："据严复晚年的日记及家书，严复对于馆中某些工作，并不'草率敷衍'。"（第96页）但是在那本小册子里限于篇幅王栻说"此处不能细述"（第97页）。

在这里让我们沿着王栻的提示，通过翻检严复给亲友的书信和1909年至1912年的日记等[3]，来了解一下严复在名词馆审定术语的情况。除了前引的3封信以外，严复提到名词馆的信还有以下数通，兹按照时间顺序排列如下：

（与夫人朱明丽书三十一）馆事极繁重，刻须日日到部到馆，即受责任，不能不认真做去耳。[4]

（与夫人朱明丽书三十二）吾于年假甚想回申一行，但不知学部公事走得开否？名词编订，堂官甚盼早日成功也。[5]

---

[1] 汪晖：《现代中国思想的兴起》，第二部下卷《科学话语共同体》，生活·读书·新知三联书店2004年版，第1135页脚注48。

[2] 王栻：《严复传》，上海人民出版社1976年新1版，第97页。

[3] 严复1908—1913日记，《严复集》第5册，第1477—1513页。但是宣统二年（1910年2月10日—1911年1月29日）的日记逸失。

[4] 《严复集》第3册，第755页。这封信写于1909年12月9日。

[5] 同上书，第755页。这封信写于1909年12月15日。

（与夫人朱明丽书三十三）吾体气尚佳，但部中事忙，日日须行到馆，所好住宅离部不远，中午一点钟可以回寓吃饭，饭后乃再去也。①

（与夫人朱明丽书四十一）我实在气苦，今日晨起头痛发烧，自家暗想，真天下第一可怜人也。馆中公事又急，故不能不勉强到部，此信即在名词馆所写。②

私信中"若做不好，岂不为笑"，"即受责任，不能不认真做去"等语都表明了严复对审定名词一事的态度。除了夫人朱明丽以外，严复在给其他亲属的信中也多次提到了名词馆：

（与侄严伯鋆书二）吾自到京之后，身力尚可支撑。编订名词，业已开馆；分纂有八九人，伯琦、幼固皆在内，周庶咸仍充庶务，事体颇称顺手。现年内欲令对照表先成，不知做得到否？③

（与甥女何纫兰书十九）名词馆开办后，尚为得手，分纂调聘亦无滥竽；惟部中诸老颇欲早观成效，不得不日夜催趱耳。④

（与甥女何纫兰书二十）舅在京，身体尚健朗，但部中公事极忙，不仅编订名词一宗而已。（下略）⑤

（与甥女何纫兰书二十一）信到。舅原拟本廿二日由京汉铁路回申，乃因事为学部挽留，嗣又病颈风，痛楚异常，夜不合眼，经请英使馆医生诊治，但至今尚未大愈。（中略）部事极琐碎，但既来开局，成效未见，故不愿告退；至于升官，吾视若浮云久矣。严范孙侍郎与舅甚要好，近请修墓假，恐未必再来。京中事阴阳怪气，中国人办事，随汝如何，不过如

---

① 《严复集》第 3 册，第 756 页。这封信写于 1909 年 12 月 22 日。

② 同上书，第 762 页。这封信写于 1910 年 5 月 11 日。

③ 同上书，第 827 页。这封信写于 1909 年 12 月 13 日—1910 年 1 月 10 日之间。

④ 同上书，第 841 页。这封信写于 1909 年 11 月 29 日。

⑤ 同上书，第 841 页。这封信写于 1910 年 1 月 12 日。

是，似是而非，外方人那里知道。①

从严复的这些信中我们可以知道：学部请求严复负责术语的审定工作，而且高层"甚盼早日成功"。尽管严复健康情况并不理想，但是"来意勤恳"，便当即答应了下来；既然答应了就要认真做好。所幸名词馆距离严复在北京的寓所不远，中午可以回家吃饭。从事术语审定工作的人员主要由严复自己物色，名词审定的工作工程极大，严复须每天到馆，工作 6 小时以上，哪怕生病、身体不适，也"不得不勉强到部"。在严复及馆内同仁的努力下，名词馆的工作进展顺利，1910 年内有可能完成一部分术语对照表。

另一方面，严复日记中最早出现名词馆的记载是 1909 年 10 月 13 日："在京师，具正辞馆节略与学部。"②接着，在 11 月 2 日的日记中记录了开馆的消息（第 1495 页）。

由此至 1910 年 2 月 9 日的两个多月时间里严复日记中有"到馆"的记录达 55 次之多。可见严复的"日日到馆"并非虚言。宣统二年的日记逸失，无法了解严复的行踪。宣统三年（辛亥，1911 年 1 月 30 日—1912 年 2 月 17 日）的 87 天的日记中，"到馆"记录仅有 4 次。1911 年 10 月 10 日武昌起义爆发，严复"到馆"的最后一次记载是 10 月 21 日："到名词馆。"严复于 11 月 9 日由京赴津避难，以后日记中也再无名词馆的记录。

从书信和日记所反映的情况来看，建馆前严复制定计划、聘请馆员；建馆后几乎每天到馆，事无巨细，亲自过问③，对术语审定工作是极其认真负责的。

从 1909 年 11 月 2 日名词馆正式开馆到 1911 年 10 月 21 日最后一次到馆记

---

① 《严复集》第 3 册，第 841—842 页。这封信写于 1910 年 2 月 3 日。

② 对此，王栻注释：正辞馆，即审定名词馆，为学部下属机关。严复受聘为总纂，进行筹备工作，提出报告书。《严复集》第 5 册，第 1494 页。

③ "我这几日部事极忙，总而言之，凡他人不能做之事，皆须我做。"（《严复集》第 3 册，第 757 页）所谓"借馆觅食"也不确，严复说"我学部编订名词馆，仅二百金，仅敷寓用"（《严复集》第 3 册，第 752 页），可见条件并不是很优越。

录，在不到两年的这段时间里，严复组织人完成了大量的术语审定，赫美玲说有 3 万余条（详后），这不能不说是一个了不起的工作成果。

名词馆成立前后，严复邀请伍光建参与名词馆的术语审定，被伍婉拒。严复致书伍光建力陈术语审定的重要性，其辞殷殷，可以看出严复对术语问题的真实心情：

> 前者议以名词馆一席相辱，台端谦抑，未即惠然。弟愚见以谓，名词一宗虽费心力，然究与译著差殊；况阁下所认诸科，大抵皆所前译，及今编订，事与综录相同，何至惮烦若此？方今欧说东渐，上自政法，下逮虫鱼，言教育者皆以必用国文为不刊之宗旨。而用国文矣，则统一名词最亟，此必然之数也。向者学部以此事相诹诿，使复计难易而较丰啬，则辇毂之下何事不可问津？而必以此席自累，质以云乎？夫亦有所牺牲而已。获通门下日久，余人即不我知，岂执事而不信此说耶？至于贤者受事必计始终，此说固也；然而量而后入者，亦云力所能为已耳。（中略）如今人所谓消极主义者，未始非其人之病也。为此，敬再劝驾。①

在翻译的实践中严复认识到"今夫名词者，译事之权舆也，而亦为之归宿"②，没有译名就没有译事。如此对于译词创制既有自己的理论，又有自己的方法，很难想象得到了实现自己主张机会的严复会"草率敷衍"。事实上，严复对自己创造的译词非常认真。通过下一节中的对部定词的分析，可知在部定词制定过程中，严复坚持了自己的译词原则，把自己的译词悉数收入。我们可以说，严复绝非"草率敷衍"；而汪晖的"没有专门的科学家群体的工作"似乎也不准确。如严复自己所说"分纂调聘亦无滥竽"。例如曾留学英国的王我孙在名词馆任分纂，对哲学、逻辑学等人文科学造诣深厚的王国维亦在名词馆任协修。

---

① 《严复集》第 3 册，第 586 页。这封信写于 1910 年 1 月 24 日。
② 《普通百科新大词典·序》，《严复集》第 2 册，第 277 页。

二、关于审定方法及结果

分送北京大学各研究所的名词馆遗稿，其后的下落不得而知，现在比较容易见到的是北京师范大学图书馆藏的《中外名词对照表》。这些原本各自独立的对照表被收藏者汇集成一册，加上了《中外名词对照表》的题名，共 325 个对开页，铅字印刷。收录各表简况如下：

表 1　中外名词对照表

1	辨学名词对照表	例言 1 页，正文 17 页，术语 210 条
2	心理/伦理学中英名词对照表	引言 2 页，例言 1 页，心理表正文 20 页，术语 252 条；伦理表正文 7 页，术语 70 条
3	外国地名中英对照表	例言 3 页，正文 152 页，地名 1 000 余条
4	算学/代数中英名词对照表	例言 1 页，算学表正文 11 页，术语 153 条；代数表正文 10 页 126 条
5	形学中英名词对照表	例言 1 页，正文 43 页，术语 437 条
6	平/弧三角中英名词对照表	平面三角，正文 7 页，76 条；弧三角，正文 2 页，术语 23 条
7	解析形学中英名词对照表	例言 1 页，正文 28 页，术语 213 条

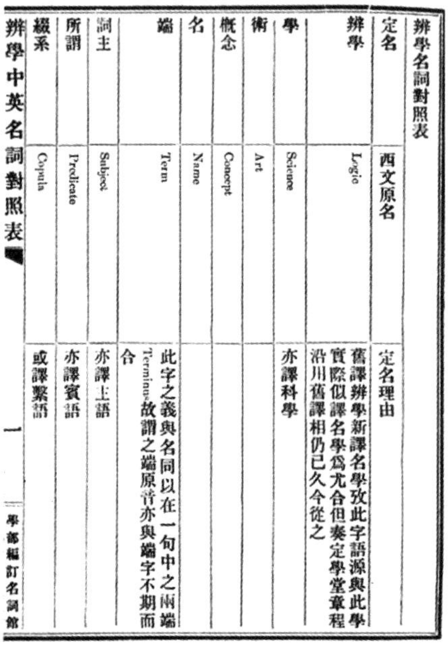
辨學名詞對照表

定名	西文原名	定名理由
辨學	Logic	舊譯辨學新譯名學玫此字語源與此學實際似譯名學爲尤合但奏定學堂章程沿用舊譯相仍已久今從之
學	Science	亦譯科學
術	Art	
概念	Concept	
名	Name	
端	Term	此字之義與名同以在一句中之兩端Terminus故謂之端原音亦與端字不期而合
詞主	Subject	亦譯主語
所謂	Predicate	亦譯賓語
綴系	Copula	或譯繫語

辨學中英名詞對照表　一　學部編訂名詞館

图 1　辨学中英名词对照表

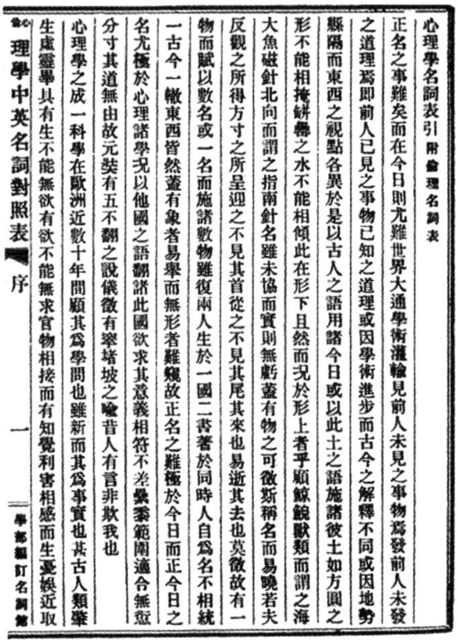
心理學名詞表引 附倫理名詞表

正名之事難矣而在今日則尤難世界大通學術灌輸見前人未見之事物爲發前人未發之道理爲即前人已見之事物已知之道理或因學術進步而古今之解釋不同或因地勢縣隔而東西之視點各異於是以古人之語用諸今日或以此土之語施諸彼土如方圓之形不能相掩鉼罍之水不能相傾此在形下且然而況於形上者乎顚鯨鯢獸類而謂之海大魚磁針北向而謂之指南針名雖未協而實則無虧蓋有物之可徵斯稱名而易曉若夫反觀之所得方寸之所呈迎之不見其首從之不見其尾其來也易逝其去也莫徵故有一物而賦以數名或一名而施諸數物雖復兩人生於一國二書著於同時人自爲名不相統一古今一轍東西皆然蓋有象者易舉而無形者難窺故正名之難極於今日而正今日之名尤極於心理諸學況以他國之語翻諸此國欲求其意義相符不差累黍範圍適合無忝分寸其道無由故元奘有五不翻之說儀徵有寧堵坡之喻昔人有言非欺我也

心理學之成一科學在歐洲近數十年間顧其爲學問也雖新而其爲事實也甚古人類肇生處靈畢具有生不能無欲有欲不能無求官物相接而有知覺利害相感而生憂娛近取

心理學中英名詞對照表　序　一　學部編訂名詞館

图 2　心理学中英名词对照表引

如书影所示，对照表分为三栏，分别为"定名""西文原名"和"定名理由"。我们首先来看一下"外国地名中英对照表"。这个表占了《中外名词对照表》的绝大部分。表前面的"例言"说地名表备"中学堂以下之用"，可知与教科书的编纂有关。地名是专名，本无含义可言，即严复所说的"不译者则但传其音"。但是受译者自身方言的影响，选字混乱。严复在这里注意到地名中一部分语素具有实际意义，所以应该"其义意既同则所转之音应从一律"。所举实例如下：

Burg→<u>堡</u>　　Ton→<u>敦</u>　　Sk→<u>斯科</u>　　Stan→<u>斯坦</u>

规定统一的音转写方式，是统一地名翻译所必需的。

第四至第七例是数学等的术语。这一领域中国素有积累，墨海书馆也多有贡献，并影响了日本。在此主要分析一下辨学、心理学、伦理学译名对照表的情况。

《辨学中英名词对照表》共收逻辑学术语209条，"例言"说术语主要取自穆勒的 *System of Logic* 和耶芳的 *Element Lesson in Logic* 二书，"而以耶氏书为多"，中文译名则主要采自严复的《穆勒名学》，但《穆勒名学》只译出了半部，因此自行撰定了一部分，还借用了少量日本译词。

《心理/伦理学中英名词对照表》分别收录心理学术语252条，伦理学术语70条。表前有一个"心理学名词表引"，中缝鱼尾下标为"序"。兹全文抄录如下：

正名之事难矣，而在今日则尤难。世界大通，学术灌输，见前人未见之事物焉，发前人未发之道理焉。即前人已见之事物，已知之道理，或因学术进步而古今之解释不同，或因地势悬隔而东西之视点各异。于是以古人之语用诸今日，或以此土之语施诸彼土。如方圆之形不能相掩，瓶罍之水不能相倾。此在形下且然，而况于形上者乎。顾鲸鲵，兽类而谓之海大鱼；磁针北向而谓之指南针。名虽未协，而实则无亏。盖有物可征，斯称名而易晓。若夫反观之，所得方寸之所呈，迎之不见其首，从之不见其尾。其来也易逝，其去也莫征。故有一物而赋以数名，或一名而施诸数物。虽复，两人生于一国，二书著于同时，人自为名，不相统一，古今一辙，东西皆然。盖有象者易举，而无形者难窥。故正名之难，极于今日。而正今日之名，尤极于心理诸学。况以他国之语，翻诸此国，欲求其意义相符，不差累黍；范围适合，无愆分寸，其道无由。故元奘有五不翻之说，仪徵有窒堵坡之喻，昔人有言，非欺我也。

心理学之成一科学，在欧洲近数十年间。顾其为学问也虽新，而其为事实也甚古。人类肇生虚灵毕具有生不能无欲，有欲不能无求；官物相接而有知觉，利害相感而生忧娱。近取诸身皆可观察，百代文学多载其事实，三古哲人或阐其理论，周秦经典，印度律论具穷心性之微，不乏参稽之料。然古人之言大抵有为而发，或传哲学之色彩，或带宗教之臭味，或因一人而施教，或为一时而立言，与近世科学区以别矣。以例言之，如Reason一语，以儒家之语译之则当为理；Sensation一语，以佛家之语译之则当为尘。今览理字不无崇敬之情，观尘字便有鄙夷之意，然二者皆心中之事实，无美恶之可言。望文生义，差以千里，举此一端，余可三反。然使务去陈言，悉资新造，则东西言语本异渊源，彼此范围各有广狭，上文所论，已尽其概。故在今日，有可攻之学，而无尽善之名，盖可识矣。

窃愿今之为学者，毋以其名为也，求其实焉可矣。夫名者，实之宾也，表者衷之旗也。苟徇名而遗其实，得表而弃其衷，则虽有尽善之名，极精之表，只虚车耳，曷足贵乎。若能内观灵府之奥，外查同类之情，精研人群之现象，周知四国之典籍，则得鱼有忘筌之乐。扣槃无扪日之疑，实既了然，名斯无惑。以此为学，则学日新，以此定名，则名日善，此则学者之责矣。

这篇序不署撰者，但笔者认为这是一篇严复的佚文。理由有以下几点。

第一，严复是名词馆的总纂，此类卷首序言理应由总纂执笔，而且严复对人文科学的术语自有一家之言，必然当仁不让。

第二，严复曾在《穆勒名学》中批评中国自古以来的命名方式的非科学性，说："独中国不然。其训诂非界说也，同名互训，以见古今之异言而已。且科学弗治，则不能尽物之性，用名虽误，无由自知。故五纬非星也，而名星矣；鲸、鲲、鲟、鳇非鱼也，而从鱼矣；石炭不可以名煤，汞养不可以名砂；诸如此者不胜偻指。然此犹为中国所前有者耳。海通以来，遐方之物，诡用异体，充牣于市；斯其立名尤不可通。此如'火轮船''自鸣钟''自来水''自来火''电气''象皮'（其物名茵陈勒勃，树胶所制）、'洋枪'之属几无名而不谬。"①在《心理学名词表》的序中，严复则说："顾鲸鲵，兽类而谓之海大鱼；磁针北向而谓之指南针。"但此时严复似乎认识到了民俗命名法与科学命名法的区别，指出"名虽未协，而实则无亏"。民俗命名法的最重要的特点是形象化。严复接着写道："盖有物可征，斯称名而易晓。若夫反观之，所得方寸之所呈，迎之不见其首，从之不见其尾。其来也易逝，其去也莫徵。"意即术语应该把握对象的特点，否则不便于记忆。与此相同的主张见于严复《普通百科新大词典》的序言。在那篇序言中，严复说："今夫名词者，译事之权舆也，而亦为之归宿。言之必有物也，术之必有涂也，非是且靡所托始焉，故曰权舆。识之其必有兆也，指之其必有槷也，否则随以亡焉，故曰归宿。"

第三，序中"心理学之成一科学，在欧洲近数十年间"以下讨论了近代之前的"术"如何成为近代以后的一科之"学"的问题。严复称之为成学征程，或"学程"，这一直是严复所关注的问题，也是严复"科学"一词最基本的用法。在其所译的《穆勒名学》"部首·引论"中专门作了讨论。②

第四，这个序通篇几乎没有使用日语词汇，而名词馆很多人都有留日经历，行文中难免流露。例如王国维"抑我国人之特质，实际的也，通俗的也；

---

① 严复：《穆勒名学》，第35—36页；参见沈国威：《严复与科学》，凤凰出版社2017年版，第146—174页。

② 严复：《穆勒名学》，第1—12页；参见沈国威：《严复与科学》，第146—174页。

西洋人之特质，思辨的也，科学的也"中"的"字的用法。①

当然，我们更关心的是审定工作是如何进行的，是否有一以贯之的基准或原则。表中的"定名理由"为我们提供了蛛丝马迹。辨学、心理学对照表中的"定名理由"共有 21 处记述（伦理学对照表没有），先抄录如下，然后我们来做一些分析（标点为引用者所加，下同）。

表 2　《辨学中英名词对照表》的"定名理由"

序号	定名	西文原名	定名理由
1.	辨学	Logic	旧译"辨学"，新译"名学"。考此字源与此学实际，似译"名学"为尤合。但《奏定学堂章程》沿用旧译，相仍已久，今从之
2.	学	Science	亦译"科学"
3.	端	Term	此字之义与名同。以在一句中之两端，故谓之端。Terminus 原音亦与"端"字不期而合
4.	词主	Subject	亦译"主语"
5.	所谓	Predicate	亦译"宾语"
6.	缀系	Copula	或译"系语"
7.	察名	Concrete term	案 Concrete 者，有形或具体之意。故译"察"。察，著也
8.	幺名	Abstract term	案 Abstract 义为抽，为悬，又 Abstract term 较察名更为幺远，故译"幺"
9.	十畴	Categories or predicament	严译"十伦"。然十伦中之子目 Relatio 亦译作"伦"，殊嫌纲目相混，故改译"畴"，"畴"有区分之意
10.	撰	Property	亦译"副性"。严译"撰"，撰，具也，物所
11.	寓	Accident	亦译"偶性"。严译"寓"，寓，偶也
12.	论素	Axion	旧译"公理"
13.	前提	Premises	Premises 有大小二种。Major premise 严译"例"；Minor premise 严译"案"。而 Premises 则译"原辞"，以与"委"对。今依东译作"前提"。合言则云"前提"，分言则一"例"一"案"
14.	大端	Major term	或云"大名"
15.	中端	Middle term	或云"中名"
16.	外籀法	Deductive method	此系内籀之一法，故别译

① 王国维：《论新学语之输入》，《教育世界》第 96 号，1905 年。《王国维遗书》第 5 卷，上海书店 1983 年影印版，第 97 页下。

表3　《心理学中英名词对照表》的"定名理由"

No	定名	西文原名	定名理由
1.	心理学	Psychs(o)logy	希腊语 Psyche 本训"灵魂"，即训"心"。而 Logos 训"学"，故直译之当云"心学"。然易与中国旧理学中之心学混。故从日本译名，作"心理学"。旧译"心灵学"，若作人心之灵解，则"灵"字为赘旒，若作灵魂解，则近世心理学已废灵魂之说。故从今名。"理"字虽赘，然得对物理学言之
2.	内主	Subject	日译"主观"，然形容词之 subje(c)tive 不易别。故易此名。下外物一名仿此
3.	觉	Consciousness	旧译"意识"。然"意识"义颇深。Consciousness 之义足以该识，而识不足以该 Consciousness。故译"觉"
4.	内籀法	Inductive method	日译"归纳法"。然 Induct 一语出于拉丁语之 Inducire，in 训"内"，而 ducire 则训"导"。故从上译，下"外籀法"仿此
5.	官觉	Sensation	旧译"感觉"，今译"官觉"。拟与"物觉"Perception 较易区别

从上述"定名理由"可知审定过程中，大致有以下一些原则、特点：

第一，尽量沿用已有的名词，为此宁可忽视词源上的理据。而且权威性的文本必须遵守。如"名学"改称"辨学"，原文词源上译"名学"为尤合，但《奏定学堂章程》上的科目名使用了"辨学"，便加以采用。

第二，重视字的本义，有时不免牵强。如"端"对译 term；"察"对译 concrete，所给的理由是：察，著也。有显露、可观察之义。但《群学肄言》中，concrete science 译为"著学"，并不一致。

第三，开始采用日本译词，如"前提"。虽然没有言明理由，但严复译名的缺点是显而易见的。日语的"前提"及其下位概念"大前提、小前提"具有共同构词成分，便于记忆，而严译相对应的分别是"原辞、例、案"，完全没有类推性，徒增记忆负担。

第四，译词"心理学"的确立过程包含了很多影响因素：首先在与原词的词根对应上，可以译为"心学"，但容易与中国传统理学中的"心学"相混；旧译"心灵学"，这个"灵"字如果作"心"解，"灵"字就是"赘旒"，即严复所说的"于词为赘"；如果作"灵魂"解，科学的心理学已经否定了灵魂说。所以只能采用"心理学"。虽然"理"是羡余成分，但是可以和物理学成对。然而心理学和物理学在今天并不是对峙的概念。通过对影响因素的分析，有助于我们了解造词者的种种造词上的考量。

这两个表中的术语，除了一些来自日本的译词外，如心理学、伦理学、主观、客观、幼儿心理学、知性、印象、积极（后象）、消极（后象）、观念、概念、同情、美感、本能、动机等以外，其他译词都没有留下来。

近年发现的《植物名词中英对照表》是严复审定科学名词的另一个成果。这个材料由黄兴涛教授在国家图书馆发现，介绍给学界，后被收入《严复全集》第10卷。黄兴涛把这个材料命名为《手批〈植物名词中英对照表〉》，撰写了详细的"点校说明"："编纂魏易，总校严复。共103个对开页，竖写，每页十行，中缝有'学部编订名词馆'，分为三段，分别为，定名、西文原名、简明注释。收词2 600余条，大部分是植物的名称。这个材料是植物名的中英对照表，不是植物学术语手册，不涉及生物学、植物解剖等新知识，但是在'简明注释'栏中加入了植物科属的信息，这是传统本草中没有的。表中有严复手书的批语，是排印之前的稿本。从藏书印看，是郑振铎的旧藏书。"①

黄兴涛指出，据1917年的"北京大学启"，此类资料共有56册，遗憾的是，目前我们只见到了这一册。②关于编订名词馆的术语审定结果，期待着有新的材料问世。

三、 名词馆审定术语的去向

如前所述，进入1911年以后，严复在日记中只记录了4次到名词馆的消息。到馆的记录减少，其原因可能是审定工作已经告一段落，但更重要的原因是经费拮据、政情不稳、人心惶惶。《申报》1911年7月9日以"学部仍向度部索款"为标题发了一条消息：

---

① 《严复全集》，第393—396页。另据黄兴涛，魏易，字冲叔，杭州人。出身书香门第，幼小接受旧式教育，中文造诣较深。曾就读上海梵王渡学院（即圣约翰大学前身），后与林纾合作翻译《黑奴吁天录》。

② 《严复全集》第10卷，第394页。

又学部以各省协解款项，现时年度已过其半，而汇至者不及八分之一，拟将各局所裁并以为补苴之计。闻拟裁者为编订名词馆、游美学务处及图书局三处，大致本月下旬即可发表，惟各该项人员以禄位将不能保，极为恐慌云。①

正如黄兴涛所言其时"处于革命风起、王朝统治临近崩溃的边沿，清廷实际上已经没有耐心、经费和能力，来维持名词编订这样一类带有基础性质的科研工程。其进展和结局，实在也不是严复一个人的博学和负责与否所能决定和改变的。"②

在仅仅 4 条的到馆信息中，1911 年 8 月 12 日的日记："到名词馆。见赫美玲。"尤其应该引起我们的注意。赫美玲（赫墨龄，K. Hemeling，1878—1925），德国人，1898 年进中国海关，先后在汕头、南京、汉口、上海等地任帮办、副税务司、税务司；1905 年任盛宣怀秘书。编有 *The Nanking Kuan Hua*（《南京官话》，1903）和 *English-Chinese Dictionary*（《英汉字典及翻译手册》，1906）等书。③严复在名词馆与赫美玲见面的目的不得而知，从工作性质上看两人并没有交结点，如果说有，就是正在编纂英中标准翻译辞典的赫美玲对严复主持审定的科学术语发生了兴趣，而眼见审定完毕的术语无望全面公开的严复想借助于赫美玲将名词馆审定的结果公之于众。后续的事态发展似乎表明，两人一拍即合，严复将审定的结果交给赫美玲，由他公布了。④

四、 赫美玲与《官话》

正是赫美玲的这本辞典收录了严复主持的编订名词馆所审定的科学名词。

---

① 《申报》1911 年 7 月 9 日。

② 《严复全集》第 10 卷，第 396 页。

③ 中国社会科学院近代史研究所翻译室编：《近代来华外国人名辞典》，中国社会科学出版社1981 年版，第 201 页。

④ 关于编订名词馆的结局，《申报》1912 年 5 月 1 日上有一条"蔡元培派人接受学部"的消息：高步瀛接收图书局事务；常福元接收名词馆事务。

赫氏辞典的全称等如书影所示，以下为行文方便略为《官话》。从书名可知这是一本为翻译工作者准备的术语手册。赫美玲在序言中告诉读者：对于初学者来说，不能期待这本辞典中的每一个官话词语都可以为所有方言区的人，或受到某种程度教育的人所理解。同时也不能轻信所有的受过教育的中国人能够理解大量的新词、术语等具有的真正的意义。因为理解这些词义需要对西方的思维方式、现代科学有较多的预备知识。我们必须认识到能够正确理解词义的中国人还不多，而这种知识对于所有科学著作的阅读是必不可少的。这本辞典反映了汉语近代词汇，尤其是以学术用语为中心的抽象词汇的形成进程，如严复的术语厘定以及汉语从日语输入词汇等问题，具有重要的研究及资料价值。

图 3　赫美玲辞典书影

说明：笔者家藏本的扉页上端钤有"顾维钧藏"（国民政府前外长）的钢印。

《官话》译词的最大特点是将译词分为四类，即：俗、文、新、部定，并在辞典中加以标注（并非全部标出）。赫美玲在序言中对 4 类词做了如下说明：

　　a. 俗语词使用"俗"标出。

b. 书籍、公文及报刊使用的词语，不用于口语，用"文"标出。

c. 现代词语（modern terms）主要来自古典汉语和日语。用"新"标出。赫氏提醒读者注意：这些新词的大部分现在被用于一般的口语。

d. 标准科技术语（standard scientific terms），这些词被选作中国大学和学者们使用的词。这些词使用"部定"标明。这些词语涵盖了代数、解剖、建筑、哲学、心理学等 51 个学科。

《官话》收录的"俗""文"两类词例词如下：

> 【俗】 冷孤丁的、发呆、弄合式、颏啦臊……
>
> 【文】 经始、伊始、自暴自弃、放恣、致仕、归隐……

"俗"类词较少，前 20 页仅上举 4 例。但是这并不意味着辞典收录的口语词少，大量的口语词没有用"俗"标出。可以断定口语词的主要来源是司登得的字典。[①]与"俗"类词相比，"文"类词的数量要大得多，经抽样统计，总数约在 6 000—8 000 个之间。编纂者明确地认识到"文"类词不用于口头语言。文俗之别对于传教士来说始终是一个大问题，而言文一致的实现只有在词汇层面做好准备后才有可能。"俗""文"是传统词语在文体上的区别；"新"是当时刚刚出现的尚未定型的现代词语，"部定"是教育部名词委员会选定的标准科技术语。大量收录的部定词是《官话》译词的另一个重要组成部分。关于部定词赫美玲在序言中做了如下的说明：

> 译文：标准科学术语（约 3 万条）是中国教育部的一个委员会在 1912 年为中国的大学制定的。这个委员会由著名的英语学者严复博士领导，所

---

① 司登得（George Carter Stent，1833—1884），英国人，1869 年 3 月以英国公使馆护送团成员的身份来华，后成为海关职员。先后在烟台、上海、温州、汕头任职，1884 年 9 月 1 日死于台南高雄海关任上。编有《汉英合璧相连字汇》（1871 年），*A Chinese and English Pocket Dictionary*（1874 年）等北京口语辞典。

制定的术语在本辞典中用“部定”标出。这些术语涵盖了以下的学科：算数、代数、几何、三角法、逻辑、心理学、伦理学、经济学、国内法、国际法、宪法、历史、动物学、植物学、有机化学、无机化学、生理学、动植物生理学、地质、物理学（力学、光学、声学、电学、磁力学、热学）、卫生学、医学。所标出的科学术语只是所制定术语的一小部分，因为全部收录这些术语将超过本辞典的范围。这些部定术语由于其间的政治、经济上的困难，在收入本辞典之前没有由政府正式公布。（原文为英文，笔者译）

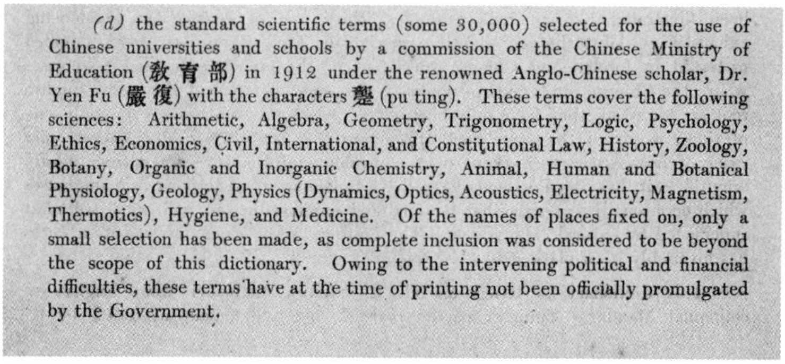

(d) the standard scientific terms (some 30,000) selected for the use of Chinese universities and schools by a commission of the Chinese Ministry of Education (教育部) in 1912 under the renowned Anglo-Chinese scholar, Dr. Yen Fu (嚴復) with the characters 部定 (pu ting). These terms cover the following sciences: Arithmetic, Algebra, Geometry, Trigonometry, Logic, Psychology, Ethics, Economics, Civil, International, and Constitutional Law, History, Zoology, Botany, Organic and Inorganic Chemistry, Animal, Human and Botanical Physiology, Geology, Physics (Dynamics, Optics, Acoustics, Electricity, Magnetism, Thermotics), Hygiene, and Medicine. Of the names of places fixed on, only a small selection has been made, as complete inclusion was considered to be beyond the scope of this dictionary. Owing to the intervening political and financial difficulties, these terms have at the time of printing not been officially promulgated by the Government.

图4　《官话》关于“部定词”的说明

赫美玲在序言中的 Chinese Ministry of Education 后面加上了中文名“教育部”，但是笔者认为所说的即是清学部设立的编订名词馆。“现代词语”（以下略为“新词”）和“标准科技术语”（以下称为“部定词”）是最能反映世纪之交汉语词汇激烈变化的部分。关于新词的数量，编纂者并没有交待，而关于部定词序言中则说“约3万条”。但是据笔者统计，《官话》中“新”与“部定”两类词实际收录数量等分别如下。

新　词	12 059
部定词	16 041
总词数	28 100

也就是说，赫美玲最终从严复那里得到了约 3 万条审定词，但是《官话》只标注了 16 041 条。不排除标注上的遗漏，但是更主要的原因应该是赫美玲的删减。赫氏所说的“所标出的学科术语只是所制定术语的一小部分，因为全部收录这些术语将超过本辞典的范围”，应该是事实。

《辞源》的“无出典词”总数在 1 万条左右，由此可知《官话》的新词、部定词所占比例之大。下面，我们将对新词和部定词进行若干考察。

五、关于“新词”

新词是表达新概念的词语，作为语体上的特征，这些词既可以用于报刊、书籍等书面语，也可以用于口头表达。下面是 A 词条下部分新词举例：

珠算、宰牲厂、屠兽场、男修道院、约分、简字、略号、肚部、光行差、共犯、安然受判断、顺受后果、夺格、非正式*、奇式、医使小产、胎死不坠、游学、留学*、君权无限的政体、脱脂棉*、吸收、电食、理论的*、虚想的*、理论的化学*、抽象的意思*、抽象思索*、科学会*、实业学堂、大青科、棘鳍科、佴腺虫、疥虫、重音号、卫生队*、附属品*、产科士、接生妇、记簿、第四变格、止词、无色差、强水、酸表、酸质本、最高点、病极点、声学、尽义务、化学线*、白刃战*、常备军*、现役军官、联管、演说*、腺炎*、势字、形容字、静字、指实字、暂延国会、认可*、许可*、入场券*、议决*、进击*、跃进*、降临节、疏状字、状字、顾问、顾问官、状师、辩护士*、辩护、鼓吹*、飞行盘、双叶飞行盘、单叶飞行盘、艳丽学、美术学*、牵合力、亲合力、爱力、养老金*、反对*、否决某议案*、表决反对某议案、上古黄金时代、竞争时代*、用石器的时代、主动力*、议事日表、非现象不认之学派、间遏热*、目的*、新鲜空气、国乐、警报机、营养料*、联邦*、体学士、解剖士……

新词以复合词为主（单汉字词极少），也有一定数量的短语。

《官话》的新词来自何处？①赫美玲说"主要来自古典汉语和日语"，从造词的角度看，主要贡献者应该是来华传教士和日本人。传教士在翻译过程中大量地利用了古典汉语词，也新造了很多译词；同样的造词活动在日本也大规模地展开，这些词在世纪之交大量地传入汉语。关于"新"类词当然不能排除赫美玲独自收集、积累的可能性，但是更直接的来源应该是本页注①所列的 2、15、16、17 和 1、8、9、10、11 各辞典。前 4 种（高似兰、师图尔、卫礼贤、文林士）主要反映了来华传教士的译词新词创造的成果；后 5 种（颜惠庆、小藤文次郎、季理斐、狄考文夫人、莫安仁）则更多地受到了日语的影响，或接受了日本的译词。从学科分类上看，宗教、军事、政治经济、法律、医学、天文、数学、化学、机械制造等的术语为大宗；还有大量的一般人文科学词语。

从造词者的角度看，宗教、机械制造、医学、数学、化学、天文等的术语主要出自传教士之手；而军事、政治经济、一般人文科学的术语则更多地来自日语。这些日语来源的词甚至可以在所有的学科领域中找到，而且大部分作为现代汉语的词汇保留了下来。上表中标有"＊"为借自日语的词条。以下是新词中当时日语意识较强的词：

---

① 据《官话》凡例，主要参考文献如下：

1. *English-Chinese Standard Dictionary*，Commercial Press；2. *An English-Chinese Lexicon of Medical Terms*. 1908，Philip B.Cousland；3. *Deutsch-Chinesisches Handworterbuch*，1906，Jentschoufu；4. *English-Chinese Handbook of Business Expressions*，L. de Gieter；5. *A Chinese-English Dictionary*. H. A. Giles；6. *English-Chinese Pocket Dictionary of Peking Colloquial*，1910；7. *K'anghsi dictionary*；8. *English-German-Japanese Vocabulary of Mineralogical Terms*，B. Koto；9. *English-Chinese Dictionary of Philosophical Terms*，D. MacGillivray；10. *New Terms for New Ideas*；*A Study of the Chinese Newspaper*，A. H. Mateer；11. *Chinese New Terms and Expressions with English Translation*，Evan Morgan；12. *Manuel de la langue mandarine*，*with English text*，A. T. Piry and C. H. Oliver；13. *Recueil de nouvelles expressions chinoises*，Zikawei；14. *English and Chinese Names of Locomotive and Car Parts*，Tientsin，W. A. S.；15. *English-Chinese Technical Terms*，Geo. A. Stuart；16. *German-English-Chinese Dictionary of Technical Terms*，R. Wilhelm；17. *Dictionary of 3 000 Common and Customs Expressions*，C. A. S. Williams；18. *Translations of Dixon's Dictionary of Idiomatic English Phrases*. Dr. W. W. Yen and Chan chi Lan；19.《辞源》。

演说、入场券、辩护士、目的、否决、表决、议案、会社、武士道、武士气质、社会主义、共产主义、俱乐部、支点、组合、取缔、贷方、借方、动产、不动产、取替、株式取引所、引渡、手续、茶话会、法人、支配、觉书、看护妇、积极、邮便、抽象、常备军、现役、兵站、动员……

传教士系统的词在造词法上的一个重要特征是：新造字词或使用已经废弃的古僻字，尤其是医学术语中有利用部首"疒、肉、血、骨"等创造的大量新字词，或从《康熙字典》等字书中收集来的古僻字、异体字（由于印刷上的原因我们在这里不便具体举例）。这些"千奇百怪"的字严重影响了传教士系统译词的普及和定型。与之相比，日本系统的译词更多地利用已有的语言成分造词，因此能逐渐为中国社会所接受，成为现代汉语词汇体系的一员。在一些词条下传教士的造词和日语词同时并举，反映了当时术语的不统一的情况。

六、 关于"部定词"

据笔者统计，《官话》所收部定词共 16 041 条。与"新"类词相比，"部定"词专业术语的色彩更浓，更具有统一的厘定标准。因为，"新"类词的来源是不同的报刊、辞典；而部定词则是在一定的原则下审定——尽管我们对审定原则所知不多，最后还要经过包括严复在内的名词馆决策层的认可，随意性相对减少。部定词可以说是把编纂各科专业辞典的素材汇于一处的结果。部定词中最多的是化学术语，其他数量较大的领域是：数学、几何、植物学、经济、医学、物理、逻辑学等。部定词的来源有三，即（一）传教士系统的译词；（二）严复的译词；（三）日本译词。下面分别在 A 词条下举例若干：

（一）

亚西炭尼利、醋酸一碳完基、醋酸、淡醋酸、冰醋酸、班蝥醋、吐根醋、海葱醋、醋酸基、醋酸基化氯、亚蠃质、二碳亚蠃质、酸荀、灭色的、针形叶、酸、仙蔻那酸浸水、玫瑰花酸浸水、酸根、酸性反应、一碱性酸、二碱性酸、多碱酸、有机酸、安息酸、硼酸、溴酸、酪酸、氯酸、亚氯酸、铬酸、枸橼酸、拧酸、脂肪酸、蚁酸、没石子酸、锗酸、甘胆酸、氢氯酸、淡氢氯酸、次亚溴酸、乳酸、苹果酸、色差、圆面收光差、并生叶托、偶生、翕收、无茎、磨损、纬距、平加速动、加紧速率、锐三角形、按值、按值税、等加定理、粘合力、不传力线、咨议委员会、入气穴、小气胞、蛋白质

（二）

后事、先事、悬（幺）想的、悬（幺）念、悬（幺）数、不名数、独立之名、悬（幺）名、关于读法之怨辞、承收、完全承受、以举动承受、视待承受、无意之承受、无效之承受、心受、酌易承受、承受者、寓、寓德之转对怨辞、原定之不变、臆定之不变、灵动活字、力行动字、完足、完足之知识、自动觉力、自动意识、自动想像

（三）

领土之弃让、外传神经、能力、购物能力、异常国际法、心之非常态、绝对值、绝对温度、专制、专制政体、附属契约、不测保险、承认、音学、默认、领土之取得、行为、陆军制、恶感之行为、第三方行为、动作、原动、脂肪、行政机关、行政法、海事裁判所、广告、航空学、美情、美学上之想像、感受、家属爱情、内传神经、物质爱力、后像、记忆后像、消极后像、积极后像、代理、商业理事人、外交官、地质力、还元剂、阿烈细曲线、同意、协约、殖产契约、符合法、空气、气流、营养、有机碱类

从上面的例词中可知，传教士的造词活动主要集中在化学、医学、制造等领域。部定词中数量最多的是化学术语，这一点与《辞源》的情况大致相同。化学是江南制造局翻译馆译书的主要内容，以化学元素名为主的术语创制开展

得早，积累丰富。很多在今天来说非常专业性的化学术语通过部定词被收入了《官话》中。

严复的译词主要是逻辑学、社会学等人文科学领域的术语。部定词是严复负责审定的，严复理所当然地把自己创造的译词收入了进去。例如逻辑学的术语，可以说是严复的专长，严复所使用的术语，如"内籀""外籀""连珠""辨学""智辞"以及大量的复合词都作为部定词被收入了《官话》。主要使用日本译词，且对严译颇有微辞的王国维作为协修也参与了术语的审定工作。但是逻辑学，甚至包括哲学的术语方面几乎找不到明显的日语痕迹。这一方面反映了严复对自己译词的自信和执着，另一方面证明：严复对于部定词的审定并没有放任自流。

日本的译词是部定词的另一个主要来源。尽管部定词里的日语借词要远远少于新词类里所收的日语借词，但是在名词馆审定术语的1909—1910年，很多日语词或者是报刊上常用的词，或者已经成为谈论某一话题时不可缺少的关键词了。部定词中收录了以下的日语词：

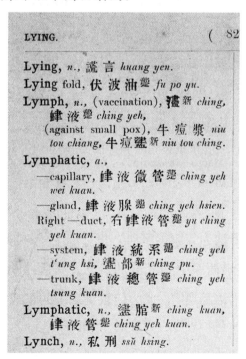

图5

赤外线、动产、主观、客观、义务、时效、前提、取消、常备军、淀粉、括号、括弧、表决、引合、洗剂、赤小豆、特派员、辩护士、电子、预算、伦理学、邮便……

下面让我们通过医学术语的例子来看一下传教士、严复、日语词之间的冲突。

众所周知，医学术语的创制是传教士开始最早、付出的努力最大的部门。《官话》的新词部分收录了大量传教士创制的医学术语，传教士系统医学术语的一个特征是：新造字（包括利用已经废弃不用的古僻字）。但是严复主持审定的部定词中并没有收录这些新造字的医学术语。唯一的例外是 lymph 的译词，其实际情况如上图所示。即，作为"新词"采用了"㶤"或"盡"作 lymph 的译词。这种译法最早出现于传教士编的术语集 *First Report of the Committee on Medical Terminology Appointed by the China Medical Missionary Association. Terms in Anatomy, Histology, Physiology, Pharmacology, Pharmacy*，时间是 1901 年。编纂者是博医会的名词委员会（Committee of the Medical Missionary Association）。编纂者对这条译词做了如下的说明：

Lymph. — The character Chin was taken from Kang His and adopted because of its seeming appropriateness in its make up. The meaning is so indefinite it was thought it would not be hard to fix it to mean in our medical books the lymph.

由此可知，编纂者认为《康熙字典》里"㶤"（或其异体字"盡"，字义为"津液"）可以用来表示西医中 lymph 的概念。其后，lymph = "㶤"或"盡"被收入高似兰的医学术语辞典[①]，成为传教士系统的正式译词。

---

① Committee of the Medical Missionary Association, *An English-Chinese Lexicon of Medical Terms Compiled for the Terminology Committee*, Shanghai, 1908.

　　严复的部定词将"津"简化为"聿",另外加"血"字旁,构成了新字"衃"。这是《官话》中部定词使用的唯一的新造字。可见严复对新造字是有所保留的,但是严复也没有使用日本已经存在的音译词"淋巴"。部定词的医学术语中有很多传统的中医术语,如"胰""胰管""胰液",也有一些来自日语的术语,如,"腺"以及包括"腺"的复合词 30 余条;"神经"以及包括"神经"的复合词 25 条。李善兰创制、但是在中国未能普及的"细胞"及其复合词也收录了几十条。①此外"内耳""乳糜""结膜""结膜炎""盲肠""十二指肠"等日本的医学术语亦被收入。

七、"新"译词与"部定"译词的命运

　　如上所示,作为英语的译词赫美玲提供了新词和部定词的两种选择。经过了那个"优胜劣败、物竞天择"的时代,两套译词留下了什么结果? 如上所述,严复将自己的译词悉数收入了部定词。但是这些词几乎是"全军覆没",并没有保留下来。那么,是否可以说"新词"战胜了"部定词"? 先请看下表:

表 4

原　词	《官话》的译词（B＝部定词；N＝新词）	今译
art	手艺、艺术* 本词条下复合词中还有以下译词：术（B）、美术（B）、雅艺（N）、工艺法术（N）、工业艺术（N）、科学（N）、力学艺术（N）、重学艺术（N）、军术（N）	艺术
barbarous	野蛮	野蛮
biology	活物学（N）、生物学（N）	生物学
botany	植物学（B）、草物学（N）	植物学
chemistry	化学（B）、质学（N）	化学
civilization	教化、文明、文明程度（B）	文明

---

　　①　笔者曾对"细胞"由日本回流中国以后逐渐普及的过程进行过考证。参见沈国威《「植学启原」と「植物学」の語彙》,関西大学出版部 2001 年版、第 68—77 页。

续表

原　词	《官话》的译词（B＝部定词；N＝新词）	今译
common sense	常识（N）	常识
concept	意想、概念（B）	概念
culture	教化、文化、教育	文化
democracy	民主政体（N）、平民政治（N）、民政（B）	民主
duty	勤务（N）、义务（B）、职务（B）	义务
liability	责任、负债（B）、契约之责任（B）、从戎义务（N）	义务
economics	富国策、经济学（N）、理财学（N）、计学（B）	经济
enlighten	给……开蒙、给……启蒙，开化	启蒙
environment	外围、时势（B）	环境
evolution	天演（N）、进化（N）	进化
feudalism	封建治制	封建
freedom	自繇（由）（B）、地方自治之权（N）、宪法自繇（N）	自由
liberty	自由（繇）（B）、法律自由（繇）（N）、道德自由（繇）（N）、自由（繇）行动、民身自繇（B）	
history	历史	历史
ideal	理想（B）	理想
individual	个人（B）、个体（B）	个人
logic	名学（N）、辨学（B）、思理学（N）	逻辑
mathematics	算学、数学（B）、几何学（N）	数学
philosophy	哲学＊本词条下还有新词：演绎哲学、自然哲学、思辨哲学	哲学
physics	格致学、物理学（B）	物理学
Physiology	生理学（B）、体功学（N）	生物学
principle	原本、起点（N）、原理、主义、宗旨	原则、主义
progress	进益、进步（B）＊本词条下还有部定词：政治之进步、社会进步	进步
religion	宗教、教派、教门	宗教
revolution	大变、变革（B）、革命	革命
right	直、是（B）、权、权利（B）、民直（B）＊本词条下有新词：公权、名誉权、法权……	权利
science	学（B）、科学（N）	科学
society	社会（B）、人群、会社（N）	社会

表中所收的都是代表世纪之交的转型时代的关键词。表中的词可以分为三种情况：（一）既没有标"新词"，也没有标"部定词"，如：野蛮、文明、文化、历史、哲学等。可以说这些词作为译词已经相当稳定了。（二）标为"新词"的译词，如常识、经济学、质学等。在《官话》出版的 1916 年，这些词还有较强的新词意识。（三）标为"部定词"的译词，如：概念、理想、个人等。部定词反映了严复的取舍倾向。应该引起我们注意的是那些同一原词条下新词、部定词不一致的情况。如 botany 有部定词"植物学"，新词"草物学"；science 有部定词"学"，新词"科学"等。这种情况反映了当时不同来源的词语之间的冲撞。作为现代汉语词汇的演变、定型的结果，我们知道不能简单地根据"新词"或"部定词"的分类来推断一个译词的命运。就是说有时是新词消亡，有时是部定词被淘汰。但是我们可以说：那些保留至今的词大部分是中日同形词。这里暗含了这样一个事实：这些词语的形成是中日词汇交流、互动的结果。

八、 结　语

以英汉科学书籍翻译为目的的《官话》记录了世纪之交激烈变化中的汉语词汇的真实情况。《官话》的译词被保留下来了吗？对于传教士系统的译词和严复的译词来说，结论常常是否定的；而大量的日语借词——不管是被收入了"新词"还是"部定词"，相当大的一部分，现在仍然在使用。在谈到名词馆术语审定工作时，罗志田指出：

> 1909 年秋，清学部设立编定名词馆，严复为总纂，而王国维任协修。王任此职大约多特罗振玉的援引，固非因此问之作，然其与严复同在馆中如何"编定"名词当必有趣。其实若从新名词的社会使用看，到名词馆成立时，严总纂所代表的"造语"取向已基本大败于王协修所倾向的模仿日

本派了。名词馆没能留下多少实际的成绩，亦良有以也。①

学部编订名词馆仅维持了两年，审定了 3 万余条术语，其中 1.6 万余条被赫美玲收入《官话》。借助于此，我们可以追思严复的苦心孤诣。当然，大败于日本的不仅仅是严复，还要包括传教士们。新词创造：从马礼逊到严复，《官话》为我们展示了一条失败之路的终结。

原载沈国威：《一名之立，旬月踟蹰——严复译词研究》，社会科学文献出版社 2019 年版

---

① 罗志田：《国家与学术：清季民初关于"国学"的思想论争》，生活·读书·新知三联书店 2003 年版，第 166 页脚注 1。

西周与严复
——以学问观、道德观为中心[①]

［日］高柳信夫著，顾长江译

日本学习院大学外国语教育研究中心

一、引　言

一直以近代中国思想家为主要研究对象的笔者，对于西周（1829—1897）的第一印象，是其翻译并确立了近代以降日本与中国思想界共同使用（并沿用至今）的多个起源于西方的概念（如"哲学"等）。笔者曾想当然地认为，西周纵不能与福泽谕吉相提并论，但作为奠定幕府末期至明治时期日本新学术基础的重要思想家，应当已有定评。

然而，数年前接触到的论文集《西周与日本近代》[②] 中，有一节称"西周是被遗忘的思想家"[③]，这令笔者稍感意外。该书的末尾附有"西周相关参考文献一览"，从这些研究成果的数量来看，即便是在当时，西周是否真能被称

---

①　本文的部分内容曾在 2010 年 8 月 2 日东京大学全球化 COE "共生国际哲学交流中心"国际研讨会"作为学科的日本哲学"上进行口头演讲（《日本的"第一哲学"——以西周"哲学"为中心》）。概要"Japan's 'Isolated Father' of Philosophy：NISHI Amane and His 'Tetsugaku'"。参见 Whither Japanese Philosophy？Ⅲ：Reflections through other Eyes, UTCP Booklet 19，2011（http：//utcp.c.u-tokyo.ac.jp/publications/2011/05/utcp_booklet_19/）。笔者对各位与会者提出的宝贵意见表示感谢。

②　岛根县立大学西周研究会编：《西周与日本近代》，鹈鹕社 2005 年版。

③　井上厚史：《西周与儒教思想——以"理"的解释为中心》，载岛根县立大学西周研究会编：《西周与日本近代》，第 146 页。

作"被遗忘的思想家"也应当打上一个问号（近年间发表的与西周相关的著述更是繁多①，时至今日，称西周是"被遗忘的思想家"已无可能）。

姑且不论此"事实认定"是否恰当，称西周为"被遗忘的思想家"也应当是存在理由的。如，有人推测这与其"参与起草军人敕谕带来的军国主义形象"和"对儒教缺乏批判态度带来的封建主义形象"有关。②换言之，即认为西周虽然是介绍西方近代知识的先驱，其言行却给人以一种"反动"的印象，因此其思想一直没有机会得到充分客观的评价。③

笔者认为，西周的这种状况，与严复（1854—1921）曾经的遭遇极其相似。

严复因翻译《天演论》而广为人知，该书于 1898 年正式出版，在近代中国引发了进化论（尤其是社会进化论）学说的大流行，同时，《天演论》也是中国第一本正式介绍基督教以外西方思想的书籍。严复此后还发表了多部译著，后被集为《严译名著丛刊》。④在清末，严复被视为译介西方思想的第

---

①　专著有菅原光：《西周的政治思想：规律·功利·信》，鹈鹕社 2009 年版；清水多吉：《西周：统帅权在何处》，密涅瓦书房 2010 年版。论文有莲沼启介、大久保健晴的研究以及岛根县立大学北东亚地域研究中心：《特集：西周与东西思想的相遇》（《北东亚研究》2008 年 14、15 合刊）所刊载的多篇论文，狭间直树：《西周留学荷兰与西洋近代学术的移植——"近代东亚文明圈"形成史：学术篇》，《东方学报》2011 年第 86 册等。

②　参见上述论著。

③　西周的这种"形象"现在仍有一定程度的影响。如前揭菅原著作的初版侧标中就写着"是'日本哲学之父'还是'军国主义的创始人'"这样的疑问。当然，这是一种宣传"策略"，是为了强调菅原此书的雄心，即试图论证对西周采取非此即彼的二选一式的评价本身存在问题。但既然在宣传中故意抛出上述提问，就说明至少在日本思想史研究领域存在一种"印象"，认为将近代西方新思想引入日本的"启蒙思想家"的身份与"军国主义者"的身份无法并存。与此相对应，在近代中国，"启蒙思想家"即使同时提出"军国主义"主张（如 20 世纪初的梁启超等），也没有令人感到太多不协调（当然，必须考虑到二者时代上的差异，以及对"启蒙思想"与"军国主义"的定义及其社会功能的问题。但无论如何，该时期梁启超的思想中不可谓没有"军国主义"的要素）。这种"感觉"上的区别，可能反映了此后中日两国近现代史进程的差异，这本身就可以成为思想史上一个有意义的研究对象。

④　即 1931 年商务印书馆汇集严复清末的八本主要译著而出版的丛书。《原富》（亚当·斯密《国富论》）、《群己权界论》（约翰·斯图亚特·穆勒《论自由》）、《法意》（孟德斯鸠《论法的精神》）、《穆勒名学》（约翰·斯图亚特·穆勒《逻辑体系》）等被收录在内。

一人。

但是，与身处 20 世纪初、以"民主"与"科学"为口号的新文化运动的代表陈独秀（1897—1942）等人不同，严复对于儒教并未采取强烈的否定态度。非但如此，严复还声称，"即吾圣人之精意微言，亦必既通西学①之后，以归求反观，而后有以窥其精微，而服其为不可易也"②，认为恰恰只有通过西方近代诸般学说，才能真正理解中国自古以来圣人的正确性。③甚至在中华民国成立后，严复仍主张在教育中纳入儒家经典。④

此外，在政治活动方面，由于认为共和政体无法给中国带来安定，严复于 1915 年加入了旨在推进帝制复辟的团体筹安会，支持袁世凯称帝。⑤

因为上述原因，过去的中国思想史研究尽管承认严复作为"先进知识分子"的贡献，但始终将其视为带有旧时代残余的"不彻底"的人物（但近年来已经看不到这种片面的论断）。

---

① 以"西学"一词指称西方的诸学科，在 19 世纪末以前的中国尤为频繁。其所指的具体内容，在各研究者的文中有若干差异，有时与"中学"相对比，仅带有狭义的自然科学色彩。但正如后文所述，严复尤其信奉以"合成哲学系统"为代表的赫伯特·斯宾塞的学说，对其而言，"西学"不仅包括自然科学，也包含社会科学在内。

② 严复：《救亡决论》，载王栻主编：《严复集》第 1 册，中华书局 1986 年版，第 49 页。此文发表于 1895 年 5 月 1 日至 8 日（光绪二十一年四月初七至十四日）的天津《直报》。

③ 当然，严复当时也并不是主张所有"儒教"的东西都是正确的，就在此处引用部分之前，他还说"从事西学之后，平心察理，然后知中国从来政教之少是而多非"，并认为应当以"西学"为标准，将"儒教"中有价值的部分与无意义的要素加以区分。此外，19 世纪九十年代的中国正积极引进"西学"，为寻求正当理由，往往认为西学"实起源于中国"，并在中国过去的经典中寻找与"西学"相似的内容，以中国的价值标准评价"西学"的价值。与此相对，严复则主张以"西学"的标准认定中国政治、教义的价值，这在当时是具有划时代意义的"坐标转换"。在这一点上，严复在思想史上的地位与西周相仿。如根据莲沼启介的研究，横井小楠认为以儒家"三代之治"的政治理想为标准，美国、英国的议会政治比德川幕藩体制更具优越性，而西周、加藤弘之则在近代西方而非中国文明中寻求政治理想，莲沼认为，"这一点上西与加藤等人的视点更具有决定性的新意"（莲沼启介：《西周哲学的成立——近代日本法哲学成立之序曲》，东京有斐阁 1987 年版，第 96—97 页）。

④ 严复：《读经当积极提倡》（1913 年），载《严复集》第 2 册，第 329—332 页。

⑤ 实际上严复并未积极参与筹安会的活动，但其作为该会的成员是无疑的。

总而言之，严复在着力介绍近代西方诸般学说的同时，强调儒教积极的一面，对简单的"民主化"则持否定态度，笔者认为这一立场与西周相当类似。换言之，在接触"西方"而引发的近代东亚知识体系的转型过程中，他们二人一方面全方位接受了西方近代的各种学说，一方面又并行不悖地将西学与儒家文化等东亚教养相结合。

当然，毫无疑问，从时代的角度而言，西周与严复几乎相隔了一代，同时，他们所处的社会背景、思想背景也有很大的不同（尤其是受进化论影响的大小，带来了决定性的差异）。但是，笔者认为，对比、讨论他们思想中的上述"共通性"，不仅可以研究中日两国在接受"西方"时方式上的差异，也可以为研究对接受主体起着制约作用的、两国儒家教养模式之间的"异"与"同"提供一条线索。

然而在现阶段，正面应对如此大的课题对笔者而言力有不足，本文的研究将集中在西周与严复的学问观与道德观上。

二、 西"学"的划时代性

上文曾提及西周与严复"全面"接受近代西方的诸般学说，但这并不意味着他们不加区别地接受整个近代西方的一切，显然，他们对于西方学说的价值进行了一定的判断并以此为前提进行了选择。

他们发现，近代西方诸般学说的"优越性"首先在于其不纯粹是个别知识的集聚，而具备一种"体系性"。例如，西周在其《知说》（1874 年）中称：

> 所谓学术者，莫非四大洲往昔既有之。然以之比诸今日欧洲之所谓学术，岂啻霄壤之分。盖其所谓学术之盛者，非谓极一学一术之精微蕴奥，众学诸术交相结构组织，集大成者之谓也。此地球之上亘古未有之事，乃

纪元一千八百年之今日始见者。①

　　他认为近代西方学说的优越性，在于其属于超越了个别知识集聚的"结构组织之知"。与此相应，严复在《救亡决论》（1895 年）中则首先批判了中国之"学"：

　　　　取西学之规矩法戒，以绳吾"学"，则凡中国之所有，举不得以"学"名；吾所有者，以彼法观之，特阅历知解积而存焉，如散钱，如委积。②

　　而关于西方诸学，他指出：

　　　　西人举一端而号之曰"学"者，至不苟之事也。必其部居群分，层累枝叶，确乎可证，涣然大同，无一语游移，无一事违反。③

　　并称西学"首尾赅备，因应錖然，夫而后得谓之为'学'"④。

　　进而，关于迥然不同于个别知识的"学"得以在西方确立的原因，西周与严复的认识也是相通的，他们都承认，以归纳法为中心的新"方法"起到了决定性的重大作用。在《百学连环》（1870 年）的"总论"中，西周称：

---

　　①　大久保利谦编：《西周全集》第 1 卷，东京宗高书房 1962 年版，第 458 页。此外比较著名的是，西周在《百学连环》中明确意识到了"学"与"术"的区别（参见《西周全集》第 4 卷，第 12—14 页）。然而，包括此处的引文在内，西周是否在严密区别"science & arts"的前提下意识到其使用的"学术"一词包含上述两种含义则难以定论。但此处的引文，无疑带有承认近代西方之"学"优势的观点。值得一提的是，严复也强调应当严格区分"学"与"术"。例如，他在 1906 年的《政治讲义》中称，"学"是"问此系何物"，而"术"是"问物宜如何"，两者不能混同（严复：《政治讲义》，载《严复集》第 5 册，第 1248 页）。但严复使用"学术"一词时，却未必都含有"学"与"术"的含义，而往往与"学"的意思相近。

　　②③④　严复：《救亡决论》，载《严复集》第 1 册，第 52 页。

发现真理之手段（原文为"方略"）众多，诸如文章、器械、设施者皆然，至于研究运用之法，亦不可不知。有所谓新致知学一法，原称 A Method of the New Logic，乃英国人 John Stuart Mill 之发明。其所著之书名曰 System of Logic，一大作也。学域自此大为改革，遂渐兴盛。其改革之法，曰 induction（归纳之法）。[1]

并进一步指出"西洋古昔亦皆演绎之学，然近来则悉归千归纳之法"[2]，认为穆勒所集大成的归纳法才是近代西"学"变革的重要动因。同时，严复也有诸如"洎有明中叶，柏庚（培根）起英，特嘉尔（笛卡尔）起法，倡为实测内籀（归纳）[3] 之学，而奈端（牛顿）、加理列倭（伽利略）、哈尔维（哈维）诸子，踵用其术，因之大有所明，而古学之失日著"[4]的言论。可以看出，严复认为尽管在个别历史事实的层面上仍稍有疑问，但建立于与客观事实相结合的归纳法基础上的学说在西方开拓了新的境界。此外，严复还翻译了穆勒的《逻辑体系》。[5]

尽管西周与严复都认为近代西"学"的最大优势在于其具有"体系性"，但通过上文所引的部分，也能够看出二人似乎存在差异。西周强调体系由"诸学"构成，而严复则在一个"学"的框架下谈及知识的体系性。而实际上，按照严复对其所推崇的赫伯特·斯宾塞"社会学"（严复称为"群学"）的观点，此学所涉远非一个领域，而是以心理学、生物学、天文学、地学、物理学、化学、数学、逻辑学为前提，并包含这诸多学说在内的，下文对此将有所论及。由此可见，认为具有各种对象领域的"诸学"应当相互关联，形成体系，这一

---

① 西周：《百学连环》，载《西周全集》第 4 卷，第 23 页。

② 同上书，第 25 页。

③ 严复将 induction 译为"内籀"。

④ 严复：《天演论》"论十一·学派"按语，载《严复集》第 5 册，第 1385 页。括号内容为作者所加。

⑤ 此书以《穆勒名学》名义出版，翻译了穆勒原著的 Book Ⅲ Chapter ⅩⅢ 部分，剩余部分的翻译最终未出版。

观点是二人所共有的。①只是，深受奥古斯特·孔德实证哲学影响的西周与以赫伯特·斯宾塞进化哲学为出发点的严复，对于"诸学体系"的看法存在不少差异。下文将着眼于此，讨论二者的言论。

三、"诸学体系"的问题——西周

众所周知，西周曾有过统合各领域内专门化的知识，形成"统一科学"体系的构想。②

比如，在《生性发蕴》（1873 年）中，西周翻译了 G. H. Lewes 的 *A Biographical History of Philosophy*（1857 年）中与孔德有关的一节。其中称，在各学科不断分化的时代，有必要通过统括各种学科的"哲学"，确立"统一之观"。文中解释了"统一之观"必须存在的理由："若无统一之观，则不可施行于今日之人间。"③其含义可以理解为，若无"统一之观"，各学科便无法以合适的形式发挥其社会作用。如果用西周自己的话来说，则可见于稍晚一些的《尚白札记》（1882 年）开头部分："大凡百科之中，存有统一之观事关紧要。若于学术上立一统一之观，人间之事业亦能就绪，社会秩序自然而定。"西周进而将其与社会的"康宁""富强"，甚至与作为"人道之极功"的"福祉"相

---

① 汪晖已指出西周与严复的这种共同性。但汪氏主要关心的是儒家的世界观如何渗透在他们二人的科学观之中，且为概括性的研究，并未详细探讨二人的观点。参见汪晖：《科学的概念与中国的现代认同》，收录于《汪晖自选集》，广西师范大学出版社 1997 年版第 1 章第 3 节，第 4 节。

② 小泉仰：《西周统一科学的尝试》，载《西周与欧美思想的相遇》第 3 章，东京三岭书房 1989 年版。详细讨论了西周的构想及其挫折的过程。

③ 西周译"生性发蕴"，载《西周全集》第 1 卷，第 45 页。此部分译自 Lewes 著作，但西周表示"此书之根本在于显示坤度（孔德）实理学之地位"，将其附录于《生性发蕴》中的目的，是为了"使观者知现今哲学之进步如何，信余所言之不诬"（《西周全集》第 1 卷，第 41 页）。而西周对 Lewes 著作的翻译部分未加按语，则可说明这部分内容大致反映了他当时的见解。

关联①，主张"统一之观"的必要性，体现出一种强烈的"功利性"色彩。

然而，根据孔德的实证哲学，并非仅仅在诸学之间确立一个"统一之观"就可以万事大吉。正如上文所引用的，《生性发蕴》中 Lewes 著作的翻译部分论及了"统一之观"的必要性，但该书同时指出，以确立"统一之观"为目标的哲学家，若想不依靠其他学科的实证性方法而达到目的，便会犯下与谢林或黑格尔一样的错误，因此，"实理之诸学"的必要性应当与"统一之观"等量齐观，"盖统一之观若非依据实理，则无精神，而实理之学若非基于统一之观，亦属空谈"②。

通过这种基于"实理"的"统一之观"，孔德对学科的体系化进行了实际性的尝试，众所周知，其根据研究对象的抽象性与具体性、一般性与特殊性的标准，提出了以"社会学"为顶点的、具有阶层性的学科体系构想。然而，西周却断定，孔德的尝试是在并不完善的情况下结束的。

关于孔德的贡献，西周认为，在孔德之前，"天文""格物""化学"领域已有前人的优秀成果存在；而"至于有机性体之二学，即生体学、人间学，其命名尚新，其学犹未立于世上，立此二学乃一大难事，不言自明"，对孔德在学科分类上明确提出"生体学（biology）"和"人间学（sociology）"予以高度评价，认为具有划时代意义③。但西周同时也认为，孔德并没有完全使这两个学科确立起来，他将孔德在"人间学"领域内设立"新教门"的尝试评论为"自误"。

此外，关于孔德终未完全确立的"生体学"与"人间学"两个学科，西周认为，涵盖在"人间学"之内的"人间教门之学""治道经济之学""纲纪法律之学"等诸学，"纵非全部依据实理之方法，许多学科之中，确乎不拔之发明亦已有不少"④，承认在这一方面相当数量的真理已被发现的"事实"；而对于

---

① 西周：《尚白札记》，载《西周全集》第 1 卷，第 165 页。
② 同上书，第 46 页。
③ 同上书，参见第 63 页。以上引用部分都是西周自己的文章。
④ 同上书，第 63 页。

"生体学"，则认为其学科基础部分仍不明确，"欲据坤度之说，立此生体学一门，如何着手，未得其法，此乃今日之一大疑惑"①。

西周认为，"所谓生体学者，兼生理与性理而有之"，换言之，兼含"生理学（physiology）"与"性理学（psychology）"的内容。其中，"生理"的研究状况是"以格物化学之法，而开生理，业已在物理家、医门等研究之中，其间名师哲匠并不鲜见"；而"性理"，则处于"唯由生理而性理，则桥梁未架，船舸未备，茫然而无津涯"的状态，因此，成为"超理家（形而上学者）培养其高妙无根说之地"②。

如此一来，西周完善其承袭自孔德思想的"统一科学"过程中的最大课题，就成了"本实质之理法，依生理而开性理"，也即依据逐渐发展至实证阶段的生理学知识去解明"性理"。西周认为，"生理"与"性理"若能相关联，则"上至天文，下至人事，一联理，一脉络，左右逢源，不患统一之观不立也"③。

西周结合"生理"与"性理"的尝试最终未能成功，关于其具体过程以及其中提出的"人间性论"，小泉仰已做了详尽的研究④，其内容在此不再深谈。

正如西周所说，"若一旦确立性理之基础，则所谓人间学亦必随之成立"⑤，他认为其"统一科学"所缺的只是联系"生理"与"性理"的一"环"，"性理"如能确立实证基础，则社会相关的学科就都可以作为其外延而轻易地构筑起来。这种预期可谓是西周一系列讨论的特征。当然，西周也指出，"不可推广性理以论人间之万事"⑥，从他关于社会的讨论可以看出，对其而言，所谓社会，首要是"个人的集合体"，他几乎没有意识到社会具有超越个人的独立性质。关于这一点还有旁证，如体现在《人世三宝说》（1875 年）中的单纯的"公益"观（此处尚未意识到"公"与"私"的对立，或者从另一视角说"社

---

① 西周：《尚白札记》，载《西周全集》第 1 卷，第 64 页。
② 同上书，第 64—65 页。
③⑤⑥ 同上书，第 65 页。
④ 小泉仰：《西周与欧美思想的相遇》，东京三岭书房 1989 年版。

会"与"个人"的对立）："人间社交之道，宜以公益为目的"，"合私利者公益也。若更明言之，则公益为私利之总数也"①。

笔者认为，这样的社会观源自西周对社会的理解，他认为，社会必然建立在所有个人的"性"的基础之上。

例如，在《百一新论》（1866—1867 年前后）中，西周写道，"人皆具有同一之性，此正所谓率性之谓道，不能改易"，认为但凡是人，都具备相通的"性"，"性"的具体面相有"好""恶""智"等，通过这些要素则产生出"自主自立之权""所有之权"以及"仁"与"义"②。进而，"人非虎狼，不能独居独栖，却与鸿雁牛羊相仿，有为群之性，相生养之道必起"③，在人类相通的"性"中，存在"为群之性"，即有形成集团的性质，规范人际关系的规则也必然应当从中产生。此外，西周在《人世三宝说》中也认为，"由猿化人以来"，人类在任何发展阶段都基于"为群之性"而构成社会集团④，"亚弗利加漠中之黑人""亚墨利加山中之赤种"等与"西洲文明诸国之贤哲"之间，虽在"为群之性"的"扩充"范围上存在天壤之别⑤，但毕竟只是程度上的差异，自原始以来，"为群之性"是所有人都具有的。

从上述西周对"性"的观点看来，依据每一个个人的"性"的内涵，必然能引申出社会的各种规范。在他所主张的"统一科学"体系中，虽然在一定程度上已意识到"人间学"的独立性，但实质上仍认为该领域的几乎所有问题都可以通过对"性理"进行"扩充"的方式解决。

然而，全人类都具备相通的、固定的"性"这一观点，却随着进化论的引入而大为动摇⑥，在这一点上严复也不例外。下文将关注这一点，针对严复对

---

① 西周：《人世三宝说》，《载西周全集》第 1 卷，第 532 页。
② 西周：《百一新论》，载《西周全集》第 1 卷，第 282—283 页。
③ 同上书，第 284 页。
④⑤ 西周：《人世三宝说》，载《西周全集》第 1 卷，第 524—525 页。
⑥ 当然，即使是进化论的思维方式，也完全没有认为一有种人类贯通古今而都具有的共同性质，如各种欲望等。这是与动物相同的要素，并不能说是人类独有的"性"。

"诸学体系"的看法进行探讨。

四、"诸学体系"的问题——严复

《原强修订稿》（1896 年?）①中，严复援引斯宾塞的观点：

> 学问之事，以群学为要归。唯群学明而后知治乱盛衰之故，而能有修齐治平之功。呜呼！此真大人之学矣!②

进而，严复又称"欲为群学，必先有事于诸学焉"，认为"群学"是以"数学""名学（逻辑学）""力学""质学（化学）""天学""地学""生学""心学"等诸学科的知识为前提而出现的学科。③从另一角度说，在严复的意识中，"群学"是诸学科的"集大成"，"群学"以外的学科，以指导社会的"大人"之学"群学"为归着点，形成一个体系。

可以说，这种以"群学"为顶点的"诸学体系"，与西周的"统一科学"构想极为类似。只是西周虽设想以"实理"为根据确立"统一之观"，但始终未能在"生理"之学与"性理"之学（严复称为"生学"与"心学"）间建立勾连，而严复则没有为"统一之观"问题而烦恼的必要。因为对于严复而言，

---

① 《原强修订稿》初见熊元锷所编《侯官严氏丛刻》（1901 年刊），因此，《原强修订稿》的完成时间也有可能是 1896 年以后。但严复曾在 1896 年 10 月致梁启超的信中说，将对 1895 年发表于天津《直报》的《原强》加以改订，并预计在十余日内寄给梁（《严复集》第 3 册，第 515 页）。此时是否修订稿已完成，此稿是否即现在所见的《原强修订稿》无法确认，但至少可以确定，严复早有对《原强》进行修改的想法。另，下文引用自《原强修订稿》的内容，在《原强》初稿中亦有体现，但行文方式不如修改后直接。

② 严复：《原强修订稿》，载《严复集》第 1 册，第 18 页。"修齐治平"显然指《大学》中的"修身、齐家、治国、平天下"。

③ 同上书，第 17 页。

根据斯宾塞的《合成哲学系统》，"统一科学"的大体框架已经确立。严复说：

> 斯宾塞尔者，与达（尔文）同时，亦本天演（evolution）著《天人会通论》（即合《成哲学系统》），举天、地、人、形气、心性、动植之事而一贯之，其说尤为精辟宏富。其第一书（《第一项原则》）开宗明义，集格致①之大成，以发明天演之旨。第二书（《生物学原则》）以天演言生学。第三书（《心理学原则》）以天演言性灵。第四书（《社会学原理》）以天演言群理。最后第五书（《伦理学原理》），乃考道德之本源，明致教之条贯，而以保种进化之公例要术终焉。呜呼！欧洲自有生民以来，无此作也。②

在严复看来，斯宾塞的学说是空前的"统一科学"，贯通着进化论这一"统一之观"③，而困扰西周的"性理"之基础的问题，稍微极端一点说，既然其已作为"进化的结果"而存在，那么，再追究其根据已经没有必要了（当然，在我们看来这是否"恰当"是另当别论的）。

同时，严复基于斯宾塞的学说，认为"一群之成，其体用功能，无异生物

---

① 中国当时使用"格致"一词指西方学问时，有狭义指物理学、广义指所有科学的两种用法。此处的"格致"从上下文关系行应属后者。

② 严复：《天演论》"导言一·察变"按语，载《严复集》第5册，第1325页。

③ 假设"统一科学"整个建立在以"科学"为根基的（即严复所谓由归纳法导出的意思）进化论基础之上，那么在严复先前所列举的、以"群学"为前提的诸学科中，"数学"与"逻辑学"的地位就显得有一些微妙。但按照 Benjamin I. Schwartz 的说法，严复信奉的穆勒逻辑学说是"极特殊的逻辑学"，是"挑战传统逻辑学主流的学说"，穆勒企图"仅在经验论的基础上构建其逻辑学"，认为"所有科学的基础，包括演绎式的或是论证式的科学在内，都是归纳"（Benjamin I. Schwartz, In Search of Wealth and Power: Yen Fu and the West, Cambridge, Mass.: Harvard University Press, 1964. 引自《中国的近代化与知识人——严复与西洋》，平野健一郎译，东京大学出版会1978年版，第186—187页）。因此，严复极有可能并没有意识到"数学"与"逻辑学"具有超越进化过程的意义。

之一体，小大虽异，官治相准"①，将社会比作一个以所有个人为构成要素的有机体。换言之，在严复看来，社会不是所有个人的简单集合体，而具有超越个人的明确本质。因此，正如生物体的性质不由构成其的每一个细胞的性质直接决定一样，尽管社会依存于个人，但仍然具有不同于个人的独立逻辑。

甲午战争失败后，中国的存在沦为列强殖民地之忧。严复生活在这个危机感高涨的时代，对他而言，最为关心的是如何使作为有机体的中国社会实现富强，他在探讨"个人"时，往往以"实现社会进化发展需要怎样的个人""个人的素质如何制约社会进化发展的限度"等形式展开，出发点不再是"个人"本身，而是"社会"。与西周相比，这可以视作严复的一个特征。

西周认为，社会得以成立、维持，有赖于人类普遍与生俱来的"性"（"仁"和"义"亦从此出），尤其是"为群之性"；而严复则对这种"为群之性"的存在予以否定。

在《天演论》"导言十二·人群"的正文中，赫胥黎指出，正因为人形成了社会，才赢得了与其他生物的竞争而生存下来。②"导言十三·制私"中又称，"自营（原文为 self assertion）大行，群道息而人种灭也。然而天地之性，物之最能为群者，又莫人若。如是则其所受于天，必有以制此自营者，夫而后有群之效也"③，认为抑制对自我利益的利己性追求也即"制此自营"的基础，是人具有的同感（sympathy，《天演论》译为"感通"），并称这一点才是"人所甚异于禽兽者"④。

但对于赫胥黎的上述主张，严复在按语中予以了批评：

其（赫胥黎）谓群道由人心善相感而立，则有倒果为因之病，又不可不知也。盖人之由散入群，原为安利，其始正与禽兽下生等耳，初非由感

---

① 严复：《原强修订稿》，载《严复集》第 1 册，第 17 页。
② 严复：《天演论》"导言十二·人群"，载《严复集》第 5 册，第 1344 页。
③ 同上书，第 1346 页。
④ 同上书，第 1347 页。

通而立也。夫既以群为安利，则天演之事，将使能群者存，不群者灭；善群者存，不善群者灭。善群者何？善相感通者是。然则善相感通之德，乃天择以后之事，非其始之即如是也。其始岂无不善相感通者？经物竞之烈，亡矣，不可见矣。①

严复认为，社会不过是人为了达成利己性目的的一个手段而已，从结果上说，由于该手段在生存竞争中极为有效，而"同感"性质又有利于社会的有效生成与维持，因此具备"同感"性质的人才在生存竞争中存活下来。这一结果往往使人们以为"同感"能力是人的本性，是社会赖以成立的基础（西周关于人类具有"为群之性"的想法也如出一辙），而实际上，反而是社会的成立才使人们具备了"同感"能力（也可以进一步说，"现存"的所有人都在"事实上"具备"同感"能力）。

对于以"群学"为顶点而逐层构筑起来的斯宾塞"统一科学"，严复称"与吾《大学》所谓诚正修齐治平之事有不期而合者"②，又称斯宾塞的学说"以格致诚正为治平根本"③。由此可见，据严复的理解，《大学》的所谓"八条目"与斯宾塞的学科体系性质相通，此外还可以发现，他对"八条目"的解释所依据的是朱子学的模式（至少可以说，严复对于"格致"的解释在广义上属于朱子学的说法）。

与此相应的是，西周在对待世界上"理"的问题时，主张将作为"天然自然之理"的"物理"与作为"唯行于人之理"的"心理"严格区分④，这一点广为人知。西周还认为，"所谓法教者，皆此心理上之物，本说人之性情，与物理之事毫无关系"⑤，强调"物理"与"法""教"等人类社会的规范完全无

① 严复：《严复集》第 5 册，第 1347 页。
② 严复：《原强》（1895 年），载《严复集》第 1 册，第 6 页。
③ 严复：《〈群学肄言〉译余赘语》（1903 年），载《严复集》第 1 册，第 126 页。
④ 西周：《百一新论》，载《西周全集》第 1 卷，第 277 页。
⑤ 同上书，第 288 页。

关。站在西周的这种立场看，在"天理"这一概念中，物理法则的含义与道德规范的含义糅杂不清，朱子学对"理"的理解当然是不正确的。

而严复对所谓"格致"的理解，则显然将重点置于自然科学法则的侧面，如此一来，其"以格致诚正为治平根本"的言论，是否等同于朱子学的思考，而"忽略"了西周口中两种"理"的区别呢？下一章将从此问题出发，进行进一步的研究。

五、"理"的相关问题

根据《天演论》"论五·天刑"，赫胥黎称"为善者之不必福，为恶者之不必祸"，"用古德之说，而谓理原于天，则吾将使理坐堂上而听断，将见是天行者，已自为其戎首罪魁，而无以自解于万物"①，以伦理观点看自然现象的过程，难以断定究竟什么是"善"。有鉴于此，赫胥黎提出主张，人类在作为"宇宙过程"而进化之外，还应当通过"伦理过程"组织社会，以对抗无情的"宇宙过程"。此时他引以为实现"伦理过程"之依据的，正是前文提及的、人类独有的"同感"性质。②

严复在按语中指出，赫胥黎此处的议论与《老子》中"天地不仁"等内容具有相同的道理，并称老子所谓的"不仁"并非通常道德意义上的"不仁"，而是一个超越了孰"仁"孰"不仁"的问题，因此不能以"仁"的标准进行讨论，换言之，自然现象是不能从道德的角度进行讨论的③。

此外，严复在《天演论》论"十六·群治"的按语中说："赫胥黎尝云：

---

① 严复：《天演论》，载《严复集》第 5 册，第 1369—1370 页。另，赫胥黎的原文中并没有与此处引文中的"理原于天"直接相应的部分，因此可能是严复出于宋学等传统的儒家思想而加入的。

② 以上赫胥黎的观点，参照 Paradis、James 的"解说"（《进化与伦理——赫胥黎的进化思想》，小林传司等译，东京产业图书 1995 年版，第 260—261 页）。

③ 严复：《天演论》，载《严复集》第 5 册，第 1370 页。

天有理而无善，此与周子所谓'诚无为'，陆子所称'性无善无恶'同意。荀子'性恶而善伪'之语，诚为过当，不知其善，安知其恶耶？至以善为伪，彼非真伪之伪，盖谓人为以别于性者而已，后儒攻之，失荀旨矣。"[①]以为"善恶"这种道德上的价值标准并非由人类与生俱来的性质而产生，不过是"人为"创造出来的而已（当然，这并不意味着可以"随意"创造）。

那么，在严复看来，道德上的价值判断标准又是如何确定的呢？在不久后的孟德斯鸠《论法的精神》中文译本《法意》（1904—1909）的按语中，严复以《庄子·齐物论》[②]为基础，称"言物论之本富，非是之生于彼此"，认为确定绝对的"正确"原本是不可能做到的，但是，"虽然，人生于群，是非固亦有定，盖其义必主于养生"，"居是世界，以人言人，不得不以此为程准也"[③]，他承认，既然"人处于社会之中"这一事实已定，对人类而言，是否有利于社会成员的"养生"（或者，有时是作为有机体的社会本身的"养生"）就成为了判断"正确"与否的标准。

当然，如果仅就严复此处的言论而言，这个标准极为模糊，但至少在他的理解中，人类是非善恶的标准（与"自然法则层面的理"相对，这已可称得上是"道德层面的理"）是在人类世界的内部独立确定，而这个世界是与物理世界有区别的。

通过上文对严复言论的考察，可以说其观点在某种意义上是与西周强调"物理"与"心理"的主张相合的。稍有不同的是在严复看来，相当于西周所说"心理"层面的东西并非由人类的"性"产出，而应当是在社会形成后，由"处于社会中的人"确立的（可以认为，在这一点上，西周的观点更接近赫胥黎的主张）。

但严复的"以格致诚正为治平根本"一说也存在问题，他所说的"格致"

① 严复：《天演论》，载《严复集》第 5 册，第 1395—1396 页。

② 由严复此处所发之议论可见，其对《齐物论》篇名的解释是"齐'物论'"。

③ 严复：《法意》按语，卷 19，台北：商务印书馆 1965 年版，第 2—3 页。亦可参见《严复集》第 4 册，第 988 页。

指的是包括自然科学在内的各学科领域，如何将其与"诚正""治平"等在原有的儒家语境中明显带有道德意义的词相结合是问题之所在。

正如《救亡决论》中所说，"格致之事，以道眼观一切物，物物平等，本无大小、久暂、贵贱善恶之殊"①，严复所谓的"格致"，从认识的角度说，即冷静观察事实，而将"善恶"等问题置之度外。在斯宾塞 The Study of Sociology（1873 年）一书的中译本《群学肄言》（1903 年）的自序中，严复称"二十年以往，不佞尝得其书而读之，见其中所以饬戒学者以诚意正心之不易，既已深切著明矣"②，强调斯宾塞此书阐明了人们是如何因为众多偏见，而不能正确把握社会现象的。此处严复所谓的"诚意""正心"，主要是为了"获得不持任何偏见而认识世界的能力"，可以认为，其中存在一种稍稍不同于儒家观念的"学术诚实"的意义。

如此一来，我们可以认为，严复所谓"以格致诚正为治平根本"仅描述了一种"思想准备"③，即为了实现"治国平天下"，必须具备有关自然、人、社会冷静而客观的知识。严复在《天演论》"导言十四·恕败"的按语中说：

> 晚近欧洲富强之效，识者皆归功于计学，计学者首于亚丹斯密氏者也。其中亦有最大公例焉，曰："大利所存，必其两益。损人利己非也，损己利人亦非；损下益上非也，损上益下亦非。"④

此外，严复在亚当·斯密《国富论》的中译本《原富》（1901—1902）的按语中又称："思盖未有不自损而能损人者，亦未有徒益人而无益于己者，此

---

① 严复：《救亡决论》，载《严复集》第 1 册，第 46 页。

② 严复：《译〈群学肄言〉自序》，载《严复集》第 1 册，第 123 页。

③ 当然，对严复而言，为了指出批评朱子学"物理"与"心理"相关联的思想、认识人类社会存在独特之理的必要性，强调这种"思想准备"非常重要。例如，严复在 1906 年的《政治讲义》一书中反复强调，要施行恰当的政治，去除价值判断的因素、准确了解与政治相关的"事实"是必要的前提。

④ 严复：《天演论》"导言十四·恕败"按语，载《严复集》第 5 册，第 1349 页。

人道绝大公例也。"①也就是说，如果要将自己的"利"最大化，则有必要在行动中兼顾"利己"与"利他"，若损害他人，自己也将同时遭受损害。这是一个具有划时代意义的法则。据严复的理解，第一次明确提出上述法则的是近代的经济学。在过去的儒家学说中，曾有"义利之辨"一说，"义"与"利"相互对立，区分严格，但其实按照经济学的知识，如果不采取合乎"义"的行动，就无法真正获得"利"。换言之，只有道德上正确的行为才能实现自我利益的最大化。按照严复的上述理解，只要理解经济学的法则，原本与其他动物同样具有利己性质的人类都应该能自发地做出符合道德的行为。反言之，违反道德的人无法在真正意义上成为利己者，"天下有浅夫，有昏子，而无真小人"②，存在不道德的人这一事实，最终被归结为知识水平的问题。

若以这样一条人类社会的"法则"（此在且不讨论该"法则"本身是否恰当）为前提，则严复所谓的"格致诚正"尽管基本上不出"知"的领域，但能够认识到上述"法则"的人，在自身"利己性"的推动下，必然会成为具备优秀道德的人。严复"以格致诚正为治平根本"的主张，至少在他自己的逻辑下，是涵盖了"知"与"德"的上述联系的。

如上所述，严复在理论层面认为，道德的基础是由人类的"利己性"所奠定的，并且除此以外不需要任何形式的、具有超然性质的存在。③那么，西周的道德论又如何呢？

在《人世三宝说》中，西周称"健康""知识""富有"是人世的"三宝"，追求其维持与发展正是道德的根本所在。④在此过程中，西周认为应当以自己不妨害他人的"三宝"、尽可能"推进"（原文为"进达"）他人的"三宝"为"例规"⑤。

---

① 严复：《原富》"部丁篇七论外属（亦译殖民地）"按语，台北：商务印书馆 1977 年版，第585—586 页。亦可参见《严复集》第 4 册，第 892—893 页。

② 严复：《原富》"部甲篇八释庸"按语，第 91 页。亦可参见《严复集》第 4 册，第 859 页。

③ 当然，这只是严复的理解，其主张正确与否另当别论。

④ 西周：《人世三宝说》，载《西周全集》第 1 卷，第 515 页。

⑤ 同上书，第 520 页。

而且，西周还说，"盖此德植根于人之性中，发乎蔼然之至情"①，认为人的"性"保证了实现"例规"的可能性。

西周此处谈及的"性"，应当也包含第三章曾提及的"为群之性"等在内，仅从他的观点看来，每一个个体对"三宝"的追求似乎都可以理所当然地实现，而不会相互冲突。②

例如，为表示具有利己性质的个人对"富有"的追求不与公益相冲突，西周举了如下事例："有杨朱者流之一老农，极主私利，朝夕勤劳，长己之富有，则如何。其毕生尽力培植之富有，纵不欲分与他人，其身死后，亦归于社交之一体。"③这里完全没有提及"老农"有可能危害他人"富有"的情况，在我们看来似乎欠缺一些说服力。

实际上，当西周仅将追求私利、具有利己性质的个人定义为"杨朱者流"的时候，"利己"就只剩下"不愿将利益给予他人"（按西周的说法是"不拔一毛以利天下"④）一种形式了，而忽略了"谋求自身利益时不惜损害他人利益"的可能。在其意识中，这位"老农"的"主私利"之程度，无非不愿将其"富有""分与他人"而已，并未设想到其可能倚仗"富有"，在村中旁若无人、为

---

① 西周：《人世三宝说》，载《西周全集》第 1 卷，第 522 页。

② 菅原光认为"仅从《人世三宝说》看，西周没有对私利间的冲突、私利与公益的龃龉做深刻考察"，并质疑"仅以《人世三宝说》解释西周的功利主义思想有失妥当"（菅原光：《西周的政治思想：规律·功利·信》，第 112 页），因此他也关注了西周译自 J.S. 穆勒 Utilitarianism（1863）的《利学》（1877 年）一书。在此基础上，菅原指出："以往的研究将西周的功利主义思想等同于'物质主义''简单主义'，理解为预定调和式的乐观论，而西周却将功利主义理解为完全理想性的思想，重新认识被西周视为'君子哲学'的功利主义，具有重大意义。"（菅原光：《西周的政治思想：规律·功利·信》，第 120 页。）菅原同时也称，应区分西周功利主义的两种相对的面相，即以《人世三宝说》为代表的"为'民'的功利主义"与以《利学》为代表的"为了尽力实现公益的'君子'之功利主义"。笔者认为这种主张本身并无不妥，但另一方面，西周在《人世三宝说》中曾说"此德植根于人之性中，发乎蔼然之至情"，似乎认为应以人类的"性"为根据实现社会秩序，这是一个留待解决的理论问题。

③ 西周：《人世三宝说》，载《西周全集》第 1 卷，第 532 页。

④ 同上书，第 530 页。

所欲为的情况。

西周这种乐观的设想，有可能源自其汉学教养中"利己主义者＝杨朱者流"的信念，是一种无意识的结果，但既然他以"为群之性"的存在为前提，那么，他也有可能认为，实际人数的多少暂且不论，这种"损害他人追逐私利"的人从"理论"角度看，属于非正常的例外，对于他们，应当依靠其他方法（如"刑罚"等）进行处理。

但无论如何，西周毕竟没有对"为己之性"的内容及其存在与否提出明确的认定标准，追逐私利时相互冲突、私利与公益发生矛盾的可能性问题依然存在，并没有得到解决。

在西周的观点中，某种意义上能够发挥弥补上述"不足"作用的是"信"（此处并非儒家道德所言的"信"，而是指对于超然性事物的信仰）的要素。

西周在《教门论》（1874 年）中对"信"做了阐述："人既知之，其理则为己之所有。若不能知，唯推其所知而信之耳。"①这就是说，他所谓的"信"，是指对于超出自身"知"的范围的事物，应在"推其所知"的基础上抱以信仰之心。同时，从其"匹夫匹妇且有信，况谓贤哲无信乎"②的言论可见，西周认为，对于超出"知"的范围的事物产生"唯推其所知而信之"的现象，所有人都是相同的。换言之，尽管"信"的对象从"小民"的"狐狸虫蛇"到"贤者"的"上帝主宰"形式多样，但每个人都不例外地将其所"信"的对象设定在自己"知"的边界之外。③在这个意义上，虽然西周没有断言此处所说的"信"完全植根于人"性"，但也相去不远，他至少将其视为人类共同具有之心理。

"知之大者其信亦高，知之深者其信亦必厚"④，尽管同样称为"信"，但由于各人"知"的水平不同，"信"的对象也是天差地别。"苟通万象之故，究心性之微，则以其知，推有主宰，足可信之矣。既信主宰之在，则知其命之不可违"⑤，西周认为，将"知"穷究至最高水平进行推测，应知世界存在某种

① 西周：《教门论》，载《西周全集》第 1 卷，第 493 页。
②⑤ 同上书，第 502 页。
③④ 同上书，第 501 页。

"主宰",其命不可违抗。

换言之,西周的观点即通过"知"来"扩充"人所共有的"信"之"端绪",以致最终确信,世界存在"主宰"(西周也使用了"天""上帝"等词),尽管无从得知其为何物,但"主宰"("天""上帝")之命(其中也应当包括道德规范)是不可以违背的。进而,只有达到这种"确信"程度的人,才可能在真正意义上完全遵守"主宰"之"命"。

此外,同样在《教门论》中,西周还批评了朱子学"天=理"的观点,"理自天所出""天犹国王,理犹诏敕法令"①,由此看来,他所谓的"主宰"("天""上帝")是与"理"相区别的最高级的神圣存在,至于其"命",则带有很浓厚的"命令"色彩。因此,按照西周的观点,"主宰"是"命"的根源,也是发布"命"的主体,了解"主宰"之"命"不可违并对其悉心遵守的前提是对"主宰"存在和价值的"信"。西周主张"信为众德之元,百行之本"②,也可以在上述范畴内进行理解。③

---

① 西周:《教门论》,载《西周全集》第 1 卷,第 505—506 页。

② 同上书,第 507 页。

③ 此处所论的"信"的问题,换作现代用语,即西周所说的"宗教"问题。菅原光认为,西周的宗教论是"完全寄希望于'知'的设想","其提出的方法是培育、发展'知'本身"(菅原光:《西周的政治思想:规律·功利·信》,第 180 页)。无疑,西周关于宗教的议论确实包含上述一面。但菅原认为,西周在《教门论》中回答"信奉上帝有何功德"这一提问时,"从问答关系上而言焦点出现了偏差",并没有"论及信奉'上帝'的功德","西周虽认为存在'一定不易之伦理纲常',但如若不信,则可能为'欲'和'情'所乱"(菅原光:《西周的政治思想:规律·功利·信》,第 172 页)。对此解释笔者稍感不妥。西周的原文为:"而今谓不可知而不信上帝,纵有一定不易之伦理纲常,平素行己,出半信半疑之间,为欲所挠,为情所揽,不能决然尊奉铭心之诏时,虽有几许上智相率,不为舜颜桀心、孔貌跖魂之徒乎?"(西周:《教门论》,载《西周全集》第 1 卷,第 507 页)从其中"不能尊奉铭心之诏时"的文字可见,西周在"不信上帝"与"不能完全实践伦理纲常"之间建立了一定逻辑关联。本文也曾提到,西周没有采信朱子学"天=理"的观点,而认为"理"是"天"的命令,不是"天"本身。因此,《教门论》中的这部分议论,应作如下理解:遵守"伦理纲常"是"上帝"之命,如果不信世界"主宰""上帝"的存在(或者说不信"伦理纲常"是"上帝"的"命令"),那么"伦理纲常"正确性的根据则不明,就无法确立必须遵守的信念。反言之,正因为存在对"上帝"的"信",才能一如既往地实践伦理纲常。笔者很难认同西周在此处"没有论及信奉'上帝'的功德"。

如此，在西周看来，要保证个人追逐私利的同时兼顾道德规范，最终必须依靠对"主宰"（"天""上帝"）的"信"来实现。①

六、结　语

日中两国的两位思想家——西周与严复——在思想史上的地位表面上存在类似性，本文由此出发，尝试对二者进行比较，但现阶段仍停留在极为有限的范围，且属于简单的"罗列"层次，有待研究的部分尚多。笔者利用此次机会，首次较为系统地阅读了西周的文章，但由于其论稿很多在内容上处于未完成的状态，追寻其思想痕迹时笔者感受到极大困难。再者，无论是西周还是严复，其言论的相当部分都非原创，而是对西方种种学说的复写。本文未能追溯至他们思想的"起源"而进行详细的比较研究，相关问题应留作今后的一大课题。

另，在上述一般问题以外，还存在与本文相关、今后有兴趣进行考察的两点问题。第一，关于西周对"理"的看法问题。其认为"理＝相关性"，而据宋学与徂徕学的理解，"理"是事物内部的实体，西周的理解已超越了这二者，因此有人对其创新性做出了评价。②其实在这一意义上，严复的观点与西周类似。比如，在1905年《阳明先生集要三种》的序中，严复认为"理"出现在复数的事物中（并举例说，当水流撞击石头发出声音时，在水与石中寻求声音

① 西周在认识"天"时强烈主张这种具有"主宰"的含义，这种认识在儒家相关"天"的思想流程中处于何种位置，是一个有意思的论题。另，持斯宾塞"不可知论"立场的严复认为世界的"主宰"是"不可思议"（严复：《天演论》"论十·佛法"按语，载《严复集》第5册，第1380页）的，对于这一对象，甚至连西周所说的"推其所知"都无法实现。"固无从学，即学之亦千人事殆无涉也"（严复："《穆勒名学》按语"，载《严复集》第4册，第1036页），严复对超过思考界限的"不可知"领域的讨论并不积极。

② 井上厚史：《西周与儒教思想——以"理"的解释为中心》，第169页。

毫无意义），必须从两者的关联中进行确认。①严复这种观点与西周有何异同值得今后进一步探讨。

第二，本次阅读对西周文章中的一个观点印象深刻，即他强调"理"必须由"人"所认识才具有实际意义。《西周全集》中有一篇题为"开题门"的文章，据推测是其在 1862—1865 年间的作品。其中的"附录五"部分，认为"理"是确立"学"的"四元"之一，"物有天则，示象于吾人之灵慧谓之理"②。此外，大约完成于 1887—1889 年间的《理字说》中写道："盖理者虚体也，其气禀性质一定，故与事物相应之际而现，其关系唯人心可察。"③西周不仅认为"理"在很多情况下自身体现出"相关性"，还对其与认识"理"的人之间的关系进行了讨论。前文引用过的《教门论》认为，"理"的产生源于具有超然性的"天"的命令，再考虑到西周强调作为自然现象之"理"的"物理"与人类独有之"理"的"心理"之间的区别，可以确定，他认为"天"不仅赋予人认识"理"的独特能力，甚至还赋予人们"特别之理（即心理）"④。西周在这种观点的背景下如何看待"人"在世界中的位置，其与儒家"天、地、人"的观念有何关系，也是有意义的问题。

原载孙江主编：《亚洲概念史研究》第 3 卷，商务印书馆 2018 年版

---

① 严复：《〈阳明先生集要三种〉序》，载《严复集》第 2 册，第 238 页。

② 西周：《开题门》，载《西周全集》第 1 卷，第 23 页。

③ 西周：《理字说》，载《西周全集》第 1 卷，第 600 页。

④ 西周在《论学问在于深究渊源》（1877 年）中，吐露了阅读斯宾塞《心理学原理》后的感想（西周：《论学问在于深究渊源》，载《西周全集》第 1 卷，第 568—573 页）。由此可见，他无疑知道斯宾塞的学说。另外，从时间上推测，他也应当对进化论的情况具有相当的掌握。尽管如此，西周却没有热情接受进化论思想，这可能与他将"人"视为某种具有"特权"的物种有关。

清代后期西学东渐的内在"错位"探析

李跃红

云南民族大学文学与传媒学院

作为清代后期至民国初期社会文化基本色调的一种概括,"西学东渐"一词早已为人们所熟知,研究甚伙,但仍有细致分析和深入探讨的必要。"西学东渐"之"渐"字,不仅生动表明西学传入为一过程,而且令人感觉富有弹性,可以容纳多样含义。事实上,清代后期发生的西学东渐,便含有西学的客观"东来"和对其主观的"吸纳"不同方面,如果说这是所有外来文化的进入所共有的要素的话,那么,西学东渐则特别呈现出二者间十分明显的"错位",从而使文化交汇中原本应该融为一体的两个方面分裂开来。这个以往研究所没有充分注意到的现象表现为怎样的形态?又因为怎样的缘故?其中蕴含着怎样的意义呢?本文将就这些问题展开探讨,以期对近现代中西文化交汇有更为深入的认识。

一、 西学东渐阶段主要划分模式及新的观点

尽管各种具体划分存在粗细详略的差异,但晚清西学东渐过程可以划分为不同阶段已是学界共识,不仅如此,关于西学东渐过程的走向特征,以往的看法也颇为一致。这首先集中体现于晚清和民国时人的看法中。变法之时便有论曰:"变夷之议,始于言技,继之以言政,益之以言教,而君臣父子夫妇之纲,

荡然尽矣。"①梁启超亦道："海禁既开，所谓'西学'者逐渐输入；始则工艺，次政制。"②20 世纪三十年代周予同的划分以及评价与之相近："清道光以后，西洋列强所以侵凌中国的，又只是鸦片、商器与炮舰，文化的风气非常薄弱。所以当时士大夫的反应也只是军舰、兵械的模仿。"③陈独秀于 1916 年发表的《吾人最后之觉悟》一文，将明中叶以降中西文化冲突过程分为七期，其中清代后期至民国初期部分，划为"提倡西洋制械练兵之术""行政制度问题""政治根本问题"和"伦理的觉悟"即文化革命问题等阶段。④而胪陈最为明确具体的是梁漱溟。他在 1921 年出版的《东西文化及其哲学》中，详尽回顾西学东渐的递进过程，即：器物→技艺→制度→政体→文化→人生。⑤

以上晚清至民国对于西学东渐过程和走向的阶段划分，也影响到今人的看法。李泽厚便取此而简要概括道，西学东渐经历了三个时期或阶段，"即洋务运动—戊戌、辛亥—'五四'三个时期"，也就是"科技—政治—文化三个阶段"。⑥还有循此而举例证明者称，第一次鸦片战争后魏源提出"师夷长技以制夷"，主张学习西方器物、技艺⑦；第二次鸦片战争后冯桂芬作《校邠庐抗议》，

---

①　曾廉：《上杜先生书》，《蠹庵集·卷十三》。转引自阳信生：《曾廉的生平与思想》（《中南大学学报》2003 年第 6 期）。

②　梁启超：《清代学术概论》，中国人民大学出版社 2004 年版，第 194 页。在其 6 年后出版的《中国近三百年学术史》中，作者表达了类似看法。参见梁启超著《饮冰室合集（10）·专集之七十五》，中华书局 1989 年版，第 26—27 页。

③　周予同：《"汉学"与"宋学"》，李绍强主编：《儒家学派研究》，中华书局 2003 年版，第 7 页。

④　任建树、张统模、吴信忠编：《陈独秀著作选》（第一卷），上海人民出版社 1993 年版，第 176—179 页。

⑤　参见梁漱溟：《东西文化及其哲学》，上海人民出版社 2006 年版，第 13—15 页。所谓"制度"，乃指工商、教育等具体制度。如曾国藩接受容闳建议，设立制造局，派遣留美幼童等（参见容闳《西学东渐记》，湖南人民出版社 1981 年版，第 86 页，第 91—95 页），以及康梁变法中的许多具体措施等。

⑥　李泽厚：《中国现代思想史论》，东方出版社 1987 年版，第 312 页。

⑦　魏源在《海国图志》卷二《筹海篇》明确道："夷之长技三，一战舰，二火器，三养兵练兵之法。"而后据此提出设置造船厂、火器局和水师科等具体建议。其惟重西器西技观点明确昭彰。

提出"采西学议"；王韬、郑观应提出效法西方议员制度；容闳提出派送留学生，严复翻译《天演论》，谭嗣同撰写《仁学》，梁启超作《新民说》，康梁变法，辛亥革命，又标志西学东来进入政体—文化层面①；五四新文化运动则达致文化—人生的深度。②也有研究中国近现代基督教的著作，将 1840 年以来的中国社会进程归为一连串"对西方的回应"，包括：自强运动，百日维新，义和团，宪法运动，辛亥革命和心理建设。③冯友兰在此几种要素之间加了个西方"宗教"，将西学东渐内容顺序归纳为"师其武器""师其宗教""师其经济""师其政治""师其文化"五种。看似与上述西学东渐过程的一般看法有所不同，但所谓"师其宗教"，实际是指"太平天国的神权政治"，与西教士所传基督教思想有本质不同。故其所见实际上与上述通常看法一致。④至 20 世纪末有学者提出与上不同的顺序排列之后，有关西学东渐的文章仍大都按此主流排序展开论述。

1994 年出版的熊月之所著 64 万字的《西学东渐与晚清社会》一书，提出与上不同的西学东渐阶段划分，并进行了集中论证。书中明确道："马礼逊是揭开新一轮西学东渐序幕的第一人。"⑤作者将晚清西学东渐分为 4 个阶段，并将"马礼逊在广州出版第一本中文西书"的 1811 年至 1842 年作为第一阶段。在此期间，马礼逊等传教士共出版中文书籍和刊物 138 种，"属于《圣经》、圣诗、辨道、宗教人物传记、宗教历史等内容的，有 106 种，占 76％；属于世界历史、地理、政治、经济方面内容的，32 种，占 24％"⑥。而在该书所划出的西学东渐第二阶段——1843 年至 1860 年间，6 个开埠城市出版的 434 种西书中，"纯属宗教宣传品的有 329 种，占 75.8％；属于天文、地理、数学、医学、

① 在梁启超 1902—1906 年间发表"新民说"系列文章之前，他便在 1897 年辑成《西政丛书》共计 32 种。此正好显明西学东渐的"政体—文化"阶段。
② 参见谢俊美：《〈醒狮丛书〉总序》，张之洞《劝学篇》，李忠兴评注，中州古籍出版社 1998 年版，第 3 页。
③ 吴利明：《基督教与中国社会变迁》，香港：基督教文艺出版社 1981 年版，第 2 页。
④ 冯友兰：《中国哲学史新编》（第六册），人民出版社 1989 年版，第 8、97—98 页。
⑤ 熊月之：《西学东渐与晚清社会》，上海人民出版社 1994 年版，第 93 页。
⑥ 同上书，第 104 页。

历史、经济等方面的有 105 种，占 24.2％"①。

宗教与历史方面的内容，无疑属于人文学科，这也就是说，清代后期西学东来的第一乃至第二阶段当属"文化—人生"阶段，这显然与上述西学吸纳过程的分期不同。不仅如此，以马礼逊等为代表的西教士不仅带来属于西学的内容，而且开创了整个晚清西学东渐的基本模式和途径。他们以圣经翻译为中心②，编撰了最早的汉英英汉字典，撰写最早的汉语现代语法书③，创办中国最早的现代中文报刊④，以及现代学校、诊所医院、出版机构和印刷厂等。这些也都是直至清末民初西学东渐的基本内容。

二、 西学东来"宗教性"的内涵

上述关于西学东渐过程说明或阶段划分的两种模式，究其实质，一个是着

---

① 熊月之：《晚清西学东渐史概论》，《上海社会科学院学术季刊》1995 年第 1 期。

② 1625 年在西安出土的《大秦景教流行中国碑》表明，早在唐代基督教聂斯托利派传入中国时，便已开始中文圣经的翻译。而对后来圣经翻译产生影响的则是天主教传教士白日升（Jean Basset）大约于 1700 年据拉丁文"武加大译本"圣经翻译的《四史攸编耶稣基利斯督福音之会编》，包括"四福音书""使徒行传""保罗书信"和"希伯来书"中的一章。而最早的圣经全本中文译本，则为马士曼（Joshua Marshman）和马礼逊分别在印度和中国翻译出版中文圣经。马士曼的翻译应该开始更早，但似乎是马礼逊最先完成《新约》翻译（参见［英］伟列亚力：《1867 年以前来华基督教传教士列传及著作目录》，倪文君译，广西师范大学出版社 2010 年版，第 9、13 页），而且译文更好。（参见赖德烈：《基督教在华传教史》，雷立柏等译，香港：道风书社 2009 年版，第 179 页，第 181 页；赵晓阳：《马士曼圣经汉文全译本的文化意义》，《中国宗教》2009 年第 12 期）。

③ 马士曼所作的《中国言法》于 1814 年问世，而马礼逊的《通用汉言之法》则晚一年出版。但是后者"写作时间可能要更早一点"，而且"更为实用和简便"。（顾钧：《英语世界最早的中文语法书》，《中华读书报》2012 年 2 月 1 日）这些著作较之《马氏文通》早了 80 多年。马礼逊还著有《广东省土话字汇》。

④ 其中包括《察世俗每月统记传》《特选撮要每月纪传》《天下新闻》《东西洋考每月统记传》《各国消息》等（参见赵晓兰：《19 世纪传教士中文报刊的历史演变及其近代化进程》，《世界宗教研究》2008 年第 1 期）。

眼于对西学的主观吸纳，一个是着眼于西学的客观东来。传统的并占主要地位的观点，即把西学东渐过程概括为由器物—技艺而制度—政体，继而文化—人生的看法，实际上是李泽厚所说的"向西方学习"的过程。梁启超以中国人"知不足"的主观态度的变化来划分西学东渐的不同时期阶段，便清楚地表明了这一点："第一期，先从器物上感觉不足。这种感觉，从鸦片战争后渐渐发动。""第二期，是从制度上感觉不足。……第三期，便是从文化根本上感觉不足。"[①]固然，无吸纳便无真正的"东渐"，但是没有西学东来则无从吸纳。两面一体，原本应该同步，但18世纪的西学东渐却形成"东来"与"吸纳"之间十分明显的脱节和错位。梁启超在介绍康有为游学经历时所言"其时西学初输中国，举国学者，莫或过问"[②]，便表明了西学东来与国人关注之间的差异。用富有弹性之"渐"字来描述晚清西学入华状况，也许本身便已感受到其时西学"东来"与"吸纳"的分离与错位，甚或因此，"西学东渐"一词才令人觉得传神并流行开来。

谈到清代后期西学东来，人或想到1793年英国特使乔治·马戛尔尼率团携工艺器物及贸易惯例等当时西方文明成果访华，以求开埠通商。但此次结果却是来而又去，不仅没有进入中国，反而招致清廷对于西物西学的蔑视与拒斥，从而强化了闭关锁国政策，并对19世纪中国产生严重影响。清代后期西学的真正东来，始于马礼逊等传教士所带来并且住留中国的西学内容，尽管在1842年以前基本处于小规模的和静默的状态。要言之，在西学东渐的实际过程中，便存在西学"东来"与"吸纳"之间严重脱节现象，而这又影响到人们对于西学东渐过程和走向的理解。需要指出的是，单以对西学"吸纳"的立场看待认识西学东渐，不单是略去了1807—1842年西学东来的第一阶段，而且摒弃了作为西学组成部分的西教，忽略了晚清西学东来富有宗教性的主要推动力量和内容特色。

---

① 梁启超：《饮冰室合集·文集之三十九》，中华书局1989年版，第43—44页。

② 梁启超：《南海康先生传》，《康有为全集》（第十二集），中国人民大学出版社2007年版，第424页。

清代后期西学东来在推动力量上的宗教性，乃指西学输入的主要管道为西方基督新教传教士。他们是西学东渐的先锋，也是清代后期乃至民国初年西学东来（当然还有中学西译）的主力。但在相当一段时期里，这些却鲜见于国内相关研究和论述中。便如熊月之所言："传教士在晚清西学东渐中，担当了相当重要的角色，大部分时间里是主角"，但是"传统的做法"却是"回避"，"在述及某些西学输入时，只提李善兰、徐寿、华蘅芳等中国译员的贡献与成就，闭口不提伟烈亚力、傅兰雅等传教士的努力。"①如今这一史实已然得到关注，这里不再赘言。

清代后期东来西学在内容特色上的宗教性，乃指当时输入的西学都或隐或显或直接或间接地含有宗教的目的和内容，这与上一点是相关联的。宗教传播乃是传教士输入西学的根本目的和重要方面，甚或为其输入的唯一内容（比如英国传教士戴德生及其创立的宣教机构"中国内地会"）。②即使是注重科学、政治、法律等一般西学输入的传教士，不仅也常将传扬宗教、建立教会、创办圣经学校等作为其工作的重要内容，而且将宣传宗教作为输入其他西学的终极目的，虽然这目的可能是潜在的。对于这一点，以往相关论述也并非没有看到，但只是批判否定。简单化的处理使得相关研究未能有效展开。清代后期东来西学的宗教性还有一个方面，那便是其中宗教内容所产生的一定影响。比如，王治心在 1940 出版的中国"第一部也是影响最大的中国基督教通史或全史著作"③。《中国基督教史纲》便认为，"民治主义本是基督教的产物，基督教带来了这颗种子，下种在中国的文化田里，使中国固有的阶级制度与传统思想发生了莫大的影响，是无可否认的事实。至于科学，虽不是基督教的东西，

---

① 熊月之：《西学东渐与晚清社会》，第 22 页。

② 戴德生在来华之前曾专门学习医疗知识并在中国开过诊所，但这完全是作为传教的工具和手段。戴德生学习医学的决定，也是受麦都思的《中国——它的现状和展望》（*China：Its State and Prospects*）一书中，"强调以医疗传道的重要"的影响。（《献身中华——戴德生自传》，陆中石译，人民日报出版社 2004 年版，第 24 页）。

③ 徐以骅：《教会史学家王治心与他的〈中国基督教史纲〉》，王治心：《中国基督教史纲》，上海古籍出版社 2004 年版，第 1 页。

而基督教却负了介绍的责任……新文化运动可以说是一部分的表现，他如新生活运动、国民革命的成分里，都有这面酵的作用"①。

那么，西教士输入宗教以外其他西学，又是因着怎样的目的并采用怎样的方式呢？

三、 西学东来"宗教性"的方式及其原因

传教士来华的初衷和根本目的是传教，而其对于西教以外的西学输入，又因此而有"被动"与"主动"之分。所谓"被动"，又有"自然""自觉"之别。这里的"自然"是指西教士来华所"随身携带"的西学"成果"。蒋梦麟在其"有点像自传，有点像回忆录，也有点像近代史"②的《西潮》中通俗地记道：

> 基督教传教士曾在无意中把外国货品介绍到中国内地。传教士们不顾艰难险阻，瘴疠瘟疫，甚至生命危险，遍历穷乡僻壤，去拯救不相信上帝的中国人的灵魂。他们足迹所至，随身携带的煤油、洋布、钟表、肥皂等等也就到了内地。一般老百姓似乎对这些东西比对福音更感兴趣。这些舶来品开拓了中国老百姓的眼界，同时也激起了国人对物质文明的向往。传教士原来的目的是传布耶稣基督的福音，结果却无意中为洋货开拓了市场。
>
> 我不是说传教士应对中国现代商业的成长负主要责任，但是他们至少在这方面担任了一个角色，而且是重要的一角，因为他们深入到中国内地的每一个角落。主角自然还是西方列强的商船和兵舰。基督教传教士加上

---

① 王治心：《中国基督教史纲》，第2页。

② 蒋梦麟：《西潮·新潮》，岳麓书社2000年版，第15页。

兵舰，终于逼使文弱的、以农为本的古老中国步上现代工商业的道路。①

这种"随身携带"当存在于所有东来西人，但能将其有效带到中国地域深处的，便只有以宣教为目的的传教士了。

所谓"被动"输入西学中的"自觉"，是指西教士在传教受阻情况下，借用西方工业产品和技艺作为推动传教的手段。比如，马礼逊怀着宣教热情来华不久，便向伦敦传道会提出，差派几个学习医学、天文学和钟表制造（尤其是船只的时计方面）的传教士来华，因为他们"容易被广州的中国人忽略而放行"。马礼逊接着道："这些人的本分是要把上帝荣耀的福音宣之于世，而我却把这些事加在他们身上，不免有背离正道的感觉。我们走在一条窄路上。这里有是否偏离了对上帝作恰当信靠的问题……如果他发现制造钟表可能方便他达到目标，我想他也是会以制表为业的。"②马礼逊的内心纠结颇富代表性，它表明当时许多传教士在输入西教以外的西学时的被动甚至无奈。

西教士所办中国历史上首份近代中文报刊《察世俗每月统记传》的主编米怜的理念与马礼逊基本一致。他在论述办刊设想时道："其首要目标是宣传基督教"，其他内容则"被置于基督教的从属之下"，为传教服务的。他甚至沿袭中世纪经院哲学的哲学是神学婢女的理念，认为"知识和科学是宗教的婢女，而且也会成为美德的辅助者。"因此"应将传播一般知识与宗教、道德知识结合起来；……以期启迪思考与激发兴趣"③。将科学视为宗教婢女，显然不符合现代观念，但却与传教士的职分一致。西教士"被动"输入西学现象通贯于整个晚清。晚清宣教后来形成的"戴德生模式"，便是严格将医疗与教育等西

① 蒋梦麟：《西潮·新潮》，第43—44页。

② ［英］马礼逊夫人艾思庄编：《马礼逊回忆录——他的生平与事工》，邓肇明译，香港：基督教文艺出版社2008年版，第96页。

③ ［英］米怜：《新教在华传教前十年回顾》，北京外国语大学中国海外汉学研究中心翻译组译，大象出版社2008年版，第72页。

学内容当作传教的工具。便如基督教史家所言，戴德生创立的内地会"没有给予学校工作太多的重视"。虽然"该会进行了一些医疗方面的工作"①，但戴德生明确道："我们应相信一切人为的事，以及一切在基督丰盛恩典以外的事，必须能帮助我们领人归主，才有益处。如果我们的医疗工作可以吸引人到我们这里来，让我们把他们呈献在基督面前，那么，这医疗工作就有益处。但医疗工作若取代了传讲福音，便犯了极大的错误。我们若以学校或教育代替了改变人心的属灵能力，也是极大的错误。"②

"自然"地"随身携带"也好，"自觉"地当作婢女和工具也好，总之是表现出西教士引入现代科技等西学的被动性。但无论怎样，西教以外西学的输入却愈益扩大。这在传教士所办的早期报刊中即有明显表现。1815 年 8 月创办的《察世俗每月统记传》"以阐发基督教义为唯一急务"，有关现代科学等方面内容仅占大约 11.9% 的篇幅。③而至 1833 年西教士创办的第四份中文报刊《东西洋考每月统记传》，介绍宗教以外的科学文化等内容有了极大幅度的增加，尽管该刊输入西学仍是以宣教为鹄的。

所谓"主动"输入西教以外的西学内容，乃指西教士积极主动地推行西方现代文明，并将其作为西教传播的内容之一。晚清传教活动中与"戴德生模式"形成对比的"李提摩太模式"为其集中表现，其成员包括李提摩太、林乐知、丁韪良、傅兰雅和李佳白等西教士。他们由直接布道转而鼓吹西学甚至主张变革，固然也有传教手段策略考量因素，但同时也有神学理念的原因。以李提摩太为例，其神学思想中含有普遍"神国"观念，即"上帝之国"不只是有属灵含义，而且有物质内容，包括自然与社会。就自然而言，李提摩太认为上帝创造的自然蕴含着上帝制定的法则，上帝将大自然的奥秘昭示于人，将科学赐予人。因此，人若拒绝上帝因着慈爱而赐给人的自然科学启示，就等于犯

---

① 赖德烈：《基督教在华传教史》，雷立柏等译，香港：道风书社 2009 年版，第 330 页。

② ［英］史蒂亚：《挚爱中华——戴德生传》，梁元生译，香港：福音证主协会 1990 年版，第 310 页。

③ 赵晓兰、吴潮：《传教士中文报刊史》，复旦大学出版社 2011 年版，第 48 页。

罪，而"那些尽力改善这世界的人，配得将来永远的祝福"①。他明确道："我坚持认为，应当付出跟从事宗教事务同样多的努力去研究自然科学，因为自然科学处理的是上帝制订的法律。"他在给传教士协会的信中建议，"把基督教文明的真正原理传授给中国民众，包括医学、化学和矿物学、历史"②。

就社会而言，李提摩太认为，上帝之国"不只建在人心里，也建在世上的一切机构里，为使人现在或将来得到救恩，包括身体和灵魂"③。他强调福音的社会功能，主张基督教回应社会需求，促进社会发展。华北大旱赈灾的经历使他真切认为，"当人饥饿得要死的时候……食物是他的所需，其他都是次要的。所以于宗教，问题是我们要做什么（饥饿的人）才能获得救赎"④。在他看来，"上帝之国"就是公义之国。正是为建立这样的国度，耶稣命令门徒去宣道，而我们也每天祷告说："愿你的国降临。"基督教所要建立的就是以耶稣基督为奠基者的公义国度，使个人与国家都得到重生。他真实地记录了自己的这一心路历程，他在回忆录中写道，在经历了山西大灾荒之后，他开始思考灾难与贫困的原因。根据圣经和基督教教义，他得出的结论是，"对中国文明而言，西方文明的优越性在于它热衷于在自然中探讨上帝的工作方式，并利用自然规律为人类服务。这就是在遵守上帝给予亚当的指令，去支配世间万事万物。在利用科学规律满足人类需要的过程中，西方文明做出了许多奇迹一样的发明创造"⑤。而西方文明，包括教民、养民、新民、安民诸成就，皆本基督教之故，李提摩太在《〈泰西新史揽要〉译本序》中道："凡虔心诚敬帝天者，必群会于教堂，专讲修心救世之法，深冀今世功德圆满，无愧影衾。"⑥

---

① Timothy Richard. *Christian Missions in Asia*. Conversion by the Million in China：Being Biographies and Articles Vol.1，Shanghai：Christian Literature Society，1907.

② ［英］李提摩太：《亲历晚清四十五年——李提摩太在华回忆录》，李宪堂、侯林莉译，天津人民出版社 2005 年版，第 104 页。

③ 吴梓明、吴小新主编：《基督教与中国社会文化：第一届国际年轻学者研讨会论文集》，香港：中文大学崇基学院 2003 年版，第 13 页。

④ 同上书，第 280 页。

⑤ 朱维铮主编：《万国公报文选》，李天纲编校，生活·读书·新知三联书店 1998 年版，第 136 页。

⑥ 朱维铮主编：《万国公报文选》，第 564 页。

积极主动输入西学的西教士相信，真正的救赎应该包括灵魂与肉体两个方面，便如李提摩太所说："我们的主教导我们物质与灵性并不是敌对的，而是同样地得到祝福……我们的主教导他的使徒去为日用的饮食祈祷，同时要先求她的国，这些东西都会加给我们。那么，世俗的祝福是包括在当中的了。"①对他们而言，基督教福音从根本上说就是"体天心"而"有益于世之人"，因而应该有益于社会，有益于民生；注重灵命也注重理性，拯救灵魂也拯救身体。救赎的意义不只在彼岸，也在当下人类实存境况当中。柯文的概括颇为准当："李提摩太认为上帝对全世界的统治就是进步，这即是说，承认进步便应自动地导致承认上帝。"②据此，用基督教文化改革中国社会已不只是一种手段和策略，它同时也是基督教传播的结果和目的。因而李提摩太等热衷于从官绅阶层和上流社会入手，努力传播西学，致力改良文化，积极从事赈灾、医疗、教育、出版等活动。正是依据这样的神学理念，李提摩太称基督新教称为"救世教"，并将其视为最高宗教。他在《救世教益》中道："今救世教中教士再三苦口陈言，欲中国变通古学，新益求新，不落他国之后。……至于今教士已作之事，正如苗之始萌。"并举例称，上海翻译局、北京同文馆所翻译出版的数学、科学、法律和政治等方面著作，极大多数出自教士所为，而致力于西学东渐的中国人，也多"自教堂中出"③。

李提摩太等源自近代科学理性和人文主义的普遍"神国"观等神学思想，直接促使"李提摩太模式"的形成，即强调宣教活动的人道主义目标，在输入西教同时，注重输入其他西学，用基督教思想及其文明成果影响中国上流社会，从而改变中国的现实与文化，如政治、教育、思想等，在使中国获得现代文明"祝福"的同时，形成一个适宜于基督教扎根、生长的土壤，最终使基督

---

① 吴梓明、吴小新主编：《基督教与中国社会文化：第一届国际年轻学者研讨会论文集》，第183页。

② ［美］费正清等编：《剑桥中国晚清史》（上卷），中国社会科学院历史研究所编译室译，中国社会科学出版社1985年版，第588—589页。

③ 张星烺：《欧化东渐史》，商务印书馆2000年版，第121页。

教能够在中国各阶层广泛而有效地传播和发展。

无论"被动""主动",西教士们因着宣教目的、神学理解和处境情势的需要,愈来愈多地在传播新教的同时输入西教以外其他西学内容,即自然科学、社会科学与人文学科等,形成了晚清时期西学东渐浪潮。张星烺在 1934 年出版的《欧化东渐史》中据史言道:"翻译新书,灌输新知识及各省设立教会学校,自小学、中学,以至大学。使中国中上社会子弟,受新教育。在本国有相当预备,得往外国大学或研究院再得高深教育。新教徒之功尤伟也。"[①]在传教士这里,输入西教与输入其他西学是相辅相成,一体两面,两面一体的。由此,我们便看到一个与西学"吸纳"过程顺序不同的西学"东来"的过程顺序,即不是器物、技艺等为先,文化、人生等为末,而是文化、人生等内容在先,尽管这些内容取表现为宗教的形态。但是,西学"吸纳"过程却是由"器"而"技"而"政"而"文"的过程。

四、 西学"吸纳"的宗教过滤性原因探寻

清代后期西学"东来"与"吸纳"过程脱节错位,原因在于后者对于西教内容的"过滤":或视而不见,或加以拒斥。究其原因,既有外在情势因素,也有内在心理因素。

1. 就外在情势而言,众所周知,自 1840 年始,中国开始进入李鸿章所言"数千年未有之大变局"[②]。如今我们知道,这是一个遍及物质与精神、制度与

---

① 张星烺:《欧化东渐史》,第 30 页。

② 李鸿章:《复议制造轮船未可裁撤折》(同治十一年五月)。李鸿章曾多次在奏折中使用类似"变局"说。如梁启超便在其《李鸿章传》第六章中,便引用了李鸿章在光绪元年(1875 年)所上奏折《因台湾事变筹划海防折》中"数千年未有之变局"语。此说一出,广为流行。比如严复便曾道:"呜呼!观今日之世变,盖自秦以来未有若斯之亟待也。"(严复:《论世变之亟》,胡伟希选注《论世变之亟——严复集》,辽宁人民出版社 1994 年版,第 1 页)

习俗、国体与文化的"大变局"，但在当时，人们先只看到引发变局的坚船利炮，继而看到其中的生产器具和技艺，继而又看到培植技艺的科学与形成生产的制度，又继而才看到国体与文化变革的意义……而伴随并推动这一过程的是愈演愈烈的"变局"。上述吸纳西学的过程，正是为了应对这不断恶化的"变局"。而在此过程当中，西教并未显示出实用性，因此，尽管有西教士努力证明现代科技和制度等西学西政成就便是西教信仰结果，西教有益于中国发展等，便如林乐知所言："西方之政原于教，西方之教本于爱，新旧二约详哉言之。论政而原于教，论教而推暨于人，论报而悉衷于道，论西方而专注于东方"①，但是，中国士宦却将原本也在西学之属，并由西教士努力与其他西学捏为一体的西教，从西学中滤出并弃置。

以晚清首批吸纳西学的成果来说，"魏源的《海国图志》中的一些内容就是摘自《东西洋考每月统记传》。此外，美国传教士雅裨理曾将包括《东西洋考每月统记传》在内的一些资料在徐继畬编撰《瀛寰志略》之前赠送给他"②。不错，《东西洋考每月统记传》较之前的《察世俗每月统记传》等有了很大变化，但并非没有西教内容，不仅如此，内中"文笔较好的文章是关于文学、宗教和哲学方面的"③，但却没有引起中国人的注意。美国新教传教士裨治文用中文所作《美理哥合省国志略》的遭遇也是如此。该书主要叙述美国的自然地理、人文历史、社会制度、政府部门、各种行业及法律、教育等各方面情况，同时也"自然用了大量笔墨来谈论宗教与道德"。④不仅如此，"在该书第一卷《觅新土》中，裨治文首先描述了一幅基督教关于人类文明起源的图景"。⑤"在裨治文看来，在所有的西方国家中，唯有美国在宗教信仰和政治制度上提

① ［美］林乐知：《重回华海仍主公报因献刍言》，《万国公报》卷122，台北：华文书局1968年版，第18388页。

② ［美］雷孜智：《千禧年的感召——美国第一位来华新教传教士裨治文传》，尹文娟译，广西师范大学出版社2008年版，第124页。

③ 黄见德：《西方哲学东渐史》上册，人民出版社2006年版，第122页。

④ 同上书，第131页。

⑤ 同上书，第128页。

供了体现基督教文明的最完美的范例。"①作为第一部介绍美国的中文著作，"裨治文的《美理哥合省国志略》一出版便成为中国第一批迫于现实放眼看世界的士大夫和官员了解西方的国土、风俗与思想的主要资源"②，"成为中国知识分子了解美国最主要、最可靠的资料"③。中国晚清最早探讨西方的著作中，有关美国的内容大都取自该书，便如裨治文于 1862 年在该书重刻版中所说："海内诸君，谬加许可，如《海国图志》、《瀛寰志略》及《大地全图》等书，均蒙采入。又有日本人以其国语译之。……予又迁居沪上，索书者踵接于门"④。但是，其中的宗教内容却同样被弃置或拒斥。张之洞在《劝学篇·阅报》中道："中国自林文忠公督广时，始求得外国新闻纸而读之，遂知洋情，以后更无有继之者。"⑤这里表明，即使注重西学西报的洋务派重要人物张之洞，也无视 1840 年前传教士所办报刊。

魏源之后，冯桂芬由"制洋器"而主张较为全面地采西学、行变法，但同时提出"以中国之伦常名教为原本，辅以诸国富强之术"⑥，以"本""术"论而肇始晚清仕宦吸纳西学的"中体西用"框架和底线。而其中以"中学"为"体"，已非外在情势所能诠解的了，它涉及当时国人的内在心理。

2. 就内在心理而言，清代后期西学"东来"与"吸纳"的错位，乃与当时国人以儒道释为主体的世界观人生观系统密切相关。与魏源同时开始注意西学的梁廷枏，在其所著《海国四说》中，讲论美国的《合省国说》来自裨治文的《美理哥合省国志略》，甚至题目"合省国说"都是"仍其今称"（即"合省国志"）⑦，但是，在其列为《海国四说》首篇的《耶稣教难入中国说》中，梁

① 黄见德：《西方哲学东渐史》上册，第 125—126 页。
② 同上书，第 133 页。
③ 同上书，第 114 页。
④ 同上书，第 114—115 页。
⑤ 苑书义、孙华峰、李秉新主编：《张之洞全集》第十二册，河北人民出版社 1998 年版，第 9745 页。
⑥ （清）冯桂芬：《校邠庐抗议》，戴扬本评注，中州古籍出版社 1998 年版，第 211 页。
⑦ （清）梁廷枏：《海国四说》，中华书局 1993 年版，第 52 页。

廷枏却反裨治文之作而行之，彻底否定了基督宗教。他称西教士"四布徒众，递为劝引，往往不遗余力。……先之以言，不入则资之以利，不入则竟劫之以威"①。书中以儒、释而况耶教曰："总而论之，其所云天堂地狱，而与释氏同宗。其福善祸淫之说，即儒家作善降祥，不善降殃之理，亦即后儒天堂无则已，有则君子登；地狱无则已，有则小人人之意。""按天堂地狱之说，似与佛氏六道轮回之旨不谋而合。""其传教之心迹，仍与释氏小异大同。"同时又在比较中批判道："夫以尧、舜、禹、汤、文、武、周公、孔子之道，治孝弟亲长之天下，视耶稣之所云人死而复活于将来之一旦者，其虚实相去何如？"②林则徐之后高官大吏中最早注意西学并颇有见识的曾国藩，也认为基督教是"专以财利饴人"的"异端之教"③。

后来主张吸纳西学的士宦，对于西教的了解甚或好感虽愈多，但却并不妨碍他们对西教的排斥和对"中体西用"原则的持守。曾出使西洋并主张学习西学的郭嵩焘，便将西教与"洋烟"之祸并列，"西洋为祸之烈，莫如洋烟而相与以行教为事。二者迥异，而固中国人心所深恶者。蒙以为泰西之教，其精微处远不如中国圣人，故足以惑庸愚而不足以惑上智，士大夫诚恶之。惟当禁吾民使不从教，为家长者约束其家；为乡长者约束其乡"④。薛福成虽称"耶稣之说，亦仁慈为宗旨"⑤，却又认为应该"取西人器数之学，以卫吾尧、舜、禹、汤、文、武、周、孔之道，俾西人不敢蔑视中华"⑥。郑观应亦指"原耶稣传教之初心，亦何尝非因俗利导，劝人为善"，并"惜其精义不传"，"矧别派分歧，自相矛盾，支离穿凿，聚讼至今"，但仍认为"中学其本也，西学其末也。主以中学，辅以西学"。⑦即使受洗入西教者如王韬，也认为："形而上

① （清）梁廷枏：《海国四说》，第1页。

② 同上书，第41、4、42、5页。

③ 李书源整理：《筹办夷务始末（同治朝）》第五册，中华书局2008年版，第10页。

④ （清）郭嵩焘：《养知书屋诗文集》卷十一，台北：文海出版社1978年版，第565页。

⑤ 丁凤麟、王欣之编：《薛福成选集》，上海人民出版社1987年版，第392页。

⑥ 同上书，第556页。

⑦ 夏东元编：《郑观应集》上册，上海人民出版社1982年版，第242、276页。

者，中国也，以道胜；形而下者，西人也，以器胜。如徒颂西人，而贬己所守，未窥为治之本原者也。"①晚年在为郑观应的《易言》所作的《跋》中，他仍坚持道："夫形而上者道也，形而下者器也。……器则取诸西国，道则备自当躬。盖万世而不变者，孔子之道也。"②接触西教士较多并认识西学西教较多的变法领袖康有为、梁启超，也同样看到西教特征，但也同样拒绝西教，倡导孔教佛教。"中体西用"观在新文化运动之后依然存在，现代儒家自不待言，曾经留学欧美名校的著名中西交通史家张星烺亦道："以有形之物质文明，中国与欧洲相去，何啻千里。不效法他人，必致亡国灭种。至若无形之思想文明，则以东西民族性不同，各国历史互异之故，行之西洋则有效，而行之中国则大乱。"③

余　论

清代后期西学"东来"与"吸纳"之间的脱节、错位，体现了中国近现代西学东渐的基本特征。然而，这一思想史和文化交流史上的特殊现象及其原因等，却没有得到应有的关注。晚清西学吸纳中的宗教"过滤性"，直接贯入对于西学东渐的认知和研究，结果以主观"吸纳"淹没了西学的客观"东来"过程。即使晚近出现从客观东来角度论述西学东渐的论著，也未能将其中的内在"错位"作为独立问题展开研究。这种是问题而没有成为问题的现象，本身便表明展开相关探讨的必要。事实上，西学东渐及其研究中的内在"错位"，具

①　王韬：《弢园尺牍》，中华书局1959年版，第30页。

②　同上书，第166—167页。

③　张星烺：《欧化东渐史》，第3页。正是由于这种普遍存在的思想立场，作为严谨学术著作的《欧化东渐史》，尽管论述到新教传教士在西学东渐中的活动与贡献，但所论却集中于输入科学等非宗教的知识方面，而于宗教方面却略而不论。全书论述西方"有形"物质文明的输入达45页，论述宗教、伦理、政治、艺术等西方"无形"思想文明的输入只20页，其中论述西教者仅页余。

有多方面的意蕴，当引起多方面的思考。比如，其一，政治、经济关系的状况对于宗教等思想文化交流的影响。蒋梦麟在《西潮》中道："到了十九世纪中叶，基督教与以兵舰做靠山的商业行为结了伙，因而在中国人心目中，这个宣扬爱人如己的宗教也就成为侵略者的工具了。……慢慢地人们产生了一种印象，认为如来佛是骑着白象到中国的，耶稣基督却是骑在炮弹上飞过来的。"[①]晚清教案及至民国时期的非基督教运动，莫不含有复杂的政治影响。相关思考研究无疑具有现实意义。

其二，宗教与自然科学、社会科学和文史哲等人文学科的复杂关系。在人们印象里，宗教与科学对立冲突，但在清代后期乃至民国初期，李提摩太等许多西教士却成为晚清输入宗教以外其他现代西学的主要力量。事实上，正是在宗教改革之后，西方迎来了工业革命的兴起。对于二者间关系的反思，深刻影响了西方哲学，比如康德、黑格尔的哲学等。当然，传教士对于科学与文化的看法也不是单一的。再者，传教士可以借科学以传教，而中国人亦可弃西教而纳科学。关于宗教与科学的关系，自可从理论与历史角度展开研究，以往论者亦多。就清代后期西学东渐中的"错位"情况看，基督教与科学及人文学科关系呈现出"游动性"特征，而非如李提摩太等所说的必然相关，或者后来反教者所说的全然对立。这对于我们把握非基督教运动特质并科学与宗教关系等，具有意义。

其三，基督教与中国文化的关系。晚清吸纳西学中对西教内容的"过滤"，一个根本性的原因就在于中国文化的作用。官绅士子乃传统文化的自觉传承阶层，正是他们对于西教的态度，导致西学"东来"和"吸纳"之间的脱节错位。耶儒等中西文化关系的探讨甚至争论，自明代天主教来华便告开始。自彼而今，虽然论著无数，却仍是常说常新的话题。如果说基督宗教是希伯来和希腊文明交融的结果，而以儒道佛为主流的中国文化是华夏本土文明兼融印度文明结果的话，那么很显然，西方宗教与中国文化之间的关系，实际上关涉东西

[①]　蒋梦麟：《西潮·新潮》，第13页。

两大文明的关系问题。由此而言，对清代后期西学东渐中的内在"错位"等展开研究，具有普遍意义。

"对于传教士在中西关系史上所扮演的角色，其固有的矛盾和双重性，是长期以来令研究新教在华传教事业的西方学者困惑的一个难题。"①覆盖诸多此类难题的清代后期西学东渐及其研究中的"错位"现象，无疑值得深入探讨。

---

① 黄见德：《西方哲学东渐史》上册，第5页。

图书在版编目(CIP)数据

语境和语义:近代中国思想世界的关键词/王中江,
张宝明编.—上海:上海人民出版社,2022
ISBN 978-7-208-17807-6

Ⅰ.①语… Ⅱ.①王… ②张… Ⅲ.①思想史-研究
-中国-近代 Ⅳ.①B25

中国版本图书馆 CIP 数据核字(2022)第 129107 号

责任编辑 毛衍沁
封面设计 零创意文化

语境和语义
——近代中国思想世界的关键词
王中江 张宝明 编

出 版 上海人民出版社
(201101 上海市闵行区号景路 159 弄 C 座)
发 行 上海人民出版社发行中心
印 刷 上海商务联西印刷有限公司
开 本 787×1092 1/16
印 张 57.5
插 页 4
字 数 837,000
版 次 2022 年 9 月第 1 版
印 次 2022 年 9 月第 1 次印刷
ISBN 978-7-208-17807-6/B·1645
定 价 238.00 元(上下卷)